說郛三種

叁

[明] 陶宗儀 等編

上海古籍出版社

説郛一百二十弓

陶九成輯

說郛

宛委山堂藏板

說郛敘

孔子述土蕢萍實於童謠孟子證瞽瞍朝舜之語於齊東野人則知瑣語虞初之流博雅君子所不棄也天台陶君九成取經史傳記下迨百氏雜說之書二千餘家纂成一百卷凡數萬條翦楊子語名之曰說郛徵余敘引閱之經月能補余放索之遺學者得

是書開所聞擴所見者多矣
要之其博古物可爲張華路
叚其覈古文奇字可爲子雲
許慎其索異事可爲贊皇公
其知天窮數可爲淳風一行

其搜神怪可爲鬼董狐其職
蟲魚草木可爲爾雅其記山
川風土可爲九丘其訂古語
可爲鈐契其究諺談可爲稗
官其資謔浪調笑可爲軒渠

子昔應中遠作風俗通蔡伯
喈作勸學篇史游作急就章
猶皆傳世況是集之用工深
而資識者大乎其可傳於世
無疑也雖然楊子謂天地萬

物郭也五經衆說郛也是五
經郛衆說也說不要諸聖經
徒旁搜汎采朝記千事暮博
千物其於仲尼之道何如也
孟子曰博學而詳說之將以

及說約也約則要諸道也已九成尚以斯言勉之會稽抱樸遺叟楊維禎敘

較正說郛序

說郛一百弓乃元季寓吾松南村天台陶九成取經史傳記諸子百氏雜書之所編予未嘗見成化辛丑予罷官歸

鄉於士人龔某家得借錄之遍閱其中所載有足裨予考索之遺廓予聞見之隘然字多訛缺兼有重出與當併者未暇校正繼而屢爲司牧部

使者借去分命人錄而所錄
之人不謹遇有字誤處對出
被責輙將予舊本字塗改相
同以掩其過而字之訛缺者
加多予憤其人而無可奈何

邇年以來借錄者頗簡遂欲
較正復遍閱之見其間編人
百川學海中六十三事學海
近在錫山華會通先生家翻
刊銅板活字盛行於世不宜

存此徒煩人錄於是以其編
入并重出者盡删去之當併
者併之字之訛缺者亦取諸
載籍逐一比對訛者正之缺
者補之無載籍者以義釐正

之終歲手錄仍編爲一百弓
猶恐有未盡善留俟後之君
子重較而刊行焉嗚呼九成
先生之編是書搜采萬事萬
物備載無遺有益後人已見

於會稽楊廉夫先生之敘矣而予之較正經歷歲月竭盡目力心思不知有益於後人否乎因賦一絶云白頭林下一耆儒終歲樓中較說郛目力心思俱竭盡不知有益後人無予平生嗜書少而從父宦遊江湖數年壯而出仕四方廿九載耆老而歸休林下十四年今年已七十有九所

收所錄書積萬餘卷貯之樓中名其樓爲萬卷以資暇日閲玩惜乎老耄無用於時欲傳諸子孫而子孫不唯不能讀抑且不能守而散之權豪若不敘其意以貽後則予勞心若思較是書與素躭嗜書籍之志何以表白於天下後世哉故書其實附于廉夫先生敘次倘後之人憐予志爲

之重較刊行則予雖老死亦
無所憾矣時
弘治九年歲次丙辰春三月
初吉
上海郁文博書

重較說郛小序

古今墳典重繁讀尤延之遂
初堂書目鄭漁仲藝文略靈
文秘册卷帙不可勝計盖當
時文獻故邦收藏鉅室梗槩

略備而叢書家如陶九成說
郛最稱浩瀚凡山經地志書
畫方技蟲魚草木脞說稗官
靡所不録或猶惜其節略旣
其殘闕内不無重複雜揉之

病然日月既遠本書失亡雖
存于見聞者什具二三而餘
篇不可問者亦已多矣且蘭
臺石室率寡完篇僅存空目
況責望于閭閻之家匹夫之

力乎使時無纂輯將尺簡不
傳則節與闕又不足病也即
譬之隋唐懸購有闕書録訪
書録其功豈可誣哉昔孔明
讀書略觀大意淵明不求深

解子美讀書難字過不亦正
耐其殘而弗惜其闕已若徒
知襲藏而束置庋閣以飽蠹
魚又安事完帙乎哉此書續
于姚安陶先生類采諸家説

部兵燹之後煨燼殆盡余因
重定而付諸門人輩較梓之
俾四方博雅徵求者爲
順治三年歲次丙戌兩浙督
學周南李際期撰

重校說郛序

粤稽古籍自劉氏七略班氏九流荀謝任殷四部外六代以來弗傳于世單辭片語太平御覽廣記往往槩見後唯曾氏陶氏二書采輯猶近千餘家雖不無所節而博雅好古之士至今傳錄内如見聞則搜神述異十洲洞㝠論議則瑣言因話東谷道山考覈則鼠璞鷄肋貧暇辨疑箴規則家訓世範勸善省心其談說理道或近于經紀述事蹟或通于史他若孟啟本事盧環忏懷詩話文編書評繪事藝蘭品菊酒經壺格諸餖飣小品又皆騷人墨客游戲筆端畸士幽人蒐羅宇外即非名山石

室之鴻寳庶亦草野閒總之董狐總之聊寄其情有裨于世而已或私懷不逞假手鉛槧如周秦行紀東軒筆録天下萬世公論自在要衡其實不爲所欺可也至如僞編贋作無論阮逸王銍之流郎昔傳三墳七緯晁陳皆極精辨其妄葢玄黄廣莫亦所不廢然

學士家尚惜陶氏舊輯要不止此多存虛目無從考補譬之洪景盧夷堅志四百三十卷今僅傳五十卷楮帙散逸亦不可得矣則闕者不足爲陶氏慨而存者尤當爲藝林幸也今
國家武功甫定脩文治而開太平首簡周南李君督學兩浙兩浙文獻之地校

試之暇訪求遺書得華容孫氏說郛善本因重授梓益以板燬于辛酉武林大火去今幾三十年是書復開生面雖功在典籍而實

忠在朝廷可謂甚盛舉矣余茗上還理疾陸園藥餌之餘得獲撿閱以代七發遂解俸佐剞劂氏且樂而引其首

順治四年歲次丁亥春日

欽差巡按浙江監察御史

王應昌撰

讀說郛
包衡曰道書以一卷爲一弓陶九成說郛用之佛書以一條爲一則洪景盧容齋隨筆用之弓音周一作弓與軸同
何良俊曰經之流別爰有傳註史之流別爰有志載瑣碎猥襍多不可分故陶氏悉舉之總名說郛云
又曰說郛收漢武飛燕太真杜蘭香等傳似
讀說郛　一
矣如春夢錄之類不可已乎雖然今人所著猥雜小種皆如陶氏悉錄則後世豈復有遺逸難搜之憾
黃平倩曰余讀說郛而知陶氏之纂不可廢也其類廣其采博史則見聞時事掌不在官注則山經水衡志不列郡其裨益於國史郡乘不小唯錄子家數則自有全書經籍諸注似無深味宜刪此二弓以鹽官王氏所載學庸古本數種冠之則經史燦然而一函該舉矣
來斯行曰說郛多斷闕而挂漏出入每欲補綴爲難不但舊本不存恐此後愈抄愈訛得好事者梓而行之其誤字仍闕其疑如古之辨籀文其闕目仍存其名如隋之闕書目補正則俟四方藏書該洽之家於異日良快事云
讀說郛　二
潘之恒曰上海郁氏序謂說郛重百川學海六十三事近有蕪錫華氏銅板活字盛行不宜存此徒煩人錄故盡刪削若然則以一書兩行奚其可必併入之庶復陶氏舊云
黃汝亨曰予每欲將說郛割裰從類則漁仲尚以叚成式玉格入之玉類王銍樹萱錄入之草木類貽咲後人故尤不易
又曰今世未刻唯冊府元龜說郛二書元龜

以楊陳二君及諸博雅同修跡漏處正復不
少矧說郛出陶氏一手無論抄錄訛舛恐當
時亦未及詳証昔人云讀書耐訛字又曰誤
書思之亦是一適當作是觀可矣
胡應麟曰宋元間小說陶氏說郛尚數百種
今全書存者第程史筆談百餘家餘大半湮
沒矣
又曰尤延之遂初堂書目全載陶宗儀說郛
讀說郛　三
而卷數不存文簡在宋頗以博洽稱疎畧乃
爾或陶氏所節也
又曰六朝宋虞之有妬記一卷至唐不傳而
宋王某補之今所補者又不存矣闕目尚具
說郛
又曰白行簡三夢記劉幽求事皆實錄載陶
氏說郛廣記夢類數事悉祖此假托也
又曰江隣幾襍志宋人極推今不傳畧見說
郛
又曰諸皐記有三說西溪叢語據巫皐事以
駁晁氏非也抱朴子諸皐蓋六甲神名之類
必三說備乃盡之詳見陶氏說郛
又曰楊用修謂唐小說不如漢而舉伶玄趙
飛燕傳中一二語爲證戊辰之歲余偶過燕
中書肆得殘刻十數帋題趙飛燕別傳閱之
乃知卽說郛中陶氏刪本其文頗類東京蓋
讀說郛　四
六朝人作而宋秦醇子復補綴以傳者也
又曰余讀說郛至薛用弱集異記中山玄卿
銘精鍊奧古蓋唐三百年如此銘者亦罕
覯矣豈薛生能幻設乎余舊奇此作讀洪景
盧隨筆亦以爲青蓮杈夜之流景盧擬作一
章未堪伯仲也
又曰宋何先與聞載碧蘭堂一女子詩云水
天日暮風無力斷雲影裡蘆花色折得荷花

水上遊兩鬢蕭蕭玉釵直語亦頗工而不甚傳弟兩花字相犯當是抄録之誤今説郛殊無善本余嘗得一部於王長公處多長公手所改定者惜此未經刊刪云

説郛目録

天台陶宗儀纂　姚安陶珽重輯

弓第一

大學石經

古本

大學之道在明明德在親民在止於至善古之欲明明德於天下者先治其國欲治其國者先齊其家欲齊其家者先修其身欲修其身者先正其心欲正其心者先誠其意欲誠其意者先致其知致知在格物物有本末事有終始知所先后則近道矣詩云緡蠻黃鳥止于丘隅子曰於止知其所止可以人而不如鳥乎知止而后有定定而后能靜靜而后能安安而

后能慮慮而后能得詩云邦畿千里惟民所止子曰聽訟吾猶人也必也使無訟乎無情者不得盡其辭大畏民志此謂知本自天子以至於庶人壹是皆以修身為本其本亂而末治者否矣其所厚者薄而其所薄者厚未之有也此謂知本此謂知之至也物格而后知至知至而后意誠意誠而后心正心正而后身修身修而后家齊家齊而后國治國治而后天下平所謂誠其意者毋自欺也如惡惡臭如好好色此謂自謙故君子必慎其獨也小人閒居為不善無所不至見君子而后厭然揜其不善而著其善人之視己如見其肺肝然則何益矣此謂誠於中形於外故君子必慎其獨也曾子曰十目所視十手所指其嚴乎富潤屋德潤身心廣體胖故君子必誠其意所謂修身在正其心者身有所忿懥則不得其正有所恐懼則不得其正有所好樂則不得其正有所憂患則不得其正心不在焉視而不見聽而不聞食而不知其味顏淵問仁子曰非禮勿視非禮勿聽非禮勿言非禮勿動此謂修身在正其心所謂齊其家在修

其身者人之其所親愛而辟焉之其所賤惡而辟焉之其所畏敬而辟焉之其所哀矜而辟焉之其所敖惰而辟焉故好而知其惡惡而知其美者天下鮮矣故諺有之曰人莫知其子之惡莫知其苗之碩此謂身不修不可以齊其家所謂治國必先齊其家者其家不可教而能教人者無之故君子不出家而成教於國孝者所以事君也弟者所以事長也慈者所以使衆也一家仁一國興仁一家讓一國興讓一人貪戾一國作亂其機如此此謂一言僨事一人定國康

誥曰如保赤子心誠求之雖不中不遠矣未有學養
子而后嫁者也故治國在齊其家詩云桃之夭夭其
葉蓁蓁之子于歸宜其家人宜其家人而后可以教
國人詩云宜兄宜弟宜兄宜弟而后可以教國人詩
云其儀不忒正是四國其爲父子兄弟足法而后民
法之也此謂治國在齊其家所謂平天下在治其國
者上老老而民興孝上長長而民興弟上恤孤而民
不倍是以君子有絜矩之道也所惡於上毋以使下
所惡於下毋以事上所惡於前毋以先後所惡於後

毋以從前所惡於右毋以交於左所惡於左毋以交
於右此之謂絜矩之道詩云樂只君子民之父母民
之所好好之民之所惡惡之此之謂民之父母泰誓
曰若有一个臣斷斷兮無他技其心休休焉其如有
容焉人之有技若已有之人之彥聖其心好之不啻
若自其口出實能容之以能保我子孫黎民尚亦有
利哉人之有技媢疾以惡之人之彥聖而違之俾不
通實不能容以不能保我子孫黎民亦曰殆哉唯仁
人放流之迸諸四夷不與同中國此謂唯仁人爲能

愛人能惡人見賢而不能舉舉而不能先命也見不
善而不能退退而不能遠過也好人之所惡惡人之
所好是謂拂人之性菑必逮夫身詩云節彼南山維
石巖巖赫赫師尹民具爾瞻有國者不可以不慎辟
則爲天下僇矣是故君子先愼乎德有德此有人有
人此有土有土此有財有財此有用德者本也財者
末也外本内末爭民施奪是故財聚則民散財散則
民聚詩云殷之未喪師克配上帝儀監于殷峻命不
易道得衆則得國失衆則失國楚書曰楚國無以爲

寶惟善以爲寶是故言悖而出者亦悖而入貨悖而
入者亦悖而出康誥曰惟命不于常道善則得之不
善則失之矣舅犯曰亡人無以爲寶仁親以爲寶仁
者以財發身不仁者以身發財未有上好仁而下不
好義者也未有好義其事不終者也未有府庫財非
其財者也生財有大道生之者衆食之者寡爲之者
疾用之者舒則財恒足矣孟獻子曰畜馬乘不察於
雞豚伐兵之家不畜牛羊百乘之家不畜聚歛之臣
與其有聚歛之臣寧有盜臣此謂國不以利爲利以

義爲利也長國家而務財用者必自小人矣彼爲善之小人之使爲國家菑害並至雖有善者亦無如之何矣此謂國不以利爲利以義爲利也是故君子有大道必忠信以得之驕泰以失之堯舜帥天下以仁而民從之桀紂帥天下以暴而民從之其所令反其所好而民不從是故君子有諸已而后求諸人無諸已而后非諸人所藏乎身不恕而能喻諸人者未之有也康誥曰克明德太甲曰顧諟天之明命帝典曰克明峻德皆自明也湯之盤銘曰苟日新日日新又

日新康誥曰作新民詩曰周雖舊邦其命維新是故君子無所不用其極詩云穆穆文王於緝熙敬止爲人君止於仁爲人臣止於敬爲人子止於孝爲人父止於慈與國人交止於信詩云瞻彼淇澳菉竹猗猗有斐君子如切如磋如琢如磨瑟兮僩兮赫兮喧兮有斐君子終不可諠兮如切如磋者道學也如琢如磨者自修也瑟兮僩兮者恂慄也赫兮喧兮者威儀也有斐君子終不可諠兮者道盛德至善民之不能忘也詩云於戲前王不忘君子賢其賢而親其親小

人樂其樂而利其利此以沒世不忘也

大學古本

陶宗儀錄

大學之道在明明德在親民在止於至善知止而后
有定定而后能靜靜而后能安安而后能慮慮而后
能得物有本末事有終始知所先後則近道矣古之
欲明明德於天下者先治其國欲治其國者先齊其
家欲齊其家者先修其身欲修其身者先正其心欲
正其心者先誠其意欲誠其意者先致其知致知在
格物物格而后知至知至而后意誠意誠而后心正

心正而后身修身修而后家齊家齊而后國治國治
而后天下平自天子以至於庶人壹是皆以修身爲
本其本亂而末治者否矣其所厚者薄而其所薄者
厚未之有也此謂知本此謂知之至也所謂誠其意
者毋自欺也如惡惡臭如好好色此之謂自謙故君
子必慎其獨也小人閒居爲不善無所不至見君子
而后厭然揜其不善而著其善人之視己如見其肺
肝然則何益矣此謂誠於中形於外故君子必慎其
獨也曾子曰十目所視十手所指其嚴乎富潤屋德
潤身心廣體胖故君子必誠其意詩云瞻彼淇澳菉
竹猗猗有斐君子如切如磋如琢如磨瑟兮僩兮赫
兮喧兮有斐君子終不可諠兮如切如磋者道學也
如琢如磨者自修也瑟兮僩兮者恂慄也赫兮喧兮
者威儀也有斐君子終不可諠兮者道盛德至善民
之不能忘也詩云於戲前王不忘君子賢其賢而親
其親小人樂其樂而利其利此以沒世不忘也康誥
曰克明德太甲曰顧諟天之明命帝典曰克明峻德
皆自明也湯之盤銘曰苟日新日日新又日新康誥

曰作新民詩云周雖舊邦其命維新是故君子無所
不用其極詩云邦畿千里維民所止詩云緡蠻黃鳥
止于丘隅子曰於止知其所止可以人而不如鳥乎
詩云穆穆文王於緝熙敬止爲人君止於仁爲人臣
止於敬爲人子止於孝爲人父止於慈與國人交止
於信子曰聽訟吾猶人也必也使無訟乎無情者不
得盡其辭大畏民志此謂知本所謂修身在正其心
者身有所忿懥則不得其正有所恐懼則不得其正
有所好樂則不得其正有所憂患則不得其正心不

在焉視而不見聽而不聞食而不知其味此謂修身
在正其心所謂齊其家在修其身者人之其所親愛
而辟焉之其所賤惡而辟焉之其所畏敬而辟焉之
其所哀矜而辟焉之其所敖惰而辟焉故好而知其
惡惡而知其美者天下鮮矣故諺有之曰人莫知其
子之惡莫知其苗之碩此謂身不修不可以齊其家
所謂治國必先齊其家者其家不可敎而能敎人者
無之故君子不出家而成敎於國孝者所以事君也
弟者所以事長也慈者所以使衆也康誥曰如保赤

子心誠求之雖不中不遠矣未有學養子而后嫁者
也一家仁一國興仁一家讓一國興讓一人貪戾一
國作亂其機如此此謂一言僨事一人定國堯舜帥
天下以仁而民從之桀紂帥天下以暴而民從之其
所令反其所好而民不從是故君子有諸已而后求
諸人無諸已而后非諸人所藏乎身不恕而能喻諸
人者未之有也故治國在齊其家詩云桃之夭夭其
葉蓁蓁之子于歸宜其家人宜其家人而后可以敎
國人詩云宜兄宜弟宜兄宜弟而后可以敎國人詩

云其儀不忒正是四國其爲父子兄弟足法而后民
法之也此謂治國在齊其家所謂平天下在治其國
者上老老而民興孝上長長而民興弟上恤孤而民
不倍是以君子有絜矩之道也所惡於上毋以使下
所惡於下毋以事上所惡於前毋以先後所惡於後
毋以從前所惡於右毋以交於左所惡於左毋以交
於右此之謂絜矩之道詩云樂只君子民之父母民
之所好好之民之所惡惡之此之謂民之父母詩云
節彼南山維石巖巖赫赫師尹民具爾瞻有國者不

可以不愼辟則爲天下僇矣詩云殷之未喪師克配
上帝儀監于殷峻命不易道得衆則得國失衆則失
國是故君子先愼乎德有德此有人有人此有土有
土此有財有財此有用德者本也財者末也外本內
末爭民施奪是故財聚則民散財散則民聚是故言
悖而出者亦悖而入貨悖而入者亦悖而出康誥曰
惟命不于常道善則得之不善則失之矣楚書曰楚
國無以爲寶惟善以爲寶舅犯曰亡人無以爲寶仁
親以爲寶秦誓曰若有一个臣斷斷兮無他技其心

休休焉其如有容焉人之有技若已有之人之彥聖
其心好之不啻若自其口出寔能容之以能保我子
孫黎民尚亦有利哉人之有技娼疾以惡之人之彥
聖而違之俾不通寔不能容以不能保我子孫黎民
亦曰殆哉惟仁人放流之迸諸四夷不與同中國此
謂唯仁人爲能愛人能惡人見賢而不能舉舉而不
能先命也見不善而不能退退而不能遠過也好人
之所惡惡人之所好是謂拂人之性菑必逮夫身是
故君子有大道必忠信以得之驕泰以失之生財有

大道生之者衆食之者寡爲之者疾用之者舒則財
恒足矣仁者以財發身不仁者以身發財未有上好
仁而下不好義者也未有好義其事不終者也未有
府庫財非其財者也孟獻子曰畜馬乘不察於雞豚
伐冰之家不畜牛羊百乘之家不畜聚斂之臣與其
有聚斂之臣寧有盗臣此謂國不以利爲利以義爲
利也長國家而務財用者必自小人矣彼爲善之小
人之使爲國家菑害並至雖有善者亦無如之何矣
此謂國不以利爲利以義爲利也　終

中庸古本

陶宗儀録

天命之謂性率性之謂道修道之謂教道也者不可
須臾離也可離非道也是故君子戒慎乎其所不睹
恐懼乎其所不聞莫見乎隱莫顯乎微故君子慎其
獨也喜怒哀樂之未發謂之中發而皆中節謂之和
中也者天下之大本也和也者天下之達道也致中
和天地位焉萬物育焉仲尼曰君子中庸小人反中
庸君子之中庸也君子而時中小人之中庸也小人

而無忌憚也子曰中庸其至矣乎民鮮能久矣子曰
道之不行也我知之矣知者過之愚者不及也道之
不明也我知之矣賢者過之不肖者不及也人莫不
飲食也鮮能知味也子曰道其不行矣夫子曰舜其
大知也與舜好問而好察邇言隱惡而揚善執其兩
端用其中於民其斯以爲舜乎子曰人皆曰予知驅
而納諸罟擭陷阱之中而莫之知辟也人皆曰予知
擇乎中庸而不能期月守也子曰回之爲人也擇乎
中庸得一善則拳拳服膺而弗失之矣子曰天下國

家可均也爵祿可辭也白刃可蹈也中庸不可能也子路問强子曰南方之强與北方之强與抑而强與寛柔以敎不報無道南方之强也君子居之衽金革死而不厭北方之强也而强者居之故君子和而不流强哉矯中立而不倚强哉矯國有道不變塞焉强哉矯國無道至死不變强哉矯子曰素隱行怪後世有述焉吾弗爲之矣君子遵道而行半塗而廢吾弗能已矣君子依乎中庸遯世不見知而不悔唯聖者能之君子之道費而隱夫婦之愚可以與知焉及其

至也雖聖人亦有所不知焉夫婦之不肖可以能行焉及其至也雖聖人亦有所不能焉天地之大也人猶有所憾故君子語大天下莫能載焉語小天下莫能破焉詩云鳶飛戾天魚躍于淵言其上下察也君子之道造端乎夫婦及其至也察乎天地子曰道不遠人人之爲道而遠人不可以爲道詩云伐柯伐柯其則不遠執柯以伐柯睨而視之猶以爲遠故君子以人治人改而止忠恕違道不遠施諸己而不願亦勿施於人君子之道四丘未能一焉所求乎子以事父未能也所求乎臣以事君未能也所求乎弟以事兄未能也所求乎朋友先施之未能也庸德之行庸言之謹有所不足不敢不勉有餘不敢盡言顧行行顧言君子胡不慥慥爾君子素其位而行不願乎其外素富貴行乎富貴素貧賤行乎貧賤素夷狄行乎夷狄素患難行乎患難君子無入而不自得焉在上位不陵下在下位不援上正己而不求於人則無怨上不怨天下不尤人故君子居易以俟命小人行險以徼幸子曰射有似乎君子失諸正鵠反求諸其身

君子之道辟如行遠必自邇辟如登高必自卑詩曰妻子好合如鼓瑟琴兄弟既翕和樂且耽宜爾室家樂爾妻孥子曰父母其順矣乎子曰鬼神之爲德其盛矣乎視之而弗見聽之而弗聞體物而不可遺使天下之人齊明盛服以承祭祀洋洋乎如在其上如在其左右詩曰神之格思不可度思矧可射思夫微之顯誠之不可揜如此夫子曰舜其大孝也與德爲聖人尊爲天子富有四海之內宗廟饗之子孫保之故大德必得其位必得其祿必得其名必得其壽故

天之生物必因其材而篤焉故栽者培之傾者覆之詩曰嘉樂君子憲憲令德宜民宜人受祿于天保佑命之自天申之故大德者必受命子曰無憂者其惟文王乎以王季爲父以武王爲子父作之子述之武王纘太王王季文王之緒壹戎衣而有天下身不失天下之顯名尊爲天子富有四海之內宗廟饗之子孫保之武王末受命周公成文武之德追王太王王季上祀先公以天子之禮斯禮也達乎諸侯大夫及士庶人父爲大夫子爲士葬以大夫祭以士父爲士子爲大夫葬以士祭以大夫期之喪達乎大夫三年

之喪達乎天子父母之喪無貴賤一也子曰武王周公其達孝矣乎夫孝者善繼人之志善述人之事者也春秋修其祖廟陳其宗器設其裳衣薦其時食宗廟之禮所以序昭穆也序爵所以辨貴賤也序事所以辨賢也旅酬下爲上所以逮賤也燕毛所以序齒也踐其位行其禮奏其樂敬其所尊愛其所親事死如事生事亡如事存孝之至也郊社之禮所以事上帝也宗廟之禮所以祀乎其先也明乎郊社之禮禘

嘗之義治國其如示諸掌乎哀公問政子曰文武之政布在方策其人存則其政舉其人亡則其政息人道敏政地道敏樹夫政也者蒲盧也故爲政在人取人以身修身以道修道以仁仁者人也親親爲大義者宜也尊賢爲大親親之殺尊賢之等禮所生也在下位不獲乎上民不可得而治矣故君子不可以不修身思修身不可以不事親思事親不可以不知人思知人不可以不知天天下之達道五所以行之者三曰君臣也父子也夫婦也昆弟也朋友之交也五者天下之達道也知仁勇三者天下之達德也所以

行之者一也或生而知之或學而知之或困而知之及其知之一也或安而行之或利而行之或勉强而行之及其成功一也子曰好學近乎知力行近乎仁知恥近乎勇知斯三者則知所以修身知所以修身則知所以治人知所以治人則知所以治天下國家矣凡爲天下國家有九經曰修身也尊賢也親親也敬大臣也體羣臣也子庶民也來百工也柔遠人也懷諸侯也修身則道立尊賢則不惑親親則諸父昆

弟不悠敬大臣則不眩體羣臣則士之報禮重子庶民則百姓勸來百工則財用足柔遠人則四方歸之懷諸侯則天下畏之齊明盛服非禮不動所以修身也去讒遠色賤貨而貴德所以勸賢也尊其位重其祿同其好惡所以勸親親也官盛任使所以勸大臣也忠信重祿所以勸士也時使薄斂所以勸百姓也日省月試既廩稱事所以勸百工也送往迎來嘉善而矜不能所以柔遠人也繼絶世舉廢國治亂持危朝聘以時厚往而薄來所以懷諸侯也凡爲天下國

家有九經所以行之者一也凡事豫則立不豫則廢言前定則不跲事前定則不困行前定則不疚道前定則不窮在下位不獲乎上民不可得而治矣獲乎上有道不信乎朋友不獲乎上矣信乎朋友有道不順乎親不信乎朋友矣順乎親有道反諸身不誠不順乎親矣誠身有道不明乎善不誠乎身矣誠者天之道也誠之者人之道也誠者不勉而中不思而得從容中道聖人也誠之者擇善而固執之者也博學之審問之愼思之明辨之篤行之有弗學學之弗能

弗措也有弗問問之弗知弗措也有弗思思之弗得弗措也有弗辨辨之弗明弗措也有弗行行之弗篤弗措也人一能之已百之人十能之已千之果能此道矣雖愚必明雖柔必强自誠明謂之性自明誠謂之教誠則明矣明則誠矣唯天下至誠爲能盡其性能盡其性則能盡人之性能盡人之性則能盡物之性能盡物之性則可以贊天地之化育可以贊天地之化育則可以與天地參矣其次致曲曲能有誠誠則形形則著著則明明則動動則變變則化唯天下

至誠爲能化至誠之道可以前知國家將興必有禎祥國家將亡必有妖孽見乎蓍龜動乎四體禍福將至善必先知之不善必先知之故至誠如神誠者自成也而道自道也誠者物之終始不誠無物是故君子誠之爲貴誠者非自成已而已也所以成物也成已仁也成物知也性之德也合外内之道也故時措之宜也故至誠無息不息則久久則徵徵則悠遠悠遠則博厚博厚則高明博厚所以載物也高明所以覆物也悠久所以成物也博厚配地高明配天悠久

無疆如此者不見而章不動而變無爲而成天地之道可一言而盡也其爲物不貳則其生物不測天地之道博也厚也高也明也悠也久也今夫天斯昭昭之多及其無窮也日月星辰繫焉萬物覆焉今夫地一撮土之多及其廣厚載華岳而不重振河海而不洩萬物載焉今夫山一卷石之多及其廣大草木生之禽獸居之寶藏興焉今夫水一勺之多及其不測黿鼉蛟龍魚鼈生焉貨財殖焉詩云維天之命於穆不已葢曰天之所以爲天也於乎不顯文王之德之

純葢曰文王之所以爲文也純亦不已大哉聖人之道洋洋乎發育萬物峻極于天優優大哉禮儀三百威儀三千待其人而後行故曰苟不至德至道不凝焉故君子尊德性而道問學致廣大而盡精微極高明而道中庸溫故而知新敦厚以崇禮是故居上不驕爲下不倍國有道其言足以興國無道其默足以容詩曰既明且哲以保其身其此之謂與子曰愚而好自用賤而好自專生乎今之世反古之道如此者烖及其身者也非天子不議禮不制度不考文今天下車同軌書同文行同倫雖有其位苟無其德不敢作禮樂焉雖有其德苟無其位亦不敢作禮樂焉子曰吾說夏禮杞不足徵也吾學殷禮有宋存焉吾學周禮今用之吾從周王天下有三重焉其寡過矣乎上焉者雖善無徵無徵不信不信民弗從下焉者雖善不尊不尊不信不信民弗從故君子之道本諸身徵諸庶民考諸三王而不繆建諸天地而不悖質諸鬼神而無疑百世以俟聖人而不惑質諸鬼神而無疑知天也百世以俟聖人而不惑知人也是故君子

動而世爲天下道行而世爲天下法言而世爲天下則遠之則有望近之則不厭詩曰在彼無惡在此無射庶幾夙夜以永終譽君子未有不如此而蚤有譽於天下者也仲尼祖述堯舜憲章文武上律天時下襲水土辟如天地之無不持載無不覆幬辟如四時之錯行如日月之代明萬物並育而不相害道並行而不相悖小德川流大德敦化此天地之所以爲大也唯天下至聖爲能聰明睿知足以有臨也寬裕溫柔足以有容也發強剛毅足以有執也齊莊中正足

以有敬也文理密察足以有別也溥博淵泉而時出之溥博如天淵泉如淵見而民莫不敬言而民莫不信行而民莫不說是以聲名洋溢乎中國施及蠻貊舟車所至人力所通天之所覆地之所載日月所照霜露所隊凡有血氣者莫不尊親故曰配天唯天下至誠爲能經綸天下之大經立天下之大本知天地之化育夫焉有所倚肫肫其仁淵淵其淵浩浩其天苟不固聰明聖知達天德者其孰能知之詩曰衣錦尚絅惡其文之著也故君子之道闇然而日章小人

之道的然而日亡君子之道淡而不厭簡而文溫而理知遠之近知風之自知微之顯可與入德矣詩云潛雖伏矣亦孔之昭故君子內省不疚無惡於志君子之所不可及者其唯人之所不見乎詩云相在爾室尚不愧于屋漏故君子不動而敬不言而信詩曰奏假無言時靡有爭是故君子不賞而民勸不怒而民威於鈇鉞詩曰不顯惟德百辟其刑之是故君子篤恭而天下平詩云予懷明德不大聲以色子曰聲色之於以化民末也詩云德輶如毛毛猶有倫上天之載無聲無臭至矣

詩小序

衛　卜商

周南

關雎

后妃之德也風之始也所以風天下而正夫婦也故用之鄉人焉用之邦國焉風風也教也風以動之教以化之然自關雎麟趾之化王者之風故繫之周公南言化自北而南也鵲巢騶虞之德諸侯之風也先王之所以教故繫之召公周南召南正始之道王化

之基是以關雎樂得淑女以配君子憂在進賢不淫其色哀窈窕思賢才而無傷善之心焉是關雎之義也

葛覃

后妃之本也后妃在父母家　于女功之事躬儉節用服澣濯之衣尊敬師傅則可以歸安父母化天下以婦道也

卷耳

后妃之志也又當輔佐君子求賢審官知臣下之勤勞內有進賢之志而無險詖私謁之心朝夕思念至於憂勤也

樛木

后妃逮下也言能逮下而無嫉妒之心焉

螽斯

后妃子孫衆多也言若螽斯不妒忌則子孫衆多也

桃夭

后妃之所致也不妒忌則男女以正婚姻以時國無鰥民也

兎罝

后妃之化也關雎之化行則莫不好德賢人衆多也

芣苢

后妃之美也和平則婦人樂有子矣

漢廣

德廣所及也文王之道被于南國美化行于江漢之域無思犯禮求而不可得也

汝墳

道化行也文王之化行乎汝墳之國婦人能閔其君

子猶勉之以正也

麟之趾

關雎之應也關雎之化行則天下無犯非禮雖衰世之公子皆信厚如麟趾之時也

召南

鵲巢

夫人之德也國君積行累功以致爵位夫人起家而居有之德如鳲鳩乃可以配焉

采蘩

夫人不失職也夫人可以奉祭祀則不失職矣

草蟲

大夫妻能以禮自防也

采蘋

大夫妻能循泫度也能循泫度則可以承先祖共祭祀矣

甘棠

美召伯也召伯之教明于南國

行露

召伯聽訟也衰亂之俗微貞信之教興彊暴之男不能侵陵貞女也

羔羊

鵲巢之功致也召南之國化文王之政在位皆節儉正直德如羔羊也

殷其雷

勸以義也召南之大夫遠行從政不遑寧處其室家能閔其勤勞勸以義也

摽有梅

男女及時也召南之國被文王之化男女得以及時也

小星

惠及下也夫人無妒忌之行惠及賤妾進御于君知其命有貴賤能盡其心矣

江有汜

美媵也勤而無怨嫡能悔過也文王之時江汜之間有嫡不以其媵備數媵遇勞而無怨嫡亦自悔也

野有死麕

惡無禮也天下大亂強暴相陵遂成淫風被文王之
化雖當亂世爲惡無禮也
何彼襛矣
美王姬也雖則王姬亦下嫁于諸侯車服不繫其夫
下王后一等猶執婦道以成肅雝之德也
騶虞
鵲巢之應也鵲巢之化行人倫既正朝廷既治天下
純被文王之化則庶類蕃殖蒐田以時仁如騶虞則
王道成也

邶
柏舟
言仁而不遇也衛頃公之時仁人不遇小人在側
綠衣
衛莊姜傷已也妾上僭夫人失位而作是詩也
燕燕
衛莊姜送歸妾也
日月
衛莊姜傷已也遭州吁之難傷已不見答于先君以
至困窮之詩也
終風
衛莊姜傷已也遭州吁之暴見侮慢而不能正也
擊鼓
怨州吁也衛州吁用兵暴亂使公孫文仲將而平陳
與宋國人怨其勇而無禮也
凱風
美孝子也衛之淫風流行雖有七子之母猶不能安
其室故美七子能盡其孝道以慰其母心而成其志

爾
雄雉
刺衛宣公也淫亂不恤國事軍旅數起大夫久役男
女怨曠國人患之而作是詩
匏有苦葉
刺衛宣公也公與夫人並爲淫亂
谷風
刺夫婦失道也衛人化其上淫于新婚而棄其舊室
夫婦離絕國俗傷敗焉

式微

黎侯寓于衛其臣勸以歸也

旄丘

責衛伯也狄人迫逐黎侯黎侯寓于衛衛不能修方伯連帥之職黎之臣子以責于衛也

簡兮

刺不用賢也衛之賢者仕于伶官皆可以承事王者也

泉水

衛女思歸也嫁于諸侯父母終思歸寧而不得故作是詩以自見也

北門

刺仕不得志也言衛之忠臣不得其志爾

北風

刺虐也衛國並為威虐百姓不親莫不相攜持而去焉

靜女

刺時也衛君無道夫人無德

新臺

刺衛宣公也納伋之妻作新臺于河上而要之國人惡之而作是詩也

二子乘舟

思伋壽也衛宣公之二子爭相為死國人傷而思之作是詩也

鄘

柏舟

共姜自誓也衛世子共伯蚤死其妻守義父母欲奪而嫁之誓而弗許故作是詩以絕之

墻有茨

衛人刺其上也公子頑通于君母國人疾之而不可道也

君子偕老

刺衛夫人也夫人淫亂失事君子之道故陳人君之德服飾之盛宜與君子偕老也

桑中

刺奔也衛之公室淫亂男女相奔至于世族在位相

竊妻妾期于幽遠政荒民流而不可止

鶉之奔奔

刺衛宣姜也衛人以爲宣姜鶉鵲之不若也

定之方中

美衛文公也衛爲　所滅東徙渡河野處漕邑齊桓公攘　而封之文公徙居楚丘始建城市而營宮室得其時制百姓說之國家殷富焉

蝃蝀

止奔也衛文公能以道化其民淫奔之恥國人不齒

也

相鼠

刺無禮也衛文公能正其羣臣而刺在位承先君之化無禮儀也

干旄

美好善也衛文公臣子多好善賢者樂告以善道也

載馳

許穆夫人作也閔其宗國顛覆自傷不能救也衛懿公爲狄人所滅國人分散露于漕邑許穆夫人閔

之亡傷許之小力不能救思歸唁其兄又義不得故賦是詩也

衛

淇奥

美武公之德也有文章又能聽其規諫以禮自防故能入相于周美而作是詩也

考槃

刺莊公也不能繼先公之業使賢者退而窮處

碩人

閔莊姜也莊公惑于嬖妾使驕上僭莊姜賢而不答終以無子國人閔而憂之

氓

刺時也宣公之時禮義消亡淫風大行男女無別遂相奔誘華落色衰復相棄背或乃困而自悔喪其配耦故序其事以風焉美反正刺淫泆也

竹竿

衛女思歸也適異國而不見答思而能以禮者也

芄蘭

刺惠公也驕而無禮大夫刺之

河廣

宋襄公母歸于衛思而不止故作是詩也

伯兮

刺時也言君子行役爲王前驅過時而不反焉

有狐

刺時也衛之男女失時喪其妃耦焉古者國有凶荒則殺禮而多昏會男女之無夫家者所以育人民也

木瓜

美齊桓公也衛國有狄人之敗出處于漕齊桓公救而封之遺之車馬器服焉衛人思之欲厚報之而作是詩也

王

黍離

閔宗周也周大夫行役至于宗周過故宗廟宮室盡爲禾黍閔周室之顛覆徬徨不忍去而作是詩也

君子于役

刺平王也君子行役無期度大夫思其危難以風焉

君子陽陽

閔周也君子遭亂相招爲祿仕全身遠害而已

揚之水

刺平王也不撫其民而遠屯戍于母家周人怨思焉

中谷有蓷

閔周也夫婦日以衰薄凶年饑饉室家相棄爾

兎爰

閔周也桓王失信諸侯背叛構怨連禍王師傷敗君子不樂其生焉

葛藟

王族刺平王也周室道衰棄其九族焉

采葛

懼讒也

大車

刺周大夫也禮義陵遲男女淫奔故陳古以刺今大夫不能聽男女之訟焉

丘中有麻

思賢也莊王不明賢人放逐國人思之而作是詩也

鄭

緇衣

美武公也父子並爲周司徒善于其職國人宜之故美其德以明有國善善之功焉

將仲子

刺莊公也不勝其母以害其弟弟叔失道而公弗制祭仲諫而公弗聽小不忍以致大亂焉

叔于田

刺莊公也叔處于京繕甲治兵以出于田國人說而歸之

詩小序 十三

大叔于田

刺莊公也叔多才而好勇不義而得衆也

清人

刺文公也高克好利而不顧其君文公惡而欲遠之不能使高克將兵而禦狄于境陳其師旅翺翔河上久而不召衆散而歸高克奔陳公子素惡高克進之不以禮文公退之不以道危國亡師之本故作是詩也

羔裘

刺朝也言古之君子以風其朝焉

遵大路

思君子也莊公失道君子去之國人思望焉

女曰雞鳴

刺不說德也陳古義以刺今不說德而好色也

有女同車

刺忽也鄭人刺忽之不昏于齊太子忽嘗有功于齊齊侯請妻之齊女賢而不取卒以無大國之助至于見逐故國人刺之

詩小序 十四

山有扶蘇

刺忽也所美非美然

籜兮

刺忽也君弱臣彊不倡而和也

狡童

刺忽也不能與賢人圖事權臣擅命也

褰裳

思見正也狂童恣行國人思大國之正已也

丰
刺亂也昏姻之道缺陽倡而陰不和男行而女不隨
東門之墠
刺亂也男女有不待禮而相奔者也
風雨
思君子也亂世則思君子不改其度焉
子衿
刺學校廢也亂世則學校不修焉
揚之水
詩小序　八　十五
閔無臣也君子閔忽之無忠臣良士終以死亡而作
是詩也
出其東門
閔亂也公子五爭兵革不息男女相棄民人思保其
室家焉
野有蔓艸
思遇時也君之澤不下流民窮于兵革男女失時思
不期而會焉
溱洧

刺亂也兵革不息男女相棄淫風大行莫之能救焉
齊
鷄鳴
思賢妃也哀公荒淫怠慢故陳賢妃貞女夙夜警戒
相成之道焉
還
刺荒也哀公好田獵從禽獸而無厭國人化之遂成
風俗習于田獵謂之賢閑于馳逐謂之好焉
著
詩小序　八　十六
刺時也時不親迎也
東方之日
刺衰也君臣失道男女淫奔不能以禮化也
東方未明
刺無節也朝廷興居無節號令不時挈壺氏不能掌
其職焉
南山
刺襄公也鳥獸之行淫乎其妹大夫遇是惡作詩而
去之

甫田
大夫刺襄公也無禮義而求大功不修德而求諸侯志大心勞所以求者非其道也
盧令
刺荒也襄公好田獵畢弋而不修民事百姓苦之故陳古以風焉
敝笱
刺文姜也齊人惡魯桓公微弱不能防閑文姜使至淫亂為二國患焉

載驅
齊人刺襄公也無禮義故盛其車服疾驅于通道大都與文姜淫播其惡于萬民焉
猗嗟
刺魯莊公也齊人傷魯莊公有威儀技藝然而不能以禮防閑其母失子之道人以為齊侯之子焉
魏
葛屨
刺褊也魏地陿隘其民機巧趨利其君儉嗇褊急而無德以將之
汾沮洳
刺儉也其君儉以能勤刺不得禮也
園有桃
刺時也大夫憂其君國小而迫而儉以嗇不能用其民而無德教日以侵削故作是詩也
陟岵
孝子行役思念父母也國迫而數侵削役乎大國父母兄弟離散而作是詩也

十畝之間
刺時也言其國削小民無所居焉
伐檀
刺貪也在位貪鄙無功而受祿君子不得進仕爾
碩鼠
刺重斂也國人刺其君重斂蠶食于民不修其政貪而畏人若大鼠也
唐
蟋蟀

刺晉僖公也儉不中禮故作是詩以閔之欲其及時以禮自虞樂也此晉也而謂之唐本其風俗憂深思遠儉而用禮乃有堯之遺風焉

山有樞

刺晉昭公也不能修道以正其國有財不能用有鐘鼓不能以自樂有朝廷不能以酒埽政荒民散將以危亡四隣謀取其國家而不能知國人作詩以刺之

揚之水

刺晉昭公也昭公分國以封沃沃盛彊昭公微弱國人將叛而歸沃焉

詩小序　十九

椒聊

刺晉昭公也君子見沃之盛彊能修其政知其蕃衍盛大子孫將有晉國焉

綢繆

刺晉亂也國亂則昏姻不得其時焉

杕杜

刺時也君不能親其宗族骨肉離散獨居而無兄弟將爲沃所并爾

羔裘

刺時也晉人刺其在位不恤其民也

鴇羽

刺時也昭公之後大亂五世君子下從征役不得養其父母而作是詩也

無衣

美晉武公也武公始并晉國其大夫爲之請命于天子之使而作是詩也

有杕之杜

刺晉武公也武公寡特兼其宗族而不求賢以自輔焉

詩小序　二十

葛生

刺晉獻公也好攻戰則國人多喪矣

采苓

刺晉獻公也獻公好聽讒焉

秦

車鄰

美秦仲也秦仲始大有車馬禮樂侍御之好焉

駟驖

美襄公也始命有田狩之事園囿之樂焉

小戎

美襄公也備其兵甲以討西戎西戎方彊而征伐不休國人則矜其車甲婦人能閔其君子焉

蒹葭

刺襄公也未能用周禮將無以固其國焉

終南

戒襄公也能取周地始爲諸侯受顯服大夫美之故作是詩以戒勸之

黃鳥

哀三良也國人刺穆公以人從死而作是詩也

晨風

刺康公也忘穆公之業始棄其賢臣焉

無衣

刺用兵也秦人刺其君好攻戰亟用兵而不與民同欲焉

渭陽

康公念母也康公之母晉獻公之女文公遭麗姬之難未反而秦姬卒穆公納文公康公時爲太子贈送文公于渭之陽念母之不見也我見舅氏如母存焉及其即位思而作是詩也

權輿

刺康公也忘先君之舊臣與賢者有始而無終也

陳

宛丘

刺幽公也淫荒昏亂游蕩無度焉

東門之枌

疾亂也幽公淫荒風化之所行男女棄其舊業亟會於道路歌舞于市井爾

衡門

誘僖公也愿而無立志故作是詩以誘掖其君也

東門之池

刺時也疾其君之淫昏而思賢女以配君子也

東門之楊

刺時也昏姻失時男女多違親迎女猶有不至者也

墓門
刺陳佗也陳佗無良師傅以至于不義惡加于萬民
焉
防有鵲巢
憂讒賊也宣公多信讒君子憂懼焉
月出
刺好色也在位不好德而說美色焉
株林
刺靈公也淫乎夏姬驅馳而徃朝夕不休息焉

澤陂
刺時也言靈公君臣淫于其國男女相說憂思感傷
焉
檜
羔羊
大夫以道去其君也國小而迫君不用道好潔其衣
服逍遥遊燕而不能自强于政治故作是詩也
素冠
刺不能三年也

隰有萇楚
疾恣也國人疾其君之淫恣而思無情欲者也
匪風
思周道也國小政亂憂及禍難而思周道焉
曹
蜉蝣
刺奢也昭公國小而迫無法以自守好奢而任小人
將無所依焉
候人
刺近小人也共公遠君子而好近小人焉

鳲鳩
刺不壹也在位無君子用心之不一也
下泉
思治也曹人疾共公侵刻下民不得其所憂而思明
王賢伯也
豳
七月
陳王業也周公遭變故陳后稷先公風化之所由致

王業之艱難也

鴟鴞

周公救亂也成王未知周公之志公乃爲詩以遺王名之曰鴟鴞

東山

周公東征也周公東征三年而歸勞歸士大夫美之故作是詩也一章言其完也二章言其思也三章言其室家之望女也四章樂男女之得及時也君子之于人序其情而閔其勞所以說也說以使民民忘其

死其惟東山乎

破斧

美周公也周大夫以惡四國焉

伐柯

美周公也周大夫刺朝廷之不知也

九罭

美周公也周大夫刺朝廷之不知也

狼跋

美周公也周公攝政遠則四國流言近則王不知周

大夫美其不失其聖也

小雅

鹿鳴

燕羣臣嘉賓也既飲食之又實幣帛筐篚以將其厚意然後忠臣嘉賓得盡其心矣

四牡

勞使臣之來也有功而見知則說矣

皇皇者華

君遣使臣也送之以禮樂言遠而有光華也

常棣

燕兄弟也閔管蔡之失道故作常棣焉

伐木

燕朋友故舊也自天子至于庶人未有不須友以成者親親以睦友賢不棄不遺故舊則民德歸厚矣

天保

下報上也君能下下以成其政臣能歸美以報其上焉

采薇

遣戍役也文王之時西有昆　之患北有玁狁之難
以天子之命命將率遣戍役以守衛　國故歌采薇
以遣之出車以勞還杕杜以勤歸也

出車

勞還率也

杕杜

勞還役也

魚麗

美萬物盛多能備禮也文武以天保以上治內采薇

以下治外始于憂勤終于逸樂故美萬物盛多可以
告于神明矣

南陔

孝子相戒以養也

白華

孝子之潔白也

華黍

時和歲豐宜黍稷也有其義而亡其辭

南有嘉魚

樂與賢也太平之君子至誠樂與賢者共之也

南山有臺

樂得賢也得賢則能爲邦家立太平之基矣

由庚

萬物得由其道也

崇丘

萬物得極其高大也

由儀

萬物得生各極其宜也有其義而亡其辭

蓼蕭

澤及四海也

湛露

天子燕諸侯也

彤弓

天子錫有功諸侯也

菁菁者莪

樂育材也君子能長育人材則天下喜樂之矣

六月

宣王北伐也鹿鳴廢則和樂缺矣四牡廢則君臣缺
矣皇皇者華廢則忠信缺矣常棣廢則兄弟缺矣伐
木廢則朋友缺矣天保廢則福祿缺矣采薇廢則征
伐缺矣出車廢則功力缺矣杕杜廢則師衆缺矣魚
麗廢則法度缺矣南陔廢則孝友缺矣白華廢則廉
恥缺矣華黍廢則蓄積缺矣由庚廢則陰陽失其道
理矣南有嘉魚廢則賢者不安下不得其所矣崇丘
廢則萬物不遂矣南山有臺廢則爲國之基隊矣由
儀廢則萬物失其道理矣蓼蕭廢則恩澤乖矣湛露

廢則萬國離矣彤弓廢則諸夏衰矣菁菁者莪廢則
無禮儀矣小雅盡廢則四夷交侵中國微矣

采芑

宣王南征也

車攻

宣王復古也宣王能內修政事外攘　復文王之
境土修車馬備器械復會諸侯于東都因田獵而選
車徒焉

吉日

美宣王田也能愼微接下無不自盡以奉其上焉

鴻鴈

美宣王也萬民離散不安其居而能勞來還定安集
之至于矜寡無不得其所焉

庭燎

美宣王也因以箴之

沔水

規宣王也

鶴鳴

誨宣王也

祈父

刺宣王也

白駒

大夫刺宣王也

黃鳥

刺宣王也

我行其野

刺宣王也

斯干
宣王考室也
無羊
宣王考牧也
節南山
家父刺宣王也
正月
大夫刺幽王也
十月之交

大夫刺幽王也
雨無正
大夫刺幽王也雨自上下者也衆多如雨而非所以爲政也
小旻
大夫刺幽王也
小宛
大夫刺幽王也
小弁
刺幽王也太子之傅作焉
巧言
刺幽王也大夫傷于讒故作是詩也
何人斯
蘇公刺暴公也暴公爲卿士而譖蘇公焉故蘇公作是詩而絶之
巷伯
刺幽王也寺人傷于讒故作是詩也
蓼莪

刺幽王也民人勞苦孝子不得終養爾
大東
刺亂也東國困于役而傷于財譚大夫作是詩以告病焉
四月
大夫刺幽王也在位貪殘下國構禍怨亂並興焉
北山
大夫刺幽王也役使不均已勞于從事而不得養其父母焉

無將大車
大夫悔將小人也
小明
大夫悔仕于亂世也
鼓鐘
刺幽王也
楚茨
刺幽王也政煩賦重田萊多荒饑饉降喪民卒流亡
祭祀不饗故君子思古焉

信南山
刺幽王也不能修成王之業疆理天下以奉禹功故
君子思古焉
甫田
刺幽王也君子傷今而思古焉
大田
刺幽王也言矜寡不能自存焉
瞻彼洛矣
刺幽王也思古明王能爵命諸侯賞善罰惡焉

裳裳者華
刺幽王也古之仕者世祿小人在位則讒諂並進棄
賢者之類絕功臣之世焉
桑扈
刺幽王也君臣上下動無禮文焉
鴛鴦
刺幽王也思古明王交于萬物有道自奉養有節焉
頍弁
諸公刺幽王也暴戾無親不能燕樂同姓親睦九族

孤危將亡故作是詩也
車舝
大夫刺幽王也褒姒嫉妒無道並進讒巧敗國德澤
不加于民周人思得賢女以配君子故作是詩也
青蠅
大夫刺幽王也
賓之初筵
衛武公刺時也幽王荒廢媟近小人飲酒無度天下
化之君臣上下沈湎淫泆武公既入而作是詩也

魚藻
刺幽王也言萬物失其性王居鎬京將不能以自樂故君子思古之武王焉
采菽
刺幽王也侮慢諸侯諸侯來朝不能錫命以禮數徵會之而無信義君子見微而思古焉
角弓
父兄刺幽王也不親九族而好讒佞骨肉相怨故有是詩也

菀柳
刺幽王也暴虐無親而刑罰不中諸侯皆不欲朝言王者之不可朝事也
都人士
周人刺衣服無常也古者長民衣服不貳從容有常以齊其民則民歸一傷今不復見古人也
采綠
刺怨曠也幽王之時多怨曠者也
黍苗
刺幽王也不能膏潤天下卿士不能行召伯之職焉
隰桑
刺幽王也小人在位君子在野思見君子盡心以事之
白華
周人刺幽后也幽王取申女以爲后又得褒姒而黜申后故下國化之以妾爲妻以孽代宗而王弗能治周人爲之作是詩也
緜蠻
微臣刺亂也大臣不用仁心遺忘微賤不肯飲食教載之故作是詩也

瓠葉
大夫刺幽王也上棄禮而不能行雖有牲牢饔餼不肯用也故思古之人不以微薄廢禮焉
漸漸之石
下國刺幽王也戎狄叛之荆舒不至乃命將率東征役久病于外故作是詩也
苕之華

大夫閔時也幽王之時西　交侵　國師旅並
起因之以饑饉君子閔周室之將亡傷已逢之故作
是詩也
何艸不黃
下國刺幽王也四　交侵中國背叛用兵不息視民
如禽獸君子憂之故作是詩也
大雅
文王
文王受命作周也
詩小序　三十七
大明
文王有明德故天復命武王也
緜
文王之興本由太王也
棫樸
文王能官人也
旱麓
受祖也周之先祖世脩后稷公劉之業太王王季申
以百福干祿焉

思齊
文王所以聖也
皇矣
美周也天監代殷莫若周周世世修德莫若文王
靈臺
民始附也文王受命而民樂其有靈德以及鳥獸昆
蟲焉
下武
繼文也武王有聖德復受天命能昭先人之功焉
詩小序　三十八
文王有聲
繼代也武王能廣文王之聲卒其代功也
生民
尊祖也后稷生于姜嫄文武之功起于后稷故推以
配天焉
行葦
忠厚也周家忠厚仁及艸木故能內睦九族外尊事
黃耇養老乞言以成其福祿焉
旣醉

太平也醉酒飽德人有士君子之行焉

鳧鷖

守成也太平之君子能持盈守成神祇祖考安樂之
也

假樂

嘉成王也

公劉

召康公戒成王也成王將涖政戒以民事美公劉之
厚于民而獻是詩也

詩小序　三十九

泂酌

召康公戒成王也言其皇天親有德饗有道也

卷阿

召康公戒成王也言求賢用吉士也

民勞

召穆公刺厲王也

板

凡伯刺厲王也

蕩

召穆公傷周室大壞也厲王無道天下蕩蕩無綱
文章故作是詩也

抑

衛武公刺厲王也亦以自警也

桑柔

芮伯刺厲王也

雲漢

仍叔美宣王也宣王承厲王之烈内有撥亂之志遇
裁而懼側身修行欲銷去之天下喜于王化復行百

詩小序　四十

姓見憂故作是詩也

崧高

尹吉甫美宣王也天下復平能建國親諸侯褒賞申
伯焉

烝民

尹吉甫美宣王也任賢使能周室中興焉

韓奕

尹吉甫美宣王也能錫命諸侯

江漢

尹吉甫美宣王也能興衰撥亂命召公平淮夷

常武

召穆公美宣王也有常德以立武事因以爲戒然

瞻卬

凡伯刺幽王大壞也

召旻

凡伯刺幽王大壞也旻閔也閔天下無如召公之臣

也

周頌

詩小序　八　四十一

清廟

祀文王也周公既成洛邑朝諸侯率以祀文王焉

維天之命

太平告文王也

維清

奏象舞也

烈文

成王卽政諸侯助祭也

天作

祀先王先公也

昊天有成命

郊祀天地也

我將

祀文王於明堂也

時邁

巡守告祭柴望也

執競

祀武王也

詩小序　八　四十二

思文

后稷配天也

臣工

諸侯助祭遣于廟也

噫嘻

春夏祈穀于上帝也

振鷺

二王之後來助祭也

豐年

秋冬報也

有瞽

始作樂而合乎祖也

潛

季冬薦魚春獻鮪也

雝

禘太祖也

載見諸侯

始見乎武王廟也

有客

微子來見祖廟也

武

奏大武也

閔予小子

嗣王朝于廟也

詩落

嗣王謀于廟也

敬之

羣臣進戒嗣王也

小毖

嗣王求助也

載芟

春藉田而祈社稷也

良耜

秋報社稷也

絲衣

繹賓尸也高子曰靈星之尸也

酌

告成大武也言能酌先祖之道以養天下也

桓

講武類禡也桓武也

賚

大封于廟也賚予也言所以錫予善人也

般

巡守而祀四岳河海也

魯頌

駉

頌僖公也僖公能遵伯禽之法儉以足用寛以愛民務農重穀收于坰野魯人尊之于是季孫行父請命于周而史克作是頌

有駜

頌僖公君臣之有道也

泮水

頌僖公能修泮宮也

閟宮

頌僖公能復周公之宇也

商頌

那

祀成湯也微子至于戴公其間禮樂廢壞有正考甫者得商頌十二篇于周之大師以那爲首

烈祖

祀中宗也

玄鳥

祀高宗也

長發

大禘也

殷武

祀高宗也

詩傳

衛端木賜子貢

周南

文王之妃姒氏思得淑女以共内職賦關雎子曰關雎哀而不傷樂而不淫能正其心則無惌嫉邪辟之思心正而身修身修而家齊家齊而國治國治而天下平故用之鄉人用之邦國其奏樂也必歌關雎以亂之所以風天下也詩之義六一曰風二曰賦三曰比四曰典五曰正六曰頌關雎兼比與以賦而爲風之首焉是王化之本也

太姒將歸寧而賦葛覃子曰貴而能勤富而能儉疏而能孝可以觀化矣

周人美后妃之德終始婦道賦桃夭子曰宜其家人而後可以教國人見君子之修其身矣

周人慶文王之多男而賦螽斯

周人美其公子之多仁也賦麟止

文王遣使求賢而閔行役之艱也勞之以卷耳

文王得良臣于野周人美之賦兔罝

南國諸侯慕文王之德而歸心于周賦樛木

受辛無道商人慕文王而歸之賦汝墳

文王化行南國男女知禮詩人美之賦廣漢

文王之時萬民和樂童兒歌謡賦芣苢

召南

公子歸于諸侯國人覩焉賦鵲巢

諸侯之夫人勤于寵蠶國人美之賦采蘩

諸侯之夫人終容其媵也賦江有汜

大夫貞而能儉忠乎公室國史美之賦羔羊

內子勤于祭祀國史美之賦采蘋

召公宣布主命諸侯服焉賦殷其靁

南國之大夫聘于京師睹召公而歸心焉賦草蟲

小臣奉使而勤勞于公賦小星

虞人克舉其職國史美之賦騶虞

召南之人安於治□□□時擇□賦標有梅（缺四字空後同）

野人求昏而不能其禮女氏拒之賦野有死麇

野人強昏不得而訟女氏□終之賦行露

召康公勤于勞民燕人懷之賦甘棠

魯

周公孫于魯殷人畔公憂王室勸王修政以備之賦

鴟鴞

周公帥師征殷三年克之勞其歸士賦東山

周公居于魯魯人覩焉賦狼跋

周公歸于周魯人欲留之弗克賦九罭

周人思周公而賦伐柯

周人一一一賦破斧

僖公城楚丘以備戎史克頌之賦楚宮

僖公一一一一賦駉

僖公獻捷于太廟史克一一賦泮水

僖公一一一克頌之賦有駜

僖公八年始用郊禘史克一一賦閟宮

邶

管尗封于邶與蔡尗霍尗康尗監殷四國害周公康尗諫不聽三尗遂以殷畔康尗憂王室賦柏舟子曰仁矣吾於柏舟見匹夫不可奪志也

官尗將畔大夫諫之賦雄雉

管尗以殷畔邶人風之賦匏有苦葉

管尗以殷畔仕者苦之賦北門

邶之伶柬心乎王室賦柬兮柬伶人名

邶風危亂一民去之賦北風

一民婦棄於夫賦谷風

一寡毋欲去而子自訟焉賦凱風

時不尚德一一陳古以風之賦靜女

鄘

三尗菁周公鄘人風之賦牆有茨

三尗不義鄘人刺之賦相鼠

三尗以殷畔遂伐衛鄘人從軍其妻念之賦柏兮

鄘人美其君子不仕亂邦賦考槃子曰見遯世而無悶矣

朋友相贈賦木瓜子曰見苞苴之禮行焉

一子不孫鄘人刺之賦芄蘭

國亂民貧君子傷之賦有狐子曰見惻隱之仁焉

女歸非禮衰而見棄刺之賦氓

衛

衛世子餘未立而卒共姜誓以守志賦柏舟
衛武公好學明德國人美之賦淇澳
武公好賢樂善國人美之賦干旄
衛莊公取于齊夫人賢而不禮焉國人閔之賦碩人
衛莊公之嬖人生州吁好兵莊姜憂之賦菉衣
莊姜見怒於公賦終風
衛州吁弑其君桓公莊姜歸于齊賦日月
戴嬀歸于陳莊姜贈之于野賦燕燕
州吁求寵于諸侯使公孫文仲帥師及宋公諸侯魯

人蔡人伐鄭衛人怨之賦擊鼓
衛宣公納伋之妻國人惡之賦親臺
宣公殺其世子伋及毋弟壽衛人傷之賦二子乘舟
宣姜不閑於禮衛人風之賦君子偕老
衛昭伯無禮於姜國人惡之賦鶉之賁賁
公室無禮衛人刺之賦采唐
狄入衛衛戴公次于漕許穆姬閔之賦載馳
宋桓姬閔衛之破也賦泉水
宋桓姬之媵和其小君之賦賦竹竿
宋桓姬歸于衛思襄公賦河廣
狄侵黎黎侯出奔衛衛穆公不禮焉黎人怨之賦旄
丘
黎大夫勸其君以歸國賦式微
衛靈公召子都于宋國人譏之賦蝃蝀
王
王世子宜臼弑其君幽王自立于雒尹伯封過西都
而傷之賦黍離
荆伐申平王以周師戍申周人怨之賦揚之水

戍者不歸室家思怨賦君子于役
平王之族流散而　賦葛藟
東遷學廢君子傷之賦子衿
桓王一一一卒苦之賦何草不黄
周人從征賦嶄嶄之石
周人從軍室家念之賦采菉
周人行役而訊其室家賦大車
齊襄公一一一王周人耻之賦何彼穠矣
王棄賢大夫風之賦唐棣

畱子賢而退隱周人慕之賦丘中

一王好讒大夫憂之賦采葛

大夫一一周人諫之賦無將大車

一王好音大夫風之賦君子陽陽

民適異國一一一賦黃鳥

士就寵下十字皆半闕當云戚而莫之恤賦我行其埜

王室亂人不一生賦苕之崋

京師饑一流而怨賦中谷

萇弘忠於王晉趙鞅殺之周人傷之賦有兔

詩傳　七

齊

齊大夫相戒以勤于公賦東方未明

襄公好田大夫風之賦盧

齊俗習於田賦營

公子小白適莒齊人慕之賦丰

魯桓公會襄公于濼遂與夫人姜氏如齊齊人刺之

賦敝笱

襄公畱姜氏于齊魯桓公不能制齊人刺之賦南山

襄公伐衛姜氏會之于師齊人刺之賦載敺

魯莊公會齊大夫狩于禚齊人譏之賦猗嗟

齊桓公相管仲以匡天下齊人美之賦風雨

桓公好內衛姬蔑之賦鷄鳴

莊公無禮齊人刺之賦東方之日

景公欲求諸侯大夫風之賦甫田

齊俗昏禮不親君子譏之賦著

魏

魏之君子一一一一美之賦伐檀

魏之君子一一賦十畝之間

詩傳　八

魏之君子訓民孝弟賦杕杜

魏人一一一一一賦陟岵

魏人憂其國一一一賦園有桃

魏人困於一一一其國賦碩鼠

魏人苦於征一一一賦鴇羽

魏之內子一一一一怨之賦葛屨

唐

唐一一一一一一賦蟋蟀

唐侯一一一一一一一賦山有樞

曲沃盛——————憂之賦苿聊
曲沃盛彊——賦揚之水
曲沃侮弑其三（闕處隱隱可見蓋君僖王命爲五字）晉侯唐人刺之賦
無衣
晉人久於從——————賦葛生
晉獻好好讒——————賦采苓
晉文公好賢——————賦杕杜
臼季遇郤缺于冀薦于文公——人美之賦野有艸
晉大夫賢——美之賦羔求

詩傳　八　九

晉大夫——————譏之賦彼汾
晉亂民窮——————傷之賦綢繆
曹
曹赤振——————之賦尸鳩
曹之君——賦下泉
曹————賦蜉蝣
曹————風候人
鄶
鄶——————之賦羔求

鄶之君子——賦匪風
鄶人困於——賦長楚
喪亂不終——賦素冠
鄶人兄弟相棄————賦揚之水
鄶人夫婦相棄——賦大路
鄭
鄭武公養賢而賦緇衣子曰於緇衣見好賢之至也
鄭武公封弟叚于京祭足諫之不聽大夫風之賦將
仲子

詩傳　八　十

大叔叚多才而好勇鄭人愛之賦叔于田
叚不義而得衆鄭人歸之賦大叔
鄭世子忽辭昏於齊祭仲諫之賦有女同車
公子五爭齊楚交伐鄭國大亂其臣謀欲諫而救之
賦籜兮
鄭文公使高克禦狄于境不召師潰大夫憂之賦清
人
鄭靈公棄其世臣而任狡子良憂之賦扶胥（任氏狡名）
子良諫用狡靈公不聽將去其國賦麥秀

子良去國不忘諫君賦褰裳
鄭靈公好倡國人化一一子譏之賦溱洧
子皮爲政忠直文武子産美之賦羔求
夫婦相戒以勤生樂善一一美之賦女曰鷄鳴
鄭有貞士宜其一一一一俗賦出其東門
陳
陳一一一一一一賦宛丘
陳之一一一一一一賦衡門
陳靈公如夏氏一一一之賦株林
詩傳　八　十一
孔寧儀行父從君一一泄冶刺之賦墓門
陳靈公聽讒囚泄冶内子憂之賦防有鵲巢
陳殺其大夫泄冶一一傷之賦澤陂
陳一一一一一一賦東門之枌
陳一一一一一一一之賦東門之池
朋友一一一一一一賦東門之楊
朋友一一一一一一一賦月出
秦
秦襄公以王命征戎周人赴之賦無衣
襄公遣大夫征戎而勞之賦小戎
襄公伐戎初命爲秦伯國人榮之賦車鄰
襄公克戎始取周地秦人矜之賦終南
襄公始有田畆之事秦人喜之賦駟鐵
晉重耳入于晉秦穆公送之賦渭陽
康公葬穆公以子車氏三子殉秦人哀之賦黄鳥
君子隱于川上一一慕之賦蒹葭
一一一一一一一賦晨風
一一一一一一一一賦權輿
詩傳　八　十二
小正
周公制作禮樂用之燕享有小正焉一崔鳴一一所
以脩身也一鹿鳴伐木菁莪鴻桑白駒皆所以燕賢
也常棣燕兄弟也頍弁燕親戚也魚麗嘉魚瓠葉皆
所以燕大臣也南山有臺天保大臣所以報王也煌
華遣使臣也四牡勞使臣之勤也杕杜勞戍也邵風
陳農政也南山楚茨甫田皆所以勸農也大田農夫
所以報上也斯干落寢宮也鴻鴈懐流人也蓼蕭常
常者笋湛露彤弓桑扈采芣皆天子之燕諸侯也瞻

彼洛矣賓籌魚藻皆諸侯所以報天子也子曰凡爲天下國家有九經脩身則道立尊賢則不惑親親則諸父昆弟不怨敬大臣則不眩體羣臣則士之報禮重子庶民則百姓勸來百工則財用足柔遠人則四方歸之懷諸侯則天下畏之斯周道之所以正乎

小正續

宣王中興而小正續焉六月北伐也出車勞將帥也采薇勞師也采芑南征也黍苗城申也車工吉日閱武也庭燎勤政也沔水念亂也無羊考牧也車牽樂

親昏也

小正傳

昭王南——————大夫憂之賦鼓鍾

圻招——————道穆王西征祭公述民怨以諫賦圻招

懿王之————勞于王事賦北山

王之時大夫遊————賦緜蠻

厲王信讒大夫憂之賦青蠅

厲王之時諸侯勞————賦小東

厲王不禮于諸侯——相戒以避之賦菀柳

厲王出居于彘————賦小明

尹伯奇——後母鄰大夫閔之賦小弁

幽王————賦巷伯

大夫傷于——賦巧言

大————賦小旻

——————相戒賦鳴鳩

申后——賦白華

兄弟不————賦角弓

皇父專政————賦十月之交

——————思——————母賦蓼莪

衛武公————賦賓之初筵

衛武————賦懿戒

————————賦四月

西周衰退——大夫傷之賦正月

王室播遷大————臣閔之賦雨無其極

桓公代鄭————家父諫之賦節

朋友————之賦谷風

君子懷————————賦都人士

大正

周公制————會朝受———有大正焉文

王生民公劉緜大明棫樸旱麓思齊皇矣靈臺大武

文王有聲行葦旣醉鳧鷖嘉樂皆周———德以訓

成王也泂酌卷阿————王也

大正續

宣王中興大正續焉雲漢———高————

伯————伯也韓奕

—漢平————————也

詩傳　　　十五

大正傳

呂穆公諫——賦蕩

———賦柔桑

———賦民勞

———賦板

———賦瞻卬

———賦召旻

周頌

周公——————————天之——清——思

文————————————————

——廟——將————————

—烈————鶩———————

—子———時———————

—————般———————

——武———載見———————

——賚合———————寢廟—

——成————————朝

詩傳　　　十六

———朝于—————————之

—————之也——————

————祀成王—堂———

——臣工——執競——————成康

——報——————————

也共闕二百三十五字

商頌商頌五篇毛鄭韓孔呂朱錯于魯頌之後非也

宋公孫正———那烈祖祀成湯也長發

大禘也玄鳥———殷武祀高宗也

詩說

漢　魯人申培著

周南

關雎文王之妃太姒思得淑女以充嬪御之職而供祭祀賓客之事故作是詩首章於六義中爲先比而後賦也以下二章皆賦其事而寓比興之意

葛覃此亦太姒所自作賦也

桃夭周人美后妃終始婦道之詩皆比而後賦也

螽斯美周室多男之詩興也

詩說　一

麟止文王之子多仁賢美之皆比中有賦也

卷耳文王遣使求賢而勞之以詩首章先比而後賦也後三章皆賦也

兎罝文王聞太顛閎夭散宜生皆賢人而舉之國史詠其事而美之皆比而後賦也

樛木諸侯慕文王之德而歸心焉故作此詩皆比而後賦也

汝墳商人苦紂之虐歸心文王而作是詩首二章賦也末章興也

漢廣文王化行江漢而男女知禮國史美之而作是詩皆比中有賦也

芣苢童兒鬬草嬉戲歌謠之詞賦也

召南

鵲巢諸侯嫁女其民觀焉卽其事而賦之也

采蘩美夫人親蠶之詩賦也

江有汜諸侯之媵始不容於嫡終而進之故作是詩興也

羔羊美大夫之詩賦也

詩說　二

采蘋內子敬祀詩人賦之

殷其靁武王克商諸侯受命于周廟出就終南之館故作此詩皆比而後賦也

草蟲南國大夫夏聘于周次于終南睹王室之多賢相率以歸心焉賦也

小星小臣奉使行役之詩賦也

騶虞美虞人之詩賦也

摽有梅女父擇壻之詩興也

野麇昏姻惡無禮之詩賦也

行露強委禽而不受至於興訟大夫以禮斷之而國史美之一章比也二章三章皆興也

甘棠燕人追美召公之詩賦也

魯

鴟鴞管叔及其羣弟流言于國周公避居於魯殷王祿父遂與十七國作亂周公憂之作此詩以貽成王欲王省悟以備殷全篇以鳥之育子成巢者比先王之創業而代之為言也

東山周公伐武庚既克而歸勞其從行之士故作此

詩皆賦中有興焉

狼跋周公居于魯魯人睹其德容而作是詩先比而後賦也

伐柯管叔以殷圍衛大夫譏迎周公乃作此詩一章全比也二章比而賦也

九罭周公歸於周魯人欲留之不可得作是詩興也

破斧周公至自征殷四國美之賦也

僖公城楚丘以備戎太史克美之賦也

駉史克美僖公考牧之詩賦也

泮宮僖公作泮宮而落其成太史克頌禱之詞前三章皆賦其事以起興也下四章皆賦也

有駜燕飲而頌禱之詞興也

閟宮魯僖公新作后稷文王之廟于太廟世室及孝惠桓莊四親廟之上而史克作詩以頌之非孔子所錄也十一章皆賦也

邶

柏舟康叔因管叔欲害周公挾武庚以叛憂之而作一章興也下四章皆賦也

雄雉邶之臣諫管叔而作此一章二章皆興也三章四章皆賦也

匏有苦葉邶人刺管叔之詩一章比也二章興而比也三章四章全比也

北門邶之仕者處危國事亂君因征役而出門賦之以自嘆也

東兮伶官心乎王室而自傷之詩前三章賦也末章興也

北風邶人厭亂之詩皆比而賦也

谷風邶之良婦見棄于夫而作是詩一章比中有賦也二章賦也三章比而賦也四章比而後賦也五章六章皆賦也

凱風邶人毋不安其室七子自咎而作一章二章比而賦也三章四章皆興也

靜女陳古諷今之詩賦也

鄘

牆有茨鄘人刺三監之詩興也

相鼠刺三叔之詩興也

伯兮鄘人有從武庚而伐衛者室家憂而作一章二章賦也三章比而後賦也四章賦也

考槃美隱者之詩賦也

木瓜朋友相贈之詩賦也

芄蘭刺霍叔也以童子僭成人之服比其不度德量力而助武庚作亂

有狐君子于寒夜見貧民與狐涉水而傷之賦也

氓淫婦爲人所棄鄘人述其事以刺之首二章皆賦也三四章皆興也五章賦也六章賦中有比也

衛

柏舟衛釐侯在位世子恭伯先卒恭姜守義齊武公欲召之歸寧而嫁之恭姜不許故作此詩興也

淇奥美衛武公之詩興也

干旄美武公好賢賦也

碩人衛莊公娶于齊曰莊姜賢而公不禮焉國人閔之而作是詩前一章賦也二章賦而比也三章賦也四章興也

綠衣衛莊公嬖人生州吁有寵而好兵莊姜憂之而

作前二章皆賦也三與四皆比而賦也

終風莊姜戒州吁公不悅姜憂而作詩四章皆比而後賦也

日月州吁弑桓公莊姜大歸而作是詩賦也

燕燕莊姜與娣戴嬀皆爲州吁所逐同出衛野而別莊姜作詩以贈嬀焉前三章皆興也後一章賦也

擊鼓州吁伐鄭國人怨之而作賦也

親臺衛宣公爲伋娶婦而美築親臺而自納之衛人惡之而賦其事也末章比中有賦也

二子乘舟宣公欲立少子朔使伋壽如齊而沈之于
河衛人傷之而作是詩賦也
君子偕老刺宣姜之詩賦也
鶉之奔奔刺宣姜與公子頑之詩興也
采唐宣姜召公子頑于公桑久處而遠送之國人刺
之而作是詩興也
載馳許穆夫人閔衛之亡傷許之小力不能救恩歸
唁其兄義又不得故賦是詩前二章皆賦也三章四
章皆興也

泉水宋桓夫人閔衛之破而作首興後皆賦也
竹竿宋桓夫人之勝和泉水而作首章興也二章三
章先比後賦也
河廣宋桓夫人生襄公而出歸于衛襄公卽位夫人
思之而義不可往故作此詩賦也
旄丘狄逐黎侯黎侯寓于衛衛穆公不克納黎大夫
怨之而作是詩一章興也二章三章四章賦也
式微黎侯失國而寓于衛其臣勸之歸賦也
蝃蝀衛靈公爲南丁召宋朝國人譏之二章皆先比
而後賦也末章賦也

王

黍離幽王伐申申侯逆戰于戲射王弑之立平王于
申自申遷洛命秦伯帥師逐　于鎬京尋遣尹伯
封犒秦伯之師過故宗廟宮室秦人皆墾爲田咸生
禾黍旁皇不忍去故作此詩賦也
暘之水荆子討申侯弑幽王之罪伐申侵甫及許平
王遣兵戍之周人怨思而作興也
君子于役戍申者之妻所作賦也

葛藟王族流散而作興也
子衿王室下衰學政廢弛弟子多倍其師君子傷之
而作是詩賦也
何草不黃桓王之世伐滕薛唐杞諸國連歲不息周
人苦之而作是詩前二章興也三章賦也末興也
嶄嶄之石桓王伐鄭將帥不堪勞苦而作是詩賦也
采菽周人從征其妻念之而作是詩賦也
大車周人從軍寓其室家之詩賦也
何彼穠矣齊襄公殺魯桓公莊王將平之使榮叔錫

桓公命因使莊公主昏以桓王之妹嫁襄公周人傷之而作是詩一章賦中有比也二章賦也三章興也

唐棣僖王者棄賢而諷之首章興也二章三章賦也

采葛賢者被讒見黜于野周人閔之而作興也

無將大車周大夫有寵信小人者其臣諫之而作是詩比而後賦也

君子陽陽景王好音而士遂習音君子諷之而作是詩賦也

黃鳥民適異國見拒于人而思歸故鄉乃作是詩比

而後賦也

苕之蕐景王崩王室亂兵連歲饉民物盡耗君子自傷生逢其難而作是詩二章興也末章賦也

中谷民饑而流夫婦不保君子閔之而作是詩興也

有兎趙鞅殺萇弘周人傷之而作是詩比而賦也

齊

東方未明齊大夫相戒以勸于公故作此詩前二章皆賦也末比而賦也

盧齊襄公好田君子諷之而作是詩賦也

營齊俗好田君子刺之賦也

丰襄公無道卽位之四年公弟小白避之莒齊人慕之而作是詩賦也

敝笱魯桓與夫人文姜如齊而襄公通焉齊人刺之比而後賦也

南山襄公久留文姜齊人刺之比而後賦也

載敺齊襄納衛朔抗王人魯人從之文姜歸齊以犒師齊人刺之賦也

猗嗟魯莊公朝于齊遂及齊大夫狩禚齊人刺之賦

也

風雨齊桓得管仲以爲相齊人喜之而作是詩比而後賦也

雞鳴齊衛姬勸桓公以勤政故作此詩賦也

東方之日齊莊公好女樂君子譏之賦也

甫田齊景公急於圖霸大夫諷之二章興也末比也

著齊俗廢親迎之禮君子譏之賦也

魏

伐檀君子能其官而不用魏人慕之而作是詩比而

興也
十畝之間政亂國危賢者不樂仕于其朝而思與友
歸于農畝賦也
杕杜君子教人孝友之詩興也
陟岵魏人行役而思其親故作此詩賦也
園有桃君子憂國而歎之故作此詩賦也
碩鼠大夫貪戾魏人怨之而作是詩比而後賦也
鴇羽民從征役而不得養其父母故作此詩興也
葛屨魏之内子儉不中禮媵者怨之一章興也二章

賦也
唐
蟋蟀唐人相戒之詩興也
山有樞唐人憂國之詩興也
椒唐昭侯封公子成師于曲沃成師治聚盛強師服
憂之而作是詩比中有賦也
揚之水成師有篡國之謀唐人知之而作是詩比而
後賦也
無衣唐公孫偁弑三君而取其國盡以寶器賂周僖
王王命之爲晉侯國人作此以刺之賦也
葛生晉獻公之時國人于於征役室家念之而作是
詩二章興也後三章賦也
采苓晉人諫獻公信讒之詩賦也
杕杜晉文公好賢而國人美之興也
野有蔓草晉曰季薦郤于文公晉人美之比也
羔求晉人美其大夫之詩興也
彼汾晉人刺其大夫之詩興也
綢繆晉亂民窮昏姻失時君子傷之而作是詩興也

曹
尸鳩曹叔爲政有度國人美之而作是詩興也
下泉東遷之初曹人閔周而作皆比而後賦也
蜉蝣君怠國危曹大夫閔之而作皆比而賦也
候人曹君多任非人國人諷之首章賦也後三章比
也
鄶
羔求鄶君不能自強于政治國人憂之而作賦也
匪風周室衰微賢人憂久而作賦也

萇楚鄶人困於賦役而作賦也
素冠三年之喪廢君子傷之而作賦也
暘之水兄弟爲人所間而被讒者訴之詞比而賦也
大路棄婦之詞賦也

鄭

緇衣鄭武公好賢賦詩貽之賦也
將仲子鄭莊公欲陷弟段授以大邑祭仲諫陽拒之
大夫原其情而刺之皆賦中有比也
叔于田叔段多才而好勇大夫憂之而作是詩賦也
大叔段不義而得衆大夫憂之而作是詩賦也

有女同車鄭世子忽辭昏于齊祭仲足諫之而作是
詩賦也
籜兮鄭莊公卒公子爭立而齊楚交伐忠臣憂之欲
相率獻謀以救其國故作此詩皆先比而後賦也
清人鄭文公惡其大夫高克欲遠之而使禦狄于境
久而不召師將潰散公子素憂之而作是詩賦也
扶胥鄭靈公棄其世臣而任嬖人狂狡子良諫之而
作是詩興也

麥秀靈公不聽子良之諫將逐之故作是詩以責狂
狡一章興也二章賦也
褰裳子良如晉作詩以寓靈公賦也
溱洧刺亂也皆賦體
羔求鄭子皮卒子產思之追頌焉賦也
女曰雞鳴夫婦相警戒之詞賦也
出其東門鄭之貞士宜其室家不染淫俗而作此詩
賦也

陳

宛丘陳人譏其大夫之詩賦也

衡門君子樂隱之詩賦也
株林陳靈公通乎夏姬國人刺之賦也
墓門泄冶諫靈公孔寧儀行父譖而囚之冶作是詩
興也
防有鵲巢泄冶被讒內子憂之而作比而後賦也
澤陂泄冶諫而死君子傷之興也
東門之枌　東門之池　東門之楊
月出朋友相期不至而作興也

秦
無衣秦襄公以王命征戎周人赴之賦也
小戎秦襄公征戎而勞其大夫之詩賦也
車鄰襄公初爲諸侯周大夫與燕美之而作首章賦
也下二章比也
終南襄公初爲諸侯秦人祝之而作興也
駟驖秦人從狩而作賦也
渭陽晉公子重耳歸于晉秦穆公送之而作是詩賦
也

黃鳥秦穆公卒世子罃以三良殉之秦人傷之而作
是詩興也
蒹葭君子隱于河上秦人慕之而作是詩興而比也
晨風秦君遇賢始勤終怠賢人譏之興也
權輿則與前篇同義賦也
小正
鹿鳴天子燕賓師之歌盍鹿鳴伐木菁莪隰桑皆燕
賢者而詞有重輕敬有隆殺所謂尊賢之等也三章
皆以鹿鳴起興而賦之

伐木天子燕友之歌興也
菁莪天子燕賓與之士則歌此詩比而賦也
隰桑天子燕士之詩前三章比而賦也末章賦也
白駒賢者將隱去王者留之而作是詩賦也
常棣天子燕兄弟之歌首章興也二章賦也三章至
末皆賦也
頍弁此燕王族之詩賦中有比也
嘉魚此前二章皆賦也後二章先比而後賦也
魚麗此詩全篇皆賦也

瓠葉全篇皆賦也以上二詩子貢傳以爲皆燕人臣之詩而其詞亦有隆殺焉
南山有臺大臣頌美天子之詩興也
天保大臣祝頌天子之詩賦也
湟華天子遣使于四方歌此餞之首章興也下四章
皆賦也
四牡天子勞使臣之詩首二章皆賦也三章四章皆
興也末章賦也
杕杜勞還戍之詩前三章皆興也末章賦也
豳風周公陳農政之詩賦也

南山王者勸農而禱祀之詩賦也
楚茨農事既成乃祭宗廟燕及王族之詩賦也
甫田農事既成祀田祖而并犒農夫之詩賦也
大田農夫報上之詩賦也
斯干王者落其新宮史佚美之賦也
鴻鴈王者懷柔遠人流民喜之而作是詩比而賦也
蓼蕭諸侯來朝天子燕之而歌此詩興也
常常者華天子美諸侯之詩前三章興也末章賦也
湛露天子燕同姓諸侯之詩興也

彤弓諸侯敵愾獻功天子賜弓矢燕之而奏樂歌賦
也
桑扈天子燕方伯之詩前二章皆興也後二章賦也
采菽諸侯免喪入朝天子錫賚之詩前二章皆興也
中一章賦也末章皆興也
瞻彼洛矣天子會武于洛邑諸侯美之賦也
鴛鴦諸侯祝天子之詩興也
魚藻亦諸侯美天子之詩興也
小正續 此卷十一篇皆宣王中興之詩當時亦奏之燕享以續周公之正樂矣毛氏爲變小正非也

六月尹吉甫帥師征玁狁史籀美之賦也
出車宣王再命南仲伐玁狁遂平西 勞其還師史
籀美之賦也
采薇宣王之世既驅玁狁勞其還師之詩前四章皆
興也下二章皆賦也
采芑宣王命方叔征荆荆人來歸史籀美之前三章
皆興也末章賦也
黍苗宣王命召穆公往城謝以遷申伯史籀美之音

章興也下四章皆賦也
車工宣王大閱于東都諸侯畢會史籀美之賦也
吉日宣王畋獵復古史籀美之賦也
庭燎宣王勤政史籀美之賦也
沔水宣王即位乞言于羣后而作是詩皆興也
無羊宣王考牧史籀美之賦也
車舝宣上中興士得親迎其友賀之而作此詩首章
賦也次章興也三章興也四章興也
小正傳 鐘鼓而下二十八篇蓋自昭穆至於幽平或公卿大夫諷詠于上或十君子惡

思于下亦皆出于好惡之公而得夫情性之正夫子錄之以存鑒戒謂之傳者以其非奏樂之正經而亦可傳也大正倣此

鼓鍾昭王南遊宴樂于淮水之上君子憂傷而作是詩賦也

圻招穆王西征七萃之士咸怨祭公謀父作此詩以諷諫賦也

北山大夫行役不得以養其父母而作是詩賦也

緜蠻大夫失位遠適它國其過賓之主人閔之而作是詩興也

詩說　八　十九

青蠅厲王之世讒言繁興君子憂之而作興也

小東東國困于役而傷于財大夫作此以告病首章賦中有比也次章賦也三章興也後四章皆賦也

菀柳厲王暴虐諸侯相戒而作興也

小明厲王流于彘大夫之從行者歷時既久悲傷而作皆賦也

小弁尹伯奇爲後母所譖而出其鄰大夫作此詩以諷其父吉甫首章至第五章皆興也六章興也七章賦中有興也八章興也

巷伯幽王之時孟子遭讒而被宮刑爲寺人而作此詩前六章皆賦也末章先比而後賦也

巧言周幽王時大夫傷于讒而作是詩前三章皆賦也四章興而比也五章興也下章皆賦也分何人斯二篇非也

小旻大夫以王惑于邪謀不能斷以從善而作此詩賦也

鳲鳩此大夫遭周之亂而兄弟相戒以免禍之詩首章興也二章賦也此下三章皆興也毛朱作小宛

白華幽王寵褒姒廢姜后后歸中而作此詩興也

詩說　八　二十

角弓王不親九族而好讒佞宗族相怨之詩首章興也下三章皆賦也五章比也下三章皆先比而後賦也

十月之交幽王之時天變見于上地變動于下而姦臣亂政于外嬖妾敗德于内大大憂亂亡之將至故作是詩賦也

正月周室喪亂大夫傷之而作是詩前三章皆賦也四五章賦也六章興也七章賦中有比也八章九章皆比也十章先比而後賦也十章十一章皆賦也

賓之初筵衛武公自警之詩賦也

懿戒衛武公自警兼訓國人首四章皆賦也五章賦中有興也六七章皆賦也八章賦中有比也九章興也至末三章皆賦也

四月大夫遭讒流離南國而作是詩前三章皆賦也中三章興也七章賦也末章亦興也

蓼莪王室昏亂讒邪肆行其大夫士有没而不得其所者孝子痛傷而作是詩前三章皆先比而後賦也四章賦也五章六章皆興也

雨無其極東遷之初大夫有不忠于王室者暬御之臣閔之而作賦也

節桓王之時任用非人諸侯咸叛兵敗民殘家父憂之作此以諫王焉首二章興也下六章皆賦也

谷風朋友相怨之詩興也

都人士尹伯封作周既東遷見西周風俗之美而傷今之不古若賦也

大正

文上周公追述文王之德明周家所以受命而代商者作詩歌奏于清廟受釐陳戒之時以訓嗣王賦也

生民周公制禮作樂尊后稷以配天故作此詩以推本其始命之祥明其受命于天者其原如此賦也

公劉周報公劉召公述其事以訓嗣王使知民事之詩賦也

緜周報太王周公述其事以訓嗣王之詩首章起句爲比下五句皆直賦之也下七章皆賦也

棫樸周公詠歌文王之德以訓嗣王首章興也二章賦也三章興也四章五章皆先比而後賦也

旱麓詠嘆文王之德前三章皆興也第四章賦也五章六章皆有義之興也

思齊歌文王之德而推本言之賦也

皇矣詩敘太王太伯王季之德以及文王伐密伐崇之事賦也

靈臺文王遷都于豊作靈臺以齊七政奏辟雝周公述之以訓嗣王賦也

大明周公述文武受命之功以訓嗣王八章皆賦也

文王有聲周公述文武遷都豊鎬以訓嗣王前七章

皆賦也末章興也
行葦天子祭畢而燕父兄耆老之詩首章興也下三
章皆賦也
既醉王俗與燕畣行葦之詩賦也
鳧鷖祭之明日繹公尸之樂歌興也
嘉樂公尸美王者之詩賦也
泂酌召康公戒成王之詩賦也
卷阿召康公從成王遊歌于卷阿之上因王之歌作
此以進戒首章總敘以發端也二章以下凡五章皆

召公陳其歌詠之辭皆賦體七八章皆興也九章即
其所見賦之以寓進戒之意第十章從上鳳皇之鳴
而賦之以興下章之義高岡卷阿之脊末章賦也
大武康王大禘報祀成王奏大武六成既畢受釐陳
戒之詩賦也

大正續　此卷六篇皆宣王時詩亦奏之會朝以續周召之大正矣毛詩列之民勞板蕩抑桑柔之後而謂之變大正非也

雲漢宣王憂旱史籀美之賦也
崧高宣王之舅申伯出封于謝尹吉甫詩以送之賦
也
烝民宣王命樊侯築城于齊尹吉甫詩以送之賦也
韓奕韓侯來朝受命將歸顯父餞之贈以是詩六章
皆賦也
江漢召穆公帥師征淮南之夷史籀美之而作是詩
賦也
常武宣王親征淮北之夷既服而歸召穆公美之賦
也

大正傳　此卷四篇皆厲王時詩二篇爲幽王時詩本非用之爲會朝之樂及受釐陳戒之辭也夫子特以其文體音節之相似而傳之以示戒焉

蕩厲王無道召穆公諫之賦也
桑柔芮良夫傷厲王之失國而作是詩首章先比而
後賦也二三四章皆賦也五章賦中有比也六七八
章皆賦也九章興也十章賦也十一章興也十二章
十三章皆興也末三章皆賦也
民勞厲王之時公卿憂亂同列相戒而作此詩賦也
板厲王用事之臣多懷不忠以致禍敗公卿賦此以
責之賦也

瞻卬幽王嬖褒姒任奄人尹伯奇憂亂而作此詩前三章皆賦也第四章賦中有興也五章六章皆賦也末章興也

召旻幽王遹刑人近頑童諂巧用讒慝諸侯攜貳戎狄內侵饑饉因之國人流散尹伯奇諫王而作是詩前三章皆賦也四章比而賦也五章賦中有比也六章比而賦也末章賦也

頌

清廟周公成洛也奉成王見諸侯作明堂宗祀文王以配昊天上帝率諸侯祀之而作此樂歌賦也

維天之命亦祭文王之詩賦也

維清亦祭文王于明堂而奏象舞之詩賦也

思文郊祀后稷以配天之樂歌賦也

天作周祭岐山配以大王文王之詩賦也

我將季秋禘上帝于明堂而配以文王之樂歌也賦也

雝成王祀文武之詩賦也

烈文成王祭宗廟而獻助祭諸侯之樂歌賦也

振鷺先代之後助祭于周而勞之之歌興也

武大武一成之歌賦也

賚述武王大封于廟之詩爲大武之二成賦也

旹邁述武王巡守而朝會祭告之樂歌蓋大武之三成也賦也

般此述巡守之詩爲大武之四成賦也

勺亦頌武王之詩蓋大武之五成賦也

桓此大武六成之歌賦也

頌

閔予小子成王免喪始朝先王之廟作詩四篇以自警皆賦也

訪落成王既朝于廟因作此詩以道延訪羣臣之意賦也

敬之成王受羣臣之戒而述其言賦也

毖亦訪落之意賦也

載見此諸侯助祭于武王廟之詩賦也

有客成王既討武庚封微子啟于宋來朝于周見于祖廟此其燕樂之歌賦也

有瞽始作樂而合乎祖之詩賦也
潛薦魚于寢廟之樂歌賦也
絲衣士執事于王祭而飲以旅酬之樂歌賦也
臣工祭先農之詩賦也
豐年秋冬報賽之樂歌蓋祀田祖先農方社之屬賦也
載芟亦豐年之意賦也
良耜與載芟同意賦也
昊天有成命康王禘成王于明堂之詩賦也
詩説 二十七
噫嘻康王孟春祈穀于東郊以成王配享之詩賦也
執競昭王禘康王于明堂之詩賦也

商頌

那祀成湯之樂歌賦也
烈祖與上篇同
長發大禘之詩賦也
玄鳥此亦禘祀之詩賦也
殷武祀高宗之樂蓋帝乙之世武丁親盡當祧以其中興功高存而不毁特新其廟稱爲高宗而祀之作此歌賦也

乾鑿度上

闕名

庖犧氏先文

公孫軒轅氏演古籒文

蒼頡修爲上下二篇

黄帝曰太古百皇闢基文籒遽理微萌始有熊氏知生化柢晤茲天心譩念虞思慷慨慮萬源無成既然物出始俾太易者也太易始著太極成太極成乾坤行老神氏曰性無生生復體天性情地曲巧未盡大道各不知其自性乾坤既行太極大成黄帝曰聖人索顛作天索易以地俯仰而象遠近而物浩而功然而立太古斷元聖人法地極先生而設位物成而犀諸形錯煸以文攷茹以魚虞獸以韋上齒以靑法物以役析菥以策運著以數王天下者也太易變教民不倦太初而後有太始太始而後有太素有形始於弗形有法始於弗法極先元見軏轍像假章流立文以詁息孫而後傳授天老氏而後傳授於混沌氏而後授天英氏而後傳無懷氏而後傳授中孫炎帝神

農氏中聖古法淳物元造不足益之器用農穀衣蒜高以飾乘畢以飾足而後傳烈山氏而後授三孫帝鴻氏次授老孫氏公孫軒轅氏益之法神器車符文左武右三器御備自上古及下帝孫文熟化演設民弗倦益物弗限盡祕先之旨闕接引聖人顯其機智聖人口乾坤對太易典設法軏壞而息智之易八卦變策象數庶物老天地限以爲則庖氏先文乾鑿度勑天門以爲名古有先文未析眞宾

太古文目

乾鑿度　二

先元皇介而後有垂皇策而後有萬形經而後有乾文緯而後有乾鑿庑而後有考靈經而後有制靈圖而後有河圖八文而後有希夷名而後有含文嘉而後有稽命圖而後有墳文而後有八文而後有元命包一十四文大行帝用垂皇策與乾文緯乾坤二鑿度此三文說易者也元皇分雖測問陰陽術行大旨也乾鑿度聖人順乾道浩大以天門爲名也乾者天也川也先也川者倚竪天者也乾者乾天也又天也乾先也乾訓健壯健不息日行一度鑿者開也聖人闢作度者度路又道聖人鑿開天路顯彰化源大天氏云一大之物目天一塊之物目地一烝之氣名混沌氣分萬霜是上聖鑿破虛無斷氣爲二緣物成三天地之道不凑黃帝曰觀上古聖駈馴玄化劈措爲業徒得爲想訓究體譯元肇頗浚澳作沭懸心輪薄不息以啓三光上飛簷風雨下流漭河沱得元氣澄陰陽正易大行萬彙生上古變文爲字變氣爲易畫卦爲象象成設位

古文八卦

乾鑿度　三

☰古文天字今爲乾卦重聖人重三而成立位得上下人倫王道備矣亦川字覆萬物

☷古𡈼地字斛於乾古聖人以爲坤卦此文本於坤鑿度錄後人益之對乾位也

☴古風字今巽卦風散萬物天地氣脉不通由風行之逐形入風無所不入

☶古山字外陽內陰聖人以山含元氣積陽之氣成石可感天雨降石潤然山澤通元氣

☵古坎字水情內剛外柔性下不上恒附於氣也太

理在天潰篇

☲古火字爲離内弱外剛外威内暗性上不下聖人知炎光不入於地

☳古雷字今爲震動雷之聲形能鼓萬物悉者起之閉者啓之

☱古澤字今之兌兌澤萬物不有拒上虚下實理之澤萬物象斷流曰澤

昔者庖犧聖人見萬象弗分卦象位尠盍之以三倍得内有形而外有物内爲體外爲事八八推蕩運造

縱横求索覔源尋願究性而然後成

大象八

天乾　地坤　日離　月坎　風巽　雷震　山艮　澤兌八象備萬象生萬象萬形有形之物爲象

立乾坤巽艮四門

乾爲天門聖人畫乾爲天門萬靈朝會衆生成其勢高遠重三三而九九爲陽德之數亦爲天德天德兼坤數之成也成而後有九萬形經曰天門闢元氣易始於乾也

坤爲人門畫坤爲人門萬物蠢然俱受蔭育象以準此坤能德厚迷遠含和萬靈資育人倫人之法用萬門起於地利故曰人門其德廣厚迷體無首故名無疆數生而六六者純陰懷剛叙德配在天坤形無德下從其上故曰順承者也

巽爲風門亦爲地戸聖人曰乾坤成器風行天地運動由風氣成也上陽下陰順體入也能入萬物成萬物扶天地生散萬物風以性者聖人居天地之間性禀陰陽之道風爲性體因風正聖人性焉萬形經曰

二陽一陰無形道也風之發泄由地出處故曰地戸戸者牖戸通天地之元氣天地不通萬物不蕃

艮爲鬼冥門上聖曰一陽二陰物之生於冥昧氣之起於幽蔽地形經曰山者艮也地土之餘積陽成體石亦通氣萬靈所止起於冥門言鬼其歸也衆物歸於艮艮者止也止指諸物大齊而出出後至於呂申艮靜而冥暗不顯其路故曰鬼門

庖犧氏畫四象立四隅以定群物發生門而後立四正四正者定氣一日月出没二陰陽交爭三天地德

正四
立坎離震兌四正
月坎也水魄聖人畫之二陰一陽内剛外弱坎者水
天地脉周流無息坎不平月水滿而囬水傾而昃坎
之缺也月者闕水道聖人究得源脉浰涉淪漣上下
無息在上曰漢在下曰脉潮爲滄䧛氣曰濡陰陽礡
礉爲雨也月陰精水爲天地信順氣而潮潮者水氣
來往行險而不失其信者也
日離火宫正中而明二陽一陰虛内實外明天地之

乾鑿度　八　六

目萬形經曰太陽順四方之氣古聖曰燭龍行東時
肅清行西時温煗行南時大暾行北時嚴殺順太陽
實元煖熯萬物形以鳥離燭龍四方萬物燭明承惠
煦德實而遲重聖人則象月卽輕疾日卽凝重天地
之理然也
雷木震日月出入門者日出震月入於震震爲四正
德形鼓萬物不息聖人畫二陰一陽不見其體假自
然之氣順風而行成勢作烈盡時而息天氣不和震
能鼓息萬物不長震能鼓養萬形經曰雷大地之
情也情性之理自然形經論
澤金水兌日月往來門月出澤日入於澤四正之
氣正元體聖人畫之二陽一陰重上虛下實萬物燥
澤可及天地怒澤能悅萬形惡澤能美應天順人承
順天者不違拒應人者澤滋萬業以帝王法之故曰
潤澤天地之和氣然也
聖人索象畫卦
配身一取象二裁形三取物四法天地宜五分上下
屬六

乾鑿度　八　七

配身
乾爲頭首坤爲胃腹兌口離目艮手震足
取象法用
養身法頥匹配法咸造器設益聚民以萃
裁形變文
順天文賁設人文夬參鳥文離象獸文革
取物制度
親踈噬嗑禦難設豫服牛馬隨物敗以剥
法天地宜

爲象以器死闍法觀天市螆壺文昌六局夬羽林法
師法漸地利室法家人法定主屯分上下屬
聖人畫卦制度則象取物配形合天地之宜索三女
三男六十四象以上下分之陽三陰四法上下分位
聖人設卦以用蓍生聖人度以虚實英草與天齊休
萬形經曰蓍生地於殷凋殞一千歲一百歲方生四
十九莖足承天地數五百歲形漸幹實七百歲無枝
葉也九百歲色紫如鐵色一千歲上有紫氣下有靈
龍神龜伏於下軒轅本經云紫蓍之下五龍十朋伏
隱天生靈莽聖人採之而用四十九運天地之數萬
乾鑿度　八　八
源由也
象成數生
易起無從無入有有理若形形及於變而象象而後
數易名有四義本日月相銜又易者又易易定蒼牙
靈昌有成孔演明經聖人鑿開虚無畎流大道萬彙
滋溢陰陽成數
天數
一　九　二十五　三萬九千七百五十五

地數
二　六　三十　八萬六千四百二十
卦數
三千六百四　又位大二十二萬八千二十四卦數
爻數
三百八十四通二萬二千八百二十四
衍天地合和數
天地合一二得三合九六合二十五及三十
乾策二百一十六
乾鑿度　八　九
一策三十六　策滿六千九百一十二
坤策一百四十四　坤不乾純太陽
一策二十四　策滿四千六百八
八策
萬一千五百二十
月力月力
日八百四千八萬八千九百七十六分
月一千五百八十七萬九千八百八十四十小分
八象大盡數

一百二十八萬二千四百九百八十七分

生天數

天本一而立一爲數源地配生六成天地之數合而成水性天三地八木天七地二火天五地十土天九地四金運五行先水次木先金次土及金木仁火禮土信水智金義又萬名經曰水土兼智信木火兼仁惠五事天性訓成人倫

天地合策數五十五

所用法古四十九六而不用驅之六虛

乾鑿度

著

四營十八策多少兼云而成其位天造聖智垂訓神謀及爾子孫教授不墜者焉

乾鑿度下

闕名

庖犧氏先文

公孫軒轅氏演籀

蒼頡修爲下文

坤鑿度者太古變乾之後次鑿坤度聖人法象知元氣隤委固甲作捍顥孕靈坤偓聖人斷元偶然成地積上形不騫㮇太極有地極成人極靈如履溥厚如資長極天有太極地有太壇黃帝曰天地宜盡闔地

道距水激女媧斷定足其隤一址坤毋運軸而後大央氏百庭氏大元氏立坤元成萬物度推其理釋譯坤性生育百靈效法之道矣

坤元十姓

坤爲人門　坤德厚　坤有勢　坤多利　坤元有信　易平坤道平易　坤有大策　坤純陰正　坤法爲人腹　坤道有閉

希夷名曰元有德十其形名八

坤有八色

東下西上北黑南輕中殷甘滋厥土厚肌東鹹西淡
南汚北荒
坤屬
一離火　二巽風　三兌金
火爲坤毋巽爲離父金乃坤孫以坤爲聖人則之象
也
坤性體
一刑煞　二默塞　三沉厚
一刑者陰體好煞刑罰如此默者充靜充塞不動沉
者勢不自舉體沉也

坤有變化
一虛二簡順三潔凝
庖犧氏畫坤卦有四象變理和蕩爲美凌蕩爲惡離
配不和德匹成正牙體反交飛體不同
一惠位
正坤來山附地兼山謙
二復反本
天地否地天泰

三蕩配
火下有地晉地下火明夷
四凌配
山存地剥
八卦坤道聖人釋動植之源
制靈經曰天有九道坤有四寘易有二道坤四道者
上寘運
寘運道
上寘運物性包蔽不顯其源出處不知潛隱罔差忒

象道
制靈經曰假恐訓至也古文無解生曰象又假生曰
寓化象物邪象正體元
氣化元
老氏曰坤氣不和物出不遂氣滯終沮氣滿終氣化
不永坤之元體存氣化存存元氣
物成坤元
坤道成坤大軿上發乃應庖氏曰坤軿於乾順亨貞
軿依乾而行乾一索而男坤一索而女依乾行道乾

爲龍純顯氣氛若龍坤爲馬
乾爲父坤爲母皆軵順天道不可違化乾君坤臣乾
稱德三坤以奉六乾二十五坤軵三十乾位爻六坤
承奉六右乾覆坤乾元三舍兩坤乾大策舍坤小策
大舍小下軵上聖人裁以天地腁軵而養萬源正其
道

聖人象卦

庖犧氏曰上山搘艮定風討信立雷作威水火成濟

聖人法物

爭而後訟和而後解不通而否大通而泰乖而後睽
無懷氏曰上聖顚天以盡象顚物以盡源顚事以盡
情而後天平地成萬穴效靈五物枏行三天不亂聖
與造遊理倂冥運易動而敷運化諸府乾坤在道日
月相將天地與訓永常日月與明雖未盡大道各尠
彰洎性明柢示元蒼生息玄大化行天地也庖氏著
乾鑿度上下文
媧皇氏地靈母經炎帝黃帝有易靈緯

公孫氏　周易

孔子附仲尼魯人生不知易本偶筮其命得旅請益
於商瞿氏曰子有聖智而無位孔子泣而曰天也命
也鳳鳥不來河無圖至嗚呼天命之也嘆訖而後息
志停讀禮止史削五十究易作十翌明也明易幾教
若曰終日而作思之於古聖頤師於姬昌法旦作九
問十惡七正八嘆上下繫辭大道大數大法大義易
書中爲通聖之問明者以爲聖賢矣
孔子曰吾以觀之曰仁者見爲仁幾之文智者見爲
智幾之問聖者見爲通神之文仁者見之爲之仁智

者見之爲之智隨仁智也
漢代舉先易而後依孔子附於後是代代書之後人
復書之不得爲先文也

元包

後周衛元嵩

太陰第一

☷☷ 坤下坤上 坤厷幷茣䒷 厷音恍 幷音莽 豖叅囦匿 豖音吟 靖而不躁狀而不㑆群類囦育㡿物牡植 囦音訊 厥施惟熙厥勛惟極 牡音莘

☳☷ 震下坤上 復幺幺玄玄 幺伊堯切 雷㕽龍旋 㕽音辰 氣蠢于茣物萌于囦 囦古淵字

☱☷ 兌下坤上 臨豖牲牲欿欣欣 欿音吁 組之帶壐之文

元包 ䷀ 一

☰☷ 乾下坤上 泰夰入于囦囘浮于玄五之交氣之亘 夰音昊 亘音宣

☰☳ 乾下震上 大壯𡙇仡仡 𡙇音厥 仡許訖切 趯欸欸 趯他歷切 欸許勿切 頁趾趯 頁音頡 趯音顛 足背出

☰☱ 乾下兌上 夬諤之訏 訏音孑 豎之喆 豎音堅 喆音哲 剛正仲柔佞閿 閿音缺

☰☵ 乾下坎上 需頁顛顛聰囦囦雲浮于夰明 與朙同 流于天

☷☵ 坤下坎上 比土之垠滇之濆 垠魚斤切 濆音汾 規均均䣁𤯓𤯓

太陽第二

☰☰ 乾下乾上 乾顛宀勹盈 宀音綿 勹音包 介螽幹縈揭而不憩 去例切 駭駭 而克明四叙旣侖 侖音倫 萬類旣生厥造惟弘厥勛惟宏

☴☰ 巽下乾上 垢頁之揭脛之行夰之融颯 甲遐切 之萌

☶☰ 艮下乾上 遯屵之褱 屵音薛 夰之勹甲不甲高不高惷之進 惷尺尹切 喆之逃

☷☰ 坤下乾上 否霥冪冪 霥音蒙 冪音覓 霿霿 霿音夢 霿山責切 天地

元包 ䷀ 二

不相合陰陽不相索大人失小子獲

☷☴ 坤下巽上 觀虢振振 虢音與 䰟牲牲森朱于井 井音𩃝 𩃝音休 于垠

☷☶ 坤下艮上 剝乑之攋 乑音攀 典之折 折音卹 屵氏于陵 屵音蘖 氏音支 豖㡿于石

☷☲ 坤下離上 晉埜井井 埜音野 昦 昦音杲 斦斦欣覞 覞音耀 于醜四辠氷切 下同 于垠

☰☲ 乾下離上 大有燾宀 宀彡𤉲𤉲 彡音衫 𤉲音鮮 明燮于頁 燮音瑩 朙音明 晶灼于天

少陰第三

䷹ 兌下兌上 兌諏之謀詰之訓 與訓同 謣之訐謡之謳

䷮ 坎下兌上 困䏃嚩泓竭聰蒙咽噎 疒 懼于憂詠加于

謪 疒音疾 詠音琢

䷬ 坤下兌上 萃菼㗊䣊吅 㗊音戢 䣊音叙 吅音宣 甡萃侖攢明䂑

䂑 䂑音琢 言㘘㘘

䷞ 艮下兌上 咸陰之涵陽之覃澤潤于屵女悦于男

䷦ 艮下坎上 蹇䕯困囦 䕯音屵 顛顛 屵音業 𡕌靡返 𡕌音隱

牻靡遷 牻音莘 慂于險間愀然佷然

元包　八　三

䷎ 艮下坤上 謙甡庡于岵稚牧于姥麈幂于巖石瘏于

土

䷽ 艮下震上 小過下怫怫 音佛 上悖悖趾之趙 音顛 爪之堅

少陽第四

䷳ 艮下艮上 艮屾八八 屾音詵 北夊夊 夊音撥 門之非徑之

㝉

䷕ 離下艮上 賁彡彡 彡音衫 銘文葽葽 葽音校 闒孎 儒 于

賁練戎于軍

䷙ 乾下艮上 大畜𠬝艸頁趙 艸音攀 碎幂坻冖父不嚴子

不虔佗而不奮幹而不旋

䷨ 兌下艮上 損扒且務 扒音𡰪 務音瞀 耗而務上之掠下之明

卯許 槷切

䷥ 兌下離上 睽界之炎泓之滑婦睎瞪瞪 睎古 覗字 妟言講

講 音彝

䷉ 兌下乾上 履上顛顛下囦囦言出于頁 音頡 濕隆于天

䷼ 兌下巽上 中孚内出其詔外從其號陽上干中陰灰

于奥

元包　八　四

䷴ 艮下巽上 漸耑禾于屵 耑音端 髀牻于碭 牻音莘 𠬝之艸

乏之夊

仲陰第五

䷝ 離下離上 離炎炵炵 他冬切 燚烘烘 燚必遥反 朋囧覞覗界

晶㩁空 㩁音睥

䷷ 艮下離上 旅童𥨊妻婦奔自閨睎之臭爪之攜蘇爨

于屵 蘇而悦切 爨于亂切 弁酒于祅 弁與介同

䷱ 巽下離上 鼎文物股旌綖牻 綖音延 符㪍其詔炎燎其

新

䷿ 坎下離上 未濟水火相北陰陽忒月之虧日之蝕

坎下艮上 蒙㪉𡙡縲宂 㪉乃頻切 冪辟嬰痏 烏玄切 季陵于
仲石瘞于泉㳃廱適犀 音衣 廱旋
坎下巽上 渙䬍盪淼泵 泵音淵 颻旋瀾漪舟滤于瀆 滤皮
彪切 飆旄于犮
坎下乾上 訟偪弜胥執 弜音奇 卒詰胥禁 卒音愆 詰其兩切 直
嚞嚞曲㗊㗊 嚞音哲 㗊音戢
離下乾上 同人玄榻榻炎烈烈畀囧于天晴鎣于頁
鎣音瞀

仲陽第六

元包 八 五
坎下坎上 坎𡦜困困 困音淵 鬼玄玄辛 音愆 之囙 女洽切 停
之攣
兌下坎上 節夫咋咋 則華切 妻悚悚 踈爲反 言聑于聽水
弘于澤 聑子立切
震下坎上 屯雲霥霥 莫浮切 㞙丝丝 丝音幽 雷奮于𡦜 音鼇
龍蹲于湫
離下坎上 旣濟水火胥納陰陽不桀 當作雜 日之交月
之合
離下兌上 革㛹娟欻 娟云貴切 欻吁物切 姊姒勿勿澤之渴炎

之成
離下震上 豐畀之榦晴之䨲 音豁 雷磤磤 音隱 電烜烜 當葛
反
離下坤上 明夷晶寘炎滸囧映晛苫 苫失廉切 陰氣積陽
明㬪
坎下坤上 師瀵之瀆地之垠辟辨辨 音辯 醜甡甡

孟陰第七

巽下巽上 巽似么丝 似音叔 卒飄颻拔岸扒氏 扒音拜 㘣
垠窔坐 窔音日窔音 垬坐與幽同

元包 八 六
乾下巽上 小畜颻旋旋夰宀宀䳾之反頁之趙
離下巽上 家人娣姒侖姑媢甡尸介炎爨介薪
震下巽上 益婦進以禮天合其體風從于雷趾受于
䳾 受平表切
震下乾上 无妄頁顛顛趾延延予欽于父雷奮于天
震下離上 噬嗑列鈇搏織碑灼 織先念切 碑徒念切 晴睒睒 式冉
切 歨彶彶 歨音闊
震下艮上 頤爪丮曰趾彳亍 上赤下畜 上嫺嫺 胡間切 下逮
逮

䷑ 巽下艮上 蠱飄甹手甹普丁切岸硠磬硠戶冬切磬力冬切蠢怔

皿奻媚于宮

孟陽第八

䷲ 震下震上 震䨺之赫䨺達答切霆之砉砉呼麥切悚忪忪忪職容切

駭悚悚悚音索

䷏ 坤下震上 豫駟騳騳音彪䪥轟轟咏歌奏和雷奮龍行

䷧ 坎下震上 解雷趯于𢆶趯他歷切龍躍于陂悖愕愕㰱吵

吵

䷟ 巽下震上 恒夫嚴不閲閲磬激切婦順不逆陰陽胥媲匹詣切

雷風胥激

䷭ 巽下坤上 升輿之麤走之徂股運于腹婦歸于姑

䷯ 巽下坎上 井機聯聯組牽牽罙厥皿躋厥困

䷛ 巽下兌上 大過娣越姒娟陵姊風罙于陂舟休于水

休音溺

䷐ 震下兌上 隨男有嫡女有嬂嬂音適言侃侃笑欨欨欨許廸切

運蓍第九

五行之數一曰水二曰火三曰木四曰金五曰土此

其生也六曰水七曰火八曰木九曰金十曰土此其

成也凡五行生成之數五十有五肇於勿芒動於冥

黙物休咎於未形辨憂虞於旣兆出神入而變化

無窮窮幽洞靈而生成不息體混茫之自然與天地

而為極寔所謂微妙玄通深不可測故仲尼曰天一

地二天三地四天五地六天七地八天九地十天數

五地數五五位相得而各有合天數二十有五地數

三十凡天地之數五十有五此所以成變化而行鬼

神矣易用四十九策者窮少陽也包用三十六策者

極太陰也窮少陽盖尚文也極太陰盖尚質也文質

之變數之由陽不窮九陰不極八明大衍之不可過

也陽之策一十有二陰之策二十有四凡三十有六

蓋取數於乾坤五行八卦同符合契共而為一曰太

一分而為兩曰兩儀揲之以三曰三才營之以四曰

四時歸餘於終取象於閏數之閏也在於左陽之動

也數之萌也在於右陰能生也

混茫旣判天地闢矣天地旣闢三統分矣三統旣分

四時序矣四時旣序閏斯生矣正閏相生數無窮矣

說源第十

在昔聖王受明命皆能變文質順陰陽大矣哉此帝王之能事也古者天生人而未樹之以君上下交雜品位紛錯陰陽初分文質未作庖犧之王天下也畫八卦法三才而一之質斯尚文之代也自黃帝暨乎堯舜垂衣裳而天下理葢取諸乾則尚文也取諸坤則尚質也通其變而使民不倦神而化之使人宜之是以自天祐之吉無不利後夏有連山殷有歸藏周有周易皆卦次不同而筭術各異斯文質之更變也仲尼有言其或繼周者雖百世可知也斯則百王不

元包　八　九

易之道明矣自茲以降代歷千禩人非一性窮奢極麗飫欲厭心不能正本澄源反文歸質若河傾海覆汎濫平陸流盪無依迄至今日而莫之變也夫王者之有天下必改正朔易服色以共既往者廢將來者興是以三皇之王五帝之理樂不相沿禮不相襲且物極則反理有固然文質之體其將變矣喆人觀象立言垂範作則將以究索厥理臣贊皇極推吉凶於卦象陳理亂於邦家廣論易道冀裨帝業益時尚質之書也嗚呼采世人之訂述作之意焉爾　終

潛虛

宋　司馬光

萬物皆祖於虛生於氣氣以成體體以受性性以辨名名以立行行以俟命故虛者物之府也氣者生之戶也體者質之具也性者神之賦也名者事之分也行者人之務也命者時之遇也

潛虛　八　一

氣圖

亖　刃　三　卝　十

丌熒　‖熒　十冢　乂基　丨原　丅委

本　‖　末　三

體圖

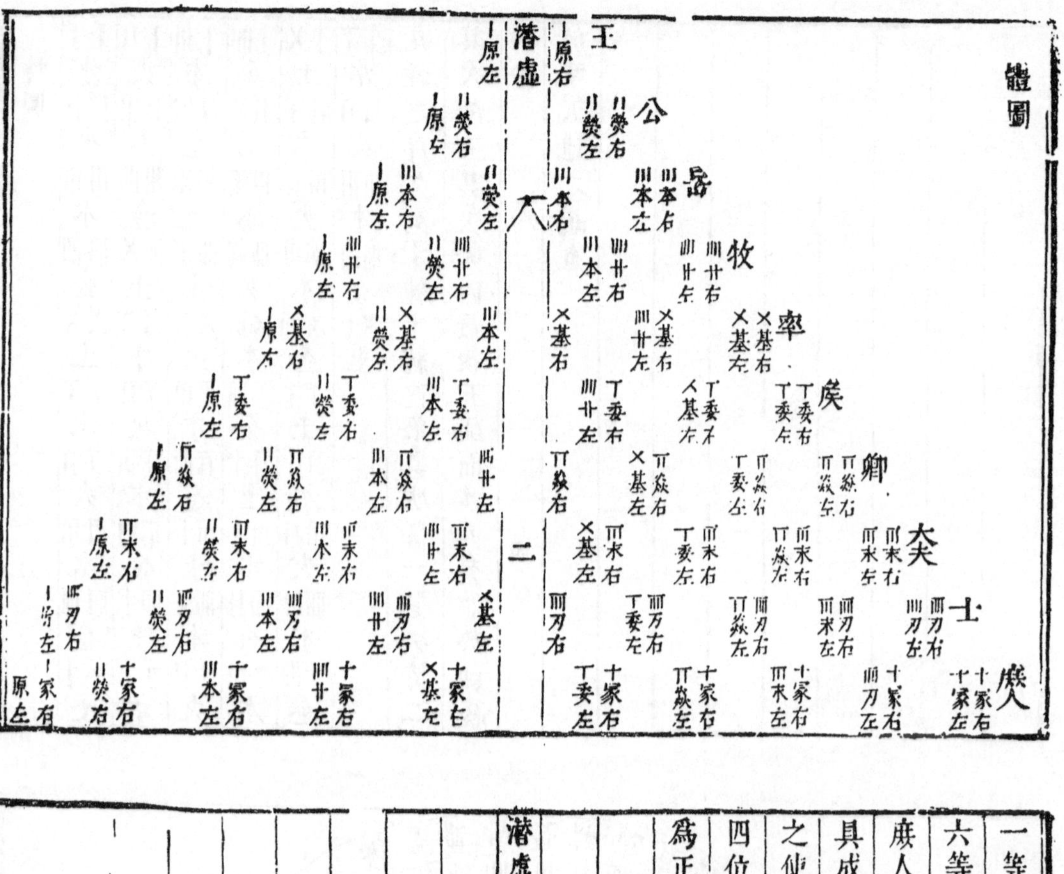

一等象王二等象公三等象岳四等象牧五等象率六等象矦七等象卿八等象大夫九等象士十等象庶人一以治萬少以制衆其維綱紀乎綱紀立而治具成矣心使身身使臂臂使指指操萬物或者不爲之使則治道病矣卿詘一大夫詘二士詘三庶人詘四位愈卑詘愈多所以爲順也詘雖多不及半所以爲正也正順頁墜之大誼也

潛虛

八

三

性圖

〡〡水 〢〢火 〣〣木 〤〤金 〤〤土 〦〦水 〧〧火 〨〨木 〩〩金 十十土

〡〢火 〢〣木 〣〤金 〤〥土 〥〦水 〦〧火 〧〨木 〨〩金 〩十土 十〡水

〡〣木 〢〤金 〣〥土 〤〦水 〥〧火 〦〨木 〧〩金 〨十土 〩〡水 十〢火

〡〤金 〢〥土 〣〦水 〤〧火 〥〨木 〦〩金 〧十土 〨〡水 〩〢火 十〣木

〡〥土 〢〦水 〣〧火 〤〨木 〥〩金 〦十土 〧〡水 〨〢火 〩〣木 十〤金

〡〦水 〢〧火 〣〨木 〤〩金 〥十土

几性之序先列十純十純既洽其次降一其次降二其次降三其次降四最後五配而性備矣始於純終

潛虚 八 四

於配天地之道也

名圖

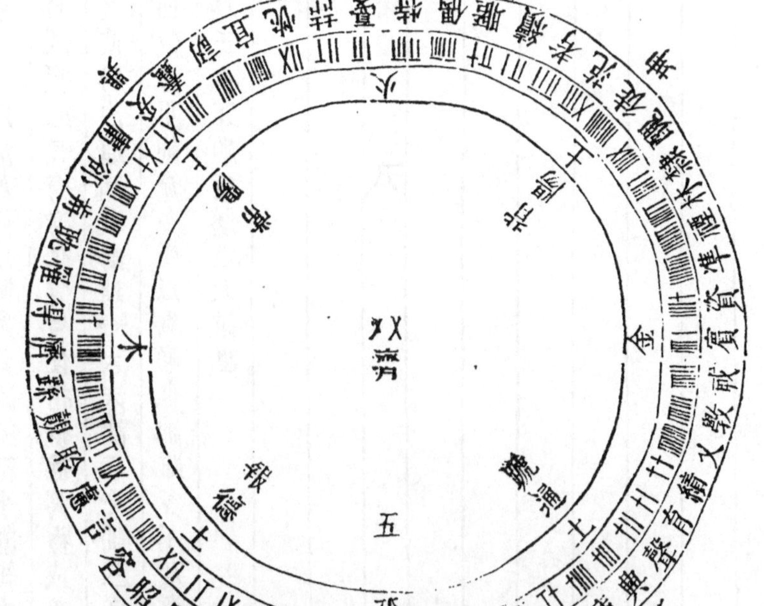

一六置後二七置前三八置左四九置右通以五十
五行叶序卬而瞻之宿纆從虔卬則爲覍頖則爲墬
卬得五宮頖得十數元餘者物之始終故無變齊者
中也包斡萬物故無位奥至之氣起於元轉而周三
百六十四變變尸一日迺授於餘而終之以步覍軌
以叶歲紀人之生本於虛然後形形然後性性然後
動動然後情情然後事事然後德德然後家家然後
國國然後政政然後功功然後業業終則返於虛矣
故萬物始於元著於哀蒲戾存於齊消於散訖於餘五

潛虛　六

者形之運也柔剛雍昧昭性之分也容言慮聆覿動
之官也繇濟牋西得厲耽情之詠恤也𢘿郤庸妥吐火蠢
尺尹事之變也訒刃宜忱喆戞德之塗也特偶暱續考
家之綱也范徒醜隸林國之紀也禋因準資賓戒政
之務也斆効理績育聲功之具也興痡鋪泯造隆業
之著也爲人上者將何爲哉養之教之理之而已養
之故人賴以生也教之故人賴以明也治之故人賴
以乂也夫如是故人愛之如父母信之如卜筮畏之
如雷霆是以功成而名自立也夫爲人上而不能養
則人離叛矣養而不能教則人殺亂矣教而不能治
則人抵捍矣三具者亾而祈有功名可得乎

釋音

卬魚兩切　覍古文天字　頖說文音俯　墬籀文地字　奥古文冬字　逡古文後字　戚古文戎

潛虛　七

行圖		變圖	解圖
元	元始也夜半日之始也朔月之始也冬至歲之始也好學智之始也力行道德之始也任人治亂之始也	愼于跬趾差則千里機正其矢	愼于跬趾差則遠也
裒	裒聚也氣聚而物宗族聚而家聖賢聚而國	初 進而迨而俟其信而利用正	聚不可苟必進遂也
		二 人保而繁獸猛而羣	人保而繁善以道可也
		三 百毒之聚勝者爲王惟物之蠹	百毒之衆止害人也
		四 羽毛鱗介各從其彙	羽毛鱗介聚以倫也
		五 菟絲之莽附草絕根	菟絲之莽不知因根也
		六 八音和鳴神祇是聽	八音之裒感人神也
		上 雲還于山氷泮于川	雲還氷泮聚極必也
柔	柔地之德也臣之則也天爲剛矣不逆四時君爲剛矣不卻忠諫金爲剛矣從人所爲故剛而不柔未有能成者也	初 馬牛服役左右肆力	馬分服役臣職宜也
		二 蓬蓀咸施盜跖之祈或得其答	盜跖之祈靡不爲也或得其答爲天所知也
		三 齒剛必缺久存者舌	齒缺舌存久剛必危也
		四 砦石之落抗之以幕	砦石之落強不能支也
		五 大柔如水利物無巳	大柔如水不與物違也
		六 蒲梁柳轂傾撓脫幅	蒲梁柳轂任重方也
		上 綴旒靡委政不在巳	綴旒靡委君道非也

潛虛　八

行圖		變圖	解圖
剛	剛天之道也君子之守也地爲柔矣負載山岳臣爲柔矣正直謇諤水爲柔矣頹壓穿石故柔而不剛未有能立者也	初 偃王無骨莫之自立	人之有骨以自立也
		二 不忍小辱自經溝瀆	自經溝瀆小人決也
		三 目瞋耳塞拔木觸石一跌而踣螻蟻之食	一跌而踣不復振也
		四 金與玉軏歷降不覆	金與玉軏任重載也
		五 介潔自守其要无咎	其要无咎由寡欲也
		六 精金百鍊有折無卷	有折無卷質不渝也
		上 歐冶鑄劍利用加錫	利用如錫剛過則折也
雍	雍和也天地萬物之性不剛則柔不晦則明而通行之其在和乎	初 匪飛匪潛出門交有功	出門交有功尚和也
		二 柳下惠不易其介伯夷隘是用希	夷清不偏惠和不流
		三 玉質金聲利用陳于帝庭	玉質金聲有嘉德也
		四 狺狺頷頷無施而適梅沙礫磔舒席卷褥	狺狺頷頷不可如何也
		五 饕者滅求者增卒會于平	饕滅求增益寡裒多也
		六 鹽梅不適羹棄不食	鹽梅不適性有偏也
		上 天地融融萬物雍雍	天地融融萬物和也
昧	昧晦也日之晦晝夜之成月之晦弦望以生君子之晦與時偕行	初 取足於巳不知外美	取足於巳所以昧也
		二 日匿其光俟于東方	日匿其光日未躍也
		三 鐵目石耳蹈于淵水	鐵目石耳不可導也
		四 冥行失足或導之燭	或導之燭能受教也

潛虛　九

五　無相之替闔戶而處　闔戶而處未大道也
六　不習而斲敗材毀樸　不習而斲不免咎也
上　偶人守金衆盜攸侵　以厥其上必有盜也

昭　昭明也天地之明靡不察也日月之明靡不燭也人君之明官群才也但有辜也懋有功也
初　沓其鑑拂其塵覿其形　沓鑑拂塵以自照也
二　隋珠照夜不如膏燭　珠能照夜不可常也
三　察窮秋毫物駭而逃　察窮秋毫物所駭也
四　鑿隙偷光厥志惟勤爭界之燭　鑿隙偷光善借明也　爭界之燭遂光大也
五　循牆不蹶秉燭而跌　秉燭而跌恃明僻也
六　日麗于天萬物梨然　日麗于天無不照也

上　宿火于灰　宿火于灰善養明也

容　容貌也尊卑有儀軍國有容捨之則尨
初　修而貫而久而安而　修容有常久則貫也
二　蓧首夷俟不若遄死　蓧首夷俟不可忍見也
三　頹面不飾　頹面不飾質不變也
四　褧衣錦裏君子攸美　褧衣錦裏不自衒也
五　如圭如璋以和以莊　以和以莊容之善也
六　朱紱紫裏服久必敝　朱紱之敝其裏見也
上　樛木之垂甘瓠之纍　木之瓠纍貴下賤也

言
初　壺飧之口可用以受瘖者之食稻粱之賊　稻粱之賊言不可已也

言詐也有雷有風天心始通有號有令君心無隱有語有言中心乃宣
二　人不我知饋金而疑　饋金而疑人弗信也
三　不周其閫禍溢浮天　禍溢浮天不可收也
四　天信其時萬物攸期　萬物攸期素信之也
五　庸言之謹必顧其行　庸言之謹以立誠也
六　時言之利上下攸賴　上下攸賴其利溥也
上　言由于德弗思而得萬世之式　言由于德非意之也　萬世之式當于理也

慮　慮思也聖人無思自合於宜賢者之思以求其府臨
初　秋毫差機失不可追　秋毫差機不可不慎也
二　旁瞻千里卻顧百世　旁瞻卻顧所慮遠也
三　澄源正本執天之鍵　澄源正本萬術盡也

事不思不能言機學道不思不能造微
四　林甫月室慍入笑出匪躬之益　匪躬之益終自及也
五　萬物之神出天入塵　出天入塵無不轄也
六　謀利忘寢商賈之任　謀利忘寢思不遠也
上　孔子從心不踰矩　孔子從心從容中道也

聆　聆聽也天下其耳舜達四聰聽而不聞是謂耳聾聞而不擇是謂心聾所以工者聽德惟聰學者非禮勿
初　聽德惟聰否不若聵　否不若聾聞無益也
二　黈纊弗徹舜聰四達　舜聰四達不蔽也
三　甘言便耳沒于淵水　甘言便耳不可悅也
四　苦言刺耳惟身之利　苦言利身不可惡也
五　耳聽惟順擇其利病　擇其利病由乎心也

聽

六 蟻鬭聞聲惟遹言是聽 — 遹言是聽心不違耳也

上 聖人無擇惡聲不入 — 惡聲不入耳不順非也

覿

覿視也天高其目矜明四目視而弗見是謂目盲見而弗擇是謂心瞽所以王者視遠惟明學者非禮勿視

初 粉澤之輝蠅穿理彰睞者不知明者識微 — 睞者不知目誘之也

二 項楚姚虞形似心殊 — 形似心殊明不在目也

三 馳車摯轂自掩其目坦途猶覆 — 自掩其目不能見也

四 虎視眈眈其心譚譚 — 其心譚譚審所視也

五 遠蔡戚施俯仰相疑 — 俯仰相疑任偏見也

六 漆器象著因微知著離婁之明視細猶巨 — 視細猶巨明辨哲也

上 凝旒十二惟目之蔽門仁一視 — 凝旒之蔽不用目

訢

訢喜也天地同春萬物訢訢聖賢相逢四海歸仁

初 凱風怡怡萬物熙熙 — 凱風怡怡怒氣散也萬物熙熙無疾憊也

二 悅之匪人步於幽榛覆車脫輪 — 悅之匪人狥所愛也

三 爰笑爰語神親心與弗喪其斧 — 弗喪其斧未失則也

四 聞謗而喜反求諸己 — 聞謗而喜以從道也

五 喜怒以律愛惡不失大人元吉 — 大人元吉不失律也

六 賞溢於喜重器是委或顛而墜 — 賞溢於喜愛人從政也

上 爵祿錫予飾喜之具惜印吝金人委而去 — 爵祿飾喜不虛拘也惜印吝金人失望也

懠

懠怒也天地之怒風霆橫飛王者之怒爰整六師君子之怒暴亂是小人之怒適爲身菑

初 匪怒之道必理之求伢刃難收 — 必理之求先慮後斷也

二 自怒自解人不之畏 — 自怒自解威已玩也

三 快心一朝忍其宗祊失不可招鰥鰥之浮鳥烏之求 — 快心一朝忘後患也

四 雷霆赫赫亂是用息狠瞗死國 — 雷霆赫赫以止亂也

五 有衆有刑怒然後典 — 無刑而怒祗取嫚也

六 忍之少時福祿無期 — 忍之少時乃免難也

上 雷風既息繼以沛澤 — 風息而雨群物滲也

得

得欲也牝牡飲食禽獸之識官爵財利僕隸之忌欲仁求仁入自聖門

初 耳目鼻口外交中誘性心之咎 — 外交中誘心不君也

二 以禮制心成湯之德漢高入關弗狥貨色 — 弗狥貨色智之事也

三 聖人循理百物不攖其心無累 — 其心無累過不留也

四 豨腹豢豢爲人益膏 — 豨腹豢豢貪欲不厭也

五 守常知足不危不辱 — 不危不辱又何求也

六 不學無義惟飲食牡牝之嗜禽獸之態 — 禽獸之態猶可食也

上 鴟爭腐鼠鵷雛弗顧 — 腐鼠弗顧乃可貴也

罹

罹憂也知命樂天無憂則賢樂天知命有憂則聖若夫涉世應事則有常理始於憂勤終於逸樂人無遠慮必有近憂

初 飽食無憂襟裾馬牛 — 襟裾馬牛人必有憂也

二 巨艦之操衝風激波濟于江河先哭後歌 — 先哭後歌憂則有喜也

三 火在薪下安寢不懼 — 安寢不懼無所知也

四 德誼不積惟躬之戚 — 德誼不積賢者之憂也

五 嫠婦之悴匪知其緯 — 嫠不息緯知所憂也

六 杞人蚩蚩憂天之墜 — 憂天之墜亦過計也

上　周規孔制後世之計　周規孔制憂後世也

川　湛

湛樂也以欲志道威而不樂以道制欲樂而不亂去欲從道共樂也誠

初　利用作室罔憚于勤大厦以成婦子欣欣　婦子欣欣享其安也

二　萬民不匱守業安居形苦心愉　形苦心愉內自適也

三　醉飽之呰歌舞之紛突火將焚盜倚其門　醉飽之惛忘躬之戚也

四　酒食衎衎威儀反反繩墨不遠　酒食衎衎以禮自防也

五　不勤厥畝喪其稷黍　不勤厥畝無以食也

六　家有韶濩外忘其慕　家有韶濩樂道德也

上　王用宴于鎬京　鎬京之宴樂以天下也

情有七而虛其五何也人喜斯愛之怒斯惡之故喜怒所以兼愛惡也

卌　歬

歬進也駑馬日進騏驥可及學者日進聖門可入爲國日進功業可得險途冒進或至於踣

初　歬非獲已進寸退尺飾其金屨　歬進之初不可不慎也

二　盲人操舟乘彼湍流　盲人操舟禍在不振也

三　日出而征日沒而息君子之則　君子之則出處順也

四　兎跳而蹶鳥飛而伏弧張肘縮　兎跳而蹶以退爲進也

五　主人三速日中必暴失時不逐　主人三速徃勿問也

六　駑馬之疲驥馬之追鍛羽強蜚墜于藩籬　駑馬追驥力疲盡也

上　日沒而征力憊而登遇棹逢兵　日沒而征危辱近也

X卌　郤

郤退也日月進退晦明以成寒暑進退品物以生君子進退功名以彰

初　一葉于蜚木陰未稀我心傷悲　一葉于蜚陰始長也

二　納屨而顧心留迹去　納屨而顧心有望也

三　唾面不辱叱咤不縮或擠諸谷　唾面不辱顛[illegible]彊也

四　雲蜚于江舟藏于浦雷出于山車稅于宇　雲蜚于江識微象也

五　揖之則歬麾之則止無慍無喜　揖歬麾止動不妄也

六　膳珍不御致鼎而去勿湏其沃　膳珍不御志不享也

上　龍登于雲垂尾之卷下人式瞻　垂尾之卷終可仰也

X十　庸

庸常也日月運行不差旦暮四時變化不忒寒暑君能下下不失其尊聖賢達節不亂其經

初　天地之德變化無極四時不忒　變化無極終有常也

二　井泉之渫汲者不絕　井泉之渫常可久也

三　岳鎮之巍無增無虧　岳鎮之巍善保常也

四　樹楊沃水一日十徙　一日十徙不能以榮也

五　晝作夜息寒耕暑織小人其職　小人其職君子治也

六　井汙而久蟲幕其口　井汙而久不知變也

上　魚跳失水困於螻蟻　魚跳失水不安常也

XT　妥

妥靜也息也日息于夜月息于晦鳥獸息于蟄草木息于根爲此者誰曰天地天地猶有所息而況于人乎

初　藏心于虛非有非無其樂于于　藏心于虛不假物也

二　止水之淸鑑物而明　鑑物而明得所止也

三　窮驥之廏衆汙攸聚　窮驥之廏不能擇居也

四　騶虛龍鶵由習得成　由習得成制而心也

五　居則懋懋動則愈屈吉人之得躁人之失　吉人之得以徐也

六　鼃匍于泥不能鳴蜚　鼃匍于泥志在汙也

上　雷伏于地或震于天火伏于灰或燎于原　雷震火燎因時勢也

蠢

蠢動也天之動晝夜以行地之動草木以生聖賢之動功業以成

初　陽氣潛萌品彙咸生充物乾坤　陽氣潛萌動在中也

二　新居之徙徬居之棄不如其巳　新居之徙未有利也

三　徂入于罔䠟梁俯卬　徂入于罔踝益蹶也

四　據于蒺藜欲去何之不去何爲去或得岐　雖無所之不可處也

五　鑿凍樹稷勞而無得　鑿凍樹稷徒自勤也

六　樹穀于雨拔草于暑　樹穀于雨貴及辰也

上　洗心藏密龍蛇其蟄利用無極　龍蛇之蟄以存仁也

訒

訒仁也天地好生秋不先春王者尚恩德先于刑人無惻心虎狼奚異擴而充之同仁一視

初　牽牛釁鐘惻于厥心　牽心惻心仁之祖也

二　養虺縱蝗匪仁之方　養虺縱蝗夫所與也

三　工不踰關車成轢轍　工不踰關寘中度也

四　青銎白刃利以征亂　青銎白刃斷以宜也

五　赤子在谷文人濡足　赤子在谷濡不避也

六　推輿濟人不如杠梁之成　推輿濟人惠不大也

上　至德如春浹于無垠莫知其然　仁道大成萬物遂也

宜

宜誼也君子有誼利以制事事無常時務在得宜知宜而通惟義之功斷宜而執亦又之賊所以天地當秋不癈肅殺聖人用刑不害慈愛

初　盜跖莊蹻諱聞其惡　跖蹻諱惡有羞惡也

二　守爾庖魚喪爾囊珠匪愚則迂　喪爾囊珠所失大也

三　徇利遺節託名以說汙子斧鉞　託名以說以欺世也

四　名駒大駱安行正路疾徐中度　疾徐中度不失節也

五　李傕殺身無所成名　李傕殺身不可爲名也

六　斷臂納肝毀形殘生惟心所安　毀形殘生義無咎也

上　狥義之大手足無愛　手足無愛大得宜也

忱

忱信也天地信而歲功成日月信而曆象明人君信而號令行人臣信而邦家榮苟爲捨之未見其能久長者也

初　可用交勿恤其孚後有徙　勿恤其孚自誠也

二　言無夸善懼不能踐　言無夸善省華求實也

三　天道難測四時不忒下土之式　下土之式人信之也

四　父子乖離吐心而疑虓不在辜　父子乖離不知其可也

五　硜硜之信小夫之謹　小夫之謹可爲民也

六　小信之必大誼之失君子不由　君子不由輕重權也

上　堅城捍外彊堤遏水華囊浮海漏不在大　城堤浮囊不可不完也

喆

喆智也經天緯地必存其理智者見之心間事濟譽以爲巧詐以爲奸聖門論智其說不然

初　益薪大發滌穢泉冽　益薪滌穢務學祛蔽也

二　斤斧顛顛梓匠之徒　梓匠之從小役大也

三　盜兵利吏不制　盜兵利祗益害也

四　動若流水惟物之利　流水之動以利物也

五　務本安分金石其命　務本安分知保身也

六　狙鼠狡譎志在竊食　狙鼠狡譎以竊食也

上　神禹瀋川行其自然　行其自然不爲鑿也

憂

初　仰天俯地正名辨位以定民志　仰天俯地名位辨也

憂禮也天高地下制禮之經尊陰卑殺飾禮之文人不知禮進退無度手足罔措國不閑禮紀綱不舉四鄰之務

二 程　皴衣蔽形猶愈裸　皴衣蔽形猶愈無也

三 冢　衣冠周孔揖遜發冢　揖遜發冢以飾奸也

四 踼　掣牛之狂服庇遵　掣牛之狂能自制也

五　偶人粉澤　偶人粉澤徒飾外也

六　斐如瑝如紀如獨如四海王如　斐如瑝如王者事也

上 援　男女貴辨嫂溺則　嫂溺則援禮有權也

特

特天也天氣下降地資以生日光旁燭月借以明夫

初　桃李之衰情憚心悲松筠之思　松筠之思晚無及也

二　有瘢在牢或校之刀先笑後號　先笑後號不求終也

三 聽　夫剛而令婦順而　夫剛婦順未失常也

和而正婦聽以行是謂天地之終陰陽之義人道之始

四 哭　閨門雍穆靡歌靡哭　靡歌靡哭得中節也

五 汭　德禮不貳舜嬪媯汭　德禮不貳以身先也

六 斷　鉛刀析薪折齒餘　折齒餘斷不可用制也

上　枯腸生夫老夫得其女妻蛇入燕巢之悲　枯楊生華何可久也蛇入燕巢必敗家也

偶

偶妃也天能始事地實以終之陽能生物陰實以成之有夫無婦中饋孰主所以咸先於恆男下於女

初 燎　嗜酒之甘不知沈醉蛇是長末或成券　末或成券不可辨也

二 理　忌疾貪郘狗情黜　狗情黜理不服訓也

三 索　牝雞司晨惟家之　牝雞司晨反常也

四 丕　墬柔而靜品物咸　墬柔而靜順承天也

五 司　無非無儀中饋攸　中饋攸司未失道也

六 罪　文王宴起姜后請　姜后之請警戒相成也

上　君王后治齊不可用正呂武洏　不可引正婦人從子也

暱

暱親也暱者必暱親者必親事之常理人之常情苟違其常心安可恬識者畏之如避豺虎

初 故　九族咸叙省躬之　省躬之故知所從也

二 治　象封有庳食而弗　食而弗治弗私以政也

三 蹶　竹枯不拔蚿死不　竹蚿之安輔之多也

四 根　條亾枿存或斧之　條亾枿存見者執柯也

五 睦　父母妻屬等衰以　等衰以睦示不同也

六　割臂斲足易之金玉其肌不𤔡　割臂易金棄親即宅也其肌不𤔡人於汝何也

上 亾　堯舜親親萬國典　萬國興仁大成也

續

續子也堯父舜子二者難全與其父智寧若子賢所以舜生商均虞祚不延鯀生神禹祀夏配天

初 用以早　絡馬首穿牛鼻利　絡馬穿牛初易馴也

二 㢠　父墢其土子孫厥　子終厥㢠能紹先也

三 寧　譽子滿腹不如螺贏之不育　譽子滿腹害厥生也

四 怡　飯菽羨藜父母怡　父母怡怡善承意也

五 鳶　鳥雛匪鷲不爲鳴　不爲鴟鳶亦似宗也

六 如　酒勝紛如父母頻　父母頻如不養志也

上　體完不虧德備不虧祖考之輝　體完德備終子事也

考

考父也君爲尊矣患於不

初 引其雛　老年秪積不如燕　燕引其雛教其飛也

二 基以俟能爲　作室無資勿壞其　作室無資不可强也勿壞其基亦可尚也

親母爲親矣患於不尊能尊親者其惟父乎慈而不訓失尊之義訓而不慈害親之理慈訓曲全尊親斯備

三　愛馬益粟肥溢而陸終不可服或授之槩　愛馬益粟祇益害也

四　散而金珠聚而詩書賢不喪志否不益愚　散而金珠賢於人也

五　囊金篋玉不昇之燭盜守之屋　不昇之燭失義誨也

六　薪火不滅貽如聖喆蕩汝圭埶無疆之慶　薪火不滅明有繼也

上　冊朱商均利用作賓　利用作賓知子明也

〓 範

範師也天垂日星聖人象之地出圖書聖人則之漁叟之敘文武是資剡子之漏孔子所咨若之何其無師

初　易子之義責善是爲惟嚴之利　惟嚴之利人知畏也

二　衡不平繩不直大則短尺民莫之則　衡不平不足由也

三　章句之見授其訓傳以鑰投鍵　以鑰投鍵發蒙也

四　北指燕南指楚惟爾之取　北燕南楚使自謀也

潛虛　八　二十

五　準矩繩規衆法攸資　準矩繩規先自修也

六　投璧于闇或按之劍　投璧於闇人不見也

上　聖作六經萬世典刑　萬世典刑言作訓也

〓 徒

徒衆也薪以續火益之愈光江漢承流達于遐方顏閔博業聖道以彰

初　出門擇術跬步之失之晉而粵　出門擇術慎所從也

二　巧心妙手木不雕朽　木不雕朽其質陋也

三　虎豹之能千人莫當不可服箱　不可服箱不可訓也

四　驊騮騏驥造父授轡一日千里　一日千里天木異也

五　中人不惰可以寡過　中人不惰志務學也

六　樛木之曲惟林之扉爲輪轉轂　曲木爲輪性可揉也

上　仲尼之道三傳習以克永世　以克永世道大明也

〓 醜

醜友也天地相友萬彙以生日月相友群倫以明風雨相友草木以榮君子相友道德以成

初　素絲皜如適緇適朱　適緇適朱惟所擇也

二　意氣相許不以利取　取不以利能擇交也

三　水石相親石潔水清蓬麻共植惟蓬亦直　惟蓬亦直近賢也

四　總角綢繆而漆投半涂分泮矢操矛　注矢操矛反相賊也

五　春耕秋穫易力並作游惰勿諾　游惰勿諾不如已也

六　毛群羽聚粮食之蠹　粮食之蠹無所益也

上　一首三尾先完後毀惟初之皋　惟初之皋不早識也

〓 隸

隸臣也地不天不能以生月不日不能以光臣不君不能以功

初　木養其才工則劇之玉潛於石人則琢之　木養其材以待用也

潛虛　八　二十一

二　玉馬金牛惟邦之寶　玉馬金牛專所奉也

三　一身三首蜂蟻所醜　一身三首無所容也

四　登丘而俛置膝而遠百祿簡簡　登丘而俛不自崇也

五　股肱綏體沒身不改　股肱不改知所從也

六　顏蔵其勞口揚其高挾思以驕或傳之刀　或傳之刀怙其庸也

上　秋穀既收土田之休　穀收田休不敢處功也

〓 林

林君也三人無主不能共處一人元良萬國以康厥德惟何仁武及明

初　赤子之命在厥初生　赤子初生性命係也

二　循迹不失無喪無得　循迹不失亦足繼也

三　奸賞忠誅藏違否依首足顛旞　奸賞忠誅庶事戾也

其者皆缺則衰亡夫民之所資者道也不可斯須去也是以君臣相與議于朝師友相與講于野然後道存而國可治也

四　臣舟裝裝濟于洪波　臣舟裝裝顛躓以濟也
五　鑑無光斧無鍦股肱不從惟身之殃　光鍦之無下不使也
六　天日昭如檳柽森如忠進奸誅　天日昭如明無蔽也
上　日中而移山高而危大人克終　日中而移不可不戒也

禮

禮祀也豺知祭獸獺知祭魚忘先背本敢忽狂愚明而人責幽則鬼誅

初　聖人知幽明之故死生之說鬼神之情狀　祭祀之設非虛文也
二　謂祀無知謂天可欺　謂祭何爲心徹息也
三　豺獺之祭霜露之思無失其時　無失其時不忘本也
四　匪隆匪殺惟義所在　惟義所在務適宜也
五　繭栗之角尨登俎爵上帝是享　繭栗之角誠不必豐也
六　弗播而穀弗攻而木祀澀祭瀆　祀澀祭瀆佞神也
上　學匪于祿祭匪求福果時則熟　果時則熟理必至也

潛虛　八　二十二

準

準法也爲農無法黍稷不生爲工無法器用不成御衆無法資敵喪兵治國無法長亂殃民

初　董茶之萌薙則不榮爝火熒熒沃不盡瓶　董茶之萌惡不可恣也
二　瞽夫執舒蘭艾同制上罔下罔獸駭而突　獸駭而突窮則悖也
三　罔密而敝衛逃網緊不如其棄　衛逃網繁制小失大也
四　擒虎于穴百獸戰栗罔月甚濶罔不可脫　擒虎于穴懾暴戾也
五　繁水之盈小偏必傾庭燎之明繼其薪蒸　盤水之盈偏則敗也庭燎繼薪明不可息也
六　稂莠之鉏嘉穀扶踈　稂莠之鉏去物害也
上　驅蠅去飯毋使汙案逐之勿遠　驅蠅去飯不足追舉也

資

資用也何以臨人曰位何以聚民曰財有位無財斯民不來所以洪範八政食貨爲先天子四民農商居半

初　衣食貨賂生養之具爭怨之府　爭怨之府當養治也
二　子贏父單不憂飢寒　子贏父單厚于民也不憂飢寒必相養也
三　務其耕桑尊農卑商疏原道委上下均利　尊農卑商明本末也疏原道委通上下也
四　山童澤涸今笑後哭　山童澤涸其利窮也
五　隋璞之富或興或仆　或興或仆道不同也
六　大盈藏金鄙夫之心　鄙夫之心私積財也
上　勤約成風人不困窮　勤約成風身先之也

賓

賓容也君臣燕飲有主有賓諸侯朝聘天子之賓四夷朝貢中國之賓所以周官設行人之職行葬歌序賓之禮

初　賓擇主人有禮則親　賓擇有禮主宜謹也
二　三十輻共一轂天子雍雍四門穆穆　四門穆穆無離心也
三　蔑其途拒其戶四鄰攻之莫之或助　蔑途拒戶不與物交也
四　重禮輕幣遠人畢至　重禮輕幣不爲利也
五　伯父伯舅惟賓惟友禮循其舊　禮循其舊固有制也
六　秦帝按劒諸侯西馳面服心違　面服心違威劫之也
上　東鄰無容西鄰之集　西鄰之集亦可異也

潛虛　八　二十三

戒

戒兵也天生五材民並用之缺一不可孰能去兵倘憂生亂何以止亂所以樂

初　不利爲寇利用禦寇　利用禦寇以自衛也
二　利劒在手不敢飲酒　不敢飲酒知戒慎也
三　兵由貪忿民殫國燼　民殫國燼終自焚也
四　節制之兵有死無奔　兵死不奔有節制也

有舞于燕有射飲佩鉤卽禦敵之具井田禦營陣之法

卌川教 數教也木有材工則斲之民有性君則教之生之者天教之者人教化既美習俗乃成習俗既成運數莫奪越千百年流風不絕

潛虛

卌卌乂 乂治也農夫治地種植耘除王者治國慶賞刑誅衆而不治其國無制無制之國其民作慝

卄績

五 公孫建議禁挾弓矢
六 伐亂除兇修國省射
上 抵戈彙矢憂患方始
初 去毋從父得其途路
二 虎狼眷子收之傅噬秦人以斃
三 建其師立其規執其咎
四 漢光厲俗幾亾要續
五 直木不令其影自正
六 飽食嘻嘻會饋之肥
八
上 契敷五教黎民時雍比屋可封
初 刀斧椓器必先就礪
二 政令苛碎遺大得細上勞下敝
三 畀人為玉喪其資斧
四 欲罔其張引其綱欲絲之治振其紀
五 量形製衣可用為儀
六 網濶而漱蝦其適利以得魚
上 熊魚科斗惟萃于首
初 先春布穀雖勞不育忍以俟時若遲若速

公孫之議不窮理也
修國省躬以正人也
憂患方始戒不虞也
得其途路如向方也
秦人以斃不出義訓也
建其師擇師長也竟禦執物而勢其咎以犯也
漢先厲俗尚名節也
其影自正身先之也
飽食嘻嘻逸居無教也
二十四
比屋可封惡人盡也
刀斧就礪先自治也
上勞下敝不知要也
喪其資斧任匪人也
綱張紀治舉賢愚從也
量形製衣不好大也
利以得魚得民也
惟萃于首不續終也
若遲若速善乘時也

績功也事不見功何以為終務學不在多能以道成為功用兵不在多務以亂靜為功是故物成秋冬天地之功時底降平帝王之功

十丨育 育養也天地生物人資以養君一其法人得其養是

潛虛

故夫人稺養于母幼養于父終身養于天地人君

十川聲 聲名也無其實聲不溢無其聲人不聞聲溢而崇德之所以終人聞而廣業之所以始故日善不積不足

二 帝王君臣務在安民
三 六子奮庸萬物以豐天地之功
四 有亶悅珠人卩之腴
五 項羽日勝而亡高祖日敗而王
六 生事要功利巳夸害
上 漢宣筭倣優於孝文日漓我醇
初 井渫勿幕遹遐之汲
二 芻我黃牛以耕則收婦子無憂
三 赤子啼飢覩我朶頤載矜載嗟
八
四 吐哺伺兒母瘠子肥母心之憯
五 燕雀之黨自育自養解而羅網
六 發廩移粟東歌西哭
上 井田之行何富何貧萬國之均
初 擊磬摧鐘或清或洪
二 慎守而身勿為鶡鳴
三 蔽葉之鶡其鳴嘵嘵蜚鳥之招
四 空谷來風有聲颯颯
五 鬼嘯梁上弗見其象人莫之享

務在安民無奇功也
天地之功不自為也
有亶悅珠非其人也人卩之腴祗取禍也
日敗而王善要終也
生事要功好作為也
月漓我醇滑有損也
遹遐之汲養而不窮也
芻我黃牛養資也
載矜載嗟莫之恤也
二十五
母瘠子肥損上益下也
解而羅網勿擾之也
東歌西哭不偏及也
萬國之均大成也
或清或洪聲從實也
勿為鶡鳴無惡聲也
蜚鳥之招聲致殃也
有聲颯颯胙求之也
弗見其象無實也

以成名又曰三代之王必先令聞

六　非雷非霆四方之聞蟄者思亨｜蟄者思亨求自奮也

上令　金聲玉振始終惟｜始終惟令不褻消也

十川　興

興起也作而復起衰而更興前王之澤後王之能

初驅　選馬修輿辨道餘｜選馬修輿審所寄也

二　大饗無餼撤木無功有初無終喪其故宮｜大饗無餼力不副志也

三缺　渰垢縫裂措敝補｜渰垢縫裂且可示也

四倖　病危得醫器敝得｜病危得醫佐以明智也

五　楢有枿栽或爲棟材熒出于灰可以焚棄｜枿栽爲棟天才異也

六晞　困飢而憩望遠而｜望遠而晞志力憊也

上已　總轡操箠左右有｜總轡在上執典替也

潛虛

八　二十六

十卅　痛

痛病也官病於上民病於下國以陵夷

初戒　外強中解特而不｜外強中解失所從也

二孽　祛寒得熱金石之｜祛寒得熱失中節也

三亡　齒板兒傷治體得｜治體得亾其醫庸也

四　固本以靜防微以慎天不能病｜天不能病自治詳也

五　弗益弗擊輔根引日以俟明術｜輔根引日未失也

六　其亡其亾劑審其方醫用其良｜其亡其亡戒慎不敗也

上醫　膏肓不治世無良｜膏肓之疾不可如何也

丅十　泯

泯滅也焚出于灰嘘之寘

初衾　蝸鳴于林綻衣絮｜蝸鳴絮衾宜早防也

二　微子前見商祀不殄其紹如綫｜微子之祀重在商也

難火燎于原滅之則易是故周之興也十五王而不足及其滅也一衰如而有餘可不戒哉可不懼哉

三康　縎自寶亡乃生少｜夏之不泯得少康也

四滅　射頑血絕廟夷龍｜射頑血絕誠可傷也

五從　亟志蹷躬惟運之｜亟志蹷躬無以從也

六　水厥其原木剶其根波高葉繁目眯心昏｜水厭其原何所長也

上屋　前車已覆瞻彼社｜前居之覆後所懲也

丅丅　造

造始也雲雷方屯開乾闢坤肇有父子始立君臣唱之者聖和之者賢爲之者人成之者天

初　太虛測冥開乾闢坤萬有咸叙實惟其人｜萬有咸叙人所爲也

二　舜禹之禪湯武之戰天心人願｜天心人願非利之也

三　用不擇術功皆惡積成艱毀疾｜成艱毀疾不由德也

四　依仁附義乘時順理誅暴誅奸利物利已｜能利乎物實自利也

潛虛

八　二十七

五　量時度力田作一規模可則｜規模可則不自棄也

六　力春不犁泊秋而飢婦子悲號｜泊秋而飢失時極也

上　立德建名惟天之命而贊之成否則禍生｜立德建名天所命也

丅丌　隆

隆盛也一陽之進必盛于夏是謂隆暑於則生矣一陰之進必底于寒是謂隆冬陽亦形焉是故王者之業必極盈成盈成之時必

初雲　其憂其勤日升于｜其憂其勤明日進也

二　百體四支勿增勿虧守之以祇｜體支已完勿增損也善守其成惟能謹也

三　酒肉如陵鐘鼓盈庭鏤刃墮城｜鏤刃墮城守備盡也

四禦　視舟之濡窒之用｜視舟之濡慮患于謹也

五　暑至陰生寒極陽萌君子畏盈小人怙成｜小人怙成危偪近也

六　盛不忘衰安不忘危一日萬幾｜萬事之微不可不慎也

貴持守可不念哉
上 累土匪易勿虧一簣 一簣未成虧九仞也

丅Ⅲ散 散消也氣散而竭族散而絕民散而滅
初 敝亏之弨益漆與膠 益漆與膠結以禮信也
二 心德之離微子去之 微子去之親戚離也
三 守業㼽㼽朝露春冰 朝露春冰雖凝易泮也
四 倒廩虛庫財散人聚 倒廩虛庫知所散也
五 霧闇而星雖潰而平盜棄其兵 盜棄其兵禍亂釋也
六 積沙防水水至沙潰 水至沙潰不同結也
上 長夜之宴雖乂必散達者先見 達者先見明始終也

丅Ⅲ餘 八 堯舜之德禹稷之績周規孔式終天無斁 堯舜周孔垂世無窮也

潛虛 二十八

餘終也天過其度日之餘也朔不滿氣月之餘也日不復次歲之餘也功德垂後聖賢之餘也是故天地無餘則不能變化矣聖賢無餘則光澤不遠矣

XX齊 衆星拱極萬矢湊的必不可易 衆星萬矢誰能易中也

齊中也陰陽不中則物不生血氣不中則體不平剛柔不中則德不成寬猛不中則政不行中之用其至矣乎

命圖	吉	臧	平	否	凶
衰	六	四	二	五	三
柔	五	四	三	六	二
剛	四	六	五	二	三
雍	三	二	五	六	四
昧	二	四	五	六	三
昭	六	四	二	五	三
容	五	四	三	六	二

潛虛 八 二十九

命圖	吉	臧	平	否	凶
言	四	六	五	二	三
慮	三	二	五	六	四
聆	二	四	五	六	三
覿	六	四	二	五	三
繇	五	四	二	六	二
懠	四	六	五	二	三
得	三	二	五	六	四
罹	二	四	五	六	三
耽	六	四	二	五	三

肯五	四	三	六	二
郤四	六	五	二	三
庸三	二	五	六	四
受二	四	五	六	五
蠢六	四	二	五	三
訒五	四	三	六	二
宜四	六	五	二	三
恍三	二	五	六	四
喆二	四	五	六	三
潛虛	八			三十
憂六	四	二	五	三
特五	四	三	六	二
偶四	六	五	一	三
曆三	二	五	六	四
續二	四	五	六	三
考六	四	二	五	三
范五	四	三	六	二
徒四	六	五	二	三
醜三	二	五	六	四

隸二	四	五	六	三
林六	四	二	五	三
禋五	四	三	六	二
準四	六	五	二	三
賓三	二	五	六	四
賓二	四	五	六	三
戚六	四	二	五	三
數五	四	三	六	二
乂四	六	五	二	三
潛虛	八			三十一
績三	二	五	六	四
育二	四	五	六	三
聲六	四	二	五	三
興五	四	三	六	二
痛四	六	五	二	三
泯三	二	五	六	四
造二	四	五	六	三
隆六	四	二	五	三
散五	四	三	六	二

元餘齊三者無變皆不占初上者事之始終亦不占五行相乘得二十五又以三才乘之得七十五以爲策虛其五而用七十分而爲二取左之一以掛於右揲左以十而觀其餘置而扐之復合爲一而再分之掛揲其右皆如左法左爲主右爲客先主後客者陽先客後主者陰觀其所合以名命之既得其名又合蓍而復分之陽則置右而揲左陰則置左而揲右生純置右成純置左揲之以七所揲之餘爲所得之變觀其吉凶臧否平而決之陽則用其顯陰則用其幽

潛虛　三十二

幽者吉凶臧否與顯戾也欲知始終中者以所筮之時占之先體爲始後體爲中所得之變爲終變已主其大矣又有吉凶臧否平者於變之中復爲細別也不信不筮不疑不筮不正不筮不順不筮不蠲不筮不誠不筮必蠲必誠神靈是聽

玄以準易虛以擬玄玄且覆瓿而况虛乎其棄必矣然子雲曰後世復有揚子雲必知玄吾於子雲雖未能知固好之矣安知後世復無司馬君實乎

潛虛　三十三

京氏易略

漢　京房

夫易者象也爻者效也聖人所以仰觀俯察象天地日月星辰草木萬物順之則和逆之則亂夫細不可窮深不可極故揲蓍布爻用之於下筮分六十四卦配三百六十四爻序一萬一千五百二十策定天地萬物之情狀故吉凶之氣順六爻上下次之八九六七之數内外承乘之象故曰兼三才而兩之孔子曰陽三陰四位之正也三者東方之數東方日之所出

又圓者徑一而開三也四者西方之數西方日之所入又方者徑一而取四也言日月終天之道故易卦六十四分上下象陰陽也奇耦之數取之於乾坤乾坤者陰陽之根本坎離者陰陽之性命分四營而成易十有八變而成卦卦象定吉凶明得失降五行分四象順則吉逆則凶故曰吉凶悔吝生乎動又曰明得失於四序運機布度其氣轉易主者亦當則天而行與時消息安而不忘亾將以順性命之理極蓍龜之源重三成六能事畢矣分天地乾坤之象益之以

甲乙壬癸震巽之象配庚辛坎離之象配戊己艮兌之象配丙丁八卦分陰陽六位五行光明四通變易立節天地若不變易不能通氣五行迭終四時更廢變動不居周流六虛上下無常剛柔相易不可以爲典要惟變所適吉凶共列于位進退明乎機要易之變化六爻不可據以隨時所占周禮太卜一曰連山二曰歸藏三曰周易初爲陽二爲陰三爲陽四爲陰五爲陽六爲陰一三五七九陽之數二四六八十陰之數陰從午陽從子子午分行子左行午右行左右

凶吉吉凶之道子午分時立春正月節在寅坎卦初六立秋同用雨水正月中在丑巽卦初六處暑同用驚蟄二月節在子震卦初九白露同用春分二月中在亥兌卦九四秋分同用清明三月節在戌艮卦六四寒露同用穀雨三月中在酉離卦九四霜降同用立夏四月節在申坎卦六四立冬同用小滿四月中在未巽卦六四小雪同用芒種五月節在午乾宮九四大雪同用夏至五月中在巳兌宮初九冬至同用小暑六月節在辰艮宮初六小寒同用大暑六月

中在卯離宮初九大寒同用孔子易云有四易一世二世爲地易三世四世爲人易五世六世爲天易游魂歸魂爲鬼易八卦鬼爲繫爻財爲制爻天地爲義爻福德爲寶爻同氣爲專爻龍德十一月在子在坎卦左行虎刑五月午在離卦右行甲乙庚辛天官申酉地官丙丁壬癸天官亥子地官戊己甲乙天官寅卯地官壬癸戊己天官辰戌地官靜爲悔發爲貞貞爲本悔爲末初爻上二爻中三爻下三月之數以成一月初爻三日二爻三日三爻三日名九日餘有一

京氏易略　八　三

日名曰閏餘初爻十日爲上旬二爻十日爲中旬三爻十日爲下旬三旬三十積旬成月積月成年八八六十四卦分六十四卦配三百八十四爻成萬一千五百二十策定氣候二十四考五行於運命人事天道日月星辰局於指掌吉凶見乎其位繫乎吉凶悔吝生乎動寅中有生火亥中有生木巳中有生金申中有生水丑中有死金戌中有死火未中有死木辰中有死水土兼於中建子陽生建午陰生二氣相衝吉凶明矣積筭隨卦起[redacted]乾坤震巽坎離艮兌八月

相盪二氣陽入陰陰入陽二氣交互不停故曰生生之謂易天地之内無不通也乾起巳坤起亥震起午巽起辰坎起子離起丑艮起寅兌起酉分於六十四卦遇王則吉廢則凶衝則破刑則敗死則危生則榮攷其義理其可通乎分三十爲中六十爲上三十爲下總一百二十通陰陽之數也新新不停生生相續故淡泊不失其所確然示人陰陽運行一寒一暑五行互用一吉一凶以通神明之德以類萬物之情故易所以斷天下之理定之以人倫而明王道八卦建

京氏易略　八　四

五氣立五常法象乾坤順於陰陽以正君臣父子之義故易曰元亨利貞夫作易所以垂教教之所被本被於有無且易者包備有無有吉則有凶有凶則有吉生吉凶之義始於五行終於八卦從無入有見災於星辰也從有入無見象於陰陽也陰陽之義歲月分也歲月既分吉凶定矣故曰八卦成列象在其中矣六爻上下天地陰陽運轉有無之象配乎人事八卦仰觀俯察在乎人隱顯災祥在乎天考天時察人事在乎卦八卦之要始於乾坤通乎萬物故曰易窮

則變變則通通則久久於其道其理得矣卜筮非襲於吉唯變所適窮理盡性于茲矣

京氏易略

關氏易傳

北魏關朗

卜百年義第一

同州刺史王彥問於關子曰夫治亂損益各以數至苟推其道百世可知彥不佞願假先生之筮一以決之關子曰占筭幽微至誠一慮多則有惑請命蓍卦以百年爲斷既而揲蓍布卦得夬䷪之革䷰捨蓍而歎曰當今大運不過二再傳爾從今甲申二十四年戊申天下當大亂而禍始宮掖有蕃臣柄政世伏其

强若用之以道則桓文之舉也如不以道臣主俱屠地也彥曰其人安出子曰參代之墟有異氣焉若出其在并之郊乎彥曰此人不振蒼生何屬子曰當有二雄舉而中原分彥曰各能成乎子曰我隙彼動能無成乎若無大賢扶之恐皆不能成名彥曰請刻其歲子曰始於甲寅卒於庚子天之數也彥曰何國先亡子曰不戰德而詐權則舊者先亡彥曰其後何如子曰辛丑之歲當有恭儉之主起布衣而并六合彥曰其東南乎子曰必在西北夫平大亂未可以文治

必須以武定且北用武之國也且東南之俗其弊也剽西北之俗其興也勃況東南中國之舊主也中國之廢久矣天之所廢孰能興之彦曰東南之歲可刻乎子曰東南不出運曆三百大賢大聖不可卒遇能終其運所幸多矣且辛丑之歲明王當興定天下者不出九載己酉江東其危乎彦曰明王既興其道若何子曰設斯人有始有卒五帝三王之化復矣若無三五之道則必終之以驕加之以亢晚節末路有桀紂之主出焉天下復亂夫先王之道墜地久矣改張易調其興實難苛化虐政其窮必酷故曰大軍之後

必有凶年積亂之後必有凶主理當然也彦曰先王之道竟亡乎子曰何謂能亡也夫明主久曠必有達者興焉而能行其典禮此三才五常所由繫也孔子曰文不在玆乎此王道不能亡也彦曰請推其數子曰乾坤之策陰陽之數推而行之不過三百六十六引而伸之不過三百八十四終則有始天之道也噫朗聞之先聖與卦象相契自魏以降天下無眞主故黄初元年庚子至今八十四載更八十二年丙午三百六十六矣當有達者生焉更十八年甲子當有王者合焉用之則王道振不用則洙泗之教修矣彦曰其人安出子曰唐晉之郊乎昔殷後不王而仲尼生周周後不王斯人生晉生周者周公之餘烈也生晉者陶唐之遺風乎天地之數宜契自然彦曰此後何如子曰始於甲申止於甲子正百年矣過此未之或知也

統言易義第二

乾坤易之門也易變動乎乾坤之中也天動也陽也

剛也配地則變地靜也陰也柔也順天而行行而變變而通此所謂易孔子曰動靜有常剛柔斷矣方以類聚物以群分吉凶生矣言易始於動靜終於吉凶聖人所以前知而行其道也道不虛行存乎其人是故天道曰陰陽地道曰剛柔人道曰仁義行之則三變而通之則一子曰百慮而一致此言三才五常參同而用也用之於既往之謂變用之於未來之謂占觀其變極其數知其來受命如響乾坤之神夫易極乎神而已矣子曰蓍之德圓而神卦之德方以知神

以知來知以藏往然則知之可及也藏之不可及也非至聖非神孰能與於此蓍以數推卦以象告數主乎動象主乎靜動言乎遠故可以知來靜言乎邇故可以藏往往來之交逆順之際此吉凶所以前知也變化所以會合也數會乎上象合乎下天人相與其深微哉

大衍義第三

大衍之數五十其用四十有九何謂也曰天數兆於一生於二成於三此天地人所以立也衍於五成於

六偶於十此五行六爻十日所以錯綜也天一數之兆也雖明其兆未可以用也地二數之生也有生則滋乃可以推之也天三數之極也極乎終則反乎始兼兩之義也子曰衆三才而兩之又曰六爻之動三極之道也五行水生乎一成乎六火生乎二成乎七木生乎三成乎八金生乎四成乎九土生乎五成乎十獨陽不生獨陰不成故天一必待地六而成之地二必待天七而成之其體雖五而成必六六者非他天地生成之謂也天數五地數五五者非他三天兩地之謂也地二天三合而為五其二不用者六來則一去也既成則無生也有生於無終必有始既有則無去矣故大衍五十其用四十有九者入有去無之謂也張彝問曰何謂入有去無子曰天生於陽成於陰陰成則陽去生於陰成於陽陽成則陰去六爻初上無位者陰陽相去者也天數以三兼二地數以二兼三奇耦雖分錯綜各等五位皆十衍之極也故曰大衍彝曰然則其用何謂四十有九其一將不用乎子曰物有兩大必曰虛盈日往月來晝極則夜進盈

於此則虛於彼盈於小必虛其大此用所以不窮也故曰其用四十有九也彝曰凡衍天地之數五十有五今云五十而又去其一何謂也子曰蓍不止於天地而已必以五行運於中焉大耦而言則五十也小奇而言則五也凡天地之數五十有五奇耦小大具言之爾若舉大而去小盈奇而虛耦則小奇之五大耦之一皆盈而不用彝書而藏之嘆曰吾乃知蓍可遺也

乾坤之策義第四

乾之策二百一十有六坤之策百四十有四何謂也曰陽爻九一爻三十六策陰爻六一爻二十四策二天兩地舉生成而六之也三六而又二之故三十六策爲乾二六而又二之故二十四策爲坤三其二十四與二其三十六皆得七十二焉三其七十二則二百一十六乾之策也二其七十二則百四十四坤之策也陰陽三五毎一五而變七十二候二五而變三十六旬三五而變二十四氣凡三百六十五周而復始日月軌度積於餘分六十出六以六五行所以成

閏三百六十者歲功之用也奇六者虛一之義也夫生於一成於六一六相虛三五爲用自然之道也聖人立策衍數必舉其三兩於六行於五合於十推萬而變無出乎此張彜問曰二篇之策萬有一千五百二十當萬物之數豈亦三天兩地乎子曰何謂不然爻所以著象策所以推數象六數五三天兩地先三十而六之一百八十又二而六之一十有二合百九十二故二篇共三百八十四爻陽爻六一爻三十六策六爻二百一十六策先三之百八十爻得六千四百八十策又二之十二爻得四百三十二策共六千九百一十二策陰爻六一爻二十四策六爻百四十四策先三之一百八十爻得四千三百一十策又二之十二爻得二百八十八策共四千六百有八策是二篇合之一萬一千五百二十蓋舉盈數而溢之也萬溢千千溢百百溢十十溢一溢過筭也謂過虛也凡過盈爲溢不及盈爲虛

盈虛義第五

張彜問曰何謂盈虛子曰當期之數過者謂之氣盈

不及者謂之朔虛故七十二爲經五之爲碁五行六氣推而運也七百二十爲起浴七千二百爲統浴七十二萬爲通浴氣朔之下收分必全盡爲率七千二百萬爲大率謂之元紀歲月日時皆甲子日月五行在子位之宿當縮盈先後之中焉

闔闢義第六

闔戶謂之坤闢戶謂之乾一闔一闢謂之變往來不窮謂之通何也曰坤陰之母無不容在戶爲闔乾陽之君無不由在戶爲闢闢往則闔來闔往則闢來以

氣言之爲啓閉以道言之爲離合以内外言之爲往來故卦有内外人有出入往來相交内外相取上下相刑吉凶相分君子小人相亨相屯闔變而闔闢變而闢往通則來來通則往故一闔一闢謂之變往來不窮謂之通天左旋西視之來東視之往日月右行東視之來西視之往天氣下降地氣上躋上下往來亦若東西之視卦乾來乎内坤往乎外君子闢小人闔故名泰反是名否作易者其闢君子之道而通小人之闔乎故名以君子名其卦吉來則凶往有變則

能通故曰小往大來吉亨物不可以終通故受之以否物不可以終否故受之以同人同卽通也夫同於物者物亦同之故吉與於衆者衆亦與之故凶君子同君子而和小人小人同小人而和君子同似與而必通和似同而必與易曰方以類聚物以群分則吉凶生矣此言君子小人各以群類相吉凶也張彝曰君子小人誠猶闔闢之義矣然聖人以此洗心退藏於密吉凶與民同患何謂也子曰爾所謂可與立而未可與權乎權者變而合道者也君子和小人小人和君子豈本性也蓋接物而變已者也接物者言接之而已非同之也故洗濯物心無所瀆汚謂之洗心變已者言反之而已非與之也故藏睎於密無所間然謂之退藏民危者平之易者傾之無吉無凶同歸一致此之謂與民同患

理性義第七

窮理盡性以至於命何謂也曰性命之理以天言之曰陰陽以地言之曰剛柔以人言之曰仁義蓋乎一性也有生有命有命有性有性有情情者天之邪氣

人之亂行也邪氣正亂勝治則情勝性太邪近亂制情則元命立元者衆性之長群陽之尊天人之理也窮極此二者則知生死之說性命之理得矣張彝問曰夫子之言性命則然也何謂有亨有塞子曰亨之塞之遇其時時也者繫乎君天下者也君天下得君子之道則時亨矣得小人之道則時塞也然而君子亨則時治命也小人亨則時亂命也時命一而已矣聖人知命適時必先天理故曰窮理也聖人順天立性故曰盡性也時行則行時止則止故曰以至於命

有亨有塞令小人多君子少吾安敢言命

時變義第八

卦以存時爻以示變時繫乎天變由乎人晝動六時也夜靜六時也動則變靜則息息極則變變極則息故動靜交養晝夜之道也乾坤分晝夜時也屯濟時變之際也六六之用其時變之周流也是以六十卦循環相生極則變變以久不可禦也四卦時之門戶變則開闔也故三百六十變三百六十爻作易者乘時效變之謂乎仲尼序卦相生雜卦旁行不流相生

晝也不流夜也時變之義如此而已

動靜義第九

張彙問動靜之象子曰天地者也天常動地常靜常動柔克者也常靜剛克者也故曰動靜有常剛柔斷矣子曰噫了未知易矣天地之道無立人之事安足爲易哉易行乎天地之中者人也人參天地爲才倣天地爲爻虛其位實其用三才相生六爻相倣位無定處用有藏寄吉凶前知非至神孰能與於此萬物化聖人者也故物不能自神蓋神之者人也張彙曰聖人通神則聞命矣滔滔天下豈盡通神哉子曰人皆天地之靈五行之秀也靈全秀淳則爲君子靈秀不具則爲小人千人一靈萬人一秀故曰君子之道鮮矣然鼓之舞之盡在其神焉是故神者仁見爲仁智見爲智君子見爲君子小人見爲小人殊塗同歸寂然不動此聖人之作易所以舉君子禦小人約以存博寡以治衆是謂神德行也德行常簡易者無他道也滔滔天下通乎神而已矣至剛非常道也至柔非常道也動靜亦然至動必多憂至靜必多疑不憂

不疑其惟有常乎至常忘機至寧忘樂斯動靜之中也聖人有六動動不失乎時中中也者易之六用動靜之適也非知至至之安能適其中哉知至則知幾知幾則知動知動則知神知神則知靜矣

神義第十

張彙問曰何謂神子曰神也者易之靈也靈聽冥契不思而得强名曰神猶言神靈肹蠁靈應無迹者也日月之明在乎天而所明在地也易之神在乎道而所神在人也故曰神而明之存乎其人又曰苟非其

人道不虛行神無方道無迹人無至斯可以議易矣
張彝曰然則天地至神必待人而存乎

雜義第十一

六爻相雜惟其時物也君子用時小人用物易道備矣屯六變而比比六變而同人同人六變而蠱蠱六變而剥剥六變而大過大過六變而遯遯六變而睽睽六變而夬夬六變而井井六變而漸漸六變而兊兊六變而既濟終焉天地之氣相摩而鳴相擊而形人之動者鳴乎言形乎文得其道則吉失其理則凶

關氏易傳　十二

言成文曰辭故曰辨吉凶者存乎辭乾坤以卦之主也六卦用則乾坤何爲乎故堯舜垂衣裳而天下治六官用我無爲矣小過一時之用也大過一世之用也豫者備也物備不憂乎用事備不憂乎理不憂則樂可知也故豫樂也屯萬物生也物生無不屯者也事成無不由難者也需須也人之所須莫大乎飲食故需養也小畜二卦之體當小過一爻之義也然則小之一也畜過與時焉臨大也所臨大則天下之民尊無不尊至大也故曰至臨言無不至也始盛者由衰而益者也始衰者由盛而損者也故損益盛衰之始也聖人以此施之於典禮推之於時運必使濟其衰戒其盛行乎易中矣殷因於夏禮所損益可知也周因於商禮所損益可知也故夏以金德垂四百餘年殷以水德垂六百餘年周以木德垂八百餘年得其道也數不能逃後王不能應其數者禮不行乎易中者也蒙昧者厥道求乎明明夷亦昧也非不明益傷之爾咸天地之交也恒天地之久也人不交不久故咸恒人道之統也天地之功者也鼎變新也變無

關氏易傳　十三

不動震動也動無不止艮止也止無不漸漸進也萬物無不有漸漸其聖人之進乎古者無爲而治百姓日用而不知其漸之然乎兊見也以其陰柔外形乎巽伏也以其陰柔内藴乎無妄而災者災也有妄而災者則其所宜非災之也明乎外物者自睽故曰睽外也明白内者家自齊故曰家人内也君子泰則小人否小人泰則君子否故曰反其類也履之而不處其周公歟需之而不進其仲尼歟不處不進其時乎

按關朗字子明河東解人文中子贊易有七卜篇

蓋家傳關氏學也

周易畧例

晉　王弼

明彖

夫彖者何也統論一卦之體明其所由之主也夫衆不能治衆治衆者至寡者也夫動不能制動制天下之動者貞夫一者也故衆之所以得咸存者主必致一也動之所以得咸運者原必无二也物无妄然必由其理統之有宗會之有元故繁而不亂衆而不惑故六爻相錯可舉一以明也剛柔相乘可立主以定也是故雜物撰德辯是與非則非其中爻莫之備矣故自統而尋之物雖衆則知可以執一御也由本以觀之義雖博則知可以一名舉也故處璇璣以觀大運則天地之動未足怪也據會要以觀方來則六合輻湊未足多也故舉卦之名義有主矣觀其彖辭則思過半矣夫古今雖殊軍國異容中之爲用故未可遠也品制萬變宗主存焉彖之所尚斯爲盛矣夫少者多之所貴也寡者衆之所宗也一卦五陽而一陰則一陰爲之主矣五陰而一陽則一陽爲之主矣夫

陰之所求者陽也陽之所求者陰也陽苟一焉五陰何得不同而歸之陰苟隻焉五陽何得不同而從之故陰爻雖賤而爲一卦之主者處其至少之地也或有遺爻而舉二體者卦體不由乎爻也繁而不憂亂變而不憂惑約以存博簡以濟衆其唯彖乎亂而不能惑變而不能渝非天下之至賾其孰能與於此乎故觀彖以斯義可見矣

明爻通變

夫爻者何也言乎變者也變者何也情僞之所爲也

夫情僞之動非數之所求也故合散屈伸與體相乖形躁好靜質柔愛剛體與情反質與願違巧歷不能定其筭數聖明不能爲之典要法制所不能齊度量所不能均也爲之乎豈在夫大哉陵三軍者或懼於朝廷之儀暴威武者或困於酒色之娛近不必比遠不必乖同聲相應高下不必均也同氣相求體質不必齊也召雲者龍命呂者律故二女相違而剛柔合體隆墀永歎遠壑必盈投戈散地則六親不能相保同舟而濟則胡越何患乎異心故苟識其情不憂乖遠苟明其趣不煩强武能説諸心能研諸慮睽而知其類異而知其通其唯明爻者乎故有善邇而遠至命宫而商應修下而高者降與彼而取此者服矣是故情僞相感遠近相追愛惡相攻屈伸相推見情者獲直往則違故擬議以成其變化語成器而後有格不知其所以爲主鼓舞而天下從者見乎其情者也是故範圍天地之化而不過曲成萬物而不遺通乎晝夜之道而无體一陰一陽而无窮非天下之至變其孰能與於此哉是故卦以存時爻以示變

明卦適變通爻

夫卦者時也爻者適時之變者也夫時有否泰故用有行藏卦有小大故辭有險易一時之制可反而用也一時之吉可反而凶也故卦以反對而爻亦皆變是故用无常道事无軌度動靜屈伸唯變所適故名其卦則吉凶從其類存其時則動靜應其用尋名以觀其吉凶舉時以觀其動靜則一體之變由斯見矣夫應者同志之象也位者爻所處之象也承乘者逆順之象也遠近者險易之象也内外者出處之象也

初上者始終之象也是故雖遠而可以動者得其應也雖險而可以處者得其時也弱而不懼於敵者得所據也憂而不懼於亂者得所附也柔而不憂於斷者得所御也雖後而敢爲之先者應其始也物競而獨安於靜者要其終也故觀變動者存乎應察安危者存乎位辯逆順者存乎承乘明出處者存乎外内遠近終始各存其會辟險尚遠趣時貴近比復好先乾壯惡首明夷務闇豐尚光大吉凶有時不可犯也動靜有適不可過也犯時之忌罪不在大失其所適

過不在深動天下滅君主而不可危也侮妻子用顔色而不可易也故當其列貴賤之時其位不可犯也遇其憂悔吝之時其介不可慢也觀爻思變變斯盡矣

明象

夫象者出意者也言者明象者也盡意莫若象盡象莫若言言生於象故可尋言以觀象象生於意故可尋象以觀意意以象盡象以言著故言者所以明象得象而忘言象者所以存意得意而忘象猶蹄者所以在兔得兔而忘蹄筌者所以在魚得魚而忘筌也然則言者象之蹄也象者意之筌也是故存言者非得象者也存象者非得意者也象生於意而存象焉則所存者乃非其象也言生於象而存言焉則所存者乃非其言也然則忘象者乃得意者也忘言者乃得象者也得意在忘象得象在忘言故立象以盡意而象可忘也重畫以盡情而畫可忘也是故觸類可爲其象合義可爲其徵義苟在健何必馬乎類苟在順何必牛乎爻苟合順何必坤乃爲牛義苟應健何

必乾乃爲馬而或者定馬於乾案文責卦有馬无乾則僞說滋漫難可紀矣互體不足遂及卦變變又不足推致五行一失其原巧愈彌甚縱復或值而義无所取蓋存象忘意之由也忘象以求其意義斯見矣

辯位

案象无初上得位失位之文又繫辭但論三五二四同功異位亦不及初上何乎唯乾上九文言云貴而无位需上六云雖不當位若以上爲陰位邪則需上六不得云不當位也若以上爲陽位邪則乾上九

不得云貴而无位也陰陽處之皆云非位而初亦不說當位失位也然則初上者是事之終始无陰陽定位也故乾初謂之潛過五謂之无位未有處其位而云潛上有位而云无者也歷觀衆卦盡亦如之初上无陰陽定位亦以明矣夫位者列貴賤之地待才用之宅也爻者守位分之任應貴賤之序者也位有尊卑爻有陰陽尊者陽之所處卑者陰之所履也故以尊爲陽位卑爲陰位去初上而論位分則三五各在一卦之上亦何得不謂之陽位二四各在一卦之下

亦何得不謂之陰位初上者體之終始事之先後也故位无常分事无常所非可以陰陽定也尊卑有常序終始无常主故繫辭但論四爻功位之通例而不及初上之定位也然事不可无終始卦不可无六爻初上雖无陰陽本位是終始之地也統而論之爻之所處則謂之位卦以六爻爲成則不得不謂之六位時成也

畧例下

凡體具四德者則轉以勝者爲先故曰元亨利貞也其有先貞而後亨者由於貞也凡陰陽者相求之物也近而不相得者志各有所存也故凡陰陽二爻率相比而无應則近而不相得有應則雖遠而相得然時有險易卦有小大同救以相親同辟以相踈故或有違斯例者也然存時以考之義可得也

凡彖者統論一卦之體者也象者各辯一爻之義者也故履卦六三爲兑之主以應於乾成卦之體在斯一爻故彖叙其應雖危而亨也象則各言六爻之義明其吉凶之行去六三成卦之體而指說一爻之德

故危不獲亨而見咥也訟之九二亦同斯義

凡彖者通論一卦之體者也一卦之體必由一爻爲主則指明一爻之美以統一卦之義大有之類是也卦體不由乎一爻則全以二體之義明之豐卦之類是也

凡吉无咎者本皆有咎者也防得其道故得无咎也言无咎者本亦有咎由吉故得免也无咎吉者先免於咎而後吉從之也或亦處得其時吉不待功不犯於咎則獲吉也或有罪自己招无所怨咎亦曰无咎

故節六三曰不節若則嗟若无咎象曰不節之嗟又誰咎也此之謂矣

卦略凡十一卦

䷂屯此一卦皆陰爻求陽也屯難之世弱者不能自濟必依於彊民思其主之時也故陰爻皆先求陽不召自往馬雖班如而猶不廢不得其主无所馮也初體陽爻處首居下應民所求合其所望故大得民也

䷃蒙此一卦陰爻亦先求陽夫陰昧而陽明陰困童蒙陽能發之凡不識者求問識者識者不求所告闇者求明明者不諮於闇故童蒙求我匪我求童蒙也故六三先唱則犯於爲女四遠於陽則困蒙吝初比於陽則發蒙也

䷉履雜卦曰履不處也又曰履者禮也謙以制禮陽處陰位謙也故此一卦皆以陽處陰爲美也

䷒臨此剛長之卦也剛勝則柔危矣柔有其德乃得免咎故此一卦陰爻雖美莫過无咎也

䷓觀之爲義以所見爲美者也故以近尊爲尚遠

爲吝

䷛大過者棟橈之世也本末皆弱棟已橈矣而守其常則是危而不扶凶之道也以陽居陰拯弱之義也故陽爻皆以居陰位爲美濟衰救危唯在同好則所贍褊矣故九四有應則有它吝九二无應則无不利也

䷠遯小人浸長難在於内亨在於外與臨卦相對者也臨剛長則柔危遯柔長故剛遯也

䷡大壯未有違謙越禮能全其壯者也故陽爻皆以處陰位爲美用壯處謙壯乃全也用壯處壯則觸藩矣

䷣明夷爲闇之主在於上六初最遠之故曰君子于行五最近之而難不能溺故謂之箕子之貞明不可息也三處明極而征至闇故曰南狩獲其大首也

䷥睽者睽而通也於兩卦之極觀之義最見矣極睽而合極異而通故先見怪焉洽乃疑亡也

䷶豐此一卦明以動之卦也尚於光顯宣陽發暢者也故爻皆以居陽位又不應陰爲美其統在於惡

闇而已矣小闇謂之沛大闇謂之蔀闇甚則明盡未
盡則明昧明盡則斗星見明微故見昧无明則无與
乎世見昧則不可以大事折其右肱雖左肱在豈足
用乎日中之盛而見昧而已豈足任乎

周易古占

沙隨程迥

太極第一

太極者乾坤未列無象可見大衍未分無數可數其
理謂之道其物謂之神莊子謂道在太極之先而不
為高者非也太極與道不可以差殊觀也是故道之
超乎象數則為太極行乎象數則為乾坤一出一入
皆道也雖然以時論之不必求諸天地開闢之先今
一晝一夜陽生於子陰生於午蓋有不倚於陰陽而

生陰陽者也太極者大中也非若日之中而有昃國
之中而有外位之中而有上下太極無方無體其所
謂中者因陰陽倚於一偏而後見也先儒謂天地未
分元氣混而為一老子謂道生一是也故說者謂太
極已見氣也非無也胡不以在物者驗之乎當乾未
資始惡可謂之有氣未麗天一惡可謂之有一故一
物具天地之理明乎此則可以揆易之原矣

兩儀第二

兩儀者乾坤之初畫也大衍三變而得之者也爾雅

曰儀匹也言陰陽之相匹也自太極而生兩儀兩儀生四象四象生八卦因而重之爲六十四其麗於數者皆遞升而倍之則兩儀爲乾坤之初畫可知矣劉牧以一二三四爲兩儀既兩矣而四之可乎先儒以天地爲兩儀或謂天地爲乾坤之象四象所生八卦之二爾蓋不知兩儀爲乾坤之初畫八卦爲乾坤三畫之相變故也

四象第三

四象者乾坤初與二相錯而成也大衍六變而得之

者也所以配陰陽老少之分也劉牧以九六七八爲四象夫物生而後有象象而後有滋滋而後有數謂之九六七八矣即數也非象也先儒以金木水火爲四象夫見乃謂之象形乃謂之器是四者既有定形嘗以配乾巽坎離矣即器也非象也或以神物變化垂象圖書爲四象然上與兩儀下與八卦不相連屬故曰四象者乾坤初與二相錯而成也

八卦第四

八卦者乾坤初二三相錯而成也大衍九變而得之者也既已小成則三才之理備矣配之以八物位之以八方所以通神明之德類萬物之情者具矣

重卦第五

陰陽之運極六月而反此八卦不得不重也今每卦之下曰某下某上是三畫之卦相配而六也然麗於數者亦遞升而倍故以兩儀乘八卦至四則其別一十有六此大衍十有二變得之以四象乘八卦至五則其別三十有二此大衍十有五變得之以八卦乘八卦至上則其別六十有四此大衍十有八變而成

卦也

變卦第六

六畫既成六十四卦既具若夫極數之占則有變卦存焉其初列六十四卦以兩儀乘之其別一百二十八其二以四象乘之其別二百五十六其三以八卦乘之其別五百一十二其四列內卦之數復以兩儀乘之其別一千二十四其五復以四象乘之其別二千四十八其上復以八卦乘之其別四千九十六故朱震曰周易以變者占一卦變六十四卦六十四卦

變四千九十有六此皆出於加一倍法也

占例第七

六爻不變以卦彖占内卦爲貞外卦爲悔

春秋左氏傳昭七年孔成子筮立衛元遇屯曰利建侯僖十五年秦伯伐晉卜徒父筮之遇蠱曰貞風也其悔山也者是也

一爻變以變爻占

閔元年畢萬筮仕遇屯之比初九變也蔡墨論乾曰其同人九二變也僖二十五年晉侯將納王遇

大有之睽九三變也莊二十二年周史筮陳敬仲遇觀之否六四變也昭十二年南蒯之筮遇坤之比六五變也僖十五年晉獻公筮嫁伯姬遇歸妹之睽上六變也他倣此

二爻三爻四爻變以本卦爲貞之卦爲悔

國語重耳筮尚得晉國遇貞屯悔豫皆八蓋初與四五凡三爻變也初與五用九變四用六變其數不純其不變者二三上在屯爲八在豫亦八故舉其純者而言皆八也下章詳出

五爻變以不變爻占

襄九年穆姜始往東宫筮之遇艮之八史曰是謂艮之隨蓋五爻皆變唯八二不變也劉禹錫謂變者五定者一宜從少占是也然謂八非變爻不曰有所之史謂艮之隨爲苟悦于姜者非也蓋他爻變故之隨惟之隨然後見八二之不變也杜征南引連山歸藏以七八占其失遠矣

六爻變以乾坤二用爲例此占法之大畧也若神而明之則存乎其人

昭二十九年蔡墨對魏獻子曰在乾之坤曰見群龍无首吉此六爻皆變也

占説第八

重耳筮尚得晉國遇貞屯悔豫皆曰利建侯屯初九無位而得民重耳在外之象九五雖非失位而所承所應者皆嚮初九惠懷無親之象至豫則九四爲衆陰所宗無有分其應者震爲諸侯坤爲國土重耳得國之象利行師一戰而霸之象九四總衆陰以安土如簪之總髮以莊首重耳率諸侯以尊周室之象

穆姜比於叔孫僑如欲廢成公僑如敗遷穆姜於東宮筮之遇艮之八史曰是謂艮之隨其辭曰艮其腓不拯其隨其心不快腓附下體六二隨九三當艮止之時上下不相與不見拯者也艮之隨亦隨之艮其辭曰係小子失丈夫應九五順也宜應而失乘初九逆也宜失而係且諸爻皆動以明八二之不動不可出矣

閔元年初畢萬筮仕遇屯之比辛廖占之曰吉屯固比入吉孰大焉昭七年孔成子筮立衛縶遇屯之比

史朝曰嗣吉何建建非嗣也孟將不列于宗其筮同而占異者事不同故也非忠信之事遇黃裳元吉反以爲凶則占法大槩可知已矣

孔子筮易遇賁愀然色不平貞離文明柔中而當位其君位止而不應此聖人道不行於當世之象

孫權聞關羽敗使虞翻筮之遇節之臨占曰不出二日斷頭節自泰卦中來乾爲首九三之五凡遷二位故有是象

緯書有以世應占者以八純卦自初變爲其宮一世卦以至於五其上爻不變復變第四爻爲遊魂其後舉內卦三爻同爲一變爲歸魂是故一卦變八卦其不相通者五十有六按易經六爻皆九六用變今乃上爻不變五既變而不復自四而下所復不同體天地之撰配四時之變通者如是乎以其爲數不容故不得不用六神以配時日由是與辭象乖矣陸德明引此以附易音辨劉禹錫解貞屯悔豫之說非也若納甲卦氣之類皆出緯書不能合于正經今不取

連山歸藏宜與周易數同而其辭異先儒謂周易以

變者占非也連山歸藏以不變者占亦非也古之筮者兼用三易之法衛元之筮遇屯曰利建侯是周易或以不變者占也季友之筮遇大有之乾曰同復于父敬如君所此固二易辭也既之乾則用變矣是連山歸藏或以變者占也

大衍初揲扐一二三者爲少扐四者爲多是少者三而多者一也或以錢寓多少之數雖適平而非陽饒陰乏之義

奇數有一有二有三有四策數有六有七有八有九

而五與十不用故成易者無非四營也
或曰九變六六變九非也九當變八六當變七何以
言之國語董因爲晉文公筮遇泰之八謂初二三以
九變八而四五上不變爲八故曰泰之八也唐人張
轅作周易啓元曰老陽變成少陰老陰變成少陽蓋
與此合
八衍　數七衍蓍數九六不極其衍故發揮而爲爻
也
周易古占　八
貞者靜而正悔者動而過動乎外豈皆有悔哉曰有
戒懼之義焉
大舜志定謀同然後用筮楊雄曰不以其占不如不
筮王通曰騤而語易則玩神其旨一也
一卦變六十四卦一爻變六十四爻謂如乾初變姤
則自二至上亦變姤之九不待本爻變而後謂之變
也二篇之中其變二萬四千五百七十六
天地數衍爻數一不用二衍三四衍十六五衍二十
五六衍三十六七衍四十九八衍六十四九衍八十
一十衍百以上積爲三百八十四爻

揲蓍詳說第九
蓍四十九分於兩手掛一於左之小指以左手之半
四揲之歸其奇於扐扐指間也復以右手之半四揲
之再扐是爲十有八變之一扐揲之扐不五則九第
二第三揲之扐不四則八八九爲多四五爲少三少
得老陽之數九三多得老陰之數六兩多一少得少
陽之數七兩少一多得少陰之數八皆取過揲之策
而四之也
周易古占　九
第一揲左手餘一或餘二或餘三則并掛一與別手
者共爲五是少也左手餘四則并掛一與別手者共
爲九是多也
第二揲取第一揲所餘之數或四十四或四十復分
二掛一揲之以四歸奇於扐又再扐以求之左手若
餘一或餘二則并掛一與別手者共爲四是少也餘
三或餘四則并掛一與別手者共爲八是多也
第三揲取第二揲所餘之數或四十或三十六或二
十二如第二揲求之左手得一二爲少三四爲多是
故三少之餘其策三十有六故四之而得九謂掛與

扐者十有三也三多之餘其策二十有四故四之而得六謂掛與扐者二十有五也兩多一少之餘其策二十有八故四之而得七謂掛與扐者二十有一也兩少一多之餘其策三十有二故四之而得八謂掛與扐者十有七也

以上三變然後一畫立共三變之間其別六十有四老陽十二老陰四少陽二十少陰二十八是故以四營之而得一三五七之數皆天數也蓍得天數故能圓而神卦得地數曰兩儀曰四象曰六爻曰八卦故能方以智今詳推變數爲之圖只點左手扐數其掛與右手即此可推皆自下而之中自中而之上以倣

爻畫云三少爲老陽者十二謂四營得天三之數積有數一百八其策四百三十有二

右陰陽各九百九十二策合爲一千九百八十有四策是爲一爻之變數總六爻之變得萬有一千九百四策內爻位當三百八十四二篇之策當萬有一千五百二十位數也者合九六而一之也策數也者離九六而分之而又四營之也太玄始於十八終於五十四并始終七十二爲一日與此義同

一卦變六十四卦圖第十一

乾

一爻變者六　二爻變者十五　三爻變者二十　四爻變者十五　五爻變者六　六爻變者一

姤　遯　否　觀　剝　坤

同人　訟　漸　晉　比

履　巽　旅　萃　豫

小畜　鼎　咸　艮　謙

大有　大過　渙　蹇　師

夬　无妄　未濟　小過　復

家人　困　蒙

離　益　坎

革　噬嗑　屯

大畜　隨　頤

中孚　蠱　解

睽　賁　震

兌　損　升

需　井　明夷

大壯　旣濟　臨
節
恒
豐
歸妹
泰

天地生成數配律呂圖第十一

天一子	生水	十一月	黃鍾	宮	地二未	生火	六月	林鍾	徵
天三寅	生木	正月	太簇	商	地四酉	生金	八月	南呂	羽
天五辰	生土	三月	沽洗	角	地六亥	成水	十月	應鍾	宮
天七午	成火	五月	蕤賓	徵	地八丑	成木	十二月	大呂	商
天九申	成金	七月	夷則	羽	地十卯	成土	二月	夾鍾	角

周易古占　八　十二

右各以所王之方而生五行而土寄王於辰其成數皆在生數之後以其周流於十二辰也自天一至地十順序生之則與律呂上生下生之說相符而虛無射仲呂爲畸數故十二律能生六十

今以五聲十二律旋相爲宮考之黃鍾爲宮下生林鍾徵又上生太簇商又下生南呂羽又上生姑洗角此天一至天五數也林鍾爲宮上生太簇徵又下生南呂商又上生沽洗羽又下生應鍾角此地六至地十數也故二均獨無無射仲呂之聲以十二律各五聲考之無射自爲宮爲夷則之商蕤賓之角夾鍾之徵太呂之羽仲呂自爲宮爲夾鍾之商大呂之角射之徵夷則之羽故二均竟無黃鍾林鍾之聲故曰無射仲呂爲畸數也

乾坤六爻新圖第十二

圖之說曰天形如雞子地居天之中之半其勢西北

周易古占　十三

高東南下乾天也乾之三畫位乎上坤地也坤之三畫位乎下三也者三才之象也然天有十二次陰陽極六月而反故重乾之三畫於東南方重坤之三畫於西北方然後乾初九位乎寅伏于地下經曰陽氣潛藏是也處艮之位前萬物成終始是也九二見乎地上見龍在田是也九三春時已成而陽方上行與時偕行是也九四茀泰而爲夏乾道乃革是也九五位夏之中飛龍在天是也上九夏時已成而陽已極矣與時偕極是也坤之初六配孟秋之月陰始凝是

也六二應地上而當正秋之時地道光是也六三一陽猶存而伏于地下含章是也六四純陰用事天地閉是也六五處中居下黄裳是也陽生於陰中文在中是也上六陽將位乎内陰已極於外龍戰于野是也是故二五中爻位四方之中矣雖然陽生於子故坎位焉陰生於午故離位焉陰陽歴三月而後位以其被於萬物也孔子曰我欲觀夏道是故之杞吾得夏時焉此連山所以首艮也又曰我欲觀商道是故之宋吾得坤乾焉此歸藏所以首坤也今乾初在艮

位坤初在坤位三易無異致也夫明夷之謙初九變也左氏載卜楚丘之言以爲旦之日古人以寅配初其來尚矣醫家難經爲百刻圖一歲陰陽升降會於立春一日陰陽昏曉會於艮時此說與易合舊說不同者不暇辨也或難之曰復卦以初九爲主大象何以稱至日曰冬至乃先王朔巡狩之時是日閉關無是理也王曰元后諸侯曰群后后通諸侯言侯無省方之禮也然則奈何曰春秋公行書至自某者八十三先王於至之日閉關后於至之日不省方是也如

今之歇泊假是也然則何爲商旅不行曰出入關者給納傳符關吏有假則商旅不得行矣是故陰陽生於子午已見於坎離之畫若畫震兑於東西亦見乾坤始於寅申也

说郛目録

弓第三

周易舉正

唐 郭京

乾九三君子終日乾乾夕惕若厲无咎註純修下道則處下之禮曠終日乾乾至于夕猶惕若厲也謹按定本猶字在惕字上則夕字爲絶句今則惕字在猶字上則惕字爲絶句則下若字宜訓爲如夕字爲絶句則若字宜爲語辭

坤初六履霜堅冰至象曰履霜陰始凝也謹按陰始凝也上誤增堅冰字

屯六三象曰即鹿无虞何以從禽也脱何字

師六五田有禽利執之无咎謹按定本之字行書向下引脚稍類行書言字轉寫相仍遂成謬誤

比彖曰比吉吉字下誤增也字

九五象曰顯比之吉位正中也失前禽舍逆取順也今本舍逆取順一句誤在失前禽上

泰六四象曰翩翩不富皆反實也反誤作失字

隨彖曰隨大亨利貞无咎而天下隨時謹按彖大亨下脱利字

賁不利有攸往彖故不利有攸往謹按定本不字草
書勢如小字
剛柔交錯天文也文明以止人文也天文上脱剛柔
交錯一句
剥彖曰剥剥落也按今本脱落字
无妄彖曰无妄剛自外來而爲主於内動而愈健謹
按經脱愈字
象曰天下雷行物與无妄先王以茂對時育物物上
誤增萬字

六二謹按象曰不耕而穫求富也求字誤作未字
大畜上九象何天之衢亨道大行也脱亨字
坎習坎彖曰坎習坎重陷也謹按卦首習字上脱卦
名坎字彖曰下亦脱坎字
離象曰明兩作離大人以明照繼明照于四方謹按
脱明照字
大壯六五喪牛于易象曰喪牛于易牛字並誤寫羊
字
明夷上六至晦謹按晦字上脱至字誤增不明字

蹇象曰山上有水蹇君子以正身修德謹按經註正
字並誤作反字
九三往蹇來正象曰往蹇來正謹按經註象三正字
並誤作反字
姤女壯勿用取女彖曰姤遇也柔遇剛也女壯勿用
取女不可與長也謹按繇辭取字下誤增女字彖辭
勿用取上脱女壯字勿用取下誤增女字
萃彖曰萃聚也順以説剛中而應故聚也王假有廟
致孝亨也利見大人亨利貞聚以正也謹按彖舉繇
辭脱利貞字

困初六象曰入于幽谷不明也不明字上誤增幽字
井彖曰巽乎水而上水井井養而不窮也改邑不改
井无喪无得往來井井乃以剛中也謹按脱无喪无
得往來井井兩句
鼎元吉亨彖曰鼎象也以木巽火亨飪也聖人亨以
亨上帝以養聖賢謹按經帝字下誤增而大亨字
震彖曰震亨震來虩虩恐致福也笑語啞啞後有則
也震驚百里驚遠而懼邇也不喪匕鬯出可以守宗

廟社稷以爲祭主也謹按經脫不喪匕鬯字
艮九三艮其限謹按限字誤作身字
漸彖女歸吉也謹按漸彖女歸吉下誤增也字
象君子以居賢德善風俗謹按脫風字
歸妹六五小象不知其娣之袂良謹按良字下誤增
也字
豐九四象曰遇其夷主吉志行也謹按脫志字
旅初六旅瑣瑣斯其所取災謹按斯字並合作斯賤
之義不合作斯

周易舉正　四

巽彖重巽以申命命乃行也謹按命乃行也一句誤
入註
渙彖曰利涉大川利貞乘木有功也謹按利涉大川
下脫利貞字
節彖曰說以行險當位而節中正以通然後乃亨也
謹按然後乃亨也一句誤將入註
中孚豚魚吉信及也謹按及字下誤增豚魚字
小過過以利貞與時行也柔得中是以可小事也謹
按是以下脫可字小事下誤增吉字

六五象曰密雲不雨已止也謹按經註止字並誤作
上字故字上仍脫下字
既濟彖曰既濟亨小小者亨也謹按彖亨小下脫小
字
上繫第九章子曰知變化之道其知神之不爲乎謹
按經註不字並誤作所字
第十二章是故聖人有以見天下之賾謹按是故字
下誤增夫象字
下繫第四章不見利不動不威不懲謹按動字誤作
勸字

周易舉正　五

又子曰危以動則民不輔也懼以語則民不應也无
交而求則民不與也謹按輔字誤作與字
說卦乾以居之坤以藏之謹按居字誤作君字
序卦屯者物之始生也始生必蒙謹按始字誤作物
字
又蒙者蒙昧也謹按脫昧字
又比者親比也謹按脫親字
又物不可以久居其所故受之以遯遯者退也謹按

此一句今本脱者多
雜卦屯見而不失其居註雖見難而盤桓利貞不失
其居也謹按註脱難字
又蒙稚而著謹按經註稚字並誤作雜字

周易舉正　六

讀易私言

元　許衡

初　初位之下事之始也以陽居之才可以有爲矣或
恐其不安於分也以陰居之不患其過越矣或恐
其懦弱昏滯未足以趨時也四之應否亦類此義
大抵柔弱則難濟剛健則易行故諸卦柔弱而致
凶者其數居多剛健而致凶者惟頤大壯夬而已
若總言之居初者易貞居上者難貞易貞者由其
所適之道多難貞者以其所處之位極故六十四
卦初爻多得免咎而上每有不可救者始終之際
其難易之不同蓋如此

讀易私言　一

艮六居初者凡八陰柔處下而其性好止故在謙
則合時義而得吉在咸則感未深而不足進也以
是才居遯則後於人而有厲然位卑力弱反不若
不往之爲愈也蹇之時險在前也止而不往自有
知幾之譽勉於進則陷乎險也艮以止於初爲義
故但戒以利永貞漸之才宜若此也雖小子有言
於義何咎旅雖有應而不足援也斯其所以瑣乎

小過宜下而反應於上斯其有飛鳥之凶乎柔止之才大率不宜動而有應動而有應則應反爲之累矣

坤六居初者凡八坤柔順處下其初甚微而其積甚著故其處比與否之初也皆獲吉豫有應在上是動於欲而不安其分也凶亦宜乎

二二與四皆陰位也四雖得正而猶有不中之累況不得其正乎二雖不正而猶有得中之美況正而得中者乎四近君之臣也二遠君之臣也其勢又

不同此二之所以多譽四之所以多懼也二中位陰陽處之皆爲得中中者不偏不倚無過不及之謂其才若此故於時義爲易合時義既合則吉可斷矣究而言之凡爲陽者本吉也陽雖本吉不得其正則有害乎其吉矣雖得正矣不及其中亦未可保其吉也必也當位居中能趣時義然後其吉乃定凡爲陰者本凶也陰雖本凶不失其正則緩乎其凶矣苟或居中猶可免其凶也必也不正不中悖於時義然後其凶乃定故陽得位得中者其吉多焉陰失位失中者其凶多焉要其終也合於時義則無不吉悖於時義則無不凶也大矣哉時之義乎

凡陽本吉凡陰本凶陽雖本吉不得其正則害其吉矣得正矣不及其中亦未保其吉也必當位居中能趣時義然後其吉乃定陰雖本凶不失其正則緩其凶矣失正矣或能居中猶可免其凶也必也不正不中悖於時義然後其凶乃定故陽得位得中其吉多焉陰失位失中其凶多焉要其終也

合於時義則無不吉悖於時義則無不凶也大矣哉時之義乎

乾九二九剛健之才也而承乘又剛健是剛健之至也處陰得中有溥博淵泉時出之義臣才若此其於職位蓋綽綽然有餘裕矣夫剛健則有可久之義得中則有適時之義兼二者而得雖無應可也況五六虛中以待巳者乎此八卦所以無悔吝而有應者尤爲美也

兌九二兌之九二剛而得中也雖上承於柔邪不

足爲累此以得中之義爲務也獨節之爲卦自有中義所不足者正而已今既不正矣其何以免於凶乎

巽九二兌之中以剛爲説巽之中以剛爲入皆有才適用之中也然兌務於上巽務於下其勢有所不通如井之義貴於上行也而九二無應狥巳才而下之違時拂義人莫肯與以谷射甕敝取象其亦宜乎

坎九二下柔險之始也上柔險之極也而巳以剛

陽之才獨處中焉是巳無賴於彼而彼有待於巳也加以至尊應之則險道大行不爾則幾於困矣大率有應而道行則以貞幹之義爲重無應而處中則以須守之義爲重錯舉而言則卦才皆備焉

坤六二否之時不爲窮厄所動豫之時不爲逸欲所牽非安於義分者莫能也坤六二居中履正且又靜而順焉宜其處此而無敗也雖然剝物兼人陽之爲也柔順貞靜陰之德也以陰之德而遇剝觀則剝傷於柔而觀失於固矣夫何故時既不同

義亦隨異此六爻所以貴中正而中正之中又有隨時之義也

震六二六二陰柔而在動體雖居中履正然下乘剛陽成卦之主其勢不得安而處也非惟其勢不得安而處揆其資性亦不肯安其處也或上應或下依有失得之辨焉復無應而下仁吉之道也過此則違道而非正矣益之方受彼也上下之來又何患焉无妄之世方存誠也或應或依秖足爲累他卦皆以乘剛之義爲重也大率處則乘剛動有

得失非坤二柔中之比也

艮六二以剛處上以柔處下尊卑之勢順也艮之大體既備此象矣而六二又承剛履柔居中得正宜其處諸卦而無過也雖然柔止之才動拘禮制若當大有爲之時則有不可必者固在蹇未能濟處艮莫能止究其用心忠義正直終不可以事之成否爲累也

離六二初與三剛而得正皆有爲之才也然其明照各滯一偏唯六二中正見義理之當然而其十

幹有不逮其明者甚矣才智之難齊也得有應於上則明有所附矣然非剛之善用明實明之能自用也大抵以剛用明不若以明用剛之爲順故八卦應五附三其勢略等而離之六五有應於下者爲最美也

三卦爻六位惟三爲難處葢上下之交内外之際非平易安和之所也故在乾則失於剛暴在坤則傷於柔邪震動而無恒巽躁而或屈離與艮明止係於一偏坎與兌險說至於過極皆凶之道也然乾之健雖不中也猶可勝任坤之順雖不正也猶能下人二者之凶比他爻爲少緩若夫坎之與兌以陰處陽以柔乘剛不中不正悖忤時義其爲凶也切矣是知乾坤爲輕坎兌爲重總而論之亦曰多凶而已矣

乾九三過剛而不中難與義適然以其有才也故諄諄焉戒命之曰夕惕曰敬慎曰艱貞庶乎有可免者不然則用所偏而違乎義矣凶其可逃乎

四四之位近君多懼之地也以柔居之則有順從之

美以剛居之則有僭逼之嫌然又須問居五者陰邪陽邪以陰承陽則得於君而勢順以陽承陰則得於君而勢逆勢順則無不可也勢逆則尤忌上行上行則凶咎必至離之諸四皆是也震則四爲成卦之主才幹之臣也是動而知戒是以有補過之道以陽乘陽以陰乘陰皆不得於君也然陽以不正而有才陰以得正而無才故其勢不同有才而不正則貴於寡欲故乾之諸四例得免咎而隨三四夬之四有凶悔之辭焉無才而得正則貴乎有應故艮之諸四皆以有應爲優無應爲劣獨坤之諸四能以柔順處之雖無應援亦皆免咎此又隨時之義也

乾九四九而居四勢本不順然以其健而有才焉故不難於趨義又上卦之初未至過極故多爲以剛用柔之義以剛而用柔是有才而能戒懼也有才而能戒懼雖不正猶吉也

兌九四處下而說則有樂天之美處上而說則有慕爵之嫌初九雖無應猶可也九四雖有應尚多

戒辭也然以剛說之才易得勝任故有應者無不吉而無應者亦有免之之道云

離九四陽處近君而能保其吉者以其有才而敬慎故也火性上炎動成躁急非惟不順君之所用且反爲君之所忌也恣横専愊鮮有不及唯噬嗑之去間睽離之相保與羇旅而親寡之時取君義爲甚輕故其所失亦比他爻爲甚緩究而言之固非本善之才也

震九四離之成卦在乎中故以中爲美震之成卦

在乎下故以下爲貴若是則震之九四乃才幹之臣也君之動由之師之動亦由之其功且大矣其位巳逼矣然而卒保其無禍者何哉葢震而近臣君有戒慎恐懼之義以陽處陰有體剛用柔之義持其術以往其多功而寡過也宜乎雖然功大位逼而不正不可以久居其所也久居其所則勳德反下此恒之所以戒於田無禽歟

巽六四陰柔之質自多懼也順入之才能承君也以是而處每堪其任故八卦端無凶悔之辭

坎六四其以陰柔得位而上承中正之君畧與巽同然又有險之性焉此以處多懼之地則宜矣故八卦亦無凶悔之辭

艮六四以柔止之才承柔止之君雖巳身得正而於君事則有不能自濟者必藉剛陽之才而後可以成功故離九應之則終得婚媾震九應之則顛頤獲吉至於止乾之健納兑之說皆可成功而有喜不爾處剥見凶處蒙蠱見吝矣艮以能止爲義能止其身則无咎可也

坤六四坤之六四不問有應與否皆無凶咎葢爲臣之道大體主順不順則無以事君也

五五上卦之中乃人君之位也諸爻之德莫精於此故在乾則剛健而斷在坤則重厚而順未或有先之者至於坎險之孚誠離麗之文明巽順於理艮篤於實能首出乎庶物不問何時克濟大事傳謂五多功者此也獨震忌强輔兑比小人於君道未善觀其戒之之辭則可知

乾九五剛健中正得處君位不問何時皆無悔咎

惟履之剛決同人之私暱不合君道故有厲有號咷也

兌九五下履不正之强輔上比柔邪之小人非君之善道也然以其中正也故下有忌而可勝上有說而可決大哉中正之爲德乎

離六五强輔强師而六以文明柔中之才而麗之悔可忘也事可濟也然更得九二應之爲貴故大有睽鼎未濟皆吉而他卦止以得中爲免耳

震六五九四陽剛不正之臣爲動之主而六五以柔中乘之其勢可嫌也得九二剛中應之其勢頗

挍動故恒大壯解歸妹比他卦爲優而豐之二五以明動相資故其辭亦異焉勝於豫震小過之无應也

巽九五以巽順處中正又君臣相得而剛柔相濟相德則無内難相濟則有成功不待於應自可无咎應則尤爲美也以巽順之道處中正之位君與臣相得也剛與柔相濟也相得則無内起之難相濟則有成功之理不待於應而自能无咎也

坎九五以剛陽之才處極尊之位中而且正可以有爲也然適在險中未能遽出故諸卦皆有須待之義夫能爲者才也得爲者位也可爲者時也有才位而無其時唯待爲可待而至於可則无咎矣

艮六五君輔皆柔且無相得之義本不可有爲也以六有靜止得中之才上依而下任也故僅能成功然非可大有爲也更或無應是不得於臣又不得於民於君道何取焉

坤六五坤六居五雖不當位然柔順重厚合於時中有君人之度焉得九二剛中應之則事乃可濟

故師泰臨升或吉或无咎而他卦則戒之之辭爲尤重蠱隂柔之才不克大事且鮮能永貞故也

上上事之終時之極也其才之剛則柔内之應否雖或取義然終莫及上與終之重也是故難之將出者則指其可由之方事之旣成者則示以可保之道時甚足貴也時過適則難與行也義之善或不必勸則直云其吉也勢之惡或不可解則但言其凶也有始不得志而終无咎者有始廢其欲而終

有禍敗者執其偏而用者才尚可也反其常而動者事已窮也質雖不美而冀其或改焉則猶告之位雖處極而見其可行焉則亦諭之艮有成終之義故八卦皆善履係於所履觀係於所生吉凶不敢王言也大抵積微而盛過盛而衰有不可變者有不能不變者六爻教戒之辭唯此爲最少大傳謂其上易知豈非事之已成乎

元包數義

臨卭張行成

元包以坤先乾歸藏之易也易者變也天主其變包者藏也地主其藏天統乎體八變而終于十六易用四十九蓍者存掛一之數爲太極則六八四十八者體中之用也地分乎用六變而終于十二包用三十六蓍者以共一之數爲太一則六六三十六者用中之用也太玄本三十六蓍亦地數也地虚三以扮天故用三十三掛一而三十二則四八之數地之體也玄之爲書以一元行乎地之四體之間四體卽方州部家是也故玄之掛一有天用地之義而虚三有地承天之義若元包三十六不掛不虚而每揲存二十四則八卦用於地上者也是故乾三奇震坎艮各得其一巽離兑各得其二則十二畫也坤三偶巽離兑各得其一震坎艮各得其二則二十四畫也陰陽之畫共三十六以陰之二載陽之一則三十六盡爲用矣故易老陽之策極于四九而包以六六用之易以兩卦相重而後天地合包亦以兩揲相通而後九六

均是故卦數自一至八凡三十六重之而七十二一揲之蓍合乎單卦之數兩揲之蓍合乎重卦之數五行之數五十有五自三十六言之五行盈於八卦十九當閏數之物自七十二言之八卦盈於五行十七當運數之氣以八歸五氣類相從則乾兌爲金坤艮爲土震巽爲木坎爲水離爲火吉凶順逆占法由生故曰三十有六取數於乾坤五行八卦同符合契也其法分而爲二以三揲之左右各存三四十二蓍所謂營之以四以象四時也常存此數不用者坤之二

十四氣爲萬化之基易存四卦之義也餘十二蓍則爻數與歸奇數也爻數不九卽六歸奇數不六卽三爻數得九者陽畫也歸奇數則三矣爻數得六者陰畫也歸奇數則六矣陽畫九而歸奇三用者三不用者一也陰畫六而歸奇六用不用各半也三畫皆陽者乾也皆陰者坤也二陽一陰者三女也二陰一陽者三男也三畫皆陽其數二十七重之而五十四者六九也三畫皆陰其數十八重之而三十六者六六也二陽一陰其數二十四重之而四十八者六八也二陰一陽其數二十一重之而四十二者六七也此八重卦之本數亦六七八九之數而以六爲主者也大衍六七八九之數以求爻也爻者用也六七八九皆祖乎四者用生乎體自四揲而來也元包六七八九之數以求卦也卦者體也六七八九皆祖乎六者體生乎用自六爻而來也以用爲主故易爲天以體爲主故包爲地也乾之一卦得五十四歸奇一十八坤之一卦得三十六歸奇亦三十六三男四十二歸奇三十三女四十八歸奇二十四以五十四合三十

六則九十也以四十八合四十二亦九十也以十八合三十六則五十四也以三十合二十四亦五十四也故元包八卦爻數合之爲三百六十歸奇數合之爲二百一十六總之而五百七十有六得先天八位之卦數與大衍除掛一而用四十八蓍十二用之數正同所不同者大衍以四爲一故兩卦相偶用不用之數卽得五百七十有六元包以一爲一比大衍數四分僅得其一益大衍兼用七八九六分于男女者太極用八卦天地之數也元包專用九六宗于父母

者八卦自用人物之數也是故大衍五十之虛一天
之虛之極也四十九之合一地之有之極也四十九
之掛一人之用之極也在四十八用之外元包以共
一爲太一是四十九合一之義爾揲之以三爲三才
在三十六用之内故易揲之以四以象四時備四體
而致用者天用地也包管之以四以象四時存四體
而不用者地用物也此所以大小不同也元包存本
之數每揲二十四一卦六揲而百四十四凡六十四
卦九千二百一十有六則大衍五百一十二卦之蓍

元包數義 四

存乾坤坎離四卦不用之策數也包所存之數亦地
之本數故與大衍同大衍從天故又有掛一之數三
千七十二包四分得其三乃地之用數也包八卦之
數乾五十四而八之則四百三十二坤三十六而八
之則二百八十八三男四十二而八之各三百三十
六三女四十八而八之各三百八十四乾歸奇數十
八而八之則一百四十四坤歸奇數三十六而八之
則二百八十八三男歸奇數三十而八之各二百四
十三女歸奇數二十四而八之各一百九十二總卦
數計二千八百八十則三百六十之八也總歸奇數
計一千七百二十八則二百一十六之八也一千七
百二十八則七十二之二十四二千八百八十則七
十二之四十共六十有四以地之體十六析之卦數
得其十歸奇得其六皆二百八十八也以先天準之
卦數之十爲離之顯仁則開物八萬六千四百之數
歸奇之六五爲坎之藏用則閉物四萬三千二百之
數一爲存本則八千六百四十之閏數然先天視元
包皆三十倍矣此元包與大衍先天之合也所謂八

元包數義 五

卦自用者陰陽分爲八位各以一卦變七卦自一世
至五世遊魂歸魂而卦體復各守本體其一不變故
曰八卦自用其數也今世卜筮所用火珠林卽是此
法而其文不雅先生著書欲傳此一法於後世爾非
爲文也分而爲二自左揲至右終而爻見奇則復歸
于左故曰數之門也在於左陽之動也數之萌也在
於右陰能生也大衍四十九蓍各以一卦變六十四
卦其數之變至于一十五萬五百二十八則每蓍得
三千七百二元包三十六蓍各以一卦變八卦其數

三變至于一萬三千八百二十四則每蓍得三百八
十四三千七十二者三百八十四之八也
大衍四十九蓍
先除掛一一蓍計三千七十二存天之太極也
再除三揲三掛三蓍計九千二百一十六爲乾坤坎
離四卦之數存地之太極也
實用四十五蓍以應一卦當一節之數計一十三萬
八千二百四十則六十卦三百六十爻每爻用三百
八十四地生物之數也

元包數義　六

元包三十六蓍
先除二十四蓍計九千二百一十六則乾坤坎離存
本之數也
餘一十二蓍之用卦數通歸奇計四千六百八則震
巽艮兑反復迭用之數也易之蓍四十八而策窮于
三十六者乾與坤坎與離反復不互見爲四卦故各
當十二震巽艮兑反復互見爲二卦故共當十二而
十二常不見是故元包之蓍三十六存二十四不用
之外所用者十二而巳一萬三千八百二十四析而
十之即一十三萬八千二百四十地之生物全數也
九千二百一十六析而十之則九萬二千一百六十
地開物之數也四千六百八析而十之節四萬六千
八十地閉物之數也開物者易用策之數閉物者易
歸奇之數歸奇之數易之物數也惢全數十二會三
分之天地各用其一餘一分以爲人物也兩揲七十
二蓍各存二十四者存坤之體也歸奇共九策者存
乾之用也通之用五之三不用十九之三者用其冲
氣存其物體也

元包數義　七

存本數每卦百四十四歸奇數均之每卦二十七用
策均之每卦四十五以歸奇合存本每卦一百七十
一則太玄九章之數者閏數也以用策合存本每卦
百八十九全之而三百七十八則太玄五日三辰之
策者餘分數也以用策併歸奇每卦七十二則太玄
一日之策數者晝夜之數也

櫝蓍記

元　劉因

蓍之在櫝也寂然不動道之體立所謂易有太極者也及受命而出也感而遂通神之用行所謂是生兩儀兩儀生四象四象生八卦八卦定吉凶生大業者也猶之圖也不用五與十不用云者無極也而五與十則太極也猶之易也絜靜精微絜靜云者無極也而精微則太極也知此則知夫櫝中之蓍以一而具五十無用而無所不用謂之無則有謂之實則虛也

而其數之流行於天地萬物之間者則亦陰陽奇偶而已矣故自掛扐之奇而十二之則陽奇而進之不及夫偶者爲少陰陰偶而退之不及夫奇者爲少陽而四之則三四五六合夫畫奇全偶半合夫數而畫亦於是焉合其多少則合其位之陽少而陰多故有自一進一而爲偶自偶退一而爲奇之象也自過揲之策而十二之陽奇而退之不及夫偶者爲少陰陰偶而進之不及夫奇者爲少陽而四之則六七八九合夫數奇三偶二合夫畫而數亦於是焉合其多少則合其數之陽實而陰虛故有自一虛中而爲偶自二實中而爲奇之象也蓋掛扐之奇徑一而過揲之奇圍三而掛扐過揲之偶鈞用半也故分掛扐過揲而橫觀之則以陰爲基而消長有漸分四象而縱觀之則亦以陰爲平而低昂有漸其十二之則自右一而二自左二而三其四之則自右三而六自左六而九如水之流行觸東而復西其消長則其自然之淪漪其判合則其盈科而後進者也此皆自夫一行邵子之說而得之知此則知夫誤推一行三變八卦之

象謂陰陽老少不在乎過揲者爲昧乎體用之相因而誤推邵子去三用九之文謂七八九六不在乎掛扐者又昧乎源委之分也由此而極其奇偶之變以位則陽一而陰二也以數則天三而地兩也初變之徑一而圍三以爲奇者三而得之是以老陽少陰之數多也後二變之圍四用半以爲偶者二而得之是以少陽老陰之數少也分陰分陽則初一變皆奇而後二變皆偶也迭陰迭陽則去掛一初一變皆偶而後二變皆奇又如畢中和天地人之說也其變也自

一生二二生四而又四之四生八八生十六而言則畫卦之象也自四乘而十六十六乘而六十四則重卦之數也故初變而得兩儀之象者二畫卦之數也再變而得四象之象者四畫卦之數也三變而得八得八卦之象者六畫卦之數也自兩儀之陰陽而言其用數則乾兌離震皆十二而巽坎艮坤皆四也自八卦之陰陽而合其體數則乾坎艮震三十二而巽離坤兌三十二也自二老二少之陰陽而言其饒乏之數則又如四象之七八九六也六變而得四象之

畫則每位之靜變往來得十畫卦之數也又二畫則總其數矣其數也皆靜者爲多變者爲少而一爻變者居中二靜與變皆老陰爲多老陽爲少而二少居中積畫成卦則每卦之靜變往來得十五畫卦之數也又三畫則總其數矣其數也亦皆靜極者爲至多而變極者爲至少而又一爻二爻進退於其間其靜與變則皆坤爲至多乾爲至少而三男三女進退於其間因而重之則每卦之靜變往來得三十畫卦之數也八六畫則總其數矣其進退多少皆與八卦之例同也此皆自歐陽子七八常多九六常少之一言而推之與夫後二變不掛不知其爲陰而使二老之數與成卦同二少之數與二老同而參差益甚其初一變必鈞不知其爲陽而於乾坤六子之率勉强求合乃若四十九蓍而虛一與五十蓍虛一而掛二者固有間矣此以蓍求卦者也若夫以卦而求變也則自夫交易已成之體爲變易應昔之用由兩儀而上自紓而促八卦循環而其序不亂以遠御近以下統上而皆有文之可尋也以變而求占也則自靜極而

左之一二三四五自動極而右之一二三四五極自用其極而一則專其一居兩端而分屬焉二則分其爻居次兩端而分屬焉動則上爻重而靜則下爻重也三則分其卦居中自爲兩端而分屬焉前則本卦重而後則之卦重也動中用靜靜中用動靜多主貞動多主悔而皆有例之可推也然自此而極言之則以六甲納之其卦之序不亂也以互取之其序有漸而亦不亂也以伏求之其序亦有漸而不亂也以世位反圖而推之則一而二二而四四而八八而十六

進退有序逆順以類而不亂也以策數即圖而攷之則在兩儀而一消長在四象而二消長在八卦而四消長在十六而八消長在三十二而十六消長故長中八消消中八長皆震爲巽之消而坤爲乾之消巽爲坤之長而乾爲震之長而不亂也以揲變之數應圖而推之則其多少又合乎一一爲乾八八爲坤以少爲息以多爲消而亦不亂也是則按圖畫卦揲蓍求卦莫不脗合矣然而朱子猶以大衍爲不自然干河圖而變揲之左可以形右卦畫之下可以形上者

又以爲短於龜也其三索之說則一行有成說旣取之于本義後復以爲不必然而卦之陰陽之奇偶畫與位合則大傳有明文旣著之筮說而不明言于啓蒙是又恐後人求之過巧而毎遺恨不能致古人之辭者也若以奇策之數合之圓圖之畫則四十八一卦之變也其奇之十二即乾之陰而策之三十六即其陽也三十六自九進而得之也九陽也三十六亦陽也全陽也其奇之二十即兌離之陰也而策之二十八即其陽也二十八自七進而得之也七陽也二十八陰也陽合於陰也其奇之二十四則坤所去之半也而策則所用之二十四陰也二十四自六進而進得之也六陰也二十四亦陰也全陰也其奇之十六即艮坎自上所去之十六也而策之三十二即其所用之半弃上所餘之八陰也三十二自八進而得之也八陰也三十二陽也陰合於陽也其震巽之不用則猶乾之不用陰坤之不用陽也其奇策之八方數之變也掛扐之六圓數之變也此邵子之說也然前之奇策之所當陰不若陽之齊後之六八之所應

圓不若方之備是必有深意也第未能攷而知之又不知朱子之意以爲如何此因横蓍而記之至元十年春二月吉日横成記

論語筆解

唐　韓愈

學而第一

有子曰信近於義言可復也 馬曰其言可反覆故曰近義

及本要終謂之復言行合宜終復乎信否則小信未孚非反覆不定之謂

恭近於禮遠恥辱也 馬曰恭不合禮非禮也能遠恥辱故近禮

禮恭之本也知恭而不知禮止遠辱而已謂恭必以禮爲本

筆解　一

因不失其親亦可宗也 孔曰因親也所親不失其親亦可宗敬

因訓親非也孔失其義觀有若上陳信義恭禮之本下言凡學必因上禮義二説不失親師之道則可尊矣

子曰敏於事而愼於言就有道而正焉可謂好學也矣 孔曰敏疾也有道有道德者正謂問事是非

正謂問道非問事也上句言事下句言道孔不分釋之則事與道混而無別矣

爲政第二

子曰詩三百一言以蔽之曰思無邪 包曰蔽猶當也又曰歸於正也

蔽猶斷也包以蔽爲當非也按思無邪是魯頌之辭仲尼言詩最深義而包釋之略矣

子曰吾五十而知天命 孔曰知天命之終始

天命深微至賾非原始要終一端而已仲尼五十學易窮理盡性以至於命故曰知天命

六十而耳順七十而從心所欲不踰矩 鄭曰耳聞其言知其微旨也馬曰矩法也從心所欲無非法

耳當爲爾猶言如此也既知天命又如此順天也

筆解　二

子曰温故而知新可以爲師矣 孔曰温尋也尋繹故者又知新者可以爲師矣

先儒皆謂尋繹文翰由故及新此是記問之學不足爲人師也吾謂故者古之道也新謂已之新意可爲新法

子曰君子不器子貢問君子子曰先行其言而後從之 孔曰疾小人多言而行不周

上文君子不器與下文子貢問君子是一段義孔失其旨反謂疾小人有戾於義

子張問十世可知也子曰殷因於夏禮所損益可知也周因於殷禮所損益可知也其或繼周者雖百世可知也孔曰文質禮變馬曰所因謂三綱五常所損益謂文質三統

孔馬皆未詳仲尼從周之意泛言文質三統非也後之繼周者得周禮則盛失周禮則衰孰知因之之義其深矣乎

八佾第三

季氏旅於泰山子謂冉有曰女弗能救與對曰不能子曰嗚呼曾謂泰山不如林放乎馬曰救止也包曰泰山之神反不如林放者乎

謂當作爲字言冉有爲泰山非禮反不如林放問禮乎包言泰山之神非其義也

子曰吾不與祭如不祭包曰不自親祭使攝者爲之不盡敬與不祭同

義連上文禘自既灌而往吾不欲觀之矣蓋魯僖公亂昭穆祭神如神在不可躋而亂也故下文云吾不與祭蓋嘆不在其位不得以正此禮矣故云如不祭言魯逆祀與不祀同焉

子貢欲去告朔之餼羊鄭曰禮人君每月告朔於廟有祭謂之廟享

人君謂天子也非諸侯通用一禮也魯自文公六年閏月不告朔猶朝於廟左氏曰不告朔非也吾謂魯祀周公以天子禮魯君每月朔不朝於周但朝周公之廟因而祭曰廟享其實以祭爲重爾文公既不行告朔之享而空朝於廟是失禮也然子貢非不知魯禮之失特假餼羊之問誠欲質諸聖人以正其禮爾又曰天子云聽朔謂聽政於天下也諸侯云告朔謂以下之政告於上也每月頒朔於諸侯諸侯稟朔奉王命藏祖廟於是魯有廟享

之文他國則亡此禮

里仁第四

子曰君子之於天下也無適也無莫也義之與比

無適無可也無莫無不可也惟有義者與相親比爾

子曰君子懷德小人懷土君子懷刑小人懷惠孔曰懷安也懷土重遷也懷刑安於法也包曰懷惠恩惠也

德難形容必示之以法制土難均平必示之以恩惠上下二義轉相明也

子曰參乎吾道一以貫之曾子曰唯子出門人問曰何謂也曾子曰夫子之道忠恕而已矣（孔曰直曉不問故荅曰唯）

說者謂忠與恕一貫無偏執也

子游曰事君數斯辱矣朋友數斯疏矣（包曰數謂速數之數）

君命召不俟駕速也豈以速爲辱乎吾謂數當讀頻數之數

公冶長第五

子使漆雕開仕對曰吾斯之未能信子說

未能見信於時未可以仕也子說者善其能忖已知時變

筆解　五

子謂子貢曰女與回也孰愈對曰賜也何敢望回回也聞一以知十賜也聞一以知二子曰弗如也吾與女弗如也（包曰既然子貢不如復云吾與女俱不如者蓋欲以慰子貢爾）

回亞聖矣獨問子貢孰愈是亦賜之亞回矣賜既發明顏氏具聖之體又安用慰之乎包失其旨吾觀子貢此義深微當得具體八分所不及回二分爾不然安得仲尼稱弗如之深乎

宰予晝寢子曰朽木不可雕也糞土之牆不可朽也於予與何誅（舊文作晝字）

晝當爲畫字之誤也宰予四科十哲安得有晝寢之責乎假或偃息亦未深誅又曰於予與是言宰予也下文云始吾今吾者即是仲尼自謂也

子貢曰夫子之文章可得而聞也夫子之言性與天道不可得而聞也（孔曰性者人所受以生也天道者元亨日新之道深微故不可得而聞也）

孔說粗矣非其精蘊吾謂性與天道一義也若解二義則人受以生何者不可得聞乎哉

筆解　六

雍也第六

子曰人之生也直罔之生也幸而免（馬曰人之生自終者以其正直也包曰誣罔正直是幸也）

直當爲德字之誤也言人生稟天地大德罔無也若無其德免於咎若尠矣（古書德作悳）

子曰齊一變至於魯魯一變至於道（包曰齊可使如魯魯可使如大道行之時）

道謂王道非大道之謂

子曰君子博學於文約之以禮亦可以弗畔矣夫（鄭曰）

弗畔不違道也
畔當讀如偏畔之畔弗偏則得中道
子見南子子路不説夫子矢之曰予所否者天厭之
天厭之 孔曰行道非婦人之事與之咒誓義可疑焉
矢陳也否當爲否泰之否厭當爲厭亂之亂孔失
之矣爲誓非也後儒因以誓又以厭爲擫益失之
矣吾謂仲尼見衛君任南子之用事乃陳衛之政
理告子路云予道否不得行汝不須不悦也天將
厭此亂世而終豈泰吾道乎

筆解　七

述而第七
子曰述而不作信而好古竊比於我老彭 包曰若老彭祖述之而已
先儒多謂仲尼謙詞失其旨矣吾謂仲尼傷己不
遇嘆其道若老彭而已
殷賢惟伊傅餘固蔑稱
子曰自行束脩以上吾未嘗無誨焉 孔曰言人能奉禮自行束脩以上則皆教誨之焉
説者謂束爲束帛脩爲羞脯人能奉束脩於吾則
皆教誨之此義失也吾謂以束脩爲束羞則然矣
行吾而教之非也仲尼言小子洒掃進退束脩末
事但能勤行此小者則吾必教誨其大者
冉有曰夫子爲衛君乎子貢曰諾吾將問之入曰伯
夷叔齊何人也曰古之賢人也曰怨乎曰求仁而得
仁又何怨出曰夫子不爲也 鄭曰父子爭國惡也孔子以夷齊賢且仁故知不助衛君明矣
上篇云伯夷叔齊不念舊惡怨是用希此言君子
雖惡不怨也又下篇云不降其志不辱其身伯夷

筆解　八

叔齊歟我則異於是無可無不可吾嘗疑三處言
夷齊各不同吾謂此段義稱賢且仁者蓋欲止冉
有爲衛君而已
習之深乎哉吾今乃知仲尼之言瞻之在前忽然
在後不可槩窺其極
子所雅言詩書執禮皆雅言也 孔曰雅音正言也鄭曰先王典法必正言其音然後義全
音作言字之誤也傳寫因注云雅音正言遂誤爾
泰伯第八

子曰恭而無禮則勞慎而無禮則葸勇而無禮則亂
直而無禮則絞王曰葸慤貌絞刺也
王注云不以禮節之吾謂禮者制中者也不及則
爲勞爲葸過則爲亂爲絞絞確也
上篇云中庸之爲德也其至矣乎民鮮久矣此正
謂言禮之皇極也
子曰興於詩立於禮成於樂包曰興起也禮所以立身樂以成性
三者皆起於詩而已先儒略之遂惑於二矣
子曰惟天爲大惟堯則之蕩蕩乎民無能名焉包曰布德廣遠民無能識其名

堯仁如天不可名狀其高遠非不識其名也
子罕第九
子罕言利與命與仁包曰寡能及之故希言
仲尼罕言此三者之人焉非謂罕言此三者之道
也
子絕四毋意毋必毋固毋我王曰不任意無專必無固行無有其身也
此非仲尼自言蓋弟子記師行事其實子絕二而
已吾謂無任意即是無專必也無固行即是無

已身也
子曰鳳鳥不至河不出圖吾已矣夫孔曰聖人受命則鳳凰至河出圖今無此瑞吾已矣夫者傷不得見也河圖通入卦是也
王道盛則四靈爲畜非但受命符爾
顏淵喟然歎曰仰之彌高鑽之彌堅瞻之在前忽然
在後夫子循循然善誘人博我以文約我以禮欲罷
不能既竭吾才如有所立卓爾雖欲從之末由也已包曰恍惚不可得而形容孔曰不能及夫子之所立
既竭吾才如有所立卓爾此回首自謂雖卓立未

能及夫子高遠爾
子路使門人爲臣鄭曰子路欲使弟子行爲臣之禮也
先儒多惑此說以謂素王素臣後學由是責子路
欺天吾謂子路剛直無諂必不以王臣之臣欺天
爾本謂家臣之臣以事孔子也
子曰可與共學未可與適道可與適道未可與立可
與立未可與權孔曰雖能之道未必能有所立雖有所立未必能權量輕重
孔注猶失其義夫學而之道者豈不能立耶權者
經權之權豈輕重之權耶吾謂正文傳寫錯倒當

云可與共學未可與立可與適道未可與權如此
則理通矣

鄉黨第十

吉月必朝服而朝孔曰吉月月朔也吉服卽皮弁服也
吉禮所行月日因而謂之吉月吉日非正朔而已
鄉人儺朝服而立於阼階孔曰儺驅逐疫鬼恐驚先祖故朝服而立於廟之阼階
正文無廟字又云恐驚先祖疑孔穿鑿非本旨
子曰山梁雌雉時哉時哉子路共之三嗅而作周曰子路共之非本意不苟食故三嗅而作

筆解　　八　　十一

以爲食具非其旨吾謂嗅當爲鳴鳴之鳴雉之聲
也

先進第十一

子曰從我於陳蔡者皆不及門也鄭曰皆不及仕進之門而失其所
門謂聖人之門言弟子學道由門以及堂由堂以
及室分等降之差非謂言仕進而已
德行顏淵閔子騫冉伯牛仲弓言語宰我子貢政事
冉有季路文學子游子夏譏者曰字而不名非夫子云
論語稱字不稱名者多矣仲尼旣立此四品諸弟
子記其字而不名焉別無異旨
德行科最高者易所謂默而識之故存乎德行蓋
不假乎言也言語科次之者易所謂擬之而後言
議之而後動擬議以成其變化不可爲典要此則
非政法所拘焉政事科次之者所謂雖無老成人
尚有典刑言非事文辭而已文學科爲下者記所
謂離經辯志論學取友小成大成自下而上升者
也

筆解　　八　　十二

子曰回也其庶乎屢空賜不受命而貨殖焉億則屢中法曰回庶幾聖道雖數空匱而樂在其中賜不受敎命唯財貨是殖億度是非蓋美回所以勵賜也
一說屢猶每也空猶虛中也此近之矣謂富不虛
心此說非也吾謂回則坐忘遺照是其空也賜未
若回每空而能中其空也貨當爲資殖當爲權字
之誤也子貢資於權變未受性命之理此蓋明賜
之所以亞回也
子張問善人之道子曰不踐迹亦不入於室孔曰善人不但循舊迹亦少創業亦不能入聖人之奧室

孔說非也吾謂善人卽聖人異名爾豈不循舊迹而又不入聖人之室哉蓋仲尼誨子張言善人不可循迹而至於心室也聖人心室惟奥惟微無形可觀無迹可踐非子張所能至爾

子曰論篤是與君子者乎色莊者乎孔曰論篤是口無擇言君子是身無擇行色莊者不惡而嚴

孔失其義吾謂論者討論也篤極也是此也論極此聖人之道因戒子張但學君子容色莊謹卽可以及乎君子矣

筆解　十三

子畏於匡顏淵後子曰吾以女爲死矣曰子在回何敢死包曰言夫子在已無所敢死也

死當爲先字之誤也上文云顏淵後下文云回何敢先其義自明無死理也

點爾何如至童子六七人浴乎沂風乎舞雩詠而歸孔曰暮春季春三月

浴當爲沿字之誤也周三月夏之正月安有浴之理哉

顏淵第十二

顏淵問仁子曰克己復禮爲仁馬曰克己約身也孔曰復返也身能返禮則爲仁矣

孔馬得其皮膚未見其心焉吾謂回問仁仲尼答以禮蓋舉五常之二以明其端焉故下文云非禮勿視非禮勿聽非禮勿言非禮勿動又舉五常之四以終其義

子曰博學於文約之以禮亦可以弗畔矣夫

簡編重錯雍也篇中已有君子博學於文約之以禮可以弗畔矣夫今削去此段可也

筆解　十四

子張問士何如斯可謂之達矣子曰夫達也者質直而好義察言而觀色慮以下人馬曰常有謙退之志

此與上篇色莊者乎一義也皆斥言子張質直莊謹下於人則爲達士矣

子路第十三

冉有退朝子曰何晏也對曰有政子曰其事也如有政雖不吾以吾其與聞之馬曰政者有所改更匡正事者凡行常事我爲大夫雖不見任用必當與聞之

政者非更改之謂也事者非謂常行事也吾謂凡

于典禮者則謂之政政即常行焉則謂之行行其常則謂之人事

子貢問曰何如斯可以爲士矣子曰宗族稱其孝焉鄉黨稱其悌焉（舊本于曰行已有恥爲上文簡編差失也）

孝悌爲百行之本無以上之者

曰敢問其次曰行已有恥使於四方不辱君命可謂士矣曰敢問其次曰言必信行必果硜硜然小人哉抑亦可以爲次矣（孔曰有恥者有所不爲　鄭曰硜硜小人之貌也）

硜硜敢勇貌非小人也小當爲之字古文小與之

相類傳之誤也上文既云言必信行必果豈小人爲耶當作之人哉於義得矣

子曰善人教民七年亦可以即戎矣（即就戎兵也）

七年義不解吾謂即戎者衣裳之會兵車之會皆謂即戎矣此是諸侯朝會於王各修戎事之職按王制云三年一聘五年一朝仲尼志在尊周故言五年可以即戎事朝天子七年者字之誤歟

噫習之可謂究極聖人之奧矣先儒但以攻戰爲即戎殊不思仲尼教民尊周謹朝聘所以警當世諸侯舉七年而元年十一年從可知矣

憲問第十四

子曰君子而不仁者有矣夫未有小人而仁者也（孔曰雖君子猶未能備）

仁當爲備字之誤也豈有君子而不仁者乎既稱小人又豈求其仁耶吾謂君子才行或不備者有矣小人求備則未之有也

子曰古之學者爲已今之學者爲人（孔曰爲已履而行之爲人徒能言之也）

爲已者謂以身率天下也爲人者謂假他人之學以檢其身也孔云徒能言之是不能行之失其旨矣

子曰君子道者三我無能焉仁者不憂知者不惑勇者不懼子貢曰夫子自道也

子貢慮門人不曉仲尼言我無能焉故云自道以明有能也

子貢方人子曰賜也賢乎哉夫我則不暇（孔曰比方人也不暇比方人）

不暇比方人者其旨安在吾謂義連上文云夫君子自道者我無能此是比方君子之言也惟子貢明之故門人記子貢方人四字下文曰賢乎哉善子貢能知我比方人耳復云不暇者終自晦也

子曰作者七人矣 包曰長沮桀溺丈人石門荷蕢儀封人楚狂接輿

包氏以上文連此七人失其旨吾謂別段非謂上文避世事也下文子曰別起義端作七人非以隱避爲作者明矣避世本無爲作者本有爲顯非一義

齊魯記言無不脫舛七人之數固難條列但明作者實非隱淪昭昭矣

仲尼本至誠如此乎但學者失之云耳

原壤夷俟子曰老而不死是謂賊以杖扣其脛 馬曰夷踞俟待也 孔曰扣擊也

古文叩扣文之誤也當作指爲夷俟踞足原不自知失禮故仲尼既責其爲賊又指其足脛使知夷踞之罪非擊之明矣

衛靈公第十五

衛靈公問陳於孔子對曰俎豆之事則嘗聞之矣軍旅之事未之學也 鄭曰本未立不可教以末事

俎豆與軍旅皆有本有末何獨於問陳爲末事也鄭失其旨吾謂仲尼因靈公問陳遂譏其俎豆之小尚未習安能講軍旅之大乎

子曰由知德者鮮矣 王曰君子固窮而子路慍見故謂之少於知德

此一句是簡編脫漏當在子路慍見下文一段爲得

子張問行子曰立則見其參於前也在輿則見其倚

於衡也夫然後行 包曰衡軛也言思念忠信立則常想見參然在目前在輿則倚車軛

參古驂字衡橫木式也子張問行故仲尼喻以車乘立者如御驂在目前言人自忠信篤敬坐立不忘於乘車之間

子曰君子義以爲質禮以行之孫以出之信以成之君子哉 鄭曰義以爲質謂操行也孫出之謂言語

操行不獨義也禮與信皆操行也吾謂君子體質先須存義義然後禮禮然後遜遜然後信有次序焉

子曰吾猶及史之闕文也有馬者借人乘之今亡矣夫包曰有古之良史有疑則闕之有馬不調良則借人乘習之

上句言已所不知必闕之不可假他人之言筆削也譬如有馬不能自乘而借他人乘之非已所學耳

子曰君子貞而不諒孔曰貞正也諒信也君子正其道不必小信

諒當爲讓字誤也上文云當仁不讓於師仲尼慮弟子未曉故復云正而不讓謂仁人正直不讓於師耳孔說加一小字爲小信妄就其義失之矣

筆解　十九

季氏第十六

孔子曰禮樂征伐自諸侯出蓋十世希不失矣孔曰希少也周幽王爲犬戎所殺平王東遷諸侯自作禮樂征伐專行始於隱公至昭公十世失政死於乾侯

此義見仲尼作春秋之本也吾觀隱至昭十君誠然矣禮樂征伐自作不出於天子亦然矣若稽諸春秋吾疑十二公引十世爲證非也

其然乎吾考隱公書正月者言周雖下衰諸侯禀朔不可不書也隱攝政不書即位言不預一公之數也定書即位繼體當爲魯君不書正月者不禀朔也禀朔由三桓強盛不由公室也政去公室自桓公至定公爲十世明矣

深哉先儒莫之知也今驗魯論因知春秋本末惟季氏篇章學者盡三復其義

自大夫出五世希不失矣孔曰季文子初得政至桓子五世爲家臣陽虎所囚

季孫行父自僖公時得魯政至平子意如逐昭公於乾侯終季孫斯定公八年爲陽虎所伐桓子即季孫斯也仲尼既言諸侯十世又言大夫五世者斥魯君臣皆失道也

筆解　二十

陪臣執國命三世希不失矣馬曰陽虎爲季氏家臣至虎三世出奔

定公九年陽貨以葱靈逃奔宋遂奔於晉至哀公二年陽虎猶見於左傳蓋仲尼自定哀之際三桓與魯皆衰故春秋止於麟厭旨深矣

孔子曰祿之去公室五世矣鄭曰魯自東門襄仲殺文公之子赤而立宣公於是政在大夫至定公五世矣

此重言定公時事也上文十世五世三世希不失者蓋泛言之耳此云祿去公室五世及下文云政逮於大夫四世皆指實事言也

陽貨第十七

孔子時其亡也而往拜之

時當爲待古音亦作峙南人音作進其實待爲得

子曰性相近也習相遠也子曰惟上智與下愚不移孔曰愼所習上智不可使爲惡下愚不可使爲賢

上文云性相近是人以可習而上下也此文云上下不移是人不可習而遷也二義相反先儒莫究其義吾謂上篇云生而知之上也學而知之次也困而學之又其次也困而不學民斯爲下矣與此

筆解　二十一

篇二義兼明焉

如子之說文雖相反義不相戾誠知乾道變化各正性命坤道順乎承天不習無不利至哉果天地之心其遠矣乎

公山弗擾以費畔召子欲往至子曰如有用我者吾其爲東周乎孔曰弗擾爲季氏宰與陽虎共執季桓子而召孔子與周道於東方故曰東周

仲尼畏三桓不欲明言往公山氏又不容順子路當季氏故言吾爲東周東周平王東遷能復修西周之政志在周公典禮不徒往也非子路所測

子路曰佛肸以中牟畔子之往也如之何子曰有是言也不曰堅乎磨而不磷不曰白乎涅而不緇吾豈匏瓜也哉焉能繫而不食孔曰晉大夫趙簡子邑宰不得如不食之物繫滯一處

此段與公山氏義同有以知仲尼意在東周雖佛肸小邑亦往矣

子曰由也女聞六言六蔽矣乎好仁不好學其蔽也愚好知不好學其蔽也蕩好信不好學其蔽也賊孔曰六言六蔽者下文謂六事仁智信直勇剛也仁者愛物不知所以裁之則愚蕩無所適守賊者父子不知相爲隱之輩

筆解　二十二

此三言是泛學五常之有蔽也不言禮與義略也

好直不好學其蔽也絞

絞確也堅確之義

好勇不好學其蔽也亂好剛不好學其蔽也狂孔曰狂妄也詆觸也

此三者指子路辭也由之爲人直勇剛故以絞亂狂戒之耳

子謂伯魚曰女爲周南召南矣乎人而不爲周南召

南其猶正墻面而立也與馬曰國風之始三綱之首人而不爲如面墻而立者

吾觀周南蓋文武已沒成王當國之時也旦奭分

陝故别爲二南戒伯魚當知此耳

子曰禮云禮云玉帛云乎哉樂云樂云鐘鼓云乎哉鄭曰所貴安上治民馬曰所貴移風易俗

此連上文訓伯魚之詞也馬鄭但言禮樂大略其

精微

子曰色厲而内荏譬諸小人其猶穿窬之盜也與子曰鄉原德之賊也孔曰荏柔也内柔佞也周伯曰鄉向也古字同

二十三

筆解

原類柔字之誤也古文從系原柔後人遂誤内柔

爲鄉原足以明矣

外柔而内厲則尚書所謂柔而立也若外厲而内

柔則是穿窬盜賊爾

子曰予欲無言子貢曰子如不言則小子何述焉子曰天何言哉四時行焉言之爲益少故欲無言

此義最深先儒未之思也吾謂仲尼非無言也特

設此以誘子貢以明言語科未能忘言至於默識

故云天何言哉且激子貢使進於德行科也

微子第十八

微子去之箕子爲之奴比干諫而死孔子曰商有三仁焉孔注曰三人行異而同仁其憂亂寧民

殺身成仁比干以之微箕二子校之劣焉仲尼偕

稱仁别有奥旨先儒莫之釋也

箕子明夷與文王同乎易象尚書洪範見武王伸

其師禮然則箕子非止商之仁也蓋萬世之仁乎

齊景公待孔子曰若季氏則吾不能以季孟之間待之子曰吾老矣不能用也孔子行孔曰魯二卿季氏爲上卿最貴孟氏爲下卿不用事言待之以二者之閒聖道難行故言老不能用矣

二十四

筆解

上段孔子行是去齊來魯也下段孔子行是去魯

之衛也孔子惡季氏患其强不能制故出行他國

周公謂魯公曰君子不施其親不使大臣怨乎不以孔注曰施易也不以他人之親易己之親以用也怨不見聽用

周公戒伯禽多矣仲尼獨舉此諷哀公不親信賢

人爾施當爲弛言不弛慢所親近賢人如此則大

臣無所施矣謂施爲易非也

子張第十九

子夏曰大德不踰閑小德出入可也孔曰閑猶法也小德不能不踰法故曰出入可也

孔註謂大德不自踰法非也吾謂大德聖人也言學者之於聖人不可踰過其門閾爾小德賢人也尚可出入窺見其奥也

孟氏使陽膚爲士師問於曾子曾子曰上失其道民散久矣如得其情則哀矜而勿喜馬曰哀矜之勿自喜能得其情

哀矜其民散之情勿喜施其刑罰是其旨矣

堯曰第二十

筆解 八 二十五

帝臣不蔽簡在帝心包曰桀居帝臣之位罪過不可隱蔽

帝臣湯自謂也言我不可蔽隱桀之罪也包以桀爲帝臣非也

子曰不教而殺謂之虐不戒視成謂之暴慢令致期謂之賊猶之與人也出納之吝謂之有司孔曰財物當與人而至吝嗇於出納者有司之任非人君之道也

猶之當爲猶上也言君上吝嗇則是有司之財而已

孔曰不知命無以爲君子孔曰命謂窮達之分

命謂窮理盡性以至於命也非止窮達

筆解 八 二十六

論語拾遺

宋　蘇轍

予少年爲論語畧解子瞻謫居黄州爲論語說盡取以往今見於書者十二三也大觀丁亥閒居頴川爲孫籀簡筠講論語子瞻之說意有所未安時爲籀等言凡二十有七章謂之論語拾遺恨不得質之子瞻也

巧言令色世之所說也剛毅木訥世之所惡也惡之斯以爲不仁矣仁者直道而行無求於人望之儼然即之也温聽其言也厲而何巧言令色之有彼爲是者將以濟其不仁爾故曰巧言令色鮮矣仁又曰剛毅木訥近仁

子貢曰貧而無諂富而無驕何如子曰可也未若貧而樂富而好禮者也夫貧而無諂富而無驕亦可謂賢矣然貧而樂雖欲諂不可得也富而好禮雖欲驕亦不可得也子貢聞之而悟曰士之至於此者抑其切磋琢磨之功至也歟孔子善之曰賜也始可與言詩已矣告諸往而知來者舉其成功而告之而知其所從來者所謂聞一以知二也歟

易曰無思無爲寂然不動感而遂通天下之故詩曰思無邪孔子取之二者非異也惟無思然後思無邪有思則邪矣火必有光心必有思聖人無思非無思也因其自然而吾未嘗思未嘗爲此所謂無思無爲而思之正也若夫以物役思皆其邪矣

終日不食終夜不寢致力於思徒思而無益是以知思之不如學也故十有五而志于學至六十耳目所遇不思而順矣然猶有心存焉以心御心乃能中法

惟無心然後從心而不踰矩故在七十時焉

我與物爲二君子之欲交於物也非信而自入矣譬如車輪輿既具牛馬既設而判然二物也夫將何以行之惟爲之輗軏以交之而後輪輿得藉於牛馬也輗軏轅端持衡者也故曰人而無信不知其可也云云

不仁而久約則怨而思亂久樂則驕而忘患故曰不仁者不可以久處約不可以長處樂然則何所處之而可曰仁人在上則不仁者約而不怨樂而不驕管

仲奪伯氏駢邑三百飲蔬食沒齒無怨言與豎刁易牙俱事桓公終仲之世二子皆不敢動而况管仲之上哉

仁者無所不愛人之至于無所不愛也其蔽盡矣有蔽者必有所愛有所不愛無蔽者無不愛也子曰惟仁者能好人能惡人以其無蔽也夫然猶有惡也無所不愛則無所惡矣故曰苟志於仁矣無惡也其于不仁也亦哀之而已

性之必仁如水之必清火之必明然方土之未去也

水必有泥方薪之未盡也火必有煙土去則水無不清薪盡則火無不明矣人而至于不仁則物有以害之也君子無終食之間違仁非不違仁也外物之害既盡心一而不雜未嘗不仁也

孔氏之門人其聞道者亦寡耳顏子曾子孔門之知道者也故孔子歎之曰朝聞道夕死可矣苟未聞道雖多學而識之至于生死之際未有不自失也苟一日聞道雖死可以不亂矣死而不亂而後可稱爲學矣

孔子歷試而不用慨然而歎曰道不行乘桴浮於海從我者其由歟此非孔子之誠言蓋其一時之歎云爾子路聞之而喜子路亦豈誠欲入海者耶亦喜孔子之知其勇耳子曰由也好勇過我無所取材蓋曰無所取材以爲是桴也亦戲之云爾雖聖人其與人言亦未免有戲也

令尹子文孔子以忠許之而不與其仁陳文子孔子以清許之而不與其仁此二人者皆春秋之賢大夫也而孔子不以仁與之殷之三仁孤竹君之二子至

於近世惟齊管仲然後以仁許之故冉有子路之政事公西華之應對與子文之忠文子之清一也臧文仲魯之君子也其言行載於魯而孔子少之曰臧文仲不仁者三不智者三孔子曰君子而不仁者有矣夫君子而不仁則臧文仲之類歟

孔子居魯陽貨欲見而不往陽貨時其亡也而饋之豚孔子亦時其亡也而往拜之遇諸塗與孔子三言孔子答之無違孔子豈順陽貨者哉不與之較耳孟子曰當是時陽貨先豈得不見夫先之而必答禮之

而必報孔子亦有不得已矣

泰伯以國授王季逃之荆蠻天下知王季文武之賢而不知泰伯之德所以成之者遠矣故曰泰伯其可謂至德也已矣三以天下讓民無得而稱焉子瞻曰泰伯斷髮文身示不可用使民無得而稱之有讓國之實而無其名故亂不作彼宋宣魯隱皆存其實而取其名者也是以宋魯皆被其禍予以爲不然人患不誠誠無爭心苟非豺狼孰不順之魯之禍始於攝而宋之禍成於好戰皆非讓之過也漢東海王疆以

天下授顯宗唐宋王成器以天下讓玄宗兄弟終身無間言焉豈亦斷髮文身子貢曰泰伯端委以治吳仲雍繼之斷髮文身孰謂泰伯斷髮文身示不可用者太史公以意言之耳

子曰三年學不至於穀不易得也穀善也善之成而可用如穀苗之實而可食也盡其心力於學三年而不見其成功者世無有也

武王曰予有亂臣十人孔子曰才難不其然乎唐虞之際於斯爲盛有婦人焉九人而已婦人者太姒也然則武王盍臣其母乎古者婦人旣嫁從夫夫死從子故春秋書魯僖公之母曰秦人來歸僖公成風之襚太姒雖母以九人故謂之臣可也

或問子西孔子曰彼哉彼哉鄭公孫夏無足言者蓋非所問也楚令尹子西相昭王楚以復國而孔子非之何也昭王欲用孔子子西知孔子之賢而疑其不利楚國使聖人之功不見於世所以深疾之也世之不知孔子者衆矣孔子未嘗疾之疾其知我而疑我耳

陳成子弑簡公孔子沐浴而朝云云子爲魯大夫鄰國有弑君之禍而恬不以爲言則是許之也哀公三桓之不足與有立也孔子旣知之矣知而猶告以爲雖無益於今日而君臣之義猶有儆於後世也子瞻曰哀公患三桓之偪常欲以越伐魯而去之以越伐魯豈若從孔子而伐齊旣克田氏則魯公室自張三桓將不治而自服此孔子之志也予以爲不然古之君子將有立於世必先擇其君齊桓雖中主然其所以任管仲者世無有也然後九合之功可得而成今

哀公之妄非可以輦桓公也使孔子誠克田氏而返將誰與保其功然則孔子之憂顧在克齊之後此則孔子之所不爲也

孔子以禮樂遊於諸侯世知其篤學而已不知其他犂彌謂齊景公曰孔丘知禮而無勇若使萊人以兵刼魯侯必得志焉衛靈公之所以待孔子者始亦至矣然其所以知之者猶犂彌也久而厭之將傲之以其所不知蓋問陳焉孔子知其決不用也故明日而行使誠用之雖及軍旅之事可也

道之大充塞天地贍足萬物誠得其人而用之無所不至也苟非其人道雖存七尺之軀有不能充矣而况其餘乎故曰人能弘道非道弘人

羣居終日言不及義此里巷之鄙夫直情而恣行者也而孔子何難焉蓋知不義之可惡而欲以小惠傲譽於世世必以是取之此孔子之所難也

古之教人必以學學必教之以道道有上下其形而上者道也其形而下者器也君子上達知其道也小人下達得其器也上達者不私於我不役於物故曰君子學道則愛人下達者知義之不可犯禮之不可過故曰小人學道則易使也

有道者不知貧富之異貧而無怨富而無驕一也然而饑寒切於身而心不動非忘身者不能故曰貧而無怨難富而無驕易

弟子孝弟忠信汎愛親仁皆其質也有其質矣而無學以文之者皆未免於有過也故曰好仁不好學其蔽也愚云云此六者皆美質也而無學以文之則其病至此故曰十室之邑必有忠信如丘者焉不如丘

之好學也質如孔子而不知學皆六蔽之所害蓋無足怪也人生於欲不知道者未有不爲欲所蔽也故曰人之少也血氣未定戒之在色始學者未可以語道也故古之教者必始於周南召南周南召南知欲之不可已而道之以禮以禮濟欲夫是以樂而不淫始學者安焉由是以免於蔽子謂伯魚曰汝爲周南召南矣乎人而不爲周南召南其猶正墻面而立者也歟言欲之蔽也

古之傳道者必以言達者得意而忘言則言可尚也

小人以言害意因言以失道則言可畏也故曰予欲無言聖人之教人亦多術矣行止語默無非教者子貢習於聽言而未知其餘也故曰子如不言則小子何述焉子曰天何言哉四時行焉百物生焉夫豈無以感而通之乎

衛靈公以南子自汙孔子去魯從之不疑季桓子以女樂之故三日不朝孔子去之如避寇讐子瞻曰衛靈公未受命者故可季桓子已受命者故不可予以爲不然孔子之世諸侯之過如衛靈公多矣而可盡去乎齊人以女樂間孔子魯君大夫既食餌矣使孔子安而不去則坐待其禍無可爲矣非衛南子之比也

君子無所不學然而不可勝志也必有所一而後可志無所一雖博猶雜學也故曰博學而篤志將有問也必切其極退而思之必自近者始不然疑而不信也君子之道造端乎夫婦及其至也察乎天地自夫婦之所能而思之可以知聖人之所不能也故曰切問而近思君子爲此二者雖不爲仁而仁可得也故曰仁在其中矣

疑孟

宋　司馬光

伯夷隘柳下惠不恭

疑曰孟子稱所願學者孔子然則君子之行孰先於孔子孔子歷聘七十餘國皆以道不合而去豈非非其君不事乎孺悲欲見孔子孔子辭以疾豈非非其友不友乎陽虎爲政於魯孔子不肯仕豈非不立於惡人之朝乎爲定哀之臣豈非不羞汙君乎爲委吏爲乘田豈非不卑小官乎舉世莫知之不怨天不尤

疑孟　一

人豈非遺佚而不怨乎飲水曲肱樂在其中豈非阨窮而不憫乎居鄉黨恂恂似不能言豈非由由與之偕而不自失乎是故君子邦有道則見邦無道則隱事其大夫之賢者友其士之仁者非隘也和而不同遯世無悶非不恭也苟毋失其中雖孔子由之何得云君子不由乎

陳仲子避兄離母

疑曰仲子以兄之祿爲不義之祿蓋謂不以其道事君而得之也以兄之室爲不義之室蓋謂不以其道取於人而成之也仲子蓋嘗諫其兄矣而兄不用也仲子之志以爲吾既知其不義矣然且食而居之是口非之而身享之也故避之居於於陵於陵之室與粟身織屨妻辟纑而得之也非不義也豈當更問其築與種之者誰邪以所食之鵝兄所受之饋也故哇之豈以母則不食以妻則食之邪君子之責人當探其情仲子之避兄離母豈所願邪若仲子者誠非中行亦狷者有所不爲也孟子過之何其甚與

孟子將朝王

疑孟　二

疑曰孔子聖人也定哀庸君也然定哀召孔子孔子不俟駕而行過位色勃如也足躩如也過虛位且不敢不恭況召之有不往而他適乎孟子學孔子者也其道豈異乎夫君臣之義人之大倫也孟子之德孰與周公其齒之長孰與周公之於成王成王幼周公負之以朝諸侯及長而歸政北面稽首畏事之與事文武無異也豈得云彼有爵我有德齒可慢彼哉

孟子謂蚳鼃居其位不可以不言言而不用不可以不去已無官守無言責進退可以有餘

裕

疑曰孟子居齊齊王師之夫師者導人以善而救其惡者也豈得謂之無官守無言責乎若謂之爲貧而仕邪則後車數十乘從者數百人仰食於齊非抱關擊柝之比也詩云彼君子兮不素餐兮夫賢者所爲百世之法也余懼後之人挾其有以驕其君無所事而貪祿位者皆援孟子以自況故不得不疑

沈同問伐燕

疑曰孟子知燕之可伐而必待能行仁政者乃可伐

之齊無仁政伐燕非其任也使齊之君臣不諫於孟子孟子勿預知可也沈同既以孟子之言勸王伐燕孟子之言尚有懷而未盡者安得不告王而止之哉夫軍旅大事也民之死生國之存亡皆繫焉苟動而不得其宜則民殘而國危仁者何忍坐視其終委乎

父子之間不責善

疑曰經云當不義則子不可不諍於父傳云愛子教之以義方孟子云父子之間不責善不責善是不諫不教也而可乎

性猶湍水

疑曰告子云性之無分於善不善猶水之無分於東西此告子之言失也水之無分於東西謂平地也使其地東高而西下西高而東下豈決導所能致乎性之無分於善不善謂中人也瞽叟生舜舜生商均豈陶染所能變乎孟子云人無有不善此孟子之言失也丹朱商均自幼及長日所見者堯舜也不能移其惡豈人之性無不善乎

生之謂性

疑曰孟子云白羽之白猶白雪之白白雪之白猶白玉之白告子當應之云色則同也性則殊矣羽性輕雪性弱玉性堅而告子亦皆然之此所以來犬牛人之難也孟子亦可謂以辯勝人矣

齊宣王問卿

疑曰禮君不與同姓同車與異姓同車嫌其偪也爲卿者無貴戚異姓皆人臣也人臣之義諫於君而不聽去之可也死之可也若之何其以貴戚之故敢易位而處也孟子之言過矣若有大過無若紂紂之卿

士莫若王子比干箕子微子之親且貴也微子去之箕子爲之奴比干諫而死孔子曰商有三仁焉夫以紂之過大而三子之賢猶且不敢易位也况過不及紂而賢不及三子者乎必也使後世有貴戚之臣諫其君而不聽遂廢而代之曰吾用孟子之言也非篡也義也其可乎或曰孟子之志欲以懼齊王也是又不然齊王若聞孟子之言而懼則將愈忌惡其貴戚聞諫而誅之貴戚聞孟子之言又將起而蹈之則孟子之言不足以格驕君之非而適足以爲篡亂之資

也其可乎

所就三所去三

疑曰君子之仕行其道也非爲禮貌與飲食也昔伊尹去湯就桀桀豈能迎之以禮哉孔子栖栖遑遑周遊天下佛肸召欲往公山弗擾召欲往彼豈爲禮貌與飲食哉急於行道也今孟子之言曰雖未行其言也迎之有禮則就之禮貌衰則去之是爲禮貌而仕也又曰朝不食夕不食君曰吾大者不能行其道又不能從其言也使饑餓於我土地吾耻之周之亦可受也是爲飲食而仕也必如是是不免於鬻先王之道以售其身也古之君子之仕也殆不如此

堯舜性之也湯武身之也五霸假之也

疑曰所謂性之者天與之也身之者親行之也假之者外有之而内實亡也堯舜湯武之於仁義也皆性得而身行之也五霸則强焉而已夫仁義者所以治國家而服諸侯也皇帝王霸皆用之顧其所以殊者大小高下遠近多寡之間耳假者文具而實不從之謂也文具而實不從其國家且不可保况能霸乎雖

久假而不歸猶非其有也

瞽叟殺人

疑曰虞書稱舜之德曰父頑母嚚象傲克諧以孝烝烝乂不格姦所貴於舜者爲其能以孝和諧其親使之進退以善自治而不至於惡也如是則舜爲子瞽叟必不殺人矣若不能止其未然使至於殺人執於有司乃棄天下竊之以逃狂夫且猶不爲而謂舜爲之乎是特委巷之言也殆非孟子之言也且瞽叟既執於皋陶矣舜惡得而竊之雖負而逃於海濱皋陶

猶可執也若曰皋陶外雖執之以正其法而内實縱之以予舜是君臣相與爲僞以欺天下也惡得爲舜與皋陶哉又舜既爲天子矣天下之民戴之如父母雖欲遵海濵而處民豈聽之哉是皋陶之執瞽叟得法而亡舜也所亡益多矣故曰是特委巷之言殆非孟子之言也

疑孟　八　七

詰墨

漢　魯人　孔鮒著

詰墨

晏子稱景公問晏子以孔子而不對又問三皆不對公曰以孔子語寡人者衆矣俱以爲賢人今問子而不對何也晏子曰嬰聞孔子之荆知白公謀而奉之以石乞勸下亂上教臣弑君非聖賢之行也

詰之曰楚昭王之世夫子應聘如荆不用而反周旋乎陳宋齊衛楚昭王卒惠王立十年令尹子西乃召王孫勝以爲白公史云二年是時魯哀公十五年也夫子自衛反魯居五年矣白公立一年然後乃謀作亂亂作在哀公十六年秋也夫子已卒十旬矣墨子雖欲謗毁聖人虚造妄言奈此年世不相値何

詰墨　一

墨子曰孔子至齊見景公公悦之封之於尼谿晏子曰不可夫儒浩居而自順立命而怠事崇喪遂哀盛用繁禮其道不可以治國其學不可以道家

公曰善

詰之曰卽如此言晏子爲非儒惡禮不欲崇喪遂哀

也察傳記晏子之所行未有以異於儒焉又景公問所以爲政晏子荅以禮云景公曰禮其可以治乎晏子曰禮於政與天地並此則未有以惡於禮也晏桓子卒晏嬰斬衰枕草苴絰帶杖菅菲食粥居於倚廬遂哀三年此又未有以異於儒也若能以口非之而躬行之晏子所弗爲

墨子曰孔子怒景公之不封已乃樹鴟夷子皮於田常之門

詰之曰夫樹人爲信已也記曰孔子適齊惡陳常而

詰墨　二

終不見（即田常）常病之亦惡孔子交相惡而又任事其然矣記又曰陳常弒其君孔子齋戒沐浴而朝請討之觀其終不樹子皮審矣

墨子曰孔子爲魯司寇舍公家而奉季孫

詰之曰若以季孫爲相司寇統焉奉之自法也若附意季孫季孫旣受女樂則孔子去之季孫欲殺囚則孔子赦之非苟順之謂也

墨子曰孔子戹於陳蔡之間子路烹豚孔子不問肉之所由來而食之剝人之衣以沽酒孔子不問酒之所由來而飮之

詰之曰所謂戹者沽酒無處藜羹不粒之食七日若烹豚飮酒則何言乎戹斯不然矣且子路爲人勇於見義縱有豚酒不以義不取之可知也又何問焉

墨子曰孔子諸弟子子貢季路輔孔悝以亂衛陽虎亂魯佛肸以中牟叛漆雕開形殘

詰之曰如此言衛之亂子貢季路爲之耶斯不待言而了矣陽虎欲見孔子孔子不見何弟子之有佛肸以中牟叛召孔子則有之矣爲孔子弟子未之聞也

詰墨　三

且漆雕開形殘非行已之致何傷於德哉

墨子曰孔子相魯齊景公患之謂晏子曰鄰有聖人國之憂也今孔子相魯爲之若何晏子對曰君其勿憂彼魯君弱主也孔子聖相也不如陰重孔子欲以相齊則必強諫魯君魯君不聽將適齊君勿受則孔子困矣

詰之曰按如此辭則景公晏子畏孔子之聖也上乃云非聖賢之行上下相反若晏子悖可也否則不然矣

墨子曰孔子見景公公曰先生素不見晏子乎對曰晏子事三君而得順焉是有三心所以不見也公告晏子晏子曰三君皆欲其國安是以嬰得順也聞君子獨立不慙於影今孔子伐樹削迹不自以爲辱身窮陳蔡不自以爲約始吾望儒貴之今則疑之

詰之曰若是乎孔子晏子交相毁也小人有之君子則否孔子曰靈公汙而晏子事之以潔莊公怯而晏子事之以勇景公侈而晏子事之以儉晏子君子也

詰墨　四

梁丘據問晏子曰事三君而不同心而俱順焉仁人固多心乎晏子曰一心可以事百君百心不可以事一君故三君之心非一也而嬰之心非三也孔子聞之曰小子記之晏子以一心事三君君子也如此則孔子譽晏子非所謂毁而不見也景公問晏子曰若人之衆則有孔子乎對曰孔子者君子行有節者也晏子又曰盈成匡父之孝子兄之弟弟也其父尚爲孔子門人門人且以爲貴則其師亦不賤矣是則晏子亦譽孔子可知也夫德之不修已之罪也不幸而屈於人已之命也伐樹削迹絶糧七日何約乎哉若晏子以此而疑儒則晏子亦不足賢矣

墨子曰景公祭路寢聞哭聲問梁丘據對曰魯孔子之徒也其母死服喪三年哭泣甚哀公曰豈不可哉晏子曰古者聖人非不能也而不爲者知其無補於死者而深害生事故也

詰之曰墨子欲以親死不服三日哭而已於意安者卒自行之空用晏子爲引而同乎已適證其非耳且晏子服父禮則無緣非行禮者也

詰墨　五

曹明問子魚(子魚孔鮒)曰觀子詰墨者之辭事義相反墨者妄矣假使墨者復起對之乎答曰苟得其理雖百墨吾益明白焉失其正雖一人猶不能當前也墨子之所引者矯晏子晏子之善吾先君先君之善晏子其事庸盡乎曹明曰可得聞諸子魚曰昔齊景公問晏子曰吾欲善治可以霸諸侯乎對曰官未具也臣亟以聞而君未肯然也臣聞孔子聖人然猶居處勌情廉隅不脩則原憲季羔侍氣鬱而疾志意不通則仲由卜商侍德不盛行不勤則顔閔冉雍侍今君之

輔臣萬人立車千乘不善之政加於下民者衆矣未能以聞者臣故曰官未備也此又晏子之善孔子者也子曰晏平仲善與人交久而敬之此又孔子之貴晏子者也曹明曰吾始謂墨子可疑今則決妄不疑矣

詰墨終

翼莊

晉　郭象

晉郭象註莊子人言莊子註郭象妙處果然傳稱本向秀所爲秀本不行象竊取之耳秀邪象邪吾不知也然其言真足羽翼莊氏而獨行天地間爲八十一章命之曰翼莊

質小者所資不待大則質大者所用不得小矣故程有至分物有定極各足稱事其濟一也

遺彼忘我冥此群異異方同得我無功名是故統小大者無小無大者也苟有乎小大則雖大鵬之與斥鷃宰官之與御風同爲物累爾齊死生者無死無生者也苟有乎死生則雖大椿之與蟪蛄彭祖之與朝菌均於短折爾故遊於無小無大者無窮者也冥乎不死不生者無極者也

悲生於累累絕則悲去悲去而性命安矣

物未嘗有謝生於自然者而必欣賴於針石故理至則迹滅矣

足於身故閒於世也

失能令天下治不治天下者也治之由乎不治爲之出於無爲也堯之治取於堯而足不必借之許由也如必拱默山林而後謂之無爲此老莊之談所以見棄於當塗當塗者自必於有爲之域而不返者斯由之徒也

夫自任者對物而順物者與物無對

天地者萬物之總名也

帝堯許由各靜其所遇其地雖異其於逍遥則一也

守一家之偏尚此故俗中之一物耳

翼莊〈八〉　二

至人不嬰乎禍難非避之也推理直前而自然與吉會

非非則無非是是則無是

夫懷豁者因天下之是非而無是非也故不由是非之塗而是非無患

無心者與物冥而未嘗有對於天下

非所明而明之對牛鼓簧耳

是非者生乎好辨而休乎天均付之兩行而息乎自正

請問夫造物有邪無邪無也則胡能造物哉有也則不足以物衆形故明夫衆形之自物而後始可與言造物

養生者非求過分也全理盡年而已矣

哀樂生於失得任其所受則哀樂無所措於其間

不行則易欲行而不踐地不可能也無爲則易欲爲而不傷性不可得也

喜懼戰於胸中結冰炭於五臟矣

巧言過實偏辭失當

翼莊〈八〉　三

小人之性引之軌制則憎巳縱其亡度則亂邪順理則異類生愛逆節則至親交兵

知以亡涯傷性心以欲惡蕩真

雖所美不同而同有所美各美其所美則萬物一美也

聖人之在天下煖然若陽春之自和故潤澤者不謝淒乎若秋霜之自降故凋落者不怨

平粹者足以師人

道無不在而所在皆無也

遺生則不惡死不惡死故所遇卽安
係生故有死惡死故有生無係無惡然後能無死無
生
自然之理有積習而成者蓋階近以至遠研粗以至
精也
體化合變則無往而不因無因而不可也
以天下爲一體者無愛爲於其間也
知禮意者必遊外以經内守母以存子稱情而直往
也若乃矜乎名聲牽乎形制則孝不以誠慈不任實
翼莊　四
父子兄弟懷情相欺豈禮之大意哉
聖人常游外以弘内無心以順有故雖終日揮形而
神氣無變俯仰萬幾而淡然自若
游外者依内離人者合俗故有天下者無以天下爲
也
遺物而後能入羣坐忘而後能應務
寄當於萬物則無事而自成以一身制天下則功莫
就而任不勝也
與物無傷者非爲仁也而仁迹行焉令萬物皆當非
爲義也而義功見焉故當而無傷者非仁義之招也
然而天下奔馳棄我殉彼以失其常然故亂心不由
於醜而恒在美色撓世不出於惡而恒由仁義悲夫
自三代以上實有無爲之迹無爲之迹亦有爲者之
所尙也尙之則失其兵然之素故雖聖人有不得已
或以槃夷之事易垂拱之性而况悠悠者哉
法聖人者法其迹耳夫迹者已去之物非應變之具
也奚足尙而執之哉執成迹以御乎無方無方至而
迹滯矣
翼莊　五
夫以蜘蛛蛣蜣之陋而布網轉丸不求之於工匠則
萬物各有能也
治天下惟不任知任知無妙也
無爲者非拱默之謂也直各任其自爲則性命安矣
不得已者非迫於威刑也直抱道懷朴任乎必然之
極而天下自賓也
莊老所以屢稱無者明生物者無物而物自生耳自
生耳非爲生也又何有爲於已生乎
無爲之體大矣天下何所不爲哉故主上不爲冢宰

之任則伊呂靜而司尹矣冢宰不爲百官之所執則百官靜而御事矣百官不爲萬民之所務則萬民靜而安其業矣萬民不易彼我之所能則天下之彼我靜而自得矣故天子至於庶人不及昆蟲孰能有爲而成哉是故彌無爲而彌尊

工人無爲於刻木而有爲於用斧各盡其能則天理自然非有爲也上之無爲則用下下之無爲則自用也

得生於失物各無失得名去矣

翼莊

六

天下莫不相與爲彼我而彼我皆欲自爲斯東西之相反也然彼我相與爲脣齒脣齒者未嘗相爲而脣亡則齒寒故彼之自爲濟我之功弘矣斯相反而不可以相無者故因其自爲而無其功則天下之功莫不皆無矣因其不可相無而有其功則天下之功莫不可有矣若乃忘其自爲之功而思夫相爲之惠惠之愈勤而僞薄滋甚天下失業而情性瀾漫

天地陰陽對生也是非治亂互有也將奚去哉

俗人所貴有時而賤物之所大世或小之

知道者知其無能也無能也則何能生我我自然而生耳而四肢百體五臟精神已不爲而自成矣又何有意乎生成之後哉達斯理者必能遺過分之智遺益生之情而乘變應權故不外傷內不以物害已而常全也

心之所安則危不能危意無不適故苦不能苦不以害爲害故莫之能害

知雖落天地事雖接萬物而常不失其要極故天人之道全

翼莊

七

安於命者無往而非逍遥矣故雖匡陳羑里無異於紫極閑堂也

以小羨大者故自失

物嗜好不同願各有極

忘歡而後樂足樂足而後身存將以爲有樂邪而至樂無歡將以爲無樂邪而身以存而無憂

遺生然後能忘憂忘憂而後生可樂生可樂而後形

是我有富是我物貴是我榮也

世言莊子樂死惡生謬矣若然何謂齊乎所謂齊者

生時安生死時安死生死之情旣齊則無爲當生而
憂死耳
守形太甚則生亡
憂來而累生者不明也患去而性得者達理也
無故而自合者天屬也合不由故則故不足以離之
也然則有故而合必有故而離矣
夫清者患於太潔清而容物與天同也
夫心以死爲死乃更速其死其死之速由哀以自喪
無哀則已有哀則心死者乃哀之大也
翼莊　八
至美無美至樂無樂
內足者神閑而意定
彼之所美我之所惡也我之所美彼或惡之故通乎
神奇通共臭腐耳死生彼我豈殊哉
誰得先物者乎哉吾以陰陽爲先物而陰陽者卽所
謂物耳誰又先陰陽者乎吾以自然爲先而自然卽
物之自爾耳吾以至道爲先之矣而至道乃至無也
旣以無矣又奚爲先然則先物者誰乎哉而猶有物
無已則物之自然非有使然也

當其時則無賤非其時則無貴
苟進故德薄而名消
凡所爲者不得不爲凡所不爲者不可得爲而愚者
以爲之在已不亦妄乎
惠之而歡者無惠則醜矣
小知自私大知任物
性之所能不得不爲性所不能不得強爲
事由理發故不覺
神人卽聖人也聖言其外神言其內
翼莊　九
許由伯夷高尚遠退被其風者雖貪冐之人乘天衢
入紫庭猶慨然中路而歎況其凡乎故夷許之徒足
以當稷契而對伊呂矣夫居山谷而弘天下者雖不
俱爲聖佐不猶高於蒙埃塵者乎雖難爲其風少弊
故可貴也曰夷許之弊安在曰許由之弊使人飾讓
以求進遂至乎之噲也伯夷之弊使暴虐之徒得肆
其毒而莫之敢亢也伊呂之弊使天下貪冐之徒敢
行簒逆惟聖人無迹故無弊也若以伊呂爲聖人之
迹則夷齊亦聖人之迹也若夷齊非聖人之迹則伊

呂之事並非聖矣夫聖人因物之自行故無迹然則
所謂聖者我本無迹故物得其迹迹得而强名聖則
聖者乃無迹之名也
尚行則行矯貴士則士僞蔑行賤士以全其内然後
行高而士貴
至順則用發於彼而功藏於物

説郛目録

毛詩草木鳥獸蟲魚卷上

唐吳郡陸璣

方秉蕑兮

蕑卽蘭香草也春秋傳曰刈蘭而卒楚辭云紉秋蘭孔子曰蘭當爲王者香草皆是也其莖葉似藥草澤蘭但廣而長節節中赤高四五尺漢諸池苑及許昌宮中皆種之可著粉中故天子賜諸侯茝蘭藏衣著書中辟白魚也

采采芣苢

芣苢一名馬舄一名車前一名當道喜在牛跡中生故曰車前當道也今藥中車前子是也幽州人謂之牛舌草可鬻與煑同作茹大滑其子治婦人難産

言采其蝱

蝱今藥草貝母也其葉如栝樓而細小其子在根下如芋子正白四方連累相着有分解也

谷中有蓷

蓷似萑方莖白華華生節間舊說及魏博士濟陰周元明皆云菴蕳是也韓詩及三蒼說悉云蓷益母也故曾子見益母感恩案本草云茺蔚一名益母故劉歆曰蓷臭穢卽茺蔚也

集于苞杞

杞其樹如樗一名苦杞一名地骨春生作羹茹微苦其莖似莓子秋熟正赤莖葉及子服之輕身益氣

言采其藚

藚今澤蕮也其葉如車前草大其味亦相似徐州廣陵人食之

蔦與女蘿

蔦一名寄生葉似當盧子如覆盆子赤黑甜美女蘿今兎絲蔓連草上生黃赤如金今合藥兎絲子是也非松蘿松蘿自蔓松上生枝正青與兎絲殊異

有蒲與荷

荷芙蕖江東呼荷其莖茄其葉遐莖下白蒻其花未發爲菡萏已發爲芙蕖其實蓮蓮青皮裏白子爲的的中有青長三分如鉤爲薏味甚苦故俚語云苦如薏是也的五月中生生啖脆至秋表皮黑的成食或可磨以爲飯如粟飯輕身益氣令人強健又可爲糜

幽州揚豫取備饑年其根爲藕幽州謂之光旁爲光如牛角

參差荇菜

荇一名接余白莖葉紫赤色正圓徑寸餘浮在水上根在水底與水深淺等大如釵股上青下白鬻其白莖以苦酒浸之脆美可案酒

于以采蘋

蘋今水上浮萍是也其粗大者謂之蘋小者曰荓季春始生可糝蒸以爲茹又可用苦酒淹以就酒

于以采藻

藻水草也生水底有二種其一種葉如雞蘇莖大如箸長四五尺其一種莖大如釵服葉如蓬蒿謂之聚藻扶風人謂之藻聚爲發聲也此二藻皆可食煮挼去腥氣米麪糝蒸爲茹嘉美揚州饑荒可以當穀食饑時蒸而食之

言采其茆

茆與荇菜相似葉大如手赤圓有肥者著手中滑不得停莖大如七柄葉可以生食又可鬻滑美江南人謂之蓴菜或謂之水葵諸陂澤水中皆有

蒹葭蒼蒼

蒹水草也堅實牛食之令牛肥强青徐州人謂之蒹兗州遼東通語也葭一名蘆菼一名薍薍或謂之荻至秋堅成則謂之萑其初生三月中其心挺出其下本大如箸上銳而細揚州人謂之馬尾以今語驗之則蘆薍别草也

菉竹猗猗

有草似竹高五六尺淇水側人謂之菉竹也綠竹一

草名其莖葉似竹青綠色高數尺今淇澳傍生此人謂此爲綠竹

苕之華

苕一名陵時一名鼠尾似王芻生下濕水中七八月中華紫似今紫草華可染皂煮以沐髮即黑葉青如藍而多華

隰有游龍

游龍一名馬蓼葉麁大而赤白色生水澤中高丈餘

食野之苹

莘葉青白色莖似箸而輕脆始生香可生食又可蒸食

于以采蘩

蘩皤蒿凡艾白色爲皤蒿今白蒿春始生及秋香美可生食又可蒸食一名游胡北海人謂之旁勃故大戴禮夏小正傳云蘩游胡游胡旁勃也

菁菁者莪

莪蒿也一名蘿蒿生澤田漸洳之處葉似邪蒿而細科生三月中莖可生食又可蒸食香美味頗似蔞蒿

言刈其蔞

蔞蔞蒿也其葉似艾白色長數寸高丈餘好生水邊及澤中正月根芽生旁莖正白生食之香而脆美其葉又可蒸爲茹

食野之蒿

蒿青蒿也香中炙啖荆豫之間汝南汝陰皆云菣也

采采卷耳

卷耳一名枲耳一名胡枲一名苓耳葉青白色似胡荽白華細莖蔓生可煮爲茹滑而少味四月中生子正如婦人耳中璫今或謂之耳璫草鄭康成謂是白胡荽幽州人呼爲爵耳

贈之以芍藥

芍藥今藥草芍藥無香氣非是也未審今何草司馬相如賦云芍藥之和揚雄賦曰甘甜之和芍藥之美七十食也

采葑采菲

葑蔓菁幽州人或謂之芥菲似葍莖粗葉厚而長有毛三月中蒸鬻爲茹甘美可作羹幽州人謂之芴爾

雅又謂之蒠菜今河内人謂之宿菜

言采其蕨

蕨鼈也山菜也周秦曰蕨齊魯曰鼈初生似蒜莖紫黑色可食如葵

言采其薇

薇山菜也莖葉皆似小豆蔓生其味亦如小豆藿可作羹亦可生食今官園種之以供宗廟祭祀

言采其葍

葍一名蓾幽州人謂之燕葍其根正白可著熱灰中

温暾之饑荒之歲可蒸以禦饑漢祭甘泉或用之其
草有兩種葉細而行赤有臭氣也

薄言采芑

芑菜似苦菜也莖青白色摘其葉白汁出肥可生食
亦可蒸爲茹青州謂之芑西河雁門芑尤美　人戀
之不出塞

誰謂荼苦

荼苦菜生山田及澤中得霜甜脆而美所謂菫荼如
飴內則云濡豚包苦用苦荼是也

匏有苦葉

匏葉少時可爲羮又可淹煮極美揚州人食至八月
葉卽苦故曰苦葉

卬有旨苕

苕苕饒也幽州人謂之翹饒生莖如勞豆而細葉似
蒺藜而青其莖葉綠色可生食如小豆藿也

言采其莫

莫莖大如箸赤節節一葉似柳葉厚而長有毛刺今
人繅以取繭緒其味酢而滑始生可以爲羮又可生
食五方通謂之酸迷冀州人謂之乾絳河汾之間謂
之莫

莫莫葛藟

藟一名巨苽似燕薁亦延蔓生葉如艾白色其子赤
可食酢而不美幽州謂之推藟

視爾如荍

荍一名芘芣一名荊葵似蕪菁華紫綠色可食微苦

北山有萊

萊草名其葉可食今兗州人蒸以爲茹謂之萊蒸

取蕭祭脂

蕭荻今人所謂荻蒿者是也或云牛尾蒿似白蒿白
葉莖麄科生多者數十莖可作燭有香氣故祭祀以
脂爇之爲香許慎以爲艾蒿非也郊特牲云旣奠然
後爇蕭合馨香是也

白茅包之

白茅包之茅之白者古用包裹禮物以充祭祀縮酒
用

可以漚紵

紵亦麻也科生數十莖宿根在地中至春自生不歲種也荆揚之間一歲三收（一作刈）今官園種之歲再割割便生剝之以鐵若竹刮其表厚皮自脫但得其裏韌如筋者煮之用緝謂之徵紵今南越紵布皆用此麻

邛有旨鷊

鷊五色作綬文故曰綬草

南山有臺

臺夫須舊說夫須莎草也可爲蓑笠都人士云臺笠緇撮或云臺草有皮堅細滑緻可爲簦笠南山多有

茹藘在阪

茹藘茅蒐蒨草也一名地血齊人謂之茜徐州人謂之牛蔓今圃人或作畦種蒔故貨殖傳云巵茜千石亦比千乘之家

白華菅兮

菅似茅而滑澤無毛根下五寸中有白粉者柔韌宜爲索漚及曝尤善也

蘞蔓于野

蘞似栝樓葉盛而細其子正黑如燕薁不可食也幽州人謂之烏服其莖葉煮以哺牛除熱

匪莪伊蔚

蔚牡蒿也三月始生七月華華似胡麻而紫赤八月爲角角似小豆角鋭而長一名馬新蒿

隰有萇楚

萇楚今羊桃是也葉長而狹華紫赤色其枝莖弱過一尺引蔓于草上今人以爲汲灌重而善没不如楊柳也近下根刀切其皮著熱灰中脫之可韜筆管

芄蘭之支

芄蘭一名蘿摩幽州謂之雀瓢柔弱恒蔓于地有所依緣則起

浸彼苞稂

稂童梁禾秀爲穗而不成崱嶷然謂之童梁今人謂之宿田翁或謂守田也甫田云不稂不莠外傳曰馬不過稂莠皆是也

言采其蓫

蓫牛蘈揚州人謂之羊蹄似蘆服而莖亦可瀹爲茹

滑而美也多啖令人下氣幽州人謂之蓫

梓椅梧桐

梓者楸之疏理白色而生子者爲梓梓實桐皮曰椅今人云梧桐也則大類同而小別也桐有青桐白桐赤桐白桐宜琴瑟今雲南牂柯人績以爲布似毛布

有條有梅

條槄也今山楸也亦如下田楸耳皮葉白色亦白材理好宜爲車板能濕又可爲棺木宜陽共北山多有之梅樹皮葉似豫章葉大如牛耳一頭尖赤心華赤

黄子青不可食柟葉大可三四葉一藂木理細緻于豫章子赤者材堅子白者材脆荆州人曰梅終南及新城上庸皆多梓柟終南與上庸新城通故亦有柟也

北山有楰

楰楸屬其樹葉木理如楸山楸之異者今人謂之苦楸濕時脆燥時堅今永昌又謂鼠梓漢人謂之楰

常棣

常棣許愼曰白棣樹也如李而小如櫻桃正白今官園種之又有赤棣樹亦似白棣葉如刺榆葉而微圓子正赤如郁李而小五月始熟自關西天水隴西多有之

爰有樹檀

檀木皮正青滑澤與繫迷相似又似駮馬駮馬梓榆其樹皮青白駮犖遥視似馬故謂之駮馬故里語曰斫檀不諦得繫迷繫迷尚可得駮馬繫迷一名挈榼故齊人諺曰上山斫檀挈榼先殫下章云山有苞棣隰有樹檖皆山隰木相配不宜謂獸

柞棫拔矣

柞棫三蒼說棫卽柞也其材理全白無赤心者爲白桵直理易破可爲犢車軸又可爲矛戟鎩

隰有杞荑

棟葉如柞皮薄而白其木理赤者爲赤棟一名桋白者爲棟其木皆堅韌今人以爲車轂

山有栲

栲槍也葉似杏而尖白色皮正赤爲木多曲少直枝葉茂好二月中葉疏華如棟而細蘂正白蓋此樹今

官園種之正名曰萬歲既取名于億萬其葉又好故
種共汲山下人或謂之牛筋或謂之檍材可爲弓弩
榦也

其灌其栵

栵栭葉如榆也木理堅韌而赤可爲車轅

其檉其椐

檉河柳生水旁皮正赤如絳一名雨師枝葉似松椐
樻節中腫以扶老今靈壽是也今人以爲馬鞭及杖
弘農共北山甚有之

草木蟲魚疏　上　十三

山有樞

樞其針刺如柘其葉如榆瀹爲茹美滑于白榆榆之
類有十種葉皆相似皮及木理異爾

山有栲

栲葉似櫟木皮厚數寸可爲車輻或謂之栲櫟許慎
正以栲讀爲糗今人言栲失其聲耳

集于苞栩

栩今柞櫟也徐州謂櫟爲杼或謂之爲栩其子爲皁
或言皁斗其殼爲汁可以染皁今京洛及河內多言
杼斗或云橡斗謂櫟爲杼五方通語也

無浸穫薪

穫今柳榆也其葉如榆其皮堅韌剝之長數尺可爲
絚索又可爲甑帶其材可爲杯器

集于苞杞

杞柳屬也生水傍樹如柳葉麁而白色木理微赤故
今人以爲車轂今共北淇水傍魯國泰山汶水邊純
杞也

其下維穀

草木蟲魚疏　上　十四

穀幽州人謂之穀桑或曰楮桑荆揚交廣謂之穀中
州人謂之楮殷中宗時桑穀共生是也今江南人績
其皮以爲布又擣以爲紙謂之穀皮紙長數丈潔白
光輝其裏甚好其葉初生可以爲茹

榛楛濟濟

楛其形似荆而赤莖似蓍上黨人織以爲斗筥箱器
又揉以爲釵故上黨人調問婦人欲買赭不曰竈下
則有黃土問買釵不曰山中自有楛

揚之水不流束蒲

蒲柳有兩種皮正青者曰小楊其一種皮紅正白者曰大楊其葉皆長廣似柳葉皆可以爲箭幹故春秋傳曰董澤之蒲可勝既乎今人又以爲箕鑵之楊也

蔽芾其樗

山樗與下田樗略無異葉似差狹耳吳人以其葉爲茗

椒聊之實

椒聊聊語助也椒樹似茱萸有針刺莖葉堅而滑澤蜀人作茶吳人作茗皆合煮其葉以爲香今成皐諸

山間有椒謂之竹葉椒其樹亦如蜀椒少毒熱不中合藥也可著飲食中又用蒸鷄豚最佳香東海諸島上亦有椒樹枝葉皆相似子長而不圓甚香其味似橘皮島上麞鹿食此椒葉其肉自然作椒橘香也

山有苞櫟

苞櫟秦人謂柞爲櫟河內人謂木蓼爲櫟椒椒之屬也其子房生爲梂木蓼子亦房生

食鬱及薁

鬱其樹高五六尺其實大如李色赤食之甘

樹之榛栗

榛栗屬有兩種其一種之皮葉皆如栗其子小形似杼子味亦如栗所謂樹之榛栗者也其一種枝葉如木蓼生高丈餘作胡桃味遼東上黨皆饒山有榛之榛枝葉似栗樹子似橡子味似栗枝莖可以爲燭五方皆有栗周秦吳揚特饒吳越被城表裏皆栗唯漁陽范陽栗甜美長味他方者悉不及也倭韓國諸島上栗大如鷄子亦短味不美桂陽有莘栗藂生大如杼子中仁皮子形色與栗無異也但差小耳又有奧

栗皆與栗同子圓而細或云卽莘也今此惟江湖有之又有茅栗佳栗其實更小而木與栗不殊但春生夏花秋實冬枯爲異耳

摽有梅

梅杏類也樹及葉皆如杏而黒耳曝乾爲腊置羹臛齏中又可含以香口

蔽芾甘棠

甘棠今棠梨一名杜棃赤棠也與白棠同耳但子有赤白美惡子白色爲白棠甘棠也少酢滑美赤棠子

澁而酢無味俗語云澀如杜是也赤棠木理韌亦可
以作弓幹

唐棣之華

唐棣奧李也一名雀梅亦曰車下李所在山中皆有
其花或白或赤六月中成實大如李子可食

隰有樹檖

檖一名赤蘿一名山梨今人謂之楊檖其實如梨但
實甘小異耳一名鹿梨一名鼠梨齊郡廣饒縣堯山
魯國河内共北山中有今人亦種之極有脆美者亦

如梨之美者

北山有枸

枸樹山木其狀如櫨一名枸骨高大如白楊所在山
中皆有理白可爲函板枝柯不直子著枝端大如指
長數寸噉之甘美如飴八九月熟江南特美今官園
種之謂之木蜜古語云枳枸來巢言其味甘故飛鳥
慕而巢之本從南方來能令酒味薄若以爲屋柱則
一屋之酒皆薄

顔如舜華

舜一名木槿一名櫬一名曰椵齊魯之間謂之王蒸
今朝生暮落者是也五月始花故月令仲夏木槿榮

采荼薪樗

樗樹及皮皆似漆青色耳其葉臭

唯筍及蒲

筍竹萌也皆四月生唯巴竹筍八月九月生始山地
長數寸鬻以苦酒豉汁浸之可以就酒及食

毛詩草木鳥獸蟲魚疏下

鳳凰于飛

鳳雄曰鳳雌曰皇其雛爲鸑鷟或曰鳳凰一名鶠非梧桐不棲非竹實不食

鶴鳴于九皐

鶴形狀大如鵞長三尺脚青黑高三尺餘赤頂赤目喙長四寸餘多純白亦有蒼色蒼色者人謂之赤頰常夜半鳴淮南子亦云鷄知將旦鶴知夜半其鳴高亮聞八九里雌者聲差下今吳人園囿中及士大夫

家皆養之雞鳴時亦鳴

鸛鳴于垤

鸛鸛雀也似鴻而大長頸赤喙白身黑尾翅樹上作巢大如車輪卵如三升杯望見人按其子令伏徑舍去一名負釜一名黑尻一名背竈一名皂裙又泥其巢一傍爲池含水滿之取魚置池中稍稍以食其雛若殺其子則一村致旱災

鴥彼晨風

晨風一名鸇似鷂青黄色燕含鉤喙嚮風揺翅乃因風飛急疾擊鳩鴿燕雀食之

鴥彼飛隼

隼鷂屬也齊人謂之擊征擊一作鷙或謂之題肩肩一作眉或謂之雀鷹春化爲布穀者是也此屬數種皆爲隼

有集維鷮

鷮微小于翟也走而且鳴曰鷮鷮其尾長肉甚美故林慮山下人語曰四足之美有麃兩足之美有鷮麃者似鹿而小

關關雎鳩

雎鳩大小如鳩深目目上骨露出幽州人謂之鷲

鳲鳩在桑

鳲鳩鴶鵴今梁宋之間謂布穀爲鴶鵴一名擊穀一名桑鳩按鳲鳩有均一之德飼其子旦從上而下暮從下而上平均如一

宛彼鳴鳩

鳴鳩今雲南鳥大如鳩而黄啼鳴相呼不同集謂金鳥或云黄當爲鳩聲轉故名移也又云鳴鳩一名爽又云是鶻

翩翩者鵻

鵻其今小鳩也一名鷚鳩幽州人或謂之鷱鴭梁宋之間謂之鵻揚州人亦然

脊令在原

脊令大如鷃雀長脚長尾尖喙背上青灰色腹下白頸下黑如連錢故杜陽人謂之連錢

黄鳥于飛

黄鳥黄鸝鶹也或謂之黄栗留幽州人謂之黄鸎或謂之黄鳥一名倉庚一名商庚一名鵹黄一名楚雀

齊人謂之摶黍關西謂之黄鳥當葚熟時來在桑間故里語曰黄栗留看我麥黄葚熟亦是應節趨時之鳥或謂之黄袍

鴟鴞

鴟鴞似黄雀而小其喙尖如錐取茅莠爲巢以麻紩之如刺襪然縣著樹枝或一房或二房幽州人謂之鸋鴂或曰巧婦或曰女匠關東謂之工雀或謂之過鸁關西謂之桑飛或謂之襪雀或曰巧女

交交桑扈

桑扈青雀也好竊人脯肉脂及膏故曰竊脂

肇允彼桃蟲

桃蟲今鷦鷯是也微小于黄雀其雛化而爲鵰故俗語鷦鷯生鵰

振鷺于飛

鷺水鳥也好而潔白故謂之白鳥齊魯之間謂之舂鉏遼東樂浪吳揚人皆謂之白鷺大小如鴟青脚高尺七八寸尾如鷹尾喙長三寸所頭上有毛十數枚長尺餘毵毵然與衆毛異甚好將欲取魚時則弭之

今吳人亦養焉好羣飛鳴楚威王時有朱鷺合沓飛翔而來舞則復有赤者舊鼓吹朱鷺曲是也然則鳥名白鷺赤者少耳此舞所持持其白羽也

維鵜在梁

鵜水鳥形如鶚而極大喙長尺餘直而廣口中正赤頷下胡大如數升囊好羣飛若小澤中有魚便羣共抒水滿其胡而棄之令水竭盡魚在陸地乃共食之故曰淘河

鴻飛遵渚

鴻鵠羽毛光澤純白似鶴而大長頸肉美如雁又有
小鴻大小如鳧色亦白今人直謂鴻也
弋鳧與雁
鳧大小如鴨青色卑脚短喙水鳥之謹願者也
肅肅鴇羽
鴇鳥似雁而虎文連蹄性不樹止樹止則爲苦故以
喻君子從征役爲危苦也
翩彼飛鴞
鴞大如斑鳩綠色惡聲之鳥也入人家凶賈誼所賦

鵩鳥是也其肉甚美可爲羹臛又可爲炙漢供御物
各隨其時唯鴞冬夏常施之以其美故也
流離之子
流離梟也自關而西謂梟爲流離其子適長大還食
其母故張奐云鶹鷅食母許慎云梟不孝鳥是也
麟之趾
麟麕身牛尾馬足黄色圓蹄一角角端有肉音中鍾
呂行中規矩遊必擇地詳而後處不履生蟲不踐生
草不羣居不侶行不入陷穽不罹羅網王者至仁則
出今并州界有麟大小如鹿非瑞麟也故司馬相如
賦曰射麋脚麟謂此麟也
于嗟乎騶虞
騶虞即白虎也黑文尾長于軀不食生物不履生草
君王有德則見應德而至者也
有熊有羆
熊能攀緣上高樹見人則顛倒自投地而下冬多入
穴而蟄始春而出脂謂之熊白羆有黄羆有赤羆大
於熊其脂如熊白而麤理不如熊白美也

羔裘豹飾
豹赤豹毛赤而文黑謂之赤豹毛白而文黑謂之白
豹
獻其貔皮
貔似虎或曰似熊一名執夷一名白狐其子爲豰遼
東人謂之白羆
狼跋其胡
狼牡名獾牝名狼其子名獥有力者名迅其鳴能小
能大善爲小兒啼聲以誘人去數十步止其猛捷者

人不能制雖善用兵者亦不能免也其膏可煎和其
皮可爲裘

㺐猱升木

猱獮猴也楚人謂之沐猴老者爲玃長臂者爲猨猨
之白腰者爲獑胡獑胡猨駿捷于獮猴其鳴嗷嗷而
悲

有鱣有鮪

鱣出江海三月中從河下頭來上鱣身形似龍鋭頭
口在頷下背上腹下皆有甲縱廣四五尺今于盟津

東石磧上釣取之大者千餘斤可蒸爲臛又可爲鮓
子可爲醬鮪魚形似鱣而色青黑頭小而尖以鐵兜
鍪口在頷下其甲可以磨薑大者不過七八尺益州
人謂之鱣鮪大者爲王鮪小者爲叔鮪一名鮥肉色
白味不如鱣也今東萊遼東人謂之尉魚或謂之仲
明魚仲明者樂浪尉也溺死海中化爲此魚又河南
鞏縣東北崖上山腹有穴舊說此穴與江湖通鮪從
此穴而來北入河西上龍門入漆沮故張衡賦云王
鮪岫居山穴爲岫謂此穴也

維魴及鱮

魴今伊洛濟潁魴魚也廣而薄肥恬而少力細鱗魚
之美者漁陽泉州刀口遼東梁水魴特肥而厚尤美
于中國魴故其鄉語居就糧梁水魴鱮似魴厚而頭
大魚之不美者故里語曰網魚得鱮不如啗茹其頭
尤大而肥者徐州人謂之鰱或謂之鱅幽州人謂之
鴞鶥或謂之胡鱅

魚麗于罶魴鱧

魴鱧爾雅曰鱧鮦也許慎以爲鱧魚殘以爲似鱧頰

狹而厚

九罭之魚鱒魴

鱒似鯶魚而鱗細于鯶也赤眼多細文

魚麗于罶鱨鯊

鱨一名揚合黃頰魚似燕頭魚身形厚而長骨正黃
魚之大而有力鮮飛者今江東呼黃鱨魚一名黃頰
魚尾微黃大者長尺七八寸許鯊吹沙也似鯽魚狹
而小體圓而有黑點一名重脣籥鯊常張口吹沙

象弭魚服

魚服魚獸之皮也魚獸似猪東海有之一名魚貍其皮背上斑文腹下純青今以爲弓鞬步叉者也其皮雖乾燥以爲弓鞬矢服經年海水將潮及天將雨其毛皆起水潮還及天晴其毛復如故雖在數千里外可以知海水之潮氣自相感也

鼉鼓逢逢

鼉形似蜥蜴四足長丈餘生卵大如鵞卵甲如鎧今合藥鼉魚甲是也其皮堅厚可以冒鼓

成是貝錦

貝水中介蟲也龜鼈之屬大者蚢小者爲貝其文彩之異大小之殊甚衆古者貨貝是也餘蚳黃爲質以白爲文餘泉白爲質黃爲文又有紫貝其白質如玉紫點爲文皆行列相當其大者常有徑一尺小者七八寸今九真交趾以爲杯盤實物也

螽斯

爾雅曰蜙蝑也楊雄云舂黍也幽州人謂之舂箕舂箕卽舂黍蝗類也長而青長角長股青色黑斑其股似瑇瑁文五月中以兩股相搓作聲聞數十步

喓喓草蟲

草蟲常羊也大小長短如蝗奇音青色好在茅草中今人謂蝗子爲螽子兖州人謂之螣

趯趯阜螽

阜螽蝗子一名負蠜今人謂蝗子爲螽子兖州人亦謂之螣

莎雞振羽

莎雞如蝗而斑色毛翅數重翅正赤或謂之天雞六月中飛而振羽索索作聲幽州謂之蒲錯

去其螟螣及其蟊賊

螟似虸蚄而頭不赤螣蝗也賊桃李中蠹蟲赤頭身長而細耳或說云蟊螻蛄食苗根爲人害許慎云吏冥人犯法卽生螟吏乞貸則生蟘吏抵冒取人財則生蟊舊說云螟螣蟊賊一種蟲也如言寇賊姦宄内外言之耳故犍爲文學曰此四種蟲皆蝗也實不同故分釋之

螟蛉有子

螟蛉者犍爲文學曰桑上小青蟲也似步屈其色青

而細小或在草葉上蜾蠃土蜂也一名蒲盧似蜂而小腰故許慎云細腰也取桑蟲負之于木空中或書簡筆筒中七日而化爲其子里語曰咒云象我象我

蟋蟀在堂

蟋蟀似蝗而小正黑有光澤如漆有角翅一名蛬一名蜻蛚楚人謂之王孫幽州人謂之趣織督促之言也里語曰趨織鳴懶婦驚是也

蜉蝣之羽

蜉蝣方土語也通謂之渠略似甲蟲有角大如指長

三四寸甲下有翅能飛夏月陰雨時地中出今人燒炙噉之美如蟬也樊光曰是糞中蝎蟲隨雨而出朝生而夕死

如蜩如螗

鳴蜩蟬也宋衛謂之蜩陳鄭云蜋海岱之間謂之蟬蟬通語也

螗蟬之大而黑色者有五德文清廉儉信一名蝘虭一名虭蟟青徐謂之螇螰楚人謂之蟪蛄秦燕謂之蛥蚗或名之蜓蚞

伊威在室

伊威一名委黍一名鼠婦在壁根下甕底土中生似白魚者是也

蠨蛸在戶

蠨蛸長踦一名長脚荆州河内人謂之喜母此蟲來著人衣當有親客至有喜也幽州人謂之親客亦如蜘蛛爲網羅居之

碩鼠

樊光謂即爾雅鼫鼠也許慎云鼫鼠五伎鼠也今河

東有大鼠能人立交前兩脚于頸上跳舞善鳴食人禾苗人逐則走入樹空中亦有五伎或謂之雀鼠其形大故叙云石鼠也魏今河東河北縣也詩言其方物宜謂此鼠非今大鼠又不食禾苗本草又謂螻蛄爲石鼠亦五伎古今方土名蟲鳥物異名同故異也

如鬼如蜮

蜮短狐也一名射影如鼈三足江淮水濱皆有之人在岸上影見水中投人影則殺之故曰射影也南方人將入水先以瓦石投水中令水濁然後入或曰含

細沙射人入人肌其創如疥
　卷髮如蠆
蠆一名杜伯河内謂之蚑幽州謂之蠍
　胡爲虺蜴
虺蜴一名蠑螈蜴也或謂之蛇医如蜥蜴青緑色大
如指形狀可惡
　領如蝤蠐
蝤蠐生糞中爾雅曰蟦蠐也蝤蠐蝎也
　魯詩

申公培魯人少事齊人浮丘伯受詩爲楚王太子戊
傅及戊立爲王胥靡申公申公媿之歸魯以詩經爲
訓以教無傳疑是爲魯詩于是蘭陵王臧代趙綰皆
從申公受學臧爲郎中令綰爲御史大夫皆以明堂
事自殺其他弟子如同郡臨淮太守孔安國膠西内
史周霸城陽内史夏寛東海太守碭魯賜長沙内史
蘭陵繆生膠西中尉徐偃膠東内史鄒人闕門慶忌
治官皆有廉節稱申公卒瑕丘江公盡能傳之以授
魯許生免中徐公而韋賢治詩事江公許生至丞相
傳子玄成亦至丞相及兄子賞以詩授哀帝至大司
馬由是魯詩有韋氏學而東平王式以事徐公許生
爲昌邑王師其後山陽張長安東平唐長賓沛褚少
孫亦先後事式爲博士由是又有張唐褚氏之學張
生兄子游卿以詩授元帝爲諫大夫其門人瑯琊王
扶爲泗水中尉陳留許晏爲博士由是張家更有許
氏學初薛廣德亦事王式以博士論石渠授龔舍廣
德至御史大夫舍至山陽太守時平原高嘉亦以詩
授元帝爲上谷太守傳子容少爲光祿大夫孫詡以

父任爲郎中以世傳魯詩知名王莽時逃去不仕又
有曲阿包咸師事博士右師細君習魯詩亦去歸鄉
里世祖即位徵詡爲博士至大司農咸舉孝廉除郎
中至大鴻臚永平初任城魏應亦以習魯詩爲博士
徵拜騎都尉卒于官
　齊詩
轅固生齊人以治詩孝景時爲博士竇太后好老子
書召問固曰此家人言耳太后怒令固刺彘帝憐之
以利兵與固彘應手倒後帝以固廉直拜爲清河王

太傅固老罷歸巳九十餘矣公孫弘亦事固固授昌邑太傅夏侯始昌始昌授東海𠛬人后蒼蒼爲博士至少府蒼授諫大夫翼奉前將軍蕭望之丞相匡衡衡授大司空琅邪師丹高密太傅伏理斿事潁川滿昌由是齊詩有翼匡師伏之學滿昌又授九江張邯琅邪皮容皆至大官其後伏黯傳理家學改定章句作解說九篇位至光祿勳以授嗣子恭恭以黯任爲郎永平中拜司空恭删黯章句定爲二十萬言年九十卒又蜀郡任末廣漢景鸞皆以明習齊詩教授著

述而卒

韓詩

韓嬰燕人景帝時爲常山太傅嬰推詩之意而作内外傳其言頗與齊魯間殊淮南賁生受之燕趙間言詩者由韓生河内趙子事嬰授同國蔡誼誼至丞相誼授同國食子公與王吉爲昌邑王中尉食生爲博士授泰山豐吉吉授淄川長孫順順爲博士豐爲部刺史由是韓詩有王食長孫之學豐授山陽張順順授東海髮福皆至大官建武初博士淮陽薛漢傳父業尤善說災異讖緯受詔定圖讖當世言詩推爲長後爲千乘太守坐事下獄死弟子犍爲杜撫會稽澹臺敬伯鉅鹿韓伯高最知名撫定韓詩章句建初中爲公車令卒官其所作詩題約義通學者傳之曰杜君注撫授會稽趙曄曄卒有道時又有光祿勳九江召馴閬中令巴郡楊仁山陽張匡皆習韓詩匡爲作章句舉有道徵博士不就

毛詩

孔子删詩授卜商商爲之序以授魯人曾身授魏人李克克授魯人孟仲子仲子授振牟子振牟子授趙

人荀卿荀卿授魯國毛亨亨作詁訓傳以授趙國毛萇時人謂亨爲大毛公萇爲小毛公以其所傳故名其詩曰毛詩萇爲河間獻王博士授同國貫長卿長卿授阿武令解延年延年授徐敖敖授九江陳俠爲新莽講學大夫由是言毛詩者本之徐敖時九江謝曼卿亦善毛詩乃爲其訓東海衛宏從曼卿受學因作毛詩序得風雅之旨世祖以爲議郎濟南徐巡師事宏亦以儒顯其後鄭衆賈逵傳毛詩馬融作毛詩

傳鄭玄作毛詩箋然魯齊韓詩三氏皆立博士惟毛
詩不立博士耳

詩說

宋　張耒

衛武公仕於厲王之時而自警曰愼爾出話敬爾威儀無不柔嘉夫柔其言遜也蓋邦無道矣惟危行言遜可以免於禍故也

桑柔曰告爾憂恤誨爾序爵夫爵未嘗無序也序之者使賢者尊不肖者卑而已召旻曰彼疏斯粺不能序爵故也卷阿之詩曰爾土宇昄章夫治天下者雖無事於恢大幸而治得於內則土宇廣於外蓋人歸

者衆則答以其地附之矣故周公之時斥大九州之界建侯之數過于商之末世而考之傳記無周公斥大之事所謂治得於內則人附之者衆非周公侵伐攻取而得之也夫土小地削非政之病然政亂於內則人相與攜持而去人去之則地隨以削故芮伯所以憂心殷殷念我土宇而凡伯之刺幽王以日蹙國百里而乚陳先王之盛時曰日闢國百里也蓋土宇版章與夫蹙國百里者所以觀治亂之迹也

姜嫄生后稷而謂之生民者蓋后稷救民食食者民

待之以生故也故思文祀后稷之詩曰立我蒸民莫匪爾極蓋免於死之謂生免於仆之謂立食而後免於死亾顛仆之患則后稷之於民實生之者也

治人之道尚明故施政之堂曰明堂事神之道尚潔故文王之廟曰清廟禦侮之道尚肅故宮室之墻曰肅墻明不蔽也清不汙也肅不亂也

老子曰自後者人先之成王率時農夫播厥百穀而曰駿發爾私使之先私而後公故也治田者曰雨我公田遂及我私先公而後私故也夫惟成王自後是

以民先之

有客宿宿一宿爲宿宿宿者凡一宿者再也有客信信再宿爲信信信者凡再宿者信也夫如是而猶欲縶其馮既行矣又薄言追之則微子所以爲在此無斁而周之臣子爲好善而不厭也

執競武王無競惟烈此方言武王之事而不及其成故曰執競而已武奏大武而後曰於皇武王無競惟烈武王之事既成而見於樂則大矣美矣執競不足以言之也故曰於皇武王也皇之爲用者道其事則美也故於大武言之蓋武盡美矣

成王之時天下已定矣乃曰將予就之繼猶泮渙然則承文武之緒而天下猶泮渙離散之患者何耶蓋文武之德大矣泮然而離無有不至渙然而散無有不及洋溢滂肆至於成王將繼而圖則所謂我其收之也示我顯德行者夫德行固道之顯者也而成王尚欲使示之以顯德行者蓋學之始其道當然也以其德行之幽者未足以知之故曰示我顯德行非獨成王爲然伊尹之告太甲言明言烈祖之成德夫以

言爲未足而明言之未足以言祖之道而言祖之烈未足以言德之妙而言德之成則亦以太甲始進於學故也

成王懲周公之事將毖後患使後之知人不復如前日之惑而首之以來助何也蓋稽之不知周公之聖出於無助故也何以知其然耶夫成王在廷之臣聖莫如周公而賢莫如召公周公之爲師召公固不說之矣召公且不說則在廷之臣豈復有能辨而言之者也此成王所以懲前日之事出於左右無有助之

者則其懲後患而首之以求助不亦宜乎破斧刺朝廷之不知蓋舉朝廷而刺之舉朝廷之不知則孰爲成王之助哉

閔予小子遭家不造方是時成王初即政盜者未收泮渙者未圖則法度未立而功未成故曰不造告成大武則成王既除喪而即政其武功足以嗣其先君故曰矯矯王之造夫成王寵受武王之武功而武功則矯矯然征伐四方以成祖考之業而王業於是成矣蓋治至於可以用師者治之成故善人爲邦至於

可以即戎而後爲功也周公之戒成王以立政卒之以告爾戎兵以陟禹之迹豈非詰戎兵者政之終歟成王之征伐其見於書則伐奄伐蒲之類是也

思馬斯臧良馬也故曰臧思馬斯才戎馬也故曰才臧者言其德才者言其用陳於禮者尚德用於戰者尚才故也思馬斯作者作用馬也故曰作用者習戰習其動作之節而已矣思馬斯徂駑馬也故曰徂言姑足以行而已矣駑馬馬之下者也故其類亦下故也有騂有魚豪骭曰驔二目白曰魚驔則無取於良

二目白者目病也是謂四種之馬

二禮叙錄

元　吳澂

儀禮十七篇漢興高堂生得之以授瑕丘蕭奮奮授東海孟卿卿授后倉倉授戴德戴聖大戴小戴及劉氏別錄所傳十七篇次第各不同尊卑吉凶先後倫序惟別錄爲優故鄭氏用之今行於世禮經殘缺之餘獨此十七篇爲完書以唐韓文公尚苦難讀況其下者自宋王文公行新經義廢黜此經學者益罕傳習朱子考定易書詩春秋四經而謂三禮體大未能緒正晚年欲成其書於此至惓惓也經傳通解乃其編類草藁將俟喪祭禮畢而筆削焉無祿弗逮遂爲萬世之闕典澂每伏讀而爲之惋惜竊謂樂經既亾禮經僅存五易之彖傳象傳本與繫辭文言說卦序卦雜卦諸傳共爲十翼居上下經二篇之後者也而後人以入卦爻之中詩書之序本自爲一編居國風雅頌典謨誓誥之後者也而後人以冠各篇之首春秋三經三傳初皆別行公穀配經其來已久最後注左氏者又分傳以附經之年何居夫傳文序文與經

混淆不惟非所以尊經且於文義多所梗礙歷千數百年而莫之或非也莫之或正也至東萊呂氏於易始因晁氏本定爲經二篇傳十篇朱子於詩書各除篇端小序合而爲一以寘經後春秋一經雖未暇詳校而亦別出左氏經文併以刊之臨漳於是易書詩春秋悉復夫子之舊五經之中其未爲諸儒所亂者惟二禮經然三百三千不存蓋十之九矣朱子補其遺闕則編類之初不得不以儀禮爲綱而各疏其下脫藁之下必將有所科別決不但如今藁本而已若

執藁本爲定則經之章也而以後記補記補傳分隸分古於其左也與彖象傳之附易經者有以異乎否也經之篇也而以傳篇記篇補篇錯處於其間也與左氏傳之附春秋經者有以異乎否也夫以易書詩春秋之四經既幸而正而儀禮之一經又不幸而亂是豈朱子之所以相遺經者哉徒知尊信草創之書而不能探索未盡之意亦豈朱子之所以望後學者哉嗚呼由朱子而來至於今將百年然而無有乎爾澂之至愚不肖猶幸得以私淑於其書實受罔極之

恩善繼者卒其未卒之志善述者成其未成之事於
亦職分之所當然也是以忘其僭妄輙因朱子所分
禮章重加倫紀其經後之記依經章次秩叙其文不
敢割裂一仍其舊附于篇終其十七篇次第並如鄭
氏本更不閒以它篇庶十七篇正經不至雜糅二戴
之記中有經篇者離之爲逸經禮各有義則經之傳
也以戴氏所存兼劉氏所補合之而爲傳正經居首
逸經次之傳終焉皆别爲卷而不相紊此外悉以歸
諸戴氏之記朱子所輯及黄氏喪禮楊氏祭禮亦參
伍以去其重復名曰朱氏記而與二戴爲三凡周公
之典其未墜於地者葢略包舉而無遺造化之運不
息則天之所秩未必終古而廢壞有議禮制度考文
者出所損所益百世可知也雖然苟非其人禮不虛
行存誠主敬致知力行下學而上達多學而一貫以
得夫堯舜禹湯文武周孔之心俾吾朱子之學末流
不至於漢儒學者事也徵也不敢自棄同志其尚敦
勗之哉

儀禮逸經八篇徵所纂次漢與高堂生得儀禮十七

篇後魯共王壞孔子宅得古文禮經於孔氏壁中凡
五十六篇河閒獻王得而上之其十七篇與儀禮正
同餘三十九篇藏在秘府謂之逸禮哀帝初劉歆欲
以列之學官而諸博士不肯置對竟不得立孔鄭所
引逸禮中霤禮禘于太廟禮王居明堂禮皆其篇也
唐初猶存諸儒曾不以爲意遂至於亡惜哉今所纂
八篇其二取之小戴記其三取之大戴記其三取之
鄭氏注奔喪也中霤也禘于太廟也王居明堂也固
得儀禮三十九篇之四而投壺之類未有考焉疑古
禮逸者甚多不止於三十九也投壺奔喪篇首與儀
禮諸篇之體如一公冠等三篇雖已不存此例葢作
記者删取其要以入記非復正經全篇矣投壺大小
戴不同奔喪與逸禮亦異則知此二篇亦經刊削但
未如公冠等篇之甚耳五篇之經文殆皆不完然實
爲禮經之正篇則不可以其不完而擯之於記故特
纂爲逸經以續十七篇之末至若中霤以下三篇其
經亡矣而篇題僅僅見於注家片言隻字之未泯者
猶必收拾而不敢遺亦我愛其禮之意也

儀禮傳十篇徵所纂次按儀禮有士冠禮士昏禮戴記則有冠義昏義儀禮有鄉飲酒禮鄉射禮大射禮戴記則有鄉飲酒義射義以至於燕聘皆然葢周末漢初之人作以釋儀禮而戴氏抄以入記者也今以此諸篇正爲儀禮之傳故不以入記依儀禮篇次粹爲一編文有不次者頗爲更定射義一篇迭陳天子諸侯卿大夫士之射雜然無倫釐之爲鄉射義大射義二篇士相見義公食大夫義則用清江劉氏原父所補並因朱子而加考詳焉於是儀禮之經自一至

九經各有其傳矣惟覲義闕然大戴朝事一篇實釋諸侯朝覲天子及相朝之禮故以備覲禮之義而共爲傳十篇云

周官六篇其冬官一篇闕漢藝文志序列於禮家後人名曰周禮文帝嘗召至魏文侯時老樂工因得春官大司樂之章景帝子河間獻王好古學購得周官五篇武帝求遺書得之藏于秘府禮家諸儒皆莫之見哀帝時劉歆校理秘書始著于錄略以考工記補冬官之闕歆門人河南杜子春能通其讀鄭衆賈逵受業於杜漢末馬融傳之鄭玄玄所注今行於世宋張子程子甚尊信之王文公又爲新義朱子謂此經周公所作但當時行之恐未能盡後聖雖復損益可也至若肆爲排觝訾毀之言則愚陋無知之人耳冬官雖闕今仍存其目而考工記別爲一卷附之經後云

小戴記三十六篇徵所序次漢興得先儒所記禮書三百餘篇大戴氏刪合爲八十五小戴氏又損益爲四十三曲禮檀弓雜記分上下馬氏增以月令明堂

位樂記鄭氏從而爲之注總四十九篇精粗雜記靡所不有秦火之餘區區掇拾所謂存十一於千百雖不能以皆醇然先王之遺制聖賢之格言往往賴之而存第其諸篇出於先儒著作之全書者無幾多是記者旁搜博采勦取殘編斷簡會稡成篇無復詮次讀者每病其雜亂而無章唐魏鄭公爲是作類禮二十篇不知其書果何如也而不可得見朱子嘗與東萊先生呂氏商訂三禮篇次欲取戴記中有關於儀禮者附之經其不係於儀禮者仍別爲記呂氏旣不

及答而朱子亦不及爲幸其大綱存於文集猶可攷也晩年編校儀禮經傳則其條例與前所商訂又不同矣其間所附戴記數篇或削本篇之文補以它篇之文今則不敢故止就本篇之中科分櫛剔以類相從俾其上下章文義聯屬章之大指標識于左庶讀者開卷瞭然若其篇第則大學中庸程子朱子既表章之以與論語孟子並而爲四書固不容復厠之禮篇而投壺奔喪實爲禮之正經亦不可以褋之於記其冠義昏義鄉飲酒義射義燕義聘義六篇正釋儀

禮別輯爲傳以附經後矣此外猶三十六篇曰通禮者九曲禮內則少儀玉藻通記小大儀文而深衣附焉月令王制專記國家制度而文王世子明堂位附焉曰喪禮者十有一喪大記雜記喪服小記服問檀弓曾子問六篇記喪而大傳問傳問喪三年問喪服四制五篇則喪之義也曰祭禮者四祭法一篇記祭而郊特牲祭義祭統三篇則祭之義也曰通論者十有二禮運禮器經解一類哀公問仲尼燕居孔子閒居一類坊記表記緇衣一類儒行自爲一類學記樂記其文邪馴非諸篇比則以爲是書之終嗚呼由漢以來此書千有餘歲矣而其顛倒糾紛至朱子始欲爲之是正而未及竟豈無望於後之人歟用敢竊取其義修而成之篇章文句秩然有倫先後始終頗爲精審將來學禮之君子於此考信豈有取乎非但爲戴氏忠臣而已也

大戴記三十四篇澄所序次按隋志大戴記八十五篇今其書闕前三十八篇始三十九終八十一當爲四十三篇中間第四十三第四十四第四十五第六

十一四篇復闕第七十三有二總四十篇據云八十五篇則末又闕其四或云止八十一皆不可考竊意大戴類稡此記多爲小戴所取後人合其餘篇仍爲大戴記已入小戴記者不復錄而闕其篇是以其書冗泛不及小戴書甚蓋彼其膏華而此其查滓爾然尚或間存精語不可棄遺其與小戴重者投壺哀公問也投壺公冠諸侯遷廟諸侯釁廟四篇既入儀禮逸經朝事一篇又一儀禮傳哀公問小戴已取之則於彼宜存於此宜去此外猶三十四篇夏小正猶月

令也明堂猶明堂位也本命以下襍録事辭多與參
語荀子賈傳等書相出入非專爲記禮設禮運以下
諸篇之比也小戴文多綴補而此皆成篇故其篇中
章句罕所更定惟其文字錯誤參互考校未能盡正
尚以俟好古博學之君子云

夏小正　闕名

鴈以北方爲居

正月鴈北鄉先言鴈而後言鄉者見鴈而後數其鄉
也鄉者何其居也鴈以北方爲居何以謂其居生且
長耳

魚負氷

魚陟負氷陟升也負氷者蟹蟄也

農緯來

農緯厥來緯束也

俟風

時有俟風者大也大風南風也何大於南風也曰合
水必爲南風解水必於南風生必於南風殺必於南
風故大之也

豺祭獸謂之祭

豺祭獸謂之祭獺祭魚謂之獻何也豺祭其類獺祭
非其類也

小正

何以謂之小正以小著名也

萬用入學

二月萬也者干戚舞也入學也者大學也謂令時太舍采也

鳴言

鳴言始相命也

祈麥實

三月祈麥實者五穀之先也故以急祈而記之者也

執駒攻駒

四月始執駒執駒者離之去母也報而叔之君也攻駒者教之服車也

夏小正 二

來降燕乃睇

五月燕乙也降者下也言來者何也莫能見始出也故曰來降言乃睇何也睇者眄也眄睇可爲室者也百鳥皆曰巢燕言室者操泥而入人之室也

斗柄正在上

六月初昏斗柄正在上五月大火中六月斗柄正在上用此知北斗柄不在當也

貍子肇肆

七月貍子肇肆始也肆者遂也言其始遂

粟零

八月粟零降零而取之非剝也

陟玄鳥蟄

九月陟叔也玄鳥燕也先言陟而後言其蟄者陟後蟄故也

黑鳥浴

十月黑鳥烏也浴也者謂飛乍上乍下也

夏小正 三

養夜

時有養夜養長也箸氷

王狩

王狩十一月王狩者言王之時冬獵爲狩

玄駒賁

十二月玄駒賁玄駒者蟻也賁者走於地中也

月令問答

漢　蔡邕

問者曰子何爲著月令說也予幼讀記以爲月令體大經同不宜與記書雜錄並行而記家記之又畧及前儒特爲章句者皆用其意傳非其本旨又不知月令徵驗布在諸經周官左傳實與禮記通他議橫生紛紛久矣光和元年余被謗章罹重罪徙朔方内有獫狁敵衝之釁外有冦虜鋒鏑之艱危險凛凛死亡無日過被學者聞家就而考之亦自有所覺悟庶幾頗得事情而訖未有注記著於文字也懼顛蹶隕墜無以示後同於朽腐竊誠思之書有陰陽升降天文曆數事物制度可假以爲本敦辭托說審求曆象其要者莫大於月令故遂於憂怖之中晝夜密勿昧死成之旁貫五註叅互羣書至及國家律令制度遂定曆數盡天地三光之情辭繁多而蔓衍非所謂理約而達也道長日短危殆兢惕取其心盡而已故不能復加刪省益所以探賾辨物庶幾多識前言往行之流苟便學者以爲可覽則余死而不朽也

問者曰子說月令多類周官左傳假無周官左傳月令爲無說乎曰夫根柢植則枝葉必相從也月令與周官並爲時王政令之記異文而同體官名百職皆周官解月令甲子沈子所謂似春秋也若夫太昊蓐收勾芒祝融之屬左傳造義立說生名者同是以用之

問者曰既用古文於曆數乃不用三統用四分何也曰月令所用叅諸曆象非一家之事傳之於世不曉學者宜以當時所施行夫密近者三統已疎闊廢弛故不用也

問者曰既不用三統以驚蟄爲孟春春中雨水爲二月節皆三統法也獨用之何曰孟春月令曰蟄蟲始震在正月也中春始雨水則雨水二月也以其合故用之

問者曰曆云小暑季夏節也而今文見於五月何也曰今不以曆節言據時始暑而記也曆於大雪小雪大寒小寒皆去十五日然則小暑當去大暑十五日不得及四十五日不以節言據時暑也

問者曰中春令不用犧牲以圭璧更皮幣不犧牲何也曰是月獻羔以太牢祀高禖宗廟之祭以中月安得用犧牲祈者求之祭也著令者豫設水旱疫癘當禱祈用犧牲祈者是用之助生養傳祈以幣代牲章因於高禖之事乃造說曰更者刻木代牲如廟有祧更此說自欺極矣經典傳記無刻木代牲之說蓋書有轉誤二豕渡河之類也

問者曰中冬令曰奄尹申宮令謹門閭令曰門閭何也曰閹尹者内官也主宮室出入宮中宮中之門曰

闈閹尹之職也閭里門非閹尹所主知當作闈也

問者曰令曰七騶咸駕今曰六騶何也曰本官職者莫正於周官周官天子馬六種種別有騶故知六騶左氏傳晉程鄭爲乘馬御六騶屬焉無言七者知當爲六也

問者曰令以中秋築城郭於經傳爲非其時詩曰定之方中作於楚宮定營室也九月十月之交西南方中故傳曰小昏正而栽築卽營室也昏正者昏中也栽築者栽木而始築也今文在前八月不合於經傳也

問者曰子說三難皆以日行爲本古論周官禮記說以爲但逐惡而已獨安所取之曰取之於月令而已四時通等而夏無難文由日行也春行少陰秋行少陽冬行太陰陰陽背使不於其類故冬春難以助陽秋難以達陰至夏節太陽行太陰自得其類無所扶助獨不難取之於是也

問者曰反令每行一時轉三旬以應行三月政也春行夏令則雨水不時謂孟夏也草木蚤枯中夏也國

乃有恐季夏也今總合爲一事不分別施之於三月何也曰說者見其三旬不得傳注而爲之說有所滯礙不得通矣孟秋反令行冬令則草木枯後乃大水敗其城郭卽分爲三事後乃大水在誰後也城郭爲獨自壞非水所爲也季冬令曰行春令則胎夭多傷民多蠱疾命之曰逆卽分爲三事行季冬令爲不感災異但命之曰逆也知不得斷絕分應一月也其類皆如此令之所述畧舉其尤者也

問春食麥羊夏食菽鷄秋食麻犬冬食黍豕之屬以

以爲時味之宜不合於五行月令服食器械之制皆順五行者也說所食獨不以五行不已畧乎曰葢亦思之矣凡十二辰之禽五時所食者必家人所畜丑牛未羊戌犬酉雞亥豕而已其餘龍虎以下非食也春木王木勝土土王四季四季之禽牛屬季夏犬屬季秋故未羊可以爲春食也夏火王火勝金故酉雞可以爲夏食也季夏土王土勝水當食豕而食牛土五行之尊者牛五畜之大者四行之牲無足以配土德者故以牛爲季夏食也秋金王金勝木寅虎非可

食者犬豕而無角虎屬也故以犬爲秋食也冬水王木勝火當食馬而禮不以馬爲牲故以其類而食豕也然則麥爲木菽爲金麻爲火黍爲水各配其牲爲食也雖有此說而米鹽精粹不合於易卦所爲之禽及洪範傳五事之畜近似卜筮之術故予畧之不以爲章句聊以應問見有說而已

問記曰三老五更子獨曰五叟周禮曰八十一御妻今曰御妾何也曰字誤也叟長老之稱其字與更相似書者轉誤遂以爲更嫂字女旁瘦字從叟今皆以爲更矣立字法者不以形聲何得以爲字以嫂瘦推之知是更爲叟也妻者齊也惟一適人稱妻其餘皆妾位最在下是以不得言妻云也

九經補韻序

字學淹廢已久學者無以審疑辯惑僕性耆古癖書傳因涉獵諸經訓釋或同字殊音或假音如字若此者衆韻書率多不載竊有惑焉如禮部韻一書政爲聲律舉子設　紹興間三山黄進士嘗補遺進上乃亦闕略弗備近嘉禾吳教授復申明僅增三字僕之惑滋甚蓋若禮記欽般請以機封毛詩猗儺其枝之類庸可諉曰是喪制所出非程文所當用或音義弗順非韻語所可押至如周禮舍釆合舞之爲釋菜毛詩鱣鮪發發之爲鱍鱍皆足正後學之傳訛助文場之窘步一切置之可乎迺即經釋蒐羅粹爲一編非敢上于官以求增補亦非敢淑諸人以侈聞見姑藏家塾以擊蒙昧博識君子牟毋我誚嘉定十有七年冬十月幾望代郡楊伯嵒彦瞻序

九經補韻

宋　楊伯嵒

周易

假 更白切　家人　王假有家　合於入聲二十陌韻內添入

尚書

夾 音協　禹貢　夾右碣石　合於入聲三十帖協字下添入

毛詩

殷 音隱　殷其靁　合在上聲十九隱隱字下磤亦作丨

發 補末反　碩人　鱣鮪發發　合在入聲十三末鱍字下亦作丨

摧 采臥切　鴛鴦　摧之秣之　合於去聲三十九過韻內添入

揄 音由　生民　或舂或揄　合於下平聲十九尤由字下添入

假 音格　烝民　昭假于下　合於入聲二十陌格字下添入

黮 時審反　泮水　食我桑黮　合在上聲四十七寢甚字下葚一作丨

周禮

苦 音古　天官下典枲　受苦功　合於上聲十姥古字下添入

槀 讀爲犒　地官上　槀人　合在去聲三十七號犒字下亦作丨

政 音征　地官上小司徒　施其職而平其政　合於下平聲十四清征字下添入

肆 託歷反　地官上大司徒　羞其肆　合於入聲二十三錫韻內添入

奠（音定）　地官下賈師展其成而奠其賈　合於去聲四十六徑定字下添入

列（蘇計切）　地官下稻人以列舍水　合於去聲十二霽韻內添入

果（讀爲祼）　春官上大宗伯攝而載果　合在去聲二十九換祼字下亦作丨

甸（音田）　春官上小宗伯若大甸　合在下平聲一先畋字下一作丨

貍（亡皆反）　春官上鬱人遂貍之　合於上平聲十四皆韻內添入

脩（讀爲滌）　春官上司尊彝凡酒脩酌　合在入聲二十三錫滌字下亦作丨

簭（音筮）　春官下占人以八簭占八頌　合在去聲十三祭筮字下亦作丨

舍（音釋）　春官下大胥春入學舍采合舞　合在入聲二十二昔釋字下亦作丨

彌（音敉）　春官下小祝彌裁兵　合在上聲四紙弭字下亦作丨

九經補韻　二

樊（步干反）　春官下巾車錫樊　合於上平聲二十六歡韻內添入

條（讀爲絛）　春官下巾車革路龍勒條纓　合於下平聲六豪絛字下亦作丨

前（子踐反）　春官下巾車前樊鵠纓　合於上聲二十八獮韻內添入

繩（音孕）　秋官下薙氏秋繩而芟之　合於去聲四十七證孕字下添入

盧（讀爲纑）　冬官上秦無廬　合於上平聲十一模纑字下添入

戚（將六反）　冬官上無以爲戚速也　合於入聲一屋韻內添入

眼（魚懇反）　冬官上輪人爲輪欲其眼也　合於上聲二十二很韻內添入

卑（音婢）　冬官上輪人爲蓋上欲尊而下欲卑　合於上聲四紙婢字下添入

頎（讀爲懇）　冬官上輈人輈欲頎典　合於上聲二十二很懇字下添入

典（讀爲殄）　冬官上輈人輈欲頎典　合於上聲二十七銑殄字下添入

屬（讀爲注）　冬官上函人犀甲七屬　合於去聲十遇注字下添入

空（音孔）　冬官上函人眡其鑽空　合於上聲一董孔字下添入

欄（音楝）　冬官上㡛氏以欄爲灰　合於去聲三十二霰楝字添入

笴（讀爲槀）　冬官下矢人以其笴厚　合於上聲三十二晧槀字下添入

奠（讀爲停）　冬官下匠人爲溝洫凡行奠水　合於下平聲十五青亭字下添入

昔（讀爲錯）　冬官下弓人爲弓老牛之角紾而昔　合於入聲十九鐸錯字下添入

畏（音隈）　冬官下弓人爲弓長也者必撓　合於上平聲十五灰隈字下添入

校（讀爲絞）　冬官下弓人爲弓中有變焉故校　合於上聲三十一巧校字下添入

九經補韻　三

禮巳

敖（五報切）　曲禮上敖不可長　合在去聲三十七號傲字下亦作丨

繕（吉戢反）　曲禮上急繕其怒　合於去聲四十五勁韻內添入

載（音戴）　月令載青旂　合於去聲十九代戴字下添入

術（音遂）　月令審端經術　合於去聲六至遂字下添入

鮮（音獻）　月令天子乃鮮羔開冰　合於去聲二十五願獻字下添入

疆（其丈反）　月令可以美土疆　合於上聲三十六養韻內添入

禘（音藥）　郊特牲饗禘有樂　合於入聲十八藥藥字下添入

盬（音鹽）　郊特牲而流示之禽而盬諸利　合於去聲五十五豔豔字下添入

温 於運反 內則 柔色以温之 合於去聲二十三問韻內添入

有 音又 內則 三王有乞言 合於去聲四十九宥又字下添入

幽 幼糾反 玉藻 一命緼韍幽衡 合於上聲四十六黝韻內添入

禕 音翬 玉藻 再命禕衣 合於入聲一屋鞠字下添入

辨 讀爲貶 玉藻 立容辨卑毋讇 合於上聲五十琰貶字下添入

顛 音爲田 玉藻 盛氣顛實揚休 合於下平聲一先田字下添入

賓 必刃反 玉藻 必與公士爲賓也 合於去聲二十一震韻內添入

皇 音往 少儀 齊齊皇皇 合於上聲三十六養往字下添入

三

匪 芳非反 少儀 車馬匪匪翼翼 合於上平聲八微韻內添入

美 音儀 少儀 鑾和之美 合於上平聲五支儀字下添入

區 古侯反 樂記 草木茂區萌達 合於下平聲十九侯韻內添入

趨 音促 樂記 衛音趨數煩志 合於入聲三燭促字下添入

數 音速 同前 合於入聲一屋速字下添入

喬 音驕 樂記 齊音敖辟喬志 合於下平聲四宵驕字下添入

横 古曠反 樂記 號以立横 合於去聲四十二宕韻內添入

建 其展反 樂記 名之曰建櫜 合於上聲二十八獮韻內添入

報 保毛切 樂記 禮有報而樂有反 合於下平聲六豪韻內添入

肉 如又切 樂記 廉肉節奏 合於去聲四十九宥韻內添入

羶 音馨 祭義 廷燎羶薌 合於下平聲十五青馨字下添入

進 音餕 祭統 百官進徹之 合於去聲二十二稕餕字下添入

幾 音祈 哀公問 車不雕幾 合於上平聲八微祈字下添入

愁 子留反 鄉飲酒 秋之爲言愁也 合於下平聲十八尤韻內添入

孚 音浮 聘義 孚尹旁達 合於下平聲十八尤浮字下添入

春秋

左氏傳

衆 音終 隱公元年 衆父 合於上平聲一東終字下添入

百 音陌 僖公二十八年 距躍三百曲踊三百 合於入聲二十陌陌字下添入

介 古賀反 襄公八年 亦不使一介行李 合於去聲三十八箇韻內添入

陰 於金反 昭公元年 趙孟視陰 合於下平聲二十一侵韻內添入

爽 音霜 定公三年 有兩肅爽馬 合於下平聲十陽霜字下添入

公羊傳

沵 音流 成公五年 壅河三日不沵 合在下平聲十八尤流字下亦作丨

曼 音蠻 昭公四年 晉人執戎曼子赤歸 合於上平聲二十七刪蠻字添入

孟子

龍 音壟 公孫丑下 有私龍斷焉 合於上聲二腫壟字下添入

艾 音刈 萬章上 自怨自艾於桐 合於去聲二十廢刈字下添入

已上九經補韻終其音義弗順喪制所出不可入韻者附于後

毛詩

猗於可反　隰有萇楚　猗儺其枝

作側隱反　蕩　侯作侯祝

疑魚陟反　桑柔　靡所止疑

適直革反　殷武　勿予禍適

周禮

副音副　天官下　副殺之齊

壇讀爲壥　夏官上　秦內陵外則壇之

綱讀爲亢　夏官上馬質　綱惡馬

披方寄反　夏官下司士　作六軍之士執披

方音罔　夏官下方相氏　歐方良

良音兩　夏官下方相氏　歐方良

犮时末切　秋官上　赤犮氏

冥音覓　秋官下　冥氏

焉音夷　秋官下行夫　焉使則介之

春出允反　冬官下梓人爲侯　則春以功

羽音戶　冬官下弓人爲弓　弓而羽閷

禮記

拘古侯反　曲禮上　以袂拘而退

橋居廟反　曲禮上　奉席如橋衡

辯音遍　曲禮上　然後辯殽

勿音役　曲禮上　國中以策彗卹勿驅

綏湯果反　曲禮下　大夫則綏之

壇音善　曲禮下　爲壇位

假音遐　曲禮下　曰天王登假

免音問　檀弓上　檀弓免焉

居音姬　檀弓上　何居

盍戶臘反　檀弓上　子盍言子之志於公乎

革紀力反　檀弓上　夫子之病革矣

從音摠　檀弓上　爾毋從從爾

厭于甲反　檀弓上　死而不弔有三畏厭溺

衡華彭反　檀弓上　今也衡縫

稅他奐反　檀弓上　小功不稅

披彼義反　檀弓上　設披

縱　音揔　檀弓上　喪事欲其縱縱
椑　蒲歷反　檀弓上　君卽位而爲椑
舍　音釋　檀弓下　有司以几筵舍奠于墓左
斯　音賜　檀弓下　我喪也斯沾
沾　音覘　檀弓下　我喪也斯沾
蔞　音柳　檀弓下　設蔞翣
封　彼驗反　檀弓下　歛般請以機封
追　音退　檀弓下　文子其中追然
耐　音能　禮運　故聖人耐而天下爲一家

綦　音忌　禮器　夏父弗綦逆祀而弗止也
將　音牂　內則　炮取豚若將
接　讀爲捷　內則　接以太牢
踐　音翦　玉藻　弗身踐也
言　魚斤反　玉藻　二爵而言言斯
辟　婢支反　玉藻　大夫素帶辟垂
屈　音闕　玉藻　君命屈狄
報　讀爲赴　喪服小記　報葬者報虞
省　仕善反　大傳　省於其君

圂　音患　少儀　君子不食圂腴
提　丁禮反　少儀　離而不提心
敦　音純　樂記　樂而敦和
反　音及　樂記　武王克殷反商
適　讀爲敵　雜記上　大夫訃於同國適者
稅　他奐反　雜記上　繭衣裳與稅衣纁袡爲一
純　側其反　雜記下　皆爵弁純衣
差　七何反　喪大記　御者差沐于堂上
僞　音帷　喪大記　加僞荒

盍　音渴　坊記　相彼盍旦
移　昌氏反　表記　衣服以移之
純　音全　投壺　二算爲純
僇　音六　大學　辟則爲天下僇矣
緡　音緜　大學　緡蠻黃鳥
卒　音猝　燕義　庶子之卒

春秋

左氏傳

免　音問　桓公五年　免而代之

瀆　音豆　桓公十二年　盟于句瀆之丘
稅　上活反　莊公九年　及堂阜而稅之
輅　五稼反　僖公十五年　輅秦伯
穀　奴口反　僖公二十年　楚鬭穀於菟師
歛　音廉　僖公二十八年　盟于歛盂
棺　古患反　僖公二十八年　棺而出之
泜　音雉　僖公三十二年　與晉師夾泜而軍
呼　音貨　文公元年　呼役夫
郪　音西　文公十六年　盟于郪丘

九經補韻　八　十

被　普义切　襄公十四年　乃祖吾離被苫蓋
含　戶牆切　襄公十九年　而視不可含
封　求付切　襄公三十五年　封具
稅　讀爲總　襄公二十七年　公喪之如稅服終身
蘘　音郎　昭公十三年　不蘘
苑　於元切　昭公二十年　苑何忌辭曰
黨　音掌　哀公十一年　戾於黨氏之溝

公羊傳

眛　亡結反　隱公元年　公及邾婁儀父盟于眛

來　力之反　莊公五年　倪黎來來朝
俙　音希　成公十六年　在招丘俙矣
打　勅丁切　成公十八年　盟于虛打
鸜　音瞿　昭公二十五年　有鸜鵒來巢

穀梁傳

傎　都田反　僖公二十八年　爲巳傎矣
痤　在禾反　襄公二十八年　宋公殺其世子痤

禮部韻以畧言人多濫之而議欲增也自元祐國子博士孫諤陳乞添收繼其後則黃啓宗有補韻吳棫有補韻補音毛晃有增韻張貴謨有韻略補

九經補韻　八　十一

遺近世黃子厚蔣全甫則又各有論說然踵者隨韻補輯僅得一二詳者至盡掇子史蒼雅方言欲增入二千六百五十五而難於行此禮部韻之所以至今未備也沬齋先生治衢之暇日揖任禮於柯山堂而語曰子見吾所纂九經補韻乎先生於無書不讀而以經爲根源補韻之作凡九經中字之假借音之旁通考訂分彙各疏其下若星象之錯落於天而燦然以明平齋洪端明所謂杜門論

著佳哉者此也平齋欲著語而後弗果他日上之
朝而頒行於禮部使後世知國家之淑士以經則
豈但為聲韻之助任禮敢竊平齋之志而繫於後
淳祐四年十一月初吉日門生文林郎充衢州州
學教授俞任禮謹題

九經補韻 八

小爾雅

漢 魯人孔鮒

廣詁一

淵懿邃頤深也封巨莫莽艾祁大也頒賦鋪敷布也葢戴素蒙冒覆也鍾崇府最積灌聚欉叢也閱捜履庀具也攻為詁相佝宰營匠治也彌被禋屑潔也勿蔑微曼末没無也隆巢岸峻高也逼厄附切局隣傅戚近也邵媚吉伐美也賢良繁優饒夥多也幾蔡模臬法也（蔡取著龜義亦法也）爰換變貿交更易也生造奏詣進

小爾雅 八 一

也索寒探裒鉤掠摭略也開徹接通達也固歷彌宿舊尚久也彌愈滋強益也赫戲爽曉昕著讚睹明也皆附襲就因也封畛際限疆略界也承第班列次也戶悛格扈止也（戶取其闔悛取其改皆止之義）幽壙闇昧冥也最宂自質要也疆窮充竟也而乃爾若汝也控彎挽引也承贊涼助佐也尋由以用也要捷集載成也肆赴捷疾也造之如適也掇督撫拾也肆孑燼餘也拓斥啓闢開也杜實充牣塞也實牣滿也獎率厲勸也勸勉事力也經屑省過也闕缺間隙也迭遞交更也憯

剝沒滅也玄黔驪黝黑也縞皓素白也彤绛緋朱也涅澄沉滅沒也載功物事也

廣言二

晏明陽也旰晏晚也美麗數也寥艾老也僉皆同也交校報也舒布展也揚𦫿舉也索略求也奚害何也里度居也周浹匝也充該備也列厥陳也輶輀輿也寢措置也駕乘凌也收戢斂也禁錄也掌司主也偷贅屬也麗著思也載略行也沓襲合也抵享當也庚徹通也修舒長也校戰交也謁復白也勑質正也商

蔑末也延衍散也末沒終也仳辨別也非涼薄也復旋還也祖翼送也走叩我也姓命孥子也諧龢和也悛㾜覺也憾猜恨也艾盡止也惆悆也奸犯也汨猾亂也緇績抽也暨捷及也苞跋本也肆臬極也睇題視也犯肆突也束縻縛也肆從逐也放投棄也莽蕪草也暴映晒也焮也晞烯乾也迪跡蹈也衍演廣也褏從長也荷揚擔也仍再也徇歸也工官也稽考也顛殞也躋墜也戕殘也勦截也辟除也愿患也謫責也間非也順退也抗禦也斬取也虐戲也褊狹也惎忌也沮疑也虧損也毁壞也判散也蔽斷也交俱也俘罰也夷傷也杙害也締閉也靡細也辨使也牧臨也嘗試也纇羸也若乃也嗟發聲也奏爲也振救也庸償也賈價也贍足也曹偶也麗兩也縣數也遲快也越遠也姑且也哿可也釋解也庸善也荐重也登升也勵勉也赫顯也踶是也丕莊也佞才也暨息也話言也愿謹也丰豊也都盛也腆厚也肆緩也競逐也紀基也惎教也整願也憖強也薄迫也燀炊也貪取也質信也餼饋也憑依也藉借也際接也閡限

也廬寄也萃集也造倅也尤怪也背慚也索空也素故也覛此也徂往也矜惜也毋怵也覬望也何任也御侍也殿慎也選擇也宣示也

廣訓三

諸之乎也旃焉也惡乎於何也烏乎吁嗟也吁嗟嗚呼也有所嘆美有所傷痛隨事有義也無念念也無寧寧也無顯顯也不承承也不肖不似也繩之譽之也詰朝明旦也遐不黃耇言壽考也公孫碩膚德音不瑕道成王大美聲稱遠也鄂不韡韡言韡韡也我

從事獨賢勞事獨多也魴鱮甫甫語其大也麀鹿麌
麌語其衆也海物維錯錯雜也雜毛曰𣯛雜彩曰繪
雜言曰哤

廣義四

凡無妻無夫通謂之寡寡夫曰煢寡婦曰嫠妾婦之
賤者謂之屬婦屬逮也逮婦之名言其微也非分而
得謂之幸詰責以辭謂之讓男女不以禮交謂之淫
上淫曰烝下淫曰報勞淫曰逼不直失節謂之慙慙
愧也面慙曰䩄心慙曰恧體慙曰逡

小爾雅　四

廣名五

諱死謂之大行死而復生謂之大蘇疾甚謂之阽請
天子命曰未可以戚先王請諸侯命曰未可以近先
君請大夫命曰未可以從先子空棺謂之櫬有尸謂
之柩殯死者謂之賵衣服謂之襚埋柩謂之殔羊至切
殔坎謂之池壙謂之䆘下棺謂之窆填窾謂之封塋
冢也壟塋也無主之鬼謂之殤

廣服六

治絲曰織織繒也麻苧葛曰布布通名也纊綿也絮
之細者曰纊繒之精者曰縞縞之麤者曰素葛之精
者曰絺麤者曰綌在首謂之元服弁髦太古布冠冠
而敝之者也題頭也顛顙額也璽謂之印紱謂之
綬襜褕謂之童容亦云蔽膝布褐而紩之謂之藍縷紩縫也
袴謂之褰蔽膝謂之袡帶之垂者謂之厲大巾謂之
冪覆帳謂之幄幄幕也簀床第也大扇謂之翣杖謂
之梃鍵謂之籥亦作鑰棋局謂之奕在足謂之屨屨尊
者曰達屨謂之金舄而金絇也

廣器七

小爾雅　五

射有張布謂之侯侯中者謂之鵠鵠中者謂之正正
方二尺正中者謂之槷槷方六寸棘戟也鉞鉞斧也
干瞂盾也戈句子戟也槷倪結切瞂房越切亦之削謂之室室
謂之鞞鞛珌鞞之飾也矢服謂之箙小船謂之艇艇
之小者曰艄船頭謂之舳尾謂之艫楫謂之橈車轅
上者謂之軏轅謂之輈軫謂之枕較謂之幹衡扼也
扼上者謂之烏啄縈緶綸也綯索也大者謂之索小
者謂之繩紲而戾之爲綍糾而紾之爲緪堌地也牆
牆謂之陴高平謂之太原汪池也水之北謂之汭澤

之廣謂之衍

廣物八

蘽謂之稃稃謂之芻生曰穀謂之粒萊謂之䟽禾穗謂之穎截穎謂之銍拔心曰揠拔根曰擢把謂之秉秉四曰筥筥十曰稯稯四十曰秅棘實謂之棗桑之實謂之葚柞之實謂之橡

廣鳥九

去陰就陽者謂之陽鳥鴻鴈是也純黑而反哺者謂之烏小而腹下白不反哺者謂之鴉烏白項而羣飛者謂之燕烏白脰烏也鴉烏譽也鸒斯也亦曰鵯鶋

廣獸十

豕彘也彘豬也其子曰豚豕之大者謂之豜小者謂之豵鳥之所乳謂之巢雞雉所乳謂之窠鹿之所息謂之㵎潛也積柴水中而魚舍焉

廣度十一

跬一舉足也倍跬謂之步司馬法六尺爲步倍跬乃其大略四尺謂之仞倍仞謂之尋尋舒兩肱也倍尋謂之常五尺謂之墨倍墨謂之丈倍丈謂之端倍端謂之兩倍兩謂之疋疋有謂之束禮玄纁五兩以兩爲束每束兩兩卷之二丈雙合則成疋凡十卷爲五束以應天九地十之數與此制異焉

廣量十二

一手之盛謂之溢兩手謂之掬掬四謂之豆豆四謂之區區四謂之釜釜二有半謂之藪藪二有半謂之缶缶二謂之鍾鍾二謂之秉秉十六斛

廣衡十三

二十四銖曰兩兩有半曰捷倍捷曰舉倍舉曰鋝鋝謂之鍰二鍰四兩謂之斤斤十謂之衡衡有半謂之秤秤二謂之鈞鈞四謂之石石四謂之鼓

説郛目録

弓第五

三墳書

陶宗儀訂

山墳

天皇伏犧氏

連山易

崇山君　君臣相　君民官　君物長　君陰后
君陽師　君兵將　君象首
伏山臣　臣君侯　臣民士　臣物龜　臣陰子
臣陽父　臣兵卒　臣象股

列山民　民君食　民臣力　民物貨　民陰妻
民陽夫　民兵器　民象體
兼山物　物君金　物臣木　物民土　物陰水
物陽火　物兵執　物象春
潛山陰　陰君土　陰臣野　陰民鬼　陰物獸
陰陽樂　陰兵妖　陰象冬
連山陽　陽君天　陽臣幹　陽民神　陽物禽
陽陰禮　陽兵譴　陽象夏
藏山兵　兵君帥　兵臣佐　兵民軍　兵物材

兵陰謀　兵陽㤼　兵象秋
疊山象　象君日　象臣月　象民星　象物雲
象陰夜　象陽晝　象兵
地墳
人皇神農氏
歸藏易
天氣歸　歸藏定位　歸生魂　歸動乘舟
歸長兄　歸有造物　歸止居域　歸殺降
地氣藏　藏歸交　藏生卵　藏動鼠
三墳書　八　二
藏長姊　藏育化物　藏止重門　藏殺盜
木氣生　生歸孕　生藏害　生動勲陽
生長元胎　生育滓　生止性　生殺相尅
風氣動　動歸乘軒　動藏受種　動生機
動長風　動育源　動止戒　動殺虐
火氣長　長歸從師　長藏從夫　長生志
長動麗　長育違道　長止平　長殺順甡
水氣育　育歸流　育藏海　育生愛
育動漁　育長苗　育止養　育殺僑

山氣止　止歸約　止藏淵　生止貌
止動濟　止長植物　止育潤　止殺寬看
金氣殺　殺歸尸　殺藏墓　殺生無忍
殺動干戈　殺長戰　殺育無傷　殺止動
形墳
地皇軒轅氏
乾坤易
乾形天　地天降氣　日天中道　月天夜明
山天曲上　川天曲下　雲天成陰　氣天晉蒙
三墳書　八　三
坤形地　天地圓丘　日地圜宮　月地斜曲
山地險徑　川地廣平　雲地高林　氣地下濕
陽形日　天日昭明　地日景隨　月日從朔
山日沉西　川日流光　雲日蔽霽　氣日昬蔀
陰形月　天月淫　地月伏輝　日月代明
山月升騰　川月東浮　雲月藏宮　氣月冥陰
上形山　天山岳　地山磐石　日山危峰
月山斜巔　川山島　雲山岫　氣山巖
水形川　天川漢　地川河　日川湖

月川曲池　山川澗　雲川溪　氣川泉
雨形雲　天雲祥　地雲黄霙　日雲赤曇
月雲素雯　山雲疊峰　川雲流霏　氣雲散彩
風形氣　天氣垂氤　地氣騰氳　日氣晝圖
月氣夜圓　山氣籠烟　川氣浮光　雲氣流霞

三墳書　四

易飛候　漢　京房

鼠舞國門厥咎亡鼠舞於庭厥咎誅死
四方常有大雲五色具其下賢人隱青雲潤澤蔽日
在西北爲舉賢良
正月有偃月必有嘉王
凡日食皆於晦朔不於晦朔食者名曰薄王人民飢
災患也
視四方常有青雲王豐
雲在西南爲舉士

易飛候　一

春冬乾王不用風用事人君當興邊兵治城郭行刑
斷獄訟繕宮殿
何以知聖人隱也風清明其來長久不動搖物此有
龍德在下也
凡候雨以晦朔弦望雲漢四塞者皆當雨如斗牛彘
當雨暴有異雲如水牛不三日大雨黑雲如群羊奔
如飛鳥五日必雨雲如浮舡皆雨北斗獨有雲不五
日大雨四望見青白雲名曰天寒之雲雨徵蒼黑雲

細如杼軸蔽日月五日必雨雲如兩人提鼓持桴皆爲暴雨

太平之時十日一雨凡歲三十六雨此休徵時若之應

有雲大如車蓋十餘此陽火之氣必暑有暍者

易飛候　二

易洞林

闕名

郭璞避難至新息有人以茱萸令璞射之璞曰子如小鈴含玄珠擣支言之是茱萸

太子洗馬荀子與家中以龍銅魁作食欻鳴李尤美魁銘曰羊羹不偏駟馬長驅

丞相從事中郎王文英家桃自作聲

曲阿令趙元瞻兒字虎舒從吾學卜自求蓍作卦見吾有盛艾小陵龜欲得之不與語之曰當作卦相爲

易洞林　一

致此物合自來復數日果有一龜入廐虎舒後見吾言偶有一物試可占之若得當再拜輸一好角弓卽便作卦曰案卦之是爲龜虎舒奉弓起再拜

郭璞爲左尉周恭卜云君墮馬傷頭尉後乘馬行黄昏坂下有犢車觸馬馬驚頭打石上流血殆死

日爲流珠青龍之俱

[illegible]之人以牛骨占事呈示吉凶無往不中牛非含智之物骨有若此之効

趙朔善占卦氣客有卜田者得犪之四朔曰子歸笠

有逸豚已而果然

易稽覽圖

闕名

太平時隂陽和風雨咸同海内不偏地有險易故風有遲疾雖太平之政猶有不能均同也唯平均乃不鳴條

降隂爲雨降隂之雨潤而破塊

夏至後三十日極温夏至景風至蟬始鳴螳生

夏至之後三十日極熱

冬至之後三十日極寒

隂陽和合爲電輝輝也其光長

日春行東方靑道曰東陸

夏日月行東南赤道曰南陸

天有十二分以日月之所躔也

日者陽德之母也

天地開闢五緯各在其方至伏羲氏乃合故曆以爲元

隂宅以日奇陽宅以月耦隂宅先内男子當令奇陽宅内女子當令耦乃吉隂宅内男子三人陽宅内女

子二人

易川靈圖

闕名

帝者天號也德配天地不私公位稱之曰帝天子者繼天治物改正一統各得其宜父天母地以養生人至尊之號也大君者君人之盛也

靈蓍四十九莖下有千歲龜守之

宓犧作易無書以畫事

黄氣抱日輔臣納忠德至於天日抱戴

吐珠於澤誰能不含

至德之萌若連璧

至德之萌五星若貫珠

聖人受命瑞應先於河瑞應之至聖人殺龍龍不可殺皆感氣君子得衆人之助瑞應先見於陸瑞應之至君子發地蛇不如龍陸不如河

蠶陽者火火惡水故食不飲桑者土之液木生火故蠶以三月葉類會精合相食

建日始五際而八節通卯酉之際爲革政午亥之際爲革命

陽氣出于東北入于西北發于孟春畢于孟冬

二

易通卦驗

闕名

震東方也立春春分日青氣出直震此正氣也氣出右物半死氣出左蛟龍出震氣不出則歲中少雷萬物不實人民疾熱

離南方也夏至日中赤氣出直離此正氣也氣出右萬物半死氣出左赤地千里

遂皇始出握機矩表計實其刻白蒼牙通靈昌之成孔演命明道經宓羲作易仲命德紀衡周文增通八八之節轉序三百八十四爻以繫王命之瑞故正其

易通卦驗　八　一

其本而萬物理失之毫釐差以千里

人君冬至日使八能之士鼓黄鍾之瑟瑟用槐木長八尺一寸夏至日瑟用桑木長五尺七寸

鶡者陽鳥先物而動先事而應見於木風之象

夏至小暑伯勞鳴搏勞性好單棲其飛㚅其聲䳟䳟

夏至應陰而鳴冬至而止

仲夏之月反舌無聲反舌有聲佞人在側

驚蟄大壯初九桃始華不華倉庫多火

冬至初陽雲出箕如樹木之狀

尚書旋璣鈐

闕名

上清下濁號曰天地

禹開龍門導積石出玄珪出刻曰延喜王受德天錫佩

少室之山大竹堪爲釜甑

有神人名石年蒼色大眉戴玉理駕六龍出地輔號皇神農始立地形甄度四海東西九十萬里南北八十一萬里

人皇氏九頭駕六羽乘雲車出谷口分九州

在政不私公位稱之曰帝

帝者天號王者人稱天有五帝以立名人有三王以正度天子爵稱也皇者煌煌也

天子之尊也神精與天地通血氣含五帝精天愛之子也

冬至陰雲郡寒有雲迎日者來歲大美此並聖德光被上感天心請付有司以彰嘉瑞從之

房爲明堂主布政衆爲大辰主斬刈兼此二者故聖

王重齒爲表

尚書旋璣鈐

尚書帝命期

闕名

桀失玉鏡用其噬獸

桀無道夏出霜

有人大口兩耳參漏足文履已首戴鈎鈐胸懷玉斗

分别九州隨山濬川任土作貢

天道無適莫常傳其賢者

禹白帝精以星感脩已山行見流星意感栗然生姒

戎文禹

桀失其玉鏡用其噬虎

夏桀無道殺伐龍逢絕滅皇圖壞亂曆紀殘賊天下

賢人遁逃濫色嬖易不事祖宗

賊起蜚卯生虎

有人雄起戴玉英祈旦失籥亡其金虎東南紛紛注

精起

虞舜聖在側陋無耀顯都握石椎懷神珠

秦失金鏡魚目入珠

卯金出軫握命孔符

春鳥星昏中以種稷夏火星昏中以種黍菽

尚書帝命期〔二〕

尚書考靈耀

闕名

通天文者明審地里者昌明者天之時也昌者地之財也明王之治鳳凰下之

地有四游冬至地上行北而西三萬里夏至地下行南而東三萬里春秋二分是其中矣地常動移而人不知譬如人在大舟中閉牖而坐舟行不覺也

從上臨下八萬里天以圓覆地以方載

晦而月見西方謂之朓朔而月見東方謂之側匿

尚書考靈耀〔一〕

秦王政以白璧沉河有黑頭公從河中出呼政曰祖龍來授天寶開中有尺二玉牘

五百載聖紀符

五星若偏珠旋璣中星星調則風雨時

日旁氣白者爲虹

火星爲夏期專陽相同精感符

虛昴爲秋候昴爲冬期陰氣相佐德乃不邪予助毋收合子符

桑木者箕星之精木虫食葉爲文章人食之老翁爲

小童

尚書中候

闕名

堯沉璧于河白雲起廻風揺落

帝堯即政景星出翼

堯即政七十載鳳凰止庭巢阿閣讙樹

周天子發渡孟津火自上復于下至於王屋流爲烏其色赤其聲魄云

周公歸政于成王太平制禮鸞鳳見

天乙在亳諸鄰國襁負歸德東觀於洛習禮堯壇降三分沉璧退立榮光不起黄魚雙躍出濟于壇黑烏以雄隨魚亦止化爲黑玉赤勒曰玄精天乙受神福伐桀克三年天下悉合

成王觀于洛河沉璧禮畢王退俟至于日昧榮光并出幕河青雲浮洛

醴廿也取名醴酒堯祇德匪懈醴泉出文命盛德俊義在官醴泉出山

秦穆公出狩至于咸陽日稷庚午天震大雷有火下化爲白雀銜籙丹書集于公車公俯取其書言繆公

之霸也訖胡亥秦家世事

尚書中候（八）　二

詩含神霧

闕名

詩者誠爲天地之心君德之祖百福之宗萬物之户也

治世之音溫以裕其政平亂世之音怨以怒其政乖

詩道然也

曹地處季夏之位土地勁急音中徵其聲清以急是也

日月揚光者人君之象也風雲列勢者將帥之氣也

詩含神霧（八）　一

聲容具之

上以風化下下以風刺上主文而譎諫言之者無罪聞之者足以戒

德化充塞照潤八寘則鸞臻也

含始吞赤珠刻曰玉英生漢皇後赤龍感女媪劉季興也

古之火正或食于心或食于味以出内火故味爲鶉火心爲大火

菖蒲益聰茱萸耐老

鬱金十葉爲貫百二十葉采以煮之爲鬯合芳物釀之以降神

雷震百里去相附近

詩紀曆樞

闕名

箕爲天口主出氣尾爲逃臣賢者叛十二諸侯刻於庭

天霜樹落葉而鴻鴈南飛

立秋促織鳴女工急促之候也

凡黍爲酒陽據陰乃能動故以麴釀黍爲酒

陰陽之會一歲再遇于南方者以中夏遇于北方者以中冬

王者受命必先祭天乃行王事詩曰濟濟辟王左右奉璋此文王之郊也

詩無達詁易無達言春秋無達辭

古者鉚在左刀在右鈎在前

彼茁者葭一發五豝孟春獸肥草短之候也

蟋蟀在堂流火西也

蒹葭秋水其思凉猶秦西氣之變乎

聖人事明義以炤燿其所闇故民不陷詩云示我顯德行

梅柳驚春羊牛來暮

詩紀曆樞 二

春秋元命苞

闕名

天不足西北陽極於九故天周九九八十一萬里天如雞子天大地小表裏有水地各承氣而立載水而浮天轉如車轂之過

地者易也言萬物懷任交易變化也自東極至於西極五億十萬九千八百八步

危東六星兩兩而北曰司空主水金守之天下憂水也

春秋元命苞 一

木之爲言觸也氣動躍也

水之爲言演也陰化淖濡流施潛行也故其立字兩人交一以中出者爲水一者數之始兩人譬男女言陰陽交物以一起也

水者天地之包幕五行之始焉萬物之所由生元氣之津液也

翼星主南宮之羽儀文物聲名之所豐茂爲樂庫爲天倡先王以賓於四門而列天庭之衛主俳倡近太微而爲尊

地所以右轉者氣濁精少含陰而起遲故轉右迎天
佐其道
山者氣之包含所以含精藏雲故觸石而出
昴畢間爲天街散爲冀州分爲趙國立爲常山牽牛
流爲楊州分爲越國立爲楊山軫星散爲荆州分爲
楚國荆之爲言强也陽盛物堅其氣急悍也虚危之
精流爲青州分爲齊國立爲萊山天弓星流爲徐州
别爲魯國徐之言舒也言陰牧内安詳也五星流爲
兖州兖之言端也言隄精端故其氣纖殺鈎鈐星别
爲豫州豫之爲言序也言陰陽分布各得處也東井

鬼星散爲雍州分爲秦國得東井動深之萌其氣險
也觜參流爲益州益之言隘也謂物類並決其氣急
切决列也箕星散爲幽州分爲燕國營室流爲并州
分爲衛國并之爲言誠也精舍交并其氣勇抗誠信
也
頭者神所居上圓象天氣之府也歲必十二故人頭
長一尺二寸
掌圓法天以運動指五者法五行

王者置廷尉獄疑刑者官之平下之信也尉者尉民
心撫其實也安立字士垂一人詰屈折著爲廷示戴
尸首以寸者爲言寸度治法數之分示雎尸稽於十
舍則法有分故爲尉示與尸寸宋均注曰士事也垂
條也屍人死也人死不可無乃藏之者示天下不可
無死也

春秋運斗樞

闕名

天文地理各有所主北斗有七星天子有七政也

北斗七星所謂璇璣玉衡以齊七政杓擕龍角衡殷南斗魁枕參首是謂帝車運于中央臨制四鄉分陰陽建四時均五行移節度定諸紀皆繫於斗

斗第一天樞第二旋第三璣第四權第五衡第六開陽第七搖光第一至第四爲魁第五至第七爲杓合而爲斗居陰布陽故稱北斗

皇者天天不言四時行焉百物生焉三皇垂拱無爲設言而民不違道德玄泊有似皇天故稱曰皇皇者中也光也弘也含弘履中開陰布綱上合皇極其施光明指天畫地神化潛通煌煌盛美不可勝量

旋星明則嘉禾液

瑶光散而爲鹿江淮不祠則瑶光不明㲉生鹿

飛翔羽翮爲陽陽氣仁故烏哺公也

瑶光星散而爲烏

機星散爲鶉德義少殘

玉衡星散爲鴟

天樞得則鸞集

玉衡星散爲鷄遠雅頌著倡優則雄鷄五足

機星散爲雉

瑶光星散爲鷲

瑶光星散爲雀

玉衡星散爲李

璇星散爲橘

玉衡星散爲椒

玉衡星散爲菖蒲遠雅頌著倡優則玉衡不明菖蒲冠環

舜爲天子東巡臨觀黄龍五采負圖出置舜前圖以黄玉爲柙黄金繩封兩端章曰黄帝符璽也

赤龍負圖以出河見堯典太尉舜等百二十年集發藏大麓

璣星得則麒麟生萬人壽

瑶光之星散而爲象

樞星散而爲虎

玉衡星散而爲兔行世瑤光則兔出月

璇星散爲姜風土失得逆時則姜有翼辛而不臭

春秋運斗樞 三

春秋文耀鈎　闕名

魁戴匡六星曰文昌宮爲六府

軫南衆星曰天庫

曰咸池曰天潢五帝車舍也

楚有蒼雲如霓圍軫七蟠中有荷斧之人向軫而蹲

于是楚唐史畫遺灰而雲滅故曰唐史之策上滅蒼
雲

老人星見則主安不見則兵起

春秋文耀鈎 一

王者徃也神所同徃人所歸落

庶人爭權赤帝之精

咸池天潢五星五帝居舍也

楚立唐氏以爲史官蒼雲如蜺圍斬七蟠中有荷斧
之人斲蹲而蹲楚驚

商絃絶鐵合絲

七九六十三陽氣通故斗運狗三月而生也

土勝水故守宮食蠆蝍蛆搏蛇

金伐木故鷹摯雉

三九二十七七者陽氣成故虎七月而生陽立於七
故虎首尾長七尺般般文者陰陽雜也
水滅火故蚩贅鶍
鴝鵒者飛行居于陽　之鳥穴居于陰

春秋合誠圖　闕名

天皇大帝北辰星也含元秉陽舒精吐光居紫宮中
制御四方冠有五采文
帝坐玄扈洛上與大司馬容先等臨觀鳳凰銜圖帝
前皇帝再拜受圖
帝堯之母曰慶都生而神異常有黃雲覆上
黃帝遊玄扈洛上與大司馬容光左右輔周昌等百
二十人臨之有鳳啣圖以置帝前
堯母慶都蓋大帝之女生於斗維之野常三河東南
天大雷電有血流潤天石之中生慶都
軒轅星主雷雨之神
大帝之精起三河之州中土之腴
霹靂擊于宮殿者妃后爭政
五光垂彩天下大嘉
赤彗火精如火曜長七尺
五殘主出亡
獄漢居正北方出地可六丈而赤主逐王

天皇大帝北辰星也含元秉陽舒精吐光居紫宫中制御四方冠星五釆

黄帝請問太乙長生之道太乙曰齋戒六丁道乃可成

春秋孔演圖

闕名

有人卯金豐擊玉鼓駕六龍

舜之將興白雲入房

湯將興白雲入房

鳳火精也

孔子曰丘援律吹律有姓

聖人在後日望陽苞懷至德據少陽

舜目四瞳謂之重明承乾乾踵尭海内富庶

天命之見侯其門靈龜穴庭玄龍御雲

藏玉英光中再仁雄出日月角

其人日角龍顔姓卯金刀含仁義

正氣爲帝間氣爲臣宫商爲姓秀氣爲人

天子皆五帝精寳各有題序次第相據起必有神靈

符紀請神扶助使開階立遂

王者當置圖籙坐旁以自立

烏化爲書孔子奉以告天赤烏集書上化爲黄

曰孔提命仰應沷爲赤制

黑帝治生五角之禽以觸民

孔子母徵在遊大家之陂睡夢黑帝使請巳往夢交語女乳必於空桑之中覺則若感生丘於空桑之中

天子舉賢則景星放於天

王者德政海内富昌則鎮星入闕

黃帝將興黃雲升於堂

蒼之滅也麟不榮也麟木精也麒麟鬬日無光

天命湯白虎戲朝其終白虎在野

八政不中則鐵飛

春秋孔演圖　二

詩含五際六情卽六義也一曰風二曰賦三曰比四曰興五曰雅六曰頌

作洊五經東之天地稽之圖象質之三王施之四海也

八政不中則人無厝

孔胸文曰制作定世符運

春秋說題辭

闕名

星之爲言精也陽之榮也陽精爲日日分爲星故其字日下生爲星

雲之爲言運也觸石而起謂之雲含陽而起以精運也

地之爲言媲也承天行其義也山陵之大非地不制含功以牧生也

易者氣之節含精宣律上經象天下經叶曆文言立

春秋說題辭　一

符象出期節彖言變化繫設類迹

尚書者二帝之迹三王之義所以推其期運明命授之際書之言信而言天地之情帝王之功凡百二篇第次委曲尚者上也上帝之書也

在事爲詩未發爲謀恬淡爲心思慮爲志故詩之爲言志也

詩者天文之精星辰之度

禮者體也人情有哀樂五行有興滅故立鄉飲之禮終始之哀婚姻之宜朝聘之表尊卑有序上下有體

王者行禮得天中和禮得則天下咸得厥宜陰陽滋液萬物調四時和動靜常用不可須臾惰也
麥之爲言殖也寖生觸凍而不息精射刺直故麥含芒事且立也
稻之爲言藉也稻冬含水盛其德也故稻太陰精含水漸洳乃能化也江旁多稻固其宜也
粟助陽扶性粟之爲言續也粟五變一變而以陽生爲苗二變而秀爲禾三變而粲然謂之粟四變入臼米出甲五變而蒸飯可食陽以一立爲法故粟積大
春秋說題辭　二
一分穗長一尺文以七烈精以五六立故其字粟爲粟西者金所立米者陽精故西字合米而爲粟
天文以七列精以五故嘉禾之滋莖長五尺五七三十五神盛故連莖三十五穗以成盛德禾之極也
斗星時散精爲蠡四月生應天理
鴈之言鴈起聖以招期知晩蚕故鴈南北以陽動也
鷄爲積陽南方之象火陽精物炎上故陽出鷄鳴類感也雞之爲言佳也佳而起爲人期莫實也

地精爲馬十二月而生應陰紀陽以合功故人駕馬任重致遠以利天下月度疾故馬善走
槐木者虚星之精
春秋說題辭　三

春秋感精符　闕名

人主與日月同明四特合信故父天母地兄日姊月注曰父天於圜丘之祀也母地於方澤之祭也兄日於東郊姊月於西郊

黃帝之將興黃雲升於堂文命之候玄龍御雲天命於湯白雲入房

霜殺伐之表秋季霜始降鷹隼擊王者順天行誅以成肅殺之威若政令苛則夏下霜誅伐不行則冬霜不殺草

人主含天光據璣衡齊七政操八極故君明聖人道得正則日月光明五星有度

日下淪於地則嘉禾興

麟一角明海內共一主也王者不刳胎不剖卵則出於郊

王者上感皇天則鸞鳳至

大電繞樞星炤郊野感符寶而生黃金

山冬大霧十日已上不除者山崩之候

八月白露降雀卽高鳴相傚

春秋潛潭巴

闕名

火從井出有賢士從人起

天子有三寶謂璿璣玉衡律度也

下不兼蜚蝱之草爲不生

蟋蟀來天子無遂兵

君德應陽君臣得道叶度則日含王字含王字者日中有王字也王者德象日光所照無不及也

霹靂擊宮失君精泄下有謀起

君德應陽則醴泉出又旅星得則醴泉出

里社鳴此里有聖人其响百姓歸之

疾風拔木讒臣浛忠臣辱

天赤有大風發屋折木兵大起行千里

虹五色迭至照于宮殿有兵革之事

異之爲言怪也謂先發感動

女子化爲丈夫賢人去位君獨居丈夫化爲女子陰氣淖小人聚

宮有牛鳴政教衰諸侯相并牛兵之符也

天子文繡布地必動絶無嗣

枉矢黑軍士不勇疾流腫

春秋佐助期　　闕名

天子淤斗諸矦應宿也

㲉星傳令神明詩時

天稟食神明均名

虞舜之時景星出房

豆神名靈殖姓蘖

麥神名福習

咸池主五穀

春秋佐助期　一

太尉壬甲辛神名辦會曰庫兵動皷自鳴諸矦得衆也

繆公即位仲夏大寒氷錯亂也

黃帝將典時有黃雀赤頭立于日傍黃帝曰黃者王精赤者火榮爵者賞也余今當立大功乎黃雀者桑也

僖公九年秋三年冬並大雨雹時僖公專樂齊女綺畫珠璣之好掩月光陰精凝爲災與昭公事晉陰精用容故災

黃星騁海水躍宋均曰黃星土精土主安靜躍則失常

春秋佐助期　二

春秋緯

闕名

月之將蝕則斗第二星變色微赤不明而蝕

黄帝坐於扈閣鳳凰銜書致帝前其中得五始之文焉

大皇地皇人皇兄弟九人分九州長天下也又曰天皇被跡在柱州崑崙山下

黄帝將起有黄雀赤頭立日旁帝占曰黄者土精赤者火熒雀者賞萌余當立乎

春秋緯 八 一

孔子坐玄扈洛水之上赤雀銜丹書隨至

玉澤馬者師曠時來

堯時龍馬銜甲赤文綠色臨壇上甲似龜廣袤九尺上有五色文

陽帝白狼㩦禹籙

帝伐蚩尤乃睡夢西王母遣道人披玄狐之裘以符授之

黄帝出游洛水之上見大魚殺五能牲以醮之五乃甚雨

武皇渡河中流白魚躍入舟中

春秋緯 八 二

春秋後語

孔衍

秦穆公將兄三人囚於内宫

蘇秦去韓之魏說襄王曰大王之地南有鴻溝陳留汝南郾郡陵武陵新都東熊隸黄東無疏西有長蛇之地北有河水卷燕酸棗地方千里田舍廬廡之數無所不蓄牧人民之衆牛馬之多夜行不絶輷輷殷殷夫魏天下之強國也王天下之賢王也

張孟談謂趙襄子曰董安于之在晉陽公宫之垣皆

荻蒿

晉太史屠黍見晉之亂以其國法歸周

秦破魏軍於華陽走我將軍孟卯王使段干木子從與秦南陽木以千金和蘇代謂王曰欲璽者段干木子也欲地者秦也今王使王地者制璽欲璽者制地魏地不盡則不和且夫以地事秦譬猶以薪救火薪不盡火不滅也王曰是則然矣雖然事始已行不可更矣

蘇秦歸周雖多蓄亦何以爲於是夜發書篋數十得周書陰符而讀之欲睡引錐刺股血流至踝暮年以出揣摩曰此可以說當世之君矣

秦急攻趙求救於齊齊王曰必以長安君爲質兵乃出長安君者太后之小子也太后愛之不肯遣大臣強諫太后怒謂左右曰敢復言長安君爲質者老婦必肆其面

平原君對趙王曰澠池之會臣察安君之爲人也小頭而銳瞳子白黑分明小頭而銳斷敢行也瞳子白黑分明者視事明也

荆軻謂樊於期曰願得將軍之首以獻秦王秦王必喜而見臣臣左手把其袖右手揕其胸

燕太子丹豫求天下名利匕首得趙人徐夫人匕首取之百金使工以藥淬之以試人血濡縷無不立死者

春秋繁露　漢　董仲舒

薺以美冬水氣也薺甘味也乘于水氣故美者甘勝寒也薺之言濟所以濟大水也

禮之所爲興也刀之在右白虎之象也

地出雲爲雨起氣爲風風雨者地之爲爲地不敢有其功名必上之于天

人之好惡化天之暖晴人之喜怒化天之寒暑

春氣愛秋氣嚴夏氣樂冬氣哀

祭天地之牛繭栗宗廟之牛握賓客之牛尺此言德滋美而牲滋微也

醞去煙鵠羽去眯慈石取鐵頸金取火

蕪荑生于燕橘枳死于荆

木已生而火養之金已死而木藏之火樂木而養以陽水克金而喪以陰

大富則驕大貧則憂憂則爲盗驕則爲暴

性如繭如卵卵待覆而爲雛繭待繅而爲絲性待教而爲善

春秋無通辭從變而移

禮稽命徵　闕名

王者得禮制則澤谷之中有白玉焉

出號令合民心則祥風至

天子祭天地宗廟六宗五岳得其宜則五穀豐雷雨時至四貢物

外内之制各得所四方之事無有畜滯則遊囿六畜繁多天苑有德星應

王者刑殺當罪賞賜當功得禮之儀則醴泉出

禮稽命徵　一

祭五岳四瀆得其宜則黄雀見

孔子謂子夏曰群鵲至非中國之禽也

三年一祫五年一禘經紀所論禘祫與禴祭其言鮮矣

顓頊有三子生而亡去爲疫鬼一居江水是爲虐鬼一居若水是爲魍魎鬼一居宫室區隅善驚人小鬼于是常以正歲十二月令禮官方相氏掌熊羆黄金四目玄衣纁裳執戈揚盾帥百隷及童子而時儺以索室而驅疫鬼以桃弧葦矢工鼓且射之以赤丸五穀等洒掃以祛除疾殃

禮稽命徵　二

禮含文嘉　闕名

王者得禮制則澤谷之中有白玉焉

五祀南郊北郊西郊東郊中兆正謀五者天子公侯伯子男卿大夫士所以承天也

玉石得宜則太白常明

明堂所以通神靈感天地正四時出教化崇有德章有道也

祭五岳四瀆得其宜則黄雀見

禮含文嘉　一

伏羲德洽上下天應以鳥獸文章地應以龜書乃則象作易

禹垂意于溝洫百穀用成神龍至靈龜服玉女敬養天賜

作樂制禮得天心則景星見

雲者運氣布恩普也

保章氏以五雲之物辨吉凶水旱豐荒之祲

出號令合民心則祥風至

神靈滋液百寶爲用則白象至

神禹者質文精也知吉凶存亡能輕能重能息能行

王者興則出

禮含文嘉　二

禮斗威儀　闕名

帝者得其英華王者得其根核霸者得其附枝故帝道不行不能王王道不行不能霸霸道不行不能守其身

歲凶年穀不登君膳不祭肺馬不食穀孟春之日天子乃以元日祈穀于上帝孟夏驅獸無害五穀仲夏之月乃命百縣雩祀百辟以祇穀實孟秋之月農乃登穀天子嘗新先薦寢廟臣專政私其君位則草木不生禾穀不實

君乘木而王其政升平則福草生廟中朱草別名又曰南海輸以蒼烏

君乘金而王其政訟平芳桂常生麒麟在郊又曰乘金而王則黃銀見

君乘水而王爲人黑色大耳其政和平則景雲至比海輸以文狐

君乘火而王其政和平梓爲常生又曰南海輸以駿馬

君乘土而王其政太平鳳凰集于苑林

政理太平則時日五色

政太平則月圓而多輝政升平則月清而明

大戴禮逸　　闕名

華氏掌供燋契以待卜事杜子春注曰燋讀如薪樵之樵謂所爇灼龜之木

高后崩丞相陳平等使人迎代王計未定遂卜之龜花得大黄庚

我龜既厭不我告猷鄭玄注卜筮數而瀆龜龜靈厭之不復告其所圖之吉凶也言雖得兆繇不中也

武王有疾不豫二公曰我其爲王穆卜

卜涖天地象四時

大夫巳上事　　至士則但筮尊卑之差

晉獻公欲以驪姬爲夫人卜之不吉筮之吉公曰從筮筮短龜長不如從長

王者必制巡狩之禮何尊天重民也所以五年一巡狩何五歲再順天道大備所以至四嶽者盛德之山四方之中能興雲致雨也巡狩者何巡循也狩牧也爲天循行牧民也

楚焞以荆爲之燃以灼正以荆者凡木心圓荆心方也

樂稽耀嘉

闕名

武王承命典師誅于商萬國咸喜軍渡盟前歌後舞

乃大安家給人足酌酒欝揺

冬至日祭天于圜丘用蒼璧牲同玉色樂用夾鍾爲

宫樂作六變

社土地之主地濶不可以盡祭故封土爲社以報功

也稷五穀之長穀衆不可以徧祭故祀稷爲神以主

之也

凡求雨男女欲和而樂又曰開神山神淵積薪夜擊

鼓譟而燔之

殷之德陽德也故以子爲姓周之德陰德也故以姬

爲姓

郊祀之辭九句九陽數也

鍾太陽其聲宏寬惡少陰其音清遠

心不得義不能樂體不得利不能安

先王之德滓在民民樂而歌之以爲詩說而化之以

爲俗

地蓄莫如山天開莫如樂

孝經援神契　闕名

三皇步五帝驟三王馳五覇鶩武稱帝王接上稱天子明以爵事天接下稱帝王明以號令臣下

元氣混沌孝在其中天子孝天龍負圖地龜出書妖孽消滅景雲出遊庶人孝則澤林茂浮珍舒怪卉秀水出神魚

明堂之制東西九筵筵長九尺也明堂東西八十一尺南北六十三尺故謂之太室

黒墳宜黍麥

泰山天地帝孫也主召人魂

人頭圓像天足方法地五藏像五行四肢法四時九竅法九分目法日月肝仁肺義腎志心禮膽斷脾信膀胱決難髪法星辰節法日歳腸法鈐

伏羲氏日角衡連珠

仲冬昴星中叔苜芓

神靈滋液則碧玉出

周成王時越裳獻白雉去京師三萬里王者祭祀不相踰晏食袍服有節則至

奎主文章蒼頡效象洛龜擢書丹青垂萌畫字宋均注曰奎星屈曲相鉤似文字之畫蒼頡視龜而作書則河洛之應與人意所惟通矣

孔子制作孝經使七十二子向北辰磬折使曾子抱河洛事北向孔蓍縹筆衣絳单衣向北辰而拜

椒薑禦濕菖蒲益聰巨勝延年威喜辟兵此皆上聖之至言方術之實録也

伏犧大目孔子海口言若含擇斗脣吐教陳機授度

舜手握褒

計九州之別壤山陵之大川澤所注萊沮所生鳥獸所聚凡九百一十萬八千二十四頃磽埆不墾者千五百萬二千頃

德至山陵則景雲出德下至地則嘉禾生德至水泉則黃龍見

德至草木則芝草生又曰善養老則芝草茂又曰德至於草木則木連理

德至鳥獸則麒麟臻鳳凰翔鸞鳳舞又曰德至鳥獸

則白鳥下
王者奉巳儉約臺榭不侈尊事耆老則白雀見
天子孝天孽消滅景雲出遊

孝經鉤命决

闕名

先立春七日勑獄吏决詞訟有罪當入無罪當出立春勑門攔無關鑰以迎春之精下弓載楯鼓示時舉動昆虫也

三皇步五帝驟三王馳五霸鶩或稱帝王接上稱天子明以爵事天接下稱帝王明以號令臣下

國多孝則風雨時

孝青如醴泉

春政不失五穀蘗初夏政不失甘雨時季夏政不失地無笛秋政不失人民昌冬政不失少疾喪五政不失百穀稚熟日月光明

作樂制禮孝以事天則景星見也

流深者其水不測孝至者其敬無窮

正朝夕者視北辰正情性者視孝子

父之所生其子長之父之所長其子養之父之所養其子成之諸父所爲其子皆奉承而續行之不敢不致如父之意

不時謂之敗歲不孝謂之戮民

孝經左契　　闕名

元氣混沌孝在其中天子孝天龍負圖地龜出書天孽消滅景雲出游庶人孝則澤林茂浮珍舒怪草秃水出神魚

孝悌之至通於神明病則致其憂顧頯消形求醫翼全

孝順二親得筭二千天司録所表事賜筭中功社福永來

赤雀者王者孝則銜書來

孝經者篇題就號也所以表指括意序中書名出義見道曰著一字苞十八章為天地喉襟道要德本故挺以題符篇冠就

孝悌之至通於神明則鳳凰巢

周襄王不能事其母弟彗入斗亡其度

不孝敬瘴在喉壽命凶

天序日月星辰以自光人序孝弟忠敬以自彰務德也

孝之濔身也猶春氣之澮澮也

孝經右契

闕名

孔子夜夢豐沛邦有赤烟氣起顔回子夏侶往觀之驅車到楚西北范氏之廟見芻兒捶麟傷其前左足束薪而覆之孔子曰兒汝來姓爲誰兒曰吾姓爲赤松子孔子曰汝豈有所見乎吾所見一禽一如麏羊頭頭上有角其末有肉方以是西走孔子發薪下麟孔子而蒙其耿

制作孝經道備使七十人弟子向北辰星而聲折孔

子絳单衣向星而拜

孔子在庶德無所施功無所就志在春秋行在孝經以春秋屬商孝經屬參

曾子撰斯問曰孝文手駮不同何乎曰吾作孝經以素王無爵祿之賞斧鉞之誅與先王以託權自至德要道以題行首仲尼以立情性言子曰以開號列曾子示撰輔詩書以合謀

内深藏不足爲神外傳觀不足爲明惟孝者爲能法天之神麗日之明

孝經內事

闕名

天子行孝則景星見
王者動得天度止得地意從容中道陰陽合度則大
微五帝座星明以光也
王者得禮之制不傷財不害民君臣和草木昆蟲各
象正性則三台爲齊明不濶不狹如其度宋均云君
臣制度官室車旗多少各有斜品則應也
王者敬諸父有差則火角光明以揚宋均云諸父伯
仲叔季也斗爲帝車所乘也角堅剛而居帝前帝敬

諸父感天應之也
王者遠嫌別微殊貴賤抑驕臣息亂子則屏星爲之
明以濶章大也
天子得雲臺之禮則五車均明河行不離其常宋均
云天子考察天氣若梓愼見星之侵者也所以禳福
禳灾五車主五穀民禳灾得福民無飢寒之困五穀
星之明以應之河若離常則有決溢之憂則九穀失
所植矣

孝匪形廻格神

昆弟有親親之恩則鈎鈐入房宋均云鈎鈐遠房則
疏濶今昆弟相親故天相近明其友也
王者厚長幼各得其正則房心有德星之應宋均云
房心爲天子明堂布政之宫長幼厚則政著明房心
應之而昨也
彗在北斗禍大起在三台臣害君在太微君害至在
天獄諸侯作禍彗行所指其國大惡四彗在月中者
君有德天下欣心大豐盛

孝經内事 二

五經折疑

魏 邯鄲綽

夫笙者法萬物始生導達陰陽之氣故有長短黄鍾
之始象法鳳皇
矢絶於弦不可追上執戟在手制之在人
諸侯黼表以誓田雜糸狐爲黼文也
鼓所以檢樂爲群音之長也
王者一歲七祭天地仲春后妃郊禖禖亦祭天也
明堂在國之陽三里之外七里之内地就陽位也

五經折疑 一

春秋公羊說禮郊及日皆不卜常以正日上下也魯
于天子並事變禮今成王命魯使上從乃郊不從即
以下天子也魯以上辛郊不敢與天子同也
謹按周禮說五玉贄自孤卿以下執禽尊卑有差也
禮不下庶人工商之無朝儀五經無朝儀五經無說
庶人工商有贄
禮祭法云天子有祧遠廟曰祧將祧而去之故曰祧
去祧曰壇去壇曰墠皆藏於祖廟有事則禱無事則
止

八風殺生以節翺翔

五經析疑　二

五經通義　闕名

鄭國有溱洧之水男女聚會謳歌相感

玉有五德溫潤而澤有似於智鋭而不害有似於仁抑而不撓有似於義有瑕於內必見於外有似於信垂之如墜有似於禮

月中有兔與蟾蜍兔月陰也蟾蜍陽也而與兔並明陰係於陽也

冬至寢兵鼓商旅不行君不聽政事又曰冬至陽氣

五經通義　一

萌陰陽交精始成萬物氣微在下不可動泄王者承天理故率天下靜而不擾也夏至陰始動而未達故寢兵鼓不設政事所以助微氣之養也

冬至陽動于下推陰而上之故大寒於上夏至陰動于下推陽而上之故大熱于上故易云日月運行一寒一暑日在牽牛則寒在東井則暑牽牛外宿遠人故寒東井內宿近人故溫也

寒氣凝以為霜霜從地升也

諸侯冢樹栢
東夷之樂持矛舞助時之生南夷之樂持羽舞助時之養
舞四夷之樂明澤廣被四表也東夷之樂曰　離南
故太寧末又訪防夫等增益之成和中乃復直太一
官鵠習遺逸又未有金石也初荀勗既以新律造三
舞次更修正鐘磬勗一事猶不竟元康三年詔其子
黃門郎蕃修定
吳公卿奏曰烈祖未制樂舞非所以昭德著功夫歌
五經通義八　二
以詠德一以象事于文武爲娀兼秉文武聖德所以
彰也
受命而王者六樂焉以太一樂天以咸池樂地以肆
夏樂人以大夏樂四時以大濩樂五行神明以大武
樂六律各象其性而爲之制以樂其先祖
湯作濩聞其宮聲使人溫良而寬大聞其商聲使人
方廉而好義聞其角聲使人隱惻而愛人聞其徵聲
使人樂養而好施聞其羽聲使人入恭儉而好禮
王者所以祭天地何王者父事天毋事地故以子道
事之祭日以丁與辛何丁者反覆自丁寧辛者當自
剋辛也
王者諸侯所以三年以祫五年以禘何三年一閏天
道小備故三年一祫禘皆取未遷廟主合食太祖廟
中五歲再閏天道大備故五歲一禘禘者禘也取已
遷廟主合食太祖廟中
諸侯不得觀四方故缺以東南頖天子之學故曰頖
宮
王者受命而起所以立靈臺靈臺何以爲在於中也
五經通義八　三
國之南附近辟雍依仁官也靈臺制度奈何師說曰
積土崇增其高九仞上平無屋高九仞者極陽之數
上平無屋望氣顯著

龍魚河圖

闕名

太白之精下爲風伯之神主司刑星辰之精下爲靈星之神主得土

風者天之使也

玄洲在北海中地方三十里去南岸十萬里上有芝草玄澗澗水如蜜味服之長生

崑崙山天中柱也

蚩尤兄弟八十一人並銅頭鐵額食沙石

高皇攝正總萬廷四海歸詠治武明文得道治承天精元祚興隆協聖靈

黄帝負圖鱗甲成字從河中出付黄帝令侍臣圖寫以示天下

黄帝攝政蚩尤兄弟八十人並獸身人語銅頭鐵額食沙石造兵杖威震天下誅殺無道不仁不慈黄帝行天下仰事天而歎天遣玄女下授黄帝兵信神符而令制伏蚩尤歸臣因使鎮兵以制八方

流洲在西海中地方三千里上多山川積石名爲昆吾石冶其石爲鐵作劍光明照洞如水精以割玉如土

河圖括地象

闕名

天有五行地有五岳天有七星地有七表天有八氣地有八風天有九道地有九州天有四維地有四瀆天有九部八紀地有九州八柱東南神州曰晨土正南邛州曰深土西南戎州曰滔土正西弇州曰开土正中冀州曰白土西南柱州曰肥土北方玄州曰成土東北咸州曰隱土正東揚州曰信土崑崙山爲柱氣上通天崑崙者地之中也地下有八柱柱廣十萬里有三千六百軸互相牽制名山大川孔穴相通

天不足西北地不足東南西北爲天門東南爲地戸天門無上地戸無下

八極之廣東西二億三萬三千里南北二億三萬一千五百里夏禹所治四海内地東西二萬八千里南北二萬六千里

井絡纏躍江瀆炳靈泉流溟遠盛爲四瀆之首

奇肱氏能爲飛車從風遠行

有民食桑二十七年而化九年生翼

令嵒野中有玉虎晨鳴雷聖人感期而興

河圖稽命徵

闕名

帝劉即位百七十年太陰在庚辰江充謔其變天鳴地圻

君急恚怒無雲而雨

瑶光之星如虹貫日正白感處女於幽房之宫生帝顓頊

慶都與赤龍合生帝堯於伊祁

女登見大虹意感生舜於姚墟

河圖稽命徵〈一〉

修巳見流星意感生帝戎文禹一名文命

扶都見白氣貫日意感生黑帝子湯

太姙夢長人感巳生文王

怪目勇敢重瞳大口力楚之邦

秦距之帝名政虎口日角大目隆鼻長八尺六寸大七圍手握兵執矢名祖龍

帝劉季日角戴北斗胷龜背龍眼長七尺八寸明聖而寬仁好任主

劉受紀昌光出軫五星聚井

大星如虹下流華渚女節氣感生白帝朱宣

河圖稽命徵〈二〉

河圖稽燿鉤　闕名

五星散爲五色之彗

太白散爲天狗主候兵

辰星散爲枉矢流枉矢所射可誅

填星散爲五殘主奔亡

熒惑散爲蚩尤旗主惑亂

鎮星散爲虹霓主肉淫又霓者氣也起在日側其色青赤白黄

十月立冬爲節者冬終也立冬之時萬物終成爲節名小雪爲中者氣序轉寒雨變成雪故以小雪爲中也

狗三月而生陽主于三故狗各高三尺

七九六十三陽氣通故斗運狗三月而生

百世之後地高天下不風不雨不寒不暑民復食土皆知其母不知其父如此千歲之後而天可倚杵洶洶隆隆曾莫知其始終

王者封泰山禪梁父易姓奉度繼興崇功者七十二君

河圖始開圖

闕名

黄帝問風后曰余欲知河之始開風后曰河凡有五皆始開乎崑崙之墟

黄帝名軒北斗黄帝之精母地祇之女附寳之郊野大電繞斗樞星耀感附寳生軒胷文曰黄帝子

帝命伯禹曰告汝九術五勝之常可以克之汝能從之汝師徒將與

伏羲禪於伯牛錯木作火

孔甲見逢氏抱小女妹喜帝孔甲悅之以爲太子屨癸妃

伏羲氏以木德王天下之人未有宅室未有水火之和於是乃仰觀天文俯察地理始畫八卦足天地之位分陰陽之數推列三光建分八節以文應瑞凡二十四消息禍福以制吉凶

黄帝修德立義天下大治乃召天老而問焉余夢見雨龍挺白圖即帝以授余於河之都

天地開闢元曆名月首甲子冬首日月五星俱起牽

牛

洛書甄耀度

闕名

周天三百六十五度四分度之一夫一度爲千九百三十二里則天地相去六十七萬八千五百里

黄帝曰凡人生一日天帝賜筭三萬六千又賜紀二千聖人得三萬六千七百二十凡人得三萬六千一紀主一歲聖人加七百二十

天之東西南北極各有銅頭鐵額兵長三千萬丈三千億萬人

千歲之後天可倚杵

元氣無形匈匈隆隆偃者爲地伏者爲天

嶓冢山上爲狼星武開山爲地門上爲天高星主囹圄荆山爲地雌上爲軒轅星大别爲地理以天合地以通三危山在鳥鼠之西南上爲天苑星岐山在崑崙東南爲地乳上爲天糜星汶山之地爲井絡帝以會昌神以建福上爲天井星桐柏爲地穴鳥鼠同穴山之幹也上爲掩畢星熊耳山地門也精上爲畢附星耳

月者陰之精地之理

遁甲開山圖　闕名

有巨靈者偏得元神之道故與元氣一時生混沌

女狄暮汲石紐山下泉水中得月精如鷄子愛而含之不覺而呑遂有娠十四月生夏禹

遼東有襄平山多饒鬼目之菜生而有神虎龍蛇大魚守之雲氣覆之食之令人不飢

霍山南岳有雲師雨虎

五龍受爰皇後君也兄弟四人皆人面龍身長曰角龍木仙也次曰羽龍水仙也父曰宮龍土仙也父子同得仙治在五方令五行之神也

遁甲開山圖　一

盧氏山宜五穀可以避水災因山以名縣

帝少昊死葬雲陽山

天皇被跡在柱州崑崙山下

石樓山在琅琊昔有巢氏治此山南

佻東山西絶孤立太昊之治伏羲生處

女媧氏没大庭氏王有天下五氣異色次有柏皇氏央央氏栗陸氏驪連氏赫胥氏尊盧氏祝融氏混沌氏英氏有巢氏葛天氏陰康氏朱襄氏無懷氏凡十五代皆襲庖羲之號自無懷氏巳上史經不載莫知都之所在

霍山南岳其獸多赤貂

梧桐不生則九州異

河東有獨頭山多青檀可以爲良弓

榮氏解曰女狄暮汲於石紐山下大祠前水中得月精如雞子愛而含之不覺而呑遂有身十四月而生夏禹

遁甲開山圖　二

淮南畢萬術

闕名

七月七日採守宮陰乾之合以井華水和塗女身有文章即以丹塗之不去者不淫去者有奸

埋石四隅家無鬼

夜燒雄黃水虫成對來水虫聞燒雄黃㷇氣皆趣火

磁石拒碁取雞用作針針磨鐵檮之以和磁石日塗碁頭曝乾之置局上即相拒不休

磁石一名磁君

淮南畢萬術 八 一

取曾青十斤燒之以水灌其地雲起如山雲矣曾青爲藥令人不老

天雄鵲胎日行千里

烏喙蛇肝病不苦

螢火却馬註云取螢火裹以羊皮置土中馬見之鳴却不敢行

守宮塗臍婦人無子取守宮一枚置甕中及蛇衣以新布密裹之懸於陰處百日治守宮蛇衣分等以唾和之塗婦人臍磨令溫即無子矣

鵲腦令人相思取雌雄鵲各一蟠之四道通丙寅日與人共飲酒置腦酒中則相思也

首澤浮針取頭中垢以塗塞其孔置水即浮

苓皮蝋脂魚鼈自聚注曰取苓皮漬水斗半燒石如炭狀以碎蝋脂置苓皮水中七日已置沼則魚鼈日聚矣

老槐生火膠橈水則清弊箕止鹹取箕以內醬中鹹著箕矣

取蚖脂爲燈置火中即見諸物

淮南畢萬術 八 二

沙虱一名蓬活一名地脾

青蚨還錢青蚨一名魚或曰蒲以其子母各等置瓮中埋東行陰垣下三日後開之即相從以母血塗八十一錢亦以子血塗八十一錢以其錢更互市

竹蟲飲人自言其誠

蜘蛛塗布而雨自晞取蜘蛛置甕中食以膏百日然以塗布不濡也

取蜘蛛與水狗及豬肪置甕中密以新縑仍懸室後百日視之蜘蛛肥殺之以塗足涉水不沒矣又一法

取蝍蛛二七枚內甕中合肪百日以塗足得行水上
故曰蝍蛛塗足不用橋梁
鳶毛犬尾覩友自絕
蝦蟇得瓜平時爲鞠
燒角入山則虎豹自遠
拔劍倚戶兒不夜驚

說郛目錄

聖門事業圖序

欲窺聖人之門牆所造之道有四焉曰明曰習曰存曰覺是也明則知之必當習則行之必熟若夫存覺則仁矣知而能行是猶適燕而北轅其所趨雖有遲速之不同終亦必至而後已苟終日談燕而駐足則亦安能至哉此版築之學所以有行之惟艱之説也雖然始條理者知之事也有知之士則必知之明擇之精苟未知而力行是猶適燕而南轅縱復疾馳心幽并而足吳越未見其能至也此大學之道必以致知爲先焉予留心道學幾三十載食息研究不忘蠱亦知所趨向矣於是列爲十圖共成一編以示同志盍欲咸知聖門事業之所在而不失其所趨向也因目曰聖門事業儻知之有所未盡幸無惜告教之乾道庚寅百鍊眞隱李元綱國紀序

傳道正統

宋　李元綱著　嚴之麟校閲

歷代聖賢傳大中至正之道行之萬世而無弊

堯　舜　禹　湯　文　武　周公　孔子

孔子 — 顔子、曾子

曾子 — 子思 — 孟子 — 明道、伊川

獨行聖賢其道可救一時不可傳於萬世：伯夷　荀況　柳下惠　揚雄

獨行聖賢其道可救一時不可傳於萬世：瞿曇　楊朱　老聃　墨翟

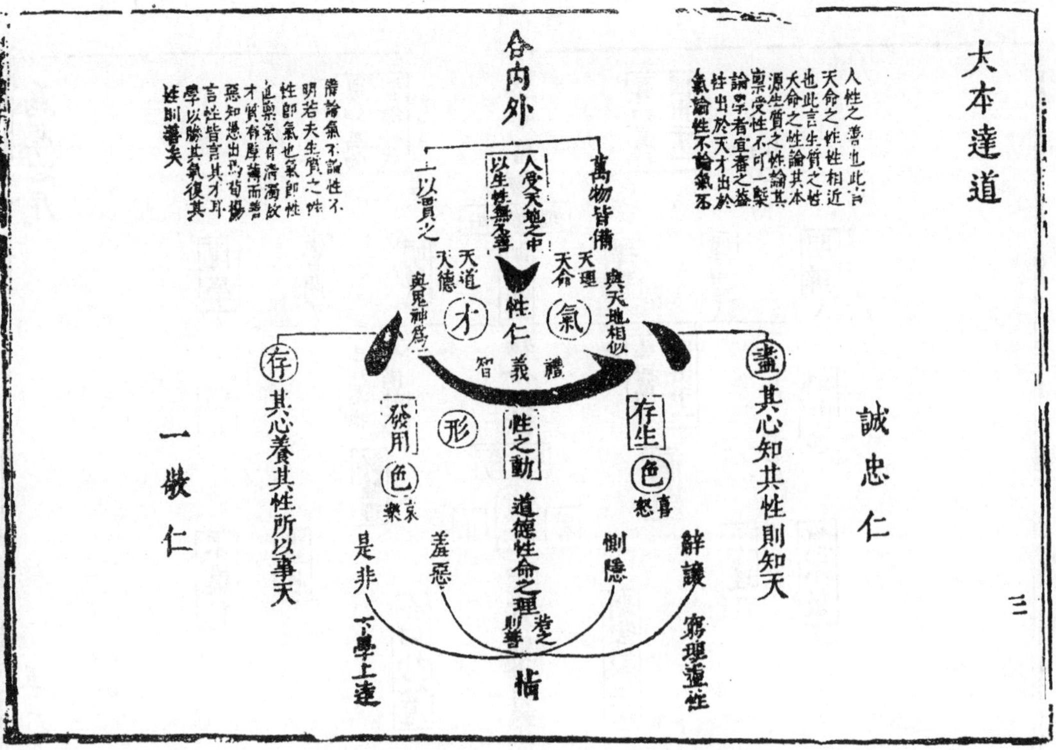
大本達道
入性之善也此言天命之性性相近也此言生質之性天命之性論其本源生質之性論其稟受性不可一槩論學者宜審之蓋性出於天才出於氣論性不論氣不
合內外
萬物皆備
與天地相似
天理
天命
人受天地之中以生性無不善
一以貫之
天道
天德
與鬼神爲一
氣
才
性
仁
義
禮
智
備論氣不論性不明若夫生質之性性即氣也氣即性也稟氣有清濁故才質有厚薄而善惡知愚出焉荀揚言性皆言其才耳學以勝其氣復其性則善矣
盡
其心知其性則知天
存
其心養其性所以事天
存生
色
喜怒
發用
色
哀樂
形
性之動
道德性命之理
皆之則善
辭讓
惻隱
羞惡
是非
窮理盡性
情
下學上達
誠 忠 仁
一 敬 仁
三

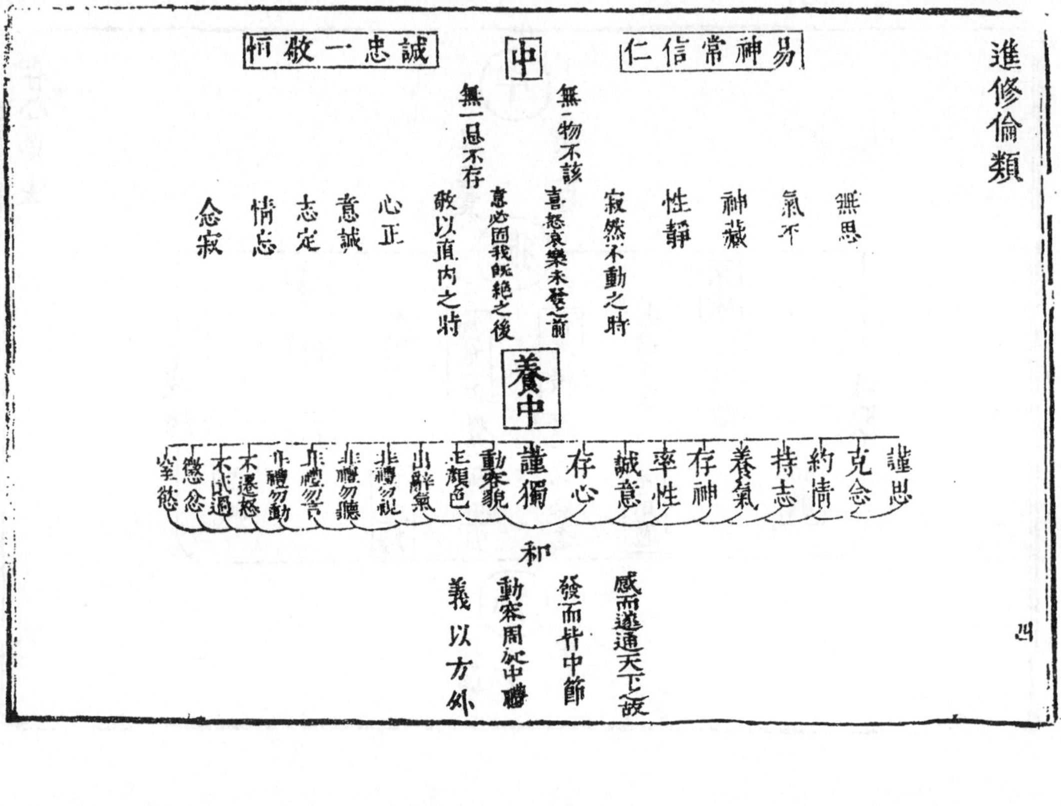
進修倫類
易 神 常 信 仁
中
誠 忠 一 敬 恒
無一物不該
無一息不存
無思
氣不
神藏
性靜
寂然不動之時
喜怒哀樂未發之前
意必固我旣絕之後
敬以直內之時
心正
意誠
志定
情忘
念寂
養中
謹思
克念
約情
持志
養氣
存神
率性
誠意
存心
謹獨
動容貌
正顏色
出辭氣
非禮勿視
非禮勿聽
非禮勿言
非禮勿動
不遷怒
不貳過
懲忿
窒慾
和
感而遂通天下之故
發而皆中節
動容周旋中禮
義以方外
四

為學之序 五

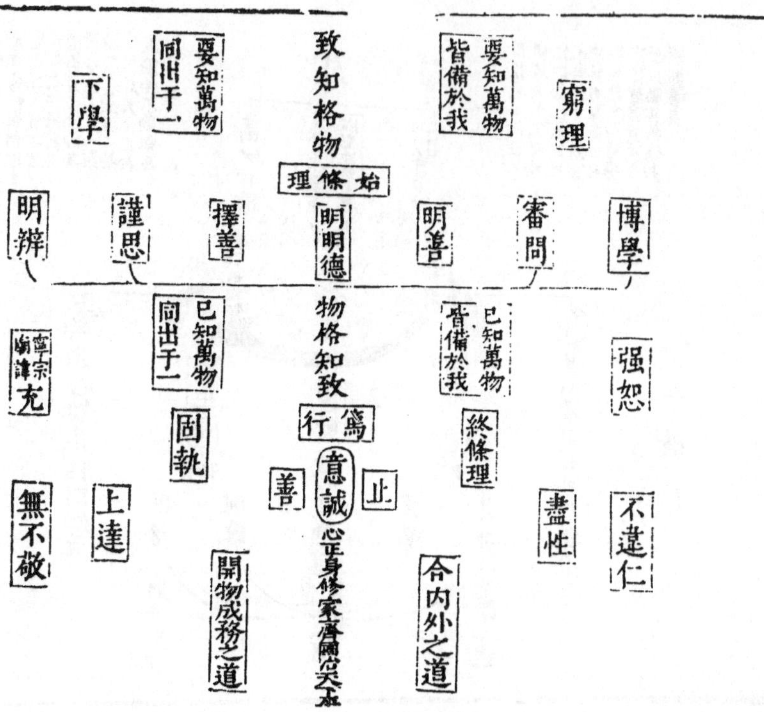
致知格物
要知萬物皆備於我
要知萬物同出于一
窮理
下學
始條理
博學
審問
明善
明明德
擇善
謹思
明辨
物格知致
已知萬物皆備於我
已知萬物同出于一
强恕
宰宗
擴律
充
為行
終條理
固執
止
意誠
善
盡性
上達
不違仁
無不敬
心正身修家齊國治天下
合内外之道
開物成務之道

存心要法 六

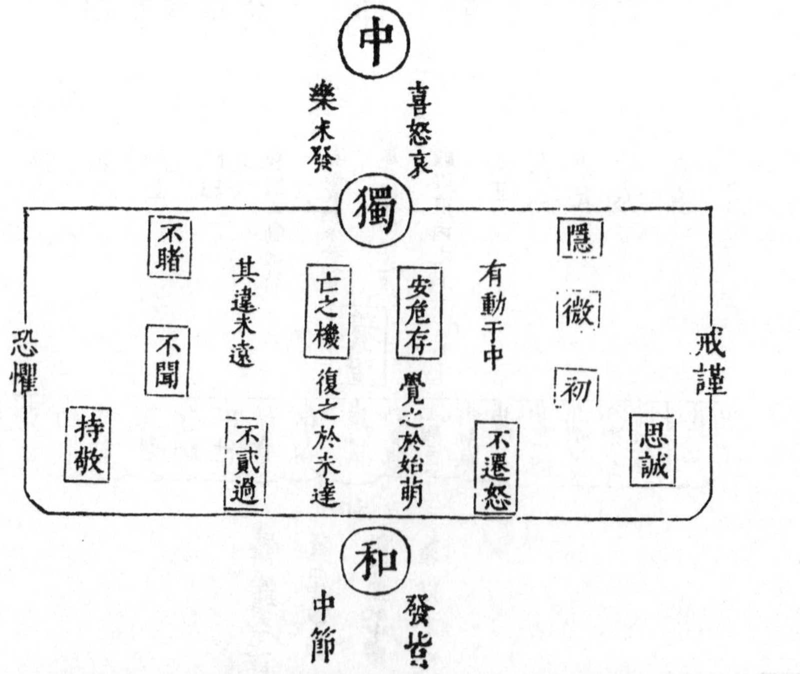
中
喜怒哀
樂未發
獨
隱
微
初
戒謹
有動于中
安危存
亡之機
其違未遠
不睹
不聞
恐懼
思誠
覺之於始萌
復之於未達
不遷怒
不貳過
持敬
和
發皆
中節

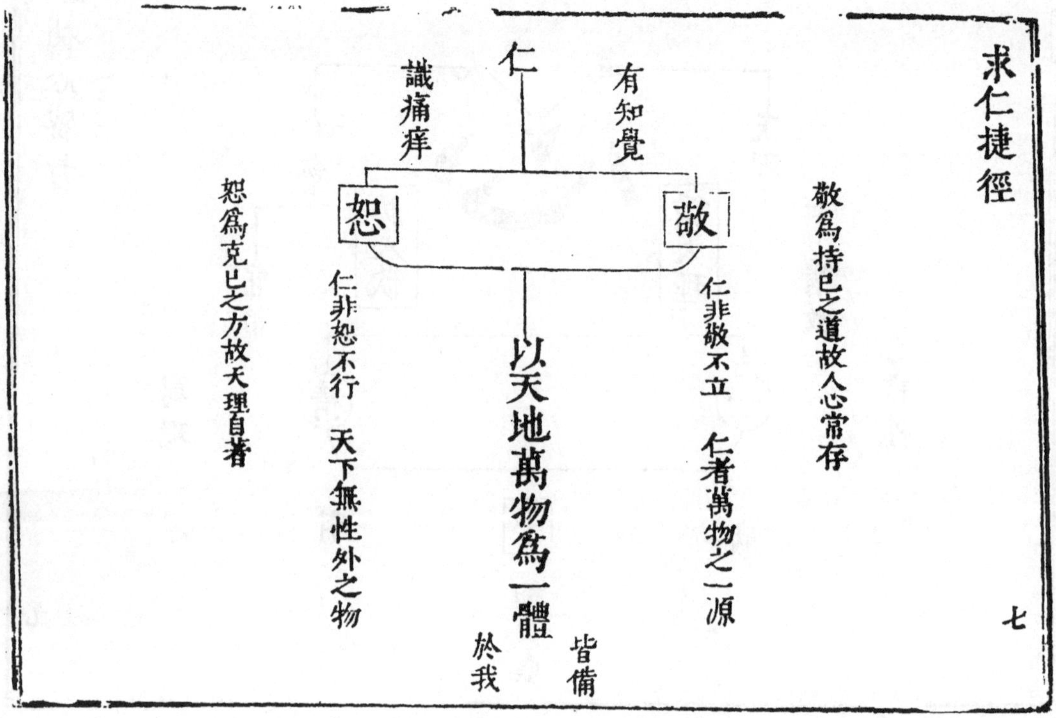
求仁捷徑
仁
有知覺
識痛痒
敬
恕
敬爲持己之道故人心常存
仁非敬不立
仁者萬物之一源
以天地萬物爲一體
皆備
於我
仁非恕不行
天下無性外之物
恕爲克己之方故天理自著
七

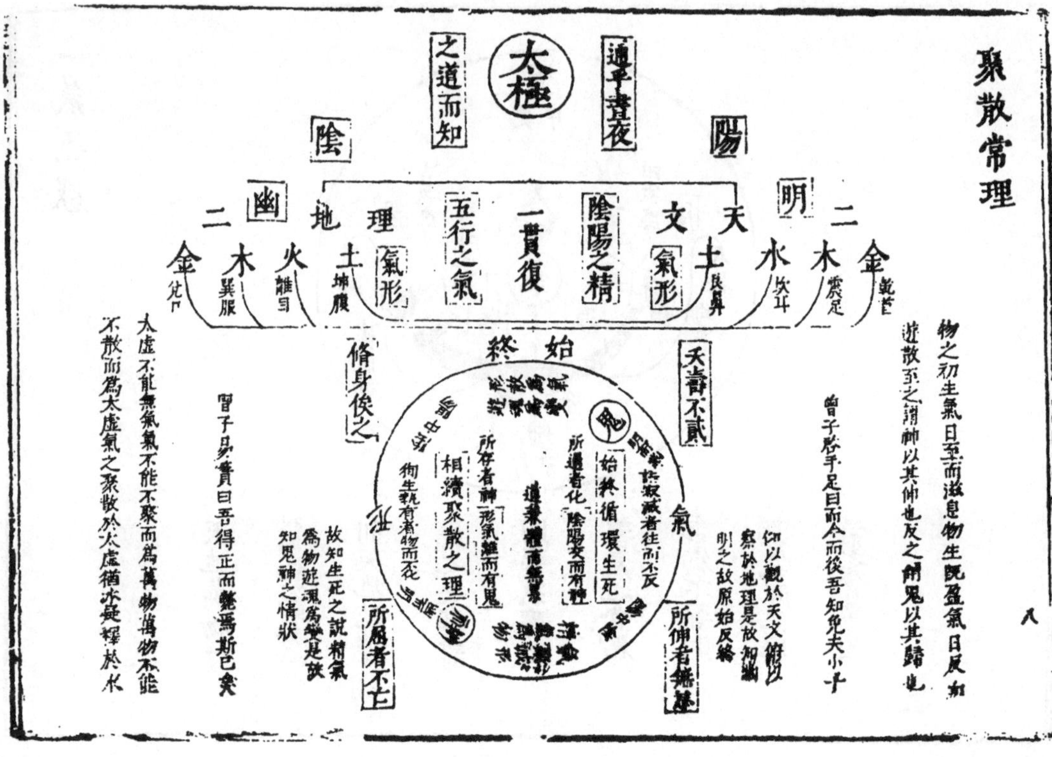
聚散常理
太極
通乎晝夜
之道而知
陽
陰
明
幽
天
文
理
地
陰陽之精
一貫復
五行之氣
氣形
氣形
二
二
金
木
水
土
土
火
木
金
始
終
天壽不貳
脩身俟之
氣
形
所伸者神
所屈者鬼
物之初生氣日至而滋息物生既盈氣日反而遊散至之謂神以其伸也反之謂鬼以其歸也
曾子啓手足曰而今而後吾知免夫小子
仰以觀於天文俯以察於地理是故知幽明之故原始反終
故知生死之說精氣爲物遊魂爲變是故知鬼神之情狀
曾子易簀曰吾得正而斃焉斯已矣
太虛不能無氣氣不能不聚而爲萬物萬物不能不散而爲太虛氣之聚散於太虛猶冰凝釋於水
八

傳心密旨

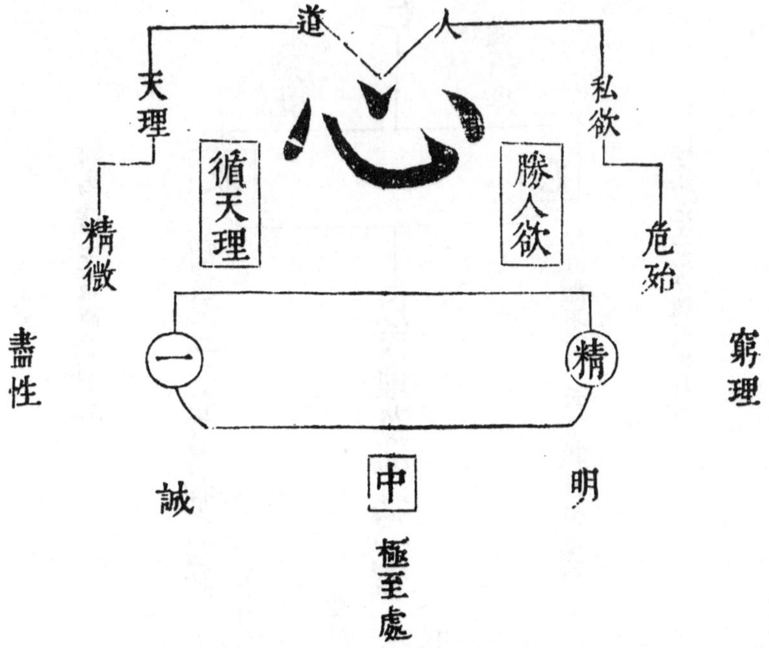

九

一氣通感

天地萬物一氣也一動於心則天地鬼神應之矣爲善則善氣應之善氣之會爲吉爲不善則惡氣應之惡氣之會爲凶

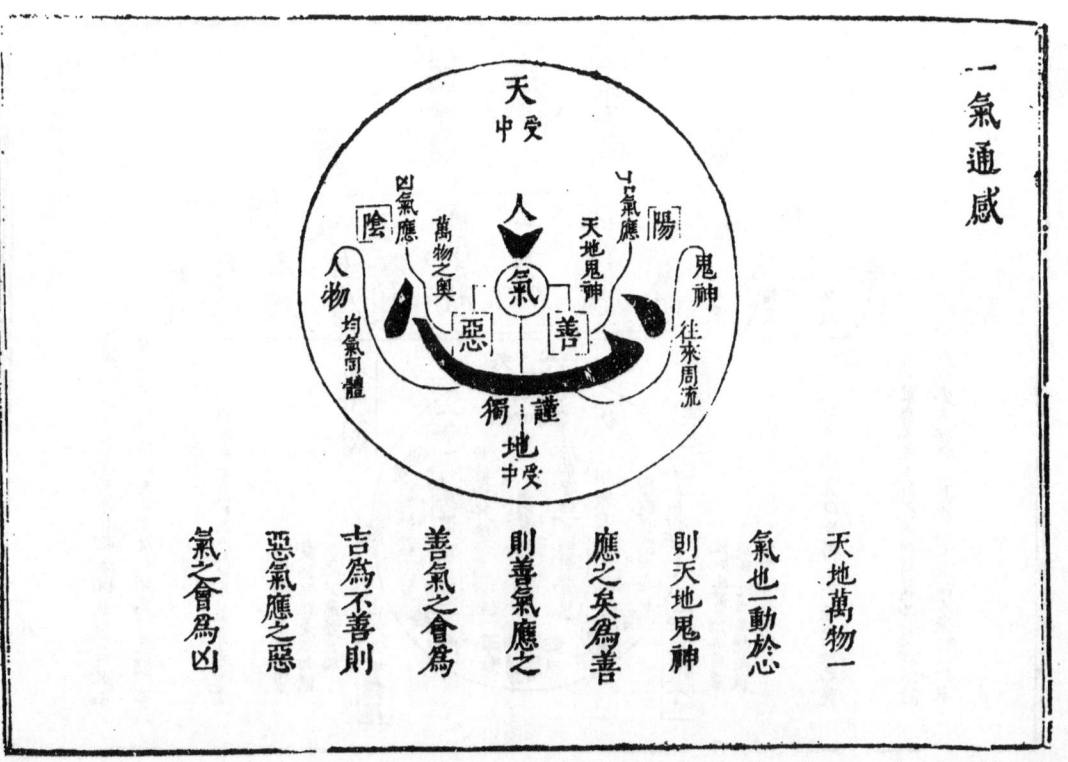

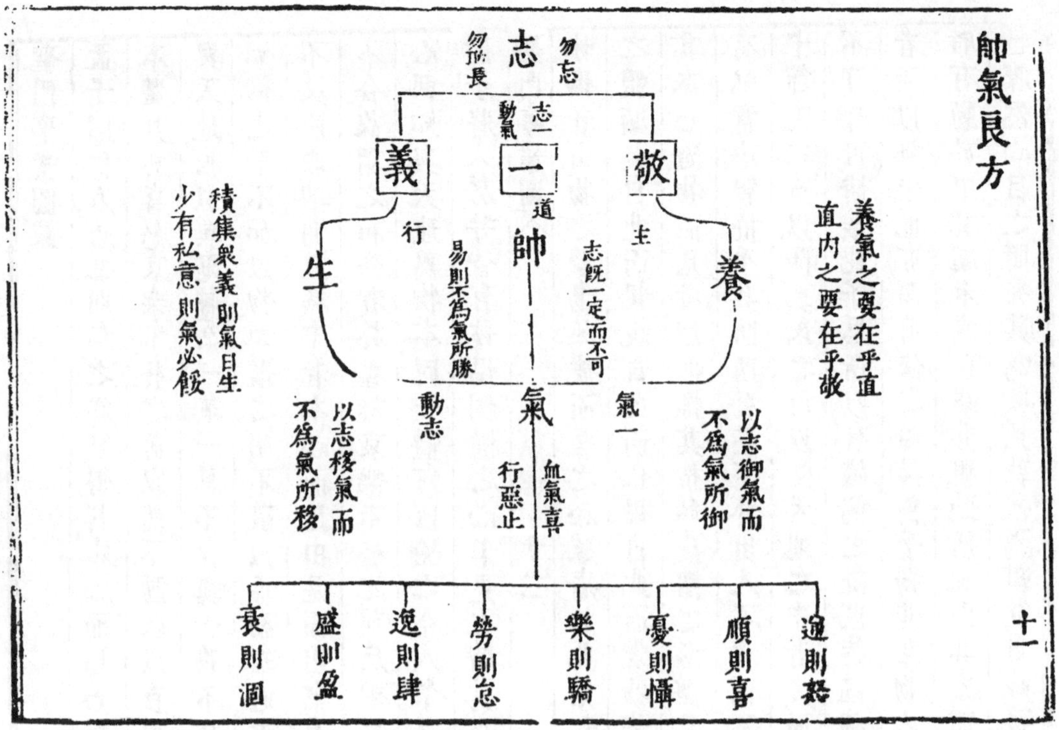
帥氣良方
十一
養氣之要在乎直
直内之要在乎敬
勿忘
志
勿助長
志一動氣
敬
一
義
主
道
行
帥
養
生
志既一定而不可
易則不爲氣所勝
氣一
氣
動志
以志御氣而不爲氣所御
血氣喜行惡止
以志移氣而不爲氣所移
積集衆義則氣日生
少有私意則氣必餒
逆則怒
順則喜
憂則懾
樂則驕
勞則怠
逸則肆
盛則盈
衰則涸

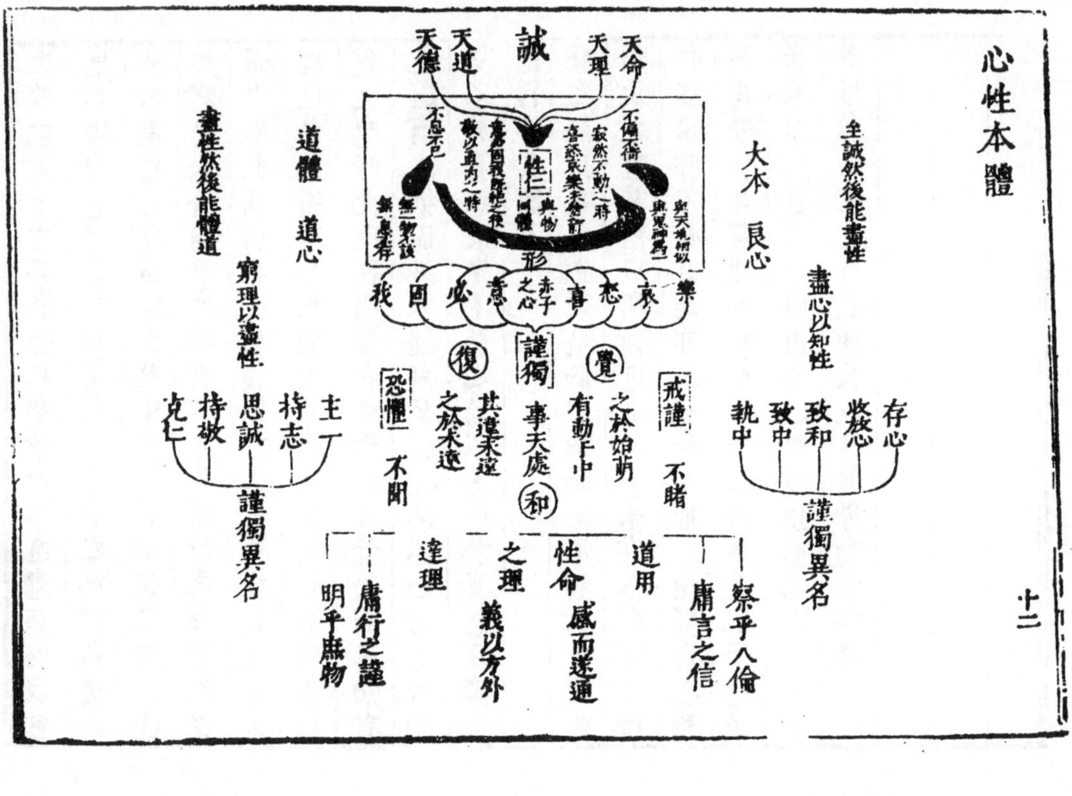
心性本體
十二
全誠然後能盡性
大本　良心
盡心以知性
天命
天理
誠
天道
天德
性
形
赤子之心
樂
哀
怒
喜
意
必
固
我
道體　道心
盡性然後能體道
窮理以盡性
存心
收放心
致和
致中
執中
謹獨異名
戒謹
不睹
覺
之於始萌
有動乎中
謹獨
事天處
復
其遠未遠
之於未遠
恐懼
不聞
和
主一
持志
思誠
持敬
克己
謹獨異名
道用
性命
之理
達理
察乎人倫
庸言之信
感而遂通
義以方外
庸行之謹
明乎庶物

聖門事業圖跋

孟子曰仁人心也則仁之爲言得其本心而已心之本體見於喜怒哀樂未發之前寂然不動敬以直內與天地相似與鬼神爲一無一息不存無一物不該如衡之平不加以物如鑑之明不蔽以垢初無過與不及所取準則以爲中者本心而已由是而出無有不合故謂之和學者於喜怒哀樂未發之前反求吾心則知與天地萬物本同一體何以驗之今人乍見孺子將入於井皆有怵惕惻隱之心乍見之時其心

怵惕者由物之體傷於彼而吾之心感痛於此則仁之體顯矣自此而親親自此而仁民自此而愛物皆其本心隨物而見者然也惟其梏於蕞然之形體常有私意小智撓乎其間所發遂至於出入不齊而不中節天之所以降衷民之所以受天地之中者失而不守吁可憐哉此子思所以有謹獨之説也蓋謹獨者所以執中也亦聞前修之論謹獨乎獨非交物之時有動於中其違未遠也雖非視聽所及而其幾固已瞭然心目之間矣其爲顯見孰甚焉雖欲自蔽吾誰欺欺天乎方其喜怒哀樂發而未遠意必固我微見其端安危存亡之機繫焉要當覺之於始萌復之於未遠措心積慮常務執中戒謹恐懼惟恐失之逮其察乎人倫明乎庶物庸言之信庸行之謹自然發而中節也感而遂通也義以方外也莫非順性命之理也自此而不息焉則上天之載無聲無臭可以循致矣嗚呼此道甚明學者昧焉終日營營而不知有是道窮人欲而滅天理無足怪也殊不知古之君子莫不於喜怒哀樂未發之前以養中於喜怒哀樂始

發之際以執中然後發必中節動無不和六經之説語孟之言皆所以明斯道也所學未嘗不在於是所行亦未嘗不在於是亦未有捨是能至聖賢者也雖然其學皆自窮理入窮理者致知格物是也予恐後學未知此道故作圖以示之集説以明之有志之士幸毋忽焉乾道癸巳仲秋旦日錢唐李元綱識

聖門事業圖後序

古之所謂士君子者爲已而學爲人而仕所謂爲已而學者盡其心知其性存其心養其性是也所謂爲人而仕者思天下匹夫匹婦有不與被堯舜之澤者若已推而内之溝中是也有爲已之學則必有爲人之仕矣方其務學也學以至聖人之道而後已非爲利祿計也修其天爵而人爵從之從之者任之也是以窮則獨善其身達則兼善天下後之士君子則不然爲人而學爲已而仕所謂爲人而學者紬章繪句

以衒人之知博物洽聞以求世之用是也所謂爲已而仕者富貴利達以爲榮膏粱文繡以爲樂是也有爲人之學則必有爲已之仕矣先達之士唱於上後進之士應於下父以是敎其子兄以是詔其弟師以是傳其徒少習之長成之靡然成風蕩不知返本末失序故其措心積慮不出於道其處已應物之際顚倒錯亂雖欲强於爲善則亦紛然莫知所適從也吁可憐哉友人李國紀上庠賢士也世爲錢唐人父祖登科飽聞詩禮寓居吳興之新市力學不倦操履益堅雖處困窮怡然自得不爲外物之所奪不爲異端之所誘其學以存心養性爲本所造必欲至於通晝夜之道明屈伸之理而後已日就月將撰成十圖裨後學知所趨向其志亦大矣仍集内聖外王之道二先生西銘解厚德錄言行編數書版行於世亦可謂知所用心也予與之交游非一日矣因道其詳庶知吾儒自有妙道精義不假外求又知爲學不專在於科舉他日因時行道溥博淵泉而時出之葢有所自也乾道壬辰端午三山王介識

兼明書卷一

宋 丘光庭

諸書

三皇

鄭康成以伏羲女媧神農爲三皇宋均以燧人伏羲神農爲三皇白虎通以伏羲神農祝融爲三皇孔安國以伏羲神農黄帝爲三皇明曰女媧燧人祝融事經典未嘗以帝皇言之又不承五行之運蓋霸而不王者也且祝融乃顓頊之代火官之長可列於三皇

哉則知諸家之論唯安國爲長

五帝

鄭康成以黄帝少昊顓頊帝嚳唐堯虞舜爲五帝六人而云五帝者以其俱合五帝座星也司馬遷以黄帝顓頊帝嚳唐堯虞舜爲五帝孔安國以少昊顓頊高辛唐虞爲五帝明曰康成以女媧爲皇軒轅爲帝按軒轅之德不劣女媧何故不爲稱皇而淪之入帝仍爲六人哉考其名迹未爲允當者也司馬遷近遺少昊而遠收黄帝其爲疎略一至於斯安國精詳可爲定論

皇帝名義

鄭康成云北斗天皇大帝其精生人凡稱皇者皆得天皇之氣又云五帝者仰合五帝座星也明曰康成舉其邉未爲通論也今按尙書説皇者皆天德也皇王人也帝諦也公平通達舉事審諦也人主德同天覆故德優者謂之皇其次謂之帝然則皇者帝者皆法天爲名非取星爲號也或曰子以軒轅爲皇何故謂之黄帝答曰凡言有通析析而言之則皇尊於帝

通而言之則帝皇一也月令云其帝太昊則伏羲亦謂之帝也吕刑云皇帝清問下民則堯亦謂之皇也

放勛重華文命非名

司馬遷史記以放勛爲堯名重華爲舜名文命爲禹名明曰皆非也按堯典云若稽古帝堯曰放勛欽明文思安安孔安國曰勛功也欽敬也言堯放上世之功化而欽明文思之四德安天下之當安也舜典云若稽古帝舜曰重華叶于帝孔安國曰華謂文德言其文德光華重合於堯俱聖明也大禹謨云若稽古

大禹文命敷于四海祇承于帝孔安國曰言其外布文德教命内則敬承堯舜也據安國所言當以放勛重華文命皆謂功業德化不言是其名也或問曰子何知安國之是而司馬之非乎答曰以尚書經文知之也經文上曰是帝堯之位號下曰是帝堯之功德若放勛是堯之名則經當云若稽古帝堯放勛則放勛當其名處今放勛乃在曰之下連於欽明文思豈名不屬於位號而乃冠於功業乎又舜典云重華叶于帝若重華爲名將何以叶於帝又大禹謨云文命

敷于四海若以文命爲名將何以敷于四海又皐陶謨曰允迪厥德豈允迪爲皐陶之名乎且子生三月而父爲之名今放勛重華文命之義皆謂聖明功業豈此三帝卽位之後始爲名乎且舜之父母頑嚚豈知舜之德可繼於堯而名之重華乎若是舜自作於理固不當如此驗斯枝節卽放勛重華文命非堯舜夏禹之名也故知馬遷之非安國之是也

五行神

明曰木神曰句芒火神曰祝融土神曰后土金神曰蓐收水神曰玄冥土神獨稱后者后君也位居中統領四行故稱君也或問曰據此后土是五行之神漢代立后土祠於汾陽祀何神也答曰三代巳前無此禮葢出一時之制耳其祀當廣祀地神卽如月令所祀皇地祇者也

五行配

春秋昭二十九年左傳曰少昊氏有四叔曰重曰該曰修曰熙實能金木及水使重爲句芒該爲蓐收修及熙爲玄冥顓頊氏有子曰黎爲祝融共工氏有子

曰句龍爲后土此五子生爲五行之官死後以之配祭五行之神也或問曰鄭康成于月令其神后土注云顓頊之子黎兼后土官孔穎達曰句龍初爲后土後轉爲社神后土有闕黎則兼之者何也答曰康成失之于前穎達徇之于後皆非也按左傳曰句龍爲后土后土爲社則是句龍一人而配兩祭非謂轉爲社神也月令土旣是五行之神以句龍配之正與左傳文合而康成以黎兼之亦何乖謬又問曰楚語曰顓頊命南正重司天火正黎司地黎旣曾司地何故

不可配土乎答曰黎之司地兼其職爾非有功於土也若謂黎可配土則重亦可配天乎且黎爲火正而康成猶用兼之配土豈勾龍土官乃不可以配土乎今依左氏勾龍配于兩祭不亦宜乎又問曰勾芒祝融之類皆是五行之名號爲重黎之名皆是人鬼何故與之同稱乎答曰此五子能著其功施于人與鬼神相似故得與之同稱也亦猶皇帝天神王者德同于天故亦得稱皇帝此其義也

社神

先儒以社祭五土之神五土者一曰山林二曰川澤三曰丘陵四曰墳衍五曰原隰明曰社者所在土地之名也凡土之所在人皆賴之故祭之也若唯祭斯五者則都邑之土人不賴之乎且邑外之土分爲五事之外無餘地也何必歷舉其名乎以此推之知社神所在土地之名也或問曰五土之名出自周禮非乎答曰按周禮地官唯云辨五土之名物不云五土爲社也又問曰社既土神而夏至祭皇地祇於方丘又何神也答曰方丘之祭祭大地之神社之所祭祭邦國鄉原之土神也

社位

周禮春官小宗伯之職掌建國之神位右社稷左宗廟經云庫門內雉門外之左右也明曰按曲禮云主人入門而右客入門而左主人就東階客就西階門向堂爲正卽左在西而右在東也凡堂及門外皆人臣之位故以向堂爲正也此言右社稷而左宗廟者則社稷在門東宗廟在門西也所以然者社稷所主之祀東方陽之發生宗廟在死人之祭西方爲陰陰

主死云者各從類也閔二年左傳言季友之生卜之曰閒于兩社者周社與亳社也亳社殷社也殷都亳故謂之亳社卽禮記所謂喪國之社屋之不受天陽者也立之於廟門外以爲後王戒亦從陰類也然則雉門之外東有周社西有殷社二社之閒朝庭執政之所故曰閒于兩社爲公室輔也

社名

或問曰社既土神不言祇而云社者何也答曰社以神地之道也蓋以土地人所踐履而無崇敬之心故

合其字從氏其音爲社皆所以神明之也

社配

春秋昭二十九年左傳曰共工氏之子句龍爲后土爲社是句龍生而后土之官死故以之配祭於社今之祭配社以后土配坐即句龍也

社日

或問曰月令云擇元日命人社注云元日近春分前後戊日郊特牲云日用甲日之始也與今注月令不同何也答曰召誥云越翌日戊午乃社于新邑則是

今注月令取召誥爲義也不取郊特牲爲義者以社祭土土畏木甲屬木故不用甲也用戊者戊屬土也召誥周書則周人不用甲也郊牲牲云甲者當是異代之禮也

社始

或問社之始答曰始於上古穴居之時也故禮記云家主中霤而國主社者古人掘地而居開中取明雨水霤入謂之中霤言土神所在皆得祭之在家爲中霤在國爲社也由此而論社之所始其來尚矣

社樹

論語曰哀公問社於宰我宰我對曰夏后氏以松殷人以栢周人以栗曰使民戰栗也明曰社所以依神表域也各隨其地所宜而樹之宰我謂欲使人畏敬戰慄失其義也

稷神

先儒皆以稷祭百穀之神鄭康成以稷祭原隰之神明曰鄭義非也且原隰亦土也社既祭土何故更分原隰而別祭之乎又稷之名義不與原隰相侔縱令

鄭義有徵亦是不分真僞諸儒所識可謂不一

稷名

或問曰稷既百穀之神不言穀而云稷者何也答曰稷屬土而爲諸穀之長故月令謂之首種首種者種最在前也諸穀不可徧舉故舉其長而爲言之以等之也若直以穀言之則爲人所褻慢也

稷配

明曰有能播百穀者謂之曰正正長也爲謂農之長死後以配祭于稷謂之后稷后君也謂爲穀之

左傳曰有烈山氏之子曰柱爲稷自夏以上祀之周棄亦爲稷自商巳來祀之祭稷配以后稷者周棄也

稷日

或問曰祭稷不別日與社同日者何也答曰以百穀生于土戊屬土故可與社同日而祭也

稷始

或問稷之始答曰始有粒食之時也故祭法曰厲山氏之有天下也其子曰農能殖百穀夏之衰也周棄繼之故祀以爲稷厲山神農之號則神農之時有稷矣

文字元起

代人多以文字始于黄帝蒼頡者明曰非也自生人以來便有文字何以知之按山海經云鳳凰首文曰德背文曰義翼文曰順膺文曰仁腹文曰信豈鳳凰乃生于蒼頡之後乎韓詩外傳云自古封太山禪梁甫者百餘人仲尼觀焉不能盡識又管仲對齊威公云古人封太山者七十二家刻石記號以識十二而巳其首有無懷氏則夷吾不識者六十家又在無懷氏前由此而論則文字之興其來遠矣假令蒼頡在黄帝之前亦不始于蒼頡矣蓋廣而論之故尋得其名也

隸書所始

代人多以隸書始于秦時程邈者明曰非也隸書之興興于周代何以知之按左傳史趙筭絳縣人年曰亥有二首六身是其物也士文伯曰然則二萬六千六百有六旬也蓋以亥字之形似布筭之狀按古文亥作亢全無其狀雖春秋之時文字體别而言亥字

有二首六身則是今之亥字下其首之二畫豎置身傍亥作豕此則二萬六千六百之數也據此亥文則春秋之時有隸書矣又酈善長水經注云臨淄人有發古冢者得銅棺棺外隱起爲文言齊太公代孫胡公之棺也唯三字有文餘同今書此胡公又在春秋之前郎隸書興于周代明矣當時未全行猶與古文相叅自秦程邈巳來乃廢古文全行隸體故程邈等擅其名非創造也

土牛義

禮記月令曰出土牛以示農耕之早晚不云其牛別加彩色今州縣所造春牛或赤或青或黄或黑又以杖扣之而便棄者明曰古人尚質任土所宜後代重文更加彩色而州縣不知本意率意而爲今按開元禮新制篇云其土牛各隨其方則是王城四門各出土牛悉用五行之色天下州縣卽如分土之議分土者天子太社之壇用五色之土封東方諸侯則割壇東之青土以白毛包而賜之令至其國先立社壇全用青土封南方諸侯則割赤土西方則割白土北方

則割黑土今土牛之色亦宜効彼社壇或問曰今地主率官吏以杖打之曰打春牛何也答曰按月令只言示農耕之早晚不言以杖打之此謂人之妄作耳又曰何謂示農耕之早晚答曰以立春爲候也立春在十二月望卽策牛人近前示其農早也立春在十二月晦及正月朔卽策牛人當中示其農事也立春正月望卽策牛人近後示其農晚也又問曰按月令出土牛在十二月今立春方出何也答曰季冬之月二陽已動土脉已興故用土作牛以彰農事今立春方出農已自知何用策牛之人在前在後也斯自漢朝之失積習爲常按漢書立春之日京都百官青衣立青幡施土牛耕人于門外又按營繕令立春前二日京城及諸州縣門外各立土牛耕人斯皆失其先書示農之義也又問曰幾日而除之答曰七日而除蓋欲農人之徧見也今人打後便除又乖其理焉

鄉飲酒樂

今州府貢士陳鄉飲酒堂上堂下樂工皆坐亦皆有人歌又皆絲竹明曰如此則尊卑無別何爲分居上

下哉按鄉飲酒禮及燕禮事皆云升歌鹿鳴四牡皇皇者華笙入立于堂下奏南陔白華華黍卽是堂上樂有人歌以琴瑟和之並無竹器樂工皆坐堂下無人歌但吹笙播詩亦無琴瑟吹笙者皆立故郊特牲云歌者在上匏竹在下貴人聲也言貴重人之聲故令歌者在上輕賤匏竹之器故令在下今州府所行並無等級有司不辨故也

兼明書卷二

周易

雲從龍

乾文言曰雲從龍風從虎說者以爲龍吟雲起虎嘯風生明曰非也夫風雲者天地陰陽之氣交感而生安有蟲獸聲息而能興動之哉葢雲將起而龍吟風欲生而虎嘯故傳曰龍從雲蛇從霧巢居知雨是也或曰文言仲尼所作何故不知答曰但取其同聲相應同氣相求先天不違者也

莧陸

夬九五曰莧陸夬夬中行无咎王弼云莧陸草之柔脆者子夏傳云莧陸木根草莖剛下柔上馬鄭王肅皆云莧陸一名章陸明曰如諸儒之意皆以莧陸爲一物直爲上六之象今以莧陸爲二物莧者白莧也陸者商陸也莧象上六陸象九三上六象陰莧亦全柔也九三以陽應陰陸亦剛下柔上也且夬是五陽共決一陰之卦九五以陽處旣剛且尊而爲決主親決上六而九三應之亦將被決故曰莧陸夬夬重言夬者決莧決陸也由此而論莧陸爲二物亦以明矣按本草商陸一名葛根（葛音劾張反）一名呼夜一名章陸一名烏椹一名六甲父母殊無莧之號葢諸儒之誤也或曰九三君子夬夬其義如何答曰九三以陽應陰有違于衆若君子能決斷巳意與衆陽共決上六則免悔故亦重言夬夬也

密雲不雨

王弼云凡雲雨者陰氣布于上而陽薄之不得通則蒸而爲雨明曰此說未窮其理何者夫陰陽二氣生

于黃泉氤氳交結出地爲雲二氣力均則能爲雨或陰氣少而陽氣多或陰氣多而陽氣少皆不能爲雨也小畜不雨者陰氣少也䷈（乾下巽上小畜）小過不雨者陽氣少也䷽（艮下震上小過）小畜上九旣雨旣處者陽極則陰也故禮記孔子曰天作時雨山川出雲雲也者非一氣能生者也譬之于炊或有水而無火有火而無水皆不能生氣必須水火備而后氣生氣生本于釜中非結成于甑上也由此而論雲必結于地中陰陽相將而出若陰先而陽後尚不能爲雲豈能爲雨

乎

天地絪縕

繫辭云天地絪縕萬物化醇論者以爲絪縕天中之氣明曰絪縕未散之名也其氣結于黄泉非在天之謂也若已在天安能化生萬物直由氣自黄泉而生萬物資之以化萬物者動植之總名也動植初化未有交接故曰化醇及其交接萬物由此蕃滋故曰男女媾精萬物化生男女者雌雄牝牡之稱也夫人之精旣皆自下豈絪縕不自下乎按月令建子之月律

中黄鍾黄者地中之色也鍾者種也言十一月陽氣種于黄泉也故知渾天之形其半常居地下地之下有水水之下有氣氣之下有天天之元氣自水而昇地自地而昇天自天而迴還水下所謂一陰一陽而無窮也故復象曰復其見天地之心乎（震下坤上復）天地之心陽氣在下即知絪縕之氣所存焉

樞機

繫辭曰言行君子之樞機樞機之發榮辱之主也孔穎達曰樞戶臼機弩牙明曰樞是門關非戶臼也何以知之機是弩牙牙發則前去樞是門關關發即扉開則是門之開閉由關不由臼也且臼非能動轉安得謂之發乎道書云流水不腐戶樞不蠹蓋以門關來去故不蠹耳戶臼何謂不蠹乎是知穎達之說謬也

尚書

三江旣入

禹貢揚州云三江旣入震澤底定孔安國曰震澤吳南太湖名言三江旣入致定爲震澤也鄭玄云江自

彭蠡分爲三旣入者入海也明曰底致也安國之意以爲三江之水入于震澤所以致定也按洪水之時包山襄陵震澤不見三江之水旣入然後方爲震澤康成以旣入爲海可謂得之言三江之水已入于海然後平陸出平陸出然後震澤致定也

包匭菁茅

禹貢揚州所貢包匭菁茅孔安國曰包橘柚也匭匣也菁以爲葅茅以縮酒僖四年左傳稱齊侯責楚云爾貢包茅不入王祭不共無以縮酒寡人是徵杜元

凱曰包裹束也茅菁茅也明曰孔失而杜得也何以言之按太史公封禪書云江淮之間一茅三脊是知菁茅卽三脊之茅也菁者茅之狀貌菁菁然也三脊之茅諸土不生故楚人特貢之也孔云菁可爲葅是謂菁爲蔓菁也且蔓菁常物所在皆生何必須事楚國匣盛而貢之哉故知孔失之矣

血流漂杵

武成云前徒倒戈攻于後以北血流漂杵孔安國曰血流漂杵甚言之也明曰血流舂杵不近人情今以

杵當爲杅字之誤也按詩云赳赳武夫公侯干城左傳郄至舉此云公侯之所以扞城其民也則是古人讀干爲汗杅一名楯一名櫓漢書云血流漂櫓櫓卽杅俗呼爲傍牌此物體輕或可漂也

周康王名

周書顧命云用敬保元子釗孔安國曰釗康王名也諸儒皆讀釗爲昭明曰讀者非也釗當音梟按字書六體一曰諧聲此釗字諧聲字口邊着斗（音古由反）是叫字卽金邊着斗當音梟明矣今人依斜從刀者訛也且昭王是康王之子豈有子諡父諱而音同乎是周人本讀爲梟今人誤讀昭字矣或曰禮不諱嫌名釗昭音同而字異得非嫌名乎答曰言語之間詩書之內有音同字異者卽不爲之諱豈父諱子諡可用嫌名乎直今人讀之非也

毛詩

序

先儒言詩序并小序子夏所作或云毛萇所作明曰非毛萇作也何以知之按鄭風出其東門序云民人

思保其室家經曰縞衣綦巾聊樂我員毛傳曰願其室家得相樂也據此傳意與序不同是自又一取義也何者以有女如雲者皆男女相棄不能保其室家卽縞衣綦巾是作詩者之妻也既不能保其妻乃思念之言願更得聊且與我爲樂也如此則與序合今毛以縞衣綦巾爲他人之女願爲室家得以相樂此與序意相違故知序非毛作也此類實繁不可具舉或曰既非毛作毛爲傳之時何不解其序也答曰以序文明白無煩解也

沈朗新添

大中年中毛詩博士沈朗進新添毛詩四篇表云關雎后妃之德不可爲三百篇之首蓋先儒編次不當耳今別撰二篇爲堯舜詩取虞人之箴爲禹詩取大雅文王之篇爲文王詩請以此四詩置關雎之前所以先帝王而後后妃尊卑之義也朝廷嘉之明曰沈朗論詩一何狂謬雎詩之篇次今古或殊其以關雎居先不可易也古人爲文語事莫不從微至著自家形國故序曰關雎后妃之德也風之始也所以風天

下俗本云所以風化天下而正夫婦也故用之鄉人焉用之邦國焉經曰刑于寡妻至于兄弟以御于家邦由此而論則關雎居三百篇之首下亦宜乎語曰師摯之始關雎之亂洋洋乎盈耳哉則孔子以關雎爲首訓子曰人而不爲周南召南其猶正墻面而立也歟則關雎居周南先矣且詩有四始一曰風二曰小雅三曰大雅四曰頌周南實國風而以帝王之事冠之則失四始之倫也甚矣不知沈朗自謂新添四篇爲風乎爲雅乎爲風也則不宜歌帝王之道爲雅也則不可置關雎之前非惟首尾乖張實謂自相矛楯其爲妄作無乃甚乎

雎鳩

顔氏匡謬云雎鳩白鷢明曰按左傳云雎鳩氏司馬也爾雅云雎鳩王雎郭璞曰今江東呼爲鶚毛萇云雎鳩摯而有別然則雎鳩之爲鶚不可易也爾雅又揚鳥白鷢是白鷢一名揚鳥則雎鳩非白鷢明矣

美目揚兮

齊風猗嗟篇云美目揚兮毛傳曰好目揚眉也孔穎

達曰眉毛揚起故名眉爲揚明曰經無眉文毛何得以爲揚眉孔又以爲眉毛揚起是其不顧經文妄爲臆說蓋揚者目之開大之貌禮記云揚其目而視之是也

美目清兮

又曰猗嗟名兮美目清兮毛傳曰目上爲明目下爲清明曰亦非也清者目中黑白分明如水之清也衛風云美目盼兮若以目下爲清盼當復在何所

曷又從止

齊風南山刺襄公鳥獸之行也經云旣曰庸止曷又從止孔頴達曰以意從送與之淫耳非謂從至魯也明曰按左傳桓三年公子翬如齊送姜氏于讙魯地然則詩言曷又從止是謂從送至讙入于魯地則頴達之言失也

碩鼠

魏風碩鼠刺重歛也孔頴達曰碩大也其鼠頭似兎尾黄色又引許愼云碩鼠有五伎皆不長陸璣蟲魚疏云今河東有大鼠亦有五伎或謂之雀鼠明曰經

文坦然義理無隱何爲廣引他物自取混淆序云貪而畏人若大鼠也左傳曰鼠晝伏夜動畏人故也但言畏人則此尋常鼠也言其貪食以致肥大取之以比其君故以大言之耳猶如封豕長虵之類焉亦如碩人閔莊姜也人卽尋常人以其指斥莊姜故云碩人斯類甚明不煩多説諸儒所見别是一般不可引以解此耳

生于道左

唐風有杕之杜生于道左箋云道東也日之熱常在日中之後道東之杜人所宜休息也今人不休息者以其特生隂寡故也明曰日中之後樹隂過東杜生道左隂更過東人不可得休息也詩意言武公旣巳寡特而惠澤不及人故君子不肯適我也亦如樹旣寡特而隂更過東無休息之所故人不來也鄭言人所宜休息于義何安

其帶伊絲

曹風鳲鳩云淑人君子其帶伊絲其弁伊騏箋云刺不稱其服也明曰按下文云淑人君子其儀不忒序

云在位無君子用心之不一卽此刺無君子詩人思時君子以其在位故上章言君子之心下章言君子之治此章言君子之服皆謂今在位無此君子也非謂刺不稱其服且經云淑人君子安得不稱其服耶

鸛鳴于垤

東山云鸛鳴于垤婦歎于室毛萇云垤蟻冢也將隂雨則穴處先知之明曰據詩之文勢此垤不得爲蟻冢葢是土之隆聳近水者也按左傳云歛及于垤皇謂寢門闕也又云葬于垤皇謂墓門闕也凡闕者聚

土鳶之故知此垤謂土之隆聳近水者若坻沚之類也鸛水鳥也天將陰雨則鳴于隆土之上婦人聞之憂雨思夫故歎于室若以于垤是蟻上于冢則鸛鳴竟于何處豈文章之體當如是耶且經無蟻文何得鑿空生義

莎雞

豳風云六月莎雞振羽毛萇云莎雞羽成而振訊之孔頴達曰莎雞似蝗而色斑翅正赤六月中飛而振羽索索作聲明曰二說皆非也按諸蟲之鳴出于口

喙者多矣有脅鳴者有脰鳴者有股鳴者有羽鳴者脅鳴者蜩蟬也脰鳴者螻蝈也股鳴者斯螽也羽鳴者莎雞也若以飛而有聲爲羽鳴者則蠅蚊之類皆是何獨莎雞也且豳風所言非偶然也以莎雞斯螽之事皆陽蟲也陽氣出則此蟲鳴陽氣入則此蟲盡著其將寒之有漸勸人早備于寒也今驗莎雞狀如蚱蜢頭小而身大色青而有鬚其羽晝合不鳴夜則氣從背出吹其羽振振然其聲有上有下正似緯車故今人呼爲絡緯者是也如或不信可取樹枝之上候其鳴者把火燃看即知斯言之不謬孔云飛而振羽索索作聲是其不識莎雞妄爲臆說

鴟鴞

豳風鴟鴞序云周公救亂也經曰鴟鴞鴟鴞既取我子無毁我室毛萇云鴟鴞鸋鴂也孔頴達曰鴟鴞巧婦似黃雀而小其喙尖如錐明曰頴達之妄也按郭璞注爾雅云鸋鴂鴟之類也魯頌曰翩彼飛鴞集于泮林毛萇傳曰鴞惡聲鳥也又賈誼鵩鳥賦序云鵩似鴞不祥鳥也又弔屈賦曰鸞鳳伏竄兮鴟鴞翱翔

顏師古注曰鴟鵂鶹怪鳥也鴞惡聲鳥也據毛萇郭璞顏師古諸儒之說則鴟鴞土梟之類非巧婦矣無毁我室我巧婦也然則此詩之内有鴟鴞毁室之言蓋周公之意以鴟鴞比管蔡巧婦比巳言管叔蔡叔流言致成王疑我罪我屬黨不可更奪其土地故云既取我子無毁我室如此則當是鴟鴞欲毁巧婦之室巧婦哀鳴于鴟鴞而康成頴達直以鴟鴞爲巧婦非也

補新宮　并序

昭二十五年左傳叔孫昭子聘于宋公享之賦新宮又燕禮升歌鹿鳴下管新宮今詩序無此篇蓋孔子返魯之後其詩散逸採之不歸故也三百之篇孔子既已删定子夏從而序之其序不冠諸篇別爲編簡縱其辭尋逸則厥義猶存若南陔白華之類故束皙得以補之惟此新宮則辭義俱失苟非精考難究根源按新者有舊之辭也新作南門新作延廄是也宮者居處燕遊宗廟之總稱也士蔿城絳以深其宮桀伯溝其公宮居處之宮也楚之章華晉之虒祁燕遊

之宮也成三年新宮災禰廟之宮也然則正宮新宮居處之宮也蓋文王作豐之時新建宮室宮室初成而祭之因之以燕賓客謂之爲考考成也若宣王斯于考成室之類是也亦謂之落落者以酒澆洛之也若楚子成章華之臺願與諸侯落之類是也因此之時時人歌詠其美以成篇章故周公採之爲燕享歌焉必知此新宮爲文王詩者以燕禮云下管新宮下管者堂下以笙奏詩也鄉飲酒禮云工升而歌鹿鳴四牡皇皇者華歌訖笙入立于堂下奏南陔白華華黍笙之所奏例皆小雅皆是文王之詩新宮既爲下管所奏正與南陔事同故知爲文王詩也知非天子詩者以天子之詩非宋公所賦下管所奏故也知非諸侯詩者以諸侯之詩不得入雅當在國風故也知非禰廟詩者以禰廟之詩不可享賓故也知非燕遊之宮詩者以燕遊之宮多不如禮其詩必當規刺規刺之作是爲變雅享賓不用變雅故也由此而論則新宮爲文王之詩亦已明矣或問曰文王既非天子又非諸侯爲何事也答曰周室本爲諸侯文王身有

聖德當殷紂之代三分天下之衆二分歸周而文王猶服事紂武王尅殷之後謚之曰文追尊爲王其詩有風焉周召南是也有小雅焉鹿鳴南陔之類是也有大雅焉大明棫樸之類是也有頌焉淸廟我將之類是也四始之中皆有詩者以其國爲諸侯身行王道薨後追尊故也新宮既爲小雅今依其體以補之云爾

小序

新宮成室也宮室畢乃祭而落之又與朝臣賓客燕

飲謂之成也與與新宮禮樂其融爾德維賢爾雖
忠爲忠以公斯筵是同人之醉我與我延賓與與新
宮既與而輪其固如山其儼如雲其寢斯安
分我既考落以燕羣臣與與新宮既祭既延我
鏞于以醉賢有禮無愆我有斯宮斯宮以安康後萬
年

新宮三章章八句

補茅鴟 并序

襄二十八年左傳齊慶封奔魯叔孫穆子食慶封慶

封氾祭穆子不說使工爲之誦茅鴟杜元凱曰茅鴟
逸詩刺不敬也凡詩先儒所不見者皆謂之逸不分
其舊亡與刪去也臣以茅鴟非舊亡蓋孔子刪去耳
何以明之按襄二十八年孔子時年八歲記曰男子
十年出就外傳學書記十有三年學樂習詩舞論語
曰吾十有五而志于學則慶封奔魯之日與孔子就
學之年其間相去不遠其詩未至流散況周禮盡在
魯國孔子賢于叔孫豈叔孫尚得見之而孔子反不
得見也由此而論茅鴟之作不合禮又爲依孔子刪
去亦已明矣或曰安知新宮不爲刪去耶答曰新宮
爲周公所收燕禮所用不與茅鴟同也曰茅鴟爲風
乎爲雅乎非雅也風也何以言之以叔孫大夫所賦
多是國風故也今之所補亦體風焉

小序

茅鴟刺食祿而無禮也在位之人有重祿而無禮度
君子以爲茅鴟之不若作詩以刺之茅鴟茅鴟無集
我冈汝食汝飽莫我爲祥願彈去汝來彼鳳凰來彼
鳳凰其儀有章茅鴟茅鴟無啄我雀汝食汝飽莫我

肯略願彈去汝來彼瑞鵲來彼瑞鵲其音可樂茅鴟
茅鴟無搏鶵鷂汝食汝飽莫我爲休願彈去汝來彼
鳲鳩來彼鳲鳩食子其周茅鴟茅鴟無嚧我陵汝食
汝飽莫我好聲願彈去汝來彼倉鷹來彼倉鷹祭鳥
是徵

茅鴟四章章八句

兼明書卷三

春秋

劉子玄誤說周之諸侯用夏正

劉子玄史通云春秋諸國皆用夏正魯以行天子禮儀故獨用周家正朔至如書元年春正月者年即魯君之年月則周王之月考所紀書年始達此義而自古說春秋者妄爲解釋明曰古者孟春之月天子頒朔于諸侯諸侯奉而行之安有周代諸侯而用夏家正朔按文十七年左傳鄭子家與晉趙宣子書云二

年六月壬申朝于齊杜注云鄭文公二年六月日即魯莊公二十三年六月二十日也此即諸侯奉行周正之明文也而子玄不精魯史妄斥先儒說經典之玷不可以訓或曰春秋後序是杜因見所書曲沃莊伯之十一年十一月魯隱公之元年正月也所書是魏國史記魏本周之諸侯何故不用周正也魏國之典在周之末時稱戰國魯不臣周自造史書追書前代稱王改朔周夏正而子玄執戰國之史而論春秋之制以末正本無乃悖乎

善者信矣

隱六年左傳云周任有言曰爲國家者見惡如農夫之務去草焉芟夷蘊崇之絕其本根勿使能植則善者信矣明曰信當讀爲屈伸古者多用信字爲伸易繫辭曰尺蠖之屈以求信也此其類焉傳言善者信善者謂嘉穀之苗也惡者常盛則嘉穀之苗屈惡草除則嘉穀之苗伸故知信即古之伸字也

衛桓公名

隱四年衛州吁殺其君完即桓公也諸侯讀皆如字

明曰非也完當作皃何以知之夫名以昭實終將諱之故旣葬而爲謚若衛侯名完豈得謚之桓乎故知完當作皃按字書容貌之皃從白下八（音八）俗書完作皃與容貌之貌相似是桓公本名皃傳寫誤爲完也

荆敗蔡師于莘

莊十年荆敗蔡師于莘公羊曰荆者州名州不若國貶之若荆州之　然也穀梁曰荆楚也何爲謂之荆狄之也聖人立必後至天子弱必先叛左氏無此解杜元凱曰荆楚本號也譚趙取公穀爲解明曰杜說

是也且一國兩號其國有三殷商唐晉并此楚荆者在經典坦然明白按禮記云夫子失魯司寇將之荆又詩云戎狄是膺荆舒是懲則荆爲楚之本號亦巳明矣故莊四年傳稱荆尸而舉又曰楚武王荆尸皆謂舉其先代之軍法也必若以其侵伐中國貶曰荆則入衛吳入州來何故不舉州名以貶之乎按禹四海之内都置九州而執玉帛萬國則是州大而國小也豈加大于小而爲貶乎且莊二十三年荆人來聘又何罪而曰荆楚敗徐于婁林又何功而書楚但

當時史官承告而書不以此爲褒貶也按春秋之例但舉國不稱人卽爲貶未有去其國號而舉州名爲貶者也或曰既不以荆爲貶經書荆而傳稱楚何也答曰當此之時楚國實名荆左氏爲傳之時近書之爲楚耳推此諸文則記事之義爲得其實矣

金鼓以聲氣也

僖二十二年左傳曰三軍以利用也金鼓以聲氣也杜元凱曰金鼓以佐士衆之聲氣也明曰非也按上文云三軍以利用下文云聲盛致志則是金鼓所以佐士衆之氣若謂佐士衆之聲則於文理乖矣

葛藟庇本根

文七年樂豫曰公族公室之枝葉也若去之則根本無所庇廕矣葛藟猶能庇其本根杜注曰葛之能藟蔓繁茂者以本根庇廕之多也且庇廕者自上及下之辭也此理炳明不注亦得

文馬

宣二年宋人以兵車百乘文馬百駟以贖華元于鄭杜注曰畫馬爲文四百匹也明曰杜説非也文馬者

馬之毛色自有文彩重其難得若畫爲文乃是常馬何足貴乎

姞吉人

宣五年左傳云鄭文公有賤妾曰燕姞而生穆公石癸曰吾聞姬姞耦其子孫必蕃姞吉人也后稷之元妃也明曰石癸所言是論姞字之義義卽當時姞從人作吉後代改之從女若當是從女安得吉人之語乎故是從女者失其義也

敝邑之幸

成二年齊賓媚人封晉人曰請收合餘燼背城借一敝邑之幸亦云從也況其不幸敢不唯命是聽杜注曰言完全之時尚不敢違晉今若不幸卽從命也明曰杜注誤也今尋其辭意言背城一戰戰若幸勝尙當從晉命若不幸而敗固不敢不服也幸一戰而獲勝非謂完全之時也

兩觀

定二年雉門及兩觀災冬十月新作雉門及兩觀趙子曰復作兩觀譏仍舊也其意言諸侯無兩觀有者

僭天子也今因天災宜廢之明曰按左氏及毛詩禮記天子有靈臺諸侯有觀臺靈臺者別地爲之觀臺者因門爲之凡臺望雲物如災祥氷旱逆爲之備不可無也左傳曰公旣視朔遂登觀臺以望而書禮也禮運曰天子諸侯臺門大夫不臺門此以崇爲貴也臺門卽兩觀也由此言之諸侯之有兩觀亦以明矣或曰魯以周公故得有兩觀其餘諸侯不當有也答曰若後者復作是也又何譏乎又曰非譏何以書也答曰春秋之義有褒而書者有貶而書者有譏而書者非褒貶譏而書者有國之大事法合書者卽此新作雉門及兩觀及僖二十年新作南門之類也于法自當書非由譏也且兩觀與雉門同文豈雉門亦不當作邪據此諸文則趙子言非也

禮記

宿離不貸

月令云命太史司天曆候日月星辰宿離不貸孔頴達曰離讀爲儷猶配偶也言太史之官使馮相氏保章氏常在候不得怠慢不覺天文之變異孔頴達之

解謬之甚也且經云日月星辰宿離不貸字不當繫於馮相保章也且馮相保章卽太史之官何故將特在星辰之下乎今以星謂二十八宿也辰謂日月之舍也宿留止離經歷言天子命太史之官歷候日月星辰卽留止所經歷爲祥爲災無令差貸詩云月離于畢俾滂沱矣書云星有好風星有好雨月之從星則以風雨其此之謂乎而頴達以宿離爲馮相保章同宿配偶是其不顧經文妄爲穿鑿

占兆審卦

月令曰命有司釁龜策占兆審卦吉凶孔頴達曰有司太史之宮殺牲以血塗之曰釁使之神也策蓍也占兆謂卜兆之書也非但釁其蓍龜兼釁此占兆之書不言釁占兆者蒙上文也卦筮卦也易有六十四卦或吉或凶但審省之而已以其筮短龜長賤於龜兆故也明曰按周禮龜人上春釁龜無釁占兆之文而頴達解月令言兼釁占兆之書非也且兆詞存于竹帛何容以血塗之哉博雅云占瞻也爾雅云占視也則是占之爲言繫人不繫兆也正與審字義同以

兆卦各有吉凶慮其差謬故因釁龜筴之時占視其兆審省其卦也兆下不言吉凶者以其文繫總以吉凶結之也云筮短龜長此左傳文也頴達既誤解釁兆不釁卦故引左傳證之按僖五年左傳云晉獻公欲以驪姬爲夫人卜之不吉筮之吉公曰從筮卜人曰筮短龜長不如從長按易之爲書河圖出文經三有天道廣大悉備未有龜卜之書若斯之盛也豈短賤于龜乎或曰既不短于龜何以故立驪姬而筮之吉乎答曰必非應筮亦不吉但卜人不善占筮謂之爲吉耳亦猶穆姜初往東宮而筮之遇艮之隨史曰隨其出也姜氏自占之曰不然必死于此不得出矣其後穆姜竟卒于東宮又南蒯將逐季氏筮之遇坤之比曰黄裳元吉以爲大吉也子服惠伯曰忠信之事則可不然必敗其後南蒯果不克奔齊此皆卦吉之凶而誤占之爲吉非短于龜也

苦菜

月令孟夏苦菜秀孔頴達曰菜似馬薤而花白其味極苦明曰按夏小正四月王萯秀月令用小正爲本

改王萯爲苦菜也詩豳風四月秀葽鄭康成疑葽爲王萯今驗四月秀者野人呼爲苦葽去聲春初取煮去苦味和米粉作餅食之四月中莖如蓬艾花如牛蒡花四月秋氣生故苦葽秀則一歲物成自苦葽始月令所書皆應時之物其言苦菜即苦葽也頴達所見別是一物不可引以解此

螻蟈

月令立夏之日螻蟈鳴孔頴達曰螻蟈蝦蟇也明曰非也按蝦蟇一名蟾蜍不能鳴者蛙也故

牝鞠蠪蛙然則螻蟈蛙之類也爾雅云鼃猶黽在水者黽黽卽蛙也蟾蜍卽蝦蟆也郭璞曰蝦蟆非也按蛙形小而長色青而皮光春夏居水邊相對而鳴者也蝦蟇形濶而短色黃而皮如砂鞕之汁出如乳醫方用之治甘蟲狗毒是令人悉呼蝦蟇者相承誤也按蛙鳴始于二月驗立夏而鳴者其形最小其色褐黑好聚淺水而鳴其聲如自呼爲渴于者是螻蟈也

王瓜

月令立夏之後十日王瓜生諸儒及本草多不詳識

明曰王瓜卽栝樓也栝樓與土瓜形狀藤葉正相類但栝樓大而土瓜小耳以其大於土瓜故以王字別之爾雅諸言王者皆此類也今驗栝樓立夏之後其苗始生正與月令文合故知先儒之說皆非也

正鵠

射義曰失諸正鵠而反求諸身先儒皆以鵠爲小鳥畫於射侯之上明曰鵠有二音其鳥亦别鴻鵠卽胡木反正鵠則古篤反廣雅曰鳱鵠（上音干反 下古篤同）鵠也然則鳱鵠是鷭鵲卽是鳱鳱性驚黠射之難中故畫于射侯之上非小鳥也小鳥無名鵠者先儒未之詳也今射垜之上畫鳥珠者是正面畫鳥鵶也

論語

而好犯上

有子曰其爲人也孝悌而好犯上者鮮矣皇侃曰犯上謂犯顔而諫言孝悌之人必不犯顔而諫明曰犯上謂干犯君上之法令也言人事父母能孝事長兄能悌卽事君上能遵法令必不干犯於君上也既不犯上必無作亂之心故下文云而好作亂者未之有

也

指其掌

或問禘之說子曰不知也知其說者之于天下也其如示諸斯乎指其掌包咸曰孔子謂或人言知禘禮之說者于天下之事如指示以掌中之物言其易了也明曰斯此也此掌中也指其掌者孔子以一手指指一手之掌中此三字是當時狀非謂示以掌中之物也

祭如在

祭如在孔安國曰言事死如事生又曰祭神如神在孔安國曰謂祭百神也明曰祭如在者是孔子之前相傳有此言也孔子解之曰祭神如神在耳非謂兩般鬼神也

而有宋朝之美

孔子曰不有祝鮀之佞而有宋朝之美難乎免于今之世矣明曰此孔子歎末世浮薄所尚者口才與貌耳如此則不得云而有宋朝之美蓋此而亦當作不傳寫誤也

飯蔬食

皇侃曰蔬食菜食明曰經典言蔬食者皆謂麄飯非菜食也音嗣謂飯麄飯者喫麄飯也上飯音扶晩反

唐棣

唐棣之華偏其反而孔安國曰唐棣棣也明曰爾雅釋木云唐棣栘常黎反郭璞注曰白栘似白楊樹江東呼爲扶栘也又云常棣棣郭璞曰今山中有棣樹子如櫻桃可啗則唐棣是栘非棣也常棣是棣

食不厭精

皇侃曰食麄則誤人生疾故調和不厭精潔也明曰食音嗣謂飯也言舂米作飯不厭精鑿也鑿子各反

食饐而餲

皇侃曰謂經久味惡如乾魚肉久而味惡也明曰食音嗣謂飯也饐餲也敗餿販也爾雅云食饐謂之餲郭璞云飯饖臭也則非得其義焉

肉雖多不使勝食氣

皇侃曰食謂他饌明曰音嗣謂飯也言孔子喫肉常令少于飯也

迅雷風烈必變

孔安國注曰敬天之怒明曰怒非也敬天道變也何以知之按雷者陽盛之聲也位在東方發于二月風者發生之氣也在卦屬巽于星屬箕易曰雷風恒風雷益又曰動萬物莫疾乎雷撓萬物莫疾乎風由此觀之風雷非天之怒亦巳明矣或云詩曰敬天之怒無敢戲豫何也答曰怒非風雷之謂也其謂天禍善禍淫故無敢戲豫慮其加禍爾蓋以禍淫爲怒豈謂風雷邪又難曰左傳云爲刑罰威獄以類其震曜殺

戮此非天之怒耶答曰此左氏之不通也且震曜殺戮在夏刑罰威獄在秋若聖人法雷而立刑則當盛夏而決罪也又難曰雷風不爲天之怒春秋震夷伯之廟左傳曰展氏有隱慝焉何也答曰春秋記異耳左傳言也若以展氏有罪凶爲天所震則楚子商臣單于冒頓何不震之謚夷伯之廟偶因震而圯耳今人之舍如此者亦不少矣又難曰今人有震死者何也答曰五行六氣能生人亦能殺人非獨雷霆也且人之生命有合兵死者有合水死者有合火死者有

合震死者然則雷之爲物與夫水火無以異也又難曰今震死之人如鬼神何也答曰古人云蛇從霧龍從雲雲旣興而龍神從之或害物耳水之深蛟蜃居之山之大豺虎宅之所謂方以類聚物以羣分也但人禀陰陽之變豈可同于平常故衣服冠而坐也

顏路請子之車以爲椁

先儒皆言請其車賣之爲椁也明曰經止言爲椁是欲毁其車作椁耳非將爲之也若鬻車買其爲椁之木可以請于他財何故特請其車也且經無爲之文何爲妄説

其父攘羊而子證之

明曰視其文勢無子字後人加之耳按上文云吾黨有直躬者此卽攘羊者之子也但云其父攘羊而證之于文自足如今更加子字翻使不安必非游夏之文

孝經

仲尼

今人讀仲尼之尼與僧尼之尼音同明曰非也仲尼

之尼當音夷古夷字耳按尚書古文嵎𡰥島𡰥萊𡰥並作𡰥今文皆作夷然則夷𡰥音義同也又按左傳魯哀公誄孔子曰嗚呼哀哉𡰥父音甫晉王衍字夷甫是用今文耳又漢有誄𡰥晉有潘尼猶用古字按字書仲尼之𡰥從尸下二僧尼之尼從尸下工文字不同音義亦别代人不能分别乃一槩而呼實乖聖人之音也

曾子侍

明曰孔子之行在孝經可謂不刊之典顏閔無問答

獨與曾參論者諸儒之說頗有不同且六親不和有孝慈蓋閔之父和而孝不顯曾參父嚴而孝道著所以孔子與之論孝兼亦慮其心不固因以爲之也或曰何知曾參之父嚴者答曰孟子云曾參之事父也訓之以小杖則受諭之以大杖則走者恐虧其體非孝之道常鋤瓜誤傷蔓乃以大杖毆之是其嚴也

爾雅

莵字

釋草云蕈莵荄藙莵葵黃莵爪之類莵字皆從艸明

曰莵字不從艸按艸木之號多取鳥獸之名以爲之至如菿鼠尾孟狼尾菟雀弁蘘烏蘈荓馬帚茭牛蘄菌鹿藿之類其鼠狼雀烏馬牛鹿等字皆不從草兔亦獸名何獨從草蓋後人妄加之耳

蜚蠦蜰

釋蟲云蜚蠦蜰郭璞注云蜰卽負盤臭蟲也明曰按春秋書秋有蜚杜注云蜚負蠜也然杜預以蟲一名蠦蜰而郭以此蟲一名蜚蠦一名蜰以春秋證之郎郭解誤也

桑鳸竊脂

釋鳥云桑鳸竊脂郭璞云俗謂之靑雀觜曲食肉好盜脂膏食之因以爲名也明曰非也按下文云夏鳸竊玄秋鳸竊藍冬鳸竊黃棘鳸竊丹豈諸鳸皆善爲盜而偷竊玄黃丹藍者乎蓋竊之言淺也竊玄者淺黑色也竊藍者淺靑色也竊黃者淺黃色也竊丹者淺赤色竊脂者淺白色也今三四月間採桑之時見有小鳥灰色眼下正白俗呼白鵊鳥是也以其採桑時來故謂之桑鳸而郭注謂竊脂爲盜脂肉一何謬

哉

兼明書卷四

文選

五臣注 文選

五臣者不知何許人也所注文選頗謂乖疎蓋以時有王張遂乃盛行于代將欲從首至末搴其蕭根則必溢帙盈箱徒費牋翰苟蔑而不語則誤後學習是用略舉綱條餘可三隅反也

吳都賦

吳都賦曰且有吳之開國造自太伯宣于延陵蓋端

委之所彰高節之所興臣延濟曰太伯延陵端其志操委棄其位以存讓體是與高節也明曰據賦文是雙闕覆裝體以端委所彰覆太伯高節所興覆延陵宜于所彰下注太伯之德解端委之事所興下注延陵之德釋高節之文不宜將二人之事混同而注之且釋端委之意殊非曲經按左傳曰太伯端委以治周禮杜元凱注曰端委禮服也頴達曰端玄也委者長垂于地也賦言太伯造成國邑服玄端之衣以行周禮彰顯先生之風化于吳國也左傳又曰公子光弑王僚以國讓延陵季子季子曰聖達節次守節爲君非吾節也雖不能達敢失守乎棄其室而耕于野遂捨之賦言延陵以此高尚之節宣播謙讓之風以與盛吳國非謂自與高節也賦又曰建至德以創鴻業世無得而顯稱臣延濟曰言我吳郡俊建立延陵太伯之德以創大業代無得而稱美者又曰由克讓以立風俗輕脫屣于千乘臣周翰曰言吳能建太伯延陵讓節以成風俗蓋謂讓千乘之重如脫屣也明曰此文亦雙闕體云建至德以創鴻業世無得而顯

稱者此獨論太伯之德耳太伯建立至德以開創吳國之大業其德浩大故代人無可得而稱論語曰泰伯其可謂至德也三以天下讓民無德而稱焉是也且延陵非創業之主注不得兼言延陵之德也其由克讓以立風俗輕脫屣於千乘此則論延陵之德也言延陵讓國而耕於野是其克讓輕千乘也注不得兼言太伯之德以致混淆賦又曰外失輔車脣齒之援臣向曰輔陪乘也吳蜀相資獨陪乘以脣齒爲內外明曰按左傳云輔車相依脣亡齒寒先儒皆以輔

謂頰輔車謂牙車此注云陪乘非也或云詩云其車旣載乃棄爾輔則是車之與輔亦相依之物有何不可而子非之其有說乎易云咸其輔頰舌孔頴達曰輔頰俱爲口旁之肉輔是口旁之肉則爲牙車脣齒四者同類相依而存闕一不可以喻二國更相表裏乃得俱全若以輔爲陪乘則車爲載物之事輔爲御車之人也人之與車非相類不可以喻二國故陪乘非也

雲楶藻棁

靈光殿賦曰雲楶藻棁臣向曰楶梁上柱棁叉手也明曰按爾雅釋宮云栭謂之楶郭璞曰薄櫨也（薄音皮碧反）薄柱頭也櫨斗也又云亲廇謂之梁其上楹謂之棁郭璞云侏儒柱也臣向不依爾雅之文臆爲其說且上文枝掌杈枒而邪據周翰曰枝掌梁上交木交叩叉手也何得更以棁爲叉手違經背義乖謬之甚

濫觴

江賦云初發源乎濫觴周翰曰濫謂泛濫水流貌觴酒盃也謂江之發源流如一盃也明曰周翰以觴爲酒盃則是也然以其流水如一盃之多則非也何者且濫非水流之貌濫者泛也言其水小裁可浮泛酒盃耳

豈鮮輝于陽春

雪賦云君寧見堦上之白雪豈鮮輝于陽春臣銑曰鮮寡也雪之光輝豈寡于陽春也明曰下文云玄陰凝沍不昧其潔太陽輝耀不固其節則鮮謂鮮明也言雪當見日而消不能鮮明光輝于陽春也

疇德瑞聖

赭白馬賦云實有騰光吐疇德瑞聖之符焉臣良曰疇昔也言昔帝之德有瑞聖之符焉明曰疇等也言焉可以等齊君子之德祥瑞聖人之道也

珪璋特達

郭璞遊仙詩曰珪璋雖特達明月難暗投臣延濟曰特達美貌明曰按朝聘之禮有珪璋璧琮璧琮則加束帛然後能達而珪璋德重可以獨行故曰特達聘禮云珪璋特達德也此詩之意言君子雖有才德不假外助然亦不可仕於亂代如明月之珠不可以暗

中投入也

昔聞東陵瓜

阮籍詠懷詩曰昔聞東陵瓜近在青門外臣延濟曰故秦將東陵侯邵平種瓜於青門外其瓜甚美以供賓也明曰按嗣宗此詩是遭亂代思深居遠害故以瓜喻之言邵平種瓜不能深遠近在青門之外又色妍味美遂爲人所食啗故下云五色耀朝日嘉賓四面會膏火自煎熬多財爲患害意人遭代亂苟逞才露頴必爲時所害如美瓜膏火之自喪矣而延濟不

喻此義種瓜以供賓客何其謬歟

布衣可終身

其詩又云布衣可終身臣銑曰布衣謂邵平明曰此詩取瓜喻不專指邵平言人當亂代但服布衣自可終身何必紆朱拖紫也

施已唯約

陸士龍大將軍宴會被命作詩其末章云施已唯約于禮斯豐天錫難老如嶽之崇臣向曰約薄豐厚也言我所施用甚薄遇禮且厚是天賜我難老之惠如山嶽之崇也明曰觀士龍之意是祝王之辭言王於身儉約於禮則豐厚所以天賜王難老如嶽之崇非士龍自謂也

霜降休百工

謝宣遠九日從宋公戲馬臺送孔令詩云風至授寒服霜降休百工臣延濟曰季秋涼風至始授衣也霜降膠漆堅可以爲器故美百工之功也明曰按月令季秋云霜始降則百工休注曰謂膠漆之作停也宣遠亦用此義言歲將晏授寒衣停百工人民安可以

謀飲讌餞賓客也而延濟訓休爲美言霜降膠漆堅可爲器物若如此則既與百工是其勞苦何歡讌之有且時方寒凍非用膠漆之日翻覆尋繹理無所通

尚席函杖

顏延年皇太子釋奠會詩云尚席函杖臣周翰曰尚席儒席也明曰今觀此詩文勢非謂儒席也尚席謂設席之吏也設此太子之席其間相去容杖以指書講書也知尚席爲設席之吏者以其詩云尚席函杖承疑奉帙侍言稱辭惇史秉筆承疑侍言惇史三者

皆太子屬官故知尚席亦官吏如尚衣之事也

鳳吹

丘希範侍宴會樂遊苑送徐州應詔詩云詰旦閶闔開馳道閶鳳吹臣延濟曰鳳吹笙也笙體象鳳故比之也明曰吹者樂之總稱鳳者美言之也以天子行幸必奏衆樂豈獨吹笙而已哉故月令云命樂工習吹大享帝於明堂是謂衆樂爲吹也

涕交纓

陸士衡贈弟詩云寤言涕交纓臣銑曰纓衣領也明曰纓帶也雖文章用字與經稍疎詁訓釋名安可臆斷

兼明書　〈卷四〉　七

西陵

謝惠連西陵遇風獻康樂臣良曰西陵畚所居之西陵也明曰西陵浙江東之西陵驛名也何以知之以其詩云昨發浦陽汭今宿浙江湄知也

中孚爻

謝靈運初發石頭城詩云雖抱中孚爻猶勞貝錦詩臣銑曰易中孚卦九五爻也明曰按中孚九五云有孚攣如无咎其義言九五居尊爲中孚之主爲信不可暫捨而攣擊不絕故得無咎此爲主者之事非臣下之所指用且其辭義不當今尋靈運之意乃指九二爻耳按九二云鳴鶴在陰其子和之我有好爵吾與爾靡之其義言九二處重陰之下履不失中立誠篤志雖在闇昧物亦應焉故曰鳴鶴在陰其子和之不私權利唯德是與故曰我有好爵吾與爾靡之是靈運常抱此道尚爲孟覬誣奏故曰猶勞貝錦詩而張銑以爲九五爻何義也

兼明書　〈卷四〉　八

瓜田不納履

古詩云君子防未然不處嫌疑間瓜田不納履李下不整冠明曰履當爲屨字之誤也文章之體不應兩句之內二字同音又諸經傳無納履之語按曲禮曰俯而納屨義曰俯低頭也納猶著也低頭著屨則似取瓜故爲人所疑也屨且無帶著時不必低頭故知履當爲屨傳寫誤也

錯陶唐之象

張景陽七命云錯陶唐之象臣銑曰錯雜也陶唐堯

也象法也言晉德雜於文法也明曰錯音蒼故反置
也陶唐之代人有犯罪者畫其衣冠謂之象刑言今
晉德之盛人犯罪者其陶唐之象刑亦錯置而不用
也

辭遠遊

曹子建求通親親表云若得辭遠遊戴武弁臣銳曰
辭辭國遠遊謂出征也明曰遠遊亦冠名也辭者脫
去之名也言脫去遠遊之冠而戴武弁之弁也知其
然者以下文云解朱組珮青紱組紱皆綬也故知遠

遊武弁皆冠也臣銳以遠遊謂出征一何乖謬

兼明書卷五

雜說

辛壬癸甲

史記云禹辛日娶妻甲日生啟明曰司馬遷約尚書
之文而爲史記其於經義多不精詳按虞書益稷篇
云予創若時娶于塗山辛壬癸甲啟呱呱而泣予弗
子惟荒度土功孔安國曰禹言我懲丹朱之惡如此
故辛日娶塗山氏之女甲日復往治水復往之後而
啟生焉啟生之後或從東往西或從南徂北經過其

門闥啟泣聲而不暇入于愛於啟以其水災未去唯
大度水土之功故也而馬遷以塗山之女媵禹之後
四日之內而生啟故聞其呱呱泣聲而不入愛于其
不近人情一至於此且禹所以言此者以己勤於治
水而不顧其家不私其子所以能成大功耳若馬遷
之意是禹疑其妻而惡其子何勤勞之有焉

地震

莊子云海水周流相薄則地震明曰莊子之言失之
矣按春秋之時地震者五伯陽父曰陽伏而不能出

陰迫而不能遂於是有地震其意言陰氣盛於上陽
氣衰於下陰迫於陽而陽不能遂出故地震也或曰
莊子之言亦有其理安知其失乎答曰若大地俱震
則可謂之海水相薄而爲地震之時不同率土或秦
寧而楚震或蜀動而吳安由是而論則水非而氣是
也

日遠近

列子云孔子出行逢二小兒爭論日之遠近其一兒
曰日初出近日中遠何以知之初出大日中小非近

大而遠小乎其一兒曰初出遠日中近何以知之初
出涼日中熱非遠涼而近熱乎各以此理質諸仲尼
仲尼笑而不答明曰按天形如彈丸陽城土圭得地
之中則日之初出與日之中遠近均也初出大日中
小者凡物平視之則大仰視之則小此乃視之有異
耳初出涼日中熱者天氣不施故也初出之時中國
在日之西故涼也日中之時中國當日之下故熱也
易曰天道下濟而光明地道卑而上行則孔子知之
矣或曰孔子知之何爲不答也答曰仲尼祖述堯舜
憲章文武其道大德尊豈與小兒街譚巷議乎又六
合之外非關敎化者仲尼棄而不論故子路問事鬼
神與死皆不答也且孔子纂易道以黜八索而不知
日之遠近乎以其輕問故笑而不答或問曰子云陽
城土圭得地之中何爲東海近而西海遠也答曰地
傾東南垂入于海今之海畔求其海際以人之所見
謂之近耳

月桂

代人謂及第人爲折月桂者明曰昔者郄詵射策登

第天子問之曰卿自以爲何如對曰臣以爲桂林之
一枝崑山之片玉今人謂爲折月桂何其謬歟且月
中無地安得有桂盖以地影人於月中似樹形耳

江東

今人言項羽起於江東者多以爲浙江之東明曰按
古人稱江東皆謂楚江之東也以其江自西南而下
江南江東隨江所向而呼也項羽起於江東卽蘇州
也故漢書稱項羽避仇於吳中其論用兵之道吳中
士大夫皆出其下尋羽之行止無入浙東之文也或

曰羽殺會稽守貫守通會稽非浙東乎答曰秦并天下分置三十六郡江東爲會稽郡其治所在吳吳郎今蘇州也羽殺貫守通之後起吳中子弟八千人非蘇州而何

江左

晉宋齊梁之書皆謂江東爲江左明曰此據大約而言細而論之左當爲右何以明之按水之左右隨流所向而言之水南流則左在東而右在西水東流則左在北而右在南水北流則左在西而右在東昔三

苗之國左洞庭而右彭蠡則洞庭在西彭蠡在東其水北流故也又哀二年左傳云晉趙簡子納衛太子蒯聵于戚夜行迷道陽虎曰右河而南必至焉此時河轉北流故謂河東爲右也又曲禮云主人入門而右客入門而左主人就東階客就西階門以向堂爲正故左在西而右在東亦其義也按建業之西江水北流則當左在西而右在東今以江東爲江左則是史官失其義也若非史官失其義則世人之傳寫誤也

我承其弊

史記宋義云今秦攻趙戰勝則兵罷我承其弊明曰承字奉上之義於理不安當作乘陵之乘與乘勝逐北以剛乘柔其意同也

徒行

范曄後漢書蔡琰見曹公蓬首徒行而入明曰不乘車者謂之徒行不履韈者謂之徒跣今文姬蓋徒跣非徒行也故下文云曹公與之巾韈

象傲

後漢書劉表與袁譚書曰昆弟之嫌未若重華之於象傲明曰按虞書云瞽子父頑母嚚象傲然則象是舜弟之名傲是不恭之稱非兩字名

瀟湘逢故人

柳文暢江南云汀洲採白蘋日落江南春洞庭有歸客瀟湘逢故人近代詞人皆以爲二人舊是生人忽於瀟湘之上相逢遇也明曰據其題稱江南曲是樂府閨情之詩也詩述婦人夫壻出行之後於春月採蘋次見洞庭湖上有人爲客而歸婦人因問其夫其

人答言於瀟湘之上逢見汝之夫更前去也故此婦人言故人去不返春華復將晩言已之年貌漸衰也不道新知樂秖言行路遠者此婦人憶其夫在外戀新人而不歸託言行路遠耳婦人謂夫爲故人非謂生人逢遇也或問曰今湖州有白蘋洲題此詩於庭内則所言洞庭得非具區中之洞庭山耶答曰按其題稱江南曲其詩云瀟湘逢故人洞庭當與瀟湘接非具區中之洞庭山又爾雅云水中可居曰洲然則水中洲渚所在有之盖文暢會守吳興後人遂題其詩於吳興之洲因爲名耳

白蘋

明曰經典言蘋者多先儒罕有解釋毛詩艸木疏亦未爲分了而湖州圖經謂之不滑之蓴大謬矣按爾雅釋艸云蘋大萍左傳云蘋蘩薀藻之菜然則蘋爲萍類根不植泥生於水上今人呼爲浮菜者是也入夏有花其花正白故謂之白蘋或曰蘋花夏生而梛惲詩云汀洲採白蘋日落江南春何也答曰以蘋花色白故通無之時亦可呼爲白蘋也

蔓菁

今人呼菘爲蔓菁云北地生者爲蔓菁江南生者爲菘其大同而小異耳食療本草所論亦然明曰此盖習俗之非也余少時亦謂菘爲蔓菁常見醫方用蔓菁子爲辟穀藥又用爲塗頭油又用之消毒腫每訝菘子有此諸功殊不知其所謂近讀齊民要術乃知蔓菁是蘿菔苗平生之疑涣然冰釋卽醫方所用蔓菁子皆蘿菔子也漢桓帝時年饑勸人種蔓菁以充饑諸葛亮征漢令軍人種蘿菔則蘿菔蔓菁爲一物

無所疑也然則北人呼菘爲蔓菁與南人不同者亦有由也盖鼎峙之世文軌不同魏武之父諱嵩故北人呼蔓菁而江南不爲之諱也亦由吳主之女名二十而江南人呼二十爲念而北人不爲之避也由此言之蔓菁木爲蘿菔苗亦巳明矣或曰根苗一物何名之異乎答曰按地骨苗名枸杞芎窮苗名蘼蕪藕苗名蓮荷亦其類也斯例寔繁不可勝紀何獨蔓菁蘿菔不可異名乎又曰今北人呼爲蔓菁者其形狀與江南菘菜不同何也答曰凡藥草果實蔬菜踰境

則形狀小異而况江南北地乎

杞梓

近代文人多以杞梓爲大材可爲棟梁之用明曰杞梓小材木可爲器物之用耳何以言之左傳云杞梓皮革自楚往也與皮革同文故知非大材孟子曰性猶杞柳也義猶桮棬也以人性爲仁義猶以杞柳爲桮棬釋木云杞枸檵郭璞曰今枸杞也尚書梓材云既勤樸斲惟其塗丹雘孔安國曰梓漆也詩云椅桐梓漆然則梓非漆之別名可以爲漆器之材耳是知

杞之與梓皆柔軟之木杞則可爲桮棬梓則可爲漆器其非棟梁之材也明矣或曰昔秦人代梓其中一青牛梓非大木耶答曰梓本大木但其爲貨之時析而斷之爲小材耳

七夕

明曰古書皆以七月七日之夕謂之七夕今北人即以七月六日之夕乞巧詢其所自則說有異端靜而思之抑有由也蓋鼎峙之世或中分之時南北異文車書不一必北朝帝王有當七日而崩者故其俗間用六日之夕南人不爲之忌不移七日之夕由此而論昭然可見

楊溝

崔豹古今注云長安御溝謂之楊溝植楊柳於其上也一曰羊溝謂羊喜觸垣墻作溝以隔之故曰羊溝明曰凡溝有露見其明者有以土塡其上者土塡其上者謂之陰溝露見其明者謂之陽溝言陽以對陰無他說也

化雞

風俗通云雞朱氏之所化故呼雞作朱朱聲明曰萬物之生始於開闢軒轅之世已知十二屬之所配豈朱氏之姓興於軒轅之前乎按朱氏出於邾國之後春秋之時未有朱氏豈春秋之後方有雞乎風俗通以呼雞作朱朱聲即云朱氏之化且呼鴨作與與聲又是誰氏之化邪

脾磨

世上醫人見人病不能飲食即云脾不磨者明曰按鳧鶩鵞鷄之類口無牙齒不能噍嚼須脾磨之然後

能消故其脾皮悉皆堅厚若人則異畜獸既有齒牙能嚼食物故脾皆虛軟唯用氣化耳病人脾胃氣弱即不能化食非不磨也家語云齕吞者八竅而卵生齟齬者九竅而胎生胎卵既殊脾胃亦別而醫人不喻斯理一槩而言歷代雖多曾無悟者

丘氏

孔緬唐韻引風俗通云丘氏會左丘明之後也明曰丘明出自齊太公之後不因丘明得姓按藝文志云左丘明姓左名丘明故春秋傳稱左氏傳豈其子孫

以父祖之名而爲姓乎且昭二十三年左氏有郲大夫丘弱則左氏爲傳之時已有丘氏則非丘明之後也明矣風俗通之妄唐韻之疎也

字書

茲黑也二玄春秋傳曰何故使吾水茲子思反■茲艸木多益也從廿茲子之反■滋益也從水茲三字說文孳禮記音子之反上從茲茲從二幺一作茲訛又音字書見虞書有也■字字樣明曰字樣言訛者即是正也按書云樹德務滋又云名言茲在茲古文並作茲上從艸音草下從二幺音一堯反益以隸書艸之其畫直過竪書直下即今文作茲雅當其理幺者物之初生之貌故茲幾學幽之字皆從二幺文義交通音韻相近是知茲蕴茲此茲黑等字皆從二幺別有轉注音相近者亦皆准此或問曰安知左傳水茲之字不從水乎答曰按杜注左傳云滋濁也不訓爲黑假令茲訓爲黑則幺是物之初生自得爲黑不必要從玄也且玄字亦從幺取其初生色黑也故禮記夏后氏尚黑義曰夏以建寅爲人正物生色黑詩云何艸不玄是也又左傳云物生而後有象有象而後有滋則是滋字元始於物生不

始於水濁也又問曰今之滋益之字及左傳水滋之字皆從水何也答曰後人加之耳

氏丁兮反從氏下一底丁木反山居也亦月下也從广氏二字說文乃字樣按氏字氏下一凡聲相近者合皆從氏羝祇之類是也說文字樣底字獨無下一非

起古文起者于能立也從底巳之巳杞古文杞字從木巳芑古文芑字從廿巳三字說文明曰按說文包字注云巳子也起字檢說文手部亦無此字其下從手明

協容從十樣明曰協字訓和宜從心也且協音嫌臘反心

邉著劦與口邉著十皆是諧聲何得協字更從十乎

希通錄

宋　蕭衆

書名曰希通者葢取范甯云雖我之所是理未全當安可以得當之難而自絕於希通哉嘉定癸未通岩居士識

晉語胥臣對文公曰昔者太妊娠文王不變沙瘦於豕牢而得文王不加疾焉韋氏云瘦小也沙便也豕牢厠也不加疾言易也設有是事猶當翦焉況於誣乎老泉帝嚳論嘗闢吞卵等事爲庶幾胥臣之言無稽甚矣

雪山祁連山白山其實天山明帝擊破白山虜於蒲類海上章懷註曰此山冬夏有雪故曰白山白山謂之天山過此皆下拜焉杜詩註天山即祁連山在伊州一名雪山其名雖四其實則一

何彼穠矣唐棣之華曷不肅雝王姬之車韋昭曰車古皆音尺奢及漢已來始音居恐未必然莫赤匪狐莫黑匪烏惠而好我携手同車以此協韻攷之則古亦有居音矣

東坡詩三郎官爵如泥土爭唱弘農得寶歌註皆不載出處賴真子錄嘗記開元中有劉朝霞獻俳文於明皇云遮莫你古來五帝怎如我今代三郎明皇兄弟六人一人早亡故明皇太子時號五王宅寧王薛王明皇兄也申王岐王明皇弟也

荀子仲尼之狀如蒙倛韓退之註四目爲方相兩目爲倛楊倞註倛蒙茸按子虛賦蒙公先驅愼子云毛嬙西施天下之至姣也衣之以皮倛則見之者皆走也若是則蒙倛爲二物倛音欺韻略無此字有魌字

類楊倞說非

誓誥盟詛切切然恐其下之不我信至於假天地神明以誘之亦甚費力矣如堯舜時都俞吁咈四字成就天下無限大事二典三謨寂寥簡短則知未施信於民而民信信盛德不可及如此

王元之待漏院記相君至止煌煌火城按李肇國史補正旦曉漏院已前三司使大金吾皆以樺燭擁馬謂之火城

莊子天籟地籟人籟杜詩陰壑生虛籟注並云簫也按釋文三孔籥大者謂之笙小者謂之箹其中謂之籟籟者乃管之中虛也中虛然後有聲所謂樂出虛是也非直以爲簫

佛名上加南無南謨按韻祖十虞韻內謨字注[illegible]人拜稱南謨音無因知[illegible]夷人拜而并誦其號故就錄之譯經者誤作南謨

光武復南頓田租一歲父老願復十年帝曰天下重器常恐不任安敢遠期十年乎吏民又言陛下實惜之何言謙也帝大笑復增一歲此如家人父子相唯諾足想當時中興之氣象文叔少時與人不欸曲豈

信然哉

楊子祖述孟子文勢極是然楊子刻畫不若孟子渾然

李斯曰非博士官所職天下有敢藏詩書百家語者皆詣中尉雜燒之則是天下之書雖焚而博士官猶有存者惜乎入關收圖籍而不及此竟爲楚人一炬耳前輩嘗論之但坑儒一事未有究極之者僕按史書所坑特侯生盧生四百六十餘人非能盡坑天下

儒者爲其所坑又非儒者何以知之始皇三十二年使盧生求羨門刻碣石門壞城郭决通隄防又盧生入海還因奏錄圖書曰亡秦者胡也始皇乃遣蒙恬發兵三十萬北備　起臨洮築遼水又盧生說始皇曰月方中人主時爲微行以避惡鬼惡鬼避真人至願上所居宮毋令人知然後不死之藥始可得也其後建阿房宮千間萬落必自此言發之觀此二事皆盧生等稔其惡又從臾之特方技之流耳豈所謂儒者哉始皇因封禪之議謗口紛紛已懷殺意及其

一怒而坑之或者天理之不容方其求藥海上也則挾童男童女以行皆取於民間奪其無告之孤肆厥不軌之狀如今所謂妖教其中死無辜者多矣此一罪也因亡胡之讖與北伐之師築長城斷地脈南北生靈因是役而死者不可勝筭骸積如山血流成川調發頻仍剝及閭左原始要終誰生厲階此二罪也獻避鬼之術覬真人之來咸陽宮觀二百七十複道相連有言其所幸之處者罪死梁山之上其語一泄時在旁者盡殺之自是莫知上之所在此三罪也有一於此罪不容於死况兼有之以四百六十餘人之坑償萬民之命良不爲過天網恢恢踈而不漏真可畏哉始皇曰盧生等吾尊賜之甚厚今乃誹謗我諸生在咸陽者吾使廉問或爲妖言以亂黔首於是使御史按問諸生傳相告引僕亦信盧生非吾儒中人况始皇自謂尊賜甚厚豈非如前三者方術圖讖之類有以中其欲歟尊賜之初不名其誦孔子之言以進古今相承皆曰坑儒蓋惑於扶蘇之諫扶蘇曰諸生皆誦法孔子皇上皆重法繩之臣恐天下不安嗚

呼若盧生者何嘗誦法孔子自扶蘇一言之誤使儒者蒙不韙之名自我一洗亦萬世之快也不然如兩生四皓伏生之流鴻飛冥冥弋人何慕肯搖唇鼓吻自投於陷穽哉僕故曰盧生四百六十餘人皆方伎之士也天下之大所謂儒者固不止此其坑之者此而已矣有道之士秦不能坑火德一炎兩生以講禮聞四皓以羽翼之功聞伏生以口授古書聞豈非天壽其脈留此數公以見吾儒不可磨滅而明奸惡小人終不能爲常久計商君以變法禍秦竟遭車裂盧

生等以方技禍秦坑於咸陽其罪等也天其或者假手於秦歟商君裂矣盧生坑矣而秦以不祀抑自相擠陷之明報而禍淫之道爲不偏矣僕甚惡坑儒之名故論其顛末云

項羽夜聞漢軍四面皆楚歌泣數行下歌曰力拔山兮氣葢世時不利兮騅不逝騅不逝兮可柰何虞兮虞兮柰若何又東坡志林載李後主去國之詞云二十餘年家國數千里地山河幾曾慣干戈一旦歸爲臣虜沈腰潘鬢消磨最是倉皇辭廟日教坊猶奏別

離歌揮淚對宮娥東坡謂後主當慟哭於九廟之下謝其民而後行顧乃揮淚對宮娥其詞悽愴同出一揆然羽爲差勝其悲歌慷慨猶有喑嗚叱咤之氣後主渾是養成兒女之態耳如梁武帝稔侯景之禍毒流江左乃曰自我得之自我失之亦復何恨此說雖與二者不同如窮兒呼盧驟勝驟負無所愛惜特付之一擲耳嗚呼安得此亡國之言哉

田文好賢下士温公鄙之爲逋逃主萃淵藪王介甫亦謂鷄鳴狗盜之出於門下此士之所以不至僕謂此不足責有一事最無耻請暴白之戰國策孟嘗君舍人有與君之夫人相愛者或以聞孟嘗君曰爲君舍人內與夫人相愛亦甚不義矣君其殺之君曰睹貌而相悅者人之情也其措之勿言也世之君子尚以爲當時有一子思不在三千之數且田文志趣如此而顧以此責之過矣就使其能以禮招聘而子思且唾去不暇詎肯以車魚之故而就之哉戰國策言非眞有此事亦惡之甚耳

周亞夫細柳營見文帝不拜而揖人以爲擢軍威受

之身擐甲冑亦所不能拜按公羊僖公三十三年晉人及姜戎敗秦師于殽百里子與蹇叔子送其子而戒之子揖師而行何休云揖其父於師中介胄不拜爲其拜如蹲存音觀此則知亞夫之不拜有由矣

史記始皇本紀至雲夢浮江下過丹陽至錢唐臨浙江上會稽立石刻頌秦德西漢地理志會稽有錢唐縣今人以唐爲塘非也其失本於世說世說云晉人有沈姓而令其縣者將築塘患土不給詭曰致土一畚以錢一畚易之土既集詭曰今不復須土矣人皆

棄去因取以築故名姝不知秦漢以前巳有此名豈
云晉而然乎
本朝以居士稱者實繁即孟子所謂處士也六經中
惟禮記玉藻有曰居士錦帶注道藝處士也居士之
稱昉乎此
今人以寄居之官爲寓公禮記郊特牲諸侯不臣寓
公注寄公之子寄公字尤新
左傳燭之武見秦伯曰若舍鄭以爲東道主史紀鄭
使謂秦穆曰君何不解鄭得爲東道後漢彭寵傳以
希通錄　八
一身從我不如以一代爲北道主人今世專以主人
爲東道古人各指其地之所向而言之
今以宮奴爲官奴郎官婢其字原於周禮天官酒人
奚三百人注今之侍史官婢
漢昌邑王賀清狂不惠注如今白癡也僕謂以清狂
對白癡字亦新後讀左氏傳成十八年周兄無慧蓋
世所謂白癡則知師古之注本於杜預惠慧字異而
意同
杜牧之息夫人廟詩至竟息亡緣底事可憐金谷墮

樓人至竟畢竟也詩人習用至竟字按後漢樊英傳
論朝廷若待神明至竟無他異其餘史書未見用此
字
俚談以不可用爲不中用自晉時巳有此語左傳成
二年郤子曰克於先大夫無能爲役杜預注不中爲
之役使
今人多曰執券取償按史記田敬仲世家蘇代謂田
軫曰公常執左券以責於秦韓又平原君傳虞卿其
兩權事成操右券以責券者取其合符之義曰左曰
希通錄　九
右皆可
俗斥年長者爲老物實非惡語人亦物也故曰人物
況六經中巳有之周禮籥章祭蜡以息老物
利市之說世俗皆然其實六經中巳有此字易說卦
巽爲利市三倍
周邦彥樂府有蘇幙遮之曲按唐書宋務光傳比見
坊邑相率爲渾脫隊駿馬胡服名曰蘇幙遮蓋本於
此今誤爲幙
毿字音壽出羯鼓錄嵇康琴賦云間遼故音庳絃長故

徽鳴瘅者虺也兩紘之間遠則有虺故云

希通錄　八　十

實賓錄

闕名

伴食宰相盧懷慎也

癡宰相楊再思也

盲宰相關播也

模稜宰相蘇味道也

麻膏宰相崔徹也

曲子相公晉和凝也

看馬僕射唐李德權也田令孜擢爲牙職令孜敗德權畏誅遁入復州爲太守閫人有識之者能詰其事號爲看馬僕射

實賓錄　八　一

伏臘侍郎戶部侍郎蕭炅也

八磚學士唐翰林學士李程也

斗酒學士唐待詔門下省王績也

侏儒郎中唐兵部郎中韋慎也

軟餅中丞蜀韋㟲唐相範之子仕孟昶時歷御史中丞性多依違時號軟餅中丞

赤牛中尉魏兼御史中尉元仲景也嘗駕赤牛時人

爲赤牛中尉
驄馬御史後漢桓典也
白兔御史唐王洪義也
金牛御史周樀侍御史嚴昇嗜牛肉凡到處金牛爲
之湧貴江南人號金牛御史
四其御史唐鄭洪霸也
斵窗舍人唐楊滔任中書舍人才力既踈殊不稱職
一日促命制詞令史持庫鑰他適無舊本檢尋乃斵
窗以取物議喧然時號斵窗舍人

實賓錄　八　二

五日京兆前漢京兆尹張敞也
筭博士唐陽燦也
瘦羊博士後魏博士甄宇也
判詩博士五代王仁裕也
侍芝郎吳工人黃耇也
有道大人漢李恢廣武君左車十四世孫高尚不仕
號有道大人
縮葱御史唐御史侯思止也
太牢御史牛曰太牢謂牛僧孺也

土山頭果毅唐諸郎中不自員外拜者之謂
百乘將軍洛水九山洛百乘將軍顯靈碑碑云將軍
姓伊氏諱益
呷醋節度使唐節度使李景略也
鍇脚膁刺史薛大鼎鄭德本賈郭顧也
癩兒刺史後魏瀛州刺史宇文福也
鬱府參軍晉郗隆也
圍棋州都大中正宋明帝好圍棋
捉船使君唐末横州刺史郭氏也
髯參軍短主簿郗超王珣也

實賓錄　八　三

紫袍從事唐韋見素張倚也
香尉漢雍伸進南海香物拜洛陽尉時人因號曰香
尉
進喜馬唐李瑒也
好脚跡門生唐李太師逢吉知貢舉榜成未放而入
相及入第就中書見座主時謂好脚跡門生前世未
有
負心門生唐宦者楊復恭

秦婦吟秀才五代蜀相韋莊也
不利市秀才唐夏侯孜也後登相位
素臣謂丘明也
爲荆卿唐甄戈任俠者
楊三郎隋宗室滕穆王瓚也
酒可郎節度使王紹禺也
善士孟子曰薛居州善士也
醉士唐皮日休自謂也
辨士王稽云張祿天下辨士范睢言蔡澤辨士太史

公謂陸賈辨士
望士晉葛旟曰顧榮天下望士
貧士晉劉寔也
寒士齊司徒褚彦回謂劉詳曰寒士不遜又褚彦回
謂謝超宗曰寒士不遜後周張綰因酒詬杜果曰寒
士不遜
萬石君漢石奮也後漢馮勤曾祖父楊爲弘農太守
有子八人皆爲二千石趙魏間榮之號曰萬石君又
後漢秦襲爲潁州太守爲與群從同時爲二千石者
五人故三輔號曰萬石秦家
三相張家唐張家貞相玄宗延賞相德宗弘靖相憲
宗時號曰三相張家
三戟崔家唐崔林伯仲多至大官並列棨戟時號三
戟崔家
五唐王家隋王龍之財帛埒於王侯五子各立一院
邑里號爲五唐王家
書樓張家五代周張昭遠好學積書萬卷以樓之號
書樓張家

三戟張家唐張儉兄弟三人門皆立戟時號三戟張
家
銀鏤王家太原王氏四姓得之爲美故呼爲銀鏤王
家喻銀質而金飾也
萬石張家唐張文瓘四子父子皆三品時謂萬石張
家
眞書盧家唐盧詹尚書爲吏部押官誥楷署其名字
時人謂之眞書盧家
尖頭盧家五代盧舊祖父仕唐俱至顯官子孫生而

頭鋭時人號尖頭盧家
闕下林家唐林諧親亡廬墓有白頭來甘露降林作
二闕於母墓前時號闕下林家
世修降表李家蜀李昊四爲降表蜀人憤之有潛書
其門者云世修降表李家
不語楊家五代中楊行密有一子病瘖鄉里號爲不
語楊家
黠頭崔家崔雍兄弟八人皆登進士一科世爲黠頭
崔家
鳳閣王氏唐王釋從昆弟四人皆擢進士至鳳閣舍
人時號鳳閣王氏

説郛目録

譚子化書目録

譚子化書卷一

譚景昇

道化

道之委也虛化神神化氣氣化形形生而萬物所以塞也道之用也形化氣氣化神神化虛虛明而萬物所以通也是以古聖人窮通塞之端得造化之源忘形以養氣忘氣以養神忘神以養虛虛實相通是謂大同故藏之爲元精用之爲萬靈含之爲太一放之爲太清是以坎離消長于一身風雲發泄于七竅眞氣薰蒸而時無寒暑純陽流注而民無死生是謂神

化之道者也

蛇雀

蛇化爲龜雀化爲蛤彼忽然忘曲屈之狀而得蹣跚之質此倏然失飛鳴之態而得介甲之體斲削不能加其功繩尺不能規其象何化之速也且夫當空團塊見塊而不見空粉塊求空見空而不見塊形無妨而人自妨之物無滯而人自滯之悲哉

老楓

老楓化爲羽人朽麥化爲蝴蝶自無情而之有情也賢女化爲貞石山蚯化爲百合自有情而之無情也是故土木金石皆有情性精魄虛無所不至神無所不通氣無所不類孰爲彼孰爲我孰爲有識孰爲無識萬物一物也萬神一神也斯道之至矣

耳目

目所不見設明鏡而見之耳所不聞設虛氣而聞之精神在我視聽在彼跰跙可以割脂吻可以補則是耳目可以妄設形容可以僞置既假又假既惑又惑

所以知魂魄魅我血氣醉我七竅因我五根役我惟神之有形由形之有疣苟無其疣何所不可

環舞

作環舞者宮室皆轉瞰迴流者頭目皆旋非宮室之幻惑也而人自惑之非迴流之改變也而人自變之是故粉中爲兎藥石爲馬而人不疑甘言巧笑圖臉畫眉而人不知惟淸靜者物不能欺

鉛丹

術有火鍊鉛丹以代穀食者其必然也然歲豐則能

飽歲儉則能饑是非丹之恩蓋由人之誠也則是我本不饑而自饑之丹本不飽而自飽之饑者大忘飽者大幻蓋不齊其道也故人能一有無一死生一性情一内外則可以蛻五行脫三光何患乎一日百食何慮乎百日一食

形影

以一鏡照形以餘鏡照影鏡鏡相照影影相傳不變冠劍之狀不奪黼黻之色是形也與影無殊是影也與形無異乃知形以非實影以非虛無實無虛可與

道俱

蟄藏

物有善于蟄藏者或可以禦大寒或可以去大饑或可以萬歲不死以其心冥冥兮無所知神怡怡兮無所之氣熙熙兮無所爲萬慮不能惑求死不可得是以大人體物知身體身知神體神知真是謂吉人之津

梟雞

梟夜明而晝昏雞晝鳴而夜昏其異同也如是或謂梟爲異則謂雞爲同或謂雞爲異則謂梟爲同孰梟雞之異晝夜乎晝夜之異梟雞乎孰晝夜之同梟雞乎梟雞之同晝夜乎夫耳中磬我自聞目中花我自見我之晝夜彼之晝夜則是晝不得謂之明夜不得謂之昏能齊昏明者其爲大人乎

四鏡

小人常有四鏡一名圭一名珠一名砥一名盂圭視者大珠視者小砥視者正盂視者倒觀彼之器察我之形由是無大小無短長無妍醜無美惡所以知形

氣諂我精魂賊我奸臣貴我禮樂尊我是故心不得爲君王不得爲之主戒之如火防之如虎純儉不可襲清靜不可侮然後可以跡容廣而躋三五

射虎

射似虎者見虎而不見石斬暴蛟者見蛟而不見水是知萬物可以虛我身可以無以我之無合彼之虛自然可以隱可以顯可以死可以生而無所拘夫空中之塵若飛雪而目未嘗見穴中之蟻若牛鬪而耳未嘗聞況非見聞者乎

龍虎

龍化虎變可以蹈虛空虛空非無也可以貫金石金石非有也有無相通物我相同其生非始其死非終知此道者形不可得斃神不可得逝

游雲

游雲無質故五色含焉明鏡無瑕故萬物象焉謂水之含天也必天含水也夫百步之外鏡則見人人不見影斯爲驗也是知太虛之中無所不有萬躍之內無所不見而世人且知心仰寥廓而不知跡處虛空

寥廓無所間神明且不遠是以君子常正其心常儼其容則可以游泳于寥廓交友于神明而無咎也

噦嚥

有言臭腐之狀則輒有所噦聞珍羞之名則妄有所嚥臭腐了然虛珍羞必然無而噦不能止嚥不能已有懽菽醬若蝤蠐者有愛鮑魚若鳳膏者知此理者可以齊奢儉外榮辱黜是非忘禍福

大化

虛化神神化氣氣化形形化精精化顧眄而顧眄化揖讓揖讓化升降升降化尊卑尊卑化分別分別化冠冕冠冕化車輅車輅化宮室宮室化抜衛抜衛化燕享燕享化奢蕩奢蕩化聚斂聚斂化欺罔欺罔化刑戮刑戮化悖亂悖亂化甲兵甲兵化爭奪爭奪化敗亡其來也勢不可遏其去力不可抜是以大人以道德游泳之以仁義漁獵之以形體籠罩之蓋保其國家而護其富貴也故道德有所不實仁義有所不至刑禮有所不足是教民爲姦詐使民爲淫邪化民爲悖逆驅民爲盜賊上昏昏然不知其弊下恍恍然

不知其病其何以救之哉

正一

世人皆知莧藎可以剖鼈而不知朱草可以剖人小人由是知神可以分氣可以泮形可以散散而爲萬不謂不足聚而爲一不謂有餘若狂風飄髮魂魄夢飛屐齒斷蚓首尾皆動夫何故太虛一虛也太神一神也太氣一氣也太形一形也命之則四根之則一守之不得舍之不失是謂正一

天地

天地盜太虛生人蟲盜天地生蠑虰盜人蟲生蠑虰者腸中之蟲也嚀我精氣鑠我魂魄盜我滋味而有其生有以見我之必死所以知天之必顛天其顛乎我將安有我其死乎蠑虰將安守所謂姦臣盜國國破則家亡蠹虫蝕木木盡則蟲死是以大人鍊精氣藏魂魄薄滋味禁嗜欲外富貴雖天地老而我不傾蠑虰死而我長生姦臣去而國太平

稚子

稚子弄影不知爲影所弄狂夫侮像不知爲像所侮

化家者不知爲家所化化國者不知爲國所化化天下者不知爲天下所化三皇有道者也不知其道化爲五帝之德五帝有德者也不知其德化爲三王之仁義三王有仁義者也不知其仁義化爲秦漢之戰爭醉者負醉疥者療疥其勢彌顛其病彌篤而無反者也

陽燧

陽燧召火方諸召水感激之道斯不遠矣高視者强低視者賊斜視者狡平視者仁張視者怒細視者佞遠視者智近視者拙外視者昏內視者明是故載我者身用我者神用神合眞可以長存

死生

虛化神神化氣氣化血血化形形化嬰嬰化童童化少少化壯壯化老老化死死復化爲虛虛復化爲神神復化爲氣氣復化爲物化化不間由環之無窮夫萬物非欲生不得不生萬物非欲死不得不死達此理者虛而乳之神可以不化形可以不生

爪髮

爪髮者我之形何爪可割而無害髮可截而無痛蓋榮衛所不至也則是我本無害而筋骨爲之害我本無痛而血肉爲之痛所以知喜怒非我作哀樂非我動我爲形所昧形爲我所夌達此理者可以出生死之外

神道

太上者虛無之神也天地者陰陽之神也人蟲者血肉之神也其同者神其異者形是故形不靈而氣靈語不靈而聲靈覺不靈而夢靈生不靈而死靈水至

清而結氷不清神至明而結形不明氷泮返清形散
返明能知眞死者可以游太上之京

神交

牝牡之道龜龜相顧神交也鶴鶴相唳氣交也葢由
情愛相接所以神氣可交也是故大人大其道以合
天地廓其心以符至眞融其氣以生萬物和其神以
接兆民我心熙熙民心怡怡心怡怡兮不知其所思
形惚惚兮不知其所爲若一氣之和合若一神之混
同若一聲之哀樂若一形之窮通安用旌旗安用金

鼓安用賞罰安用行伍斯可以將天下之兵滅天下
之敵是謂神交之道也

大含

虛化神神化氣氣化形形氣相乘而成聲耳非聽聲
也而聲自投之谷非應響也而響自滿之耳小竅也
谷大竅也山澤小谷也天地大谷也一竅鳴萬竅皆
鳴一谷聞萬谷皆聞聲導氣氣導神神導虛虛含神
神含氣氣含聲相導相含雖秋蚊之翺翺蒼蠅之營
營無所不至也由此知之雖絲毫之慮必有所察雖
啾嚓之言必有所聞唯大人之機天地莫能見陰陽
莫能知鬼神莫能窺夫何故道德仁義之所爲

譚子化書卷二

術化

雲龍

雲龍風虎得神氣之道者也神由母也氣由子也以神召氣以母召子孰敢不至也夫蕩櫱者必召五帝之氣苟召不至櫱何以蕩伏虺者必役五星之精苟役不至虺何以伏小人由是知陰陽可以作風雲可以會山陵可以拔江海可以發然用之于外不如守之于内然後用之于外則無所不可

猛虎

猛虎行草木偃毒鴆怒土石揭威之所鑠氣之所搏頑嚚爲之作小人由是知鋏可使之飛山河可使之移萬物可使之相隨夫神全則威大精全則氣雄萬惑不能溺萬物可以役是故一人所以能敵萬人者非弓刀之技蓋威之至也一人所以能悅萬人者非言笑之惠蓋和之至也

用神

蟲之無足蛇能屈曲蛭能掬蹙蝸牛能蓄縮小人所以見其機由是得其所可以坐致萬里而不馳是故足行者有所不達翼飛者有所不致目視者有所不見耳聽者有所不聞夫何故彼知形而不知神此知神而不知形以形用神則亡以神用形則康

水竇

水竇可以下溺杵糠可以療噎斯物也始製于人又復用于人法本無祖術本無狀師之于心得之于象陰爲陽所伏男爲女所制剛爲柔所克智爲愚所得以是用之則鐘鼓可使之啞車轂可使之鬭妻子可使之改易君臣可使之離合萬物本虛萬法本無得虛無之竅者知法術之要乎

魍魎

魍魎附巫祭言禍福事每來則飲食言語皆神每去則飲食言語皆人不知魍魎之附巫祭也不知巫祭之附魍魎也小人由是知心可以交氣可以易神可以奪魄可以錄形爲神之宫神爲形之容以是論之何所不可

虛無

鬼之神可以禦龍之變可以役蛇虺可以不能螫戈矛可以不能擊唯無心者火不能燒水不能溺兵刃不能加天命不能死其何故志于樂者猶忘饑志于憂者猶忘痛志于虛無者可以忘生死

虛實

方咫之木置于地之上使人蹈之而有餘方咫之木置于竿之端使人蹈之而不足非物有小大蓋心有虛實是故冐大暑而撓者愈熱受炙灼而懼者愈痛人無常心物無常性小人由是知水可使不濕火可

使不燥

狐狸

狐狸之恠雀鼠之魅不能幻明鏡之鑑者明鏡無心之故也是故虛空無心而無所不知昊天無心而萬象自馳行師無狀而敵不敢欺大人無慮而元精自歸能師于無者無所不之

轉舟

轉萬斛之舟者由一尋之木發千鈞之弩者由一寸之機一目可以觀大天一人可以君兆民大虛茫茫而有涯太上浩浩而有家得天地之綱知陰陽之房見精神之藏則數可以奪命可以活天地可以反覆

心變

至淫者化爲婦人至暴者化爲猛虎心之所變不得不變是故樂者其形和喜者其形逸怒者其形剛憂者其形蹙斯亦變化之道也小人由是知顧六尺之軀可以爲龍蛇可以爲金石可以爲草木大哉斯言

珠玉

悲則雨淚辛則雨涕憤則結瘿怒則結疽心之所欲

氣之所屬無所不育邪苟爲此正必爲彼是以大人節悲辛誡憤怒得灝氣之門所以收其根知元神之舍所以收其光若蚌内守若石内藏所以爲珠玉之房

蠮螉

夫蠮螉之蟲孕螟蛉之子傳其情交其精混其氣和其神隨物大小俱得其眞蠢動無定情萬物無定形小人由是知馬可使之飛魚可使之馳土木偶可使之有知嬰兒似乳母斯道不遠矣

胡夫

胡夫而越婦其子髯面而蛙足蠻夫而羌婦其子拗鼻而昂首梨接桃而本強者其實毛梅接杏而本強者其實甘以陰孕陽以柔孕剛以曲孕直以短孕長以大孕小以圓孕方以水孕火以丹孕黃小人由是知可以爲金石可以爲珠玉可以爲異類可以爲怪狀造化之道也

陰陽

陰陽相搏不根而生芝菌燥濕相育不母而生蝤蠐

是故世人體陰陽而根之數燥濕而母之無不濟者小人猶是知陶鍊五行火之道也流行無窮水之道也八封環轉天地之道也神物乃生變化之道也是以君子體物而知身體身而知道夫大人之道幽且微則不知其孰是孰非

海魚

海魚有以蝦爲目者人皆笑之殊不知古人以囊螢爲燈者又不知晝非日之光則不能馳夜非燭之明則有所欺觀傀儡之假而不自疑嗟朋友之逝而不自悲賢與愚莫知唯抱純白養太玄者不入其機

彌松

彌松所以能凌霜者藏正氣也美玉所以能犯火者蓄至精也是以大人晝運靈旗夜錄神芝覺所不覺思所不思可以冬禦風而不寒夏禦火而不熱故君子藏正氣者可以遠鬼神伏姦佞蓄至精者可以福生靈保富壽夫何爲多少之故也

動靜

動靜相磨所以化火也燥濕相蒸所以化水也水火

相勃所以化雲也湯盎投井所以化雹也飲水雨日所以化虹霓也小人由是知陰陽可以召五行可以役天地可以別構日月可以我作有聞是言者必將以爲誕夫民之形也頭圓而足方上動而下靜五行運于內二曜明于外斯亦別構之道也

聲氣

操琴瑟之音則翛然而閑奏鄭衛之音則樂然而逸解鐃鼙之音則背膂凜森撾鼓鼙之音則鴻毛鄭踴其感激之道也如是以其和也召陽氣化融風生萬

物也其不和也作陰氣化厲風辱萬物也氣由聲也聲由氣也氣動則聲發聲發則氣振氣振則風行而萬物變化也是以風雲可以命霜雹可以致鳳凰可以歌熊羆可以舞神明可以友用樂之術也甚大

大同

虛舍虛神舍神氣舍氣明舍明物舍物達此理者情可以通形可以同同于火者化爲火同于水者化爲水同于日月者化爲日月同于金石者化爲金石唯大人無所不同無所不化足可以與虛皇並駕

帝師

鏡非求鑒于物而物自投之橐非求飽于氣而氣自實之是故鼻以虛受臭耳以虛受聲目以虛受色舌以虛受味所以心同幽冥則物無不受神同虛無則事無不知是以大人奪其機藏其微羽符至怪陰液甚奇可以守國可以救時可以坐爲帝王之師

琥珀

琥珀不能呼腐芥丹砂不能入燋金磁石不能取憊鐵元氣不能發陶爐所以大人善用五行之精善奪萬物之靈食天人之祿駕風馬之榮其道也在忘其形而求其情

譚子化書卷三

德化

五常

儒有講五常之道者分之爲五事屬之爲五行散之爲五色化之爲五聲俯之爲五嶽仰之爲五星物之爲五金族之爲五靈配之爲五味感之爲五情所以聽之者若醯雞之遊太虛如井蛙之浮滄溟莫見其鴻濛之涯莫測其浩渺之程日暮途遠無不倒行殊不知五常之道一也忘其名則得其理忘其理則得

其情然後牧之以清靜棲之以杳冥使混我神氣符我心靈若水投水不分其清若火投火不間其明是謂奪五行之英盜五常之精聚之則一芥可包散之則萬機齊亨其用事也如酌醴以投器其應物也如懸鏡以鑒形于是乎變之爲萬象化之爲萬生通之爲陰陽虛之爲神明所以運帝王之籌策代天地之權衡則仲尼其人也

飛蛾

天下賢愚營營然若飛蛾之投夜燭蒼蠅之觸曉窗知往而不知返知進而不知退但知避害而就利不知聚利而就害夫賢于人而不賢于身何賢之謂也博于物而不博于已何博之謂也是以大人利害俱亡何往不藏

異心

虎踞于林蛇遊于澤非鴟鳶之讐鴟鳶從而號之以其蓄異心之故也牛牧于田豕眠于圃非烏鵲之馭烏鵲從而乘之以其無異心之故也是故麟有利角衆獸不伏鳳有利觜衆鳥不賓君有奇智天下不臣

善馳者終于蹶善鬭者終于敗有數則終有智則窮巧者爲不巧者所使詐者爲不詐者所理

弓矢

天子作弓矢以威天下天下盜弓矢以侮天子君子作禮樂以防小人小人盜禮樂以僭君子有國者好聚斂蓄粟帛具甲兵以禦賊盜賊盜擅甲兵踞粟帛以奪其國或曰安危德也又曰興亡數也苟德可以恃何必廣粟帛乎苟數可以憑何必廣甲兵乎

無所不能者有大不能無所不知者有大不知夫忘弓矢然後知射之道忘策轡然後知馭之道忘弦匏然後知樂之道忘智慮然後知大人之道是以天下之主道德出于人理國之主仁義出于人亡國之主聰明出于人

有國

有國之禮享郊廟敬鬼神也釁龜策占吉凶也敬鬼神信禍福之職也占吉凶信興亡之數也奈何有大不信窮民之力以爲城郭奪民之食以爲儲蓄是福

可以力取是亡可以力敵是疑貳于鬼神是欺惑于龜策是不信于天下之人斯道也賞不足勸罰不足懼國不足守

黄雀

黄雀之爲物也日遊于庭日親于人而常畏之而人常撓之玄鳥之爲物也時遊于戶時親于人而不畏人而人不撓之彼行促促此行佯佯彼鳴啾啾此鳴鏘鏘彼視矍矍此視汪汪彼心慼慼此心堂堂是故疑人者爲人所疑防人者爲人所防君子之道仁與義中與正何憂何害

籠猿

籠中之猿踴躍萬變不能出于籠匣中之虎狂怒萬變不能出于匣小人之機智慮萬變不能出于大人之道夫大人之道如地之負如天之垂無日不怨無人不欺怨不我怒欺不我夷然後萬物知其所歸

常道

仁義者常行之道行之不得其術以至于亡國忠信者常用之道用之不得其術以至于獲罪廉潔者常

守之道守之不得其術以至于暴民財辯者常御之道御之不得其術以至于罹禍蓋拙在用于人巧在用于身使民親稼則怨誡民輕食則怒夫餌者魚之嗜羶者蟻之慕以餌投魚魚必懼以羶投蟻蟻必去由不得化之道

感喜

感父之慈非孝也喜君之寵非忠也感始于不感喜始于不喜多感必多怨多喜必多怒感喜在心由物之有蠧由蓬之藏火不可不慮是以君子之業爵之

不貴禮之不下親之不知踈之不疑辱之不得何感喜之有

太醫

太醫之道脉和而實者爲君子生之道也撓而浮者爲小人死之道也太卜之道策平而慢者爲君子吉之道也曲而利者爲小人凶之道也以是論之天下之理一也是故覩其國則知其臣覩其臣則知其君覩其君則知其興亡臣可以擇君而仕君可以擇臣而任夫揖讓可作而躁静不可作衣冠可詐而形器

不可詐言語可文而聲音不可文

讒語

藏于人者謂之機奇于人者謂之謀殊不知道德之機衆人所知仁義之謀衆人所無是故有賞罰之教則邪道進有親踈之分則小人入夫棄金于市盗不敢取詢政于朝讒不敢語天下之至公也

刻畫

畫者不敢易于圖像苟易之必有咎刻者不敢侮于本偶苟侮之必貽禍始製作于我又要敬于我又寘禍于我是故張機者用于機設險者死于險建功者辱于功立法者樿于法動一轂則百轂相會舉一事則萬事有害所以機貴乎明險貴乎平功貴乎無狀法貴乎無象能出刻畫者可以名之爲大象

酒醴

夫酒醴者廹之飲愈不飲恕之飲愈欲飲是故抑人者人抑之容人者人容之貸其死者樂其死貸其輪者樂其輪所以民道君之德君盗民之力能知反覆之道者可以居兆民之職

恩賞

侯者人所貴金者人所重衆人封公而得侯者不美衆人分玉而得金者不樂是故賞不可妄行恩不可妄施其當也由爲爭奪之漸其不當也即爲亂亡之基故我自卑則賞不能大我自儉則恩不得奇歷覩亂亡之史皆驕侈恩賞之所以爲也

養民

民不怨火而怨使之禁火民不怨盗而怨使之防盗是故濟民不如不濟愛民不如不愛天有雨露所以

招其怨神受禱祝所以招其謗夫禁民火不如禁心
火防民盜不如防我盜其養民也如是

譚子化書卷三終

譚子化書卷四

仁化

得一

曠然無為之謂道道能自守之謂德德生萬物之謂
仁仁救安危之謂義義有去就之謂禮禮有變通之
謂智智有誠實之謂信通而用之之謂聖道虛無也
無以自守故授之以德德清靜也無以自用故授之
以仁仁用而萬物生萬物生必有安危故授之以義
義濟安拔危必有否臧故授之以禮禮秉規持範必

有凝滯故授之以智智通則多變故授之以信信者
成萬物之道也

五行

道德者天地也五常者五行也仁發生之謂也故均
於木義救難之謂也故均于金禮明白之謂也故均
於火智變通之謂也故均於水信慤然之謂也故均
於土仁不足則義濟之金伐木也義不足則禮濟之
火伐金也禮不足則智濟之水伐火也智不足則信
濟之土伐水也始則五常相濟之業終則五常相伐

之道斯大化之往也

畋漁

夫禽獸之於人也何異有巢穴之居有夫婦之配有父子之性有死生之情烏反哺仁也隼憫胎義也蜂有君禮也羊跪乳智也雉不再接信也孰究其道萬物之中五常百行無所不有也而教之爲網罟使之務畋漁且夫焚其巢穴非仁也奪其親愛非義也以斯爲享非禮也教民殘暴非智也使萬物懷疑非信也夫羶臭之欲不止殺害之機不已羽毛雖無言必

狀我爲貪狠之與封豕鱗介雖無知必名我爲長鯨之與巨虺也胡爲自安焉得不耻吁直疑自古無君子

犧牲

犧牲之享蒸爲之薦古之禮也且古之君子非不知情之憂喜聲之哀樂能動天地能感鬼神刀杌前列則憂喜之情可知矣鷹犬齊至則哀樂之聲可知矣以是祭天地以是禱神明天地必不享苟享之必有咎神明必不歆苟歆之必有悔所以知神龍見喪風雲之象也鳳凰來失尊戴之象也麒麟出亡圖土之象也觀我之義禽不必義也以彼爲祥禽不必祥也

太和

非兎役獵役也非民詐吏詐也慎勿怨盜賊盜賊惟我召慎勿怨叛亂叛亂稟我教不有和睦焉得仇讐不有賞勸焉得鬬爭是以大人無親無疏無愛無惡是謂太和

海魚

海魚有吐黑水上庇其身而游者人因黑而漁之夫

智者多屈辯者多辱明者多蔽勇者多死扃鐍固賊盜喜忌諱嚴敵國幸禁可以越者號也兵可以奪者符也蜀敗于山晉敗于馬夫大人之機道德仁義而巳矣

神弓

譽人者人譽之謗人者人謗之是以君子能罪巳斯罪人也不報怨斯報怨也所謂神弓鬼矢不張而發不注而中天得之以假人人得之以假天下

救物

救物而稱義者人不義之行惠而求報者人不報之民之情也讓之則多爭之則少就之則去避之則來與之則輕惜之則奪是故大義無狀大恩無象大義成不知者荷之大義就不識者報之

書道

心不疑乎手手不疑乎筆忘手筆然後知書之道和暢非巧也淳古非朴也柔弱非美也强梁非勇也神之所浴氣之所沐是故點策蓄血氣顧盼含情性無筆墨之跡無機智之狀無剛柔之容無馳騁之象若

黄帝之道熙熙然君子之風穆穆然是故觀之者其心樂其神和其氣融其政太平其道無朕夫何故見山思静見水思動見雲思變見石思貞人之常情也

鳳鴟

鳳不知美鴟不知惡陶唐氏不知聖有苗氏不知暴使陶唐氏恃其聖非聖也有苗氏知其暴〻暴也衆人皆能寫人之形而不能寫巳之形皆能求人之惡而不能求巳之惡皆能知人之禍而不能知巳之禍是以大人聽我聲察我色候我形伺我氣然後知人之情僞

知人

觀其文章則知其人之貴賤焉觀其書篆則知其人之情性焉聞其琴瑟則知其人之道德焉聞其教令則知其人之吉凶焉小人由是知唐堯之容淳淳然虞舜之容熙熙然伯禹之容蕩蕩然殷湯之容堂堂然文王之容巍巍然武王之容諤諤然仲尼之容皇皇然則天下之人可以自知其愚與賢

螻蟻

螻蟻之有君也一拳之宮與衆處之一塊之臺與衆臨之一粒之食與衆蓄之一蟲之肉與衆咂之一罪無疑與衆戮之故得心相通而後神相通神相通而後氣相通氣相通而後形相通故我病則衆病我痛則衆痛怨何由起叛何由始斯太古之化也

歌舞

能歌者不能者聽之能舞者不能者觀之巧者不巧者辯之賢者不賢者任之夫養木者必將伐之待士者必將死之網之以冠冕釣之以爵祿若馬駕車輅

貴不我得鮭食糟糠肥不我有是以大人道不虛貴德不虛守貧有所倚退有所恃退者非樂寒賤而甘委棄

躑躅

躑躅之酒烏喙之哺莨菪之膏野葛之乳初啜之若芥再啜之若黍復啜之若丸又啜之若脯小人由是知彊弩可以漸引巨鼎可以漸舉水火可以漸習虎兕可以漸侶逆者我所化辱者我所與不應者我所命不臣者我所取所以言桀馬不可馭漸賊不可禦

得之以爲萬化之母

止鬬

止人之鬬者使其鬬抑人之忿者使其忿善救鬬者預其鬬善解忿者濟其忿是故心不可伏而伏之愈亂民不可理而理之愈怨水易動而自淸民易變而自平其道也在不逆萬物之情

象符

術有降萬物之藴毒者則交臂均指象之爲符是故若天蟜之勢者鱗之符若飛騰之勢者羽之符若偃蹇之勢者毛之符若拳跼之勢者介之符所以知拱折者人之符夫拱手者人必拱之折腰者人必折之禮之本也而疏之爲萬象列之爲萬態教之舞蹈非舞蹈也使之禱祝非禱祝也我旣寡實彼亦多虛而責人之無情固無情也而罪禮之無驗固無驗也

善惡

爲惡者畏人識必有識者爲善者欲人知必有不知者是故人不識者謂之大惡人不知者謂之至善好行惠者恩不廣務奇特者功不大善博奕者智不遠

文綺麗者名不久是以君子惟道是貴惟德是守所以能萬世不朽

譚子化書卷五

食化

七奪

一日不食則憊二日不食則病三日不食則死民事之急無甚于食而王者奪其一卿士奪其一兵吏奪其一戰伐奪其一工藝奪其一商賈奪其一道釋之族奪其一稔亦奪其一儉亦奪其一所以蠶告終而繰葛苧之衣稼云畢而飯橡櫟之實王者之刑理不平斯不平之甚也大人之道救不義斯不義之甚也

而行切切之仁用感感之禮其何以謝之哉

巫像

爲巫者鬼必附之設象者神必主之盖樂所饗也

[illegible]之禮事母而不事父禽獸之情隨母而不隨父凡人之痛呼母而不呼父盖乳哺之教也虎狼不過于嗜肉蛟龍不過于嗜血而人無所不嗜所以不足則鬬不與則叛鼓天下之怨激烈士之忿食之道非細也

養馬

養馬者主而牧之者親養子者母而乳之者親君臣非所比而比之者祿也子母非所愛而愛之者哺也駑馬本無知嬰兒本無機而知由此始機由此起所以有愛惡所以有彼此所以稔鬬爭而萌姦詭

絲綸

王取其絲吏取其綸王取其綸吏取其綍取之不已至于欺罔欺罔不已至于鞭撻鞭撻不已至于盜竊盜竊不已至于殺害殺害不已至于刑戮欺罔非民愛而聚歛者教之殺害非民願而鞭撻者訓之且夫

火將逼而投于水知必不免且貴其緩虎將噬而投于谷知必不可或覬其生以斯爲類悲哉

奢僭

夫君子不肯告人以饑恥之甚也又不肯矜人以飽愧之甚也既起人之恥愧必激人之怨咎食之害也如是而金籩玉豆食之飾也鐘鼓戛石食之遊也張組設繡食之惑也窮禽竭獸食之暴也滋味厚薄食之忿也貴賤精麤食之爭也欲之愈不止求之愈不已貧食愈不足富食愈不美所以奢僭由此而起戰

伐由此而始能均其食者天下可以治

燔骨

嚼燔骨者燋脣爛舌不以爲痛飲醇酎者嘰腸嘔胃不以爲苦饞嗜者必忘于痛苦飢窘者必輕于性命痛苦可忘無所不欺性命可輕無所不爲是以王者以我欲求人之欲以我飢求人之飢我怒民必怒我怨民必怨能知其道者天下胡爲乎叛

食迷

民有嗜食而飽死者有婪食而鯁死者有感食而義

死者有辱食而憤死者有爭食而鬬死者人或笑之殊不知官所以務祿祿所以務食賈所以務財財所以務食而官以矯佞讒蕭而律死者賈以波濤江海而溺死者而不知所務之端不知得死之由而遷怨于葷流歸咎于江海食之迷也

戰欲

食之欲也思鹽梅之狀則輒有所吐而不能禁見盤餚之盛則若有所吞而不能遏飢思啖牛渴思飲海故欲之于人也如賊人之于欲也如戰當戰之際錦繡珠玉不足爲富冠冕旌旗不足爲貴金石絲竹不聞其音宮室臺榭不見其麗況民腹常餒民情常迫而諭以仁義其可信乎講以刑政其可畏乎

膠竿

執膠竿捕黃雀黃雀從而噪之捧盤餐享烏烏烏從而告之是知至暴者無所不異至食者無所不同故蛇豕可以友而群虎兕可以狎而馴四 可以率而賓異族猶若此況復人之人

庚辛

庚氏穴池構竹爲凭檻登之者其聲策策焉辛氏穴池構木爲凭檻登之者其聲堂堂焉二氏俱牧魚于池中每凭檻投餌魚必踴躍而出他日但聞策策堂堂之聲不投餌亦踴躍而出則是庚氏之魚可名策策辛氏之魚可名堂堂食之化也

興亡

瘡者人之痛火者人之急而民餐飢謂之瘡比飢謂之火蓋情有所切也夫鮑魚與腐屍無異鱁鮧與足垢無殊而人常食之飽猶若是飢則可知苟其飢也

無所不食苟其迫也無所不爲斯所以爲興亡之機

雀鼠

人所以惡雀鼠者謂其有攘竊之行雀鼠所以疑人者謂其懷盜賊之心夫上以食而辱下下以食而欺上上不得不惡下下不得不疑上各有所切也夫剝其肌啖其肉不得不哭扼其喉奪其哺不得不怒民之瘠也由剝其肌民之餒也由奪其哺嗚呼惜哉

無爲

牛可使之駕馬可使之負犬可使之守鷹可使之擊

蓋食之所感也獼猴可使之舞鸚鵡可使之語鴟鳶可使之死鬪螻蟻可使之合戰蓋食有所教也魚可使之吞鉤虎可使之入陷鴈可使之觸網敵國可使之自援蓋食有所利也天地可使之交泰神明可使之掖衛高尚可使之屈折　可使之委伏蓋食有所奉也故自天子至于庶人暨乎萬族皆可以食而通之我服布素則民自煖我食葵藿則民自飽善用其道者可以肩無爲之化

王者

獵食者母分乳者子全生者子觸網者母母不知子之所累子不知母之所苦王者衣纓之費盤餚之直歲不過乎百萬而封人之土地與人之富貴百萬之百萬如咀王之肌如飲王之血樂在于下怨在于上利歸于衆咎歸于王夫不自貴天下安敢貴不自富天下安敢富

鴟鳶

有智者憫鴟鳶之擊腐鼠嗟螻蟻之駕斃蟲謂其爲蟲不若爲人殊不知當歲歉則爭臭憊之屍値嚴圍

則食父子之肉斯豺狼之所不忍爲而人爲之則其爲人不若爲蟲是知君無食必不仁臣無食必不義士無食必不禮民無食必不智萬類無食必不信是以食爲五常之本五常爲食之末苟王者能均其衣能讓其食則黔黎相悅仁之至也父子相愛義之至也饑飽相讓禮之至也進退相得智之至也許諾相從信之至也教之善也在于食教之不善也在于食其物甚卑其用甚尊其名尤細其化尤大是謂無價之貨

卷五終

譚子化書卷六

儉化

太平

夫水火常用之物用之不得其道以至于敗家葢失于不簡也飲饌常食之物食之不得其道以至于亡身葢失于不節也夫禮失于奢樂失于淫奢淫若水去不復返議欲救之莫過于儉儉者均食之道也食均則仁義生仁義生則禮樂序禮樂序則民不怨民不怨則神不怒太平之業也

權衡

服絺綌者不寒而衣之布帛愈寒食藜藿者不饑而飯之黍稷愈饑是故我之情也不可不慮民之心也不可不防凡民之心見負石者則樂于負塗見負塗者則樂于負芻饑寒無實狀輕重無必然葢豐儉相形彼我相平我心重則民心重我務輕則民務輕能至于儉者可以與民爲權衡

禮道

禮貴于盛儉貴于不盛禮貴于備儉貴于不備禮貴于簪紱儉貴于布素禮貴于炳煥儉貴于寂寞富而富之愈不樂貴而貴之愈不美賞而賞之愈不足愛而愛之愈不敬金玉者富之常官爵者貴之常渴飲則甘饑食則香夫惟儉所以能知非

食象

覩食象者食牛不足覩戴冕者戴冠不足不足有所自不廉有所始是知王好奢則臣不足臣好奢則士不足士好奢則民不足民好奢則天下不足夫天下之物十之王好一民亦一王好五民亦五王好十民

亦十以十論之則是十家爲一家十國爲一國十天下爲一天下何不弊之有

民情

其夫好飲酒者其妻必貧其子好臂鷹者其家必困剩養一僕日飲三甌歲計千甌以一歲計之可享千兵王者歲率是享則必告勞而聚怨病在于增不在于損王駕牛車民驕于行王居土陛民耻于平杜之于漸化之于儉所以見蒿藟不足者則樂然服布素之衣見窊杯而食者則欣然用陶匏之器民之情也

慳號

世有慳號者人以爲大辱殊不知始得爲純儉之道也于己無所與于民無所取我耕我食我蠶我衣妻子不寒婢僕不饑人不怨之神不罪之故一人知儉則一家富王者知儉則天下富

君民

君之于民異名而同愛君樂馳騁民亦樂之君喜聲色民亦喜之君好珠玉民亦好之君嗜滋味民亦嗜之其名則異其愛則同所以服布素者愛士之簪組

服士之簪組者愛公卿之劒佩服公卿之劒佩者愛王者之冕旒是故王者居兆民所愛之地不得不慮也況金根玉輅奪其貨高臺崇榭奪其力是買民之怨是教民之愛所以積薪聚米一歲之計而易金換玉一日之費不得不困不得不儉

乳童

乳童拱手誰敢戲之豈在乎黼黻也牧豎折腰誰敢背之豈在乎刑政也有扈王之敬則雞黍可以爲大享豈在乎簫韶也有柔淑之態則荊苧可以行婦道豈在乎組繡也而王者之制設溝隍以禦之陳棨戟以衛之蓄粟帛以養之張門檻以遠之蓋有機于民不得不藏有私于己不得不防夫能張儉之機民自不欺用儉之私我自不疑夫儉者可以爲大人之師

化柄

儉于聽可以養虛儉于視可以養神儉于言可以養氣儉于私可以獲富儉于公可以保貴儉于門闥可以無盜賊儉于環衛可以無叛亂儉于職官可以無姦佞儉于嬪嬙可以保壽命儉于心可以出生死是知儉可以爲萬化之柄

御一

王者皆知御一可以治天下也而不知孰謂之一夫萬道皆有一仁亦有一義亦有一禮亦有一智亦有一信亦有一一能貫五五能宗一能得一者天下可以治其道蓋簡而出自簡之其言非玄而入自玄之是故終迷其要竟惑其妙所以議守一之道莫過乎儉儉之所律則仁不蕩義不亂禮不奢智不變信不惑故心有所主而用有所本而民有所賴

三皇

君儉則臣知足臣儉則士知足士儉則民知足民則天下知足天下知足所以無貪財無競名無姦蠹無欺罔無矯佞是故禮義自生刑政自寧溝壘自平甲兵自停遊蕩自耕所以三皇之化行

天牧

奢者三歲之計一歲之用儉者一歲之計三歲之用至奢者猶不足至儉者尚有餘奢者富不足儉者貧有餘奢者心常貧儉者心常富奢者好親人所以多過儉者能遠人所以寡禍奢者事君必有所辱儉者

事君必保其祿奢者多憂儉者多福能終其儉者可以爲天下之牧

雕籠

懸雕籠事玉粒養黃雀黃雀終不樂垂禮樂設賞罰教生民生民終不泰夫心不可安而自安之道不可守而自守之民不可化而自化之所以儉于臺榭則民力有餘儉于寶貨則民財有餘儉于戰伐則民時有餘不與之由與之也不取之由取之也海伯亡魚不出于海國君亡馬不出于國

禮要

夫禮者道出于君而君由不知事出于職而職由不明儒者棲山林敬師友窮禮樂講本末暨乎見羽葆車輅之狀鐘鼓簫韶之作則矍然若鹿怡然若豕若醉于酒若溺于水莫知道之本莫窮禮之旨謂弓爲弧則民不知矣謂馬爲駒則民莫信矣所以數亂于多不亂于少禮惑于大不惑于小能師于儉者可以得其要

清靜

奢者好動儉者好靜奢者好難儉者好易奢者好繁儉者好簡奢者好逸樂儉者好恬淡有保一器畢生無璺者有掛一裘十年不弊者斯人也可以親百姓可以司粟帛可以掌符璽可以即清靜之道

損益

夫仁不儉有不仁義不儉有不義禮不儉有非禮智不儉有無智信不儉有不信所以知儉爲五常之本五常爲儉之末夫禮者益之道也儉者損之道也益

者損之旨損者益之理禮過則淫儉過則朴自古及今未有亡于儉者也

解惑

謙者人所尊儉者人所寶使之謙必不謙使之儉必不儉我謙則民自謙我儉則民自儉機在此不在彼柄在君不在人惡行之者惑是故爲之文

素書

漢　黃石公

原始章第一

夫道德仁義禮五者一體也道者人之所蹈使萬物不知其所由德者人之所得使萬物各得其所欲仁者人之所親有慈慧惻隱之心以遂其生成義者人之所宜賞善罰惡以立功立事禮者人之所履夙興夜寐以成人倫之序夫欲爲人之本不可無一焉賢人君子明於盛衰之道通乎成敗之數審乎治亂之勢達乎去就之理故潛居抱道以待其時若時至而行則能極人臣之位得機而動則能成絕代之功如其不遇沒身而已是以其道足高而名重於後代

正道章第二

德足以懷遠信足以一異義足以得衆才足以鑒古明足以照下此人之俊也行足以爲儀表智足以決嫌疑信可以使守約可以使分財此人之豪也守職而不廢處義而不回見嫌而不苟免見利而不苟得此人之傑也

求人之志章第三

絕嗜禁欲所以除累抑非損惡所以讓過貶酒闕色所以無汚避嫌遠疑所以不悞博學切問所以廣知高行微言所以修身恭儉謙約所以自守深計遠慮所以不窮親仁友直所以扶顛近恕篤行所以接人任材使能所以濟物癉惡斥讒所以止亂推古驗今所以不惑先揆後度所以應卒設變致權所以解結括囊順會所以無咎橛橛梗梗所以立功孜孜淑淑所以保終

本德宗道章第四

夫志心篤行之術長莫長於博謀安莫安於忍辱先莫先於修德樂莫樂於好善神莫神於至誠明莫明於體物吉莫吉於知足苦莫苦於多願悲莫悲於精散病莫病於無常短莫短於苟得幽莫幽於貪鄙孤莫孤於自恃危莫危於任疑敗莫敗於多私

遵義章第五

以明示下者闇有過不知者蔽迷而不返者惑以言取怨者禍令與心乖者廢後令繆前者毀怒而無威者犯好衆辱人者殃戮辱所任者危慢其所敬者凶貌合心離者孤親讒遠忠者亡近色遠賢者惛女謁公行者亂私人以官者浮淩下取勝者侵名不勝實者耗畧己而責人者不治自厚而薄人者棄廢以過棄功者損羣下外異者淪既用不任者疏行賞悋色者沮多許少與者怨既迎而拒者乖薄施厚望者不報貴而忘賤者不久念舊而棄新功者凶用人不得正者殆强用人者不畜爲人擇官者亂失其所强者弱決策於不仁者險陰計外泄者敗厚斂薄施者凋

戰士貧游士富者衰貨賂公行者昧聞善忽畧記過不忘者暴所任不可信所信不可任者濁牧人以德者集繩人以刑者散小功不賞則大功不立小怨不赦則大怨必生賞不服人罰不甘心者叛賞及無功罰及無罪者酷聽讒而美聞諫而仇者亡能有其有者安貪人之有者殘

安體章第六

怨在不捨小過患在不預定謀福在積善禍在積惡饑在賤農寒在墮織安在得人危在失事富在迎來

貧在棄時上無常操下多疑心輕上生罪侮下無親
近臣不重遠臣輕之自疑不信人自信不疑人枉士
無正友曲上無直下危國無賢人亂政無善人愛人
深者求賢急樂得賢者養人厚國將霸者士皆歸邦
將亡者賢先避地薄者大物不產水淺者大魚不遊
樹禿者大禽不棲林疎者大獸不居山峭者崩澤滿
者溢棄玉取石者盲羊質虎皮者柔衣不舉領者倒
走不視地者顛柱弱者屋壞輔弱者國傾足寒傷心
人怨傷國山將崩者下先隳國將衰者人先弊根枯

素書　八　四

枝朽人困國殘與覆車同軌者傾與亡國同事者滅
見已生者愼將生惡其跡者須避之畏危者安畏亡
者存夫人之所行有道則吉無道則凶吉者百福所
歸凶者百禍所攻非其神聖自然所鍾務善策者無
惡事無遠慮者有近憂同志相得同仁相憂同惡相
黨同愛相求同美相妬同智相謀同貴相害同利相
忌同聲相應同氣相感同類相依同義相親同難相
濟同道相成同藝相規同巧相勝此乃數之所得不
可與理違釋已而教人者逆正已而化人者順逆者

難從順者易行難從則亂易行則理如此理身理家
理國可也

素書　八　五

枕中書

晉 葛洪

洪歷觀天地之寶藏上聖之宮第至上之尊神仙圖記猶未知極妙之根以去月乙丑夜半靜齋于羅浮山忽驚風駭起香馥亂芳龍鳴虎嘯躑躅空中有頃之間紫雲覆林忽見一真人眼瞳正方項負圓光天顏絕世乘白鱗之車建九旄之節腰帶瓊文鳳綵之錦矜頭載六通之冠年可二十許侍者執夜光之火玉羽衛可有千人自號玄都太真王問曰子是葛洪乎何為而希長存洪稽首披陳長跪執禮神告余曰子是籍九天之嘉慶乘運挺英復千年之後太清有仙伯之名今當遠變去世卜宅西鄉相携於太華之上丹官之中且還時朝以龍淵代身密乎寂往莫識今真子窮覽墳典聰秀逸羣解滯悟惑可謂妙才矣但未知真仙之宮第上聖之所由耳吾今行矣相告許其事不復為久也洪因伏叩頭於是真人即令侍者執筆擘紙口授妙言既畢左手授與洪云吾往方文蕳仙官致復相過子舁之焉吾去矣見鶴乘舟而

高乃失所在也

真書曰昔二儀未分溟涬鴻濛未有成形天地日月未具狀如雞子混沌玄黃已有盤古真人天地之精自號元始天王遊乎其中溟涬經四劫天形如巨蓋上无所係下无所依天地之外遼屬無端玄玄太空無響無聲元氣浩浩如水之形下無山嶽上無列星積氣堅剛大柔服維天地浮其中展轉無方若無此氣天地不生天者如龍旋廻雲中復經四劫二儀始分相去三萬六千里崖石出血成水水生元蟲元蟲生濱牽生剛須剛須生龍元始天王在天中心之上名曰玉京山山中宮殿並金玉飾之常仰吸天氣俯飲地泉復經二劫忽生太元玉女在石澗積血之中出而能言人形具足天姿絕妙常遊厚地之間仰吸天炁號曰太元聖母元始君下遊見之乃與通氣結精招還上宮當此之時二氣絪緼覆載氣息陰陽調和无熱无寒天得一以清地得一以寧並不復呼吸宣氣合會相成自然飽滿大道之典莫過于此結積堅固是以不朽金玉珠者天地之精也服之與天

地相畢元始君經一劫乃一施太元母生天皇十三頭治三萬六千歲書爲扶桑大帝東王公號曰元陽父又生九光玄女號曰太真西王母是西漢夫人天皇受號十三頭後生地皇地皇十一頭地皇生人皇九頭各治三萬六千歲聖真出見受道天无爲建初混成天任於令所傳三皇天文是此所宜故能召請天上大聖及地下神靈无所不制故天真皇人三天真王駕九龍之輿是也次得八帝大庭氏庖羲神農祝融五龍氏等是其苗裔也今治五嶽是故道隆上

枕中書　三

代弊極三王三王夏禹殷湯周武也是以淳風旣澆易變而禮興禮爲亂首也周末陽弱而陰强國多寡婦西戎金兵起而異法興焉旣而九州湮没帝業荒蕪此言驗也後來方有此事道隆之代其人混沌異法之盛人民猾僞也洪曰此事玄遠非凡學所知吾以庸才幸遭上聖聘目論天地之輿藏暢至妙之源本輒條所誨銘之于素以爲絶思矣夫無心分之人慎勿以此元始告之也故置遺跡示乎世之賢耳

真記曰玄都玉京七寶山週廻九萬里在大羅之上城上七寶宮宮内七寶臺有上中下三宮如一宮城一面二百四十門方生八行寶林綠葉朱實五色芝英上有萬二千種芝沼中蓮花徑度十丈上宮是盤古真人元始天王太元聖母所治中宮太上真人金闕老君所治下宮九天真皇三天真王所治玉京有八十一萬天路通八十一萬山嶽洞室夫以得道大聖衆並賜其宮第居宅皆七寶宮闕或在名山山嶽羣真所居都有八十一萬處古今有言九九八十一是終天路玉京山也上仙受天任者一日三朝玄都

枕中書　四

太真人也雖有億萬里往還如一步耳世人安知此哉衆仙或有日三朝扶桑公或三朝西王母玉京金闕是太上真人月三朝元始天王太上真人元始之弟子皆如帝王有司徒丞相也金闕老子太上弟子也扶桑大帝元始陽之氣治東方故世間帝王之子應東宮也

西漢九光夫人始陰之氣治西方故曰木公金母天地之尊神元氣鍊精生育萬物調和陰陽光明日月莫不由之精神長存命則无終抱一不離故能長久

天矢陰陽水旱不節人失陰陽神根命竭世人不能保一守三修生反死固其宜矣可後怨耶吾復千年之間當招子登太上金闕朝宴玉京也此電項未足爲久今且可浮遊五嶽採靈芝尋隱仙之友逍遥無爲吾言信可望哉

扶桑大帝住在碧海之中宅地四面並方三萬里上有太眞宮碧王城萬里多生林木葉似桑又有椹樹長數千丈二十圍兩同根偶生更相依倚名爲扶桑宫第象玉京也衆仙无量數玄洲方丈諸羣仙未昇天者在此去會稽岸六萬里大清仙伯太上丈人所

治蓬萊山對東大海之東北岸山週迴五千里濵海中濤浪衝天九氣丈人所治

崑崙玄圃金爲墉城四方千里城上安金臺五所玉樓十二瓊華之屋紫翠丹房七寶金玉積之連天巨獸萬尋靈香億千西王母九光所治羣仙无量也

廣成丈人今爲鍾山眞人九天仙王漢時四皓仙人安期彭祖今並在此輔焉

務成子力壘子爲岷山眞人今玄子玉子爲岷山矦

火氏爲青帝治岱宗山顓頊氏爲黑帝治太恒山祝融氏爲赤帝治衡霍山軒轅氏爲黄帝治嵩高山金天氏爲白帝治華陰山

右五氏爲五帝

堯治熊耳山舜治積石山禹治蓋竹山湯治玄極山青烏治長山及爲修山長

右五人爲五帝佐相領五帝事五帝一劫遷佐者代焉

許由巢父今爲九天侍中箕山公夏啓周發受書爲

田極明公或住羅酆或在洞天三周大者爲降陵眞人二人並在金華山漢高祖光武並爲四明賔友周靈王今爲太虛侍郎治波龍山樂子長闔家得仙未昇天任並住方丈之室神洲受太玄生籙五芝爲糧也郭景純爲都錄司命治虛臺也左元放今爲天柱眞人監仙矦葛玄受金闕君命爲太極左仙公治蓋竹山又在女几山常駕乘虎騎也許映始爲霍林仙人許穆在華陽洞天立宅爲眞人許玉斧在童初之北位爲眞人未有掌領鮑靚爲地下主者帶潛山眞

人復五百年當爲崑兵侍郎鄭思遠住南霍常乘虎豹白鹿未有職事蔡鬱壘爲東方鬼帝治桃丘山張衡楊雲爲北方鬼帝治羅酆山杜子仁爲南方鬼帝治羅浮山領羌蠻鬼周乞稽康爲中央鬼帝治抱犢山趙文和王眞人爲西方鬼帝治嶓冢山

夫地仙遊五嶽朝朝西王母夕謁鍾山嶽雖未昇天此觀樂亦難言也及童初之府易遷之宮唯有此樂也名山之中年年有仙去者世人不見不信神仙可哀嘆也夫學不顧軀命心志清白者吾未見虛往也或修之不勤勤而不除貪慾之樂三業十惡未改猶

抱石而赴長津矣

吳越及梁益風氣清貞故多仙人是以成都之境丹陽之域會稽之東南天路所衝善宜修尚也凡此衆仙及命過受書者巨衆不可具記在小嶽之中者亦畧舉之也

鬼谷先生爲大玄師治青城山王子喬爲金闕侍中治桐栢山赤松爲崑林仙伯治南嶽山王子登爲小有天王治王屋山孤竹伯夷叔齊等並爲九天僕射治天台山孔丘爲太極上眞公治九嶷山顏回受書初爲明泉侍郎後爲三天司眞七十二人受名玄洲門徒三千不經北酆之門項儀山爲蓬萊司馬周公旦爲北帝師治勁華山莊周爲太玄博士治在荆山孫權受任治亦在荆山張道陵爲三天法師統御六虛數侍金闕太上之股肱治在廬山三師同宅王方平今爲上相治月支國人鳥山墨翟爲太極仙卿治馬跡山徐來勒爲太極眞治括蒼山小宮在天台山陳世安治小台山嚴君平今治在峨嵋山屈原爲海伯統領八海王弼爲北海監郭璞子爲閬風眞人魏

夫人治南嶽山裴清靈治四明山馬明生今在鍾山陰長生爲地肺眞人孫登閬丘眞人九華眞妃治夏蓋山或在龍山王長趙昇受書爲廬山中正一三天都護韓衆今爲霍林眞人瑯琊爲太虛左掾侍史三茅爲保命定錄司非監在華陽洞府治北居樓慧包山有數千小山亦不滅百皆是神山今略證仙人之數足以令子心堅仰慕矣祕之勿宣若高賢心馳嶺外子去世之際可緘以示之苟行業不建德務不

仁者終天无令見也凡青嶂之裏千嶺之際仙人无量與世人比肩而不知凡人有因緣者或在深山迷誤入仙家使爲仙洞玉女所留請先功厚也初學道不必入山閉門勤修不雜人物長齋執志或淸香灑掃亦能降眞矣魏夫人許氏之徒皆其流也要當捨捨方術眞書良久傳影響龕應便當絕逆耳若出入人間屏捨山谷事緣衣服飲食不須與世交當有異矣外和光同塵內守其眞一斯言之妙也

參同契

漢　魏伯陽

乾坤者易之門戶衆卦之父母坎離匡廓運轂正軸牝牡四卦以爲橐籥覆冒陰陽之道猶工御者準繩墨執銜轡正規矩隨軌轍處中以制外數在律曆紀月節有五六經緯奉日使兼幷爲六十剛柔爲表裏朔旦屯直事至暮蒙當受晝夜各一卦用之依次序旣未至晦爽終則復更始日辰爲期度動靜有早晚春夏據內體從子到辰巳秋冬當外用自午訖戌亥賞罰應春秋昏明順寒暑爻辭有仁義隨時發喜怒

如是應四時五行得其理

乾坤設位章第一

天地設位而易行乎中矣天地者乾坤之象也設位者列陰陽配合之位也易謂坎離坎離者乾坤二用二用無爻位周流行六虛往來旣不定上下亦無常幽潛淪匿變化于中包囊萬物爲道紀綱以無制有器用者空故推消息坎離沒亡言不苟造論不虛生引驗見效校度神明推類結字原理爲證坎戊月精

離已日光日月爲易剛柔相當土旺四季羅絡始
靑赤黑白各居一方皆稟中宮戊己之功

日月懸象章第二

易者象也懸象著明莫大乎日月窮神以知化陽往則陰來輻輳而輪轉出入更卷舒易有三百八十四爻據爻摘符符謂六十四卦晦至朔旦震來受符當斯之際天地媾其精日月相撣持雄陽播玄施雌陰化黃包混沌相交接權輿樹根基經營養鄞鄂凝神以成軀衆夫蹈以出蝡動莫不由

聖人上觀章第三

於是仲尼讚鴻濛乾坤德洞虛稽古當元皇關雎建始初冠婚氣相紐元年乃芽滋聖人不虛生上觀顯天符天符有進退詘伸以應時故易統天心復卦建始蒙長子繼父體因母立兆基消息應鍾律升降據斗樞三日出爲爽震庚受西方八日兌受丁上弦平如繩十五乾體就盛滿甲東方（別本作東方甲）蟾蜍與兔魄日月氣雙明蟾蜍視卦節兔者吐生光七八道已訖屈折低下降十六轉受統巽辛見平明艮直于丙南丁弦二十三坤乙三十日東北喪其朋節盡相禪與繼體復生龍壬癸配甲乙乾坤括始終七八數十五九六亦相應四者合三十陽氣索滅藏八卦布列曜運移不失中元精眇難視推度效符証居則觀其象准擬其形容立表以爲範占候定吉凶發號順時令勿失爻動時上察河圖文下序地形流中稽於人心叅和考三才動則循卦節靜則因彖辭乾坤用施行天地然後治

君臣御政章第四

御政之首鼎新革故（他本缺此句）管括微密開舒布寶要道魁柄統化綱紐爻象內動吉凶外起五緯錯順應時感動四七乖戾誃離俯仰文昌統錄詰責台輔百官有司各典所部日合五行精月受六律紀五六三十度度竟復更始原始要終存亡之緒或君驕佚亢滿違道或臣邪佞行不順軌弦望盈縮乖變凶咎執法刺譏詰過貽主辰極受正優游任下明堂布政國無害道

煉已立基章第五

内以養巳安靜虛無原本隱明内照形軀閉塞其兌築固靈株三光陸沉溫養子珠視之不見近而易求黄中漸通理潤澤達肌膚初正則終脩幹立未可持一者以掩蔽世人莫知之

明知兩竅章第六

上德無爲不以察求下德爲之其用不休上閉則稱有下閉則稱無無者以奉上上有神德居此兩孔穴法金氣亦相胥知白守黑神明自來白者金精黑者水基水者道樞其數名一陰陽之始玄含黄芽五金

之王北方河車故鉛外黑内懷金華被褐懷玉外爲狂夫金爲水母母隱子胎水爲金子子藏母胞眞人至妙若有若無髣髴太淵乍沈乍浮退而分布各守境隅採之類白造之則朱煉爲表衛白裏貞居方圓徑寸混而相居先天地生巍巍尊高旁有垣闕狀似蓬壺環匝關閉四通踟躕守禦密固闕絶奸邪曲閣相通以戒不虞可以無思難以愁勞神氣滿室莫之能留守之者昌失之者亡動靜休息常與人俱

明辨邪正章第七

是非歷臟法内觀有所思履行步斗宿六甲以日辰陰道厭九一濁亂弄元胞食氣鳴腸胃吐正吸外邪晝夜不寢寐晦朔未嘗休身體日疲倦恍惚狀若癡百脉鼎沸馳不得清澄居累土立壇宇朝暮敬祭祀鬼物見形象夢寐感慨之心歡意悅喜自謂必延期遽以天命死腐露其形骸舉錯輒有違悖逆失樞機諸術甚衆多千條有萬餘前却違黄老曲折戾九都明者省厥旨曠然知所由勤而行之夙夜不休伏食三載（作服食非）輕舉遠遊跨火不焦入水不濡能存能亡

長樂無憂道成德就潛伏俟時太乙乃召移居中洲功滿上昇膺籙受圖

龍虎兩弦章第八

火記不虛作演易以明之偃月法鼎爐白虎爲熬樞汞日爲流珠青龍與之俱舉東以合西魂魄自相拘上弦兌數八下弦艮亦八兩弦合其精乾坤體乃成二八應一斤易道正不傾

金返歸性章第九

金入於猛火色不奪精光自開闢以來日月不虧明

金不失其重日月形如常金本從月生朔旦日受符
金返復其母月晦日相包隱藏其匡廓沈淪於洞虛
金復其故性威光鼎乃熺

二土全功章第十

子午數合三戊已號稱五三五既和諧八石正綱紀
呼吸相含育佇思爲夫婦黃土金之父流珠木之子
作孝字非水以土爲鬼土鎮水不起朱雀爲火精執平調
勝負水盛火消滅俱死歸厚土三性既合會本性共
宗祖巨勝尚延年還丹可入口金性不敗朽故爲萬

物寶術士伏食之伏作服非壽命得長久土游於四季守
界定規矩金砂入五內霧散若風雨薰蒸達四肢顏
色悅懌好髮白皆變黑齒落生舊所老翁復丁壯老
嫗成姹女改形免世厄號之曰眞人

同類合體章第十一

胡粉投火中色壞還爲鉛冰雪得溫湯解釋成太虛
金以砂爲主禀和於水銀變化由其眞始終自相因
欲作伏食仙宜以同類者植禾當以穀覆雞用其卵
以類輔自然物成易陶冶魚目豈爲珠蓬蒿不成檟
類同者相從事乖不成寶燕雀不生鳳狐兔不乳馬
水流不炎上火動不潤下世間多學士高妙負良材
邂逅不遭遇耗火亡資財據按依文說妄以意爲之
端緒無因緣度量失操持擣治韶石膽雲母及礬磁
硫黃燒豫章泥汞相煉冶鼓下五石銅以之爲輔樞
雜性不同類安肯合體居千舉必萬敗欲黠反成癡
僥倖訖不遇至人獨知之稚年至白首中道生狐疑
背道守迷路出正入邪蹊管窺不廣見難以揆方來

三聖前識章第十二

若夫至聖不過伏羲始畫八卦效法天地文王帝之
宗結體演爻辭夫子庶聖雄十翼以輔之三君天所
挺迭興更御時優劣有步驟功德不相殊制作有所
踵推度審分銖有形易忖量無兆難慮謀作事令可
法爲世定時書素無前識資因師覺悟之皓若褰帷
帳瞑目登高堂火記六百篇所趣等不殊作不迷非文字
鄭重說世人不熟思尋度其源流幽明本共居竊爲
賢者談曷敢輕爲書若遂結舌瘖絕道獲罪誅寫情
著竹帛又恐泄天符猶豫增嘆息俛仰綴斯愚陶冶

有法度未可悉陳敷略述其綱紀枝葉見扶疎

金丹刀圭章第十三

以金爲隄防水入乃優游金計有十五水數亦如之
臨爐定銖兩五分水有餘二者以爲眞金重如本初
其三遂不入火二與之倶三物相合受變化壯若神
下有太陽氣伏蒸須臾間先液而後凝號曰黃輿焉
歲月將欲訖毀性傷壽年形體爲灰土狀若明窻塵
擣治昇合之持入赤色門固塞其際會務令致完堅
炎火張於下晝夜聲正勤始文使可修終竟武乃陳

參同契　八

候視加謹愼審察調寒溫周旋十二節節盡更須親
氣索命將絕休死亡魄魂色轉更爲紫赫然稱還丹
粉提以一丸刀圭最爲神

水火情性章第十四

推演五行數較約而不繁舉水以激火奄然滅光明
日月相薄蝕常在晦朔間（一云朔望）水盛坎侵陽火衰獨
晝昏陰陽相飲食交感道自然各者以定情字者以
性言金來歸性初乃得稱還丹吾不敢虛說倣傚聖
人文古記題龍虎黃帝美金華淮南煉秋石玉陽之
黃芽賢者能持行不肖毋與倶古今道猶一對談吐
所謀學者加勉力留念深思惟至要言甚露昭昭不
我欺

陰陽精氣章第十五

乾剛坤柔配合相包陽稟陰受雄雌相須須以造化
精氣乃舒坎離冠首光耀垂敷玄冥難測不可畫圖
聖人揆度參序元基四者混沌徑入虛無六十卦周
張布爲輿龍馬就駕明君御時和則隨從路平不邪
邪道險阻傾危國家

參同契　九

君子居室章第十六

君子居其室出其言善則千里之外應之謂萬乘之
主處九重之室發號出令順陰陽節藏器俟時勿違
卦月屯以子申蒙用寅戌餘六十卦各自有日聊陳
兩象未能究悉立義設刑當仁施德逆之者凶順之
者吉按歷法令至誠專密謹候日辰審察消息纖芥
不正悔吝爲賊二至改度乖錯委曲隆冬大暑盛夏
霜雪二分縱橫不應漏刻水旱相代風雨不節蝗虫
湧沸羣異旁出天見其袄山崩地裂孝子用心感動

皇□近出巳口速流姝域或以招禍或以致福或與
太一或造兵革四者之來由乎胸臆動靜有常奉其
繩墨四時順宜與氣相得剛柔斷矣不相涉入五行
守界不妄盈縮易行周流屈伸反復

晦朔合符章第十七

晦朔之間合符行中混沌鴻濛牝牡相從滋液潤澤
施化流通天地神明不可度量利用安身隱形而藏
始於東北箕斗之鄉旋而右轉嘔輪吐明潛潭見象
發散清光昴畢之上震出爲徵陽氣造端初九潛龍

陽以三立陰以八道三日震動八日兌行九二見龍
和平有明三五德就乾體乃成九三夕惕虧折神符
盛衰漸革終運其初巽繼其統固濟操持九四或躍
進退道危艮主止進不得踰時二十三日典守弦期
九五飛龍天位加喜六五坤承結括終始韞養衆子
世爲類母上九亢龍戰德於野用九翩翩爲道規矩
陽數已訖訖則復起推情合性轉而相與循環璇璣
升降上下周流六爻難可察覩故無常位爲易宗祖

爻象功用章第十八

朔旦爲復陽氣始通出入無疾立表微剛黃鍾建子
兆乃滋彰播施柔暖黎烝得常臨爐施條開路正光
光耀漸進日以益長丑之大呂結正低昂仰以成泰
剛柔並隆陰陽交接小往大來輻輳于寅運而趨時
漸歷大壯俠列卯門榆莢墮落還歸本根刑德相負
晝夜始分夬陰以退陽升而前洗濯羽翮振索宿塵
乾健盛明廣被四鄰陽終於巳中而相干姤始紀序
履霜最先井底寒泉午爲蕤賓賓服於陰陰爲主人
遯去世位收斂其精懷德俟時棲遲昧冥否塞不通

萌者不生陰伸陽屈沒陽（一作毀傷）姓名觀其權量察仲
秋情任蓄微稚老枯復榮薺麥芽蘖因冒以生剝爛
肢體消滅其形化氣既竭亡失至神道窮則反歸乎
坤元恒順地理承天布宣玄幽遠眇隔閡相連應度
育種陰陽之元寥廓恍惚莫知其端先迷失軌後爲
主君無平不陂道之自然變易更盛消息相因終坤
復始如循連環帝王承御千載常存

養性立命章第十九

將欲養性延命却期審思後末當慮其先人所稟軀

體本一無元精雲布因氣託初陰陽爲度魂魄所居
陽神日魂陰神月魄魂之與魄互爲室宅性主處內
立置鄞鄂情主營外築垣城郭城郭完全人物乃安
爰斯之時情合乾坤乾動而直氣布精流坤靜而翕
爲道舍廬剛施而退柔化以滋九還七返八歸六居
男白女赤金火相拘則水定火五行之初上善若水
清而無瑕道之形象眞一難圖變而分布各自獨居
類如雞子白黑相符縱廣一寸以爲始初四肢五臟
筋骨乃俱彌歷十月脫出其胞骨弱可卷肉滑若鉛

二氣感化章第二十

陽燧以取火非日不生光方諸非星月安能得水漿
二氣玄且遠感化尚相通何況近存身切在於心胸
陰陽配日月水火爲效徵

關揵三寶章第二十一

耳目口三寶閉塞勿發通眞人潛深淵浮游守規中
旋曲以視聽開闔皆合同爲己之樞轄動靜不竭窮
離氣內營衛坎乃不用聰兌合不以談希言順鴻濛
三者既關揵緩體處空房委志歸虛無無念以爲常
證驗以推移心專不縱橫寢寐神相抱覺寤候存亡
顏色浸以潤骨節益堅強排却衆陰邪然後立正陽
修之不輟休庶氣雲雨行淫淫若春澤液液象解冰
從頭流達足究竟復上昇往來洞無極沸沸被谷中
反者道之驗弱者德之柄耕耘宿汚穢細微得調暢
濁者清之路昏久則昭明

傍門無功章第二十二

世人好小術不審道淺深棄正從邪徑欲速閼不通
猶盲不任杖聾者聽商宮沒水捕雉兔登山索魚龍

植麥欲獲黍運規以求方竭力勞精神終年無見功
欲知伏食法事約而不繁

流珠金華章第二十三

太陽流珠常欲去人卒得金華轉而相因化爲白液
凝而至堅金華先唱有頃之間解化爲水馬齒闌干
陽乃往和情性自然迫促時陰拘畜禁門慈母育養
孝子報恩嚴父施令教勑子孫五行錯王相據以生
火性銷金金伐木榮三五與一天地至精可以口訣
難以書傳子當右轉午乃東旋卯酉界隔主客二名

龍呼於虎虎吸龍精兩相飲食俱相貪便遂相啣嚥咀嚼相吞熒惑守西太白經天殺氣所臨何有不傾貍犬守鼠鳥雀畏鸇各得其功何敢有聲不得其理難以妄言竭殫家產妻子饑貧自古及今好者億人訖不諧遇希有能成廣求名藥與道乖殊

如審遭逢章第二十四

如審遭逢覩其端緒以類相況揆物終始五行相克更爲父母母含滋液父主稟與凝精流形金石不朽審專不泄得爲成道立竿見影呼谷傳響豈不靈哉

天地至象若以野葛一寸巴豆一兩人喉輒僵不得俛仰當此之時周文揲著孔子占象扁鵲操鍼巫咸扣鼓安能令甦復起馳走

姹女黃芽章第二十五

河上姹女靈而最神得火則飛不見埃塵鬼隱龍匿莫知所存將欲制之黃芽爲根物無陰陽違天背元牝雞自卵其雛不全夫何故乎配合來連三五不交剛柔離分施化之精天地自然火動炎上水流潤下非有師道使其然也資始統正不可復改觀夫雌雄交媾之時剛柔相結而不可解得其節符非有工巧以制御之男生而伏女偃其軀稟乎胞胎受氣元初非徒生時著而見之及其死也亦復效之此非父母教令其然本在交媾定置始先

男女相胥章第二十六

坎男爲月離女爲日日以耀德月以智光月受日化體不虧傷陽失其契陰侵其明晦朔薄蝕掩冒相傾陽消其形陰凌災生男女相胥含吐以滋雌雄錯雜以類相求金化爲水水性周章火化爲土水不得行

男動外施女靜內藏溢度過節爲女所拘魄以鈐魂不得淫奢不寒不暑進退合時各得其和俱吐證符

四者混沌章第二十七

丹砂木精得金乃幷金水合處木火爲侶四者混沌則爲龍虎龍陽數奇虎陰數偶肝青爲父肺白爲母腎黑爲子離赤爲女脾黃爲祖子五行始三物一家都歸戊巳。

卯酉刑德章第二十八

剛柔迭具更歷分部龍西虎東建緯卯酉刑德並會

相見歡喜刑主伏殺德主生起二月榆落魁臨於卯八月麥生天罡據酉子南午北互爲綱紀一九之數終而復始含元虛危播精於子

君子好逑章第二十九

關關雎鳩在河之洲窈窕淑女君子好逑雄不獨處雌不孤居玄武龜蛇蟠糾相扶以明牝牡意當相須假使二女共室顔色甚姝蘇秦通言張儀合媒發辯利舌奮舒美辭推心調諧合爲夫妻弊髮腐齒終不相知若藥物非種名類不同分劑參差失其綱紀雖

黃帝臨爐太乙執火八公大煉淮南調合立宇崇壇玉爲階陛麟脯鳳脂把籍長跪禱祝神祇請哀諸鬼沐浴齋戒冀有所望亦猶和膠補金以硇塗瘡去冷加氷除熱用湯飛龜舞蛇愈見乖張

聖賢伏煉章第三十

惟昔聖賢懷玄抱眞伏煉九鼎化迹隱淪含精養神通德三光津液腠理筋骨緻堅衆邪辟除正氣長存累積長久變形而仙憂憫後生好道之倫隨傍風采指畫古人著爲圖籍開示後昆露見枝條隱藏木根託號諸名覆謬衆文學者得之韞匱終身子繼父業孫紹祖先傳世迷惑竟無見聞遂使宦者不仕農夫失耘商人棄貨志士家貧吾甚傷之定錄此文字約易思事省不繁披列其條核實可觀分兩有數因而相循故爲亂辭孔竅其門智者審思用意參爲

法象成功章第三十一

法象莫大乎天地兮玄溝數萬里河鼓臨星紀兮人民皆驚駭晷影妄前却兮九年被凶咎皇上覽視之兮王者退自改一作後關楗有低昂兮雲氣迷奔走江

淮之枯竭兮水流注於海天地之雌雄兮徘徊子與午寅申陰陽祖兮出入復終始循斗而招搖兮執衡定元紀化一作升熬于甑山兮炎火張設下白虎導唱前兮蒼液一作龍和于後朱雀翱翔戲兮飛揚色五彩遭遇羅網施兮壓之一作止不得舉嗷嗷聲甚悲兮嬰兒之慕母顛倒就湯鑊兮摧折傷毛羽漏刻未過半兮魚鱗狎鬣起五色象炫燿兮變化無常主潏潏鼎沸馳兮暴涌不休止接連重疊累兮犬牙相錯距形如仲冬氷兮闌干吐鍾乳崔嵬而雜厠兮交積相支

柱陰陽得其配兮淡薄而（一作治自）相守青龍處房六兮
春華震東卯白虎在昴七兮秋芒兑西酉朱雀在張
二兮正陽離南午三者俱來朝兮家屬爲親侶本之
但二物兮末而爲三五三五幷與一（一作危一）兮都集歸
一所治之如上科兮日數亦取晡（亦作甫）先白而後黄
兮赤黑達表裏名曰第一等（一作第一鼎）兮食如大黍米
自然之所爲兮非有邪僞道山澤氣相（一作渚山澤氣）蒸兮
興雲而爲雨泥竭遂成塵兮火滅化爲土若蘗染爲
黄兮似藍成緑組皮革煮成膠兮麴蘗化爲酒同類

易施工兮非種難爲巧惟斯之妙術兮審諦不誑語
傳於億世後兮昭然自可考焕若星經漢兮昺如水
宗海思之務令熟兮反復視上下千周燦彬彬兮萬
遍將可覩神明或告人兮心靈本自悟探端索其緒
兮必得其門戶天道無適莫兮常傳於賢者

鼎器妙用章第三十二

圓三五寸一分口四八兩寸脣長尺二厚薄均腹齊
三（一作正）坐垂溫陰在上陽下奔首尾武中間文始七
十終三旬二百六善調匀陰火白黄芽鉛（一作兩七）
竅（一作聚）輔翼人瞻理腦定昇玄子處中得安存來去
遊不出門漸成大情性純却歸一還本元善愛敬如
君臣至一周甚辛勤密防護莫迷昬途路遠復幽玄
若達此會乾坤刀圭霑淨魄魂得長生居仙村樂道
者尋其根審五行定銖分諦思之不須論深藏守莫
傳文御白鶴駕龍鱗遊太虛謁仙君籙天圖號眞人

補塞遺脱章第三十三

參同契者敷陳梗槩不能純一泛濫而説纖微未備
闕略髣髴今更撰録補塞遺脱潤色幽深鈎援相逮

旨意等齊所趣不悖故復作此命三相類則大易之
情自此盡矣太易情性各如其度黄老用究較而可
御爐火之事眞有所據三道由一俱出逕路枝莖花
葉果實垂布正在根株不失其素誠心所言審而不
悞象彼仲冬節竹木皆摧傷左陽詰賈旅人君深自
藏象時順節令閉口不用談天道甚浩廣太玄無形
容虛寂不可覩匡廓以消亡謬誤失事緒言還自敗
傷別序斯四象以曉後生盲

自敘啓後章第三十四

會稽鄙夫幽谷朽生挾懷樸素不樂權榮栖遲僻陋
忽略利名執守恬淡希時安寧晏然閒居乃撰斯文
歌敘大易三聖遺言察其旨趣一統共倫務在順理
宣耀精神神化流通四海和平表以爲曆萬世可循
序以御政行之不煩引內養性黄老自然含德之厚
歸根返元近在我心不離已身抱一毋舍可以長存
配以伏食雌雄設陳挺除武都八石棄捐審類成物
世俗所珍羅列三條枝莖相連同出異名皆由一門
非徒累句諧偶斯文殆有其眞礫硌可觀使予敷僞

却被贅愆命參同契微覽其端辭寡意大後嗣宜遵
委時去害依托丘山循遊寥廓與鬼爲鄰化形而仙
淪寂無聲百世一丁遨遊人間陳敷羽翮東西南傾
湯遭厄際水旱隔并柯葉萎黄失其華榮吉人相乘
負安穩可長生

陰符經序

所謂命者性也性能命通故聖人尊之以大命愚其
人而智其聖故曰天機張而不死地機弛而不生觀
乎陰符造化在乎手生死在乎人故聖人藏之於心
所以陶甄天地聚散天下而不見其跡者天機也故
黄帝得之以登天下湯武得之以王天下五霸得之
以統諸侯大臣易而主難不可以輕用太公九十非
不遇蓋審其主焉若使哲士執而用之立石爲主刻
木爲君亦可以享天下夫臣盡其心而主反怖有之

不亦難乎嗚呼无賢君則義士自死而不仕莫若散
志巖石以養其命待生於泰階世人以夫子爲不遇
以秦儀爲得時不然志在立宇宙安能馳心下走哉
丈夫所耻嗚呼後世英哲審而用之范蠡重而長文
種輕而亡豈不爲泄天機天機泄者沉三劫宜然故
聖人藏諸名山傳之同好隱之金匱恐小人竊而弄
之

陰符經

上篇　　漢　張良

觀天之道執天之行盡矣故天有五賊見之者昌
太公曰其一賊命其次賊物其次賊時其次賊功其次賊神賊命以一消天下用之以味賊物以一急天下用之以利賊時以一信天下用之以反賊功以一恩天下用之以怨賊神以一驗天下用之以小大鬼谷子曰天之五賊莫若賊神此大而彼小以小而取大天地莫之能神而況于人乎筌曰

黃帝得賊命之機白日上昇殷周得賊神之驗以小滅大管仲得賊時之信九合諸侯范蠡得賊物之急而霸南越張良得賊功之恩而敗強楚

五賊在心施行於天宇宙在乎手萬化生乎身

太公曰聖人謂之五賊天下謂之五德人食五味而生食五味而死无有怨而棄之者也心之所味也亦然鬼谷子曰賊命可以長生不死黃帝以少女精炁感之時物亦然且經冬之草覆之而不死露之即見傷草木植性尚猶如此況人萬物之靈其機則少女以時廣成子曰以爲積火焚五毒五毒即五味五味盡可以長生也筌曰人因五味而生五味而死五味各有所主順之則相生逆之則相勝久之則積炁薰蒸人腐五臟殆至滅亡後人所以不能終其天年者以其生生之厚矣是以至道淡然胎息无味神仙之術百數其要在抱一守中少女之術百數其要在還精採炁金丹之術百數其要在神水華池治國之術百數其要在清淨

自化用兵之術百數其要在奇正權謀此五事者卷之藏于心隱于神施之彌于天給于地宇宙瞬息可在人之手萬物榮枯可生人之身黃帝得之先固三宮後治萬國鼎成而馭龍上昇於天也

天性人也人心機也立天之道以定人也

亮曰以爲立天定人其在于五賊

天發殺機龍蛇起陸人發殺機天地反覆

范曰昔伊尹佐殷發天殺之機克夏之命盡而事應之

三年大旱不蠶十年地壞殺人過萬大風暴起亭曰拔楚殺漢兵數萬大風杳冥晝晦有若天地反覆

天人合發萬變定基

良曰從此一信而萬信生故爲萬變定基矣筌曰大荒大亂兵水旱蝗是天殺機也虞舜陶甄夏禹拯骸殷繫夏臺周囚羑里漢祖亭長魏武乞丐俱非王者之位乘天殺之機也起陸而帝君子在野小人在位權臣擅威百姓思亂人殺機也成湯放

桀周武伐紂項籍斬嬴嬰魏廢劉協是乘人殺之機也覆貴爲賤反賤爲貴有若天地反覆天人之機合發成敗之理宜然萬變千化聖人因之而定基業也

性有巧拙可以伏藏

良曰聖人見其巧拙彼此不利者其計在心彼此利者聖哲英雄道焉況用兵之務哉筌曰中愁不出謂之啓外邪不入謂之閉內啓是其機也難知如陰不動如山巧拙之性使人无間而得窺也

九竅之邪在乎三要可以動靜

太公曰三要者耳目口也耳可鑿而塞目可穿而眩口可利而訥興師動衆萬夫莫議其奇在三者或可動或可靜之筌曰兩葉掩目不見泰山雙豆塞耳不聞雷霆一椒掠舌不能立言九竅皆邪不足以察機變其在三者神心志也機動未朕神以隨之機兆將成心以圖之機發事行志以斷之其機動也與陽同其波五嶽不能鎮其隅四瀆不能界其維其機靜也與陰同其德智士不能運其榮

深闢不能窺其謀天地不能奪其時而況于人乎

火生于木禍發必尅奸生于國時動必潰知之修鍊謂之聖人

筌曰火生于木火發而木焚奸生于國奸成而國滅木中藏火火始于无形國中藏奸奸始于无象非至聖不能修身鍊行使奸火之不發夫國有无軍之兵无災之禍矣以箕子逃而縛裘牧商容四而蹇叔哭

中篇

人生天殺道之理也
良曰機出乎心如天之生如天之殺則生者自謂
得其生死者自謂得其死
天地萬物之盜萬物人之盜人萬物之盜三盜既宜
三才既安
鬼谷子曰三盜者彼此不覺知但謂之神明此三
者況車馬金帛棄之可以傾河塡海移山覆地非
命而動然後應之筌曰天地與萬物生成盜萬物
以衰老萬物與人之服御盜人以驕奢人與萬物

之上器盜萬物以毀敗皆自然而往三盜各得其
宜三才遞安其任
故曰食其時百骸理動其機萬化安
鬼谷子曰不欲令後代人君廣斂珍寳委積金帛
若能棄之雖傾河塡海未足難也食者所以治百
骸失其時而生百骸動者所以安萬物失其機而
傷萬物故曰時之至間不容瞬息先之則太過後
之則不及是以賢者守時不肖者守命也
人知其神之神不知不神之所以神也
筌曰人皆有聖人不貴聖人之愚既覩其聖又察
其愚復覩其聖故書曰專用聰明則事不成專用
晦昧則事皆悖一明一晦衆之所載伊尹酒保太
公屠牛管仲作華百里奚賣粥當衰亂之時人皆
謂之不神及乎逢成湯遭文王遇齊桓値秦穆道
濟生靈功格宇宙人皆謂之至神
日月有數大小有定聖功生焉神明出焉
鬼谷子曰後代伏思之則明天地不足貴而況於
人乎筌曰一歲三百六十五日日之有數月次卜

二以積閏大小餘分有定皆禀精炁自有不爲聖
功神明而生聖功神明亦禀精炁自有不爲日月
而生是故成不貴乎天地敗不怨乎陰陽
其盜機也天下莫能見莫能知君子得之固躬小人
得之輕命
諸葛亮曰夫子太公豈不賢於孫吳韓白所以君
子小人異之四子之勇至于殺身固不得其主而
見殺矣筌曰季主凌夷天下莫見凌夷之機而莫
能知凌夷之源霸王開國之機而莫能知開國之

而莫能知開國之源君子得其機應天順人乃
固其躬小人得其機煩兵黷武乃輕其命易曰君
子見機而作不俟終日又曰知機其神乎機者易
見而難知見近知遠

下篇

瞽者善聽聾者善視絕利一源用師十倍三反晝夜
用師萬倍
尹曰思之精所以盡其微良曰後代伏思之耳目
之利絕其一源筌曰人之耳目皆分于心而竟于

神心分則機不精神竟則機不微是以師曠薰目
而聰耳離朱漆耳而明目任一源之利而反用師
於心舉事發機十全成也退思三反經晝歷夜思
而後行舉事發機萬全成也太公曰目動而心應
之見可則行見否則止

心生于物死于物機在於目
筌曰爲天下機者莫近乎心目心能發目目能見
機秦始皇東遊會稽項羽日見其機心生于物謂
項良曰彼可取而代之晉師畢至於淮淝苻堅曰
見其機心死于物謂苻融曰彼勍敵也胡爲少乎
則知生死之心在乎物成敗之機見于目焉

天之无恩而大恩生迅雷烈風莫不蠢然
良曰熙熙哉太公曰誠懼致福筌曰天心无恩萬
物有心歸恩于天老子曰天地不仁以萬物爲芻
狗聖人不仁以百姓爲芻狗是以施而不求其報
生而不有其功及至迅雷烈風威遠而懼通萬物
蠢然而懷懼天无威而懼萬物萬物有懼而歸威
于天聖人行賞也无恩于有功行伐也無威于有

罪故賞罰自立于上威恩自行于下也

至樂性餘至靜性廉
良曰夫機在于是也筌曰樂則奢餘靜則貞廉性
餘則神濁性廉則神清神者智之泉神清則智明
智者心之府智公則心平人莫鑒于流水而鑒于
澄水以其清且平神清意平乃能形物之情夫聖
人者不淫于至樂不安于至靜能棲神靜樂之間
謂之守中如此施利不能誘聲色不能蕩辯士不
能說智者不能動勇者不能懼見禍于重開之外

慮患于杳冥之内天且不違而況于兵之詭道者
哉
天之至私用之至公
君曰治極徹良曰其機善雖不令天下而行之天
下所不能知天下所不能違筌曰天道曲成萬物
而不遺椿菌鵬鷃巨細修短各得其所至私也雲
行雨施雷電霜霓生殺之均至公也聖人則大法
地養萬民察勞苦至私也行正令施法象至公也
孫武曰視卒如愛子可以俱死視卒如嬰兒可與

之赴深溪愛而不能令譬若驕子是故令之以文
齊之以武
禽之制在炁
太公曰豈以小大而相制哉尹曰炁者天之機筌
曰玄龜食蟒鸇隼擊鵠黄腰啖虎飛鼠斷猿蜍蛭
嚌魚狼犿囓鶴餘甘柔金河車服之無窮化玉雄
黄變鐵有不灰之木浮水之石夫禽獸木石得其
炁尚能以小制大況英雄得其炁而不能淨寰海
而御宇宙也

生者死之根死者生之根恩生于害害生于恩
太公曰損已者物愛之厚已者物薄之筌曰謀生
者必先死而後生習死者必先生而後死鶡冠子
曰不死不生不斷不成孫武曰投之死地而後生
致之亡地而後存吳起曰兵戰之場立屍之地必
死則生幸生則死恩者害之源害者恩之源吳樹
恩于越而害生周立害于殷而恩生死之與生也
恩之與害相反糺纆也
愚人以天地文理聖我以時物文理哲

太公曰觀鳥獸之時察萬物之變筌曰景星見黄
龍下翔鳳至醴泉出嘉穀生河不滿溢海不揚波
日月薄蝕五星失行四時相錯晝冥宵光山崩川
涸冬雷夏霜愚人以此天地文理爲理亂之機文
思安安光被四表克明俊德以親九族六府三事
無相奪倫百穀用成兆民用康昏主邪臣法令不
一重賦苛政上下相蒙懿戚貴臣驕奢淫縱酣酒
嗜音峻宇雕墻百姓流亡思亂怨上我以此時物
文理爲理亂之機也

人以愚虞聖我以不愚虞聖人以奇期聖我以不奇
期聖
筌曰賢哲之心深妙難測由巢之跡人或窺之至
于應變無方自機轉而不窮之智人豈虞之以跡
度心乃爲愚者也
故曰沉水入火自取滅亡
良曰理人自死理軍亡兵無死則無不死無生則
無不生故知乎死生國家安寧
自然之道靜故天地萬物生

陰符經　十一

尹曰靜之至不知所以生
天地之道浸故陰陽勝
良曰天地之道浸微而推勝之
陰陽相推而變化順矣
良曰陰陽相推激至于變化在于目
是故聖人知自然之道不可違因而制之
良曰大人見之爲自然英哲見之爲制愚者見之
爲化尹曰知自然之道萬物不能違故利而行之
至靜之道律曆所不能契
良曰觀鳥獸之時察萬物之變鳥獸至淨律曆所
不能契從而機之
爰有奇器是生萬象八卦甲子神機鬼藏
良曰六癸爲天藏可以伏藏也
陰陽相勝之術昭昭乎進乎象矣
亮曰奇器者聖智也天垂象聖人則之推甲子畫
八卦考蓍龜稽律曆則鬼神之情陰陽之理昭著
乎象無不盡矣亮曰八卦之象中而用之六十甲
子轉而用之神出鬼入萬明一矣良曰萬生萬象

陰符經　十二

者心也合藏陰陽之術日月之數昭昭乎在人心
矣廣成子曰甲子合陽九之數也卦象出師衆之
法出師以律動合鬼神順天應時而用鬼神之道
也

說郛目録

弓第八

三教論衡

唐 白居易

太和元年十月皇帝降誕日奉勑召入麟德殿內道場對御三教談論畧錄大端不可具載

第一座 秘書監賜紫金魚袋白居易安國寺賜紫引駕沙門義休太淸宮賜紫道士楊弘元

序

中大夫守秘書監上柱國賜紫金魚袋臣白居易言談論之先多陳三教讚揚演說以啓談端伏料聖心飽知此義伏計聖聽猒聞此談臣故畧而不言唯序慶誕贊休明而已聖唐御區宇二百年皇帝承祖宗十四葉太和初歲良月上旬天人合應之期元聖慶誕之日雖古者有祥虹流月瑞電繞樞彼皆瑣微不足引諭伏惟皇帝陛下臣妾四 父母萬姓恭勤以修巳慈儉以養人戎夏乂安朝野無事特降明詔式會嘉辰開達四聰闡揚三教儒臣居易學淺才微謬列禁筵會登講座天顏咫尺隕越于前竊以釋門義

林法師明大小乘通內外學靈山嶺岫苦海津梁於大衆中能獅子吼所謂彼上人者難爲酬對然臣稽先王典籍假陛下威靈發問既來敢不響答

僧問

義休法師所問毛詩稱六義論語列四科何者爲四科何者爲六義其名與數請爲備陳者

對

孔門之徒三千其賢者列爲四科毛詩之篇三百其要者分爲六義六義者一曰風二曰賦三曰比四曰

興五曰雅六曰頌此六義之數也四科者一曰德行二曰言語三曰政事四曰文學此四科之目也在四科內列十哲名德行科則有顏淵閔子騫冉伯牛仲弓言語科則有宰我子貢政事科則有冉有季路文學科則有子游子夏此十哲之名也四科六義之名數今已區別四科六義之旨義今合辨明請以法師本教佛法中比方卽言下曉然可見何者卽如毛詩有六義亦猶佛法之義例有十二部分也佛經千萬卷其義例不出十二部中毛詩三百篇其旨要亦不出六義內故以六義可比十二部經又如孔門之有四科亦猶釋門之有六度六度者六波羅密六波羅密者卽檀波羅密尸波羅密羼提波羅密毗梨耶波羅密禪定波羅密般若波羅密以唐言譯之卽布施持戒忍辱精進禪定智慧是也故以四科可比六度又如仲尼之有十哲亦猶如來之有十大弟子卽迦葉阿難須菩提舍利弗迦旃延目乾連阿那律優波離羅睺羅是也故以十哲可比十大弟子夫儒門釋敎雖名數則有異同約義立宗彼此亦無差別所謂

同出而異名殊途而同歸者也所對若此以爲何如更有所疑請以重難

難

法師所難十哲四科先標德行然則曾參至孝孝者百行之先何故曾參獨不列于四科者

對

曾參不列四科者非爲德行才業不及諸人也蓋繫於一時之事耳請爲終始言之昔者仲尼有聖人之德無聖人之位棲棲應聘七十餘國與時竟不偶知

道終不行感鳳泣麟慨然有吾已矣夫之歎然後自衛反魯刪詩書定禮樂修春秋立一王之法爲萬代之教其次則叙十哲論四科以垂示將來當此之時顔閔游夏之徒適在左右前後目擊指顧列入四科亦一時也孝經云仲尼居曾子侍此言仲尼閒居之時曾參則多侍從曾參至孝不忍一日離其親及仲尼旅游歷聘自衛反魯之時曾參或歸養於家不從門人之列倫擬之際偶獨見遺由此明之非曾參德行才業不及諸門人也所以不列四科者蓋一時之闕耳因一時之闕爲萬代之疑從此辨之又可無疑矣

僧問

儒書與義既已討論釋典微言亦宜發問

問

維摩經不可思議品中云芥子納須彌須彌至大至高芥子至微至小豈可芥子之内入得須彌山乎假如入得云何得見假如却出云何得知其義難明請言要旨僧答不錄

難

法師所云芥子納須彌是諸佛菩薩解脱神通之力所致也敢問諸佛菩薩以何因緣證此解脱修何智力得此神通必有所因願聞其説僧答不錄

問道士

儒與佛經討論既畢請廻餘論移問道門臣居易言我太和皇帝祖玄元之教挹清淨之風儒素緇黄鼎足列座若不講論玄義將何啓廸皇情道門楊弘元法師道心精微眞學奥祕爲仙列上首與儒爭衡居易編覽道經粗知玄理欲有所問輿垂發蒙

問

黄庭經中有養氣存神長生久視之道常聞此語未究其由其義如何請陳大畧道士答不錄

難

法師所答養氣存神長生久視之大畧則聞命矣敢問黄者何義庭者何物氣養何氣神存何神誰爲此經誰得此道將明事驗幸爲指陳道士答不錄

道士問

法師所問孝經云敬一人則千萬人悦其義如何者
對
謹按孝經廣要道章云敬者禮之本也敬其君則臣
悦敬一人則千萬人悦所敬者寡而悦者衆此之謂
要道也夫敬者謂忠敬盡禮之義也悦者謂悦懌歡
心之義也要道者謂施少報多簡要之義也如此之
義明白各見於經文其間别有所疑卽請更難
難
法師所難云凡敬一人則合一人悦敬二人則合二
人悦何故敬一人而千萬人悦又問所悦者何義所

敬者何人
對
孝經所云一人者謂帝王也王者無二故曰一人非
謂臣下衆庶中之一人也若臣下敬一人則一人悦
敬二人則二人悦若敬君上雖一人則千萬人悦何
以明之設如人有盡忠於國盡敬於君天下見之何
人不悦豈止千萬人乎説如有人不忠於國不敬於
君天下見之何人不怒亦豈止千萬人乎然敬卽禮
也禮卽敬也故傳云見有禮於其君者事之如孝子
之養父母也如此則豈獨空悦乎亦將事而養之也
見無禮於其君者誅之如鷹鸇之逐鳥雀也如此則
豈獨空不悦乎亦將逐而誅之也由此而言則敬不
敬之義悦不悦之理了然可見復何疑哉
退
臣伏惟三教談論承前舊例朝臣因對揚之次多自
敘不能及平生志業臣素無志業又乏才能恐煩聖
聽不敢自敘謹退

令旨解二諦義

梁昭明太子

二諦理實深玄自非虛懷無以通其弘遠明道之方其由非一舉要論之不出境智(智字滿添)或時以鏡明義或時以智顯行至於二諦即是就境明義若迷(迷字俊改)其方三有不絕若達其致(虞訂)萬累斯遣所言二諦者一是眞諦二(虞訂)名俗諦眞諦亦名第一義諦(諦字邵生添)俗諦亦(俗諦亦三字滿改)名世諦眞諦俗諦以定體立名第一義諦世諦以褒貶立目若以次第言說應云一眞諦二俗諦一與(虞訂)二合數則爲三非直數過於二亦名有前後於義非便眞既不因俗而有俗亦不由眞而生正可得言一眞一俗眞者是實義即是平等更無異法能爲雜間俗者即是集義(虞訂)此法得生浮僞起作第一義者就無生境中別立美名言此法最勝最妙無能及者世者以隔別爲義生滅(滅字滿改)流動無有住相涅槃經言出世人所知名第一義諦世人所知名爲世諦此即文證褒貶之理二諦立名差別不同眞俗(虞訂)世等以一義說第一義諦以二義說

改正言此理德既第一義亦第一世既浮僞更無有義所以但立世名諦者以審實爲義眞諦審實是眞俗諦審實是俗眞諦離有離無俗諦即有即無(即無二字滿添)即有即無斯是假名離有離無此爲中道眞是中道以不生爲體俗既假名以生法爲體

南澗寺慧超諮曰浮僞起作名之爲俗離於有無名之爲眞未審浮僞爲當與眞一體爲當有異

令旨答曰世人所知生法爲體出世人所知不生爲體依人作論應如是說若論眞即有是空俗(虞補)指空爲有依此義明不得別異

又諮眞俗既云一體未審眞諦亦有起動爲當起動自動不關眞諦

令旨又答眞諦寂然無起動相凡夫惑識自橫見起動

又諮未審有起動而凡夫橫見無起動而凡夫橫見

令旨又答若有起動則不名橫見以無動而見動(虞補)所以是橫

又諮若法無起動則唯應一諦

令旨又答此理常寂自此一諦橫見起動復是一諦
唯應有兩不得言一
又諮爲有橫見爲無橫見
令旨又答依人爲語有此橫見
又諮若依人語故有橫見依法爲談不應見動
令旨又答法乃無動不妨橫者自見其動
丹陽尹晉安王蕭綱諮曰解旨伊人爲辨有生不生
未審浮虛之與不生只是一體爲當有異
令旨答曰凡情所見見其起動聖人所見見其不生
依人爲論乃是異體若語相卽則不成異且如向釋
不復多論

二諦義　八　三

又諮若眞不異俗俗不異眞豈得俗人所見生法爲
體聖人所見不生爲體
令旨答卽(虞訂)俗知眞卽眞見俗就此爲談自成無異
約人辨(虞補)見自有生不生(虞補)殊辨(辨字滿改虞　此辨字應衍)
又諮未審俗諦之體既云浮幻何得於眞實之中見
此浮幻
令旨答眞實之體自(虞補)無浮幻惑者橫構(虞訂)謂之爲
有無傷眞實體自玄虛
又諮聖人所見見不流動凡夫所見自見流動既流
不流異愚謂不得爲(虞補)一
令旨答不謂流不流各是一體正言凡夫於不流之
中(虞訂)橫見此流以是爲論可得成一
又諮眞寂之體本自不流凡夫見流不離眞體然則
但有一眞不成二諦
令旨答體恒相卽(卽字邪　生訂)理不得異但凡見浮虛聖
覩眞寂約彼凡聖可得立二諦名(虞補)

二諦義　八　四

招提寺慧琰諮曰凡夫見俗以生法爲體聖人見眞
以不生爲體未審生與不生但見其異復依何義(虞訂)
而得辨一
令旨答曰凡夫於無構有聖人卽有辨無有無相卽
此談一體
又諮未審此得談一一何所名
令旨答曰正(虞補)以有不異無無不異有故名爲一更
無異名
又諮若無不異有有不異無但見其一云何爲二

令旨答凡夫見有聖人見無兩見既分所以成二
又諮聖人見無無可稱諦凡夫見有何能得一作稱諦
令旨答聖人見無在聖爲諦凡夫審謂爲有故於凡
爲諦
栖玄寺曇宗諮曰聖人爲見世諦爲不見世諦
令旨答曰聖知凡人見有世諦若論聖人不復見此
又諮聖人既不見世諦云何以世諦教化衆化生字邵生
訂
令旨答聖人無惑自虞訂不見世諦無妨聖人知凡夫

所見故曲隨物情說有二諦
又諮聖人知凡見世諦卽此凡夫不
令旨答此凡卽是世諦聖人亦不見此凡
又諮聖既不見見字邵生訂凡焉知凡見世諦
令旨答聖雖自虞改二字到無凡亦能知有凡自謂爲有
故曲赴其情爲說世諦
司徒從事中郎王規諮曰未審眞俗既不同豈得相
卽之義
令旨答聖人所得自見其無凡人所得自見其有見

自不同虞訂無妨俗不出眞外
又諮未審既無異質而有二義爲當義離於體爲虞訂
當卽義卽體
令旨答更不相出名爲一體愚聖見殊自成異義
又諮凡夫爲但見俗亦得見虞改二字到眞不邵生添
令旨答止得見俗虞訂不得見眞
又諮體既相卽虞訂寧不覩眞
令旨答凡若見眞不應覩俗覩俗二字虞補既妄虞訂焉得
見眞

靈根寺僧遷諮曰若第一以無過爲義此是讚嘆之
名眞離於俗亦應是讚嘆之名
令旨答曰卽此體虞訂眞不得言歎第一義諦既更立
美名所以是歎
又諮無勝我者既得稱讚嘆虞補我體卽眞何故非嘆
令旨答無勝我者所以得稱讚嘆虞補我體卽眞亦是
我眞故非讚嘆
又諮我無過者所以得稱讚嘆我是不僞何得非讚
令旨答不僞只是當體之名如人體義謂之解虞訂

足稽（一作稱）其實體豈成讚嘆
又諮此法無能出者焉能（一作得）即是讚嘆
令旨答既云無出非讚如何
羅平侯蕭正立諮曰未審俗諦是生法以（虞補）不
令旨答曰俗諦之體正是生法
又諮俗既橫見何得有生
令旨答橫見爲有所以有生
又諮橫見爲有實自無法實既無法說何爲生
令旨答即此生法名爲橫見亦即此橫見名爲生

二諦義　七

又諮若是橫見不應（虞訂）無（當作有字）生若必有生何名（虞改）
橫見
令旨答既云橫見實自無生（虞訂）但橫見爲有有此橫
生
衡山侯蕭恭諮曰未審第一義諦既有義目何故世
（虞訂）諦獨無義名（虞訂）
令旨答曰世既浮俗無義可辨
又諮若無義可辨何以稱諦
令旨答凡俗審見故立諦名

又諮若凡俗見有得受諦名亦應凡俗見有得
字
令旨答凡俗審見故諦名可立浮俗無義何得强字
爲義
又諮浮俗雖無實義不無浮俗之義既有此浮俗何
得不受義名
令旨答正以浮俗故無（無字滿改）義可辯若有義可辯何
名浮俗
中興寺僧懷諮曰令旨解言眞不離俗俗不離眞未

二諦義　八

審眞是有相俗是有相有無相殊何得同體
令旨答曰相與無相此處不同但凡所見有即是聖
（虞改）所見無即是凡以此爲論可得無別
又諮既是一法云何得見爲兩見既有兩豈是一法
令旨答理乃不兩隨物所見故得有兩
又諮見既有兩豈不相違
令旨答法若實兩可得相違法實（一作常，虞改；實字滿改）不兩
人見自兩就此作論焉得相乖
又諮人見有兩可說兩人理既是一豈得有兩

令旨答理（一本有雖字）不兩而令（一作約，虞改）人成兩
始興王第四男蕭昳諮曰第一義諦其義第一德亦
第一不
令旨答曰義既第一德亦第一
又諮直言第一巳包德義何得復加義字以致繁複
令旨答直言第一在義猶昧第一見義可得盡美
又諮若加以義字可得盡美何不加以德（德字虞補）字可
得盡美
令旨答第一是德豈待復加但加義字則德義雙美

又諮直稱第一足見其美偏加義字似有所局
令旨答第一表德復加義字二美俱陳豈有所局
吳平世子蕭勵諮曰通旨云第一義諦世諦褒貶立
名真俗二諦定體立名尋真諦之理既妙絕言慮未
審云何有定體之旨
令旨答曰談其無相無真不真寄名相說以真定體
又諮若真無諦無體令寄言辨體未審真體無相何
寄言辨相
令旨答寄言辨體猶恐貶德若復寄言辨相則有累
虛玄
又諮真諦玄虛離於言說今既稱有真豈非寄言辨
相
令旨答寄（虞補）有此名名自是相無傷此理無相虛寂
又諮未審此寄言辨體爲是當理爲不當理
令旨答無名而說名不令當理
又諮若寄言辨名名不當理未審此寄將作何說（一本作將何所說）
令旨答雖不當理爲接引衆生須名相說

宋熙寺慧令諮曰真諦以不生爲體俗諦以生法爲
體而言不生即生生即不生爲當體（不中）相即爲當義
中相即
令旨答云體中相即義不相即
又諮義既不即體云何即
令旨答凡見其有聖覩其無約見成異就體（虞改）恒即
又諮體既無兩何事須即
令旨答若體無別兩緣見有兩見既兩異須明體即
又諮若如解旨果是就人明即（虞訂）

令旨答約人見爲二二諦所以明生就名見人卽此
亦何(虞訂)妨
始興王第五男蕭曄諮曰眞諦稱眞是實眞不
令旨答曰得是(虞訂)實眞
又諮菩薩會眞之時爲忘俗忘(虞補)眞不
令旨答忘俗忘眞故說會眞
又諮若忘俗忘眞故說會眞(眞字滿改)忘俗忘眞何得(一作改)
謂(虞)實眞
令旨答若存俗存眞何謂實眞(滿改)正由兩遣故謂實
二諦義　（八）　十一
眞
又諮若忘俗忘(俗忘二字滿改)眞而是實眞亦應忘眞忘俗
而是實俗
令旨答忘俗忘眞所以見眞忘眞忘俗彌見非俗
又諮菩薩會眞既忘俗忘眞今呼實眞便成乖理
令旨答假呼實眞終自(虞)忘眞兩忘稱實何謂乖理
與皇寺法宣諮曰義旨云俗諦是有是無故以生法
爲體未審有法有體可得稱生無(虞改滿既字)是無法云
何得有生義

令旨答俗諦有無相待而立既是相待故並得稱生
又諮若有無兩法並稱爲生生義既一則有無無異
令旨答俱是凡夫所見故生義得同是有是無焉得
不異
又諮若有無果別應有生不生
令旨答既相待立名故同一生義
程鄉侯蕭祇諮曰未審第一之名是形待以(虞改)不
令旨答正是形待
又諮第一無相有何形待
二諦義　（八）　十二
令旨答既云第一豈待形待
又諮第一是待既稱第一世諦待於第一何不名(虞補)
爲第二若俗諦是待而不稱第二亦應眞諦是待不
名第一
令旨答若稱第一是待於義已足無假說俗第二方
成相待
又諮若世(世字俊改)諦之(虞訂)名不稱第二則第一之稱無
所形待
令旨答第一褒眞既云相待世名是待直置可知

光澤寺法雲諮曰聖人所知之境此是眞諦未審能知之智爲是眞諦爲是俗諦

令旨答曰能知是智所知是境智來冥（冥字滿改）境得言卽眞

又諮有智之人爲是眞諦爲是俗諦

令旨答若呼有智之人卽是俗諦

又諮未審俗諦之人何得有眞諦之智

令旨答聖人能忘於俗所以得有眞智（廣訂）

又諮此人既冥無生亦應不得稱人

令旨答冥於無生不得言人寄名相說常自有人

靈根寺慧令諮曰爲於眞諦中見有爲俗諦中見有

令旨答曰於眞諦中橫見有有俗

又諮俗諦之有爲實爲虛

令旨答是虛妄之有

又諮爲當見妄爲當見有

令旨答見於妄有

又諮無名相中何得見有名相

令旨答於無名相見有名相所以妄有

又諮於無名相妄見爲有譬如火熱惑者言冷得就熱中有冷相不若於無相而有名相亦於火中（二字到邵）

（生改）應有此冷

令旨答火自常熱妄見有冷此自惑冷熱未嘗異（廣改）

湘宮寺慧興諮曰凡夫之惑爲當但於眞有迷於俗亦迷

令旨答曰於眞見有此是迷眞既見有俗不成迷俗

又諮若使解俗便成解眞若不解眞豈得解俗

令旨答眞理虛寂惑心不解雖不解眞何妨解俗

又諮此心不解眞於眞可是惑此心既解俗於惑應非惑

令旨答實而爲語通自是惑（滿曰疑有誤）辨俗森羅於俗中各解

莊嚴寺僧旻諮曰世俗心中所得空解爲是眞解爲是俗解

令旨答可名相似解

又諮未審相似爲眞爲俗

令旨答習觀無生不名俗解未見無生不名眞解

又諮若能照之智非眞非俗亦應所照之境非眞非
俗若是非眞非俗則有三諦
令旨答所照之境旣卽無生無生（虞補：眞）是眞豈有三諦
又諮若境卽眞境何不智卽眞智
令旨答未見無生故非眞智何妨此智未眞而習觀
眞境豈得以智未眞智（智字滿改）而使境非眞境
宣武寺法寵諮曰眞諦不生不滅俗諦有生有滅眞
俗兩義得言有異談其法體只得是一未審體從於
義亦得有二不

二諦義　〈八〉　十五

令旨答曰體亦不得合從於義
又諮未審就凡聖兩見得言兩義亦就凡聖兩見得
言兩體
令旨答理不相異所以云一就凡聖兩見得有二體
之殊
又諮若使凡者見有聖人見無便應凡夫但見世諦
有聖人應見太虛無（二字到　邵生訂）
令旨答太虛亦非聖人所見太虛得名由於相待旣
由待生並凡所見
又諮凡夫所見空有得言是一不
令旨答就凡爲語有實異無約聖作談無不異有
建業寺僧愍諮曰俗人解俗爲當解俗參差而言解
俗爲當見俗虛假而言解俗
令旨答只是見俗參差而言解俗
又諮俗諦不但參差亦是虛妄何故解參差而不解
虛妄
令旨答若使凡夫（夫字邵改）解虛妄卽是解眞不解虛妄
所以名爲解俗

二諦義　〈八〉　十六

光澤寺敬脫諮曰未審聖人見眞爲當漸見爲當頓
見
令旨答漸見
又諮無相虛懷一見此理萬相並寂未審何故見眞
得有由漸
令旨答自凡之聖解有淺深眞自虛寂不妨見有由
漸
又諮未審一得無相並忘（虞訂）萬有爲不悉忘
令旨答一得相萬有悉

又諮一得無相忘萬有者亦可一虞訂得虛懷窮彼真
境不應漸見
令旨答如來會寂自是窮真淺行聖人恒自漸見
又諮若見真有淺不可頓會亦應漸忘萬有不可頓
忘
令旨答解有優劣故有漸見忘懷無偏故萬有並寂
令旨解法身義并問答
法身虛寂遠離有無之境獨脫因果之外不可以智
知不可以識識豈是稱謂所能論辨將欲顯理不容

二諦義〈十七〉

嘿然故隨從言說致有法身之稱天竺云達磨舍利
此土謂之法身若以當體則是自性之目若以言說
則是相待立名法者軌則為旨身者有體之義軌則
之體故曰法身略就言說粗陳其體是常常字滿改住身
是金鋼身重加研覈其則不爾若定是金鋼即為名
相定是常住便成方所所謂常住本是寄名稱名一作
日虞改金鋼本是譬說及談實體則性同無生故云佛
身無為不墮諸虞補法故涅槃經說如來之身非身是
身無量無邊無有足跡無知無形畢竟清靜無知清
靜而不可為無稱曰妙有而復非有離無離有所謂
法身
招提寺慧琰諮曰未審法身無相不應有體何得用
體以釋身義
令旨答曰無名無相乃無體可論寄以名相不無妨妙字邵改
體
又諮若寄以名相不無妙體則寄以名相不成無相
令旨答既云寄以名相足明理實無相
又諮若寄以名相而理實無相理既無相云何有體

二諦義〈十八〉

令旨答寄言軌物何得無體
又諮亦應寄言軌物非復無相
令旨答軌物義邊虞補理非無相所言無相本談妙體
又諮真實本來無相正應以此軌物何得隱斯真實
強言生相
令旨答真實無相非近學所窺是故接諸膚淺必須
寄以言虞改相
光澤寺法雲諮曰未審法身常住是萬行得不
令旨答曰名相道中萬行所得

又諮既爲萬行所得豈是無相若必無相豈爲萬行
所得
令旨答無名無相何曾有得寄以名相假言有得
又諮實有萬行實得佛果安可以無相全無所得
令旨答問者住心謂實有萬行今謂萬行自空豈有
實果可得
又諮見有衆生修習萬行未審何故全謂無爲
令旨答凡俗所見謂之爲有理而檢之實無(虞改)萬行
又諮經說常住以爲妙有(虞訂)如其假說何謂妙有
二諦義　十九
令旨答寄以名相故說妙有理絕名相何妙何有
莊嚴寺僧旻諮曰未審法身絕相智不能知絕相絕
智何得猶有身稱
令旨答曰無名無相曾有何身(二字到邵生訂)假名相說故
曰法身
又諮亦應假名相說是智所照何得不可以智知不
可以識識
令旨答亦得寄名相慧眼所見
又諮若慧眼(眼字邵生補)能見則可以智知若智不能知
則慧眼無見
令旨答慧眼無見亦無法可見
又諮若云無見有何法身
令旨答理絕聞見實無法身
又諮若無法身則無正覺正覺既有法身豈無
令旨答恒是寄言故有正覺正覺既在寄言法身何
得定有
宣(虞改)武寺法寵諮曰未審法身之稱爲正在妙體(一作
本虞)金姿丈六亦是法身
二諦義　二十
令旨答曰通而爲論本跡皆是別而爲語止在常住
又諮若止在常住(住字滿改)不應有身若通取丈六丈六
(虞補)何謂法身
令旨答常住既有妙體何得無身丈六亦能執物故
可通稱法身
又諮若常住無累方稱法身丈六有累(累字滿改)何謂法
身
令旨答衆生注仰妄見丈六丈六非有有何實累
又諮若丈六非有指何爲身

令旨答隨物見有謂有應身
又諮既曰應身何謂法身
令旨答通相爲辨故兼本跡覈求實義不在金姿
靈根寺慧令諮曰未審爲以極智名曰法身爲以全一作貌虞改相故曰法身
令旨答無名無相是集藏法身圓極智慧是實智法身
又諮無名無相則無身不身既有法身何謂無相
令旨答正以無相故曰法身

二諦義　八　三王

又諮若以無相故曰法身則智慧名相非復法身
令旨答既是無相智慧豈非法身
又諮如其有身何名無相若是無相何得有身
令旨答於無名相假說法身
又諮若假說法身正存名相云何直指無相而謂法身
令旨答既於無相假立名相豈得異此無虞訂相而說法身
靈味寺靜安諮曰未審法身乘應以不

令旨答法身無應
又諮本以應化故稱法身若無應化何謂法身
令旨答本以軌則之體名爲法身應化之談非今所軌
又諮若無應化云何可軌既爲物軌豈無應化
令旨答衆生注仰蒙益故云能爲物軌化緣已畢何所應化化字虞改
又諮若能益衆生便成應化若無應化何以益物
令旨答能生注仰軌則自成何勞至人俯應塵俗

二諦義　八　三王

又諮既生注仰豈無應化若無應化注仰何益
令旨答正由世尊至極神妙特深但令注仰自然蒙祐若應而後益何謂至神不應而益故成窮美虞補若必令實應與菩薩豈殊

漁樵對問

宋 邵雍

漁者垂釣於伊水之上樵者過之弛擔息肩坐于磐石之上而問於漁者曰魚可鈎取乎曰然曰鈎非餌可乎曰否曰非鈎也餌也魚利食而見害人利魚而蒙利其利同也其害異也敢問何故漁者曰子樵者也與吾異治安得侵吾事乎然亦可以為子試言之彼之利猶此之利也彼之害亦猶此之害也子知其小未知其大魚之利食吾亦利乎食也魚之害食吾

亦害乎食也子知魚終日得食為利又安知魚終日不得食不為害如是則食之害也重而鈎之害也輕子知吾終日得魚為利又安知吾終日不得魚不為害也如是則吾之害也重魚之害也輕以魚之一身當人之一食則魚之害多矣以人之一身當魚之一食則人之害亦多矣又安知釣乎大江大海則無易地之患焉魚利乎水人利乎陸水與陸異其利一也魚害乎餌人害乎財餌與財異其害一也又何必分子彼此哉子之言體也獨不知用爾樵者又問曰魚可生食乎曰烹之可也曰必吾薪濟子之魚乎曰然曰吾知有用乎子矣曰然則子知子之薪能濟吾之魚不知子之薪所以能濟吾之魚也薪之能濟魚久矣不待子而後知苟世未知火之能用薪則子之薪雖積丘山獨且奈何哉樵者曰願聞其方曰火生于動水生於靜動靜之相生水火之相息水火用也草木體也用生於利體生於害利害見乎情體用隱乎性一性一情聖人成能子之薪猶吾之魚微火則皆為腐臭朽壤而無所用矣又安能養人七尺之軀哉

樵者曰火之功大于薪固已知之矣敢問善灼物何必待薪而後傳漁者曰薪火之體也火薪之用也火無體待薪然後為體薪無用待火然後為用是故凡有體之物皆可焚之矣曰水有體乎曰然曰火能焚水乎曰火之性能迎而不能隨故滅水之體能隨而不能迎故熱是故有温泉而無寒火相息之謂也曰火之道生于用亦有體乎曰火以用為本以體為末故動水以體為本以用為末故靜是火亦有體水亦有用也故能相濟又能相息非獨水火則然天下之事

皆然在乎用之何如爾樵者曰用可得聞乎曰可以意得者物之性也可以言傳者物之情也可以象求者物之形也可以數取者物之體也用也者妙萬物爲言者也可以意得而不可以言傳曰不可以言傳則子惡得而知之乎曰吾所以得而知之者固不能言傳非獨吾不能傳之以言聖人亦不能傳之以言也曰聖人既不能傳之以言則六經非言也耶曰時然後言何言之有樵者贊曰天地之道備于人萬物之道備于身衆妙之道備於神天下之能事畢矣又

何思何慮吾而今而後知事心踐形之爲大不及子之門則幾至于殆矣乃析薪烹魚而食之飫而論易

漁者與樵者游于伊水之上漁者歎曰熈熈乎萬物之多而未始有雜吾知遊乎天地之間萬物皆可以無心而致之矣非子則吾孰與歸焉樵者曰敢問無心致天地萬物之方漁者曰無心者無意之謂也無意之意不我物也不我物然後能物物曰何謂我何謂物曰以我徇物則我亦物也以物徇我則物亦我也我物皆致意由是明天地亦萬物也何天地之有焉萬物亦天地也何萬物之有焉萬物亦我也何萬物之有焉我亦萬物也何我之有焉何物不我何我不物如是則可以宰天地可以司鬼神而況於人乎況於物乎

樵者問漁者曰天何依曰依乎地地何附曰附乎天曰然則天地何依何附曰自相依附天依形地附氣其形也有涯其氣也無涯有無之相生形氣之相息終則有始終始之間其天地之所存乎天以用爲本以體爲末地以體爲本以用爲末利用出入之謂神

名體有無之謂聖唯神與聖能叅乎天地者也小人則日用而不知故有害生實喪之患也夫名也者實之客也利也者害之主也名生于不足利喪於有餘害生于有餘實喪于不足此理之常也養身必以利貪夫則以身徇利故有害生焉立身必以名衆人則以身徇名故有實喪焉竊人之財謂之盜其始取之也唯恐其不多也及其敗露也唯恐其多矣夫賄之與贓一物也而兩名者利與害故也竊人之美謂之徼其始取之也唯恐其不多也及其敗露也唯恐其

多矣夫譽與毀一事也而兩名者名與實故也凡言朝者萃名之所也市者聚利之地也能不以爭處乎其間雖一日九遷一貨十倍何害生實喪之有耶是知爭也者取利之端也讓也者趨名之本也利至則害生名興則實喪利至名興而無害生實喪之患唯有德者能之天依地地附天豈相遠哉

漁者謂樵者曰天下將治則人必尚行也天下將亂則人必尚言也尚行則篤實之風行焉尚言則詭譎之風行焉天下將治則人必尚義也天下將亂則人

必尚利也尚義則謙讓之風行焉尚利則攘奪之風行焉三王尚行者也五霸尚言者也尚行者必入于義也尚言者必入于利也義利之相去一何如是之遠耶是知言之于口不若行之於身行之於身不若盡之於心言之于口人得而聞之行之於身人得而見之盡之於心神得而知之人之聰明猶不可欺況神之聰明乎是知無愧于口不若無愧於身無愧於身不若無愧於心無口過易無身過難無身過易無心過難旣無心過何難之有吁安得無心過之人與之語心哉

漁者謂樵者曰子知觀天地萬物之道乎樵者曰未也願聞其方漁者曰夫所以謂之觀物者非以目觀之也非觀之以目而觀之以心也非觀之以心而觀之以理也天下之物莫不有理焉莫不有性焉莫不有命焉所以謂之理者窮之而後可知也所以謂之性者盡之而後可知也所以謂之命者至之而後可知也此三知者天下之眞知也雖聖人無以過之也而過之者非所以謂之聖人也夫鑑之所以能爲明

者謂其能不隱萬物之形也雖然鑑之能不隱萬物之形未若水之能一萬物之形也雖然水之能一萬物之形又未若聖人之能一萬物之情也聖人之所以能一萬物之情者謂其聖人之能反觀也所以謂之反觀者不以我觀物也不以我觀物者以物觀物之謂也既能以物觀物又安有我於其間哉是知我亦人也人亦我也我與人皆物也此所以能用天下之目爲已之目其目無所不觀矣用天下之耳爲已之耳其耳無所不聽矣用天下之口爲已之口其口

無所不言矣用天下之心爲已之心其心無所不謀矣夫天下之觀其于見也不亦廣乎天下之聽其于聞也不亦遠乎天下之言其于論也不亦高乎天下之謀其于樂也不亦大乎夫其見至廣其聞至遠其論至高其樂至大能爲至廣至遠至高至大之事而中無一爲焉豈不謂至神至聖者乎非唯吾謂之至神至聖者乎而天下　謂之至神至聖者乎非唯一時之天下謂之至神至聖者乎而千萬世之天下謂之至神至聖者乎過此以往未之或知也已

樵者問漁者曰子以何道而得魚曰吾以六物具而得魚曰六物具也豈由天乎曰具六物而得魚者人也具六物而所以得魚者非人也樵者未達請問其方漁者曰六物者竿也綸也浮也沉也鈎也餌也一不具則魚不可得然而六物具而不得魚者非人也六物具而不得魚者有焉未有六物不具而得魚者也是知具六物者人也得魚與不得魚者天也六物不具而不得魚者非天也人也

樵者曰人有禱鬼神而求福者福可禱而求耶求之而可得耶敢問其所以曰語善惡者人也禍福者天也天道福善而禍淫鬼神其能違天乎自作之咎固難逃也天降之災禳之奚益脩德積善君子常分安有餘事於其間哉樵者曰有爲善而遇禍有爲惡而獲福者何也漁者曰有幸與不幸也幸不幸命也當不當分也一命一分人其逃乎曰何謂分何謂命曰小人之遇福非分也有命也當禍分也非命也君子之遇禍非分也有命也當福分也非命也

漁者謂樵者曰人之所謂親莫如父子也人之所謂

疎莫如路人也利害在心則父子過路人遠矣父子之道天性也利害猶或奪之況非天性者乎夫利害之移人如是之深也可不慎乎路人之相逢則過之固無相害之心焉無利害在前故也有利害在前則路人與父子又奚擇焉路人之能相交以義又何況父子之親乎夫義者讓之本也利者爭之端也讓則有仁爭則有害仁與害何相去之遠也堯舜亦人也桀紂亦人也人與人同而仁與害異爾仁因義而起害因利而生利不以義則臣弒其君者有焉子弒其父

者有焉豈若路人之相逢一日而交袂于中逵者哉

樵者謂漁者曰吾嘗負薪矣舉百斤而無傷吾之身加十斤則遂傷吾之身敢問何故漁者曰樵則吾不知之矣以吾之事觀之則易地皆然吾嘗釣而得大魚與吾交戰欲棄之則不能捨欲取之則未能勝終日而後獲幾有沒溺之患矣非直有身傷之患耶魚與薪則異也其貪而爲傷則一也百斤力分之内者也十斤力分之外者也力分之外雖一毫猶且爲害而況十斤乎吾之貪魚亦何以異子之貪薪乎樵者歎曰吾而今而後知量力而動者智矣哉

漁樵對問　九

樵者謂漁者曰子可謂知易之道矣吾敢問易有太極太極何物也曰無爲之本也太極生兩儀兩儀天地之謂乎曰兩儀天地之祖也非止爲天地而已也太極分而爲二先得一爲一後得一爲二一二爲兩儀曰兩儀生四象四象何物也曰大象謂陰陽剛柔有陰陽然後可以生天有剛柔然後可以生地立功之本於斯爲極曰四象生八卦八卦何謂也曰謂乾坤離坎兑艮震巽之謂也迭相盛衰終始於其間矣因而重之則六十四由是而生也而易之道始備矣

樵者問漁者曰復何以見天地之心乎曰先陽已盡後陽始生則天地始生之際中則當日月始周之際末則當星辰始終之際萬物死生寒暑代謝晝夜遷變非此無以見之當天地窮極之所必變變則通通則久故象言先王以至日閉關商旅不行後不省方順天故也

樵者謂漁者曰無妄災也敢問其故曰妄則欺也得之必有禍斯有妄也順天而動有禍及者非禍也災

漁樵對問　十

也猶農有思豐而不勤稼穡者其荒也不亦禍乎農有勤稼穡而後敗諸水旱者其荒也不亦災乎故象言先王以茂對時育萬物貴不妄也

樵者問曰姤何也曰姤遇也柔遇剛也與夬正反夬始逼壯姤始遇壯陰始遇陽故稱姤焉觀其姤天地之心亦可見矣聖人以德化及此罔有不昌故象言施命告四方履霜之愼其在此也

漁者謂樵者曰春爲陽始夏爲陽極秋爲陰始冬爲陰極陽始則温陽極則熱陰始則涼陰極則寒温則

住物熟則長物涼則收物寒則殺物皆一氣其別而爲四焉其生萬物也亦然

樵者問漁者曰人之所以能靈于萬物者何以知其然耶漁者對曰謂其目能收萬物之色耳能收萬物之聲鼻能收萬物之氣口能收萬物之味聲色氣味者萬物之體也耳目口鼻者萬人之用也體無定用惟變是用用無定體惟化是體體用交而人物之道于是乎備矣然則人亦物也聖亦人也有一物之物有十物之物有百物之物有千物之物有萬物之物

有億物之物有兆物之物生一一之物當兆物之物者豈非人乎有一人之人有十人之人有百人之人有千人之人有萬人之人有億人之人有兆人之人生一一之人當兆人之人者豈非聖乎是知人也者物之至者也聖也者人之至者也物之至者始得謂之物之物也人之至者始得謂之人之人也夫物之至者至物之謂也而人之至者至人之謂也以一至物而當一至人則非聖而何人謂之不聖則吾不信也何哉謂其能以一心觀萬心一身觀萬身一物觀萬物一世觀萬世者焉又謂其能以心代天意口代天言手代天工身代天事者焉又謂其能以上識天時下盡地理中盡物情通照人事者焉又謂其能以彌綸天地出入造化進退今古表裏人物者焉噫聖人者非世世而效聖焉吾不得而目見之也雖然吾不得而目見之察其心觀其跡探其體潛其用雖億萬年亦可以理知之也人或告我曰天地之外別有天地萬物異乎此天地萬物則吾不得而知之非唯吾不得而知之也聖人亦不得而知之也凡言知者謂

其心得而知之也言言者謂其口得而言之也既心尚不得而知之口又惡得而言之乎以心不可得知而知之是謂妄知也以口不可得言而言之是謂妄言也吾又安能從妄人而行妄知妄言者乎

漁者謂樵者曰仲尼有言曰殷因于夏禮所損益可知也周因于殷禮所損益可知也其或繼周者雖百世可知也夫如是則何止於百世而已哉億千萬禩世皆可得而知之也人皆知仲尼之爲仲尼不知仲尼之所以爲仲尼不欲知仲尼之所以爲仲尼則已

如其必欲知仲尼之所以爲仲尼則捨天地將奚之焉人皆知天地之爲天地不知天地之所以爲天地不欲知天地之所以爲天地則已如其必欲知天地之所以爲天地則捨動靜將奚之焉夫一動一靜者天地至妙者歟夫一動一靜之間者天地人至妙至妙者歟是知仲尼之所以能盡三才之道者謂其行無轍跡也故有言曰予欲無言又曰天何言哉四時行焉百物生焉其此之謂歟

漁者謂樵者曰大哉權之與變乎非聖人無以盡之

變然後知天地之消長權然後知天下之輕重消長時也輕重事也時有否泰事有損益聖人不知隨時否泰之道奚由知變之所爲乎聖人不知隨時損益之道奚由知權之所爲乎運消長者變也處輕重者權也是知權之與變聖人之一道耳

樵者問漁者曰人謂死而有知有諸曰有之曰何以知其然曰以人知之曰何者謂之人曰耳目鼻口心膽脾腎之氣全謂之人心之靈曰神膽之靈曰魄脾之靈曰魂腎之靈曰精心之神發乎目則謂之視腎之精發乎耳則謂之聽脾之魂發乎鼻則謂之臭膽之魄發乎口則謂之言八者具備然後謂之人夫人也者天地萬物之秀氣也然而亦有不中者各求其類也若全得人類則謂之曰全人之人夫全類者天地萬物之中氣也謂之曰全德之人也全德之人者人之人者也夫人之人者仁人之謂也唯全人然後能當之人之生也謂其氣行人之死也謂其形返氣行則神魂交形返則精魄存神魂行于天精魄返于地行于天則謂之曰陽行返于地則謂之曰陰返陽

行則晝見而夜伏者也陰返則夜見而晝伏者也是故日者月之形也月者日之影也陽者陰之形也陰者陽之影也人者鬼之形也鬼者人之影也人謂鬼無形而知者吾不信也

漁者問樵者曰小人可絶乎曰不可君子稟陽正氣而生小人稟陰邪氣而生無陰則陽不成無小人則君子亦不成唯以盛衰乎其間也陽六分則陰四分陰六分則陽四分陰陽相半則各五分矣由是知君子小人四時有盛衰也治世則君子六分君子六分

則小人四分固不勝君子矣亂世則反是君君臣臣父父子子兄兄弟弟夫夫婦婦謂各安其分也君不君臣不臣父不父子不子兄不兄弟不弟夫不夫婦不婦謂各失其分也此則由世治世亂使之然也君子常行勝言小人常言勝行故世治則篤實之士多世亂則緣飾之士衆篤實鮮不成事緣飾鮮不敗事成多國興敗多國亡家亦由是而興亡也夫興家與興國之人與亡國亡家之人相去一何遠哉

樵者問漁者曰人所謂才者有利焉有害焉者何也

漁者曰才一也利害二也有才之正者有才之不正者才之正者利乎人而及乎身者也才之不正者利乎身而害乎人者也曰不正則安得謂之才曰人所不能而能之安得不謂之才聖人所以惜乎才之難者謂其能成天下之事而歸之正者寡也若不能歸之以正才則才巳難乎語其仁也譬猶藥之療疾也毒藥亦有時而用也可一而不可再也疾愈則速巳不巳則殺人矣平藥則常日而用之可也重疾非所以能治也能驅重疾而無害人之毒者古今人所謂良藥也易曰大君有命開國承家小人勿用是則小人亦有時而用之時平治定用之則否詩云他山之石可以攻玉其小人之才乎

樵者謂漁者曰國家之興亡與夫才之邪正則固得聞命矣然則何不擇其人而用之漁者曰擇臣者君也擇君者臣也賢愚各從其類而爲奈何有堯舜之君必有堯舜之臣有桀紂之君而必有桀紂之臣堯舜之臣生於桀紂之世猶桀紂之臣生於堯舜之世必非其所用也雖欲爲禍爲福其能行乎夫上之所

好下必好之其若影響豈待驅率而然耶上好義則下必好義而不義者遠矣上好利則下必好利而不利者遠矣好利者衆則天下日削矣好義者衆則天下日盛矣日盛則昌日削則亡盛之與削昌之與亡豈其遠乎在上之所好耳夫治世何嘗無小人亂世何嘗無君子不用則善惡何由而行也樵者曰善人常寡而不善人嘗衆治世常少而亂世常多何以知其然耶曰觀之於物何物不然譬諸五穀耘之而不苗者有矣蓬莠不耘而猶生耘之而求其盡也亦未

如之何矣由是知君子小人之道有自來矣君子見善則喜之見不善則違之小人見善則疾之見不善則喜之善惡各從其類也君子見善則就之見不善則違之小人見善則違之見不善則就之君子見義則遷見利則止小人見義則止見利則遷遷義則利人遷利則害人利人與害人相去一何遠耶家與國一也其興也君子常多而小人常鮮其亡也小人常多而君子常鮮君子多而去之者小人也小人多而去之者君子也君子好生小人好殺好生則世治好殺則世亂君子好義小人好利治世則好義亂世則好利其理一也

釣者談已樵者曰吾聞古有伏羲今日如覩其面焉拜而謝之及旦而去

西疇老人常言

宋 盱江何坦

講學

學貴有常而悠悠害道循序而進與日俱新有常也玩愒自恕曰我未嘗廢非悠悠乎顧一暴而十寒斯害也已孔子曰學如不及猶恐失之

學不可躐等先致察於日用常行人能孝於事親友于兄弟夫婦聽朋友信出而事君夙夜在公精白承德雖窮理盡性亦無越於躬履實行也

學以養心亦所以養身蓋邪念不萌則靈府清明血氣和平疾莫之攖善端油然而生矣是内外交相養也記曰心廣體胖此之謂也

士有假書於人者必熟復不厭有陳書盈几者乃坐老歲月是以白屋多起家膏粱易偷惰知儆則庶幾矣

君子之學體用具藏修之餘時與事物疇酢因可以識人情世態其間是非利害豈能盡如吾意哉有困心衡慮則足以增益其所未能也

交朋必擇勝己者講貫切磋益也追隨游玩損也若佞諛相甘言不及義寧獨學寡聞猶可以無悔吝

勿忌人善以身取則焉孳孳不已惡知其非我有也勿揚人過反躬默省焉有或類是亟思悔而速改也去其不善而勉進於善是謂之善學

與剛直人居心所畏憚故言必擇行必謹初若不相安久而有益多矣與柔善人居意覺和易然而言必予贊也過莫予警也日相親好積尤悔於身而不自知損孰大焉故美味多生疾疢藥石可保長年

西疇常言 二

孔門大學之道備九思三畏正心誠意也敏事而謹言修身也孝友施於有政而家齊矣敬信節用愛民惜力而國治矣以至謹修憲度而四方之政行振墜拔遺而天下之民歸心二帝三王平治之道莫或加此矣

飾食則無疾擇言則無禍疾禍之生匪降自天皆自其口故君子於口之出納唯謹

禮以嚴分和以通情分嚴則尊卑貴賤不踰情通則是非利害易達齊家治國何莫由斯

恭儉美德也出於矯則過故足恭取辱苦節招凶君子約之以中而行之以誠則恭近禮儉中度矣

子貢謂性與天道不可得而聞夫子非隱也如入孝出弟數語必行有餘力而後可以學文蓋實行不先則徒文亡益況可遽聞性與天道乎後世學者從事口耳且茫無所從入乃竊襲陳言自謂窮理盡性亦妄矣

人心如槃水也措之正則表裏瑩然微風過之則湛濁動乎下而清明亂乎上矣夫水方未動時非有以

西疇常言 三

去其滓汙也澄之而已風之過非有物入之也撓動則濁起而清自亂也君子其謹無撓之哉

爲己之學成己所以成物由本可以及末也爲人之學徇人至於喪己逐末而不知反本也

初學自誦數入若口誦而心不在焉罔然哉識其爲何說也學者展卷當屏棄外慮收心於方策間熟復玩味義理自明所謂習矣而知察也

水道曲折立岸者見而操舟者迷棊勢勝負對奕者惑而傍觀者審非智有明闇蓋靜可以觀動也人能

不爲利害所汨則事物至前如數一二故君子養心
以靜也
爲學日益須以人形已自課其功然後有所激於中
而勇果奮發不能自已也人一已百雖柔必强
律已
上智安行乎善而無所睎避中人覬福慮禍故强爲
善而不敢爲惡下愚皆不畏禍故肆爲惡而亡所忌
憚
日用飲食取給不必精也衣冠禮容苟備不必華也

若罔耕念纖將慙惕不暇敢過用乎哉
一毫善行皆可爲毋徼福望報一毫惡念不可萌當
知出乎爾者反乎爾
惟儉足以養廉盍費廣則用窘盻盻然每懷不足則
所守必不固雖未至有非義之舉苟念慮紛擾已不
克以廉靖自居矣
飲寧淺酌食必分器戒乎留殘衣必澣濯破必縫補
戒於中棄盍萬物皆造化所畀予深惡人殄壞之也
福者備也備者百順之名也人惟起居飲食日愼其

常福莫大焉昧者不悟其爲福而徒歆慕榮利不知
榮利外物也顧可常哉
飲啄前定毋庸强求任目前所有則自如想珍異不
獲則心慊矣自此理以推廣凡貴賤亨屯無入而不
自得也
惠迪吉從逆凶惟影響然世固有多行悖戾而未罹
殃咎者何也天有顯道踈網難逃霖淫浸漬人固未
之覺迨雨止則墻隤矣
十能寡欲安於淸澹不爲富貴所淫則其視外物也

輕自然進退不失其正
人情憚拘檢而樂放縱初肆其情之所安若未害也
操修不勤威儀不攝流入小人之域而不自覺可不
懼乎所貴乎學問者所以制其精之安肆也
君子安分養恬凡物自外至者皆無容心也得則若
固有之不得本非我有也欣戚不加焉豈不見其有
餘夫何羨約不知其爲乏夫何慊義理先立乎其在
我故人欲弗之累也
矜名譽畏譏毀自好也忘檢制肆偷惰自棄也自好

者中人也可導之使爲善也自棄者民斯爲下矣不足與有爲也

知學則居貧無怨學而深於道則安貧能樂常人貧則怨小人貧則亂

學成行尊優入聖賢之域者上達也農工商賈各隨其業以成其志者下達也夫子論上達下達葢以學者對小民而並言也若夫爲惡爲不義之小人彼則有敗亂耳惡能達

名者實之賓也實有美惡名亦隨之故溢美則爲譽

溢惡則爲毁是以古者無毁譽所謂直道而行也

過而能改者上也聖人也過而不貳者次也幾於聖也有過而知抑悔又其次也亦可以爲賢矣下此則有文過而遂非者矣舍曰欲之而必爲之辭也故曰吾未見能見其過而內自訟者也吾夫子之所以歎也

欲爲君子非積行累善莫之能致一念私邪一事悖戾立見其爲小人故曰終身爲善不足一旦爲惡有餘

常情處順適則安恒猜沮則懼懼則知防安則靡戒故悔吝多生於念慮所不加而動必檢飭者可保無咎也

君子有偶爲小人所困抑若自反無愧怍於我何損又安知其不爲進德之助歟

應世

富兒因求官傾貲汙吏以黷貨失職初皆起於慊其所無而卒至於喪其所有也各泯其貪心而安分守節則何奪祿敗家之有

士有寬餘義當軫念窮乏然孰能徧愛之哉骨肉則論服屬戚疏交朋則計情義厚薄以次及之如力所不逮亦勿彊也

酒用於饋祀醼集以成禮若常飲則商刑所儆爽酒則周誥所戒況居官必有職業處家亦有應酬無故日飲則神昏思亂安保其不舛謬哉君子制之有節焉惟賓饗則卜晝餘非燭後不舉酘

江行者事神甚敬言動稍褻則飄風怒濤對面立見此誠有之愚俗葢迫於勢耳君子不欺闇室處平地

者顧可肆乎

凡居人上有勢分之臨惟以恕存心乃可以容下故行動必先聲欬步遠則有前導燕坐則毋簾窺壁聽是故君子不發人陰私不掩人之所不及也

無僕御莫事君子平時當捫存以恩而不可假之辭色微過勿問慵惰必儆大不忠則斥遠斯可以無後患女君之肓婢獲亦莫不然

富貴利達是人之所欲也然而出處去就之異趣君子小人之攸分葢君子必審夫理之是非而小人惟

計乎事之利害審是非則虞人雖賤非招不往計利害則苟可獲禽雖詭遇爲之

惟天生人隨賦以祿蠶方蛹而桑先萌兒朓胞而乳已生如形聲影響之符孰主張是彼皇皇求財利如恐不及者豈不繆用其心耶

人事盡而聽天理猶耕墾有常勤豐歉所不可必也不先盡人事者是舍其田而弗芸也不安於靜聽者是揠苗而助之長也孔子進以禮退以義非盡人事與得之不得曰有命非聽天理與

君子之事上也必忠以敬其接下也必謙以和小人之奉上也必諂以媚其待下也必傲以忽媚上而忽下小人無常心故君子惡之

齊人競與右師言媚其權也爲其能富貴已也孟子獨不與之言知良貴在我也不甘爲小人屈也去就有義窮達有命富貴在我豈權倖所能擅哉

在仕者事上官如嚴師待同僚如畏友視吏胥如僕隷撫良民如子弟則無往而非學矣居家者事親如君敬尊屬如上官待兄弟親賓如同僚慈幼少恤耕

役者如百姓御奔走使令者如吏卒而少加寬焉是亦爲政矣

世俗之愛其身曾不如愛其子之至也遣子入學必屬以勤敎子治身必導以爲君子逮迹其自爲則因循惰弛罕克自强措心積慮甘心爲小人而不以爲病茲非惑歟有能卽其所以爲子謀者而爲已謀則思過半矣

明道

道統之傳自堯舜書雖載精一傳心而學之名未著

也學聚問辨盖夫子贊易之辭如三王四代惟其師出於記禮者之言爾堯學於君疇等說亦見於孫卿所述六經未之前聞也發明典學實自說命始至成王而後緝熙光明形於詩人之頌焉由是推之傳說之有功於名教大矣

舜命契敷五教泰誓數受狎侮五常玆有見於經者然初不列五者之目爲何事也所謂仁義禮智信孔門垂教因門人問及則隨爲之答亦未嘗合五者而爲言至漢儒而後指名爲五常矣史氏以之協五行

與五音上配五星下儷五事其說似鑿然質諸理而當揆之數而合盖亦自然而然非强爲附會也

夫子論少壯老所當戒者三爲學者血氣戒也而未始言養氣養氣之說寔昉於孟子然則夫子曷爲不言養氣也曰夫子稱天生德於予而斯文在玆其高明廣大渾然天成視持養之功粗矣是謂誠者天之道也若孟子則必善養而無害也是謂思誠者人之道也充孟子之養猶曰威武不能屈則匡人與宋司馬其如夫子何多見其不知量也

夫子答仲弓子桑伯子之問聞子游弦歌之聲而笑皆微啟其端以示之居敬而行簡學道則愛人必待二子自述夫然後進之曰雍之言然偃之言是也其初也夫子豈有隱乎曰開而弗達則思舉一隅使得以三隅自反也顔子終日不違既心通默識矣猶必退省其私而後稱其亦足以發非所謂循循善誘歟若夫造如愚之境則非二子所能及也

孔子曰我非生而知之者吾有知乎哉無知也孟子曰我知言我善養吾浩然之氣我非堯舜之道不陳

齊人莫如我敬王也孔子每自抑孟子每夸大何也曰夫子宗主斯文故道洪德博如滄溟泰華無所不容孟子思濟斯民故行峻言厲如拯溺救焚不暇退遜聖賢分量固殊而所遭時勢又異自不得而强同也

夫子品題諸子皆因問仁發之由也可使治千乘之賦求可宰千室之邑赤可使與賓客言三子皆卿大夫之才也出門如見大賓使民如承大祭則付雍以侯國之任矣一日克己復禮天下歸仁焉其與顔淵

者何如哉異時爲邦之問獨以四代之禮樂許之次而雍也則可使南面至若由求輩則僅列政事科而已權衡誠設寧有錙銖之爽乎

一貫之旨曾子領其要曰忠恕而已矣及子思得其傳其論誠也極而可以贊天地之化育孟子嗣之其論養氣也大而至於塞乎天地之間夫聖門講學雍容唯喏而已至子思孟軻乃如此張大何歟曰聖道本平夷夫子如一人在上不言而信羣弟子如百僚相師溫乎其和也子思孟軻出自聖門如肅將王命

建侯植屏以蕃王室八鸞四牡之盛威儀皇皇非復內朝之簡且易矣本厚而華實蕃不亦宜乎

孔子之於陽貨也瞰其亡而往見之不欲仕而諾以仕聖人之言行當如是乎待小人以權也如不能全身遠害而直膺惡人之肸則何以爲孔子

世未嘗無賢者也君不見用故績效不獲顯於時士未嘗無遺逸也不遇聖賢故聲迹亦不著於後微生畝楚接輿晨門荷蕢耦耕荷蓧之徒雖議論趨向未合中道然而生不逢辰能卷懷遂志豈不遠勝夫同流合汙以自辱者哉不幸不遇明君不得以所長自見也抑又幸而遇吾夫子猶得以所懷自白也

夫子之不爲衛君也冉有何疑子貢又何待於問也孔門諸子直情無隱求實有疑既於心未安賜未能決亦不敢臆對遽聞夫子夷齊得仁何怨之論不惟二子之疑釋然後世雖愚惽者亦不待詔誥而自無疑惑矣

儒者之待異端甚於拒寇敵惟恐其得以潛窺側睨也若其回心鄉正亦欲招而納之如逃楊墨而願歸

於儒孟子曰歸斯受之豈非招降納款開之以自新乎

楊墨害道孟子闢之在孔子時豈無邪說詖行乎不聞有以闢之何也曰聖人之待異端如中國之眡荆蠻人之眡禽獸也世治化行則遠迹率服矣深居簡出雖有猛鷙其如人何孔子不過曰攻乎異端斯害也已子夏謂小道致遠恐泥而已處之於談笑之間而孟子乃深排峻抵雖曰出於不得已然亦辭費而力殆矣

七十子之在聖門皆可與共學也而未必皆可適道由求商賜諸子可與適道矣未可與立也可與立者顔子一人而已抑可與權乎曰其殆庶幾未達一間耳擇乎中庸未造乎時中也三月不違未至於安仁也曾子何如悟道於一唯之間而臨深履薄終身戒懼亦庶乎其爲立也

子所雅言詩書執禮而已子以四教文行忠信而已聖道可謂簡易而冉求乃自病其力之不足子貢謂猶天之不可階而升何哉誰能出不由戶何莫由斯

道也匹夫之愚可以與知天何言哉四時行焉百物生焉宜學者望道而不可及也

涖官

爲政寬嚴孰尚曰張嚴之聲行寬之實政有綱令有信使人望風肅畏者聲也法從輕賦從溥使人安靜自適者實也乃若始焉玩易啟侮終焉刑不勝奸雖欲行愛人利物之志吾知其有不能也

凡涖事之始不可自出意見以立科條雖嘗有所受之亦恐易地不便於俗也茍人情有咈而固行之終必扞格如病其難行而中變後有命令人弗信矣故初政莫若一仍舊貫如行之宜焉何必改作或節目未便孰察而徐更之人徒見上下相安而泯不知其所自不亦善乎故君子視俗以施教察失而後立防也

官職崇庳當安義命自抱關擊柝以上苟能官修其方職思其憂雖未著殊庸偉績亦可無愧於心無負於國若苟且以僥求倖進將誰欺乎

居下位求應上之期會則涖事毋拘早晏也然須孳

吏咸集則觀聽無疑吏或獨抱文書以進在我者固不爲其私請而曲徇萬一小人巧設陰計姑銜外以售其私則瓜李何能自明茲不可不防也

當官動必自防凡家之器服所需宜壹取諸其鄉不得已薪蔬常用市於官下亦須給納明文帳具予直適平而物毋苛擇庶免於悔吝

斂政有當革者必審稽源委如其更也於公私兼利夫復何疑若動而利少害多不若用靜吉也

舉事而人情俱順上也必不得已利無十全則寧詘

已以求利乎人毋貽害於人而求便乎已
法示防閑非必盡用職存臨涖安在逞威但使條教
章明則易避而難犯吾謹無以擾之任其耕食鑿飲
彼此兩相志矣

守曰牧民令曰字民撫養惟鈞而孳毓取義尤切也
蓋求牧與芻不過使飽適而無散佚耳凡乳兒有所
欲惡不能自言所以察其疾痒時其饑飽勿違其意
是可乳哺者責也若保赤子故縣令於民爲最親

近世長民者每立抑强扶弱之論往往所行多失之

偏未免富豪有辭于罰夫强弱何常之有固有貲厚
而謹畏者有怙貧而亡籍者當置强弱而論曲直可
也直者伸之曲者挫之一當其情人誰不服若在事
者律已不嚴而爲强有力者所持則政格不行孰執
其咎哉

君子當官任職不計難易而志在必爲故動而成功
小人苟祿營私擇已利便而多所辟就故用必敗事

仲弓問政夫子告之以舉賢才子游宰武城方扣其
得人而遽以澹臺滅明對夫邑宰之卑仕非得志也
而聖門之教必使之以舉賢爲先子游方閒暇時已
知人於察訪之熟後世有位通顯而蔽賢不與之立
何以逃竊位誚哉

原治

帝者以道懷民其治渾然而不可名也故其民安之
而習於相忘王者以仁撫民其治至公而無私也故
其民愛之而上下相樂霸者以法齊民其治假公以
行其私也故其民畏而相制不敢違强國以威刼民
其治無往而非私也故其民怨而易於相率以爲亂

僅存之國厲民以自養無復有政治也故其君民相
與危寄惴惴然朝不謀夕矣

周之士貴以肆秦之士拘且賤士生於秦士之不幸
也而於秦乎何益以是知皋夔稷契知效忠嘉爲當
然至夏商之季亦豈逢干所願哉

人主立政造事圖惟永久則當參酌羣言是之謂僉
謀智略畢達則當擇是而從是之謂獨斷若事必已
出而弗加咨訪乃自用也謂之獨斷可乎自用則小
最君人者之大戒也

君臣相與謀謨各由其心之相契而入文帝天資仁厚聞張釋之長者之言而悅景帝資禀不及而晁錯術數之說得以投之故以德化民克成刑措之風以智馭物循致七國之變一言契合治體以分可不謹夫

君子之事君當彌縫其闕而濟其所不逮漢武帝好大喜功方窮奢極靡而公孫洪爲相乃以人主病不廣大爲言孟子所謂逢君之惡者歟

人君以至誠治天下不容有一毫之僞也僞萌於心

則發於政事有不可掩焉者如病作於心而脉已形飲未及醉而色已見可畏也哉

人主之心不可有所偏倚漢武初年獨任宰相致田蚡之專恣擅權厥後偏信諍臣致嚴朱吾丘主父諸人交私諸侯潛蘊譖訴故曰偏聽生奸獨任成亂大哉我

宋之祖宗容受讜言養成臣下剛勁之氣也朝廷一黜陟不當一政令未便則正論輻湊各效其忠雖雷霆之威不避也漢唐惡足以語此哉

有過而諱言適重其過因言而遽改適彰其美晉靈公冬寒而役民鑿池過也能聽宛春之諫而罷其役後世有取焉爲其能用人之善也况不爲靈公者可諱過而憚改乎

舜取人爲善咨四岳闢四門無所不訪也近君側之人有不待問而自言者或恐其有所挾而言未可遽信也故必察焉所謂好問而好察邇言是也

天下不能常治有弊所當革也猶人身不能常安有疾所當治也溺於宴安而因循弗革是卻藥屏醫而

覬疾之自愈也率意更張而躁求速效是雜方俱試而幸其一中也

善保家者戒興訟善保國者戒用兵訟不可長訟長雖富家必敝兵不可久兵久雖大國必詘理有曲直有司者治之曲者必受罰師有曲直天鑒寔臨之曲者必敗績故安分守已祟遜息爭可以長守富也飭備安邊愛民惜費可以長享治也

齊國嘗饑孟子言於王而爲之發棠他日饑齊人望之孟子恐不與復請何也孟子非有言責而齊王本

無愛民之誠心一請而偶從亦覺其若蹈虎尾矣彼受牧者愁然立視矧不在其位而狃於數請得不貽攘臂之誚哉以孟子切於濟民几未免避遠形迹人君不能舍巳從人則無望乎嘉言之罔伏也

進危言於平治之世明主不可易之以爲過計也齊成侯不說扁鵲有疾當治之言遠至疾深彼則望之而走矣圖治者其毋忽乎思患豫防之戒哉

四方有敗當國者諱言猶赤子受病保母爲之掩覆也故禍幾始作當杜其萌疾證方形當絶其根諱亂

而不蚤治者危其國諱病而不亟療者亡其身

評古

季氏將伐顓臾由求同見而請問焉夫子未答而獨呼求以責之葢主是役者求也求因䦨持危扶顛之戒而後獨陳夫近費當取之說夫子何以逆知其主是役哉爲兵謀者先聚斂聖門嘗鳴鼓以聲求之罪矣然則子路不與謀歟曰不與謀則不同請矣葢求寔倡而由和之也宜夫子並目之爲具臣也

不仁者不可以久處約爲其好勇而疾貧易於爲亂也然則如之何王者制民之產使有常業則不至於久處約矣彼有仰事俯育之資雖使不仁且勇非迫於貧之可疾肯捐所愛而爲亂乎

孟子不肯枉尺直尋及說時君則每因其所好而進說何也功利之與仁義猶水火之相反不乘其所樂聞而巽入之則正論難以動其聽也他日語齊王方問以四境不治則遽顧左右而言他矣不仁者可與言哉

齊梁之君地醜德齊孟子以仁義游於其閒幸其聽

用則皆可以澤民也卒乃謂齊王足用爲善至梁惠則以不仁斥之非有適莫也志莫患乎自滿至惟虛可以受人梁惠自矜其於國盡心而齊宣猶能謂吾惛不敏取齊棄梁於此乎決矣然而卒無成功者天也孟子亦自歎夫天未欲平治也

滕文公服膺孟子之教講明凡一再而行之身措之國者已有餘用民之被澤未也而仁心仁聞已達乎四境賢者聞風而悅之許行自楚往陳相自宋往何其速哉信乎饑渴者易爲飲食也

梁襄惠王之嗣也孟子鄙之謂望之不似人君齊王之子亦人子也孟子一望見之項則與喟然之歎爲大哉之稱於此亦可見取齊棄梁之意也

什一中制也三代共之由春秋至戰國艮法廢格而取民出於私意久矣戴盈之欲復什一而未能無勇也白圭欲二十而取一過猶不及也

唐杜佑建省官之議上稽有虞之制疾當時諸曹列寺官名之重複也今六部長貳並制而諸司各具郎員卿監與少皆除而丞屬亦俱充備方之古制冗不

西疇常言　二十二

亦甚乎是又杜佑之所未見也

本朝兵制之善謂天下之兵本於樞密有發兵之權而無握兵之重京師之兵總於三帥有握兵之重而無發兵之權意深矣遠矣歷數百年而無兵患可爲法於天下後世愈久而愈無弊也

古稱將帥名號一也今日之制實則異焉將所以握兵諸軍統制統領正副將是也帥所以御將諸道制置經略安撫知州帶節制是也體統相維上下相制朝廷遠慮過於前代矣

租賦田桑所出也自禹定制不使貢其所無今之取民視古什一何啻數倍矣穀帛之外又折估而使輸錢焉夫民不能自鼓鑄也使捐其所有損所直以就所售吏之不良又先期以趣之斯民益不堪命也古者山虞不賦魚鼈川衡不貢材木先王恤民之意槩可識

朝廷責守令以惠養德意美矣近制郡守更代以財計虧盈爲殿最於是常賦之在邑者郡皆掩取不遺而督迫于縣者日急令亡所從出則又苛責于民是澤上壅而害流于下也法不艮而欲美意之行亦難矣

西疇常言　二十三

用人

使人當用其所長而略其所短則無棄才事上當度巳量力以肅共王命則無敗事責人以其所不能是使馬代耕也强巳才之所不逮是行舟於陸也

虞朝九官各因能任職而終身不易後世庸才不量能否而俾更九職之事以此責治不亦難乎而況鮮同寅協恭之誠無率作興事之志盡由朝除夕改之

不常考績黜陟之法廢也
朝廷需賢以爲用常患乎欲用而無才人才修飭以待用毎阨於無路以自進薦賢否之不辨則銓曹資格病之也奔兢者得志則廟堂聽察不廣也上下相求兩不相值欲賢才不遐遺官職無曠弛得乎
州縣置學以教養人才美意也設教官之科而許人求試是使人之好爲人師也師嚴然後道尊顧未能無患失之念惡在其爲尊乎
君子小人互相指爲朋黨辨之不蚤則君子常被誣而小人常得志也先儒有言曰君子至公引類小人徇私立黨善夫爲國者知所以扶植善類而不爲惡黨所傾其庶幾矣
何代不生賢雖戰國之世未嘗無也而咸爲不能致治魯之使樂正子爲政也用未必專也宋使薛居州在王所也愛莫助之也滕將行王政而選擇使畢戰也國褊小而無得展布也甚至居位而言不見用在下而上不見知如齊之蚳鼃孔距心者若之何而能致治哉故君臣相得古今所難也

正弊

甚矣風俗侈靡而法禁不行也泥金以飾服玩而山澤之產耗矣銷錢以爲器具而鼓鑄之利蠹矣京都列肆日價相夸遠方何禁焉王公戚里時尚競新士庶何責焉法行而後化流皆當自近始也
冠昏喪祭民生日用之禮不可苟也在上莫爲之制節而一聽俚俗之自爲鄙陋不經甚矣攷古酌今著爲一典頒之四方以革猥習是當今之急務也
三代盛時民德歸壹農祥祈報而已今也祠祀非時率斂征醵急於官府是以豐年常苦不給一遇饑歉則流亡矣上之教不明下由之而莫知悔也如之何而使斯民之富庶也
自左道亂俗有茹蔬雜聚而生廢人理者目妖巫惑衆有病不醫藥而死非正命者準之法令皆殺無赦今愚迷誑誘壁掛空文而刑戮不加焉何以革其非而道之歸正歟
國匱民貧莫今爲甚矣寺觀塔廟崇建未已也乃曰人自樂施非斂罔乎爲國者藏富於民今乃潛耗民

力竭國本矣上之人宜亟爲禁止也况有導之者乎古者禁人羣飲今榷酤年利設法以誘其來惟恐其不酣醉也古者制民常產今民自有田州縣利於稅契惟恐其不貿易也富教大略如此欲風俗還醇不不可得也

藝圃折中

元　鄭厚

論君臣

湯武非聖君伊周非純臣孟子非賢人楊雄非君子成湯放桀於南巢唯有慙德曰予恐來世以兹爲口實夷齊叩馬而諫曰父死不葬爰及干戈可謂孝乎以臣弑君可謂仁乎此湯武之罪也去亳適夏既醜有夏復歸于亳召公不悅周公作君奭以自解此伊尹周公之罪也仲尼之徒無道桓文之事者聞誅一

夫紂矣未聞弑君三宿出晝於予心以爲速沈同問燕可伐歟吾應之曰可此孟軻之罪也周公以來未有漢公之懿此楊雄之罪也

湯武

君天也父也元首也天不常雨澤而潦旱爲下土者傾而蹈之可乎父不理生產而博飲爲子孫者鴆而戕之可乎頭目昏重一身之累爲腹心股肱者謀而易置之可乎其不可也必矣湯武之罪當無所逃彼其自恕與天下後世恕之者不過曰誅一殘賊而拯

億兆於塗炭行大義者不卹小節輿大利者不顧小害是又不思甚也爲湯武者能保其子孫皆賢明仁聖否乎如身後之付不可必蓋亦姑忍是而冀其將來矣何遽爲禍首以啓天下無君無父之心使殃毒之流紛紛如也蜂蠆之有君其群不敢攘而伐之分素定也使湯武不爲亂臣賊子倡未必後世敢兆是亂也夏書成湯放桀于南巢惟有慚德使湯禽獸也則安而有之若猶人也惡得不慚夷齊讐周而餓死君子曰義士則不義之名將有歸矣若曰應天順人

湯武豈得已哉此書生所知也愚夫納民且不曉此特以根夫納民心者爲是說

伊周

伊尹周公非純臣也非經行也不可爲後世法也厖犬吠堯各護其主臣無二心伊尹去湯就桀醜桀歸湯去就之際迹同姦諜使兵家得引爲反間伊尹自取之也桐宮之放與夷羿准罪耳此豈人臣所當爲者哉冢宰居攝召公不悅非謂敢遂有之也亦意其啓當時之釁開後世之端爾是以效伊尹而不得盡其心者爲霍光效周公而不得盡其心者爲王莽董卓曹氏代漢司馬代魏劉裕代晉紛紛至於五代未嘗不托迹伊周以階亂故曰伊尹周公非純臣也非經行也不可以爲後世法也萬章之於伊尹曰賢者之爲人臣也其君不賢則固可放歟愚於周公亦曰賢者之於人臣也其君不仁固可代歟

孟子

春秋書王存周也孔子曰如有用我者吾其爲東周乎此仲尼之本心也孟軻非周民乎履周之地食周

之粟常有無周之心學仲尼而叛之也者周德之不競亦已甚矣然其虛位猶拱而存也使當時有能倡桓公之舉則文武成康之道業庸可幾乎爲軻者徒以口舌求合自媒利祿蓋亦使務是而已乎奈何今日說梁惠明日說齊宣說梁襄說滕文皆啗之使爲湯武之爲此軻之賊心也譬父病亟使商醫爲子未有不望其生者如之何而直寘諸不救之地哉軻恐人也辨士也儀秦之雄也其資薄其性慧其行輕其說如流其應如響豈君子長者之言也其自[illegible]

張范蔡申韓商李之黨者挾仲尼以欺天下也使數子者皆咈其素矯其習竊仁義兩字以藉口是亦孟軻而已矣要之戰國縱横捭闔之士皆發冢之人而軻能以詩禮也是故孟軻誦仁義猶老録公之誦法也老録公誦法賣法者也軻誦仁義賣仁義者也安得爲仲尼之徒歟嗟乎孔子生而周尊孟軻生而周絶何世人一視孔孟之心記曰擬人必於其倫寧從漢儒曰孔墨

又

京師坐賈者愚遠方之人直百必索千酬之當其直則售意其知價也知價不可復愚酬之過其直則不售意其不知價也不知價則唯吾之愚必極其所索而後售孟軻抱縱横之具飾以仁義行粥于齊齊王酬之以客卿且曰我欲中國而授孟子室養弟子以萬鍾軻意齊王不知價者遂愚齊王求極所索而後售齊王徐而思孟軻之言曰王如用予則齊王由反掌開闢以來無是理悔而不酬軻亦覺齊王之稍覺也卷而不售抱以之他徐而自思曰齊王之酬我多

直矣矯然不售行將安粥遲遲吾行三宿出晝冀齊王呼已而還其舊直是又市井販婦行粥魚鹽菓菜之態也京師坐粥猶有體焉小兒方啼而怒進以飯推而不就徐其怒歇而飢也睨睨然望人進之矣軻之去齊亦齊兒態也夫

楊雄

謂菽爲麥大愚也謂鹿爲馬大姦也楊雄以法言僭論語以太元僭易當時諸儒引春秋吳越之君比之引春秋一王之法誅絶之毋乃太甚此正如兒曹欲

客危坐以效老成拜揖趨蹌以效賓主羅壘列瓦以效俎豆長者見之特一笑耳何足深罪哉惟符命之作非大姦則大愚清淨寂寞者爲之乎

古今未嘗無小人

秦始皇漢武帝唐太宗欲無　韓愈欲無釋老孟軻欲無楊墨甚哉未之思也天不唯慶雲瑞雪景風時雨而霜雹降焉地不唯五穀桑麻而蕢稗鉤吻生焉川林河海不唯龜龍麟鳳而鴟梟豺狼蛟鼉出焉古今豈有無小人之國哉嗚呼作易者其知道乎

神

足履平地徑咫而廣半互而進之亦如是而已今置榱桷於平地乘而履之已䟃䟃而不安移而爲澗溪之梁越者必股慄毛寒汗溢氣奪又移而駕之不測之淵臨而擬之身足皆廢夫步武之地不過容足足之外廣狹何與焉而安危相懸者履生於視視生於氣氣生於神貫蝨承蜩操舟運斤非人絶之巧一其神也則醉人不懼其神全也達人不礙其神固也賢人不惑其神藏也高人不妄其神守也聖人不憂其

神安也神人不測其神運也奇常無實狀好惡無實情舉世皆嗜痂逐臭則熊掌芝蘭必以爲可惡大地皆金塊珠玉而瓦礫者不多得且不常有勢必以爲奇情與見移見與境奪幻妄顛倒可勝旣邪

鬢眉髮

鬢眉髮皆毛類分所屬毛髮屬心火也故上生鬢屬腎水也故下生眉屬肝木也木旁敷故側生貴人勞心故少髮婦人宦者無勢故無鬢癩者風風盛落乇故先禿眉

評詩

李謫仙詩中龍也矯矯焉不受約束杜則麟遊靈囿鳳鳴朝陽自是人間瑞物施諸工用則力牛服箱德驥駕輅李亦不能爲也陶淵明則逸鶴搏風閒鷗忘海鮑明遠則高鴻決漢孤鶻破霜孟東野則秋蛩草根白樂天則春鶯柳陰皆造化中一妙餘皆象龍刻鳳雖美無情無取正焉

無聲樂

僕在童亂與同隊行笑令曰無聲樂其令以十數輩

環立相視笙簫鼓板各司其一無其器而有其狀其手之所指口之所擬身之所倚足之所履儼如其部之器瞪目禁聲先咲者犯大抵笑者不惑人之狀亦自惑其狀曰是何等作爲貌像邪此咲機所以暗發而不可禁也然亦多輕銜者犯沉重者免僕素非沉重者而率當不犯每記當是時亦有道處之方其將作此態也先定想於胸中曰此子之乎時手足口體也今變動而爲是耳而又何足笑哉又能自寓而神不營形接而心不隨常恃此以自免輩類且訝之鳴

呼壯而長也能守此道以涉世何憂患之能入哉

王介甫

小兒嘗拾一錢於道左明日復來往於得錢處常惓惓焉意其復有也王介甫見周人以書考井牧施舍散斂致太平既得政欲秉其轍嗚呼真兒癡矣夫

藝圃折中　八

發明義理

宋　呂希哲

老子曰古之善爲道者非以明民將以愚之書稱堯之德曰平章百姓百姓昭明記曰明明德於天下老子曰知不知上不知知病孔子曰知之爲知之不知爲不知蓋孔子未嘗師老子也

會而禮不備亦謂之遇嫁娶而禮不備亦可謂之奔仲春會男女於是時也奔而不禁奔者謂之不備禮也若以淫奔解之不唯非先王之政雖後世爲者亦不至如此之甚既有斗不可復剖也既有衡不可復折也後聖人因而爲之法度禁約期於使民不爭而已矣

發明義理　八　一

子貢曰我不欲人之加諸我也吾亦欲無加諸人未能忘我故也顏淵曰願無伐善無施勞能忘我故也子路曰願車馬衣輕裘與朋友共敝之而無憾雖然未能忘物也一簞食一瓢飲在陋巷人不堪其憂回也不改其樂能忘物也

伊尹之耕于野也傅說之築於岩也太公之釣於渭

水也其於天下非事事而寃其利病也非人人而信
其賢否也明其在已者而矣及乎得志行乎天下舉
而措之而已

莊子曰道之眞以治其身其緒餘以爲國家其土苴
以治天下于以爲聖人以其所以治身者治國家天
下

近世儒者有戒婦人不油髮不塗面者詩曰豈無膏
沐誰適爲容自古而然又戒婦人不穿耳者莊子曰
天子侍御又禁前不穿耳自古而然

說郛目錄

弓第九

鹿門隱書　　唐　皮日休

醉士隱於鹿門不醉則游不游則息息於道思其所未至息於文藪其所未周故復草隱書焉嗚呼古聖王能旌夫山谷民之善者意在斯乎

或曰仲尼思春秋紀災異近乎怪言虎賁之勇近乎力行衰國之政近乎亂立祠祭之禮近乎神將聖人之道多岐而難通也奚有不語之義也曰夫山鳴鬼哭天裂地拆怪甚也聖人謂一君之暴災延天地故諱耳然後世之君猶有窮凶以召災極暴以示異者矣夫桀紂之君握鉤伸鐵撫梁易柱手格熊羆走及虎兕力甚也聖人隱而不言懼尚力以虐物貪勇而喪生然後世之君猶有喜角觝而忘政受拔拒而過賢者寒浞竊室子頑通母亂甚也聖人隱而不言懼來世之君爲虵豕民爲淫蝛然後世之君猶有易內以亂國通室以亂邦者夏啓斋乘龍周穆謁瑶池神甚也聖人隱而不言懼來世之君以幻化致其物以左道成其樂後世之君猶有黷封禪以求生恣祠禱

以祈欲者嗚呼聖人發一言爲當世師行一行爲來世軌豈容易而傳哉當仲尼之時苟語怪力亂神也吾恐後世之君怪者不在於妖祥而在於政教也力者不在於角觝而在於侵凌也亂者不在於衽席而在於天下也神者不在於機鬼而在於宗廟也若然者其道也豈多岐哉

民之性多暴聖人導之以其仁民性多逆聖人導之以其義民性多縱聖人導之以其禮民信多愚聖人導之以其智民性多妄聖人導之以其信若然者聖人導之以天下賢人導之於國衆人導之於家後之人反導爲取反取爲奪故取天下以仁得天下而不仁矣取國以義得國而不義矣取名位以禮得名位而不禮矣取權勢以智得權勢而不智矣取朋友以信得朋友而不信矣堯舜導而得也非取也得之而仁殷周取而得也得之亦仁吾謂自巨君孟德巳後行仁義禮智者皆奪而得者也悲夫

文學之於人也譬乎藥善服有濟不善服反爲害」

或曰聖人見一善必汲汲慕之夫丹朱商均雖曰不

肖豈便毒於豺很哉何其嗣之遠也且善足以保身不足以保天下噫丹朱商均苟非堯舜之子一身且不保況天下哉

毀人者自毀之譽人者自譽之夫毀人者人亦毀之不曰自毀乎譽人者人亦譽之不曰自譽乎

或曰神農牛首蜚仲鳥身信乎哉曰非形也象也夫梟羊猰貐尚猶類人況聖賢也哉

或曰夏禹爲黄熊信乎哉曰非也感也夫簡狄吞鳥卵而生契姜嫄履大迹而產稷是也當禹之母夢熊而生耳不然者禹誠是熊吾以聖人爲罔象也

或曰孟子云予何人也舜何人也是聖人皆可修而至乎曰聖人天也非修而至者也夫知道然後能修能修然後能聖且堯爲唐侯二十而德盛舜爲鰥民二十以孝聞焉在乎修哉后稷之戲必以蓺殖仲尼之戲必以俎豆焉在乎修哉蓋修而至者顏子也孟軻也若聖人者天資也非修而至也

窮山人盡行也大江人盡涉也然而不幸者有遇虎兕之暴蛟龍之患者矣豈以是而止者哉夫途有遇是患而死者繼其踵者惟恐其行之不速也今之士爲名與勢苟刑禍及流竄至是監刀鋸者必名人司流竄者必勢士繼其踵者惟恐其位之不遠也嗚呼名與勢然也吾患其內虎兕乎蛟龍乎是天不爲人幸也非人也其或披林逐虎兕入水斆蛟龍遇其患也是人不爲天幸也非天也若是以遇禍則終身所爲心之臲卼焉君子不爲其所不爲小人爲其所不爲

可以威而不威可以殺而不殺難也

潔者不覩其窮覩其富也愼者不覩其危覩其勢也苟當窮能潔當危能愼戒也非眞也

古之官人也以天下爲已累故已憂之今之官人也以已爲天下累故人憂之今道有赤子將爲牛馬所踐見之者無問賢不肖皆惕惕然皆欲驅牛馬以活之至夫國有弱君室有色婦有謀其國欲其室者惟恨其君與夫不罹赤子之禍也噫是復何心哉

孟子曰伯夷隘柳下惠不恭伊尹五就湯五就桀皮子操廉於伯夷廉於天下不爲隘矣擇和於下惠和

於天下不爲不恭矣取志於伊尹志於天下不爲不仁矣

天有造化聖人以教化裨之地有生育聖人以養育裨之四時有信聖人以誠信裨之兩曜有明聖人以文明裨之噫裨於天地者何獨聖人雖禽獸昆虫雲物亦不能自順其化麟鳳裨於祥瑞也蛟龍裨於潤澤也昆虫裨於地氣也雲物裨於天侯也而況於聖人乎況於鬼神乎故紂大君之組綬食生人之膏血苟不仁而位是不裨於祿食也況能裨於天地乎吾

乃知是禽獸昆虫雲物不竊於天地之覆燾也

舟之有柂猶人之有道也柂不安也舟之行匪柂不進是不安而安也人之行也猶舟之有柂匪道不行是不行而行也夫秦失柂於項項遺柂於漢是聖人之道不安其所安小人之道安其所不安也

伊尹之道一介不以與人一介不以取諸人吾得志弗爲也與之以道取之以道天下可也況一介哉伊尹之道近乎執吾去執而取廉者也伯夷弗仕非君弗治非民治則進亂則退吾得志弗爲也不仕非君孰行其道不治非民孰急天下以非君乎湯不當事桀文王不當事紂也以非民乎桀民不赴殷紂士不歸周矣故伯夷之道過乎高吾去高而取介者也

柳下惠可事非君可使非民與惡人言雖袒裼裸裎於我側爾焉能浼我哉吾得志弗爲也夫蚍蜉豈過人而有禮哉民之下者亦若是而已柳下惠之道過乎溷吾去溷而取辯者也

於戲黃老之內聖賢者皆在焉慕而不可及愛而不可必鬱鬱於厲夫至乎是者爲心乎爲身乎心則勞

身則儢嗚呼道果不在於自用

古之奢也吾不奢古之儉也吾不儉適管晏之中咸可矣噫古之奢也僭今之奢也濫古之儉也性今之儉也名

學而廢者不若不學而廢者學而廢者恃學而有驕驕必辱不學而廢者愧已而自卑卑則全勇多於人謂之暴才多於德謂之妖

小善亂德小才耗道

以有善而不進以有才而不修孔門之徒耻也

古之隱也志在其中今之隱也爵在其中

吏不與奸罔期而奸罔自至賈豎不與不仁期而不仁自至嗚呼吏非被重刑不知奸罔之喪己賈豎非遭極禍不知不仁之害躬也夫易化而善者齊民也唯吏與賈豎難哉

人之肆其志者其如後患何

聖人能與人道不能與人志

嗚呼才望顯於時者殆哉一君子愛之百小人妬之一愛固不勝於百妬其爲進也難

鹿門隱書　七

不以堯舜之心爲君者具君也不以伊尹周公之心爲臣者具臣也

造父善御不能御駑駘公輸善匠不能匠散木吾知夫不敎之民也豈易御而易匠者哉陽貨者仲尼之駑駘也牙卿者仲尼之散木也

或曰子之道有以邁于人子之貌固不足加於衆噫何哉曰亦何異哉伊臯亦人矣孔顔亦人耳

不思而立言不知而定交吾其憚也

知道而不行知賢而不舉甚乎穿窬也夫盜也者不能盡一室如不行道足以喪身不舉賢足以亡國

金貝珠璣非能言而利物者也至夫有國者寶之甚乎賢惜之過乎聖如失道而有亂國且輸人況夫金貝珠璣哉

聖人行道而守法賢人行法而守道衆人侮道而貨法

古之決獄得民情也哀今之決獄得民情也喜哀之者哀其化之不行喜之者喜其賞之必至周公爲天子下白屋之士今觀於一命之士接白屋之士斯禮

鹿門隱書　八

遂亡悲夫

幸君之急而見愁亂已之譽而爲直因躬不好者而爲廉因人不樂者以爲正大人不由也

聖人之道猶坦途諸子之道猶斜徑坦途無不之也斜徑亦無不之也然適坦途者有津梁之斜徑者苦荊棘

三王之世民知生而不知化五帝之世民知化而不知德

毀人者失其直譽人者失其實近於鄉原之人哉

憚勢而交人勢劣而交道息希利而友人利薄而友
道退明君善全臣者不狎哲士善全友者不暱
或曰我善治死圍我善視食獸我善用兵我善聚賦
古之謂賊民今之所謂賊臣
蚈蚄能害稼不能害人奸邪善害人害稼者有時而
稔是不害也雖有祝鮀之佞宋朝之美其害人也可
勝道哉
或問君子之道何如則可以常行矣曰去四蔽用四
正則可以常行矣曰何以言之見賢不能親聞義不

能伏當亂不能正當利不能節此之謂四蔽道不正
不言禮不正不行文不正不修人不正不見此之謂
四正鵷鸞不常見君子慕焉鶹鵂常見小人捕焉噫
君子之出處亦猶夫鵷鸞而已矣
不位而尊者曰道不貨而富者曰文噫吾將謂得時
乎尊而驕者不爲矣吾將謂失時乎富而安者吾爲
矣
或曰將處乎世如何則可以免乎謗曰去六邪用四
尊則可矣曰何以言曰諫未深而謗君交未至而責
友居未安而非國家不儉而非歲道不高而夌貴志
不定而羨富此之謂六邪也自尊其道堯舜不得而
卑也自尊其親天下不得而詘也自尊其已孩孺不
得而娛也自尊其志刀鋸不得而威也此之謂四尊
也
愛雖至而不媟讐已危而不擠勢方盛而知足利正
中而識已豈小人之能哉
以儉而獲罪猶遠乎奢以退而遇謗尚愈乎進弓箕
之家生子而拾乎弓箕陶旊之家生子而拾乎陶旊

噫吾之道猶弓箕陶旊乎
自漢至今民産半入乎公者其唯桑弘羊孔僅乎衛
青霍去病乎設遇聖天子吾知乎桑孔不過乎賈豎
衛霍不過乎士伍
古之殺人也怒今之殺人也笑
古之用賢也爲國今之用賢也爲家
古之酗醟也爲酒今之酗醟也爲人
古之置吏也將以逐盜今之置吏也將以爲盜
或曰楊墨有道乎曰噫錢格簺皆有道也何啻乎楊

墨哉吾知夫今之人皆楊墨之道者其一大之族耳

山書

唐　劉蛻

予於山上著書一十八篇大不復物意荗洋乎無窮自號爲山書

天地之氣復則結者而爲山也融者而爲川也結於其所者安静而不動融於其時者疏決以忘其及故山之性爲近正川之性爲華爲是以處其結者有君子處其融者爲利人

天地之先未嘗有形故字其形爲人民爲禽蟲萬物然後受其字據其形之動曰生形之静曰死嗚呼我苟不生乎天地先而未嘗用其形竅以出納斯非混沌之似乎故吾以混沌不嘗在天地先而在我之不爲萬物鑿者而已矣

山書　一

壞人者天地也使其數出故觀數而象動則有爭殺亂患夫數始乎手足故離吾之指爲吾視其指而心亦離則數數人乎心矣故知指生六而爲有餘生四而爲不足不足與有餘也爲體不備嗚呼心既分身之有餘與不足也則爭殺亂患何嘗不足盡其數山

聖人重其生以榆出先濟其用故甘毳之臭出於榆末而後網罟不足于野以牢養于宮中故天下忘身以自給嗚呼上古食而棄其餘熱而棄其皮亦足矣是知聖人欲化而更亂其生聽鳳鳴而吹管果象也故有象竹之聲者必有象葭之器然則造其爲而耻葭學者鳳也故不世而來造其象而耻人學者聖人也故末世而不出嗚呼

江河鑿而山木泣以爲川既出而必伐舟也舟既入水而蛟魚相市以其居泉而遠于殺者也今則造泉

山書　二

之具成是大道存而異其質大道亡而運其禍

利以觀天下利盡而天下畔道以歸天下道薄而天下去嗚呼爲利物所間爲道亦不僞故始愛其應者終亦將以應人然則利盡所畔者以滅其後道薄而所去者貴不殺其孤而已

城郭溝池以固民也有竊城郭溝池以盜民者則殺人甚于不固夫有竊固之具必有功固之利苟有利之物冦必生其下是以太古安民以巢故于野則無爭巢固民則相殺

章服妾媵所以奉貴也然而奉天下來事貴者賤夫有車服必有雜珮有妾媵必有娛樂聖人既爲之貴賤是欲鞭農父子以奉不暇雖有杵臼吾安得粟而舂之嗚呼教民以杵臼不若均民以貴賤

古之弓矢所以防惡也懷惡者在内所以能避弓矢也故射惡未及死而奪械可以殺人于天下天下從而禁畜私械者嗚呼古之弓矢所以防惡也今則不然反防人之持弓矢也

萬物無常聲而主聲者定其悲歡則聽在心而耳職

山書　三

廢也謂雷爲可畏則以畏聲聽之不知有時雷可長養也謂瑟爲可御則以御聲聽之不知有時瑟可流哀也則有幽思之深砧聲之悲也去家日遠雨聲之愁也嗚呼悲愁果在心也雷與瑟無常聲也

爲學豈有歲故勞于農夫以其有遇世也故佚于使人然而雖佚不忘學以其勞而未嘗運是故死而不得止其心古有志者猶悲日月之易于人也故謂飛鳥走兎在其中付大藏之鑰未必有信之友也夫取人之鑰必薦信以人其中受人之託必有情以寄其

內故大信者不使人付有道者不使人求棺衣之厚葬以王禮百姓不貪其死以其愛名不甚于愛身任時之重必多怨借君之權必易死是子名則君子愛身不甚于百姓焉

聖人有意哉故勸善以爵使利爵者樂修夫惡殺人與殺盜鈞爲仁人之心則亦召盜以爵嗚呼使聖人無意則勸善不以爵矣故君子爲善不獨樂欲爲聖人而出是不見仁人之術使爵以召盜乎

食秦人之炙則懷其妻子聞秦婦之嫁則垂涕悲其身當是時亦疑天下之妻矣吾過富貴之門則懷其爵矣及聞秦人以爵死者則垂涕悲其身當是時不顧天下之貴矣有惡雀鹿之甚者揮帚以驅雀結罟以禁鹿夫帚罟旣可以駭物則帚罟必可以取物嗚呼執其具以逐雀鹿安知不有學其具以取之故善惡去者不必惡其名善逐者不示人以其具

猿鳴不過薜蘿以其有蔓蔓者必組物夫能過其組必自破其心嗚呼髩之組吾鬢也帶之組吾腰也線之組吾衣也亦是矣今蔓在天下安得復破其心哉

子書之最異者

兩同書

唐　羅隱

貴賤第一

夫一氣所化陽尊而陰卑三才肇分天高而地下龜龍爲鱗介之長麟鳳處羽毛之宗金玉乃上石之標芝松則卉木之秀此乃貴賤之理著之於自然也龜龍有神靈之別麟鳳有仁愛之異金玉有鑑潤之奇芝松有貞秀之姿是皆性稟殊致爲衆物之所重也然則萬物之中唯人爲貴人不自理必有所尊亦以

明聖之才而居億兆之上也是故時之所賢者則貴之以爲君長才不應代者則賤之以爲黎庶然處君長之位非不貴矣雖蓰力有餘而無德可稱則其貴不足貴也居黎庶之内非不賤矣雖貧弱不足而有道可採則其賤未爲賤也何以言之昔者殷紂居九五之位孔丘則魯國之逐臣也齊景有千駟之饒伯夷則首陽之餓士也此非不尊卑道阻飛伏理殊然而百代人君競慕丘夷之義三尺童子羞聞紂景之名是以貴賤之途未可以窮達論也故大人主所以稱尊者以其有德也苟無其德則何以異于萬物乎是故明君者納陛軫慮旰食興懷勞十起而無疲聽八音而受諫蓋有由矣且崆峒高臥黃軒致順風之請穎水幽居帝堯發時雨之讓夫以鯀夫獨善之操猶降萬乘之尊況天子厚載之恩而爲百姓所薄者哉蓋不患無位而患德之不修也不憂其賤而憂道之不篤也易曰聖人之大寶曰位何以守位曰仁苟無其仁亦何能守位乎是以古之人君乾乾而夕惕豈徒爲名而已哉實恐墜聖人之大寶辱先生之餘

慶也故貴者榮也非有道而不能居賤者辱也雖有力而不能避也苟以修德不求其貴而貴自求之苟以不仁欲離其賤而賤不離之故昔虞舜處於側陋非不微矣而鼎祚肇建終有揖讓之美夏桀親御神器非不盛矣而萬姓莫輔竟罹放逐之辱古公避賤而遷居豈求其貴也行未輟策邑城岐下胡亥笑堯禹之陋豈樂其賤也死不旋踵地分灞上夫以虞舜之微非有穀帛之利以悅於衆也夏桀之盛非無戈戟之防以禦於敵也古公之與非以一人之力自強

於家國也胡亥之滅非以萬乘之尊願同於黔首也貴者愈賤賤者愈貴求之者不得得之者不求豈[illegible]天之有私惟德佑之而已矣故老氏曰道尊德貴其是之謂乎

強弱第二

夫強不自強因弱以奉強弱不自弱因強以禦弱故弱爲強者所伏強爲弱者所宗上下相制自然之理也然則所謂強者豈壯勇之謂耶所謂弱者豈怯懦之謂耶蓋在乎有德不在乎多力也何以言之夫金

者天下之至剛也水者天下之至柔也金雖剛矣折之而不可以續水雖柔矣斬之而不可以斷則水柔能成其剛金剛不輟其弱也故晏嬰之侏儒耳齊國之宰臣甘羅之童子耳秦國之良相僑如大人也魯人椿其喉矣長萬壯士也宋華醢其肉矣晏嬰身短不過人此非不懦矣甘羅年未弱冠此非不幼矣僑如大可專車此非不壯矣長萬力能抉輦此非不勇矣然則僑如長萬智不足以全身晏嬰甘羅謀可以制一國豈非德力有異強弱不同者歟由是乾以健剛終有亢極之悔謙以卑下能成光大之尊則其致也然夫所謂德者何唯慈唯仁矣所謂力者何且暴且武耳苟以仁慈則天地所不違鬼神將來舍而況於邇乎苟以暴武則九族所離心六親所側目而況於遠乎是故德者兆庶之所賴也力者一夫之所持也矜一夫之用故不可得其強乘兆庶之恩故不可得其弱是以紂能索鐵天下懼之如虎狼堯不勝衣天下親之如父母然虎狼雖使人懼之豈可言虎狼強於人耶父母能令子親之豈可言父母弱於子耶

則強弱之理固亦明矣是以古之明君道濟天下知衆心不可以力制大名不可以暴成故盛德以自修柔仁以禦下用能不言而信洽垂拱以化行將乃八極歸成四方重譯豈徒一邦從服百姓與能而已哉嗟乎古之暴君驕酷天下捨德而任力忘已而責人壯可行舟不能自制其嗜慾村堪舉鼎不足自全其性靈至令社稷爲墟宗廟無主永爲後代所笑豈獨當時之弱乎悲夫老氏曰勝人者有力自勝者強其是之謂乎

損益第三

大萬姓所賴在乎一人一人所安資乎萬姓則萬姓爲天下之足一人爲天下之首也然則萬姓衆矣不能免塗炭之禍一人尊矣不能逃放戮之辱豈矣之於足實在於元首也夫以水動萍移風行草偃處唐虞之代則比屋可封居桀紂之朝則比屋可戮夫天下者豈賢於彼而愚於此易於上而難於下哉蓋人君有所損益也然則益莫大於主儉損莫大於君奢奢儉之間乃損益之本也且夫日月者天下之至明

也然猶有不及之處爾其儉主之理則天下無爲天下無爲則萬姓受其賜其於日月亦已大矣豺狼者天下之至害也然猶有不傷之所爾其奢君之理則天下多事天下多事則萬姓受其毒其於豺狼亦已甚矣是故古先聖君務修儉德土堦茅宇綈衣麤裘捨難得之貨措無用之器薄賦斂省徭役損一人之愛好益萬人之性命故得天下歡娛各悅其生矣古先暴主志在奢淫瑶臺象牀錦衣玉食購難得之貨斲無用之器厚賦斂煩徭役益一人之愛好損萬人之性命故使天下困窮不畏其死矣夫死且不畏豈可長其亂乎生且是悅豈不悅其安乎故人安者天子所以得其安也人亂者天子所以離其亂也人主欲其已安而不念其人安恐其人亂而不思其已亂此不可謂其智也且夫剖腹啗口不足謂其美也溫踵動心不足謂其勞也夫心口所以存者爲其踵腹也腹之且剖豈異口之剖耶踵之且溫豈異心之溫耶故人主所以稱至尊者徒以有其人也人且共益則君孰與其損哉人且共損則君孰與其益哉是故

損已以益物者物既益矣而物亦益之堯舜所以成其上聖克保耆頤之壽也益已以損物者物既損矣而物亦損之癸辛所以陷其下愚自取誅逐之敗也是則彼之自損者豈非自益之道歟此之自益者豈非自損之道歟損益之途固亦明矣嗟夫性命者至重之理也愛好者不急之事也今我捨一身之不急濟萬姓之至重不言所利廣遂生成永居南嶽之安常有北辰之政則普天率土孰爲我損乎夫以嗜慾無厭貪求莫止士饑糟糠犬馬餘其粟肉人衣皮毛

土水榮其錦罽崇虛丧實捨利取危枳棘生於梗途鯨鯢遊於沸海則九州四域孰爲益乎故老氏曰天之道損有餘補不足其是之謂歟

敬慢第四

遠古之代人心混沌不殊於草木取類於羽毛後代聖人乃道之以禮樂敎之以仁義然後君臣貴賤之制坦然有章矣然則禮之所先莫大乎敬禮之所弊莫甚於慢故以敬事天則神降以敬理國則人和以慢事天則神欺以慢理國則人殆下之不敬則不足

以奉君上之不敬則不足以御臣是以地中有山大易發謙尊之旨海下於水老氏著谷王之喻相鼠有體風詩刺其失儀飛鳥能言古人記其無禮則敬慢之閒美惡殊致是故明主之於天下也設壇授將側席求賢賁束帛於丘園降安車於途巷故得眞龍就位振鷺來庭天下樂之願從其化也昧主之於天下也披裘接士露髮朝人視賢良若草芥比黎庶爲豕畜是以白駒投谷飛鴻逝雲天下惡之願逃其耻也然夫敬人者不必自賤蓋欲用其人也慢人者不必增貴適足怨其人也何以言之昔文侯式干木之閭昭王築郭隗之館故得羣才必至駿足攸歸何則以敬之所致也齊桓有葵丘之驕漢祖輕過趙之罵故有諸侯不附大臣搆逆何則以慢之所致也然夫向之所敬者豈徒敬人而已哉蓋以自敬也向之所慢者豈徒慢人而已哉蓋以自慢也故敬一人則千萬人悅慢一人則千萬人怨皆欲知好人之敬而不知行其所以敬皆欲知惡人之慢而不知去其所以慢此猶南望以求燕北行以適越誠有不可得也且夫

人主者天下之表也行書國策言記史官有一善若慶雲之浮輝天下之所欣賀有一惡若朝日之帶蝕天下之所傷嗟不可類於匹夫不慎其敬慢也故人問田子方曰富貴者驕人貧賤者驕人乎子方曰諸侯而驕人則失其國大夫而驕人則失其家貧賤者行不合道言不合同則去之楚越若脫弊屣奈何同之是以虎豹墜谷頓爲蠹粉螻蟻隨風無傷絲髮輕重之理不同年而語也故周公文王之子握吐爲勞馭者晏嬰之僕驕矜自若豈非君子小人之道敬慢

殊塗者乎夫尺蠖求伸亦因其屈鷙鳥將擊必先以卑以貴下賤大得人也故老氏曰後其身而身先其是之謂歟

厚薄第五

夫大德曰生至貴唯命故兩臂重於四海萬物少於一身雖禀精神於天地託質氣於父母然亦因於所養以遂其天理也且夫松栢者有凌雲之操也若壅之以糞壤沃之以鹹流則不及崇朝已見其憔悴矣冰雪者無逾時之堅也若藏之於陰井庇之於幽峰

則苟涉盛夏未聞其消解也夫松栢之性非不貞矣終以速朽冰雪之性非不液矣竟以遐延此二者豈天使之然哉果以養之所致也况夫人者異乎松栢之永矣養之失其所則安可以不朽乎豈徒冰雪之倏忽也養之得其道則安可以不延乎故壽之有長短由養之有厚薄也悲夫飲食男女者人之大欲存焉人皆莫不欲其自厚而不知其厚所以薄也人皆莫不惡其爲薄而不知薄之所以厚也何以言之昔信陵孝惠爲縱長夜之娛淫酒色之樂極情肆志此非不自厚也然卒逢夭折之痛自殞於泉壠之下是則爲薄亦已甚矣老氏彭公修延年之方遵火食之禁拘魂制魄此非不自薄矣然克保長久之壽自致於雲霄之上是則爲厚亦已大矣夫外物者養生之具也苟以養過其度則亦爲喪生之源也是故火之所宜者膏也水之所宜者水也今以江湖之水清其尺燈斛庾之膏沃其星燭則必見壞滅也故性命之分誠有限也嗜慾之心固無窮也以有限之性命逐無窮之嗜慾亦安可不困苦哉是以易存飲食之節

禮誡男女之際蓋有由矣且夫居九五之尊此天下之至貴也有億兆之衆此天下之至富也苟以養生之不存則五臟四支猶非我有而况身形之外安可有乎夫美玉投蛙明珠彈雀捨所貴而求所賤人卽以爲惑矣今以至尊性命之重而自輕於嗜慾之下豈得爲不惑乎是故土能濁河而不能濁海風能拔木而不能拔山嗜慾者適足以亂小人不足以動君子故魯仲尼渴而遇盜泉之水義而不飲鄭子公則染指以求羨柳下惠與女子同寢終不爲亂宋華父

則危身以竊色周公遺酒誥之旨殷紂沈湎而致亡婕妤辭同輦之嫌姜氏遜淫而無恥豈非貞濫有異厚薄不同者與夫神大用則竭形大用則勞神形俱困而求長生者未之聞也爲人主者誠能內寶神氣外損嗜慾念馳騁之誡宗頤養之言永保神仙之壽常爲聖明之主豈不休哉故老氏曰外其身而身存其是之謂

理亂第六

夫家國之理亂在乎文武之道也昔者聖人之造書

契以通隱情刳弓矢以威不伏二者古今之所存焉然則文以致理武以定亂文雖致理不必止其亂武雖宇亂不必適其理故防亂在乎用武勸理在乎用文若手足之遞使舟車之更載也是以漢祖矜坊陸賈諭以爲學魯公赴會仲尼請其設備盖有由也然夫文者道之以德德在乎內誠不在乎誇飾者也武者示之以威威在乎自全不在乎強名也苟以強名則吳雖多利兵適足彰其敗也苟以誇飾則魯雖盡儒服不足救其弱也是故始皇築長城修戰伐勞役不休人不堪命遂使陳涉之流坐乘其弊禍起於強名也王莽構靈臺興禮樂賦歛無度人不聊生遂使聖公之徒行收其利敗始於虛飾也故始皇用武於天下也若陶者之挻器雖務欲求其大而不知薄者之所以反脆也王莽用文於天下也若匠者之斲材雖志在矜其妙而不知細者之所以速折也二者皆以理之終以爲亂也此未得其大體也且夫文者示人有章必存乎簡易簡易則易從將有恥且格武者示人有備必在乎恬淡恬淡則自守恒以逸而待勞

恒以逸而待勞則攻戰無不利有恥且格則教化無不行化行而衆和戰利而寇息然後澄之以無事濡之以至仁此聖主所以得其理也然二子不求之於內而索之於外不撫之以性而縱之以情煩文以黷下暴武以困衆此不可得意於天下也雖然猶有其弊何者昔伯益鑿井燧人鑽木水火之利于今賴之然智伯因之以灌趙城董卓因之以焚漢室是乃爲害亦以甚矣然則文武者理國之利器也而盜竊者亦何嘗不以文武之道亂天下乎故章邯以軍旅而

分秦地田常以仁義而簒齊國則有理不能無其亂唯人主之所制也是故牧馬者先去其害驅羊者亟鞭其後後之不鞭羊之所失也害之不去馬之所亡也魯不能去三家之害國之所叛也晉不能鞭六卿之後地之所分也苟亦不能則雖有簡易之文恬淡之武適足助其亂也安可得其理乎故聖人不得文武之道不理賊臣不得文武之道不亂非文武有去就之私蓋人主失其柄也故孔子曰天下有道禮樂征伐自天子出其是之謂乎

得失第七

夫騏驥騁遠必以四足之力鸞鵠翔遐莫非六翮之用也是以聖人撫運明主乘時亦以杞梓之材而爲股肱之任然則地有山川其險可見天有冬夏其時可知至於凡人之心杳然無所素王以之不測帝堯猶以爲難將欲用之不無得失也何以言之夫君者舟也臣者水也水能浮舟亦能覆舟臣能輔君亦能危君是以三傑用而漢興六卿強而晉滅陶朱在而越霸田氏盛而齊亡雖任是同而成敗尤異也夫人者姦宄無端真僞匪一或貌恭而心慢或言親而行違或賤廉而貴貪或貧貞而富　或慾大以求變或位高而自疑或見利而忘恩或逃刑而構隙此則蓍龜不足決鬼神不能定且利器者至重也人心者難知也以至重之利器假難知之人心未明真僞之情徒信毀譽之口有霍光之才者亦以得矣有王莽之行者亦以失矣是故考之於宗親則管叔周公不無忠僻驗之於戚屬則竇嬰呂祿不無正邪推之於功臣則王陵黥布不無逆順論之於故友則樊噲盧綰不無去留取以刀筆之能則若張湯之欺詐賞以頰舌之用則厭主父偃之饕行若智策有餘則陳平不可獨任若英謀出衆則韓信慮其難制夫天下之至大也無其人則不可獨守有其人則又恐爲亂亦何不取其才而不制其亂也且夫毛髮植於頭也日以櫛之爪甲寇於指也月以鑢之爪之不鑢長則不便於使也髮之不櫛久則彌成於亂也夫爪甲毛髮者近在巳躬本無情識苟不以理猶爲之難況於臣下非同體之物人心有易遷之慮委之以臧否隨之以

是非蓋不可以容易也是故逐長路者必在於駿馬之力理天下者必求於賢臣之用然駿馬苟馴由不可以無轡也賢臣雖任終不可以失權也故夫御馬者其轡煩則其馬蹀而不進其轡縱則其馬騁而好逸使夫縱不至逸煩而毋進者唯造父之所能也夫御臣者其權峻則其臣懼而不安其權寬則其臣慢而好亂使夫寬而不至亂峻而能安者唯聖人之所明也恐馬之多逸捨馬而徒行則長路不可濟也懼臣之為亂捨臣而獨任則天下莫能理也知馬之可

乘而不執其轡則不能禁其逸也知臣之可用而不親其權則不能止其亂也是故項羽不用范增是捨馬而徒行漢帝雖有曹操是乘馬而無轡苟欲不敗其可得乎故孔子曰唯名與器不可以假於人其是之謂歟

真偽第八

夫主上不能獨化也必資賢輔物心不為易治也方俟甄議使夫小人退野君子居朝然後可為得矣然則善惡相生是非交蹂形彰而影附脣竭而齒寒苟有其真不能無其偽也是以歷代帝王統御家國莫不側身馳心以恭英乂及所封授則猶是愚小莫不攘臂切齒以疾姦佞及所誅逐則謬加賢良此有識者之所嗟痛也夫山鷄無靈買之者謂之鳳野麟嘉瑞傷之者謂之麏然麟鳳有圖麏鷄無識猶復以真為偽以偽為真況忠逆之情靜躁之性愚靖者類直智狂者類賢潔巳者不能同人犯顏者短於忤主情狀無形象可見心慮非視聽所知欲使銀鉛不雜淄澠殊味其有得者亦萬代之一遇也是以吳用宰嚭

致戮於子胥魯退仲尼委政於季氏秦誅白起以舉應侯趙信郭開而殺李牧卞和獻玉反遇楚刑北郭吹竽濫食齊祿若斯之類實繁有徒然則所是不必真所非不必偽也故真偽之際有數術焉不可不察也何者夫衆之所譽者不可必謂其善也衆之所毀者不可必謂其惡也我之所親者不可必謂其賢也我之所踈者不可必謂其鄙也何以明言昔堯理洪水伯鯀為衆所舉而洪水莫除魏伐中山樂羊為衆所慢而中山卒拔鄧通延夢於漢主而非傳說之才

屈原見逐於楚王而無共工之罪此則衆議不必是獨見未爲得也是故明主疇咨在位詳省已慮先難而後易考者以究徵使夫登用者不愧其賞肯罪者不逃其責然後可爲當矣然則良馬驗之於馳騁則駑駿可分不藉孫陽之舉也桑刃徵之於斷割則利鈍可見不勞風胡之談也苟有難知之人試之以任事則眞僞自辯以塞天下之訟也故先王之用人也遠使之而觀其忠節近使之而察其敬勤令之以謀可識其智慮煩之以務足見其材能雜之以居視以

貞濫委之以利詳以貪廉困窮要之以仁危難思之以信尋其行而探其性聽其辭而別其情盡呂尚之八徵驗皐陶之九德然後素絲皆染白璧投泥而不渝黄葉並彫青松凌霜而獨秀則僞者去而眞者得矣故孔子曰衆善者必察焉衆惡者必察焉其是之謂乎

同異第九

夫同聲相應同氣相求雖虎異谷風虎嘯而谷風起蚿非山霧蚿躑而山霧興理所同耳夫異類殊畳異情同行雖蛤因雀化而蛤不與雀游鴽自鼠爲而鴽不與鼠匹理所異耳然父子兄弟非不親矣其心未必同君臣朋友非不疎矣其心未必異故瞽叟愚而重華聖盜蹠貪而柳下廉劉季困而紀信焚伯桃餓而角哀死亦猶烟灰同出飛沉自分膠漆異生而堅固相守也然則情性不等同異難并大易雖云同人於門三爻復云伏戎於莽此則於同不能無異也故有面同而心不同者有外異而內不異者有始同而終異者有初異而末同者有彼不同我而我與之同

者有彼不異我而我與之異者何以明之昔者陳平面向呂后而心歸劉氏程嬰外逆孫臼而內存趙孤張耳陳餘始則刎頸之交終構參商之隙夷吾小白初有射鉤之怨末爲魚水之歡田氏懐詐義於齊君齊君彌信亞父盡至忠於項羽項羽益疑是則同異之心不可以一二而測也是故明者徐視而審聽高居而遠望也隨時之宜唯變所適因其可同而與之同矣因其可異而與之異矣故衛青豎耳漢武委之以軍旅由余虜耳秦穆授之以國政夫以衛青由余

敵於秦漢非不疎矣猶知可同而同之況於父子兄弟之親而有可同者乎且管叔兄耳姬旦誅之以極刑石厚子矣石碏死之以太義也夫以管叔石厚比於旦碏非不親矣猶知可異而異之況乎君臣朋友之疎而有可同者乎故能同異者爲福不能同異者爲禍虞舜能同八元能異四罪永垂聖哲之名殷紂不同三仁不異二臣故取敗亡之辱是則同異之際不可失其微妙也故孔子曰見幾而作不俟終日其是之謂歟

愛憎第十

夫日之明也無幽不燭蓋之以重雲則光輝莫覩水之鑑也有來而斯應混之以糝土則影象俱滅夫以水日之明鑑失其常然者豈不以雲土之異移其性乎是則人有神智之察非不靈矣徒以內存愛尚之情外挾憎忿之事則是非得失不能不惑焉何以明之昔重華孝矣瞽叟病之親行不義寤生賢矣武姜惡之自搆其乱鶴乃賤矣衛君重之載以華軒馬則微矣楚王好之衣以文繡夫以骨肉相親固無間矣而猶憎之禽獸類别誠有分矣而猶愛之況乎明君信臣不如父母之信子耶士媚於主巧於鶴馬之媚人而無愛憎之迷者蓋亦寡矣是故汲黯袁盎以忠諫而屢出籍孺韓嫣以佞倖而益重孫通諛言而受賞賈誼切直而見疎甚矣哉愛憎之惑人也如此若夫忠臣之事君也面諍君之惡方欲成君之美而君反以爲憎己也佞人之事主也面諛主之善方反長主之過而主反以爲愛己也殊不知聞惡而遷善永爲有道之君悅善而忘惡長爲不義之主是則致君

於有道者豈得不爲大愛乎陷主於不義者豈得不爲大憎乎而主不原忠諂之情輕肆向背之志以爲愛己者己亦愛之則寵光加於三族以爲憎己者己亦憎之則夷滅被於五宗遂使剖心刎頸之誠棄而莫用舐痔吮癰之類擢以殊級且夫賞以勸善名以爵賢使天下不肖者有名無功者受賞則何以勸天下乎法以禁非刑以懲惡使夫懷忠者坐法行直者遇刑則何以禁天下乎是以漢憎雍齒張良以爲可封隋寵少師伯比以爲可伐何則有功者害適爲不

祥無德是親自下關

迂書

宋　司馬光

余生六齡而父兄敎之書雖誦之不能知其義又七年始得稍聞聖人之道朝誦之夕思之至於今二十有七年矣雖其性之昏愚憊而不能進然勤亦至矣時有所獲書以示人人之論高者則曰子之書庸而無奇衆人所同知也論卑者則曰子之書迂而難用於世無益也嘻我窮我之心以求古之道力之所及者則取之庸與迂惟人之所名也我安得知之故命其書曰庸書亦曰迂書云

釋迂

或謂迂夫曰子之言太迂於世無益也迂夫曰子知迂之無益而不知其爲益且大也子知迂之有益而不知其爲損亦大也子不見夫樹木者乎樹之一年而伐之則足以給薪蘇而已二年而伐之則足以爲桷五年而伐之則足以爲楹十年而伐之則足以爲棟夫豈非收功愈遠而爲利愈大乎古之人惟其道闊大而不能狹也其志遂與而不能邇也其言崇高

而不能庳也是以所適齟齬而或窮爲布衣貧賤圖苦以終其身然其遺風餘烈數百千年而人猶以爲法鼎使其人狹道以求容遁志以取合庳言以趨功雖當時貴爲卿相利止於其躬榮盡於其生惡得餘澤以及後世哉如余者患不能迂而已矣迂何病哉

辨庸

或謂迂夫曰子之言甚庸衆人之所及也惡足貴哉迂夫曰然余學先王之道勤且久矣惟其性之惛也苦心勞神而不自知猶未免夫庸也雖然古之天地

有以異於今乎古之萬物有以異於今乎古之性情有以異於今乎天地不易也日月無變也萬物自若也性情如故也道何爲而獨變哉子之於道也將厭常而好新譬夫之楚者不之南而之北之齊者不之東而之西信可謂殊於衆人矣得無所適失其所求愈勤而愈遠邪嗚呼孝慈仁義忠信禮樂自生民以來談之至今矣安得不庸哉如余者懼不能庸而已矣庸何病哉

士則

或曰爲士何如迂夫曰士者事天以順交人以謹司其分不敢失隕而已矣或曰爲士者亦事天乎曰是何言也天者萬物之父也父之命子不敢逆君之言臣不敢違父曰前子不敢不前父曰止子不敢不止臣之於君亦然故違君之言臣不順也逆父之命子不孝也不順不孝者人得而刑之順且孝者人得而賞之違天之命者天得而刑之順天之命者天得而賞之或曰何謂違天之命曰天使汝窮而汝强通之天使汝愚而汝强智之若是者必得天刑或曰何

謂天刑曰人之刑賞刑賞其身天之刑賞刑賞其神故天之所賞者其神閒靜而佚樂以考終其命天之所刑者其神勞苦而愁困以夭折其生彼雖僂然而白首猶貳負之臣桎梏而處諸石下雖踰千歲惡足稱壽哉或曰夫士者當美國家利百姓功施當旹澤及後世豈獨齵齵然謹司其分不敢失隕而已乎曰非謂其然也智愚勇怯貴賤貧富天之分也君明臣忠父慈子孝人之分也僭天之分必有天災失人之分必有人殃堯舜禹湯文武勤勞天下周公輔相致

太平孔子以詩書禮樂教洙泗顔淵簞食瓢飲安於陋巷雖德業與守出處異趣如此其遠也何嘗捨其分而妄爲哉

言戒

迂夫曰言不可不重也子不見鍾鼓乎夫鍾鼓叩之然後鳴鏗訇鏜鞳人不以爲異也若不叩自鳴人孰不謂之祇邪可以言而不言猶叩之而不鳴也亦爲廢鍾鼓矣

蠹齒

迂夫病蠹齒呻吟之聲達於四鄰通夕不寐有道士過之問曰子知病之所來乎曰不知也道士曰病來於天天且取子之齒以食食骨之蟲而子拒之是違天也夫天者子之所受命也若之何拒之其必與之迂叟曰諾於是以齒與蟲惛然而寐一夕而愈

蠹祝

迂夫夜立於庭拊樹而蠹螫其手捧手吟呼痛徹於心家人呼祝師祝之祝師曰子姑勿以蠹爲慘烈以爲凡蟲而藐之曰是惡能若我哉則痛已矣從之少選而痛息乃謝祝師曰爾何術而能攘蠹之毒如是其速也祝師曰蠹不汝毒也汝自召之余不汝攘也汝自攘之夫召與攘皆非我術之所能及也子自爲之也於是迂夫嘆曰嘻利害憂樂之毒人也豈直蠹尾而已哉人自召之人自攘之亦若是而已矣

飯車

天雨迂夫出見飯車息於高蹊者指謂其徒曰是車也將覆不久矣行未十步聞讙聲顧見其車已覆其徒問曰子何用知之迂夫曰吾以人事知之夫天雨

道濘而蹊獨不濡又狹而高是衆人之所趣也而車不量其力固狹擅高久留不去以妨衆人之欲進者其能無覆乎禍有鉅於此者奚飯車之足云

拾樵

迂夫見童子拾樵於道約曰見樵先呼者得之後毋得爭也皆曰諾旣而行相與笑語戲狎至驩也皆然見橫芥於道其一先呼而衆童子爭之遂相摣擊有傷者迂夫惕然亟歸而嘆曰今天下之利大於橫芥者多矣吾不知戒而日與人遊恃其驩而信其約一

且有先呼而鬬者能無傷乎

知非

或曰蘧伯玉五十而知四十九年非信乎曰何啻其然也古之君子好學者有垂死而知其未死之前所爲非者况五十乎夫道如山也愈升而愈高如路也愈行而愈遠學者亦盡其力而止耳自非聖人有能窮其高遠者哉

天人

迂叟曰天力之所不及者人也故有耕耘斂藏人力之所不及者天也故有水旱螟蝗

迂書 六

無怪

迂叟曰有茲事必有茲理無茲理必無茲事世人之怪怪所希見由明者視之天下無可怪之事

理性

易曰窮理盡性以至於命世之高論者競爲幽僻之語以欺人使人跂懸而不可及憒瞀而不能知則盡而捨之其實奚遠哉是不是理也才不才性也遇不遇命也

事親

迂叟事親無以踰人能不欺而已矣其事君亦然

事神

或問迂叟事神乎曰事神或曰何神之事曰事其心或曰其事之何如曰至簡矣不黍稷不犧牲惟不欺之爲用、子上戴天下履地中函心雖欲欺之其可得乎

寬猛

迂叟曰寬而疾惡嚴而原情政之善者也

迂書 七

回心

或問子能無心乎迂叟曰不能若夫回心則庶幾矣何謂回心曰去惡而從善捨非而從是人或知之而不能徙以爲如制駻馬如斡磻石之難也靜而思之在我而已如轉戶樞何難之有

無益

迂叟曰言而無益不若勿言爲而無益不若勿爲余久知之病未能行也

學要

迂叟曰學者所以求治心也學雖多而心不治安以
學爲

治心

迂叟曰小人治迹君子治心

文害

或謂迂叟子於道則得其一二矣惜夫無文以發之
迂叟曰然君子有文以明道小人有文以發身夫變
白以爲黑轉南以爲北非小人有文者孰能之

道大

迂叟曰聖人之道如天地天地之間靡所不有衆人
之道如山川如陵谷如鳥獸如艸木如蟲沙各盡其
分不知其外天地則無不包也無不徧也

毋我知

孔子曰殷有三仁焉葢孔子之前爲比干者則非微
子矣爲微子者則非比干矣爲箕子者則非比干與
微子矣至孔子然後人知三子者皆仁人也孔子曰
微管仲吾其被髮左衽矣如其仁如其仁孟荀氏之
言曰仲尼之門五尺童子羞稱五伯以是觀之孟荀
氏之道槩諸孔子其隘甚矣

道同

迂叟曰合天下而君之之謂王王者必立三公三公
分天下而治之曰二伯一公處乎内皆王官也周衰
二伯之職廢齊桓晉文糾合諸侯以尊天子天子因
命之爲侯伯修舊職也伯之語轉而爲霸霸之名自
是興自孟荀氏而下皆曰由何道而王由伯道而霸
道豈有二哉得之有淺深成功有小大耳譬諸水爲
畎爲澮爲谷爲谿爲川爲瀆若所鍾則海也大夫士

畎澮也諸侯谿谷也州牧川也方伯瀆也天子海也
小大雖殊水以性奚以異哉

絶四

或問子絶四何以始於毋意迂叟曰吉凶悔吝未有
不生乎事者也事之生未有不本乎意者也意必自
欲欲既立於此矣於是乎有從有違從則有喜有樂
有愛違則有怒有哀有惡此人之常情也愛實生貪
惡實生暴貪暴惡之大者也是以聖人除其萌塞其
源惡奚自而至哉或曰毋意於惡既聞矣敢問聖人

亦毋意於善乎曰不然聖人之爲善豈有意乎其間哉事至而應之以禮義耳禮者履也循禮則事無不行義者宜也守義則事無不得聖人執禮義以待事不爲善而善至矣聖人豈有意乎其間哉或曰然則聖人之心其猶死灰乎曰不然聖人之心如宿火耳夫火宿之則晦發之則光引之則然鼓之則熾旣而復掩之則乃晦矣深而不消久而不滅者其宿火乎聖人之心亦然治其心以待物物至而應事至而辨豈若死灰哉灰死則不復然矣奚所用哉或曰毋固

母必奚以異乎曰在我爲固在人爲必聖人出處語默惟義所在無可無不可奚其固成敗禍福繫命所遭誰得而知之奚其必或曰然則何以終於毋我曰有意有必有固則有我有我則私私實生蔽是故秦山觸額而不見雷霆破柱而不聞無意無必無固則無我無我則公公實生明是故秋毫過目無不見也飛蚊歷耳無不聞也其得失豈不遠哉

求用

或曰士不好富貴則爲士者不得其用刑賞不行矣迂叟曰小人有才必求用於世以利其身不賞不勸不刑不懲君子有才亦求用於世以行其道勸不待賞懲不待刑自古亂臣賊子未有不出於好富貴者也爲上者亦何利哉

負恩

迂叟曰受人恩而不忍負者其爲子必孝爲臣必忠

羨厭

迂叟曰人情苦厭其所有羨其所不可得未得則羨已得則厭厭而求新則爲惡無不至矣

老釋

或問老釋有取乎迂叟曰有或曰何取曰釋取其空老取其無爲自然捨是無取也或曰空則人不爲善無爲則人不可治奈何曰非謂其然也空取其無利欲之心善則死而不朽非空矣無爲取其因任治則一日萬幾有爲矣

鑿龍門

或問禹鑿龍門闢伊闕有諸迂叟曰龍門伊闕天所爲也禹治之耳非山橫其前水壅其流禹始鑿而闢

之然後通也或曰何以知之曰孟子云禹之行水行其所無事若鑿山以通水不可謂之無事矣

無爲贊

學黃老者以心如死灰形如槁木爲無爲迂叟以爲不然作無爲贊

治心以正保躬以靜進退有義得失有命守道在己功成在天夫復何爲莫非自然

聖教

聖人專以利人爲心於術無不知也殺而可辟則不

敎人耒耜也死而可違則不敎人棺槨矣夫豈非天使民食且死雖聖人不能違乎

諱有

人之情諱有而不諱無離婁之明人謂之瞽不愠矣柳下惠之和人謂之汚不怍矣

斥莊

或曰莊子之文人不能爲也迂夫曰君子之學爲道乎爲文乎夫唯文勝而道不至者君子惡諸是猶朽屋而塗丹雘不可處也眢井而羃綺繢不可履也烏喙而濆飴糖不可嘗也而子獨嗜之乎或曰莊子之辯雖當世宿學不能自解迂夫曰然則佞人也堯之所畏舜之所難孔子之所惡是靑蠅之變白黑者也而子獨悅之乎

辨楊

或曰楊子之諂也以王莽爲可以繼周公軼阿衡迂夫曰得已哉楊子之爲書也品藻當世蜀莊子眞仲元靡不及焉莽宰天下而自況於伊周敢遺謂子何飽之死不可不畏也雖然莽自況伊周則與之況黃虞則不與也其志將曰爲伊周而止斯可矣不止而

至於篡伊周豈然哉

無黨

或曰吾子擯莊而引楊或者爲黨乎曰無黨也使莊爲楊書斯與之矣楊爲莊言斯拒之矣孰黨哉

兼容

或曰甚矣子道之隘也奚容之不兼迂夫曰沱潛之於江也榛楛之於山也兼容焉可也莠之於苗也氷之於火也欲兼得乎哉

指過

或曰有人於此人指其過而告之則喜何如迂夫曰君子也或曰曷若無過而指諸迂夫曰君子履中止而行者也故有過則人得而指諸若夫不中不止之人終日所爲皆過也又安得而指之

難能

或曰堯舜之德何以爲難能迂夫曰舜自修於畎畝之中而聞於堯此舜之難也舜在畎畝之中而堯知之此堯之難也

三歎

迂夫曰鞠躬便辟不足爲恭長號流涕不足爲哀弊衣糲食不足爲儉三者以之欺人可矣感人則未也君子所以感人者其惟誠乎欺人者不旋踵人必知之感人者益久而人益信之

官失

迂叟曰世之人不以耳視而目食者鮮矣聞者駭曰何謂也迂叟曰衣冠所以爲容觀也稱體斯美矣世人捨其所稱聞人所尙而慕之豈非以耳視者乎飲

食之物所以爲味也適口斯善矣世人取果餌而刻鏤之朱綠之以爲盤案之玩豈非以目食者乎

天人

迂叟曰天之所不能爲而人能之者人也人之所不能爲而天能之者天也稼穡人也豐歉天也

新書

漢　諸葛亮

兵機第一

夫兵權者是三軍之司命主將之威勢將能執兵之權操兵之勢而臨羣下譬如猛虎加之羽翼而翱翔四海隨所遇而施之若將失權不操其勢亦如魚龍脱於江湖欲求游洋之勢奔濤戲浪何可得也

逐惡第二

夫軍國之弊有五害焉一曰結黨相連毁譖賢良二

曰侈其衣服異其冠帶三曰虛誇妖術詭言神道四曰專察是非私以動衆五曰伺候得失陰結敵人此所謂奸僞悖德之人可遠而不可親也

知人性第三

夫知人之性莫難察焉美惡既殊情貌不一有溫良而爲詐者有外恭而内欺者有外勇而内怯者有盡力而不忠者然知人之道有七焉一曰間之以是非而觀其志二曰窮之以詞辨而觀其變三曰咨之以計謀而觀其識四曰告之以禍難而觀其勇五曰醉之以酒而觀其性六曰臨之以利而觀其廉七曰期之以事而觀其信

將才第四

道之以德齊之以禮知其飢寒察其勞苦此謂之仁將事無苟免不爲利撓有死之榮無生之辱此謂之義將貴而不驕勝而不恃賢而能下剛而能忍此謂之禮將奇變莫測動應多端轉禍爲福臨危制勝此謂之智將進有厚賞退有嚴刑賞不逾時刑不擇貴此謂之信將足輕戎馬氣盖千夫善固疆場長於劍

戟此謂之步將陵高歷險馳射若飛進則先行退則後殿此謂之騎將氣凌三軍志輕強虜怯於小戰勇於大敵此謂之猛將見賢如不及從諫若順流寬而能剛勇而多計此謂之大將

將器第五

將之器其用大小不同若乃察其奸伺其禍爲衆所服此十夫之將夙興夜寐言詞密察此百夫之將直而有慮勇而能鬭此千夫之將外貌桓桓中情烈烈知人勤勞惜人飢寒此萬人之將近賢進能日慎一

日誠信寬大閑於理亂此十萬人之將仁愛洽於下信義服隣國上曉天文中察人事下識地理四海之內視如家室此天下之將

將弊第六

夫爲將之道有八弊焉一曰貪而無厭二曰妬賢嫉能三曰信讒好佞四曰料彼不自料五曰猶豫不自決六曰荒淫於酒色七曰奸詐而自怯八曰狡言而不以禮

將志第七

兵者凶器將者危任是以器剛則缺任重則危故善將者不恃強不怙勢寵之而不喜辱之而不驚見利不貪見美不淫以身殉國一意而已

將善第八

將有五善四欲五善者所謂善知敵之形勢善知進退之道善知國之虛實善知天時人事善知山川險阻四欲者所謂戰欲奇謀欲密衆欲靜心欲一

將剛第九

善將者其剛不可折其柔不可卷故以弱制強以柔制剛純柔純弱其勢必削純剛純強其勢必亡不柔不剛合道之常

將驕第十

將不可驕驕則失禮失禮則人離人離則衆叛將不可恡恡則賞不行賞不行則士不致命不致命則無功軍無功則國虛國虛則寇實矣子曰如有周公之才之美使驕且吝其餘不足觀也已

將強第十一

將有五強八惡高節可以厲俗孝悌可以揚名信義

可以交友沉慮可以容衆力行可以建功此將之五強也謀不能料是非禮不能任賢良政不能正刑法富不能濟窮厄知不能備未形慮不能防微密達不能舉所知敗不能無怨謗此謂之八惡也

出師第十二

古者國有危難君簡賢能而任之齋三日入太廟南面而立將北面太師進鉞於君君持鉞柄以授將曰從此至軍將軍其裁之復命曰見其虛則進見其實則退勿以身貴而賤人勿以獨見而違衆勿恃功能

勿失忠信士未坐勿坐士未食勿食同寒暑等勞逸齊甘苦均危患如此則士必盡死敵必可亾將授鉞鑿凶門引軍而出君送之跪而推轂曰進退惟時軍中事不由君命皆由將出若此則無天於上無地於下無敵於前無主於後是以智者爲之慮勇者爲之鬭故能戰勝於外功成於内揚名於後世福流於子孫矣

擇材第十三

夫師之行也有好鬬樂戰獨取強敵者聚爲一徒名

曰報國之士有氣冠三軍才力勇捷者聚爲一徒名曰突陣之士有輕足善步走如奔馬者聚爲一徒名曰搴旗之士有騎射若飛發無不中者聚爲一徒名曰爭鋒之士有射必中中必死者聚爲一徒名曰飛馳之士有善發強弩遠而必中者聚爲一徒名曰摧鋒之士此六軍之善士各因其能而用之

智用第十四

夫爲將之道必順天因時依人以立勝也故天作時不作而人作是謂逆時時作天不作而人作是謂逆天天作時作而人不作是謂逆人智者不逆天亦不逆時亦不逆人也

不陣第十五

古之善理者不師善師者不陣善陣者不戰善戰者不敗善敗者不亾昔者聖人之致理也安其居樂其業人至老不相攻伐可謂善理者不師舜修典刑皋陶作士師人不干令行無可施可謂善師者不陣若禹伐有苗舜舞干羽而苗民格可謂善陣者不戰齊桓南服強楚北伐山戎可謂善戰者不敗楚昭遭禍奔秦請救卒能返國可謂善敗者不亾矣

將誡第十六

書曰狎侮君子罔以盡人心狎侮小人罔以盡人力故用兵之要務攬英雄之心嚴賞罰之科總文武之道操剛柔之術說禮樂而敦詩書先仁義而後智勇靜若魚潛動若奔獺散其所連而折其所強耀以旌旗戒以金鼓退若山移進如風雨擊崩若摧合戰如虎迫而容之利而誘之亂而取之卑而驕之親而離之強而弱之有危者安之有懼者悅之有叛者懷之

有寃者伸之有強者抑之有弱者扶之有謀者親之有讒者覆之獲財者與之不倍兵以攻弱不恃衆以輕敵不傲才以驕人不以寵而作威先計而後動知勝而始戰得其財帛不自寶得其子女不自使將能若此嚴號申令而人願鬬則兵和刃接而人樂死矣

戒備第十七

國之大務莫先於戒備若乃失之毫釐則差若千里覆軍殺將勢不踰息可不懼哉故有患難君臣肝食而謀之擇賢而任之若乃安居而不思危寇至而不知拒此謂燕巢於幕魚遊於鼎亡不俟夕傳曰不備

不虞不可以師又曰預備而虞古之善政又曰蜂蠆尚有毒而況國乎無備雖衆不可恃也故曰有備無患故三軍之行不可無備

習練第十八

夫軍不習練百不當一習而用之一可當百故仲尼曰以不教民戰是謂棄之又曰善人教民七年亦可以即戎矣然則即戎之士不可不教教之以禮義誨之以忠信戒之以典刑威之以賞罰故人知勸然後習之或陣而分之坐而起之行而止之走而卻之別而合之散而聚之一人可教十人十人可教百人百人可教千人千人可教萬人萬人可教三軍然後教練而敵可勝矣

軍蠹第十九

夫三軍之行有探候不審烽火失度後期犯令不應時機阻亂師徒乍前乍後不合金鼓上不恤下斂削無度營私徇己不恤饑寒非言妖詞妄陳禍福如事喧雜驚惑將吏勇不受制專而凌上輕竭府庫擅給其財此九者三軍之蠹有之必敗也

腹心第二十

夫為將者必有腹心耳目爪牙無腹心者如人夜行無所措手足無耳目者如冥然而居不知運動無爪牙者如飢人食毒物無不死矣故善將者必有博聞多智者為腹心沉審謹密者為耳目勇悍善敵者為爪牙

謹候第二十一

夫敗軍喪師未有不因輕敵而致禍者故師出以律失律則凶律有十五焉一曰慮間諜明也二曰詰詐

候謹也三曰勇敵衆不撓也四曰廉見利思義也五曰平賞罰均也六曰忍善含耻也七曰寛能容衆也八曰信重然諾也九曰敬禮賢能也十曰明不納讒也十一曰謹不違理也十二曰仁善養士卒也十三曰忠以身狥國也十四曰分知止足也十五曰謀自料知他也

機形第二十二

夫以愚克智命也以智克愚順也以智克智機也其道有三一曰事二曰勢三曰情事機作而不能應非智也勢機動而不能制非賢也情機發而不能行非勇也善將者必因機而立勝

重刑第二十三

吳起曰鼓鼙金鐸所以威耳旌幟所以威目禁令刑罰所以威心耳威以聲不可不清目威以容不可不明心威以刑不可不嚴三者不立士可怠也故曰將之所麾莫不心移將之所指莫不前死矣

善將第二十四

古之善將者有四示之以進退故人知禁誘之以仁義故人知禮重之以是非故人知勸決之以賞罰故人知信禁禮勸信師之大經也未有綱直而目不舒也故能戰必勝攻必取庸將不然退則不能止進則不能禁故與軍同亾無誡勸則賞罰失度人不知信故賢良退伏䛕諂登用是以戰必敗散

審因第二十五

夫因人之勢以伐惡則黄帝不能與爭威矣因人之力以決勝則湯武不能與爭功矣若能審因而加之威勝則萬夫之雄將可圖四海之英豪受制矣

天勢第二十六

夫行兵之勢有三焉一曰天二曰地三曰人天勢者日月清明五星合度彗孛不殃風氣調和地勢者城峻重崖洪波千里石門幽動羊腸曲沃人勢者主聖將賢三軍由禮士卒用命糧甲堅備善將者因天之時就地之勢依人之利則所向者無敵所擊者萬全矣

勝敗第二十七

賢才居上不肖居下三軍悅樂士卒畏懼相議以勇

鬪相望以威武相勸以刑賞此必勝之徵也三軍數
驚士卒惰慢下無禮信人不畏法相恐以敵相語以
利相囑以禍福相惑以妖言此必敗之徵也

假權第二十八

夫將者人命之所懸也成敗之所繫也禍福之所倚
也而上不假之以賞罰亦猶束猿猱之手而責之以
騰捷膠離婁之目而使之辯青黃不可得也若賞移
在權臣罰不由主將人苟自利誰懷鬭心雖伊吕之
謀韓白之功而不能自衛也故孫武曰將之出君命

有所不受周亞夫曰軍中聞將軍之命不聞有天子
之詔

哀死第二十九

古之善將者養人如養巳子有難則以身先之有功
則以身後之死者哀而葬之傷者泣而撫之飢者捨
食而食之寒者解衣而衣之智者禮而祿之勇者賞
而勸之將能若此所向必捷矣

三賓第三十

三軍之行也必有賓客群議得失以資將用有詞若
懸流奇謀不測博聞廣見多藝多才此萬夫之望可
引爲上賓有猛如熊虎捷若騰猿剛如鐵石利若龍
泉此一時之雄可引爲中賓有多言或中薄技小才
此常人之能可引爲下賓

後應第三十一

若乃圖難於易爲大於細先動後用刑於無刑此用
兵之智也師徒巳列戎馬交馳强弩纔臨短兵又接
乘威布信敵人告急此用兵之能也身衝矢石爭勝
一時成敗未分我傷彼死此乃用兵之下也

使利第三十二

夫草木叢集利以遊逸重塞山林利以不意前林無
隱利以潛伏以少擊衆利以日暮以衆擊寡利以淸
晨强弩長兵利以捷次踰淵隔水風火晴昧利以搏
前擒後

應機第三十三

夫必勝之術合變之形在於機也非智者孰能見機
而作見機之道莫先於不意故猛獸失險童子持戟
以追之蜂蠆發毒壯士徬徨而失色以其禍出不圖

變速非慮

揣能第三十四

古之善用兵者揣其能而料其勝負主孰聖也將孰賢也吏孰能也糧餉孰豐也士卒孰練也軍容孰整也戎馬孰逸也形勢孰險也賓客孰智也鄰國孰懼也財貨孰多也百姓孰安也由此觀之強弱之形可以決矣

輕戰第三十五

螫蟲之觸負其毒也戰士能勇倚其備也是以鋒銳甲堅則人輕戰故甲不堅密與肉袒同射不能中與無矢同衆不能入與無鏃同探候不謹與無目同將帥不勇與無將同

地勢第三十六

夫地勢者兵之助也不知戰地而求勝者未之有也山林土陵丘阜大川此步兵之地土高山狹蔓衍相屬此車騎之地依山附澗高林深谷此弓弩之地草淺土平可前可後此長戟之地蘆葦相參竹樹交聯此鎗矛之地也

情勢第三十七

夫將有勇而輕死者有急而心速者有貪而喜利者有仁而不忍者有智而心怯者有謀而情緩者是故勇而輕死者可暴也急而心速者可久也貪而喜利者可遺也仁而不忍者可勞也智而心怯者可窘也謀而情緩者可襲也

擊勢第三十八

古之善鬭者必先探敵情而後圖之凡師老糧絕百姓愁怨軍令不習器械不修計不先設外救不至將吏刻剝賞罰輕懈營陣失次戰勝而驕可以攻之若用賢授能糧食羡餘甲兵堅利四鄰和睦大國應援敵有此者計而避之

整師第三十九

夫出師行軍以整爲勝若賞罰不明法令不信金之不止鼓之不進雖有百萬之師無益於用所謂整師者居則有禮動則有威進不可當退不可逼前後應接左右應旋與之安而不與之危其衆可合而不可離可用而不可疲矣

厲士第四十

夫用兵之道尊之以爵贍之以財則士無不至矣接之以禮厲之以信則士無不死矣蓄恩不倦法若畫一則士無不服矣先之以身後之以人則士無不勇矣小善必錄小功必賞則士無不勸矣

自勉第四十一

聖人則天賢者法地智者則古驕者招毀妄者稔禍多語者寡信自奉者少恩賞於無功者離罰加無罪者怨喜怒不當者滅

戰道第四十二

夫林戰之道晝廣旌旗夜多金鼓利用短兵巧在設伏或攻於前或發於後叢戰之道利用劍楯將欲圖之先度其路十里一場五里一應偃戢旌旗特嚴金鼓令賊人無措手足谷戰之道巧於設伏利以勇鬬輕足之士淩其高必死之士殿其後列強弩而衝之持短兵而繼之彼不得前我不得往水戰之道利在舟楫練習士卒以乘之多張旗幟以惑之嚴弓弩以中之持短兵以捍之設堅柵以衛之順其流而擊之夜戰之道利在機密或潛師以衝之以出其不意或多火鼓以亂耳目而攻之可以勝矣

和人第四十三

夫用兵之道在於人和和則不勸而自戰矣若將吏相猜士卒不服忠謀不用羣下謗議讒慝互生雖有湯武之智而不取勝於匹夫況衆人乎

察情第四十四

夫兵起而靜者恃其險也迫而挑戰者欲人之進也衆樹動者車來也塵土卑而廣者徒來也辭強而進驅者退也半進而半退者誘也杖而行者饑也見利

而不進者勞也鳥集者虛也夜呼者恐也軍擾者將不重也旌旗動者亂也吏怒者倦也數賞者窘也屢罰者困也來委謝者休息也幣重而言甘者誘也

將情第四十五

夫爲將之道軍井未汲將不言渴軍食未熟將不言飢軍火未然將不言寒軍幕未施將不言困夏不操扇冬不服裘雨不張蓋與衆同也

威令第四十六

夫一人之身百萬之衆束肩斂息蹜足俯聽莫敢仰
視法制使然也若乃上無刑罰下無禮義雖貴爲天
下富有四海而不能自免者桀紂之類也夫以匹夫
之刑令之以賞罰而人不能逆其命者孫武穰苴之
類也故令不可輕勢不可逆

權書

宋　蘇洵

人有言曰儒者不言兵仁義之兵無術而自勝使
仁義之兵無術而自勝也則武王何用乎太公而
牧野之戰四伐五伐六伐七伐乃止齊焉又何用
也權書兵書也而所以用仁濟義之術也吾疾夫
世之人不究本末而妄以我爲孫武之徒也夫孫
氏之言兵爲常言也而我以此書爲不得已而言
之之書也故仁義不得已而後吾權書用焉然則
權書權者爲仁義之窮而作也

心術

爲將之道當先治心泰山崩於前而色不變麋鹿興
於左而目不瞬然後可以制利害可以待敵凡兵上
義不義雖利勿動非一動之爲利害而他日將有所
不可措手足也夫惟義可以怒士士以義怒可以百
戰凡戰之道未戰養其財將戰養其力既戰養其氣
既勝養其心謹烽燧嚴斥堠使耕者無所顧忌所以
養其財豐犒而優游之所以養其力小勝益急小挫

益厲所以養其氣用人不盡其所欲爲所以養其心故士常蓄其怒懷其欲而不盡怒不盡則有餘勇欲不盡則有餘貪故雖并天下而士不厭兵此黄帝之所以七十戰而兵不殆也不養其心一戰而勝不可用矣凡將欲智而嚴凡士欲愚智則不可測嚴則不可犯故士皆委己而聽命夫安得不愚夫惟士愚而後可與之皆死凡兵之動知敵之主知敵之將而後可以動於險鄧艾縋兵于蜀中非劉禪之庸則百萬之師可以坐縛彼固有所侮而動也故古之賢將能

以兵嘗敵而又以敵自嘗故去就可以決凡主將之道知理而後可以舉兵知勢而後可以加兵知節而後可以用兵知理則不屈知勢則不沮知節則不窮見小利不動見小患不避小利小患不足以辱吾技也夫然後有以支大利大患夫惟養技而自愛者無敵於天下故一忍可以支百勇一靜可以制百動兵有長短敵我一也敢問吾之所長吾出而用之彼將不與吾較吾之所短吾蔽而置之彼將強與吾角奈何曰吾之所短吾抗而暴之使之疑而却吾之所長吾陰而養之使之狎而墮其中此用長短之術也善用兵者使之無所顧有所恃無所顧則知死之不足惜有所恃則知不至於必敗尺箠當猛虎奮呼而操擊徒手遇蜥蜴變色而却步人之情也知此者可以將矣袒裼而按劍則烏獲不敢逼冠冑衣甲據兵而寢則童子彎弓而殺之矣故善用兵者以形固夫能以形固則力有餘矣

法制

將戰必審知其將之賢愚與賢將戰則持之與愚將戰則乘之持之則容有所伺而爲之謀乘之則一舉

而奪其氣雖然非愚將勿乘乘之不動其禍在我分兵而迭進所以持之也并力而一戰所以乘之也古之善軍者以刑使人以賞使人以怒使人而其中必有以義附者焉不以戰不以掠而以備急難故越有君子六千人韓之戰秦之鬬士倍於晉而出穆公於淖者赦食馬者也兵或寡而易危或衆而易叛莫難於用衆莫危於用寡治衆者法欲繁繁則士難以動治寡者法欲簡簡則士易以察不然則士不任戰矣

惟衆而繁雖勞不害爲彊以衆入險阻必分軍而疏行夫險阻必有伏伏必有約軍分則伏不知所擊而其約攜矣險阻懼虞疎行以紓士氣兵莫危於攻莫難於守客主之勢然也故城有二不可守兵少不足以實城城小不足以容兵夫惟賢將能以寡爲衆以小爲大當敵之衝人莫不守我以疑兵彼懼不進雖告之曰此無人彼不信也度彼所襲潛兵以備彼不我測謂我有餘夫何患兵少偃旗仆鼓寂若無氣嚴戢兵士敢譁者斬將令老弱登埤示怯乘懈突擊其

衆可走夫何患城小背城而戰陣欲方欲踞欲密欲緩夫方而踞密而緩則士心固固則不懾背城而戰欲其不懾面城而戰陣欲直欲鋭欲疎欲速夫直而鋭疎而速則士心危危則致死面城而戰欲其致死夫能靜而自觀者可以用人矣吾何爲則怒吾何爲則喜吾何爲則勇吾何爲則怯夫人豈異於我天下之人孰不能自觀其一身是以知此理者塗之人皆可以將平居與人言一語不循故猶且騁而忌敵以形形我恬而不怪亦已固矣是故智者視敵有無故之形必謹察之勿動疑形二可疑於心則疑而爲之謀心固得其實也可疑於目勿疑彼敵疑我也是故心疑以謀應目疑以靜應彼誠欲有所爲耶不使吾得之目矣

彊弱

知有所甚愛知有所不足愛可以用兵矣故夫善將者以其所不足愛者養其所甚愛者士之不能皆鋭馬之不能皆良器械之不能皆利固也處之而已矣兵之有上中下也是兵之有三權也孫臏有言曰以君下駟與彼上駟取君上駟與彼中駟取君中駟與

彼下駟此兵説也非馬説也下之不足以與其上也吾既知之矣吾既棄之矣中之不足以與吾上下之不足以與吾中吾不既再勝矣乎得之多於棄也吾斯從之矣彼其上之不得其中下之援也乃能獨完耶故曰兵之有上中下也是兵之有三權也三權也者以一致三者也管仲曰攻堅則瑕者堅攻瑕則堅者瑕嗚呼不從其瑕而攻之天下皆強敵也漢高帝之憂在項籍耳雖然親以其兵而與之角者蓋無幾

也隨何取九江韓信取魏取代取趙取齊然後高帝起而取項籍夫不汲汲於其憂之所在而彷徨乎其不足郵之地彼蓋所以孤項氏也秦之憂在六國蜀最僻最小最先取楚最彊最後取非其憂在蜀也諸葛孔明一出其兵乃與魏氏角其亡宜也取天下取一國取一陣皆如是也范蠡曰凡陣之道益左以為牡設右以為牝春秋時楚伐隋季梁曰楚人上左君必左無與王遇且攻其右右無良焉必敗偏敗衆乃攜蓋一陣之間必有牡牝左右要當以吾彊攻其弱

耳唐太宗曰吾自興兵習觀行陣形勢每戰視敵彊其左吾亦彊吾左弱其右吾亦弱吾右使弱常遇彊彊常遇弱敵犯吾弱追奔不過數十百步吾擊敵弱常突出自背反攻之以是必勝後之庸將既不能處其彊弱以敗而又曰吾兵有老弱雜其間非舉軍精鋭以故不能勝不知老弱之兵兵家固亦不可無無之是無以耗敵之彊兵而全吾之鋭鋒敗可俟矣故智者輕棄吾弱而使敵輕用其彊忘其小喪而志於大得夫固要其終而已矣

攻守

古之善攻者不盡兵以攻堅城善守者不盡兵以守敵衝夫盡兵以攻堅城則鈍兵費糧而緩於成功盡兵以守敵衝則兵不分而彼間行襲我無備故攻敵所不守守敵所不攻攻者有三道焉守者有三道焉三道一曰正二曰奇三曰伏坦坦之路車轂擊人肩摩出亦此入亦此我所必攻彼所必守者曰正道大兵攻其南鋭兵出其北大兵攻其東鋭兵出其西者曰奇道大山峻谷中盤絶徑潛師其間不鳴金不撾

鼓突出乎平川以衝敵人腹心者曰伏道故兵出於止道勝敗未可知也出於奇道十出而五勝矣出於伏道十出而十勝矣何則正道之城堅城也正道之兵精兵也奇道之城不必堅也奇道之兵不必精也伏道則無城也無兵也攻正道而不知奇道與伏道焉者其將木偶人是也守正道而不知奇道與伏道焉者其將亦木偶人是也今夫盜之於人抉門斬關而入者有焉他戶之不扃鍵而入者有焉乘壞垣坎墻趾而入者有焉抉門斬關而主人不之察幾希矣

他戶之不扃鍵而主人不之察大半矣乘壞垣坎墻壯而主人不之察皆是矣爲主人者宜無曰門之固而他戶墻隙之不郵焉夫正道之兵抉門之盜也奇道之兵他戶之盜也伏道之兵乘垣之盜也所謂正道者若秦之函谷吳之長江蜀之劍閣是也昔者六國嘗攻函谷矣而秦將敗之曹操嘗攻長江矣而周瑜走之鍾會嘗攻劍閣矣而姜維拒之何則其爲之守備者素也劉濞反攻大梁田祿伯請以五萬人別循江淮收淮南長沙以與濞會武關岑彭攻公孫述

自江州泝都江破侯丹兵徑拔武陽繞出延岑軍後疾以精騎赴廣都距成都不數十里李愬攻蔡蔡悉精卒以抗李光顔而不備愬愬自文成破張柴疾馳二百里夜半到蔡黎明擒元濟此用奇道也漢武攻南越唐蒙請發夜郎兵浮船牂牁江道番禺城下以出越人不意鄧艾攻蜀自陰平由景谷攀木緣磴魚貫而進至油江而降馬邈至緜竹而斬諸葛瞻遂降劉禪田令孜守潼關關之左有谷曰禁而不之備林言尚讓入之夾攻關而關兵潰此用伏道也吾觀古之善用兵者一陣之間尚猶有正兵奇兵伏兵三者以取勝況守一國攻一國而社稷之安危係焉者其可以不知此三道而欲使之將耶

用間

孫武既言五間則又有曰商之興也伊摯在夏周之興也吕牙在商故明君賢將能以上智爲間者必成大功此兵之要三軍所恃而動也按書伊尹適夏醜夏歸亳史太公嘗事紂去之歸周所謂在夏在商誠矣然以爲間何也湯文王固使人間夏商耶伊吕固

與人爲間耶桀紂固待間而後可伐耶是雖甚庸亦知不然矣然則吾意天下存亡寄於一人伊尹之在夏也湯必曰桀雖暴一旦用伊尹則民心復安吾何病焉及其歸亳也湯必曰桀得伊尹不能用必亡矣吾不可以安視民病遂與天下共亡之吕牙之在商也文王必曰紂雖虐一旦用吕牙則天祿必復吾何憂焉及其歸周也文王必曰紂得吕牙不能用必亡矣吾不可以久遏天命遂命武王與天下共亡之然則夏商之存亡待伊吕用否而决今夫間將之賢者

必曰能逆知敵國之勝敗問其所以知之之道必曰不愛千金故能使人爲之出萬死以間敵國或曰能因敵國之使而探其陰計嗚呼其亦勞矣伊呂一歸而夏商之國爲决亡使湯武無用間之名與用間之勞而得用間之實此非上智其誰能之夫兵雖詭道而本於正者終亦必勝今五間之用其歸於詐成則爲利敗則爲禍且與人爲詐人亦將且詐我故能以間勝者亦或以間敗吾間不忠反爲敵用一敗也不得敵之實而得敵之所僞示者以爲信二敗也受吾

財而不能得敵之陰計懼而以僞告我三敗也夫用心於正一振而群綱舉用心於詐百補而千穴敗智於此不足恃也故五間者非明君賢將之所上明君賢將之所上者上智之間也是以淮陰曲逆義不事楚而高祖擒籍之計定左車周叔不用於趙魏而淮陰進兵之謀决嗚呼是亦間也

孫武

求之而不窮者天下奇才也天下之士與之言兵而曰我不能者幾人求之於言而不窮者幾人言不窮矣求之於用而不窮者幾人嗚呼至於用而不窮者吾未之見也孫武十三篇兵家舉以爲師然以吾評之其言兵之雄乎今其書論奇權密機出入神鬼自古以兵著書者罕所及以是而揣其爲人必謂有應敵無窮之才不知武用兵乃不能必克與書所言遠甚吳王闔廬之入郢也武爲將軍及秦楚交敗其兵越王入踐其國外禍内患一旦迭發吳王奔走自救不暇武殊無一謀以弭斯亂若按武之書以責武之失凡有三焉九地曰威加於敵則交不得合而武使

秦得聽包胥之言出兵救楚無忌吳之心斯不威之甚其失一也作戰曰久暴師則鈍兵挫銳屈力殫貨則諸侯乘其弊而起且武以九年冬伐楚至十年秋始還可謂久暴矣越人能無乘間入國乎其失二也又曰殺敵者怒也今武縱子胥伯嚭鞭平王尸復一夫之私忿以敵怒敵此司馬戌子西子期所以必死讐吳也勾踐不頽舊塚而吳服田單譎燕掘墓而齊奮知謀與武遠矣武不達此其失三也然始吳能以入郢乃因胥嚭唐蔡之怒及乘子常之不仁武之功

蓋亦鮮矣夫以武自爲書尚不能自用以取敗此况區區祖其故智餘論者而能將乎且吳起與武一體之人也皆著書言兵世稱之曰孫吳然而吳起之言兵也輕法制草略無所統紀不若武之書詞約而意盡天下之兵說皆歸其中然吳起始用於魯破齊及入魏又能制秦兵入楚楚復霸而武之所爲反如是書之不足信也固矣今夫外御一隷內治一妾是賤丈夫亦能夫豈必有人而教之及夫御三軍之衆闔營而自固或且有亂然則是三軍之衆惑之也故善

將者視三軍之衆與視一隷一妾無加焉故其心常若有餘夫以一人之心當三軍之衆而其中恢恢然猶有餘地此韓信之所以多多而益辦也故夫用兵豈有異術哉能勿視其衆而已矣

子貢

君子之道智信難信者所以正其智也而智常至於不正智者所以通其信也而信常至於不通是故君子愼之也世之儒者曰徒智可以成也人見乎徒智之可以成也則舉而棄乎信吾則曰徒智可以成也而不可以繼也子貢之以亂齊滅吳存魯也吾悲之彼子貢者遊說之士苟以邀一時之功而不以可繼爲事故不見其禍使夫王公大人而計出於此則吾未見其不旋踵而敗也吾聞之王者之兵計萬世而動霸者之兵計子孫而舉强國之兵計終身而發求可繼也子貢之兵是明日不可用也故子貢之出也吾以爲魯可存也而齊可無亂吳可無滅何也田常之將篡也憚高國鮑晏故使移兵伐魯爲賜計者莫若抵高國鮑晏弔之彼必愕而問焉則對曰田常遣

子之兵伐魯吾竊哀子之將亡也彼必詰其故則對曰齊之有田氏猶人之養虎也子之於齊猶肘股之於身也田氏之欲肉齊久矣然未敢逞志者懼肘股之捍也今子出伐魯肘股去矣田氏孰懼哉吾見身將磔裂而肘股隨之所以弔也彼必懼而咨計於我因教之曰子悉甲趨魯壓境而止吾請爲子潛約魯侯以待田氏之變帥其兵從子入討之爲齊人計之彼懼田氏之禍其勢不得不聽歸以約魯侯魯侯懼齊伐其勢亦不得不聽因使練兵蒐乘以俟齊變誅

亂臣而定新主齊必德習數世之利也吾觀仲尼以爲齊人不與田常者半故請哀公討之今誠以魯之衆從高國鮑晏之師加齊之半可以轘田常於都市其勢甚便其成功甚大惜乎賜之不出於此也齊哀王舉兵誅呂氏呂氏以灌嬰爲將拒之至滎陽嬰使使諭齊及諸侯連和以待呂氏變共誅之今田氏之勢何以異此有魯以爲齊有高國鮑晏以爲灌嬰惜乎賜之不出於此也

六國

六國破滅非兵不利戰不善弊在賂秦賂秦而力虧破滅之道也或曰六國互喪率賂秦耶曰不賂者以賂者喪蓋失強援不能獨完故曰弊在賂秦也秦以攻取之外小則獲邑大則得城較秦之所得與戰勝而得者其實百倍諸侯之所亡與戰敗而亡者其實亦百倍則秦之所大欲諸侯所大患固不在戰矣思厥先祖父暴霜露斬荊棘以有尺寸之地子孫視之不甚惜舉以與人如棄草芥今日割五城明日割十城然後得一夕安寢起視四境而秦兵又至矣然則諸侯之地有限暴秦之欲無厭奉之彌繁侵之愈急故不戰而強弱勝負已判矣至於顛覆理固宜然古人云以地事秦猶抱薪救火薪不盡火不滅此言得之齊人未嘗賂秦終繼五國遷滅何哉與嬴而不助五國也五國既喪齊亦不免矣燕趙之君始有遠略能守其土義不賂秦是故燕雖小國而後亡斯用兵之效也至丹以荊卿爲計始速禍焉趙嘗五戰於秦二敗而三勝後秦擊趙者再李牧連却之洎牧以讒誅邯鄲爲郡惜其用武而不終也且燕趙處秦革滅

殆盡之際可謂智力孤危戰敗而亡誠不得已向使三國各愛其地齊人勿附于秦刺客不行良將猶在則勝負之數存亡之理當與秦相較或未易量嗚呼以賂秦之地封天下之謀臣以事秦之心禮天下之奇才并力西嚮則吾恐秦人食之不得下咽也悲夫有如此之勢而爲秦人積威之所劫日削月割以趨於亡爲國者無使爲積威之所劫哉夫六國與秦皆諸侯其勢弱於秦而猶有可以不賂而勝之之勢苟以天下之大而從六國破亡之故事是又在六國下

矣

高帝

漢高帝挾數用術以制一時之利害不如陳平揣摩天下之勢舉指搖目以劫制項羽不如張良微此二人則天下不歸漢而高帝乃木彊之人而止耳然天下已定後世子孫之計陳平張良智之所不及則高帝常先爲之規畫處置以中後世之所爲曉然如目見其事而爲之者盖高帝之智明於大而暗於小至於此而後見也帝嘗語呂后曰周勃重厚少文然安

劉氏必勃也可令爲太尉方是時劉氏既安矣勃又將誰安耶故吾之意曰高帝之以太尉屬勃也知有呂氏之禍也雖然其不去呂后何也勢不可也昔者武王沒成王幼而三監叛帝意百歲後將相大臣及諸侯王有武庚祿父者而無有以制之也獨計以爲家有主母而豪奴悍婢不敢與弱子抗呂氏佐帝定天下爲大臣素所畏服獨此可以鎮壓其邪心以待嗣子之壯故不去呂后者爲惠帝計也呂氏既不可去故削其黨以損其權使雖有變而天下不搖是故以樊噲之功一旦遂欲斬之而無疑嗚呼彼豈獨於噲不仁耶且噲與帝偕起拔城陷陣功不爲少矣方亞父嗾項莊時微噲誚讓羽則漢之爲漢未可知也一旦人有惡噲欲滅戚氏者時噲出伐燕立命平勃即軍中斬之夫噲之罪未形也惡之者誠僞未必也且高帝之不以一女子斬天下之功臣亦明矣彼其娶於呂氏呂氏之族若產祿輩皆庸才不足恤獨噲豪健諸將所不能制後世之患無大於此矣夫高帝之視呂后也猶醫者之視堇也使其毒可以治病而

無至於殺人而已矣樊噲死則呂后之毒將不至於殺人高帝以爲是足以死而無憂矣彼平勃者遺其憂者也噲之死於惠之六年也天也彼其尚在則呂祿不可紿太尉不得入北軍矣或謂噲於帝最親使之尚在未必與產祿叛夫韓信黥布盧綰皆南面稱孤而綰又最爲親幸然及高帝之未崩也皆相繼以逆誅誰謂百歲之後椎埋屠狗之人見其親戚乘勢爲帝王而不欣然從之耶吾故曰彼平勃者遺其憂者也

項籍

吾嘗論項籍有取天下之才而無取天下之慮曹操有取天下之慮而無取天下之量劉備有取天下量而無取天下之才故三人終其身無成焉且夫不有所棄不可以得天下之勢不有所忍不可以盡天下之利是故地有所不取城有所不攻勝有所不就敗有所不避其來不喜其去不怒肆天下之所爲而徐制其後乃克有濟嗚呼項籍有百戰百勝之才而死于垓下無惑也吾於其戰鉅鹿也見其慮之不長

量之不大未嘗不怪其死於垓下之晚也方籍之渡河沛公始整兵嚮關籍於此時若急引軍趨秦及其鋒而用之可以據咸陽制天下不知出此而區區與秦將爭一旦之命既全鉅鹿而猶徘徊河南新安間至函谷則沛公入咸陽數月矣夫秦人既已安沛公而讐籍則其勢不得彊而臣故籍雖遷沛公漢中而卒都彭城使沛公得還定三秦則天下之勢在漢不在楚楚雖百戰百勝尚何益哉故曰兆垓下之死者鉅鹿之戰也或曰雖然籍必能入秦乎曰項梁死章

邯謂楚不足慮故移兵伐趙有輕楚心而良將勁兵盡于鉅鹿籍誠能以必死之士擊其輕敵寡弱之師入之易耳且亡秦之守關與沛公之守善否可知也沛公之攻關與籍之攻善否又可知也以秦之守而沛公攻入之沛公之守而籍攻入之然則亡秦之守籍不能入哉或曰秦可入矣如救趙何曰虎方捕鹿羆據其穴搏其子虎安得不置鹿而返返則碎於羆明矣軍志所謂攻其必救也使籍入關王離涉閒必釋趙自救籍據關逆擊其前趙與諸侯救者十餘壁

躡其後覆之必矣是籍一舉解趙之圍而收功於秦也戰國時魏代趙齊救之田忌引兵疾走大梁因存趙而破魏彼宋義號知兵殊不達此屯安陽不進而曰待秦敝吾恐秦未敝而沛公先據關矣籍與義俱失焉是故古之取天下者常先圖所守諸葛孔明棄荆州而就西蜀吾知其無能爲也且彼未嘗見大險也彼以爲劍門者可以不亡也吾嘗觀蜀之險其守不可出其出不可繼兢兢而自完猶且不給而何足以制中原哉若夫秦漢之故都沃土千里洪河大山

貞可以控天下又烏事夫不可以措足如劍門者而後曰險哉今夫富人必居四通五達之都使其財布出於天下然後可以收天下之利有小丈夫者得一金櫝而藏諸家拒戶而守之嗚呼是求不失也非求富也大盜至劫而取之又焉知其果不失也

説郛目録

弓第十

正朔考

宋　魏了翁

七月陳王業也

七月之詩大槩述天時以勤民事也先儒謂七月一詩皆以夏正爲斷愚則曰非特七月一詩也凡詩篇如正月四月六月十月之交皆夏正也非特詩諸篇也凡易書周官春秋左氏所書之月亦皆夏正也然則商正建丑周正建子者非改正朔歟曰改正朔矣不改月次也正朔之改示一代之與各有所尚也月次之不可改四時之序不可紊也苟紊之則時命乖張民聽疑惑雖耕耘斂藏亦將失其候堯典所謂欽若昊天敬授人時者萬世不可易也若夫正朔迭尚不過以新民視聽如大朝會大典禮尊用此日名曰歲首太史公所謂朝以十月者是其例也世儒遂謂商周既改正朔則併其餘月次亦應遞改噫爲此說者臆度之過也臨卦所謂八月者指觀而言也臨觀反對故聖人預以爲戒觀之爲卦其畫四陰其辰在酉曉然夏之八月也而何氏以爲周八月屬未之遯

孔氏以爲商八月屬申之否夫文王周孔簡易以從夏正而何氏孔氏反崎嶇以求合商周之正不亦異乎故曰凡謂改正朔而并其月遞改者皆臆說也書伊訓元祀十有二月乙丑奉嗣王祗見厥祖太甲三祀十有二月伊尹以冕服奉嗣王歸于亳夫奉嗣王初見厥祖重事也故以改元之歲首以冕服奉嗣王歸亳亦重事也故以三祀之歲首然而仍稱十有二月則是殷人未嘗改十二月爲正月也孔氏以商正解之不通則乃曲爲之說曰此湯崩踰月太甲卽位而奠告也攷之孟子外丙二年仲壬四年然後繼以太甲則太甲乃湯之孫所謂祗見厥祖者是矣非嗣湯而立也假使太甲嗣湯而正亦安肯踰月而遽改稱元年邪故曰凡謂改正朔而并其月遞改者皆臆說也詩篇如正月曰正月繁霜四月曰四月維夏六月曰六月棲棲此爲夏正無疑雖欲曲說不可得也雖有曲說不足惑也至十月之交鄭氏則釋之曰此夏之八月也夫十月之交則十一月矣是周人朔月也故曰朔月辛卯正朔日食古人所忌故曰亦孔之

醜不然八月日食何足以言甚醜也以是證之則周人以十一月爲朔月未嘗改爲正月也又七月之詩之五章自五月數至十月而繼之曰日爲改歲是以十一月爲歲首而未嘗改之爲正月又一證也故曰凡謂改正朔而并其月遞改者皆臆説也周官凌八十有二月斬冰與月令季冬之月命取冰相合則不惟時皆夏正而月亦皆夏正矣而正月之吉始和縣法觀象鄭氏强解之曰周正月也夫以夏正言之建寅之月也三陽既交斯謂之和若指爲周正則建子

之月矣時方寒冬安得謂之和邪又黨正四時之孟月吉日則屬民而讀法夫言孟月則夏正建寅之月非周正建子之月也明矣故曰凡謂改正朔而并其月次遞改者皆臆説也春秋所書時皆夏時也月皆孟月也雖左氏傳亦然隱三年傳曰夏四月鄭祭足帥師取周之麥秋又取周之禾其爲夏正明白如此杜氏以周正解之曰四月今之二月也秋今之夏也麥禾皆未熟取者蓋蹂踐之夫左氏秪曰麥禾而杜謂之未熟左氏直謂之取而杜謂之蹂踐幾於迂疎可笑良由曲泥周正有所不通故遷就其辭以至于此故曰凡謂改正朔而并其月遞改者皆臆説也或曰漢晉唐諸儒以三正說六經豈鑿空駕説之哉曰亦必有一二疑似以啓之如春無冰冬大無麥禾之類皆其藉口者也然疑似者一二爾明白者十百也以疑似蓋明白以一二勝十百豈非惑與夫有一二之明白猶將勝十百之疑似今乃反是又豈非大惑與噫六經不幸而經秦火幸而賴諸儒之補綴也然而使學者得見秦灰之殘編斷簡當反無惑惟其出

於諸儒之補綴也是以惑學者滋甚蓋不知其幾事不特如改正朔之一端而已也亦幸而改正朔之事證驗尚多可以是正不然又烏覩其真邪

二

夫既因七月之詩而攷六經所書之月皆夏正矣六經之外先秦他古書及秦漢以後正史凡所書月亦皆夏正也呂氏月令或以爲周公作是與否固未可知然其所言時命則夏時也岐伯素問伊川以爲戰國間人所作是與否固未可知然其所言月候則夏

月也竹書紀年傳謂晉太康初汲人得之魏冢是與否固未可知然其言三代之正月則皆建寅也由是觀之先秦古書所紀之月則皆夏正也秦正建亥漢仍秦舊太史公作史記書十月於每年之首班固作漢紀書秋九月於每年之終所謂春正月者自枉年中不改稱謂至武帝太初元年正曆法以正月爲歲首明年所書始以春正月起之而以冬十二月終之是後惟魏明帝用景初曆嘗以建丑爲正并改三月爲孟夏餘皆遵改然而郊祀蒐狩頒宣時命則復以

寅爲正二者交互徙惑民聽行之未幾復用夏正又其後惟唐武氏改年曰載以十一月爲正月以十二月爲臘月然復以正月爲春一月自二月以後不能易其次也由是觀之秦漢以後凡正史所書之月則皆夏正也或曰孟子之書亦先秦書也其言七八月之間旱趙岐以爲此周七八月夏之五六月以苗槁證之疑若可信愚則應之曰泛言苗槁耳既不可以爲夏之七八月亦何以證其爲周之七八月邪孟子又言歲十一月徒杠成十二月輿梁成直謂仲冬以後農隙之餘可治橋梁以利民涉而趙氏泥於周正謂夏之九月十月也亦可信乎或者又曰劉歆以三代之正作三統曆述此亦正史所載也何以謂之皆夏正邪愚則應之曰劉歆漢儒也與孔安國葢遞相祖述者自是歷家從而和之又豈足爲確論乎且不信聖經而信歷述復以歷述而伸傳註是皆學者厭平實而喜奇誇之過也必有務平實而後可與論古事而學古道也

或者問曰六經子傳及先秦他古書與歷代正史所書之月皆爲夏正亦旣白矣然姚大老辨三代秦漢置正傳引經傳以爲皆用夏時而平庵項氏獨以爲春秋自是孔子之書卽非周王所用此一說也胡文定經解謂以夏時冠周月是聖人垂法後世之意此又一說也陳止齊後傳謂以夏時冠周月自是魯史之舊夫子因之每孟月書時以見魯史每正月書王以存周正葢尊周而罪魯也此又一說也三家者之言何如曰三家者皆近世博雅大儒也特其立說猶

未必牽於傳注故雖卓然有見於始然卒不能不自變於其後者也孔子之春秋卽魯國之史記也魯史之時月卽周家之紀歷也夏周之歲首雖殊夏周之時命則一安得孔子所書與周王所用不同邪項氏固嘗謂周歷本稱決無改月之理其說卓然當於理矣而末乃謂春秋四時十二月恐皆夫子筆之以爲萬世法是則惑也是豈非牽於傳註雖卓然有見於其始而卒不能不自變於其後邪顏淵問爲邦子曰行夏之時言正朔惟夏得其正也胡氏乃謂夫子以

夏時冠周月信斯言也是春秋所書春正月者乃今之冬十一月也秋七月者乃今之夏五月也以冬爲春以夏爲秋雖甚愚者猶不爲曾謂聖人而爲之乎傳之當時猶且不可尚可爲萬世法乎胡氏固嘗有言曰周人以子爲歲首則冬十一月也前乎周者以丑爲正其書始卽位曰惟元祀十有二月則知月不易也後乎周者以亥爲正其書始建國曰元年冬十月則知時不易也其說卓然當於理矣而末乃謂夫子作春秋是天子之事可以改正朔故以夏時冠月

又以夫子無其位不敢自專故以周正紀事是則大惑也是豈非牽於傳注雖卓然有見於其始而卒不能不變於其後邪至陳氏謂魯史舊以夏時冠周月夫子仍之此說似勝然於胡氏之說特添一轉語爾事不如此亦秪費詞假使周人改朔并移月次則天王在上魯人安敢自以夏時冠周月乎如此是不奉天子正朔也又豈有魯奉天子正朔而史官紀事私以夏時冠周月乎如此則是無故而陷其君於僭逆也假使魯史官無識以是紀事吾夫子修之肯仍其

僭謬乎陳氏固嘗謂凡西周之史言時皆夏時也於是援周官季春出火非周正月季秋納火非周九月以爲證據其說卓然當於理矣而末乃謂西周之史言月皆周月也於是曲借康誥三月不言春畢命六月不言夏以爲證據至泰誓十有三年春一月於已說有礙則反指爲謬誤是則惑也是豈非牽於傳註雖卓然有見於其始而卒不能不變於其後邪嗚呼泊傳註之學興也各以三統解經不特何氏之於易孔氏之於書鄭氏之於毛詩周官杜氏之於春秋左

氏而已也然而此五六人者古博雅大儒也三統之外不可廢也至於春秋一經以周正解之者則滔滔皆是又豈特胡陳項三家而已也

史剡

宋　司馬光

愚觀前世之史有存之不如其亡者故作史剡其細瑣繁蕪固不可悉數此言其卓卓爲士大夫所信者云

虞舜

堯以二女妻舜百官牛羊事舜於畎畝之中瞽叟與象猶欲殺之使舜塗廩而縱火舜以兩笠自打而下又使舜穿井而實以土舜爲匿空出佗人井

剡曰頑嚚之人不入德義則有矣其好利而畏害則與衆不殊也或者舜未爲堯知而瞽叟欲殺之則可矣堯已知之四岳舉之妻以二女養以百官方且試以百揆而禪天下焉則瞽叟之心豈得不利其子之爲天子而尚欲殺之乎所欲殺之亦不可得已藉使得而殺之瞽叟與象將隨踵而誅雖甚愚人必不爲也此特閭父里嫗之言而孟子信之過矣後世又承以爲實豈不過甚矣哉

舜南巡守崩於蒼梧之野葬於江南九疑是爲零陵

剡曰晉舜命禹曰朕耄期倦於勤汝惟不怠總朕師舜以天子爲勤故老而使禹攝也夫天子之職莫勤于廵守而舜猶親之卒死於外而葬焉惡用使禹攝哉是必不然或曰虞書稱舜陟方乃死孔安國以爲升道南方廵守而死禮記亦稱舜葬於蒼梧之野皆如太史公之言予獨以爲不然何如曰傳記之言固不可據以爲實藉使有之又安知無中國之蒼梧而必在江南邪虞書陟方云者言舜在帝位治天下五十載升於至道然後死耳非謂廵守爲陟方也嗚呼

遂使後世愚悖之人或疑舜禹而非聖人豈非孔安國與太史公之過也哉

夏禹

禹以天下授益益避啓於箕山之陽禹子啓賢天下皆去益而歸啓啓遂卽天子位

剡曰父之位傳歸於子自生民以來如是矣堯以朱不肖故授舜舜以均不肖故授禹禹子啓果賢足以任天下而禹授益使天下自擇啓而歸焉是飾僞也益知啓之賢得天下心巳不足以間而受天下於禹是竊位也禹以天下授益啓以進父之命而爲天子是不孝也惡有飾僞竊位不孝而謂之聖賢哉此爲傳者之過明矣

夏桀

桀走鳴條遂放而死桀謂人曰吾悔不遂殺湯於夏臺使至此

剡曰是言也存爲後世之懲勸其可乎

周文王

崇侯譖西伯於紂曰西伯積善累德諸侯皆嚮之將不利於帝紂乃囚西伯於羑里云云旣出乃獻洛西

之地以請紂去炮烙之刑紂許之

剡曰紂疑文王之得民故囚之旣釋而又獻地以止其虐刑是正信崇侯虎之譖於紂也豈所謂遵養時晦以蒙大難者哉且紂惟不勝其淫虐之心故爲炮烙之刑若能自止而不爲則不待受西伯之地若不能自止雖受地於西伯而爲之如故誰能禁之哉

由余

戎王使由余於秦秦穆公問曰中國以詩書禮樂法

度爲政然尚時亂今我　無此何以爲治由余笑曰
此乃中國所以亂也夫自上聖作爲禮樂法度僅以
小治及其後世阻法度之威以督責於下下罷極則
以仁義怨望於上上下交爭怨而相篡弑夫　不
然上含淳德以遇其下下懷忠信以事其上此眞聖
人之治也穆公以爲賢乃離間戎之君臣卒得由余
而用之遂霸西戎
剡曰所貴乎有賢者爲其能治人國家也治人國家
舍詩書禮樂法度無由也今由余曰是六者中國之

所以亂也不如我　無此六者之爲善如此而穆
公以爲賢而用之則雖亡國無難矣若之何其能覇
哉是特老莊之徒設爲此言以詆先生之法太史公
遂以爲實而載之過矣

孔子

齊景公欲以尼谿田封孔子晏嬰進曰夫儒者滑稽
而不可軌法倨傲自順不可以爲下游說乞貸不可
以爲國云云
剡曰晏嬰忠信以有禮愛君而樂善於晉悅叔向於
鄭悅子皮於吳悅季札豈於孔子獨不知而毀之乎
齊昭王將以書社地七百里封孔子令尹子西曰文
武百里之君卒王天下今孔丘得據土壤賢弟子爲
佐非楚之福也乃止
剡曰子西楚之賢令尹也楚國賴之亡而復存危而
復安其志猶晏嬰也其言豈容鄙淺之如是哉

季布

季布聞曹丘生招權顧金錢與竇長君書使絕之曹
丘聞之往見布揖曰使僕遊揚足下名於天下顧不
美乎何拒僕深也布大悅留數月爲上客厚遣之

剡曰曹丘與長君善而布與書使絕之是以曹丘爲
小人也及曹丘見以毀譽動已而已善之是養小人
以自利也夫以毀譽動人及養小人以自利皆姦人
之道也果如是則布惡得爲賢大夫

蕭何營未央宮

蕭何作未央宮高祖見宮闕壯甚怒何曰天下方未
定故可因遂就宮室且天子以四海爲家非壯麗無
以重威且無令後世有以加也高祖乃說

剿曰是必非蕭何之言審或有之何惡得爲賢相哉天下方未定爲之上者拊循煦嫗之不暇又安可重爲煩費以壯宮室哉古之王者明其德刑而天下服未聞宮室可以重威也創業垂統之君致其恭儉以訓子孫子孫猶淫靡而不可禁況示之以驕侈乎孝武卒宮室靡弊天下惡在其無以加也是皆庸人之所及而謂蕭相國肯爲此言乎

綱目疑誤

宋　周密

綱目一書朱夫子擬經之作也然其間不能無誤而學者又從而爲之說益著書之難自昔而然今漫摭數事與同志評之非敢指摘前輩以爲能也

北齊高緯以六月遊南苑從官暍死者六十人見本紀通鑑書曰賜死賜乃暍之訛耳綱目乃直書曰殺其從官六十人而不言其故其誤甚矣尹起莘乃爲之說曰此朱文公書法所寓且引孟子殺人以挺與刃與政之說固善矣然則其實通鑑誤之於前綱目承之於後耳緯荒遊無時不避寒暑於從官死者尚六十人則其餘可知矣據事直書其罪自見何必没其實哉

郭威弑二君綱目於隱帝書殺於湘陰王書弑尹又爲之說云此二君有罪無罪之别此書法所寓也然均之弑君隱帝立已數年湘陰未成乎君不應書法倒置如此亦恐誤書耳

隋開皇十七年詔諸司論屬官罪聽律外决杖綱目

條下云蕭摩訶子世畧在江南作亂摩訶當從坐大理少卿趙綽間訴上命綽退綽曰臣奏獄未決不敢退帝乃釋之按通鑑摩訶當從坐上曰世畧年未二十亦何能爲以其名將之子爲人所逼耳因赦摩訶綽因諫不可上不能奪欲綽去而赦之因命綽退綽曰臣奏獄未決不敢退上曰大理其爲朕特捨摩訶也因命左右釋之此乃綽欲令摩訶從坐而帝特赦之耳綱目誤耳

綱目疑誤 二

懷道云親見其諫煬帝幸江都上曰卿何自不諫曰臣不居重任知諫不從上曰卿知諫不從何爲立其朝卿仕世充尊顯何亦不諫曰臣非不諫但不從耳上曰世充拒非諫卿何得免禍淹不能對按此實責其知煬帝之不可諫而猶立其朝耳今綱目乃於上言世充拒諫爲其語曰然則何以立其朝殊失其實矣

綱目開元九年冬十一月罷諸王都督刺史以後凡四條按通鑑是年之末十二月幸驪山云云是歲諸王爲都督刺史者悉召還云云此非十一月事亦非十二月事也當依通鑑作是歲爲是

綱目書德宗貞元二年十一月皇后崩不書氏按通鑑是年十一月甲午立淑妃王氏爲后丁酉崩特四日耳此承通鑑作書而逸其上文耳尹又謂唐史妃久疾帝妃念之遂立爲后冊訖而崩必有所寓意者亦通也

揚子新注　唐　柳宗元

學行篇

如將復駕其所說則莫若使諸儒金口而木舌

注云金口木舌鐸也使諸儒駕孔子之說用如木鐸也

修身篇

熒寬曠枯精孶曠洸擿埴索塗冥行而已矣

注云熒明也熒寬司目之用者也糟當爲精孶如莨

孶之孶目精之表也言寬之熒明曠久則枯精之輕浮曠久則洸不目日月目之用廢矣以至于索塗冥行而已矣

又云糟當爲精言盲矇之患神光久曠則枯目精久曠則洸是以杖擿地而求路冥冥然行矣

孝子篇

勤勞則過于阿衡

注云阿衡之事不可過也過則反

漢興二百一十載而中天其庶矣乎

注云揚子極陰陽之數此言知漢祚之方半耳

新唐書糾謬　宋　吳縝

一曰以無爲有

代宗母吳皇后傳

李吉甫謀討劉闢

劉闢拒却頡利

馬璘擊潰史朝義兵

裴巨卿竇孝諶無傳而云有傳

二曰似實而虛

放死罪四三百九十人

義陽宣城二公主四十不嫁

鄭絪作相時事皆不實

張九齡諫而太子無患

劉潼治蜀南詔不敢犯邊

三曰書事失實

降封宗室郡公而紀書爲縣公

陸贄李晟傳幸梁州事

憲宗子棣王彭王信王同封失實

王勮傳以壽春等五王降封入閤爲出閤

張錫爲相日數

辛雲京京杲二傳書事失實

崔圓辭大學士

王播進獻

郭英乂代高適

節愍太子誅武三思事

四曰自相違舛

王瓌恭憲太后弟乃以爲惠安太后弟

以三月二日爲中和日

大宗紀享年差三歲

明皇帝公主數多一人

杜佑所終之官與桑道茂傳不同

穆宗紀始封與憲宗紀異

建王巳改名而薨時猶書故名

謂八王史失其薨年而自有薨年可見者

謂九王史失其系胄而自有系胄可見者

韋雲起嘗爲鱗州刺史而本傳不載且是時未有麟

州
虞世南傳及天文志叙星變災異事與紀志不同
李源年七十四而傳以爲八十
王同皎李多祚傳討二張處所與桓彥範及皇后等
傳不同
獨孤懷恩獻后之弟而以爲姪
張鷟貶官年世相遠
本紀曹渾釋之死與傳不同
杜求仁傳舛誤

賢妃徐惠爲齊翀姊又爲姑
蕭至忠傳叙蕭德言世次未明
徐州戍兵龐勛等擅還
誅張昕三傳各異
劉禹錫得志時三事與別傳皆差
張巡用兵人數誤
王燕等世次不明
裴寂字不同
劉審禮傳與表不同
虢王子次序不同
館陶公主所尚不同
崔良佐傳
武攸暨傳誤
兩傳載周贄安太清不同
郝玭馬璘傳不同
蘇定方傳誤
江夏王道宗李靖等傳不同
劉滻入朝紀傳不同

孔戣傳誤
劉弘基殷開山傳誤

五曰年月時世差互

韋弘景封還詔書事一以爲憲宗一以爲穆宗
魏謩罷相差一年
李愬平蔡州差一年
閻立本爲中書令差一年
武惠妃薨差一年
上志愔傳宰東都差一年

王求禮傳久視二年大雪誤
武后問狄仁傑求奇士其年誤
岑義爲同三品年誤及官稱不同
竇懷貞傳誤
常山王承乾卒紀傳紀差一年
惠昭太子薨年紀傳不同
孝敬皇帝年差一歲
章懷太子傳年誤
慶王宗薨紀傳差一年

張濬死紀傳差一年
肅王薨差一年
武攸暨傳年次誤
啖助傳贊誤
懿德太子傳誤
上官昭容傳誤
江夏王道宗傳誤
突厥傳叙永安王孝基傳誤
太宗薛舉相持六十餘日事

吐谷渾傳貞觀九年誤
六曰官爵姓名謬誤
紀書團練使崔灌而傳乃觀察使崔瓘
天策上將乃書爲上將軍
紀云嚴璋而傳乃瞿章
史思明朱泚傳各有敬釭許季常
目錄著王綝而傳乃王琳
封道言名不同
楊玭名不同

王摶名不同
梁武孫名誤
嗣鄭王戒丕字誤
武德四年封越王元茂誤
信王愃名紀傳不同
昭宗子禕紀書爲祐
王茂章誤作彦章
辛雲京官誤
朗陵王父子名皆未明

吳大璀名不同
楊子琳作楊惠琳二事
以公主字爲封號
程昌裔名不同
張去奢去盈不同
郭潛曜姓不同
南昌公主
張說字誤爲銳字
雍王畢王房各有景誤

新唐書糾謬 七

范雲仙等官誤
蘇光榮名不同
鹿晏弘名誤
牛勗名不同
魚朝恩傳脱字
李訓仇士良兩傳各載魚弘志名不同
馬舉官及名紀傳不同
盧垣誤書吳少誠
范陽王藹名不同

東莞郡公融名不同
袁朗傳袁粲名誤
蘇弘軫名不全
李氏表有知古二名
王琚王同皎等傳周璟名不同
宰相李藩世系表脱誤
仇甫姓不同
蘇定方傳與突厥傳不同
突厥傳季高遷姓誤

新唐書糾謬 八

突厥傳李靖傳不同
何重霸名紀傳不同
高祖紀書封德彝左僕射誤
唐儉傳誤書官
高祖紀書長孫順德官誤
高祖紀封子爲蜀王名不同
長平王傳薛仁杲傳不同

七曰世系鄉里無法

稱引父祖子孫别傳例

王方慶璵　李吉甫德裕
徐文遠有功　劉迺伯芻
張薦又新　柏良器耆
盧懷慎奕杞元輔
稱引旁支遠裔别傳例
崔日用良佐　李邕鄘
崔玄暐戎　嚴震礪
陸贄扆　令狐德棻楚
父祖子孫别傳以例當書而不書者

李素立李承李藩
孟簡傳　陸長源傳
李景讓爲憕孫又似曾孫
張鎰爲後胤五世孫又似曾孫
袁朗鄉里
崔行功鄉里
八曰尊敬君親不嚴
楊隆禮嘗避諱改名而傳不載
誕節名及上壽儀紀傳皆不載

裴守眞耀卿傳次序
九曰紀志表傳不相符合
白官志太宗定内外官數與曹確傳不同
天平軍節度使姓名次序紀傳不同
劉總納土其州不同
宋璟傳載東巡泰山之年與紀不同
李光弼傳平袁晁年月與紀不同
程知節爲葱山道總管與紀不同
桓彦範傳中宗復位日與紀不同

宰相世系表蘇瓌字與傳不同
崔龜從傳其官與本紀不同
郭正一傳爲相之年并其事與紀志不同
流敬暉處紀表與傳不同
杜元頴爲相至罷紀傳各不同
孫處約爲相其官名紀傳不同
岑義命相之紀傳不同
李吉甫傳星變紀志不同
乾符五年五月風雹事紀志不同

垂拱二年新豐慶山事紀志不同
侯君集傳岑文本官不同
褚遂良貶官紀傳不同
柳璨官本紀與表傳不同
畢王璋子韶世系未明
搖山王彩字
元結猗玗子
員俶年齒差誤
蕭穎士

李素立世系不同
崔沔傳
王方慶傳與表不同
曆祖名紀傳不同
崔行功祖表傳不同
德宗紀與李懷光傳不合
李揆世次表傳不同
袁滋子均等
崔祐甫立後

竇懷貞官名與紀不同
蘇味道拜官紀傳不同
韋巨源傳州名與紀不同
李進賢被逐紀傳不同
蕭至忠父引官誤
蘇瓌蘇震世次不明
韓休父兄
劉瞻入相
王璵傳年與紀不同

修搖山玉彩人不同
蕭俛爲僕射表傳不同
鄧康王徙封紀傳不同
雨土紀志月不同
韓王更封紀傳年不同
武德時地震紀志月不同
貞觀時地震紀志日不同
石然紀志月不同
李勣等征遼東宰相表日誤

薛萬徹官及高麗城名紀傳不同
十日一事兩見而異同不完
肅宗紀即位事與裴冕杜鴻漸魏少游傳不同
李峴傳謝夷甫事與毛若虛傳不同
吳士矩傳與狄兼謨傳異同且各述事不盡
高智周傳記蔣洌等事與喬琳傳不同
李知本李華傳各載太沖而得名之因不同
薛存誠孔戣傳各述李位事而有不同
公主傳及張茂昭傳各紀尚主而有不同

韋温傳尉遲璋事與陳夷行曹確傳不同
王播傳所載石刻與五行志不同
杜悰及南蠻傳述秦匡謀事不同
崔混及周利貞傳述内外兄不同
劉晏傳及藝文志各載包融包佶事及所任官有不同
王晏平爲韋温封上詔書
蘇味道張錫傳誤
吳湊韓臯傳不同

蘇幹之死紀傳不同
武延秀安樂主被誅處不同
張說許許景先文兩傳不同
吳湊劉晏議王縉等罪
劉悟賈直言傳不同
文宗紀即與楊志誠傳不同
十一日載述脱誤
衡王傳誤
唐義識字誤

常山及薛譚字誤
程處亮名不同
韋倫傳記襄州事誤
嚴善思傳誤
王同皎傳誤
狄仁傑傳誤
宰相世系表脱漏不載者
宰相世系雖有名而計目中脱漏者
寧王傳漏臨淄王一名

韋紹崔沔　裴行儉
韋倫　劉正臣
宮市　宜城公主
張錫蘇味道　冥報記
盧光啓　張楚金翰苑
李巨川　皇甫冉曾兄弟
張讀　張昌宗
崔顥　栁公綽
姜慶初　趙驊全交

嚴綬張延珪　徐賢妃徐堅
項斯　李揆李玄道
崔良佐　高重
高定　吉中孚
王晗　韋彤
注文選五臣　裴安時
帥夜光　段秀實
楊愼交　崔儆
十三日宜削而返存

安樂公主覽鏡作眉
林蘊矜氏族
令狐德棻宜州人
杜審權手自下簾
蔣洌父墓植松栢
姚崇傳
嚴綬李達
宋之遜爲刺史教婢
韓滉乘馬李巖服裘

五王贊中不字
楊恭仁爲雍州牧事
十四日當書而返闕
九宮貴神
穆宗改名
宰相表闕文
王思禮傳闕文
爾五十二日而不書月
蘇定方傳

薛大鼎傳
五行志
李子和傳
馬周傳
太子監國時宰相紀傳闕載
紀傳漏記蕭瑀事
李勣傳
長孫無忌傳
百官志

封德彝傳
忠義吕子臧傳漏載馬元規
鄭元璹朱粲傳
劉潼傳

十五日義例不明

中宗紀前與諸帝紀詳畧不同
宗室有書姓或不書姓者
一事中兼該諸傳而諸傳中有載不載者
皇后傳所書不同
薨卒書法不同
溫王不立紀傳
姚南仲傳書獨孤后事
太宗紀魏徵薨事

十六日先後失序

郭正一未相前對策今傳在爲相之後
僕固懷恩爲副元帥及横水之戰紀傳前後不同
盧坦傳叙李錡柳晟閻濟美事失序
蔣乂傳記張孝忠事失序

元載傳殺李少良失序
記火災年次不倫
柳渾傳記事失序

十七日編次未當

蕭瑀傳書太子師保等事
太子三太三少次序
孟詵無隱槩而入隱逸傳
李栖筠傳方清事
僕固懷恩馬存亮贊失所附

十八日與奪不常
建定邊軍之策
論封建事
李愬李光顔平蔡之功
韓皐有大臣器
憲宗罷韓全義
嚴綬治太原事
十九日事有可疑
文德皇后傳所記恐誤

宜城公主傳所書可疑
段文昌傳有疑
牛氏表有可疑
朱敬則預誅二張可疑
張孝忠妻入朝迎公主事可疑
單王宇可疑
蕭王傳裴巽未明
賈至論諸人善守
柳渾爲張延賞所擠

王維王縉兄弟
裴寂兩書四月癸酉爲左僕射
崔彦昭逐李可及
二十日字書非是
誤用字
姚宋傳贊蹈誤悼　嚴挺之傳偏誤徧
藩鎮傳序猶誤由　崔郾傳瑰誤瓌
張廷珪傳凋誤彫　杜佑傳禕誤濟
蕭俛傳氐誤底　蕭遘桓彦範等傳瞑誤瞋

康承訓傳搌誤擫　蕭至忠贊悟誤悞
隱太子巢剌王宄厥等傳受誤授
袁朗傳授誤受　張建封傳硧誤埇
屈突通唐儉崔寧傳趣誤趨
崔光遠傳悟誤悞　辛替否高郢等傳禳誤攘
薛嵩傳鞠誤踘　孫逖傳闕誤鈌
韋待價等傳岦誤岦　狄仁傑傳尚誤上
姦臣傳贊晨誤辰　上官儀贊晨誤辰
李嶠傳芟誤没　何皇后傳悍誤捍

竇建德傳 覲誤灌　王義方傳 龐誤逄
員半千傳安祿山史思明贊 確誤権
鄭善果傳 聊誤邀　吐火羅傳 麥誤麦
不經字
張建封傳 蹷當作蹷　蘇源明傳 餧當作殍
安金藏傳 粃當作粃　田緒傳弁目錄 虢當從耳
吳元濟弁李日知傳 惣當作摠
孫思邈傳 砭當作砭　盧弘宣傳 賫當作賫
李栖筠傳 栖當從木　鄭餘慶傳 矩當作榘
新唐書糾謬八　二十三
李翰徐申等傳 賷當作齎　李光弼楊炎等傳 么當作幺
岑文本等傳 愍當作愍　韋處厚傳 禋當作禋
吉溫傳 緹當作緹　五行志 燃當作然
裴冕傳 冉當作冉　呂諲傳 餝當作飭
訛錯字
南蠻傳 峽訛峽　史憲誠傳 沼訛紹
王勃傳 瑣訛憒　韓滉傳 玄訛元
太宗紀 卬訛卬 滄訛滄　僕固懷恩傳 横訛黄
李懷仙傳 先訛仙　代宗紀 盩厔訛盩屋

侯君集傳 磧訛積　陳京傳 允訛允
昭宗紀傳 雋訛雋　王播傳 敗訛則
韋挺傳 牟訛牟　魏徵陸贄等傳 逄訛逢
姜撫傳 杜蒙訛杜蒙　劉氏宰相世系表 秏訛耗 瑑訛瑑
元稹傳 暇訛暇　王緯傳 浙訛浙
李紳傳 根訛根　百官志 侍訛侍
李德裕傳 杪訛抄　李磎傳 反擿訛反摘
李鎬傳 攉訛攉　劉崇望等傳 鐫訛鐫
王凝傳 攉訛攉　侯希逸傳 苦訛苦
新唐書糾謬八　二十四
柳宗元傳 鄭訛郭　盧懷慎及吐蕃等傳
李晟贊　韓愈傳
劉武周傳　蘇定方傳

遂初堂書目

宋　尤袤之

夫結繩既代圖籍肇興綖領有作典章爰著周官所掌三皇五帝之書楚史能通八索九丘之政韓子東聘始見舊經李叟西游僅究藏室志昆丘之放者固已繆悠探禹穴之奇者曾何彷彿遐哉邈矣有足徵乎更秦焚滅之餘遭漢搜揚之盛輶軒徧于天下竹簡出于壁中世主之所討論羣儒之所綴緝前稱七略末有中經劉蒼終莫得之黃香所未見者罕歸私

室悉入內朝然自雒邑初遷多從亡逸建安重擾半雜煨塵近則散落閭閻遠或流布海㝢是博雅君子薦紳先生踵尚風流迭相傳寫壯武牛車兼兩鄴侯籤裹累萬雌黃審其未正殺青存夫不刊而家藏之積殆與中秘侔矣且夫商盤周鼎世以爲古而無適時之用𪾢采夜光人以爲瑤而非畜德之具識天道之精微揆人事之終始究物理之變化者其唯書乎故六藝立言之訓九流經世之要傳注之學辭賦之宗技巧之方氏姓之考齊諧之志丘里之談雖云殊塗皆有可用誠應世之先務資身之本業歟晉陵尤延之始自青衿迨夫白首嗜好既篤網羅斯備日增月益晝誦夕思重之不以借人新若未嘗觸手耳目所及有虞監之親鈔子孫不忌多杜侯之手校表層樓而儷富託名山而共乂不已盛乎若其剖析條流整齊綱紀則有目錄一卷甲乙丙丁之別可以類知一十百千之凡從于數舉僕雅竊通書之好每資餘燭之光猥辱話言屬爲序引研精覃思固不逮于揚雄單見淺聞復有慚于袁豹勉濡翰墨祗壓簡牘

而已太末毛幵平仲序

經總類

成都石刻論語九經孟子爾雅　杭本周易　舊監本尚書　京本毛詩　舊監本禮記　杭本周禮儀禮　舊監本左傳　杭本公羊傳　杭本穀梁傳舊監本論語　舊監本孟子　舊監本爾雅　舊監本國語　高麗本尚書　江西本九經　六經圖

朱氏新定易書詩春秋古經

周易類

周易正義　晁氏古周易　呂氏古周易　吳氏古
周易　程氏古周易攷　乾鑿度　漢焦氏易林
漢京氏易傳　易緯　郭璞洞林　易元包　關氏
易傳　關氏洞極經　王弼窮微論　易髓　唐陸
希聲易傳　周易玄談　易外義　易啓玄　易啓
源　易詮　唐李鼎祚易　易舉正　易物象辨疑
陸希聲易微旨　麻衣道者易　易索　皇甫右丞
相易　大易粹言　劉攽易傳　劉攽易數鈎隱圖
程氏易傳　繫辭精義　横渠易説　游定夫易
説　李都參同契　陳氏辨鈎隱圖　張弼易傳

子齋易説　朱子發易説卦圖　呂與叔易傳　許
嵩老易傳　晁説之太極外傳　董氏易學　鄭氏
易窺餘　鄭東卿易疑難圖　陳氏易傳　胡氏易
演聖通論　歐氏童子問　錢述易説易斷　易疑
問　李舜臣易本傳　李莊簡易説　李直院易解
程尚書易原　朱氏易本義　玉泉易解　張忠
獻易　誠齋易　程迥易章句　程迥古易傳　程
迥易古占法　林黄中易傳　金華先生易辨疑
李氏易辨證　王存易解　齊博士易解　四李先
生易解　易義海　易訓説　歸藏經　坤鑿度
周易通卦驗　卜子夏易傳　張弼解卜子夏易傳
晉于寶易解　魏管輅易傳　唐一行易集解
易龜圖　王文公易傳　蘇文忠易傳　楊龜山易
傳

尚書類

古文尚書　尚書太傳　汲冢周書　三墳書　三
皇書　續尚書　尚書正義　蘇氏書傳　葉氏書

傳　吳氏書裨傳　九疇圖　胡氏書演聖論　呂
氏書傳　程尚書禹貢圖論　尚書治要圖　王文
公書傳　胡氏書傳　孫氏書傳

詩類

鄭氏書譜　韓詩外傳　陸璣草木蟲魚疏　毛詩
正義　唐成伯瑜詩指説　成伯瑜詩斷章　唐
張[redacted]詩別錄　宋咸毛詩正紀　歐陽氏詩本義
歐陽氏續詩譜　董氏詩攷　吳棫毛詩補音　裴
氏詩集傳　横渠詩説　范太史詩解　蘇黄門詩

解　詩德義　朱氏集傳稿　陳少南詩解　張真
父詩解　呂氏讀詩記

禮類

大戴禮　禮記正義　周禮疏　儀禮疏　陸右丞
儀禮正義　呂與叔禮記解　李氏禮記精義　十
先生中庸解　二郭中庸說　龜山中庸解　胡安
定中庸說　玉泉中庸大學　朱氏中庸大學　四
先生中庸大學解　陳祥道禮書　陸左丞禮書
禮論　禮記外傳　深衣制度　余氏井田王制圖

三禮義宗　聶崇義三禮圖　太平總要　周禮
名數圖　呂與叔中庸再解　江都集禮　唐開元
禮　開元禮義羅　禮義鏡　五禮義鏡　開元禮
百問　五禮精義　禮閣新儀　續曲臺禮　杜氏
禮略　眞禮　三禮駁儀　開寶通禮　太常新禮
太常因革禮　政和冠婚喪祭儀　政和五禮新儀
政和五禮新儀撮要　郊廟奉紀禮文　中興禮
書　紹興禮器圖　古今家祭祀　四家禮範　二
禮雅言　五禮考亡　續禮議　廟議釋疑　朱子
廟議　王普廟議　吳仁傑禘祫議　帝王經世圖
陸右丞禮象圖　王文公周禮新經　李格非禮
記精義

樂類

樂　新經　古經樂錄　歷代樂議　樂苑　大樂
令壁記　樂本書　大樂圖議　大樂指掌　三均
手法　樂要　補三樂書　樂府雜書　樂府解題
樂府廣題　胡瑗樂議　皇祐廣樂記　景祐廣樂
圖記　皇祐景樂議　元豐大樂記　大晟樂書

吳仁傑樂舞新書　琵琶錄　樂府古題要解　續
樂府解題　元祐樂議　元祐祀典樂歌　琴經
止息譜

春秋類

左公穀傳并釋文國語　春秋決事比　春秋繁露
左氏膏肓　劉炫左氏述議　杜氏釋例　春秋
公子血脉譜　左氏正義　公羊正義　唐陸淳纂
例　陸淳微旨　陸淳辨疑　唐陸希聲通例　春
秋加減　唐盧仝摘微　春秋名例　孫復尊王發

微　鄒浩春秋邦典　春秋四譜　胡口演聖通論
劉氏權衡意林說例　孫氏傳　葉氏傳　蘇氏
傳　胡氏傳通例通旨全　崔氏傳本例要全　許
嵩老傳　王文公左氏辨　春秋五代例宗　高郴
崇傳　伊川程氏傳　劉絢春秋學　王彥光集傳
朱長文通志　畢良史正辭　王鐵門例通解
張忠獻春秋說　林栗集傳　程迥顯微例目　蕭
子荆春秋經辨　洪忠宣春秋記詠　春秋列國諸
臣傳　左氏事類　春秋經傳類賦　春秋年表

名號歸一圖　春秋總論　春秋會義　春秋穀梁
正義

論語類　孝經孟子附

古文孝經　鄭玄注孝經　唐明皇注孝經　司馬
溫公古文孝經解　范太史古文孝經解　蔡子高
注孝經　孝經疏　孔子家語　古注論語　晉欒
肇論語駁　梁皇侃論語疏　論語正義　韓文公
論語筆解　宋咸增注論語　王逢原語孟解　程
氏語孟說　龜山論語解　穎濵論孟拾遺　五峰

論孟指南　晁以道論語講義　許嵩老論語訓詁
張南軒論語說　王居正論語感發　吳材老論
語續解并考異　尹和靖孟子解　語孟集義　王
元澤論語解　濡石論語解　葉氏論語釋言　史
丞相論語口義　王信伯論語解　七家孟子講義
蘇文忠論語傳　呂與叔論語解

小學類

郭璞注爾雅　孫炎注爾雅　孔鮒小爾雅　晉張
揖博雅　陸佃稗雅　爾雅正義　呂忱字林　劉

熙釋名　楊雄方言　吳領夷義訓　舊監本許氏
說文　急就章注　開元文字音義　五經文字
九經字樣　陸德明經典釋文　羣經音辨　顏之
推正俗音字　千祿書　郭氏佩鑴　王氏引經字
說　字說解　字說分門　玉篇　廣韻　分韻玉
篇　類篇　廣韻　四聲韻類　聲韻類例　龍龕
手鑑　班書韻編　徐鍇說文篆韻　古篆韻　夏
英公古文韻　王氏續古文韻　鐘鼎千文　張有
復古篇　纂注韻　隸韻　隸釋　隸韻　韋昭辨

釋名　吳棫補韻　張有重編説譜　王元澤諸經
爾雅

正史類

川本史記　嚴州本史記　川本前漢書　吉州本
前漢書　越州本前漢書　湖北本前漢書　川本
後漢書　越本後漢書　舊杭本三國志　舊杭本
晉書　川本三國志　川本晉書　舊本南史　舊
本北史　宋書　南齊書　梁書　陳書　魏書
北齊書　後周書　舊杭本舊唐書　舊杭本前唐
書　川本小字舊唐書　川本大字舊唐書　舊五

代史

編年類

竹書紀年　袁宏後漢紀　晉陽秋　晉春秋　魏
典　宋略　梁太清紀　唐歷　大統略　馬總統
歷　續通典　古今通要　稽古錄　續稽古錄
累代歷年　歷年圖元紀年通譜　續紀年通譜
編年通載　帝王全要　晁氏紀年　歷代年運
疑年譜　古今年號錄　通鑑外紀　五代開皇紀

川本小字通鑑　川本大字通鑑　通鑑□錄并考
異　通鑑舉要歷　通鑑釋文　通鑑紀事本末
荀悦漢紀　帝王照略　續皇王寶運錄　兩朝編
年　通鑑前例

雜史類

古文　高氏小史　舊杭本戰國策　遂初先生手
校戰國策　姚氏本戰國策　鮑氏注戰國策　戰
國策補注　越絶書外傳　東觀漢紀　春秋後語
帝王世紀　九州春秋　吳越春秋　軀吳春秋書

北齊史略　大業拾遺記　大業雜記　煬帝開
河記　隋季革命記　唐創業起居注　貞觀政要
平陳記　太宗建元事迹　高宗承祚實錄　開
元傳信記　明皇雜錄　開寶遺事　明皇幸蜀記
明皇編遺錄　天寶西幸略　唐補紀　東觀奏記
唐補史　唐闕史　乙卯記　甘露野史　唐中
興新書紀年　彭朝紀亂　蘇門紀亂　邠志　燕
南記　妖亂志　建中河遡記　河洛春秋　河洛
記　江淮紀亂　天祚永歸記　平蔡錄　奉天錄

方鎮錄　貞陵遺事　開成承詔錄　唐年小錄
異域歸忠傳　元和朋黨錄　大和辨謗錄　沂
水沿天錄　金鑾密記　唐末汎聞錄　傳載　會
昌伐叛記　咸通解圍錄　五代史補　五代遺錄
新野史　五代史闕文　天下大定錄　入洛記
莊宗召禍記　范質石晉陷蕃記　越絶書　三
國典略　續小史　吳兢唐備闕記　河南記　唐
國史纂異

故事類

唐朝綱領圖　元和國計錄　唐國鏡　歷代宮殿
名　文宗朝備問　卓絶記　續卓絶記　文場盛
事　賓佐記　景龍文館記　唐選舉志　唐登科
記　五代登科記　本朝登科記　皇族登科記

雜傳類

穆天子傳　王子年拾遺記　漢武故事　漢武内
傳　西京雜記　梁四公記　趙飛燕外傳　楊太
眞外傳　則天外傳　牛羊日曆　漢刁間傳　唐
柳氏叙訓　兩朝獻替記　中樞龜鑑　郭汾陽家
傳　李鄴侯家傳　相國事狀　彭城公故事　杜
宗歷官錄　許國公勤王錄　列女傳　文士傳
高士傳　正始名士傳　襄陽耆舊傳　會稽先賢
傳　孝史　會稽先賢贊　三相遺事　昭義記室
別錄　零陵先賢傳　高力士外傳　楊貴妃遺事
梅妃傳　中朝故事　李靖行狀　狄梁公家傳
顔魯公行狀　顔魯公歷官狀　顔常山別傳
段太尉別傳　陶隱居傳　彭城公遺事　杜悰事
迹　燕吳行役記　江淮異人傳　別本高士傳

僞史類

華陽國志　和苞漢趙記　十六國春秋　三十國
春秋　江表志　十國紀年　十國載記　五國故
事　九國志　三楚新錄　吳越會粹　泗上英雄
小錄　燕書　蜀記　劉氏興亡錄　楚錄　南唐
書　釣磯立談　蜀檮杌　江南野史　南唐近事
錢鏐備史　天下大定錄　海東三國通錄　蜀
書

國史類

三朝國史　兩朝國史　四朝國史　神宗國史
哲宗國史樂志官職一冊臣傳一冊　泰陵國
史臣傳稿　李秀岩國史臣傳稿　史館修四朝臣
傳稿　續通鑑長編　續長編舉要并攷異　國紀
東朝事略　九朝通略　編千要　聖政編年
兩朝寶訓　三朝寶訓　仁皇訓典　君臣政要
神宗聖訓　高宗聖訓政　孝宗聖政　徐嶽紹典
聖政實鑑　趙善防孝宗政要贊　五朝隆平集
國朝事實　國朝攝要　分門要覽　太平盛典

兩朝編年　祖宗故事　泰陵玉牒　元祐七年八
年日曆　熙寧日曆草　裕陵中書時政記　裕陵
密院時政記　神宗御批　神宗學士院御批　濮
議　元符時政記　永熙玉訓　元祐詔旨　哲宗
實錄辨誣　黨人記　紹聖指揮　元符紹聖間筆
錄　元佑建中宮錄　瑶華廢復記　元符行遣節
目　宣仁日曆　宣仁事實　紹聖錄　符建錄
崇寧錄　靖康雜錄　皇祐平蠻錄　甘陵誅叛錄
征南錄　平蜀錄　邇英記注　欽宗與吳敏御
筆　北征紀實　兩國交聘書　大觀詔令　中興
日曆　中興記　崇寧行遣上書人指揮　建炎龍
飛記　趙丞相扈從錄　元帥府事實　復辟詔朋
張參政省記建炎時政并元帥府事迹　權邦彥記
聖語　巫及記聖語　孫近李光等記聖語　張浚
王陶等省記時政　祈請語錄　回鑾事實　紹興
雜錄　岳侯斷案　錢處和通好事節　呂源增釋
故事　御製蔡確傳　錢處和淮東宣諭錄　丙午
錄

本朝雜史

建隆遺事　祖宗獨斷　温公記聞　温公朔記
儒林公議　王文公日錄　曾子宣日錄　續逸史
蔡絛國史後補　曾子宣正錄　蔣頴叔逸史
林子中野史　蔣頴叔日錄　續温公齋記　王岩
叟繫年錄　錢文僖筆錄　錢文僖逢辰錄　趙康
靖日錄　王岩叟朝論偉論　温公日錄　呂正獻
手記　歐公日記　温公瑣語　王文公日錄遺稿
王文公送伴錄　王陶東宮記事　歐公奏事

曾南豐雜識　呂吉甫日錄　曾子宣手記節略
文潞公私記　李深之手記　范太史史院問目
永樂城事　陳瑩中尊堯集　北狩野史　北狩行
錄　痛憤錄　靖康京城事實　背盟本末　吳敏
靖康紀事　北狩聞見錄　禍胎記　沈琯南歸錄
華夷直筆　亡遼錄　靖康夜話　朝野僉言
幼老春秋　入燕錄　史略　避戎錄　北記　金
國文具錄　平江錄　亂筆編　小心鏡只欽廟朝
中興遺史　中興小律　維揚過江錄　順昌破敵

錄　淮西從軍記　宣幓紀事　鼎澧聞見錄　渡
江遭變錄　辛巳叛盟錄　回天錄　紹興瀘南兵
變錄　瀘南幾天錄　泣血錄　泣血拾遺　痛定
錄　内禪錄　陷燕錄　順昌紀事

本朝故事

中書備對　蜀公事始　近事會元　元圭議　鑄
錢故事　浸銅要略　慶曆軍錄　邇英要覽　元
祐講筵謝御書表　元祐東宮錫亟錄　政和曲燕
記　誕聖錄　温公河外諮目　濮議墨守　皇祐
記　裕陵五使長牋　建中靖國進故事
原分將論列　元祐分疆錄　元祐棄地復地本末
靑唐錄　隴右錄　沈黎備邊錄　富文忠靑州
賑濟錄　星親故事　華戎魯衛信錄　載斗奉使
錄　王介父送伴錄　皇祐會計錄　元祐會計錄
張芸叟使遼錄　治平經費節要　淳熙國計錄
錢秦魯長主俸錫錄　乾道國用司月給數　淳
熙七年財用錄　戶部諸道歲收數　左藏西庫約
支　至和發運茶鹽須知　國朝運糧數　熙寧發

運司事目　國用司錢米會子出納數　景德皇祐
祈雨詔書　四川宣司財賦兵農數　廣開隨志
利路營田事目　張貴謨坑冶利害　王渥川奏馬
正邊防錄　慶曆編類勳臣姓名錄　淳熙明堂大
饗慶成詩　富弼奉使錄　奉使別錄　劉原父奉
使錄

本朝雜傳

本朝名臣言行錄　名賢遺範錄　王文正家錄
富文忠家傳　范文正遺事　張齊賢家傳并誌

呂文靖事狀　呂文穆綸告行狀　丁晉公雜錄
歐公履歷告命　韓魏公家傳別錄　呂政獻十事
唐質肅遺事　韓魏公事實　韓莊敏遺事　申
國春秋　丁齋言行錄　豐相之遺事　范太史家
傳并遺事　韓儀公行狀　孫溫靖告并神道　龔
原行狀　晁以道家傳　山谷家乘　周穜行狀
范忠宣言行錄　劉元城言行錄　胡安定言行錄
王棣家傳　王岐公家辨誣　邢恕自辨錄　章
家申公辨誣　張叔夜勤王記　陳規德安守潔錄

滕公守台錄　陳東事實　趙元鎮自述　向伯恭
行狀　滕茂實大節集　陳剛中家傳　中興忠義
錄　南軒行實　胡文定五峰行實　梁丞相行實
史稱大言行錄　劉安城家傳神道碑　范覺民
事實　晏敦復行錄　王文政遺事　寇萊公遺事
張芸叟南遷錄　葉少蘊自序并制誥錄　游師
雄事迹　趙元鎮事實　陳樂間事實　陳了齋自
撰墓志并序　呂元直遺事勤王記逢辰記　王沂
公言行錄　張忠定語錄　安厚卿行實　張祐史
事實　劉拯行錄　邢恕行實

實錄類

建康實錄　唐十五帝實錄　唐懿祖獻祖紀年錄
梁太祖實錄　漢高祖隱帝實錄　唐莊宗名宗
實錄　廢帝閔帝實錄　晉高祖少帝實錄　周太
祖世宗實錄　太祖皇武紀　重修太祖實錄　太
宗實錄　眞宗實錄　仁宗實錄　英宗治平治要
神宗實錄　朱墨本神宗實錄　紹興重修神宗
實錄　蔡卞所修哲宗實錄　重修徽宗實錄　欽

宗實錄　孝宗起居注

職官類

應仲豫漢官儀　漢官制　漢官典儀　劉貢父漢
官職選　歷代官號　唐六典　唐典百官職紀
唐任職官品纂要　唐杜英師職核　唐百司舉要
唐錄令　職官要錄　職官分紀　職林　唐職
林　職官源流要錄　唐典備對　皇宋百官圖
官制舊典　官制沿革　官制正誤　職官紀　溫
公官制學制遺稿　本朝官制　官制新典　官制

挤目　三省總括　具員故事　淳熙裁減舉員數
契丹官儀　金定大定官制　掖垣叢志　集賢
注記　唐翰林志　本朝翰林續志　金坡遺事
翰林舊規又雜志　金馬統志　翰林盛事　學士
年表　翰苑羣書　文昌雜錄　史館故事　唐御
史臺記　御史臺故事　御史臺因話錄　御史臺
記事　直廳雜儀　合班儀　本朝重定合班儀
臺儀　咸通御史板榜　開運出入儀　本朝御史
臺記　館閣錄　中興館閣錄　翰林雜抄　三司
條終　熙寧審官陳院編勑　續史館故事　元祐
戶部格目　蓬山志　麟臺故事　縣務綱口　呂
觀文治縣法　江左諸鎮年表　宰輔拜罷表　宰
相樞府拜罷表　宰相拜罷編總括　管軍年表
皇朝百官公卿表　中興百官題名　宰輔年表

儀注類

舊漢儀　漢蔡邕獨斷　崔豹古今注　服飾變
元錄　顏魯公歷古創儀制　馬縞中華古今注
漢制叢錄　皇朝太常儀注　閤門儀制　一本朝儀

物　唐郊祀錄　本朝歲祀總數　朝制要覽　南
郊式　宣和鹵簿圖　宇文粹中修鹵簿圖　元祐
建中宮記　合班儀　六家謚法　王彥威贖謚法
皇朝謚錄　尊號錄　唐鄭餘慶書儀　江亭記
唐孟詵徐潤家祭禮　孫氏仲享儀　司馬氏書
儀　呂氏鄉約鄉儀　六家祭儀　高氏厚終禮
朱氏十書　元祐納后儀　永昭永穆陵儀　國朝
明堂紀要　州縣祠儀　寢祀儀　紹興明堂儀注
紹興郊祀大禮儀注　紹興籍田儀注　紹興四
孟朝獻儀注　紹興祀郊禖儀注　紹興上皇太后
冊寶儀注　紹興中宮受冊儀注　紹興大朝會儀
注　王涇郊祀錄

刑法類

刑統　律文　開元格律令　唐式　開寶格　天
聖令　元符勑令　熙寧審官東院編敕　吏部七
司法　七司式　大觀中書勑令格式　致和中書
門下勑令格式　乾道重修三省密院勑令格式申
明　官誥院一司條格　常平役法　淳熙常平茶

鹽勅令　建炎元年以後續降錄　紹興二十七年至三十一年春放紹興二年放　條令總類　金科類要　賢錄　金國刑統　金國須知　折獄龜鑑

明刑盡心集　金科易覽　士民之掌　撿驗法

中書條列格式　熙寧大理寺斷例

姓氏類

元和姓纂　十史姓纂　千姓編　朱何承天姓苑

古今姓氏書　姓源韻譜　梁元帝古今人同姓名錄　唐孔志姓氏雜錄　唐百家類例　唐李

遂初堂書目　二十

沙偏古命氏錄　諱行錄　警年錄　仙源積慶圖　本朝宗室圖譜　闕里譜系　孔子編年家譜

東家雜記　本朝人物志　皇朝百族譜　紹興臣僚類姓　三院呂氏世譜　胡氏世譜　陶氏世譜

東平劉氏世譜　趙清獻家譜　尤氏世譜　玉牒行樓　唐王孫郡王譜　大唐氏譜　宰相甲族

十四家貴族譜　唐丘光庭古賢姓名相同錄

帝王世系

史學類

史記音義　史記正義　史記索隱　集注天官書

前漢考異　蕭該漢書音義　漢書句字　三劉漢書　漢書問荅　漢書講解　律曆辨疑　劉氏

兩漢刊誤　唐書音訓　唐書糾繆　唐書直筆　新例　唐書須知　集校西漢書　劉知幾史通　劉

餗史例　邵忠史例　趙彦若史例論　通鑑問疑

兩朝實錄例　歷代史贊　兩漢博聞　荀悦漢紀節要論　西漢補遺　王遇漢儀　漢雜事　東

漢質疑　唐書手抄　范太史唐鑑　石守道唐鑑

遂初堂書目　二十一

孫之翰唐論　胡氏讀史管見　通鑑入約　程迥文史評　了齋約論　史記法語　西漢法語

班史菁華　班左誨蒙　漢雋　班史名物編　東漢年表　晉書音義　史記析微　五代史纂誤

目錄類

唐藝文志　唐毋煚古今書錄　梁阮孝緒七略

經史品題　羣書備撿錄　皇祐祕閣書目　皇祐史館書目　崇文總目　祕閣四庫書目　嘉祐永

遺書　中興館閣書目　鄱陽吳氏書目　李邯

鄲書目　邯鄲圖書十志　廣川董氏藏書志　葉石林書目　川中書目　趙氏金石錄　皇祐碑籍川郡金石錄　諸道碑目　京兆金石錄　歐陽氏集古目　晉陽王氏碑目　浯溪古今刻集錄資古紹志錄　祕閣書畫器物目　内府碑錄　重修唐書碑目

地理類

祕閣本山海經　池州本山海經　郭璞山海經圖贊　水經　神異經　十州記　三輔黄圖　開中記　豫章古今記　鄴城記　鄴都故事　吳地記　東京新記　梁顧野王輿地記　兩京新記　南朝宮苑記　南方異物志　晉稽含南方草木狀　張朏三齊記　城冢記　唐倒聖園陵記　十道四蕃記　皇華四達記　元和群國圖志　坤元錄山水志　唐四夷朝貢錄　兩京道里記　唐夷狄貢錄　洛陽伽藍記　恭廣志　太平寰宇記　皇朝九域志　輿地廣記　地理指掌圖　唐沈懷遠南越志　武夷諸山記　青溪山記　潮説　北戸雜

錄　唐王休璉番陽記　唐李德裕西南備邊錄　陸廣微吳地記　金陵六朝事迹　魏瀨鄉記　唐太清宮簡要記　氏燕吳行役記　唐房十里投荒雜錄　蜀程記　峽程記　李重導河形勢書　姑蘇木利　范文正公堰記　江行圖　東京志　洛陽志　長安志　相臺志　蓼華錄　洛陽名園記　吳船錄　舊本鄭州圖　舊本杭州圖經　建康志　襄陽志　成都志　成都古今記　嘉禾志　章貢志　東陽志　舊越州圖經新修紹興圖經　新安志　同安志　蒲陽志　延平志　秦州圖經　盱江志　秋浦志　荆門志　嚴州圖經　閩中志　姑熟志　天台圖經　常州圖經　毗陵風土記　江西諸郡圖經　無錫志　宜興志　豫章職方乘　又續乘　道州圖經　台州三縣志　長沙志　鎮江圖經　豫章古今志　春穀志　長樂志　江陰志　潘洞常州圖經　吳郡續圖經　衡州圖經　括蒼志　郴江志　岳陽風土記　泰州志　天台山圖　丹丘仙迹　洞庭譜記　南岳小

錄 會稽洞天記 南岳尋勝錄 又總勝錄 羊角山記 黃眞觀記 湘川記 盧山記 九疑攷古 徽州黃山圖經 大滌洞天眞境錄 天台小錄 霍山記 九華錄 三茅記 江夏辨疑 封州圖經 汪王事實 張王顯應事實 嶺外代荅 邕管雜記 嶺表錄異 雲南志 皇祐平蠻記 互市諸蠻記 廣東西會要 西南諸蕃記 邕管溪峒雜記 泉南錄 鄧嘉猷西南備邊志 李仁甫論西南夷事 契丹機宜通要 契丹事迹

燕京會要 契丹實錄 契丹疆宇圖 契丹朝獻禮物例 契丹志 燕北錄 慶曆奉使錄 匈奴須知 北志 契丹須知 張浮休使遼錄 趙志忠陰山雜錄 契丹會要 西夏雜志 西戎聚米圖經 西夏須知 女眞實錄 范仲熊北錄 評議虜中錄 征蒙記 雜記金國事 虜都驛程圖 松漠紀聞 鄭汝諧聘燕錄 燕北金疆地里記 雞林類事 高麗行程錄 高麗日本傳 高麗圖經 西州使程記 蕃爾雅 蜀爾雅 北虜方言 政和大理國入貢記 梁二十八國職貢圖 宋沈德遠南越志 湘中山水記 續南荒錄 續盧山記 豫章舊圖經 江州舊圖經 綠林庾辭 金國世系 至道雲南錄

儒家類

曾子 晏子春秋 晏子內外篇 孟子 荀子 孔藂子 楊子法言 陸續注太玄經 集注太玄 許嵩老法言訓詁 白虎通 王符潛夫論 仲長統昌言 荀悅申鑒 鹽鐵論 劉向新序 劉

向說苑 唐劉貺續說苑 陸賈新語 賈誼新書 魏徐幹中論 齊顔之推家訓 隋李文博中興書 帝範 臣軌 虞世南帝王略論 楊相如君臣政理論 牛希濟理源 文中子中說 龔之注中說 薛氏注元經 唐林愼思續孟子 晉陽芳五經鈎沈 唐宋敬則十代興亡論 魏蔣濟萬機論 魏鄭公時務策 唐劉迅六說 唐李恕已誡子拾遺 杜佑理道要訣 帝學 何亮本書 黃希聲偶子 周子通書 周子太極圖 南軒太

極圖解　朱氏通書太極圖解　正蒙書　劉原父
七經小傳　劉原父弟子記　二程先生遺書　邵
康節皇極經世　呂榮陽雜説　治道中術　刁衎
本説　儒志　張芸叟卮言　張子前書　張子志
書　王觀天瀏子　范蜀公正書　黄君俞泉書
伊川經解　師説　龜山經説　三經義辨　九經
餘義　日録字説辨　諸儒名道集　陳無已理究
横渠語録　横渠理窟　呂氏雜説　節孝先生
語　上蔡語録　劉元城語録　劉元城談録　元

城道護録　洙泗言仁説　龜山語録　河南雅言
張無垢心傳語録附　胡氏傳家録　涪陵記
善録　司馬温公家範　呂氏童蒙訓　子家子
程氏廣訓　林子毋語録　呂伯恭閫範　劉清之
訓蒙　孝弟類鑒　女誡　廣川家學　修學門庭
余氏至言　程尚書極書　石林審是録　范氏
正家　省心雜言　程尚書攷古編　四注法言
司馬温公注法言　御製承華要略　御製正説
邇英聖問　觀文鑒古圖

雜家類

呂氏春秋　管子　商子　慎子　韓非子　子華
子　鄧析子　董子　魯連子　鬼谷子　燕丹子
墨子　公孫龍子　尸子　尹子　劉子　傅子
殷子　孫子　淮南子　炙轂子　風俗通義
王充論衡　魏劉劭人物志　金樓子　梁庾仲容
子抄　馬總意林　忠經　唐羅隱兩同書　顔師
古刊謬正俗　李涪刊誤　資暇集　蘇氏演義
唐丘光庭兼明書　程氏衍蕃露　隋李文博中興

書　古今語要　長短要術　造化權輿　唐趙蕤
李氏雜説　敷陽子　諸子談論　賈公疎山東
野録　洪氏雜家　羅隱讒書　尹文子

道家類

古文老子　王弼注老子　傅奕老子音義　漢安
丘注老子　嚴遵老子指歸　晉孫盛老子攷訊
唐明皇注老子　唐陸希聲老子指解并問荅　三
十家注老子　賈清夷老子疏　王顧老子疏　老
子藏室纂微　李榮注老子　陳鼻解老子　李畋

老子音解　達眞子老子解　司馬温公老子解
蘇黄門老子　王元澤老子解　吕惠卿老子解
毛達可老子解　王懋才注老子解　列子　莊子
文子　徐靈府注文子　朱弁注文子　亢倉子
王士元注亢倉子　鶡冠子　陸右丞注鶡冠子
關尹子　天隱子　抱朴子内外篇　元眞子
唐吳筠元綱論　無能子　觀妙經　紫府元珠
潘凱二化論　周固朴天道論　杜光庭大寶論
莊子逸　宋齊丘化書　赤松子中誠經　張融理

同論　劉向列仙傳　續仙傳　葛洪神仙傳　高
道傳　仙苑編珠　周氏冥通記　洪崖先生傳
眞系傳　許先生傳　疑仙傳　陳眞人傳　唐吳
簡傳　西山十二眞君列傳　徐神翁語錄　王雲
中内傳　杜光庭錄異記　福地經　洞天經　湖
湘顯異　青城山林異記　瀨鄉記　唐太清宮簡
要記　祥符奉迎聖像　楊希文注黄庭經　神景
内經　皇極系述黄庭經　參同契　西山群仙會
眞記　中皇眞經　參同肘後方　穎陽記　石藥
爾雅　爐術本草　靈芝記　參同分章通義　登
眞隱訣　靈笈七籤　道樞　上清文范　靈仙賦
集　毛仙翁詩　大小游仙詩　古今道德經　河
上公注道德經　王弼老子略論　老子枕中經
莊子疏　御注道德經　孫盛老子斜　眞誥　胎
息經　黄庭内景經　客語　聶眞人傳　樂史洞
仙集　傳仙師傳　江西續仙錄　侯眞人傳　三
教解紛論　正性論　元道眞經　九轉合同要義
混元經　青城山雜術　大丹法　大玄寶典

許眞君如意方　鍾離眞人靈寶畢法

釋家類

金銀字傳大士頌金剛經　六祖金剛經解義　王
荆公注金剛經　華嚴經　楞嚴經　圓覺經　楞
嚴經疏　圓覺經疏　維摩經疏　六祖壇經　正
法眼藏　馬祖四家錄　笑道論　非韓論　萬善
同歸　原人論　弘明集　廣弘明集　通明論
佛教總年　佛運統紀　僧寶傳　續僧寶傳　僧
史　僧史略　高僧傳　法藏碎金錄　裴休問源

禪師承襲圖　宗門統要　釋氏要覽　祖庭事苑
釋氏六帖　傳燈錄　臨濟語錄　雲門語錄
勇禪師語錄　普融禪師語錄　詔國師語錄　諸
祖偈頌　龐居士詩　寒山詩　大慧武庫　林間
錄　芙蓉般陽集　北山錄　端禪師語錄　無住
語錄　釋梵　雪竇語錄　近世尊者語錄　古塔
王語錄　晁文元耄智餘書　道院集要　禪源諸
詮　風穴語錄　謝陽以下二十二家語錄　德仙
語錄　曹洞語錄　長蘆覺語錄　法雲語錄

農家類

夏小正　唐月令　唐洼月令　四時纂要　齊民
要術　千金月令　韋氏月錄　荊楚歲時記　秦
農要事　鄙記　四民福祿論　李邕金谷園記
玉燭寶典　山居忘懷錄　歲時廣記　范如圭田
書　林勳本政書　曾安止禾譜　農器詩譜　錦
帶書　華下歲時記

兵書類

司馬法　太公兵法　黃石公三略　孫子　吳子
尉繚子　李靖集太公兵法　李衛公問答　七
書　十一家注孫子　杜牧之注孫子　風后握機
風后握機贊　黃帝陰符經　黃石公素書　八
陣法　諸葛亮將苑　諸葛亮十六條　太白陰經
水眞人鏡　古今兵要　武經總要　郭元振安
邊策　李光弼統軍秘策　御戎要訣　劉與平燕
策　劉牧平戎策　神機武略　武略清邊　重修
武經總要　千古兵要　唐李筌閫外春秋　呂夏
卿唐兵志　何博士備講　神武祕略　百將傳

兵法精義　慶曆軍錄

數術家類　一天文　二曆議　三五行　四陰陽　五卜筮　六形勢

甘氏星經　張華列象圖　周髀經　別本甘氏經
天文機要圖　大象賦　星經薄讚　仰視纂微
錦囊書　步天歌　宋濟天文書　皇朝天文書
姚令威注大官書　集注天官書　紹聖儀象法
要　銅壺漏編　刻漏規矩　官曆刻漏圖　青羅
妙度曆　四曆剸蝕　十一曜細行曆　景祐乾象
新書　七政曆要　開元大衍曆議　長慶宣明曆

紀元曆經　崇大曆經　康定轉神曆　熙寧奉
元曆　元祐觀天曆　黃若只議紀元曆書　林永
叔曆學　大衍宣明貞元欽天　奉天儀元崇眞明
天官天曆草　吳氏荆璞集　王普荆璞指瑕
大國大明日曆　高麗日曆一卷　洪範政鑒　感
應類從志　譙子五行志　三鏡篇　握鏡圖　東
方朔書　李淳風乙巳占瑞錄　太一數　太一分
野節要　太一金鏡　太一福應經　太一王佐祕
書　顧野王符瑞圖　李淳風運元方道　黃帝祛

感經　乙酉式　遁甲符應經　萬勝篇　遁甲決
勝歌　員卓專征賦　遁甲式心　入遁式歌　遁
甲南經　三元賦　遁甲兵機要　遁甲立成
萬一訣　地鑑經　彈冠必用　京房易積筭法
京房周易律曆　焦氏易林　周易卦氣占驗法
黃石公靈棋經　越覆書　乙壬祕旨　六壬洞玄
傳　百章歌　通微要式　六壬謚疑　課鈐　民
望經　六壬心鏡　玉曆　六壬破迷經　六壬玄
髓經　六壬黑殺經　五行要略　聚金口訣　鬼

谷子玉函經　地理賦　相書　土圭法　司馬經
太乙訣　司天經　京氏易占　銀河局祕訣

小說類

世說　續世說　劉孝標俗說　殷芸小說　世說
新語　世說敘錄　封氏見聞志　摭言　大唐新
話　顏之推八代談藪　朝野僉載　僉載補遺
盧子逸史　紀聞談　抒情集　三水小牘　洛陽
舊聞　郴氏舊聞　窮愁志　郴氏家學要錄　杜
陽雜編　尚書故實　常侍言旨　秀師言記　嵐

齋集　元眞子碣　總窻錄　盧氏雜說　佐譚
唐朝新纂　盧陵官下記　灌畦暇語　觀時集
因話錄　雜纂　劇談論　雲谿友議　談賓論
龍城錄　幽閒鼓吹　玉泉筆端　醉鄉日月　雲
仙散錄　祕閣閒談　戎幙閒談　南唐近事　祕
閣雅談　漢隋遺錄　教坊記　北里志　鑒誡錄
五代新說　林下談笑　李文公談錄　張文定
同歸小說　太平小說　楊文公談錄　李文政談
錄　丁晉公談錄　王文正筆錄　國老閒談　春

明退朝錄　東齋記事　歐陽歸田錄　孔毅父田
錄　李圭復起聞　嘉祐雜志　宋景文筆記　歐
公筆錄　王彥輔麈史　道仙新聞　南部新書
南部烟花錄　星江野錄　該聞錄　隨手錄　東
皐雜錄　東軒筆錄　湘山野錄　玉壺話　談圃
傳公嘉話　沈氏筆談　沈氏續筆談　龍川志
龍川略志　碧雲騢　釋稗　涑水記聞　青箱
雜記　奇璸高議　百一紀　師友談記　甲申雜
錄　張子賢墨莊冗錄　張芸叟貽訓　畫墁集

張芸叟野語　晁氏談助　曲洧舊聞　漫堂隨筆
蒙齋筆談　金鑾退朝錄　侯鯖錄　春渚紀聞
倦遊錄　西齋話記　呂氏家塾廣記　呂氏紫微
雜說　曾南豐雜志　開談錄　五總志　王性之
默記　青瑣摭遺　吳氏慢錄　墨容揮犀　東坡
雜說　肶說　談藪　方氏泊宅編　石林燕語
石林避暑錄　胡珵蒼梧雜志　楊廻金淵書　葎
洲可談　南齊雜錄　章深槁簡贅筆　王氏學林
南遊紀舊　楊彥齡筆錄　韓易見聞異辭　陶

朱新錄　間燕常談　南窻紀談　徐墩立却埽編
桐陰舊話　姚令威藂話　趙彥從肯綮錄　林
下放言　獨醒雜志　遽然先生雜說　朱丞相秀
水間居錄　朱新仲雜志　吳箕常談　容齋雜筆
王明清投轄錄　揮麈錄　呂氏雜抄　軒渠錄
張華博物志　任昉述異記　海物異名記　梁
吳均續齊諧記　酉陽雜俎　補江摠白猿傳　洞
仙集　宣室志　幽怪錄　續幽怪錄　異聞集傳
清異錄　搜神記　感知錄　辨疑錄　大唐奇

事　耳目志　顏之推還冤志　幽明雜警　稽神
錄　搜神摭記　括異記　家神秘苑　京本太平
廣記　夷堅志　呂南公測幽　物類相感志　補
妙記　類說　唐語林　乾朎子　角力記　樹萱
錄　文場盛事　劉公嘉話　傳奇　怡顏集　前
定錄　續前定錄　異聞錄　洛中紀異錄　文昌
雜錄　玉堂閒話　郡閣雅言　茅亭客話　洞微
志　野人閒話　友會藂談　蔡條訴神文
雜藝類

法書要錄　法書苑　金壺記　書評　墨藪　米
斷　述書品　書品論　翰林禁經　字源　書品
優劣論　播史　法帖釋文　歷代名畫記　畫斷
畫評　總畫集　米氏書畫史　圖畫見聞志
李王悶中集　寶章待訪集　德隅堂畫品　蔡京
内閣書跋　孫子筭經　海島筭經　九章筭法
五曹筭經　投壺經　五陵雜格　棊譜　棊經通
遠集　琴錄　琴譜　正觀公私畫錄　續畫錄
後畫錄　名畫獵精錄　五經筭術　張丘達筭經

緝古筭經　方圓筭經　方圓盍古筭經　曹唐
筭經　法筭細曆　棊經　棊品　進士采選　補
漢官儀　宣和采選　譜雙

譜錄類

宣和博古圖　考古圖　李伯時古器圖　晏氏辨
古圖　石鼓文譜　石鼓文攷　玉璽記　八寶記
玉璽譜　玉璽議　鏡錄　鼎錄　刀劒錄　文
房四譜　續文房四譜　硯錄　墨經　墨說　墨
苑　端硯譜　歙硯譜　桐譜　顧烜泉志　封演
泉志　董彥遠錢譜　李孝美錢譜　洪氏泉志
陶岳貨泉錄　錦譜　璇璣圖記　沈氏香譜　洪
氏香譜　天香傳　陸氏茶經　北苑茶錄　宣和
貢茶錄　品茶要錄　張又新煎茶水記　毛文錫
茶譜　茶總錄　北山酒經　酒譜　酒經　小名
錄　侍兒小名錄　補侍兒小名錄　瞽年錄　禾
譜　牡丹記　洛陽花木記　洛陽花譜　楊州芍
譜　歐公牡丹記　筍譜　竹譜　續竹譜　禽經
別本禽經　相鶴經　養魚經　蔡氏茶錄　萱
堂香譜　慶曆花譜　荔枝譜

類書類

修文殿御覽　太平御覽　天平殿御覽　文思博
要　文樞要錄　藝文類藂　册府元龜　劉存事
始　馮鑑續事始　劉馮事始　經史事始　事物
紀元　徐子光注蒙求　三國蒙求　本朝蒙求
唐史屬辭　敘古蒙求　小說蒙求　葉才老和蒙
求　會史　劉昆山集類　事類賦　經史類對
海錄碎事　實賓錄　陸機要覽　兎園册府　采

箱子　文官詞林　語麗　玉屑　分門節要　金
鑰　備忘小抄　開卷錄　珠編　文選事類　文
選雙字　五色線　蘇氏選抄　班左訓蒙　北堂
書抄　記室新書　前漢六帖　應用集類　備舉
文言　初學記　六帖學林　白氏六帖　孔氏六
帖　晏公類要　文苑英華　掞天錄　類題玉册
題淵　玉山題府　續題府　慶曆萬題　選類
文選華句　雜吟集　書敘指南　續通典　唐
會要　通典　五代會要　國朝會要　四朝會要

政和續修會要　中興會要

醫書類

本草　類證圖經本草　黃帝内經　八十一難經
難經疏　甲乙經　仲景傷寒論　千金方　千
金易方　外臺祕要方　銅人灸經　王叔和脉訣
啓玄子　龐安常傷寒論　膏肓俞穴灸法　傷
寒證法　傷寒要旨　傷寒遺法　傷寒論翼　蘭
室寶鑑　華佗中藏經　脉經　太平聖惠方　朱
肱活人書　文潞公藥準　大智禪師必效方　雜
峰備急方　韓上證俗方　養生必用方　保生十
全方　丁晉公服食方　李深之手集方　衛濟寶
書　許本知可事方　石藥爾雅　錢乙小兒方
曹王普惠方　傷寒百問方　海上名方　内外景
圖　氣運鈔　聖濟經　巢氏病源　金匱要略
劉涓子神仙方　廣濟方　靈苑子　蘇沈良方
孫兆方　古今必效　旋舍備急方　小兒保生方

別集類

漢揚雄集　漢張超集　枚乘集　孔光奏章　唐

林奏章　酈炎集　李尤集　蔡邕集　張衡集
董仲舒集　劉向集　魏武帝集　文帝集　明帝
集　陳思王集　王粲集　陳琳集　阮公瑜集
應德璉集　徐偉長集　劉公幹集　晉陸機集
陸雲集　阮籍集　嵇康集　張華集　潘岳集
傅玄集　江統集　張敏集　十四賢集　郭景純
集　宋武帝詩　顏延之集　謝惠連集　謝莊集
沈休文集　陶淵明集　遠法師廬山集　謝元
暉集　鮑照集　王僧達集　謝靈運集　齊王融

集　孔德璋集　梁昭明太子集　簡文帝集幷詩
庾肩吾詩　劉孝威集　劉孝綽集　何遜集
任昉集　庾信集　吳均集　徐陵集　陶弘景集
陰鏗詩　江淹集　陳后主集　沈炯集　張正
見集　江總集　唐太宗集　明皇集　王勣東皐
子集　許敬宗集　陳子昂集　張曲江集　蘇頲
集　張說集　駱賓王集　盧照鄰集　崔融集
王勃集　楊炯集　宋之問集　元次山集　高適
集　王維集　獨孤及集　沈亞之集　蕭穎士集

杜甫集　李白集　韓文公集　柳宗元集　李
翱集　皇甫湜集　孟東野集　歐陽詹集　劉禹
錫外内集　元稹長慶集　白居易長慶集　呂温
集　權德輿集　陸宣公翰苑集　王仲舒制誥稿
裳衣集　楊炎集　程晏集　李程集　梁肅集
李衛公會昌集　孫樵集　孫逖集　杜牧集
沈雲卿集　李義山集　牛僧孺集　陳黯集　顧
況集　符載集　蔣防集　劉子夏集　崔嘏制誥
集　李翰集　穆員集　李覯集　王貞白集　任

希古集　孫郃集　陳陶集　林藻文集　毛欽一
集　丁稜集　李甘集　李華集　陸龜蒙集　戎
昱集　戴叔倫述稿　劉蛻文泉子　張登集　顧
雲編稿　嚴從中黃子　黃璞霧居集　秦韜玉投
知錄　盧肇文標集　令狐楚表奏事　于公異奏
記集　鄭畋敕語集　鄭畋堂判集　段成式漢上
題襟集　鮑溶集　賈至集　皮日休集　司空圖
一鳴集　麴信陵集　姚合極玄集　殷璠丹陽集
薛瑩洞庭集　李琪篋中集　唐彥謙集　李[illegible]

武集　王轂覩光集　松陵昌和集　顏魯公集
岑參集　裴晉公集　樊宗師集　王侍讀集　劉
商集　吳均集　南唐李後主集　南唐潘祐集
羅隱集　韋蘇州詩集　李嘉祐集　杜審言集
張祜集　孟浩然集　施肩吾集　吳融集　許渾
丁卯集　劉父集　鮑溶集　薛逢集　朱景玄集
耿緯集　劉希夷集　李涉集　王貞白靈溪集
裴夷直集　李殷集　薛能集　李紳追昔遊編
邵謁集　來鵠集　李長吉集　丘爲集　王操

集　張碧集　盧仝集　張𩦺集　賈島長江集
孟賓于集　孟唐集　張籍集　錢起集　許用晦
集　沈下賢集　劉長卿集　方雄飛集　李君虞
集　王無功集　張承吉集　儲光羲集　鄭都官
集　李益集　武伯蒼集　司空曙集　李端集
張喬集　韓雄集　楊巨源集　陸暢集　周賀集
張繼集　李頻集　朱慶餘集　林嵩集　王棨
集　李頎集　郎士元集　于鵠集　李廓集　李
峴集　于鄴集　于武陵集　冷朝陽集　祖詠集

鄭巢集　綦毋潛集　周濆集　竇叔向集　雍
裕之集　李適集　劉憲集　武平一集　趙彥昭
集　陶翰集　盧象集　竇華集　秦韜玉集　包
幼正集　蘇味道集　徐鴻集　崔湜集　李遠集
王勃集　孫逖集　崔顥集　羅昭諫集　王司
馬集　顧非熊集　崔國符集　柳倓集　唐求集
顧佐銘集　王涯詩又宮詞　張仲素歌詞　張
拾遺筆詩　令狐楚歌詞　武元衡集　李公垂集
朱灣集　朱放集　高蟾集　楊衡集　沈彬集

林寬集　嚴郾集　章碣集　崔曙集　曹唐集
劉滄集　鳴臯集　曹鄴集　趙嘏集　戎昱集
劉得仁集　許堂集　馬戴集　項斯集　姚鵠
集　汪遵集　陳羽集　聶夷中集　于濆集　劉
駕集　王昌齡集　崔道融東浮集　章孝標集
劉威集　崔櫓集　石臺集　孟貫集　司馬禮集
李九齡集　僧靈一集　僧無可集　僧修睦集
皇甫冉集　殷堯藩集　韓琮集　喻坦之集
徐凝集　溫飛卿集　韓偓集　司空圖集　杜荀

鶴集　韓偓香奩集　王建宮詞集　王建集　大
曆浙東聯句　竇氏聯珠集　羅虬比紅兒集　蜀
花蕊夫人宮詞　常建集　裴說集　周朴集　劉
乙集　李昌符集　李山甫集　周繇集　龔霖集
熊登集　鄭宗集　鄭愚集　徐浩集　羊諤集
包何集　崔顥集　張南史集　李羣玉集　于
勃集　李咸用集　方千集　南唐李建勳集　眞
宗皇帝集　徽宗皇帝集　范質集　陶穀集　張
洎集　李志集　徐鉉集　賈黃中集　蘇易簡集

宋白集　田錫咸平集　王元之小畜集　錢希白金鑾集　寇萊公巴東集　丁晉公集　楊文公武夷集又别集　宋宣獻祕殿常山集　晏元獻二府集　紫薇集　劉筠榮遇集　錢文禧擁旄集　伊川集　李邯鄲書殿集　又筆語　百文莊集　郴仲塗集　宋宣獻操漫集　緹巾集　宋景文集　范文正集　余襄公集　石守道徂徠集　李太白盱江集　蘇國老集　趙彦若儒林舊德集　歐公集　江鄰幾集　梅聖俞集　蘇子美集　二尹

集　蔡君謨集　杜默詩豪集　章望之道窮集　王文公臨川集　張安道樂全集　又玉堂集　曾子固南豐類稿　又續稿　王逢原集　王深文集　王容季集　王覿集　劉原父集　劉貢父集　王元澤集　王和父集　王平甫集　曾子宣集　曾子開集　老蘇嘉祐集　東坡前後集　子由欒城集　三蘇遺文　韓忠獻安陽集　司馬子政集　龐莊敏清風集　范蜀公集　呂政獻集　韓持國南陽集　王岐公華集　元厚之玉堂制集　玉堂詩集　青啓集　文潞公集　韓魏公集　祖擇之范陽集　陳述古古靈先生集　宋敏求東觀絶筆　王原叔遺文　鄭毅夫鄖溪集　彭器資集　王岩叟大名集　劉中肅集　李邦直集　楊元素集　錢穆父集　强幾聖集　周濂溪集　明道先生集　伊川先生集　横渠先生集　胡文恭集　呂元均集　陸農師集　呂南公灌園集　馮文簡集　范忠宣集　章子厚内制集　王子發元豐懷遇集　徐仲車集　龔輔之東原集　鄭錢夫西塘

集　黄魯直集　張文潛集　秦少游淮海集　晁無咎雞肋集　陳后山集　趙承之集　李之儀姑溪集　范淳父集　張浮休集　李成季樂静集　王澤民集　三沈先生集　齊祖之賢良集　任德翁乘桴集　游定夫集　黄冕仲演山集　陳了齋集　鄒道鄉集　晁説之集　李格非集　張天覺集　田承君集　劉斯立集　瞿德符集　鄧考功集　唐子西集　廖明略集　呂希純紫微集　楊傑無爲集　畢仲游西臺集　清江三孔集　李薦

中裔水集　林子中集　邢和叔集　蔡天啓浮王
集　又丹楊集　二林集　葉棣集　鮑富清風集
羅正之赤城集　吳思道集　王防集　邢淳夫
呻吟集　劉揮東歸集　戚同文孟諸集　馬子才
集　杜澤民鄆城集　劉偉明集　愼伯筠集　黃
長睿東觀餘論　林和靖集　鄧奭枅欄集　石孝
若集　王賢良策論　沈興宗集　吳准集　李新
跨鼇集　徐德占進卷集　洪駒父考圃集　徐夫
人集　女郎曹希蘊詩　女郎謝希孟詩　鄭褒集

張乖崖集　孫明復陽集　向文簡公集　呂獻
可集　楊文公刀筆集　歐陽公刀筆集　宋景文
刀筆集　東坡刀筆集　王癸集　張臺卿盤父集
周行已集　呂與叔芸閣集　程俱北山集　呂
叔巽集　謝無逸集　謝幼盤集　呂居仁集　楊
龜山集　王初寮集　梅執禮集　毛友爛柯集
蘇後湖集　曾紆空青集　蘇籀雙溪集　許志仁
集　王瞻叔集　韓子蒼陵陽集　李忠愍集　高
彥先東溪集　龐佑甫白蘋集　鮑欽心集　林元

凱集　秦會之表集　張叔夜集　周少隱梯米集
張全眞集　周麟之集　汪彥之集　陳簡齋內
外制　孫叔詣內外制　綦叔厚內外制　湯進之
內外制　林待聘內外制　葉石林集略　邵公濟
集　呂元直集　李漢老草堂集　翟公巽集　張
右丞集　王居正竹西集　沈與求龜溪集　方秘
監集　吳則禮集　張巨山集　朱喬年韋齋集
胡世將集　劉行簡集　能叔雅集　趙德莊集
朱伯原集　鄭戒之集　程仁奏稿進卷　林伯仁

集　陳知默集　李先之章貢集　陳邦光集　畢
良史集　又繙經堂詩　倪綺川集　章叔度集
胡五峰詩　葛文康丹陽集　葛謙問歸愚集
李吉先集　曹直講集　傳察集　傅安道集　張
南軒集　張于湖集　李宜言集　竹軒雜著　苗
彥先集　邵緝荆谿集　游畏齋集　仲彌性集
馮蹇叔集　芮國器集　梁文靖集　汪端明內志
集　洪景盧內外制　趙莊叔集　王夢得集　程正
伯集　錢聞詩全室翁集　曹勛松隱集　曾覿蓮

社集　張鎡南湖集　黃陳詩注　李襄公詩　袁
遯翁詩　關子東詩　鄭諶詩　林和靖詩　蔡堅
老詩　徐師堅東湖集　邵堯夫擊壤集　强常州
詩　危先生詩　劉景文横槊集　陳子高天台集
汪彥章遯荆公詩　張商英西山倡和　會稽公
倡和　陳簡齋集　王君玉詩　吳思道詩　孔氏
詩戲　趙叔靈詩　晁君成詩　鄒德久和陶詩
劉無言詩　姚揆詩　夏均父詩　汪信民集　朱
新仲詩　周元忠詩　張彥實東窗詩集　朱喬年

玉瀾集　藏海居士詩　呂景實詩　唐仁傑詩
晁伯封丘詩集　蘭齋岳陽紀咏　趙獻簡詩　蕭
溪詩集　楊誠齋詩　陸務觀詩　羅端良詩

章奏類

唐魏鄭公諫章　唐郭子儀奏議　唐陸宣公奏議
唐李絳論事集　唐鄭畋論事集　唐于公異奏
記集　唐令和楚表奏集　唐李磎奏議　唐韋莊
諫草　南唐陳致雍曲臺奏議　唐名臣奏議　趙
韓王諫稿　王元之奏議　田錫奏議　富鄭公劄
子奏議集　韓魏公諫垣存草　范蜀公奏議　呂
獻可奏議　歐陽文忠從諫集　龐莊敏奏議　賈
魏公奏議　孫威明奏議　包孝肅奏議　徐襄公
諫草　趙清獻奏議　楊元素熙寧臺章　又熙寧
諫疏　王明叟奏議　王岩叟大名餘稿　又奏議
傳堯俞奏議　梁燾奏議　王荆公奏議　呂汲
公奏議　文路公奏議　劉忠肅奏議　韓持國奏
議　范忠宣國論　蘇文忠奏議　蘇黃門奏議
劉器之盡言集　曾子開奏議　范德孺奏議　趙

瞻奏議　陳次升奏議　任德翁奏議　常安民詔
聖諫疏　孫升元祐諫疏　上官均奏議　龔諫議
奏議　李公擇奏議　蔡敏肅奏議　江民表奏議
鄒忠公奏議　蔡韜臺章　劉孝肅奏議　張天
覺奏議　孫内韓經緯集　錢彥遠諫垣集　張芸
叟奏議　錢安道奏議　董令升奏議　劉侍制諫
草　傅先生奏議　丁騭奏議　林子中奏議　鉄
肝御史奏議　陳間樂奏議　呂居仁奏議　李伯
紀奏記　陳國佐奏議　張全眞奏議　蘇季眞奏

議　張且叟奏議　劉大中奏議　趙忠簡奏議
宋石林奏議　林待聘奏議　霍叔豹
奏議　曾元忠奏議　石侍御風憲集　張魏公奏
議　范元長奏議　分門名臣奏議　骨鯁奏議
三老奏議　元祐章疏　建炎以來章疏　戊午讜
議　田錫章疏別集　范文正奏議　又政府奏議
朱光庭奏議　吳執中奏議　陳公輔奏議　范
忠宣彈事　王韶熙河奏議　馬仲塗奏議　劉隨
諫草

總集類
楚詞　洪氏補注楚詞　晁氏定楚詞　晁氏續離
騷　晁氏變騷　周少隱楚詞贅説　天問章句
古文章　古文苑　李善注文選　李善五注文選
文苑英華　孔逭文苑　西漢文類　秦漢遺文
三國志文類　漢唐策要　唐文粹　唐史文類
南北雜文　類文　聖宗文粹　皇朝文鑑　本
朝二百家文粹　四先生文粹　西漢詔令　兩漢
詔令　唐大詔令　咸通表奏　大中制誥　太平
内制　五代制誥　唐以後詔勅錄　本朝太詔令
玉堂集　中興玉堂制草　續玉堂制草　續西
垣制草　唐章奏類　唐類表　輔弼名對　本朝
羣公奏議節要　唐賢長表　唐人類啓　唐臨淮
尺題　唐羽書集　本朝尺牘　仕塗必用　詞林
類稿　龍筋鳳髓判　余襄公判詞　典麗賦　宏
詞總類　羣策綦要　韶武遺音　古詩選　唐五
言詩　唐七言詩　續增五言七言詩　古樂府
樂府詩集　唐百家詩選　皇宋百家詩　樂府逸

詞　花間集　江西詩派　詩苑英華　唐中興間
氣集　唐河岳英靈集　太平文華　唐又玄集
大曆浙東聯句　羣英聯句　西昆詩　實刻褒章
聲畫集　玉臺新咏并後集　唐才調詩　唐詩
類選　九釋詩　宋文海　緘啓新範　名賢四六
集　皇朝制誥　瑶池集　成都文類　廬陵集并
續集　丹陽集　楊州集又賦　岳陽名賢詩　許
昌倡和集　漢南酧唱　吳興詩　嚴州集　一天台
詩文　桃源詩　汝川圖集　石鼓山詩　嚴州詩

齊安集　干越紀咏　京口集　延平集　湟州集　金山詩　荆門集　石橋詩　池陽集　括蒼集　小有洞庭前後集　江夏紀咏　滁陽慶曆集　無爲集　廬山集　宣城集　華鎮會稽覽古詩

文史類

梁劉勰文心雕龍　梁任昉文章緣起　梁鍾嶸詩品　晉李克翰林論　馮鑑修文要訣　唐登科題解　文選同異　詩史音辨　詩史總目正異　詩話集錄　詩苑類格　敘事詩話　詩談　韻語陽

秋　黃微詩話　周少隱詩話　王明之詩話　王性之詩事 并後記　苕溪漁隱叢話　筆墨閒錄　凡見錄廣類　烏臺詩話　詩話雋永　靜照詩話　唐宋詩話　洪駒父詩話　詩話總龜　漢皐詩話　歸叟詩話

樂曲類

唐花間集　馮延巳陽春集　黃魯直詞　秦淮海詞　晏叔原詞　晁次膺詞　東坡詞　王逐客詞　李后主詞　楊元素本事曲　曲選　四英樂府　錦屏樂章　樂府雅詞

予生晚不及拜遂初先生聞儲書之盛又恨不能如劉道原假館于春明者寶慶初元冬得罪南遷過錫山訪前廣德使君則書厄于火者累月矣爲之徬皇不忍去因惟國朝以來藏書之盛鮮有乆而弗厄者孫長孺自唐僖宗爲榜書樓二字國朝之藏書者莫先焉二百年間再燬于火江元叔及江南吳越之藏凡數萬卷爲臧僕竊去市人裂之以籍物其入于安陸張氏者傳之未幾一篋之富僅供一炊王文康李

文正廬山劉壯輿南陽井氏皆以藏書名凡未久而失之宋宣獻兼有畢文簡楊文莊二家之書不減中秘而元符中蕩爲烟埃晁文元累世所藏自中原無事時已有火厄至政和甲午之灾尺素不存斯理也殆不可曉聖賢不過托之憲言以垂世示後所以共天命而植民彝也兼收並蓄博覽精索以淑其身以待後之人此何辜于天而厄之爾極也使子孫不能守如江張王李諸家是故可恨若孫宋晁氏則子孫知守之矣而火攻其外剡如尤氏子孫克世厥家滋

莫可曉雖然是穮是蓘雖有饑饉亦有豐年吾知有
穮蓘耳豐凶非我知也尤氏子孫其尚思所以勿替
先志云臨邛魏了翁跋
李太史燾云延之于書靡不觀觀書靡不記每公退
則閉戶謝客日計手抄若干古書其子弟及諸女亦
抄書一日謂予曰吾所抄書今若干卷將彙而目之
飢讀之以當肉寒讀之以當裘孤寂而讀之以當友
朋幽憂而讀之以當金石琴瑟也

右遂初堂書目一卷按直齋陳氏書錄解題曰錫山
遂初堂書目〈五五〉
尤氏尚書袤延之淳熙名臣藏書至多法書尤富嘗
燼于火今其存無幾矣　吳郡陸友仁書

説郛目録

弓第十一

輶軒絶代語

漢　楊雄

鬱悠惟慮願念思也

鬱晉宋衞閒謂之鬱悠猶鬱陶也惟凡思也慮謀思也願欲思也念常思也

眉梨耋鮐老也

東齊曰眉言秀眉也燕代北鄙曰梨言面色如東梨也宋衞曰耋言八十爲耋秦晉曰鮐言背皮如鮐魚也

養飵食也

陳楚閒相謁而食麥饘謂之養注云饘糜也楚曰飵上音非下音昨

朦厖豐大也

秦晉之閒凡大貌謂之朦或謂之厖燕趙北鄙凡大人謂之豐故燕記曰豐人杼首長也燕趙度物厲者豐圍朦音忙紅厖鴟鴞也

娃㜲窈窕豔美也

吳有館娃宮秦有榛娥宮秦晉閒美貌爲娥言娥娥也美狀爲窕言閑都也美色爲豔言光豔也美心爲窈言幽靜也榛音秦

奕偞容也

注云奕奕偞偞輕麗貌也自關以西凡美容謂之奕或謂之偞又好自謂之順言流澤也偞音葉同

私纖茷音鈸稺杪策小也

自關至梁益閒凡物小者謂之私繒帛之細者謂之纖凡草生而初達謂之茷言鋒萌始出也稺年少也木細枝謂之杪燕之北鄙謂之策齊又謂之蔑註云

如馬驂也傳曰慈毋之怒子也折蔑笞之其惠存焉耳

臺敵

東齊海之閒謂之臺自關以西凡物力同者謂之臺敵

餬託庱音孕寄也

寓食爲餬口傳言餬口四方是也凡寄爲託寄物爲庱

鼃鱗健子

東楚間凡人獸雙產者謂之釐孿秦晉間謂之連子
自關以東謂之孿生女謂之嫁子言往適人也東齊
婿爲倩言可惜倩也宮婢女厮謂之娠女厮言婦人
之供給使者也僆音輦孿音所患娠音振冋

亭公弩父

楚東海間亭父謂之亭公卒謂之弩父言主擔弩因
以爲名也

臧獲奴婢賤稱也

淮海間罵奴曰臧婢曰獲燕齊間民凡男而婿婢謂
之臧女而婦奴謂之獲又亡奴謂之臧亡婢謂之獲
醜稱爾

褸裂須捷敗也

南楚凡人貧衣被醜弊謂之須捷或謂褸裂注云衣
壞貌也左氏曰蓽路襤褸以啓山林蓽路柴車也褸
音縷

裗裾筩襫倒頓衼衸

秦晉間謂無緣之衣曰裗裾江湘之間謂複襦曰筩
襫大袴謂之倒頓小袴謂之衼衸充音皎了

屝屨麤

徐兗間謂之屝音翡自關而西謂之屨中有木者謂
之履鳥絲作者曰不借

酢餡

䬲自關西東謂之韋或謂之朁或謂之酢餡䬲音華
朁音岑餡音陷

繘綆

關東謂綆關西謂之繘綆皆汲繩也繘音橘

渠挐

把宋魏間謂之渠挐或曰渠疏又有齒爲杷無齒爲
朳挐音諸

特介

物無偶曰特獸無偶曰介傳曰澤有介麋

鋪頒索也

東齊曰鋪頒秦晉抖藪鋪音尃

魏盈怒也

燕之外郊朝鮮之間凡言呵叱者謂之魏盈

李父

陳魏間謂虎為李父江淮謂之李耳言虎食物值耳卽止觸其諱也又謂之於虤音烏塗關西或謂虎伯都

鶡鴠

鳥似鷄色五色冬亦無毛常赤倮晝夜鳴音侃旦宋魏間謂之定甲或曰獨春言好自低昂也

飛鼠

蝙蝠自關以東謂之鶪翼或曰飛鼠或曰仙鼠北燕謂之蟙螚音職墨

輶軒絶代語八　五

守宮諸名

秦晉謂之守宮或曰蠦蝘又曰刺易又曰蝘蜓其在澤中者易蜥楚曰蛇醫又曰蠑螈又曰蝀蠔桂木又大者蛤蚧盧纏斯侯檠原六音

舟楫諸名

江湖間大舡曰舸小舸曰艖音叉小艖曰艒小艒艏曰艇長而薄者曰艜音帶短而深者曰艄音步小而深者曰艓音卯方舟謂之艞艁舟謂之浮梁艁音造楫曰橈或曰櫂所以隱棹曰槳槳搖櫓小楫也所以縣櫂曰緝繫緝索也所以刺舟曰篙維謂之艡係舡也首謂之閤今江東呼舡為飛閭或曰鷁首今舟前所作靑雀是也後曰舳今呼為舵舳制未也偽謂之仡仡不安也仡音吾勃偽音訛舡搖動傾側之貌也

螻蛄曰社狗

南楚間名

笛師

𧒄燕趙間名曰蠓螉音蒙翁其小者蠛蠓六而客者曰壺𧒄注穿竹木作孔有客者謂之笛師

輶軒絶代語八　六

鼻祖

鼻始也獸之初生謂之鼻人之初生謂之首梁益謂鼻為初或謂之祖

巨斧

兖豫間謂螗蜋為巨斧

獨斷

漢　蔡邕

漢天子正號曰皇帝自稱曰朕臣民稱之曰陛下其言曰制詔史官記事曰上車馬衣服器械百物曰乘輿所在曰行在所所居曰禁中後曰省中印曰璽所至曰幸所進曰御其命令一曰策書二曰制書三曰詔書四曰戒書

皇帝皇王后帝皆君也上古天子庖犧氏神農氏稱皇堯舜稱帝夏殷周稱王秦承周末爲漢驅除自以

德兼三皇功包五帝故并以爲號漢高祖受命功德宜之因而不改也

王者至尊四號之別名

王畿內之所稱王有天下故稱王

天王諸夏之所稱天下之所歸往故稱天王

天子　之所稱父天母地故稱天子

天家百官小吏之所稱天子無外以天下爲家故稱天家

天子正號之別名

皇帝至尊之稱皇者煌也盛德煌煌無所不照帝者諦也能行天道事天審諦故稱皇帝

朕我也古者尊卑共之貴賤不嫌則可同號之義也堯曰朕在位七十載皐陶與帝舜言曰朕言惠可底行屈原曰朕皇考此其義也至秦天子獨以爲稱漢因而不改也

陛下者陛階也所由升堂也天子必有近臣執兵陳于陛側以戒不虞謂之陛下者羣臣與天子言不敢指斥天子故呼在陛下者而告之因卑達尊之意也上書亦如之及羣臣士庶相與言曰殿下閤下執事

之屬皆此類也

上者尊位所在也太史令司馬遷記事當言帝則依違但言上不敢渫瀆言尊號尊王之義也

乘輿出於律律曰敢盜乘輿服御物謂天子所服食者也天子至尊不敢渫瀆言之故托之于乘輿乘猶載也輿猶車也天子以天下爲家不以京師宮室爲常處則當乘車輿以行天下故羣臣託乘輿以言之或謂之車駕

天子自謂曰行在所猶言今雖在京師行所至耳巡狩天下所奏事處皆爲宫在京師曰奏長安宫在泰山則曰奏奉高宫唯當時所在或曰朝廷亦依違尊者所都連舉朝廷以言之也親近侍從官稱曰大家百官小吏稱曰天家

禁中者門戸有禁非侍御者不得入故曰禁中孝元皇后父大司馬陽平侯名禁當時避之故曰省中今宜改後遂無復言之者

璽者印也印者信也天子璽以玉螭虎紐古者尊卑

共之月令曰固封璽春秋左氏傳曰魯襄公在楚季武子使公冶問璽書追而與之此諸侯大夫印稱璽者也衛宏曰秦以前民皆以金玉爲印龍虎紐唯其所好然則秦以來天子獨以印稱璽又獨以玉羣臣莫敢用也

幸者宜幸也世俗謂幸爲僥倖車駕所至臣民被其德澤以僥倖故曰幸也先帝故事所至見長吏三老官屬親臨軒作樂賜食皁帛越巾刀佩帶民爵有級數或賜田租之半是故謂之幸皆非其所當得而得之王仲任曰君子無幸而有不幸小人有幸而無不幸春秋傳曰民之多幸國之不幸也言民之得所不當得故謂之幸然則人主必慎所幸也御者進也凡衣服加于身飲食入于口妃妾接于寢皆曰御親愛者皆曰幸

策書策者簡也禮曰不滿百文不書于策其制長二尺短者半之其次一長一短兩編下附篆書起年月日稱皇帝曰以命諸侯王三公其諸侯王三公之薨于位者亦以策書誄謚其行而賜之如諸侯之策三

公以罪免亦賜策文體如上策而隸書以尺一木兩行唯此爲異者也

制書帝者制度之命也其文曰制詔三公赦令贖令之屬是也刺史太守相劾奏申下土遷書文亦如之其徵爲九卿若遷京師近官則言官具言姓名其免若得罪無姓凡制書有印使符下遠近皆璽封尚書令印重封唯赦令贖令召三公詣朝堂受制書司徒印封露布下州郡

詔書者詔誥也有三品其文曰告某官官如故事是

爲詔書羣臣有所奏請尚書令奏之下有制曰天子答之曰可若下某官云云亦曰詔書羣臣有所奏請無尚書令奏制字則答曰已奏如書本官下所當至亦曰詔

戒書戒勑刺史太守及三邊營官被勑文曰有詔勑某官是爲戒勑也世皆名此爲策書失之遠矣

凡羣臣上書于天子者有四名一曰章二曰奏三曰表四曰駮議

章者需頭稱稽首上書謝恩陳事詣闕通者也

奏者亦需頭其京師官但言稽首下言稽首以聞其中者所請若罪法劾案公府送御史臺公卿校尉送謁者臺也

表者不需頭上言臣某言下言臣某誠惶誠恐頓首頓首死罪死罪左方下附曰某官臣某甲上文多用編兩行文少以五行詣尚書通者也公卿校尉諸將不言姓大夫以下有同姓官別者言姓章曰報聞公卿使謁者將大夫以下至吏民尚書左丞奏聞報可表文報已奏如書凡章表皆啓封其言密事得皁囊盛其有疑事公卿百官會議若臺閣有所正處而獨執異意者曰駮議駮議曰某官某甲議以爲如是下言臣愚戇議異其非駮議不言議異其合于上意者文報曰某官某甲議可

漢承秦法羣臣上書皆言昧死言王莽盜位慕古法去昧死曰稽首光武因而不改朝臣曰稽首頓首非朝臣曰稽首再拜公卿侍中尚書衣帛而朝曰朝臣諸營校尉將大夫以下亦爲朝臣

王者臨撫之別名天子曰兆民諸侯曰萬民(今之令長古之)

諸侯百乘之家曰百姓(百姓之家子男之國也)

天子所都曰京師京水也地下之衆者莫過于水地上之衆者莫過于人京大師衆也故曰京師也

京師天子之畿内千里象日月日月纏炙千里

天子命令之別名一曰命(出君下臣名曰命)二曰令(奉而行之名曰令)三曰政(著之竹帛名曰政)

天子父事天母事地兄事日姊事月常以春分朝日于東門之外示有所尊訓人民事君之道也秋夕夕月于西門之外別陰陽之義也

天子父事三老者適成于天地人也兄事五更者訓于五品也更者長也更相代至五也能以善道改更巳也又三老老謂久也舊也壽也皆取首妻男女完具者古者天子親袒割牲執醬而饋三公設几九卿正履使者安車輭輪送迎而至其家天子獨拜于屏其明旦三老詣闕謝以其禮過厚故也又五更或爲叟叟老稱與三老同義也

三代建正之別名夏以十三月爲正十寸爲尺律中太簇言萬物始簇而生故以爲正也殷以十二月爲

正九寸爲尺律中太呂言陰氣太勝助黃鍾宣氣而萬物生故以爲正也周以十一月爲正八寸爲尺律中黃鍾言陽氣踵黃泉而出故以爲正也

三代年歲之別名唐虞曰載載歲也言一歲莫不覆載故曰載也夏曰歲一曰稔也商曰祀周曰年

閏月者所以補小月之減日以正歲數故三年一閏五年再閏

天子諸侯后妃夫人之別名天子之妃曰后后之言後也諸侯之妃曰夫人夫之言扶也大夫曰孺人孺之言屬也士曰婦人婦之言服也庶人曰妻妻之言齊也公侯有夫人有世婦有妻有妾皇后赤綬玉璽貴人緺綟金印緺綟色似綠

天子后立六宮之別名三夫人帝嚳有四妃以象后妃四星其一明者爲正妃三者爲次妃也九嬪夏后氏增以三三而九合十二人春秋天子一取十二夏制也二十七世婦殷人又增三九二十七合三十九人八十一御女周人上法帝嚳正妃又九九八十一增之合百二十人也天子一取十二女象十二月三

夫人九嬪諸侯一取九女象九州一妻八妾卿大夫一妻二妾士一妻二妾

王者子女封邑之差帝之女曰公主儀比諸侯帝之姊妹曰長公主儀比諸侯王異姓婦女以恩澤封者曰君比長公主

天子諸侯宗廟之別名左宗廟東曰左帝牲牢三月在外牢一月在中牢一月在明牢一月謂近明堂也三月一時巳足肥矣徙之三月示其潔也右社稷西曰右宗廟社稷皆在庫門之內雉門之外天子三昭

三穆與太祖之廟七七廟一壇一墠曰考廟王考廟皇考廟顯考廟祖考廟皆月祭之諸侯二昭二穆與太祖之廟五五廟一壇一墠曰考廟王考廟皇考廟皆月祭之

大夫以下廟之別名大夫一昭一穆與太祖之廟三三廟一壇考廟王廟四時祭之也士一廟降大夫二也上士二廟一壇考廟王考廟亦四時祭之而已自立二祀曰門曰行下士一廟曰考廟王考無廟而祭之所謂祖稱曰廟者也亦立二祀與上士同府史以

下未有爵命號爲庶人及庶人皆無廟四時祭于寢也

周祧文武爲祧四時祭之而已去祧爲壇去壇爲墠有禱焉祭之無禱乃止去墠曰鬼壇謂築土起堂墠謂築土而無屋者也

薦考妣于適寢之所祭春薦韭卵夏薦麥魚秋薦黍豚冬薦稻鴈制無常牲取與新物相宜而已

天子之宗社曰泰社天子所爲羣姓立社也天子之社曰王社一曰帝社古者有命將行師必于此社授以政尚書曰用命賞于祖不用命戮于社

諸侯爲百姓立社曰國社諸侯之社曰侯社

亡國之社古者天子亦取亡國之社以分諸侯使爲社以自儆戒屋之掩其上使不通天柴其下使不通地自與天地絕也面北向陰示滅亡也

大夫以下成羣立社曰置社大夫不得特立社與民族居百姓以上則共一社今之里社是也

天子社稷土壇方廣五丈諸侯半之

天子社稷皆太牢諸侯社稷皆少牢

天子爲羣姓立七祀之別名曰司命曰中霤曰國行曰國門曰泰厲曰戶曰竈

諸侯爲國立五祀之別名曰司命曰中霤曰國門曰國行曰公厲

大夫以下自立三祀之別名曰族厲曰門曰行

五祀之別名門秋爲少陰其氣收成祀之于門祀門之禮北面設主于門左樞戶春爲少陽其氣始出生養祀之于戶祀戶之禮南面設主于門內之西行冬爲太陰盛寒爲水祀之于行在廟門外之西軷壤厚

二尺廣五尺輪四尺北面設主于軷上（一作軷壤）竈夏爲太陽其氣長養祀之于竈祀竈之禮在廟門外之東先席于門奥西東設主于竈陘也中霤季夏之月土氣始盛其祀中霤霤神在室祀中霤設主于牖下也

五方正神之别名東方之神其帝太昊其神勾芒南方之神其帝神農其神祝融西方之神其帝少昊其神蓐收北方之神其帝顓頊其神玄冥中央之神其帝黄帝其神后土

六神之别名風伯神箕星也其象在天能興風雨師神畢星也其象在天能興雨明星神一曰靈星其象在天舊說曰靈星火星也一曰龍星火爲天田厲山氏之子柱及后稷能殖百穀以利天下故祠此三神以報其功也漢書稱高帝五年初置靈官祠后土祠位在壬地社神蓋共工氏之子勾龍也能平水土帝顓頊之世舉以爲土正天下賴其功堯祠以爲社凡樹社者欲令萬民加肅敬也各以其野所宜之木以名其社及其野位在未地稷神蓋厲山氏之子柱也柱能植百穀帝顓頊之世舉以爲田正天下賴其功周棄亦播殖百穀以稷五穀之長也因以稷名其神也社稷二神功同故同堂别壇俱在未位土地廣博不可徧覆故封社稷露之者必受霜露以達天地之氣樹之者尊而表之使人望見則加畏敬也先農神先農者蓋神農之神神農作耒耜教民耕農至少昊之世置九農之官如左

春扈氏（扈止也）農正趣民耕種（鳥鴝）夏扈氏農正趣民芸除（亥切）秋扈氏農正趣民收斂（藍切）冬扈氏農正趣民蓋藏（黄切）棘扈氏農正常謂茅氏一曰掌人百果（丹切）行扈

氏農正晝爲民驅鳥（唶唶）宵扈氏農正夜爲民驅獸（嘖嘖）桑扈氏農正趣民養蠶（脂切）老扈氏農正趣民收麥（鷃鷃）

疫神帝顓頊有三子生而亡去爲鬼其一者居江水是爲瘟鬼其一者居若水是爲魍魎其一者居人宮室樞隅處善驚小兒于是命方相氏黄金四目蒙以熊皮玄衣朱裳執戈揚楯常以歲竟十二月從百隸及童兒而時儺以索宮中敺疫鬼也桃弧棘矢土鼓鼓且射之以赤丸五穀播灑之以除疾殃已而立桃人葦索儋牙虎神荼鬱壘以執之儋牙虎神荼鬱壘

二神海中有度朔之山上有桃木蟠屈三千里卑枝
東北有鬼門萬鬼所出入也神荼與鬱壘二神居其
門主閱領諸鬼其惡害之鬼執以葦索食虎故十二
月歲竟常以先臘之夜逐除之也乃畫荼壘并懸葦
索于門戶以禦凶也
四代稱臘之別名夏曰嘉平殷曰清祀周曰大蜡漢
曰臘
五帝臘祖之別名青帝以未臘卯祖（青帝太昊木行）赤帝以
戌臘午祖（赤帝炎帝火行）白帝以丑臘酉祖（白帝少昊金行）黑帝以

辰臘子祖（黑帝顓頊水行）黃帝以辰臘未祖（黃帝軒轅后土土行）
天子大蜡八神之別名蜡之言索也祭曰索此八神
而祭之也大同小異爲位相對向祝曰土反其宅水
歸其壑昆蟲毋作豐年若上歲取千百
先嗇　司嗇　農
郵表畷　貓虎（貓食田鼠虎食田豕迎其神而祭之）
坊　水庸　昆蟲
五祀之別名（祀臣五義）法施于民則祀以死勤事則祀以
勞定國則祀能禦大災則祀能扞大患則祀

六號之別名神號尊其名更爲美稱若曰皇天上帝
也鬼號若曰皇祖伯某祇號若曰后土地祇也牲號
牛曰一元大武羊曰柔毛之屬也齊號黍曰薌合粱
曰香萁之屬也幣號玉曰嘉玉幣曰量幣之屬也
凡祭宗廟禮牲之別名牛曰一元大武豕曰剛鬣豚
曰腯肥羊曰柔毛雞曰翰音犬曰羹獻雉曰疏趾兔
曰明視
凡祭號牲物異于人者所以尊鬼神也脯曰尹祭槀
魚曰商祭鮮魚曰脡祭水曰清滌酒曰清酌黍曰薌

合粱曰香萁稻曰嘉疏鹽曰鹹鹺玉曰嘉玉幣曰量
幣
大祝掌六祝之辭順祝願豐年也年祝求永貞也告
祝祈福祥也化祝弭災兵也瑞祝逆時雨寧風旱也
策祝遠罪病也
宗廟所歌施之別名清廟一章八句洛邑既成諸侯
朝見宗祀文王之所歌也維天之命一章八句告太
平于文王之所歌也維清一章五句奏象武之所歌
也烈文一章十三句成王即政諸侯助祭之所歌也

天作一章七句祀先王公之所歌也昊天有成命一章七句郊祀天地之所歌也我將一章十句祀文王于明堂之所歌也時邁一章十五句廵守告祭柴望之所歌也執競一章十四句祀武王之所歌也思文一章八句祀后稷配天之所歌也臣工一章十句諸侯助祭遣之于廟之所歌也噫嘻一章八句春夏祈穀于上帝之所歌也振鷺一章八句二王之後來助祭之所歌也豐年一章七句蒸嘗秋冬之所歌也有瞽一章十三句始作樂合諸樂而奏之所歌也潛一

章六句季冬薦魚春獻鮪之所歌也雝一章十六句禘太祖之所歌也載見一章十四句諸侯始見于武王廟之所歌也有客一章十三句微子來見祖廟之所歌也武一章七句奏大武周武所定一代之樂之所歌也閔予小子一章十一句成王除武王之喪將始卽政朝于廟之所歌也訪落一章十二句成王謀政于廟之所歌也敬之一章十二句羣臣進戒嗣王之所歌也小毖一章八句嗣王求忠臣助己之所歌也載芟一章三十一句春籍田祈社稷之所歌也良耜一章二十二句秋報社稷之所歌也絲衣一章九句繹賓尸之所歌也酌一章九句告成大武言能酌先祖之道以養天下之所歌也桓一章九句師祭講武類禡之所歌也賚一章六句大封于廟賜有德之所歌也般一章七句廵狩祀四嶽河海之所歌也右詩三十一章皆天子之禮樂也

五等爵之別名三公者天子之相相助也助理天下其地方百里侯者候也候逆順也其地方百里伯者白也明白于德其地方七十里子者滋也奉天王之恩德其地方五十里男者任也立功業以化民其地

方五十里一云周制也

守者秦置也秦兼天下置三川守伊河洛也漢改曰河南守武帝會曰太守世祖都洛陽改曰正

諸侯大小之差諸侯王皇子封爲王者稱曰諸侯王徹侯羣臣異姓有功封者稱曰徹侯避武帝諱改曰通侯或曰列侯也朝侯諸侯有功德者天子特命爲諸侯位次諸卿

王者耕籍田之別名天子三推三公五推卿諸侯九

推
三代學校之別名夏曰校殷曰序周曰庠天子曰辟雍謂流水四面如璧以節觀者諸侯曰頖宮頖言半也義亦如上
五帝三代樂之別名黄帝曰雲門顓頊曰六莖帝嚳曰五英堯曰咸池舜曰大韶一曰大招夏曰大夏殷曰大濩周曰大武天子八佾八八六十四人八者象八風所以風化天下也公之樂六佾象六律也侯之樂四佾象四時也

朝士卿朝之法左九棘孤卿大夫位也羣臣在其後右九棘公侯伯子男位也羣吏在其後三槐三公之位也州長衆庶在其後
四代獄之別名唐虞曰士官史記曰皐陶爲理尚書曰皐陶作士夏曰均臺周曰囹圄漢曰獄
四夷樂之別名王者必作四夷之樂以定天下之歡心祭神明和而歌之以管樂爲之聲東方曰韎南方曰任西方曰侏離一作禁北方曰禁一作昧
易曰帝出乎震震者木也言宓犧氏始以木德王天下也木生火故宓犧氏沒神農氏以火德繼之火生土故神農氏沒黄帝以土德繼之土生金故黄帝沒少昊氏以金德繼之金生水故少昊氏沒顓頊氏以水德繼之水生木故顓頊氏沒帝嚳氏以木德繼之木生火故帝嚳氏沒帝堯氏以火德繼之火生土故帝舜氏以土德繼之土生金故夏禹氏以金德繼之金生水故殷湯氏以水德繼之水生木故周武以木德繼之木生火故高祖以火德繼之
伏羲爲太昊氏炎帝爲神農氏黄帝爲軒轅氏少昊

爲金天氏顓頊爲高陽氏帝嚳爲高辛氏帝堯爲陶唐氏帝舜爲有虞氏夏禹爲夏后氏湯爲殷商氏
武王爲周
高祖爲漢
高帝 在位十二年生惠帝
惠帝 七年無後
呂后攝政 八年立惠帝弟代王爲文帝
文帝 二十三年生景帝
景帝 十六年生武帝

武帝五十四年 生昭帝
昭帝十三年無後立先 衞太子孫爲宣帝
宣帝二十五年 生元帝
元帝十六年 生成帝
成帝二十六年無後立弟 定陶王子爲哀帝
哀帝五年無後立弟中 山王子爲平帝
平帝五年王 莽篡
王莽十六年劉 聖公殺之
聖公二年光 武殺之

光武三十三年 生明帝
明帝十八年 生章帝
章帝十三年 生和帝
和帝十七年 生殤帝
殤帝一年無後取清 河王子爲安帝
安帝十九年 生順帝
順帝十九年 生沖帝
沖帝一年無後取和帝孫 安樂王子爲質帝
質帝一年無後取河間敬王 孫蠡吾侯子爲桓帝

桓帝二十一年無後取解 瀆侯子立爲靈帝
靈帝二十二年生史侯董卓殺 之立史侯弟陳留王爲帝

從高帝至桓帝三百八十六年除王莽劉聖公三百六十六年從高祖乙未至今壬子歲四百一十年呂后王莽不入數高帝以甲午歲即位以乙未爲元

帝嫡妃曰皇后帝母曰皇太后帝祖母曰太皇太后其衆號皆如帝之稱秦漢以來少帝即位后代而攝政稱皇太后詔不言制漢興惠帝崩少帝弘立太后攝政哀帝崩平帝幼孝元王皇后以太皇太后攝政

和帝崩殤帝崩安帝幼和熹鄧皇后攝政孝順崩沖帝質帝桓帝皆幼順烈梁后攝政桓帝崩今上即位桓思竇后攝政后攝政則后臨前殿朝羣臣后東面少帝西面羣臣奏事上書皆爲兩通一詣太后一詣少帝

一世二世三世四世五世六世七世八世九世十世
十一世十二世十三世十四世十五世十六世

中山孝王 平帝
定陶共王 哀帝

高祖帝　惠帝　文帝　景帝　武帝　昭帝

戾太子　史皇孫　宣帝　元帝　武帝

長沙定王　舂陵節侯　鬱林太守　鉅鹿都尉　南頓令　光武帝　明帝　章帝　和帝　殤帝

清河孝王　安帝　順帝　沖帝

千乘貞王　樂安夷王　渤海孝王　質帝

河間孝王　蠡吾侯翼　桓帝

解犢亭侯淑　解犢亭侯萇　靈帝　獻帝

文帝弟雖在三禮兄弟不相爲後文帝郎高祖子于惠帝兄弟也故不爲惠帝後而爲第二宣帝弟次昭

帝史皇孫之子於昭帝爲兄孫以係祖不得上與父齊故爲七世光武雖在十二于父子之次于成帝爲兄弟于哀帝爲諸父于平帝爲父祖皆不可爲之後至元帝于光武爲父故上繼元帝而爲九世故河圖曰赤九世會昌謂光武也十世以光謂孝明也十一以興謂孝章也成雖在九哀雖在十平雖在十一不稱次

宗廟之制古學以爲人君之居前有朝後有寢終則前制廟以象朝後制寢以象寢廟以藏主列昭穆寢有衣冠几杖象生之具總謂之宮月令曰先薦寢廟詩云公侯之宮頌曰寢廟奕奕言相連也是皆其文也古不墓祭至秦始皇出寢起居于墓側漢因而不改故今陵上稱寢殿有起居衣冠象生之備皆古寢之意也居西都時高帝以下毎帝各別立廟月備法駕遊衣冠又未定迭毀之禮元帝時丞相匡衡御史大夫貢禹乃以經義處正罷遊衣冠毀先帝親盡之廟高帝爲太祖孝文爲太宗孝武爲世宗孝宣爲中宗祖宗廟皆世世奉祠其餘惠景以下皆毀五年而

稱殷祭猶古之禘祫也殷祭則及諸毀廟非殷祭則祖宗而已光武中興都洛陽乃合高祖以下至平帝爲一廟藏十一帝主于其中元帝于光武爲禰故雖非宗而不毀也後嗣遵承遂常奉祀光武舉天下以再受命復漢祚更起廟稱世祖孝明臨崩遺詔遵儉毋起寢廟藏主于世祖廟孝章不敢違是後遵承藏主于世祖廟皆如孝明之禮而園陵皆自起寢廟孝明曰顯宗孝章曰肅宗是後踵前孝和曰穆宗孝安曰恭宗孝順曰敬宗孝桓曰威宗唯殤沖質三少帝

皆以未踰年而崩不列于宗廟四時就陵上祭寢而已今洛陽諸陵皆以晦望二十四氣伏社臘及四時日上飯大官送用園令食監典省其親陵所宮人隨鼓漏理被枕具盥水陳嚴具天子以正月五日畢供後上原陵以次周徧公卿百官皆從四姓小侯諸侯家婦凡與先帝先后有瓜葛者及諸侯王大夫郡國計吏匈奴朝者西國侍子皆會尚書官屬陛西除下先帝神座後大夫計吏皆當軒下占其郡穀價四方災異欲皆使先帝魂神具聞之遂于親陵各賜計吏

而遣之正月上丁祠南郊禮畢次北郊明堂高祖廟世祖廟謂之五供五供畢以次上陵也四時宗廟用牲十八太牢皆有副倅西廟五主高帝文帝武帝宣帝元帝也高帝爲高祖文帝爲太宗武帝爲世宗宣帝爲中宗其廟皆不毁孝元功薄當毁光武復天下屬第于元帝爲子以元帝爲禰廟故列于祖宗後嗣因承遂不毁也

東廟七主光武明帝章帝和帝安帝順帝桓帝也光武爲世祖明帝爲顯宗章帝爲肅宗和帝爲穆宗安帝爲恭宗順帝爲敬宗桓帝爲威宗廟皆不毁少帝未踰年而崩皆不入廟以陵寢爲廟者三殤帝康陵沖帝懷陵質帝静陵是也追號爲后者三章帝宋貴人曰敬隱后葬北陵安帝祖母也清河孝德皇后安帝母也章帝梁貴人曰恭懷后葬西陵和帝母也安帝張貴人曰恭敏后葬北陵順帝母也

兩廟十二主三少帝三后故用十八太牢也

漢家不言禘祫五年而再殷祭則西廟惠帝景昭皆别祠成哀平三帝以非光武所後藏主長安故高廟

四時祠于東廟京兆尹侍祠衣冠車服如太常祠行陵廟之禮順帝母故云姓李或姓張高祖得天下而父在上尊號曰太上皇不言帝非天子也孝宣繼孝昭帝其父曰史皇孫祖父曰衛太子太子以罪廢及皇孫皆死宣帝但起園陵長承奉守不敢加尊號于祖父也光武繼孝元亦不敢加尊號于祖父也世祖父南頓令曰皇考祖鉅鹿都尉曰皇祖曾祖鬱林太守曰皇曾祖高祖舂陵節侯曰皇高祖起陵廟置章陵以奉祠之而已至殤帝崩無子弟安帝以和帝兄

于從清河王子卽尊號依高帝尊父爲太上皇之義追號父清河王曰孝德皇順帝崩沖帝無子弟立樂安王子是爲質帝帝偪於順烈梁后父大將軍梁冀未得尊其父而崩桓帝以蠡吾侯子卽尊位追尊父蠡吾先侯曰孝崇皇母匽太夫人曰孝崇后祖父河間孝王曰孝穆皇祖母妃曰孝穆后桓帝崩無子今上卽位追尊父解犢侯曰孝仁皇母董夫人曰孝仁后祖父河間敬王曰孝元皇祖母夏妃曰孝元后

天子大社以五色土爲壇皇子封爲王者受天子之

社土以所封之方色東方受青南方受赤他如其方色苴以白茅授之各以其所封方之色歸國以立社故謂之受茅土漢興以皇子封爲王者得茅土其他功臣及鄉亭他姓公侯各以其戶數租入爲限不受茅土亦不立社也

漢制皇子封爲王者其實古諸侯也周末諸侯或稱王而漢天子自以皇帝爲稱故以王號加之總名諸侯王子弟封爲侯者謂之諸侯羣臣異姓有功封者謂之徹侯後避武帝諱改曰通侯法律家皆曰列侯功德優盛朝廷所異者賜位特進位在三公下其次朝侯位次九卿下皆平冕文衣侍祠郊廟稱侍祠侯其次下士但侍祠無朝位次小國侯以肺腑宿衞親公主子孫奉墳墓在京者亦隨時見會謂之猥朝侯也

巡狩校獵還公卿以下陳洛陽都亭前街上乘輿到公卿下拜天子下車公卿親識顏色然後還宫古語曰在車則下惟此時施行

正月朝賀三公奉璧上殿向御座北面太常贊曰皇

帝爲君興三公伏皇帝坐乃進璧古語曰御坐則起此之謂也舊儀三公以下月朝後省常以六月朔十月朔旦朝後又以盛暑省六月朝故今獨以爲正月十月朔朝也冬至陽氣始起麋鹿解角故寢兵鼓身欲寧志欲靜不聽事送迎五日臘者歲終大祭縱吏民宴飲非迎氣故但送不迎正月歲首亦如臘儀冬至陽氣起君道長故賀夏至陰氣起君道衰故不賀鼓以動衆鍾以止衆夜漏盡鼓鳴則起晝漏盡鍾鳴則息也

天子出車駕次第謂之鹵簿有大駕有小駕有法駕大駕則公卿奉引大將軍參乘太僕御屬車八十一乘備千乘萬騎在長安時出祠天子甘泉備之百官有其儀注名曰甘泉鹵簿中興以來希用之先帝時時備大駕上原陵他不常用唯遭大喪乃施之法駕公卿不在鹵簿中唯河南尹執金吾洛陽令奉引侍中參乘奉車郎御屬車三十六乘北郊明堂則省諸副車小駕祠宗廟用之每出太僕奉駕上鹵簿于尚書侍中中常侍侍御史主者郎令史皆執注以督整

諸軍車騎春秋上陵令又省于小駕直事尚書一人從令以下皆先行

法駕上所乘曰金根車駕六馬有五色安車五色立車各一皆駕四馬是謂五時副車俗人名之曰五帝車非也又有戎立車以征伐三蓋車名耕根車一名芝車親耕籍田乘之又有蹋猪車幔輪有畫田獵乘之綠車名曰皇孫車天子孫乘之以從

凡乘輿車皆羽蓋金華爪黃屋左纛金鍐方釳繁纓重轂副牽

黃屋者蓋以黃爲裏也

左纛者以氂牛尾爲之大如斗在最後左騑馬騣上

金鍐者馬冠也高廣各四寸如玉華形在馬騣前方釳者鐵廣數寸在騣後有三孔插翟尾其中繁纓在馬膺前如索帬者是也

重轂者轂外復有一轂施牽其外乃復設牽施銅金鋑形如緹亞飛軨以緹油廣八寸長注地左畫蒼龍右白虎繫軸頭今二千石亦然但無畫耳

前驅有九斿雲罕闟戟皮軒鑾旗車皆大夫載鑾旗

者編羽毛引繫橦旁俗人名之曰雞翹車非也後有金鉦黃鉞黃門鼓車古者諸侯貳車九乘秦滅九國兼其車服故大駕屬車八十一乘也尚書御史乘之最後一車懸豹尾以前皆皮軒虎皮爲之也

永安七年建金根耕根諸御車皆一轅或四馬或六馬金根箱輪皆以金鏄正黃兩臂前後刻金以作龍虎鳥龜形上但以青縑爲蓋羽毛無後戶

冕冠周曰爵弁殷曰冔夏曰收皆以三十升漆布爲殼廣八寸長尺二寸加爵冕其上周黑而赤如爵頭

之色前小後大殷黑而微白前大後小夏純黑而赤前小後大皆有收以持笄詩曰常服黼冔禮朱干玉戚冔而舞大武周書曰王與大夫盡弁古皆以布中古以絲孔子曰麻冕禮也今也純儉漢雲翹冠樂祠天地五郊舞者服之冕冠垂旒周禮天子冕前後垂延朱綠藻有十二旒公侯大夫各有差別漢興至孝明帝永平二年詔有司採尚書皐陶篇及周官禮記定而制焉皆廣七寸長尺二寸前圓後方朱綠裏而玄上前垂四寸後垂三寸繫白玉珠於其端是爲十

二旒組纓如其綬之色三公及諸侯之祠者朱綠九旒青玉珠卿大夫七旒黑玉珠皆有前無後組纓各視其綬之色旁垂黈纊當耳郊天地祠宗廟祀明堂則冠之衣黼衣佩玉佩履絢履孔子曰服周之冕鄙人不識謂之平天冠

天子冠通天冠諸侯王冠遠遊冠公侯冠進賢冠公王三梁卿大夫尚書二千石博士冠兩梁千石六百石以下至小吏冠一梁天子公卿特進朝侯祀天地明堂皆冠平

天子十二旒三公九諸侯卿七其纓與組各如其綬之色衣玄上纁下日月星辰山龍華蟲祠宗廟則長冠袀玄其武官太尉以下及侍中常侍皆冠惠文冠侍中常侍加貂蟬御史冠法冠謁者冠高山冠其鄉射行禮公卿冠委貌衣玄端執事者皮弁服宮門僕射冠却非大樂郊社祝舞者冠建華其狀如婦人縷簏迎氣五郊舞者所冠亦爲冕車駕出後有巧士冠其冠似高山冠而小

幘者古之卑賤執事不冠者之所服也孝武帝幸館陶公主家召見董偃傳青褠綠幘主贊曰主家庖

人臣偃昧死再拜謁上爲之起乃賜衣冠引上殿董仲舒武帝時人其上兩書曰執事者皆赤幘知皆不冠者之所服也元帝額有壯髮不欲使人見始進幘服之羣臣皆隨焉然尚無巾如今半幘而已王莽無髮乃施巾故語曰王莽禿幘施屋冠進賢者宜長耳冠惠文者宜短耳各隨所宜

通天冠天子常服漢服受之秦禮無文遠遊冠諸侯王所服展筩無山禮無文高山冠齊冠也一曰側注

高九寸鐵爲卷梁不展筩無山秦制行人使官所冠今謁者服之禮無文太傅胡公說曰高山冠蓋齊王冠也秦滅齊以其君冠賜謁者

進賢冠文官服之前高七寸後三寸長八寸公侯三梁卿大夫尚書博士兩梁千石八百石以下一梁漢制禮無文

法冠楚冠也一曰柱後惠文冠高五寸以纚裹鐵柱卷秦制執法服之今御史廷尉監平服之謂之獬豸冠獬豸獸名蓋一角今冠兩角以獬豸爲名非也太

傅胡公說曰左氏傳有南冠而縶者國語曰南冠以如夏姬是知南冠蓋楚之冠秦滅楚以其君冠賜御史

武冠或曰繁冠今謂之大冠武官服之侍中中常侍加黃金附貂蟬鼠尾飾之太傅胡公說曰趙武靈王効胡服始施貂蟬之飾秦滅趙以其君冠賜侍中

齊冠或曰長冠竹裏以纚高七寸廣三寸形制如板高祖冠以竹皮爲之謂之劉氏冠楚制禮無文鄙人不識謂之鵲尾冠

建華冠以鐵爲柱卷貫大珠九枚今以銅爲珠形制似縷簏記曰知天文者服之左傳曰鄭子臧好聚鷸冠前圖以爲此制是也天地五郊明堂月令舞者服之

方山冠以五采縠爲之漢祀宗廟大享八佾樂五行舞人服之衣冠各從其行之色如其方色而舞焉

術士冠前圓吳制邐迤四重趙武靈王好服之今者不用其說未聞

巧士冠高五寸要後相通埽除從官服之禮無文

却非冠宮門僕射者服之禮無文

樊噲冠漢將軍樊噲造次所冠以入項籍營廣七寸前出四寸司馬殿門大護衛士服之

却敵冠前高四寸通長四寸後高三寸監門衛士服之禮無文

珠冕爵冔收通天冠進賢冠長冠緇布冠委貌冠皮弁惠文冠古者天子冠所加者其次在漢禮

帝謚

違拂不成曰隱　靖民則法曰黃　翼善傳聖曰堯

仁聖盛明曰舜　殘人多壘曰桀　殘義損善曰紂

慈惠愛親曰孝　愛民好與曰惠　聖善同文曰宣
聲聞宣遠曰昭　克定禍亂曰武　聰明睿智曰獻
溫柔聖善曰懿　布德執義曰穆　仁義說民曰元
安仁立政曰神　布綱治紀曰平　亂而不損曰靈
保民耆艾曰明　辟土有德曰襄　貞心大度曰匡
大慮慈民曰定　知過能改曰恭　不生其國曰聲
一德不懈曰簡　夙興夜寐曰敬　清白自守曰貞
柔德好衆曰靖　安樂治民曰康　小心畏忌曰僖
中身早折曰悼　慈仁和民曰順　好勇致力曰莊

恭人短折曰哀　在國逢難曰愍　名實過爽曰繆
壅遏不通曰幽　暴虐無親曰厲　致志大圖曰景
辟土兼國曰桓　經緯天地曰文　執義揚善曰懷
短折不成曰殤　去禮遠衆曰煬　怠政外交曰攜
治典不敷曰祈一作震

臆乘

宋　楊伯嵒

經史字音　經史中字詮音韻世人流傳訛舛不以爲嫌談話及散文中用之故無害若夫對偶與夫押韻詎可不審哉今聊疏數字　魁梧梧去聲西漢　敉梧梧音悟項羽傳　膠膠上聲莊子　榷酤酤上獲切武帝紀　隱几隱去聲孟子莊子

粟馬　秣馬也西漢匈奴傳云以爲漢兵不能至乃粟馬注云以粟秣馬蕃用詩鴛鴦篇乘馬在廄摧之秣之注秣粟也前摧之用粟字已奇注又云無事則委之以莝有事乃予之以穀若螢馬穀馬尤奇

枉渚岐汪　陸士龍荅張士然詩通波激枉渚五臣注枉渚是今曲池之義楚辭九章云發枉渚又小灣曰枉渚郭璞江賦曰音岐成渚云岐山岸曲處江水潮因曲成渚此又岐渚也

思牢竹　南番思牢國產竹質甚澁可以礪指甲唐崔鶠詩云一自出輕芒皚皚落微雪又李商隱射魚曲云思牢弩箭磨清石綉額蠻渠三虎力是知亦可作箭今東廣新州有此種製琴樣爲礪甲之具但微滑

當以酸漿漬之過信則溢後視字書六書豪韻勞字下註云篾勞竹名淮南子云女夷鼓吹以思天和以長穀禽鳥草木註云女夷主春夏長養之神也郭璞江賦云水夷倚浪以傲睨注云水仙人也

鼎卦雉膏　鼎卦雉膏不食云美也黃山谷詩數面欣羊胛論詩喜雉膏乃借用美之意唐張演先有詩云雉膏美景在萊陰紅蓋丹盱次第尋羊胛即夷狄傳曰入烹羊胛熟東方巳明說文曰未戴角曰膏

衢尊　明尊人皆用之淮南子云聖人之道猶中衢而

致尊邪注云道通謂之衢尊酒器也六尊爲衢尊人絕未用晁無咎和東坡梅詩云一篇尚可三致意醆人酌去如衢尊盍用此也

柳花柳絮　柳花與柳絮迥然不同生於葉間成穗作鵝黃色者花也花既褪就帶結實其實之熟亂飛如綿者絮也古今吟咏往往以絮爲花以花爲絮畧無分別可發一笑杜工部詩有雀啄江頭黃柳花又有坐惜柳絮白於綿之句則花與絮不同顯然可見又曰糝徑楊花鋪白氊得非又一時鹵莽而然邪

墨墨　墨無也新序晉平公開居師曠侍坐平公曰子生無目眹甚矣子之墨墨也曠對曰國有五墨墨而不危者未之有也臣之墨墨耶墨耳何害乎國家哉

棹磬　內則舅姑若使介婦毋敢敵偶於冢婦不敢並行不敢並命不敢並坐注云不敢棹磬齊人以絞訐爲棹磬崔云北海人以相激事爲棹磬棹徒釣反

科頭　俗謂不冠謂科頭此二字出史記張儀傳注云謂不着兜鍪入敵

朝定眞兮　契丹主聞唐莊宗爲亂兵所害哭曰我朝

定猶華言朋友也眞兮遺命也出莊子山木篇桑雩曰舜之將死眞兮禹曰汝戒之哉形莫若緣情莫若率注兮曉也謂以眞道曉語禹也

司馬遷言李陵轉鬪千里矢盡道窮士張空拳漢書文穎註曰拳弓弩拳也師古曰拳去權反字與綣同又音眷李善注文選援李登聲類云拳或作捲言兵巳盡但張空拳以擊耳桓寬鹽鐵論曰陳勝奮空捲而破百萬之軍顏師古讀爲拳者謬矣拳則屈指不當言張陵時矢盡故張弩之空弓非手拳巳今流俗

謂奮空拳蓋以拳手之拳則失之矣

容齋隨筆備載樂天詩中字音異處蒙嘗暇隙徧閱集中如四十著緋軍司馬司作入聲四絃不似琵琶聲琵字作入聲爲問長安月誰教不相離相字上聲紅樓許住否樓鑰請不用否請字並作平聲池通淺沮溝沮秋夜切歸來無可可霑衣下可字可紇切穿衣妨寬袖妨字作去聲如此之類意其爲方言或一時借用耳政如少陵詩會須上番看成竹番字作上聲恰似春風相欺得相字作入聲其義一也若曰巳絃

臆乘　四

趣數彈數字從速切恐如孟子數罟不入洿池又曰鬼嶷字並上聲恐如韓文聖德頌頌嶽抵嶷嶷崴音我又曰捫腹方果然果字音顆此却正用莊子逍遙遊腹猶果然汪若火切又曰荅然無所有荅音塔亦正用莊子齊物南郭子綦嗒然似喪其偶嗒字吐荅切又詩曰作底歡娛過此夜作音做正如韓文方橋如此做又曰栢譏喜過喜字去聲此史中多用之如漢陳遵傳道大喜之又十八人名空一人空字去聲正如選詩潭影空人心又云司馬人間冗長官長字去聲正用陸機文賦無故取乎冗長是也又有非本韻而叶韻呼者乃方言耳夘有盡君花下醉青春盡字音津上聲窰銀中貴帶窣字去聲飄然轉旋迴雲程旋字去聲匹如元是九江人匹字去聲醉依香枕坐依字烏皆切却未知所據俟扣博聞者

茶名茶之所産六經載之詳矣獨異美之名未備謝氏論茶曰此丹丘之仙茶勝烏程之御舞不止味同露液白况霜華豈可爲酪蒼頭便應代酒從事揚衒之作洛陽伽藍記日食有駱奴指茶爲酪粥之奴也

臆乘　五

杜牧之詩山寔東南秀茶稱瑞草魁皮日休詩十分前皐盧曹鄴詩劒外尤華美施肩吾詩茶爲滌煩子酒爲忘憂君此見於詩文者若南越志若苦澁爲之果羅北苑曰葉布絶品豫章曰白露曰白茅南劒曰石花曰鑊芽東川曰獸目湖常具白茶荀壽州曰黃弟禰問曰生弟露弟岳陽曰含膏外此無多頗疑似者不書若蟾背蝦須鵲舌蝌眼瑟瑟歷霏霏靄及鼓浪湧泉琉璃眼碧玉池又皆茶事中天然偶字也

丈二尺一个俗語丈二尸一之類亦有所本前漢匈

奴傳尺一牘尺二寸牘嚴加傳丈二之組後漢陳蕃
傳尺一選舉李雲傳一尺一并用考記注芠長丈二
杜少陵詩同歸尺五天容齋隨筆畧載今詳書之
責負漢高帝紀折券棄負師古注次簡牘爲契券折
毁之棄其所負其谷永傳起責分利愛謝師古注曰
古富貴有錢於他人次取利息今之人謂放債取債
盎本諸此殊不知周禮天官小宰聽稱責以傳別注
稱責爲貸予傳別謂券也舉此言之則起責之説其
來尚矣

續釋常談常引白樂天鶺鴒之句觧未得其似鶺鴒
鶺之鴒世多寫爲鵪殊不知乃鴨字按丁度集韻鵪
字在入聲三十三狎韻内與鴨字一同若鶺屬當從
鴒在下平聲二十二覃韻與鶴鴿鶴鵲一同
雲族莊子云雲氣不待族而雨族聚也未聚而雨言
澤少也李義山雪賦云雲市飄蕩當從於月月窟淅
瀝合隨於雲市云族云市亦奇字
宰相稱號史傳載居相位妍醜之稱如漢袁盎呼申
屠嘉曰愚相公孫弘贊曰儒相田千秋曰直丞相張
蒼贊曰名相翟方進曰通明相後漢杜林曰任職相
晉謝安曰風流宰相武后呼杜景佺憲宗稱李絳俱
曰眞宰相唐盧懷愼曰伴食宰相蘇環蘇頲贊曰再
世爲賢宰相開播曰盲宰相楊再思曰癡宰相本朝
李沆曰聖相丁謂曰鶴相杜衍曰清白宰相陳升之
曰筌相蔡確曰三旨丞相呼人爵之崇莫若秉軸淑
慝之行皆得而議焉不可不謹也
古人自以公稱者獨范蠡曰陶朱公人號之者晉諸
葛恢曰黑頭公宋沈慶之犂蠻號曰蒼頭公梁張緬

曰百六公齊何戢曰小斯楮公後魏于栗磾曰黑稍
公古弼曰筆頭公北齊訴惇曰長鬣公齊鬣公崔日謙
曰白鬚公後周韋瓊帝呼曰逍遥公唐李德裕稱牛
僧孺曰大牢公
若翁號則漢田蚡駡竇嬰曰一禿翁北齊武成帝小
字曰鳧翁唐盧從愿帝稱曰多白翁竇鞏人號曰囁
嚅翁陸羽自稱曰桑苧翁杜牧自號曰樊川翁本朝
黄魯直自號涪翁張師雄人嘲之曰蜜翁
郎如晉桓冲小字曰買得郎人稱吳周瑜曰周郎晉

謝道韞稱夫王凝之曰王郎何晏曰何郎粉郎潘岳曰潘郎檀郎宋玉僧虔曰王郎齊江敎曰江郎劉顯父曰劉郎梁顧恊曰顧郎北齊盧師道曰盧郎袁聿修曰清郎後周獨孤信曰獨孤郎隋滕穆王曰楊郎宇文晶曰宇文王郎唐明皇曰三郎張昌宗曰六郎元結曰漫郎錢起曰錢郎程元報曰十郎蕭悅曰蕭郎劉禹錫自稱曰劉郎五季閩王王審知曰白馬三郎乃皆郎稱也

如晉王敦曰可兒司馬曰犬子唐白居易姪曰羅兒

龜兒皆是小字也後漢賈復稱其子曰大宛兒雀遲曰癩兒人稱者漢東方朔曰偷桃小兒祖蜀譙周曰長兒晉王衍呼裴逸曰白眼兒山濤稱王衍曰寧馨兒後魏長孫業諸子曰鐵小兒鸒曰聖小兒唐楊倹蘇特曰黃面兒五季李業曰僂羅兒李信曰牧羊兒乃皆兒稱也

以童得名則漢中軍曰終童後漢杜安晉潘岳唐李百藥俱曰奇童齊鬱林王曰蕙童

以奴得名晉桓嗣曰豹奴王濛曰阿奴石崇曰齊奴潘岳曰檀奴後漢古弼帝稱曰齊奴孫騰曰僧奴宋小字也晉陸機人罵曰貉奴明帝人號曰鮮卑奴宋廢帝稱父武帝曰齄奴後漢古弼帝稱曰筆頭奴唐顏杲卿罵安祿山曰牧羊　本朝梅聖俞呼謝師直曰錦衣奴

魄莫物之虛浮而不堅實者俗謂之魄莫嘗疑其無據及觀內則去其皽注云皮肉之上魄莫魄普各反莫音漠皽音䦎膜也

俗謂娶婦曰索妻關羽傳孫權遣使索羽女爲子婦

有隋書太子勇傳獨孤后曰爲伊索得元家女索妻之語葢本諸此後漢明帝永平四年詔京師冬無宿雪春不澳水注云言無暄潤之氣何平叔景福殿云冬不淒寒夏無炎燀國語亦云火無炎燀

俗稱果核中子曰仁或曰人相傳如此於義未明余謂當以仁是葢仁者生意之所寓謂百果得此爲發生之基

擊鮮世多用烹鮮字未若前漢陸賈傳曰數擊鮮毋久溷汝爲也注云擊殺鮮字美擊鮮二字爲勝劉汾

注引史記云數見不鮮謂言人之常情頻見則不美又引馬公傳不鮮謂漢人語而史記本傳注云不鮮之義乃必令鮮美作食莫令見鮮之不語按馬宮三公之位鼎足承君不有鮮明風守無以居位如是則人與所援不同未知孰是尚書益稷篇旣益奏庶鮮食註云鳥獸之食也無逸篇惠鮮鰥寡言窮民垂首喪氣文王之惠綏莫不鮮鮮然有生意鮮字鮮惠亦奇

莊馗王仲宣從軍詩館宅克壓里女士滿莊馗李善

注引韓詩肅肅兎罝施於中馗爾雅曰六達謂之莊九達謂之逵說文逵或作馗故毛詩兎罝云施于中逵莊馗蓋衢道之稱也

賈區胡建傳時監軍御史爲姦北軍穿垣以爲賈區師古曰坐賣曰賈古之爲區也小室之名若今小菴屋之類衛士之屋謂之區廬宿衛宮衛士稱爲區士也

行第前輩以第行稱多見之詩少陵稱謫仙爲十二鄭虔爲鄭十八嚴武爲嚴八鄭賁爲鄭十八蘇溪爲蘇四張建封爲張十三唐詥爲唐十五裴虬爲裴二李御爲十一文公稱王涯爲王二十李建爲李十一李逞爲李二十崔立之爲崔一十六熊署爲熊十一熊籍爲熊十八李正封爲李二十八馮宿爲馮十七侯喜爲侯十一柳州稱韓文公爲韓十八劉禹錫謂元稹爲元九又韋蘇州稱李澹爲李十九歐陽瞻稱徐晦爲徐十八錢起稱李勸爲李四李勉爲李七嚴父高適俱稱少陵爲杜二樂天稱劉夫敦爲劉三十二李大晷爲李二十王質夫爲王十八崔元亮爲崔

十八李義山稱社勝爲杜二十七李潘爲李十七趙滂爲趙十五令狐綯爲令狐八高適稱張旭爲張九陳子昻稱王兢無爲王二韋虛乙爲韋五趙眞固爲趙六李崇嗣爲李三儲光羲稱王維爲王十三皇甫毋稱郴郴州爲郴八鄭堪爲鄭三孟浩然稱張千容爲張八王摩詰稱韋穆爲韋十八山谷稱東坡爲蘇二後山稱少游爲秦七少游稱后山爲陳三山谷爲黃九

浹辰浹日左傳成公九年云浹辰之間楚克其三都

辰指十二辰自子至亥也周禮天官云浹日而斂之以甲至甲爲浹日凡十一日也

鬻爵事物紀元載鬻爵始於漢文帝受晁錯言令人入粟與官及援武帝靈帝事殊不知秦始皇時蝗蔽天下詔百姓納粟千石拜爵一級葢又在漢文之前也

行李左傳一介行李杜預曰行李使人通聘問者按古文使字從山从人从子豈悞以使字爲李字耶

出九山谷詩云肉食傾人如出九泹引律詩傳戲賤

臆乘　十二

物並停止出九和合者各令衆五日葢博徒勝則八十其負則出僕止以九云

絶字之義絶字義訓不同如子絶四者無也絶筆於獲麟之一句者止也韋編三絶者斷也絶妙好辭者奇也絶類離倫者冠也超絶物表者超也物倫已絶者息也相望遼絶者遠也烽烟始絶者熄也絶壁蒼蒼者峭極也意好殆絶者盡也絶江海者横渡也前漢武帝紀載衛將軍絶幕者謂直度匈奴沙土之界也

芥蔕世稱芥蔕或芥蔕徃徃字音皆未詳按文選張平子西京賦云睚眦蠆芥五臣注怒貌李善注引張揖子虛賦注曰蔕芥刺鯁也蠆與蔕同郭象莊子注亦云蠆芥

負茲曲禮云有負薪之憂孟子云有采薪之憂義皆相近周益公謝錮來曰介竹無功貎辭狠邵負茲有疾顧備祠官人謂誤寫不知公自注云出公羊威公十六年屬負茲注云屬托也諸侯疾稱負茲大夫稱犬馬士稱負薪此言托疾也

臆乘　十三

獻成發成斯干考室注考成也歌詩以落之又左傳欲與諸侯樂之饗大夫以落之然落有隕墜衰謝之義今人用落成非宜檀弓晉獻文子成室諸大夫焉注獻之謂賀也諸大夫亦發禮以徃獻之與發二字爲美一散李經載酒器如曰單尊爵觶角觥觚至後世有伯雅叔雅季雅大曰嫈尾觴號人皆知之詩簡今公言錫爵註惠下不過一散散酒爵也受五升此二字亦奇

縣竹管絃舊傳王羲之蘭亭修禊引用絲竹管絃字

故不入文選殊不知西漢張禹傳嘗用是四字矣義之用祖此而劉原父汪亦云絲竹管絃物二等爾於文爲駢

芥隱筆記序

上非博學之難能審思明辨之爲難古人固有耽玩典籍涉獵書記窮年皓首貪多務得者矣然履常蹈故誦書綴文趣了目前不求甚解疑誤相傳莫通倫類漫無所考按也　檢討龔公以學問文章知名當世諸公要人爭欲令出其門下自六藝百家諸史之籍無所不讀河圖洛書山鏡冢刻方言地志浮屠老子騷人墨客之類無所不記至於討論典故訂正事實辨明音訓評論文體雖片言隻字必欲推原是正俾學者知所依據此其閒居暇日有得於一時之誦覽者隨而錄之號曰筆記若夫他日當大典冊渙大號令則武夫感泣瘴老扶觀當埒燕許韋秉太史筆褒貶是非勸善懲惡凜然有遺直之風回視筆記特翰墨之游戲耳嘉泰改元監冬既望汶人劉董敬用鋟木于東寧郡庠庶侈其傳

芥隱筆記　宋　檢討龔公

八十一萬歲

李太白詩云拜龍顏獻聖壽北斗戾南山摧天子九九八十一萬歲歲歲長傾萬壽杯余嘗爲聖節詩用八十一萬歲事或問有所據否因舉此且云道藏雲笈七籤二帙混元聖紀云混元一始萬劫至于百成百成亦八十一萬年而有太初太初之時老君從虛空而下爲太初之師又自太上生後復八十一萬億

八十一萬歲乃生一炁

禍雙

荆公金陵懷古詩逸樂安知與禍雙雙字最佳史龜筴傳禍與福同州與德雙聖人察之以知吉

擲火萬里流鈴八衝　四目

杜牧之詩老翁四百牙爪利擲火萬里精神高蓋用天蓬呪蒼舌綠齒四目老翁而今本誤以目爲百爾擲火萬里亦用度人經擲火萬里流鈴八衝之語而東坡亦用之於芙蓉城詩云仙風鏘然韻流鈴也

東坡宸奎閣碑銘

東坡宸奎閣碑銘巍巍七皇體合自然神曜得道非有師傳蓋出八師經吾今自然神曜得道非有師也

蜂蠆

又蜂蠆發於懷袖出晉書鄒湛對晉文帝曰猛虎在山荷戈而出凡人能之蜂蠆發於懷袖勇夫爲之驚駭出於意外也　蜂蠆二字東坡屢用之

殺之三宥之三

東坡試刑賞忠厚之至論其間有云皐陶曰殺之三

堯曰宥之三梅聖俞以問蘇出何書答曰想當然耳此語蘇蓋宗曹孟德問孔北海武王伐紂以妲己賜周公出何典答曰以今準古想當然耳一時猝應亦有据依

退之用字

退之孔戣音逵誌銘云孔世三十八吾見其孫白而長身據說文卅而集反二十并也卉速達反三十并也冊先立反四十并也退之自謂識字故用之爲四字銘今刊正書者改作三十八非是　案玉篇卅字如拾切二十并也卉字

先闔切三十也卌先入切四十也廣韻二十七合卄字音䮧二十八盍又收

騰驤字

老杜瘦馬行此豈有意仍騰驤蓋用史記騶衍此豈有意阿世俗合而已哉意最爲奇

黃石白猿

杜牧之詩授圖黃石老學劒白猿翁蓋出庾信宇文盛墓誌云授圖黃石不無師表之心學劒白猿遂得風雲之志

折綿冰酒

芥隱筆記　八　三

山谷詩霜威能折綿風力欲冰酒蓋用阮籍詩陽和微弱陰氣竭海凍不流綿絮折呼吸不通寒冽冽庾肩吾詩勁氣方凝海清威正折綿張說塞上綿應折江南草可結語也

退之詩

歡華不滿眼咎責塞兩儀蓋用前漢叙傳福不盈眥禍溢於世

東坡泗州塔詩

耕田欲雨刈欲晴去得順風來者怨蓋用劉夢得同施于陸其時在澤伊穜之喜乃穋之厄同舟于江其時在風泝者之吉泝者之凶

杜子美詩

東坡謂老杜竊比稷與卨蓋求之於其詩殆舉十六相身尊道何高秦時用商鞅法令如牛毛意特有所指余以爲見此老容民畜衆之度莫若水深魚極樂林茂鳥知歸又林茂鳥歸水深魚知聚重言之此其意有在

滕王閣記

芥隱筆記　八　四

王勃滕王閣記落霞與孤鶩齊飛秋水共長天一色蓋宗庾子山華林馬射賦落花與芝蓋齊飛楊柳共春旗一色

退之用丞輔字

田氏先廟碑銘訖其外庸可作丞輔乃用呂氏春秋晉文公出亡反國介子推不肯受賞爲賦詩曰有龍于飛周徧天下五蛇從之爲之丞輔龍返其鄉得其處所四蛇從之得其露雨一蛇羞之槁死中野而刊正者以丞爲承其未知此歟

陳琳書

魏陳琳與曹洪書云縈帶爲垣高不可登折箸爲械堅不可入蓋宗畫地爲獄議不入刻木爲吏期不對

山谷用巴西字

山谷詩啜羹不如放麑樂羊終愧巴西按說苑樂羊爲魏將以攻中山其子在中山中山懸其子示樂羊樂羊不爲奪志攻之愈急中山因烹子而遺之樂羊食之盡一杯中山見其誠也不忍與其戰果下之遂爲魏文侯開地文侯賞其功而疑其心孟孫獵得麑

使秦西巴持歸其母隨而鳴秦西巴不忍縱而與之孟孫怒而逐秦西巴居一年召以爲太子傅左右曰夫秦西巴有罪於君今以爲太子傅何也孟孫曰夫以一麑而不忍又將能忍吾子乎山谷謂巴西可乎

退之越裳操辨田字

越裳操孰荒于門孰治于田四海既均越裳是臣詩定之方中靈雨既零命彼倌人星言夙駕說音稅于桑田顏師古急就章注古者田陳聲相近漢童謠邪徑賊良田讒口害善人桂樹華不實黃雀巢其顛易林噬嗑之未濟曰邪徑賊田政惡傷民節之井曰宣髮龍身爲王主田

閔巳賦辨寬字

退之閔巳賦獨閔閔其曷巳兮憑文章以自宣昔顏氏之庶幾兮在隱約而平寬固哲人之細事兮夫子乃嗟歎其賢詩考槃考槃在澗碩人之寬獨寐寤言永矢弗諼寬音區權切裕也寬也諼光元切

淮西碑辨謀字莫胡切

帝爲不聞與神爲謀易林比之家人曰懿公淺愚不

深受謀夫之乾曰狼戾靡謀無言不殊節之比曰張陳嘉謀贊成復都又淮蔡爲亂天子伐之詩死生契闊與子成說執子之手與子偕老于嗟闊兮不我活兮太玄斷首欲決不決爾仇不闕乃後有鉞成公綏天地賦斷鼇足而續毀鍊五色而補缺豈斯事之有徵將言者之虛設何陰陽之難測偉二儀之奓闊

辨古人用牙字吪胡切

毛穎傳今日之獲不角不牙衣褐之徒詩祈父予王之爪牙胡轉予于恤靡所止居易林訟之鼎曰虎聚

磨牙以待狁猪太玄首夷其牙或飫之徒豨毅其牙
發以張弧急就章欵冬貝母薑狼牙亭歷桔梗龜骨
枯楊雄豫州箴陪臣執命不慮不圖王室陵遲喪其
爪牙牙 吡胡切 齒也

古人用山字 所臻切

退之謝自然詩童騃無所識但聞有神仙輕生學其
術乃在金泉山詩斯于秩秩斯于幽幽南山古詩藁
砧今何在山上復有山何當大刀頭破鏡飛上天楚
詞招寃高堂邃宇檻層軒層臺累榭臨高山網戶朱

綴刻方連楊雄解嘲藺先生收功於章臺四皓采榮
於南山公孫創業於金馬驃騎發迹於祁連史記龜
筴傳河雖神賢不如崑崙之山漢書衛霍敘傳飲馬
翰海封狼居山西規太河列郡祁連山所旃切說文
山宣也祈連山名謂置郡至此

辨口字 孔五切

元和聖德詩疆外之險莫過蜀土韋皐去鎮劉闢守
後血人于牙不肯吐口詩正月不自我先不自我後
好言自口莠言自口憂心愈愈是以有侮正考父七耶
年鼎銘一命而僂再命而傴三命而俯循牆而走亦
莫余敢侮饘於是鬻於是以餬余口漢溝洫志白渠
之歌田於何所池陽谷口鄭國在前白渠起後舉臿
爲雲決渠爲雨涇水一石其泥數斗且溉且糞長我
禾黍衣食京師億萬之口上林賦出乎椒丘之闕行
乎州淤之浦徑乎桂林之中過乎泱莽之壄汩乎混
流順阿而下赴隘陿之口西京賦鄠杜生乎三百之
外傳聞於未聞之口曾髣髴其若夢未一隅之能覩

辨厚字 狼口切

又孩養無告仁滂施厚皇帝神聖通達先古詩巧言
蛇蛇碩言出自口矣巧言如簧顏之厚矣易林順之
節曰文王四乳仁愛篤厚枚叔七發貴人之子必宮
居而閨處飲食則温淳甘膬 音昌芮 脭 音呈 醲肥厚

辨畝字音 德補切

各安厥位訓厥甽畮 周禮畝字 正月元日初見宗祖詩南
山蓺麻如之何衡從其畝取妻如之何必告父母易
林歸妹之坤曰喘牛傷暑弗能成畝班固西都賦士
食舊德之名氏農服先疇之畎畝商修族世之所鬻

工用高曾之規矩
辨垢厚字
帝車回來日正當午御丹鳳門大赦天下滌濯刻湊
初而坊磨滅瑕垢續功臣嗣拔賢任耉孩養無告仁滂
施厚皇帝神聖通達先古下與厚皆下五切垢與耉皆果羽切
詩南山有臺南山有枸俱甫切有楰勇主切耉爲果羽切權
駟慰志賦闢四門以愽延兮彼幽牧之我舉分畫定
而計决兮豈云賁乎鄙耉陸機赂懷太子文嘗究遐
德登兹黄耉緝熙有晉克壯常宇

辨寫字音賞羽切
末乃取闕駭汗如寫揮刀紛紜爭切膾牖詩蓼蕭零
露湑兮我心寫兮是以有譽處兮寫賞羽切諺云書三
寫魚成魯帝成虎
辨閒字音居賢切
退之詩孟東野失子詩彼於女何有乃令蕃且延此
獨何罪辜生死旬日間詩還十畝之間兮桑者閑閑
兮行與子還兮漢李廣傳自以大黄射其裨將服注
日黄肩弩也晉灼日黄肩卽黄間也上林賦赤瑕駁
犖雜臿其間鼂采琬琰和氏出焉班固西都賦裛以
藻繡絡以綸連一作綸隨侯明月錯落其間曹植瑟瑟歌
東西經七陌南北越九阡卒遇回風起吹我入雲間
辨渴字音巨列切
送文暢師下開迷惑胷嘐音哮呼括切斸株檿音屈僧時
不聽瑩若飲水救渴列子黄帝之所聽瑩也詩君子
于役日之夕矣牛羊下括君子于役苟無飢渴易林
豫之賁曰泉閉滭竭黄庭經時念太倉不飢渴役使
六丁神女謁渴巨列切括古活切

辨乖字音公回切
猛虎行自矜無當對氣性縱以乖朝怒殺其子暮還
食其妃六月蓼蕭廢則恩澤乖矣湛露廢則萬國離
矣漢蘇武詩胡馬失其羣思心常依依何況雙飛龍
羽翼臨當乖漢律厤叙傳官失學微六家分乖一彼
一此庶研其幾崔駰達旨淳朴散離人物錯乖高辛
攸降厥趣各違王逸九思紛載矩兮高馳將洛詢兮
皇羲道何臯兮周流路變易兮時乖乖瞪切
辨稼字音古護切

送李愿歸盤谷序盤之中維子之宫盤之土維子之稼詩七月九月築場圃十月納禾稼易林豐之未濟曰沽洽時澍生我禾稼小過之大畜已雨溢過度傷害禾稼圃音溥故切稼古護切

辨角字音盧谷切

贈唐衢虎有爪兮牛有角虎可搏兮牛可觸詩麟之趾麟之角振振公族漢律曆志角觸也物觸地而出戴芒角也又曰角於角切東方朔傳曰臣以爲龍又無角謂之爲蛇又有足仲長統騰蛇弃鱗神龍喪角至人能變達士拔俗郭璞共工贊共工赫怒不用是觸

地虧巽維天缺乾角角盧谷切見資暇集

辨蛇字音唐河切

東方朔詩方朔聞不喜褫身絡蛟蛇贈相北斗柄兩手自相捘詩羔羊素絲五蛇委蛇委蛇易林曰長尾委蛇畫地成河楊雄反離騷既亡鸞車之幽藹兮駕八龍之委蛇臨江瀕而掩涕兮何有九招與九歌張衡西京賦感河馮懷湘娥驚蝄蜽皆水神惲蛟蛇郭璞流沙贊經帶西極頽塘委蛇注于里水汞溺餘波

辨降字音乎攻切

劉統軍碑琳後來降公不有功詩草蟲憂心忡忡我心則降孟子曰洚水者洪水也楚辭四用降歆徐邈皆乎攻切楊雄河東賦雲霏霏而來迎兮澤滲灕而下降鬱蕭條其幽藹兮滃烏孔切沈沛以豐隆馬融笛賦無相奪倫以宜八風律呂既和哀聲五降阮籍寄懷詩陽精蔽不見陰光代爲雄亭亭在須臾厭厭將復降

辨售字音

送劉師服詩齋財入市賣貴者常難售豈不久憔悴

爲功忘中休詩谷風賈用不售樂府壠頭水歌將頓樓蘭郭就解月支裘勿令如李牧功多信不售時周切賣物出手也

正餐字音須倫切餐音素餐千安切

祭嫂鄭夫人文念寒而衣念飢而餐音孫疾疹水火無災及身詩伐檀彼君子兮不素餐兮宋玉九辨竊慕詩人之遺風願託乎素餐蹇充詘而無端兮汨莽莽而無垠易林謙之坎曰懸鶉素餐餐非其任失亡遠民實勞我心餐餔也

哀字音於希切

祭周氏姪女文今當長歸與一世違凡汝親戚孰能不哀詩采薇我心傷悲莫知我哀説文從口衣聲爾雅哀哀懷報德也裴瑜音衣國語各聚其所有以待所歸兮猗兮違兮心之哀兮宋玉九辨靚杪秋之遥夜兮心慷慨而有哀春秋逴逴而日高兮然惆悵而自悲劉向九歎欲遷志而改操兮心紛結而未離外彷徨而遊覽兮内惻隱以含哀張衡南都賦布綠葉之萋萋敷華蘂之蓑蓑玄雲合而重陰谷風起而增哀

壹似字

退之聖德詩壹似堯禹壹似益用禮記夫子之言檀弓孔子過泰山側有婦人哭於墓者而哀夫子使子路問之曰子之哭也壹似重有憂者

用泐字

荆公常夷甫誌文石可泐也用考工記石有時以泐鄭司農注讀爲再扐而後掛之扐謂石解散也

荆公押而字

荆公在歐公坐分韻送裴如晦知吳江以黯然消魂唯别而已分韻時客與公八人荆公子美聖俞平甫老蘇姚子張焦伯強也時老蘇得而字押談詩究乎而荆公乃又作而字二詩采鯨抗波濤風作鱗之而益用周禮考工記旊人深其爪出其目作其鱗之而注之而頰頷也又云春風垂虹亭一杯湖上持傲兀何賓客兩忘我與而最爲工君子不欲多上人王蘇之憾未必不稔於此也

正老杜自平詩

杜詩自平宮中呂太一按唐史有兩呂宦官呂太一

爲廣南市舶使反故下云收兵南海千餘日復何其而説詩者紛紛不可曉至謂唐有自平宮開元中中書舍人呂太一與張嘉正號四優者又呂寧爲太一宮使尤謬

作詩下字來歷

史記秦虎狼之國也唐史太宗龍鳳之姿而子美郥陵詩云讖歸龍鳳質威定虎狼都各易一字最爲妙處洪氏辨證謂急急能鳴鴈輕輕不下鷗能鳴用莊子不下用列子語於此見其用出處下字之法

杜詩古今本不同

王仲言自宣城歸得杜甫詩三帙有南唐澄心堂紙有建鄴文房印沈思遠印及勑賜印筆法精妙殆能書者試考一二詩多與今本不同如憶李白詩白也詩無數飄然意不羣清新庾開府豪邁鮑參軍渭北春天樹江東日暮雲何時一樽酒重與話斯文九日詩乃云今朝醉裏爲君歡笑倩傍人爲正冠又再把茱萸子細看又芹泥隨燕觜蘂粉上蜂鬚宮草霏霏隨委佩雲近蓬萊常五色酒醒思汗簡已近苦寒夜

長貧怪婦愁雨映行宮辱贈詩騎馬誰家白面郎不通姓字麤疎甚忍待江山麗之類不可槩舉也

荊公用麥氣字

荊公晴日晩風生麥氣麥氣蓋用何遜新林分別詩麥氣始清和

老杜秦城字

三輔黃圖長安故城城南爲南斗形城北爲北斗形故號斗城何遜咸陽詩云城斗疑連漢老杜秦城近斗杓秦城北斗邊北斗故臨秦而秦中詩春城依北斗郢樹發南枝乃秦城耳劉夢得望賦亦云城依斗兮蘭干春亦無義亦不可對郢樹也

樂天詩

醉翁迂叟東坡之名皆出於白樂天詩云

荊公用歸字

荊公詩綠攪寒蕪出紅爭暖樹歸妙甚歸字蓋用老杜紅入桃花嫩青歸柳葉新李白寒雪梅中盡春風柳上歸意

老杜用受字進字逗字

老杜受字進字逗字最用工夫吹面受和風修竹不受暑飛燕受風斜野航恰受兩三人樹濕風凉進山谷進風凉殘生逗江漢遠逗錦江波陰鏗詩有行舟逗遠樹

作詩祖述有自

謝靈運有雲中辨煙樹天際識歸舟王僧儒有岸際樹難辨雲中鳥易識梁元帝有遠村雲裏出遙船天際歸陰鏗詩有天際晩帆孤天邊看遠樹大江靜猶浪老杜所以有江流靜猶湧雲中辨煙樹鑑詩有溥

雲巖際出初月波中上杜詩薄雲巖際宿孤月浪中
飜鏗有中川聞棹謳杜有中流聞棹謳鏗有范逐下
山風杜有雲逐度溪風祖述有自青出於藍也

作詩得意句

陳去非嘗語先君云吾平生得意十字云開門知有
雨老樹半身濕先君故効之作感興詩云夜半微雨
濕凌晨春草長謂願正云吾十字似有味後讀河嶽
英靈集閻防詩荒庭人何許老樹半空腹殷璠謂皎
然可佳殆亦有所祖云

唐朝酒價

丁晉公對眞廟唐酒價以三百亦出於一時耳若李
白金樽清酒斗十千白樂天共把十千酤一斗又軟
美仇家酒十千方得斗又十千一斗猶賖飲何況官
供不著錢又崔輔國與酤一斗酒恰用十千錢

八十爲八秩

禮年八十日有秩故以八十爲八秩又道家流用此
語白樂天屢用之自注行開第八秩可謂盡天年時俗謂七十以上爲開第八秩又云已開第七秩屈指幾多人

蒲仄聲桃　琵仄聲琶　調仄聲笑　司仄聲馬

樂天詩羌管吹楊柳燕姬酌蒲桃蒲桃太原酒名銀含鑿落
盞金屑琵琶槽泰再思記異錄温州朱史君有一妓
善胡琴忽亡念之追悼詩云魂飛寥今上諱鬼歸煙只
住人間十八年昨日施僧裙帶上斷腸猶繫琵琶絃
琵字亦從仄聲晉書阮咸傳唐元行沖傳琵琶字並無音唐書音訓外戚傳調笑音調
打嫌調笑易飲訝卷波遲調笑拋打曲名卷白波酒令燭淚連盤
壘蒲桃又對東溪野枇杷上林賦枇杷蒲桃皆無音
四十著緋軍司馬男兒官職未蹉跎一爲州司馬三

見歲重陽武元衡亦有唯有白鬚張司馬不言名利
尚相從

樂天用淵明詩

淵明詩弱女雖非男慰情良勝無故樂天云衰病四
十身嬌癡三歲女非男猶勝無慰情時一撫

東坡德星句

東坡詩斯人乃德星遺出虛危間用樂天德星降人
福時雨助歲功福似歲星移望如時雨至意

東坡用樂天詩格

樂天詩去歲暮春上巳共泛洛水中流今歲暮春上巳獨立香山下頭東坡用之爲海外上元詩東坡惠州上元夜詩前年侍玉輦端門萬枝燈云云今年江海上雲房寄山僧

樂天與子美詩一意

老杜安得廣厦千萬間大庇天下寒士倶歡顔嗚呼何時眼前突兀見此屋吾廬獨破受凍死亦足樂天百姓多寒誰可救一身雖煖亦何情安得大裘長萬丈一時都蓋洛陽城

李商隱詩

芥隱筆記　九

商隱有黜竄堯典舜典字塗改清廟生民詩樂天有毛詩三百篇後得文選六十卷中無

詩中用愛閑字

多病愛閑始見南史王儉傳樂天有經忙始愛閑劉夢得有功成却愛閑杜牧之有愛閑能有幾人來

老杜樂天詩語

詩中用而今疋如些些耳冷妬他欺我生以匆畱羸乖温瞰皆樂天語相仄聲欺有底也自也知差底斬新遮莫皆老杜詩

太史公司馬相如贊

太史公作司馬相如贊曰春秋推見至隱易本隱易以顯大雅言王公大人德逮黎庶小雅譏小巳之得失其流及上所以言雖外殊其合德一也而自序曰易著天地陰陽四時五行故長於變禮經紀人倫故長於行書記先王之事故長於政詩記山川谿谷禽獸草木牝牡雌雄故長於風樂樂所以立故長於和春秋辨是非故長於治人

魚千里

芥隱筆記　二十

山谷用魚千里事蓋出關尹子以盆爲沼以石爲塢魚環游之不知其幾千萬里也山谷屢用魚千里字尋師訪道魚千里蓋世功名黍二炊又小池已築魚千里隙地仍栽芋百區又爭名朝市魚千里觀道詩書豹一斑

北征詩

北征詩皇帝二載秋閏八月初吉盧仝月蝕詩元和庚寅斗柄插子律調黄鍾白樂天賀雨詩皇帝嗣寶曆元和三年冬又苦寒詩八年十二月五日雪紛紛韓詩元和庚寅斗插子

柳耆卿詞語

陰鏗有夜雨滴空堦柳耆卿用之人但知爲柳詞耳

樂天長恨歌

樂天有玉容寂寞淚闌干梨花一枝春帶雨不知又有薔薇詩露垂紅蕚淚闌干

牧之劻勷字

牧之詩塵土驚劻勷樂天委命不劻勷

詩用鬬在字

詩中用鬬在蓋出樂天詩世上爭先從盡上聲汝人間鬬在不如吾樂天用嵆是字

轉席

今新婦轉席唐人已爾樂天春深娶婦家詩云青衣轉去聲氊褥錦繡一條斜

蘇小小

樂天詩楊州蘇小小人道是夭斜音伊邪反

鄭重字

前漢王莽傳皇天所以鄭重降符命之意師古言頻煩也又三國志〻國家哀汝故鄭重賜汝好物樂天謝庾順之送紫霞綺云千里故人心鄭重一端香綺紫氤氳又交情鄭重金相似

季布毀譽

史記季布言陛下以一人譽召臣以一人毀去臣乃祖韓非子魯冊曰夫以一言善我必以一言罪我

落吾手

老杜不意青草湖扁舟落吾手樂天天與愛水人終焉落吾手

杜詩用前人意

老杜寒日出霧遲清江轉山急亦用陰鏗野日燒中

昏山路入江窮意

席壽

唐書百官志席壽謂器用經久謂之壽考工記犀甲按唐百官壽百年起於此唐志帷帟則題歲月席壽三年氊壽五年褥壽七年考工記犀甲壽百年兕甲壽二百年合甲壽三百年

裝潢字

裝潢音晃又音黃染黃紙修治之名本齊民要術志校書郎掌校理典籍注云有學生三十八人令史二人楷書十二人熟紙裝潢匠八人

餅勒

唐后妃傳舉能鉺勒鉺字蓋本漢梁冀妻性鉗忌鉗鈱也言性忌害如鉗之鈱物也女輒反

善禁架 即禁術也如費長房之術 唐書后妃列傳上第二

善禁架用後漢徐登傳語 徐登傳云但行禁架所療皆除

唾手

高祖隱太子建成傳云云利兵鏖之唾手可決用九州春秋唾掌語

盜亦有道

唐王竇傳贊盜亦有道用莊子記盜跖之言

芥隱筆記 三十三

左方

左方謂簡冊之左唐書亦有此語

桑蔭不徙 唐書尉遲敬德等傳贊桑蔭不徙而大功立

劉子云堯之知舜不違桑陰 劉子知人篇堯之知舜不違桑陰文王之知呂望不以永日

諸史語

二李傳賢長城用漢賢於兵十萬騎五千之文

房杜傳忠於所事用魏志注 登殺用唐律即時爲登即時殺之也 律登時殺傷者勿論

曲折出李廣傳 報天子失軍曲折猶委曲也

楊國忠傳以計勝色者昌荀悅之語

餌藥

唐傳張皐疏人無故不應餌藥出千金方序論云病患已成須勤藥餌故立補養之方平人無事不宜著手

經史雜語

田鵲傳不一而足用公羊傳 文九年又襄二十九年 許夷狄者不一而足也

芥隱筆記 三十四

蘭亭敘云後之視今亦猶今之視昔用京房傳語房曰臣恐後之視今猶今之視前也

唐儒學傳禪其家用東漢敘贊世禪雕籠語

樞師用左氏抃振事文藝傳義形於色用左氏孔文子語

唐書乾沒于 沒乾匿 胥同義

賈捐之語

後漢南匈奴傳語曰父戰於前子死於後弱女乘於亭障孤兒號於道路老母寡妻設虛祭飲泣淚想望

歸蒐於沙漠之表全用西漢賈捐之語

鷙鳥累百不如一鶚

史記趙簡子曰鷙鳥累百不如一鶚鄒陽上書亦用之孔文舉薦禰衡表又用此語孫權曰云云令衆討賊誅其首惡

曹植用墨子語

墨子雖有賢君不愛無功之臣雖有慈父不愛無益之子故曹植自試表云故慈父不能愛無益之子仁君不能畜無用之臣

羊祜宗管子語

羊祜讓開府表云德未爲人所服而受高爵則使才臣不進功未爲人所歸而荷厚祿則使勞臣不勸用管子德業未明於朝而處尊位者則良臣不進有功未見於國而有重祿者則勞臣不勸

倒行逆施

史記伍子胥傳吾日暮途遠吾故倒行而逆施之主父偃曰吾日暮故倒行逆施之

歐陽建

文選歐陽堅石臨終詩天網布宏綱投足不獲安劉夢得所以有天網雖寬投足誰厝

淵明詩

王仲宣悟彼泉下人喟然傷心肝淵明所以有感彼栢下人安得不爲歡

子美詩有祖述

杜審言綰霧青條弱牽風紫蔓長又云寄語洛城風月主明年春色倍還人子美有林花著雨燕脂潤水荇牽風翠帶長又傳語風光共流轉暫時相賞莫相

違皆祖述其意

古人作文皆有依倣

司馬長卿大人賦全用屈平遠遊中語　退之送窮文學逐貧賦　老杜杜鵑詩模寫鮑照　荊公作虎圖行全倣老杜　老杜用元自見來東坡所以用之

意匠

意匠慘澹經營中用陸機文賦意司契而爲匠老杜丹青引詔謂將軍拂絹素意匠慘澹經營中

老杜倣淮南子語

淮南子水清則魚聚木茂而鳥樂所以老杜有林茂鳥攸歸水深魚知聚

古人用字

王維詩九天閶闔開宮殿萬國衣冠拜冕旒(雜詩)老杜閶闔開黃道衣冠拜紫宸　淵明日月不肯遲(雜詩)晨雞不肯鳴(飲酒詩)老杜有秋天不肯明江平不肯流兵戈不肯休王室不肯徵

太湖

上林賦東注太湖郭璞注曰太湖在吳縣尚書所謂

震澤也

窫窳　封豨　鑿齒

淮南子應劭注堯之時窫(音軋)窳(音愈)封豨鑿齒皆爲人害鑿齒齒長五尺似鑿故長楊賦泰封豕其上窫窳其民鑿齒之徒相與摩牙而爭之

徐凝用界字

天台山賦瀑布飛流而界道所以徐凝有界破青山色孰謂其惡而無所自耶(賦云赤城霞起以建標云云)

崔駰宗楊雄

崔駰達旨譬猶衡陽之林岱陰之麓伐尋抱不爲之稀藝拱把不爲之數蓋宗楊雄解嘲譬江湖之崖渤解之島乘鴈集不爲之多雙鳧飛不爲之少

社日停針線

周美成社日停針線蓋用張文昌吳楚詞今朝社日停針線有自來矣

真贗字

退之與崔十六詩前計頓乖張居然見真贗贗字字書云僞物也蓋出韓非子齊伐魯索饞鼎魯以其贗

往齊曰鴈魯曰真也古止用鴈字宋景文有真贗不同物治亂不同目又贋賈亂壓窳農亂田東坡亦用之茯苓詩山谷亦用之

抑鮓

宋景文詩蟹美持螯日魚香抑鮓天用楊渭五湖賦連筋抑鮓

雨絕

太白詩雨絕無還雲用三國志吳虞翻傳罪棄雨絕陳孔璋檄又曰雨絕於天

東坡用韓非子語
韓非子國平則養儒俠難至則用介士所養非所用所用非所養東坡六國論用此語

鄂鄂
史記趙世家趙簡子有臣曰周舍好直諫舍死簡子每聽朝不悅大夫請辠簡子曰大夫無辠吾聞千羊之皮不如一狐之腋諸大夫朝徒聞唯唯不聞周舍之鄂鄂是以亡也又商君傳商君曰我治秦孰與五羖大夫賢趙良曰千羊之皮不如一狐之腋千人之諾諾不如一士之鄂鄂必出於此

左氏與史遷
左氏晉重耳謂季隗曰待我二十五年不來而後嫁對曰我二十五矣又如是而嫁則將就木焉史記晉世家重耳謂其妻曰待我二十五年不來乃嫁其妻笑曰犂二十五年吾冢上栢大矣雖然妾待子

天啓之矣
左氏閔元年畢萬以是始賞天啓之矣史記晉世家以是始賞天開之矣

不當如此
史記張釋之傳云吏不當如此耶薛廣德傳云曉人不當如是耶魏志傳曰事不當爾耶皆有味也

豚犢
曹子丹佳人生汝兄弟犢耳 注魏書 劉景升兒子若豚犬耳 孫權傳 生子當如李亞子吾兒豚犬耳 五代史

首鼠
史記灌夫傳與長孺共一老禿翁何爲首鼠兩端後漢鄧訓傳首施兩端 注猶首鼠也 西羌傳亦云首施兩端

破碎大道

前漢夏侯勝傳章句小儒破碎大道後漢楊終傳章句之徒破壞大體 下云宜如石渠故事求爲後世則

綠沉綠槓
老杜有苔臥綠沉槍南史有綠沉屏風杜牧之有胜壓綠檀槍檀與沉宜相近

反水不收
光武紀反水不收何進傳覆水不收太白詩雨落不上天水覆難再收

千石魚

前漢貨殖傳水居千石魚波波讀爲陂言養魚一歲收千石唐皮日休釣侶詩一斗霜鱗換濁醪注云吳中賣魚論斗沽乃論斤巳寡婦清傳水居千石魚陂山居千章之萩萩即楸樹也

王岐公宗樂天詩

王岐公元豐中餞文潞公歸洛詩有精神如破貝州時蓋用樂天上裴晉公詩聞說風情筋力健只如初破蔡州時語

矢來無鄉

芥隱筆記　八　圭

山谷作蘇李枯木道士賦有惸夫子之獨立矢來無鄉出韓非子矢來有鄉鄉方也有來從之方則積鐵以備一鄉謂聚鐵一身以備一處則甲之不全者矢來無鄉則鐵室以盡備之謂甲之全者自首至足無不有鐵故曰鐵室備之則體不傷破

富貴他人合

富貴他人合貧賤親戚離文選曹顏遠詩又見晉書殷浩傳蓋用愼子家富則疏族聚家貧則兄弟離語

森如束

文選張景陽雜詩叢林森如束唐元稹連昌宮中滿宮竹歲久無人森似束蓋用此東坡過李公擇故居詩四鄰戒莫犯十畝森似束

來茲

文選古詩何能待來茲用呂氏春秋今茲美禾來茲美麥注茲年也

思君令人老

文選古詩有思君令人老曹子建有沉憂令人老其本出唯憂用老耳文選古詩思君令人老歲月忽已晚

芥隱筆記　八　圭

東坡西江月有惠州作時侍兒朝雲新亡其寓意爲朝雲作

東坡梅詞不與梨花同夢蓋用王建夢中梨花雲詩王昌齡梅花詩落落寞寞路不分夢中喚作梨花雲坡用此語

東坡眞蹟

東坡四時詞冬詞云眞態生香誰畫得玉奴纖手嗅梅花眞蹟乃云王如墨莊謂意方全子兄孫昌符家坡朱陳詞眞蹟云牛依古柳賣黃瓜今印本多作牛依或遷就爲牛衣矣

往古來今慕容儁傳內李產傳

鷄冠子𣏌枋一術奚足以游往古來今事郭爲郵晉
戴記慕容雋曰不可復以西夕之年取笑來今

笑啼俱不敢

玉臺新詠詠樂昌云笑啼俱不敢李商隱亦云又云
啼笑兩難分

飢鷹待一呼

老杜有飢鷹待一呼白樂天呼鷹正反飢温庭筠飢
鷹不待呼吳融飢鷹只待呼

金斗熨波

白樂天金斗熨波刀剪紋陸龜蒙波平熨不如又天
如重熨皺温庭筠綠波如熨帖愁腸王君玉金斗熨
沉香又金斗熨秋江

劉夢得東坡用字法

劉夢得稱韓文云鸞鳳一鳴蜩螗革音東坡有振鬣
長鳴万馬皆瘖

五柞三楊 柞音作

荊公次韻酬龔深甫詩云北壽五柞固未愁東挽三
楊仍有櫻輿地志鍾山本少林木宋時使諸州刺史
罷職還者栽松三千株下至郡守各有差焉山之最
高峰有五願樹樹柞木也元嘉中百姓祈禱率有驗
又李太白白下亭詩驛亭三樹楊正當白下門王詩
三楊白下亭

荊公用事

河南志盧元明侯山記曰漢有王玄者隱於此山景
帝再徵不屈就其山封侯因以爲名唐宋之問侯山
詩云王玄拜隱侯荊公草堂懷古周顒宅作阿蘭若
婁約身歸窣堵波他日隱侯身亦老爲尋陳迹到煙

蘿世多謂沈約耳不知乃用此王氏事

理絲竹筦弦

漢張禹傳後堂理絲竹筦絃故右軍用之蘭亭敘而
或者謂昭明所不取其未知班孟堅之詞耶 文選不載蘭亭

涪翁 後漢郭玉傳有老父不知所出嘗漁釣於涪水因號涪翁山谷亦以此爲號

益部耆舊傳廣陵有老翁釣於涪水自號涪翁後漢
郭玉傳亦然山谷責涪州因此爲號

退之徐偃王銘

退之徐偃王廟碑銘秦桀以顛徐由遜綿益用楊雄

廷尉底殿以刑顛秦以酷敗之語　悳義尨遠

退之聯句

退之石鼎聯句豕腹脹彭亨乃用詩蕩炰烋于中國注炰烋彭亨也退之詩又謚旋皮養鸞苦開腹彭脝

不子也唐書后妃列傳

玄宗貞順皇后武氏初妃專寵封所生毋楊鄭國夫人弟忠國子祭酒信秘書監將遂立皇后御史潘好禮上疏曰禮父母讎不共天春秋子不復讎不子也陛下欲以武氏爲后何以見天下士妃再從叔三思

也從父延秀也皆于紀亂常天下共疾夫惡木垂蔭志士不息盜泉飛溢廉夫不飲匹夫匹婦况天子乎願愼擇華族稱神祇之心甍年四十餘贈皇后

民獻揭來分教玉融荒陋絕少書籍間有闕疑無復訂正一日使君袖出此書相與誦詠片言隻字音辨義明廼知公之該博尤探探討宜闡之以不艾後學公之學問殆不止是俾來者窺一斑云若

湀雅民獻敬書

宜齋野乘

宋　吳枋

五帝非官天下

說苑載鮑白令之對始皇曰天下官則讓賢家則世繼故曰五帝以天下爲官三王以天下爲家今觀帝王世紀云黃帝次妃女節生少昊則少昊乃黃帝子也是傳位與子自黃帝始而非起於夏禹家語五帝德及書序注史顓帝紀幷通曆皆云顓帝爲昌意子則亦黃帝孫也是少昊傳位於姪史記家語皆云帝

嚳祖元囂父蟜極又高辛紀注書序注與帝王世紀載嚳爲黃帝曾孫則顓帝傳位與從姪大戴禮幷史記云帝嚳下妃生摯則高辛又傳位於子高辛次妃慶帝生堯則摯又傳位與弟史記幷舜典疏以舜爲黃帝八代孫則堯傳位與五世姪孫前漢律曆志載顓帝五世生鯀則舜傳位與六世祖之從兄弟如是則五帝亦可謂之家天下今遡五帝之上而觀之禮記注云女媧承伏羲而淮南子覽冥訓注古天子姓風則亦伏羲之子孫也禮記國語皆云炎帝少典之

子而家語與史記云黃帝有熊國君少典之裔子國語又云黃帝炎帝之弟則二君同是少典之子以此而觀家天下之制其來遠矣　或曰夏之十七君皆姓姒商之三十君皆姓子周之三十七君皆姓姬非如五帝之異姓曰不然五帝之時世變不同人各自爲一姓故黃帝姓公孫而少昊黃帝子也改姓巳顓帝亦黃帝孫也乃姓姬堯寄於伊長孺家從母所居故姓伊耆舜生姚墟故姓姚稷契與堯同父兄弟也而稷姓姬契以簡狄吞玄鳥卵而生故姓子若以異

姓而論謂臯帝與少昊非父子而堯與稷契非同父之兄弟可乎　或曰家以傳子今五帝獨黃帝高辛傳位於子少昊顓帝皆與姪而摯則與弟蓋巳非傳子矣堯傳之曾姪孫而舜又傳之同六世祖之從兄弟服紀尤爲差遠曰不然長子考監明既以罪死而放齊固嘗薦文子朱啓明矣堯未嘗不欲傳之子柰何朱之不肖不足以嗣位堯則擇同宗之姪孫而授之舜亦不敢遽然以爲君而猶避朱於南河舜亦未嘗不欲傳之子柰何商均之不肖不能以繼緒舜亦擇同宗之從兄弟而傳之禹亦不敢自然以爲君猶避商均於陽城堯舜豈以異族而授之天下哉　且如商之外丙傳弟仲壬仲壬傳姪太甲太甲傳弟雍巳祖辛傳弟沃甲沃甲傳姪祖丁祖丁傳堂弟南庚南庚傳堂弟陽甲祖庚傳弟祖甲廩辛傳弟庚丁而周懿王傳弟孝王康王傳弟定王則商周亦有傳弟姪者其後如漢惠帝傳弟文帝昭帝傳姪孫宣帝成帝傳姪哀帝哀帝傳從弟平帝東海殤帝傳堂兄安帝若沖帝傳質帝則同高祖之從兄弟質帝傳桓帝

則又同五世祖之從姪比之舜禹蓋無異也　且以祭法觀之周則祖文而宗武商則祖契而宗湯夏則祖顓帝而宗禹而舜則祖顓帝而宗堯若舜爲異姓之國奚必宗堯哉蓋曰弟曰姪曰姪孫既皆吾之族屬而謂之非家天下不可也

過秦論誤

賈誼過秦論言始皇吞二周而亾諸侯按秦昭王五十一年滅西周其後七年莊襄王滅東周四年莊襄卒始皇方卽位則吞二周乃始皇之曾祖與父非始

皇也

先輩

唐世舉人呼已第者爲先輩其自目則曰前進士按魏文帝黄初五年立太學初詣學者爲門人滿歲試通一經補弟子滿二歲試通二經者補文學掌故不通經者聽須後試故後試稱先試而得第者爲先輩由此也前進士云者亦放此猶曰早得進士而其輩行在先也此皆演繁露載通典語枋卽容齋續筆載貽子錄云同年小録是雙隻先輩各一人分寫宴上

長少分雙隻相向而坐以東爲上傀以西爲首給舍員外遺補多來突宴東先輩不遷而西先輩避位又紹聖間王聖塗澠水燕談云蘇德祥漢相禹珪之子建隆四年進士第一人登第初還鄉里太守置宴以慶之樂作伶人致語曰昔年隨侍嘗爲宰相郎君今日登科又是狀元先輩又司馬溫公勸學歌云一朝雲路果然登姓名亞等呼先輩詳味溫公之言則登雲路者方呼先輩如今黄甲並呼狀元一般先輩猶言前名也又葛常之丹陽集云小說載優人有以李義山服藍縷之衣而出或問曰先輩之衣何在曰爲館中諸學士挦將去矣人以爲笑又王立方詩話云蕭貫嘗夢至宮庭中賦詩有一人曰先輩異日必貴又春渚紀聞載棋待詔劉仲甫聞祝不疑先輩名品高着人傳今秌來試南省若以二家所載觀之則以先輩爲稱呼决非前輩之比又韋莊浣花集有癸丑年下第獻新先輩詩又壘客揮犀言今人於榜下擇婿號曰臠婿有一新先輩少年爲貴家所慕欲以女妻之又彭應求有賀新先輩二十八人及第詩結句

云回頭應念差池者重待陽和振羽毛言新先輩則爲狀元爲前名明矣若以爲長上先生則安得加一新字又曰少年摭言載牛僧孺應舉時韓愈皇甫湜見之於青龍寺稱牛爲郎先輩又田表聖錫咸平集與胡旦書云秀才郎先輩乃郎日可爲先輩也其義甚明今人詩集中因見唐詩有先輩二字不深考其故皆誤作前輩近時有稱道士爲先輩尤可笑也

千字文字重複

千字文有女慕清潔又有紈扇圓潔重兩潔字今宜

畋清槩爲清貞庶不重複

孟子與孟嘗君同時

或問孟子與孟嘗君同時否曰同周顯王三十三年乙酉孟子見梁惠王王有利國之問慎靚王二年壬寅惠王薨孟子失魏適齊而齊宣之立在顯王三十七年乙丑其卒在赧王元年丁未孟子是年去齊赧王乃慎靚王之子顯王之孫方顯王四十八年庚子齊薛公田嬰卒其子文嗣爲薛公號曰孟嘗君能招致諸侯游士名重天下則田文之立在梁惠王未薨

之前而孟子適齊之時田文已立二年矣以戰國策考之馮諼西遊於梁說惠王聘孟嘗君齊王聞而謝之則與孟嘗君正同時也曰孟子既游於齊而孟嘗君之食客數千人有一亞聖之大才而不克置於賓客之列何也曰太史公謂孟嘗君招致天下任俠姦人入薛中則當時之客皆非賢士可知蓋孟嘗君非不欲招致孟子而孟子決不屑就也一魯仲連尚不爲平原君留則孟子安肯爲君之客哉其後孟嘗君廢而賓客一日皆背去此市井勢利之交毋足怪者君於此時不能自責其取士之乖謬而欲唾客之面愚矣

先子先君先人

今人稱先子先君先人爲父然不獨父也祖宗皆可如曾西稱曾參曰予先子之所畏也則稱祖爲先子子順曰吾先君之相魯也則稱六世祖爲先君孔安國曰先君孔子又曰我先人用藏其家書於屋壁則稱十一世祖爲先君稱五世祖子襄爲先人也

顏子非二十九歲死

史記云顏子少孔子三十歲年二十九蚤死則是魯哀公二年也按圍陳蔡時孔子年六十三而顏子當是時年三十三矣論語曰從我於陳蔡者皆不及門也德行顏淵則顏子尚無恙史記載圍陳蔡後使子貢至楚昭王將以書社地七百里封孔子令尹子西曰王之輔相有如顏回者乎由是觀之則顏子之未死益信而有證非二十九歲明矣

晝野分州

黃帝時晝野分州八家爲井井一爲鄰鄰三爲朋朋

三爲里里五爲邑邑十爲都都十爲師師十爲州一州是百五十三萬家

名不可稱

唐人多有稱人名者詩中惟甚今人學唐詩者多倣倣之不知其不可祈記李習之答梁載言書云孟子曰天下之達尊三德爵年惡得有其一以慢其二足下之書韋君詞楊君潛足下之德與二君未知先後也足下齒幼而位卑而皆名之傳曰吾見其與先生並行也觀習之之言則當時亦以稱前輩名爲非祈

謂古者君稱臣名父兄稱子弟名師稱子弟名禮疏云名者職賤之稱仲尼於弟子外不敢稱人名曾子稱子夏之名蓋因子夏稱無罪怒而責之也嘗考桓公四年夏天王使伯糾來聘注禮君於臣而不名者五諸父兄不名詩云王曰叔父是也子大夫不名祭伯是也盛德之士不名叔肸是也老臣不名宰渠伯糾是也如桓二年及其大夫孔父十七年蔡季自陳歸莊三年紀季以酅入于齊閔元年季子來歸僖十六年公子季友卒公羊曰何以不名賢也閔二年齊高子來盟公羊曰何以不名喜之也又白虎通曰王者臣有不名者五先王老臣不名與先王戮力共治者尊而不名尚書曰咨爾伯不言名也不名者貴賢者而已故呂望郭子儀俱稱尚父管夷吾稱仲父裴寂稱裴監魏晉以來多有贊拜不名者以人主之待臣子猶爾況常人乎

小人小生

小人二字見於左傳若小生則漢書朱雲傳小生欲相吏耶張禹傳新學小生皆是責人之語若日稱小

生則始於唐韓退之與孟東野寄孟幾道聯句云小生何足道又酬司馬盧四兄雲夫院長望秋作云嗟我小生値強伴又呂和叔渭海昏集序云不遠數千里授簡小生

狀元詞誤

今人唱五百名中第一仙鷓鴣天詞第二句便云花如羅綺柳如綿最無意義當是錯誤分曉其詞以第二句與第十句對換過義理方通今云五百人中第一仙等閑平步上青天綠袍乍着君恩重黃榜初開

御墨鮮龍作馬玉爲鞭花如羅綺栁如綿時人莫訝登科早自是嫦娥愛少年

說郛目録

弓第十二

中華古今注卷上

帝王宮闕都邑羽儀冕服州縣儀仗軍器等部注

宋　馬縞

凡六十六門

宮

宮謂之室室謂之宮皆所以通古今之語明同寔而兩名之也秦始皇造阿房宮闕五百步南北千丈上可坐萬人下可建五丈旗幟咸陽二百里内爲宮觀二百七十所皆複道相連

闕

闕者觀也古每門樹兩觀於其前所以標表宮門也其上可居登之則可遠觀故謂之觀人臣將朝至此則思其所闕故謂之闕其上皆丹堊其下皆畫雲氣僊靈奇禽怪獸以昭示萬民焉蒼龍闕畫蒼龍白虎闕畫白虎玄武闕畫玄武朱雀闕上有朱雀二枚

城

城者盛也所以盛受人物也城門皆築土爲之累土曰臺故亦謂之臺門也

城隍

隍者城池之無水者也

秦所築長城

秦始皇三十二年得讖書云亡秦者　也乃使蒙恬築長城以備之葢秦終於二世帝胡亥也非爲胡人所患秦所築城土色皆紫漢塞亦然故稱紫塞者焉

長安御溝

謂之楊溝植高楊於其上也一曰羊溝謂羊喜觝觸垣墻故爲溝以隔之故曰羊溝亦曰禁溝引終南山

水從宮内過所謂御溝

封疆

畫界者封土爲臺以表識疆境也畫界者於二封之間又爲壝埒以畫界分城也

闤闠

闤者市墻也闠者市門也

肆店

肆者所以陳貨鬻之物也店者所以置貨鬻之物也

罘罳屏

屏之遺象也塾門外之舍也臣來朝君至門外當就舍更詳其所應應對之事也塾之者言塾也行至門内屏外復應思唯也罘罳復思也漢西京罘罳合板爲之亦築土爲之每門闕殿舍皆有焉如今郡國廳前亦樹之也

宗廟

宗者宗祀也廟者貌也所以髣髴先人之靈貌也天子七廟諸侯五廟大夫三廟士二廟庶人無廟四時之饗也

漢成帝廟

顧成廟有三玉鼎二真金鑪槐樹悉爲扶老鉤欄畫雲龍角虛於其上也

堯誹謗木

程雅問曰堯設誹謗之木何也答曰今之華木也以橫木交柱頭狀如華也形如桔槔大路交衢悉施焉或謂之表木以表王者納諫也亦以表識衢路秦乃除之漢始復修焉今西京謂之交午柱也

方徵

徵者繞也所以繞逆釁使不得侵入中國也方者方面也南方徵色赤故稱丹徵焉

關塞

關者長安之關門也函谷關潼關之屬也塞者塞也所以擁塞

孫亮金螭屏風

孫亮吳主權之子也作金螭屏風鏤作瑞應圖一百二十種之祥物也

孫權舸船

孫權吳之主也時號舸爲赤龍小船爲馳馬言如龍之飛于天如馬之走陸地也

漢高祖斬白蛇劍

漢世傳高祖斬白蛇劍長七尺漢高祖自稱提三尺劍而取天下有問余者余告之曰漢高爲泗上亭長送徒驪山所提劍理應三尺耳後富貴别得七尺寶劍捨舊而服之漢之後世唯聞高祖以所佩劍斬白蛇而高祖常佩此劍卽斬蛇之劍也

魏武帝軍椻

魏武所制也以軍中服之輕便有作五色幰以表方面也

吳大帝寶刀

吳大帝有寶刀三其一曰百鍊二曰青犢三曰漏影

孫文臺青玉馬鞍

孫文臺獲青玉馬鞍其光照於衢路也

魏武帝馬勒酒椀

魏武帝以馬勒車渠石爲酒椀

大駕指南車

起於黄帝與蚩尤戰於涿鹿之野蚩尤作大霧皆迷四方於是乃作指南車以示四方遂擒蚩尤而卽位故後漢恒建舊說云周公所作也周公治致太平越常氏重譯來獻白雉一黑雉二象牙一使者迷其歸路周公錫以文錦二疋軿車五乘皆爲司南之制使越常氏載之以南緣扶南林邑海際朞年而至其國使大夫宴將送至國而還至始制車轄轉皆以鐵還至鐵亦銷盡以屬巾車氏攻而載之常爲先導示服遠人而正四方也車法在尙方故事漢末喪亂其法中絶馬先生鈞紹而作焉今指南車馬先生之遺法也

金根車

秦制也秦併天下閱三代之輿服謂殷得瑞山車一曰金根故因作爲金根之車秦乃增飾而乘輿焉漢因而不改

辟惡車

秦制也桃弓葦矢所以禳除不祥也春秋云桃弓荆矢以除其灾所謂辟惡也

記里鼓

所以識道里也謂之大章車起於西京亦曰記里車車上有二層皆有木人焉行一里下一層擊鼓行十里上層擊鍾尙方故事有作車法

街鼓

唐舊制京城内金吾昏曉傳呼以戒行者馬周請置六街鼓號之曰鼕鼕鼓

華蓋

黄帝所作也與蚩尤戰於涿鹿之野常有五色雲氣

金枝玉葉止於帝上有花鷰之象故因而作華蓋焉

曲蓋

太公所作也武王伐紂大風折蓋太公因折蓋之形制曲蓋焉戰國常以賜將帥自漢朝乘輿用謂曰䡅輗蓋有軍號者賜其一焉

雉尾扇

起於殷世高宗有鴝雉之祥服章多用翟羽周制以爲王后夫人之車服輦車有翣卽緝雉羽爲扇翣以鄣翳風塵也漢朝乘輿服之後以賜梁孝王魏晉已

來以爲常准諸王皆得用之

鄣扇

長扇也漢世多豪俠象雉尾而制長扇也

五明扇

舜所作也舜授堯禪廣開視聽求賢人以自輔故作五明扇秦漢公卿士大夫皆得用之魏晉非乘輿不得用之也

警蹕

所以戒行徒也周禮蹕而不警秦制出警入蹕謂出軍者皆警戒入國者皆蹕止也故曰出警入蹕也至漢朝梁孝王稱警稱蹕降天子一等焉一曰蹕路也謂行者皆警於塗路也

唱

上所以促行徒也上鼓爲行節也

冕服

牛亭問冕者繁露何也答曰假玉而下垂如露而繁也文選云袞冕垂旒所以蔽明黈纊塞耳所以閉聰尚書云日月星辰山龍華蟲作會宗彝藻火粉米黼

黻絺繡以五彩彰施于五色也所謂天子袞冕之服也

金斧

黃鉞也鐵斧玄鉞也三代通用之以斷斬今以黃鉞爲乘輿之飾玄鉞諸公王得建之武王以黃鉞斬紂故王者以爲戒太公以玄鉞斬妲己故婦人以爲戒漢制諸公亦建玄鉞以太公秉之助武王斷斬故爲諸公之飾焉大將出征特加黃鉞者以銅爲之黃金塗刃及柄不得純金也得賜黃鉞則斬持節

公王建鍠
秦改鐵作皇制也一本云鍠秦制也今諸王妃公主與乘輿通建之
信幡
古之徽號也所以題表官號以爲符信故謂之信幡乘輿則畫爲白虎取其義而有威信之德也魏朝有青龍幡朱雀幡玄武白虎幡黄龍幡而五色以詔東方郡國以青龍信南方郡國以朱雀信西方郡國以白虎信北方郡國以玄武信朝廷畿内則以黄龍信

亦以麒麟幡高貴鄉公討晉文王自秉黄龍幡以麾是令晉朝唯用白虎幡書信幡用鳥書取其飛騰輕疾也一曰以鴻鴈鷰鳦有去來之信也
豹尾
周制也所以象君子之豹變也尾言謙也右軍征建之令唯乘輿行建焉
馬前弓箭
兩漢京兆及河南尹執金吾司隸校尉皆使人導引傳呼使者止坐者起四人持弓矢走者則射之有乘高窺闕者亦射之魏晉已來則用角弓設而不用焉
狸頭白首
昔秦始皇東巡狩有猛獸突於帝前有武士戴狸皮白首獸畏而遁遂軍仗儀服皆戴作狸頭白首以威不虞也
龍虎節
孝經云制節謹度滿而不溢高而不危所以長守貴也唐節制皆從太府寺准三禮定之周禮云山國用虎節土國用人節澤國用龍節紫檀木畫其形象御

親金書以賜重臣碧油籠之發而不用則倒進之漢蘇武使單于不拜單于怒令武北海窖中牧羊齧氈節食雪臥節旄落還漢仗節而廻旄落盡也
軍容袜額
昔禹王集諸侯於塗山之夕忽大風雷震雲中甲馬及九十一千餘人中有服金甲及鐵甲不被甲者以紅絹袜其首額禹王問之對曰此袜額蓋武士之首服皆佩刀以爲衛從乃是海神來朝也一云風伯雨師自此爲用後至秦始皇巡狩至海濱亦有海神來

朝皆戴袜額緋衫大口袴以爲軍容禮至今不易其
制

櫜鞬三仗

起自周武王之制也武王伐紂散鹿臺之財發巨橋之粟歸馬于華山之陽放牛于桃林之野鑄劒戟以爲農器示天下不復用兵武王以安必防危理必防亂故設弓匣劒以軍儀示不忘武也舊儀韜韇三仗首袜額紅謂之櫜鞬三仗也

戈戟

魯陽以長戈指日日爲之退舍戈由殳也戟以木爲之後世刻爲無復典刑赤油韜之亦謂之䄄戟亦謂之棨戟公王已下通用以爲前驅唐五品已上皆施棨戟於門

矛殳

矛亦楯也殳亦戟之象也詩云伯也執殳爲王前驅其器也以木爲之

刀劒

河圖云黃帝攝政前有蚩尤兄弟八十一人並獸身人語銅頭鐵額食砂石子造立兵仗刀戟大弩威震天下誅殺無道不仁不慈萬民欲令黃帝行天子事黃帝仁義不能禁蚩尤遂不敵黃帝乃仰天而歎天遣玄女授黃帝兵法符制以服蚩尤吳大帝有寶三見上注中吳大帝有寶劍六其一曰白蛇二曰紫電三曰辟邪四曰奔星五曰青冥六曰百里晉朝武帝時武庫火焚有智伯頭王莽又云孔子履高祖斬蛇劒二物皆爲火焚之唯劒飛上天而去也又晉時牛斗間常有紫氣張華知非王者之氣乃是劒氣乃以雷煥

爲豐城令張華知煥博識到縣乃掘縣獄深得劒兩枚一送與張華一煥自佩後華卒子韙佩過延平津躍入水使人尋之乃見化爲龍也雷煥卒子亦佩之於延平津亦躍入水化爲龍矣高祖斬白蛇劒見上注中

枷棒

易云荷校滅耳凶禮云去桎梏桎梏亦枷杻也六月盛暑去囚火枷杻決斷刑獄放宥之也唐時則天朝周典來俊臣羅告天下衣冠遇族者不可勝數俊臣

特制刑獄造十枚大枷一曰定百脉二曰喘不得三曰突地吼四曰著即臣棒號卽臣五曰失魂魄六曰寔同反七曰反是寔人曰死猪愁九曰求即死十曰求破家遭此枷者宛轉于地斯須悶絶别有一枷名曰働（普逃切）尾榆見即臣復有鐵圈籠頭名號數十又招集告事者常數百人造立客羅織經一卷每栲訊囚人先設枷棒破平人家不知其數

棒

棒者崔正熊注車輻也漢朝執金吾金吾亦棒也以

銅爲之黄金塗兩足以謂之金吾御史大夫司隸校尉亦得執焉用以夾車故謂之車輻一曰形似輻故曰車輻魏曹操爲洛陽北部尉乃懸五色棒於門以威豪猾也

車輻

棒形如車輻見上注中

旄旃

旌者旌也旌表賢人之德旃者善也以彰善人之德旌類旗之象旃類白旄之制書云旌别淑慝

麾旄

麾者所以指麾也武王執白旄以麾是也乘輿以黄諸公以朱刺史二千石以纁也

文武車耳

古重較也文官青耳武官赤耳或曰重較在車藩上重起如牛角故曰重較

青布囊

所以盛印也劾奏之日則以青布囊盛印於前示奉王法而行也非劾奏之日則以青繒爲囊盛印於後

謂劾奏尚其質直故用布非劾奏日文明故用繒自晉朝已來劾奏之官專以印居前非劾奏之官專以印居後

簪白筆

古珥筆之遺象也腰帶劍珥筆示君子有文武之備焉

文武冠

文官進賢冠古緇布冠之遺象也武官冠古緇布冠之遺象也緇布冠上古之法武人質木故須法焉

鑾輅

鑾者所謂和鑾也禮云行前朱雀或謂朱鳥也鑾輅衡上金爵者朱鳥口銜鈴鈴謂之鑾所謂和鑾者也前有鑾鳥故謂鸞鸞口銜鈴故謂之鸞或謂爲鑾事一而異義也

五輅

禮云春乘青輅駕蒼龍載青旂衣青衣服蒼玉夏乘朱輅駕赤騮載赤旂衣朱衣服赤玉秋乘白輅駕白駱載白旂衣白衣服白玉冬乘玄輅駕鐵驪載玄旂

衣玄衣服玄玉其制見三禮圖

貂蟬

服也貂者須其文而不煥炳外柔易而內剛勁也蟬者清虛識變也在位者有文而不自耀有武而不示人清虛自牧識時而動也

部伍兵陣

部伍者一伍之伯也五人曰伍長爲伯故稱伍伯一曰戶伯漢制兵吏五人一戶一竈四直一伯故云戶伯亦曰大伯以爲一竈之主也漢諸王公行戶伯各率其伍以道引也古兵士服韋弁今戶伯服赤幘纁衣常韎弁之遺法也

部者

封部之屬也語云千乘之邑百乘之家可使治其賦也

兵陳

左傳云兵由火也不戢將自焚老子云兵者不祥之器不得已而用之是以上將軍居右偏將軍居左言喪禮處之

陣

陣者勝拒敵也類常山之率然擊其首則尾應擊其尾則首應擊其中則首尾俱應率然者常山之長蛇也唐朝高宗臨殿策問貢半千曰兵書言天陣地陣人陣何也半千對曰天陣者是星辰孤虛地陣者是山川向背人陣者是偏裨彌縫以臣所見則不然夫師出以義有若時雨得天之時此天陣也兵在足食且戰且耕得地之利此地陣也卒乘輕利將師和睦此人陣也高宗大賞策爲上第

武臣缺胯襖子

隋文帝征遼詔武官服缺胯襖子取軍用如服有所妨也其三品已上皆紫至武德元年高祖詔其諸衛將軍每至十月一日皆服缺胯襖子織成紫瑞獸襖子左右武衛將軍服豹文襖子左右翊衛將軍服瑞鷹文襖子其七品已上陪位散員官等皆服綠無文綾襖子至今不易其制又侍中馬周請於汗衫等上常以立冬日加服小缺襖子詔從之永以爲式

文武品階腰帶

蓋古革帶也自三代已來降至秦漢皆庶人服之而貴賤通以銅爲銙以韋爲鞓六品已上用銀爲銙九品已上及庶人以鐵爲銙沿至貞觀二年高祖三品已上以金爲銙服綠庶人以鐵爲銙服白向下插垂頭而取順合呼撻尾漢中興每以端午賜百僚烏犀腰帶魏武帝賜宮人金隱起師子銙腰帶以助將軍之勇也高祖貞觀中端午賜文官黑玳瑁腰帶武官黑銀腰帶示色不改更故也

九環帶

唐革隋政天子用九環帶百官士庶皆同

靴笏

靴者蓋古西　也昔趙武靈王好胡服常服之其制短靿黃皮閑居之服至馬周改制長靿以殺之加之以氈及條得著入殿省敷奏取便乘騎也文武百僚咸服之至貞觀三年安西國進緋韋短靿靴詔內侍省分給諸司至大曆二年宮人錦靿靴侍於左右笏者記其忽忘之心禮云天子以圭諸侯以球大夫以魚須一品至五品以象爲之六品至九品以木爲之

禮云端畢紳搢笏唐德宗朝太尉段秀實以笏擊逆臣朱泚不忠反遭其禍

履舄

履者屨之不帶也不借草屨也以其輕賤易得故人人自有不假借也漢文帝履不借以視朝是也舄者以木置履下乾腊不畏泥濕也天子赤舄凡舄色皆象裳也禮云解屨不敢當階就屨跪而舉之春申君客三千皆朱屨也漢制功臣閣老四賜曰入朝不趨贊拜不名劍履上殿肩輿入宮淳于髡諫楚王曰若

堂上燭滅男女雜坐履舄交錯臣當此之時一飲一石晏子諫齊王曰今屨賤而踊貴也言齊王好刖人之足微諫之也

厨人𧞣衣

厨人𧞣衣厮徒之服也取其便於用耳乘輿進食者有服𧞣衣前漢董偃緑幘青褠加𧞣衣以見武帝厨人之服也

伺風烏

夏禹所作也禁中置之以爲恒式

玉佩

玉佩之法漢末喪亂而不傳至魏侍中王粲識古佩之法更制焉

天子乘輿赤綬

天子乘輿之制赤綬四采黄赤縹紺黄爲圭長二丈九尺五百首諸侯赤綬四采赤黄縹淳赤圭長二丈一尺三百首

公侯大將軍紫綬

紫綬二采紫白淳紫圭長一丈七尺一百八十首公王封君服紫綬九卿中二千石緑綬三采青白紅青圭長一丈七尺一百二十首一千石六百石墨綬三采青紺淳青圭長一丈六尺八十首四百石五百石之長同前制也三百石二百石黄綬淳黄一采圭長一丈五尺六十首一百石青綬青紺綸一采婉轉繆織長一丈二尺自青綬巳上皆長三尺二寸緑綬同采而首半之縌者古佩縌也佩綬相迎受故曰縌紫綬巳上縌綬之間施玉環玦自墨綬巳下縌皆長三尺與黄綬同采而首半之凡先合單方焉一絲四絲

爲一扶五扶爲一首五成爲一文文采淳爲一圭皆廣一尺六寸

中華古今注卷中

皇后冠帶士庶衣裳文籍書契草木答問釋義部

注凡四十四門

皇后太后印綬

太皇太后皇太后綬其制與天子乘輿同赤綬四采黃赤縹紺淳黃爲圭長二丈九尺五百首長公主天子貴人與諸侯王同制其赤綬四采赤黃縹紺赤圭長二丈一尺三百首諸國貴人相國皆綠綬三采綠紫紺淳綠圭長二丈一尺三百四十首緌綬玉環鈸等已在天子乘輿綬門中見上卷注中

冪䍦

冪䍦者唐武德貞觀年中宮人騎馬多着冪䍦而全身障蔽至永徽年中後皆用帷帽施裙到頸漸爲淺露至明慶年百官家口若不乘車便坐檐子至神龍末冪䍦殆絕其冪䍦之象類今之方巾全身障蔽繒帛爲之若便於事非乘車轝及坐檐子即此制誠非便於時也開元初宮人馬上着胡帽靚粧露面士庶咸効之至天寶年中士人之妻著丈夫靴衫鞭帽內外一體也

魏宮人長眉蟬鬢

魏宮人好畫長眉令作蛾眉驚鶴髻魏文帝宮人絕所愛者有莫瓊樹薛夜來陳尚衣段巧笑皆日夜在帝側瓊樹始制爲蟬鬢望之縹緲如蟬翼故曰蟬鬢巧笑始以錦衣絲履作紫粉拂面尚衣能歌舞夜來善爲衣裳皆爲一時之冠絕

頭髻

自古之有髻而吉者繫也女子十五而笄許嫁於人以繫他族故曰髻而吉榛木爲笄笄以約髮也居喪

以桑木爲笄表變孝也皆長尺有二寸沿至夏后以銅爲笄於兩旁約髮也爲之髮笄殷后服盤龍步搖梳流蘇珠翠三服服龍盤步搖若侍去梳蘇以其步步而搖故曰步搖周文王又制平頭髻昭帝又制小鬟雙裙髻始皇詔后梳凌雲髻三妃梳望僊九鬟髻九嬪梳參鸞髻至漢高祖又令宮人梳奉聖髻武帝又令梳十二鬟髻又梳墮馬髻靈帝又令梳瑶臺髻魏文帝令宮人梳百花髻芙蓉歸雲髻梁天監中武

帝詔宮人梳廻心髻歸眞髻作白粧青黛眉有忽髾髻隋有凌虛髻祥雲髻隋大業中令宮人梳朝雲近香髻歸秦髻奉僊髻節暈粧貞觀中梳歸順髻又太眞偏梳朶子作啼粧又有愁來髻又飛髻又百合髻作白粧黑眉

冠子朶子扇子

冠子者秦始皇之制也令三妃九嬪當暑戴芙蓉冠子以碧羅爲之插五色通草蘇朶子披淺黃藂羅衫把雲母小扇子靸蹲鳳頭履以侍從令宮人當暑戴

黃羅髻蟬冠子五花朶子披淺黃銀泥飛雲帔把五色羅小扇子靸金泥飛頭鞋至隋帝於江都宮水精殿令宮人戴通天百葉冠子插瑟瑟鈿朶皆垂珠翠披紫羅披把半月雉尾扇子靸瑞鳩頭履子謂之僊飛其後改更寔繁不可具紀

釵子

蓋古笄之遺象也至秦穆公以象牙爲之敬王以玳瑁爲之始皇又金銀作鳳頭以玳瑁爲脚號曰鳳釵又至東晉有童謡言織女死時人插白骨釵子白粧爲織女作孝至隋煬帝宮人插鈿頭釵子常以端午日賜百僚玳瑁釵冠後漢書貴人助簪玳瑁釵

梁冀盤桓釵

盤桓釵梁冀婦之所制也梁冀妻改翠眉爲愁眉長安婦女好爲盤桓髻到于今其法不絶墮馬髻今無復作者倭墮髻一云墮馬之餘形也

粉

自三代以鉛爲粉秦穆公女弄玉有容德感僊人簫史爲燒水銀作粉與塗亦名飛雲丹傳以簫曲終而

同上昇

燕脂

蓋起自紂以紅藍花汁凝作燕脂以燕國所生故曰燕脂塗之作桃紅粧

花子

秦始皇好神僊常令宮人梳僊髻帖五色花子畫爲雲鳳虎飛昇至東晉有童謡云織女死時人帖草油花子爲織女作孝至後周又詔宮人帖五色雲母花子作碎粧以侍宴如供奉者帖勝花子作桃花粧插

通草朶子著短袖衫子

衫子背子

衫子自黃帝無衣裳而女人有尊一之義故衣裳相連始皇元年詔宮人及近侍宮人皆服衫子亦曰半衣蓋取便於侍奉背子隋大業末煬帝宮人百官母妻等緋羅蹙金飛鳳背子以爲朝服及禮見賓客舅姑之長服也天寶年中西川貢五色織成背子玄宗詔曰觀此一服費用百金其往金玉珍異並不許貢

裙襯裙

古之前制衣裳相連至周文王令女人服裙裙上加翟衣皆以絹爲之始皇元年宮人令服五色花羅裙至今禮席有短裙焉襯裙隋大業中煬帝制五色夾纈花羅裙以賜宮人及百僚母妻又制單絲羅以爲花籠裙常侍宴供奉宮人所服後又於裙上剪絲鳳綴於縫上取象古之褕翟至開元中猶有制焉

宮人披襖子

蓋袍之遺象也漢文帝以立冬日賜宮侍承恩者及百官披襖子多以五色繡羅爲之或以錦爲之始有其名煬帝宮中有雲鶴金銀泥披襖子則天以赭黃羅上銀泥襖子以燕居

鞋子

自古即皆有謂之履絇繶皆畫五色至漢有伏虎頭始以布鞔繶上脫下加以錦爲飾至東晉以草木織成即有鳳頭之履聚雲履五朶履宋有重臺履梁有笏頭履分捎履立鳳履又有五色雲霞履漢有繡鴛鴦履昭帝令冬至日上舅始

靸鞋

蓋古之履也秦始皇常靸望僊鞋衣䰅雲短褐以對隱逸求神僊至梁天監年中武帝解脫靸鞋以絲爲之令天子所履也

女人披帛

古無其制開元中詔令二十七世婦及寶林御女良人等尋常宴參侍令披畫披帛至今然矣至端午日宮人相傳謂之奉聖巾亦曰續壽巾續聖巾蓋非參從見之服

麻鞋

起自伊尹以草爲之草屩周文王以麻爲之名曰麻
鞋至秦以絲爲之令宫人侍從著之庶人不可至東
晉又加其好公主及宫貴皆絲爲之凡娶婦之家先
下絲麻鞋一緉取其和鞋之義

襪

三代及周著角襪以帶繫於踝至魏文帝吳妃乃改
樣以羅爲之後加以綵繡畫至今不易至隋煬帝宫
人織成五色立鳳朱錦襪靿

席帽

本古之圍帽也男女通服之以韋之四周垂絲網之
施以朱翠丈夫去飾至煬帝淫侈欲見女子之容詔
去帽戴幞頭巾子幗也以皁羅爲之丈夫藤席爲之
骨鞔以繒乃名席帽至馬周以席帽油御雨從事

大帽子

本是叟草野之服也至魏文帝詔百官常以立冬日
貴賤通戴謂之温帽

搭耳帽

服以韋爲之以羔毛絡縫趙氏靈王更以綾絹
皁色爲之始並立其名爪牙帽子蓋軍戎之服也又
隱太子常以花搭耳帽子以畋獵遊宴後賜武臣及
内侍從

烏紗帽

武德九年十一月太宗詔曰自今已後天子服烏紗
帽百官士庶皆同服之

幞頭

本名上巾亦名折上巾但以三尺皁羅後裹髮蓋庶
人之常服沿至後周武帝裁爲四脚名曰幞頭以至

唐侍中馬周更與羅代絹又令重繫前後以象二儀
兩邊各爲三撮取法三才百官及士庶爲常服

巾子

隋大業十年禮官上疏裹頭者宜裹巾子與桐木爲
之内外皆漆在外及庶人常服沿至證明二年則天
賜羣臣絲葛巾子呼爲武家高巾子亦曰武氏内樣

汗衫

蓋三代之襯衣也禮曰中單漢高祖與楚交戰歸帳
中汗透遂改名汗衫至今亦有中單但不緾而不開

半臂

尚書上僕射馬周上䟽云士庶服章有所未通者臣請中單上加半臂以爲得禮其武官等諸服長衫亦謂之判餘以別文武詔從之

袜肚

盖文王所制也謂之腰巾但以繒爲之宫女以綵爲之名曰腰綵至漢武帝以四帶名曰袜肚至靈帝賜宫人蹙金絲合勝袜肚亦名齊襠

裩

裩三代不見所述周文王所製裩長至膝謂之弊衣賤人不下服曰良衣盖良人之服也至魏文帝賜宫人緋交襠即今之裩也

袴

盖古之裳也周武王以布爲之名曰褶敬王以繒爲之名曰袴但不縫口而已庶人衣服也至漢章帝以綾爲之加下緣名曰口常以端午日賜百官水紋綾袴盖取清慢而理人若百官母及妻妾等承恩者則別賜羅紋勝袴取其曰勝今太常二人服紫絹袴褶緋衣執永籥以舞之又時黄帝講武之臣近侍者朱韋袴褶巳下屬於鞋

布衫

三皇及周末庶人服短褐襦服深衣秦始皇以布開胯名曰衫用布者尊女工之尚不忘本也侍中馬周取深衣之造加襴衫爲庶人之禮見之表至仕官服之

袍衫

袍者自有虞氏即有之故國語曰袍以朝見也秦始

皇三品以上綠袍深衣庶人白袍皆以絹爲之至貞觀年中左右尋常供奉賜袍丞相長孫無忌上儀於袍上加襴取象於緣詔從之

緋綾袍

舊北齊則長帽短靴合胯襖子朱紫玄黄各從所好天子多著緋袍百官士庶同服隋改江南天子則曰帢帽公卿則巾褐襦北朝雜以[illegible]之制北齊貴臣多著黄文綾袍百官士庶同服之

被

語云必有褻衣長一身有半
燧銅鏡
以銅爲之形如鏡照物則影倒向日則火生與艾承
之則火出矣
莫難珠
一名莫難珠色黃出東[illegible]國也
程雅問三皇五帝
程雅問董仲舒曰曷爲稱三皇五帝對曰三皇者三
才也五帝者五土也三王者三明也五覇者五岳也

牛亭問將離草名
牛亭問曰將離相贈與芍藥一名可離故曰相贈與
芍藥相招召則以文無文無一名當歸也欲忘人之
憂則贈丹棘丹棘一名忘思使人忘憂也欲蠲人之
忿則贈以青裳青裳一名歡合則忘忿也
程雅問拾櫨鬼木
程雅問拾櫨鬼木曰無患何也荅曰昔有神巫曰瑤
眊能符劾百鬼得鬼則以木爲棒棒煞之世人傳以
此木爲衆鬼所竟取此木爲器用以厭却邪鬼故曰
無患也
牛亭問書契所造
牛亭問曰自古有書契以來便應有筆世稱蒙恬作
秦筆耳以柘木爲管以鹿毛爲柱以羊毛爲被所爲
蒼毫非爲兎毫竹管筆也
孫興公稱皇帝龍鬚草
孫綽字興公也作天台賦擲地作金聲孫興公問曰
世稱皇帝鑿峴山得僊乘龍上天群臣援龍鬚鬚墜
地而生草世名曰龍鬚有之乎荅曰非也有龍鬚草

一名縉雲草故世人爲之傳非也今草有龍鬚者江
東亦織爲席曰西王母席可復是西王母騎虎而墮
其鬚乎
牛亭問籍者何云
荅曰籍者一尺二寸竹牒記人之年名字物色懸之
宮門案省相應乃得入也
程雅問口傳者何云
荅曰傳者以木爲之長一尺五寸書符信於其上又
一板封以御史印章所以爲期信即如今之過所也

言經過所在爲證也

牛亭問草木

牛亭問曰草木生類乎荅曰生類也有識乎曰亡識問亡識寧爲生類也荅曰物有生而有識者有生而無識者有不生而有識者有不生而亡識者夫生而有識者蟲類是也生而無識者草木是也不生而有識者神鬼是也不生而無識者水土是也

中華古今注卷下

古今音樂鳥獸魚蟲龜鱉等部凡六十八門

雉朝飛

犢木子所作也齊處士湣宣王時人年五十無妻出薪於野見雉雌雄相隨意動心悲乃作雉朝飛曲以自傷焉其聲中絶魏武帝宫人有靈女者故冠軍陰弁之姊年七歲入漢宫學鼓琴琴特鳴異於餘妓善爲新聲能傳此曲靈女至明帝崩後出嫁爲尹更生妻

別鶴操

商陵牧子所作也娶妻五年無子父兄將爲改娶妻聞之中夜倚戶而悲嘯牧子聞之愴然而悲乃歌曰將乖比翼隔天端山川悠遠路漫漫攬衣不寢食忘飧後人因爲樂章

走馬引

樗里牧恭所作也爲父報讎殺人而亡藏於山谷之下有天馬夜降圍其室而鳴夜覺聞其走聲以爲吏追乃犇而亡明朝視之乃天馬跡也遂暢然而悟曰

豈吾所處之將危矣遂荷衣糧而去入于沂澤援琴而鼓之爲天馬聲故曰走馬引

安南王歌

安南小山所作也南王食求僊遍體方士遂以八公相攜俱去莫知所在小山之徒思戀不已乃作南王歌焉

武溪深

馬援南征所作也援門王處奇生善吹笛援作歌以和之名曰武溪深其曲曰滔滔武溪一何深鳥飛不

渡獸不能臨歎我武溪多毒淫

吳趨曲

吳人以歌其地

箜篌引

朝鮮津卒霍里子高妻麗玉所作也子高晨起刺船而擢有一白首狂夫披髮提壺亂河游而渡其妻隨而止不及遂墮河水死於是援箜篌鼓之作公無渡河聲音悽愴曲終自投河而死霍里子高還以其聲授妻麗玉麗玉傷之乃引箜篌而寫其聲聞者莫不墮淚飲泣焉麗玉以其曲傳鄰女麗容名曰箜篌引

悲歌

平陵東翟義門人之所作也王莽殺義門人作此歌以怨也

薤露蒿里歌

並喪歌也出田横門人横自殺門人傷之爲悲歌言人命如薤上之露易晞滅也亦謂人死魂精歸于蒿里故有二章其一章曰薤上朝露何易晞露晞明朝更復落人死一去何時歸其二章曰蒿里誰家地聚

斂精魄無賢愚鬼伯一何相催促人命不得少踟躕至孝武帝時李延年乃分二章爲二曲薤露送公卿貴人蒿里歌送士夫庶人使挽柩者歌之世亦呼挽歌

長歌　短歌

言人壽命長短不可妄求

陌上桑歌

出秦氏女子秦氏邯鄲人有女名羅敷爲邑人千乘王人妻王氏後爲趙王家令羅敷出採桑於陌上趙

王登臺見而悅之因飲酒欲奪之羅敷行彈箏乃作陌上桑歌以自明焉

杞梁妻歌

杞植妻妹朝日之所作也杞植戰死妻曰上無考中無夫下無子人之苦至矣乃抗聲長哭長城感之頹遂投水而死其妹悲姊子賢貞操乃爲作歌名曰杞梁妻賢杞梁植字也

董逃歌

後漢遊童所作也後有董卓作亂卒以逃亡後人習

之以爲歌章樂府奏之以爲規戒

短簫鐃歌

軍樂也黃帝岐伯所作以建武揚德風動戰士也周禮所謂王大捷則令凱樂歌也漢樂有黃門鼓吹天子所以宴樂羣臣短簫鐃歌鼓吹之一章耳亦以賜有功諸侯也

上雷

地名也其地人有父母沒兄弟不字孤弟有鄰人爲其弟作悲歌以諷其兄故曰上雷田曲也

日重光月重輪

群臣爲漢明帝所作也明帝爲太子樂人以歌詩四首以賛太子之德其一曰日重光其二曰月重輪其三曰星重耀其四曰海重潤漢末喪亂後二章亡舊說云天子之德光明如日規輪如月衆耀如星占潤如海光明皆比太子德賢故曰重耳

橫吹

胡樂也張博望入西域傳其法西京唯德摩訶兜勒二曲李延年因胡曲更造新聲二十八解乘輿以爲

武樂後漢以給邊將和帝時萬人將軍用之魏晉已來二十八解不復俱存世用者黃鵠隴頭出關入關出塞入塞於楊柳黃覃子赤之楊望行人一十四曲

後漢蔡邕益琴爲九絃

鞞鼓

高羊氏娶于陳豐氏女制鞞鼓鍾磬塤箎

問大琴大瑟

荅曰古者伏羲氏造二十五絃瑟不聞二十絃之瑟廣雅云瑟長三尺六寸六分五絃舜之所造有琴即

有瑟云

女媧問笙簧

問曰上古音樂未和而獨制笙簧其義云何荅曰女媧伏羲妹蛇身人首斷鼇足而立四極欲人之生而制其樂以爲發生之象其大者十九簧小者十二簧也

釣竿歌

伯常子妻所作也伯常子避仇河濵爲漁父其妻思之每至河則作釣竿之歌後司馬相如作釣竿歌詩

今傳爲古曲

楊烏

白鷺也似鷹而尾上白

扶老

秃鶖也狀如鶴而大大者高八尺善與人鬭好啖蛇

鴈

自河北渡江南瘠瘦能高飛不畏矰繳江南渡饒每至還河北體肥不能高飛恐有虞人所獲常銜蘆長數寸以防矰繳

鳧

常在海邊沙上食砂石皆消爛唯食海蛤不消隨其矢出用爲藥倍勝者也

鶴

千載則變蒼又千歲變黒所謂玄鶴也

馬

自識其駒非其駒則齧煞之

猿

五百年化爲玃

鷓鴣

南方有鳥曰鷓鴣其名自呼常向日而飛畏霜露早晚稀出有時夜飛飛則出以樹葉覆背上

驢

爲牡則馬爲牝則駏

秦始皇馬

有七名馬一曰追風二曰白兎三曰躡景四曰追電五曰飛翮六曰銅雀七曰神鳧

曹真駃馬

曹眞有駃馬名爲驚帆言其馳驟烈風舉帆之疾也
鴛鴦
水鳥鳧類也雌雄未嘗相離人得其一則其一思而
死故謂之匹鳥也
兎
口有闕尻有九孔
獐
有牙而不噬一名麞獐見人懼謂之章惕
鹿
青州人謂鹿爲獐也
鵲
一名神女俗云七月塡河成橋詩云維鵲有巢而鳩
居之言其鳩拙假鵲而成巢也
雀
一名佳賓言常棲宿人家如賓客也詩云誰謂雀無
角何以穿我屋
鷰
一名神女一名天女一名鷙鳥詩云燕燕于飛差池

其羽齊人呼爲鳦也
鵁鶄
一名鳲鳩一名鵠鴝今之布穀也江東呼爲穫穀也
烏
一名孝烏一名玄烏燕白脰烏也脰烏子須食母亦
能自食其子也
鷄
一名燭夜禮云雞曰翰音鷯雞赤羽逸周禮曰文翰
若采雞周成王時蜀人獻也
狗
一名黃羊犬曰美獻
䑏犬
周成王時渠搜國獻䑏犬能飛食虎豹
猪
一名參軍一名豕豕曰剛鬣禮云豚曰腯肥亦曰豯
江東呼爲豨皆通名也豕生子多謂之豵
羊
一名髯鬚參軍禮云羊曰柔毛易曰羝羊觸藩羸其

角不能進不能退盜羊好能觝觸墻垣
鵁鶄
似鳧脚高毛冠江東人家養之以厭水災
螢火
一名燿夜一名景天一名熠燿一名燐一名丹鳥一
名夜光一名宵燭一名丹良腐草爲之食蚊蚋
螻蛄
一名天螻一名螜一名石鼠有五能而不成伎術其
一曰飛不過屋其二曰緣不過木其三曰泅不度谷

其四曰掘不能覆其身其五曰走不能絶人
蟋蟀
一名秋吟蛬秋初生得寒則鳴濟南人謂之嬾婦
一名青蛪今之促織也
蝙蝠
一名僊鼠一名飛鼠五百歲色白腥重集物則頭垂
故謂爲倒掛蝙蝠食之神僊
蟛蜞
小蟹也生海邊塗中食土一名長卿其有一螯大者
名爲擁劒一名執火
長跂
蠨蛸也身小足長故謂長跂小蜘蛛長脚也俗呼爲
蟢子
蠅虎
蠅狐也形似蜘蛛而色灰白善捕蠅蝗一曰蠅虎子
莎雞
一名促織一名絡緯一名蟋蟀促織謂其鳴聲如急
一曰促機絡緯一曰紡緯

蚯蚓
一名蜜壇一名曲壇善長吟於地中江東謂之歌女
或謂鳴砌亦呼爲蜜蚓
飛蛾
善拂燈一名火化一名慕光
蝘蜓
一曰守宮一曰龍子善於樹上捕蟬食之其長細五
色者名曰蜥蜴其長大者名曰蠑螈醫大者長三尺
其色玄紺善魅人一曰玄螈一名綠螈

蜻蛉

一名青亭一名蝴蝶色青而大是也小而黃者曰胡梨一曰胡離小而赤者曰赤卒一曰絳騮一曰赤衣使者好集大水上亦名爲赤弁丈人

蛺蝶

一名野蛾一名風蝶江東人爲之撻末色白而背青者也其有大如蝙蝠者或青斑名曰鳳車一名鬼車生江南甘橘園中

紺蝶

一曰青令似蜻蛉而色玄紺江東人爲紺蟠亦曰童蟠皆曰天雞好以七月群飛暗天海邊　貊食之謂海中青蝦化爲之也

魚子

魚子曰蠅亦曰鯤言如散稻米凡魚子總名鯤也

鯉魚

鯉魚之大者鱣魚卽今之赤鯉魚也兖州人謂赤鯉爲赤驥謂青鯉爲青馬謂黑鯉爲玄駒謂白鯉爲白旗謂黃鯉爲黃雉

鱧魚

鱧之大者曰鮪鮪鱣屬也大者名王鮪小者名鮛鮪今宜都郡自京門已上江中通出鱏鱣之魚有一魚狀如鱣小庭平人謂之鮥子卽此魚也

蜣蜋

能以土苞屎轉而成丸團正無邪角莊周所謂蛣蜣之智在於轉丸者也蜣蜋一名蛣蜣一名丸一名弄丸

蝸牛

陵螺也形如蛻蝓殼如小螺熱則自懸葉下野人爲圓舍如蝸牛故曰蝸舍亦曰蝸牛之子舍蝸殼婉轉有文章絞縛爲結似螺殼文故曰螺縛童子結髮亦曰結髻亦謂其形似螺殼也

白魚

赤尾曰魟一曰魧或曰魟雄又曰魧魚子好群浮水上者曰白萍

蝦蟇子

一名科斗一名玄針一名玄魚形圓而尾大而尾脫

脚生也

烏賊

一名河伯度事小吏

鯨魚

海魚也大者長千里小者數千丈一生數萬子常以五六月就岸邊生子至七八月導從其子還大海中鼓浪成雷噴沫成雨水族畏悉逃匿魚無敢當者其雌曰鯢大亦長千里眼爲明月珠

水居

狀如人乘馬衆魚導從一名魚伯大水有之漢末有人河際見之馬人皆有鱗甲如大鯉魚但手足耳鼻似人不異視之良久乃入水

龜名

玄衣督郵又龜名十號一曰神龜一曰靈龜三曰拚龜四曰寳龜五曰文龜六曰筮龜七曰山龜八曰澤龜九曰水龜十曰火龜大凡物含異氣不可以常理推耳火龜由火鼠耳千歲之龜常有白氣冉冉而起耳

鱉名

河伯從事江東人謂青衣魚爲婢鯿魚爲童子魚爲土父鱉一名河伯使者

草蟲

結草蟲一名結葦好於草末折屈草葉以爲巢窟處處有之

鶢鶋

國語云海鳥曰爰居漢元帝有大鳥如馬駒時人謂之爰居出即凶也

程雅問蠶

蠶爲天駟星化何云女兒荅曰大古時人遠征家有一女并馬一匹女思父乃戲馬曰爾能爲我迎得父歸吾將嫁汝馬乃絶韁而去之父所父疑家有故乘之而還駿馬見女輒怒而奪父繫之父恠而審問其女女具以寔荅父乃射煞馬曝皮於庭所女以足蹙之曰爾馬也欲人爲婦自取屠剥何如言未竟皮欻然起抱女而行父還失女後大樹之間得乃盡化爲績蠶於樹其繭厚大於常蚕鄰婦取養之其收二倍耳

今世人爲蠶爲女兒蓋古之遺語也

程雅問龜

問曰靈龜五色知吉凶何也荅曰靈龜五色似玉背陰向陽知存亡吉凶千歲遊於蓮之上五色具焉其額上兩骨起骨起似角解人言浮於蓮著下南方人以龜支床足經二十餘歲老人死移床龜尚生不死能行氣導引至神若此

牛亭問蟬

問蟬曰齊女何也荅曰昔齊后忿而死尸變爲蟬登

庭樹嘒唳而鳴王悔恨故世名蟬爲齊女焉

牛亭問蟻

玄駒何也荅曰昔河内人見有人馬數千萬皆如黍米遊動往來從旦至暮家人與火燒之人皆蚊蚋馬皆成大蟻故呼蚊蚋曰黍民蟻玄駒也

玄晏先生問鳳

問曰鳳爲羣鳥之王有之乎答曰非也鳳瑞應之鳥也其雌曰凰雞頭蛇頸鷩頷龜背魚尾五色具采其高六尺與鳥之異也出則爲祥非常見之鳥也人自敬之與鳥別也

古今考序

渠陽山中暇日編校經傳自西漢諸儒去古未遠已不能盡識三代遺制凡冕服車旗類以叔孫通所作漢禮器制度爲據其所臆度者無以名之則曰猶今之某物然孔賈諸儒爲之疏義則又謂去漢久遠雖漢法亦不可考因歎三代遺制始變於周末大壞於秦漢而盡亡於魏晉以後雖名物稱謂字義音釋亦鮮有存者故使經生學士白首窮經而疲獘於訓詁佔畢之末有終其身而不能盡知者方秦之焚書者云云嗚呼是誰之咎歟解之繇曰无所往其來復吉有攸往夙吉漢承秦敝大難既解是无所往也而昧於來復夙吉之戒徒能隨世就是爲秦漢以後規模賈誼所謂建久安之勢成長治之業者蓋欲及時定制盡復三代之舊爲萬世太平計而一時君臣不足以知此至董仲舒王吉則浸遠浸疏蓋自是人情習於簡陋古制蓋不可考矣姑即漢紀隨文辯證作古今考

古今考

宋　魏了翁

高帝紀

自秦而上即始封之國或王跡所基以爲代號舜起則微然自顓帝以來有國至瞽瞍故因居嬀汭以虞爲號由匹夫而有天下乃自漢始故無所因襲與陳項諸人各以始王爲號至魏晉齊梁隋唐以後則往往由枋臣禪代故多以封爵亦與漢異

高皇帝者何漢五年羣臣上皇帝尊號此有天下十一年論號曰高宗皇帝

戴氏所集禮記如中庸如閒居諸篇始有三王之文至左氏始有五伯之文孟子始有五霸之說人主自號皇帝自秦政始而漢因之謚曰高皇帝則亦襲始皇之陋也三皇五帝之稱號聖人未嘗言雖三王五伯亦未嘗及僅見於孟氏書戴氏禮而禹之爲王亦未嘗見凡書之言夏王者皆桀也商人周人始正王號自陋儒俗師强爲等差於是抗皇號於至高而妄意帝稱羞與王伍蓋春秋時

吳楚越皆稱王矣至於戰國則齊魏韓趙諸君亦稱王王號既卑則强者不得不帝於是秦邪王稱西帝齊閔王稱東帝尋懼而復稱王至秦政廿六年遂兼皇帝號然猶遲之以廿六年之久亦見其有未慊於心者漢初大抵反秦以從民望而於典章法度俱襲秦餘如皇帝之稱最爲固陋而因仍不改於是有效尤而動如南越王稱南武帝盖生而自爲謚矣極於後世如漢哀帝以方士之說爲聖劉太平之號唐高宗中宗以武韋二婦人之言

有天皇應天之號紛紛錯出由是踵爲故常姑摘其人言之元宗德宗皆以聖神文武皇帝爲號此二君昏僻召亂者也而以是稱之又將誰欺德宗尚以爲未足乃於朱泚未平之日狥羣臣之請欲更加二字夫此四言且不敢當其一而唐之君臣少之乃知後世虛名侈號君臣同一愚也成湯曰武王周文曰寧王則人稱之而已不自居也安有累善積美至十餘言而不厭乎頼神宗皇帝黜去尊號之請足以一洗千載之陋然尚有未盡改者

謚者節以壹惠也今自唐至于國朝帝謚之多至七八字反以字多而難于省記義廣而不能取信且以一二言之如所謂曰聖曰神則大而化聖而不可知今猶以爲未足也加之以文武抑不知聖神不足以統文武耶藉曰書既言之矣又姑舉其一言之唐帝之謚莫多于宣宗盖高祖太宗猶不過七字宣宗至十有八字宣視諸帝固亦稍優游而遂謂玄聖至明與武文睿智仁神等字無一不備夫如是過于堯舜三王遠矣而唐業之衰實始于此

漢者何高皇帝起漢中即始王以爲代號也自義昊以來書志可考者皆有始祖舜雖側微然自顓帝以來有國至瞽瞍失之至夏后氏殷人周人以訖于嬴政則皆以始封爲代號夏之後爲杞至楚悼王而後息殷之後爲宋至齊湣王而後息周自后稷迄于赧王大抵三代之宗廟血食皆二千餘年自秦罷侯置守于是始有由匹夫而有天下者矣往往無所因襲一時如劉如項如陳不得不以

始王爲號至魏晉齊梁隋唐以後則率以枋國浸成禪代故又以封爵爲號亦與漢異

高祖

旣曰高祖矣此其言高祖何繫之帝則謚也繫之祖則廟號也武丁祖甲太甲雖有廟號而丁甲以目爲紀由殷而上無謚或以堯舜禹湯等爲謚非也至殷始有三宗至周始有文武等謚至高帝以後而一人有謚有號然謚曰高皇帝廟曰高祖猶通一高字也至文帝以後然後號與謚異猶曰太

宗世宗中宗世祖云爾又東漢後則一人之身旣曰明帝又曰顯宗旣曰章帝又曰肅宗不知節惠者安所據也明章猶可宗也又其後也和帝曰穆宗煬帝曰　宗安帝曰恭帝則終漢之世無一而非宗矣又其後也帝謚少而五六言多至十七八言雖有博識强記之士固已不能悉數施諸召命奏疏亦以文繁難于節約其勢必以廟號陵名代之則是一人而兼十餘字之美義有相包字猶別出雖有昬僻之主猶得仁聖之名施諸當時人已議朝臣之庸鄙書諸簡冊人復議世道之澆訛相承至今謚爲虛設僅以陵廟見諸典章又極其事而言之則必如殷三宗漢七制無害其爲廟號以其有德可宗而不在迭毁之數也和煬安順以來胡爲而皆無不可宗之帝有天下者知和煬安順亦得爲宗則知廟號乃承陋襲訛不可不遽已也

沛豐邑中陽里人

此謂泗水郡之屬縣曰沛沛之聚邑曰豐其里曰中陽蓋自秦滅古制郡縣里邑之别泯不可考今

姑言之古者大而別之曰九州細而别之曰天子諸侯所治皆曰國國之外曰野則六鄉六遂與三等采地在焉其得名縣者有三總王畿之内曰縣則天子之寰内是也（寰即縣字）六遂之内有縣凡二千五百家則四甸爲縣是也三百里至四百里爲縣則甸稍縣都是也至春秋末趙簡子誓師則謂上大夫受縣下大夫受郡杜預引周書作雒篇謂千里一縣縣有四郡眷昭五年左傳亦云晉有四十縣遺守四十乘則縣有百乘合乎周書而背乎周

禮未知孰爲可信大抵皆未是後所謂縣在秦孝公併邑聚而爲縣而縣之名始此也郡之名不見於經亦始見於趙鞅之言乃是縣統郡而不以郡統縣自秦始皇并天下爲三十六郡然後以郡統縣其時縣猶有邑在焉故曰沛豐邑

姓劉氏

古未有姓氏併書者春秋傳曰天子建國因生以賜姓胙之土而命之氏杜預謂若舜由嬀汭故陳爲嬀姓胙之以土而命氏以陳外傳亦曰帝嘉禹德賜姓曰姒而氏曰有夏胙四岳國賜姓曰姜而氏曰有呂蓋繫之以姓命之以氏故子孫雖同姓而各别氏也氏又謂之族蓋舉其人則曰華氏向氏指其宗則曰戴族桓族若此者可以類求大率姓受於天子族禀之國君然其間容有不賜姓者各從其父之姓族如黃帝之子二十五人而得姓者纔十有二是也又有不禀時君之命而自爲氏者士會之帑處秦爲劉氏伍員之子在齊爲王孫氏智伯之將滅自别其族爲輔氏雖曰别氏然未

有總書曰姓某氏者至於後世則姓氏之制不明故舉稱氏爲姓而不知别且同姓别氏禮所謂雖百世而昏姻不通者今豈復知此或疑劉氏之始詳見贊末

母媪父太公

古者父爲士子爲天子諸侯祭以天子諸侯其尸服以士服蓋天子諸侯之有父者鮮矣儀禮喪服有爲君之父母期則君固有父在者第始封之君則有之天子之父則罕瞽瞍之卒不知何時此不可攷武王滅殷則文考巳殁故併取太王王季爲王迹所由興者而追王焉漢高帝起自亭長祖豐公父太公皆不知名母媪不知姓與前代之典絶異古人有謂父爲太公者雖不見於經而齊世家云西伯獵遇呂尚曰吾太公望子久矣故號太公望以此知太公者古人以爲父稱周之時有爵者稱公至楚縣尹爲公晉大夫伯有稱公蓋名稱之寖至秦時滋不可制故亭長之父亦稱公至後漢章帝紀祠太上皇於萬年縣注名煓它官反一名執

嘉此不知何所據而遷固乃不及之恐未可信也自五年以後先媪曰昭靈夫人蓋自初起兵時媪已卒於小　北矣既有天下惟父獨存而止稱太公非敢忘之以古無此典耳因家令言始剏太上皇之號以隆之不惟古制所無且古亦未有太字後人加點以別大字于是人主之父母皆曰太至于祖母則曰帝太太后或曰太皇太后夫皇云者祭祀之所稱太云者後世以爲父卒母存之號今用之人主之父母則無所忌蓋所沿襲者久矣其

後昭靈爲后高祖之兄之姊之女皆追尊爲王后而最可怪者高帝之伯嫂爲陰安侯仲嫂皆王后豈陰安尚有撩釜之憾故下后一等耶名稱之不正莫甚于此自是而後則天子之妾母若本生父母皆有生封死贈之文晉魏以後則曉然著令文武官各得以品秩封贈父祖大非古意蓋追册追命追祖春秋時雖已有之然出于王朝所賜未有持法令以自陳者況以三歲一贈無所限極莫而廟貌公衮者有之此于禮奚據故鄭康成謂追王者以王禮改葬蓋疑名與服異使如后世三歲一贈則死者數離發掘之害亦不得一安於其土矣

母媪夢與神遇闕

隆準而龍顏

準於五則爲揆平取王之器所謂繩直生準是也亦所以協樂律而史記謂始皇長準高祖隆準皆相承爲鼻豈面目以是取正耶經傳有額有角未有稱顏者曰額曰顏亦後世之稱史册用字之訛

如此類甚衆本不足辨因一及之以見風氣既降稱謂亦非

試吏廷中吏

古者三公曰三吏卿大夫以及邦國之仕者皆曰羣吏而別爲府史胥徒賈奚之等以輿賁賤府史胥徒無吏稱也至此始混爲一區

亭長　亭有兩卒一爲亭父掌開閉掃除一爲求盜掌捕盜賊

周制五家爲比五比爲閭四閭爲族五族爲黨五黨爲州五州爲鄉秦人易之十里一亭十亭一鄉

蓋田制壞而鄉法廢專以譏防征商檢捉盜賊爲事而先王相保相愛相賙相賁之實正無復有存者矣

嘗從王媼武負貰酒

古者戒羣飲使萍氏紀酒未聞使民爲酒以自粥也私粥不已民相與爭利則暴君汚吏必至榷酤蓋此時實啓之

蕭何爲主吏主進令諸大夫曰進不滿千錢坐諸堂下

按顏注大夫客之貴者夫大夫之稱至隆極貴豈豈沛縣吏民可得而通稱乎公邑長亦曰大夫蕭叔大夫之類是也鄉亦號大夫單伯會伐宋傳云周大夫而記亦曰諸侯之上大夫卿是也孤亦曰大夫春秋書宋人殺其大夫是也公亦曰大夫詩謂三事大夫是也韓信謂諸軍爲士大夫容有軍吏在焉要是自春秋以後名稱混亂矣

賀錢萬

詩所謂錢蓋農器也上聲以泉幣爲錢不知自何時始小學書亦無此字史記平準書載虞夏之幣三品管子論禹湯以金鑄幣未有錢之號也至管子國語呂氏春秋史記漢則周齊秦晉楚趙之幣皆名錢矣

呂公者好相人

相人二字始見於左傳文公元年内史叔服能相人至荀卿始爲書非之然未得其要大抵呂公能相高祖之當貴而不能相呂后之覆宗此大學曰莫知其子之惡其是之謂歟

高祖爲亭長素易諸吏乃紿爲謁曰賀錢萬實不持一錢入呂公大驚起迎之門

古者歲時月吉以禮會民讀法必習射必行飲酒之禮所以申之孝悌書其德行道藝非以事虞樂也所謂周禮其猶醵歟則古亦有合錢飲酒之禮特民自樂耳令縣有重客而民得持錢入縣縣遣功曹主進滿千錢者升之堂上不則退之堂下惟商財賄毋問齒德亭長以警盜送徒爲事亦一役夫耳乃得以虛聲紿謁恐喝重使起迎之門遂坐

上坐且上坐賓位也必令一亭長以氣奪之絕無
鄉飲謀賓澹臺以公事造偃之風俗之壞意久矣
而史書之以爲美談

魯元公主

章昭以元爲謚顔籀非之劉攽曰此史臣追書也
是皆未問古者婦人有字配姓如伯姬仲子孟姜
季嬴之等是也有以氏以姓者魯國姜是也有以
姓繫之夫氏者衛孔姬晉趙姬之等是也有以姓
繫夫爵如楚息嬀齊棠姜魯秦姬之等是也有系

夫謚如宋共姬齊昭姬晉懷嬴魯定姒秦穆姬衛
莊姜之類是也有系之子如陳夏姬宋景曹是也
又有越禮而妄自爲謚則齊共姬昭姬魯聲子出
姜晉辰嬴衛戴嬀之等不可勝數魯元生而封魯
死而追謚名之不正甚矣古者邑于謝則歸謝邦
之蔡則治蔡若假之名而實不往則其于義也何
居必責之就國則婦無與公事使以魯爵而居趙
古亦未有此此一時率意變古極于後世有父爲
秦公而母爲魏國夫人者以秦公之妻而爵之魏

則疑于再適矣有一婦人而封兩大國者則疑于
兩從矣至于國朝命婦封爵之不正與后之有謚
猶如舊制后謚以上一字係之帝此亦稍得禮意
惟公卿大夫之妻無謚始爲合禮公主之稱雖非
非古亦周女下嫁命魯主昏之意

老父相呂后曰夫人天下貴人也

古者邦君之妻曰夫人邦人稱之曰君夫人卿大
夫之妻曰内子人亦曰内子夫人之號無敢竊也
今亭長之妻客稱之曰夫人然則過相稱謂不知

起于何時雖春秋時亦未有此流及後世則夫人
遂爲貴賤之通稱

高祖爲亭長以竹皮爲冠及貴常冠所謂劉氏冠

古者衣服不貳所以同風俗壹民德自春秋以後
如鷸冠翠被胡服以皆先王之所禁今以亭長自
爲竹皮冠亦見王制之不明人皆得以率情妄作
其後爵公乘以上方得冠劉氏冠一時之爲一人之見而
遂儕於先王之命服服之日變月變而不復先王
之舊蓋由日改月化民由之而不知可勝歎夫

高祖爲亭長爲送徒驪山

送徒驪山秦政自營墳墓也古之帝王未始有是劉向曰黄帝葬于橋山堯葬濟陰丘壠皆小葬具甚微舜葬蒼梧二妃不從禹葬會稽不改其列文武周公葬于畢皆無丘壠之處雖然此僅言薄葬耳而經傳咸無帝王自營墳墓之文考之儀禮自始死小歛大歛殯奠後始記筮宅然則筮宅蓋生者之事也或曰事不預定而取便于倉卒可乎曰古之葬與今異冢人掌公墓之地辨其兆域而爲

之圖先王之葬居中以昭穆爲左右若文王葬于畢則子孫皆就而葬之文王居中武王爲昭居左成王爲穆居右則兆域之列固有定序下至公卿大夫皆以爵列爲丘封之度雖萬民墓地亦墓大夫掌之蓋自天子以至庶人未有不族葬而序列者故兆域既有定序丘封亦有定制非如後世有某山某水之說則取辨于殯歛殷奠之後乃人情事理之當然闔閭秦惠文等五王始大作丘壠多其瘞藏至秦政自爲驪山用吏徒數十萬人曠日者十年上崇山墳下錮三泉其高五十餘丈周廻五里餘石椁爲游館人膏爲燈燭水銀爲江海黄金爲鳧雁被以珠玉飾以翡翠中成遊觀上成山林慮人之窺伺也則爲機械之變以射穿掘之人慮爲機者之泄也則生薶工匠慮無與其共樂也則多殺宮人以實之曾未幾何外被項籍之災内罹牧豎之禍然則役徒數十萬祇以自戮其尸焉耳矣由是而後襲爲故常漢之陵與廟率是人主自爲之

高祖送徒驪山徒多道亡自度比至皆亡之夜皆解縱所送徒徒中壯士願從者十餘人

古者井牧之制修則五家爲比五比爲閭四閭爲族五族爲黨五黨爲州五州爲鄉緜聯繩貫有保有愛不惟寓親睦之意亦以察姦宄之萌夫間有遂遂上有徑溝上有畛洫上有涂澮上有道川上有路以達于畿不惟爲瀦泄之計亦以嚴出入之限行旅之往來有節然後可以達國民之轉徒有授然後可以出鄉而諜賊之人相戕之人闖闉之

人不時不物之人各有官以察之當是時也使有驪山亡徒一人則必有縛而問之寧聽其肆行阡陌間而無所忌憚與高帝身履其事而不知變秦以復千古盜自是後門關道路之政戶口客主之數徒爲具文豈惟無復賙䘏親睦之意雖蒐姦隱慝無由察知民立乎覆載之間自生自死自往自來縣官亦不以爲事而君師之職廢矣

秦二世元年陳勝起蘄

自秦以前未有以全盛之天下十五年而亡者亦

未有隴上之耕夫無尺寸之資以取天下者此罷封建廢井田之明驗也古者封國之制計不易之田以爲都畿田方千里公侯田方百里伯七十里子男五十里不能五十里附於諸侯曰附庸其山林陵麓川澤各隨田以爲封疆之界大抵制國不過千乘都城不過百雉家富不過百乘五國以爲屬屬有長十國以爲連連有帥三十國以爲卒卒有正二百一十國以爲州州有伯天子賜之弓矢然後得專征賜之斧鉞然後得專殺天子適諸侯曰巡守巡所守也春省耕而補不足秋省斂而助不給入其疆土地辟田野治養老尊賢俊傑在位則有慶慶以地反是則有責一不朝則貶其爵再不朝則削其地三不朝則六師移之諸侯朝於天子曰述職述所職也唐虞三代其制各異或五載一巡守羣后四朝或比年一小聘三年一大聘五年一朝或六年五服一朝又六年王乃大時巡制雖小異大抵東南西北朝聘循環天子無踰時不與四方諸侯接四方諸侯無踰年不稟命于天子

此開誠心布公道正侯度達民隱故能君無失道臣無干紀民無覬覦裔無謀夏此封國之大畧也方里爲井一井八家爲田九百畝四井爲邑四邑爲丘四丘爲乘凡六十四井一丘之賦戎馬一匹牛三頭四甸爲縣四縣爲都蓋甸地方八里八八六十四井旁加一里爲成卽三十六井是爲百井一成之賦長轂一乘甲士三人步卒七十二人八百夫中取七十五人亦什一之法五家爲比五比爲閭四閭爲族五族爲黨五黨爲州五州爲鄉六鄉出車百乘六遂

亦百乘五人爲伍五伍爲兩四兩爲卒五旅爲旅五旅爲師五師爲軍總萬二千五百人千乘之車步卒甲士七萬五千人是爲六軍天子提封百萬井出車萬乘爲六軍者十大都之田方三十二里爲井一千有奇爲家八千有奇出車十乘有奇公侯之國方百里爲田萬井或爲十都或爲九都爲夫家八萬出車百乘步卒甲士七千五百人爲師者三是故天子萬乘言車數也諸侯千乘大夫百乘言夫數也

刑書釋名

宋　王鍵

黄帝刑

一曰鞭朴二曰鑽鑿

鑽臏刑去膝蓋骨也鑿黥刑也以墨涅其面

三曰刀鋸

刀割鼻也鋸刖刑斷足也

四曰斧鉞

斬刑軍戮也

五曰甲兵

以六師誅禍亂也

周刑

一曰墨

黥也割其面以墨涅之

二曰劓

截其鼻

三曰剕

刖刑也

四曰宮
淫刑也男子割其勢女人則幽閉
五曰大辟
死罪也其等有七一曰斬誅之斧鉞二曰殺以刀刃棄市三曰搏去衣磔之也四曰焚燒殺之也五曰辜磔之也六曰踣斃之于市肆也七曰罄縊之於隱處
漢刑
一曰笞
箠也文帝以代肉刑景帝自五百减至二百

二曰耏
三曰完
謂罪不至髡完其耏鬢止去其頰毛也二歲役刑
四曰髡
謂不加以肉刑而髡鬄爲城旦舂四歲刑也
孝文定律當黥者髡鉗爲城旦舂
五曰死
有三等一曰棄市謂當斬右趾及殺人者二曰磔謂戮屍張屍於市也三曰三族謂誅及三族也

魏刑
一曰贖
有十一等
二曰罰金
有六等
三曰雜抵罪
有七等
四曰作
居役也有四等

五曰完
有三等
六曰髡
有四等
七曰死
有三等
晉刑
一曰輸贖
用金絹贖罪也

二日髡作
三日棄市
四日斬
五日梟首
梁刑
一日贖
二日笞
三日髠
四日髡鉗
五日死

刑書釋名 〈六〉 四

北齊刑
一日杖
三等自一十至三十
二日鞭
撾馬杖也有五等自四十至一百
三日髠
五等自一歲至五歲
四日流

鞭之百投之邊裔重者鞭背輕者鞭臀有六年之
五日死
重者轘之輕者梟首
後周刑
一日杖
自一十至五十
二日鞭
自六十至一百
三日徒

刑書釋名 〈六〉 五

自一年至五年
四日流
自二千五百里至四千五百里
五日死
五等爲磬絞斬梟裂也
隋唐宋金刑
一日笞
漢用竹今用荆自一十至五十
二日杖

古用鞭今用杖自六十至一百

三曰徒

隋三等自一年至三年唐增一年半二年半改爲五等金增四年五年通爲七等

四曰流

隋制三等自一千里至三千里宋改爲二千里至三千里金相同

五曰死

隋唐宋同二等一曰絞二曰斬金加凌遲共三等

刑書釋名　六

古今用刑

殺

神農氏殺夙沙氏

戮

黄帝擒戮蚩尤

椓黥

蚩尤之刑也

冎

剐人肉置其骨也安祿山執常山太守顔杲卿冎之

支解

漢紀法截其四肢也

醢

商紂醢九侯

烹

齊哀公烹於周

誅

堯誅三苗

族誅

刑書釋名　七

商紂有誅九族之條

門誅

後魏書

赤族

漢書赤盡也

誅

周刑也誅者罪連一宗　者殺及九族

車裂

商鞅殘酷秦人殺而車裂之

分屍
同支解漢分項王屍
炮烙
商紂造
抽脇鑿項
皆商鞅法也
梟
斬首懸木上漢梟彭越之首
腰斬
刑書釋名 八
秦腰斬李斯
棄市
刑人於車棄之於市也
僇
漢賈誼曰棄市之法也
肆
殺而陳其屍也見論語
斫
張飛欲斫嚴顏頭

炙
晉大將軍穎炙殺長沙王乂
撲
秦法以囊盛人而撲殺之
脯
紂脯鄂侯
鋸
以木解人李克用鋸孫揆也
檮
刑書釋名 九
梁侯所爲犯法者檮殺之
劓
誅於劇角不露天也易曰其刑劓
横分
漢書注離也
剄
漢注以刀自裁
格
祭遵格殺舍中兒

拉
宋武帝拉殺諸葛長民
天
睽卦釋文刺鑿其額命曰天
抵死
漢注抵觸也
沈命
應劭曰沈没也
斧質
刑書釋名〈八〉十
項籍傳身伏斧質師古曰質鍖也斬人加于鍖上而斫之也
殊死
漢律斬刑也
鉗灼
江充傳燒鐵鉗灼强其服罪
剝皮
後晋紀注刻剝也
瘦死
漢注囚以饑寒死者曰瘦
纍
楊雄傳諸不以罪死者曰纍
腐
宫刑也
三族
謂父母妻
髡鉗
去犯人髮以鐵束項也
刑書釋名〈八〉十二
鬼薪
漢令役人取薪給宗廟三歲刑
謫運
梁徒役也男子謫運女子賃作
配役
宋文省流刑令帶鐐居作
白粲
漢令役人坐擇粲三歲刑也
城旦舂

漢法旦者男子旦起行治城舂者婦人舂作粲也

釋常談卷上

宋　亡名氏

世有輕裘公子長鋏少年策玉轡於春朝風流可愛酌金壺於月夜逸樂無偕洎乎陪佳客之談諧與儒士之言論理涉隱諭不究津涯幾至面牆眞可痛惜遂乃採古經之祕義掇前史之奥詞僅以成編隨目註解總得二百事名曰釋常談庶有飾於蕪詞固不愧於博學其或執玉塵尾者無倦習諸云爾

投筆

從文入武謂之投筆漢班超字仲叔家貧傭書以自給乃擲筆於地曰大丈夫當效張騫傅介子立功於異域以取封侯萬里之外安能久事筆硯乎時大將軍耿康用超爲行軍司馬討西域有功封爲定遠侯

甲第

好宅謂之甲第甲者首也漢書平恩侯許伯入新宅孟寬饒訪之入門仰視而歎曰富貴無常如此甲第所閲甚多忽即易主

醇醪

好酒謂之醇醪吳書程據常以氣凌周瑜瑜未嘗有愠色承奉愈謹程據自慚遂投分於瑜曰與公瑾（公瑾周瑜字也）為友如飲醇醪不覺自醉

小冠子夏

患目者謂之小冠子夏漢書杜欽杜鄴俱有大名於兩人皆字子夏欽眇一目被人呼之盲子夏欽惡以盲字為號自作一小冠戴之時皆呼為小冠子夏

喋喋

多語話謂之喋喋漢文帝幸上林苑虎圈問上林尉虎圈中事尉一詞不措有嗇夫代奏對言語無窮應答不滯帝乃命與嗇夫官張釋之諫曰不可嗇夫利口捷給陛下若與之官卽使天下之人唯事口舌喋喋而已帝遂納諫

泰山

丈人謂之泰山玄宗開元十三年封禪于泰山張說為封禪使說女壻鄭鎰本是九品官舊例封禪後自三公已下皆轉遷一階一級惟鄭鎰是封禪使女壻

驟遷至五品兼賜緋服因大酺次玄宗見鎰官位騰跳怪而問之鎰無詞以對優人黃幡綽奏曰此乃泰山之力也因此以丈人為泰山

渭陽

舅謂之渭陽左傳云秦康公之母卽晉獻公之女也康公送晉獻公之子文公至渭陽曰見我舅氏如母存焉（凡山以南面為陽水以北面為陰）是康公送舅至渭水之北因曰渭陽也

宅相

外甥為之宅相魏舒字陽元少孤為外家甯氏所養甯氏起宅相者曰此宅合出貴甥魏舒聞之曰吾為外家成此宅相也舒後位至晉卿果如宅相者之言因呼外甥為宅相

玉潤

女壻謂之玉潤晉樂廣字彥輔衆皆呼為冰清女壻衛玠字叔寶世號為玉人故時為之語曰婦翁冰清女壻玉潤

東牀

女壻謂之東牀晉太尉郄鑒遣門生求女壻於王導家導命來使徧觀之王氏子弟咸自矜特唯一人於東牀坦腹而卧旁若無人郄太尉聞之曰東牀坦腹者佳壻也訪問乃是羲之遂以女妻焉

有尺布斗粟之事

兄弟不睦謂之有尺布斗粟之事漢文帝時淮南王長卿文帝弟也謀不軌文帝不忍戮謫於蜀在道不食而死時人謡言曰一尺布尚可縫一斗粟尚可舂兄弟二人不相容帝聞之追悔不及

參商

兄弟不和夫婦不睦皆謂之參商也左傳曰昔高辛氏有二子長曰閼伯次曰寔沉居于曠林皆不相善日尋干戈以相征討后帝不臧遷閼伯于商丘主辰星商人以長星爲商星也遷寔沉于大夏主晉星唐人以晉星爲參星故謂之參商商丘地大夏則今在未晉陽縣是也

張蓋

戴席帽謂之張蓋春秋後語曰商君問趙良曰吾相秦何如五羖大夫良曰五羖大夫相秦也勞不坐乘暑不張蓋及其薨也童子不謌謡舂者不相杵君不如也

傾蓋

卸帽謂之傾蓋家語曰孔子之郯遇程子於途傾蓋而語終日甚悦顧謂子路曰取束帛以贈先生傾蓋駐車者也

愛忘其醜

人有相善不顧其過謂之愛忘其醜呂氏春秋曰陳有醜人名敦洽龍眉權顙廣眼垂肩脣薄鼻昂皮膚

皴黑陳侯悦之外使洽國内使制身後楚兵所圖發言拙避楚遂大怒促兵代陳三月而滅人有言曰敦洽貌陋足以駭人語拙足以喪國陳侯可謂愛忘其醜

水竇

溝渠謂之水竇左傳曰蓽門圭竇之人而皆陵其上又曰禮義著人情之竇大可通流也

素領

項後白髮謂之素領漢馮唐白首爲郎官素髮垂領

銅臭

將錢買官謂之銅臭後漢崔烈有重名靈帝時入錢五百萬拜司徒烈名譽遂減乃問其子鈞曰外人議我以爲如何鈞對曰人盡嫌大夫銅臭烈怒舉杖擊之鈞服武弁而走烈曰撾不受而走豈爲孝乎鈞曰舜事瞽叟小杖則受大杖則走烈慙而止今以富者亦曰銅臭也

躍馬肉食

乘肥馬食珍味謂之躍馬肉食史記秦國蔡澤問善

相者唐舉曰聞君相李兌百日內持國柄有諸乎舉曰有之請相予何如唐舉視之曰君曷鼻戾肩魋顏蹙頞吾聞聖人不相待先生乎蔡澤知唐舉戲之乃曰君更得四十三年矣蔡澤笑曰吾躍馬肉食更得四十三年亦足矣後果代應侯爲秦相

元昆

長兄謂之元昆周易曰元者善之長也事者嘉之會也元則長也故論語曰人不間于其父母昆弟之言注云昆卽兄也非長兄不得呼元昆也

義方之訓

教子弟謂之義方之訓左傳曰石碏云臣聞愛子教之以義方也

絺綌

葛衫謂之絺綌論語曰當暑縝絺綌必表而出之注曰單着葛衫而出非禮也

挾纊

著綿衣謂之挾纊史記楚與齊戰楚旣衆時值切寒楚王撫慰將士甘言勉之三軍皆知挾纊不覺寒也

倒載

沉醉謂之倒載晉山簡字季倫爲荆州牧毎出酣昔而歸人歌曰山翁往何處來往高陽池日夕倒載歸酩酊無所知

加籩

增添飯味謂之加籩左傳曰鄭伯享楚子加籩豆六品矣

狐假虎威

託威權者謂之狐假虎威春秋後語曰楚莊王問江

乙曰寡人自以昭奚恤為相諸國不敢犯境豈非賢
相之力乎江乙對曰王曾聞狐假虎威乎

周郎

士流會音樂謂之周郎吳志周瑜字公瑾妙於音律每有筵宴所奏音樂小有誤失瑜必舉目瞪視時人曰曲有誤周郎顧初孫權兄名策與周瑜同征夏侯獲喬公二女策與瑜各納一人策謂瑜曰喬氏雖至流離得吾二人採納可謂佳壻矣吳國因此呼瑜為周郎也

蚌鷸相持

兩人相掊拾謂之蚌鷸相持史記趙欲代燕蘇秦為燕說趙王曰臣今來時氷中見一蚌出曝其腹有鷸鳥啄其肉而蚌合其嘴蚌曰今日不出明日不出必見死蚌鷸相持之際有漁父見併而擒之今燕趙相持為弊甚衆臣恐強秦有漁父之功願大王熟計之趙王乃止

排闥

推門入謂之排闥漢書曰樊噲沛人也以屠沽為業後從高祖征伐有功高祖既定天下嘗卧疾於禁中不欲見人詔闔者不令放群臣入噲乃排闥直入見高祖流涕曰陛下與臣等起於豐沛其何壯也今天下已定又何憊也帝乃笑而起

鼓盆

喪妻謂之鼓盆莊周妻亡惠子往弔莊周不哭乃鼓盆而歌人問其故莊周曰哭且無益自損而已

巨卿之信

與人相約應時而至謂之巨卿之信後漢范式字巨卿與張元伯為友春別京師暮秋為期元伯至九月十五日殺雞炊黍以待之母曰相去千里何以審的元伯曰巨卿信士必不愆期言訖巨卿果至

鄧艾之疾

口吃謂之鄧艾之疾魏將鄧艾患吃晉文帝戲艾曰每稱艾艾不知有幾艾艾答曰假如孔子云鳳兮鳳兮亦只有一鳳耳

文過飾非

有過不改但說詞理謂之文過飾非論語曰小人之

過也必文
大宛
馬謂之大宛漢書李廣爲貳師將軍領兵伐大宛國得汗血馬武帝遂作天馬歌因號馬爲大宛也
蒭粟
馬料謂之蒭粟後漢第五倫爲會稽太守躬自斬蒭爛粟以飼馬

釋常談卷中
彈鋏
議諷主人覓食物謂之彈鋏史記馮驩在孟嘗君門下爲客每給蔬飯驩乃倚柱彈鋏而歌曰長鋏兮歸去來食無魚孟嘗君知之乃依上客給以魚肉後果有市義三穴之功以報孟嘗君
傭書
受雇寫文字謂之傭書吴志闞澤字德潤會稽人好學居貧爲人傭書以自給抄寫纔畢已誦在口後位至侍中

蒲鞭之耻
罪重而懲輕者謂之蒲鞭之耻漢書劉寬字文饒爲南陽太守吏有過以蒲鞭決責示其耻也
開東閤
接待賓客謂之開東閤漢公孫弘起客舍謂之東閣招迎賢士後爲丞相封平津侯
東道
接待賓客謂之東道史記秦欲破鄭鄭國君謂秦王

曰若能捨鄭願爲東道之主有賓客往來可以救援其不逮者也

楊朱之泣

泣於岐路謂之楊朱之泣淮南子曰楊朱見岐路而泣之曰何以南何以北高誘曰嗟其別易而會難也

七步之才

文章敏捷謂之七步之才陳思王名子建魏文帝親弟也有大才文帝嫉之令作詩限七步内須成子建詩曰煑豆燃豆萁豆在釜中泣本是同根生相煎何

太急

八斗之才

文章多謂之八斗之才謝靈運嘗曰天下才有一石曹子建獨占八斗我得一斗天下共分一斗

膠柱鼓瑟

不見機而守舊規者謂之膠柱鼓瑟史記趙有名將趙奢能用兵奢既死趙王憐之使其子括將兵拒秦藺相如諫曰大王以其父之能而用其子者如膠柱鼓瑟耳

鬱壘

桃符謂之鬱壘干寶續搜神記及應劭風俗通云東海之中度朔山有盤桃屈曲三千里枝間東北山有二鬼一名鬱壘一名神荼萬鬼皆怕之今歲首立桃符于門畫此之形以辟鬼也

弊帷之嘆

馬死謂之弊帷之嘆禮記曰弊帷不棄爲埋馬也弊蓋不棄爲埋狗也

雪東門之耻

堅心報怨謂之雪東門之耻越王勾踐不納范蠡之諫與兵伐吳果大敗于吳之東門越王以餘兵五千退保會稽遂苦身勞思置膽于坐卧之所出入嘗之不忘其苦後果獲吳軍以雪東門之耻

折券

毀除文契謂之折券齊相孟嘗君受封邑于薛（薛地名）召門客往薛徵租時有下客馮驩請行驩至薛召欠租者悉至合其券既同（券今契也）詐稱孟嘗君令放欠租盡焚其券

分謗

救人行非事謂之分謗昔韓獻子將欲斬人郄獻子往救之至則已斬訖郄獻子徇之曰吾爲韓君分謗也

棄繻之志

人有決意求官者謂之棄繻之志史記終軍字子雲西遊入關關吏曰若還當合符繻軍曰大丈夫西遊終不徒還遂棄繻而度關後爲謁者持節出關關吏見之曰此前棄繻生也

伐柯

媒人謂之伐柯詩曰析薪如之何匪斧不克娶妻如之何匪媒不得

王濟之癖

諳馬性謂之王濟之癖晉王濟乗馬度水馬不肯度濟曰必是惜錦連乹今之紫襜是也令解去之馬乃過水杜預謂晉帝曰王濟有馬癖和嶠有錢癖帝問曰卿有何癖臣有傳癖

潤屋

家富謂之潤屋曾子曰德潤于身富潤于屋

修容

重梳裹謂之修容漢馮黎字叔平爲人矜嚴好修容儀動作可觀

鬒髮皓齒

女人髮黑齒白謂之鬒髮皓齒漢武帝幸平陽公主宅見歌者鬒髮皓齒悅而問之主曰姓衛字子夫帝遂納之卽令升車從帝入宮後冊爲皇后

鮮粧帕服

婦人施粉黛花鈿著好衣裳謂之鮮粧帕服李夫人別傳曰夫人久病武帝親往問之夫人面牆而卧都不廻顧嘿然不語帝垂泣而去延年已下責夫人曰帝旣再三顧問合轉面一見帝屬託骨肉何乃略不廻顧夫人曰我若不起此病帝必追思我鮮粧帕服之時是深囑託也

么麽

身小謂之么麽春秋後語曰齊相孟常君入秦秦王召之不放歸本國君乃逃去至函谷關關猶未開秦

法候雞鳴關方開孟常君有門客詐作雞鳴關乃開遂得出關徑往趙趙之人聞孟常君至觀者如堵及見乃曰向來聞孟常君之名將謂是魁梧之士此乃么麽丈夫耳

持兩端

事有未決臨時看勢謂之持兩端史記魏信陵君之姊嫁趙平原君爲夫人秦發兵圍平原君平原君遂遣使告信陵君今求魏王救之王曰欲救趙又恐秦國强大不救又與趙有骨肉之親

色莊

面嚴毅謂之色莊論語曰君子色莊者乎

屧步

不乘鞍馬謂之屧步屧鞋也蔡邕雅重王粲屧步迎之

七筋

匙筋謂之七筋蜀志先主劉備從曹操歸許昌操因從容爻謂先主曰天下英雄唯使君與操耳本初之徒不足數也先主食次不覺七筋墮地蓋怕曹操此語恐相害也

握髮吐餐

不倦賓客謂之握髮吐餐史記周公輔政七年其子伯禽驕慢公誡之曰吾是文王之子武王之弟成王之叔於天下可謂貴矣猶一沐三握髮一食三吐餐以接賓客恐遺人怨恐遺天下賢士汝愼勿驕慢於四方

掛冠

休官謂之掛冠西漢馮萌字子康見王莽篡逆乃曰不去禍將及身遂解冠掛於城東門而去

步履蹣跚

患脚謂之步履蹣跚春秋時平原君趙勝有愛妾登樓見一跛躄者於樓下蹣跚而行妾見之大笑躄者詣其門謂平原君曰某不幸有足疾君家美人笑某請君斬其頭平原君許之而終不斬門下諸客聞之稍稍而去有一客謂君曰君許躄者斬美人而終不斬是君無信也平原君遂斬其妾以謝之諸客再至

櫝楚

杖謂之檟楚禮記曰檟楚二物權其威也

塞上翁失馬

禍福相隨謂之塞上翁失馬淮南子云塞上翁有好道者家有走馬入於地隣人皆嘆其失馬翁曰未必爲禍居數日其馬引別一駿馬同歸鄰人又皆賀之翁曰未必爲福旣得駿馬翁之子墮馬折臂鄰人又來借問翁曰未必爲禍居一年籍選天下丁壯者皆控弦而戰翁之子以臂折得免

釋常談卷下

投轄

留客飲宴謂之投轄昔陳遵飲酒賔客滿座盡取客之車轄投于井中

罍耻

飲酒交酒盡謂之罍耻禮記曰缾之罄矣罍之耻矣

無投杼之疑

清愼之士被人譏毀謂之無投杼之疑曾人有與曾參同姓名者殺人而參母方織有人來告其母曰曾

參殺人母曰參必不殺人俄頃又有人來告其母曰曾參殺人母亦不信如此三度其母乃驚疑投杼出門而望復有人來其母問之答曰殺人者非母之子也

登徒子

男子好色謂之登徒子宋玉曰登徒子㝗好色者也婦人有蓬頭垢面彎耳露齒皆淫之

不速之客

凡筵宴有不屈命而自來者謂之不速之客周易曰

包有魚不利于客有不速客三人來敬之終吉

憔悴

人有失意瘦惡謂之憔悴春秋云屈原事楚懷王爲三閭大夫爲佞臣靳尚所譖王乃流放之原遂遊于江潭行吟澤畔形容憔悴

陸雲之癖

愛笑謂之陸雲之癖晉陸機見司空張華華曰賢弟何不來機曰舍弟有笑疾不敢不先陳之張華鬚偏遂以錦囊盛之雲見果大笑華終不怪又嘗縗絰上

船水中見己之影大笑落水幾死

無鹽

女人醜陋謂之無鹽齊有醜女號無鹽臼頭深目垤胷隆腰肥項少髮皮膚如漆

伐善

凡人自衒其能謂之伐善論語曰願無伐善無施勞

盤庚

五遷謂之盤庚尚書盤庚云殷帝五遷其國

杖頭

百錢謂之杖頭晉阮修字宣子嘗以百錢掛杖頭至酒家獨飲酣暢而歸

上巳日

三月三日謂之上巳日漢書禮儀至三月三日士流祓禊飲酒於東流自魏但以三月三日不計上巳日

落帽之辰

重陽謂之落帽之辰晉孟嘉爲桓溫參軍溫甚重之重陽會飲于龍山嘉後至忽風起吹帽落而嘉不覺溫誡左右勿言以觀舉止也

喪明之慼

子死謂之喪明之慼禮記曰子夏死其子而喪其明曾子弔而問曰吾嘗與汝事夫子于洙泗之間退而老于西河之上使西河之民疑汝于夫子汝罪一也喪汝親使人來有聞焉汝罪二也汝子死而自喪其明汝罪三也子夏投其杖而拜之曰吾過也

倨傲

見人輕慢謂之倨傲漢酈食其（食音易其音箕）謁高祖高祖方使二婢洗足次令引食其入食其既入見高祖乃

長揖而不拜問高祖曰大王欲助秦乎爲復破秦若擬破秦豈可倨傲見長者耶

亹亹

事有相續謂之亹亹亹亹者莫善乎蓍龜故天生神物聖人則之亹亹即是相續不絶也

以巳方人

人自所好而指與他人同者謂之以巳方人謂以巳身比方他人也論語云子貢方人子曰賜賢乎哉夫我則不暇今人多云以巳方人也

絶纓

夜飲火忽燭滅謂之絶纓楚莊王與羣臣夜飲火燭滅有一人起牽美人衣美人告王曰有人牽妾衣巳絶得其纓矣王曰飲人以酒而責人以禮吾不爲也遂令左右盡絶其纓然後繼燭

哀王孫

見貧士與錢及食謂之哀王孫漢書韓信淮陰人也少將家貧嘗至下邳釣魚有漂母哀之將歸家致食因止信數十日信謂漂母曰異日必願酬答漂母曰哀王孫而進食豈望報乎

掃門

凡欲求事先施功力謂之掃門漢書魏勃欲見齊相曹參無人相導勃毎日早來平明即往參之門掃淨街路參怪而潛問之乃魏勃也引而問之答曰願見丞相于是爲之通達參遂納之擢爲舍人

俯拾地芥

能修志業苦求身事謂之如俯拾地芥漢書夏侯勝字長公常云男子所患不明一經經術既明取朱紫

如俯拾地芥

歸遺細君

從外將物歸與妻謂之歸遺細君細君即妻也漢武帝因伏日賜東方朔肉太官不在朔乃自抽所佩劒割肉將歸太官遂錄奏帝帝令朔自責朔曰拔劍割肉一何壯也割之不多又何廉也歸遺細君又何義也

達于未萌

知未來事謂之達于未萌春秋後語云趙武靈王欲

衣胡服公子成以不便奏之王問服之義公子成對
曰愚者達于成事智者達于未萌遂不納公子成之
言即日胡服

何日脂轄

問人何日遠行謂之何日脂轄詩曰巾車脂轄行在
何日

有鴻鵠之志

人雖居貧而志大者謂之有鴻鵠之志史記陳勝字
涉少時家貧爲人傭耕忽謂同耕者曰他日富貴不

忘汝等同耕者笑曰貧寠如此焉有富貴勝曰鷰雀
豈知鴻鵠之志哉

掛劒之義

心許人物而不勇移者謂之掛劒之義史記吳季札
吳王最小子也王使札聘于晉帶寶劒以自衞北過
徐君念札之劒雖不形言札心已惻札以遠使未達
心私許之及札廻徐君已死乃以劒掛墓樹而去

忠信獲罪

爲事盡忠反招疑忌者謂之忠信獲罪史記蘓秦自
齊歸燕國人毀之于燕王曰蘇秦左右賣國反覆之
臣也王遂棄而不用蘇秦謂燕王曰王聞有忠信獲
罪者乎

燕爾

新婚者謂之燕爾詩曰燕爾新婚

于飛

夫妻同行謂之于飛詩曰鳳凰于飛

自掇其咎

公然爲非自致其禍謂之自掇其咎周易曰不克訟

歸逋竄也自下訟上患至掇也

趙達

筯謂之趙達趙達吳國人也善將一筯而算無不徵
應吳國興亡之事並中其算

失飪

飲食過熟謂之失飪論語曰臭惡不食失飪不食

風流醖藉

人有温柔雅謂之風流醖藉書廣德如此

六出

雪謂之六出草木諸花皆有五出唯雪有六出

二毛

髮半白謂之二毛昔潘安仁年三十二歲髩已二毛

馳騖

驅馳求名利謂之馳騖

風馬牛

人事不相干不相接謂之風馬牛

黈纊

聾謂之黈纊天子以綿擁其耳不聽人過

釋常談　卷下　八

圓規方矩

指教罵之圓規方矩

聾瞽

不齊好事謂之聾瞽

敗于垂成

凡事欲成却不成謂之敗于垂成

靡惡不為

不善之事並曾為之謂之靡惡不為

自媒

自稱己善謂之自媒

厚誣

枉人為非謂之厚誣史記吾雖小人不可厚誣君子

常談　卷下　九

續釋常談　宋　龔熙正

御前

後漢蔡邕獨斷天子所在曰御前

陛下

漢高祖紀注王者世有執兵陳於階陛之側陛下者

郡臣嚴至尊之意也

計較

三國志孫堅傳堅夜馳見袁術畫地計較

下官

通典曰宋孝武帝多積忌諸國史人於本國者不得

稱臣而稱下官事在孝武帝紀中也一説者云稱臣

者通稱爲梁武帝史改臣爲下官

面折

漢王陵傳陳平曰於面折庭爭臣不如君汲黯傳黯

爲人惟倨少禮面折不能容人之過公孫弘傳每朝

會議開陳其端使人之自釋不肯面折送事

相門有相

按南史王詢召見文德殿上目送之謂來弁曰可爲

相門有相

將門有將

王鎮惡傳宋武帝曰鎮惡王猛孫所謂將門有將

郎君

世説諸葛瑾爲豫州遣别駕詣臺語云小兒恪知譴

卿可以語速連往詣恪恪不與相見後相遇别駕喚

恪咄咄郎君云

半子

唐回紇傳咸安公主下嫁可汗上書恭甚其言昔爲

兒弟今爲半子也

姨夫

元氏小叔與姪大淵書云吾時在鳳翔每借書與齊

倉曹家徒步執陸姨夫師受

小姑

古樂府焦仲卿妻詞云却與小姑别泪落連珠子

令弟

文選謝靈運從弟惠連云末路值令弟酬問開顔披

心

姑夫

五代史石敬塘入篡時皇后云姑夫

妹婿

三輔决錄趙岐娶馬續女宗姜爲妻續兒子融岐曰妹壻之故屈志于融

弟婦

弟談數王詢祖曰唯覺妹未踈于弟婦

先輩

世說王子敬問謝公休何如庾公謝殊不受答曰先輩初無論又人有問太傅子敬可是先輩誰比謝曰阿敬近撮王劉之標

火伴

古木蘭詞云出門見火伴

家屬

孔毅父雜說前漢西域傳屯田輪臺募民壯健累重敢涉者詣田所注累重謂妻子家屬也

丫頭

劉賓客寄贈小樊詩云花面丫頭十三四春來綽約向人時

小家子

殷雲小說李膺州縣聶季保小家子不敢見膺

打草驚蛇

主簿貪賄于魯魯乃判曰汝雖打草吾已驚蛇

乞兒

漢官儀曰張衡云明帝臨軒雍歷二府光觀壯麗而太尉府獨卑陋顯宗東顧嘆息曰推牛縱酒勿令乞兒爲宰

檀郎

李商隱詩傳道門庭舊未行今朝歌管屬檀郎李賀詩檀郎眠何處

妳妳

焦仲卿妻古詩云阿母曰媒人貧賤有此女始適還家門又云阿母謝媒人女子先有誓又云媒人下床去諾諾復妳妳

陪酒陪歌

釋仲殊花品序每歲禁煙前後置酒饌以待來賓賞花者不問親疎謂之看花局故俚語云彈琴種花陪酒陪歌

暖寒之具

開元天寶遺事巨豪王元寶每至冬月大雪之際令僕夫自本坊巷口掃雪爲徑路躬親至坊前之巷揖賓客就本家具酒炙宴樂之爲暖寒之具

書手

報應記宋術士淮人應明經舉元和至河陰縣因疾

病廢業爲鹽鐵院書手

阿㚷

李商隱雜纂七不稱意内云少去聲阿㚷

村氣

劉餗隋唐嘉話薛方徹尚丹陽公主太宗嘗謂人曰此乃薛附馬村氣也

客氣

左傳定公八年陽虎入盡客氣也南史宋尚書左丞荀赤松奏顔延之啓云高自北擬合客氣虛張

幹事

南史沈文學傳宋明帝䖏褚彥回求一幹事人爲晉平王之上佐

後生子

鮑明遠少年時至衰老行篇云寄語後生子作樂當及春今俗少年者呼爲後生子士往往笑之不謂比乃古語而人尚用之也

事原

宋　劉孝孫

紫袈裟

唐代宗實錄云大曆三年詔杭州僧惠崇内賜紫袈裟

桃板

玉燭寶典曰元日造桃板著戸謂之仙木以鬱林山桃百鬼畏之即今謂之桃符也其上或書神荼鬱壘之字

爆竹

荊楚歲時記曰元日庭前爆竹起于古之庭燎

剪綵勝

初學記云起于晉代賈充夫人所作瑞綵圖之形又云耴似黃母戴勝也董勛問禮俗人日以七種菜爲羹剪綵爲人勝或鏤金箔爲人以帖屏風亦戴之于頭髮又造花勝以相遺之

鞦韆

古今藝術圖云北方戎狄愛習輕趫之態每至寒食爲之中國女子學之乃以綵繩懸樹立架爲之

餳粥

陸翽鄴中記云寒食之日作醴酪煮粳米及大麥爲酪擣杏仁煮作粥玉燭寶典曰今人悉以大麥粥研杏仁爲酪以餳飲之蓋斷火故作此粥也

半臂

實錄曰隋大業中内官多服半除即今之長袖也唐高祖減其袖謂之半臂

偏

後衣古者衣服短而齊不至于地後漢書梁冀始制狐尾单衣注云後裾曳地若狐尾至今婦人裙衫皆偏裁其後俗呼曰偏後衣也

大帽

實錄曰大帽野老之服至後魏朝臣皆戴之唐初以縠爲之以障風塵

流杯

晉書束晳曰昔周公卜洛流水以汎酒故逸詩曰羽觴隨流波其後三月三日曲水流杯即其遺事

卷白波
資暇錄云起于東漢初擒白波賊戮之于席卷故酒
席傚之以快人情也
注子偏提
元和初酌酒用尊杓無何改爲注子其形如罃而有
盖嘴柄皆具元和中貴人仇士良惡其名同鄭注乃
去其柄安系著茗瓶而小異之目曰偏提
阮咸
唐代宗朝阮行冲爲太上少卿時有人于古冢獲銅
事原
器似琵琶而圓獻于阮公曰此阮仲容所造乃命工
人以木爲之音韻清朗頗難爲權以仲容之姓名呼
焉況阮公昔賢豈可以其名氏號樂器乎元以其形
似月其聲合琴名爲月琴
骰子
聲譜云博陸采名也魏陳思王曹子建製雙陸局置
骰子二至唐末有葉子之戲未知誰置遂加骰子至
于六桉烏曹始置六博之戲乃行十二棋者及老子
度函谷關置樗蒲戲俱曰博李氏資暇云按諸家字
書骰子合作投子投擲之義今作骰子字非史記蔡
澤說范睢曰博者欲大投裴駰注云投投子也及投
擲之義是樗蒲盧雉犢白五采骰子也非謂今自公
至六者盖陳思王之作也潘氏紀聞譚曰骰子餙四
以朱者因玄宗與貴妃采戰將北唯重四可轉敗爲
勝上擲而連呼叱之骰子宛轉良久而重成四上大
悦命將軍高力士賜四緋
彈棋
事始引世說始自魏白氏六帖誤也按西京雜記漢
事原
武帝好蹴鞠言事者爲勞體非至尊所宜帝曰朕好
之可擇似而不勞者奏之因而作彈棋頁
角抵戲
史記秦二世在甘泉宮作樂角抵俳優之戲其後漢
武帝好此戲卽今之相撲也
箕簴
禮記日夏后氏之龍簨簴植曰簨横曰簴用懸鍾磬
也
金根車

漢巴漢輿服志曰秦王作金根車

華盖

崔豹古今注云黄帝所作也與蚩尤戰常有五色雲在帝上下故爲華盖也

曲盖

古今注云武王伐紂大風折盖大公因而爲折盖之形

甲乙帳

漢武帝以琉璃珠夜光珠雜天下珍寶爲甲帳其次爲乙帳甲者居神乙者自居

袖中記

梁　沈約

馬冢

漢丞相夏侯嬰墓在飲馬東入道南今俗人謂之曰馬冢

雞潮

移風縣有雞雄鳴長旦其聲清如吹角每潮至則鳴故呼爲雞潮

蟻漆

居風縣有蟻絮藤人視土中知有蟻因墾發以木皮揷其上則蟻出緣而生漆

鷹俊

支遁常養一鷹人問之何以畜曰賞其神俊

渴烏

漏刻法曰以器貯水以銅爲渴烏狀如鈎曲以引器中水于銀龍口中吐入權器漏水一升秤重一斤時經一刻

吳綱

張揖埤蒼曰舸吳船也音彤

倚燈

東宮舊事曰太子有銅駞頭燈銅倚燈

思煙

晉文公焚林以求介子推有白鵶繞煙而噪或集介子推之側火不能焚晉人嘉之爲立臺號曰思煙

謹酒

周禮萍氏掌譏酒謂使人節用酒也

觴政

袖中記〈二〉

魏文侯與大夫飲使公乘不仁爲觴政曰飲不盡者浮以太白

治蘠

爾雅曰菊也

玄骭

陸機瓜賦曰小青六班玄骭素椀

龍子

文帝自代還有良馬一名龍子

鴈塞

淮州界有鴈塞

攘寒

張勃云冷水夏濯可以清暑温水冬浴可以攘寒

綺欄

魚豢魏畧曰明帝九龍殿前爲玉井綺欄

褏傳

張瑩漢南記曰郭丹絶跡棄軍繻節褏傳從武關出謁更始

狐聚

袖中記〈三〉

漢書曰梁縣有愚狐之聚

柴阜

齊地記柴阜榛棘森然故曰柴阜

鐵柱

漢官曰侍御史周官爲柱下史冠法冠一名柱後以鐵爲柱言其審固不撓

序客

釋名曰鴻臚者本故典客事掌賓禮武帝時更爲鴻臚鴻大也臚陳序也欲大以禮陳序于賓客也

署門
下邳翟公爲廷尉賓客填門及免官門外可設雀羅
復爲廷尉署其門曰一死一生乃知交情一貴一賤
交情乃見
蒿宫
周德澤和洽蒿茂大以爲宫柱名曰蒿宫
瘞玉
修封泰山瘞玉岱宗
畫棺
穢中記　四
漢和帝追封讖皇太后父梁竦爲褒新愍侯坎殯賜
東園畫棺

說郛目録
弓第十三

說郛目録　弓十三　一

演繁露

宋　程大昌

邸閣

爲邸爲閣貯糧也通典漕運門後魏於水運處立邸閣八所俗名爲倉也

霤

五祀有中霤左氏三進及霤通典曰古者穴居故名室曰霤許叔重說文曰屋水流也以今人家準之則堂中有天井處也許說誠確

筮遠日

旬之外日爲遠日

金鎰

枚乘七發曰射千鎰之重買遠國語注曰一鎰二十四兩

坫

論語反坫也者乃是藉爵之器兩邪君酬酢飲已而反置爵其上是名爲坫也沈存中記國初入有用反坫爲屏者沈以爲誤爲其下文又有塞門塞門屏也不應重以屏出也案許氏說文云坫屏也不知許氏別有據否亦恐許誤

古每一官別鑄印

孔琳之當亘元時建議曰古者皇王傳國之璽及公侯襲封之印皆奕世傳用無取改作今世惟尉之一職獨用一印至於內外羣臣每遷悉改終年刻鑄金銀銅炭之費不可勝言愚請衆官即用一印無煩改作

躧

地理志趙地倡優女子彈弦跕（它頰反）躧游媚富貴注躧跟爲跕掛指爲躧師古曰屣謂小履之無跟者也跕謂輕躡之也案今人夏月以生帛爲屧其三面稍隆起惟當脚跟處正低即師古所指也

市馬

市馬於吐蕃古記無載然已有其事鹽鐵論曰齊陶之縑南漢之布中國以一端縵得（[illegible]）累金之物驢騾駱駝可使銜尾入塞則漢世已嘗出縑帛買馬塞外矣顧其時[illegible]未知中國縑帛眞僞故得出一縑一

布而得累金之物至唐世則病其酬帛之多矣

臘鼓

湖州土俗歲十二月人家多設鼓而亂撾之晝夜不停至來年正月半乃止問其所本無能知者但相傳云此名打耗打耗云者言警去鬼祟也世説稱衞作漁陽摻撾而前正是正月十五案時而言此說近之矣然其撾擊不待正月又似不相應也

錦纏頭

唐書代宗詔許大臣燕郭子儀于其第魚朝恩出錦三十疋爲纏頭之費舊俗賞歌舞人以錦綵置之頭上謂之纏頭宴饗加惠借以爲詞

唐人行卷

唐人舉進士必行卷者爲緘軸錄其所著文以獻主司也其式見李義山集新書序曰治紙工率一幅以墨爲邊準（今俗呼解行也）用十六行式（言一幅解爲墨邊十六行也）率一行不過十一字（此式至本朝不）

進士試徹夜

五代會要二十一日清泰二年禮部奏奉長興二年

敕進士引試早入晚出今請依舊例試雜文並點門入省經宿就試唐試連夜以燭三條爲限白樂天集曰試許燒木燭三條燭盡不許更續至此因禮部奏乃始達旦也

謎

古無謎字若其意制即伍舉東方朔謂之爲隱者是也隱者藏匿事情不使暴露也至鮑照集則有井謎矣玉篇亦收謎字釋云隱也即後世之謎也鮑之井謎曰一八五八飛泉仰流飛泉仰流也者垂綆取水而上之故曰仰流也一八者井字八角也五八者析井字而四之則其字爲十者四也四十即五八也凡謎皆倣此

按字

醫有按摩法按者以手捏捺病處也摩者挼搓之也字當從手則其書當爲按矣玉篇手部無按字廣韻有按字却從才別出案字從木注曰凡屬也

鞴鞬

董卓傳六十二卓膂力過人雙帶兩鞬左右馳射注

[illegible]之[illegible]謂之鞭左氏傳

[illegible]

刺

漢外戚傳成帝若許皇后詔曰皇帝有所疑便不便其條刺使大長秋來白之師古曰條謂分條之刺謂書之於刺板也刺音千賜反

餢飳

方言餢飳是國中渾氏屯氏爲之案方言餅謂之餛或謂之餦音張或謂之餛音渾則其來久矣非出國

虜也

棊道

今棊方十九道合枰爲棊子三百六十一案李善注韋昭博奕論枯棊三百引邯鄲淳藝經曰棊局縱横各十七道合二百八十九道白黑棊子各一百五十枚

鎗

御覽鐺門笑林云太原人夜失火欲出銅鎗誤出熨斗曰異事火未至已燒失脚

白接䍦

寳華酒譜白接䍦巾也

明皇孝經

元宗開元中親注孝經并製序八分書之立于國學以層樓覆之

殺青

劉向列子序皆殺青書注謂汗簡刮去青皮也

尋常

八尺爲尋倍尋爲常

銅作兵

食貨志賈誼言收銅勿布以作兵器注古以銅爲兵按此則漢猶以銅爲兵也

球

玉磬也

箏

鼓弦竹身樂也按今箏未有以竹爲之者

葉子

古書皆卷至唐始爲葉子今書册也

漢官稱府

漢時廷尉治亦稱府御史亦稱府

類交戟

交戟之内案通典衛尉公車令曰胡廣曰諸門部各陳屯夾道其旁設兵以示威武交飾立戟以遮呵出入也

祏室

宗廟神主皆設石函藏諸廟室之西壁故曰祏室室必用石者防火也

若干

若干者設數之言也干猶箇也若箇猶言幾何枚也又説干者十幹自甲至癸也亦以數言也

巖廊

舜遊巖廊李試義訓曰屋垂謂之宇宇下謂之廡步檐謂之廊峻廊謂之巖漢宣帝選六郡良家子便弓馬者爲羽林郎一名巖郎言其㨿傲巖除之下注曰後漢志曰言從遊獵還宿殿下室中故號巖郎

和香

梁武帝祀地用土和香杜佑注以地於人近宜加雜馥奕維馥即合諸香爲之言不止一香也梁武帝祭天始用沉香古未用也

行馬

晉魏以後官至貴品其門得施行馬行馬者一木橫中兩木互穿以成四角施之於門以爲約禁也周禮謂之陛枑今官府前乂子是也

花信風

三月花開時風名花信風初而泛觀則似謂此風來

報花之消息耳按吕氏春秋曰春之得風風不信則其花不成乃知花信風者風應花期其來有信也

護駕

六典侍中護駕又左補闕掌扈從乘輿扈即護也近説引相如賦扈從横行出乎四校之中則失之矣師古曰扈跋扈也言其驍勇不循行列而自跋扈行乎四校之外也不專以護衛爲義也

盋盂

東方朔傳置守宮盂下注盂食器也若盋而大今之

所謂盋盂也盋音檜今僧家名其食鉢爲鉢則中國古有此名而佛徒用之耳

車渠

尚書大傳曰散宜生輩之江淮之浦取大貝如車渠陳於紂庭然則車渠非大貝也特貝之大者可比車渠耳不知車渠又何物也車者車也渠者轍迹也孟子謂城門之軌者是也

霞帔

唐睿宗召司馬承禎問道遂賜絳霞紅帔以還公卿賦詩送之今世之謂霞帔者殆起此耶

演繁露 八 九

牛衣

王章卧牛衣中注龍具也龍具之制不知何若案食貨志董仲舒曰貧民常衣牛馬之衣而食犬彘之食然則牛衣者編草使暖以被牛體蓋蓑衣之類也

神道

李廣傳丞相李蔡得賜冢地盜取三頃賣之又盜取神道外壖地一畝葬其中世之言神道者始此又霍光塋起三土闕築神道神道言神行之道也

綵杉

霍光傳師古曰爾雅毛詩傳皆云樅木則松葉栢身栝木則栢葉松身按栢葉松身乃今俗呼爲綵杉者也

虛封

建安二十年曹操專封拜始置名號侯至五大夫與舊列侯關內侯凡六等以賞軍功虞松之曰今之虛封蓋始於此

蓍以七爲數

演繁露 八 十

諸家多言蓍以七爲數至其何以用七則莫有言者意謂七七四十九正蓍之用耳歷攷諸易自數總以及數變皆無以七爲祖者獨有七爲少陽固在四策之一然此之七也進之不得爲陽數之極退之不能爲陽變之祖則七在四策中特其列數之一耳安能總攝它數也顧獨於末流取四十九以配七七而謂蓍數之祖何所本也

鴻毛

王褒聖主得賢臣頌曰翼乎如鴻毛之遇順風鴻毛

非指其羽中之最大者言如鴻鵠得風而順其羽翰旣大風又借便故以爲賢臣遇主之喻也

河豚

類篇魚部引博雅云鯸鮐鯢也背青腹白觸物即怒其肝殺人正今人名爲河豚者也然則豚當作鲀

湘素雜記

靖康間閩人黃朝俊所作也辨正世傳名物音義多有歸宿而時有闕疑者至釋宋子京刈麥詩以四月而日爲麥秋按北史蘇綽傳麥秋在野其名遠矣是

未嘗讀月令也以此見博記之難

宿州虹縣

虹縣今宿州屬邑也今讀如絳孔光傳光爲虹縣長注虹沛之縣也音貢即與今呼不同

舞馬

梁天監四年禊飲華光殿其日河南獻赤龍駒能伏拜善舞周興嗣爲賦按此時已有舞馬不待開元間矣唐中宗景龍文館記已有舞馬亦非明皇剏教也

渾姓

劉禹錫集送渾大夫赴豐州其詩曰鳳銜新詔降恩華又見旌旗出渾家然則渾姓側聲也

東堂桂

晉郄詵試東堂得第自言猶桂林一枝東堂者晉宮之正殿也山謙丹陽記曰前殿正殿也東西堂魏制也在周爲小寢也

含章梅粧

壽陽公主在含章殿梅花飄著其額因撫倣之以爲粧様山謙之丹陽記曰皇后正殿曰顯陽東曰含章

西曰徽音皆洛陽宮舊名也名起後漢

太守黃堂

郡國志曰雞坡之側即春申君之子假居之地也後有守居之以數失火故塗以雌黃遂名黃堂

七牢百牢

僖十五年秦改館晉侯饋七牢焉注云牛羊豕各一爲一牢吳責晉饋百牢亦累此數而言之也牛羊豕具爲太牢但有羊豕而無牛則爲少牢今人獨以太牢名牛失之矣

長短句

魏晉唐郊廟歌率多四字爲句唐曲在者如柳枝竹枝欵乃句皆七字不知當時歌唱用何爲調也張華表曰漢氏所用文句長短不齊則今人以歌曲爲長短句者本張華所陳也

角

通典樂門蚩尤帥魑魅與黄帝戰帝乃命吹角爲龍吟以禦之其後魏武北征烏桓減爲半鳴而尤更悲矣古角者本以應　笳之聲後漸用之横吹有雙角即胡樂也張騫入西域傳其法於西京後漢以給邊將和帝時萬人將軍得之

演繁露　八　十三

鼓吹

後魏末熙中諸州鎮各給鼓吹人多少各以大小等級爲差諸王爲州皆給鼓吹其等以赤青黑色爲次中州刺史及諸鎮戍皆給之

樂營將弟子

開元二年元宗以太常禮樂之司不應典倡優雜樂乃更置左右教坊以敎俗樂命左右驍衛將軍范及爲之使又選樂工數百人自教法曲於梨園謂之皇帝梨園弟子至今謂優女爲弟子命伶魁爲樂營將者此其始也

六纛

御覽三百三十九曰纛六口大將中營建出引六軍古者天子六軍諸侯三軍今天子十二諸侯六軍故有六纛以總軍衆按此即凡今詞人語建節者云植六纛皆本此也

放牛租

通鑑記周太祖放免租牛晉天福四年戸部已申放矣

演繁露　八　十四

兜鍪爲突厥

後周書曰突厥之先臣於茹茹居金山之陽爲茹茹鐵工金山形似兜鍪其俗謂兜鍪爲突厥因以爲號

海不波溢

韓詩外傳曰越裳來獻白雉謂周公曰久矣天之不迅風疾雨也海之不波溢也中國殆有聖人今入用瀛海無波皆本此

方寸

徐庶母爲人所執曰方寸亂矣古今謂方寸爲心似始乎此然而列子已嘗曰吾見子之心矣方寸之地虛矣

繒

厚帛也蔡邕女誡曰繒貴厚而色尚深爲其堅韌也按此即厚帛乃始名繒其著色深也

端疋

左氏昭六年豐貫以幣錦二兩遺子猶注云二丈爲

一端一端爲一兩所謂疋也二兩者二疋也

水土斤兩重輕

世傳水之好者比它水升斗同而銖兩多故宣州漏水有秤爲此也杜牧罪言曰幽并二州程其水土與河南等常重十二然則不獨水有輕重土亦然也

馬後樂

今郡守馬後樂即古鼓吹也古今樂録曰後漢以給邊將萬人將軍得之劉熙釋名曰横吹麾幢皆大將所有班超爲將兵長史故假鼓吹幢麾也其謂假者超未爲大將止爲長史故許借大將鼓吹幢麾而用之也

絹一疋

唐食貨志曰開元八年頒租庸調于天下濶者一尺八寸長者四丈

麪一斗

天寳元載敕麪今後以三斤四兩爲斗

大斗大尺

開元九年敕度以十寸爲尺尺二寸爲大尺量以十

升爲斗斗三升爲大斗此謂十寸而尺十升而斗者皆秬黍爲定也鍾律冠冕湯藥皆用之此外官私悉用大者則黍尺一尺外更增二寸黍量一斗更增三升也唐志租絹長四丈二尺

洪州石爲城

龍圖張存守洪州叠石爲城明年大水淹及城半賴石爲捍城以堅全石城至今尚有

頌繫

通典刑法門百六十二景帝詔頌繫注頌讀曰容容

寬不枉梏

蘇塗

通典ㄏ馬韓祭鬼神立蘇塗建大木以垂鈴鼓注蘇塗有似浮塗按浮塗即浮圖浮圖即塔也

養不吠之犬

東坡上神宗萬言書曰畜犬本以防姦不可以無姦而養不吠之犬北史宋游道傳畢義雲奏劾游道場遵彥曰譬之畜狗本取其吠今以數吠殺之恐將來無復吠犬詔除名

立乘車

古者乘車皆立不坐車前橫木曰軾在車遇所敬則僬身以手按式武王式箕子閭蓋如此其式也惟安車乃始坐乘杜延年賜安車駟馬顏師古曰安車坐乘之車是也

物產有無

汝南無鵝鴿江南無狐粵無馬虎廬山人見驢以爲山精潤州人見蠍以爲主簿蟲

倍蓰

孟子或相倍蓰古書罕有用蓰字者史記周本紀其罰倍蓰徐廣曰一作蓰五倍曰蓰孔安國曰倍百二百鍰也

清河

晉太和四年桓溫自姑熟伐燕引舟師自清水入河據此即晉時未有隋汴故自清水入河

匆匆

古旗有名勿勿者集衆則用之後人轉爲匆匆匆匆者亟遽之辭也杜牧遣興曰浮生長匆匆兒小且嗚

嗚

納粟拜爵

秦始皇四年令民納粟千石拜爵一級按此即晁錯之所祖效非錯刱意也

罷太守銅魚

唐制太守交事皆合銅魚爲信周世宗顯德六年以除州自有制書罷銅魚不用

三關

世宗由滄州北順水而行先降益津關次瓦橋關次

瀛州以瓦橋關爲雄州以益津關爲霸州

上宫

孟子之滕館於上宫趙岐曰孟子舍止賓客所館之樓上也詩曰期我乎桑中要我乎上宫漢陳皇后雖廢供奉如法長門無異上宫也

螢囊

沈存中清夜録丁朱崖敗有司籍其家有絳紗籠數十大率如燭籠而無跋無拖不知何用其家曰聚螢囊也詳其此製有火之用無火之熱亦已巧矣然隋煬帝已嘗爲之曰大爲之囊照耀山谷也丁氏之囊

蓋其具體而微者耳

厨傳

宣帝元康二年詔曰吏或擅興繇役餙厨傳以稱譽過客按厨傳兩事也厨庖也以好飲食供過客則爲餙厨也傳者驛也具車馬資行役則爲餙傳也今人合厨傳爲一槩謂豐饌爲厨傳非也

十金

宣曰十金法重不忍相暴章康衡坐多取封邑四百頃監臨盜所守十金以上免爲庶人按漢以黄金一斤爲一金十金之重者言其臧直滿十金也

白蓮花

洛陽無白蓮花白樂天自吳中帶種歸乃始有之有白蓮泛舟詩曰白藕新花照水開紅窗小舫信風迴誰教一片江南興逐我殷勤萬里來又種白蓮詩曰吳中白藕洛中栽莫戀江南花懶開萬里携歸爾知否紅蕉朱槿不將來

小步馬

西域傳烏桓國出小步馬師古曰小細也言其能蹀足即今所謂百步千跡者也韓退之詩曰横飛玉盞家山曉細蹀金珂塞草春用此也

華陽

後漢傳贊注梁州北拒華山之陽南距黒水故常璩叙蜀事謂之華陽國志也

魚筍

唐書王君郭傳君郭無行善盜嘗負竹筍如魚具内置逆刺見鬻繒者以筍囊其頭不可脱乃奪繒去而

主不辨也按魚具而内有逆刺此吾鄉名爲倒鬚者
也

方書

通典御史門曰張耆爲御史主柱下方書如淳曰方
板也謂事在板上也周禮以方書之書於板也

竹簽

白樂天集十一入峽詩曰苒蒻竹篾簽欹危檝師趾

半池

白樂天集五十三池上竹下作云穿籬遶舍碧逶迤

十畝閑居半是池

繫馬

威公城楚丘以封衛共畜散而無育公與之繫馬三
百韋氏謂良馬在閑而不放散也則知繫馬千駟弗
眎言雖甚良而不取也

都盧緣

唐人以緣橦者爲都盧緣按國語胥臣對晉文公曰
侏儒扶盧韋氏謂扶緣也盧矛戟之柲緣之以

上中下褚衣

南粤王傳陸賈往賜尉佗上中下褚衣師古音云綿
裝衣以綿多少分三品

閥閱

史記古人之功有三以德以言以功明其等曰閥積
日閱

衣錦夜行

東觀漢記建武二年封景丹爲櫟陽侯上謂曰富貴
不歸故鄉如衣錦夜行故以封卿按前漢皆言衣繡
惟此言衣錦

棨戟當斧鉞

漢雜事實固征[illegible]騎都尉秦彭擅刺軍司馬固奏
劾之公府掾郭躬曰漢制假棨戟以當斧鉞彭得斬
人

朱衣非舊制

王儉爲司右長史晉令公府長史著朝服象犬明以
來著朱衣儉言宜復舊制時不許

扁舟五湖

隱蓋傳方望以書辭囂曰范蠡收責勾踐乘扁舟於

五湖注曰計然云范蠡乘扁舟於五湖

五稷

職方氏并州宜五稷鄭元曰黍稷麥稻菽后稷祉稷皆取此以其該五種名之也

丹圖

秋官司約凡大約劑書於宗彝小約劑書於圖注春春秋傳曰斐豹隷也著於丹書漢高紀鐵卷與功臣剖符作誓丹書鐵券藏之宗廟

象刑

司圜掌收教罷民凡害民者弗使包希而加明刑焉注弗使冠飾者著黑幪若古之象刑歟

卵翼

左傳哀公下曰子西曰勝如卵余翼而長之今人言卵翼之恩本此

窓牖

說文穿壁以木爲交窓所以見日也向北出牖也在墻曰牖在壁曰窓

櫓

許氏說文曰櫓大楯也案今城上雉堞曰櫓爲其在城上可蔽人如人之被楯也

玉堂

漢武故事玉堂去地十二丈基堦皆用玉

白日衣繡

風俗通義江夏張遼爲兗州太守以二千石歸過鄉里白日衣繡榮羡如此

地圖一寸折百里

正元十一年賈耽進華夷圖廣三丈率以一寸折百里

羽檄

魏武奏事曰有急以雞羽挿木檄謂之羽檄說文曰檄以木簡爲書長尺二寸

義和

山海經海外有女名羲和浴日於甘泉

百丈

南史朱超石傳宋武北伐超石前鋒入河軍人緣河南岸牽百丈有漂度北岸者杜詩上蜀多言百丈也

郭扇
諸王郭扇不得雉尾
螭魚
螭魚四足長尾鱗成五色頭似龍無角
金馬碧雞祠
二高山東有碧雞西爲金馬者云漢武使王褒祠三
神於彼其地當在西蜀在彼者恐未眞也
鳳棲梨
陝州有梨樹正觀中有鳳止其上結實香脆其色赤
黃號鳳棲梨

碧落觀
絳州碧落觀龍朔中刺史李諶爲母太妃追薦所造
神人所篆
犀車
韓子國有法術賞罰若陸行之有犀車良馬
神道碑
裴子野葬湘東王爲墓誌銘陳于藏内邵陵王又立
墓誌堙于羡道道列誌自此始

墓石
南史宋張永開冢内得銅威斗有一石銘大司徒甄
邯之墓
石室
黃瓊曰陛下宜開石室按河洛外命史官條上災異
注云石室藏書之府
三尺
杜周曰三尺安出哉注以三尺竹簡書法律也
鐵券

形以半破小木氈子曲處着肚上有四孔穿縚處其
文於面鐫陷金
八投
王莽傳平原女子遲昭平能說經博以八投服虔曰
博奕經以八箭投之
齊斧
易喪其齊斧應劭曰齊利也
銅柱
楚王馬希範既破群蠻自以爲伏波之後以銅五千

斤鑄杙高丈二尺入地六尺銘誓狀於上立之溪州

古貝

唐環王傳出古貝古貝草也緝其花爲布粗曰貝精曰氎按今吉貝亦緝花爲之而古吉二字不同豈訛名耶抑兩物也

籟

莊周天地人皆言籟說文曰三孔籥也大者謂之笙中者謂之籟小者謂之箹

夷玉

說文珣玗琪皆醫無閭玉周書所謂夷玉也

先馬

荀子正論天子乘大路諸侯持輪挾輿先馬注先馬導馬也後世太子洗馬釋者曰洗先也亦此先馬之義也天子出則有先驅太子則有洗馬言騎而爲太子儀衛之先也

束帛文端疋

玉壺清話胡旦云古義束修謂脯十挺卽爲一束束帛則卷爲二端五疋表王者屈折隱淪之道

宰木拱

泰襲鄭百里奚與蹇叔諫泰伯怒曰若爾之年者宰上之木拱矣注云宰冢也拱可以手對抱對抱者以兩大指圜合之也與拱把之桐梓同也

揖

公羊僖二年晉謀伐郭荀息進獻公揖而進之注以手通指曰揖又文六年晉靈公望見趙盾遡而再拜盾北

華甲

吳子謂魏文侯曰今君四時使人斬離皮革掩以朱漆畫以丹青爍以犀象則知戰國時但以革爲甲未用鐵也

紫荷

通典尚書令僕射尚書銅印墨綬朝服佩水蒼玉腰紉紫荷執笏

山玄玉水蒼玉

通典周制也天子白玉山玄水蒼者視之文色所似也

繡衣使所始

史記武帝時盗群起遣中丞丞相長史督之弗能禁乃使范昆張德等衣繡衣持節虎符發兵以擊之

五王桃李

狄梁公旣立中宗薦張柬之袁恕已桓彦範崔元暐敬暉五公咸出門下皆自州縣拔居顯名外以爲五公爲一代之盛桃李也

帖職

劉禹錫集九荆門縣記云禹錫方以郎位帖職于計

演繁露 二十九

臺予所見帖職字此爲先然未知帖是否

爊

韓文衛造微曰我聞南方多水銀丹砂雜佗奇藥爊爲黄金可餌以不死

鎰

趙與蘇秦黄金百鎰注二十兩爲一鎰

一金

公孫閈使人操十金卜於市注二十兩爲一金

鈹角

節將入界每州縣須起節樓本道亦至界首銜仗前引旌幢中行大將打珂金鉦鈹角隨後右出李商隱所撰使範在臺儀後

珧

字書珧蜃甲可飾物則江瑶之用瑶誤矣爾雅釋弓曰弓有緣者爲弓以金者謂之銑以蜃者謂之珧則江珧不當爲瑶明矣

銅葉盞

東坡後集二從駕景靈宫詩云病貪賜茗浮銅葉按

演繁露 三十

今御前賜茶皆不用建盞用大湯氅色正白但其制樣似銅葉湯氅耳銅葉色黄褐色也

金釦器

續漢書桓帝祠老子用純金釦器楊雄蜀都賦曰雕鐫釦器百伎千工

八蠶

吳録曰南陽郡一歲蠶八績

馬乳蒲萄

唐平高昌得馬乳蒲萄造酒京師始識此酒之味

金蓮燭

令狐綯賜金蓮燭是以金蓮花爲臺事見摭言

廉察

周禮廉能之類諸家雖訓廉爲察皆疑理不相附因閲漢高帝紀詔廉問有不如吾詔者以重論之顔氏曰廉字本作䙡其音同乃知廉之爲察本䙡字也有覘睎之義

茅三間

東坡詩周公與管蔡恨不茅三間南史劉義眞傳贊

曰善乎麗公之言此之周公管蔡若處茅屋之內宜無放殺之酷

平白地腸斷

李太白越女詞曰東陽素足女會稽素舸郎相看月未墮白地斷肝腸此東坡長短句所取以爲平白地爲伊腸斷也

跳盪

渾瑊年十一立跳盪功唐兵志矢石未交陷堅突衆敵因而敗曰跳盪

虎賁

沈約宋志虎賁舊訓虎奔言如虎之奔走也王莽以古有勇士孟賁故以奔通不必取孟賁爲義

護駕

豹尾以前比省中尚書侍郎御史令史皆執注以督整車騎所謂護駕也

麒麟

古有麒麟非馬也其字亦不從馬詹詩有麒說文云青驪文如傳綦也類篇有驎引爾雅爲說曰青驪驎

驒馬之斑文也是古雖有麒麟字皆以其毛色命之至淮南子始曰應龍生建馬建馬生麒麟麒麟生庶獸凡毛者皆生於庶獸則漢世已用馬之上品配擬龍而加馬其旁矣故唐廐遂以祥麟院爲名老杜詩近聞下詔宣都邑肯使麒麟地上行是用天上石麒麟爲事正以騏驎爲麒麟矣

天鹿辟邪

鳥弋有挑拔孟康曰挑拔一名符拔似鹿長尾一角者或爲天鹿兩角者或爲辟邪西域傳

疊

酉陽雜俎劉餘事食鱠數疊令俗書楪字誤以其可疊故名爲疊也然牒字乃疊札爲之則以疊爲楪亦有理也

疇人

古字不拘偏傍多借同聲用之漢志疇人疑籌人也從筭曆言之比疇列之疇於義爲徑

玉衣

老杜詩玉衣晨自舉鐵馬汗常趨皆言昭陵神靈也

三輔故事高廟中御衣從篋中出舞於殿上冬衣自下在廂上

沓拖

東坡頗有沓拖風味李白大鵬賦連軒沓拖揮霍翕忽

皂衣

獨斷公卿尚書衣皂而朝曰朝臣故張敞曰備皂衣議論

浯

世傳浯溪本無名元結自名之恐不然水經浯水出琅琊靈門壼山東北入濰從水吾則浯非結之所名也

學齋佔嗶

洪範商書　宋　史繩祖

左傳襄三年君子謂祁奚於是能舉善矣商書曰無偏無黨王道蕩蕩其祁奚之謂矣注云商書洪範也余按洪範今在周書而當時謂之商書豈以箕子爲商人耶抑不知當時編在商書而經泰火之後編入周書耶但箕子雖商人而洪範之篇定成於武王訪問之日只當作周書爲正矣

經言

漢桓寛著鹽鐵論引孔子曰吾於河廣知德之至也又引孟子堯舜之道非遠人也而人不思之耳今皆不見所出又劉向乞封甘延壽等疏引司馬法曰軍賞不踰月欲民速得爲善之利也今禮記中自有此句向號博洽乃捨經而引兵書何耶

魚須笏辯

禮記玉藻云笏天子以球玉諸侯以象大夫以魚須文竹士竹本象可也注球美玉也文飾也大夫士飾竹以爲笏不敢用純物也須音班謂以魚須文飾竹之邊也而後之俗儒亦能襲誤至馮鑑事始乃謂球玉爲珠玉不知珠豈可以爲笏耶又謂大夫用魚鬚文士以竹既誤以須爲鬚於文字下又去竹字殊失本義而李賀詩云往還誰是龍頭人公王遣乘魚鬚笏以鬚對頭失之甚矣又漢制列侯夫人以魚須爲擿長一尺爲簪珥則直以魚須爲象耳尤可笑也

朔月吉月

詩十月之交朔月辛卯注云朔日也而乃謂朔月蓋月朔之反辭也亦猶書之月正元日乃正月元日之比也又論語吉月必朝服而朝注謂吉月月朔也如詩二月初吉注月朔謂之吉吉月亦猶朔月也

滅烕異音

毛詩正月云燎之方揚寧或滅之赫赫宗周褒姒烕之注烕滅也義同而字異音亦異烕武劣反音血滅忙列反今或作褒姒滅之誤也然史傳亦多有誤作滅字者矣

詩人詠物

東坡謂詩人詠物至不可移易之妙如桑之未落其葉沃若是也東坡之詠橄欖詩云紛紛青子落紅鹽蓋凡果之生也必青及熟也必變色如梅杏半黄朱果欄枝繁是也惟有橄欖雖熟亦青故謂之青子不可他用也

傳注奇語

羣書注疏解説多有奇語異事不可忽略看過如鄭氏月令注引農書曰上上冒橛陳根可拔耕者急發又引孝經説曰地順受澤謙虚開張含泉任萌滋物

歸中此數語甚奇又如董仲舒救日食祝曰炤炤大明纖滅無光奈何以陰侵陽以卑陵尊見於周官大祝注又漢司徒府有天會殿亦云百官朝會殿見於周禮朝士棄人注又漢璜槃見於周官典瑞注此皆史事而見於經注蓋鄭玄于寶皆漢人故引用與今云云皆漢事也至如經事而見於史注則前漢志釋修五禮五樂顔師古注謂尚書五禮五玉五玉即五瑞也伏生年老聲之訛耳且列五樂之名之用於其下甚詳經史可以互見故不可忽至如李善文選秋胡詩注引易歸藏曰君子戒車小人戒徒亦可以見亡書之語

夏屋非屋宇之屋

詩夏屋渠渠注夏屋大具也渠渠勤勤也言於我設禮食大具以食我其意勤勤然初不指屋宇也經言夏屋惟此而已至揚子雲法言乃云震風凌雨然後知夏屋之帡幪也則誤以爲屋宇矣蓋由漢人言廣夏大夏已差忒矣

儒釋老之異

易係辭云生生之謂易生生兩字疊言之此大易之妙而吾儒根極用功處易者變易也所謂生生者變化無窮生意不息纔終於冬復生於春纔盡於剝旋生於復靡有間斷人之一身消息盈虚死生得喪萬事萬變無出此理而道家者流乃謂修證長生若使人皆長生而不死物皆長存而不亡則一氣之消息盈虚滅矣勢無此理也釋氏又謂證無生忍法經門不生不滅則是使天下皆絶生意人人物物塊然如死灰槁木豈有是事哉方之吾儒生則烏可已之言

生生之謂易之語葢覺夢之異也世之昧者捨正學而流異端何必昧者皆然雖儒者亦間溺其說矣哀哉

詩諱國惡

洪氏容齋隨筆謂元稹連昌宮詞有規諷勝如白居易長恨歌然余竊謂前賢歌詠前世之事可以直言而當代君臣則宜諱國惡如陳司敗問昭公知禮乎子曰知禮葢爲國惡諱也司敗曾不知之乃云君取於吳爲同姓謂之吳孟子君而知禮孰不知禮何其

謬哉唐明皇納壽王妃楊氏本陷新臺之惡而白樂天所賦長恨歌乃謂楊家有女初長成養在深閨人未識天生麗質難自棄一朝選在君王側則深没壽邸一段葢得孔子答司敗之遺意矣春秋爲尊者諱此歌深得之

致知格物

大學致知在格物物格而後知至此最是要切交會融貫處葢欲致其知全在格物而物不能格何由可以致其知求諸孔聖之言惟子曰歲寒然後知松栢之後凋也此一句最於致知格物極其淵妙葢松栢物也察其因何而歲寒之際獨後凋是欲格其物理也苟能格之則然後知之三字爲真致其知矣何以見其格之正如禮器所謂如松栢之有心居天下之大端故貫四時而不改柯易葉則知其爲得氣之本而歲寒凋矣是也

孔子誄

宣聖之誄數處亙有不同左氏傳哀公十六年夏四月己丑孔丘卒公誄之曰旻天不弔不憖遺一老俾

屏余一人在位煢煢余在疚嗚呼哀哉尼父無自律而禮記檀弓乃云魯哀公誄孔子曰天不遺耆老莫相余位焉嗚呼哀哉尼父與左氏異而史記孔子世家與左傳所載全同而班氏前漢五行志則云孔丘卒哀公誄之曰旻天不弔不憖遺一老俾屏余一人而止又與史記異大聖人之誄尚紛紛異同如此況其下者乎

坡詩不入律

黄魯直次東坡韻云我詩如曹鄶淺陋不成邦公如

大國楚吞五湖三江其尊坡公可謂至而自況可謂小矣而實不然其深意乃自負而諷坡詩之不入律也曹鄶雖小尚有四篇之詩入國風楚雖大國而三百篇絕無取焉至屈原而始以騷稱爲變風矣黄又嘗謂坡公文好罵謔不可學又指坡公文章妙一世而詩句不逮古人信斯語也

漢鴞雀辨

漢黄霸傳鶡雀集丞相府鶡字音芬非音曷也今人例以曷字讀之誤矣按霸傳蘇林注云今武賁所著之鶡而師古注曰蘇說非也此鶡雀音芬本從鴞字通用鴞似鳳也若夫鶡雀之鶡青色好鬬不止俗謂之鶡鷄音曷與此鶡雀音芬者不同故志之以正訛舛

晉志之誤

予昔與婦弟羅君玉同讀晉書君玉曰嵇康之誅於晉文帝執魏柄之　疑不當傳於晉向秀李于魏世其傳亦然又云君苗無姓吕安無傳與嵇康書者皆當考

錢載年號之始

馮鑑事始載後魏孝莊時用錢稍薄高道穆曰論今復古宜改鑄大錢文載年號以記其始鑑遂以錢載年號始於此余按杜佑通典歷敘古今錢幣之制載宋武帝孝建初鑄四銖錢文曰孝建一邊文曰四銖則是錢載年號實始於宋武孝建也孝建元年甲午距後魏孝莊永安二年己酉鑄永安五銖錢之歲凡七十有六年紀載昭昭豈可謂始於永安鑑讀書不精誤以高恭之奏請載年號以記其始遂以爲事始於此不知高之奏乃謂改鑄大錢年分之始非事始也此固可笑矣又今中國正統之年號事始取諸北狄偏閏之朝見識何汙下耶恐後學承訛襲謬不得不辨

蔆蓤二物

前輩筆記小說固有字誤或刊本之訛因而後生末學不稽考本出處承襲謬誤甚多今畧舉其一端如馬大年永卿著嬾眞子錄辨王逸注楚詞以芰爲蔆秦人曰薢茩之誤當矣惜其字有差誤義遂不明永

[illegible]謂爾雅薢茩英光注云英明也或云蔆也關西謂之薢茩字音皆又云蔆厥攈注今水中芰此皆馬所記也今余考爾雅正本則云薢茩英光注英明也即今決明也或曰蔆也字從卪非從冫及至蔆蕨攈然後從夌注水中芰也則是蔆與蔆其爲二物不同王逸誤引陸生之蔆曰薢茩而爲水中之蔆其失明甚而馬又併以從水兩蔆字交證且誤以英光英明爲英光英明此馬大年之誤尤可哂也

酒價緋魚

學齋呫嗶　八　九

丁謂參知政事眞宗嘗問唐酒價幾何謂對以每升三十上曰何以知謂引杜詩云速來相就飲一斗恰有三百青銅錢上喜其對又蔡薿廷試第一依召對徽宗問唐京官五品方賜緋佩魚借緋即不佩國朝因循其制薿對曰在唐借緋亦佩魚因誦白居易詩爲證曰親朋相慶問何如服色恩光盡反初投老喜抛黃草峽眼明驚拆紫泥書便將朱紱還鈴閣却著青袍侍玉除無奈嬌癡三歲女遶腰啼哭覓銀魚上尤喜其對之捷二事正相類但佩魚之對尤切於典故信大臣占對不可無學也謂字謂之姑蘇人蔡[illegible]文饒河內人並見於曾慥詩選紀載後余因看李太白詩有金樽美酒斗十千之句以爲李杜同時何故詩句所言酒價頓異客有戲嘑者曰太白謂美酒耳恐杜老不擇飲而醉村店壓茅柴耳坐皆大笑然亦近理也

二月無絲

聶夷中傷田家詩最得風人之體但二月賣新絲恐當作四月葢二月則蠶尚未生戴勝降於桑乃三月

學齋呫嗶　八　十

內節所在必於此時蠶事方盛葢月令蠶事乃在季春之月而祭義蠶歲注亦云三月月盡以後豳風蠶月條桑亦指三月二月安得有新絲耶當是四字傳寫者訛刻畫耳其曰五月糶新穀却有之

班氏當從斑

山谷云班氏以鬭穀於菟得姓凡班姓皆當從斑史作班誤也

坡文之妙

東坡泗州僧伽塔詩耕田欲雨刈欲晴去得順風來

者然此乃檃括劉禹錫何卜賦中語曰同涉于川其時在風否者之吉沂者之凶同蒐于野其時在澤惟稱之利乃穆之厄坡以一聯十四字而包盡劉禹錫四對三十二字之義蓋奪胎換骨之妙也至如前赤壁賦尾段一節自惟江上之清風與山間之明月至相與枕藉乎舟中不如東方之既白却只是用李白清風明月不用一錢買玉山自倒非人推一聯十六字演成七十九字愈奇妙也

表忠觀碑體孝門銘

東坡表忠觀碑先列奏狀以爲序至制曰可而系之以銘其格甚新乃倣柳柳州所作壽州安豐縣孝門銘蓋以忠比孝全用其體制耳柳宗元孝門銘史臣既全載於唐孝友傳文甚典雅蘇公表忠觀碑視柳有加宜乎金陵王氏以太史公所作年表許之二文旨意其允合於史法矣

周子愛蓮説如屈原橘頌

左傳云譬諸草木吾臭味也屈正平離騷經一篇之中固以香草而比君子矣然於九章中特出橘頌一章朱文公謂受命不遷謂桁踰淮爲枳也原自比志節如橘不可移徙也末乃言橘之高潔可比伯夷宜立以爲像而効法之亦因以自託余冈文公之言而謂濂溪周子作愛蓮説謂蓮爲花之君子亦以自況與屈原千古合轍不寧惟是而二篇之文皆不滿二百字詠橘詠蓮皆能盡物之性格物之妙無復餘蘊蓋心誠之所發越萬物皆備於我之所著形是可敬也讀者宜精體之

正符過封禪文

司馬長卿封禪文典雅爲西京之宗然未免託符瑞以啓武帝之侈心君子已耻之其後楊雄倣之作劇秦美新尤爲可恥班孟堅典引亦引符瑞以効尤唐人作玉諜眞紀以美元宗尤淺陋及柳宗元正符謂受命不于天于其人休符不於祥於其仁惟人之仁匪祥于天玆爲正符哉未有棄仁而久者也未有恃祥而壽者也遂一洗前作之陋爲可喜也

大小各適其性

莊周之書有鷦鷯巣林不過一枝又曰鵬摶扶搖九

萬里而風斯在下蓋齊物之論也後世有本其説而賦之者如張茂先賦鷦鷯自譬甚小李太白賦大鵬自譬甚大皆適其性而已不出莊周齊物之論耳

漢唐史取當代之文以爲贊敘

國朝宋祁著唐書藩鎮傳序全載杜牧守論一篇實體班固項籍傳贊全載賈誼過秦論一篇蓋守論乃藩鎮之事實而過秦實項氏之張本不嫌取當代詞人之文而證之然司馬遷亦嘗取過秦論而贊秦紀矣但没賈生之名而書其文幾若掩人之善爲若班

氏直下贊云昔賈生之過秦曰云云如搏蛟縛虎之手何必皆自已出宋公用其體尤爲歐公之所稱美匪惟班宋擅一代之史筆而賈杜二子之文益有光於信史矣

六出四出花

呂氏春秋云草木之花皆五出雪花獨六出古今莫喻其理獨朱文公謂地六爲水之成數雪者水結爲花故六出或言花中惟巖桂四出之異余謂土之生物其成數五故草木花皆五惟桂乃月中之木居西方地四乃西方金之成數故花四出而金色且開於秋云此桂之在離騷以喻君也先師魏鶴山巖桂詩云虎頭點點開金粟犀首纍纍佩印章自注云顧虎頭善畫金粟佛公孫衍佩五國相印眞善借諭而體物矣余亦嘗賦巖桂云四出花中異三開格外芳名高許月品韻勝霸秋香或者頗許之以爲弗可移賦他花木也

加田

周禮司勳惟加田無國正加田如今之加食實封也

唐給事中草制學士不草制

吳曾漫錄仁宗朝胡宿武平知制誥封還楊懷敏詞頭上問宰相故事文彥博對曰唐給事中袁高不草盧杞制然則唐典故給事中亦草制耶故成袁高之志云又韓渥金鑾密記曰崔貽範於鳳翔圍城中挾李茂貞起復作相渥當草制抗疏論其不可夜半中人以詞頭投渥曰學士無以性命爲戲渥不答扃戸而寢明日無麻制宣讀茂貞曰陛下命相學士不肯草制與反何異昭宗曰卿薦貽範朕不拒渥不草制

朕亦不拒其如道理分明何至范蜀公東齋記事與
宗欲立章獻爲后楊文公不草制章獻既立楊文公
億不自安乃託母疾而行蹈請假傍子與孔目官而
去學士不肯草制自唐韓渥始也

折梅遺使始於諸發不始於陸凱

荆州記謂陸凱與范蔚宗相善凱自江東遣使寄梅
花一枝詣長安與范蔚宗并詩一絕云折花逢驛使
寄與隴頭人江南無所有聊贈一枝春後世紛紛舉
用多矣皆以陸范爲證不知劉向説苑已載越使諸

發執一枝梅遺梁王梁王之臣曰韓子者顧左右曰
爲有一枝梅乃遺列國之君則折梅遺使始此矣

日隨天左旋

余鼎作補亡月采篇辯日月隨天左旋援引張横渠
朱文公魏鶴山之言及朱文公援引月令注疏爲證
詳無軼遺矣後因讀陸德明周易音義至明夷卦明
夷于左股注馬融王肅音股字作般云旋也日隨天
左旋也乃知經注已及之不待注疏及後世之辯也
尤爲端的借先儒不及引此耳故錄以補其前説

傳注引逸書之誤

左傳昭十年子皮歸謂子羽曰夏書云欲敗度縱敗
禮我之謂矣注云逸書也又十七年太史曰在此月
也故夏書曰辰不集於房瞽奏鼓嗇夫馳庶人走此
月朔之謂也注逸書也余按此兩節皆見於今文尚
書如子皮所舉欲敗度縱敗禮兩言今見於太甲篇
乃商書也而子皮以爲夏書固失之矣而杜預遂以
爲逸書失尤甚矣至如周太史所舉辰不集於房四
言今見於胤征正是夏書只差一不字無可疑者而

杜乃注爲逸殊可訝焉故辨之以明傳注不可盡信
如此

舜七始詠

前漢律歷志引書曰予欲聞六律五聲八音七始詠
以出納五言女聽予者帝舜也言以律呂和五聲施
之八音合之成樂七者天地四時人之始也順以歌
詠五常之言聽之則順乎天地序乎四時應人倫本
陰陽原情性風之以德感之以樂莫不同乎一惟聖
人爲能同天下之意故帝舜欲聞之也七始詠三字

今文尚書却只作在治忽注謂察天下治理及忽怠者在治忽三字於六律五聲八音解家頗傅會反不若班氏所載七始詠義訓胥協也又禮樂志房中祠歌曰七始華始肅倡和聲孟康注引班氏所載云七始者天地四時人之始以爲樂名以此則知漢初尚存此詠施之祠樂予謂七始詠三字甚新可加以舜字作詞題贊頌之屬如徐子儀試宏詞歲舜五樂頌亦是引班志舜修五禮五樂注謂書云五玉玉字當爲樂蓋已有五瑞卽玉也且注列五樂之目於下卽此類也因併記之

三陳九卦

易大傳三陳九卦孔聖有深旨焉橫渠問係辭獨說九卦之德切於人事以德字言之可謂深得之矣然只講得初陳之事於再於三尚有餘意今推言之自履德之基至巽德之制皆以之字發明其德此初陳也自履和而至至巽稱而隱皆以而字發九德之體此再陳也自履以和行至巽以行權皆以以字發九德之用此三陳也此九卦有德有體有用深味之則方見切於人事之要也

曆日字所始

堯典雖曰曆象日月星辰然未嘗連文說曆日字後世方言曆日然竟莫明其所始至坡詩云老去怕看新曆日雖百家注之亦無有一人及之者余按周禮馮相氏以會天位注謂合此歲日月星辰宿五者以爲時事之候若今曆日太歲在某月某日某甲朔日直某也又引孝經說曰故勑以天期四時節有晚早趣勉趣時無失天位皆此術也以此觀之則今之曆法已詳備於漢時然是漢世已謂之曆日矣實祐元

年改曆名會天深得曆日經注本旨

祥刑詳刑字義之通

先師鶴山在遂寧漕廨作極堂碑時攝憲書詳刑字余後繼忝漕節重新極堂仍立鶴山之碑一時僚屬咸疑詳刑字以爲尚書呂刑篇告爾祥刑監于茲祥刑只作祥字余因謂之曰唐百官志改大理正爲詳刑大夫國巳用此詳刑字然不爲無所本也當時頗師古輩留意經學故於傳注咸通焉蓋呂刑篇中告

爾祥刑只作祥字注謂善用刑之道然周禮太宰之職五曰刑典以詰邦國注引書曰度作詳刑以詰四方攷今古文尚書呂刑只曰度作刑以詰四方即無詳字然詳刑字見於經注亦可通用也

辨餕餘不祭

禮記云餕餘不祭父不祭子夫不祭妻本當三句各爲一義而本注乃於餕餘不祭下作一義注云食人之餘曰餕禮輕故不敢祭此義是也然於父不祭子夫不祭妻之下別作一義注云祭先也從卑處家故

不祭則是以夫與父不得而祭其妻子也此何義也故朱文公先生嘗釐正之以爲父不祭子夫不祭妻非不祭也但明其不可以餕餘而祭耳在禮生則婦可餕夫之餘子可餕父之餘既歿矣則以鬼禮享之當用其嚴敬弗可以餕餘而祭之爲褻且慢也此說明甚而世之俗儒薄夫乃有泥古注而不祭妻子者是可哀也是可鄙也故發明朱子之說而厚俗云

輿地圖名

世言輿地圖皆謂始於漢光武披輿地圖而不知前漢淮南王安傳已有按其地圖之語第蘇林注曰輿猶盡載之意可謂淺陋余謂大易云坤爲輿然則地以輿名無易於此亦猶天形如倚蓋張衡作蓋天圖云

古樁鏡銘

鳳州遁迹山有　家崖景德二年軍人楊忠忽入一洞穴穴中有石匣而架一坐鏡圍五寸背鑄水族回環有銘三十二字曰煉形神冶瑩質良工當眉寫翠對臉傳紅如珠出匣似月停空綺窗繡幌俱涵影中

方取鏡而聞後有風雨聲既出穴鏡存而匣已爛矣詳其文乃是樁鏡不知何代之物而文義甚佳惜其不見於文集而獨見於郡志故傳錄之以補款識之一云

夷齊泰伯封謚

國朝天禧元年封汾州介之推廟爲潔惠侯元符三年七月封伯夷爲清惠侯叔齊爲仁惠侯吳泰伯爲至德侯東方朔爲智辨侯並行制見於國朝大詔令中而諸史往往不盡登載也

改室人爲安人

政和初定命婦八階孺人次以室人後改爲安人亦見於大詔令今職源等書亦不載也

東箱字

周昌傳呂后側耳東箱聽注師古曰正寢之東西室皆曰箱言似箱篋之形余謂此説得之今世誤作東廂西廂皆非是

辨灰酒

陸放翁筆記又有云唐人愛飲甜酒灰酒如杜子美

詩不放春醪如蜜甜則引證切矣如灰酒又引陸龜蒙酒滴灰香似去年一句爲證余又哂其不然蓋龜蒙初冬絶句末聯云小爐低幌還遮掩酒滴灰香似去年言初冬圍爐飲酒盞瀝滴在灰中而香仍似去年光景不是酒似灰香耳以上句觀之其義昭然此老精於詩而不善觀詩如此何哉

尨卜

今之尨卜蓋有取於周太卜之尨兆注云尨兆帝堯之兆其象似尨原之彔鎛是用名之

閏月無中氣

唐人作詩雖巧麗然直有不曉義理而滲漏可笑者如李賀十二月詞又有閏月一首其中一句云天宫葭琯灰剩飛是以閏通爲十三箇月也不知葭灰之飛每月只是一次而閏無中氣雖置閏之年亦只是十二箇月二十四氣節候無十三箇月氣候之理今官曆自可見灰琯豈有剩飛一月之理乎姑舉其一如是者甚多也

九經所無之字

九經有筆墨字如史載筆工輸削墨之類而無硯字意是古人用墨以器和之如莊子所云舐筆和墨是也硯字雖見於西京雜記天子以玉爲硯及異書引帝鴻氏之硯然字不見於經也且唐人多只是以瓦爲硯故昌黎毛穎傳止稱爲陶泓及國初而硯以譜行端歙二石擅名天下矣九經中有燭字如夜行以燭隅坐執燭燭不至跋是也而無燈字至漢竹宫詞太一自昏至曉然燈故有七枝燈百枝燈之類然上林鐙字却只從金旁是以五金鑄之也九經中無燈

字周禮所謂麷只是如今炒麥至王莽始有麨麪及鮻魚之文九經無茶字或言荼苦即是也見於爾雅謂之檟茗則是今之茶但經中只有荼字耳九經中無豉字至宋玉九辯大苦鹹酸注大苦豉也又史記貨殖傳鹽豉千答前漢食貨志長安樊少翁賣豉號豉樊是也九經中無醋字止有醯及和用酸而已至漢方有此字

體用字

先儒體用字或以爲出於近世非也乾元亨利貞注

疏云天者定體之名乾者體用之稱言天之體以健爲用又天行健注疏云天是體名乾是用名健是其訓三者並見最爲詳悉余謂體用字當本諸此

王霸記

周禮大司寇注引王霸記曰四面削其地又王霸記曰置之空墠之地又王霸記曰正之者殺之也又王霸記曰殘滅其爲惡又王霸記曰犯令者違命也陵政者輕政法不逆也又王霸記曰悖人倫内外無以異於禽獸不可親百姓則誅滅去之凡六舉於司寇之注而不見此篇於他書意其刑章之事及閱西漢藝文志春秋二十三家無此記又於刑法家亦無之又考大戴記及家語並無篇名不知漢儒何所本也

騷雅只止字同義

屈原小招句句用只字蓋當時語助晦菴辨證已摘其中陟降堂只與詩陟降庭止同字義矣然余又以詩毋也天只不諒人只而又云會言近止征夫邇止則騷雅只止同一字義明矣

西漢無兵志

班孟堅西漢書有刑法志而無兵志兵制列於刑法志之首先儒謂古者大刑用甲兵兵固刑之一也然余嘗推其元則帝典命皋陶曰蠻□猾夏寇賊姦宄汝作士明于五刑以弼五教則是兵刑固合爲一矣故司馬文正公作潛虚云唐虞時禮樂之官析爲二兵刑之官合于一詳畧之間意可見矣此説極高明近有鼎科一士自鄂渚來說本州催科甚急自枷而笞笞而杖杖而徒並用也余歎曰古者五刑以弼教今也五刑反以督糴而虐民耶馮宰曰此論偉矣然

古者五刑以弼教而未始施之理財今郡縣以上至朝端刑專以理財而往往教之不明未嘗問也余極歎其言因哀叔末之世如此錯繆也

一字詩不始於東坡

坡公詩集中有和郭正輔一字詩云故居劒閣隔錦官柑果姜桂交荆管奇孤甘掛汲古綆僥覬敢揭鈞今竿已歸耕稼供藥秸公貴幹國高巾冠吹更句格各賽喚姑罔　繪加間關又有郊居江干堅閑扃一首及四言一首亦名喫語詩注家及苕溪漁隱俱以

爲公出意以文爲戲余嘗觀唐人姚合少監詩集中有洞庭蒲萄架詩云萄藤洞庭頭引葉椽盈搖皎潔鈎高掛玲瓏影落寮陰煙壓幽屋濛密夢冥苗清秋青且翠冬到來都凋則此體已具矣坡公不過才高記博造句傑特有來處因前人之體而爲戲耳若直指爲坡則寡見可笑矣

李氏刊誤

唐　李涪

二都不並建

予少讀歷代史每考沿習自夏殷迄于周齊未聞兩都並置東西牙處者夫殷之五遷蓋建國不安之爲也竟都于亳底綏四方武王克殷爲周成王卜洛幽王爲犬戎所敗平王東遷自是不復都豐鎬矣更于秦漢晉魏但處一都隋以奄宅區宇公私殷富恃此繁盛遂創兩都爲巡幸不常用都爲憩息之所洎乎

我唐高宗以伊洛勝槩每樂巡幸是時武后殺蕭妃兇出宮室不安竟因登封遂成都洛武氏革唐爲周乃立武氏崇先廟於東都神龍初中宗反正遷崇先於西京乃以其地爲太廟欲使四海之知我唐復有宗廟矣爾後中宗還京復饗太廟時朝廷多事不暇議去東都權廟但闕而勿饗玄宗巡狩駐蹕復饗洛廟是時君臣安於清泰曾不論及宗廟定制遂使後人皆曰兩都不疑矣夫以出征則載遷廟之主亦有所稟既言載主則都國豈宜復有廟主耶今二都並

建各立神主都洛則有洛廟還秦則有秦廟則是便於人而不敬其神也以是而言毅然不移以朝萬國不亦宜乎昔隋時有上言者一帝二都實非舊典遂改爲京始創之日巳有議者足顯二都之設可謂不經高祖武德七年正月改東都爲洛州是知稽古之帝必考是非置郡罷都垂法後世貞觀四年詔發卒修洛陽乾元殿以備巡幸給事中張玄素上書陛下項平東都之始層樓廣殿皆令撤毀天下翕然同心歸仰豈有初則惡其侈靡後則襲其雕麗無𢘽德音

未師巡幸此則事不急之務成虛費之勞國無兼年之積何用兩都之好昔漢祖將都洛陽婁敬一言師日西駕豈不知地惟中土貢賦所均但以形勢不如關內也太宗遂止玄素輿學達識爲魏文貞推重請罷修建是也兩都置宗廟不殊侍御史顏標上議東都宗廟天寶建中兩度賊陷東都神主散失之外巨據見在十一主並巳瘞于兩陛之間向來遲疑未去東都之號者蓋以舊廟存焉則顏標所引原廟述漢失禮理亦至矣旋爲巨寇焚爇廟室悉成煨燼況乎城闕崩壞宮室丘墟廢之有時契于至理今請割爲藩鎮以汝洛節度爲名選帥實兵以遏東夏

春秋仲月巡陵不合擊樹

開元禮春秋二仲月司徒司空巡陵春則掃除枯朽秋則芟薙繁蕪掃除者當發生之時欲使盛茂也芟薙者當秋殺之時除去擁蔽且慮火災也以二公之任隆位高庻力展儀以巳率衆令巡陵公卿皆持小斧郎其義也近代選任稍輕不達舊禮將及陵闕則取縣吏持斧擊樹三發謂之告神其爲不經又何甚

也

禮儀使

九卿太常專掌禮樂累代沿習不更其名又春官氏主國之五禮吉凶賓軍嘉也寺有少卿博士禮部有郎中員外慎選儒學達于典禮者足以咨訪大國儀範豈有闕文而代宗皇帝用顏真卿爲禮儀使真卿博通典式曷不授太常卿禮部尚書而使掌國禮奈何禮儀以使爲名則何異營田租庸者乎前使所無我唐有之必爲後世之譏宜亟去其名也

開府儀同三司

周制太師太傅太保爲三公秦則有太尉司徒司空及安帝以車騎將軍鄧隲爲開府儀同三司謂別開一府得此三公皇唐用開府爲散階令有拜太師太保太尉司徒司空真秩者反以開府儀同三司爲階授受之間莫此商較後代論者曰起自唐得不以乖舛爲愧哉若以疇賞勳伐名數實繁秩至三公何須以階爲盛

宰相不合受節察防禦團練等使櫜鞬拜禮

令代節度使帶平章者凡經藩鎮節察使必具櫜鞬迎于道左未知禮出何代前史國典並無其文且國初州郡皆以都督敕使理之至景雲二年賀拔延嗣除涼州都督充河西節度自此始有節度之號景雲以後六典會要並無節度使觀察使戎服迎拜使相之禮若宜有之則節度使降麻防禦使制下之日便合具軍容詣中書謝在城既無此禮外府何爲行之宰相位雖崇重猶與九品抗禮今則俱是將相豈可偕受戎容于常仰而思之乃悟其事必因元帥都統遂有是儀何者天寶之後建中叛臣既陷兩京兵連淮朔此際徵集師旅又假驃騎軍戎繁雜宜以位高威震者都統而制之哥舒翰郭子儀繼爲元帥都統時諸道節使會兵討叛者必以軍禮導之而淮朔亦不以是爲讓欲使軍中稟大將軍之命也爾後元和十一年裴度提相印充淮西節使兼淮西宣慰使會諸鎮師旅十餘萬衆指揮節制憲宗悉委於度及平逋寇李愬統兵入蔡州屯兵鞠埸以待度馬首具櫜鞬度將避之愬曰此方不識上下等威久矣愬今

具戎服拜相國於堂下使吏民瞻覩敬畏生焉如此可不勞理矣度然之蔡邦遂清蔡人遂寧愬以度兼宣慰處置使宰相專征不異都統之重故具戎服以申拜敬且以禮示蔡民也爾後爲藩鎮兼平章事者不謂我非元帥都統唯以宰相合當節度防禦等使櫜鞬拜禮舛誤相承所宜改正

副大使

國朝大邦土有以親王或宰相遙領者則副大使知節度事始於貞觀八年以蜀王恪遙領益州都督開

元十五年兵部侍郎河西節度副大使知節度事蕭嵩中書門下平章事節知故親王宰相遥領自此始也自後率用爲常本以大使在京則一軍之權以副大使主之今正授節度使且無遥領之名亦曰副大使知節度使藩方之選任莫重焉宜正其名以示楷則

都都統

辛丑歲大駕在蜀以巨寇未殄命中書令王鐸仗節鎮滑臺且統關東諸將收復京國時有論曰京西北

言統者三四人慮不稟鐸之節制宜立其號曰都都統鐸兩朝丞相三陟台司名位顯著武將莫不望風願受其畫曷須都都方可統制自秦漢巳降將相統戎蓋多無有都都統之號所引故事則曰先帝時俳優各特恩寵願爲都知者咸允其請一日大合樂樂工諠譁上召都知止之三十人並進上曰止召都知何爲畢至梨園使奏曰三十人皆都知職列既等不能相下上乃命李可及爲都都知此則故事也然中令急於殄寇不以是爲辱曷不曰諸軍西南行營都統制帥之號莫過於斯

上事拜廳

朝廷典式出於南宮予亦爲尚書郎陪郎上事多矣是日儐者引上事官面北再拜余乃詰之曰曷再拜拜廳予曰非也此乃拜恩也蓋京城官署皆在大内之南故先面北再拜然後踐履官常儐者不達乃曰拜廳予嘗爲河南少尹至上事日功曹吏張從玘曰請服羅巾吉衫予詢之則曰先拜恩後上事又衆官列位儐者曰面西再拜拜訖成上事之禮既事予以

其有知禮而勉之吏曰非某所知某叔祖嘗爲功曹吏時李相國珏爲河南尹命功曹參軍示之曰先拜恩後上事小人傳之父祖不敢廢闕予喜小吏好善將慕李公得禮故書之以示將來

壓角

兩省官上事日宰相臨焉上事者設床几面南而坐判三道案宰相别施一床連上事官床坐於西隅謂之壓角自常侍而下以南爲上差舛相承實乖禮敬曷不爲丞相設位于衆官之南常侍諫議紛事舍人

循次而坐於丞相之下尊卑有序足以爲儀壓角之來莫究其始開元禮及累朝典故並無其文習俗因循莫近於理今請去壓角以釋衆疑

曾參不列四科

今人之論皆以孝者人之本也先聖重之不列四科所以曾參不列十哲之次愚謂不然夫德行之特者莫大孝焉是以夫子門人推重顔回及乎講則曾參侍坐是知聖人之旨二子莫有後先曾子不列四科者先述聖人一時列坐門人弟子耳豈是舍曾氏之

大孝重宰我之言語蓋不在其席故不盡舉此如太宗文皇帝使王珪品藻李靖魏徵戴冑温彦博房玄齡時則有若高士廉杜淹岑文本楊師道劉洎李大亮褚遂良才識豈在温戴之下乎偶不在列故不徧稱將釋衆疑方今以喻

出土牛

月令出土牛以示農耕之早晚謂於國城之南立土牛其言立春在十二月望策牛人近前示其農早也立春在十二月晦及正月朔則策牛人當中示其農中也立春在正月望策牛人在後示其農晚也爲國之大計不失農時故聖人急於養民務成東作今天下州郡立春日制一土牛飾以文彩即以綵杖鞭之旣而碎之各持其土以祈豐稔不亦乖乎

侍中僕射官號

宓羲氏以龍名官神農氏以火黄帝以雲少昊氏以鳥自顓頊已降而名以民事又以五行爲官禹作司徒敬敷五教禹作司空以平水土周則以春夏秋冬配爲官名伏以古者命官以天地四氣五行雲龍爲

號者皆上禀天時下達人事見聖人垂意未有不急於惠民者也後代不究深旨率爾命官僕射侍中尤爲不可參有侍中僕射其初且非官名唯供奉左右是其職業侍中當西漢掌乘輿服御下至褻器虎子之類虎子溺器也武帝以孔安國爲侍中以其儒者特許掌御唾壺朝廷榮之云侍中本丞相吏也五人來往殿内奏事故曰侍中又僕射者射音夜寡其義尤在秦有周青臣孔衍注云僕射小官扶左右者也亦曰主射乃守門之夫在漢爲武士在宮門則曰宮門僕射

在永巷則曰永巷僕射蓋言僕御執射之夫也如今宦監之首耳皆因權倖漸峻官名開元元年改左右僕射爲左右丞相是官號之不正也又則天寵倖御者張景宗其官號曰控鶴監向五王末復唐德則控鶴亦占丞相之名也以是而言皆因權倖漸竊相權我唐分職設官必先舊典苟踵斯弊曷範將來今請遵周故事以司徒司空爲正宰相或無勳德元臣則宜暫虛其位兼置中書而不用

士大夫立私廟不合奏請

禮嫡士立二廟庶人祭於寢累代禮文不易斯義開元十二年勑一品許祭四廟三品許祭三廟五品二廟嫡士亦許祭二廟爾後禮令並無革易古者廟連於家家主之喪則殯于西階之上鄉人儺孔子朝服立于阼階又曰喪不慮居爲無廟也則知居不違廟禮典昭然近代顯居上位率多祭寢亦嘗發問皆曰官品未宜有位至將相者奏請之詞則曰臣官階並及三品準令合立私廟是不知舊制妄有論奏廟貌巾敬用展孝思豈於霜露之情合俟朝廷之命蓋以嚮同列戟先白有司旣展哀榮宜遵典故原其奏請之因蓋立廟不在其家邪於坊選吉地乃爲府縣申奏或有官居顯重慎慮是宜營搆之初亦自聞奏相習既久致立廟須逕朝奏

九寺皆爲棘卿

凡言九寺皆曰棘卿周禮三槐九棘槐者懷也上佐天子懷來四方棘者言其赤心以奉其君皆三公九卿之任也近代唯大理得言棘卿下寺則否九卿皆樹棘木大理則於棘下訊鞫其罪所謂大司寇聽刑於棘木之下

京尹不合避御史

京尹皇都專理任莫重焉且以刑法財賦統而兼制御史之職糾繆繩愆本爲避嫌不可私謁三司愼守遂絕經過今代京尹逢御史於路必避馬而敬之名分旣乖曷爲取則且秩五品不避御史比肩事主於理誠然則京尹委用之權豈輕於郎官國子博士者乎漢桓典傳曰行行且止避驄馬御史行者且止尚能記之豈漢制京尹避御史偶不載于正史邪乃知前史不書是無避馬之理必以刑賦爲嫌止于不相

過從而已然相值于路但以色勃而返可也

火

論語曰鑽燧改火春榆夏棗秋柞冬槐則是四時皆改其火自秦漢已降漸至簡易唯以春是一歲之首止一鑽燧而適當改火之時是爲寒食節之後既曰就新即去其舊今人持新火曰勿與舊火相見即其事也又禮記郊特牲云季春出火爲禁火此則禁火之義昭然可徵俗傳禁火之因皆以介推爲據是不知古故以鑽燧證之

座主當門生拜禮

春官氏每歲選升進士三十人以備將相之任是日自狀元已下同詣座主之宅座主立于庭一一而進曰某外氏某家或曰甥或曰弟又曰某大外氏某家又曰外大外氏某家或曰重表弟或曰表甥孫又有同宗座主宜爲姪而反爲叔言叙既畢拜禮得申予輒議曰春官氏選士得其人止供職業耳而俊造之士以經術待聘獲釆拔于有司則朝廷與春官氏皆何恩于舉子今使謝之則與選士之旨豈不異乎有海東之子賓僑之人皆與華族叙中表從使拜首而已論諸事體又何有哉

非驗

咸亨三年五月咸陽公主薨于房州公主高宗同母妹也初適杜荷貞觀中坐太子承乾事伏誅公主再行于薛瓘將成婚禮太宗使卜之卜人曰兩火俱食始則同榮末亦同悴若晝日行合巹之禮則終吉焉周以違禮亂常不可用也太宗從之而後瓘爲房刺公主隨焉偕沒於任雙柩而還蘇冕書之曰卜驗矣

余曰違禮而行亂也雙柩而還常也若云卜驗則是禮可廢而卜可遵豈曰守正依經之道哉

封爵

周制五等爵以封諸侯以其有功加地進律以是所封之國固定非處一方近者凡所封邑必取得姓之地所以疇庸進爵有違王度竊以蕭何封酇侯蕭之得姓不在於酇曹參封平陽侯曹之得姓不在平陽國朝房玄齡封梁公房之得姓不在於梁杜如晦封萊公杜之得姓不在於萊古典悉然不可悉數其誤

也始于幸蜀之年中書主者不閑舊制故也

祈雨

庚子歲夏旱禾黍不逾尺京城米粟日增其價一日達彼九重天子下詔宰臣禱祀所宜承命不過一二日虔誠于郊廟乃下太常擇日太卜署狀宜用來月六日癸亥至是旱苗悉爲枯荄矣

發救丘

夫請濟師者是兵力危殆求之遽也不逾一兩日發之足以應其急也主帥問其來由命軍師日爲擇一

月以遂其請翌日師復命曰以後日戊午吉及乎師至軍壘已陷

進獻奇零

戊戌歲闕報狀見潤州節度進應天節白金二千六百五十七兩臣下獻壽國有常儀少曷不曰二千兩多曷不曰三千兩奇零微鮮無異償債豈臣子之禮哉

起居

今代謁見尊崇皆謹祗候起居起居者動止理固不乖近者復云謹祗候起居其官其義何在相承斯誤曾不經心

嘉禮

吉凶賓軍嘉是爲五禮婚姻屬之嘉嘉者善也今代毎言婚姻則曰佳期者美也婚姻之重所宜依經若用爲佳實傷古義

鵞

夫展禮之夕壻執鴈入奠執贄之義也又以鴈是隨陽之禽隨夫所適鴈是野物非時莫能致故以鵞替

之者亦曰奠鴈爾雅云舒鴈鵞鵞亦鴈之屬也其有重於嗣續切於成禮者乃以厚價致之既而獲則曰已有鵞矣何以鴈爲是以雁爲使代鵞爲禮鴈爲長（除帳反）物典故將廢何不正之

拜客

婚期云來日婦於庭拜舅姑次謁夫之長屬中外故舊皆當婦禮卽通謂之客故有拜客之名今代非親非舊皆列坐而覿婦容豈其宜哉

拜四

夫郊天祭地止於再拜其禮至重尚不可加今代婦謁姑嫜其拜必四予輒詳之婦初再拜次則跪獻衣服文史承其筐篚則跪而受之蓋於此祭授受多誤故四拜相屬因爲疑又婦拜夫家長老長老答之則又再拜即其事也士林威儀豈可傚諸下俚耶謁拜姑嫜宜修典故再申插地（周禮婦拜插地）拜儀可觀

婦謁姑不宜表以絹囊

投刺始于儁不疑冠進賢冠帶櫑具劍上謁暴勝之上謁如今之投刺也爾後凡言謁見必先以此道其

李氏刊誤　十六

姓名行于婦人即未知其所自然亦不失於禮敬其有違舅姑在于他國者因節序推遷亦以名紙遠申參奉之儀近代皆以絹囊緘之有同尺題重封也至於婦來面謁舅姑令申投刺之禮豈宜亦以彩帛表之卑敬有乖所宜削去

樂論

貞觀十七年太宗文皇帝與太常少卿祖孝孫論樂太宗曰治政善惡豈此之因御史大夫杜淹曰陳之將亡也爲玉樹後庭花隋之將亡也爲伴侶行路難聞之莫不悲泣所謂亡國之音以是觀之實自於樂帝曰不然夫音聲豈能感人歡者聞之則悦憂者聽之則悲悲悦在人非因樂也今玉樹伴侶其聲具存今爲公奏之知公必不悲矣予曰聖君有所未悟耳禮云國家將興必有禎祥國家將亡必有妖孼見乎蓍龜動乎四體斯曲者陳隋二主之所作也二主荒淫自娛不知將亡之音形於曲折矣是知休徵咎徵皆見其兆豈止于歌樂也哉如文皇君人之道與舜禹比隆者幼欣欣然得其所也雖聞桑間濮上如聞

李氏刊誤　十七

韶濩之音何後庭花伴侶行能感其心哉哀也樂也繫于時君詩不云乎治世之音安以樂其政和亂世之音怨以怒其政乖亡國之音哀以思其民困斯之謂也

釋怪

李商隱爲文曰儒者之師曰魯仲尼仲尼師聃猶龍不知聃師竺乾善入無爲稽首正覺吾師吾師夫老子生于周爲柱下史司馬遷史記與韓非同傳曰老子無爲自化清淨自正韓非揣事情循勢理故作老

子韓非同傳此則老子行藏之道盡于是矣既正史不言老子適流沙師於竺乾未知商隱何爲取信孔宣父於魯襄公二十一年至哀公十六年卒當周敬王也聖自天資而能廣學師堯舜文王周公之道以老子老而能熟古事故仲尼師之師之之道謂聖人學無常師主善爲師又曰三人行必有我師焉非謂幼而師之如堯舜文王周公之聖德也故袁宏後漢書孔融答李膺曰先君孔子與子先人李耳同德比義而相師友是也孟軻論伯夷非其君不事非其民

不使治則進亂則退言伊尹也何事非君何使非民治亦進亂亦進論仲尼則曰可以仕則仕可以止則止可以久則久可以速則速乃所願學史遷直筆述乎聖德以遺後人爾來一千祀歷諸百王行其道者爲夏寧違其教者君臣亂竺乾者經史無聞佛書自言生於周昭王時言後漢明帝夢金人有傳毅對徵於周漢正史並無此文未知聃師竺乾出于何典近世尚綺靡鄙稽古而商隱詞藻奇麗爲一時之最所著尺題篇詠少年師之如不及無一言經國無纖意獎善唯逞章句因以知夫爲錦者織巧萬狀光輝耀日信其美矣首出百工唯是一端得其性也至於君臣長幼之義舉四隅莫反其一也彼商隱者乃一錦工耳豈妨其愚也哉

昭穆

按禮記昭明也穆美也蓋光揚先祖之德著斯美號至晉武帝以其父名昭改爲韶音歷代已遠豈宜爲晉氏之諱而行於我唐哉今請復爲昭穆

洛隨

漢以火德有天下後漢都洛陽字旁有水以水尅火故就隹隨以魏周齊不遑寧處文帝惡之遂去走單書隋字故今洛字有水有隹隋字有走無走夫文字者故理之本豈以漢隨兩朝不經之忌而可法哉今宜依古文去隹書走

僅甥傍繆麄蔦

近歲精用文字者反以僅爲遠近之近僅者纔也纔以身免纔得中筭爾雅云謂我舅者曰甥近者皆去男空書生字不原聖人之旨徒欲異于經文旁者旁

求諸野旁求儒雅皆是本字近日皆以旁爲傍始傳
胥生近逼文史繆者名與實爽曰繆又繩愆糺繆又
如織紝紕繆近者凡書繆字悉皆從言遂使紕繆廢
而不用又五十年來馬廄字皆書廐字廄字從殳既
字從旡經史中且無此廐字殳者戈戟之類馬亦武
事故曰廄庫是以廄字從殳若從旡即失武事之義
薦字經史並從廾不單書廌（音獬豸之廌）此而不悟曷曰
文人

奉陵

李氏刊誤　二十

奉陵內官內人固有舊制其自省事六十年來常見
報狀云內官某以某過奉陵內人亦時有之伏見士
大夫每選兒孫主守塋域必以謹良寡過者處之夫
事生尚擇其人奉先尤宜盡敬且禮云父母愛一人
焉子愛一人焉自衣服飲食此無敢視父母所愛聖
人垂教誠可企及今以罰過配陵寔乖嚴奉之禮其
奉陵內官伏請遵行舊制不用有過之人

宰相合與百官抗禮

宰相權重位尊▲夏瞻敬然與九品抗禮古之謂會
昌已前不易斯制咸通已後每謁見丞相必先言中
外申拜首乃盡具臣之儀章庶人係銜爲相既曰外
臺且非公堂當將崇秩宿德競造其門接跡排扉皆
被傲然當其拜禮章於中書命酒執爵揖讓之際師
保尚書一時下拜自後羣官謁相府罕有不言中外
曲申畢敬者昔汲黯不拜大將軍有揖客爲重豈不
信哉

切韻

自周隨已降師資道廢既號傳授遂憑精音切韻始

李氏刊誤　二十一

於後魏校書令李啓撰聲韻十卷游夏侯詠撰四聲
韻略十二卷撰集非一不可具載至陸法言採諸家
纂述而爲已有原其著述之初士人尚多專業經史
精練罕有不述之文故切韻未爲時人之所急後代
學問日淺尤少專經或捨四聲則秉筆多礙自爾已
後乃爲要切之具然吳音乖舛不亦甚乎上聲爲去
去聲爲上又有字同一聲分爲兩韻且國家誠未得
術又於聲律求人一何乖濶然有司以一詩一賦而
定否臧音匪本音韻非中律於此考覈以定去留以

是法言之爲行于當代法言平聲以東農非韻以東崇爲切上聲以董勇非韻以董動爲切去聲以送種非韻以送衆爲切入聲以屋燭非韻以屋宿爲切又恨怨之恨則在去聲很戾之很則在上聲又言辯之辯則在上聲冠弁之弁則在去聲又舅甥之舅則在上聲故舊之舊則在去聲又皓白之皓則在上聲號令之號則在去聲又以恐字若字俱去聲今士君子於上聲呼恨去聲呼恐得不爲有知之所笑乎又舊書曰嘉謀嘉猷法言曰嘉予嘉猷詩曰載沉載浮法言曰載沉載浮伏予反夫與民之言如病瘖風而噤每

啓其口則語淚喎吶隨聲下筆竟不自悟凡中華音切莫過東都盖居天地之中禀氣特正予嘗以其音證之必大哂而異焉且國風杕杜篇云有杕之杜其葉湑湑獨行踽踽豈無他人不如我同姓又雅大東篇曰周道如砥其直如矢君子所履小人所視此則不切聲律足爲驗矣何須東冬中終妄别聲律詩頌以聲韻流靡貴其易熟人口能遵古韻足以詠歌如法言之非疑其怪矣予今别白去上各歸本音詳較重輕以符古義理盡於此豈無知音其間乖舛既多載述難盡申之後序尚愧周詳

祭物先

禮云瓜祭上環又曰吾食於少施氏而飽少施氏食我以禮吾祭作而辭曰疏食不足祭也此則祭物之先謂神農火食德侔造化後人追而敬之今代尚崇佛氏謂之衆生士子儒人宜遵典教

弔者跪

夫爲弔者主人當踴弔者跪以手承主人而發弔詞

其有主人官高弔者位卑不敢手及尊者但跪而起起而致詞禮也今代不循其義皆先一拜謂之跪禮至有輕服主人無踴客亦先申一拜豈曰經心於展禮乎

短啓短疏

今代盡敬之禮必有短啓短疏出於晉宋兵革之代時國禁書疏非弔喪問疾不得輒行尺牘故羲之書首云死罪是違制令故也且啓事論兵皆短而緘之貴易于隱藏前進士崔旭累世藏鍾王書卽有羲之

啓事一帖折紙尚存蓋事出一時沿習不改我唐賢儒接武壞法必修晉宋權機焉可行於聖代令啓事弔疏皆同當代書題削去短封以絕舛謬

七曜曆

賈相國躭撰日月五星行曆推擇吉凶無不差繆夫日星行度遲速不常謹按長曆太陽與水星一年一周天今賈公言一星直一日則是唐堯聖曆甘氏星經皆無準憑何所取則是知賈公之作過于率爾復有溺於陰陽曲言其理者曰此是七曜日直非干五星

常度所言旣有遲速焉可七日之内能致一周賈公好奇而不悟其怪妄也遂致高駢慕一公之作誑惑愚淺往往神之

廄焚

廄焚子退朝曰傷人乎不問馬注云重人而賤畜也其下曰不問馬是問弟子歎重夫子之言或有論者曰傷人乎否問馬言先問人後問馬且焚廄退朝而問曰傷人乎又問傷馬乎此乃人之常情何足紀述本以不問馬唯問人弟子慕聖人推心足以垂範又傷人乎卽是問之之辭

臘日非節

夫節者因天地四時也而爲之節非人事推移而能變之禮云臘也歲十二月臘得禽獸爲祭百神以相其功夫火德之君以子祖戌臘土德之君以丑祖辰臘各繫五運盛衰推而用之非稟天地四氣是如臘月爲節則乖本義今代凡造作百物必取臘月欲其無壞爛之弊也但取臘月中合作自無朽蠹若須臘日豈謂達于事耶

繕完葺牆

左傳子產相鄭伯以如晉晉侯以魯喪未之見也子產壞客館之垣以納車馬士文伯讓之曰繕完葺牆以待賓客若皆毁之何以供命予謂垣壞葺之而已今云繕牆豈古人於文理如此不達耶所疑字誤遂有繁文予輒究其義是繕宇葺牆以待賓客此則本書宇誤爲完書曰峻宇雕牆足以爲此況上文云高其閈閎厚其垣牆又曰司空以時平易道路館宫室如此足以待賓客豈徒葺牆而可以崇大諸侯之館

哉

論醫

夫醫切脉指下能知生死者非天受其性則因積學而致然始或著能末而寡効論者以始能命通也末繆數窮也予曰不然其初屬中喜於積財記憶未衰診理方銳及其久也筋力已疲志怠心勞獲効遂鮮則始能末繆於斯見矣若以數之通塞豈曰知理哉

舅姑服

子夏喪服傳婦爲舅姑齊衰五升布十一月而練十

三月而祥十五月而禫禫後門庭尚素婦服素縑衣以俟夫之終喪習俗以婦之服青縑謂其尚在喪制故因循亦同夫之喪紀再周而後吉禮女子在家以父爲天婦人無二天則婦之爲舅姑不服齊衰三年著矣貞元十一年河中府倉曹參軍蕭據狀稱堂兄至女子適李氏壻見居喪今時俗婦爲舅姑服三年恐爲非禮請禮院詳定垂下詳定判官前太常博士李岧議曰謹按大唐開元禮五服制度婦爲舅姑及女子適人爲其父母皆齊衰不杖周益以婦之道以專一不得自達必繫于人故女子適人服夫以斬而降其父母喪服傳曰女子已適人爲父母何以周也婦人不二斬也婦人從人無專用之道故未嫁從父既嫁從夫夫死從子父者子之天也夫者妻之天也先聖格言歷代不敢易而此論之父母之喪尚止周歲舅姑之服無容三年今之學者不本其義輕重紊亂寖以成俗伏以開元禮玄宗所修上纂累聖旁求禮經其道昭明其文彰著藏之秘府垂之無窮布在有司頒行天下率土之内固宜遵行有違斯文命曰

敗法亂紀伏請正牒以明典章此李岧之論可謂正矣凡居士列得不守之

杖周議

準禮父在爲母爲所生母父爲嫡子夫爲妻皆杖周自周禮已降至于開元禮及唐史二百六十年並不易斯議未聞爲兄弟杖者自亂離以後武臣多兄弟始行杖周之禮是賓佐不能以禮正之致其繆誤也予乾寧三年九月行吊於名士之家覩其弟爲兄廿門人知舊無有言其乖禮者實慮日久寖以爲是自

今後十子好禮者於服式之中愼而行之

祭節拜戟

禮曰君有賜則拜而受之賜莫重於九錫衣服朱戶納陛乘輿樂縣虎賁弓矢鈇鉞秬鬯徧詳禮文未有拜衣服虎賁者也是物也故不宜拜若拜朱戶渠門宜謂之神禮記祭法累代祭名不聞有戟神是知無拜祭之禮也近代受節置于一室朔望必祭之非也凡戟天子二十四諸侯十今之藩鎭卽古之諸侯也在地則施于衙門雖罷守藩閫有爵位崇高亦許列

於私第上元元年宰相呂諲立戟有司載戟及門諲方慘服乃更吉服迎而拜之頗爲有識者所嗤則知辱君命拜賜可也拜戟祭節大乖於禮

客卿

按史記春秋之後儒術之士名聞諸侯者旣適列國爲客卿乃得陳王霸之道如孟軻在齊樂毅在燕趙西漢鄒陽在梁伍被在吳亦行斯道爾後辯說絕但不復客卿耳自中和已後藩鎭道賓者名曰客卿始則索客之徒時有斯號近者名人朝士不免濫之訛謬相承莫不因此恐誤來者故書之以示兒孫

參謀

秦漢之職在賓幕中籌畫戎機非多學深識者莫居是選自亂離已後每居藩翰必以陰陽伎術者處之仍居將校之末宜重而輕誠可惜也設有文人仗節統戎舉辟名士宜于管記支使之間以正其名不亦善乎

孔氏雜說

宋 孔平仲

以名爲字

漢孔安國字安國晉安帝名德宗字德宗恭帝名德文字德文會稽王名道子字道子乃至北史慕容紹宗馮子琮魏蘭根南史蔡興宗唐郭子儀辛京杲戴休顏張孝忠尚可孤孟浩然顏見遠田承嗣田承緒張嘉貞字文審李嗣業皆以名爲字

三世用之字

王羲之子徽之徽之子禎之王允之子晞之晞之子暈之王晏之子崑之崑之子晒之皆三世同用之字胡母輔之子謙之吳隱之子瞻之顏悅之子愷之皆兩世同用之字

或諱或不諱

太史公父名談故史記無談字季布傳改趙談作趙同范曄父名泰故後漢書無泰字郭泰鄭泰皆改作太字李翺父名楚金故其所爲文皆以今爲茲韓愈作諱辯持言在不言徵之說故父名仲卿未嘗諱爲晉曹志者植子也奏議武帝云幹植不强不諱植字三國時猶不諱其君呂岱傳張承與岱書云功以權成是斥孫權名也

古文字通稱

文王可以爲文君張衡賦文君爲我端蓍是也北亦可以爲蠻史記 傳獫狁葷粥居于北蠻是也二典可以爲謨馬融曰戛擊鳴球載於虞謨是也堯典亦可謂之唐書吳陸抗傳靜言庸違唐書攸戒是也韶可以爲禹樂史記禹興九韶之樂是也三王亦得

稱帝史記夏紀帝桀是也獻俘不獨人也物皆可以爲俘俘取也書云俘厥寶玉是也匄不止于自乞也與人亦可稱匄前漢廣川王越傳盡取善繒匄諸宮人注匄遺也賄不獨賂也賜皆可以爲賄書賄肅慎之命是也診不止脉也視物皆可以爲診後漢王喬傳尚方診視舄是也餉不止飲食也贈皆可以爲餉魏文紀注以詩賦餉孫權徐孝穆有答餉鏡詩是也賦邑亦可謂之弊趙世家馮亭以城市邑十七弊吾國是也稱譽亦可謂之薦伯夷傳七十子之徒仲尼

獨薦顔淵是也

然不止比君德

龍不獨以譬君德凡有德者皆可以龍言也諸葛亮嵇康皆號臥龍孔融薦禰衡云龍躍天衢袁宏贊武侯云初九龍盤雅志彌確樊英傳注安帝徵隱士策文云使難進易退之人龍潛不屈許劭許虔汝南平輿音預人人稱平輿淵有二龍焉唐烏承玼與兄承恩人號轅門二龍陰與謂貴人曰亢龍有悔以譬外戚之象如此之類甚多然則龍不止比君德矣

孔氏雜說　三

大人

父命得爲赦後漢樊重樊券諸子從敕是也叔可稱大人疎受對疎廣云從大人議是也母亦稱大人前漢淮陽獻王傳張博云王遇大人亦解後漢范滂就獄與母訣曰大人割不忍之恩是也父可以稱聖善楊修答曹植書有聖善之教注謂武帝也人臣不嫌稱萬歲馬援傳援[illegible]酒享軍士皆伏稱萬歲是也上父母壽可萬壽潘岳閑居賦稱萬壽以獻觴是也屋之高嚴通謂之殿前漢霍光傳鴞鳴殿前樹上黃霸傳郡國上計長史一輩先下殿是也白事丞相亦可謂之奏事魏相傳帶劒奏事是也造謁人亦可謂之朝司馬相如傳臨卭令日往朝相如是也人臣得言垂拱薛宣自言垂拱蒙成是也人臣得言端拱謝孚言端拱笑咏謝緄言端拱廟堂是也人臣得言諒闇山濤傳武帝嘗云山太常雖居諒闇是也人臣得稱聖君賢君晉曹攄一縣號曰聖君薛宣傳屬縣各得賢君是也

射策對策

孔氏雜說　四

漢時射策對策其事不同蕭望之傳註云射策者謂爲難問疑義書之於策量其大小署爲甲乙之科列而置之不使彰顯有欲射者隨其所取得而擇之以知優劣射之言投射策對策者顯問以政事經義令各對之以觀其文辭是高下也晉史潘京爲州所辟謁見問策探得不孝字刺史戲曰辟士爲不孝邪答曰今爲忠臣不得爲孝子亦射策遺法耳

可憑

相之不可憑也南史庾㬇家富于財食必列鼎又狀

貌豊美頎頰開張人皆謂必爲方伯及魏䖍江陵夏
以餓死時又有水軍都督褚蘊面甚尖危從理入口
竟保衣食而終唐梆渾十餘歲有巫告曰兒相夭且
賤出家可免死渾不從仕至宰相魏朱建平善相鍾
繇以爲唐舉許負何以復加然相王肅年踰七十位
至三公肅六十二終於中領軍耳史氏以爲蹉跌吾
以爲相不可憑也南史徐陵八歲屬文十三通莊老
光宅寺慧雲法師每嗟陵早天陵仕至太子少傅年
至七十七唐孔若思傳孔季詡擢制科授校書郎陳

孔氏雜說　五

子昂嘗稱其神清韻達可比衛玠而季詡終于左補
闕使徐陵天而不壽季詡遂至顯官則人遂以爲風
鑒之驗矣吾以此知風鑒之不可憑也

佛氏

佛果何如以舍身爲福則梁武以天子奴之不免侯
景之禍以莊嚴爲功則晉之王恭修營佛寺務在壯
麗其後斬于倪唐以持誦爲獲報則周嵩事佛精進
王敦害之臨刑猶如市誦經竟死刃下佛果何如哉
佛出於西胡言語不通華人譯之成文謂之經而晉
人諸君子甚好于此今世所謂經說性理者大抵多
晉人文章也謝靈運翻經臺今尚存焉唐傅奕謂佛
入中國孅兒丐夫模象莊老以文飾之姚元崇治令
其說亦甚詳霍去病[illegible]獲休屠祭天金人注祭
天以金人爲主休屠祠金人也師古曰今之佛像是
也其後休屠王太子歸漢以金人之故賜姓金氏即
日磾也據此則前漢時佛像已入中國矣凡今之佛
像皆祭天之主也其盛有天助焉爾後漢明帝夢見
金人以爲佛於是遣使天竺國圖其形像楚王英始

孔氏雜說　六

信其術齋戒祭祀陶謙傳笮融大起浮屠寺作黄金
塗像洛佛設飯前漢西域傳塞王南君罽賓塞種分
散往往爲數國自疏勒以西北休循捐毒之屬皆故
塞種塞先得反捐毒即身毒天竺也後漢襄楷傳注浮屠
即佗聲之轉耳史記大月氏傳身毒國在大夏東南
數千里其俗土著與大夏同而卑溼暑熱按後漢西
域傳天竺一名身毒今浮屠像多赤足此卑溼暑熱
之驗也又云其民乘象以戰今浮屠像亦跨象云

留落

霍去病傳諸宿將嘗流落不耦注流謂遲留落謂隆
落據出處流字合作留

得太上皇名

漢高祖父太上皇前史不載其名後漢章帝紀祠太
上皇於萬年注名煓（他官切）一名執嘉高后紀載高祖
母曰昭靈后

古人名字

管仲謂之管敬仲出左傳閔公元年子產謂之子美
出左傳襄公二十五年原憲字子思出史記張宗字

諸君杜茂字諸公陳忠傳記注施延字君子出後漢
書四皓名氏鄉里可見者東園公姓園名秉字宣明
陳留襄邑人常居園中故號園公夏黄公姓崔名廓
字少通齊人隱居修道號夏黄公陶潛作聖賢羣輔
録云出皇甫謐高士傳楊雄所稱李仲元者名弘出
蜀秦宓傳鄭子真名樸嚴君平名尊出前史王貢兩
龔傳注伯樂姓孫名陽字伯樂秦穆公時人出莊子
馬蹄疏莊周字子休出列子辛計然范蠡師也姓辛
氏字子文或曰計研或曰計倪出史記索隱杜康字
仲寧出魏武短歌行注楚狂接輿姓陸氏名通師曠
字子野並出莊子疏伯夷姓墨名允字公信孤竹君
之子也叔齊名智字公達伯夷弟也夷齊謚也見論
語疏引春秋少陽篇

幕帷

齊隋婦人施幕羅全身彰蔽也唐永徽以後皆用帷
帽拖裙到頸漸爲淺露若今之蓋頭矣先是婦人猶
乘車輿唐乾元以來乃用兜籠若今之檐子矣唐志
載咸亨中勑云多著帷帽遂棄幕羅曾不乘車别坐

檐子

稱謂可通用

謂人爲明公閣下之類亦可謂之高明孔融傳李膺
謂融曰高明必爲偉器又曰高明父祖與僕有舊恩
明公亦可謂之仁公温嶠書與陶侃謂侃爲仁公明
府亦可謂之明庭張儉傳李篤謂毛欽曰雖好義明
庭今日載其半矣賢相亦可謂之賢宰左雄傳論曰
陳蕃楊秉世稱賢宰

箱巾五經

書時文字未有印板多是寫本齊宗室傳衡陽王鈞常手自細寫五經置于巾箱中巾箱五經自此始也

更點擊鐘

今之更點擊鉦唐六典皆擊鐘也太史門有典鐘二百八十人常擊編鐘

用仰字

今公家文字用仰字北史時已有此語北齊孝文皇帝紀詔定三恪禮儀體式亦仰議之

累重

俗所謂累重亦有所出也前漢西域傳屯田輪臺募民壯健有累重敢徙者詣田所注累謂妻子家屬也

阿誰

俗所謂阿誰三國時已有此語龐統傳向者之論阿誰爲是

日子

俗所謂日子亦有所出文選曹公檄吳將校部曲文年月朔日子注發檄時也然則日子日時也

功夫停

上夫或作功字魏志王肅傳太極已前功夫尚大也

待

俗所謂停待晉書已有此語愍懷太子傳陛下停待是也

日許

俗所謂日許者爾許也聲之訛也啓顔錄詠短人云城門爾許高故自匍匐入

抽替

俗呼抽替南史殷淑儀孝武帝之貴妃也有寵而薨帝思見之遂爲抽替棺欲見輒引替覩屍

五夜

前鮑宣傳注持時夜行夜行如今持更是也持時如今報時是也漢官儀黄門持五夜甲夜乙夜丙夜丁夜戊夜亦如今五更也

課馬

俗呼牝馬爲課馬出唐六典凡牝四游而課羊則當年而課之課謂歲課駒犢

太夫人

文帝七年令列侯太夫人夫人無得擅徵捕如淳曰列侯之妻稱夫人列侯死子復爲列侯乃得稱太夫人子不爲列侯不得稱也然則婦人稱太者蓋如是耳

説郛目録

弓第十四

鼠璞卷上

宋　桃源戴埴

媵妾

江有汜序有嫡媵之說鄭引公羊諸侯一娶九女二國媵之及引昏禮注古者女嫁姪娣送之晦翁以此詩不見勞而無怨之說以序爲疑予固不敢妄議然考經傳媵特送昏之名猶喪之賵與賻史記載伊尹爲有莘媵臣古史載湯婚有莘乃以伊尹爲媵送女春秋載公子結媵陳婦于鄄與執虞公及井伯以媵

秦穆姬晉將嫁女于吳齊侯使析歸父媵之伊尹公子結虞公井伯析歸父皆嘗爲媵初不言某國之女爲某國之媵妾也左氏同姓媵之異姓則否不過謂同姓至親可講餽送嫁女之禮異姓則可畧也然春秋書齊人來媵與衛晉無異辭書人不書女其事甚明矧當時魯爲弱國嘗爲齊晉所凌猶恐不屑以女爲媵齊晉大國肯以女爲魯女從妾乎古有一娶九女之事與否皆不可知攷之經傳斷不以妾訓媵楚辭九章云波滔滔兮來迎魚鱗鱗兮媵予晦菴注媵送也波來迎魚來送易咸卦象曰咸其輔頰舌滕口說也釋文云滕達也鄭康成虞翻作媵而亦訓爲送以此證媵爲送益明爾雅曰媵將送也注遠于將之釋曰謂從行孫炎曰將行之送也郎不指爲妾公羊諸于太廟用致夫人稱姜氏貶也譏以妾爲妻者於齊媵之先者漢志謂董仲舒以蘩娶於楚而齊媵之脅公立爲夫人此乃漢儒之論恐因詩序而訛自後記傳所載妾媵紛然矣

去國

世之去朝廷爲去國用孔子去父母國出處然今與列國時不同春秋之世去魯之齊去秦之晉可言去國既天下一家非能北走胡南走越雖辭榮闕庭退藏巖谷何地非王土也

呼父爲爹

梁蕭憺刺荊州還人歌曰始興王人之爹赴急如水火何時來哺乳我傳謂爹徒我反荊土方言今浙人以父爲爹字同音異亦隨土聲而變廣韻爹陟斜切注羌呼父徒可切注北方呼父其說甚明奢正奢切

汪吳人呼父爲以遮切汪俗爲父聲音大率相似唐回紇傳以父爲多亦此類

騶虞

以騶虞爲獸始於相如封禪書囿騶虞之珍羣歐公引賈誼新書騶文王囿名虞虞人之官以闢之漢儒尚符瑞以龍麟鳳龜爲四靈後增騶虞以配五行曰龍仁獸鳳禮獸騶虞義獸龜麟知與信獸誣罔可知騶虞爲獸不見他書誼以虞爲官得之矣以騶爲囿則又穿鑿考之傳騶虞樂官備也又曰天子田獵七

騶咸駕是虞固山澤之官而騶亦官也意文王田獵雖騶從與虞人之賤俱有仁心詩人於是嘆美之如宣王行狩必言徒御齊侯于沛必招虞人騶虞並稱於經旨無礙若不食生食不踐生草之說予不敢信

篙師

海壖呼篙師爲長年按杜詩長年三老歌聲裏白晝攤錢高浪中古今詩話謂川陝以篙手爲三長老蓋推一船之最尊者言之

泮宮

魯泮宮漢儒以爲學予觀菁菁者莪序謂樂育人才而詩序教養之盛中阿中陵孰不知爲育才之地惟泮水序止曰頌僖公能修泮宮而詩言無小無大從公于邁則征伐之事言順彼長道屈此羣醜則克敵之功言淮夷攸服既克淮夷淮夷卒獲則頌淮夷之服借曰受成於學獻馘獻囚可也於此受琛元龜象齒大賂南金之畢集何也或曰濟濟多士克廣德心此在泮之士然不言教養之功而繼以桓桓于征狄彼東南不過從邁之多賢何也又曰載色載笑匪怒

伊教此公之設教然不言教化及於羣才而先以其馬蹻蹻其音昭昭不過宴遊之和樂何也合序與詩初無養才之說其可疑一也春秋二百四十二年所書莫大於復古僖公登臺望氣小事也左氏猶詳書之學校久廢而乍復蓋關吾道之盛衰何經傳畧不一書其可疑二也𩰿序言史克作頌以修伯禽之法足用愛民務農重穀數事使果能興崇學校克何不表而出之以侈君之盛美其可疑三也上庠虞制也東序西序夏制也左學右學東膠虞庠商周之制也

孟子言庠校序皆古之學使諸侯之學果名泮宮何優國畧無聞焉其可疑四也記禮多出於漢儒其言頖宮葢因詩而訛鄭氏解詩泮言半諸侯之學東西門以南通水北無其解禮記頖言班以此班政教使鄭氏確信爲學何隨字致穿鑿之辭其可疑五也有此五疑予意僖公不過作宮於泮地樂成之際詩人善禱欲我公戾止於此永錫難老而服戎狄於此昭假孝享而致伊祜於此獻囚獻馘而受琛貢此篇與宣王考室之詩相表裏特周爲居處之室魯爲遊從之宮祝頌有不同予按通典言魯郡乃古魯國郡有

泗水縣泮水出焉然後知泮乃魯水名僖公建宮於上詩言翩彼飛鴞集于泮林林者林木所聚以泮水爲半水泮林亦爲半林乎泮爲地名與楚之渚宮晉虒祁之宮無以異於是又求之莊子言歷代樂名黄帝堯舜禹湯武王周公有咸池大章韶夏濩武中曰文王有辟雍是以辟雍爲天子學亦非也詩言於論鼓鐘於樂辟雍又云鎬京辟廱無思不服亦無養士之意莊子去古未遠必有傳授漢儒因解泮水復言辟雍求之義不可得故轉辟爲璧解以員水

正五九三長月

今俗人食三長月素按釋氏智論天帝釋以大寶鏡照四大神州每月一移察人善惡正五九月照南贍部洲唐人於此三月不行死刑曰三長月節鎮因戒屠宰不上官是以天帝釋爲可欺也妄誕可笑然月令於春孟言無傷胎卵毋聚大衆不可稱兵於仲夏言君子齋戒必掩身毋躁薄滋味節嗜慾靜事毋刑於季秋言命衆百官無不務内以會天地之藏無有

宣出豈時令當然耶

左氏筮易

易說變卦起於左氏如鄭伯廖論公子曼爲卿自豐上六變爲離晉師救鄭自師初六變臨子展論楚子之死自復上六變爲頤蔡墨論龍見于絳自乾初九變爲姤曰潛龍勿用九二變爲同人曰見龍在田九五變爲大有曰飛龍在天上九變爲夬曰亢龍有悔純乾變純坤曰見群龍無首吉坤上九變爲剝曰龍戰于野其說變卦往往不過一爻及一卦泛立議論

周可若以筮法言自六爻皆有變動左氏所載占筮
悉不出一爻之變陳敬仲之筮觀六四變否畢萬之
筮屯初九變比季友之筮大有六五變乾晉伯姬之
筮歸妹上六變睽卜偃勤王之筮大有九三變睽齊
棠姜之筮困六三變大過晉穆子之筮明夷初九變
謙姆始生之筮屯初九變比南蒯叛之筮坤六五變
比晉救鄭之筮泰六五變需此十事更無重爻以上
變者惟晉伐鄭之筮遇復以全卦言而季武子報聘
之筮艮八之隨以六二不變爻取義豈一卦與一爻

變與不變者其象純一可以立論姑假是致附會之
言不然春秋二百四十二年之間筮占之應何無兩
爻以上變者可書耶左氏失之誣予於此得之

探花郎

摭言載唐進士賜燕曲江置團司年最少爲探花郎
本朝胡旦榜馮拯爲探花太宗賜詩曰二三千客裏
成事七十四人中少年蔡寬夫詩話亦言期集擇少
年爲探花是杏園賞花之會使少年者探之本非貴
重之稱今以稱鼎魁不知何義東軒筆錄謂期集選
年少三人爲探花使賦詩熙寧余中爲狀元乞罷宴
席探花以厚風俗從之恐因此訛爲第三人

彭籛經

俗以素女術出於彭籛予攷列仙傳籛云上士別床
中士異被服藥百裹不如獨卧後人集其採納之術
號彭祖經是籛之採納以存真孫衛爲先務與世之
論大相反所謂喪四十九妻五十四子特欲形容八
百歲之壽且久耳漢藝文志有房中八家百八十六
卷且謂聖王制外樂不禁內情爲之節文樂而有節

則和平壽考迷者弗顧以生疾而隕命即此類也

扶桑

離騷云飲馬咸池總轡扶桑東京賦云登天光於扶
桑謝莊月賦云擅扶桑於東沼嗣若英於西冥張衡
思玄賦憑雲遐逝夕宿扶桑東坡云一醉扶桑曒半
夜扶桑闚淮南子曰日出暘谷拂於扶桑注曰東方
之野山海經曰暘谷有扶桑十日所浴九日居下枝
一日居上枝皆戴鳥如此則扶桑在沈寥之表及觀
南齊扶桑傳沙門慧深來說云扶桑在大漢東二萬

里土多扶桑木葉似桐初生如笋國人食之實如梨績其皮爲布錦及紙其地乃在中國東或謂日出扶桑以日自東方出耳猶倭自謂日出處天子耳山海經多誕不足爲據楊炯渾天賦謂扶桑臨於大海李白詩謂西海栽若木東溟植扶桑竟以扶桑爲日西京賦復與濛汜對說

俗字

俗字皆有所出釋常談載之詳矣予復得數字晉摯虞較古尺曰度量之由生皆䊹閡（上胡話反　下胡愛反）而不通

即今之䊹閡字晉禮儀志有㥏懁（上烏浩反　下奴浩反）歌即今之懊憹字衛烜說字勢曰或䵌黊（上乖　下主）點黵狀似連珠即今之黷黰字王沉釋時論曰臭䴿鼿（上參　下吊）而刺天成公綏嘯賦曰甸磕勞曹即今之䴿鼿勞曹字古人用此等字不見爲俗何耶

虎石蛇盃

大率奇事易失實虎石蛇盃意義略同皆有二出漢書李廣出獵見虎射之沒矢視之石也射不入矣韓詩外傳熊渠子夜見虎射之沒金飲羽下視知石復射矢摧無跡晉書樂廣賜客酒盃中有蛇既而疾廣意廳壁角影復置酒客頓愈風俗通應郴請杜宣酒盃中如蛇宣得疾後於故處設酒蛇乃弩影耳意遂解二事於人名俱不合未知孰是

次對

今人以唐百官入閤待制次對以次對呼待制然唐初京官五品以上清官每日一兩人隨仗以備顧問正元七年於常參日引見二人次對訪以政事元和間武元衡有請合而爲一唐之待制非若本朝之有

此官建隆詔除內殿起居文班朝臣及翰林學士等以次輪對淳化詔百官次對遇起居日常參官兩人次對皇祐詔兩制兩省臺諫三館帶職省府推判官次對是次對即輪對非待制之職也本朝侍從本與百官輪對元祐以王存奏罷之復行於紹聖四年紹輿中用呂誨奏始有已見請對之制是則次對輪對本無別議

琉璃

琉璃自然之物彩澤光潤踰於衆玉其色不常魏畧

云大秦國出綠縹青紺赤白黃黑紅紫十種琉璃西京雜記載武帝以白光琉璃爲鞍闇室照十餘丈如晝是也今用青色琉璃皆銷冶石汁以衆藥灌而成之始於元魏月氏人商販到京能鑄石爲琉璃採礦鑄之自此賤不復珍非真物也博雅以琉璃爲珠近之

餛飩

緗釋常談引資暇錄云餛飩以象渾沌不正書混沌從食不載故事事物紀原幷無此名件唐逸史載李

宗回客知人飲饌將同謁華陰令客曰與公喫五般餛飩及見果然酉陽雜俎云今衣冠家有蕭家餛飩漉去湯肥可以瀹茗是舊有此名本草載艾葉療一切鬼氣炒作餛飩吞三五枚以飯壓之取混沌之義信矣俱從食邉何耶

鬻爵

今之鬻爵泛濫極矣多咎晁錯之作俑余謂今之奬非鬻爵也鬻官也鬻爵所鬻者虛利歸於上鬻官所鬻者實利歸於下鬻爵雖非正論然晁錯令募天下入粟得以拜爵六百石爵上造四千石爲五大夫萬二千石爲大庶長不過予之虛爵以免罪初非任以官事文帝時張釋之以貲爲郎武帝令吏入穀補官郎至六百石此不徒鬻爵而鬻官至靈帝鴻都榜賣公卿及州郡黃散叚頗張温崔烈雖有功勤名譽亦以貨賄得之晁錯復生必大爲所笑

傲骨

唐人言李白不能屈身以腰間有傲骨予觀世俗如脂如韋之人亦本氣質之自然詩曰蘧篨口柔也不能俯戚施面柔也不能仰夸毗體柔也卑屈以柔順

人天苟賦以此質豈其剛毅自立可乎

姓從省文

古人姓氏省文多矣如謝射落洛竦束蔓萬奴似華辛橋喬熊能隨隋止十餘姓惟去邑者多如邾朱郳兒郤谷鄶會郘召鄣章鄁背亦有分爲二姓微有添減則巷去邑從衣鄉去邑添草郜去邑添水大率古人用字務省繁文姓字從邑者多或謂避地遷難避仇未必皆然

旗纛將軍

唐百官志節度使辭日賜雙旌雙節行則建節立六纛入境築節樓迎以鼓角本朝有六纛旌節門旗二受賜纛之公宇私室號節堂朔望次日祭之號衙日蓋有旌節則有神祀今節鎮重此祠節堂衙禮廢矣

詩書篇名

書篇名所謂分大禹皐陶益稷爲三特竹簡不能多載不得不分以有暨益暨稷之辭名曰益稷猶論語孟子篇名孔以不忘益稷之功則求文義太過詩篇名之例不一關雎葛覃之類取其首章權輿騶虞之

類取其末章召旻韓奕之類取一章之義合而成文氓與丰蕩與綿之類取章中一字維天之命昊天有成命則取章中一句惟兩無正酌賚於詩無所取毛氏强爲之辭曰雨自上下曰賚予也曰酌先祖之道中心不安雖支辭强辯與詩絕不類亦有例同而名異者緜緜瓜瓞與緜緜葛藟同一取緜緜之義一以葛藟爲名緜蠻黃鳥與交交黃鳥同一取緜蠻之義一以黃鳥爲名意編詩者護　爲名耳

穆生疏廣知機

師儒所以明道出處尤當知機穆王因醴酒不設楚將鉗我於市遂稱疾而申生受胥靡之罰疏廣見元帝不慧謂宦成名立不去將後悔遂稱病而望之受牢獄之禍於是知穆疏蕭優劣

香藥卓

坡公與章質夫帖云公會用香藥皆珍物極爲番商坐賈之苦盍近造此例若奏罷之於陰德非小補予考坡仙以紹聖元年抵五羊秦爲帥廣通舶出香藥時好事者創此他處未必然也今公宴香藥別卓爲

盛禮私家亦用之作俑不可不謹

魏相許伯

士大夫出處如渾金白玉不可玷闕魏相賢相也始奏封事及白去副封乃借逕於許伯於是霍氏殺許后之謀乃得聞卽詔相給事中給事中近習之官也漢初不加諸士大夫相安受之浸居相位何始進之不正也用平恩以護太子家疏廣能言相謂非臣所及相豈念不到此感汲引之恩不敢諫耳王吉言許史貴寵謝病歸而相不能留漢以外戚中絕是相啟

之秉漢史直筆者當書曰漢由外戚取相位自裕始

六曹尚書爲文昌

今以六曹尚書爲文昌按天官書斗魁戴匡六星曰文昌宮上將次將貴相司命司祿司災後漢志謂出納王命敷奏萬機乃文昌天府李固云尚書猶天之北斗令及左丞總領綱紀僕射右丞分掌廪穀是也漢又有錄尚書事令錄僕丞總以尚書言之郎令尚書省古納言職也本朝令錄不置有二僕二丞自更官制以左右僕射左右丞爲宰執郎中與後之左右

相及參政六曹分職既非尚書省長貳遞稱曰文昌是文昌宮之將相反爲列曹之屬矣

麟趾

今稱宗寺曰麟寺玉牒曰麟牒宗英曰麟趾之秀蓋本於詩序言衰世公子信厚如麟趾注謂後世雖衰宗猶振振信厚前輩謂文王化行雖商衰世之公子亦信厚與有商孫子侯于周服同二說皆有衰世之辭亦是語忌王言宣布似不可用

星履曳履

六曹尚書用星履曳履熟事也二出處皆不可用漢鄭崇爲尚書僕射曳革履上曰我識鄭尚書履聲乃僕射事唐韋見素爲吏部侍郎杜甫詩曰持衡留藻鑑聽履上星辰乃吏部侍郎事

綠野堂白蓮社

閑居用綠野乃裴度於文宗時留守東都治堂號野服蕭散不問事時尚保釐留臺非閑居事也宮觀用蓮社乃白居易致仕與僧如滿在香山修淨土號白蓮社是致仕後事

鴈塔題名

予得唐鴈塔題名石刻細閱之凡留題姓名僧道士庶前後不一非止新進士也唐進士特於曲江宴賞之暇有此會猶今北使過錢塘例於浙江觀潮天竺燒香耳若泛以鴈塔題名爲登第慶賀之辭則觀潮燒香亦可顯言穹廬之來使乎

防海

舟師始於吳越惟曹劉赤壁爲大戰南北分境仗以防江建炎南渡始有防海之說沈與求言　造海舟

處爲虛聲以懼我議者多欲於明州向頭設備間海舟自京東入海必由泰州港口通州料角東則通明鎮等次至平江而北洋次至金山次至向頭料角水勢湍險一失水道舟必淪溺得沙上水手方轉料人捨馬不能有所爲一舟容幾馬可謂至當之論紹興末年李寶放蘇州洋三日風怒舟散漫不能收䘏酒自誓風止退泊明州關嶼追集散舟浹旬後方復故欲乘機速發而風作波濤如山經月不得進南人諳海道者也於舟楫非不便利猶艱阻如此況北人

乎膠西之戰女真在船匍匐而聽略不能動采石之勝亦以女真不諳江道能施放弓箭者每舟不過數人盡死於中流今人不攷本末北風一警卽湍湍於海道予嘗詢之並海篙工謂北舟皆粟諸雜木遇鹹水多濕且重滯登萊一帶惟平底可用過料用尖底旣非一潮可到必有棲泊之處船少則無以取勝多則一放大洋豈能成蹤錢塘同時發渡遲速上下猶不可必其能併力以相援乎使船中皆胄水尚彼此不相保況依篙師欲一舉入吾腹心以全取勝決無此理昔葉義問謂土豪諳練海道憑恃海食之利能役船戶欲於江海要處分寨以爲豪主使土豪撓於舟楫之間官兵扼於塘岸之上則官無虛費民無橫擾此策甚善鹽城石港料角等處皆可舉行近浙則各屯大軍規摹已備不必慮也

麗正門名

今行在內南門名曰麗正本取重離麗正之義然麗正乃唐集賢院名張說謂麗正乃禮樂之司麗正書院開元五年建十三年改爲集賢院

中書見胡旦

湘山野錄載胡旦乞入見王沂公奏旦瞽廢乞遂中書問求見之因至堂沂公與諸相具諸生禮列拜旦長揖而坐中書堂宰相治事之地表儀百辟者在是外臣乞對送中書引問自有公禮何暇講師生之私敬旦於都堂巍然受諸相之拜而不辭決無此理

一字師

南唐野史載張迥寄遠詩蟬鬢彫將盡虬髭白也無齊己改爲虬髭黑在無迴拜爲一字師陶岳五代史

補齊已攜詩詣鄭谷詠早梅云前村深雪裏昨夜数枝開谷曰數枝非早也未若一枝齊已拜谷爲一字師一謂張迴禮齊已一謂齊已禮鄭谷豈一事訛爲兩人將齊已以其師人者還爲人師耶然改白也爲黑在則是兩字師也陳輔之詩話云蕭楚才知溧陽乖崖作敎有一絕云獨恨太平無一事江南閒殺老尚書蕭改恨作幸一字師也此却用前故事

温公申公議論

司馬温公與呂申公友善同召試知制誥温公試而

申公辭改天章閣待制温公以爲不及命下力巽謂同召而獨就是公者廉遜而臣無耻遂亦除此職予意温公借此以辭寵耳士大夫立身行已各有規繩一進一退惟心之安豈在苟同范景仁與温公爲異姓兄弟心未嘗不合元祐出處各行其志不失爲同也人安得議其優劣

中消

今人通竿櫝言典籤王府官也記府掌記幕府官也已難用之書吏中消之稱尤更爲僭漢石奮爲中消受書謁此豈臣下之所宜用

桂玉

馬存子長游謂子游京師薪如東桂膏肉如玉世以桂玉之地爲京師按戰國策蘇秦曰楚國食貴於玉薪貴於桂謁者難見如鬼王難見如天帝乃楚國故事

家道

聖賢言家道如齊家御家閑有家皆有肅然不犯之意嬀汭之嬪虞必曰刑于二女文王之於大姒必曰

刑于寡妻齊御開刑皆以嚴爲主易家人卦家人嗃嗃婦子嘻嘻終吝治家之道與其失於寬寧過於嚴嚴雖覺防範太過無寬裕氣象終則吉寬則縱溢放肆綱紀蕩然矣故家之將興父子夫婦濟濟有禮於肅正之中自然雍穆一失治家之節則究縱太過父不父子不子夫婦不成夫婦亂倫敗度靡所不有乖爭凌犯之風反自此起故曰王假有家假亦正也

橄欖

東坡橄欖詩云待得微甘回齒頰已輸崖蜜十分甜

注引杜詩崖蜜松花落本草崖蜜蜂黑色作房於巖
崖高峻處然坡詩與橄欖對說非眞蜜也鬼谷子曰
崖蜜櫻桃也他無經見予讀南海志崖蜜子小而黄
殼薄味甘增城惠陽山間有之雖不知與櫻桃爲一
物與否要其類也注坡詩者引小說橄欖與棗爭來
曰待爾回味我已甜特坡公换崖蜜作對耳山谷詠
橄欖云想共餘甘有瓜葛苦中眞味晚方回坡公取
其味相反山谷取其味相投李義山蜂詩紅壁寂寥
崖蜜盡此但作蜜用非是

寓錢

法苑珠林載紙錢起於殷長史唐王璵傳載漢來皆
有瘞錢後里俗稍以紙寓錢王璵乃用於祠祭今儒
家以爲釋氏法於喪祭皆屏去予謂不然之死而致
死之不仁之死而致生之不知謂之明器神明之也
漢之瘞錢近於之死而致生以紙寓錢亦明器也與
塗車芻靈何以異俗謂果資於冥塗則可笑

恩科

聞見錄載至和間富公當國立一舉三十年推恩法
蓋公與段希元魏升平同場屋相善不欲私之故爲
天下之制世以推恩法始於富公予謂不然仁宗開
天章閣召范富條當世務方以止僥倖澄汰不才吏
爲說無緣以私意創此科攷本朝開寶三年詔禮部
閱進士十五年以上司馬浦等賜出身祥符八年詔
進士六舉以上雖不合格並奏賜特奏名七十八人
天聖二年以特奏名李道宗等爲匠簿四年詔進士
實應三舉免取解景祐元年詔進士五舉年五十雖
試不合格以名聞自此率以爲常寶元元年被恩賜

者九百八十四人至和中李東之以交年累舉不責
詞藝謂之恩澤四五百人欲革之孫抃等條具將上
嘉祐元年詔罷特奏名時公正當國也嘉祐二年復
賜特奏名及諸科二百十四人恐一時詔罷特奏廟
堂因行裁減耳然嘉祐三年再詳定科舉條制亦不
該載一舉三十年法何也

獮豸

與薛綜謂孫權曰日南男女倮體可謂蟲豸五代盧
程罵任圜曰爾何蟲豸按爾雅有足謂之蟲無足謂

之豸豸字合丈尒反十二獬韻豸字下亦云蟲無足侯思止曰獬豸但能觸邪按説文獬廌獸也古者決訟令觸不直廌宅合丈蟹反然四紙韻廌字下亦注獬豸獸名然則廌與豸義本玄通若有獬字下雖丈尒切亦獸也如止一字從丈蟹反亦蟲也今人見御史舊有獬豸冠單呼爲豸可笑

正衙常參

唐文武職事官九品以上望朔朝文官五品以上及兩省供奉監察御史員外太常博士日朝爲常參武

官三品以上三日一朝爲九參五品以上及折衝當番五日一朝爲六參三日不趂常參即横行參假時多御宣政正衙立仗廊殘而退開元以朔望上宗廟牙盤避正殿稜御紫宸即喚仗及侯正衙者自東上閤門入謂之入閤唐末亂離既不常御外朝入閤亦廢常參官赴正衙對立宰臣押班傳不坐即退後唐明宗令五日一度赴内殿起居自此宣政不御省臺寺監應在京釐務官以妨職事求免宰臣内朝奏事中書聚廳無暇押班不廢正衙獨待次及辭謝官武班諸衛無本品攝以使臣十員元豐間始罷常參日參則左右史及尚書侍郎御史大夫以上六參則三省及御史臺官寺監長貳以上兩參則寺監丞大理評事以上月參則寄祿官通直郎以上除朔望參外每以初五十一二十一二十五爲參日渡江後雖有日參官正衙既不日御又無入閤之制内殿廢起居之禮四參日分或大暑祈寒風雨霑濕及假故向車駕詣德壽或國鄉中行宮中之儀多免常朝參日無幾嘉定末年臣僚申嚴此制寄祿官通直郎以上既

不比承平之時一入國門即破白直及馬雖欲趂赴朔望不可得參日多免猶前日也

陳東伏闕

靖康孫覿論太學生陳東誘衆伏闕爲亂建炎黄潛善輩寘東極刑覿潛善不足道也張魏公亦奏胡理筆削東書欲使布衣挾進退大臣之權幾至召亂遂以諷諭任生規禱國是將理追勒編置或謂魏公乃潛善客理則李綱客也因借此去之公爲一代人物宗主亦復有此失所言六賊及薦李綱去潛善輩乃

天下之公言琛果筆削之其心皆止於愛君乃不論所言之是非以草萊之士挾權為罪詹誦工諫何所逃譴使建炎果用東言心無渡淮航海之事然高宗特以靖康之鬨為懼不欲伏闕都不以言罪人他日贈東官祭東墓贍其家而官其後以生前布衣為身後法從於東亦無憾嘗曰朕即位聽用非人至今痛恨之贈官推恩未足稱朕悔過之意死者不可復生追痛無已聖心惻怛如此予深為魏公惜之

十五國風二雅三頌

風雅之正變以治言自邶至曹治固多變鄘衛鄭秦有美有刺太王治豳風化所基何皆言變風節南山至魚藻治固變矣六月車攻斯干諸詩何以言變小雅民勞至桑柔治固變矣崧高韓奕烝民江漢諸詩何以言變大雅或曰衛鄭與秦皆國人私美其君不合於治之正豳以周公遭變宣王功業不終悉難曰正風正雅然六月序言小雅盡廢四　交侵中國微矣宣王出而周道粲然復興變雅不始於厲王而始於宣王何也若專以治言則溢美其君豈得為詩夫子安得存之周禮籥章歌豳詩豳雅豳頌豳治未純於正胡用之於樂章況七月陳王業與公劉戒民事無以異一繫正雅一繫變風何也詩大小雅以治言則受命作周代商繼伐為政之大燕群臣嘉賓燕兄弟朋友為政之小嘉魚山臺菁莪卷阿棫樸均為養才用才之詩何以分政之小大六月采芑車攻江漢常武均為宣王中興之詩何以分政之小大周魯商三頌以盛德成功為主則周頌之薦宗廟告神明稱述祖宗功業極其形容自稱曰惟予小子閔予小子

曾孫篤之皆謙沖退托而商頌言假祖之孝曰湯孫奏假言赫赫之功曰於赫湯孫言奉祀之誠曰湯孫之將言天命之久曰在武丁孫子不過頌美主祭之君周頌簡嚴商頌敷暢已非一體魯頌稱美之辭溢後以衰微不振之魯奔走於霸主之號令惴惴自保不暇乃謂其懲荊舒服　修復伯禽之法度與經傳大率相戾聖人合商周與魯並以頌稱又何也謂言天下之事形四方之風則豳何以有雅謂美盛德告成功則豳何以有頌予謂求詩於詩不若求詩於

樂夫子自衛反魯然後樂正雅頌各得其所及言關
雎之亂洋洋盈耳以樂正詩則風雅與頌以聲而別
古者詩存於樂延陵季子觀樂於魯使工爲之歌乃
於五聲和八風平節有度守有常記禮言鄭宋衛齊
之音與聲淫及商和非武音歌頌大小雅以爲聲歌
各有所宜書詩言志歌永言聲依永律和聲周禮教
六詩以六律爲之音左傳晉得楚囚問其族曰伶人
也與之琴操南音文子曰樂操土風不忘舊也有娀
之北音塗山之南音夏之東音周之西音專以音樂

爲主聲相形故生變五音樂之正也應鍾爲變宮蕤
賓爲變徵樂之變也後之言樂有三宮二十一變樂
有正聲必有變聲夫子正詩於樂豈獨風雅有正聲
而無變聲哉故國風十五國之土歌土歌之正爲正
風土歌之變爲變風採詩者以聲別之列國非無正
音散而不傳耳豳風即風周之變音周南召南周之
正音其雅樂之正變也亦然瞽誦工歌既別其聲之
正變復析爲小雅大雅亦不過雅音之大者爲大樂
章大燕享用之雅音之小者爲小樂章小燕享用之
齊秋穆子如晉晉侯享之金奏肆夏歌文王俱不拜
歌鹿鳴而後拜韓子以拾其大拜其細爲問對曰三
夏天子所以享元侯文王兩君相見之樂皆不敢當
鹿鳴所以嘉寡君敢不拜嘉足見雅音小大即樂章
之小大也以言於頌周頌雖簡商魯之頌雖繁周頌
雖敬懼而謙恭商魯之頌雖侈麗而誇大其音苟合
何往非頌人不以言求詩而以樂求詩始知風雅之
正變小大與三頌之殊塗同歸矣孔穎達云取大雅
之音歌其政事之變者謂之變小雅言政而參以音

其論得之矣蓋樂與政通謂無關於政固不可悉以
政事解之則有不可解者今之樂章至不足道猶有
正調轉調大曲小曲之異風雅頌既欲被之絃歌播
之金石安得不別其聲之小大正變哉

王儉紅蓮

庾杲之爲王儉衛將軍長史蕭緬與儉書曰盛府元
僚實難其選庾景行泛綠水依芙蓉何其麗也今臺
郡幕客多用紅蓮故事始此按齊衛將軍實預朝政
猶漢三公開府豈泛當僚屬可比用之樞宰椽則其

竊也不然則用於諸戎之幹官却真害

鼠璞卷下

廟議

本朝以太祖太宗開基真宗仁宗神宗配古三宗非英宗則裕陵無自而繼高宗又有中興之功於義皆百世不遷廟祧未可輕議寶慶廟議竟無定論予考鄭康成王肅輩議論雖詳朱震惟取劉歆之說謂天子三昭三穆與太祖之廟而七七者其正法可常數也宗不在此數宗變也茍有功德則宗之不可預爲設數於商太甲爲太宗大戊爲中宗武丁爲高宗無

逸舉商三宗宗無數也勸帝者之德博矣禮功施於民則祀之以勞定國則祀之能捍大菑則祀之異姓有功德猶且特祀況先祖乎又說中宗高宗宗其道而毀其廟名與實異非尊德貴功之意也以歆議觀之大祖廟固在七廟之內而三宗廟則在七廟之外不然則商祖契而宗湯今太甲大戊武丁已爲五廟豈有身爲天子而祀不及曾祖者前漢守祖有功宗有德之說凡尊之爲宗則萬世不毀不待集議於遷易之時而尊謚之始其論已定光武既爲中興之祖

其後宗名世爲陵寢號廟制不可行矣蔡邕以和帝而下功德無殊不應爲宗及餘非宗者皆奏毀是旣宗其功德則不可祧欲祧則當如邕議省去其號方可本朝聖明相繼宗以處名而復毀其廟於理未允

鬻熊孟嘗

鬻熊年九十見周文王曰老矣鬻子曰捕虎逐麋臣已老矣使坐而策國事尙少也孟嘗謂楚丘先生春秋高多遺忘矣楚丘曰使拔距投石追車赴馬何暇見老深謀遠計役精神而決嫌疑吾始壯矣周家尊

事黄耇不過乞言非勞其筋力强之以事也大夫七十致仕禮之常也間有特異之賢尊而禮之任其德而不任其力也使鞭鈍策朽以盡瘁於群有司何補於其國哉

姓氏改易

世之改姓氏如莊爲嚴殷爲戴恒爲元奭爲盛以義改也理爲李求爲仇舅爲咎籍爲席弘爲洪朝爲晁以音改也棘爲棗竦爲束仲爲种渠爲璩能爲能鄶爲會愼爲眞劉爲金胙爲作敬爲文爲苟以字改也叓落奴莘橋邾邸鄶鄣鄁鄜邵隨滕爲萬洛似辛斋朱兒會章背成召隋滕合音與字而改也亦有因一事爲萬世不易之姓田千秋乘小車改爲車謝服出征改射氏儀以民無上改爲是劉遵考以忠諫比伍員改爲員猶有源流可攷逃難山谷强氏曰潸遂失本姓一姓改爲數姓者如脊横四子守墳墓者改爲是居徐者爲脊居幽者爲桂居華陰者爲炔此四姓同一昋也勾姓本避高宗諱勾濤則仍字更音鉤光祖則加金絇紡則加絲苟諶則加草句思則易字勾

龍如淵則加龍此六姓同一勾也後世昬姻何自而辯又有因二音而訛者員音運俞勑救反葉音攝今從正音甄音堅宣和唱名以堅呼之不應訛爲眞矣繆或爲穆遂成二姓豈源流之固異耶復姓多北人而中國望族不可以義通者乃因所居而增諸葛則諸縣之葛申屠則屠原之申毋胡則毋丘之胡闞丘則頓丘之闞所謂同門而異戶也

無恙

戰國策趙威后問齊使歲無恙耶王亦無恙耶晉顧

愷之集殷仲堪牋行人安穩布帆無恙隋日本遣使
辭日出處天子致書日沒處天子無恙風俗通云恙
噬蟲也善傷人古人草居露宿相勞問曰無恙神異
經云北大荒中有獸咋人則病名曰獇獇恙也常入人
人室屋黃帝殺之北人無憂病謂無恙蘇氏演義亦
以無憂病為恙恙之字同或以為蟲或以為獸或謂
無憂病廣干祿書兼取憂及蟲事物紀原兼取獸及
覽子看廣韻其義極明於恙字下云憂也病也又噬
蟲善食人心也於獇字下云獸如師子食虎豹及

鼠璞　卷下　四

人是獇與恙為一字合而一之神異經誕矣

前席

前席事不止賈誼之前則商鞅見孝公與語不自
知膝之前席誼之後則蘇綽見周文帝陳申韓之道
帝不覺膝之前席鞅綽言雜霸賈誼言鬼神感動主
聽則均今獨取宣室事何耶

發人私柬

唐穆宗時錢徽掌貢舉段文昌李紳以書屬所善士
不從言於上曰今歲禮部不公皆關節得之乃敕覆

刺江州或勸徽奏所屬書徽曰苟無愧心得喪一致
奈何奏人私書取而焚之本朝皇祐元年六月臺諫
李兌等言比歲臣寮有教交親往還簡尺遂成告訐
之俗自今非情涉不順毋得繳簡尺以聞從之徽奏
私書非特士君子不為亦法令所禁

教官稱冷官

唐元宗愛鄭虔之才以不事事為置廣文館以虔為
博士而無曹司杜甫詩諸公袞袞登臺省廣文先生
官獨冷非以學館為冷及以登臺省為進用蓋言諸

鼠璞　卷下　五

公日趨局獨廣文無職掌耳今以教導之職為冷官
意正相反廣文館與四門太學國子並列亦郡文學
之職

巾箱本

今之刊印小本謂巾箱本起於南齊衡陽王鈞手寫
五經置巾箱中賀玠曰家有墳素何須蠅頭細書答
曰檢閱既易且手寫不忘諸王從而效之古未有刊
本雖親王亦手自抄錄今巾箱刊本無所不備嘉定
間從學官楊璘之奏禁毀小板近又盛行第恐書非

觶巾箱之藏也

抑之詩序

詩序以抑爲衛武公刺厲王亦以自警予考史記諸
侯年表宣王十六年衛武公共和元年在位五十五
年平王十四年卒衛世家釐侯二十八年周宣王立
四十二年武公立犬戎殺幽王武公將兵佐平戎今
爲公五十五年卒溫公稽古錄悉用史記紀年繫恕
通鑑外紀用汲冢紀年以爲武公宣王十五年立平
王十三年卒前後止差一年以此攷武公卽位宣王

之十三年中間又有共和之十四年是厲王之後二
十七年公卽位也國語云武公年九十五猶箴於國
作懿詩以自警注曰懿詩大雅抑篇也武公之自警
在於耄年去厲王之世幾九十載謂此詩爲刺厲王
深所未曉

世事未嘗無對

唐宋遺史載張崇帥廬州不法民苦之旣入覲人謂
渠伊必不來崇計口率渠伊錢再入覲人不敢言將
鬚相慶崇率捋鬚錢五代史補載趙在禮自宋移永
與人曰眼中拔却釘矣在禮乞還每日率拔釘錢方
鎮不法信非一處此二事雅可爲對

唐進士貶官

唐以進士爲重入仕爲輕緗素雜記及禹錫嘉話載
賈島事一謂累舉不第文宗時坐飛謗貶長江簿一
謂島爲僧居法乾寺宣宗微行於案上取詩卷覽之
島攘臂奪去帝慙恧遂除島長江簿唐宋遺史所載
略同程鎬有奪卷忤宣宗之句攄言載開成中溫庭
筠以文爲貨執政惡其攪擾場屋黜隨州方城尉裴

坦爲責詞有滯畔長沙之比北夢瑣言載制辭孔門
以德行爲先文章爲末徒負不羈之才罕有適時之
用夫士子起布衣爲簿尉今爲異恩矣時則爲貶黜
何唐士之貴且重也盧氏雜說云文宗言進士之盛
時宰對科場中云鄉貢進士不博上州刺史此實錄
也

燕巢詩

雲溪友議載元和下第士人多爲詩刺主司獨章孝
標爲歸燕詩留獻侍郎庾承宣云舊累危巢泥已落

今年故向社前歸連雲大厦無棲處更望誰家門戶飛承宣吟諷恨遺才及重典禮聞孝標擢第責瑣高議載唐僖宗時于化成依中丞蔡授門館一日告去作燕離巢詩主人復留之與前章一同但改落字爲歸豈化成竊孝標之舊什將青瑣所傳之繆耶

菁米

古者藏多粟次以穀未嘗舊米載於經史可攷武王發巨橋之粟廪人掌九穀之數倉人掌粟之藏廪人繼粟晉饑秦輸之粟李斯入倉見鼠食積粟太倉之

粟陳陳相因敖倉藏粟甚多趙充國日月用糧穀十九萬九千六百三十斛鄭吉田渠犁積穀魏太祖許下屯田所在積穀以太倉穀千斛垣下穀千斛賜袁渙家晉天文志胃三星天厨主藏廪五穀也酉四星天庾積厨粟所也雖穀粟言其大槩然藏米絶少唐太宗置常平令粟藏九年米藏五年下濕之地粟五年米三年吳會並海卑濕尤甚且蓄藏無法不一二載即爲黑腐三年之令不復舉行何耶

御屏隔座

今人用御屏隔坐之事以吳尚書令紀亮與子中書令騭朝會以御屏隔坐然隔坐不始於亮後漢鄭弘爲太尉舉第五倫爲司空班次在下每朝見弘曲躬自卑上遂聽置雲母屏分隔其坐由此爲故事是隔坐發端於門生坐主也

唐進士無耻

唐摭言載裴思謙從仇士良求狀頭高鍇庭譴之次年鍇知舉誡門下不得受書題思謙懷士良一緘易紫衣趨階下白軍容有狀薦裴思謙書中與求巍峩

鍇欲略見之思謙曰卑吏便是思謙人物堂堂鍇見改容從之集異錄載王維文章音律爲岐王所重時公主已薦張九皐爲解頭王令維衣錦繡齎琵琶同諸主第諸伶旅進維妙年都美主顧問王答曰知音者也令獨奏新曲主詢名維曰欝輪袍大奇之王曰此生詞學無出其右維獻詩卷主驚曰皆我所習常謂古人佳作乃子之爲乎因令更衣升之客右召試官至第遣宮婢傳教維作解頭一舉登第此二事無廉耻甚矣雖得一名何足爲重紀載以爲盛事何耶

左右

漢以右爲尊謂貶秩爲左遷仕諸侯爲左官居高位爲右職周昌相趙高帝曰吾極知其左遷陳平以右丞相遜周勃位第一平爲左丞相位第二謂左戚右賢居客之右朝廷無出其右皆此意也本朝官制如左右僕射左右丞相左右丞左右司左右曹左右諫議左右司諫正言皆不以右爲尊猶以右文爲祕省殿名何耶

程蘇爭致齋

東坡年譜載程蘇嘗致齋厨禀造食葷素蘇令辦葷程令辦素蘇謂致齋在心豈拘葷素爲劉者左袒時館中附蘇者令辦葷附程者令辦素予謂不然齋之禁葷見於法令乃禁五辛慮耗散人之氣間其精誠與禁飲酒聽樂晉𢡖悲哀一同欲其致一之妙通於神明耳二公未免以葷爲魚肉徒有是非之辨莊子載顏回不飲酒不茹葷謂祭祀之齋是也

桃符

風俗通曰黃帝書稱上古之時有兄弟二人荼與鬱

用度朔上桃樹以制百鬼於是縣官以臘除飾桃人垂葦索歲時記桃者五行之精壓伏邪氣制百鬼本草經曰梟桃在樹不落殺百鬼山海經云東海度朔山有大桃樹蟠屈三千里其東北曰鬼門萬鬼出入也有二神曰神荼曰鬱壘黃帝象之立桃版於戶淮南子曰羿死於桃棓注云棓大杖以擊煞羿由是鬼畏桃今人以桃梗作代歲旦植門以辟鬼後漢禮儀志曰代有所尚周人木德以桃爲更言氣相梗梗更也莊子曰插桃枝於戶童子不畏而鬼畏之桃之制

鬼見於傳記者不一而六經亦自可考檀弓曰君臨臣喪以巫祝桃茢傳曰楚人使公親襚公使巫以桃茢先祓殯周禮戎右贊牛耳桃茢鄭司農於喪祝云喪祝與巫以桃厲執戈在王前以桃茇除雖聖人不廢例以巫家之說而鄙之可乎

艾子

世傳艾子爲坡仙所作皆一時戲語亦有所本其說一蟹不如一蟹出聖朱㩀遺陶穀奉使吳越因食蝤蛑詢其族類忠懿命自蝤蛑至蟹九十餘種以進穀

曰眞所謂一代不如一代也

令甲

漢令甲令乙令丙乃篇次也宣帝詔令甲死者不可生江充傳注令乙騎乘車馬行馳道中章帝詔曰令丙箠長有數當時各分篇次在甲言甲在乙言乙在丙言丙今例以法律爲令甲非也此與言乙夜之覽不同古人雖以更數爲甲乙丙丁之分却有唐太宗甲夜觀事乙夜觀書出處可用

東閣

今人以宰相子爲東閣按公孫弘爲丞相開東閣不過招延賓客之地於子弟初無預今之引用乃李商隱九日詩郎君官貴施行馬東閣無由再得窺上言郎君乃令狐綯不言東閣猶是令狐楚之舊館東坡九日詩因引此事合而言之閑道郎君閉東閣且容老子上南樓此雖使令狐綯絕義山故事然東閣之開閉於郎君何預又云南屏老宿閑相過東閣郎君懶重尋以郎君加於東閣下猶言宰相子也與汪龍溪云東閣郎君之未有用之皆無病今竟以東閣呼郎君豈爲父者不能顯招賢之責子得以盜其權耶

嚴更

西都賦衛以嚴更之署注嚴更督夜行鼓也此鹵部中所謂嚴更警長也嚴與發嚴及中嚴外辦同唐制日未明七刻搥一鼓爲一嚴侍中奏開宮門城門五刻搥二鼓爲再嚴侍中版奏請中嚴群臣五品以上俱集朝堂未明一刻搥三鼓爲三嚴侍中中書令以下俱詣西閤奉迎嚴卽嚴肅之義今以辦嚴爲辦裝因諱而改恐難例論

倚門

俗說母之望子曰倚門按戰國策王孫賈事閔王王走失王之處其母曰女朝出晚而來則吾倚門望女女暮出而不還吾倚閭望女朝暮之出入固可言倚門若出稍久當言倚閭盍門不可久倚故也今人但用倚門事豈以暮出不還爲俗忌耶

張范議論仁恕

唐裴伷先得罪張嘉正請杖之張說曰刑不上大夫爲其近於君故士可殺不可辱嘉貞不說說曰若國

之大臣皆可笞辱但恐行及吾輩慶曆中晁仲約得罪富公議欲誅之范公曰事有可恕戮之非法意也富公愠范曰輕導人主以誅戮他日手滑雖吾輩未敢保張范二公可謂仁人君子之言然謂恐及吾輩與吾卒未敢保意借以開釋同列耳若預爲巳計而故縱則不可昔豫讓報國士之知曰將以愧後世爲臣懷二心者高允不欺於君曰恐負翟黑子事上以忠臣之節也由巳由人乎哉如唐武宗欲誅楊嗣復李珏杜悰見李德裕曰天子年少不宜手滑此語却

無病

蠶馬同本

唐乘異集載蜀中寺觀多塑女人披馬皮謂馬頭娘以祈蠶搜神記載女思父語所養馬若得父歸吾將嫁女馬迎得父見女輒怒父殺馬曝皮於庖中皮忽卷女飛去桑間俱爲蠶俗謂蠶神爲馬明菩薩以此然周禮馬質禁原蠶注天文辰爲馬蠶書蠶爲龍精月直大火蠶馬同氣物不能兩大禁再蠶者爲傷馬舊祀先蠶與馬同祖亦未可知

盬鹽

西漢中食貨志猗頓用盬鹽注盬鹽池也於盬造鹽故盬音古予觀采薇注王事靡盬盬不堅固也鴇羽注盬不攻緻周禮盬人共其苦盬杜子春讀爲盬謂盬鹽直用不練治以詩禮註觀之則盬爲不攻緻及不練治以食貨志注觀之則盬乃鹽池二說似異然海鹽練治後成其爲鹽也難壞池盬出水卽成其爲鹽也易壞其理一也

傳註

藝文志易經二十九篇傳四十一篇毛詩三十九篇毛詩故訓傳三十卷周官經六篇周官傳四篇春秋經十一卷左氏傳三十卷公羊傳十一卷穀梁傳十一卷先漢經自爲經傳自爲傳自馬融注周禮省學士之兩讀以傳連經杜預爲經傳集解亦合爲一然於一年之首必以一字別之讀者囿之其彼爲經而此爲傳也易有文王周公孔子之辭初未嘗亂乾之卦首篇錄辭次以爻與彖象他卦以彖係於繇辭下以象係於逐爻之下均爲聖人之言一之猶可歐陽

公以十翼非夫子所作及言有何謂也與子曰乃講師對答之辭所謂元亨利貞四句實穆姜之言必講師引以伸其說詩序舊以爲夫子子夏所作然鄭康成解詩於經謂箋箋重也以經文既有毛注鄭則重爲發明於序則直注之使序非毛公之言則毛公豈得無注毛苟有注則鄭亦必言箋絲衣序云高子曰靈星之尸也與定之方中注云仲梁子曰初立楚宮也閟宮注云孟仲子曰媒宮也無以異一繫之序一見之注講師附益可見十月之交雨無正小宛小旻

四詩序謂刺幽王鄭謂刺厲王之詩序謂衛莊姜送歸妾鄭於禮之坊託爲定姜之詩使出序於夫子子夏康成其敢爲異同之論十經傳既混而爲一其間或有夫子及子夏之辭亦不可辨晦庵解詩純用正經蓋有見於此

瓜戍

今人到官賀謝語必言瓜戍按齊侯使連稱管至之戍葵丘瓜時而往及瓜而代斯戍公曰不至請代弗許遂作亂弑齊侯此豈好出處矧戍役比之官則爲猥賤尤難用之於慶賀

太公六韜

武王問周公曰諸侯攻天子勝之有道乎公曰攻禮爲賊攻義爲殘失民爲匹夫王政失民者也何天子乎此即誅獨夫紂未聞弑君之說雖出傳記於理無害孟子說至仁伐不仁何至血流漂杵於武成取二三策蓋恐失武王征伐之初意六韜之書乃文武反覆問難無非由姦詐以傾覆人國如言養其亂臣以迷之近美女淫聲以惑之親其所愛以分其威賂其

左右以得其性八符陰秘三部分書詭伏設奇遠張誑誘少知道者不爲文武太公其爲之乎果爾則文武豈爲文武之師太公豈爲王者之佐劉恕作通鑑外紀亦惑之至謂文王與太公陰謀以傾商政其事多兵權奇計然漢書藝文志注謂呂望爲周尚父本有道者或有近世以太公術者所增加漢時已嘗疑之今反使右科習爲正經可耶

麥秀黍離之歌

箕子故過殷墟感宮室生禾黍作麥秀歌曰麥秀漸

漸兮禾黍油油彼狡僮兮不與我好兮周大夫過故宗廟宮室盡爲禾黍閔其顛覆作黍離詩曰彼黍離離彼稷之苗悠悠蒼天此何人哉所以咎亡國之君與言狡僮無以異箕子之歌簡而直周人之詩微而婉體有不同耳舊傳靖康淵聖狩　營有人作憶君王辭云依依宮柳拂宮墻宮殿無人春晝長燕子歸來依舊忙憶君王獨立黃昏人斷腸語意悲淒讀之令人淚墮真愛君憂國之語也

高帝封雍齒

高帝未封諸將往往坐沙中語留侯欲帝封平生所憎以安之遂封雍齒爲什方侯群臣喜曰雍齒尚侯我屬無患矣留侯此策亦有所本古史載晉文公過曹里鳧須盜其資而亡公餓介子推割股以食之至是里鳧須請見曰君去國久民臣多過自危鳧須爲賊大矣君誠使驂乘游於國中百姓見之自安文公說而從之民臣皆曰里鳧須不誅吾何懼也豈留侯之策與此暗合耶

鹽法

前輩謂歐陽公作罷茶鹽法詔言私藏盜販實繁有徒嚴刑重誅情所不忍是於江湖外數千里設陷阱而陷吾民也毎歎息以爲真王言是時雖未至設陷阱以陷民其弊必至於此自崇寧初蔡京作茶鹽鈔初俾商人先輸錢請鈔赴產鹽郡授鹽已而變易對數買新鈔帶給舊鈔之半季年又變爲循環法未幾復令貼鈔給鹽凡三輸錢始獲一直之貨民無貲更鈔已納錢悉乾沒商賈破蕩盜販者多追捕日繁而盜賊熾矣皆老姦之誤國也後之議臣乃祖述其說

對折帶發更易不常近因易楮令貼納錢越次打發非惟商賈無可貼納者多鈔鹽貴則利販行不免嚴追捕之令利之所趍何所顧藉數十爲群易至生變予嘗詢之亭丁謂倉臺給降本錢以一萬緡計之使司退三千緡爲敖底鹽錢二千緡爲官吏費止有五千緡到場移借侵用之餘散及亭戶者無幾毎斛必雙秤所請本錢莫償澄滷買薪之費非藉私鬻破家蕩產豈足供官惟有逃竄而已竈買鹽丁窘困如此不思救其本而欲禁私販私生事以激變耳紹興用

何澹請禁科賣倉鹽高宗曰鹽雖居民間常用之物科賣則爲大害朕在京東目擊之其後盜賊此起今當嚴禁之大哉王言也

封章

俗謂章奏爲囊封本於漢凡章奏皆啟封至言密事不敢宣泄則用皂囊重封以進若州縣之紫袋劉向懼恭顯之傾危上乃上封章以諫其末云臣謹重封昧死上漢漏泄之法極重師丹使吏書奏丁傅得其草以告廷尉劾治策免而本朝於章奏凡論治大體

及有關於聖躬者往往留中不出太宗得田錫諫疏悉類聚於禁中是也今例從内降付中書雖泛言敬天修德之類往往批依以入報非故事也

東宮東朝

今以太后爲東朝蓋用叔孫通傳惠帝東朝長樂事然顏延年詩曰君彼東朝金昭玉粹東朝則太子朝也今以太子爲東宮蓋用班彪傳東宮初建事然成帝報許后曰皇后其孝東宮毋闕朔望東宮則太后宮也此皆隨地以言初無定論後世以東朝爲太后以東宮爲太子可謂拘泥

萱堂

俗謂母爲萱堂考之詩云焉得諼草言樹之背願言思伯使我心痗注云背北堂也箋云憂以生疾恐將危身欲忘之是詩旣以君子行役爲王前驅而作以忘憂解之極通於母有何干預坡詩我非兒女萱却是鄙之之辭或引用樹萱事則不可用詩注之北堂

柳子厚文

柳子厚文壇之雄師世謂以作河間傳不入館閣然

亦有所本漢書原涉傳涉曰子獨不見家人寡婦耶始自約勑之時意迺慕宋伯姬及陳孝婦不幸一爲盜賊所汙遂行淫行知其非禮然不能自還吾猶此矣其意正相類

月令

月令陸德明以爲呂氏春秋後人刪爲此記蔡邕王肅以爲周公所作先儒以贊桀俊遂賢良舉長大行爵出祿非太尉之職太尉秦官決非周公之書予謂不然月令之書自大撓作甲子占斗所建伶倫制十

二律以節四時之度堯命羲和敬授人時分四仲以定中星析因夷隩驗之於人孳尾希革毛毨氄毛占之於鳥獸東作南訛西成朔易應之於事終之以允釐百工庶績咸熈此夏時之所由起夏小正之書辭簡理明固已備月令之體周以農開國猶以時令爲先務大槩具見七月周公制禮作樂得無一代之成書使此書盡出不韋之手不應以十二令爲紀各以數篇解釋於後合爲六十一篇太尉因秦官所命冢宰司徒司空司徒與太史樂正樂師澤人虞人四監

之類皆周官也予意不韋不過改司馬爲太尉耳盖賛桀俊遂賢良與行爵出祿雖非太尉之職而設儀辨位進賢興功制畿內封則大司馬之任也大宰周公增益夏小正不韋增益周公之書其間豈得無攺竄淮南時則訓比呂氏十二紀又有異同此可爲證

椒房

應劭漢官儀曰皇后稱椒房取其實蔓盈升予攷之江充傳先治甘泉宮轉至未央椒房上官桀傳將軍有椒房中宮之重劉輔傳於是減省椒房掖廷用度及馬援以椒房不預雲臺之次椒房殿爲后所居固分明師古注椒房謂以椒和泥塗取其溫而芳卻有此理詩曰貽我握椒注椒芬香也男女相說交情好也其義恐出此離騷經云播椒房兮成堂與石崇塗屋以椒不過取其芬香於蔓衍盈升初無關涉成帝寵趙昭儀復見椒風殿以居之今例以椒風爲皇后事非是

宣帝憲宗厲精

宣帝厲精而漢中興卒任許史恭顯輩以基讒佞用

權之禍憲宗厲精而唐中興卒任梁守謙王守澄陳志玄輩肇太和甘露之變自昔英主政自己出雖不任羣臣耳目必有所寄宮闈之內非在外戚則在宦寺勢所必至要之人主之職在論一相如摯褎振領但當選擇賢德以任之本朝托股肱於宰執付耳目於臺諫寄心膂喉舌於侍從百執事所以通下情絕壅蔽其紀綱極正委任一偏猶有弄權於廊廟之上者況宦寺外戚乎

士氣

本朝南渡後宰相得政最久且專者二一以威權劫制天下士誅竄愈多而士氣愈振無異東漢之季一以爵祿豢養天下士容受愈廣而士氣愈衰無異西漢之季紹興易相之後一時人材彬彬輩出天下猶可爲不至舉一世之人馴擾如綿悉入籠駱駕馭之中委靡成風如燈消膏浸微浸滅精神氣焰索然無餘也於此時欲振起之以致精厲之治可乎

權行守試

本朝職事官並以寄祿官品高下爲權行守試侍郞尚書始必除權卽眞後始除試守行予考之漢試守卽權也年紀令吏二百石以上滿秩如眞如淳曰諸官吏初除皆試守一歲爲眞食全俸趙廣漢守京兆韓延壽守馮翊尹翁歸守扶風皆滿歲爲眞是守試卽權未得爲眞也權字唐始用之韓愈權知國子博士三歲爲眞今以權與守試分眞假全無之義

資暇錄

隴西李濟翁

車馬有行色

今見將首途者多云車馬有行色按莊子稱柳下季逢夫子自盜跖所回云此也意者以其車有塵而馬意殆今有涉遠而來者用此宜矣南華既非僻經咸所觀習奚不根其文意而正其謬歟（一本駁其誕歟）

不拜單于

近代浩虛舟作蘇武不拜單于賦爾來童稚時便熟諷詠至於乖白莫悟賦題之誤抑皆詮寫昇在甲等何不詮史漢正傳不拜單于是鄭衆非蘇武也余宗人翰蒙求亦明言蘇武持節鄭衆不拜況梁元帝亦著論曰漢世銜命　因而不辱者二人而已子卿手持旄節臥伏冰霜仲師固無下拜隔絕區外學者豈能尚醉而不解醒耶（一本無解字）

行李

李字除菓名地名人姓之外更無別訓義也左傳行李之往來杜不研窮意理遂注云行李使人也遂俾

今見遠行結束次第謂之行李而不悟是行使爾按舊文使字作䍧傳寫之誤誤作李焉 舊文使字山下人人下子

祿里

漢四皓其一號角里角音祿今多以覺音呼乖也是以魏子及孔氏祕記荀氏漢紀慮將來之誤直書祿里可得而明也案玉篇等字書皆云東方爲角音鹿祿或作角字亦音祿魏子祕記漢紀不書鹿而作祿者以其字僻又慮誤音故也以愚所見角是當東方何者案陳留志稱京師亦號爲灞上儒生灞既在京

之東則角里爲東方不疑矣字書言角直宜作鹿爾然鹿字亦音角角音覺者樂聲也或亦通作䚥角之角字是以今人多亂其音呼之稍留心爲學者則妄穿鑿云音祿之角字與音覺之角字點畫有分別處又不知角鹿各有二音字體皆同而其義有異也又禮記君夫人鬊爪實于綠中鄭司農注云綠當爲角聲之誤也既云聲誤是鄭讀角中爲祿中祿與綠是雙聲若讀角爲覺覺是脣際聲綠是舌頭之聲何以破聲誤之說也注復云角中謂棺内曰隅也據此則又似音祿之角與音覺之角義略同矣陸氏釋文孔公正疏不能窮聲盡義亦但云綠當爲角何忽後學之甚故愚自讀漢之角里禮之綠中皆作祿音亦豈敢正諸君子耶然好學者幸試詳之

客散

今見賓旅出主人之門必曰客散孟嘗門但風聞便用不尋其源使主人知其源必惡而不樂矣寔爲客去就不可不知也此是王右丞維悲府主已没之句上句云秋風正蕭條蓋痛其主人殁後同僚皆散其

可用乎

蟲霜旱潦 曲子名并辯

飲坐令作有不悟而飲罰爵者皆曰蟲傷旱潦或云蟲傷水旱且以爲薄命不偶萬口一音未嘗究四字之意何也蟲傷宜爲蟲霜蓋言田農水旱之外抑有蟲蝕霜損此四者田農之大害六典言之數矣呼曲子名則下兵爲下平閣羅鳳爲閤羅鳳著辭則河内王爲何奈王橋竿上爲長竿上如斯之語豈可殫論

生子紿

俗生男必給云女女給云男意者以其形新魄怯應見物知而逼攝不欲誠告當由高齊斛律皇后誕女後王苟欲悅后兒光意詐稱生男而大赦後大臣家效之因主失德不道或以此戲漸至成風今爲忌諱乎歟

戲源驛

京兆昭應縣東有戲源驛案其地在戲水之傍漢書陳涉將周章西入關至戲蘇林云在新豐東南三十里小顏又云今有戲源驛音平聲人所知也何爲舉世皆以去聲呼此驛號彼從徒爾我輩其可終誤哉

梅櫰

叢有似薔薇而異其花葉稍大者時人謂之枚櫰音瓌實語訛强名也當呼爲梅櫰在灰部韻音回案江陵記云洪亭村下有梅櫰樹嘗因梅與櫰合生遂以名之今似薔薇者得非分枝條而演亂哉至今葉形尚處梅櫰之間取此爲證不乃近乎且未見梅櫰之義也直使便爲玫瑰字豈百花中獨珍是耶取象於玫瑰耶玫瑰瑰亦音回不音瓌其瑰字音瓌者是瓊瑰

音回者是玫瑰字書有證也

藥欄

今園廷中藥欄欄卽藥藥卽欄猶言圍援非花藥之欄也有不悟者以爲藤架疏圃堪作切對是不知其由乖之矣按漢宣帝詔曰池藥未御幸者假與貧民蘇林注云以竹繩連綿爲禁藥使人不得往來爾漢書闌入宮禁字多作草下闌則藥欄作藥蘭尤分明易悟也一本無作藥蘭三字

月令

禮記之月令者今人咸依陸德明所說云是呂氏春秋十二紀之首後人合爲之誤也蓋出於周書第七卷周月時訓兩篇蔡邕玉篇云周公所作是也呂紀自采於周書則不得言戴禮取諸呂紀明矣

晝寢

論語宰予晝寢鄭司農云寢臥息也梁武帝讀爲室之寢晝作胡卦反且云當爲畫字言其繪畫寢室故夫子歎朽木不可雕糞土之牆不可圬然則曲爲穿鑿也今人罕知其由咸以爲韓文公愈所訓解也

問馬
傷人乎不問馬今亦爲韓文公讀不爲否言仁者聖之亞聖人豈仁於人不仁於馬故貴人所以前問賤畜所以後問然而乎字下豈更有助詞斯亦曲矣況又非韓公所訓按陸氏釋文已云一讀至不字句絶則知以不爲否其來尚矣誠以不爲否則宜至乎字句絶不字自爲一句何者夫子問傷人乎乃對曰否既不傷人然後問馬又别爲一讀豈不愈於陸云乎

字辨

稷不有諺曰學識何如觀點書書之難不唯句度義理兼在知字之正音借音若某字以失發平聲即爲某字發上聲變爲其字去入又改爲某字轉平上去入易耳知合發不發爲難不可盡條舉之今略推一隅至如亡字無字毋字並是正無非借音也今見點書每遇亡有字必以朱發平聲其遇毋有亦然是不知亡字亾字毋字母字點畫各有區分亡字之亡從一點一畫下觀篆文當知矣是以無字正體作亾失之亾毋中有人毋有字其畫盡通也父母字中有兩點劉伯莊音義云凡非父母字之母皆呼爲無字是也義見字書其无无（上无下旡）今多混書陸德明已有論矣學者幸以三隅反焉可不起予乎

非五臣
世人多謂李氏立意注文選過爲迂繁徒自騁學且不解文意遂相尚習五臣者大誤也所廣徵引非李氏立意蓋李氏不欲竊人之功有舊注者必逐每篇存之仍題元注人之姓字或有迂闊乖謬猶不削去之苟舊注未備或興新意必於舊注中稱臣善以分

别既存元注例皆引據李續之雅宜殷勤也代傳數本李氏文選有初注成者覆注者有三注四注者當時旋被傳寫之其絶筆之本皆釋音訓義注解甚多余家幸而有焉嘗將數本並校不唯注之贍略有異至於科段乎相不同無似余家之本該備也因此而量五臣者方悟所注盡從李氏注中出開元中進表反非斥李氏無乃欺心歟且李氏未詳處將欲下筆宜明引憑證細而觀之無非率爾今聊各舉其一端至如西都賦說遊獵云詩少施巧秦成力折李氏云

許少柰成未詳五臣云昔之捷人壯士搏移猛獸施
巧力折固是捷壯文中自解矣豈假更言況又不知
二人所從出乎又注作我上都云上都西京也何大
淺近忽易歟必欲加李氏所未注何不云上都者君
上所居人所都會耶況秦地厥田上上居天下之上
乎又輕改前賢文旨若李氏注云某字或作某字便
隨而改之其有李氏不解而自不曉輒復移易今不
能繁駁亦略指其所改字曹植樂府云寒鱉炙熊蹯
李氏云今之腊肉謂之寒蓋韓國事饌尚此法復引

鹽鐵論羊淹雞寒劉熙釋名韓羊韓雞爲證寒與韓
同又李以上句云膾鯉俊胎鰕因注詩曰炰鼈膾鯉
五臣兼見上句有膾遂改寒鱉爲炰鱉以就毛詩之
句又子建七啟云寒芳蓮之巢龜鱠西海之飛鱗五
臣亦改寒爲搴搴取也何以對下句之膾耶況此篇
全說修事之意獨入此搴字於理甚不安上句既入
寒爲搴卽下句亦宜改膾爲取縱一聯稍通亦與諸
句不相承接以此言之明子建故用寒字豈可改爲
炰搴耶斯類篇篇有之學者幸留意乃知李氏絕筆
之本懸諸日月焉方之五臣猶虎狗鳳雞耳其改字
也至有翩翲對恍惚則獨改翩翲爲翩翩與下句不
相收又李氏依舊本不避國朝廟諱五臣易而避之
宜矣其有李本本作泉及年代字五臣貴有異同改
其字知犯國諱豈唯矛楯而已哉

杜度

世徵名與姓音同者必稱杜度愚或非之曰杜不名
度其入則冷哂曰韓文公諱辨亦引之子獨不然妄
也愚見其信韓文公如信周孔故不敢與之言歸而

自紀曰按篤論云杜伯度名操字伯度善草書曹魏
時以其名同武帝故隱而舉字猶劉通名徽字犯漢武諱稱字通是也
後人見其姓杜字伯度逢又削去伯字呼爲杜度明
知度非名也且篤論是杜恕所著恕亦曹魏時人也
與伯度實爲一家豈可不信杜篤論之本眞而從韓
文公之末談也

初學記對

初學記月門中以吳牛對魏鵲吳牛以不耐熱見月
亦喘然魏鵲者引魏武帝歌行月明星稀烏鵲南飛

爲據斯甚踈闊如此則盍言魏烏乎漢武帝秋風詞云秋風起兮白雲飛草木黄落兮鴈南歸今月門既云魏鵲則風事亦用漢雁矣若是採掇文字何所不可東海徐公碩儒也何乖之甚

七步

陳思王七步之捷用事若移於常人宜矣若褒今朝諸王則大不佳何者七步所成詩卽然萁煑豆之二十字也細而思之其可當諸王所用哉梁代任昉褒竟陵王行狀云淮南取貴於食時陳思見稱於七步

資暇錄　八　十

雖梁人褒王固無忌諱然欠審爾若以諸工爲捷幸有十步事相當而新何不採於後魏耶

渭陽

徵舅氏事必用渭陽前輩名公往往亦然兹失於識豈可輕相承耶審詩文當悟皆不可徵用矣是以齊煬悟幼時其舅源子恭問讀詩至渭陽未脩便號泣子恭亦對之歔欷又有思戀二字亦不可輕用其義此故附說之亦見詩矣

方寸亂

今見他人稍惑棖未決則戲云方寸亂矣此不獨誤也何失言甚歟按蜀志潁川人徐庶從昭烈王率兵南行被曹公追破而庶母爲其所　庶將辭昭烈以詣曹公乃自指心曰本欲與將軍共圖王霸之業以此方寸地耳今母爲彼獲方寸亂矣無益於事遂棄蜀入魏苟事不相類其可輕用耶若撰節行倡娃傳引用雖非正文其爲此事則云善矣

綠竹猗猗

詩衛淇澳篇云綠竹猗猗按陸璣草木疏稱郭璞云

資暇錄　八　十一

綠竹王芻也今呼爲白脚莎成云郎鹿蓐草又云篇竹似小藜赤莖節韓詩作薄音篤亦云薄篇竹則明知非笋竹矣今爲辭賦皆引猗猗入竹事大誤也當時謝莊竹贊云瞻彼中唐綠竹猗猗便襲其謬殊乖爾按謝贊若佳何不預文選所以爲昭明之棄也故盡引陸郭之注疏云陸璣字從王旁非士衡也愚宗人大著作視嘗有顯論今祕閣西南廊新碑古人姓名若此參誤多矣故愚撰十四代纇疑史目以別白也

萬類

萬幾字出於尚書皐陶謨兢兢業業一日二日萬幾也案孔安國云幾微也言當戒萬事之微也史以晉太宗爲丞相時於事動每經年桓温患其稽遲而問對之曰萬幾那得速耶斯對眞得書義近者改爲樞機之機豈尚書之前別有所見始未聞也當由漢王嘉奏封事引用誤從木旁也顔氏不引孔注以證又後人不根其本遂相承錯謬且曰漢書尚爾曾不知班顔亦自誤後學也

請長纓

終軍請長纓今多云將係單于分門書策亦然所未喻也按漢書本傳云南越與漢和親乃遣軍使南越說其王欲令入朝比内諸侯自請願受長纓必羈南越王而致之闕下斯文甚明何其相承而戾正吏耶益由終軍傳内有當發　使軍自請行之處旋又叙請纓事讀者誤合爲一段遂此乖謬矣終軍自請使于匈奴曰臣願盡精厲氣奉佐明使畫　之前今將說者宜云終軍請畫吉凶於北廷不則言請長纓以羈南越王若係單于乃賈誼之事非終軍也按班贊云誼欲試屬國施五餌三表以係單于且非以長纓係之也又按陳思王表云賈誼弱冠求試屬國請係單于之頸而制其命終軍以妙年使越欲得長纓占其王羈致北闕斷可知矣

酇侯

漢相蕭何封爲酇侯舉代呼爲醝有呼贊者則反掩口而哂深可訝也鄒氏分明云屬沛郡者音嵯屬南陽者音贊又茂陵書云蕭何國在南陽合二家之說音贊不音醝明矣司馬貞誠知音贊不能痛爲指揮

將來而但云字當音贊今多呼爲嵯遂使後學見令呼爲嵯字咸曰且宜從衆是誤也可歸罪於司馬氏學家自文穎孫檢婁龍駒及小顔之徒皆作贊音即不得云今多呼爲嵯矣所以更舉之者貴好學如司馬公之失矣

栢臺烏

御史臺有栢及烏固在朱博之前也漢書叙朱博請罷大司晨復置御史大夫云是時御史府吏舍百餘區井水皆竭又府中側栢樹常有野烏數千棲宿其上晨去暮來號曰朝夕馬烏去不來者數月長老異

之益史言御史大夫之職休廢也幷竭烏去後二年朱博爲大司空慮久廢御史大夫職業無以典正法度固請罷所任大司空得爲大夫願盡力爲百僚率哀帝從之正史甚明今多以爲栢自博栽烏自博集職由家求朱博烏集而復白家六帖注引不盡然也

除授

除授二字當路分明今多不能窮審意義俗吏非謂選得官者皆自大曰我乃堂除而亦有隨俗語新拜官者曰某乙除某官至有遺賀書題之云送上新除

某官以除故乃以袓新官俾除去之也案漢書凡言除其官以除故官就新官而晉宋已降史書既非理爲之筆多不根義理或以拜授爲除及載本語則義吉宛在今聊舉其一如晉王導讓中書監請爲三師表云臣乞得除中書監竭誠保傅是也又漢王彭祖毎二千石至其國則迎之除舍注云初除所至之舍此注亦須細味之若以初到之舍乃州宅也益初除贊移出之館亭爾以臨岐路故迎之於此除之義明如皎日其可不悟哉今授代無新拜之官者云有除無授唯此語允當其有謂之除書者乃除去前人舊官與新人也

海謝

近有因覽授之說問予曰今新拜官非恩澤之地僉申謝禮無乃不誠乎斯甚無謂予曰卻是故事劉歆拜黃門侍郎其父向戒曰今若年少得顯處新拜宜皆謝貴人叩頭謹愼戰戰慄慄乃可免也今之徧謝其暗合耶當行學家之教也

甘羅

世咸云甘羅十二爲秦相大誤也案史記云羅事相呂不韋（戰國策云爲呂不韋庶子）因說趙有功始封爲上卿不曾爲丞相也相秦者是羅祖名茂

押牙

武職今有押衙之目衙宜作牙此職名非押其衙府也益押牙旗者今又有押節者之類是也案兵書云牙旗者將軍之旌故必堅牙旗於門是以史傳咸作牙門字今者押牙既作押衙而牙門亦爲衙門乎

揚州

揚州者以風俗輕揚故號其州今作楊柳之楊謬也

星貨

肆有以筐以筥或倚或垂鱗其物以鬻者曰星貨鋪言其列貨叢雜如星之繁今俗呼爲星火鋪誤也

合醬

人間多取正月晦日合醬是日偶不暇爲之者則云時已失大誤也案昔者王政趨民正月作醬是日以農事未興之時俾民乘此閑隙備一歲調鼎之用故紿云雷鳴不作醬腹中當鳴所貴令民不於三二月作醬恐奪農事也今不躬耕之家何必以正晦爲限亦不須避雷但問菽趨得法否耳

座前

身卑致書於宗屬近戚必曰座前降几前之一等案座者座於牀也言卑末之使不當授受置其書於所座牀之前俟隙而發不敢直進之意今或貽書中外言座前則以重空前則以輕遂叙坐前無義也其字既不居下是使前人坐於地非禮之甚歟不爾直云座字空前可矣

起居

又卑致書將結其語云附狀起居狀字下真加候字也案王肅云起居猶動靜也若不加候字其可但言附狀動靜乎語既不了理遂有乖末吏短啟亦然也

不僅

又今尺題多云不僅人情僅字訓劣不劣人情是何言歟苟云僅旬僅別則如此之類可用矣不爾交不近人情也

彭原公

今代多稱故丞相彭原李公謂其子廓曰吾不如爾有令子益言廓子晝蚤修辭賦而廓不辨屯毛案劉氏代說張憑父不才憑祖鎮謂憑父曰我不如汝有佳兒時憑僅數歲斂手對曰阿翁詎宜以子戲父好事者見彭原公尚談諧遂移之以資一時之噱而不知小虧丞相之甚其誣厚矣不然者彭原公豈不見張憑之語耶（或云是彭原公引舊事以勉廓）

朝祥

今俗釋服多用昏時斯頗非禮按戴記魯人有朝祥

而暮歌者子路笑其是日便歌夫子雖抑子路云三
年之喪亦已久矣而復曰踰月則其善明知月廢之
朝去縗從吉也明日則踰月矣故夫子許其不待明
日而歌斯久是以傷云又多乎哉今之免服準式給
晦日假者葢以朔旣從吉使竟是日吉服盡與親賓
相見偏示禮終至明日復參公務無樂不爲之義又
禮書皆云前一夕除某物又曰夙興云云足知前夕
除驂以爲明晨之漸凡曰釋服悉宜從朝矣今在晩服假内反不見賓汲也禮云大喪不避涕泣而見人者言旣不行求

資暇錄　〈八〉　十八

見人人來見之不避涕泣以表至哀無飾今見卒哭
之後月旦月半以朔望爲詞不見親賓遇節復如是
出何典歟至有尊高居喪吊者以是日客多不敢求
見遽自告退宜矣若以爲辭未敢問命朞功之服朔望冬至俗禮外年安穩素而又公除之後官人貞此毀墜褻襆多似爲中惜哉

辰日

辰日不哭前哲非之切矣國朝又有故事誠爲不能
明矣今抑有孤辰不哭其何云耶

成服

三日成服之制聖人斷决著在不刊之經無敢踰之
矣今或見不詳典禮取信巫師有至五日之僭者夫
禮等於天實崇大之事也非小生所宜該但以前序
從朝故略舉此見禮記第十八卷

出城儀

寒食拜掃案開元禮第七十八云昔者宗子去在他
國庶子無廟孔子許望墓爲壇以時祭祀今之上墓
或有憑焉又云主人去塋百步下馬公服無者常服
則是吉禮分明矣其上饌與時饗何殊今多白衫麻

資暇錄　〈八〉　十九

鞋者衣冠在野與黎庶雷同大錯大誤也且春秋二
仲月公卿拜陵並具公服則曰時之例矣又案唐禮
凡參辭並是公服故松楠非遠之家毎新改授皆見
所以示仕祿朱紫之榮釋褐結綬抑亦如之其四時
之享布素暫去襴板即可矣若悉白衫麻鞋何以表
軒冕耶必申哀敬宜在如斯今或往往仍有自宅便
麻衣絲履而去尤爲不可

忌日

忌日必哀又曰不樂今或其日匿訃不聞哀停喪不

戚服不面親戚不留尺題抑有前一日晩便絶賓者
未知出於何典也代説云前輩人忌日唯不飲酒作
樂近之矣然加以不出齊閤飯不暈之蔬晨受親戚
慰早見不唯別異外賓抑客書得議事暮當賓朕弱不必黄昏客遠者可也其書
也尺題留而不復親戚來而不拒言不近娛志不離
戚斯可謂中禮矣若乃送客挾彈訪人辭酒立時之
輩攝祭之流固無足言者至如子就三日之不飡叔
治七歳之至性豈唯不樂必哀所可折制耶或聞近代有其日焚紙錢既非典禮所載余未之信

資暇錄　八　二十

豹直

新官併宿本署曰爆直僉作爆迸之字余常膺悶莫
究其端近見惠郎中寔云合作武豹字曾有得處偶
忘之言豹性潔善服氣雖雲雨霜霧伏而不出慮汚
其身自聆所聞每嗟所未見因覽列女傳見陶荅子
妻所云南山有玄豹霧雨七日不下食者欲以澤其
毛衣而成文章乃知惠説自此爾小謝詩云雖無玄
豹姿終隱南山霧是也南華亦云豹棲於山林伏於
嵓穴靜則併宿公署雅是豹伏之義宜作豹直固不

疑也

引從

常憶幼時見在事或三五人同行其巾筒笏褰位下
卑行者俾前行呵逐開路位高行尊者得以默而近
馬其高尊之殿乘亦不離馬後益饒謙之去就也意
者偏遂便於高尊處今則反是笏前引以爲尊殿
乘訖而無序何耶

拜禮

夫拜者禮之特所以申敬恭之儀故周禮有稽首頓

資暇錄　八　二十一

首振動吉凶奇褒肅九等之拜以示威靈而觀容止
也其非至親行卑者拜則接捧示止之不敢當之意
今早謙太過反不敢接捧而鞠躬側立惕受翻令前
人得以盡禮深拜又書狀弟慶辭竭並削去拜字以
徵尊官都乘古風

卜則嫗

非卜筮者必話乘道茂之行有嫗一無所知大開小
四自乘而卜回者必曰嫗於乘門賣卜其神乎俾來
覆之乘言休則嫗言咎乘言咎則嫗言休顧後中否

乘嫗各半或有折話者曰斯管公明門前媪也感誤矣案符子云齊有好卜者十而中五鄰人不好卜常反之亦十中五與不卜等耳蓋是子家設理之詞後人呼聲而至是愚欲歸實故證之

急急如律令

符祝之類末句急急如律令者人皆以爲如飲酒之律令速去不得滯也一說漢朝每行下文書皆云如律令言非律非令之文書行下當亦如律令故符祝之類末句有如律令之言並非之也案律令之令字

宜平聲讀爲零音若毛詩盧重令之令若人姓令狐氏之令也律令是雷邊捷鬼學者豈不知之此鬼善走與雷相疾速故云如此鬼之疾走也

永樂冢

永樂坊內古冢今人皆呼爲東王公墓有祠堂加其上俗以祈祀稱造化東王公大謬也案韋氏兩京新記云未知姓名時人誤爲東方朔墓也當時時人已誤今又轉東方朔爲東王公後代必更轉爲東里子產矣

蜀馬

成都府出小駟以其便於難路號爲蜀馬今宣城郡亦有小馬時人皆呼爲宣州蜀馬語習不悟良可笑焉有似中宗時時人呼姚丞相爲陝州吳兒同州桂肇亦然

感融

今有奕局取一道人行五棊謂之感融融宜作戎此戲生於黃帝蹙鞠意在軍戎也殊非圓融之義庾元規著座右方所言感戎者今之感融也學者固已知之

錢戲

錢戲有每以四文爲一列者即史傳云云所意錢是也俗謂之攤錢亦曰攤鋪其錢不使疊映欺惑也疾道之故譌其音音攤爲蠶齓反音鋪爲蒲厥義此耳今人書此錢戲率作樗蒲字何昧樗蒲之甚耶案樗蒲起自老子今亦爲呼盧者不宜雜其號於錢說攤鋪之義皎然可見

寓直

常見直宿公署咸云寓直徒以當直字俗稱貴文言

而不究其義也案字書寓寄也寓直二字出於潘岳
之爲武賁中郎將晉朝未有將校省故寄直散騎省
今百官各當本司而直固是當直安可云寓何異坐
自居第而稱僑僦也

端午

端五者案周處風土記仲夏端五烹鶩角黍端始也
謂五月初五日也今人多書午字其義無取爲余家
元和中端五詔書並無作午字處而近見醴泉縣尉
廳壁有故光福王相題鄭泉記處云端五日豈三十

年端五之義別有見耶

俗字

俗字至豚𦉔字已有二草在心今或更加草非也因
𦉔又記得趨丕之趨今皆以多居走非也馳音焦下巳
有火今復更加一火剩也瓜果字皆不假更有加草
瓜字巳象剖形明矣俗字甚衆不可殫論

俗諱

俗之誤諱不可以證者何限今人呼郡刺史爲刺史
謂般涉爲官涉謂茜爲𦵏食魚謂鱖爲桂以黨爲諱
人擲鼻爲噴涕吐口爲愛富殊不知噴嚏噫𠻳噫發者音隘蓋府氣噫出
斟爲醞剪刀爲箭帽爲幕禮爲里保爲補衰爲遁暴
爲步觸類甚多不可悉數

挽歌

代云挽歌始自田橫門人非也左傳曰魯哀公會吳
伐齊將戰齊將公孫夏令歌虞殯杜注虞殯送葬歌
也如是則巳有久矣

上馬

自便服乘馬巳來既無帷蓋乃漸至大裁帽席帽之

障蔽近年特態唯修慮事至於致恭尊高不敢戴上
馬宜矣直有出門猶露首面如之何

非麻胡

俗怖嬰兒曰麻胡來不知其源者以爲多髯之神而
驗刺者非也隋將軍麻祜性酷虐煬帝令開汴河威
稜既盛至稚童望風而畏互相恐嚇曰麻祜來稚童
語不正轉祜爲胡只如憲宗朝涇將郝玼蕃中皆畏
憚其國嬰兒啼者以玭怖之則止又武宗朝閭閻孩
孺相脅云薛尹來感類此也況魏志載張文遠遼來

之明證乎

不及劉

諺云千里井不反唾蓋由南朝宋之計吏瀉劉殘草於公館井中且自言相去千里豈當重來及其復至熱渴汲水遽飲不憶前所棄草草結於喉而斃俗因相戒曰千里井不反劉復訛爲唾爾

三臺

今之㸐酒（㸐合作啐啐馳送酒聲音碎今訛以平聲促樂是也故且作㸐字貴賤近易識爾）三十拍促曲名三臺何或曰昔鄴中有三臺石季倫常爲游宴之地樂工倦怠造此以促飲也一說蔡邕自治書御史累遷尚書三日之間周歷三臺樂府以邕曉音律製此曲動邕心抑希其厚遺亦近之

資暇錄　八　二十六

借書

借借（上子亦反 下子夜反）書籍俗曰借一癡借二癡索三癡還四癡又案王府新書杜元凱遺其子書曰書勿借人古人云古諺借書一嗤還書二嗤（嗤笑也）後人更生其詞至三四因訛爲癡

卷白波

飲酒之卷白波義當何起按東漢既擒白波賊戮之如卷席故酒席做之以快人情氣也

龍鍾

丞有孔文子之徒下問龍鍾之義且未知所自輒以愚見鍾即涔爾涔與鍾並蹄足所賤處則龍之致雨上下所踐之鍾固淋漓濺澱矣義當止此餘俟該通

嚏呪

今人每嚏必自祝所祈云云案鄁終風篇注願猶思也言猶我也蓋他人思我我則嚏之也鄭又稱古遺語每嚏云人道我以爲他人說我我則嚏此正得其願言者非呪願之願非語言之言今則自祝乃由誤解詩句爾

資暇錄　八　二十七

阿茶

公郡縣主宮禁呼爲宅家子蓋以至尊以天下爲宅四海爲家不敢斥呼故曰宅家亦猶陛下之義至公主已下則加子字亦猶帝子也又爲阿宅家子阿助詞也急語乃以宅家子爲茶子既而亦云阿茶子或削其子遂曰阿家以宅家子爲茶子既而亦云阿茶

子削其子字遂曰阿荼一説漢魏巳來宮中尊美之呼曰大家子今急託以大爲宅焉

下俚

俗呼下俚家爲嘉李家者秦人呼云以俚與國姓音同不敢聪下字呼因改爲嘉下聲逐近亦以家美故也

揚聲

喪筵之室俾妓婢唱悲切聲以助主人之哀者謂之揚聲不知起自何代按共嘪嘪然宜呼爲羊聲義取報羔羊跪𡗫不唯助也抑用邀之豈不深乎哉

資暇錄　二十八

屋頭

俗命如厠爲屋頭稱并州人咸鑿上爲室厠在所居之上故也一説北齊文宣帝怒其魏郡丞崔叔寶以溷汁沃頭後人或食或避親長不能正言溷因影爲沃頭焉

車輊

俚語以車頓前爲質者乃由不識輊字故也輊音致詩云如輊如軒前重爲輊後重爲軒俚見輊字似桎字便以支乙音呼俚語之謬放此替觸類而思從可知矣至如見馬首之低者遂爲頭質乃由車質之誤也亦宜云頭輊其義與車固矣

竹笪

䈴籧篨因江東呼爲笪今京洛皆呼爲竹笪今俗字但益此字音旦又音闥當是有於笪旁書旦闥二音者遂誤合二音反謂是怛遂以成俗余嘗因市此呼作闥音爲輕薄所嗤曰眞村裏書生余應之曰聲亦呼作旦音知乎若是者又多難悉言

驢爲衛

代呼驢爲衛於文字未見今衛地出驢義在斯乎或説以其有軸有槽譬如諸衛有胃曹也自目爲衛自前漢有直廬郎吏居之今則衛七處之至今紫宸宣政殿外皆有廬舍以宿衛亡是也

資暇錄　二十九

奴爲邦

呼奴爲邦者蓋舊謂僮僕之未冠者曰豎人不能直言其奴因號奴爲豎高歡東魏用事時相府法曹辛子炎誤犯歡奴杈之歡諱樹而威權傾於鄴下當是郡寮以豎同音因目奴爲邦義取邦君樹塞門以句内有樹字假豎爲樹故歇後爲言今兼刪去君字呼之一説邦字類拜字言奴非唯郎主是賓則拜

措大

代稱士流爲醋大言其峭醋而冠四人之首一說衣冠儼然黎庶望之有不可犯之色犯必有驗比於醋而更驗故謂之焉或云往有士人貧居新鄭之郊以驢負醋巡邑而賣復落魄不調邑人指其醋馱而號之新鄭多衣冠所居因總被斯號亦云鄭有醋溝士流名家其州溝之東尤多甲族以甲乙叙之故曰醋大愚以爲四說皆非也醋宜作措止言其能舉措大事而已

抱木

南土有木以抱爲名者言其輕滿不能成斤亦以造器滿抱如無因以懷抱名之也南土多陂塘多生水松其抱木慼水沫依松而成似松之疣贅浮繞其株悉去水面三寸原其化徵假松之氣爾故其臭方其質輕抱木實輕於赤脚誠哉斯言然余爲南漳守命工爲函匣筒韡抑造清明毬卵輕齎而歸北人莫不稱便而異焉

薛陶牋

松花牋代以爲薛陶牋誤也松花牋其來舊矣元和初薛陶尚斯色而好裂小詩惜其幅大不欲長賸之長乃命匠人狹小之蜀中才子既以爲便後減諸牋亦如是特名曰薛陶牋今蜀紙有小樣者皆是也非獨松花一色

石鏉餅

石鏉餅本曰喭餅同州人好相喭將投公狀必懷此而去用備狴牢之粮後增以甘辛變其名質以爲貢遺矣

李環餳

蘇乳煎之輕餳成云十年來始有出河中余實知其由此武臣李環家之法也余弱冠前步月洛之綏福里方見夜作問之云乳餳時新開是肆每斤六十文明日市得而歸不三數月滿洛陽盛傳矣閑成初余從叔聽之鎮河中自洛招致餳者居於蒲蒲士因有是餳其法寧聞傳得唯博兩軍人竊得法之十八九故今奉天亦出輕餳然而劣於蒲者不盡其妙焉

風爐子

以周綠通風也一說形像名烽爐子理亦近焉

相思子

豆有圓而紅其首烏者舉世呼爲相思子卽紅豆之異名也其木斜斫之則有文可爲彈博局及琵琶槽其樹也大株而白枝葉似槐其花與皂莢花無殊其子若穞豆處于甲中通身皆紅李善云其實赤如珊瑚是也

甘草

所言甘草非國老之藥者乃南方藤名也其叢似薔薇而無刺其葉似夜合而黃細其花淺紫而蘂黃其

實亦居甲中以枝葉俱甜故謂之甘草藤土人異呼爲草而已出在潮陽而南漳亦有故備載之

投子

投子者投擲於盤筵之義今或作頭字言其骨頭所成非也因此兼有作骰字者案諸家之書骰卽股字爾不音投史記蔡澤說范睢曰博者或欲大投裴駰云投瓊也則知以玉石爲投擲之義安有頭骰之理哉

熊白啗

貞元初穆寧爲和州刺史其子故宛陵尚書及給事已下尚未分官列侍寧前時穆氏家法切峻寧命諸子直饌悉不如意則杖之諸子將至直日必搜求珍異羅於冎俎之前競新其味計無不爲然而未嘗免笞叱之過者一日給事直饌冎前有熊白及鹿修忽曰白肥而修瘠相滋其宜乎遂同試曰甚異常品卽以白裹修改之而進寧果再飽宛陵與諸季望給事盛形美色曰非唯免笞兼當受賞給事頗亦自得寧飯訖戒使令曰誰直可與杖俱來於是罰如常數給事將拜杖遽命前曰有此味奚進之晚耶於是聞者

笑而傳之

生肝鏤刴

今縷生肝肚爲飯食之一味曰生肝鏤刴言其細切如彫鏤之義一說名生肝鏤胙言似奉大祭之餘胙聲譌故云鏤刴也凡諸飯食名號字余撰變王子泉橦約幷雜字在集中言之詳矣所未該者今之五味罯餘瓜茄及豬肉俗謂之丑甲音者而臆肺膍胑字反是字書内爆字音丑獵者譌呼丑口反爾此字火旁云下木別有火旁世世下木音士甲反是沸湯爆

茶字其音丑獄者義出暗鑰也

畢羅

畢羅者蕃中畢氏羅氏好食此味今字從食非也𩞄飩以其象渾沌之形不能直甚渾沌而食避之從食可矣至如不托言舊未有刀機之時皆掌托烹之刀機既有乃云不托今俗字有餺飥乖之且甚此類頗多推理證非可也（元和中有姦僧鑒虛以羊之大府特造一味傳之于今時人不得其名遂以其號目之曰鑒虛今往往俗字又加食旁率多此類也）

琴甲

資暇錄　〈八〉　三十四

今彈琴或削竹爲甲以助食指之聲者亦因汧公也嘗患代指而舊甲方墮新甲未完風景廓澄援琴思泛假甲於竹聊爲權用名德既崇人爭倣効好事者且曰司徒甲夫琴韻在乎輕清且竹於自然之甲厚薄剛柔殊矣況棄真用假捨清從濁子蓋靡知其由也至如箜篌之與秦箏若能去假還真其聲宛美矣（案中容樂論云絲不如竹竹不如肉相問孟嘉此義嘉曰以其漸近自然故知甲宜從真矣）

茶托子

始建中蜀相崔寧之女以茶盃無襯病其熨指取楪子承之既啜而盃傾乃以蠟環楪子之央其盃遂定即命匠以漆環代蠟進於蜀相蜀相奇之爲製名而話於賓親人人爲便用於代是後傳者更環其底愈新其製以至百狀焉（貞元初青鄆油繒爲荷葉形以襯茶托別爲一家之楪今人多云托子始此非也蜀相即今昇平崔家訊則知矣）

折封刀子

起於郭汾陽書吏也舊但用刀子小者而汾陽雖大度廓落然而有晉陶侃之性動無廢物毎收其書皮之右所務下者以爲遂日須取文帖餘悉卷貯毎歲

資暇錄　〈八〉　三十五

終則散主守家吏俾作一年之簿所務之處多不端直文帖且又繁積胥吏不暇剪正隨曲斜聯糊一日所由務刀忽折不餘寸許吏乃銛以應急覺愈於全時漸出新意因削木如半環勢如於折刃之上使纔露鋒檻其書而務之汾陽嘉其用心曰真郭子儀部吏也（言不廢折刃也）毎話于外後因溥之益妙其製

書題籤

大僚題上紙籤起於丞相李趙公也元和中趙公權傾天下四方緘翰日滿閽者之袖而潞帥郄士美時

有珍獻趙公喜而回章盈幅曲叙殷勤誤卷入振武
封内以遣之而振武别紙則附于潞將阿跋光進帥
麟覽盈幅手字知誤書將飛還趙公趙公因命書吏
凡有尺題各令籖記以送故于今成風也

門狀

文宗朝以前無之自朱崖李相貴盛於武宗朝且近
代稀有生一品百官無以希取其意以爲舊刺輕刺則
今之名紙相扇留具銜候起居狀而今又益競以善價紙
如出印之字巧諂曲媚猶有未臻之遺恨并丹祢正
平生於今日其亦如是乎

資暇録　三十六

席帽

永貞之前組藤爲蓋曰席帽取其輕也後或以太薄
冬則不禦霜寒夏則不障暑氣乃細色罽代藤曰氊
帽貴其厚也非崇貴莫戴而人亦未尚元和十年六
月裴晉公之爲臺丞自化理第早朝時青鎮一帥拒
命朝廷方参議兵計而晉公預焉二帥俾捷步張晏
等傳刃伺便謀害至里東門導炬之下霜刃欻飛時
晉公繫帽是賴刃不即及而帽折其簷既脱禍朝貴
乃尚之近者布素之士亦皆戴焉折簷帽尚在裴氏私第中太和
末又染繒而復代罽曰疊綃帽雖示其妙與氊帽之
庇懸矣會昌已來吴人衒巧抑有結絲帽若網其巧
之淫者織花鳥相厠焉近又染藤爲紫復以輕相尚

被袋

非古製不知孰起也比者遠游行則用大和九年以
十家之累者遷迤竄謫人人皆不自期常虞倉卒之
遺每出私第咸備四時服用舊以細華爲腰囊置於
毁乘至是服用既繁乃以被易之成俗于今大中已
來吴人亦結絲爲之或有向遺豪徒翫而不用也

資暇録　三十七

注子偏提

元和初酌酒猶用樽杓所以丞相高公有斟酌之譽
雖數十人一樽一杓挹酒而散了無遺滴居無何稍
用注子其形若罃而蓋觜柄皆具太和九年後中貴
人惡其名同鄭注乃去柄安系若茗瓶而小異目之
曰偏提論者亦利其便且言柄有礙而屢傾仄今見
行用

承床

近者繩床皆短其倚衡曰折背樣言高不及背之半倚必將仰眘不違縱亦由中貴人𠌂意也盖防至尊賜坐雖居私第不敢傲逸其體常習恭敬之儀士人家不窮其意往往取樣而製不亦乖乎繩床當作承字言輕齋可隨人來去

賓退錄

宋　趙與時

王建宮詞

王建以宮詞著名然好事者多以它人之詩雜之今世所傳百篇不皆建作也余觀詩不多所記者如新鷹初放兎初肥白日君王在內稀薄莫千門臨欲鎖紅妝飛騎向前歸黃金捍撥紫檀槽絃索初張調更高盡理昨來新上曲內官簾外送櫻桃張籍宮詞二首也淚盡羅巾夢不成夜深前殿按歌聲紅顏未老恩先斷斜倚薰籠坐到明白樂天後宮詞也閒吹玉殿昭華管醉折梨園縹帶花十年一夢歸人世絳縷猶封繫臂紗杜牧之出宮人詩也銀燭秋光冷畫屏輕羅小扇撲流螢天街夜色凉如水卧看牽牛織女星杜牧之秋夕詩也寳仗平明秋殿開且將團扇共徘徊玉顏不及寒鴉色猶帶昭陽日影來王昌齡長信秋詞也日晚長秋簾外報望陵歌舞在明朝添爐欲爇薰衣麝憶得分時不忍燒日映西陵松栢枝下臺相顧一相悲朝來樂府歌新曲唱着君王自作詞

劉夢得魏宮詞二首也又別有六十六篇乃近世好事者旋加搜索續之語意與前詩相類者極少誠爲亂眞世又有王岐公宮詞百篇蓋亦依托者

十幹化氣

世有十幹化五行眞氣之說究其理洪文敏載鄭景實錄之語謂取歲首月建之幹所生如甲己丙作首丙屬火火生土則甲己化土它做此頗通余記昔年一術士云遇龍則化龍辰也甲己得戊辰屬土故化土乙庚得庚辰庚屬金故化金丙辛以降皆然其實一也

八駿

穆天子傳書八駿之名一曰赤驥二曰盜驪三曰白義四曰踰輪五曰山子六曰渠黃七曰驊騮八曰綠耳王子年拾遺記載穆王八駿駁八龍之駿一名絕地二名翻羽三名本霄四名起影五名踰輝六名超光七名騰霧八名挾翼二說不同

東宮官

前代東宮官於皇太子皆稱臣惟開皇中嘗更其制至唐而復眞廟爲皇太子始辭之

百二十刻

韓文公紀夢詩百二十刻須臾間方氏舉正載董彥遠云世間只百刻百二十刻以星紀言也朱文公考異云星紀之說未詳其旨但漢哀帝嘗用夏賀良說刻漏以百二十爲度矣余謂董說固妄夏賀良之說行之兩月而改且衰世不典之事韓公必不引用按古之漏刻晝有朝禺中晡夕夜有甲乙丙丁戊至梁武帝天監六年始以夜晝百刻布之十二每辰得

八刻仍有餘分故今世曆皆百刻舉成數耳實九十六刻也每時分別爲初初正初刻一日合二十有四每刻居六分刻之一總而計之爲四刻始合百刻之數刻雖有大小其名則百有二十韓詩恐只取此正不須求之遠也

冀州風水

朱文公嘗與客談世俗風水之說因曰冀州好一風水雲中諸山來龍也岱嶽者青龍也華山白虎也嵩山案也淮南諸山案外山也

無萬數

諺謂物多爲無萬數漢書成帝記鄙

米斗三錢

唐太宗時米斗三錢後世以爲美談天監四年米斛三十錢唐元和六年天下米斗有直二錢者人罕稱道然皆不若漢宣帝元康間嘗穀石五錢矣此古今所少東魏元象興和中穀斛九錢可以爲炎矣

分疏

世俗謂自辨解曰分疏平顏師古注袁盎傳不以親爲解曰解者若今言分疏又北齊書祖珽傳高元海奏珽不合作領軍并與廣寧王交結珽亦見帝令引入自分疏則北朝曁唐已有是言矣

絶倒

晉琅邪王澄有高名少所推服每聞衛玠言輒歎息絶倒時人語曰衛玠談大平子絶倒今流俗謂大笑爲絶倒非也

家公

顏之推家訓云昔侯霸之子孫稱其祖父曰家公陳思王稱其父曰家父母爲家母潘尼稱其祖曰家祖古人之所行今人之所笑也今南北風俗言其祖及二親無不云者田里猥人方有此言之推北齊人逮今幾七百年稱家祖者復紛紛皆是名家望族亦所不免家父之稱俗輩亦多有之但家母之稱少耳山僩謂年幾二十不爲家公所知蓋指其父非祖也

十三月

後漢陳寵傳云十三月陽氣已至天地已交萬物皆出蟄虫始振人以爲正夏以爲春又隋書牛弘傳云今十一月不以黃鍾爲宮十三月不以大簇爲宮便是春木不王夏土不相則知正月亦可稱十三月曾氏自備但記陳寵一事云

黃巢詩

陶穀載黃巢遁免後祝髮爲浮屠有詩云三十年前山上飛鉄衣着盡着僧衣天津橋上無人問獨倚危闌看落暉近世王仲言亦信之筆于揮麈錄殊不知此乃以元微之智度師詩𥨊易櫱裂合二爲一元集可攷也其一云四十年前馬上飛功名藏盡擁禪衣

石榴園下擒生處獨自閑行獨自歸其二曰三陷思
明三突圍鉄衣抛盡納禪衣天津橋上無人識閑凭
闌干望落暉

長年三老

陸放翁入蜀記載其父入沲後見舟人焚香祈神云
告紅頭須小使頭長年三老

攤錢

莫令錯呼錯喚問何謂長年三老云梢工是也長讀
如長幼之長乃知老杜長年三老長歌裹白晝攤錢
高浪中之語蓋如此因問何謂攤錢云博也按梁與
能意錢之戲注云即攤錢也則攤錢之爲博亦信矣

賓退録　八　六

金門羽客食人肉

南唐保大中賜道士譚紫霄號金門羽客事見盧山
記祐陵賜林靈素號用此故事知欽州林千之坐食
人肉削籍隸海南天下傳以爲異謂籍以來未之見
余記盧氏雜說唐張茂昭爲節鎮頻喫人肉及除
統軍到京班中有人問曰聞尚書在鎮好人肉虛實
笑曰人肉腥而且膩爭堪喫五代史長從簡家世屠

羊從簡仕至左金衛上將軍嘗歷河陽忠武武寧諸
鎮好食人肉所至多潛捕民間小兒以食九國志吳
將高澧好使酒嗜殺人而飲其血日暮必于宅前後
掠行人而食之又東朝王繼勳殺孝明皇后母弟太
祖時屢以罪貶后以石間門衛率府府衛率分司西
京殘暴愈甚強市民家子女以備給使小不如意即
殺而食之以棺櫝貯其骨棄之野外女儈及粥棺者
出入其門不絶太宗即位儈有訴者斬于洛陽市則
今近世亦有之若盜跖及唐之朱粲則在所不足論
也不耐煩宋書庾登之弟中又傳有此語

賓退録　八　七

漢建安二十四年吳將呂蒙病孫權命道士于星辰
下爲請命醮之法當本于此顧況詩飛符超羽翼焚
火醮星辰姚鵠詩羅磴静攀雲共逈雷壇當醮月孤
明李商隱詩通靈夜醮達清晨承霧盤睎甲帳春趙
嘏詩春生藥圃芝猶短夜醮齋壇鶴未回醮之禮至
唐盛矣隋煬帝詩迴月廻三洞清心禮七眞馬載詩
三更禮星斗七七服丹霜薛能詩符呪風雷惡朝修
月露清此言朝修之法也然陳羽步虛詞云漢武清

齊讀鼎書內官扶上畫雲車壇上月明宮殿閑仰看星斗禮空虛漢武帝時已如此此高氏緯略所紀余按周公金縢子路請禱自古有之後世之醮蓋其遺意特古無道士耳黃帝內傳雖有道士行禮之文但謂有道之士非今之道士也大霄經云周穆王因尹軌眞人制樓觀遂召幽逸之人置爲道士平王東遷洛邑置道士七人漢明帝永平五年置二十一人魏武帝爲九州置壇度三十五人魏文帝幸用謁陳熾法師置道士五十人晉惠帝度四十九故用道士請命孫權之前無所見所書諸詩亦有非爲道士設者

王建宮詞

余首卷辨王建宮詞多雜以它人所作今乃知所知不廣蓋有建自宮詞百篇傳其集者但得九十首蜀本建集序可攷後來刻梓者以它人十詩足之故爾混淆余既辨其人矣尚有二首殿前傳點各依班召對西來入詔鑾上得青花龍尾道側身偷覷正南山鸞鴦瓦上忽然聲晝寢宮娥夢裏驚元是吾王金彈子。海棠窠下打流鶯者未詳誰作也所逸十篇今見于洪文敏所錄唐人絕句中然不知其所自得其詞云忽地金輿向月陂內人接著便相隨却回武龍軍前過當殿教開卧鴨池畫作天河刻作牛玉梭金鑷采橋頭每年宮女穿針夜敕賜親來乞巧樓春來曉困不梳頭嬾逐君王苑北遊躞向玉花堦上坐簸錢贏得兩三籌紅燈熘裏看春雲雲上三更直宿分金砌雨來行步滑兩人擡起金隱裙蜂鬚蟬翅薄鬆鬆浮動搔頭自有風一度出時抛一遍金條零落滿函中教偏宮娥唱盡詞暗中頭白没人知樓中日日歌聲

好不問從初學阿誰彈棋玉指兩參差背局臨虛鬪著危先打角頭紅子落上三金字半邊垂宛轉黃金白柄長青荷葉子畫鴛鴦把來不是呈新樣欲進微風到御床供御香方加減頻水沉山麝每回新內中不許相傳出已被醫家寫與人藥童食後進雲漿高殿無風扇少涼每到日中重掠鬢衩衣騎馬繞宮廊

婢僕詩

唐李昌符婢僕詩二首其一云不論秋菊與春花箇箇能噇空腹茶無事莫教頻入庫一名閑物要些些

曲盡婢之情狀乃知古今如此

羹頡

漢高帝封兄子信爲羹頡侯雖以其母轑釜之故然按括地志實有羹頡山在嬀州懷戎縣東南十五里此注史記者失不引此顔師古漢書但云頡山一音戛言其母戛羹釜也小司馬索隱又直謂爵號耳非縣邑名皆弗深攷也

明府

唐人稱縣令曰明府而漢人則謂之明廷見范曄書張儉傳明府以稱太守如老叟稱劉　劉翊稱种拂高獲稱鮑昱皆然

首卷書王平甫所云花蘂宫詞三十二首今攷王恭簡續成都集記才二十八首盡筆于此庶貟贋了然五雲樓閣鳳城間花木長新日月閑三十六宫連內苑太平天子坐昆山會眞廣殿約宫墻樓閣相扶倚太陽淨甃玉階横水岸御爐香氣撲龍床龍池九曲遠相通楊柳絲牽兩岸風長似江南好春景畫船來往碧波中東內斜將紫禁通龍池鳳沼夾城中曉鐘聲斷嚴妝罷院院紗窻海日紅殿名新立號重光島上池臺盡改張但是一人行幸處黄金閣子鎖牙床安排諸院接行廊水檻周迴十里强青錦地衣紅綉毯盡鋪龍腦欝金香夾城門與內門通朝罷巡遊到苑中每日日高祗候處滿隄紅艷立春風厨盤進食簇時新侍坐無非列近臣日午殿頭宣索膾隔花催喚打魚人立春日進內園花紅蘂輕輕嫩淺霞跪到玉階猶帶露一時宣賜與宫娃三面宫城盡夾墻苑中池水白茫茫亦從獅子門前入旋見亭臺繞岸傍離

宫別院遶宫城金板輕敲合鳳笙夜夜月明花樹底傍他長有按歌聲御製新翻曲子成六宫纔唱未知名盡將觱栗來抄譜先按君王玉笛聲　旋移紅樹斸青苔宣使龍池更鑿開展得綠波寬似海水心樓殿勝蓬萊太虛高閣凌虛殿背倚城墻面浸池諸院各分娘子位羊車到處不教知修儀承寵住龍池掃地焚香日午時等候大家來院裏看教鸚鵡念宫詞才人出入每相隨筆研將行繞曲池能向綵牋書大字忽防御製寫新詩六宫官職總新除宫女安排入

書圖二十四司分六局御前頻見錯相呼春風一面曉妝成偷折花枝傍水行却被内監遥覷見故將紅豆打黄鶯梨園弟子簇池頭小樂携來候燕遊旋炙銀笙先按拍海棠花下合梁州殿前排燕賞花開宮女侵晨探幾回斜望花間遥舉袖傳聲先喚近臣來小球場近曲池頭宣喚勳臣試打球先向畫廊排御幄管絃聲動立浮油供奉頭籌不敢争上棚專喚近臣名内人酌酒纔宣賜馬上齊呼萬歲聲殿前宫女總纖腰初學乘騎怯又嬌上得馬來纔似走幾回拋鞚

抱鞍橋自教宫娥學打球玉鞍初跨柳腰柔上棚知是官家認遍遍長贏第一籌翔鸞閣外夕陽天樹影花光遠接連望見内家來往處水門斜過畫樓船内人追逐采蓮時驚起沙鷗兩岸飛蘭棹把來齊拍水並船相鬭濕羅衣新秋女伴各相逢罨畫船飛別浦中旋折荷花半歌舞夕陽斜照滿衣紅月頭支給買花錢滿殿宫娥近數千遇着唱名多不應含羞走過御床前

今世祭井竈門戶箕帚杵臼者非以其神爲能享之也特賴其德煩苦之無已也

紀談錄

宋　晁邁

祖宗故事進士廷試第一人及制科一任回必入館然須用人薦且試而後除進士聲律固其習而制科亦多由進士故皆試詩賦一篇

韓魏公不甚信佛理蓋平生所厚善而信者歐陽永叔勢不得不然

澱尚書令僕丞郎月給隃糜墨大小二板故江南李氏時有墨務官

玟瑰油出北方其色瑩白其香芬馥不可名狀北人貴重之

四王氷蠶不知寒火鼠不知熱蓼虫不知苦蝍蛆不知臭

四橐餅子以荔枝殼甘蔗滓乾柏葉棗核和焚一用

松毬

誌中有爵者宜稱塚無爵者稱墓有爵及尊貴者稱公無爵者咸稱君

松封大夫人知爲秦始皇事不知柏亦封大夫出武后

陶淵明所記桃花源人謂桃花觀即是其處不知公蓋寓言也

沈尭有洞庭樂賦韋八座岫謂朝賢曰此賦乃一片宫商也

紀談錄

過庭錄

宋　范公偁

溫公曰某適過范淳父門邀之同去徐思之不敢輕言被他不是個趍哄底人忠宣嘆息久之既歸謂子孫曰淳父爲溫公所重如此

宣和間景靈宮落成御製有詩用萊字韻應制者牽強不叶獨鄭達甫所作云殿上神光瞻舜禹壁間俊氣識伊萊爲絕冠諸臣矣

邵伯恭侍郎守長安既去久之以書抵親識曰自去

長安唯酥梨筍時復在念其他漫然不復記憶可謂風流矣

建業進士某遊上都貧不能自給以詩干韓相魏公一聯云建業江山千里遠長安風雪一家寒韓公憐之以百千賙焉

謝景武師直與王存正仲友善謝仕襄陽王遠至夜叩門見之師直屣履出迎率子姪行家人之禮慷慨道舊喜而有詩云倒着衣裳迎戶外盡呼兒女拜燈前

陽翟撫照隣仲明賢士人也素安命生計索然讀書不仕嘗有詩云女嫁兒癡十口餘進無簪組退無廬一窗風雪韓城夜火冷燈青照舊書

韓康公子宗武文叔賢而有才康公有愛妾曰嬌奴康公身後家貲鉅萬妾盡携他適文叔恬然不較鄉里服焉

王子野待制家舊養學老子曰水先生頗能前知禍福甚敬信之子野正食羅列珍品甚盛水生適至子野指謂公曰試覩之何物可下飯乎生遍視良久曰

此皆未可唯鐵可下飯爾

吳人孫山滑稽才子也赴舉他郡鄉人託以子偕往鄉人子失意山綴榜末先歸鄉人問其子得失山曰解名盡處是孫山賢郎更在孫山外

無名子從學魯直未幾文大進嘗題扇上畫小兒迷藏詩云誰剪輕紈織巧絲春深庭院作兒嬉路郎有意嘲輕脫只有迷藏不入詩蓋得廷小兒不及迷藏也

省昌洪道爲許學正鈐東諸生嚴甚輕薄者苦怨之

咎他適書所居壁云某日某上謁艮輸先軍咎歸不解徐繹之蓋連姓而言乃短舌者之嚚言也

王觀與章子厚友善俱以疎散稱時號觀三悖七各言其第也子厚執政觀躧蹬不迭至堂見子厚邀至閣中話舊欲去子厚令引馬就登觀上馬對衆傾謂子厚曰相公莫要忘了觀三子厚頗有慚色

李充子美洛人家業賣餅好學不倦從程正叔遊忠宣掐館下隨仕五六年歸見正叔正叔曰子久從范何所聞見充曰范公與蘊妙用某固難測相從累年

但見貴者見之忘其貴賤者見之忘其賤爾正叔首肯回謂門人曰李生非常才也二三子速往見之

石蒼舒與韓魏公有舊韓拜相石至干祿留數月無成石作詩以別歸云遂上句蕭前二聖擁千官唯有掃門霜鬢客却隨社鷰入長安韓覽之惻然遂注一官而去

神廟大長公主哲宗朝重于求配遍士族中求之莫中聖意帯御器械狄詠頗美丰姿近臣奏曰不知要如何人物哲宗曰人物要如狄詠者天下謂詠爲人樣子狄詠狄青子也

范蜀公六十三歲致政歸第後十餘年上欲起之者再三蜀公表謝云六十三而告老蓋不待年七十五而復來孰云中禮朝廷無以強之竟從其請

李清臣邦直平生罕作詞唯晩年赴大名道中作一詞云去年曾宿黄陂浦鼓角秋風海鶴遶東回首紅塵一夢中竟亦不返亦爲詩讖也

隸州陳恬叔易以才名稱鄉里家貧與弟同居一日弟作其意遂擿之親鄉中隠者目曰愷悌君子自號

澗上丈人里人之子從叔易學文而好刷飾頭而舉止妖婕目爲澗上丈毋

陶岳商公父也與寇萊同年岳謫咨州幕屬寇守咨冠且少陶公就拜講長少禮陶納之後有啓謝寇公云與韓非同傳于老子何傷以叔向爲兄是仲尼太過

許目進士馬辨子漸五侍郎少時受教後光祿大卿行繼處庠下爲范氏三世師磐亦有二子貧甚所居切隣曾存之憂欲市之酬重價二馬蔡莫忍窮不欲

日先人故廬兄弟當处此不煩易也鄉人服之
温公獨樂園林賦詩述美者甚衆李夷行炳大有見
山臺詩云闕上句紛紛紅紫簇虚簷仙光不肯饒春
色故向花間出數尖蓋臺側盡栽花卉也

楮記室

闕名

李光進

唐李光進弟光顔先娶而母委以家事及光進娶母
已亡弟婦封貲貯納管鑰於姒光進命返之曰娣逮
事姑具嘗命主家事不可改因相持泣乃如初

宣宗

唐宣宗大中二年萬壽公主適起居郎鄭顥舊例以
銀裝車帝令依外命婦以銅裝車仍詔公主執婦禮

皆如臣庶之法戒以母得輕夫族預時事顥弟顗嘗
得危疾帝遣使視之還問公主何在曰在慈恩寺觀
戲場帝怒嘆曰我怪士大夫家不欲與我家爲婚良
有以也亟召公主責之曰豈有小郎病不在視乃觀
戲乎

鐵雨

至治元年玉案山產小赤犬群吠遍野占云大狗墜
地爲赤犬其下有大軍覆境又將雨鐵民舍山石皆
穿人物値之多斃諺俗號曰鐵雨

翟欽甫

翟欽甫金人也衆飲清菴欽甫至衆不之識俾賦清菴欽甫故拙起一句云爲問清菴何以清衆拍手大笑及賦第二句霜天明月照蓬瀛衆失色連賦廣寒宫裡琴三弄白玉樓頭篴一聲金井玉壺秋水冷石田茅屋暮雲平夜來一枕遊仙夢十二瑶臺獨自行衆使始知爲欽甫愧謝延之上坐

楮記室 二

靈山神

有士人鬱鬱不得志丐夢靈山神以石城懷果對清明之句示之莫知所謂越十餘年士人成進士謁選得石城令単車造之及縣界宿僧寺中是夜四山歷火燐燐然顧問僧曰是燐燐者爲何曰清明祭墓者耳問寺曰懷果令始嘿理前夢無不合者因借其句成詩云眼前兒女莫閑情春若來時草自青夢即是眞眞即夢石城懷果對清明

巴寡婦

巴寡婦清其先得丹穴而擅其利數世家亦不訾清寡婦能守其業用財自衛人不敢犯始皇世[illegible]而客之爲築女懷清臺

顧榮

顧榮與同僚宴飲見執炙者狀貌不凡有欲炙之色榮割炙啗之坐者問其故榮曰豈有終日之執而不知其味者乎及趙王倫篡位以榮爲長史倫敗榮被執將誅而執炙者爲督率救之得免

袁盎

袁盎爲吳相時有從史嘗盜盎侍兒盎知之不泄遇之如初人有告從史言君知爾與侍兒通乃亡歸盎自驅追遂以侍者賜之及袁盎使吳從史適爲尉司馬中夜引袁起曰君可以去矣吳王期旦日斬君盎謝而去

楮記室 三

説郛目録

弓第十五

螢雪叢説卷上

宋　子俞子

余自四十以後便不出應舉人笑其無能爲也是則然矣然而早能知退又有人之所不能爲焉以巳之無能爲而能爲人之所不能爲此非其所長矣乎蓋四十而不惑四十五十而無聞焉斯亦不足畏也巳夫子嘗有是言也幼誦夫子之言力行夫子之訓既而不惑抑又無聞宜乎退縮一頭地而莫之爲也自此功名灰念加以拙於謀利時復優游黄卷考究討論付之書記囊螢映雪無所不爲塵積日久遂成一編目曰螢雪叢説實其實也雖然囊螢映雪豈能照耀方冊也哉予以見其學之篤而志之鋭也此史臣所以美其勤勤若是姑欲激昂後進云爾則知今之叢是説者其亦車胤孫康之意歟慶元庚申八月望日東陽俞成元德漫録

致字説

先儒解致字往往不盡如致中和天地位焉鄭康成云致行之至也致樂以治心云致深審也周易略例

主心致一也孔頴達云致猶歸也禮器禮也者物之致也鄭云致之言至也極也其他諸經往往指爲極盡之意如喪致乎哀而止見危致命君子以致命遂志與病則致其憂之類是也此皆意有未盡蓋致有盡之意有取與納之意如喪致乎哀而止見危致命謂之極盡可也如致中和致知之類則又有取之意焉吾聞致師者亦有取之意也用致夫人凡春秋以其事致七十而致事致爲臣而歸則又有納之意與盡之意凡此皆難以一字通解也今人謂招致者亦

有取意也檀弓齊穀王姬之喪當爲告古毒反聲之誤也告下告上之辭故誤爲穀父母之喪哭無時使必知其反也知當爲如字之誤也言父母之喪號哭思慕如欲父母復反

忍字説

忍之名一也而用不同必有忍其乃有濟小不忍則亂大謀此皆聖賢之所謂忍忍於不善也所謂吉德也而世俗之所謂忍如猜忍剛忍之類乃是忍於善而就不善也所謂凶德也王導不忍美人之勸酒忍爲見殺則强爲之飲此則不忍也正所謂忍於不善而就善也非吉德而何王敦之不顧美人之死而不爲之飲此世俗之所謂忍忍於善而就不善也非凶德而何天之報施必以其類觀王導王敦之後與衰禍福蓋可見矣然則不忍者正人之本心孟子所謂人皆有不忍人之心是也而世俗之所謂忍者殘義害善之本殺身覆族之由也項羽爲人不忍雖不能成事要之良心猶在伍子胥爲人剛戾忍詬雖能成事然良心喪失盡矣子家子曰一慙之不忍而終身

慙乎王導能忍事此皆忍於不善以就善之謂嘗觀唐張公藝九世同居家無異議人問其故公藝即書忍字以對亦鑒王敦之得失也

記史法

歷事幾主歷任幾官有何建立有何獻明何長可錄何短可戒傳中有何佳對（皆諸史賦如張良傳用赤松子對黃石公）此買

挺才先生記史法也

解書訣

辭之内不可減減之則爲鑿鑿則失本意辭之外不

可增增之則爲贅贅則壞本意此王盧中先生解嘲訣也

歌頌

盧全茶歌至尊之餘合王公何事便到山人家上不忘君也安知百萬億蒼生命墮巔崖受辛苦下不忘民也此乃盡臣子敬上念下之意也元結中興頌前代帝王有盛德大業者必見於歌頌若今歌頌大業便不言德此乃得春秋一字褒貶之意也夫以歌頌之作不專爲稱美設也多寄意於譏諷一則有愛君之誠一則有貶上之意二者雖若相反而於措辭立言各有所主不得不然

祭文

前輩嘗說紀　致祭皇后文揚大年捧讀空紙無一字隨自撰曰惟靈巫山一朶雲閬苑一團雪桃源一枝花秋空一輪月豈期雲散雪消花殘月缺伏惟尚饗仁廟大喜其才敏給有壯國體洪忠宣公自嶺外徒宜春沒於保昌張子韶致祭其文但云維某年月日具官某謹以清酌之奠昭告于某官之靈嗚呼哀哉伏惟尚饗景盧淡美其情哀愴乃過於詞二者體製大槩相類要之詞意渾含言語脫俗此誠倉卒之所難也

四凶辯

人皆知渾敦窮奇檮杌饕餮爲四凶而不知所以謂之四凶者果何意耶蓋當舜之時見其罪惡如此而例以兇徒目之譬猶獸也正如今之罵人畜生禽獸據山海經載渾敦窮奇檮杌饕餮皆獸名也杜預解經不知出此妄以義理釋之無怪他人之不識也

賦假人名體狀題意

往年俞文緯監試預薦赴省相過因話賦假人名善體狀題意者莫若武爲救世砭劑公唐室中興藥師而克濟漢家外患藉去病以皆除余嘗賦化下猶甄者欲以陶唐堯舜爲一聯使於變時雍猶埏埴風動四方器不苦窳事也曾與舍弟碩夫邁昆仲儕輩較量莫不領略此說

賦善使事

昔有士人在場屋間賦帝王之道出萬全絕無故實

遂問一老先生答云只有一舉空朔庭三箭定天山好使要在人斡旋爾或謂此事乃人臣非帝王也不可用疑誑之後於程文中見一舉人使得最妙其説題目甚透有曰一舉朔庭空實憲受成於漢室三箭天山定薛侯禀命於唐宗眞所謂九轉丹砂點鐵成金者也

韻學

涵泳聖涯詩蓋出唐史文藝敘傳也三字皆叵一字是平不免以涯字爲押然涯之一字而見於三韻五

又魚奇反十三佳宜佳反九麻牛加反謹按韻略及廣韻注皆云水際水畔紬繹其義通庸可押嘗東萊先生渠亦是經義人也初未領畧容檢詳如可後於錢塘見陳給事先生（傳良）仍以涯字三韻通用抑之即可而已因謂省題詩如小經義雖無多字亦是難事至如誤出早鴈之目錯認黃華之意可勝哂哉

詩隨景物下語

杜詩丹霞一縷輕漁父詞畱縷一鈎輕胡少汲詩隋堤煙雨一帆輕至若騷人於漁父則曰一簑煙雨於農夫則曰一犂春雨於舟子則曰一篙春水皆曲盡形容之妙也

詩人警句

同舍李循道舉他秋景一聯曰池藕影踈龜甲冷井梧凋薄鳳毛寒又張一之舉黃元夫詩曰葦村風下鵶千點麥壠天垂月一梳皆警句

史臣不載人臣實事

前漢蕭何傳不言律令新唐書李邕傳無一字及筆札五代史劉昫傳不書修領唐史

功臣特奏朝請

光武功臣所加特進朝請或者謂其官爵止乎如是而已殊不知春見曰朝秋見曰請示欲踈也蓋光武慮諸將功大權重有以脅勢而或變生肘腋乃所以遠之故也

試畫工形容詩題

徽宗政和中建設畫學用太學法補試四方畫工以古人詩句命題不知掄選幾許人也嘗試竹鎖橋邊賣酒家人皆可以形容無不向酒家上着工夫惟一

善畫但於橋頭竹外掛一酒帘書酒字而已便見得酒家在竹內也又試踏花歸去馬蹄香不可得而形容何以見得親切有一名畫克盡其妙但掃數蝴蝶飛逐馬後而已便表得馬蹄香出也果皆中魁選夫以畫學之取人取其意思超拔者爲上亦猶科舉之取士取其文才角出者爲優二者之試雖下筆有所不同而於得失之際只較智與不智而已

陳同甫議論作文之法

嘗見陳同甫亮在太學議論作文之法經句不全兩

史句不全三不用古人句只用古人意若用古人語不用古人句能造古人所不到處至於使事而不爲事使或似使事而不使事或似不使事而使事皆是使他事來影帶出題意非直使本事也若夫布置開闔首尾該貫曲折關鍵意思常新若方若圓若長若短斷自有成摹不可隨他規矩尺寸走也苟自得作文三昧又非常法所能盡也

文章活法

文章一枝要自有活法若膠古人之陳迹而不能點化其句語此乃謂之死法死法專祖蹈襲則不能生於吾言之外活法奪胎換骨則不能斃於吾言之內斃吾言者生吾言也故爲活法伊川先生嘗說中庸鳶飛戾天須知天上者更有天魚躍于淵須知淵中更有地會得這個道理便活潑潑地吳處厚常作剪刀賦第五隔對去爪爲犧救湯王之旱歲斷鬚燒藥活唐帝之功臣當時屢竄易唐帝上一字不妥帖因看游鱗頓悟活字不覺手舞足蹈呂居仁嘗序江西宗派詩若言靈均自得之忽然有入然後惟意所出

萬變不窮是名活法楊萬里又從而序之若曰學者屬文當悟活法所謂活法者要當優游厭飫是皆有得於活法也如此吁有胸中之活法蒙於伊川之說得之有紙上之活法蒙於處厚居仁萬里之說得之

注題目出處

印書箋題本爲晚學設也不爲無益然而所試詩賦題目或出經史傳記注疏文集諸子百家難以徧知今乃揭示本文其法亦善矣唐時試題不具出處如孤竹管賦滿場不知出周禮甚可笑也彼有經義亦

效箋題果何為也矧治經人所業專一若不識出處
繆妄之甚茲固所當略也主文已當鈌然

文字節要

今之節書甚亾謂也非惟增入注解又且攙入他說
不勝其繁初不較其簡要緊切為如何使人易於檢
閱若用泛泛如此何似覩正本也前輩節書並用首
尾該貫第一節其緊要第二節其好句第三節其敍
實繁辭盡削所以便於燈窻場屋之用爾如舊本司
馬溫公親節通鑑可觀可法

以論語法言章句戲有官君子

嘗見有官君子皆以舉削為慮晦菴先生嘗以法言
章句戲之曰勢援上也文章次也政事又其次也咸
無焉為選人其人大笑又見浙中官員子弟講趙守
問及晦翁學術政事孰優守乃以彝論篇章答之學
而第一為政第二可謂善品題矣二者之言雖曰戲
謔亦可助一時之談笑

夢見主盟道學

余文起主泮湘潭嘗宿嶽麓書院夢見朱晦翁與張
南軒同在郡庠作意主盟道學忽伊川横渠先生從
外來云政不須如此這道理常使得何恤乎人言須
臾聞東廊有人誦中庸大學二篇覺來鷄唱遂想二
公衛道如此之切

不責酒過

武夷有一狂者爛醉詈及屏山先生劉彥冲次日修
書謝罪先生不責其過但於紙尾復之云蛇本無影
弓悞搖之影既無之公又何疑白首如新傾蓋如故
真達者之詞也

不怪炎涼

人之一身已自有輕重足履穢惡則不甚介意若手
一沾汚浣濯無已豈可怪世情之炎涼也哉舊有題
湯泉者最為該理如云比鄰三井在山崗二井氷寒
一井湯造化無私猶冷暖爭教人世不炎涼

矢魚于棠

辛酉秋因如鄱陽閱三十六家春秋解若注矢魚于
棠雖累數說不透皆以矢為觀非也使其以矢為觀
當時何不直書其事而乃云云若是蓋有深意存焉

余嘗謂矢者射也正周禮所謂矢其魚鼈而食之是也推而上之若皐陶矢厥謨亦射義也釋書者類訓直又非周道如砥其直如矢乃詩人比喻之辭故可以云直若書之矢謨春秋之矢魚皆出於任意而爲之故可以云射自皐陶有矢謨之說而後董仲舒有射策之文君子於此可以意推不可以例槩也

溺於陰陽

陳季陸嘗挽劉韜仲諸公同往武夷訪晦翁朱先生偶張體仁與焉會宴之次朱張志形交談風水曰如

是而爲笏山如是而爲靴山稱賞蔡季通無已季陸遂難云蔡丈不知世代攻於陰陽方始學此晦翁又從而褒譽之乃祖乃父明於龍脉季通尤精季陸復辯之曰據其所見嘗友此說若儒者世家故能成効若日者世家便不足取信於人何者公卿宰相皆自其門而出他人何望焉居晦應聲曰他家也出官出廵官陳嘗譬如燒金煉銀之術父可傳之於子子可傳之於孫孫何必教外人古者人皇氏世人有九頭巳無定形未有百官巳有許多由了不知何者爲笏山何者爲靴山坐客皆笑晦翁搖指向季陸邈此說不可與蔡文知僕親聞是語故紀之以爲溺於陰陽者之戒

人之小名

今人生子妄自尊大多取文武富貴四字爲名不以睎顔爲名則以望回爲名不以次韓爲名則以齊愈爲名甚可笑也古者命名多自貶損或曰愚曰魯或曰拙曰賤皆取謙抑之義也如司馬氏幼字犬子至有慕名野狗何嘗擇稱呼之美哉嘗觀進士同年錄

江南人習尚機巧故其小名多是好字足見自高之心江北人大禮任眞故其小名多非佳字足見自貶之意若夫鴈塔之題當先正名垂於不朽

事要有分

一切之事皆要有分若是無分而欲極力强求徒然而巳王虛中先生譬如筵席安排十分巳飲過數巡忽有親朋訪及雖欲挽之同坐奈酒闌歌罷不可得而相陪此乃謂之無分大凡功名富貴貧賤休戚皆是五行帶來無非分定安可嘆息怨恨於斯耶不然

晦翁先生何爲有隨緣安分四字也

得失有時

人之得失各自有時初不知其所以然而然也有朋友於試罷之後閙（睡）不著遂欲捨書學劍無所不至龍舒王先生舉似一絶曰得則欣欣失則悲桃紅李白各隨時雖然屬在東君手問着東君也不知

螢雪叢説卷下

克己復禮天下歸仁

或問安定先生胡侍郎何謂克己復禮天下歸仁胡舉邵堯夫詩以荅之云門前路徑無令窄路徑窄時無過客過客無時路徑荒人閒滿地生荆棘其人默悟

聖人之於天道

陳洪範問艾軒先生林祭酒聖人之於天道如何荅云恰是恁地未悟閒後問魏聘君國録荅云正如京

師人賣床貼恰用得着觀此二説其意則一

學易無大過

聖人之處事與常人不同常人之處事多有不及惟聖人之處事不患不及秪恐太過夫子稱加我數年五十而學易可以無大過者蓋欲勉進中年而學洗心退藏之書則處事得中斷無不及之患今不曰無不及而特曰可以無大過者此聖人謙抑之辭也中庸曰有所不足不敢不勉有餘不敢盡寧非君子之中庸乎嘗觀夫子於三百篇之詩而斷以思無邪之

一言此見夫子得詩之中也於易則曰無過於詩則曰無邪是皆一意

解書

洪内翰景盧主泮三山以林少頴爲書學諭講帝釐下土數語曰知之爲知之堯典之所以可言也不知爲不知九共槀飫略之可也惜乎林書不載此説予故表而出之嘗見王盧中談及林少頴吕伯恭講究書學皆有所得各有所見學者當詳復其爲訓若前人解書言宥過無大刑故無小乃謂赦宥其過誤者

雖大亦宥之刑責及特故過雖小亦刑之如此則於辭上脱無字添雖字矣是其辭已不明也若失火而延及官庫此過誤也此大者也其可宥乎若馳馬而蹂死小兒此過誤也此大者也其可宥乎是其理已不安矣若命人守果實拈以小果食之此故也此小者也亦將刑乎若命人守舍而窓穴之小竅以窺其外此故也此小者也亦將刑乎是其理已不安矣則若商鞅之法棄灰於道者有誅豈聖人之法哉若曰宥過悞則無大者謂小者則宥大者則不宥所以使人警畏非敢懈怠也若曰刑特故者則無小者謂稍大則刑小者則不刑所以示吾寛德非爲苛細也宥過無大是以見聖人之義刑故無小是以見聖人之仁是説葢得於伯氏俞君從俞夢達平時有得於書學者如此

解孟子

陳季陸常推賈挺才好先生非惟筆力過人又且講授不雷同且如説孟子引得杜詩爲證極是明白若解文王爲臺爲沼而民歡樂之正是丈人屋上烏人

好烏亦好桀紂瑤臺瓊室正是君看墻頭桃樹花盡是行人眼中血夫以烏烏本是可惡之物而反喜之桃花本是可喜之物而反惡是何也葢由人情所感而然爾靈臺瑤臺亦莫不然

東萊教學者作文之法

東萊先生吕伯恭嘗教學者作文之法先看精騎次看春秋權衡自然筆力雄模格致老成每每出人一頭地

徐積悟作文之法

節孝先生徐積因讀史記貨殖傳見人棄我取人取我與遂悟作文之法

辯滕王閣序落霞之說

王勃作滕王閣序中間有落霞與孤鶩齊飛秋水共長天一色之句世率以爲警聯然而落霞者乃飛蛾也卽非雲霞之霞土人呼爲霞蛾至若鶩者乃野鴨也野鴨飛逐蛾蟲而欲食之故也所以齊飛若雲霞則不能飛也見吳獬事始

賦以一字見工拙

曩者吳叔經郛在湖南漕試以本經詩義取解魁尤名陳尹賦文帝前席賈生破題云文帝好問賈生力陳悉其勢之前席重所言之過人叔經先生改勢字作分陳大欽服內有打花格云金蓮燭煥煌煌漢天子之儀玉漏聲沉纚纚洛陽人之語試官已喜此一聯又陳季陸在福州考較出皇極統三德五事賦魁者破題云極有所會理無或遺統三德與五事貫一中於百爲季陸先生極喜鬭初兩句只嫌第四句不是貫百爲於一中似乎倒置改貫字作寓較有意思尤喜陳舜申三策第三道策題問屯田乃先生撰也最是答得工夫此皆二公之警誨也

詩貴熟讀

梁揆叔子解試鵬鷃離風塵詩當時無不擊節天人徑說鵬鷃冲天品凡禽未易倫三秋乘志氣一舉離風塵或者喜其自喻見志果超詣上上第幼嘗誦此一篇已自迅口轉過初不覺其所以妙處及至暮年始悟高騰霄鳳渚下睨塞鴻賓借渚字對賓無如此之巧始嘆伏不能自已大凡玩古人糟粕須是字字究竟句句勘破方是讀書又要熟讀古人云讀書百遍其義自見又云舊書不厭百廻讀熟讀應須子自知

廷對二說

嘗見閩中一士人方領鄉舉明目過省廷對有棠被敎育之說又見浙中一先生四舉了當廷對有僻在一隅之說皆不欲言其名也都是套籠說話怕落第五甲也欲媒試官把做大學川中人看得數較優果是使得驗其狡猾如此後進之士當自奮勵取高第

而躐巍科決在萬人頭上立不可效此曹爲碌碌計
也千萬勉旃

風化

據床畜畚大舞拓拔（拓拔北人設呼爲拓拔）動蠻樂皆士大
夫之所不當爲而爲之無乃循習日久而恬不知怪
乎有能奮拔於流俗之中而毅然以中國禮義爲已
任亦風化之所由倡也

自悟前身

余因以類彰芊袪自省前身爲李氏之子邊鎬爲謝
靈運後身韋皐既生一身有一胡僧造其家曰見者
有喜色韋氏問之僧曰此子乃諸葛武侯後身因以
武侯字之見宣室志及觀王十朋絶句石橋未到神
先到月裏還同夢裏時僧教我名劉道者前身曾寫
石橋碑石橋乃天台五百尊羅漢洞口也今世所以
聰明所以福德所以不昧本來面目皆前世有以胎
之不是大修行僧道便是大有德官員功成行滿道
洽政治故有如是滅亦復有如是生彼有靈物託化
星辰降誕神道出世爲我等相者應見自性如來豈
他人之所能知哉

天堂地獄

人言天堂高而在上地獄幽而在下疑其勢之相遼
絶也據某所見大有不同蓋與人説好事一切依本
分眼前便是天堂不必更求之於天上欺算人物色
教唆人歹事眼前便是地獄不必更求之於地下爲
善卽天堂爲惡卽地獄天堂地獄不在乎他而在乎
一念之間不可有毫髮差

修外功德内功德

人於利濟通達者力爲之患難困苦者力救之皆如
已身之事修此爲外功德也修之勿責人報勿希天
佑人若有知天若有靈此理當如何哉人能清心釋
累懲忿窒慾修此爲内功德也修之勿期道勝勿希
瑞應經若不誣教若不虛此理當如何哉

善惡有報

善惡若無報乾坤必有私此古語也善惡到頭終有
報只爭來速與來遲此古詩也或者執其爲善未必

福爲惡未必禍之說遂以謂善惡莫執無應妄啓輕福遠禍之心果能無應也耶夫善有善報善人爲善而天或不以善報非無報也蓋未報也惡有惡報惡人爲惡而天或不以惡報非無報也蓋未報也所謂未報者乃其未熟故耳逮夫熟時則其報之也其效如捷胡不觀大藏經云善若無報其善未熟其善熟時必受其福惡若無報其惡未熟其惡熟時必受其苦

心目相亂

仰面貪看鳥回頭錯應人是心爲眼所亂也忽目焉首見新月錯認蛾眉憶故人是眼爲心所亂也噫眼中有心心中有眼二者無意於相亂而不能不相亂也

責己說

責己不責人君子也責人不責己小人也小人惟知責人而不知責己所以多招外謗蓋嘗自恕也人之子弟或好賭博聲色寵養游獵一切玩弄皆自有以誘之故外得以投之費用未千百而生事已二三爲父兄者當痛責其子弟之不肖而箠楚之又懲戒之可也不此之爲而妄訴他人于官府冀其悛惡改過不可也大凡隣舍孩提或有爭競不問其是非如何只自撻其子也遂免他議人有書世情二字弁蘇秦只是舊蘇秦昔日何疎今日親之句於座右責其不情於我而不知未有可情之勢此所以疎之者何望焉秦穆公善誨過責己不責人荀子曰君子責己重以周此之謂也

斷飲說

房琯以片言取宰相楊炎以單議悟天子一言之感人也如此頃年陳公大卿生平好飲一日席上有一同寮舉以知命者不立於巖墻之下而問之陳曰酒亦巖墻也陳因是有聞遂終不飲不飲何其一言之感人如此今人或有所溺而乃諄諄之誨縷縷之詞勉之不從何也蓋勸其以所欲而禁其所不欲豈遠然惟我是聽而忘其所愛斷然不能投合不若以節之之說告之漸令改過可也大凡諫諍之道無出於此

茹蔬說

能爲人之所能爲而不能爲之所不能爲庸人也斷葷戒酒飲食菜茹蔬是人也能爲也割愛妻子絶念色欲是人之不能爲也喫菜事魔正生此患至於貪財戀色男女混雜修二會子說金剛禪皆幻術也若夫大可誅者不饗祀家先言送諸天堂上也且人之有身則有父有父則有祖四時饗獻示不忘其本也豈有倍祟而能上天堂也耶原其趣向非不慕善要之邪道繆用其心所以有禁止之令也

聲律對偶假借用字

天子居丹扆廷臣獻六箴此省題詩也白髮不愁身外事六么且聽醉中詞此律詩也二公之所以對者見之於詩無非借數而已周以宗彊賦故蒼籙之典廼始諸姬而阜康東門種瓜詩青門無外事尺地足生涯二公之所以對者見於賦詩無非借數與器而已詩史以皇眷對紫宸曲詞以清風對紅雨或以青州從事對烏有先生或以披綿黃雀對通印子魚因朱耶之板蕩致赤子之流離談笑有鴻儒來往無白丁是皆老於文學而見於駢四儷六之間者自然假借使得好不知膾炙幾千萬口也嘗記陳季陛應行先生舉似作賦之法用高皇對小白

戒食菰蕈

夏秋月雜菰蕈皆是惡蟲蛇氣結成前後壞人甚多斷不可喫爾農民何不勤力稼菜四時無缺何用將性命試此毒物特此勸諭莫招後悔見王狀元婺府十城

孫公談圃序

紹聖之改元也凡仕於元祐而貴顯者例皆竄貶湖南嶺表相望而錯趾惟閩郡獨孫公一人遷于臨江四年夏五月單車而至舁處林谷幅巾杖屨往來乎精藍幽塢之間其後避謗杜門不出余時侍親守官長汀縣竊從公游聞公言皆可以爲後世法亦足以見公平生所存之大節於是退而筆之集爲三卷命曰孫公談圃公狀貌奇特眉目孤聳望之凛然可畏元祐時歷三院遷左史入中書爲舍人危言讜論內

外憚之已而忤時宰意以集賢殿修撰留守南都後遷天章閣待制其謫官也自南都爲歸州遂以散秩謫臨汀公在汀二年竟以疾終明年歲在庚辰

天子嗣位盡還公官職士大夫傷公之不及見也余辱公之知且久而公之語亦嘗屬余記焉公之子劭而孤則其事久或不傳於是詳而述之庶幾不爲負公者非特爲談圃道也公諱升字君孚高郵人建中靖國元年正月初四日臨江劉延世述之引

孫公談圃卷上

高郵孫升君孚

藝祖生西京夾馬營營前陳學究聚生徒爲學童祖遺藝祖從之上微時尤嫉惡不容人過陳時時開諭後得趙學究即館于汴第杜后錄陳之舊召至門下與趙俱爲門客然藝祖獨與趙計事陳不與也其後藝祖踐祚而陳居陳州村舍聚生徒如故逮太宗判南衙使人召之居無何有言開封之政皆出於陳藝祖怒問狀太宗懼遂遣之且以白金贈行陳歸半道

盡爲盜掠居陳村舍生徒日衰饑寒無與從者太宗即位以左司諫召之官吏大集其門館于驛舍一夕醉飽而死趙學究即趙普也陳恕其名崔伯易能道其詳屢欲作傳

周孟陽春卿英廟宮僚也聖眷素厚書簡以老丈稱之當儲副時固辭不就而魏公亟欲定大計使人諭春卿春卿因造臥內諭意時裕陵秉燭侍立上曰所以不就者避禍也春卿曰今日之事太尉豈不知若果不就必當別立他人太尉能避禍乎上大悟即拜

春卿床下遂正儲位裕陵在東宮朝廷復以春卿爲翊善春卿爲人純直謂不當爲父子宫僚上表力辭有親奉堯言躬承禹拜之句魏公怒曰不易丙言初朝廷闕副樞人以春卿必膺是命已而寢不報迨裕陵即位孫永述其事始進天章閣待制入謝上撫慰甚厚未幾以疾終家貧不克葬露殯佛寺元祐御史賈易請依王雱例中使護葬宣仁曰待其子來子定民至盡哀英廟所賜御劄上之賜銀千兩官其一孫

秦州西溪多蚊使者行按左右以艾煙燻之有一廳

吏醉仆爲蚊所嘬而死世傳飽似櫻桃重饑如柳絮輕但知從此去不要問前程范文正公詩也西溪瀚海堰呂棠正所治至今屋記尚在後文正繼往故堰之城至今爲利

司馬君實之甍當明堂大享朝臣以致齋不及奠畢故帀蘇子瞻率同輩以往而程頤固爭引論語子於是日哭則不歌子瞻曰明堂乃吉禮不可謂歌則不哭也頤又諭司馬諸孤不得受弔子瞻戲曰頤可謂燠糟鄙俚叔孫通聞者笑之

呂相端奉使高麗過洋祝之曰回日無虞當以金書維摩經爲謝比回風濤輒作遂取經沉之聞絲竹之聲起于舟下音韻清越非人間比經沉隱隱而去權伯易在禮部求奉使高麗故實遂得申公事故楊康國錢勰皆寫此經往豐稷爲楊掌牋表言東海洋龍宫之寶藏所也氣如厚霧雖無風亦有巨浪使人臥木匣中雖蕩而身不搖食物盡嘔唯飲少漿舟前大龜如屋兩目如巨燭光耀沙上舟人以此卜之見則無虞也

荆公爲江西漕夢小龍呼相公求夾注維摩經十卷久而忘之後至友人家見佛堂中有是經因錄而送廟及在相府夢小龍來謝

交趾犯邕州蘇緘知不可守自殘其家坐廳事罵賊而死朝廷命郭逵討之交趾地熱死者十八九至富梁江止存一二人所過纂犯無噍類士卒頗思戰逵下令敢言戰者斬相持久之食盡有覘者言客栗江外可取燕逵疑有伏兵以蕃落騎五千衛而後往交趾洪真太子素養卒五百禁嗜慾教以陣法銳甚人

執金牌爲號果遇於窖傍迭以蕃落騎誘至平地大
破於江中其卒猶執金牌而沒遂擒太子因是納欵
當時多罪遣不深入乘勝覆其巢穴也
元豐修城李士京主其役日費四百千爲傭直元祐
初公爲御史按圖趼開發處來山乾艮例皆發掘將
至震地即上言民庶之家猶有避忌况天子衆大之
君乎其論甚切因是罷役浚濠時土中得一物狀類
人而無眉目埋之他處所掘得及舁去之人皆死或
言太歲也又獲大蛇類龍送金明池是夜大風飄瓦

子瞻以溫公論薦簾眷甚厚議者且爲執政矣公力
言蘇軾爲翰林學士其任已極不可以加如用文章
爲執政則國朝趙普王旦韓琦未嘗以文稱又言王
安石在翰苑爲稱職及居相位天下多事以安石止
可以爲翰林則軾不過如此而已若欲以軾爲輔佐
願以安石爲戒
子瞻試館職策題論漢文帝宣帝及仁宗神宗公率
傳堯俞王嵒叟言以文帝有蔽則仁宗不爲無蔽以
宣帝有失則神宗不爲無失雖不明言其意在此久
之御批軾特放罪
仁廟聖誕乃李淑妃也謚章懿太后晏殊撰碑叢時
上幼章獻養爲已子雖上亦不知也及即位章獻稱
制而楊太妃病革上問疾楊密語其事上大慟即見
執政欲行服章獻難之衆無敢言獨呂夷簡不去進
日陛下萬歲後獨不念劉氏乎於是持心喪然宮中
稍有異說章獻崩即日遣人發李太后棺驗之形色
如生鬚髮鬱然無少異上於是存撫諸劉晏殊撰神
道碑不白其事上不悅後升祔二后赦文孫抃當筆

直言爲天下之母育天下之君上覽之感涕孫遂參
大政
司馬溫公隧碑賜名清忠粹德紹聖初毀磨之際大
風走石羣吏莫敢近獨一匠氏揮斤而擊未盡碎忽
仆于碑下而死
鄭毅夫未第時夢浴池中化爲大龍池邊小兒數十
拍手呼爲龍公來既覺猶見其尾曳牀間辛于安州
十年貧不克塟滕元發爲郡一日夢毅夫來但見觜
中一白龍身首即毅夫也元發因出俸營窆

荆公爲許子春作家譜子春寄歐陽永叔而隱其名永叔未及覩後因曝書讀之稱善初疑荆公作既而曰介甫安能爲必予倒也

蘇洵明允作權書永叔大奇之爲改書中所用𦙶亂十餘字奏于朝明允因得官

崔公度伯易自號曲轅先生作太行山賦以太行近時忌改作感山賦裴煜得之獻魏公未及品藻示永叔永叔題其後曰司馬子長之流也魏公因薦其文英廟欲擢以館職魏公言未見其人之賢否召與語

談圃 〈卷上〉 六

未爲晩也後數日伯易與友人會話坐上忽齎詣身至乃授伯易頴川防禦推官國子監直講荆公嘗云感山賦不若明珠賦

公言昔曾得椰子酒嘗之余因曰椰子本出伽盧國其地熱衢植椰子木爲蔭剖其實中有酒能醉人若他國所釀多不同西域蒲萄酒南蠻檳榔酒扶南石榴酒辰溪鈎藤酒赤土國甘蔗酒

子瞻得罪時有朝士賣一詩策內有使墨君事者遂下獄李定何正臣劾其事以指斥論謂蘇曰學士素有名節何不與他招了蘇曰軾爲人臣不敢萌此心却未知何人造此意一日禁中遣馮宗道按獄止貶黄州團練副使

李撰徐禧爲同人時善景德寺嚴法華嚴死又與小法華善一日法華引禧撰往相國寺小巷中至一茅茨間見一老人藉薦而坐老人見撰曰華山童子也得也得次見禧詫曰許真君兒五代時宰相殺人多減三品後禧敗永洛以給事中贈金紫光祿大夫果第四品也禧洪州人家住許真君觀後是時京師盛

談圃 〈卷上〉 七

傳老人有奇術西騆馬店火先一日往店後孫染家懷中出一木略如魚狀曰此行雨龍也我於玉皇大帝處借來取水一椀以木魚蘸洒屋壁懐之而去是夜火孫氏完惟焚一厠乃木洒水不至處也

溫公大更法令欽之子瞻𡩋言宜慮後患溫公起立拱手厲聲曰天若祚宋必無此事二人語塞而去方其病也猶肩輿見呂申公議改都省臨終床簀蕭然惟枕間有役書一卷故公爲挽詞云漏殘餘一榻曾不爲黄金

儂智高陷邕州狄青討之列軍陣城下智高大宴城頭鼓吹振作一人衣道服罵官軍有善射者一矢斃之青隨行倚河東王簡子爲先鋒勇甚爲鏕所殺青見之汗出如雨世言青眞武神也至是叟兩皂旗麾兵而戰先用蕃落馬貫賊亂之大呼騎步夾進遂破智高是時智高可擒青疑有伏兵乃止

孫莘老知福州時民有欠市易錢繫獄甚衆有富人出錢五百萬葺佛殿請于莘老莘老徐曰汝輩所以施錢者何也衆曰願得福耳莘老曰佛殿未甚壞佛又無露坐者孰若以錢爲獄囚償官逋使數百人釋枷鏁之苦其得福豈不多乎富人不得已諾之即日輸錢囹圄遂空

杜祁公爲人清約平生非賓客不食羊肉時朝多恩賜請求無不從祁公尤抑倖所請即封還其有私謁上必曰朕無不可但這白鬚老子不肯

杜太監植少子灼爲李定所棍定曰莫要剝了綠衫灼從容對曰綠衫未剝恐先剝了紫衫定大怒枷送司理院求其贓罪不得以他事坐之衝替而已定未

幾果以不恃所生母仇氏服喪官而死灼今爲衢州典寧尉

王德用號黑王相年十九從父討西賊威名大震西人兒啼即呼黑大王來以懼之德用在朝屢引年仁宗惜其去兩爲減年一日除樞密使孔道輔上言德用狀類藝祖宅枕乾岡即出知隨州謝表云狀類藝祖父母所生宅枕乾岡先朝所賜時人莫不多其言

藝祖從世宗征淮南有徐氏世以酒坊爲業上每詣其家必進美酒無小大奉事甚謹徐氏知人望已歸即從容爲異日計上曰汝輩來吾何以驗之徐氏曰其全家人手指節不全不過存中節世謂徐鷄爪迨上登極諸徐來皆願得酒坊許之今西樞曾布其母朱氏即徐氏外生亦無中指節故西樞亦然也以其興故貴不知其氣所傳自外氏諸徐也

仁宗嘗患腰疼李公主薦一縣卒即召見用針刺腰針才出即奏云官家起行上如其言行步如故遂賜號興龍穴

劉虛白金陵人善三輔學堂只相兩府見曾子固曰

乞兒也陳執中爲撫州通判使者將劾之虛白曰無
患公當作宰相使者果被召半道而去王益知韶州
自期必至公輔部有張九齡廟相傳兩府過雖赤口
亦下雨王過雨作尨自負還金陵盛服見虛白曰幾
時入兩府虛白笑曰只做得都官益大怒欲危以事
時茶禁嚴聞虛白自南來使人伺察爲一郡將庇之
得免後虛白竟以他事杖脊而益果終都官郎中
荆公以雱病夜焚紙錢平甫戲曰天曹也行倉法時
新立倉法胥史重祿者皆用馬人以爲不便故平甫

譏之也
夏文莊父爲侍禁時文莊尚幼有道士愛之乞爲養
子父止文莊一子弗許道士曰是兒有仙骨不爾位
極人臣但可惜墮落了後文莊爲通判又見昔日道
士曰尚可作地仙在城都復見道士跨驢於市摇手
曰無及矣遂不復見
公嘗與孫莘老傳師喬師聖閭求仁約異日爲林下
友不至者以書督之公曰今莘老希聖相繼謝世獨
傳師尚顯求仁碌碌仕宦而某謫遠方前日之約不
能及矣良可歎也余謂林泉軒冕雖去就不同皆有
命焉公曰然

孫公談圃卷中

林英年七十致仕憩爲大理卿氣貌不衰如四五十歲人或問何術致此英曰但平生不會煩惱明日無飯喫亦不憂事至即遣之釋然不留胸中治獄多所全活若有所見者豈其陰相耶

馮大爺京嘗患傷寒已死家中哭之已而復甦云適往五臺山見昔爲僧時室中之物皆在有言我俗緣未盡故遣歸因作文記之屬其子他日勿載墓誌中

玉清昭應宮丁晉公領其使監造土木之工極天下之巧繪畫無不用黃金四方古名畫皆取其壁龕廡下以其餘材建五岳觀世猶謂之木天則玉清之宏壯可知玉清宮道院則今萬壽觀是也後玉清五岳皆焚獨道院在丁之董役也晝夜不息每晝一椘燃臘炬一枝㑹祥宮太宗建之爲民祈福神宗以其地屬震欲新之至元祐初落成宦人陳衍領其事凡當用黃金處皆以丹朱代之宮成兩宮臨幸肆赦

蔡確安陸詩吳處厚告於朝臺官唯李公擇言不宜長此風𢁉陶言無意餘持兩端故謫辭用首鼠對寒蟬之句諫官四人朱光庭吳安詩劉安世梁燾㨗章排論兩府獨范純仁留身方解之時王存已去行數步爲范一言而留之蔡既貶新州范王皆罷政公言使確誠無意如滄海揚塵之句非佳語也

隋開汴河其勢正衝今南京至城外迂其勢以避之古老相傳爲留趙灣王藝祖以宋州節度使即帝位乃其讖也

趙志忠自契丹歸明官至正郎嘗求差遣不報在都堂厲聲曰天下只有閻羅大王至公若教不公似志忠底已死了三二十個志忠歸中國時上書及待契丹文字甚多蓋志忠嘗爲契丹史官也

劉安世范祖禹同作諫官或傳宮中誕公主時上未納后二人即奏公言未必實二人固上之宜仁曰無此事大臣誤聽紹聖貶官安世自高州移梅州祖禹自賓州移化州

張文定嘗苦脚疾無藥可療一日遊相國寺有賣藥者得荼豆兩粒服之遂愈曾魯公七十餘苦痢疾鄉人陳應之用水梅花臘茶服之遂愈子孝寬言其父

異其術親記一小册子後
喬執中未過省時父竦素事普照像甚嚴日夕禱之夜夢一紫衣僧至堦前指庭之東見日初出甚近而光明不可正眎後英廟登極遂中第御名從日也
蘇少保頌爲人深沉有度量不恱於荆公能知制誥歸班二年赴常朝未嘗一日在告與人終日無一言及之元祐中與同列爭買易事遂以朋黨罷相而蘇平生未嘗識易也知楊州日呂溫卿出使杖孔目官以下四十餘人公怡然一聽所爲嘗奉親知婺州中

途大風舟壞親濡水公皇遽入水負抱迓吏及卒數百人盡跳波間須臾風定親獲安全世言公所以作相者孝德所召也又善言臺閣故事下至閭巷風俗士大夫吉凶禮無不能記嘗曰先朝人書狀簡尺後多用押字非自尊也從簡者以代名耳今人不復識見押字便怒
臾頤云荆公薨之前一歲淩晨閽者見一蓬頭小青衣送白楊木笏褁以青布荆公惡甚棄之墻下曰明年祖龍死予因言唐相趙憬將薨長安諸城門金吾是一小兒衣豹犢鼻攜五色繩子覔趙相公不旬日憬薨此相類也
張靖言荆公在金陵未病前一歲白日見一人上堂再拜乃故輦牧吏其死也已久矣荆公驚問何故來吏曰常相公恩以待制故來荆公愴然問雱安在吏曰見今未結絶了如要見可於某夕幕廡下切勿驚呼唯可令一親信者在側荆公如其言項之見一紫袍博帶據案而坐乃故吏也獄卒數人枷一囚自大門而入身具桎梏曳病足立廷下血汗地呻吟之聲

殆不可聞乃雱也雱對吏云告早結絶良久而滅荆公幾失聲而哭爲一指使掩其口明年荆公薨靖公門人其說甚詳
國朝謚文公者楊億王洙二人歐陽永叔薨欲以文爲謚時議者謂韓愈得文已爲僭矣[illegible]可得於是謚文忠有曰必留與介甫紹聖初荆公果謚文
仁廟皇嗣未立羣臣多言獨韓魏公有力一日殿上陳宗廟大計上不得已頷之遂降詔立濮邸比車駕還宮不食者再左右問安否上垂涕曰汝不知我今

日巳有交代官人有數其妃將入閤者曰何遽使他人爲上曰是他韓琦已處置了復泣下晚年每遇眞廟諱日羣臣拜慰心聞上慟哭其聲哀咽黔川謝師德嘗收梁職貢圖小筆尤精後有㴒尚書跋尾數百字開寶時親筆公甚愛之公云其畫絶妙世鮮有之師德公之女夫也

曹后稱制日韓琦欲還政天子而御寶在太后閤皇帝行幸即隨駕琦因請具素仗祈雨比乘輿還御寶更不入太后閤即於簾前具述皇帝聖德都人瞻仰

無不歡慰且言天下事久煩聖慮太后怒曰教做也由相公不教做也由相公琦獨立簾外不去及得一言有允意即再拜駕起遂促儀鸞司折簾上自此親政

神宗時旱一西僧呪水金明池雲氣蔽水加黑僧云羅叉神災劫重戰退天神不令下雨但可於某日內東門降雨數點而已果如其言

張日用知德清軍大旱民有爭水者日用曰今爲汝借水三寸二日內還汝乃於水中刻表爲記日用即詣一廟爲文具述借水事立廟中以俟即日大雨夜人視其表果及三寸而止

滕達道錢醇老孫莘老孫巨源治平初同在館中花時人各歷數京師花最盛處滕曰不足道約旬休日率同舍遊三人者如其言達道前行出封丘門入一小巷中行數步至一門陋甚又數步至大門特壯麗造廳下馬主人戴道帽衣紫半臂徐步而出達道素識之因曰今日風埃主人曰此中不覺諸公宜往小廳至則雜花盛開雕欄畫楯樓觀甚麗水陸畢陳皆

京師所未嘗見主人云此未足佳頋旨開後堂門坐上已聞樂聲矣時在諒闇中莘老辭之衆遂去莘老嘗語人平生看花只此一處

公曰荆公三經學者以謂如何余曰荆公學尤邃於理非後生所易知故學者又爲穿鑿所謂秦有司負秦法度也然荆公亦有所失如周官言犢牛耳荆公言取其順聽不知牛有耳而無竅本以鼻聽詩誰謂鼠無牙荆公謂鼠實無牙不知鼠實有牙昔曾有人引一牛與荆公辯之又嘗捕一鼠與之較公曰然

石曼卿謫海州日使人拾桃核數斛人迹不到處以彈弓種之不數年桃花遍山谷中

盧桐昭州人蔡挺薦爲國子直講爲人朴質不修人事至京杜門以故皆疎之唯孫莘老與之善莘老見桐看易詰其義皆非今世所學得京房曆數之說莘老出京桐夜半餞之言莘老禍福後無不中者

予問公今三歲一郊奏補賞賚有不貲之費漢唐無之豈祖宗有深意乎公曰然蓋自五代士卒驕無名邀賞故制此以厭人心議者欲裁損之不知此也

契丹有一佛寺甚壯麗使者至必焚香寺有大佛像鑄金鍍豐稷奉使見其供具器皿皆神宗賜高麗之物蓋高麗制於契丹每遇契丹使至其國所居殿上鴟尾皆暫徹去

鄭待制穆字閎中福州人與劉彝陳襄皆以德行爲世所尊號四先生時鄭歸閩公亦有詩送之曰清曉都門祖帳開路人相與嘆賢哉流塵幾騎看山眼落日休停別酒盃何待諸生留北闕自存遺直在東臺連江四老嗟誰在白首今朝只獨來

丁晉公執政不許同列留身唯王曾一切委順未嘗忤其意曾謂丁曰欲而求恩澤又不敢留身丁曰如公不妨一日留身進文字一卷具道丁事丁去數步大悔之自是遂有朱崖之行

南北郊其牲用犢取其爾粟者牽特時必先引其母然後能行及殺之際其母哀鳴人不忍聞攝祀者多避之

真宗一日晡時宣兩府於崇政殿衆疑今日別無奏事少頃乃賜食比暮召入禁中每人設一小閤子令易衫帽上曰太平無事與卿等飲酒爲樂左右列宮人上曰卿等家亦有之否獨王旦對曰無有上以二人賜之及罷又賜香藥皆珍寶也宮人解紅銷金項帕繫於袖中拜賜而出

陽城貴道州未行有書生五人訪城冠帶甚弊城各以一縑與之比至道州城謁五龍祠其縑皆在神坐側今刻石載其事

公晚貴歸州遂得唐翰林學士李翶事翶嘗貴知此郡唐史卽不載獨見於圖經今郡宅有翰林堂公至

歸生男子遂以蟲名之公在歸乞多詩什有北扉西掖青雲士千載飄零只兩人謂此也蓋公爲紫微日嘗兼權直學士院

公旣責歸州路逢梁燾燾時貶化州分其子孫一半在鄆梁有幼子八歲孫三歲至潭州爲知州喻陟所逼家人數日環聚泣別至是梁奮然擲其子于地其孫方挽衣不肯去梁掣其手而行雨中徒步而出道路爲之泣下

南海有飛鳥自空中遺糞于舟檝不可聞丁晉公之

貶崖鳥雖翔而糞不汙至崖盡縱所乘牛馬於山林間數年一夕皆集無遺者翊日遂有光州之命

公爲京東憲置黑漆牌雕黃字云刑獄寃濫詞理抑屈州縣不理立此牌下按部使人前佩之一日有婦人慟哭牌下曰吾女死夫家不知其由公取其案劾之果得其寃一路震駭

公罷泰州幕時携家人謁泗州雍熙塔見聖容不悅如怒色復歸高郵大病相繼一子夭後調官西上復拜塔下見其容甚悅遂有六察之薦劉士彥爲泗州日病甚其女刲股肉以進夜夢普照云我以與汝取得藥來明日有徐州居劉卿人也來獻袈裟於塔下方掛塔之次於聖像中得藥一貼題云和州歷陽縣秦家治風藥服之香氣徹頂即日遂安

范文正少養於外氏朱家朱南京人今留府後朱少卿宅是也文正學於府庠同舍有病者文正親調藥以療病極囑文正曰吾無以報子平生有一術遊遠方未嘗窮乏者術之力也今以遺子因授藥一囊方書一小冊文正不得已而留之未嘗取視後二十年

得其子還之封識宛然

子瞻在黃州術士多從之游有僧相見數日不交一言將去懷中取藥兩貼如蓮蘂而黑色曰此燒煉藥也有緩急服之子瞻在京師爲公言至今收之後謫海島無恙疑得此藥之力

孫公談圃卷下

予由嘗爲黃白術先治一室甚密中置大爐將舉火見一大貓據爐而溺須臾不見予由以謂神僊之術天使濟貧乏待其人然後傳予非其人遂不復講

呂文靖生四子公弼公著公奭公孺皆少時文靖與其夫人語四兒他日皆繫金帶但未知誰作宰相吾將驗之他日四子居外夫人使小鬟擎四寶器貯茶而往教令至門故跌而碎之三子皆失聲或走歸告夫人者獨公著凝然不動文靖謂夫人曰此子必作

相元祐果大拜

丁崖州多智數在海外有一販夫輒與數百緡任其貨易歲久不問商人疑其意且欲報之曰相公或使之雖死不避丁乃預計南京春宴必有中使在坐因作表丐還封爲書投府坐約商人曰汝必須於是日到仍須宴次投之商人欣躍而去至則如其言府坐得書懼不敢發欲匿之又中使已見遂因中使同附奏自是得移光州其表云雖遷陵之罪大應立主之功多

黃魯直得洪州解頭赴省試公與喬希聖數人待榜相傳魯直爲省元同舍置酒有僕自門被髮大呼而入舉三指問之乃公與同舍三人魯直不與坐上數人皆散去至有流涕者魯直飲酒自若飲酒罷與公同看榜不少見於顏色公嘗爲其婦翁孫莘老言甚重之後妻死作發願文絕嗜慾不御酒肉至黔州命下亦不少動公在歸州日見其容貌愈光澤留貶所累年有見者無異仕宦時議者疑魯直其德性殆夙成非學而能之

予嘗小釀公聞而見訪後度釀熟以詩見索云稍覺香薰鼻還思酒入唇盈缸止三斗可發甕頭春予因和云紫貂寒擁鼻綠蟻細侵唇遊燭當時事壺頭此日春

公問自昔貶官至汀者爲誰予對圖經不載按唐史蘇弁自戶部侍郎以腐粟貶司戶蔣防自翰林學士貶刺史裴胄自宣州刺史貶司馬張又新自行軍司馬貶刺史

何殿直黜卒也善行天心正法子由婦遇祟二年何

治之初見四鬼環守後止見一何更造天獄築壇追捕鞭笞之聲聞於外是夜婦如醉而醒者家人詢二年之病皆不記但如夢中耳公先娶撫州吳氏因言吳氏有女爲祟所苦得洪州道士治之而愈道士埋符廟下一夕廟屋盡圮至今修而復壞者數四其術秘不傳世

安南不滅議者歸咎王荆公進郭逵而退李憲荆公咲曰使逵無功勝憲有功使宦者得志吾屬異日受禍矣他日有朝士在中書稱李憲字荆公厲聲叱之

曰是何人卽出爲監當

宋宣獻家藏書過祕府章獻明肅太后稱制未有故實於其家討論盡得之

王青未遇時貧甚有人告曰何不賣脂灰令人家補豐器青如其言家貲遂豐是時京師無人賣此今則多矣蓋自青始也公見高士英說少時見青監倉門時有一朝士在坐求青相青云眼昏看人不中朝士曰某不遠千里而來幸無辭也青曰無所諱則言官人山林中有寃氣所以平生坎坷守官多事不銜替卽差替也朝士愕然曰某五歲時所生母死於江行父遽焚於水濱卽解舟而去後求骨已亡矣無一日不恨青曰如此不須問相也

元祐初呂申公欲以張問爲給事中張老甚外議恂恂公上言朝廷欲用老成者謂其有成人之德豈特蒼頭白髮而已乎人有譏於申公申公以皓首叉弟公續除慶帥辭疾不行請宮觀卽以秘書少監領真祠公言近嘗有其官亦如此請者因得罪不宜以宰相弟遂撓法申公不悅出公知濟州

胡競除監察御史公連章言禁中何以知此人姓名且未嘗有大臣論薦及有投獻文字堅執不下引觀近臣以其所爲主觀遠臣以其所主孔子主癰疽侍人瘠環又主上春秋鼎盛太后簾幃深密正當防竊美之人蓋指陳衍也其命遂寢今按家集所載乃裴綸非胡競

凡稱臣寮土言卽御史所陳舊日皆書御史姓名至仁宗朝因事罷之

蒲恭敏宗孟知鄆州日有盜黃麻胡者刼良民使自掘地倒埋之觀其足動以爲戲樂恭敏獲其黨先刖

夫足筋然後置于法先是寇依梁山濼縣官有用長梯寇蒲葦間者恭敏下令禁毋得乘小舟出入濼中賊既絶食遂散去公爲寇日一倚恭敏凡獲盜卽日輦金至市中行賞以故人人用力斬捕略盡

閩中唯建劍汀邵武四處殺子士大夫家亦然章郇公建州人生時家媪將不舉凡滅燭而復明者三有呼於梁者曰相公家人懼甚遽收養之

藍大卿丞知吉州日朝廷議行新法自愈年老乞致仕忽有相手紋者曰大卿正做官何故要閑藍驚曰

吾雖有意而未發言何以知之相者曰只爲手中一道紋分明藍之子方病觀其手曰有兩橫紋相侵則不可救已而紋侵果卒

許景山遜知維揚以卒子予春既除服往舊治將丐府公理遺表事時王丞相珪爲郡予春以封狀見之謁通判拒不見予春大怒拂衣去而丞相聞之曰前日一封狀甚謹況其氣節如此因立奏遺表遂授太廟齋郎時年巳四十終天章閣待制

瓊崖四州在海島上中有黎戎國其族散處無酋長多沉香藥貨余靖知桂州時吳蒙爲司戶管內機宜文字以卒五百安撫黎戎蒙謂此不足以立功卽深入其地反爲掩殺蒙下馬請降戎得蒙待之甚厚以女妻之而蒙有子在瓊州令以銀五十星造兩餅贖之戎得餅甚喜遂放蒙還嘗上木出黎戎飲四州人少忤其意卽毒其上流故鮮能入其巢穴國初時有一節度使忘其名姓王不悅於趙普因使討之王有知術使士卒以鐵底爲襪入其地多使斬馘至今國中一石戎過之必懼而再拜相傳王節度曾坐其上

蒙卽荆公夫人之叔父公先妻吳與荆公夫人同母親見蒙說如此公再娶周卽春卿家有賢行

張舜民芸叟從軍高遵裕有詩曰白骨似沙沙似雪勸君莫上望鄉臺神廟見詩責郴州稅郴多碧蓮根大如盌張嘗以墨印於詩藁上以詫北人也

紹聖初復用元豐舊人呂吉甫起知金陵公責歸州過之燕勞甚厚回謁於清涼寺問曾上荆公墳否公言不曾到但妻母墳近一省之蓋是時士大人上荆公冢者無虛日呂因是問之

巫山神女廟其像坐帳中秘不可覯馮沆學士之幼子美秀如玉年十五隨沆知夔州日戲于郡圃必拍手呼鹿鹿至則騎之人以爲異後改蜀郡過巫山廟其子輙搴帷見神女目動歸時頭痛疾三日而卒

公言近歲乘輿唐突者多爲衛士毆傷宜造一木匣如匭狀隨駕而行以御史一員掌之庶使冤抑可伸而良民無毆傷之害

晁堯民端仁嘗得冷疾苦無藥可治惟日中灸背遂愈

范峒善風鑒公爲中書舍人時峒曰凡坐猴毛要如半睡者公在馬上精神太衒恐不久居此未幾果出知南京

公昔與杜挺之梅聖俞同舟遡汴見聖俞吟詩日成一篇衆莫能和因密伺聖俞如何作詩蓋寢食游觀未嘗不吟諷思索也時時於坐上忽引去奮筆書一小紙内筭袋中同舟竊取而觀皆詩句也或半聯或一字他日作詩有可用者入之有云作詩無古今惟造平淡難乃筭袋中所書也

徐君平金陵人親見荆公病革時獨與一醫者對床而寢荆公矍然起云適夢與王禹玉露髻不巾同立一壇上已而遂薨此可怪也

莊常及第時在期集處爲公言先夢已及第猶着白衣見主上被髮常在衆中騎馬意欲先行爲前三人擁而不得進又過一大澗幾墮後得一人狀貌甚偉扶掖而過果第四人及第則前有三人之應也後一人乃沈季長正如夢中所見時在諒闇中卽被髮之應也

儂智高反時官軍屢敗孫沔余靖軍行不整所過殘掠狄青爲帥有婦人賣蔬於道一卒倍取青捽卒馬前斬之至廣召諸將責陳曉（犯英廟御名）違節制斥起大門外已羅酒炙遂斬之孫余坐上股栗自是軍聲大振秋毫無犯遂破賊焉

杜鎬龍圖江南名士植之祖也初登第時將試之前夕寤而燭之見大鼠銜卷于前視之乃孝經正義明日果於正義中出題三道

俞次尚與其妻素達理性次尚病呼其妻曰我將死

時次尚二子在外妻曰我欲先死君俟諸子至未晩
也其妻奄然而化次尚爲文誌其墓已而諸子至明
日告曰吾亦行矣卽薰沐趺坐而化孫莘老嘗表其
墓次尚官至屯田郎湖州人字退翁云
燕達爲兒時賣鴨卵嚴法華取其卵悉啖之既而撫
其背曰惜取身他日一箇節度使
契丹犯澶淵奏至寇準適在病告上遣數輩召與計
事準辭疾復遣衛士舁病而入亦不至明日準入對
上引視二圖一江南一蜀中也準曰江南必王欽若

蜀中必陳堯咨也二人以其鄉里皆亡國詔不可固
請鑾輿親征卽出懷中所擬將校姓名凡數百人詔
較皆具矢戈卽日言邁遂平大寇準之力也
馬亮善相人爲夔路監司日呂文靖父爲州職官一
見文靖卽許以女嫁之其妻怒曰君嘗以此女爲國
夫人何爲與選人子亮曰此所以爲國夫人也

墨客揮犀　宋　彭乘

包拯自御史直諫院危言正議傾動朝野仁廟常溫
顏優納近侍以爲難帝曰忠鯁之言固苦口而逆耳
蓋有所益也設或無益亦無所害又何必拒而責之
大聖之度慈厚若此
孫資政沔出帥環慶宿管城値夏州進奉使至或曰
當避驛者公曰使夏國王自入朝亦外臣也猶當在
其下況陪臣乎羌使遂宿白沙仁廟聞而嘉之

詩人多用方言南人謂象牙爲白暗犀爲黑暗故老
杜詩曰黑暗通蠻貨又謂睡美爲黑甜飲酒爲軟飽
故東坡詩曰三盃軟飽後一枕黑甜餘
左傳晉使子貢謂鄭人曰君有楚命亦不使一介行
李告于寡人註行李謂行人也今人乃爲行裝爲行
李非也
鄭希仲云凡仕官有三難一謂統十萬之衆而爲帥
二爲翰林學士三謂宰劇邑三者苟非其材則事必
廢隳除是三者雖宰相猶可以常才兼之

世人畫韓退之小面而美髯著紗帽此乃江南韓熙載耳尚有當時所畫題誌甚明熙載謚文靖江南人謂之韓文公因此遂謬以爲退之退之肥而寡髯元豐中以退之從享文宣王廟郡縣所畫皆是熙載後世不復可辯退之遂爲熙載矣

舊制三班奉職月俸錢七百驛豢肉半斤祥符中有人爲題詩驛舍門曰三班奉職實堪悲卑賤孤寒即可知七百料錢何日富半斤羊肉幾時肥朝廷聞之曰如此何以責廉隅遂議增月俸

嘗有一名公初任縣尉有舉人投書索米戲爲詩答之曰五貫五百九十俸虚錢請作足錢用妻兒尚未厭糟糠僮僕豈免遭飢凍贖典贖解不曾休喫酒喫肉何曾夢爲報江南癡秀才更來謁索覓甚瓮熙寧中例增選人俸錢不復有五貫九百俸者此實養廉隅之本也

藏書畫者多取空名偶傳爲鍾王顧陸之筆見者爭售此所謂耳鑒又以觀畫而以手摸之相傳以謂色不印指者爲佳畫此又在耳鑒之下謂之揣骨聽聲

歐陽公嘗得一古畫牡丹叢其下有一猫永叔未知其精妙丞相正肅吳公與歐公家相近一見曰此正午牡丹叢何以明之其花敷妍而色燥此日中時花也猫眼黑睛如綫此正午猫眼也有帶露花則房斂而色澤猫眼早暮則睛圓正午則如一綫耳此亦善求古人之意也

揚州芍藥名著天下郡國最其盛處仁宗朝韓魏公以副樞出鎮維揚初夏芍藥盛開忽於叢中得黄緑稜者四朶土人呼爲金腰帶云數十年間或有一二

朶不常見也魏公開宴召三人者同賞時王禹玉作監郡王荆公爲幕官陳秀公初校尉衛寺丞爲過客其後四人者皆相繼登台輔蓋花瑞也

倪彦及朝奉嘗爲太原府幕官云太原人喜食棗無貴賤老少常置棗於懷袖間等閑探取食之則人之齒皆黄緑食棗故乃驗嵇叔夜齒三晉而黄之說

蒲陽壺公山有盟泉在嵌嵒之側一穴大可容臂其源常竭求涓滴不可得州縣遇旱暵即遣吏齋沐置淨器於前以茅接之泉乃徐徐引出滿器而止有一

蟹大如錢色紅可愛緣茅入器中戲泳俄頃乃去若遇蟹出雨必霑足此亦應天寺鰻井之類也

往歲士人多尚對偶爲文穆修張景輩始爲平文當時謂之古文穆張嘗同造朝待旦於東華門方論文次適見有奔馬踐死一犬二人各記其事以較工拙穆修曰馬逸有黄犬遇蹄而斃張景曰有犬死奔馬之下時文體新變二人之語皆拙澀當時已謂之工傳之至今

桂州婦人産男者取其胞衣淨濯細切五味煎調之

召至親者合宴置酒而啖若不與者必致怒爭

北人喜鴉聲而惡鵲聲南人喜鵲聲而惡鴉聲鴉聲吉凶不常鵲聲吉多而凶少故俗呼喜鵲古所謂乾鵲是也南中多有信鵲者類鵲而小能爲百禽聲春時其聲極可愛忽飛鳴而過庭詹間者則其占爲有喜北野禽或獐狐之類入人家者必有不祥事余累試甚驗不但人家路行遇飛鳥過者切避之若遺糞汚人衣者亦不祥又見雀鬭者不得相逐遭官事

毘陵郡士人家有一女姓李氏方年十六歲頗能詩甚有佳句吳人多得之有拾得破錢詩云半輪殘月掩塵埃依稀猶有開元字想見清光未破時買盡人間不平事又有彈琴詩云昔年剛笑卓文君豈信絲桐解誤身今日未彈心已亂此心元自不由人雖有情致乃非女子所宜

王君貺爲三司使乞更河北鹽法條約頗精密仁廟批曰朕不忍河北軍民頓食貴鹽三司即時寢罷後刻詔於北京望宸閣

雀有色純白者有尾白者搆巢人家多爲祥瑞余曾

見賣藥老人育白雀數枚問何從得之答云雀方出殻未羽時以寨和飯飼之乃然

夔峽間有子母鵲比常鵲差大雌雄未嘗相離虞者必雙得之閉雌於籠中縱雄出食食飽輒歸縱雌亦然若雙縱則徑去不復返矣

河州有禽名骨托狀類雕高三尺許常以名自呼能食鐵石郡守每置酒輒出以示坐客或疑鐵石至堅非可食之物乃取三寸白石繫以絲繩擲其前即啄而吞之良久牽出視石已軟爛如泥矣

文潞公住洛日年七十八同時有中散大夫程珦朝議大夫司馬旦司封郎中致仕席汝言皆七十八嘗爲同甲會各賦詩一首潞公詩曰四人三百二十歲況是同生丙午年招得梁園爲賦客合成商嶺採芝仙詩談亹亹風盈席素髮飄飄雪滿肩此會從來誠未有洛中應作畫圖傳

韓侍中薨差内臣張都知督葬事玄堂甃以石一切用度皆出於官上自撰墓碑題其額曰兩朝顧命定冊元勳之碑明年曾侍中薨上題其墓碑額曰兩朝

顧命贊冊亞勳之碑

虎每食一人則耳成一缺汀州西山有虎爲暴十餘年後爲射者所殺兩耳如鋸焉

歐陽文忠公好推攬後學王向少時爲三班奉職勾當滁州一鎮時文忠守滁州有先生爲學子不行束修自往詣之學子閉門不接先生訟於向向判其牒曰禮聞來學不聞往教先生既已自屈弟子寧不少高盍二物以收威豈兩辭而造致先生不喜向判徑持牒以見歐公公一閲大稱其才遂爲之延譽獎進成就美名李爲閩人

慶曆中范希文以資政殿學士判邠州予中途上謁翌日召食時李郎中丁同席范與丁同年進士也因道舊日共修學時最爲貧窶與劉某同在長白山僧舍日惟煮粟米二升作粥一器經宿遂凝以刀爲四塊早晚取二塊斷虀十數莖醋汁半盂入少鹽暖而啗之如此者三年

鍾弱翁所至好貶剝榜額字畫必除去之出新意自立名令具牌當爲重書之鏤刻工匠十數輩然自書

不工人皆苦之嘗經過廬陵一山寺有高閣壯麗弱翁與僚屬部曲擁立望其榜曰定慧之閣自徑入寸旁題姓名漫滅弱翁故意稱謬使僧呼梯取之拭拂視之乃魯國顔眞卿書弱翁顔謂客曰似此字畫何不刻石即令刻石傳者以爲笑

漳州漳浦縣地連潮陽素多象往往十數爲羣然不爲害惟獨象遇之逐人蹂踐至肉骨糜碎乃去蓋獨象乃衆象中最獷悍者不爲羣象所容故遇之則蹂而害人

僧悟空在江外見一猿坐樹杪弋人伺其便射之箭中母腹母呼其雄至付子已哀鳴數聲乃拔箭墮地而死射者折矢棄弓誓不復射

貉行十數步輒睡以物擊竹警之乃起既行復睡性嗜紙狀如兔毛質滑膩可愛予元符中於京師買藥翁處見之

國子博士李餘慶知常州强於政事果於去惡凶人惡吏畏之如神末年得疾甚困有州醫博士多過惡常懼爲餘慶所發因其困進利藥以毒之服之洞泄

不已勢已危餘慶察其姦使人扶昇坐廳事召醫博士杖殺之然後歸臥未及席而死葬於横山人至今畏之過墓者皆下馬有病瘧者取墓土著牀席間輒差其敬憚之如此

石守道學士爲舉子時寓學於南都其固窮苦學世無比者王侍郎瀆聞其勤約因會客以盤餐遺之石謝曰甘脆者亦某之願也但日享之則可若止修一餐則明日何以繼乎朝享膏粱暮厭粗糲人之常情也某所以不敢當賜使以食還王益重之

白樂天每作詩令一老嫗解之問曰解否嫗曰解則録之不解則又復易之故唐末之詩近於鄙俚也

鞠詠卿守潤州民有鬭毆者本罪之外別令先毆者出錢以與後應者小人靳財兼不憤輸錢于敵人終日紛爭相視無敢先下手者

王雱丞相荆公之次子也取撫州龐氏踰年生一子雱素有心疾至是與其妻不睦丞相念婦之無罪逐離而嫁之是時侯叔獻死而其妻隗氏幃箔不修丞相表其事而斥去時有謗語曰王太祝生前嫁婦侯

工部死後休妻

東野下第詩曰出門如有碍誰云天地寬晚登第乃作詩曰春風得意馬蹄疾一日看盡長安花夫名利之重輕人所不能免東野尤甚

熙寧中高麗遣使求入貢且求王平甫學士京師題詠有旨令權知開封府元厚之内翰抄録以賜時厚之自謂平甫求新著平甫以詩戲厚之曰誰使詩先來鳳沼欲傳賈客過鷄林

世謂太守爲五馬人罕知其故事或言詩云孑孑干

旟在浚之都素絲組之良馬五之鄭注謂周禮州長旟漢太守比州長法御五馬故云後見龎幾先朝奉云古乘駟馬車至漢時太守出則增一馬事見漢官儀注

陳瑩中爲予言神宗皇帝一日行後苑見牧豭豘者問何所用牧者對曰自祖宗以來長令畜之自稚養之以至大則殺之必養其稚者前朝不敢易爾不知果安用神宗沈思久之詔付有司禁中自今不得復畜數月衛士忽獲妖人急欲血澆之禁中卒不能致

神宗方悟太祖遠略亦及此

舒王在鍾山有道士來謁因與碁輒作數語曰彼亦不敢先此亦不敢先惟其不敢先是以無所爭惟其無所爭故能入於不死不生舒王笑曰此特碁隱語也

杜牧華清宮詩云長安回望綉成堆山頂千門次第開一騎紅塵妃子笑無人知道荔枝來尤膾炙人口據唐紀明皇以十月幸驪山至春卽還宮是未嘗六月在驪山也然荔枝盛暑才熟詞意雖美而失事實矣

李翰林作襄陽歌云清風明月不用一錢買玉山自倒非人推人皆推爲佳句至歐陽文忠公題蘇子美滄浪亭詩乃云清風明月本無價可惜只賣四萬錢二人致詞雖異然皆善談風月者也

張端公伯玉大科成名篇什豪邁尤爲清脫過姑熟見李太白十詠嘆美久之周流泉石間後見一水清激詢地人曰此水名明月泉公曰太白不題此泉將留以待我也公有詩曰至今千丈松猶伴數岩雪不

見纖塵飛寒泉皜明月

子瞻嘗自言平生有三不如人謂著碁喫酒唱曲也然三者亦何用如人子瞻之詞雖工而多不入腔正以不能唱曲耳

荆公禹玉熙寧中同在相府一日同侍朝忽有虱自荆公襦領而上直緣其鬚上顧之笑公不自知也朝退禹玉指以告公公命從者去之禹玉曰未可輕去輒獻一言以頌虱之功公曰如何禹玉笑而應曰屢遊相鬚曾經御覽荆公亦爲之解頤

館閣新書淨本有悞書處以雌黃塗之甞校改字之法刮洗則傷紙紙貼之又易脫粉塗則字不沒塗數遍方能漫滅惟雌黃一漫則滅仍久而不脫古人謂之鉛黃蓋用之有素矣

東南之美有會稽之竹箭竹爲竹箭爲箭蓋二物也今採箭以爲矢而通謂矢爲箭者因其材名之也至於用木爲矢而謂之箭則謬矣

丁晉公之逐士大夫遠嫌莫敢與之通聲問一日忽有一書與執政執政得之不敢發立具上聞洎發之

乃表也深自敘致詞頗哀切其間兩句曰雖遷陵之罪大念立主之功多遂有北還命謂多智變以流人無因達章奏遂託爲執政書度以上聞因蒙寬宥

唐華清宮今靈泉觀也七聖殿之西南隅十數步間有皂莢一株合數人抱枝榦頗瘁相傳云明皇洎貴妃共植于此每歲結實必有十數莢合懽者京兆尹命老卒數人守視之移接于他枝則不復合懽也

凡夜食必以燭余一夕大醉渴甚取水將飲聞水中有聲急呼燭觀之得一蟲狀如蚯蚓細而長問左右曰水蠱蟲也入腹中食人腸胃

黃宗旦晚年病目每奏事先其奏自成誦于口至上前展奏自誦之其實不見也同列害之客以他書易其奏目宗旦不知也至上前所誦與奏目不同歸方覺之遂乞致仕

嶺南有異蟲如蚯蚓長尺餘觜利如錐多夜出半身著地半指空而行或有誤觸之者直入人心腹食人至死乃出土人目之爲夜虎甚畏避之

蟯蛝夜飛宜避之撞入胸腹或臂股間輒遺子而去

人或不悟子漸隱入肉中爲患在股臂間者猶可傳療若入心腹則不可治也

漢以宮殿多災術者言天上有魚尾星宜爲其象冠于室以禳之今自有唐以來寺觀舊殿宇尚有爲飛魚形尾指上者不知何時易名爲鴟吻狀亦不類魚尾

蘇伯材奉議云凡欲松偃蓋極不難栽時當去松中大根惟留四旁鬚根則無不偃蓋

壺山有栢木一株長數尺半化爲石半猶是堅木蔡

君謨見而異焉因道置私第余莆陽日親見之
菌不可妄食建寧𫝀山石間忽生一菌大如車蓋鄉民異之取以爲饌食者輒死凡菌爲羮照人無影者不可食食殺人又有菌蔟生於朽木或糞壤上其形如瑞芝潔白可愛夜則有光可以鑑物
江南陳彭年博學書史於禮文尤所詳練歸朝日侍從朝廷郊廟禮儀多委彭年裁定援引故事頗爲詳洽嘗攝太常卿導駕誤行黄道上有司止之彭年正色曰自有典故禮曹素畏其該洽不復敢詰問

至和中余赴任邕至金城驛鄉置早膳聞如以手答腰鼓者問郵卒曰何處作樂曰非也乃鴆鳥禁蛇
凌霄花金錢花渠那異花皆有毒不可近眼有人仰視凌霄花露滴眼中後遂失明
楊梅皂角木皆有雌雄雄者不實鑿木爲作方寸穴取雌木塡之乃實銀杏葉如鴨脚獨窠者不實偶生及叢生者乃實
李瑋太尉罷郢州入朝至襄陽疾病止驛舍兩月餘瑋嘗命蜀人費孝先作卦影先畫一鳳止於林下有關焉又畫一鳳立於臺又畫衣紫而哭者五人蓋襄州南數里有鳳林關傳舍名鳳臺驛始瑋止二子侍三子守官于外聞瑋病甚悉來奔視至之翊日瑋乃卒果臨其喪者五人
熙寧中華大卿申者善事貴權王丞相生日卽飯僧具疏籠雀鴿造相府以獻丞相方家會卽於客宴開籠搢笏手取雀鴿跪而一一放之每放一鳥且祝曰願相公一百二十歲
曾有秀才因盗絹被執亦以試賦獲免其警對云竊其戶而聞其無人心乎愛矣見其利而忘其有義卷

而懷之
蒲傳正知杭州有術士請謁蓋年踰九十而猶有嬰兒之色傳正接之甚歡因訪以長年之術答曰其術甚簡而易行他無所忌惟當絕色慾耳傳正俛思良久曰若然則壽雖千歲何益
鎭陽於諸節中尤重寒食是日不問貧富皆製新衣煥然滿目云一歲終惟此日易衣雖甚弊不復易至來歲是日復圖一新也余素知北人重此節然不聞

有易衣之俗自聞嶺已南視此節則若不聞矣故沈佺期謫嶺表日有詩云嶺外逢寒食春來不見餳鑛陽新甲子何日是清明則南北異俗可知矣

墨客揮犀八　十六

師友談記

宋　李廌

東坡先生嘗謂某曰范淳夫講書爲今經筵講官第一言簡而當無一冗字無一長語義理明白而成文粲然乃得講書三昧也

太史公嘗講禮曰擬人必於其倫先儒之説謂擬君於君之倫擬臣於臣之倫臣以爲此特位而已擬人必以德爲貴桀紂人君也謂匹夫爲桀紂其人必不肯受孔孟匹夫也謂人君爲孔孟其人必不敢當

師友談記八　一

秦少游論賦至悉曲盡其妙葢少時用心於賦甚勤而專常記前人所作一二篇至今不忘也

少游言賦中作用與雜文不同雜文則事詞在人意氣變化若作賦則惟貴鍊句之功鬬難鬬巧鬬新借如一事他人用之不過如此吾之所用則雖與衆同其語之巧迥與衆别然後爲工也

國朝前輩多循唐格文冗事迂獨宋范滕鄭數公得名於世至於嘉祐之末治平之間賦格始備廢二十餘年而復用當時之風未易得也已

東坡嘗云頃年文忠歐公薦其先君薦章才上一時公卿爭先求識面交口推服聲名一日大振蓋歐公之言旣取重於世而當時之人亦有喜賢好善之心無紛紛翕訿之閒言也

東坡云國朝試科目昔在八月中旬頃與黄門公旣將試黄門公忽感疾卧病自料不能及矣相國韓魏公知之輒奏上曰今歲召制科之士惟蘇軾蘇轍最有聲望今聞蘇轍偶病未可試如此人兄弟中一人不得就試甚非衆望欲展限以俟上許之黄門病中

魏公數使人問安否旣聞全安方引試凡比常例展二十日自後試科目並在九月蓋始於此比者相國呂微仲語及科目何故延及秋末之説東坡爲呂相國言之相國曰韓忠獻其賢如此深可慕爾

蘇過叔黨言其堂姊嫁蒲澈澈資政傳正之子也傳正守長安日澈諸婦閉戸不治一事惟滴酥爲花果等物每請客一客二十飣皆工巧盡力爲之者只用一次復速客則更之以此諸婦日夜滴酥不暇

太史公譔月令開題凡數千言備陳歷世遵陰陽爲政事之迹與魏相栁宗元之説反復甚明前世論時令者莫能過也且曰儒者多言不必從月令故時令論立説誠有以破漢儒附會災異之弊然洪範以五事應五行有休徵咎徵符契甚明後之人君不可不爲鑒也

蘇仲豫言蔣頴叔之爲江淮發運也其才智有餘人莫能欺漕運綜繹蔣奥人暗知風水嘗於所居公署前立一旗曰占風旗使人日候之置籍焉令諸漕綱日程亦各記風之便逆蓋雷雨雪雹霧露等或有不

均風則天下皆一毎有運至取其日程曆以合之責其稽緩者綱吏畏服蔣之去占風旗廢矣

晁無咎云[redacted]著作職今不修日歷甚閒但攷教坊判官致語口號等及小祠祭校對祝版爾

東坡云郭子儀鎭河中日河甚爲患子儀禱河伯曰水患止當以女奉妻已而河復故道其女一日無疾而卒子儀以其骨塑之於廟至今祀之惜乎此事不見於史也

東坡謂廌與李祉言曰某平生於寢寐時自得三昧

吾初睡時且於床上安置四體無一不穩處有一未穩須再安排令穩旣穩或有些小倦痛處畧按摩訖便瞑目聽息旣勻直宜用嚴整其天君四體雖復有苛癢亦不可少有蠕動務在定心勝之如此食頃則四肢百骸無不和通睡思旣至雖寐不昏吾每日須於五更初起櫛髮數百類而盡服裳衣畢須於一淨榻上再用此法假寐數刻之味其美無涯通夕之味殆非可比平明吏徒旣集一呼卽與冠帶上馬率以爲常二君試用吾法自當識其趣愼無以語人也天

下之理能戒然後能慧蓋慧性圓通必從戒謹中入未有天君不嚴而能圓通覺悟者也二君試識之

張文潛曰先皇尚經術本欲求賢聖旨趣而一時師說競以新奇相高妄爲臆說卽附意穿鑿如說詩曰溱與洧方渙渙兮士與女方秉蕳兮女曰觀乎士曰旣且且往觀乎洧之外洵吁且樂惟士與女伊其相謔贈之以芍藥以謂溱洧之會芍藥善墮胎行血故爲之贈然詩言士與女相謔然則士贈女乎女贈士乎借謂女贈士安用墮胎行血也此殆是以芳香爲好之義何至是陋也劉貢父嘗曰贈之芍藥士女不分若夫視爾如荍貽我握椒則女贈士必矣本草云椒性溫明目煖水藏則女無用也莫不以爲笑嗚呼有是種種陋說而觸類長之此爲罷經義之禍其本亦以此

太史公講禮王制曰礿禘烝嘗此祭之名天地社稷五祀名山大川之在其地者因國之在其地而無主後者此祭之事犆礿祫祭之類此祭之禮然非祭之本祭之本諸侯得一國之歡心以事其先王天子得

四表之歡心以事其先王者是也夫犧牲幣帛粢盛酒醴皆出於民力古者先成民而後致力於神凡以祭之本在於民而已

黄任道見荆公有繆忝辛酉叨竊仲冬之語言同歲也

曾誠存之嘗曰近見少師韓持國云仁皇一日與宰相議政罷因賜坐從容語曰幸茲太平君臣亦宜以禮自娛樂卿等各有聲樂之奉否各言有無多寡[illegible]宰相王文正[illegible]聲色素無後房姬媵上乃曰

賜且細人二十卿等分爲敎之俟藝成皆送且家一時君臣相說如此

東坡爲禮部尚書宣仁上仙乃與禮官與太常諸官直宿禁中關决諸禮儀事至七日忽有旨下光祿供羊酒若干欲爲太后太妃皇后暖孝東坡上疏以暖孝之禮出於俚俗王后之舉當化天下不敢奉詔有旨遂罷

東坡帥定武諸館職餞於惠濟坡舉白浮歐陽叔弼陳伯修二校理常希古少尹曰三君但飲此酒酒釂

當言所罰三君飲竟東坡曰三君爲主司而失李方叔茲可罰也三君者無以爲言慙謝而已張文潛舍人在坐輒舉白浮東坡先生曰先生亦當飲此東坡曰何也文潛曰先生昔知舉而遺之與三君之罰均也舉坐大笑

東坡嘗言文章之任亦在名世之士相與主盟則其道不墜方今太平之盛文士輩出要使一時之文有所宗主昔歐陽文忠常以是任付與某故不敢不勉異時文章盟主責在諸君亦如文忠之付授也

東坡云頃同黄門公初赴制舉之召到都下是時同召試者甚多一日相國韓公與客言曰二蘇在此而諸人亦敢與之較試何也此語既傳於是不試而去者十蓋八九矣

宋景文公筆記

宋　宋祁

釋俗

近世授觀察使者不帶金魚袋初名臣錢若水拜觀察使佩魚自若人皆疑而問之若水勑於酬辯録唐故事一番在袖中人問者輒示之

宦者宫人言正月與上諱同音故共易爲初月王珪爲修起居注頗熟其聞因上言秦始皇帝名政改正(音政)月爲端月以正(音政)爲正(音征)令乞廢正征音一字不用遂下兩制議兩制共是其請表去其字曾公亮疑而問予予曰不宜廢且月外尚有射正詩曰不出正兮不止正月矣曾竊密語相府罷之

國朝有骨朶子直衛士之親近者予嘗修日曆曾究其義關中人謂腹大者爲胍肫上孤下都俗因謂杖頭大者亦爲胍肫後訛爲骨朶朶從平聲然朶難得音今爲軍額固不可改矣

予昔領門下省會天子排正仗吏供洞案者設於前殿兩螭首間案上設燎香爐修注官夾案立予詰吏

何名洞吏辭不知予思之通朱漆爲案故名曰洞耳
丞相公序謂然唐人鄭谷嘗用之
宣獻宋公著鹵簿記至㮰㯉不能得其始徧問諸儒
無知者予後十餘年方得其義云江左有㕓㯉以首
大如㕓故云（㮰一作㩧）
陶穀本唐彥謙後石晉時避帝諱改曰陶後納唐氏
爲壻亦可怪
古人寫書盡用黃紙故謂之黃卷顏之推曰讀天下
書未徧不得妄下雌黃雌黃與紙色類故用之以滅
筆記　二
誤今人用白紙而好事者多用雌黃滅誤殊不相類
道佛二家寫書猶用黃紙齊民要術有治雌黃法或
曰古人何須用黃紙曰蘗染之可用辟蟫今臺家詔
勅用黃故私家避不敢用
孫炎作反切語本出於俚俗常言尚數百種故謂就
爲鯽溜凡人不慧者卽曰不鯽溜謂團曰突欒謂精
曰鯽令謂孔曰窟籠不可勝舉而唐盧仝詩云不鯽
溜鈍漢國朝林逋詩云團欒空遶百千回是不曉俚
人反語逋雖變突爲團亦其謬也

碑者施於墓則下棺施於廟則繫牲古人因刻文其
上今佛寺揭大石鏤文士大夫皆題曰碑銘何耶吾
所未曉
樂石有磬今浮屠持銅鉢亦名磬世人不識樂石而
儒者往往不曉磬折義故不獨不識磬又不能知鉢
擣辛物作虀南方喜之所謂金虀玉膾者古說虀曰
曰受辛是臼中受辛物擣之
南方之人謂水皆曰江北方之人謂水皆曰河隨方
言之便而淮濟之名不顯司馬遷作河渠書幷四瀆
筆記　三
言之子虛賦曰下屬江河事已相亂後人宜不能分
別言之也
莒公言河陽出王鮪卽今黃魚也形如豕口與目俱
在腹下每春二月出於石穴逆河而上人乃取之其
腥不可近官以爲鮓獻御其味甚美然有毒所謂王
鮪岫居者
蜀人謂老爲皤（音波）取皤皤黃髮義後有蠻王小皤作
亂今國史乃作小波非是
蜀人見物驚異輒曰噫嘻嚱李白作蜀道難因用之

汾晉之間尊者呼左右曰咄左右必曰喏而司空圖作休休亭記又用之修書學士劉義更爲予言晉書言咄嗟而辦非是宜言咄喏而辦然咄嗟前代人文章中多用之或自有義

今造屋勢有曲折者謂之庸峻齊魏間以人有儀矩可喜者謂之庸峭盖庸峻也（集韻考庸庩屋不平也庸奔模切庩同都切）

儒者讀書多隨俗呼不從本音或終身不悟者凡讀廷（音定）皆作廷（音亭）故廷中廷爭栢者鬼之廷游神之廷皆作庭假借之假（音嫁）皆作假（音賈）朝請（音才姓切）皆作請（音屆諸之請）爛脱（音奪）皆作脱太守（音狩）作守周身之防（去聲）爲防廷尉評（去聲）爲評中（去聲）興爲中興若此甚衆

筆記　四

莒公嘗言山東曰朝陽山西曰夕陽故詩曰度其夕陽又曰梧桐生矣于彼朝陽指山之處耳後人以夕陽爲斜日誤矣予見劉琨詩夕陽忽西流然古人亦誤用久矣夫

余見今人爲學不及古人之有根本每亦自愧嘗讀祭式其中有任器字注曰未詳且任器乃擔荷之具雜見子史何云未詳

古今語無雅俗惟世之罕道者似雅如古以大爲大（音如舟柂之柂）則言大雅大夫大閲大舉類不及今人言大（徒帶反）之雅古以車（音居）爲車（唱遮反）漢以來乃言車（居）俗語則曰車（唱遮反）則今語爲雅

今公私文書以勅（音賚）爲敕吏既書畫有體不復能改

春秋説以人十四心爲德詩説以二在天下爲酉漢書以貨泉爲白水眞人新論以金昆爲銀國志以天上有口爲吳晉書以黃頭小人爲恭宋書以召力爲劭

筆記　五

古無正字多假借以中爲仲以説爲帨以召爲邵以間爲閑後人以亂旁爲舌揖下無耳黿鼉從龜奪奮從雀席中從帶惡上安西鼓外設皮鑿頭生毀離配禹壑乃施豁巫混經旁皐分澤外獵化爲獦（音葛）名業左益土靈底著器其何法哉

余友楊備得古文尚書釋文讀之大喜於是書訊刺字皆用古文僚友不之識指爲怪人

余少爲學本無師友家苦貧無書習作詩賦未始在志立名於當世也顧計粟米養親紹家閥耳年二十

四而以文投故宰相夏公公奇之以爲必取甲科吾亦不知果是歟天聖甲子從鄉貢試禮部故龍圖學士劉公嘆所試辭賦大稱之朝以爲諸生冠吾始重自淬礪力於學模寫有名士文章諸儒頗稱以爲是年過五十被詔作唐書精思十餘年盡見前世諸著乃悟文章之難也雖悟於心又求之古人始得其巖略因取視五十以前所爲文赧然汗下知未嘗得作者藩籬而所效皆糟粕芻狗矣一作耳夫文章必自名一家然後可以傳不朽若體規畫圓準方作矩終爲

人之臣僕古人譏屋下作屋信然陸機曰謝朝花于已披啓夕秀于未振朝韓愈曰惟陳言之務去此乃爲之文要五經皆不同體孔子沒後百家奮興類不相沿是前人皆得此旨嗚呼吾亦悟之晚矣雖然若天假吾年猶冀老而成云

莒公嘗言王沂公所試有教無類有物混成賦二篇在生平論著絕出有若神助云楊億大年亦云自古文章立名不必多如王君二賦一生衣之食之不能盡

李淑之文自高一代然最愛劉禹錫文章以爲唐稱柳劉劉宜在柳柳州之上淑所著論多類之末年尤奥澁人讀之至有不能曉者柳州爲文或取前人陳語用之不及韓吏部卓然不朽丐丐於古而出一語諸已劉夢得巧於用事故韓柳不加目品焉

晏相國今世之工爲詩者也末年見編集者乃過萬篇唐人已來所未有然相國不自貴重其文凡門下客及官屬解聲韻者悉與酬唱

上即位天聖初元以來縉紳間爲詩者益少惟故丞

相晏公殊錢公惟演翰林劉公筠數人而已至丞相王公曙參知政事宋公綬翰林學士李公淑文章外亦作詩而不專也其後石延年蘇舜欽梅堯臣皆自謂好爲詩不能自名矣

余於爲文似蘧瑗瑗年五十知四十九年非余年六十始知五十九年非其庶幾至於道乎天稟余才纔及中人中人之流未能名一世然自力於當時則綽綽矣

每見舊所作文章憎之必欲燒棄梅堯臣喜曰公之

文進矣僕之爲詩亦然
文有屬對平側用事者供公家一時宣讀施行以便
快然久之不可施於史傳發修唐書未嘗得唐人一
詔一令可載於傳者唯捨對偶之文近高古乃可著
於篇大抵史近古對偶宜今以對偶之文入史策如
粉黛飾壯士笙匏佐鼙鼓非所施云
莒公常言宋宣獻公作西太乙宮碑文之極摯者也
晏丞相嘗問曾明仲云劉禹錫詩有瀼西春水縠紋
生生字作何意明仲曰作生育之生丞相曰非也作
筆記　〈八〉　八
生熟之生語乃健莊子曰生熟不進於前王建詩曰自別城中禮數生
考古
莒公言左氏國語越大夫舌庸今春秋傳作后庸而
姓纂舌氏引越大夫爲祖
今人多誤以鮑照爲昭李商隱有詩云濃烹鮑照葵
又金陵有人得地中石刻作鮑照字
衛宏漢儀注曰太史公武帝置位在丞相上天下計
書先上太史公副上丞相序事如古春秋司馬遷死
後宣帝以其官爲令行太史文書而已晉灼以宏言
爲非是顏師古曰司馬談爲太史令耳遷尊之爲公
予謂遷與任安書自言僕之先人文史星歷近乎卜
祝之間固主上所戲弄倡優畜之流俗之所輕也若
其位在丞相上安得此言耶百官表不著其官信其
非矣
古者大夫字便用疊書寫之以夫有大音故也莊子
李斯嶧山碑如此
古者牛唯服車書曰肇牽車牛易曰服牛乘馬漢趙
過始教人用牛耕王弼傳易曰牛稼穡之資是不原
筆記　〈九〉　九
漢始牛耕之意
今國學行王弼易題曰周易乾傳第一下云王弼注
且傳郎注解名下當只云王弼乃允
莒公言詩有棠棣之華逸詩有唐棣之華世人多誤
以棠棣爲唐棣於兄弟用之因唐誤棠且棠棣棣也
唐棣移也移開而反合者也此兩物不相親
鄭玄注禮記謂樝梨之臧者今樝與梨絶不類恐玄
所指非今樝也
莒公言物理不可必故聖人隨有無言之以教一世

必於有則不可常見如彭祖七百歲黃帝升天秦穆趙簡之帝所也若必於無則又忽然而有也如魏明帝時有火浣布刊去文帝所論是巳

易家有蜀才史記有臣瓚顏之推曰范長生自稱蜀才則蜀人也臣瓚者于瓚也

唐玄宗始以隸楷易尚書古文今儒者不識古文自唐開元始予見蘇頲撰朝覲壇頌有乩虞氏字館閣校讐官輒點乩字側云疑不知乩卽稽字

顏之推說唐末文籍亡散故諸儒不知字學江南惟

徐鉉徐鍇中朝郭恕先此三人信其博也鍇爲說文系傳恕先作汗簡佩觽時蜀有林氏作小說然狹於徐郭太宗朝句中正亦頗留意予項請刻篆楷二體九經於國學子友高敏之笑之

李陽冰深於篆隸而名作冰音凝故參政王公堯臣但讀陽凝予曰陽凝無義唯陽冰有不治之語

周大臣王朴名朴平豆反而自謂樸案說文朴無樸音俗以朴爲樸耳

後魏北齊時里俗作僞字最多如巧言爲辯文子爲學之比隋有柳䛒傳又䛒之訛以巩易巧矣予見佛書以言辯字多作䛒世人不復辨詰

學者不讀說文余以爲非是古者有六書安得不習春秋止戈爲武反正爲乏亥二首六身韓子八厶爲公子夏辨三豕度河仲尼登太山見七十二家宇皆不同聖賢尚爾何必爲固陋哉

唐呂溫作由鹿賦曰由此鹿以致他鹿故曰由鹿予案說文曰率鳥者繫生鳥以來之名圝圝音由吕得其意而不知說文有此圝字也

焉本鳥名能獸名爲猴名乙鷰名借鳳爲朋黨字朋本音鳳學者多不知不讀說文之過也

漢書李廣傳數奇注切爲所角反故學者皆曰數音朔奇孫宣公奭當世大儒亦從曰數音朔後予得江南本乃所具反由是復觀顏注乃顏破朔從所具反云世人不知覺

漢書黃霸傳云京兆尹張敞舍鶡雀飛集丞相府霸以爲神爵議欲以聞顏師古曰此鶡音介字當作鴿此通用耳鴿雀大而青出羌中非武賁所載鶡也今

官本介字誤作芬鴆字作鴿鴿亦音芬鴿是鳥聚貌
非鳥名也予見徐鍇本亦如此改定
予曾見蕭該漢書音義若干篇時有異議然本書十
二篇今無本本顏監集諸家漢書注獨遺此不收疑
顏當時不見此書云今略記於後
儒林傳施讐傳云魯伯授太山毛莫如少路師古曰
姓毛名莫如字少路該案風俗通姓氏篇混屯大昊
之良佐漢有屯莫如爲常山太守又有毛姓云毛伯
文王子也見左傳漢有毛欑之爲壽張令案此莫如

姓非毛乃應作屯字音徒本反今人相承呼爲毛忽
聞爲屯驚怪者多但毛屯相類容是傳寫誤耳應劭
解漢書世人皆用何爲風俗通而不信
趙子傳蔡誼授同郡食我子公師古無註該案風俗
通食我韓公子也見戰國策漢有食子公爲博士食
音嗣
顏安樂傳疏廣授琅琊莞路師古曰莞亦管子也路
爲御史中丞該案草下完音丸又音官今漢書本却
作草下完風俗通姓氏篇有管莞二姓云莞蘇楚大
夫見呂氏春秋漢有莞路爲御史中丞即此是也又
有管姓云管夷吾齊桓佐也見論語漢有管號爲西
河太守今莞路是草下完非竹下完及竹下官由來
讀者多惑檢風俗通乃知
聑丘江公傳丁姓授楚申章昌曼君爲博士至長沙
太傅李奇曰姓申章名昌字曼君該案風俗通姓氏
篇云由余秦相也見史記漢有由章至長沙太傅
揚雄傳名曰畔牢愁李奇曰畔離牢聊也與君相離
愁而無聊也該案牢字旁著水晉直作牢韋昭曰洋

騷也鄭氏愁音曹又恐鶗鴂之先鳴師古鶗音大系
反鴂音桂該案蘇林鶗鴂音殄絹　又挾獝狂該曰
獝狂無頭鬼見字林
招搖泰壹顏以張晏注招搖泰壹皆神名該曰如淳
作臯楔臯積柴於頭置牲玉於其上舉而燒之故曰
臯搖
儲胥弩陆該引三蒼因山谷爲牛馬圈謂之陆黃圖
云弩陆在上林苑外灑沈菑呀壑瀆該案灑沈菑而
呀壑瀆兮呀或作呵呵也問四瀆也啾啾蹌蹌入西

園切神光顔曰啾啾蹌蹌騰驤貌該説啾舊亦作愁
章昭音裁梟反今書或作口旁秋該引埤倉啾衆聲
也又引楚辭鳴玉鸞之啾啾爲據云稽顙樹頷扶服
哦伏如淳曰叩頭時項下向則樹向上也該案韋本
作梨顙樹頷梨顙顙擄地樹頷頷觸地也今作稽顙
傳寫誤耳又玄有首衡錯測攡瑩數文捝圖告十一
篇該案衡作衡云八十一家相對之弟如輻輳之衡
又案別錄告下有玄問一篇合十二篇今脫一篇疑
今人不見太玄及別錄不知其謬誤爲十三卷顔曰

筆記　十四

譔與撰同該案字林譔專教也音詮惟禮記音撰尚
有一卷未尋得

予昆愛李令伯表曰盡節於陛下之日長報劉之日
短也此言之要也

古文卯本柳字後借爲辰卯之卯北本別字後借爲
西北之北虞翻笑鄭玄不識古文以卯爲昧訓北曰
北猶別也

古人語自有椎拙不可掩者樂府曰何以銷憂惟有
杜康劉越石曰何其不夢周又曰夫子悲獲麟西狩
泣孔丘雖有意緒辭亦鈍樸矣又不及沈約云黄憲
牛醫之子叔度名動京師云

古人名黑臀黑肩牛蝨犬子今不以爲雅迎猫爲食
田鼠讀禮者不曰猫音茅而曰猫[音苗]避俗也莊子曰
道在屎溺今爲鄙語漢書驢非驢馬非馬龜茲王乃
騾也如此語麤甚可削去也

宣獻宋公嘗謂左丘明工言人事莊周工言天道二
子之上無有文矣雖聖人復興蔑以加云予謂老子
道德篇爲玄言之祖屈宋離騷爲辭賦之祖司馬遷

筆記　十五

史記爲紀傳之祖後人爲之如至方不能加矩至圓
不能過規矣

柳子厚正符晉説雖模寫前人體裁然自出新意可
謂文矣劉夢得著天論三篇理雖未極其辭至矣韓
退之送窮文進學解毛穎傳原道等諸篇皆古人意
思未到可以名家矣

王弼注易直發胷臆不如鄭玄等師承有來也或曰
何以得立爲一家予曰弼棄易象互體專附小象衍
成其文是以諸儒不能訾退之今講易者已讀弼注

訖至小象則更無可敷演矣劉齊善言易説曰六十四卦本之乾坤及諸卦中皆有乾坤象意孔子叙乾爲玉爲金坤爲牛爲輿之類本釋他卦所引非徒言也謂不可云得意忘象得象忘言

老子曰無物之象古語亦有想象韓非子曰人希見生象得死象圖之又案其圖以想其生也故人所以意想者皆謂之象然説亦怪矣

司馬相如贊曰春秋推見至隱易本隱之以顯大雅言王公大人德逮黎庶小雅推小已之得失其流及

上所言雖殊其合德一也此語最佳

太史公曰趙勝翩翩濁世之佳公子也見自振澤纔爲亂世之士治世則罪人矣

春秋者天下之正法也孔子有王天下之才而不得位故見其志於春秋是以引天下之譽褒之賢者不敢私引天下之議貶之姦人不敢亂故漢人以春秋決獄所以法仲尼也

曾子年七十文學始就乃能著書孔子曰參也魯益少時止以孝顯未如晚節之該洽也

賈誼善言治鼂錯善言兵董仲舒善推天人司馬遷叙事相如揚雄文章劉向父子博洽至矣

韓退之稱孟軻醇乎醇者也至荀況揚雄曰大醇而小疵予以爲未之盡孟之學也雖醇於用緩荀之學也雖疵於用切揚則立言可矣不近於用

賈誼善言治健而快過董仲舒一等仲舒優軟不迫切純儒也

莒公言歐陽永叔推重歸去來以爲江左高文丞相以爲知言

或詆漢高祖非張良陳平不能得天下曰不然良平非高祖不能用夫智高於良平乃能聽其謀至項羽不知用范增則敗矣高祖之量之謀兼韓信彭越者八九故三分關東地與之而不疑當是時玩信等如股掌上一土九爾

高祖知呂后與戚夫人有隙方病時去呂后若斷一巨拇然終不殺者以惠帝不能制陳平周勃蕭何曹參等故委戚氏不顧爲天下計俾后佐之惠帝六年后八年是時天下已定姦人不能搖亂文帝以一乘

車自代來卽位則高祖料之熟矣
世稱文帝漢盛德主也然在朝之儒賈誼一人而已所任宰相盡高祖時很將庸人亦不深討禮樂典章於時詩書皆伏而未出然而天下太和兵革不興南越順德諸侯軌道　雖數盜邊亦不敢深入由是言之治天下者在質而已不必尚文故曰質近實文近名文弊則民詐與矣
曹操忌孔融崔琰殺之操之宇爲弗裕矣孫權引殺融爲比而斥虞翻誅張溫權之量又下矣待賢少忌

筆記　十八

惟劉備爲綽綽云
荀彧之於曹操本許以天下及議者欲加九錫彧未之許非不之許欲出諸已耳操不悟遽殺之然則天奪其衷以誅彧寧不信乎
孫權用吳諸葛亮用蜀終不能得中國一尋一常地卒之并吳蜀者晉也
能以身爲國興亡者蜀諸葛晉謝安秦王猛是也
霍光學伊尹才不周用故宣帝立王莽學周公姦足以自文故平帝簒

詩曰蕭蕭馬鳴悠悠旆旌見整而靜也顏之推愛之楊柳依依雨雪霏霏寫物態慰人情也謝玄愛之遠猷辰告謝安以爲佳語
左太沖詩曰振衣千仞岡濯足萬里流使飄飄有世表意不減嵇康目送飛鴻語
柳子厚云嘻笑之怒甚於裂眦長歌之音過於慟哭劉夢得云駭機一發浮謗如川信文之險語韓退之云婦順夫旨子嚴父詔又云耕於寬閑之野釣於寂寞之濱又云持被入直三省丁寧顧婢子語刺刺不

筆記　十九

得休此等皆新語也
莊周曰送君者皆自涯而反君自茲遠每讀至此令人蕭寥有遺世之意
經曰孝莫大於嚴父嚴父莫大於配天則周公其人也昔者周公郊祀后稷以配天宗祀文王於明堂以配上帝釋曰古者祭天於郊以其蕩蕩然蒼蒼然無乎不覆無乎不見故以至敬事之郊也者不屋者也達自然之氣也掃地而祭器尚陶匏不敢以人之所愛奉之尊之也遠而敬之也人莫不本乎祖祖一而

已尊無二上故曰率義而上至於祖祖尊而不親是所以配天也周推后稷配天盡矣至矣不可以加矣周公之攝政仁乎其父欲配之郊則抗乎祖欲遂無配則已有仁父之心不能見之天下不見之天下非仁也於是乎名天以上帝而配之上帝也者近人理者也人於萬物乃一物假令天若有知然宰制生育未必圓顱方趾耳鼻食息如人者也今名之帝以人事天引天以自近親之也人之親者莫若父故以文王配上帝不可以郊故內之明堂明堂王者最尊處

也仁乎其父故親於天天有帝名則祭之明堂親與敬兼之矣孔子所以美周公能以是心達於天下而不失乎至禮禮者緣人情者也或曰經前曰天後曰上帝奈何曰天上帝一耳不通言則若兩物然故郊曰昊天明堂曰昊天上帝天人之分明也明祖不可以在明堂文王不可以配郊矣

夔曰簫韶九成鳳皇來儀擊石拊石百獸率舞敢問何謂也對曰以爲虞氏之德上奉天下法地中得人萬物字茂寒而寒暑而暑殺之不暴貸之不私挈天下納於仁壽若冥器在爐以其成功次之歌詩轟然寫金石入匏竹無所加其德可矣鳳未始來也獸未始感也且樂作之朝作之廟作之郊乎朝有宮室之嚴廟有垣壖之護郊有營衛之禁則獸何自而至焉自山林來則必凌突淮河戢戢林林蹻跜躑躅然連頓足掉首騰踏盤完何其怪也羣瞽在廷百工厲行而獸參其間吾以爲怪而不祥曰然則孔子何爲不刪而著之曰樂主成功不得不盛推吾誼侈吾言以肆之有如祖考來格又將見顓頊堯瞽叟闖然於堂

上耶

子路問於孔子曰治國何如孔子曰尊賢而賤不肖子路曰范中行氏尊賢而賤不肖矣其亡何也曰中行氏尊賢而不能用賤不肖而不能去賢者知其不已用而怨之不肖者知其賤已而讎之賢者怨不肖者讎中行氏欲不亡得乎孔子可謂知言矣昔者郭公如是而國爲墟中行氏既知之矣而不能改又及於滅

蜀關羽善待卒伍而驕士大夫張飛愛重君子而不

恤小人二者特所偏耳身皆死於人手是不可忽也燕小國也其地於天下若黶之著面然而昭王賢王也得郭隗尊事之故鄒衍樂毅以齊趙至蘇子屈景以周楚至於是舉兵而攻齊棲閔於莒鼠伏而不敢出悉返燕地計其衆不與齊醜然而能申意至此者由得士也故曰無常安之家無常治之民得賢則安昌失賢則危亡自古迄今未有不然者也明鑒所以照景前事所以知今夫知惡往古之所以危亡而不務𤁋蹟於其所以安昌未有以異夫却走而求及前人也

筆記 八 三二

余謂佛西方之達人也其言汪茫漫誕貫生死鬼神無有濱涯合萬物之妄以爲一眞眞立而妄隨又去眞捨妄以無修無證爲極若曰無修乃修也無證乃證也雖修而未嘗修雖證而未嘗證故舉天下衆生皆入無餘涅槃而滅度之者如是無量實無衆生得滅度者又曰如來說卽非衆生是名衆生於以脫滯縛泯有無自放於太空無垠之所雖然法待言而立不得無言迹待法而悟不得無法故惟釋迦文殊剗言之瘢刮法之痕矣自文殊而下巳自執所見所見差駁纖垢淫夷故維摩詰以一嘿對之乃皆悟入佛與中國老聃莊周列禦寇之言相出入大抵至於道者無今古華戎若符參然

堯之四凶今之姦臣能之周之十亂今之賢臣能之古與今交相勝耳

堯舜之世比屋可封非盡可封也可封之人多也桀紂之世比屋可誅非盡可誅也可誅之人多也成康刑措四十年不用非也以爲二王能用法不濫殺可矣

筆記 八 三三

春秋許[illegible]者不一而足見中國之尊且見略於外也

蜀人謂施師爲長年三老杜甫用之詩人不以事害意古者用事簡而當亦不以字害句故音韻淸濁隨宜改易劉在薪中入張韻留宴汾陰西入先韻直取意順則巳至唐人以律格自拘不復敢用惟白居易用其音於語中如照地麒用佶音麒袍雪擺胡用鶻音騰衫紅欄干三百六十橋用謀音等往往有之晏

丞相殊嘗許之曰詩人乘語俊當如用字
春秋霸之濟不在此舉也古人以濟不作兩字用謂濟與不濟也今人用不爲歟耶之比不一音乎鳩反
漢陳平封曲逆侯蕭何爲酇侯霍去病爲嫖姚將軍今學者讀曲逆爲去遇酇作嵯嫖爲漂遙不作本音何耶
古人自有文語卓然可愛者穀梁子曰輕千乘之國則可矣蹈道則未也故柳宗元以爲厲三軍之士粲然皆笑粲明也知萬衆皆啓齒齒既白以粲義包之

筆記　廿四

仲尼居三蒼作尼説文作尻
亘從二間舟（再名亘字）隸改舟爲曰何法盛以再一爲舟航字

雜說

君得其健強陰戢戰臣執其旨百度乃凝欲正四方先定中央中央君也
天不待規而圓地不待矩而方天尊地卑其道有常君天道也臣地道也
天用其圓地用其方圓道主於生方道主於成天君德也地臣職也君操無爲以臨臣之有爲萬物自歸上逸於制下勞於事百度乃治無爲者非謂塞吾耳不聽也蔽吾目不視也閟吾言不出也謂審於有爲之内不爲於有爲之外也何謂内曰官不職責之相士不練責之將財匱責司農獄不正則廷尉是爲内何謂外曰歲有常賦而又賦焉是曰賸人有常役而又役焉是曰橫力不勝加如負則跌材已窮加如任則敗是爲外振其領羣毛整提其綱萬目張綱歟領歟君所執歟

筆記　廿五

君有常道臣有定守賞當功罰當罪與之惟我德奪之惟我權君道也奉法循令竭己力以獻功於上臣道也故臣有所憎能以得君之罰以去之是謂作威有所愛能以得君之賞以貴之是謂作福法雖明意得輕重之謂之玩法令可遵情得出入之謂之侮令君喪道臣失守故曰害于而家凶于而國
能無卜而知吉凶乎曰以甚治攻甚亂濟所以安除甚患能無祭而福乎曰不奪民時而順物宜能無膠漆而合乎曰不以遠近内外異之同欲一推吾心納

兆人之腹能不賞而使人勸乎曰先賞有功能無罰
而使人畏乎曰先罰有罪弛惡不戮姦笑於腹當封
各寵勞臣諱勇奴耕于原婢執其爨丈人以安
植表挺挺下無曲影善聲之唱應無醜響
不可得者上不以求不可止者上不以禁不可行者
上不以令故曰求愈多得愈寡禁愈急止愈少令愈
繁行愈慢上求而不得謂之失威求不可得而得謂
之暴禁而不止謂之慢禁不可止而止謂之虐令而
不行謂之凌上令不可行而行謂之亂故聖人愼舉
錯去三不可則善矣

賤而不可不因者衆也剛而不可不用者兵也慘而
不可不行者法也小而不可不防者盗也勞而不可
不勸者農也穴（恐當作穴）而不可不嗇者財也曰因衆奈
何曰人之情莫不惡勞而我逸之莫不欲富而我與
之莫不憚危而我安之莫不畏死而我生之民已逸
則可與共勞已富則可與共乏已安則可與同憂已
生則可與濟難夫民國之基也五仞之墻所以不毀
基厚也所以毀基薄也故曰（一無曰字）百足不僵則附者
衆流水不窮則來者遠民之瘠無肥國下之恱有豫（一作裕）
君
食者人仰以生也適則飽過則病甚病者死法者國
仰以安也順則治逆則亂甚亂者滅商家之法一而
湯以王桀以放周家之法一而文武以興幽厲以亡
然則食無心於生死在人之適過法無必於治亂在
君之順逆
古之人淳今之人詐奈何不然人無淳詐在治亂而
已今日之治三皇是也唐五代之亡桀紂是也難曰

古巢居今宮室古茹毛今饔熟奈何曰是直事有工
拙耳剏始者難踵成者易功百物皆是夫何足疑云
東南天地之奥藏寬柔而卑西北天地之勁方雄尊
而嚴故帝王之興常在西北乾道也東南坤道也東
南奈何曰其土薄而水淺其生物滋其財富其爲人
剽而不重靡食而偷生士懦脆而少剛笮之則服西
北奈何曰其土高而水寒其生物寡其財确其爲人
毅而近愚食淡而勤生士沉厚而少慧屈之不撓
小人之情易見也其錚錚似辨其悻悻似直攻人之

私似公綱大臣撼大事似强多所建請似才數讓小官辭小祿似高陰引其朋似薦賢攻其朋之細過似不黨故君人者權以眞僞則錚錚者敗討其忠邪則悻悻者露語人之私隱而無驗則公者詐察大臣之可仗而不宜退則强者譎聽而不可施行則才非是權以要官厚祿靦然而謝則高者猥所憎者去所同者進則非賢時時取黨人之細過暴揚于外如甘辛相反而和水火不同性而濟上疑主心下欺輿人而君子已見其肺肝然施施自以爲莫我得也

筆記　三八

夫生民晨作夜寢早起晡食寒絮暑絺常忽而不爲之節何哉然則攝生不可不知也冬許晚絮春許徐褫早許飽夕許慊行立坐偃皆不得久此甚易行毋以吾胃熟生物暖冷物勿以吾氣贊喜怒且憂樂喜怒人所未嘗無也多憂傷神多思傷志過樂喪守喜極氣散怒極氣愊而不下若使吾心爲郵候憂樂喜怒至而不久舍毋令少宿則善矣若有留彼其以我爲囊橐矣

掩其耳而聽藐藐由洪洪然掩其目而視了了由眊眊然惡來掩紂之耳武王翔師於孟津之濵宰嚭掩大差之目勾踐嚬笑於會稽之隟一作隙

歌者不曼其聲則少和舞者不長其袂則寡態左顧者不能右盼勢不兼也

櫛之於髮不去亂不能治髻法之於人不誅有罪不能完善人此謂損之而益

古語曰斛滿人槩之人滿神槩之聖人其善槩歟大奢槩以中澁欲槩以節寢慢槩以威由是治身由是化人

筆記　三九

樹果得實樹棘得刺樹德得和樹威得怨嗚呼爲國者審所樹而已

鶬鶊鳴春蟋蟀唫夏蜩蟧喝秋螘子戰陰非有命之者氣自動耳

鑑向日而火至方諸向月而水至物有自然而感者無遠近之間

佞色不能說堯目忠言不能入桀耳色非不美堯識之言非不至桀厭之

愚不可詐者民也賤不可勝者衆也撫之爲吾之力

毒之爲吾之賊
重兵在邊京師乃單拂軀以尾尾不可大掉之不能
反爲軀害臂大於指屈伸可使指大不使其臂乃廢
剛四肢者骨也剛大厦者棟也剛天下者兵也
莫仁於雨露而靡草夏枯莫嚴於霜雪而松栢冬青
作法者君守法者臣役法者民臣弄其法主威且刼
政在大臣人走私門私門可炙君戶將閒
父慈於箠家有敗子將厲於鈇士乃忘軀
珠九之珍雀不祈彈也金鼎之貴魚不求烹也
筆記　〈八〉　三十
闞金在途無不掇也吐珠在澤無不拾也
梟不憑夜弗能自怪政必先鋳姦人投詐
父否毋然子無適從政産二門下乃告勤
君與臣不同而昌君與臣同而亡
謀不厭衆決之在一決不能事朝有爭言
金鼓既震卒騰於陣爵賜巳明士勇于廷
重輕不同衡獻其公曲直相欺繩出其私
造父亡轡馬頓於跬庸人厲策馬爲盡力
去山弗棲虎喪其威爪牙弗具失所爲虎

知賢不進朝有刓印知不肖不退挈明入昧
我與之生故能爲吾死我與之樂故能爲吾憂
淵于埸者雞至嗟于牢者豕集惠於國者天下
足食足衣禮往從之近寒與饑恥則去之
屬賈亂壟竄農敗由讒夫撓邪害馬汙羣
忠與邪並黨衆者勝主乃失柄
不大其幹而衆其枝幹乃速披
言等出於口在賢者爲王在不肖爲佞
櫛所以去亂髮浴所以濯膚垢
筆記　〈八〉　三十一
工圖者飽於茹善邪者羨於食
塢外求圓無圓矣法外求平無平矣
眞贋不同物治亂不同日
救亂之世不語儒求治之世不語戰
水淵則回道衍則聖
聖賢授受功不贅漏
拙製傷錦迂政損國
任賢而二五堯不治
含糊不斷上産其亂

謀道作舍三年弗架
鼎大魚小糜於數攪
入林失斧不能得楚
主不謹戶盜者夜舞
樹枝太繁必搖其根
苦口之藥疾者甘之拂耳之言明君愛之
我憎之能得罰於君我愛之能得賞於君政在於臣
黨與成羣君則孤而無民
種禾不耰而慰其秋與食爲仇

兩上不得相事兩下不得相使

庭戒諸兒

敎之持世者三家而已儒家本孔氏道家本老氏佛家本浮屠氏吾世爲儒今華吾體者衣冠也禁吾私者官祿也謹吾履者禮法也膚吾職者詩書也入以事親出以事君生以養死以葬莫非儒也由終日戴天不知天之高終日蹠地不知地之重故天下蚩蚩終無謝生於其本者德大而不可見也道家所尚淸淨柔弱聞齒以剛而缺不聞舌以柔而折以有爲爲末無爲爲本故爲者敗之執者失之賊莫大於德有心心有眼吾有大患爲吾有身生生者不生化化者不化然其清淨可以治人柔弱可以治身若等服而行之不害爲儒也佛家自遠方流入中國其言茫茫夥大多所譬諭合羣迷爲眞指生死爲妄以太虛爲體其法曰欲言則差欲心則謬如一漚生一漚滅還入於海漚自妄見海無生滅無有也亦無無有亦無無無淡然無所得而止止亦不止也

治戒

吾歿後稱家之有亡以治喪斂用濯浣之鶴氅紗表帽綫履三日棺三月葬愼無爲陰陽拘忌棺用雜木漆其四會三塗即止使數十年足以腊吾骸朽衣巾而已吾之煮然昫昫有識者還於造物放之太虛可腐敗者合於黃壚下付無窮吾尚何患掘冢三丈小爲家室劣取容棺及明器左置明水水二盎酒二缸右置米麪二奩朝服一稱私服一稱華履自副左列吾誌右刻吾銘即掩壙惟簡惟儉無以金銅雜物置冢中吾學不名家文章僅及中人不足垂後爲吏在

良二千石下可著數人故無功於國無惠於人不可以請謚有司不可受賵贈又不宜求巨公作誌及碑冢上樹五株栢墳高三尺石翁仲獸不得用葢自摽置者非千載永安計爾不得作道佛二家齋醮此吾生平所志若等不可違命作之違命作之是死吾也是以吾爲遂無知也喪之詰坐以繪布纏棺四翣引勿得作方相偭人陳列衣服器用累吾之儉吾生平語言無過人者愼無妄編綴作集

左誌

祁之爲名宋之爲氏學也則儒亦顯其仕行年六十有四孤操完履三封之南葬從孔子

右銘

生非吾生死非吾死吾亦妄吾要明吾理吾侍上講勸凡十七年上頗記吾面目姓名然身後不得妄丐恩澤爲無厭事若等兄弟十四人惟二孺兒未經任子此以誨莒國公莒公在若等不爲孤矣孔子稱天下有至德要道謂之孝故自作經一篇以教後人必到於善謂曰至莫不切於事謂曰要舉一孝百行罔不該焉故吾以此教若等凡孝於親則悌於長友於少慈於幼出於事君則爲忠於朋友則爲信於事爲無不敬無不敬則庶乎成人矣若等兄弟十四人雖有異母者但古人謂四海之内皆兄弟況同父均氣乎詩稱死喪之威兄弟孔懷不可不念也兄弟之不懷求合他人他人渠肯信哉縱爲合之彼應背憎也若等視吾事莒公莒公友吾云何可以爲法矣大抵人不可以無學至於章奏牋記隨宜爲之天分自有所禀不可强也要得數百卷書在胷中則不爲人所

輕誚矣

王文正筆錄　　宋　王曾

范魯公質早輔周室及　太祖受禪不改其任兩朝翊戴嘉謀偉量時稱明相自云執政之地生殺舒慘所繫苟不早夜兢畏悉心精慮敗事覆餗憂患畢至道有枉直時有　險居其位者今古爲難嘗謂同列曰人能鼻吸三斗醇醋卽可爲宰相矣

宣徽使舊亞樞使位在樞密副使同知樞密院事之上咸平中周瑩拜宣徽使有所畏避因自陳願居其下先帝從之遂爲常制自瑩始也

眞宗皇帝天資仁孝性尤謙愼淳化中冊爲皇太子聖朝親王班在宰相之下至是升儲帝亦固讓遂仍舊貫凡東宮故事多所損益至於官僚稱殿下立妃皆乞寢罷　太宗並嘉納之故莊穆皇妃訖　太宗世止爲皇太子夫人其兢業遜避如此

王繼忠性謹飭純固有守事　眞宗儲邸歷年最久群萃中爲之冠首衆皆憚其嚴整宮中事有所未便常盡規諫上每爲之歛容聽納特加禮遇及上洞位咸中平邊鄙尚聳與今侍中張耆同典禁兵戍守鎭定會戎馬大至晨薄我軍亟命出兵爲左右翼以禦之陣之西偏最爲兵衝繼忠因請代耆西往及我師敗績繼忠遂爲契丹所獲因授以官爵爲其婚娶大加委用繼忠亦悉心勤職由是漸被親任乃從容進說曰竊觀契丹與南朝爲仇敵每歲賦車籍馬國內騷然未見其利孰若馳一介尋舊盟結好息民休兵解甲爲彼此之計無出此者國母春秋已高國主承襲已歲久共忻納之咸平六年夏四月普方守莫州素與繼忠同在東宮乃命致書於普請遣使至北境

時議和好普具奏其事朝廷弗之信止令普答其書而已是秋繼忠書復至意甚切令普答書且曰俟彼先遣使至卽議修好冬契丹舉兵深入貝魏邊烽警急上在澶淵乃遣曹利用馳往許以通聘利用至魏參知政事王公欽若鎭天雄留而不遣及通德清遠兩軍被圍愈急上令參政王公旦作手書以諭欽若始聽其北去契丹國母見利用大喜曰何來之晚耶卽日議定其事遣使丁振偕來朝廷又命李繼昌報

聘於是兵罷改元景德車駕還京是舉也雖宸謀善斷亦繼忠能揣敵情而啓導之自是生辰正旦信使往還皆賜繼忠手詔器玩服帶甚厚仍通其家信歲以爲常至其身没乃止繼忠爲人有誠信北境甚重之封河間王彼土人士或稱之曰古人盡忠止能忠於一主今河間王南北歡好若此可謂盡忠於兩國主然則繼忠身陷異國不能即死與夫無益而茍活者異矣

舊制文武羣臣由一命而上自外至京必先詣正衙

見訖乃得入見辭謝亦如之　太祖皇帝御極之初親總庶務常驛召一邊臣入對將授以方畧訝其到闕已數日而未見左右或奏以未過正衙　太祖意不平之乃令自今皆先入見辭謝畢方得詣正衙遂爲定制

王釰兒名彦昇以善擊釰得事　太祖潛躍中隸於帳下顯德末帝爲六軍推戴還邸府第召宰相至諭以擁逼之狀范質等未及對彦昇率爾於後按釰叱之質等惶懼降堦定君臣之禮帝以彦昇麄獷倉卒終抑而弗用後稍遷使領爲京城北偏廵檢因夜抵舊相王溥私第莫之測及延見置酒與語殆至酣酗意若恐迫乃遺以白金千兩而去帝寖知其事遂黜罷之

景德中初契丹通好首命故給事中孫公僅奉使而往洎至彼國屬修聘之始迎勞賚餼頒給之禮殊未詳備北人館待優異務在豐腆無所然事或過差僅必抑而罷之自餘皆爲隨事損益俾豐腆中度而後已迄今信使往復不改其制故奉使鄰境由僅爲始

時得禮制

内侍都知閻承翰質直强幹景德初契丹方睦于我聘使往來凡百供饋賜與程式未定俾承翰專掌其事執政間有欲以漢衣冠賜彼來使者承翰以爲不可曰南北異宜請各從其土俗而已上以承翰所議爲定

太尉王公旦祥符中在中書聖眷特厚嘗因便坐奏事上語及一省郎姓名且曰斯人行履才幹俱有可采今方典郡宜與甄擢公及同列亦皆素知其爲人

因共相薦之自是屢加歎賞卽令記錄俾俟歸朝日亟命轉運使徐更別議陞陟旣而代還至闕上復先省記之會外計闕官卽與同列擬定名氏約以次日奏補及晚歸私第斯人投刺來謁公方議委使辭而不見詰朝入對具道本末請授以轉漕之任上默然不許公退而歎駭惕息累日乃知昨暮造請雖不之見已密爲伺察者所糾而此人訖　眞宗世不能用公不欲指其名而每戒同列以私謁之嫌當須謹避庶幾免於悔吝

國初方偶未一京師儲廩仰給唯京西京東數路而已河渠轉漕最爲急務京東自濰密以西州郡租賦悉輸沿河諸倉以備上供淸河起靑淄合東阿歷齊鄆涉梁山濼濟州入五丈河達汴都歲漕百餘萬石所謂淸河卽濟水也而五丈河常苦於淺每春初農隙調發衆夫大興力役以是開濬始得舟楫通利無所壅遏　太祖皇帝素知其事尤所屬意至歲中興役之際必輿駕親臨督課率以爲常先是春夫不給口食古之制也上惻其勞苦特令一夫日給米一升天下諸處役夫亦如之迄今遂爲永式

彌德超起自冗列爲諸司使雍熙中因奏事稱旨驟加委遇時侍中曹公彬勳望特隆德超陰以計中傷誣其不軌　太宗疑之拜德超樞密副使不數月曹趙公普再秉鈞軸因爲辨雪保證事狀明白上乃大悟卽時竄逐德超而待彬如初自是數日上頗不懌從容爲普等曰朕以聽斷不明幾悞大事夙夜循省内愧于心普對曰陛下知德超才幹而任用之察曹彬無罪而昭雪之有勞者進有罪者誅物無遁情事

至立斷此所以彰陛下之聖明也雖堯舜何以過是哉上於是釋然曰善

太平興國中朝士祖吉歷典方郡奸贓事覺下獄案劾款占未見時郊祀將近　太宗怒其貪墨遣中使諭　旨於執政曰祖吉特俾郊赦不宥明日宰相趙普奏曰敗官抵罪合正刑辟然而國家卜郊肆類所以對越天地告于神明而吉本何人亦安足以黎陛下赦令哉上善其對而止

太祖皇帝削平僭僞諸國收其帑藏金帛之積歸於

京師貯之別庫號曰封樁庫凡歲終國用羨贏之數皆入焉嘗密諭近臣晉石晉苟利於己割幽燕郡縣以賂契丹使一方之民獨限外境朕甚憫之欲俟斯庫所蓄滿三五百萬當議遣使謀於彼國土地民庶倘肯歸之於我則此之金帛悉令賫往以爲贖直如曰不然朕特散滯財募勇士俾圖攻取以决勝負耳會　太祖上僊其事亦寢　太宗改爲右藏庫今爲內藏庫

周朝駙馬都尉張永德輕財好施喜延接方士嘗遇

一異人言及時事且曰天下將太平真主已出永德曰其誰乎荅曰天意所造安能識諸然而有一事庶幾可驗公或覩紫黑色屬豬人善戰果於殺伐者善待之永德嘗陰自求訪及　太祖皇帝勳位漸隆永德因潛識帝之英表問其歲在亥永德歎駭其事傾身親附相得甚懽凡已之所玩好資用子女玉帛必先恣帝擇取有餘乃以自奉至國初以舊恩禮貌富貴與佐命勳戚同等終　太祖世莫能替焉

太祖皇帝與永德洎當時宿將數人同從周世宗征淮南戰於壽春獲一軍校欲全活之而被瘡已重自言素有癱風病請就戮及斬之因令部曲視其病患之狀既而覩其臟腑及肉色自上至下左則皆青右則無他異中心如線直分之不雜髮毫焉

舊制宰相早朝上殿命坐有軍國大事則議之常從容賜茶而退自餘號令除拜刑賞廢置事無巨細並熟狀擬定進入上於禁中親覽批紙尾用御寶可其奏謂之印畫降出奉行而已由唐室歷五代不改其制抑古所謂坐而論道者歟國初范魯公質王宮師

溥魏相仁溥在相位上雖傾心眷倚而質等自以前朝相且憚　太祖英睿具劄子面取進止朝退各疏其事所得聖旨臣等同署字以志之如此則盡禀承之方免誤之失帝從之自是奏御寖多或至旰昃啜茶之禮尋廢固弗暇於坐論矣于今遂爲定式自魯公始也

文武陞朝官遇郊祀展禮諸大朝會並朝服常朝起居並公服今百執事由長趨而止每歲誕節端午初冬各賜時服有差內　公服舊制雖冬賜亦止單製至

太祖皇帝在位諒其方冬而賜單衣詰諸有司對以遵用已久盍前之闕典上於是特命改制令公卿大夫之有夾公服自此始也

舊制國忌迭命宰相參知政事一員率文武常參官赴佛寺行香内職不預焉景德中同樞密院事王公欽若陳公堯叟率内職同赴乃聽自今大忌樞密使内職學士内諸司使軍職下洎列校同爲一班先詣西上閤門進名奉慰宰相參知政事文武百官爲一班次詣閤門進名奉慰訖退齊赴佛寺行香小忌則

否太中祥符九年秋稼將登郡縣頗云蝗蟲爲災一日真宗皇帝坐便殿閣中御晚膳左右聲言飛蝗且至上起至軒仰視則連雲翳日莫見其際帝默然坐意甚不安命徹匕筯自是遂不豫

太祖皇帝以神武定天下儒學之士初未甚進用及卜郊肆類備法駕乘大輅翰林學士盧多遜攝太僕卿升輅執綏且備顧問上因歎儀物之盛詢政理之要多遜占對詳敏動皆稱旨他日上謂左右曰作宰相須用儒者盧後果大用蓋兆於此

乾興初先帝遺制皇太后權及軍國重事其聽斷儀式久而未定宰相丁公謂欲每議大政則　皇太后坐後殿朝執政朔望則皇帝坐前殿朝羣臣其餘庶務獨令入内押班雷允恭禁中附奏傳命於中書樞密院平决之衆皆以爲不可時上下隔絶中外惴恐俄而擅移山陵皇堂事覺丁遂罷去始采用東漢故事上在左母后在右（出蔡邕獨斷）同殿垂簾坐中書密院而下以次奏事如儀自是羣情乃安迄明道末自是不改其制　太祖創業在位歷年石守信王審琦等

猶分其禁兵如故相國趙普屢以爲言上力保庇之普又密啓請授以他任於是不得已召守信等曲宴道舊相樂因諭之曰朕與公等昔常比肩義同骨肉豈有他哉而言事者進説不已今莫若自擇善地各守外藩勿議除替賦租之入足以自奉優游卒歲不亦樂乎朕後宮中有諸女當約婚以示無間庶幾異日無累公等守信等咸頓首稱謝由是高石王魏之族俱蒙選尚尋各歸鎮幾二十年貴盛赫奕始終如一前稱光武能保全功臣不是過也

咸平景德中文靖李公沆在相位王公旦任參知政事時西北二方猶梗羽書邊奏蓋無虛日每延英晝詰王命急宣或至旰昃弗遑暇食王公歎曰安得企見太平吾輩優游暇食矣李答曰國家强敵外患適足為警懼異日天下寧晏人臣率職亦未必高拱無事君奚念哉及北鄙和好西鄙款附於是朝陵展禮登封行慶寢尋鉅典無所不講屬公既衰且病疲於贊導始服李之深識

文靖李公沆布衣時先正端旟知舒州屬因事涉江

公實侍行俄而風濤暴作幾覆沒有大校王其姓者人倫遽白日此有眞相孰敢為害何懼之有是日果利涉無虞衆皆神其事及公之貴王校尚存焉

建隆中興師伐蜀王全斌曹彬等為帥沈倫總隨軍轉漕安撫實同謀議將行上密戒諭曰平蜀之日府庫聚積管籥自主之賞軍用度外諸將求取皆物與及王師克捷全斌輩皆以賞薄為名詣倫乞請倫盡以管籥與之及還或告全斌而下率多隱匿寶貨金帛各行降黜獨倫及彬無所染上深加嘆因責倫不遏前戒縱成其過倫對曰全蜀已平金帛固無足惜且勿與則志不滿情不安或至生患是以與之

侍中曹公彬為樞密使向公敏中為副使當是時契丹犯塞繼遷叛命每軍書至上必亟召樞臣計議彬則曰狂寇當速發兵誅討斬決而已止用强弩若干步騎若干足矣敏中徐曰其所儲廩未備或塗透遠或出兵非其時當施方畧制之纖悉措置多從敏中所議上或謂將帥難其人彬必懇激而言臣請自効更無他說敏中常私怪之及彬之子瑋亦有將材累

歷邊任威名甚著晚自樞貳出殿西鄙臨事整衆酷類其先君復果於戰鬥而未嘗以安民柔遠為意豈將帥之體固當若是邪

左右史所以記言動也然而王者之密晝切問弼臣之僉諸獻納外廷分職莫克與聞則中書有時政記得以詳述焉近制參知政事二員共掌其任復有羣司上殿奏事或親奉德音或特出宸斷可以訓俗示後者終錄送中書亦同編纂寫訖奏御宣付史館景德祥符中知樞密院事王公欽若陳公堯叟請自今

樞密院所覩嘉言美德更不錄送中書願別爲時政記從之

駙馬都尉高懷以節制領睢陽歲久性頗奢靡而洞曉音律故聲伎之妙冠於當時法部中精絕者殆不過之宋城南抵汴渠五里有東西二橋舟車交會民居繁夥倡優雜戶厥類亦衆然率多鄙俚爲高之伶人所輕誚每宴飲樂作必效其朴野之態以爲戲玩謂之河市樂迄今俳優常有此戲

宰相丁公謂在中書暇日語同僚曰西漢高祖何如

主或曰奮布衣取天下觀其創業垂統規摹宏遠實英雄主也丁曰何英雄之有張良導之左則左陳平勸之右則右及項羽既死海內無主天下自歸之蓋隨流委順與物無競一田舍翁耳又嘗言古今所謂忠臣孝子皆不足信乃史筆緣飾欲爲後代美談者也此雖僅乎戲抑斯言之玷

尚書左丞陳公恕峭直自公性靡阿順總領計司多歷年所每便坐奏事　太宗皇帝或未深察必形詰讓公斂䄬踧踖退至殿壁負墻而立若無所容俟上意稍解復進懇執前奏終不改易或至三四上察其忠亮多從其議當時言稱者公爲之首

汴渠派分洪河自唐迄今皆以爲莫大之利然迹其事實抑有深害何哉凡梁宋之地畎澮之利湊流此渠以成其大至隋煬將幸江都遂析黃河之流築左右隄三百餘里舊所湊水悉爲橫絕散漫無所故宋亳之地遂成沮洳卑濕且昔之安流今乃湍悍覆舟之患十有二三昔之漕運冬夏無限今則春開秋閉歲中漕運止得半載昔之泝沿兩無艱阻今則逆流

而上乃重載而行其爲難也甚矣沿流而下卽虛舟而往其爲利也背矣矧自　天子建都而汴水貫都東下每歲霖澍決溢爲慮由斯觀之其利安在然歷世浸遠詎可卒圖異日明哲之士開悟積惑言復曩迹始茲言之不謬

沈倫以明經事　太祖潛躍中伐蜀凱旋奏事稱旨遂有意於大用其後命倫爲相趙普執奏以爲不可上曰如倫者忠孝謹飭雖守散錢亦可普無以對翌日制下

太常博士李戡素有文稱祥符末守壽春驛奏時務深稱上旨宣諭執政曰若斯人尚未進用不爲不遺賢也驛召歸闕比至上屢歎以爲見晚執政將以言動之職俾近清光及引對之際上虛懷前席以俟其啓沃而戡語不及他首以牙　爲　先帝黙然翌日諭之執政曰以斯材而賦斯職知人固未易也

太祖嘗遣曹彬下江南許以平定之日授之相印洎凱旋之日恩禮愈厚絶無前命彬等曲宴從容陳叙及之上曰非忘之也顧河東未下耳卿等官位甚重

筆錄　八　十五

豈可更親此事邪比彬等宴退其家各賜金十萬貫其重爵勸功如此

太宗嘗晚坐崇政殿召學士賓儼對上時燕服儼於屏間見之不進中使促不應上訝其久不出笑曰竪儒以我燕服爾遽命袍帶儼遂趨出祥符中予初爲學士一日　真宗承明再坐召對（承明直崇政之南每崇政殿聽朝罷至此謂之倒坐御膳畢復坐謂之再坐）亦方燕服對回至院忽中使傳宣撫諭曰適忘袍帶卿無怪否予惶愧降堦將謝中使復稱有旨曰上以是爲愧勿俾稱謝及具奏來他日亦不可面叙二聖優禮近侍不亦至乎（故事對從人以下卽燕服學士以下必袍帶而後見）

筆錄　八　十六

丁晉公談錄

宋　丁謂

真宗在儲貳時忽一日因乘馬出至朱雀門外方辰時有大星落于馬前迸裂有聲　真宗回東宮驚懼時召司天監明天之文者詢之云不干皇太子事不煩憂慮自是國家災五年方應至第五年果　太宗晏駕

真宗即位晉公言　真宗即位有彗星見于東方真宗恐懼内愧涼德何以紹　太祖　太宗之德業是天禍也不敢詢于掌天文者唯俟命而已忽有先生王得一入見聖容似有憂色密詰于中貴中貴述以聖上憂懼彗星之事得一遂奏云此星主契丹兵動十年方應至十年果契丹兵寇澶淵聖駕親征景德中契丹寇澶淵在河北聖駕在河南陣敵次忽日食盡　真宗見之憂懼司天監官奏云按星經云主兩軍和解　真宗不之信復檢晉書天文志亦云和解尋時契丹兵果自退而續馳書至求通好時晉公爲紫微舍人知鄆州

一日有野鷄入端王宫　真宗召司天監丁文泰令筮之云郊野位爻動必是郊野中五采生氣物見於皇城内皇闈外皇宫之中以是推之須是野鷄若然則無他必王（已上四件皆是　真宗親宣示於晉公人皆不知也）

晉公嘗云居帝王左右奏覆公事愼不可觸機繫于宸斷所貴行事歸功恩于主上耳嘗有一臣僚判審刑院因進呈一官員犯贜罪案　真宗方讀案遲回間欲寛貸次未有聖語其判院輒便奏云此是魏振男因兹　真宗便嚇怒云是魏振男便得受贜便得

爲不法拂下其案云依法正行遂處死後來有一知院因覩前車覆轍每奏事兢懼取進止忽復有詞科臣僚犯贜罪案進呈　真宗問云如何遂奏云此人悉以當辜聞説涕泣云玷陛下之典科名孤陛下之所任使更無面得見陛下更無面得見朝廷唯俟一死而已　真宗聞之云特與貸罪安置

真宗朝因宴有一親事官失却金楪子一片左右奏云且與決責上云不可且令尋訪又奏云只與决小杖上云自有一百日限若百日内尋得只小杖亦不

可行也帝王尚守法如此爲臣子誠合如可
眞宗朝嘗有兵士作過於法合死特貸命於横門决脊杖二十改配其軍士聲高叫喚乞劒不伏决杖從人把捉不得遂奏取進止傳宣云須决杖二十後别取進止處斬尋决訖取旨　眞宗云此只是怕見喫杖後如此旣已决了便送配所更莫與問其寛恤如此今洪基益固景祚綿昌豈不由祖宗積德之所及乎

太宗即位後來數年應爲朱邸牽攏僕馭者皆位至

節帥人皆歎訝之洎晉公爲福建路轉運使日建州浦城知縣李元伉善筭術因訪問之云人生名品皆盡有階級固不可越誠士象行度臨照次第而使然耳　眞宗即位木在奎居兖州地分奎爲天奴僕宫故當時執馭者皆驟居富貴豈偶然耳晉見嘗見掌武太原公言先太師傾背時朝賢來弔朱紫盈門唯徐左省鉉獨携一牀袍角帶於客位内更易後方入相弔以此知士大夫朝服臨哀慰問深不可也先太師即兵部侍郎祐也

艾仲孺侍郎言仲孺嘗聞祖母當日歸時衣筒小得黑黲衣紬裡骨肉皆驚駭而詰之云父母將此令候翁家私忌日著此衣出慰之當時士庶之家猶有此禮今之時固未嘗聞也

徐左省鉉職居近列雖盛寒入奉朝請即未嘗披毛衫或詰之曰豈有雙闕之下衣戎服歟每覩待漏院前燈火人物賣肝夾粉粥來往喧雜即皺眉惡之曰眞同寨下耳一生好服寛袴未嘗窄衣裳謂諸士夫曰軒裳之家雞豕魚鱉果實蔬茹皆可備矣盍沽酒

市脯不食爾其敦尚儒素也如此

晉公被譴之初木掩房一日馮侍中拯甍背火守房王相公欽若甍背火拂著房而過因知公相大臣榮謝豈偶然哉

太祖豁達得天下後時韓王屢以在微時所不足者言之欲潛加害　太祖曰不可若塵埃中摠教識天子宰相則人皆去尋也自後韓王不復敢言

杜鎬尚書鴻博之士也因看孫逖之文集云愼寛之詔沉思良久曰嘗徧閲羣書愼寛無所出也當是塡

音鈕寬之詔出毛詩哀郇之義也愼寬傳寫之誤耳
真宗欲東封泰山問兩地大臣可否大臣曰聖駕行
幸豈無甲兵隨駕只恐糧草不備時晉公爲三司使
真宗遂問曰朕東封糧草得備否晉公曰有備　真
宗又曰如何是備晉公曰隨駕兵士大約不過十萬
人每日請口食米二升半一日只支計米二千五百
石或遇駐驛處所不過三日只支得米七千五百石
何處州縣無七千五百石斛斗往回之間俱可有備
真宗甚喜又問只與二升半米亦須與他些麫食晉

公曰今來所經州郡只可借路而過使逐程百姓榮
觀國家大禮固不可科率臣欲省司行文字告示沿
路所經州軍必恐有公用錢州軍及應文武臣僚州
縣官僚僧道百姓有進蒸餬者仰先具州縣官位姓
名蒸餬數目申來待憑進呈破係省錢支與一倍價
錢回賜仍大駕往東封日進蒸餬回日並許進酒肉
緣有公使節帥防團刺史有人可以勾當仰於經過
縣鎮草市處排當經過者是州縣官員僧道百姓可
於經過本州縣處進　真宗聞之又甚喜又問曰或

遇泥雨非次支賜鞋轎錢動要五七萬貫如何有備
晉公對曰臣亦已有擘畫伏緣隨駕軍士各是披帶
稍重到處若遇有支賜錢物如何將行臣欲先令殿
前指揮使曹璨問當六軍或遇路中有非次支賜置
隨駕便錢一司仍各與頭子支便於軍士住營處或
指定州軍便支與各人骨肉請領一則便於軍士請
領二則軍士隨駕骨肉在營得便到支錢物因兹甚
安人心尋曹璨問諸六軍皆曰隨駕請得何用兼難
以將行若聖恩如此皆感戴官家　真宗聞之又甚

喜於是以此告諸兩地臣僚遂定東封聖駕往回畧
無闕誤　真宗於是因晉公奏事次密謂晉公曰今
來封禪禮畢大駕往回凡百事須俱擗辦集感卿用
心晉公曰臣非才遭逢陛下過有委任臣實無所能
今大禮已畢輒有二事上告陛下朝廷每有除改外
而多謗議云某乙甚人主張某乙是甚人親戚此後
每有除改外而多謗望聖聰不聽上曰朕深知不聽
其如臣僚何晉公又曰只如每遇南郊大禮外回多
竊議中書密院臣僚別有動靜今來禮畢望陛下兩

地臣僚並令依舊免動人心　真宗聞之甚喜彌加睠遇首台掌武聞之益多其奏議

忽一日　真宗問馮拯如何晉公奏曰馮拯在中書密院十年却並無是非實亦公心於國家　真宗良久不答又奏復不答遂退尋問掌武曰丁某每來朕前保持馮拯不知馮拯屢來破除伊掌武奏曰丁某不獨於上前不言人非於臣處亦未嘗言人之非掌武退謂晉公曰今後休於上前保持始平公亦別無他語掌武由是愈器重晉公

真宗忽一日謂晉公曰有人來言卿主張謝濤受六重恩澤是否晉公曰臣亦記得謝濤是六重恩澤然亦非中書之所敢私試對陛下數之謝濤奉聖旨召試詩賦論三題可取蒙陛下而與直史館一重也謝濤係審官院磨勘合該改轉一官二重也謝濤累典大藩了當並有臣僚保舉合與轉運使三重也謝恩日而賜金紫四重也例奏得一男五重也例有支賜六重也　真宗笑曰元來將此以爲六重恩澤

士大夫不可爭名兢進致有其缺行玷平生之蹤跡昔張去華當　太祖朝乞試有數知巳皆館閣名臣保舉之　太祖怒而問曰汝有多少文章得如陶穀曰不如敢與竇儀比試曰不敢汝與張澹比試遂遲遲不對遂令張澹比試試畢考校所試優於張澹然澹是季父自此去華一生不得入館閣葢由是耳

上谷寇公爲參政日素與馮拯不協拯以不合上章乞立儲貳　太宗怒降授太常博士知杭州尋令轉官與大博彭惟節同制時首台吕相公端除注二人俱授屯田員外郎上谷改其進呈文字將馮拯授虞

部馮遂上章訟中書除授不當吕但於上前拜謝而待罪終不言寇之僭擅改授上聞之尋索元吕其除注文字視之由是睠注益厚馮遂移知江州然馮一生常追悔不合訟疏於寇亦如陳左丞恕之訟大將軍三司使王知瞻錢内翰易之訟馮侍中皆是一時間不獲巳而爲之不免一生耻其缺行

竇儀尚書本燕人爲性嚴重家法肅整尚書每對客卽二侍郎二起居四參政五補闕皆侍立焉尚書夫人先亡以房院稍多不敢與勢家爲親援遂再娶孔

縣令女爲夫人夫人性愈嚴右丞夫人傾背卽一房
列五榻自孔夫人而下五房妯娌皆同寢處尚書甍
孔夫人每召參政問事參政則披秉立於門外而應
對焉其事嫂之禮如此尚書周世宗時爲翰林學士
每宿直世宗宮中不敢令奏樂曰恐竇儀聞之至宋
太祖登極猶在翰林忽一日宣召入禁闈中顧問事
行至屏鄣間覘　太祖衩衣潜身却退中官謂曰官
家坐多時請出見儀曰聖上衩衣必是未知儀來但
奏云宣到翰林學士竇儀　太祖聞之遂起索衫帶
着後方召入見復一日中書臣僚皆罷命韓王普爲

談錄　九

相見無宰臣署勑　太祖病其倉遽良久曰但去問
竇儀是他會儀對曰今晉王正守中書令合且送相
印請晉王署勑用印　太祖於是甚悅又晉公嘗言
竇家二侍郎儼爲文宏贍不可企及有集一百卷得
常楊之體又撰釋門數事五十件從一至百數皆節
其要妙典故又善術數聽聲音而知興廢之未兆撰
大周樂正一百卷周世宗時同兄儀在翰林爲學士
儀常鄙其詭怪世宗嘗令陶人應二十四氣燒瓦二

十四片各題識其節氣遂隔簾敲響令辯之一無差
謬常指明德門謂楊盧二校書曰此門相次變爲大
官闕兵漸銷偃天下太平幾乎似開元天寶間耳然
京師人却漸逼迫二校書將來富貴皆見之也盧雖
甚貴其如壽不及楊尋世宗禪位　太祖改明德門
爲乾元門宮闕壯麗書軌混同多遜爲相貶朱崖而
楊徽之爲尚書享年皆如其言又儀因於堂前雕起
花椅子二隻以祇備右丞洎太夫人同坐儼忽見之
謂兄曰好工夫奈何其間一隻至甚月日先破儀於

談錄　十

是以幕覆於屏風後愛護不用果至是日有內夫人
至儀第其從人不知急於屏風後取此椅子就門外
下馬遂爲馬踢而碎之此晉公聞於楊徽之尚書說
也又儼謂其弟偁參政曰儼兄弟五人皆不爲相兼
總無壽其間唯四哥稍得然結裹得自家兄弟姊妹
了亦住不得後偁果爲參政只有姊王家太夫人卽
王沔參政之母儀儼之妹也無何亦得疾偁尋以抱
病而歎曰二哥嘗言結裹姊妹兄弟亦住不得必不
可矣果數日而薨晉公嘗爲竇二侍郎今之師曠也

晉公卽參政之東坦也
呂丞相端本自蔭而至崇顯器識遠大有公輔之才自爲司戶參軍便置外厨多延食客能知典故凝然不動年五十六七猶爲太常丞充開封府判官時秦州楊平木塲坊木筏沿程免稅而至京呂之親舊競託選買呂皆從而買之於是入官者多揀退材植値三司給事中侯陟急於宣貴於 太宗之前欲傾其衆人無何呂獨當之認爲巳買 太宗嚇怒俾臺司枷項送商於安置滅耳後猶簽書府中舊事怡

然曰但將來但將來著枷判事自古有之洎後發往商州身體魁梧 太宗傳宣令不得騎馬只令步去尋相座傳語且請認災公曰不是某災是長耳災談諧大笑如式畧不介撓時有善算者呂公木在土下宮又是方主晚年大達須位極人臣此何用慮耳尋自商州量移汝州上谷寇準屢奏呂某器識非常人漸老矣陛下早用之 太宗曰朕知此人是人家子弟能喫大酒肉餘何所能後近臣皆上言稱呂某宜朝廷大用尋自太常丞知蔡州召入拜戶部員外郎爲樞密直學士時王二丈禹偁行誥詞畧曰多直道以事君毎援經而奏事後苑賞花宴 太宗宣臣僚賦詩呂奏曰臣無出身不敢應詔洎爲戶部尚書門下相上谷猶爲諫議大夫參政忽一日未後三棒鼓呂上馬至門道裏立馬侯上谷多時探上谷者曰參政方洗面裏呂乃徐謂從人曰餵得馬飽否其微肯如此後表讓李參政沆大拜呂乞養疾授太子太保在京薨背享年七十三
王二丈禹偁忽一日閤中商較元和長慶中名賢所

行詔誥有勝於尚書者衆皆驚而請益之曰只如元稹行牛元翼制云殺人盈城汝當深誡孥戮示衆朕不忍聞且尚書云不用命戮于社又云予則孥戮汝以此方之書不如矣其閎覽精詳也如此衆皆伏之
凡士大夫之必居大位者先觀其器度寬厚則無不中矣故韓王普在中書忽命呂公蒙正爲參預趙常潛覘其爲事而多之曰吾嘗觀呂公毎奏事得聖上嘉賞未嘗有喜遇聖上抑挫亦未嘗有懼色仍俱未嘗形於言眞台輔之器也只如 太祖初卽位命韓

王爲相顧謂趙曰汝雖爲相見舊相班立坐起也須
且讓他趙奏曰陛下初創業以爲相正欲彈壓四方
臣見舊相臣須在上不可更讓也　太祖嘉之洎因
奏忤旨上怒就趙手掣奏劄子綏而擲之趙徐徐拾
之起以手展開近前復奏上愈怒拂袖起趙猶奏曰
此事合如此容臣進入取旨其膽量也如此仍忽因
大宴大雨驟至上不悅少頃雨不止形于言色以至
叱怒左右趙近前奏曰外面百姓正望雨官家大宴
何妨只是損得些少陳設濕得些少樂人衣裳但令

樂人雨中做雜劇此時雨難得百姓得雨快活之際
正好喫酒娛樂上於是大喜宣樂人就雨中奏樂入
雜劇是日屢勸近臣百官軍員喫酒盡歡而散趙之
爲相臨時機變能回聖上之心也如此又言趙嘗出
鎮河陽襄鄧三郡皆以嚴重肅下政務自集唯聖節
日卽張樂設筵則豐厚飲饌凡一巡酒則遍勸席中
喫盡盡與不盡但勸至三而止其雅素也又如此在
相府忽一日奏　太祖曰石守信王審琦皆不可令
主兵上曰此二人豈肯作罪過趙曰然此二人必不
肯爲過臣熟觀其非才但慮其不能制伏於下既不
能制伏於下其間軍伍忽有作孽者臨時不自由耳
太祖又謂曰此二人受國家如此擢用豈負得朕趙
曰只如陛下豈負得世宗　太祖方悟而從之

太祖明聖慈惠歷代創業之主不可比也初陳橋爲
三軍擁迫而回不獲巳而徇其衆懇乃先與三軍約
曰汝等入城不得驚動府庫不得殺害人民不得取
奪財物從吾令則吾不違汝之推戴於是三軍皆曰
不敢違命洎卽位後遣王全斌等先鋒王自大散關

入船自夔峽而入水陸齊攻曹彬爲都監沈義倫爲
行營判官收復西蜀無何全斌殺降兵三千人是時
曹不從命但收其文案不署字王曹沈等回太祖傳
宣送中書取勘左右曰方克復西蜀回然殺降兵亦
不可便按劾今後陛下如何用人　太祖曰不然今
河東江南皆未歸復若不勘劾恐今後委任轉亂殺
人但令勘成案宜令後殿見責問曰如何敢亂殺人
又曰曹彬但退不干汝事曹不退但叩頭伏罪曰是
臣同商議殺戮降兵朝廷問罪臣首合誅戮　太祖

見曹如此皆與原之王受金州節度餘皆次第進擢也忽一日宣曹太尉彬潘太傅美曰命汝收江南又顧曹曰更不得似西蜀時亂殺人曹徐奏曰臣若不奏又恐陛下未知曩日西川元不是臣要殺降卒緣臣商量固執不下臣見收得當日文案臣元不肯着字　太祖令取進呈　太祖覽之又謂曰卿既商量不下為何對朕堅自伏罪曰臣從初與王全斌等同奉陛下委任若王全斌等獲罪獨臣清雪不爲穩便臣是以一向伏罪　太祖曰卿既自欲當辜如此又

安用此文字曰臣從初謂陛下必行誅戮臣留此文書令老母進呈陛下乞全母一身　太祖尤器遇之又潛謂曰但只要他歸伏慎勿殺人是也無罪只是自家著他不得卿切會取曹曰謹奉詔旨不敢違越晉公曰令國家享無疆之休良由是耳曹之四子瑹瑋　琮皆享豐祿豈非餘慶乎

五代晉朝時襄陽帥高懷德下親隨私通其愛姬竊錦襖子與其皂皂轉令人鬻於市高已知之或有人合於高曰大王錦襖子有人將在市中賣高曰錦襖子是人家宣賜得豈只是我家有莫亂執他人其皂都不覺其主已知也後以他事陰去之襄陽後帥安審琦亦有愛妾與外人私接忽因夜初隔幕燭下潛見有人自宅中出去據膝而言曰叵耐審琦是夕遇害莫知其誰子姪輩皆泣告曰大王平生器業如此豈無威靈使其姦人敗露須更時於是其姦賊自以手擒捉身體撲於靈座前亦一僕厮耳晉公言居其上者制禦小人切不可失其機乃買害之速也高之與安誠可為鑒誡矣

太祖朝昭憲皇后因不豫召韓王普至卧榻前問官家萬年千載之後寶位當繼與誰普曰晉王素有德望衆所欽服官家萬年千歲後合是晉王繼統仍上一劄子論之昭憲密緘題署藏之於宮內時韓王為相尋出鎮襄陽洎　太祖晏駕　太宗嗣位忽有言曰若還普在中書朕亦不得此位盧多遜聞之遂奉旨密加誣譖將不利於韓王遽召歸授太子太保散官班中日負憂恐遂扣中貴密達　太宗云昭憲皇后寢疾時臣曾上一劄子論事時昭憲緘藏在宮中

乞賜尋覓果於官中尋得　太宗大喜方與韓王忠
赤是時上元登樓觀燈忽有宣旨召趙普赴宴左右
皆愕然緣太子太保散官無例赴宴乃奏曰趙普値
上辛在太廟宿齋　太宗曰速差官替來少頃召至
太宗便指於見任宰相沈相公上座乃顧謂趙曰世
間姦邪信有之朕欲卿爲相來日便入中書盧相聞
之惶駭不已翌日盧遂告趙曰聖上有此宣示如何
趙曰某今入相公必不可同處相公欲得保全但請
上章乞退必無慮耳沈相尋乞致仕盧乃上章云陛

下若不賜主張微臣必遭毒手　太宗怒使令罷相
趙乃奏云乞除盧兵部尚書罷相　太宗不允乃以
所上章示于韓王自後以秦王事譖于朱崖所以至
今皆言盧遭趙之毒手耳

河東僞相趙文度歸向朝廷便授華州節度使時同
州節度使宋相公移鎭邠州道由華下趙張筵命宋
宋以趙自河東來氣燄凌之帶隨使樂官一百人入
趙府署庭所使排立于東廂將舉盞趙之樂官立于
西廡時東廂先品數聲趙謂曰於此調吹採蓮送盞
皆吹不得却令西廡吹之送盞畢東廂之樂由是失
次宋亦覺其挫銳洎中筵起移於便廳再坐宋自吹
笙送趙一盞趙遂索笛復送一盞聲調清越衆所驚
嘆其笛之藝宋之隨使樂工手指按之不滿洎席闋
宋回驛趙又於山亭張夜宴召之不至宋於是宵遯
晉公曰庶事不可輕易宋焉知河東偕僞小國之有
人矣

眞宗忽一日於龍圖閣諸侍讀侍講學士待制直閣
環侍以問九經書并疏共多少卷數侍講邢昺尚書

而下俱不能對

盧相多遜在朝行時將歷代帝王年曆功臣事迹天
下州郡圖誌理體事務沿革典故括成一百二十絶
詩以備應對由是　太祖　太宗每所顧問無不知
者以至踐清途登鈞席皆此力耳

皇城使劉承規在　大祖朝爲皇門小底時氣性不
同已有心力官中呼爲劉七每令與諸小底數眞珠
內夫人潛於看窗覷之未嘗偸竊一顆餘皆竊置於
衣帶中洎　太宗卽位後有一官人潛逾垣而出獲

獄　太宗遲疑間似不欲殺承規輙承意而奏曰此人不可容官家若放却官人摠走臣乞監去處置須是活取心肝進呈　太宗甚然之六宫皆拜而泣告承規再三奏不可留於是就　太宗前領去送一尼寺中潛遠嫁之却取旋殺猪心肝一具循熟以合子貯來進呈六宫皆圍合子而哭之良久畧揭視之便令承規將去仍傳宣賜承規壓驚銀五錠由是宫掖之間肅然畏法

談錄　十九

韓王普初罷隴州巡官到京至日者王助卜肆問命次簾下看魯公騶殿稍盛歎曰似此大官修筒甚福來得到此助曰員外卽日富貴更強似此人何足歎羨往往便爲交代亦未可知後果如其言

今之朝廷儒臣多不知典故亦須記之只如左右揆爲百僚師長守此官居中書可矣若在班列不可久居亦由御史大夫一百二十日須大拜耳是故朝廷將有爰立之命卽除之只如御史中丞諫議大夫正授卽便當給事中三年轉工部侍郎工侍授便當刑部侍郎轉兵部侍郎只如尚書左右丞同中書門下平章事卽不可更兼中省侍郎緣丞郎一般也若守六尚書省郎兼中書或門下侍郎可矣若自吏部兵部侍郎同平章事改轉便正轉充中書侍郎同中書門下平章事侍郎便當左右丞若有改轉便自中書侍郎授禮部尚書或兼門下侍郎同平章事只如中書舍人是閣老更不下知制誥不同他官耳或以他官充翰林學士却須下知制誥何者制誥是中書所掌翰林不當主之近代宰臣節帥除拜出自宸衷不欲預聞于外故以隔日宰臣百官出後密召翰林學

談錄　二十

士懷其員冊入禁闥上前議定是夕草制謂之內制中夜進入五更降出以麻紙大書之一行只可三字謂之白麻何者緣黃紙始自唐高宗朝已來只是中書出勑得使之所以內制用麻紙翌日乃以繡幞葢於箱中置於案上謂之麻案臺於御座左右候進呈事退卽降麻而宣之訖送中書出勑寫官告勑紙廣幅與常紙不同年月日先後署執政參政宰相銜署字後方接次列以使相御不押字亦不控斷行其官告却只下直日知制誥官名宣奉行更不下元撰麻

詞翰林學士名銜緣翰林學士無例於中書行詞故
也然後選中上事書日於閤門受告勑後始赴上若
使相即中書正宰相送上至中書都堂正宰相坐東
位使相看幾員列坐西位訖然後逐位就牙牀小案
子上判案三道仍側坐揖一脚候幾員各判案訖正
宰相退然後看使相是幾員並正衙並坐受賀其參
政於中書都堂無位其宰臣官告用五色金花羅紙
寫犀軸頭一如太君官告樣此事庶僚多不知因而
記之

錢塘武肅王不識文字然凡所言皆可律下忽一日
雜役兵士於公署壁題之曰無了期無了期營基纔
了又倉基由是部轄者皆怒王見而謂曰不必怒命
羅隱從事續書之曰無了期無了期春衣纔了又冬
衣卒伍見之於是怡然力役不復怨咨又言武肅王
左右算術醫流無非名士有葉簡李咸者善占筮武
肅忽一日非常旋風南來遶案而轉召葉簡問之曰
無妨事此是淮南楊渥已薨但早遣弔祭使去王曰
生辰使方去未知端的豈可便伸弔祭簡曰不然此
是必然之理但速發使往彼若問如何得知但云貴
國動靜當道皆預知之貴令知本國有人洎依而遣
之生辰使先一日到楊渥已薨次日弔祭使至由是
楊氏左右皆大驚伏其先見先是楊渥欲興兵取錢
塘密差人往聽鼓角聽者回告楊氏曰錢塘鼓角子
子孫孫土爵不絕不可輕動

楊文公談苑

宋　黃鑑

故翰林楊文公大年在眞宗朝掌内外制有重名爲天下學者所仗文辭之外其博物殫見又過人遠甚故當時與其遊者輒獲異奇說門生故人往往削藏去以爲談助江夏黃鑑唐卿者文公之里人有俊才爲公奬重幼在外舍建兄成立故唐卿所纂比諸公爲多但雜抄旁記交錯無次序好事者相與名曰談數余因爲掇去重複分爲二十一目勒成一十五卷

輒改題曰楊公談苑中書後閣宋庠序

王彥超

太祖微時常遊鳳翔從王彥超超遺十千遣之後即位悉徵藩侯入覲苑中縱酒爲樂諸帥兢論嚮昔功勳惟彥超獨言久忝藩寄無功能可紀願納符節入備宿衛上喜曰前朝異世事安足論彥超之言是也後從容論彥超曰卿當日不留我何也對曰蹄涔之水安可以延安神龍萬一留止又豈有今日之事帝王受命非細事也上益喜謂曰復遺卿還鎮一意以爲報餘諸帥悉歸班

錢若水

錢若水爲學士一日太宗自作祝辭久而不成令左右持入翰林中命即草之若水對使者撰成其首自云上帝之休惟聆躬是荷下民之命乃明神所司上喜曰朕閣筆思之久矣不能惜辭尤激賞其才美

勅字

千字文題云勅員外郎散騎侍郎周興嗣次韻勑字乃梁字傳寫誤爾當時帝王命令尚未稱勅至唐顯慶中始云不經鳳閣鸞臺不得稱勅勅之名始定於

此

白氏六帖

人言白居易作六帖以陶家缾數千各題門目作七層架列置齋中命諸生采集其事類投缾倒取之抄錄成書故其所記時代多無次序砌臺即今擦臺也王侯家多作砌臺以爲林觀之景唐張仲素詩云寫望臨香閣登高下砌臺林間見青使意上賜錢來即知唐末有之太祖胡天王都尉家其子曰承俗幼時

其父戲補砂臺使

銅碑記

梁沙門寶誌銅碑記多識未來事云有眞人在冀州閉口張弓左右邊子子孫孫萬萬年江南中主名其子曰弘冀吳越錢鏐諸子皆連弘字期以應之而宣祖諱正當之也

麻胡

馮暉爲靈武節度使有威名羌戎畏服號麻胡以其面有黶子也

學士草文

學士之職所草文辭名目浸廣拜免公王將相妃主曰制賜恩宥曰赦書曰德音處公事曰敕榜文號令曰御札賜五品官以上曰詔六品以下曰勑書批勑群臣表奏曰批荅賜外國曰蕃書道曰青詞釋門曰齋文閤教坊宴會曰白語土木興建曰上梁文宣勞賜曰口宣此外更有祝文祭文諸王布改榜號簿隊曰讚佛文疏語復有別受詔旨作銘碑墓誌樂章奏議之屬此外章表歌頌應制之作舊說唐朝宮中常於學士取眼兒歌偶學士作桃花文孟昶學士辛寅遜題桃符云新年納餘慶佳節號長春是也

欒城先生遺言

眉山蘇籀

公言春秋時先王之澤未遠士君子重義理持節操其處死生之際卓然凜然非後世之士所及葢三代之遺民也當時達者語三代遺事甚多今捨此無以考證

公爲籀講老子數篇曰高於孟子二三等矣

公言伊周以道德深妙得之管葛房杜姚宋以才智高偉得之皆不可窺測

公解孟子二十餘章讀至浩然之氣一段顧籀曰五百年無此作矣

公言仲尼春秋或是令丘明作傳以相發明

公常云在朝所見朝廷遺老數人而已如歐陽公永叔張公安道皆一世偉人蘇子容劉貢父博學强識亦可以名世予幸獲與之周旋聽其誦說放失舊聞多得其詳實其於天下事古今得失折衷典據甚多東坡與貢父會語及不獲已之事貢父曰充類至義之盡也東坡曰貢父乃善讀孟子歟

公試進士河南府問三代以禮樂爲治本刑政爲末後世反之而不言禮樂之效與刑政之敝其相去甚遠然較其治亂盛衰漢文帝唐太宗海内安樂雖三代不能加今祖宗法令修明求之前世未有治安若今之久者然而禮樂不如三代世之治安不在禮樂歟河南士人皆不能喻此意司馬温公問如此發笑亦自有說乎公曰安敢無說温公默然既而見文定文定曰策題國論也葢元豐間流俗多主介甫說而非議祖宗法制也

公言歐陽文忠公讀書五行俱下吾嘗見之但近覷耳若遠視何可當

公曰吾爲春秋集傳乃平生事業

公年十六爲夏商周論今見於古史年二十作詩傳

公言先曾祖晚歲讀易玩其爻象得其剛柔遠近喜怒逆順之情以觀其詞皆迎刃而解作易傳未完疾革命二公述其志東坡受命卒以成書初二公少年皆讀易爲之解說各仕他邦既而東坡獨得文王伏羲超然之旨公乃送所解予坡今蒙卦獨是公解

公少年與坡公治春秋公嘗作論明聖人喜怒好惡識公穀以日月土地爲訓其說固自得之元祐間後進如張大亨嘉父亦攻此學大亨以問坡坡荅書云春秋儒者本務然此書有妙用學者罕能領會多求之繩約中乃近法家者流苛細繳繞竟亦何用惟丘明識其用終不肯盡談微見端兆欲使學者自求之故僕以爲難未敢輕論也

公自熙寧謫高安覽諸家之說爲集傳十二卷紹聖初再謫南方至元符三易地最後卜居龍川白雲橋

集傳乃成歎曰此千載絕學也既而俾坡公觀之以爲古人所未至

公言東坡律詩最忌屬對偏枯不容一句不善者古詩用韻必須偶數

公曰吾莫年於義理無所不通悟孔子一以貫之者

東坡幼年作却鼠刀銘公作缸硯賦曾祖稱之命佳紙修寫裝飾釘於所居壁上

公曰子瞻之文奇予文但穩耳

公曰吾讀楚辭以爲除書

公在諫垣論蜀茶祖宗朝量收稅李杞劉佑蒲宗閔取息初輕後益重立法愈峻李稷始議極力掊取民間遂困稷引陸師閔共事額至一百萬貫陸師閔又乞額外以百萬貫爲獻成都置都茶場公條陳五害乞放榷法令民自作交易但收稅錢不出長引止令所在場務據數抽買博馬茶勿失武備而已言師閔百端凌虐細民除茶遞官吏養兵所費所收錢七八十萬貫蜀人泣血無所控告公講畫纖悉曲折利害昭炳時小呂申公當軸歎曰只謂蘇子由儒學不知

吏事精詳至於如此公論役法尤爲詳盡識者韙之

公曰李德裕謫崖州著窮愁志言牛僧孺將圖不軌不意老臣爲此言也

張十二病後詩一卷頗得陶元亮體然余觀古人爲文各自用其才耳若用心專摸倣一人捨己徇人未必貴也

張十二之文波瀾有餘而出入整理骨骼不足秦七波瀾不及張而出入徑健簡捷過之要知二人後來文士之冠冕也

元祐間公及蘇子容劉貢父同在省中二人各云集輩少年所讀書老而遺忘公亦云然貢父云觀君爲文强記甚敏公辭焉二人皆曰某等自少記憶書籍不免抄節而後稍不忘觀君家昆仲未嘗抄節而下筆引據精切乃眞記得者也

賈誼宋玉賦皆天成自然張華鷦鷯賦亦佳妙

子瞻諸文皆有奇氣至赤壁賦髣髴屈原宋玉之作漢唐諸公皆莫及也

公曰余少年苦不達爲文之節度讀上林賦如觀君

子佩玉冠冕還折揖讓音吐皆中規矩終日威儀無不可觀

公曰余少作文要使心如旋牀大事大圓成小事小圓轉每句如珠圓

公曰凡爲詩文不必多古人無許多也

公曰余黃樓賦學兩都也晚年來不作此工夫之文

貢父嘗謂公所爲訓詞曰君所作强於令兄

公曰申包胥哭秦庭一章子瞻誦之得爲文之法公曰范蜀公少年儀矩任真爲文善腹藁作賦場屋中默坐至日晏無一語及下筆頃刻而就同試者笑之范公遂魁成都

公曰莊周養生一篇誦之如龍行空爪趾鱗翼所及皆自合規矩可謂奇文

唐儲光義詩高處似陶淵明平處似王摩詰

歐公碑版今世第一集中怪竹辯乃甚無謂非所以示後世

唐皇甫湜論朝廷文字以燕許爲宗文奇則怪矣

公曰李方叔文似唐蕭李所以可喜韓駒詩似儲光

義

程正叔引論語云南郊行事迴不當哭温公公曰古人但云哭則不歌不曰歌則不哭蓋朋友之故何可預期

公曰讀書須學爲文餘事作詩人耳

公曰讀書百遍經義自見

族兄在廷問公學文如何曰前輩但看多做多而已區以別矣如爪苧之區自反而縮如王祭不供無以縮酒

公曰去陳言初學者事也
公讀一江西臨川前輩集曰胡爲竊王介甫之說以爲己說
公言呂吉甫王子韶皆解三經并字說介甫專行其說兩人所作皆廢弗用王呂由此矛盾
公曰文貴有謂予少年聞人唱三臺今尚記得云云其詞至鄙俚而傳者有謂也
公讀由余事曰女樂敗人可以爲戒
公聞以螺鈿作茶器者凡事要敦簡素不然天罰

欒城遺言　七

公曰漢武帝所得人才皆鷹犬馳驅之才非以道致君者也
公曰以伍員比管仲猶鷹隼與鳳鸞
王介甫用事富鄭公罷政過南京謂張文定公曰不料其如此亦嘗薦之文定操南音謂公曰富七獨不慙惶乎公問吾丈待之如何文定曰某則不然初見其讀書亦頗有意於彼既而同在試院見其議論乖僻自此踈之
黄魯直盛稱梅聖俞詩不容口公曰梅詩不逮君魯直甚喜
晁無咎作東臯記公見之曰古人之文也
任孫元老呈所爲文一卷公曰似曾子固少年時文
陳恬題襄城北極觀鐵脚道人詩詩似退之
公大稱任象先之文以爲過其父德翁
徐蒙獻書公曰甚佳但波瀾不及李方叔
公每語籀云聞吾言當記之勿忘吾死無人爲汝言此矣
公曰莊周多是破執言至道無如五千文

欒城遺言　八

公言班固諸敍可以爲作文法式
公曰六郎作詩髣髴追前人畫墨竹過李康年遠矣
或問公陳瑩中公曰英俊人也但喜用字說尚智
公曰李太白詩過人其平生所享如浮花浪蘂其詩云羅幃卷舒似有人開明月直入無心可猜不可及
公解詩時年未二十初出魚藻兔罝等說曾祖編扎以爲先儒所未喻作夏商周論纔年十有六古人所未到
公讀新經義曰乾纏了濕纏做殺也不好謂介甫曰

色取仁而行違居之不疑乃仲尼所謂聞者也

公曰唐士大夫少知道知道惟李習之白樂天喜復性書三篇嘗寫入漸偈于屏風

易曰一陰一陽之謂道坡公以爲陰陽未交公以坡公所説爲未允公曰陰陽未交元氣也非道也政如云一龍一蛇之謂道也謂之龍亦可謂之蛇亦可

公曰張文定死而復蘇自言所見地位淸高又曰吾得不做宰相氣力

公論唐人開元燕許云文氣不振倔强其間自韓退

之一變復古追還西漢之舊然在許昌觀唐文粹稱其碑頌往往愛張蘇之作又覽唐皇甫湜持正論業云所譽燕許文極當文奇則涉怪施之朝廷不須怪也蓋亦取燕許

公中歲歸自江南過宋聞鐵龜山人善術數邀至舟中問休咎云此去十年如飛騰升進前十年流落巳過然尚有十年流落也後皆如其言

曾祖母蜀國太夫人夢蛟龍伸臂而生公王子年拾遺記孔子當生之夜二蒼龍亘天而下來附徵在之房誠吉兆也

籀年十有四侍先祖潁昌首尾九年未嘗暫去侍側見公終日燕坐之餘或看書籍而已世俗藥餌玩好公漠然忘懷一日因謂籀講莊子二三段訖公曰顔子簞瓢陋巷我是謂矣所聞可追記者若干語傳諸筆墨以示子孫

公令籀作詩文五六年後忽謂籀曰汝學來學去透漏矣嘗與文氏家姑言之亦如此

公謂籀曰蘇瓌訓頲常令衣青布襦伏於床下出其頸受杖楚汝今懶惰可乎

馬公知節詩草一卷公跋云馬公子元臨事敢爲立

朝敢言以將家子得讀書之助作詩蓋其餘事耳蚤知成都以抑强扶弱爲蜀人所喜然酷嗜圖畫能第其高下成都多古畫壁每至其下或終日不轉足蜀中有高士孫知微以畫得名然實非畫師也公欲見之而不可得知微與壽寧院僧相善嘗於其閣上畫惠遠送陸道士葉山見李習之一壁僧密以告公公徑往從之知微不得已擲筆而下不復終畫公不一爲忤禮之益厚知微亦愧其意作蜀江出山圖俟其

罷去追至劒門贈之葢公之喜士如此陽翟李君方叔公之外玄孫也以此詩相示因記所聞於後辛巳季春丙寅眉山蘇轍子由題 李名豸

頴昌太祖書閣有厨三隻春秋說一岫解注以公穀左氏其復卷末後題丙申嘉祐元年冬寓居興國浴室東坐第二位讀三傳次年夏辰時坡公書名押字少年親書此卷壓積蠹簡中未嘗開緘縢偶開之一一對擬令黃門春秋集傳悉皆有指定之說想爾時與坡公同學齊心稽考老而著述大成遺書具在當

欒城遺言　十一

以黃門集傳爲證據坡公晩歲謂春秋傳皆古人未至故附記之於斯

大悲圓通閣記公偶爲東坡作坡云好個意思欲別作而卒用公所著和陶詩擬古九首亦坡代公作

范淳父雖中問公求論題公以莊子孝未足以言至仁令范作范論詆斥莊子公曰曾閔匹夫之行堯舜仁及四海

公云王介甫解佛經三昧之語用字說示關西僧法秀秀曰相公文章村和尚不會介甫悻然又問如何秀曰梵語三昧此云正定相公用華言解之誤也公謂坐客曰字說穿鑿儒書亦如佛書矣

公與關西文長老相善公晩年自政府謫官筠州既而復謫雷州威命甚峻時文老特來唁公留宿所寓宅中公被命即登轎出郭外文老亦相隨去歎曰克文處之尚恐不能公眞大過人者

東坡病殁于晉陵伯達叔仲歸許昌生事蕭然公篤愛天倫曩歲别業在浚都鬻之九阡數百緡悉以助焉囑勿輕用時公方降三官謫籍奪俸

欒城遺言　十二

公言呂微仲性闇愛事河事皆乖戾故子孫不遠公言易云精義入神以致用不是要說脫空

崇寧丙戌十一月八日四鼓夢中及古菖蒲詩云一人得飽滿餘人皆不悅之句王介甫在側借觀示之赧然有愧恨之色

公言場屋之敝曰昔南省賦題官韻於字舉子程文云何以加於其文中選後詩韻有同者或曰何以更加於大抵場屋多此類也

公言張文潛詩云龍驚漢武英雄射山笑秦王爛漫

遊晚節作詩似稍失其精處

公蚤歲教授宛丘或者屢以房中術自鬻於前公曰此必晚損止傳其養氣嗇神之法

公言近世學問濡染陳俗却人雖善士亦或不免蓋不應鄉舉無以干祿但當謹擇師友湔洗之也

公讀易謂人曰有合討論處甚多但來理會籀輩弱齡驁怯憚公嚴峻不敢發問今悔之無及

東坡遺文流傳海內中庸論上中下篇墓碑云公少年讀莊子太息曰吾昔有見於中口不能言今見莊子得吾心矣乃出中庸論其言微妙皆古人所未喻

今後集不載此三論誠爲闕典

公講論語至畏大人曰如文潞公亦須是加敬所言信重之

先王議事以制不爲刑辟東坡有人法兼用之說公以爲勑令不可不具二公之論不同坡外集有策題一首乃此意

公云晋史唐賢房杜輩所作議論可據籀思之本朝新唐書歐宋諸公一代賢傑所作以文字浩博人不能該覽惜哉必有篤於此學者

公語韓子蒼云學者觀儒書至於佛書亦可多讀知其器能也

公妙齡舉方聞見在朝兩制諸公書云其學出於孟子而不可誣也有解說二十四章老年作詩云近存八十一章注從道老聃門下人盖老而所造益妙錄者莫測矣

公悟悅禪定門人有以漁家傲祝生日及濟川者以非其志也乃賡和之七十餘年眞一夢朝來壽斝兒

孫奉憂患已空無復痛心不動此間自有千鈞重蚤歲文章供世用中年禪味疑天縱石塔成時無一縫誰與共人間天上隨他送

箴眼醫王彥若在張文定公門下坡公於文定坐上贈之詩引喻證據博辯詳切高深後學讀之茫然坡公敏於著述如此先祖屢云

坡撰富公碑以擬寇公公稍不甚然之作德威堂銘居士集敘公極賞慨其文咨嗟不已

公頴昌牡丹時多作詩前後數四云淇上似雒[illegible]

帝遺姚黃比玉眞之句又曰造物不違遺老意一枝
頗似雒人家稱道雒家殷勤不已敬想富鄭公文潞
公司馬溫公范忠宣公皆看花者德偉人也風流追
憶不逮後生茫然耳先祖蓋歎前哲云或曰嵇康廣
陵散亦歎也

東坡求龍井辯才師塔碑於黃門書云兄自覺談佛
不如弟今此文見欒城後集又天竺海月塔碑以坡
與之游故銘云我不識師面知其心中事儒者談佛
爲坡公所取因火失其書翰

公言秦火後漢叔孫通賈誼董仲舒諸人以詩書禮
樂彌縫其闕西漢之文後世莫能髣髴今朝廷求魁
偉之才黜謬妄之學可以追兩漢之餘漸復三代之
故後學當體此說

說郛目録

愛日齋叢抄

宋　葉寘

稱帝

太史公夏本紀自禹即天子位以後云帝禹至于帝履癸又曰帝桀殷本紀自太甲書帝太甲至于帝紂孔氏雜說言二王亦得稱帝引史記夏紀稱帝桀是也何獨桀云帝哉商紀云周武王爲天子其後世貶帝號號爲王索隱曰按夏殷天子亦皆稱帝代以德薄不及五帝始貶帝號號爲王故本紀皆帝而總曰

三王也又譙周云夏殷之禮生稱王死稱廟主皆以帝名配之見索隱國語云玄王勤商帝甲亂之又云商王帝辛大惡于民帝辛紂也然而易曰帝乙書亦曰帝乙夏殷之稱帝莫信于此

釋奠釋菜

釋奠釋菜古禮僅存而行于學歐陽公記襄州穀城縣夫子廟有云釋奠釋菜經之畧者也古之見師以菜爲贄故始入學者必釋菜以見其先師其學官四時之祭乃皆釋奠奠有樂無尸而釋菜無樂則其又畧也祭之以禮以迎尸酌鬯爲盛釋奠薦饌直奠而已故曰祭之畧者余讀其文因攷之禮凡學春官釋奠于其先師秋冬亦如之凡始立學者必釋奠于先聖先師及行事必以幣凡釋奠必有合也天子視學適東序釋奠於先老三聖見文王世子出征執有罪反釋奠于學以訊馘告見王制凡皆言釋奠而釋奠必于學春官大祝大會同皆造于太廟宜于社過大山川則用事焉反行舍奠甸祝掌四時之田表貉之祝號舍奠于祖禰亦如之師甸致禽于虞中乃屬禽

及郊饁獸舍奠于祖禰亦云舍奠也始立學者既興器用幣然後釋菜見文王世子仲春上丁命樂正習舞釋菜見月令大學始教皮弁祭菜示敬道也見學記大胥春入學舍菜合舞見春官凡皆言釋菜也而亦莫不于學士婚禮舅姑既殁則婦入三月乃奠菜士喪禮君釋菜入門喪大記大夫士既殯而君往焉釋菜于門内春官㝱人乃舍萌于四方以禳惡夢注謂猶釋菜萌菜始生則凡祭禮皆有釋菜也鄭人以釋菜奠者設薦饌酌奠而已無迎尸以下之事又以

縣釋菜奠幣孔氏以爲直奠置于物方氏以爲釋其所執之物而祭之故其字或作舍奠言物就可薦以菜則特用菜而已儀禮疏奠之爲言停停饌具而已又按周禮注鄭司農云舍菜謂舞者皆持有香之菜或曰古者士見于君以雉爲贄見于師以釆爲贄菜直爲蔬食菜羹之菜或曰學者皆人君卿大夫之子衣服釆餙舍釆者減損解釋盛服以下其餙也玄謂舍即釋也釆讀爲菜蘋蘩之屬呂氏春秋註舍猶置也初入學官必禮先師置釆帛于前以贄神釆菜兩

愛日齋叢抄八　三

音而異義其說惟議禮之家有以折衷也

婦拜禮

太祖嘗問趙中令禮何以男子跪拜而婦人不跪趙不能對徧訊禮官皆無知者王貽孫祁公溥之子也爲言古詩長跪問故夫即婦人亦跪也唐太后朝婦人始拜而不跪趙問所出因以太和中幽州從事張建章勃海國記所載爲證大重之事具國史王貽孫傳及宅雜說葉氏燕語正舉此且云天聖初明肅太后垂簾欲被袞冕親祠南郊大臣爭莫能得薛簡肅公問即服袞冕陛下當爲男子拜乎議遂格禮九拜雖男子亦不跪貽孫之言益陋矣簡肅亦不達幸其言偶中使當時有以貽孫所陳答啓者則亦無及矣汪聖錫端明作燕語證誤又云漢書周昌傳呂后見昌爲跪謝周宣帝詔命婦皆執笏其拜宗廟及天臺皆俛伏則其時婦人已不跪矣故時有是詔云始于則天非也明肅乃謁太廟非郊也九拜有稽首有頓首非皆不跪也不跪雖有之益拜之輕者爾余觀歐公所爲簡肅墓志及湘山野錄皆云后欲以袞冕謁

愛日齋叢抄八　四

太廟謂親祠南郊誠燕語之疑宜汪氏引宋子京謁廟賦以證至程氏攷古篇又因貽孫之説考其詳云按後周天元靜帝大象二年詔曰縣命婦皆執笏其拜宗廟及天臺皆俛伏如男子據此詔特令於廟跪則他拜不跪矣張建章所著武后時婦拜始不跪豈至此始拜與廟朝跪禮而去之而紀之不詳耶周昌諫高帝呂后見昌爲跪戰國策蘇秦過洛其嫂蛇行匍匐四拜自跪而謝隋志皇帝冊后后先拜後起則唐以前婦拜皆跪伏也又朱文公語錄或問禮婦人

古拜雖君賜肅拜則古人于拜亦伏地曰古有女子伏拜者乃太祖問范質之姪古者女子拜如何遂舉古樂府云長跪問故夫以爲古婦女皆伏拜自則天欲爲自尊之計始不用伏拜看來此說不然樂府只說長跪問故夫不曾說伏拜古人坐地是跪一處云直身長跪若拜時亦只俯手如揖便是肅拜故禮註云肅俯手也蓋婦人首飾盛多如副笄六珈之類自難以俯伏地上古人所以有父母拜其子亦有姑答拜者蓋只跪坐在地拜時易不曾相對拜各有問當

愛日齋叢抄 八 五

答拜亦然大祝九拜肅拜但俯下手今時傳云[redacted]者不拜故肅使者而已文公舉貽孫之對爲范果當別有據其論婦拜爲詳矣鶴林玉露別記文公之說云古者男子拜兩膝齊屈如今之道拜是也杜子美註周禮奇拜以爲先屈一膝如今之雅拜即今拜也古者婦女以肅拜爲正謂兩膝齊跪手至地而頭不下也拜手亦然南北史有樂府詩說婦人曰伸腰再拜跪問客今安否伸腰亦是頭不下也周宣帝令命婦相見皆跪如男子之儀不知婦人膝不跪地變爲今之拜者起于何時程泰之以爲始于武后不知是否而項氏家說則云鄭氏註周禮肅拜云若今婦人撎安世按古之拜如今之揖折腰而已介胄之士不拜故以肅爲禮以其不可折腰也然則儀式持劍斂手回身微作曲勢爾鄭氏之所謂撎蓋如此正今時婦人揖禮也據鄭氏說則婦人之拜不過如此或者乃謂自唐武氏始尊婦人不令拜伏則妄誕之甚矣周天元時令婦人拜特撎作男子拜則雖 俗婦人亦不作男子之拜也況古者男子之拜但如今之揖則

愛日齋叢抄 八 六

婦人之拜安得巳如今之伏今之男子以古男子之拜爲揖故其拜也加之以跪伏爲稽顙之容今之婦人亦以古婦人之拜爲揖故其拜也加之以拳曲作慮坐之勢視古巳加不得謂之滅矣禮所謂女拜尚右手者特言斂手向右如孔子拱而尚右之尚非若今用手按膝作跪也男子之尚左亦然古跪自是一禮以拜與伏皆不相干此論尤詳于諸書疑跪拜之制後周始變后唐初或因之武后乃復其舊然王建宮詞云射生宮女宿紅粧請得新弓各自張臨上海

時齊賜酒男兒跪拜謝君王殿前鋪設兩邊樓寒食宮人步打毬一半走來爭跪拜上棚先謝得奮頭等建太和中爲陝州司馬登武后以後婦拜猶跪禮特行于宮掖復齋漫錄謂後周制令宮人廷拜爲男子拜引建前一詩證之唐宮詞無預後周故實也

古人貴字

禮檀弓幼名冠字五十以伯仲孔氏曰人始生三月而加名故云幼名年二十有爲人父之道同等不可復呼其名故冠而加字年至五十者艾轉尊又捨其

二十之字直以伯仲别之士冠禮二十已有伯某甫而言至五十直呼伯仲爾朱文公曰吾五十郎稱伯仲除子下面兩字猶令人不敢斥尊者呼爲幾丈之類是不可以字尊也玉藻士于君所言大人沒矣則稱謚若字名與士大夫言名士大夫言于君前士名而大夫字字爲貴及與大夫言而字字爲尊矣馬永卿赴亳州永城簿初見劉器之諫議問曰王築安否曰王學士安樂後劉公爲孫宰言新主薄可見後生不稱前輩表德此爲得體童蒙訓曰故家惟晁氏羣居相處呼外姓尊長必曰某姓第幾叔若兄諸姑尊姑之夫必曰某姓姑夫某姓尊姑夫未嘗敢呼字也又云滎陽公外弟楊公韓環寔與它人語稱楊公但曰內兄武曰侍講未嘗敢稱字也舍人祼志云張正素先生子厚名壆東萊公從表兄也長東萊公十餘歲與書未嘗呼字楊器之大夫名寔實滎陽公表弟于東萊尊行也與東萊公書亦未嘗呼字徃時俗人有視楊應之學士爲尊行者在朝中呼應之應之囘首不應滎陽公以應之嘗如卑不敢字尊尊固不得

字卑也故呂進伯遜門客謂呼小子字豈可爲人師醻酢世變亦云字者朋友之職也嘗見前輩不呼後進者要稱字以代名爲成人之禮尊者疑其斥之卑者且不敢當獨朋友無相尊卑可字也李文公答朱載書論此書云古人相接有等輕重有儀如師之于門人則名之于朋友則字而不名稱之于師則雖朋友亦名之夫子于鄭兄事子産于齊兄事晏嬰平仲傳曰子謂子產有君子之道四焉又曰晏平仲善與人交子夏曰言游過矣子張曰子夏去何曾子曰堂

堂乎張也是朋友字而不名驗也謂朋友字而不名正孔子同等不可以名而加字者也顔氏家訓云名以體正字以表德名終則諱之字乃可以爲孫氏孔子弟子記事皆稱仲尼呂后微時常字高祖爲季至漢袁種子其叔父曰絲王丹與侯霸子語字霸爲君房江南至今不諱字也河北士人全不辨之名亦呼爲字字固因呼爲字尚書王元景兄弟皆號名人其父名雲字羅漢一皆諱之其餘不足怪也續家訓云魏常林年七歲父黨造門問伯林先在否何不拜伯

先父之字也林曰臨子字父何拜之有庾翼子爰嘗侯孫盛見盛子放問曰安國何在放答曰在庾稚恭家爰放子以爰客字父亦字其父王丹對侯曰上而字其父曰上不以爲嫌且字何以爲孫氏古尊卑通稱春秋書記季美益季者字也杜預曰書字者伸父母之尊以稱字爲貴也謂子諱父字非諱之也稱其父字于人之子有所尊而不敢當亦宜也顔氏舉字可以詳判公序石仲卿字以爲成人則貴而字之春秋二百四十二年以字而不名者十二人而已不失其所以貴乃爾少也石林葉氏云孔子雖大司寇而但稱仲尼哀公誄之曰尼父仲山甫尹吉甫皆周之卿士而山甫吉父猶通稱或者亦以字爲重款陸務觀筆記字所以表其人之德故傳者謂夫子曰仲尼非嫚也先左丞每言及荆公只曰介甫蘇季明書張横渠事亦只曰子厚左丞謂農師也鶴山魏氏尤信此説其記常熟縣學有曰昔柳宗元謂論語所載弟子必以字惟曾子有子不字遂謂是書出于曾門益以字輕而子重也及考諸孔門之訓則字爲至貴

益字與子皆得兼稱如門人之于孔子進而稱子不敢退而稱仲尼不言子其次亦有旣子且氏如閔子騫等不一二人或字者又數人然淵兮至游夏最號爲高弟子而不得子也有子曾子子而不得字也就二者而論則字爲尊益子雖有師道之稱然繫子氏者不過男子之美稱耳故孝經字仲尼而子曾子禮運字仲尼而名言偃至于子思字其祖孟子字其師之祖相傳至今人之字仲尼者毋敢以爲疑字旣尊矣則雖以孟子亞聖亦不得以字行不寧惟是仲尼

作春秋二百四十二年間字而不名者僅十有二人
而游夏諸子之門人亦各自其師相承至于漢初猶
未敢輕以字許人答張行甫書古人稱字者最不輕
儀禮子孫於祖禰皆稱字孔門弟子多謂爲夫子爲
仲尼子思孫也孟子又子思弟子也亦皆稱仲尼至
漢魏後只稱仲尼雖今人亦稱之而人不爲恠游夏
之門人皆字其師漢初惟子房一人得稱字中世有
字其諸父字其諸祖者近世猶有後學呼退之兒童
誦君實者今曰胡子仁仲張子敬夫朱子元晦是尊

敬之至答羅愚書古人以字爲重雖孔子弟子與子
思皆呼孔子爲仲尼與誦相似皆人所通稱也今人
呼前輩字遂謂不然題韓氏墓志後或問先賢可字
乎曰若用孔門弟子與子思孟子稱仲尼例則字先
賢已過矣凡此俱推稱字爲甚貴洪景盧云論語所
記孔子與人語及門弟子幷對其人問答皆斥其名
未有稱字者雖顏冉高弟亦曰回曰雍唯至閔子獨
云子騫終此書無損名昔賢謂論語出于曾子有子
之門人予意亦出于閔氏觀所言閔子侍側之辭與

冉有子貢子路不同則可見矣其說正魏氏所謂游
夏之門人各字其師者也周益公疑無已作王平父
集序字歐公至子固則曰南豐先生無已何尊焉至
于傳道之師則不可以不別是知其字爲天下通稱
若不逮所尊而尊之者特別其師資之私敬無以過
於字也蓋參古今而論則臨文記事尊者稱之以字
非不敬也應對之項書疏之間則字于其朋友從呂
氏說可也世俗去古遠徒知不可以字而更以號稱
猶未可也況不惟尊其不可字者如此故雜記之冀
來者識字之所以貴也夫

帕首

元和聖德詩云以紅帕首注者引實錄曰禹會塗山
之夕大風雷震有甲步卒千餘人其不被甲者以紅
絹帕抹其額自此遂爲軍容之服退之送幽州李端
公序紅帕首帕一作抹送鄭權尚書序帕首韡袴蓋
屢用之陸氏筆記舉孫榮傳張津常著絳帕頭帕頭
者巾幘之類猶今言幞頭也韓文公云以紅帕首已
爲失之東坡云絳帕蒙頭讀書增一蒙字尤誤務觀

固不引塗山事注韓文者亦不援孫楽語然李鄭二序皆連帕首韡袴取義爲幞頭正合范史云向栩者性卓詭不論讀老子狀如學道好披髮著絳綃頭李賢注說文綃生絲也按此字當作幧其字從巾古詩云少年見羅敷脫巾著幧頭巳上史註紅綃頭或郎無紅絹帕子謂孫伯符所稱南陽張津爲交州刺史着絳帕頭皷琴燒香讀邪俗道書或由東都之季習妖妄者輒以爲首飾栩其類也韓詩帕爲虛字坡詩帕爲實字因文著字爲蒙所用本別俱不免陸氏之

核唐婁師德使吐蕃喻國威信　爲畏慨後募猛士詩吐蕃乃自奮戴紅抹額來應詔此近塗山軍容之遺制雖不敢以釋帕首其云戴紅抹額抑亦帕首巾幘之物爾

古有涪翁

復齋漫錄云山谷謫涪州別駕因自號涪翁按益都耆舊傳廣陵有老翁釣于涪水自號涪翁然則涪翁之稱古有之矣苕溪漁隱曰後漢逸民傳初有父老不知何出常漁釣于涪水因號涪翁復齋不取于此乃取益都耆舊傳後漢郭玉傳語謂涪翁之稱古有之矣不始于魯直也蒙隱筆記引援亦同余記唐書陸龜蒙傳時謂江湖散人或號天隨子甫里先生自比涪翁注云巴西人居漢上者獨不用前二書爲證當別有攷也

公爲尊稱

古之稱公有不以爵者如董公呂公夏黃公盎公泄公申公毛公吳公始以老成尊之諸老歷秦漢閒齒旣宿矣司馬德操年少龐德公十歲兄事之呼作龐

公可見尊稱也雖于定國父爲獄吏決曹亦稱于公正以年德見推唯史于夏侯嬰稱滕公時爲滕令後方賜侯爵班書云嬰爲滕令奉車故號滕公此猶項羽所使薛公郯公或例以令長稱公也孔融告高密縣爲鄭康成立鄭公鄉有云昔太史公廷尉吳公謁者僕射鄧公皆漢名臣又商山四皓有園公夏黃公潛光隱耀世嘉其高皆悉稱公然則公者立德之正號不必三事大夫也柳子厚書相國房心琯銘陰曰天子之三公稱公諸侯之人爲王卿王亦曰公有土

蓋其臣稱之曰公尊其道而師之稱曰公楚之僭凡爲縣者皆曰公古之人通謂年之長老曰古公言三公若周公召公王者之後若宋公爲卿士若衛武公號文公鄭桓公其臣稱之則列國皆然師之尊若太公楚之爲縣者若葉公白公舉之長老若毛公申公浩公而大臣罕能以姓配公者雖近有之然不能着也唐之大臣以姓配公最著者曰房公東坡記墨君堂云凡人相與號呼者貴之則曰公是足證公者不專以爵貴也洪景盧釆子厚東坡語記公爲尊稱又

曰范曄漢史惟三公乃以姓配之未嘗或紊如鄧禹稱鄧公吳漢稱吳公伏公湛宋公究牟公融袁公安李公固陳公寵橋公玄劉公寵崔公烈胡公廣王公龔楊公彪荀公爽皇甫公嵩曹公操也三國亦有諸葛公馬公顧公張公其在本朝唯韓公富公歐陽公司馬公蘇公爲最著洪氏偶不引孔融語宋顏延之與何偃伺從上南郊偃遙呼延之曰顏公延之以其輕脫惟之荅曰身非三公之公又非田舍之公又非君家阿公何以見呼爲公偃羞而退或以田舍公阿公皆當爲翁豈延之不知其義疑其不欲當尊稱語因過激耳自時俗崇謬敬若彼猶賢矣班書書公主亦云翁主公翁古亦雜用

許由

樓暘叔云從來人說莊周盡是寓言却不曾深攷如堯讓許由依舊是有此人葢申呂許甫皆四岳之後許由亦其一也以當時咨四岳觀之則堯有讓四岳之事但周之言不無文飾過當處此論有蕃陽湯君錫亦云堯始讓四岳舉舜乃讓于舜左傳云夫作大岳之後杜註云堯四岳則太岳非由乎後人遂有洗

耳之說劉潛夫舉湯論語許由事不見于經故楊雄以爲無誠齋云子雲到老不曉事不信人間有許由雖沈著痛快終未有以折衷此獨援引切而說不鑿予如劉公偶不記暘叔何以言之在左氏外傳齊許申呂由大姜解謂四國皆姜姓四岳之後大姜之家高氏傳堯召許由爲九州長豈卽四岳之任歟湯名師中嘉定進士伯記端明之父與暘叔時相後先識見俱高考論自然符合也

繭栗

記王祭之牛繭栗左氏外傳楚觀射父曰郊禘不過繭栗史漢書志天地牲角繭栗顔師古注牛角之形或如繭或如栗言其小于郊禮志始著其義西京雜記惠莊聞朱雲折五鹿充宗之角歎息曰栗犢反能耳邪栗喻小而不謂其角或非本此舞陰大姓李氏擁城不下更始徵趙熹熹年未二十旣見更始嘆曰繭栗犢豈能負重致遠乎除爲郎中行偏將軍使諸舞陰而李氏降范史注犢角如繭栗言小也則惠莊

長安一儒生亦祖古語耳晉王[illegible]表繭栗之質當豺狼之路以自喻微弱也坡詩云省年日凋喪但有犢角栗魯直云紅藥枝頭初繭栗於是朱仲新紀繭栗言小也頭成繭栗高續古紅藥詞云紅翻繭栗稍頭徧姜堯章芍藥詞亦云繭栗稍頭弄詩句取羣花之含蕊爲工魯直食筍詩繭栗戴地翻用之于筍尤切

紙錢

事林廣記考論寓錢之始云今楮鏹也唐書王璵傳曰玄宗時璵爲祠祭使專以祠解中帝意有所禳祓大斥數巫覡漢以來葬者皆有瘞錢後世里俗稍以紙寓錢爲鬼事至是璵乃用之則是喪祭之焚紙錢起于漢世之瘞錢也其禱神而用寓錢則自王璵始耳法苑珠林云紙錢起于殷長史也按此則里俗以紙寓錢璵始用之非刱于璵矣朱文公云紙錢起玄宗時王璵蓋古人以玉幣後來易以錢玄宗惑于王璵之術而鬼神事繁無許多錢來埋得璵作紙錢易之文字便是難理會且如唐禮書載范傳正言唯顔魯公張司業家祭不用紙錢易之文字便是難理會

且如唐故衣冠效之而國初言禮者錯看遂作紙衣冠而不用紙錢不知衣冠紙錢有何間別近世戴氏鼠璞云法苑珠杯載紙錢起于殷長史唐王璵傳載漢末皆有瘞錢後里俗稍易以紙錢王璵乃用于祠祭今儒家以爲釋氏法于喪祭皆屏去予謂不然之死而致死之不仁之生而致生之不知謂之明器神明之也漢之瘞錢近于之死而致生以紙寓錢亦明器也與塗車芻靈何以異俗謂果資于冥塗則可笑是說雖異亦有文公紙衣冠何别之呂南公有錢鄧

公不燒楮鏹頌有云古用幣以禮神祇後之罪士爲多則假之以請禳禱祈假之不已則翻楮代焉而弗支是故罪者滿世而莫救其非大抵深惡夫寓錢以徼福者也予觀洪慶善杜詩辨證載文宗備問云南齊廢帝東昏侯好鬼神之術剪紙爲錢以代束帛至唐盛行其事云有益幽冥又牛僧孺云楮錢唐初剪紙爲之此是以補事林廣記之未及

負爲婦人

史高帝紀有武負陳丞相世家有張負絳侯世家有

許負皆以爲媼人記言王媪武負則信婦人矣班書如淳注俗謂老大母爲阿負師古引劉向列女傳魏曲沃負者魏大夫如耳之母此古語謂老母爲負耳世家言戶牖富人張負索隱曰婦人老宿之稱然稱富人或恐是大夫爾予謂張負果婦人當是清女之流亦富人也許負相者索隱引應劭注老嫗也意其負婦音同古文相通用不然馮婦固晉善士歟史註猶有異論者

九百

陳無已云世人以痴爲九百謂其精神不足也項平甫家說云註司業言九百草書喬字也朱或可談云青州王大夫爲詞鄙俚每投獻當路以爲笑具季父爲青祿王亦與詩它日季父見其子謝之其子曰大人九百亂道玷瀆高明蓋俗謂神氣不足者九百豈以一千即足數邪以書釋之不若陳朱之說通予讀張平子西京賦云小說九百本自虞初注者爲小說九百篇本虞初著又曰九百四十三篇言九百舉大數也漢志云小說家者流蓋出于稗官街談巷語道

聽途說者之所造也如淳曰街談巷說其細碎之言也俗登云九百或取喻細碎之爲者俚語本于史錄固有矣故漫記之東坡作文字中有一條以彭祖八百歲其父哭之以九百者尚在李方叔問東坡曰俗語以憨痴騃駭爲九百豈可筆之文字間乎坡曰子未知所據耳張平子西京賦云乃有秘書小說九百蓋稗官小說凡九百四十三篇皆巫蠱厭祝及里巷之所傳言集爲是書西漢虞初洛陽人以其書事漢武帝出入騎從衣黃衣號黃衣使者其說亦號九百

吾言豈無據也方叔後讀文選見其事具文選註始嘆曰坡翁于世間書何往不精通邪近見雜說載此乃知前輩攷証無所不至

駕頭

舊制駕頭未詳所始相傳更一朝即加覆黄帕一重孔氏談苑云駕頭者祖宗即位時所坐也相傳寶之夢溪筆談云正衙法座香木爲之加金飾四足墮角其前小偃織藤冒之每車騎出幸則使老内人馬上抱之謂之駕頭江鄰幾雜志云韓持國問李端明駕

頭何物曰諸座之一原父訪王原叔原叔云此坐傳四世矣放翁筆記云駕頭舊以一老宦者抱綉裹杌子于馬上高廟時亦然今乃代以閤門官不知自何年始淼諸紀載疑渡江後兀子以非法座故物乘輿所至百官道次班迎惟望駕頭致敬而已

滿月

禮生男子設弧於門左女子設帨于門右三月始負子男射女否如東魏高澄尚馮翊公主生子三月時帝幸其第錫錦綵唐章敬吳后生代宗三日玄宗臨澡之王毛仲妻産子三日玄宗命高力士贈酒饌金帛授其兒五品官姜皎以公主子生三日玄宗曰宅物無以餉吾孫賜六品官緋衣銀魚又武后時拾遺張德生男三日殺羊會同僚補闕杜肅告其屠殺楊太眞以錦綉爲襁褓褁祿山云貴妃三日洗兒也皆以三日爲重東坡賀子由生孫元昨聞萬里孫已振三日浴今俗以三朝浴兒殆古意也晬謂子生一歲顔氏家訓江南風俗兒生一期爲製新衣盥浴裝飾男則用弓矢紙筆女則刀尺針縷并加飲食之物及

珍寶玩置之兒前觀其發意所取以驗貪愚廉知名之爲試兒親表聚集燕享云玉壺野史記曹武惠王始生周晬日父母以百玩之具羅于席觀其所取武惠王左手提干戈右手提俎豆斯須取一印餘無所視曹眞定人江南遺俗乃在此今俗謂試周是也惟相傳滿月且文之爲彌月指詩誕彌厥月言之按毛詩曰誕大也彌終也鄭氏曰終十月而生呂成公註莆田鄭氏曰彌滿也其義非謂兒生及月唐書高宗龍朔三年子旭輪生滿月大赦北戸錄云嶺俗家富

者婦產三日或足月洗兒作團油飯以煎魚蝦鷄鵝
猪羊灌腸蕉子薑桂豆豉爲之陸務觀謂此即東坡
記盤遊飯語相近必傳者之誤其云足月即滿月也
東坡又記閩人生子三日浴兒時家人及賓客皆戴
葱錢曰葱使兒聰明錢使兒富大要三日之禮通古
今當近其重耳

婦人封邑

史姚氏註楚漢書秋高祖封許負爲鳴雌亭侯是知
婦人亦有封邑班志漢從秦制爵二十級十九關內

侯二十徹亭侯侯未詳也范志謂列侯所食縣爲侯
國承秦爵二十等爲徹侯大者食縣小者食鄉亭豈
亭侯者以十里一亭之地封焉或已自漢初有之婦
人封邑班書云高后嘗以蕭相國夫人同爲酇侯按
司馬氏表孝惠三年哀侯祿元年高后二年懿侯同
元年班志孝惠六年哀侯祿薨高后二年封何夫人
祿同母爲侯二表所紀異索隱又疑其事非予謂呂
后欲侯呂氏先封高帝功臣欲王呂氏先封孝惠後
宫子四年封呂須爲臨光侯亦先封功臣妻矣自許
負之封及酇侯夫人疑先漢婦人封邑之始

上梁文

吳氏漫錄攷其所始云後魏溫子升有閶闔門上梁
祝文云惟王建國配彼太微太君有命高門啓扉良
辰是簡枚卜無違雕梁乃駕綺翼斯飛八龍杳杳九
重巍巍居辰納祐就日垂衣一人有慶四海爰歸乃
知上梁有祝文矣第不若今時有詩語也樓大訪參
政又考兒郎偉始于方言其說云上梁文必言兒郎
偉或以爲唯諾之唯或以爲奇偉之偉皆未安在勑

局時見元豐中獲盜推賞刑部例皆即元案不改俗
語有陳棘云我部領你懣厮逐去深州邊吉云我隨
你懣去懣本音悶俗音門猶言輩也獨秦州李德一
案云自家偉不如今夜云余啞然笑曰得之矣所謂
兒郎偉者猶言兒郎懣蓋呼而告之此關中方言也
上梁有文尚矣唐都長安循襲之以語尤延之諸公
皆以爲前未聞或有云用相兒之偉者殆誤矣樓公
攷證如此予記呂氏春秋月令舉大木者前呼輿謣
後亦應之高誘注爲舉重勸力之歌聲也與謣注或

作邪謣淮南子曰邪許豈偉亦古者舉木隱和之音

自稱字

乾道問陸放翁取家藏前輩筆札刻石嘉州荔枝樓下名宋法帖予得其本有陳文惠書首云堯佐曰而後云希元再拜希元文惠字也自稱于書問不可解黃氏法帖刊誤云柳少師與弟帖末云誠懸呈人多疑之以籀注漢書丞相衡傳云字以表德豈人所自稱抑不當稱字然常覩逸少敬謝帖自云王逸少白廬山遠公集盧循與遠書自云范陽盧子先叩頭則

古人稱字蓋或有之黃長睿精于攷古從其辨證如文惠稱字無疑矣按漢書張晏注云臣衡少時字鼎長乃易字稚圭世所傳衡與貢禹書上言衡敬報下言臣鼎白知是字也顏師古以爲張氏說穿鑿假有其書乃後人見此傳云匡鼎來不曉其意妄作衡書云鼎白爾字以表德豈人所自稱乎長睿所引顏注謂此西京雜記云鼎衡小名也若文惠前名後字或取法漢人

生日

顏氏家訓言江南風俗二親若在每至生日常有酒食之事無教之徒雖以孤露其日皆爲供頓酣暢聲樂不知有所感傷程氏云人無父母生日當倍悲傷更安忍置食張樂以爲樂若具慶者可矣此同顏訓之意固不論在上也者然如梁元帝嘗載誕之辰輒齋素講經唐太宗謂長孫無忌曰是朕生日世俗皆爲歡樂在朕翻爲感傷今君臨天下富有四海而欲承顏膝下永不可得此子路有負米之恨也詩云哀哀父母生我劬勞奈何以劬勞之日更爲宴樂乎泣

數行下羣臣皆流涕則前世人生未以生日爲重而慶賀成俗已久矣漫錄又記唐中宗以降誕日宴侍臣内戚與學士聯句人主生日樂宴爲壽殆始見此時固莫盛于明皇也按唐開元十七年八月上以生日宴百官于花萼樓下左丞相乾曜右丞相説帥百官上表請以每歲八月初五日爲千秋節布于天下咸寧宴樂休暇三日此置節之始十九年以千秋節降死罪流以下原之此恩赦之始二十四年八月千秋節群臣皆獻寶鏡錄九齡獻千秋金鏡錄至代宗

大曆元年十月上生日諸道節度獻金帛器服珍玩駿馬此受貢之始德宗以誕日歲詔佛老者大論麟德殿幷詔給事中徐岱等講說此說法之始穆宗長慶元年詔七月六日是朕載誕之辰其日百僚命婦宜于光順門進名參賀朕門內與百僚相見雖嘗勅停尋復行之此進名受賀之始長慶四年敬宗初立徐泗觀察使王知與以上生日請于泗州置戒壇度僧尼資福此度僧之始文宗開成二年詔朕之生辰不欲屠宰用表好生非是信尚空門將希無妄之福

自今宴會蔬食任陳脯醢永為常例此禁屠宰之始紀節以來襲為大典雖本自開元而明皇久以生日為重矣王皇后寵衰泣曰三郎獨記不得何忠脫紫半臂換一斗麵為生日湯餅耶益舊事也明皇不惟自壽每自讓皇帝憲生日必幸其宅移時宴樂惠宣太子業被疾明皇自視會既愈幸其第置酒賦詩為初生歡此愷弟之至情天寶十四年六月一日貴妃楊氏生日幸華清宮于長生殿奏新曲會南海進荔枝因名荔枝香天寶十載正月安祿山生日賜衣服玩器酒饌以宮妾蕃將亦用此朱仲新云唐人生日多具湯餅引夢得送張與詩爾生始懸弧邀我作上賓引箸舉餅湯祝賜天麒麟此當謂初生時少陵自有宗武詩也雲溪友議載西川韋相公臯因作生日節鎮皆貢珍奇獨東川盧八座送一歌姬為饋

稱老為波

林謙之詩驚起何波理殘夢自注述夢中所見何使君蜀人以波呼之猶丈人也范氏吳船錄記嘉州王波渡云蜀中稱尊老者為波又有所謂天波月波日

波雷波者皆尊之稱此王波蓋王老或王翁也宋景文嘗辨之謂當作皤字魯直貶涪州別駕自號涪皤或其俗云按景文所記云蜀人謂老為皤音波取皤皤黃髮義

孺人

張文昌祭韓吏部詩公疾浸日加孺人視藥湯以為姬妾則云乃二侍女合彈琵琶箏已有侍女矣以為妻則皇甫湜撰神道碑云夫人高平郡此不稱夫人退之曾云巳呼孺人戛鳴瑟豈以言內子耶說詩者

韓詩孺人對穉子自杜詩老妻穉子句中來儲光義云孺人善逢迎穉子解趨走又出于江淹恨賦左對孺人右對穉子凡皆竝指妻子唐棣王琰有二孺人爭寵蠱親王有孺人二人云唐制按曲禮天子之妃曰后諸侯曰夫人大夫妻曰孺人士曰婦人庶人曰妻則孺人不得以爲妾張文昌或取此宣和罷縣君改孺人爲第八等

土名傳訛

揚州天長道中有古冢土人呼爲琉璃王冢馬氏嬾眞子錄辨爲漢廣陵王胥謚厲後人誤爲劉厲爲琉璃爾長安董仲舒墓門人至皆下馬謂之下馬陵訛呼爲蝦蟆陵

愛日齋藂抄八　二十九

相經

相人之法古矣而物無不可相史云黃魯直陳君夫相馬留長孺相彘滎陽褚氏相牛呂覽又記古有善相馬者寒風相口齒麻衣相頰子女厲相目衛忌相髭許鄙相尻投代褐相胸脇管青相膹肕陳悲相股脚秦牙相前君贊相後與歟群焉人可知矣昭德讀書志伯樂相馬經浮丘伯相鶴經甯戚相牛經鄭氏通志又加以周穆王相馬經諸葛頫徐成相馬經高堂降相牛經淮南八公相鵠經相鴨經相鷄經相鵝經抑皆古事也不惟是也凡物皆然故自西都藝文之目已著相人相寶劍刀相六畜班孟堅謂相人及六畜骨法之度數器物之形容以求其聲氣貴賤吉凶要其術如是而已世代相傳當有存者陳氏書目相貝經未詳何書緯畧云師曠有禽經浮丘伯有鶴經雖六畜亦有牛經馬經狗經下至蟲魚有龜經魚經唯朱仲所傳貝經奇怪豈卽相貝經歟或述其名類而謂相也緯畧又舉東方朔相笏經袁天綱郭先相笏經陳混常相笏經古相手板經亦驗人禍福也齊其母稱之在州時有一手板相者云富貴又吳氏漫錄引陸長源辨志載唐天寶中有李玨稱善相笏驗之以事卒皆無驗以爲不可槩論遂記開寶末聶長史相水立鑾三笏一王侯笏生人不敢秉一宰相笏一卿監笏亦爲節度而作眞沒一歸錢武肅祠堂一歸沈相一歸錢昭晏以衛尉卿守滑州眞廟朝老

愛日齋藂抄八　三十

道士爲沈艮擇笏云此借緋笏兼是吉州通判沈艮
除吉州通判借緋又云俟罷任別爲揀朝官笏期明
年六月沈果以是時卒由前一事則貴賤在笏由後
一事則吉凶在人漫錄云館中有陳混常相笏經其
說推本管略李淳風之言又常氏相板印法魏程伯
相印法蓋相笏之類而有相字法者術亦傳也

愛日齋叢抄　三十一

能改齋漫錄

宋　吳曾

凌煙閣名

唐太宗貞觀十七年以功臣圖形淩煙閣閣名凌煙世以始於太宗然宋鮑昭亦有凌煙樓銘曰瞰江列楹望景延除積清風露含綵煙塗俯窺淮海俛眺荆吳我王能架操思神居宜此萬春脩靈所扶則凌煙之名六朝巳有矣

婦人有謚

王岐公作呂公綽墓誌云公綽以古者婦人無謚自晉漢以來皇后多因帝謚爲稱國家順僖翼宣四帝暨太祖太宗皇后悉同廟謚獨章聖皇帝王后節惠曰宣莊與謚典不合願易名爲章追正前失仁宗從之余按晉時婦人有謚虞譚母卒謚曰宣桓溫母卒謚曰敬然則公綽以古者婦人無謚蓋不知所本矣漢祖尊先媪曰照靈夫人後高后五年又尊曰照靈后然謚法曰婦人有謚自周景黄穆后始也一左傳云聲子孫隱公杜預注聲謚也正義曰謚法不生其

能改齋漫錄　一

國曰聲

放生碑

放生建碑世以起于唐非也按梁朝元帝已有荆州放生亭碑見藝文類聚之七十七卷

寄附鋪

今世所在市井有寄附鋪唐世已然矣按唐異聞集薛防作霍小玉傳有云大理中寄附鋪侯景家

猊糖

近世造糖之精者謂之獅子乳糖亦有所本耳按後

漢顯宗紀注云以糖作狻猊形號猊糖

酉陽

荆州記曰小酉山上石穴有書千卷相傳秦人於此學因扃之故梁湘東王山賦云訪酉陽之逸典余乃悟段成式名書之所自也

眞率會

司馬溫公有眞率會葢本於東晉初時拜官相餉供饌羊曼在丹陽日客來早者得佳設日晏則漸不復精隨客早晚而不問貴賤時羊固拜臨海守竟日皆美雖晩至者猶獲精饌時言固之豐腆不如曼之眞率

焚香始於漢

李相之賀已集謂焚香之始云本佛圖澄傳襄陽國城塹水源暴竭石勒問澄澄曰今當勑龍下取水乃至澄上坐繩床燒安息香咒數百言水大至予按江表傳有道士于吉來吳會立靜舍燒香讀道書制作符水以療病又按漢武帝故事亦云昆邪王殺休屠王以其衆來降得其金人之神置之甘泉宮金人者皆長丈餘其祭不用牛羊唯燒香禮拜然則焚香自

漢已然矣

傳風

今之屋翼謂之傳風見儀禮士冠禮篇云直於東榮鄭氏注云榮屋翼也唐賈公彥疏曰榮屋翼也者即今之傳風又雲榮在屋疎兩頭與屋爲翼若鳥之有翼故斯干詩美宣王之室云如鳥斯革如翼斯飛與屋爲榮故云榮也

蘇小小

劉次莊樂府解題曰錢塘蘇小小歌蘇小小非唐世見樂天夢得詩多稱咏遂謂與之同時耳次莊雖知蘇小小非唐人而無所據予按郭茂倩所編引廣曰蘇小小錢塘名娼也蓋南齊時人西陵在錢塘江之西故古辭云何處結同心西陵松下

和買

和買二字見孔穎達左氏義昭公十六年晉韓起聘子有環宣子謁諸鄭伯子產曰買人既成買矣商人曰必告君大夫子產曰今吾子以教來辱而謂敝邑

強奪商人是教敝邑背盟誓也穎達云上稱買諸賈人則是和買而子產謂之強奪者朝子以威福之其賈必賤商人欲得告君大夫子產知非其和買故云然也

經典無騎字

春秋左氏傳昭公二十五年左師展將以公乘馬而歸欲與公輕騎歸劉炫謂左師展將以公乘馬而歸欲與公單騎而歸此騎馬之漸也予按古者服牛乘馬以駕車不單也其六國之時始不單騎蘇秦所謂車千乘騎萬疋是也曲禮云前有車騎者禮記乃漢人書耳經典並無騎字

登聞鼓

按資治通鑑魏世祖懸登聞鼓以達寃人乃知登聞鼓其來甚久第院之始或起於本朝也

給公驗

唐宣宗時中書門下奏若官度僧尼有闕則擇人補之仍申祠部給驗其欲遠遊尋師者須有本州公驗乃知本縣僧尼出遊給公驗自唐已然矣

裁旨

近世自鈞台旨而天下稱裁旨按李罕之擅引澤州兵夜入潞將以狀白李克用曰薛鐵山死州民無主盧不遲者爲變故罕之專命鎭撫取王裁旨

行狀

自唐以來未爲墓誌銘必先有行狀蓋南朝以來已有之按梁江淹爲宋建太妃周氏行狀任昉裴野皆有行狀

乾咲

世言咲之不情者爲乾咲按宋范曄謀逆就刑於市妻來别罵曄曰身固不足塞罪柰何枉殺子孫曄乾咲而巳按乾咲自此始

舍弟

舍弟兄稱弟曰舍弟亦有所本魏文帝與鍾繇書曰是以令舍弟子建因荀仲茂時從容喻鄙旨

併當

併當二字俗訓收拾然晉時巳有此語按世説長豫與丞相語嘗以謹密爲端丞相還臺及行未嘗不送

至車後爲曹夫人併當箱篋長豫亡後丞相還臺登車後哭至臺門曹夫人作奩封而不忍開

一頓

食可以言一頓世説羅友嘗伺人祠欲乞食主人迎神出曰何得在此荅曰聞卿祠欲乞一頓食耳

經紀

江西人能以幹還者爲經紀唐巳有此語滕王元嬰與蔣王皆好聚歛太宗嘗賜諸王帛敕曰滕叔蔣兄自能經紀不須賜物

恩府

以恩地爲恩府始於唐馬戴著大中初爲掌書記于太原李司空幙正言被斥貶郎州龍陽尉戴著曰自痛不得盡忠於恩府而動天下之浮議見金華子

風聞

風聞二字出漢書尉佗曰風聞老夫父母墓巳壞削賈逵國語注曰風聞釆也釆聽商旅之言故沈約彈王源曰風聞東海王源嫁女與富陽滿氏而魏任王澄表以爲法忌煩苛治貴清約御史之體風聞是司

婦女稱姐

婦女以姐爲稱説文曰媎字或作姐古字假借也子也切近世稱女兄爲姐葢尊之也按魏繁欽與文帝牋曰自左驥史妠謇姐名倡魏志倡魏志曰文帝令吐蔓與左驥等於賓客之中吹笙鼓琴李善注云其史妠謇姐葢亦當時之樂人以是知婦之稱姐漢魏巳然矣

點心

世俗例以早晨小食爲點心自唐時巳有此語按唐

鄭修為江淮留後家人備夫人晨饌夫人顧其弟曰治妝未畢我未及餐爾且可點心其弟舉甌已罄俄而女僕請飯庫鑰匙備夫人點心修詬曰適已給了何得又請云云

起居何如

今世書問往還必曰不審比來起居何如按漢武帝內傳載上元夫人曰承阿母相邀詣劉徹家不意天靈至尊下降於至濁不審起居比來何如洒知此語久矣

飲席酹酒

飲席酹酒之始唐僕射孫會宗集內外親表開宴有一甥姪閒朝官後至及中門見緋衣官人衣襟皆是酒洂咄咄而出不相識洎卽席說於主人咸無此官沉思之乃是行酒升於階上酹酒草草傾潑也自此每酹引令側身恭跪一酹而已自孫氏始也今人三酹非也

丈人

以妻父為丈人本於漢　所謂漢天子我丈人行也

笭箵

大唐新語曰漁具總曰笭箵唐書元結傳載自釋語曰能帶笭箵全獨而保生能學聱齖保宗而全家聱也如此漫乎非耶語皆協韻故箵音平聲與生相協今唐書音釋仍作弊挺切誤矣故蘇子美松江觀魚詩云鳴榔莫觸蛟龍睡舉網時聞魚鼈腥我實宦游無況者擬來隨爾帶笭箵皆作平聲今韻略不收此字

蘭若

蘭若二字白樂天詩作蕙字押爾雅於操切上官儀酬薛舍人萬年宮晚景寓直懷友詩中四句云東望安仁署西臨子雲閣長嘯求煙霞高步尋蘭若此又作日灼切也

開元錢

世所傳青瑣集楊妃別傳以為開元錢乃明皇所鑄上有甲痕乃貴妃掐迹殊不知唐談賓錄云武德中廢五銖錢行開元通寶錢及書皆歐陽詢之所為初

進樣文德皇后搯一痕因鑄之

條脫

唐盧氏雜說文宗問宰臣條脫是何物宰臣未對上曰眞誥言安妃有條脫爲臂飾即今釧也又眞誥萼綠華贈羊權金玉條脫各一枚余按周處風土記云仲夏造百索繫臂又有條達等織組雜物以相贈遺唐徐堅撰初學記引古詩云繞臂雙條達則條達之爲釧必矣苐以達爲脫不知又何謂也徐堅所引古詩乃後漢繁欽定情篇云何以致契闊繞腕雙跳脫

但跳脫兩字不同

花鶖定

鮑彪譜論杜詩戲作花卿歌云花卿舊注名花鶖定新舊史無其人予按舊史崔光遠傳光遠爲成都尹及叚子璋反東川節度使李奐敗走投光遠率將花鶖定討平之將士肆剽劫婦女有金銀臂釧皆斷腕以取之光遠不能禁肅宗按其罪高適傳花鶖定者恃勇誅子璋大掠東蜀天子怒光遠不能戢軍乃罷之以適代光遠爲成都尹惟新史不見花鶖定名字鮑彪不讀舊史故耳

精舍

王觀國學林新編曰晉書孝武帝幼奉佛法立精舍於殿內引沙門居之因此世俗謂佛寺爲精舍觀國按古之儒者教授生徒其所居皆爲之精舍故後漢包咸傳曰咸住東海立精舍講授又劉淑傳曰隱居之精舍授講又檀敷傳曰立精舍教授又姜肱傳曰盗就精廬求見注曰精廬即精舍也以此觀之精舍本爲儒士設至晉孝武立精舍以居沙門亦謂之精

舍非有儒釋之別也以上皆王說予按三國志注引江表傳曰于吉來吳立精舍燒香讀道書製作符水以療病然則晉武以前道士亦立精舍矣

掩耳偷鍾

諺有掩耳偷鈴非也亦有所本呂氏春秋范氏亡有得其鍾者欲負而走則大鍾不可負以椎毀之鍾怳然有音恐人聞之而奪急掩其耳然世之恐聞其過者亦猶此也任昉勸進牋云惑甚盗鍾功疑不賞

一頓食

杜詩頓頓食黃魚晉謝僕射陶大常同詣吳領軍坐久吳留客作食今日已中使婢賣物供客比得一頓食殆無氣可語

女墻

春秋左氏傳襄公六年晏弱圍萊堙之環城於堞注云堞女墻也又二十五年吳子門于巢巢牛臣隱於短墻以射之二十七年虞蒲嫳攻崔氏堞其宫而守之注曰堞短垣也陴倪短墻短垣女墻皆一物也說文云堞城上女垣也廣雅云陴倪女墻也釋名曰女墻言其卑小比之於城如女子之於丈夫也故杜子美上白帝城詩城峻隨天壁樓高望女墻劉長卿登餘干城懷古云官舍已空秋草綠女墻猶在夜烏啼劉禹錫詩云夜深猶過女墻來韓偓懷故鄉云塞雁已侵池籞宿宫鴉猶戀女墻啼此學長卿也

虛牝

韓退之贈崔立之詩云可憐無補費精神有此黃金擲虛牝洪慶善曰牝谿谷也古詩云哀壑叩虛牝予按古詩之意虛牝當是壑中之空穴耳所以老子曰

玄牝之門是爲天地之根然大戴禮以丘陵爲牝谿洪取大戴之意耳

醉如泥

後漢周澤時人謂之語曰生世不諧作太常妻一歲三百六十日三百五十九日齋一日不齋醉如泥按禪官小說南海有蟲無骨名曰泥在水中則活失水則醉如一堆泥然

笑林

祕閣有古笑林十卷晉孫楚笑賦曰信天下之人笑林調謔之具觀笑林本此

上人

唐詩多以僧爲上人曰杜子美已上人茅屋是也按摩訶般若經云何名上人佛言若菩薩一心行阿耨菩提心不散亂是名上人十誦律云人有四種一麁人二濁人三中間人四上人

天洗兵

說苑武王伐紂風霽而乗以大雨散宜生諫曰此非妖歟武王曰非也乃天洗兵也故杜子美有洗兵馬

行

瑣語

唐孫光憲有北夢瑣言按晉書大唐二年汲郡人卜準盜發魏襄王墓或言安釐王冢得竹書數十車有瑣語十一篇乃知古已有瑣語

曲江

曲江有三枚乘七發云觀于廣陵之曲江今蘇州也廣東有曲江今韶州也司馬相如弔二世賦云臨曲江之隑州即長安也按唐劉餗傳記云京師芙蓉園本名曲江園隋文帝以名不正改之故杜子美詩云曲江翼幔排銀牓又云春日潛行曲江曲七發所謂曲江有弭節伍子之山今胥山在蘇州

萬乘作平聲

天子萬乘諸經音訓皆作去聲余讀晉傳至漢高祖書贊曰赫赫漢祖受命龍興五星協象神母告徵討秦滅項如日之升超從側陋光據萬乘亦可以平聲用也

箕子易牙名

箕子名胥餘見司馬彪注莊子於它書不見易牙名巫易牙其字也見孔頴達左傳疏

花蕊夫人

僞蜀主孟昶徐匡璋納女於昶拜貴妃別號花蕊夫人意花不足擬其色似花蕊翾輕也又升號慧妃以號如其性也王師下蜀太祖聞其名命別護送途中作辭自解曰初離蜀道心將碎離恨綿綿春日如烟馬上時時聞杜鵑三千宮女皆芳樹妾最嬋娟此去朝天只恐君王寵愛偏陳無已以夫人姓費誤也

崔念四詞

政和間一貴人未達時嘗遊妓崔念四之館因其行第作踏青遊詞云識箇人人恰正年年歡會似賭賽六隻渾四向巫山重重去如魚水兩情美同倚畫樓十二倚畫樓兮又還重倚兩日不來時時在人心裏擬問卜常占歸計拚三八清齋望永同鴛被驀然被人驚覺夢也有頭無尾

啫様

李祐晉臣初任河瀬守官監司怒其啫太文對衆責

之翌日請見遂極武監司愈怒稱文責問祐供狀云高來不可低來不可乞指揮明降喏樣一箇蓋用俚語也

難底樣

楊文公億有重名嘗因草制爲執政者多所塗竄楊甚不平因取藁本上塗抹處以濃墨傳之就加爲難底樣題其旁曰世業楊家難底人或問其意曰此語是它別人脚迹當時傳以爲鞋爾後舍人草制被點抹者則相謔曰又遭難底

能改齋漫錄　十六

識遺

宋　羅璧

余舊爲筆記九經傳所得家庭所講師友所聞莫不筆識以備遺忘歲久成帙追憶舊讀間於是編有攷暇日因刪繁纂要粹爲一書目曰識遺庶幾往者之筆力不徒爾嘿耕羅璧子蒼甫

師老聃

孔子師老聃之説肇於莊子師老子故其著書譏侮古今聖賢獨推老子甚至假設孔子言語譽之後來

識遺　一

漢儒輯禮記承其言曰聞諸老聃司馬遷史記老子傳復增許多老子訓誨孔子言語孔鮒作家語著孔子事實因據以爲證由是堅後學之信不知莊子一書多駕空寓言時去孔子未遠知天下崇信其學故記時所量重者尊其師庶幾聃之道益隆于此莊子抑孔子尊老子之迹也後儒不察禮記家語史記出莊子後見孔子萬世師表不應禮樂無所自來而問禮老聃一語又傳見諸書莫詳始自莊子不知老子之教主於清淨無爲其著書厭薄禮樂學曰禮者忠

信之薄亂之首也莊子傳其後從而有掊斗折衡推提仁義焚符破璽絕聖棄知等論則聃又何有禮之可問耶太史公謂道家以虛無爲本因循爲用有法無法有度無度故後之尊老莊者蕩棄禮法蓬首垢面喪酒弔肉晉代可證也已豈有以禮訓孔子而易其徒則異是耶孔子於人之有善若管仲之仁子產之惠皆亟稱不暇豈有聃聖師之而故沒之此爲莊子寓言無疑余嘗語孔子師表盍推周公彼其夢想猶與見之孟子去孔子甚近且曾思之傳最的誦孔子泒接不過文武周公使孔子果師聃於莊子輩爾

道之是非莊子述而傳之足矣何必假孔子言明之此其借孔子尊師可見也後之衛道者多爲孔子分說未以寓言及尊師之意照破莊子之妄爾若孔子從聃之事莊子外篇著聃爲周藏史藏慶書所或者聃所取多書孔子因往問聃焉容有此理不然嘗論何無一語及聃而聃之禮何不盡傳其徒而甘爲棄名撿蕩禮教之罪人耶東坡嘗謂莊子雖譏孔子實尊孔子書末叙百家之學有曰譬如耳目鼻口各有所明而不能相通故墨翟宋銒禽滑釐尹文彭蒙田駢慎到關尹老聃以至莊周皆列叙名之至鄒魯之士縉紳先生其在詩書禮樂多能明之則推而不敢斥此又可見莊子前之推老聃者借孔子也

雉釋文

左傳都城過百雉周禮名城以五雉七雉九雉釋者謂一雉之墻長三丈高一丈而雉所以名文之義未詳（公羊五堵而雉則二百尺）山陰陸氏著埤雅謂雉性壚聾護彊飛不越分域一界之內以一雉爲長潘安仁雉賦曰畫墳衍以分畿者此也其飛崇不過丈修不過三丈

所以以雉計丈也禮記晉太子申生縊死鄭玄注曰雉經晉語亦曰申生雉於新城廟孔氏釋雉性耿介被獲必屈折其頭而死言申生以殺死也因思城之丈有取於雉亦有望於耿殺死守封疆之臣豈泛然哉

姬周姓

左傳晉平公以同姓四人𡣕嬪御鄭子產聘晉言於叔向曰今君內實有四姬焉盍指其不別同姓之醜

非目賤妾爲姬也按古婦人皆有字與謚或國名下繫其姓先儒謂示不忘本且別它族今攷字下繫姓如周女曰伯姬叔姬齊女曰孟姜季姜宋女曰孟子仲子狄女曰叔隗季隗是也謚下繫姓如齊女曰宣姜莊姜宋女曰聲子秦女曰懷嬴楚女曰文芊杞女曰定姒是也國下繫姓如秦女曰徐嬴葛嬴陳女曰息嬀之類是也惟姬姓後世以目賤人戰國曰幸姬如姬漢史曰諸姬薄姬愛姬釋者不辨其爲周姓如淳曰姬音怡臣瓚曰漢內官也秩比二千石五婕妤

下惟顏師古謂漢內官無姬者姬職周姓貴於衆國之女故婦人美號皆稱姬宋大觀間公主易號曰帝姬貴之也世俐以目妾豈反賤乎然則姬女貴而以姓著及不若齊宋女不辱其姓之爲愈也

兩韓信非

司馬遷班固漢史韓信傳贊中皆稱兩韓信據其說韓王古韓國之後項羽殺望父成復立信爲韓王都晉陽與淮陰侯韓信不同劉知幾史通闢遷固之繆曰韓王名信都古韓國後姓姬則名信都者非姓韓亦不單名信二史不别姬韓兩姓且去韓王名下都字遂與淮陰侯韓信無辨余攷班馬誤姬爲韓誠如劉說但爲韓王名信都劉說亦差按王充潛夫姓氏論云沛公起張良屬焉沛公使韓信略立韓地立横陽君成爲韓王而拜良爲都信又曰信都者司徒也或爲勝徒漢功臣表云張良以廐將從起下邳以韓申都下韓楚漢春秋作信都信音申史記亦作韓申徒良傳直作韓司徒蓋信都勝徒昔賢司徒之聲轉然則信都乃張良官名卽非韓王名知幾之說亦未

免繆尚何班馬責乎

子冠氏上

子者男子通稱孔子大聖孟子大賢例只稱子孔子漢號夫子者邢昺孝經疏云孔子嘗爲魯國大夫故弟子連官稱尊之以別餘人也後之尊師者因例曰夫子近時朱文公稱周程特曰子周子子程子復於姓上繫子按公羊傳曰子沈子子公羊子子司馬子何休釋云加子姓上名其爲師也若非師而但有德者不以子冠氏上朱子於周程蓋尊師之

孔子生年

左傳記孔子卒而不記其生公羊記孔子生魯襄二十一年十一月庚子穀梁以爲生十二月二十二庚子與公羊差一月五行書謂孔子生庚戌年二月二十三庚子日甲申時考庚戌乃魯襄公二十二年周靈王二十一年與公穀年月俱差如公穀則孔子乃生巳酉非庚戌也故劉氏外紀謂孔子年七十四終與它書生庚戌終壬戌七十三之説異從公穀也信五行書固不若信公穀然公羊言十一月庚子而杜

預長曆魯襄二十一年庚戌歲十一月無庚子左傳書孔子壬戌歲夏四月己丑卒杜預注歲四月無己丑有乙丑故孔氏家譜祖庭廣記俱云魯襄二十二年十月二十七日庚子孔子生與公穀五行書俱差不知又何所本乎或謂周建子魯襄十月庚寅正八月以改朔不改月之説推之又不然

寺觀藏

漢改秦典客官爲大鴻臚掌諸侯歸義蠻　古行人之官也因設鴻臚寺待四方賓客永平中佛入中國首名其居曰白馬寺以白馬負經來故蓋並緣鴻臚待四方賓客之故此中國有寺之始詳其故寺非佛得專漢世官有九寺之目劉昭注曰寺官舍也風俗通曰寺司也又曰寺嗣也理事之吏嗣續其中則非獨爲佛也觀之義亦遠仲尼與於蜡賓事畢出遊於觀之上蓋魯有兩觀門旁高處也爾雅釋觀爲闕孫炎曰宮門雙闕懸法象使民觀之闕居巍巍高處因名象魏謂之闕者觀法象則可闕去疑事春秋晉楚邲之戰潘黨請收晉尸築爲京觀封土觀示後人也胡澹菴

言觀有四一曰朶樓魯兩觀是也一曰藏書所漢東觀是也一曰遊觀處謝玄暉賦屬玉觀是也一曰高可望皇帝內傳置元始真容於高觀上是也今老氏居疑本內傳詳此觀非老可專凡高可縱觀皆觀也至於藏只貯藏之義狐兎穴居俱名藏老聃爲周守藏吏名柱下吏藏乃慶書所漢東觀藏書號柱史藏室書所在也釋道法其制度佛經遂爲二氏之私今復以事祈禳豈以經典所在福可集乎若鐃鈸[illegible]致堂謂本西　樂　俗吉凶並奏今華俗專以送凶不

蔡吉亦以從吉也

佛入中國

後漢西域傳云明帝時佛始入中國按漢武故事昆邪王殺休屠王以其衆來降得其金人之神武帝置之甘泉宮祭不用牛羊惟燒香禮拜帝使依其國俗祀之義時作昆明池掘得黑灰東方朔曰可問西域道人則前漢時佛流中國矣況帝事四方蒟醬竹杖猶入王府又方祀神仙佛以超度爲術張騫輩肯賤佛書乎劉向列傳序言仙者一百四十六人而七十

識遺　八

四人已見佛經向成哀人時其言如此則前漢有佛經矣向又曰今覽載籍往見有經洪慶善因言周時義流釋典按列子仲尼篇曰西方之人有聖者焉詳禦寇鄭人在孔子後孟子先其時已說西方聖人則佛傳中國晚周也就後漢言之光武閉玉門謝西域佛豈有不通者何必待明帝之迎而後有耶通鑑著其始於明帝葢本西域傳豈以帝者尚佛自明帝始故特本西域傳表之邪

豚犬斥子

豚犬斥子詳語意疑賤之之稱按二字出越語范蠡欲速報吳使國民衆多令國人女子十七不嫁丈夫三十不娶皆罪父母生丈夫乃與酒三壺犬一生女子與酒一壺豚一葢纫之之事論語六尺之孤周禮國中七尺野自六尺皆不從征亦謂纫者六尺年十五七尺年二十也

飲器

趙襄子漆智伯之頭爲飲器漢建元中[illegible]破月氏王以其頭爲飲器史韻飲音去聲漢書韋照釋椑榼

識遺　九

也盛酒器晉灼曰飲器虎子屬溲便褻器也顏師古引[illegible][illegible]傳以所破月氏王頭共飲血盟爲証謂飲酒器如顏說貴之也且死骨凶穢又惡人頭顱豈俎豆所宜乎溲便釋葢似之

夏后氏

經書稱夏皆曰夏后氏殷周皆曰人班固白虎通曰夏禹受禪爲君故稱后殷周順人心征伐得天下故稱人則舜曰有虞氏亦以堯禪爾

三教

三教各植門庭互有詆訾儒者闢天堂地獄輪回懺
悔之非據理執正而論也若二氏互相詆訾則釋氏
云摩訶迦葉下生世間號曰老子老氏云老君遣尹
眞人喜乘月精白象下天竺於浄飯夫人口中托生
爲佛又云老聃入秦西歷流沙化胡成佛蓋各相軋
以求勝之論也至二氏於儒教莊子首言孔子問禮
老聃釋氏天地經云寶曆菩薩下生號伏羲吉祥菩
薩下生號女媧儒童菩薩下生號孔子月明儒童徃
爲顔回昌黎原道倿佛者曰孔子吾師之弟子也本

此南唐景福二年易漂水縣南孔子祠爲孔子寺以
孔子遂楚甞經之地後復改爲儒童寺意子眞佛泒
吁不能訂其繆過矣又從而溺焉豈不甚哉古今論
衡著周書異紀周昭王之二十四年甲寅歲四月八
日井泉溢宫殿震夜恒星不見太史蘇繇占爲西方
聖人生乃周書紀佛生之異也則又安有前唐虞夏
商預託生爲伏羲女媧等理乎況春秋書恒星不見
於莊王十年甲午歲上去昭王甲寅三百四十年周
紀亦附會無稽之談也陳太建五年恒星不見史占
爲徑不嚴法度消天子失政諸侯暴横國亡之象又
豈生異人之祥乎

姦雄入科目

漢以孝廉取士而孫仲謀曹孟德皆舉孝廉唐重進
士而黄巢屢舉進士

退齋雅聞錄　宋　侯延慶

宋郊氏名庠

宋莒公初名郊在翰苑上意大用爲同列所譖言姓名之讖不利國家上賜名庠莒公因有詩云紙尾何勞問姓名禁林依舊接群英欲知七畧稱臣向便是當時劉更生

爓炬詩

張芸叟初左遷集兒女把酒芸叟有慨然不樂之意命各探坐中物賦詩一女賦爓炬云尊前獨垂淚應爲未灰心葢以諷也芸叟稱之

食藥方

衡陽試院中同官趙傳霖傳食藥方以巴豆一粒同枳殼一枚切作二片去穰内巴豆以麻皮繫合不拘多少水煑令枳殼軟爛卽去巴豆焙乾枳殼爲末麪糊丸如桐子大食後熟水下十五丸老人小兒皆可服之

治暴吐血方

孫詔先傳治暴吐血方急以竹子去屋簷頭取蜘蛛網搓成丸子用米湯下飲一服立止

梅花詩

蔡載天任賦梅花落句應有化人巢木末之間一園自行春其寘捜如此

題唐書詩

予與尹東珣温叔同考信德府進士温叔言頃在都下市書處見有寫本唐書節要一冊後題一絶云中原不可生强盜强盜纔生不易除一盜既誅群盜起功臣却是盜根枝竟不知誰所作

時令諺語

河朔人謂清明雨爲潑天雨立夏雨爲隔轍雨秦晉間農夫語云小麥鑽火秀旱穀豌豆花稙穀拖泥秀爛起田中瓜

瑞香花

瑞香花種出江州廬山今長沙競種成俗一採有至百千花者最忌麝或佩麝觸之花輒萎死惟頻瀹茶灌其根則不爲虫所蝕

江行初雪圖詩

章子厚題李邦直蒙江初雪圖詩云江頭微雪北風急憶泊武昌舟尾時潮來浪打舡欲破擁被醉眠人不知

羅浮山隱者詩

羅浮山有隱者自謂黄野人或云呂洞賓之流嘗題詩山間云雲來萬山動雲去山一色長嘯兩三聲天高秋月白

李處能詩

劉拱衛遠宣和初守祁州嘗接伴北使有李處能者北朝故相李某之子李狀元家燕人最以文學著者處能謂遠曰本朝道宗皇帝好文先人昔荷異眷嘗於九日進花賦次日賜批荅一絶句云昨日吟卿菊花賦碎剪金英作嘉句至今襟袖有餘香冷落秋風吹不去

南墅閒居録　闕名

龍精石

丁謂有小山高才數寸蒼翠嵌空盛夏常設盆水置小山其中一日張宴有客掬水洒之須更雲霧自竅中出有光如電細視之蜿蜒小龍如線掛雲霧中已而散繹蜿蜒亦莫知所之衆客驚異謂曰此龍精石也龍交海上流精于石

鬼官人

宋之末年姑蘇賣餅家檢所鬻錢得冥幣焉因怪之每粥餅必識其人與其錢久之乃一婦人也跡其婦至一塚而滅遂白之官啓塚見婦人卧柩中有小兒坐其側恐其爲人所覺必不復出餓死小兒有好事者收歸養之既長與常人無異不知其姓鄉人呼之曰鬼官人元初猶在後數年方死

神珠

蘇子瞻嘗言其先祖光禄云有一書生晝坐簷下見大蜂觸網相螫久之俱墮地起視之已化爲小石矣

書生异而收之因置衣帶中一日過市遇蠻賈數輩視書生愕眙揖曰願見神珠笑而辭之書生戲以帶中石示之群賈相顧喜曰此破霧珠蠻人至海上採珠寶常以霧暗為苦有此珠即霧自開因以寶貨易之值數千緡耳

南墅閑居錄

二

雪浪齋日記

闕名

用事

玉溪生牡丹詩錦帳佳人乃越絶書中事退之燈花詩全似老杜所用黃裹事見前漢黃屋注中荆公詩曰溪邊飲啄白浮鳩浮鳩出晋志

小詩

温庭筠小詩尤工如墻高蝶過遲又蝶翎胡粉重鴉背夕陽多又過蘇武宅詩云歸日樓臺非甲帳去時冠劍是丁年

雪浪齋日記

老杜句法

李衛公詩云五月畬田收火米三更津吏報朝雞頗似少陵句王荆公詩云紛紛易變浮雲白落落難鍾老栢青山谷蟹詩已標天上三辰次未免人間五鼎烹此皆得老杜句法

小詞

晏叔原工小詞如舞低楊柳樓心月歌盡桃花扇底風不媿六朝宫掖到荆公小詞云揉藍一水縈花艸

寂寞小橋千嶂抱人不到柴門自有清風掃略無塵土思山谷小詩云春未透花枝瘦正是愁時候極爲學者所稱賞又秦湛處度嘗有小詞云春透水波明寒峭花枝瘦蓋法山谷也

廬陵官下記

唐 段成式

蛙謎

曹著機辨有客試之因作謎云一物坐也坐卧也立也坐行也坐著應聲曰在官地在私地復作一云一物坐也卧立也卧行也卧走也卧卧也卧客曉曹曰我謎吞得你謎客大慚

借書

今人云借書還書等爲二癡據杜荆州書告耽云知汝頗欲念學今因還車致副書可案録受之當别置一宅中勿復以借人古諺云有書借人爲嗤借人書送還爲嗤也

盜

李廓在潁州獲光火賊七人前後殺人必食其肉獄具廓問食人之故其首言某授教於巨盜食人肉者夜入人家必昏沉或有魘不悟者故不得不食兩京逆旅中多畫鸜鵒及茶椀賊謂之鸜鵒辣者記嘴所向椀子辣者亦示其緩急也

夢
成式表兄盧有則夢看擊鼓及覺小弟戲叩門為街鼓也
牡丹
牡丹前史中無說處惟謝康樂集中言竹間水際多牡丹成式檢隋朝種植法七十卷中初不記說牡丹則知隋朝花藥中無所也
蠅
長安秋多蠅成式蠹書常日讀百家五卷頗為所擾

觸睫隱字毆不能已偶拂殺一焉細視之翼甚似蜩冠甚似蜂性察於腐嗜於酒肉按理首翼其類有蒼者聲雄壯負金者聲清聒其聲在翼也
黥
上都街肆惡少率髡而膚劄備衆物形狀恃諸軍張拳強劫至有以蛇集酒家捉羊胛擊人者今京兆薛公元賞上言白令里長潛部約三千餘人悉杖煞屍於市市人有點青者皆炙滅之時大寧坊力者張幹劄左膊曰生不怕京兆尹右膊曰死不畏閻羅王
又
韋少卿少不喜書嗜好劄青其季父嘗令解衣視之胸上刺一樹樹杪集鳥數十其下懸鏡鏡鼻繫索有人止於側牽之叔不解問焉少卿笑曰叔不曾讀張燕公詩否挽鏡寒鴉集耳
秦馬
秦叔寶所乘馬號忽雷駮常飲以酒每於月明中試能豎越三領黑氈及胡公卒嘶鳴不食而死
盜俠

旡官寺因商人無遮齋衆中有一年少請弄閣乃投蓋而上單練䰐履膜皮猿挂鳥跂捷若神鬼復建甖水於結脊下先溜至簷空一足欹身承其溜焉覩者無不毛戴
妓忌
成式曾一夕堂中會時妓女玉壺忌魚炙見之色動因訪諸妓所惡者有蓬山忌鼠金子忌蝨尤甚坐客乃兢徵蝨拏鼠事多至百餘條予戲摭其事作破蝨録

小奴

馬侍中嘗寶一玉精盌有小奴七八歲偷弄墜破馬時馬出未歸左右驚懼忽失小奴三日尋之不獲有婢晨治地見紫衣帶垂於寢牀下視之乃小奴蹶張其牀而負焉不食三日而力不衰

襚

襚鬼衣也桐人起虞卿明衣起佐伯姚挽歌起紼謳故舊律發冢弃市冢者重也言爲孝子所重發一蠒土則坐不須物也

雷

李鄘在北都介休縣百姓送解牒夜止晉祠宇下夜半有人叩門云介休王暫借霹靂車某日至介休收麥良久有人應曰大王傳語霹靂車正忙不及借

碧筩

歷城北有使君林魏正始中鄭公慤三伏之際每率賓僚避暑於此取大蓮葉置硯格上盛酒三升以簪刺葉令與柄通屈莖上輪囷如象鼻傳噏之名爲碧筩杯以下斆之

卧箜篌

魏高陽王雍美人徐月華能彈卧箜篌爲明妃出塞之聲

玉溪編事

蜀　撰人闕

仲庭預

舊蜀嘉王召一經業孝廉仲庭預令教授諸子庭預雖通墳典當厄饑寒至門下亦未甚禮時方凝寒正以舊火爐迸學院庭預方獨坐太息以筯撥灰俄灰中得一雙金火筯遽求謁見王王曰貧窮之士見吾必有所求命告庭預曰見爲製衣庭預白曰非斯意嘉王素樂神僊多採方術恐其別有所長勉强而見庭預遂出金火筯陳其本末王曰吾家失此物已十年吾子得之還以相示真有古人之風贈錢十萬衣一襲米麥三十石竟以賓介相遇禮待甚厚薦授榮州録事參軍

劉檀

王蜀員外郎劉檀本名審義忽夢一孝子引令上檀香樹而謂曰君速登劉乃登遂向懷内出緋衣令服之覺因改名檀未及一年蜀郡牧請一杜評事充倅職奏授殿中侍御史内供奉賜緋敕下杜丁憂不行杜遂舉劉于郡侯郡侯乃奏檀而所授官與杜充奏擬無別是時劉方閑居力困杜因遺劉新緋公服一領果徵夢焉

震旦

南詔以十二月十六日謂之星回節日遊于避風臺命清平官賦詩驃信詩曰自我居震旦翊衛類夔契元昶同一心子孫堪貽厥清平官趙叔達曰下令俚柔洽獻賝弄棟來其國謂天子爲震旦詞臣爲清平官謂朕曰元卿曰昶百姓俚柔也

叅軍

王蜀相周庠者初在邛南幕中蜀司府事時臨邛縣送失火人黄崇嘏纔下獄便貢詩一章曰偶離幽隱住臨邛行止堅貞比澗松何事政清如水鏡絆他野鶴向深籠周覽詩遂召見稱鄉貢進士年三十許祗對詳敏即命釋放後數日獻歌周極奇之召於學院與諸生姪相伴善棊琴妙書畫翌日薦攝府司戸參軍頗有三語之稱胥吏畏伏案牘麗明周既重其英聰又美其風彩在任將逾一載遂欲以女妻之崇嘏

文袖封狀謝仍貢詩一篇曰一辭拾翠碧江涯貧守蓬茅但賦詩自服藍衫居郡椽永抛鸞鏡畫蛾眉立身卓爾青松操挺志鏗然白璧姿幕府若容爲坦腹願天速變作男兒周覽詩驚駭不已遂召見詰問乃黃使君之女幼失覆蔭唯與老嫗同居元未從人周益仰貞潔郡內咸皆歎異旋乞罷歸臨邛之舊隱竟莫知亡焉

古人之風

仲廷預爲蜀嘉王敎授諸子雖通墳典常厄飢寒至門下亦未甚禮時方凝寒王以舊火爐送學院廷預方獨坐太息以筯撥灰俄灰中得一雙金火筯遽求見王王意其有別所求也勉强見之廷預乃出金筯陳其本末王曰吾家失此物已十年吾子得之還以相示眞有古人之風乃厚贈之竟以賔介相遇禮待甚厚薦授榮州録事叅軍

祈泉

西蜀將王暉任集州刺史城中無水泉値岐兵攻城且絶其水路城內焦渴王公乃中夜祈請神祗及寐

夢一老父告曰州獄之下當有靈泉出王驚寤遲明亟命操鍤于所止之處掘之乃有泉流居人蒙活甚泉岐兵以城中無水將坐俟其斃王公命汲泉水于城上揚而示之其寇乃去是日神泉亦竭

渚宮故事　後周余知古

桓玄

殷仲堪與桓玄共藏鉤一朋百籌桓朋欲不勝唯餘虎㨿在顧愷之爲殷仲堪參軍屬病疾在廨桓遣信請顧起病令射取虎㨿卽來坐定語顧云君可取鉤顧答云賞百匹布顧卽取得鉤桓朋遂勝

劉之亨

梁劉之亨仕南郡嘗夢二人姓李詣之亨乞命之亨不解其意旣明有人遺生鯉兩頭之亨曰必夢中所感乃放之其夕夢二人謝恩云當令君延一筭

隨王

齊隨王嘗率佐使上樊姬墓酣宴其夕夢樊姬怒曰獨不念封崇之義奈何溷我當令爾知詰旦王被病使巫覡引過設祀積日方愈

司馬休之

晉司馬休之爲荆州宋公遣使圖之休之未覺常所乘馬養于床前忽連鳴不食注目視鞍休之試韝之

卽不動韝訖還坐馬又驚跳如此者數四騎馬卽驟出門奔馳數里休之顧望巳有使至矣遂去而獲免

一柱觀

劉宋臨川王義慶在鎭于羅公洲立觀甚大而惟一柱

雄鶴逐雌

湘東王修竹林堂新陽太守鄭裒送雌鶴於堂𦉪其雄者尚在裒宅霜天月夜無日不鳴商旅江津聞者墮㴱時有野鶴飛赴堂中驅之不去卽裒之雄也交頸頡頏撫翼聞奏鐘磬翻然共舞婉轉低昂妙契絃節

萍實

宋文帝爲宜都王臨川人獻王萍實六子大者如升小者如鶴卵圓而赤初莫有識者以問長史王華曰此萍實也宣尼所謂王者之應宋祚當十年六百頃之宜都王卽位祚終於六十矣

鬼椰楡

晉羅友家貧乞祿桓溫雖以才學遇之而謂其誕肆

非治世才許而不用同府人有得郡者温爲坐序别友亦被命至尤遲晩温之咎曰臣昨奉敎旨出門於中路見鬼楊榆云我只見汝送人上郡何不見人送汝上郡友始怖終慙不覺成淹緩之罪温笑其滑稽而顧愧焉後以爲襄陽太守

湘東苑

湘東王於子城中造湘東苑穿池構山長數百丈植蓮蒲緣岸雜以奇木其上有通波閣跨水爲之南有芙蓉堂東有禊飲堂堂後有隱士亭亭北有正武堂

堂前有射堋馬埒其西有鄉射堂堂置行堋可得移動東南有連理堂堂棕生連理太清初生此連理當時以爲湘東踐祚之瑞北有映月亭修竹堂臨水齋齋前有高山山有石洞潛行宛委二百餘步山上有陽雲樓樓極高峻遠近皆見北有臨風亭明月樓顔之推詩云屢陪明月宴並將軍扈義熈所造

耻爲郎

世祖選丁邯爲郎邯託疾不就詔問實病羞爲郎乎對曰臣實不病耻以孝廉爲令史耳世祖怒使虎賁杖之數十詔問欲爲郎否對曰能殺臣者陛下不能爲郎者臣也詔出不爲郎

麟臺故事

宋　程俱

天神祥異書

寶元二年上嘗集天地辰緯雲氣雜占凡百五十六篇離三十門爲十卷號寶元天人祥異書召輔臣于太清樓出而示之命發于秘閣

文苑英華

淳化七年九月詔翰林學士承旨李昉翰林學士扈蒙給事中直學士院徐鉉中書舍人宋白知制誥賈

黄中呂蒙正李至司封員外郎李穆庫部員外郎楊徽之監察御史李範祕書丞楊礪著作佐郎吳淑呂文仲胡汀著作佐郎直史館戴貽慶國子監丞杜鎬將作監丞舒雅等閱前代文集撮其精要以類分之爲文苑英華續命翰林學士蘇易簡中書舍人王祐知制誥范杲宋湜與宋白等共成之雍熙三年上之凡一千卷

續通典

咸平三年十月命翰林學士承旨宋白起居舍人知制誥李宗諤修續通典以秘閣校理舒雅直集賢院李維右中立王隨爲編修官直秘閣事杜鎬爲檢討官四年九月成二百卷上乃詔付秘閣先是淳化中太宗命翰林學士蘇易簡與三館文學之士撰集此書會易簡等各涖它務尋罷其事至是復詔成之

冊府元龜

景德二年九月命刑部侍郎資政殿學士王欽若右司諫知制誥楊億修歷代君臣事迹欽若等奏請以太僕少卿直秘閣錢惟演都官郎中直秘閣龍圖閣

待制杜鎬駕部員外郎直秘閣刁衎戶部員外郎直集賢院李維右正言秘閣校理龍圖閣待制戚綸太常博士直史館王希逸秘書丞直史館陳彭年姜嶼太子右贊善大夫宋貽序著作佐郎直史館陳越同編修初命欽若意等俄又取祕書丞陳從易祕閣校理劉筠及希逸卒貽序貶官又直史館查道太常博士王曙後復直集賢院夏竦又命職方員外郎孫奭注撰音義凡九年至大中祥符六年成一千卷上之總三十一部部有總序一千一百四門門有小序又

目錄音義各十卷上覽久之賜名策府元龜又錄婦人事迹爲八十卷賜名彤管懿編

九域志

熙寧八年六月尚書都官員外郎劉師旦言今九域圖涉六十餘年州縣有廢置名號有改易等第有升降而所載古跡有出於俚俗不經者詔三館祕閣刪定其後又專命太常博士直集賢校理趙彥若衛州獲嘉縣令館閣校勘曾肇刪定就祕閣不置局彥若免刪定從之以舊書不繪地形難以稱圖更賜名曰九域志

國朝會要

天聖末國史成始於修史院續纂會要明道二年命參知政事宋綬看詳修纂至慶曆四年四月監修國史章得象上新修國朝會要一百五十卷

五國故事

闕名

僞吳楊氏

先主行密　唐淮南節度使中書令終吳王渭僭號乃追册爲武皇帝廟號太祖

渥　不僭號渭稱吳乃追謚爲景皇帝

渭　僭稱大吳琁謚曰宣皇帝

溥　僞號爲讓皇帝乃李氏傳位之後册爲高上思玄崇古讓皇帝亦非吳也

僞唐李氏

先主昪　僞謚爲李高皇帝廟號烈祖

嗣主景　僞謚爲王道文宣孝皇帝廟號太祖

後主煜　入朝封違命侯旋封隴西郡公追封吳王

前蜀王氏

先主建　僞謚神武孝德明惠皇帝廟號太祖

後主衍　歸降唐明宗追封順聖公

後蜀孟氏

先主知祥　僞謚文皇帝廟號高祖

後主昶　歸朝封秦國公薨追封楚王謚曰恭孝

僞漢彭城氏

先主嚴 偽謚天皇大帝廟號高祖
第二主玢 偽謚殤帝
第三主晟 偽謚文武光聖明孝皇帝廟號中宗
後主鋹 入朝封恩赦侯死封南越侯
偽閩王氏
忠懿王王審知 不僭號朝廷封閩王終謚忠懿延鈞僭位偽冊太祖
王延翰 偽稱閩不僭帝號踰年而終無聞偽號
王延鈞 偽稱大閩皇帝偽號惠宗
王延羲 襲偽號為宋氏所滅無聞偽號
王延政
宋屬王延禀　王延彬附　朱文進
泉州婁從效　張漢思　陳洪進
卓嚴明　李儒贇
偽吳先主吳王行密廬州合淝人力舉三百斤微時居常獨處必見黑衣人侍其側後旣有衆遂令部兵悉以黑繒幂其首號曰黑雲都渥密長子旣襲父位徐溫張灝謀殺之立楊渭為主渭卒弟丹陽王溥襲位偽謚渭為先皇帝溫出鎮潤州以其子知訓知廣

陵政事為朱瑾所殺即日其事聞於昇州知誥諜於宋齊丘丘曰請明公即令渡江定其事仍馳聞令公 即溫也時在潤州 則政事之任歸公矣不然令公當以諸子入代明公無望矣知誥立從之溫聞之誥已入遂因而許之知誥旣代知訓以厚重淸儉鎮其時俗溫嘗入覲洎知誥第侍奉甚謹溫謂弟子曰事在二哥矣知誥之兄知詢以徐溫旣卒乃代為金陵節制為政暴急仍與知誥爭權知誥遂紿以楊氏將申輔相之命使知詢入朝至處環衛之列徐氏將移楊氏之祚乃以昇州為太吳西都楊州為東都聲言將遷楊氏於江南改白沙為迎鑾鎮俄而逼禪稱楊氏欲入道乃營室於茆山遷溥居之冊曰受禪老臣知誥謹上尊號曰高尚思玄崇古讓皇帝溥旣渡江賦詩畧曰烟凝楚岫愁千點雨滴吳江淚萬行兄弟四人三百口不堪端坐細思量及將遇弑方誦佛書于樓上使者前趨溥以香爐擲之俄而見害知誥自以取國艱難乃志勤儉金陵雖升都邑但以舊衙署為之唯加鴟尾欄檻而已其餘女妓音樂園苑器玩之屬一

無增加知誥殂景乃即位壬子癸丑間有狂人遍罵市人曰待顯德三年總殺之又曰不得韓白二人殺之無噍類人皆莫測俄而周太祖南郊改元顯德世宗襲位因仍其號至三年丙辰王師遂入淮南時韓侍衞令坤白太師重過並爲戎帥王師既入將屠其城而二公戢兵淮人得過江而南者尤衆悉如狂者人言周師未南征而淮南市井小兒普唱曰擅來也及楊州建春門有鼉（鼉本陀音而俗之謂擅）出于水次衆以爲應矣未幾王師入先鋒騎兵皆唱番歌其首句曰擅

來也方明其兆煜景之次子本名從嘉嗣爲位乃更今名有辭藻尚奢侈嘗於宮中以銷金羅幕其壁以白銀釘瑇瑁而押之又以綠鈿刷隔眼糊以紅羅種梅花於其外又以花間設畫小木亭子才容二座煜與愛姬周氏對酌于其中如是數處煜善音律造爲山家及振金鈴曲破言者取要而言云山家破金鈴曲又建康市中染肆之傍多題曰天水碧尋而皇家蕩平之悉前兆也

僞蜀先主建許州舞陽人世爲餅師初以唐朝之命析黎雅卭蜀四州爲永平軍節度旋領兩川封蜀王及梁太祖受禪乃僭大號長子元膺謀作亂伏誅乃立其少子鄭王衍是爲主建在僞位十有二年急於督責雖倉庫充溢而聚斂不已末年苦於痢疾疼楚尤劇但坐錦囊而疾中顧左右曰我見百姓無數列於牀前訴我曰重賦厚歛以至我傷害而死今已得訴于帝矣建曰我實不知外間如此今如之何未幾而殂衍即僞位荒淫酒色出入無度嘗以繒綵數萬段結爲綵樓山上立宮殿亭閣一如居常棟之制衍

宴樂其中或踰旬不下又别立二綵亭於山前列諸金銀錡釜之屬取御厨食料烹燀於其間衍凭綵樓以視之謂之當面厨綵山之前復穿一渠以通其宮中衍乘醉夜下綵山即泛小龍舟於渠中使宮人秉短畫船倒執炬蠟千餘條逆照水面以迎其船歌樂之聲沸於渠上及抵宮中復酷宴至曉綵樓山遇風雨霜雪所損乃重易之無所愛惜好戴大裁帽蓋欲沌巳而人以爲泥首包羞之兆耳初建立衍爲嗣鑄銅鐘于佛寺其聲洪遠建乃謂其下曰吾立此鐘爲

立太子故也令其洪遠是必東宮將來之慶才及八日其鐘隕地龍首摧落建知不懌衍果八年而亡衍之末年率其母后等同幸青城至成都山上清宮隨駕宮人皆衣畫雲霞道服衍自制甘州曲辭親與宮人唱之曰畫羅裙能解束稱腰身柳眉桃臉不勝春薄媚足精神可惜淪落在風塵宮人皆應聲而和之衍之本意以神仙而在凡塵耳後衍降中原宮妓多淪落人間始驗其語後朝廷追封爲順正公後唐旣平蜀定乃以太原節度使孟知祥走馬入蜀以鎮撫

之及明宗時安重誨用事知祥乃絶朝貢尋以長興五年遂僭大號初王氏在蜀建剏宮殿皆紀太匠孟德名氏于梁俄而終爲孟氏所處知祥僭號才七月而終昶嗣僞位昶尚年少乃與其母后同宮數年餘遂遷新宮而居其宮宇稍廣乃選民間女子有殊色者充之及有司引至後苑昶親選佳者亦賜諸王餘則縱去而民間懼其搜選皆立求媒伐而嫁之謂之驚婚昶之母后卽後唐積慶公主之從娣也頗務慈儉而昶亦能禀之及歸皇朝終訖天命遠視李氏近

觀王衍禍福之道蓋相萬焉蜀之末年百官競執長鞭自馬至地婦人競戴高冠子皆謂之朝天又製新曲名之曰萬里朝天意謂萬里皆朝於己及歸降之後崎嶇川陸至於京師乃萬里朝天之驗矣

僞漢先主名巖後名龑（龑之字曰儼本無此字龑欲自大乃以龍天合成其字殊不典也）其先上蔡人徙閩之仙游復遷番禺因家焉父謙爲賀水鎮將旣卒以其子隱嗣隱卽巖之兄也先時唐末天下藩鎮不受代而薛王知柔以石門扈蹕功授唐廣師丞相齊公徐彦若復代知柔隱皆迎納

朝論嘉之尋自爲廣帥隱卒巖代其任梁朝命拜南平王以中原多事乃僭號改元乾亨封其子十有八人爲王九年八月白虹入其僞三清殿中頗憂畏會有詞臣王宏欲說巖乃白虹爲白龍見上賦以賀之巖大悦乃改元白龍更名龔又改爲龑巖性嚴酷果於殺戮每視事則垂簾於便殿使有司引罪人於殿下設其非法之具而屠膾之故有湯鑊鐵床之獄又有投湯鑊之後更加日曝沃以鹽醋肌體腐爛尚能行立久之乃死其餘則鋸鍘互作血肉交飛腥穢之

氣冤痛之聲充沸庭廡而巖之唇吻必垂涎及顧頷若噏膏肉之氣者久之方復常態有司俟其復常乃引罪人而退蓋妖蜃毒龍之類非可待以人倫也巖暴政之外惟以治宮殿爲務故作昭陽諸殿秀華諸宮皆極瓌麗昭陽殿以金爲仰陽銀爲地面簷楹榱桷皆飾之以銀殿下設水渠浸以眞珠又琢水精琥珀爲日月列於東西玉柱之上巖親書其牓其餘宮室殿宇悉同之巖殂子玢嗣位是爲殤帝昏暴益甚亦爲長夜之飲其弟晟使壯士夜以角觝進而弑之

于長春宮玢卒晟乃襲僞位改元應乾晚年積忌功臣宗室誅戮相繼每誅親族其子皆鴆死女有色遂置嬪御之列晟之所爲雖蠻　不足以論理而人倫之内實所不忍聞焉鋹晟之長子也襲僞位改元大寶委政内官龔澄樞及方人盧瓊仙人引巫㚏胡子妖言以陳禍福由是内外淫亂鋹踵父之奢立萬政殿飾一柱凡用銀三千兩又以銀爲殿衣間以雲母無名之費日有千萬末年野蕈生於宮殿御井石自行百餘步孤鳴鬼哭妖怪日作至於亡國鋹既爲天兵所敗其下乃燔爇府庫寶貨之外其眞珠至美者凡四十有六甕焉及至京師鋹乃自結眞珠龍鳳鞍帊以獻太祖謂羣臣曰聞鋹所貢悉皆手製其所善止如此不亡何待耶鋹在南越僞封衛王及歸朝封恩赦侯旋改彭城郡公又進封衛國公及薨追封南越王

閩忠懿王諱審知光州固始人長兄潮次兄圭及審知軍中號爲三龍皆以唐末起兵爲黃巢部伍巢敗乃領其衆入泉州旋自泉州復入福州初碎石僧爲

讖辭曰巖高潮水沒潮退矢口出蓋言潮破福州陳巖而審知終嗣其地也延翰審知子也襲父僞瑜年而終輪陵博陵氏之女性悍妒而殘忍嘗以練縛姬侍而鞭之練染血赤乃止又置木掌摑人一旦盛暑天無纖雲而迅雷擊博陵斃於中庭或曰忠懿暴終博陵之鴆故也延鈞審知次子延翰殂遂襲其位僭稱大號號國曰大閩改元龍啓即位日既被衮冕遂恍惚不能自知久之方蘇乃心許飯僧三百萬繕經三百藏尋而稍安後於諸寺齋所許願文疏中明述

其事聞者哂之曰大閩其應天順人有如此者延鈞即位改名鏻鏻將死有赤虹入其室飲以金盆水吸之俄盡又芝生殿門俄而遇弑延稟審知之養子眇一目人亦謂之獨眼龍延鈞之兄也翰既死稟自泉州率兵而至因立延鈞爲主自還泉州將行謂鈞曰善守之無煩老兄再至鈞憾其言後因詐疾以死於稟稟復來遂以兵迎於南臺江斃之舟中取其首至而責之曰果煩老兄再至矣因梟之無諸市稟之子繼昇繼倫皆奔浙中昶本名繼鵬僞封福王即鈞之

長子也既爲皇城使李倣所弑而立昶昶遂改元通文性狂猶忠懿之動舊悉屏去之威武軍亦棄不用威武軍忠懿王之親兵也威武怨一日潛取延義於私第而立之延義審知之第二十八子也延義即位改元永隆移書於隣國曰六軍踊躍於門前羣臣歡呼於日下延義在位爲長夜之飲自宗室洎宰臣而下多以拒命見誅末年爲僞客省使朱文進所殺王氏遂滅忠懿嘗問山僧國祚脩短僧曰大王騎馬來騎馬去忠懿以丙午得閩至開運丙午歲而國亡其言驗矣

延政延義弟義即位乃請以建州爲威武軍延義不許因授延政爲建州鎮安軍節度使延政乃自更爲鎮武後復僭號稱大殷皇帝改元天德延義遇害閩人有迎延政者會爲兵所攻不能下使其子繼雄至文進拒而殺之延政終歸於江南封自在王尋改光山王終鄱陽焉

延彬圭之子忠懿之猶子也圭死襲其父封於泉州性多藝而奢縱日服一巾櫛日易一汗衫能爲詩亦

子說佛理辭人禪客謁見多爲所沮宅中聲妓皆北人將求妓必圖已形而書其歌詩於圖側題曰才如此貌如此以是與其見慕圭初領兵至泉州舍於佛寺始生延彬於寺之堂既生而有白雀一栖於堂中迄延彬之終方失其所在凡三十年仍歲豐年每發蠻舶無失墜者人因謂之招寶侍郎朝廷贈延彬雲州節度使及卒復葬雲臺山迄今閩人謂之雲臺侍中其詩有尤者曰兩衙前後訟堂清軟錦披袍擁鼻行雨後綠苔侵履迹春深紅杏鎖鶯聲因携久醞松

醪酒自煮新抽竹笋羹也解爲詩也爲政儂家何以謝宣城人多誦之

僞朱文進者王氏時爲客省使既弑其君延羲乃稱藩於朝廷行天福年號朝廷授文進福州節度使同中書門下平章事封閩國王泉州指揮使婁從效殺文進所署制史文進發兵攻之爲泉州所敗連重遇乃殺文進傳首建州以從子繼昌來守福州爲淮兵所殂指揮使李儒贇乃推僧卓儼明爲主卓儼明本神光寺僧住上方逵將自懼人情不附乃假立之未幾殺之遂自立儒贇本名逵既自立乃表朝廷授檢校太尉同平章事充福建節度知閩國事復求爵於朝廷不允遂歸江南編入屬籍賜名義預其僞皇子之列既而召之使入覲復不聽命遂爲江南所攻告急於浙發兵救之圍解乃覲於浙未幾還本任復謀叛爲浙兵所戮其弟儒贇亦誅焉

婁從效泉州桃林人父諱璋初與董思安張漢思陳洪進等俱爲本州偏將及朱文進簒滅王氏以其將黄紹頗守泉州從效等因殺紹頗而立王繼勳以應

建州文進舉兵攻之不克及江南剋建州從效首請江南之命累授從效至檢校太尉兼中書令泉州清源軍節度使鄂國公十數年間頗亦强盛建隆壬戌歲發疽死泉立張漢思爲帥以洪進副之初從效有泉南之地洪進爲其大將與張漢思同列從效死漢思有其郡且請節制於江南以洪進爲節度副使而頗忌洪進一日設筵將害洪進俄而地震漢思惶惑洪進遂起出他日洪進率子弟徑入衙署取其符印而廢之洪進因請命於朝廷授平海節度使太宗郎位乃修朝覲改授徐州節鎮兼使相封岐國公終贈中書令謚忠順

郡閣雅言

宋　潘若同

杜牧

杜牧舍人罷任浙西郡道中有詩曰鏡中絲髮悲來慣衣上塵痕拂漸難惆悵江湖釣魚手却遮西日向長安與杜甫齊名時號大小杜

李遠

李遠體物緣情皆謂臻妙嘗有贈箏妓伍卿詩云輕輕没後更無箏玉腕紅紗到伍卿坐客滿筵都不語

一行哀鴈十三聲咏鴛鴦云鴛鴦離別傷人意似鴛鴦試取鴛鴦看多應共寸腸又盧尚書哭李詩云昨日舟還浙水湄今朝丹旐欲何為纔收北浦一竿釣未了西齋半局棊洛下已傳平子賦臨川爭寫謝公詩不堪舊里經行處風木蕭蕭鄰笛悲

王易簡

王易簡蕭希甫下及第名居榜尾不看榜歸華山尋就山釋褐授華州幕官後拜左拾遺又辭官歸隱留詩曰汨没朝過愧不才誰能低折向塵埃青山得去且歸去官職有來且自來再入升朝官位諫垣臺閣三十年官至八座乞致仕歸華山十年而終

裴皥

裴皥官至禮部尚書放三榜四人拜相桑維翰實正固張礪馬裔孫清泰二年馬裔孫知貢舉纔放榜謝恩引諸生詣座主宅謁拜裴公以詩示云官途最重是文衡天與愚夫著盛名三主禮闈年八十門生門下見門生未開宴裔孫登庸

崔公佐

崔公佐牧名郡日宴賓僚有一客巾屨不完衣破肘見突筵而入崔喜其來令下牙籌引滿數觥神色自若飲妓駭其藍縷因大噱客獻詩曰破額幞頭衫也穿使君猶許對華筵今朝幸倚文章守遮莫青蛾笑揭天崔令掩口無咍賢士

張祐

張祐素藉詩名凡知已者皆當世英儒故杜牧之云誰人得似張公子千首詩輕萬戸侯祐有華清宮詩爲世所稱云龍虎旌旗雨露飄鳳池歌斷玉山遥明

皇上馬太眞丕紅杏滿園香自銷

王定保

王定保唐光化三年李渥侍郎下及第吳子華侍郎𥼶爲壻子華即世定保南遊湖湘無北歸意吳假緇服自長安來明日訪其良人白於馬武穆王令引見定保於定保寺吳隔簾誚之曰先侍郎重先輩以名行俾妾侍箕箒侍郎沒慮先輩以妾改適是以不遠千里來明侍郎之志定保不勝慚赧致書武穆乞爲婿吳確乎不拔定保爲盟畢世不婚吳歸吳中外

家沈彬有詩贈定保云仙桂曾攀第一枝薄遊湘水阻佳期皐橋已失齊眉願蕭寺行逢落髮師廢死露寒蘭寂寞丹山雪斷鳳參差聞公已有平生約謝絶女蘿依兔絲定保後爲馬不禮奔五羊依劉氏官至卿

王著

王著洛陽人也七歲能屬文十四進士及第初依師宛勾縣張報東京應舉乂不知消息僦居相國寺東因出通衢忽遇張報遂邀茶肆叙闊至乃賦蝴蝶詩最嘉云今夜君樓芳草裏爲傳消息到王孫報無言忽然不見但驚問鄉人云卒已半年著自及第便歷華省至翰林學士只及中年而終

說郛目録

侯鯖録

宋　趙德麟

文選古詩云文彩雙鴛鴦裁爲合歡被著以長相思縁以結不解注被中著綿謂之長相思綿綿之意縁被四邊綴以絲縷結而不解之意余得一古被四邊有縁眞此意也著謂充以絮

緑沉事人多不知老杜云雨抛金鎖甲苔卧緑沉搶又皮日休竹詩云一架三百本緑沉森冥冥始知竹名矣又凡吳淑事類賦云緑沉亦復精堅引廣志曰緑沉古弓名又引劉劭趙郡賦曰其器用則六弓四弩緑沉黄間堂溪魚腸了令角端

李賀詩中用小憐事北齊馮淑妃名也

竹生花其年便枯六十年一易根必結實而枯死實落土復生六年還成町也竹譜云竹不剛不柔非草非木枯必六十復亦六年是也

東坡云世之對偶如紅生白熟手文脚色二對無復加也又云與我周旋寧作我爲郎憔悴却羞郎亦的矣余詩中有青州從事對白水眞人公極稱之云二

物皆不道破爲妙
唐太宗貞觀初内宴長孫無忌造傾盃曲又樂府雜録云宣宗善吹蘆管自製此曲
唐高宗龍朔中置三國子監
唐德宗建中三年用韋都賓陳京請借京城富商錢大索得八十萬貫時度支杜佑曰月費錢一百萬本朝元豐中畢仲衍編備對月支六十二萬餘貫金帛不在數自大觀之後不知月用幾何
崔趙公嘗問徑山曰弟子出家得否徑山曰出家是丈夫事非將相所爲

李直方嘗第果實若貢士者以緑李爲首楞梨爲副櫻桃爲三甘蔗爲四蒲桃爲五或薦荔枝曰寄舉之首又曰栗如之何曰最有實事不八九始范曄以諸香品味時輩朱虚侯撰百官本草皆此類也
近時詩僧難得佳者餘杭參寥云風蒲獵獵弄輕柔欲立蜻蜓不自由六月臨平山下路藕花無數滿汀洲
蘇州僧仲殊本文士也因事出家有潤州詩云北固樓前一笛風斷雲飛出建昌宫江南二月多芳草春在濛濛細雨中
西京雜記載陸賈云目瞤得酒食燈花見錢財乾鵲噪而行人至蜘蛛集而百事喜
董仲舒曰太平之世則風不鳴條開甲散萌而已雨不破塊潤葉津根而已雷不驚人號令啟發而已電不眩目宣示光耀而已霧不塞望浸淫被洎而已雪不封陵弭害消毒而已雲則五色而爲慶雨則三日而成膏露則結珠而爲液此聖人在上則陰陽和而風雨時也政多紕繆則陰陽不調風發屋雨溢河雪至牛目雹殺驢此皆陰陽相盪爲祲沴之故也

李廣與兄弟獵於宜山之北見卧虎焉射之一矢即斃斷其頭爲枕示服猛也鑄銅象其形爲溲器示厭辱之也至今溲器謂之虎子或爲虎枕
西京雜記云長安巧工丁緩者爲卧褥香爐一名被中爐本出房風其法後絶至緩始更爲機環轉運四周爐體常平可置之被褥故取被中爲名今謂之袞毬

余嘗和劉景文詩云我識之無常縮舌君能競病莫低顔東坡笑曰吾嘗贈霄勝將軍詩曰太守無何唯日飲將軍競病自詩鳴見吾子對覺吾用無何二字體慢矣

杜牧之宮人詩云絳蝎猶封繫臂紗後學不解常見服飾變古始於晉武帝選士庶女子有姿色者以緋綵繫其臂大將軍胡奮女泣叫不伏繫臂左右捽其口今定親之家亦有繫臂者續古事也

歐陽文忠公謫滁州令幕中謝判官幽谷種花謝詩要東公批紙尾云淺紅深白宜相間先後仍須次第栽我欲四時携酒去莫敎一日不開花

歐公閒居汝陰時二妓甚頴文公歌詞盡記之筵上戲約他年當來作守後數年公自維揚果移汝陰其人已不復見矣視事之明日飲同官湖上種黄楊樹子有詩留擷芳亭云柳絮已將春色去海棠應恨我來遲後三十年東坡作守見詩笑曰杜牧之緑葉成陰之句耶

歐陽公自維陽移守汝陰作西湖詩云緑芰紅蓮畫

舸浮使君寧復憶楊州都將二十四橋川換得西湖十頃秋東坡自頴移維楊作詩寄曰二十四橋亦何有換此十項玻璃風使歐公詩也

孫貢公素居京師大病予數往存撫之又數日見東坡云聞曾見孫公素病如何予曰大病方安坡云這漢病中瘦則瘦儼然風雅後見公素道此語公素應曰那娘意下恨則恨無奈思量坡大奇之

東坡在黄州日作雪詩云凍合玉樓寒起粟光揺銀海眩生花人不知其使事也後移汝海過金陵見王荆公論詩及此云道家以兩肩爲玉樓以目爲銀海是使此事否坡笑之退謂葉致遠曰學荆公者豈有此博學哉

熙寧中士大夫猶能詩盧東題汴河驛中云蒼顔白髮老衆軍剩糶官糧置酒樽但得有錢共客醉誰能騎馬傍人門荆公見而愛之遂薦進用

東坡在徐州送鄭彦能還都下問其所游因作詞云十五年前我是風流帥花枝缺處留名字記坐中人語嘗題于壁後秦少游薄游京師見此詞遂和之其

中有我魯從事風流府公聞而笑之

魯直戲東坡曰昔王右軍字爲換鵝字韓宗儒性饕餮每得公一帖於殿師姚麟許換羊肉十數斤可名二丈書爲換羊書矣坡大笑一日公在翰苑以聖節製撰紛冗宗儒日作數簡以圖報書使人立庭下督索甚急公笑謂曰傳語本官今日斷屠

醉花宜晝醉雪宜夜醉樓宜暑醉水宜秋醉得意宜唱醉將士宜鳴鼉醉女人宜謹節令除章程醉雋人宜益觥盂加旗幟此皆以審其宜攻其景以與憂戰

也此等語皇甫崧持正所作醉鄉日月記中語

前世錢未有草書者淳化中太宗皇帝始以宸翰爲之既成以賜近臣崇寧大觀御書錢蓋襲故事也王元之責商於有詩云謫官無俸突無烟唯擁琴書盡日眠還有一般勝趙一囊中猶貯御書錢

蘇邁伯達東坡長子豪邁雖不及其父而問學語言亦勝他人子也少年作詩云葉隨流水知何處牛帶寒鴉過別村先生見之笑曰此村長官詩後東坡貶惠州伯達求湖之安化令以便饋親果卒於官

黃魯直賦太眞外傳詩云寒日邊聲斷春風塞草長結客詩云結客結英豪莫同兒女曹黃金粧劍佩猛獸畫旌旄北極狼星落中原王氣高終令賀蘭賊不着赭金袍

潁昌西湖展江亭成公作詩云綠鴨東陂已可憐更因雲實注新泉鑿開魚鳥忘情地展盡江湖極目天向夕舊灘都浸月過空新樹便留烟使君直欲稱漁叟願賜閑州不記年

晁次膺薄遊南京嘗作詞云花前月下堪垂淚水邊

樓上總關心後過其家已與客飲復作詩曰去日玉刀封斷恨見來金斗慰愁眉黃昏飲散歌闌後懊惱水邊樓上時

杜牧之和裴傑新櫻桃詩云忍用烹酥酪從將玩玉盤流年如可駐何必九華丹遂知唐人已用櫻桃薦酪也

李商隱江之嫣賦云豈如河畔牛星隔歲祇聞一過不及苑中人柳終朝剩得三眠漢苑有人形柳一日三起三倒

長安南山下書生作小圃時蒔花木以待游子一日有金犢車從數女奴皆玉色麗人車中人下飲于庭邀書生同坐生意當時貴人家不出既見欵甚將別出小碧牋書詩爲贈云相思無路莫相思風裏楊花只片時惆悵深閨獨歸處曉鶯啼斷緑楊枝

東坡嘗言鬼詩有佳者誦一篇云流水涓涓芹吐芽織烏西飛客還家深村無人作寒食殯宮空對棠梨花嘗不解織烏義王性之少年博學問之乃云織烏日也往來如梭之織坡又舉云楊柳楊柳嫋嫋隨風急西樓美人春睡濃綉簾斜卷千條入又誦一詩云

侯鯖録　八

湘中老人讀黄老手援紫藟坐碧草春至不知湘水深日暮忘却巴陵道此必太白子建鬼也

王性之云舒州下寨驛中所題詩余以示感之人讀之垂涕云北堂無老信來稀十載秋風鴈自飛今日滿頭生白髮千山鄉路爲誰歸

鄭獝詠王子安應試新亭二詩云一簪華髮一床書盡日新亭適意無莫道長安天樣遠長安自不厭江湖又云前年諫獵出長楊乞得新亭作醉鄉好把青衫送酒媪從教人識御爐香

蔡持正謫新州侍兒從焉善琵琶常養一鸚鵡甚慧丞相呼琵琶即扣一響板鸚鵡傳呼之琵琶逝後誤扣響板鸚鵡猶傳言丞相大慟感疾不起詩云鸚鵡言猶在琵琶事已非傷心瘴江水同渡不同歸

紹聖中有人過臨江軍驛舍題二詩不書姓名時貶東坡毁上清宫碑令蔡京别撰詩云李白當年謫夜郎中原不復漢文章納官贖罪何人在壯士悲歌淚兩行又云晉公功業冠皇唐吏部文章日月光千載

侯鯖録　九

斷碑人鱠炙不知世有段文昌

浮休居士張舜民芸叟忠義人也紹聖中入元祐責籍爲黨人繫潭州赦書中獨元祐人不赦有宣赦詩云擊鼓塡街道傳聲過水濱國嚴三歲犯恩洗萬方春舟楫隨南斗衣冠拱北辰嶺南并嶺北多少望歸人

四明任客賀知章回鄉偶書二首云離別家鄉歲月多近來人事半消磨惟有門前鑑湖水春風不減舊時波又云幼小離家老大回鄉音難改面皮衰家童

相見不相識却問客從何處來一說云黃拱作

少游題大年小景四首本自江湖客宦游何苦心因君小平遠還我舊登臨又云公子歌鍾裏何曾識渺茫多應斗帳夢曾入水雲鄉又云曉浦烟籠樹晴江水拍空煩君添小艇畫我作漁翁又云島外雲峯晚沙邊水樹明想當揮酒就侍女一時驚

余嘗愛韓致光宮詞云繡裙斜立正銷魂宮女移燈掩殿門燕子不歸花着雨春風應是怨黃昏

劉貢父先生元祐作少蓬余被旨召赴本省呈試貢

父作主文慕次中闈與顧子敦誦渠昔自校書郎出倅泰州作詩云璧門金闕倚天開五見宮花落井槐明日扁舟滄海去却從雲氣望蓬萊

彝直父名庶字亞夫最能詩有怪石二絕云山鬼水怪著薜荔天祿辟邪眠碧苔鈎簾坐對心語口曾見漢唐池館來

劉路左車嘗收唐人新編當時人詩朋存老杜數十首其間用字皆與今本不同有送惠二過東溪詩集中無有詩云惠子白驢瘦歸溪惟病身黃天無老眼空谷滯斯人崖蜜松花熟山林竹葉春柴門了生事黃綺未稱臣

曾阜爲蘄州黃梅令縣有峯頂寺去城百餘里在亂山群峯間人迹所不到阜按田偶至其上梁間小牓流塵昏晦乃李白所題詩其字亦豪放可愛詩云夜宿峯頂寺舉手捫星辰不敢高聲語恐驚天上人

張子野云往歲吳興守滕子京席上見小妓兜娘子京賞其佳色後十年再見於京口絕非頃時之容態感之作詩云十載芳州採白蘋移舟弄水賞青春當

時自倚青春力不信東風解誤人

黃子思云余嘗守官咸陽縣廨之後臨渭河汀嶼中連歲秋有孤鴈來棲于葭葦中今歲冬深不復至矣或已在繒弋或去而之他皆不可知也感而爲詩題亭壁云天寒霜落鴈來棲歲晚川空鴈不歸江海一身多少事滿風明月我沾衣

東坡於閩中驛舍見一詩錄之不知誰氏子作後聞乃姚嗣宗詩云欲掛衣冠神武門先尋水竹渭南村却將舊斬樓蘭劍買得黃牛教子孫

一道人敗道後作詩云瑶峯一別杳難期消渴從教
醉枕欹不信丹青能畫得五更燈暗月來時
司馬池乃文正公之父仁廟時作侍制亦善作小詩
云冷於陂水淡於秋遠陌初窮見渡頭賴得丹青無
畫處畫成應是一生愁
山谷茶磨銘云楚雲散盡燕山雪飛江湖歸夢從此
祛機
參寥杭州城外題小詩云城隈野水緑逶迤裊裊輕
舟掠岸過欲採芸蘭無覓處野花汀草占春多

東坡在徐州參寥自錢塘訪之坡席上令一妓戲求
詩參寥口占一絶云多謝尊前窈窕娘好將幽夢惱
襄王禪心已作沾泥絮不逐東風上下狂
瞿塘之下地名人鮓甕少游嘗謂未有以對南遷度
鬼門關乃用爲絶句云身在鬼門關外天命輕人鮓
甕頭船北人慟哭南人笑日落荒村聞杜鵑
古人作律詩有當句對者兩句更不須對如陸龜蒙
詩云但説漱流并枕石不辭蟬腹與龜腸是也
漢書云輩尊章慓以忽老杜詩云堂上拜姑嫜玉篇
云凡夫之父母曰嫜老杜罷姑嫜何耶
咸平三年六月詔保州保塞縣豐歸鄉東安村乃宣
祖之舊里而百姓趙加起實泒天潢久安地著雖爲
疎屬實重宗盟宜佩赤紱以先白杜可左屯衛將軍
仍賜加起等妻女首飾衣服銀器有差特遣内侍自
保州召加起至遂有是命
祖宗時用唐武德故事宗姓在異姓品上景德四年
舉行
洋者山東謂衆多爲洋爾雅洋觀裒衆那多也今謂
海之中心爲洋亦水之衆多處

露布人多用之亦不知其始春秋佐助期曰武露布
文露沈宋均云甘露見其國布散者人上武文采者
則甘露沈重
謝承云後漢李壽長爲青州刺史其所經歷宅州縣
瞻察牧守長吏治政優劣上言曰臣以爲政一流雖
非所部夫東家有犬不恐見西家之有鼠臣之所見
敢不以聞
江淹爲宗室建平王壤表稱宗尊

犇子戰國策犇子之相似唯其毋知之利害之似唯智者知之犇子謂雙生子也

世之嫁女三日送食俗謂之煖女廣韻中正有此說

使僰字人初生産子俗言首子亦使此萌字俗謂以竹孤桶古使箍字酒初也

西王毋見穆天子作歌曰白雲在天由陵自出道路悠遠山川間之將子無死尚能復來穆王曰余歸東土和洽諸夏萬民平均吾願見汝比及三年將復而野余嘗對東坡誦之坡云決非食肉人語

世言梟禿鳥非也唐起居郎蘇楷駮昭宗謚號河朔士人目楷爲衣冠土梟

陸長源以勲德爲宣武軍司馬韓愈爲巡宜同在使幕或戲年輩相違周愿曰大虫老鼠俱是十二相屬何違之有旬日布於長安

西京雜記云玉之未理者爲璞死鼠未腊者亦爲璞

刋誤云禮曰瓜祭上環又曰吾食於少施氏而飽少施氏食我以禮吾祭作而辭曰疏食不足祭也此則祭物之意謂神農火食德侔造化後人追而敬之今代崇尚伏氏之衆生士子孺人宜遵典敎今謂之出生也

歐陽文忠公嘗以詩薦一士人與王渭州仲儀仲儀待之甚厚未幾贓敗仲儀歸朝見文忠公論及此士人文忠公笑曰詩不可信也如此

東坡再謫惠州日一老舉人年六十九爲隣其妻三十歲誕子爲具邀公公欣然而往酒酣乞詩公戲一聯云令閤方當而立歲賢夫已近古希年

襄陽時同官李友諒仲益贈張子齊思仲家歌人團

茶予題其封云色映宫妹粉香傳漢殿春團團明月魄却贈月中人

尾瓏鎮殺渾沌錢文如建[illegible]外肩而內渠其名尾瓏注云肩爲高爲肩渠爲疏爲渠一名魁陸爾雅曰魁陸注本草云魁狀如海[illegible]圓而厚有縱理文小嶺表録異云尾殺中有肉紫色曰天虧炙也

高力士責在驩州詠薺菜詩爲衆直所稱云兩京作芹賣五溪無人采貴賤雖不同氣味故常在

元微之敗江陵府士曹少年氣俊過襄陽夜召名妓

劇飲將別作詩云花枝臨水復臨堤也照清江也照泥寄語東風好擡舉夜來曾有鳳凰棲謝師厚作襄倅聞營妓與二胥相好此妓乞書扇子遂改二句云寄語東風好擡舉夜來曾有老鴉棲

王介甫少時作石榴花詩云濃緑萬枝紅一點動人春色不須多此老風味又薄豈鐵心石腸也哉

東坡云王晉卿嘗暴得耳疾意不能堪求方於僕僕答之曰君是將種斷頭穴胸當無所惜兩耳堪作底用割捨不得限三日疾去不去割取我耳晉卿灑然

而悟三日病良已以詩示僕云老婆心急頻相勸性難只得三日限我耳已較君不割且喜兩家皆平善今定國所藏排耳圖得之晉卿聊識此耳

東坡云琴曲有瑶池燕其詞不協而聲亦怨咽變其詞作閨怨寄陳季常去此曲奇妙勿妄與人云飛花成陣春心困寸寸別腸多少愁悶無人問偷啼自搵殘粧粉抱瑶琴尋出新韻玉纖趁南風來解幽慍低雲鬟眉峯斂暈嬌和恨

晁無咎云司馬温公有言吾無過人者但平生所爲未嘗有對人不可言者爾東坡云予亦記前輩有詩云怕人知事莫萌心此言予終身守之

東坡云硯之美者必費筆不費筆則退墨二德難兼非獨硯也大字難結密小字常局促眞書患不放草書患無法茶苦患不美酒美患不辣萬事無不然可以付之一笑也

劉子儀侍郎三入翰林頗不懌詩云蟠桃三竊成何味上盡鰲頭迹轉孤移疾不出朝士問侯者繼至詢之云虚熱上攻石中立滑稽在坐云只消一服清凉

散意謂兩府始得用青凉傘也

東坡云久在江湖不見偉人在金川見滕元發乘小舟破巨浪來相見出船巍然使人神聳好一個没興底張鎬滕公且爲我致意别後酒狂甚長進也杜甫詩云張公一生江海客身長九尺鬚眉蒼正謂張鎬也

東坡題魯直草書爾雅後云魯直以眞實心出遊戲書以平等觀作欹側字以磊落人録細碎書亦三反也

東坡書與毛國云歲行盡矣風雨淒涼然紙窗竹屋燈火青熒時於此有少佳趣無緣持獻獨享爲媿想當一笑也

東坡云皎然禪師贈吳憑處士詩云世人不知心是道只義道在他方妙還如瞽者望長安長安在西東向笑東坡代答云寒時便是熱時風饑渼那知食藥功莫怪禪師西向笑緑師身在長安東

王介甫詭詐不通外除自金陵過楊州劉原父作守以州郡禮邀之遂留方營妓列庭下介甫作色不肯

就坐原父辨論久之遂去營妓顧介甫曰嬈車與船延之上座

海物異名云玉珧柱厥甲美如珧玉肉柱膚寸曰江珧柱郭景純江賦云玉珧海月吐納石華退之謂馬柱甲是此也世人不用此珧字是未知耳又荷蝦狀蜈蚣而擁楯曰蝦公

水鷄蛙也水族中厥味可薦者鷄

語兒梨果實之珍因其地名耳

陶人之爲器有酒經焉晉安人盛酒似瓦壺之製小頭環口修腹受一斗可以盛酒凡饋人牲兼云以酒器書云酒一經或二經至五經焉他境人有游于是邦不達其義聞五經至束帶迎於門乃知是酒五缾爲五經焉

畫墁錄

宋　張舜民

吳岳碑自首至座七段明皇八分書爲黄巢所焚擺剝僅可辨當時日書三字發三驛刻工亦然徐常侍謫三山過廟下徘徊旬日祭碑之興功不可得一田父進曰當時積土而立唯而去

相國寺燒朱院舊日有僧惠明善庖炙猪肉尤佳一頓五觔楊大年與之往還多率同舍具飱一日大年曰爾爲僧遠近皆呼燒猪院安乎惠明曰奈何大年

曰不若呼燒朱院也都人亦自此改呼

予嘗登大伾倉窖仍存各容數十萬遍冒一山之上李密坐據敖倉便謂得計亦井蛙耳

郭祖微時與馮暉同里閈相善也椎埋無賴靡所不至既而各竄赤籍一日有道士見之問其能曰吾業彫刺二人因令刺之郭於項右作雀左作穀粟馮以臍作瓮中作鴈數隻戒曰爾曹各於項臍自愛爾之雀銜穀爾之鴈出瓮乃亨顯之時也寒食馮之婦得麻鞋數雙密藏之將以作節馮搜得之蒲博醉歸臥門外其婦勃然曰節到也如何辦得馮徐捫腹曰休說辦不辦且看瓮裏飛出鴈郭祖秉旄之後雀穀稍近登位之後雀遂銜穀馮秉旄鴈自瓮中累累而出世號郭威爲郭雀兒

馮繼業父朔方節度使衛王劉伯壽少年不覊其父辟尹京每旦父趨郡隨馬而出籌佐偵伺父先入其自課書史從容無闕一旦早至白礬樓下天未明獨坐茶坊中有一老人繼入就坐因相問勞共茶老人曰少年能飲酒乎伯壽曰性不能飲酒老人曰少年

不能飲老夫自飲可登此樓乎伯壽欣然從之既上閒無一人老人一舉已斗餘矣熟視伯壽曰少年人淸氣足可以致神僊然肩骨低一指猶位躋三品至耄年文武雙全子孫蕃衍乃授以丹術元豐二年冬予自蒲中之京師訪伯壽於嵩陽是時年七十有四矣同登峻極行步如飛予與登封令麗元常杜子春明經奔喘不及伯壽頷而笑曰三年少乃爾耶袒露髀股示人皆肉皮裹骨毛長數寸抑之有聲光彩爛然足未敬歌所爲大曲略數千言響振山谷累久對

搨竟旦不賑至元祐初方卒無疾也

國初倈涉木強人也主銓事雷德驤詣部求官擬寧州司理參軍曰官人未三十不可典獄以筆勾退

均房之人取山中枯木作膠傅破布單施虎徑中木葉蔽之虎踐履着足不脫則恐懼若奮厲便能固半身虎怒頓掣不能去就旣封剝腸皆斷虎臭到䎃耳鼻中雖盡力無能去之以至傾撲而死開腹腸亦斷俗云䖸子咬殺大蟲本草著八月後蝂與虎鬬而虎敗骨入虎以此而死非力不贍知有所窮也

臨潼縣驛前有俚婦三子皆售諸過客二為正使一為郎官正使者一田一劉郎官者縣人田升卿也田登第嫡父自陳升卿大怒聞公决杖元祐中升卿坐市易錢不明配流廣南人謂無親之報也

鳳翔婦與黃冠通姦郎姤不能决在禁中四年至英廟登極赦到宣竟而婦生子髮被面齒滿口余未之信至岐下取案文閱之不謬

許下西湖一州之冠始沮洳未廣自宋公序開拓遂瀰漫菰蒲魚稻采取不貲於是以詩落成多人稱美西南水心有觀音堂昔乃四門亭子常有大虵居之民不敢近其後改置此像虵不復出像乃慈光獻法容云

寧州之南二十里東社以狄梁公兩為寧州刺史民立祠植棗取兩束之義今其民社前一日祭謁為早云

本草著糯米為稻米累朝釋略數千言無一字言堪為酒正如白氏六帖録禽遺大鵬也

北朝待南人禮數皆約毫末工役皆自幽涿遣發之

帳前人以為勞樂列三百餘人節奏訛舛舞者更無回旋止於頓挫伸縮手足而以角抵以倒地為負兩人相持終日欲倒不可得又物如小額通蔽其乳脫若褫露之則兩手覆面而走深以為耻也待客則先湯後茶揖則禮恭令人唱喏乃喏也非揖也北人得之

永洛之役一日丧馬七千匹城下沙爐中大小團茶可拾也乃是將以買人頭者有人能道夜二更城既陷李舜舉以筆摘畧數千百字以蠟固之付有司

上之實遺奏也神宗得之不勝悲涕累日是時胡人雖入月城而未偪左右以馬御之舜舉以鞭揮擊不肯上馬步項僵蹶人猶見之李復上馬將出門失轡或云面上中箭在瓮城內然夜黑沸濤中面上中箭恐非敵人也獨徐禧不知所歸人無道者或云有還人見之夏國者三五頗符合疑亦有之

熙寧中郎中趙誠自富順監代還過鳳翔自言一任二年裁兩次杖罪元豐中河中人劉勃自南京軍巡官代還自言一任斷絞刑二百六十有奇斬刑六十

餘釘剮二十七此一院數也紹聖二年冬予至陝府三年七月裁斷絞刑一是年冬移潭在任二年半凡五服相犯悉具言之可傷生所未見也子殺父父殺子各一兄弟相殺妻殺夫者數人

士人舉止不可不愼也近見陝西一漕使爲當塗薦終南太平宮道士張景先既前席與之並轎同塗所在官吏迎送漕使自轎中舉手揖景先亦舉手至咸陽爲一監官大詬使人捽褫波及漕使竟無如之何觀者快之景先後主亳州太淸宮黃履守亳每走見執弟子禮內寢饋食再拜問遺必百縑憑陵郡官寮飲無所不至范彝叟來客將贊名儀石南一喏而退觀者又快之

王銑爲侍禁三班院差監修主第語同事曰吾輩受寒熱修成不知誰家廝居此既而銑尚主不逾年身居之政與劉美打銀楊景崇擔土事同

黃巢入長安苦王孝之難僖宗再狩近畿之民爭入壞寶貨唯幽民取佛至今雖民家充滿其工緻精釆非今人之作也環州有肅宗引駕佛坐像崇丈餘精

彩照人旁視可畏土人云國初欲置之京千人不能舉每有軍事則守臣致告

唐宮城兩橫街今西京內事也大明宮太極殿與宣政正衙相重宣政後是第一横街直紫宸後延英後第二橫街方是後殿每朔望宣政排仗而入謂之入門今東京內城一重橫街文德殿正衙與大慶殿排行殿後即是橫街仗入而無所屬故未即鳴仗皇祐中考求入門故事謂之入門儀以至問策貢士久之不決一日仁宗因閱長安圖指內次第翌日諭執政

始判然初以謂入門自是一儀也
仁宗慶曆初改錫慶院爲太學都下舉子稍稍居之不過數十人至暮出歸不許宿以火禁也至嘉祐中孫復胡瑗領教事乞弛太學火禁唯小三館秘門令脫有不戒願以身任之自爾諸生方敢宿齋四方學者稍稍臻集然熙寧之初猶不上五百人今乃千數人矣
大禮自中散大夫至逢直郎一等支賜元符星變自三省樞密院皆乞罷

唐制五品階不着緋三品不着紫今參知政事宰臣皆着緋也
司馬温公云茶墨正相反茶欲白墨欲黑茶欲新墨欲陳茶欲重墨欲輕如君子小人不同至如喜乾而惡濕襲之以囊水之以色皆君子所好玩則同也
韓玉汝自言爲太常博士赴宴比坐一朝士素不識聆其語似齊人坐間序揖後酒到輒盡時酒行無算盞空則酒來不食頃畧已數盃意似醺酣玉汝獨念鄰坐不敢不告因戒其少節片時再坐將起滿引任醉無害今萬一爲臺司所糾朝士怫然云同院是何言賢不看殿上主人柰何不喫反不能堪因復曰殿上主人只爲你一箇
祖宗朝內臣出使不得預職事外事責軍令狀
東水門外覺照院元祐末予緣幹適彼與寺僧縱步道旁指一壙云此陶穀墳也墓門洞開其間無一物因諷寺僧爲揜覆僧曰屢揜屢開不可曉十餘年前有陶姓人作寒食爾後不復來陶爲人輕檢嘗指其頭曰必戴貂蟬今則髑髏亦不復見矣

錢若水暇日在家延一術士戒閽者不得進客既而門外喧爭久之呼問閽者曰有一秀才欲請謁辭以有客不肯去因命之進則刺字書云臨江軍進士王欽若既入無冠頭巾皂衫黃帶雀躍嘶聲而結喉鄙狀可掬錢意甚輕之術士一見不復顧錢側坐向王咨嗟不已少頃王辭術士不揖錢褰衣從之錢大駭使人呼術者詰之乃曰斯人大富貴人也名位壽考無不極但無嗣當以外姓爲嗣既卒眞廟俾其壻張環主祀

李舜舉在官省言行有常神宗嘗趯之一日謂曰爾養取一子服事舜舉敬唯之夕又喻旨唯如前近年又喻旨舜舉謝曰臣唯有一子待與陛下監稅

張璞者幽人少屢盜其丘之役應募坎窟得官後爲正使帯親御器械涇原鈐轄知鎮戎軍被重疾忽叩頭乞三年葬畢死未幾疾已一日殻如蟬竟三年亦不葬遂死不歲餘其子令發其墓取金帯抵辠世謂不葬之辠最有徵驗

王欽若罷相出知杭州人皆以詩送行獨楊大年不

作詩於上前眞宗遣近侍喻旨作詩大年竟不作

錢明逸每宿戒必詰其謁者曰是喫酒是筵席筵席客無數人巡酒一味食也喫酒客不過三五人酒數斗虀盞一隻青鹽數粒席地而坐終日不交一談恐多酒氣也不食恐分酒地也翌日問其旨否往往不知其志不在味也終日傾注無涓滴揮灑始可謂之酒徒其視揖讓飲酒如牢獄中

蘇舜欽石延年輩有名曰鬼飲了飲囚飲鼈飲鶴飲鬼飲者夜不以燒燭了飲者飲次挽歌哭泣而飲囚飲者露頭圍坐鼈飲者以毛席自裹其身伸頭出飲畢復縮之鶴飲者一盃復登樹下再飲耳

慈恩與含元殿正相直其來以高宗每天陰則兩手心痛知文德皇后常苦捧心之病因鍼而差遂造寺建塔欲朝坐相向耳始置十層後減爲七層所以盧照隣詩云十層碧瓦搖虛空四十門開面面風夫高宗知母之誠篤哉而報母之恩何其薄也

同州北境良輔鎮即唐鄭魏公莊也田邑極彫弊不蔽風雨嘉祐中求唐賢之後有道嚴者中人驟然相

率出城看夜叉既至野次見之如人形狀正如圖畫髮朱皮如螺蚌腰着豹皮褌觀者略數千人常以大樹庇身累日乃不復見又瀧州吳山縣漢高村關中李氏所居一日大雨有物墮庭中如馬臺狀乃一皮樸頭也垢膩寸餘蚯蝎出入臭聞十餘步李氏子欲焚之長老曰不可然雷鳴不去在屋上丈餘觀者不少衆觀之少間黑雲如墨下庭中遂失去

元豐中詩獄興凡館舍諸人與子瞻和詩罔不及其後劉貢父於僧寺閧話子瞻乃造語有一舉子與同

里子弟相得甚懽一日同里不出詢其家云近出外縣久之復歸詰其端乃曰某不幸典著賊贓暫出回避一日舉子不出同里者詢其家乃曰昨日爲府中追去未幾復出詰其出曰某不幸和著賊詩子贍亦不能喜愠

古盩鳳翔府麟遊縣每令長上事必作招袯舞其節奏與諸處不同乃曰此唐九成宮本山縣無妓子但止以手分書耳

堯之治曆象日月星辰敬授人時歐陽文忠公序唐

曆志以無補於人倫

翁肅閩人守江州昏耄代者至既交割猶居右席代者不校也罷起轉身復將入州宅代者攬衣止之曰這箇使不得

張安道晚年病目家厚資南京庫務不迨也常閉目使人運籌一筴差必能摘之庫物精麄分毫不謬

嘗見呂相簡與一隣縣官託買酒云今爲親將至專致錢一千託沽酒又於後批切不得令廳下人送來納錢二百煩雇一人擔來

吾家舊畜鏡傳爲楊妃故物徑尺許厚七分背文精古有銘其略曰粉壁交映珠簾對看潛窺聖淑灑則常端聖淑字名少空有竝后之象明皇八月五日生也始置誕節名千秋缺鎮進鏡若紫絲承露囊此幾是耶

郭詎性善謔攻詞曲以選人入市易務不數年至中行元祐初釐校市易復以爲承議郎親知每見之必詰問所因郭詞喫不能答作何傳詠甘草以見意云大官無悶剛被傍人競來相問又難爲捷便敷陳且

祗將甘艸論朴消大戟并銀粉疏風緊甘草開相混及至下來轉殺他人爾甘草有一分

在京朝官四年磨勘元無著令熙寧中審官變行之至今以爲常格

狄武襄西河書左也遁罪入京寘名赤籍以三班差使殿侍出爲清澗城指揮使种世衡知城范文正帥鄜延科閱軍書至夜分從者皆休唯狄不懈呼之即至每供事兩手如玉种以此異之授以兵法然又延之於范公遂成名

北人信誓兩界非時不得葺理城堞李元則知雄州欲展城無由因作銀香爐寘城北土地堂一旦使人竊取之遂大喧敎蹤跡去來辭連北疆紛紜久之因興工起築今雄州城北是也又建浮屠九層躬率士稍日修供具不日成之既而下瞰幽級如指諸掌

熙寧中余知寧州襄樂縣排架閣以周祖廣順中平兗州慕容彥超露布爲祖潭州架閣以建隆四年求遺書詔爲祖

周世祖展汴京外郭登朱雀門使太祖走馬以馬力

盡處爲城也

郭祖受命討守貞駐師河中城下逾年望氣者言守貞必破城下有二天子氣謂郭祖柴世宗太祖也守貞猶豫不決使術者視家人至子婦符氏術者大咤曰母后相也守貞曰吾婦乃爾吾可知矣遂決既嬰城無砲材頗患之居一日河水自上浮木千百皆砲材也守貞大喜以爲受命之符其後既破郭祖以符氏納世宗是爲符后

郭祖宿師河中逾年常登蒲坂以望城中其蒲之民爲逆者固守乃失言曰城開之日盡誅之幕府曰若然恐愈固矣弟告之曰非守貞者餘皆免一日城開乃即其地爲普救寺

太祖微時多游關中雖甚窘乏未嘗干投人或周之必擇而後納有伯錢之餘必有與人人頗異之長武城寺僧嚴者常周之往來無倦陰異其骨氣使工人貌之今寘神御過者朝謁其繪事本褐衫青巾據地六博後易靴袍矣

建隆初春宴方就次雨大作樂舞失容上色慍范質乃言曰今歲二麥必倍收上喜動色命滿泛入夜方

罷莫不沾醉

自唐末五代每至傳禪部下分擾剽刦莫能禁止謂之靖市雖至王公不免剽刦太祖陳橋之變即與衆誓約不得驚動都人入城之日市不改肆靈長之祐良以此乎

太祖北征羣公祖道於芳林園既授綬承旨陶穀牽衣留戀堅欲致拜上再三避穀曰且先受取兩拜回來難爲揖酌也

太祖少親戎事性樂藝文郎位未幾召山人郭無爲
於崇政殿說書至今講官銜謂之崇政殿說書云
太祖朝進講爲難每遇疑義必面加詰難往反久之
爾後累朝但端默諦聽得有商確仁宗尤所耽味日
昃不倦每及祖宗彝訓及二典政實必拱手上加肅
敬
神廟博涉多識聞一該十每發疑難迥出衆人意表
故講官每以進講爲難退而相語曰今日又言行過
也黃履　蘊子由以手捫其腹曰予腹每趁講未嘗
不汗出也
太祖招軍格不全取長人要琵琶腿車軸身取多力
唐募軍有翹關負　之格取其關持其末五舉爲合
格
太祖射使搦圻弓弝絶力斷弦踏翻地面射倒箭垛
王德用射訣鋪前脚坐後脚兩手要停不須高弝裡
紘外覘帖子急拽後手託弓梢劉昌祚云某把弓萬
事皆忘是亦不可分其志也
祖宗征河東皆自土門還師駐驛真定潭園有兩朝

行宮歲謹繕完器甲所儲至二十四庫累有旨拼
二年裁畢四庫而已潭園方廣六里有畸亭榭皆工
氏父子所輯宮後八角大亭乃耶律德光造𣏌之所
也
神宗於崇政殿設二十四庫以儲金帛親製庫銘其
略曰昔在前朝獫狁孔熾嗟予小子其承云云諸分
置作院
河北設五都會講好高麗良以此也然功未絶而上
賓是天未欲燕薊之民歸中國乎

階級條太祖制也若曰一階一級全歸狀事之儀至
今樞司以匣藏之也
慶曆康定以前朝士不披毛凉衫公服重戴而已冬
月或披毛衫而得寒疾今則無問寒暑雖六軍衛士
重戴披衫與士大夫錯雜路衙無別雖曰凉衫實褻
衫也
杜常昭憲太后之族子也神宗聞憲之門有登甲科
者深喜之有旨上殿翼日諭執政曰杜常第四人及
第卻一雙鬼眼可提舉農田水利太祖常謂陶穀一

雙鬼眼
太祖深鑒唐末五代藩鎮跋扈卽位盡收諸鎭之兵列之畿甸節鎭惟置州事以時更代至今百四十年四方無吠犬之警可謂不世之功矣或云陳希夷之策

唐書太宗在洛登端門見新進士綴行而出喜曰天下英雄入吾彀中矣趙嘏詩云太宗皇帝眞長策賺得英雄盡白頭按太宗一朝五放榜每榜一名安得綴行之士又武元衡遇盜之事是時裴晉公同行並

畫墁錄　十七

乘馬趨朝史載氊帽雖傷不害以馬逸得脫考其時乃六月下旬也

仁宗深患七史讀之不成文嘉祐中有詔重修唯唐書卒業所賚緡錢十萬有奇既進御翼日有舊唐書不得毀又之論執政　云當時何不令歐陽修爲之魏公對曰修分作帝紀表志旣退語曰爾應其父病也

嘉祐末余在太學有傭書陳逵者携一子方孩饑凍不可支書亦不佳或曰此陳彭年嫡孫也其父彥博守汀州以贓敗杖脊流海島遂至無賴時余方冠未知彭年之爲人獨念祖爲執政而孫已若是耶既而見劉貢父盡得彭行事所謂九尾野狐者乃知天之報也不差後逵困甚與其弟歸發彭年冢取金帶分貨抵罪云

王君貺拜三　二十有七歲矣自爾居洛超　至八十歲位至宣徽二府盡其財力終身而宅不成子舍早世唯有一孫與其姪居之不能克一隅未完亟壞富鄭公亦起大第無子族子紹定居之紹定本始姑蘖人富家又無子

畫墁錄　十八

范祥領制置解鹽始抄法初年課一百二十萬末年一百六十五萬以謂抄鹽法止此可矣或征而多取之則法不弊是以一百六十五萬不專爲以抄請鹽兼爲飛錢耳今以百年之多移致池州以爲重載易之爲抄則數幅紙耳於是禁絶鹽法邊置折博務張官置吏買到錢克折斛斗糴客得錢不能置遠必來買抄是用邊糴不匱抄法通行建至熙寧邊事稍勤用抄日增元豐初年賑饑亦用自爾軍須國計無所

不資商賈入京價折於金部歲出見錢三千萬貫買
抄以榷見錢不繼抄法敗削冶鹽水泠解池遂失所
利原天時人事符會如此良可歎息
有唐茶品以易羨爲上供建溪北苑未著也貞元中
常袞爲建州刺史始蒸焙而研之謂研膏茶其後稍
爲餅樣其中故謂之一串陸羽所烹惟是草茗爾迨
至本朝建溪獨盛採焙製作前世所未有也士大夫
珍尚鑒別亦過古先丁晉公爲福建轉運使始製爲
鳳團後又爲龍團貢不過四十餅專擬上供雖近臣

畫墁錄　十九

之家徒聞之而未嘗見也天聖中又爲小團其品迥
加於大團賜兩府然止於一觔唯上大齊宿八人兩
府共賜小團一餅縷之以金八人折歸以爲非常之
賜親知瞻玩賡唱以詩故歐陽永叔有龍茶小錄或
以大團問者輒方封寸以供佛供仙家廟已而奉親
幷待客享子弟之用熙寧末神宗有旨建州製密雲
龍其品又加於小團矣然密雲之出則二團少粗以
不能兩好也予元祐中詳定殿試是年秋爲制舉考
第官各蒙賜三餅然親知誅責殆將不勝宜仁一日
嘆曰指揮　州今後更不許造密雲龍亦不要團茶
揀好茶喫了生得甚好意智熙寧中蘓子容使　姚
麟爲副曰盍載些小團茶乎子容曰此乃供上之物
儔敢與　人未幾有貴公子使　廣貯團茶自爾
人非團茶不納也非小團不貴也彼以二團易蕃羅
一疋此以一羅酬四團少不滿則形言語近有貴貂
邊以大團爲常供密雲爲好茶
嘉祐末得石經二段於洛陽城乃蔡邕隸書論語又
無甚異唯求之歟抑與之歟

畫墁錄　二十

古今事有符合者韓信破齊歷下田橫烹酈生耿弇
破張步殺伏隆曹丕甄后周世宗符后戎諸葛走生
仲達死姚崇算生張說張德輿摺裴晉公與皇祐中
言者摘王德用夏人殺楊挺與孫臏斬龐涓皆同
魏嚴唐魏鄭公裔孫也曾拜國子四門助教熙寧末
予過其門見嚴年可六十許語言成理出鄭公畫像
乃近年筆多爲俗人書題唐之譜牒詔誥無一存者
乃曰爲官員持去盡矣唯有周特登城縣帖判狀輩
數種有兔車牛狀縣判云魏公唐室勲賢名傳青史

事是簪纓之後難與百姓雷同其車牛特免今之縣令敢爾乎

凡自岷州趨宕州沿水而行稍下行夫山中入棧路或百十步復出略崖嶔崟不可乘騎必步至臨江寨得白江至階州須七八日其所經皆使傳所不可行故之山水秀絶天下無有也臨江之上一處當大山中西望雪山日晃如銀其高無際出衆山上居人曰此雪山佛居也有獅子入常見之非西域雪山是蜀所記無憂城東北望隴山積雪如玉也

嘉祐初仁宗寢疾藥未驗間召草澤始用鍼自腦後刺入鍼方出開眼曰好惺惺翼日聖體良已自爾以其穴目爲惺惺穴鍼經初無此名或曰即風府也

熈寧以前凡郊祀大駕還内至朱雀門外忽有綠衣人出道蹯跚潦倒如醉狀乘輿爲之少捉謂之天子避酒客及門兩扇遽闔門内抗聲曰從南來者是何人門外應曰是趙家第幾朝天子又曰是也不是應曰是開門乘輿乃進謂之勘箭此近司門符節之制然踏襲鄙俗至是果命罷之

涇州東長武城在城㵾最爲控扼要害之地唐太宗親征薛舉嘗駐蹕門樓十二間御榻在其下或云柱上有太宗題字尚在也北阻涇水即高㟙二城樓堞俯完

曆日後宮宿相屬相聯本是一甲子以眞廟後年五十九嫌於數窮遂演之爲一百二十歲然竟以是年登遐

前漢京師有太廟曰原廟顔師古以原爲重謂京城已有廟而又立爲重至引原蠶之原大抵漢陵皆作

原京城在渭涘故謂之原廟

陶隱居不詳北藥時有詆謬多爲唐人所質人固有不知無足恠也

新唐書以淺水原懐中冢爲渾瑊平凉會明所投戰士歛众者平凉雖淺水原三百里無容以數千人遷至三百里謬甚矣懐中冢乃太宗征薛舉戰士也亦有馬處是時天下刱建十昭仁寺宜祿縣乃其一處其寺中當戰地也蜀人吳縝有新書糾繆至十二卷

考工　記之文可謂文矣或以爲周公之文然乎亦

三代之文漢諸儒不及也
禹貢曰砥柱析城至王屋峽府三門是也絶河流若
若岩墻然鑿爲三門河經其中東洋如小城狀即析
城也禹廟在西潭有寺下望砥柱上百步屹然中流
高數百丈尺銘勤其上但取稍平處或險處互布吕
一峰之間其字方可尺餘魏公撰文正字薛純稷之
子也每欲印榻伺天氣晴明先維舟砥下下梯而陞
上數日不可竟俯視洪流足酸目眩用是難得眞本
元符中大水懐三門一夕寺廟皆失略無孑遺銘亦

失數十字
虜歳使正旦生辰馳至京見畢客賜大使一千五百
兩副使一千三百兩中金也南使至北虜帳前見畢
亦客賜羊兕十枚毗黎邦十頭毗黎邦大鼠也虜中
上供佛善麋物如猪貀若以一臠置十舶肉鸎即時
麋爛臣下不敢畜唯以賜南使紹聖初備員北使亦
蒙此賜余得之即縱諸田虜傳大駭亟求不見乃曰
奈何以此縱之唯上意禮厚南使方有一枚本國歳
課其方更無租徭唯此採捕十數以擬上供一則以
待南使也如帳前問之某等皆被責今已四散收捕
因辭以不殺無用自爾直至還界無日不及之嗟惜
也其貴重如此
劉綜知開封府一日奏事畢眞廟延之從容曰卿與
中宮近屬已擬卿差遣當知否綜變色作秦音啓陛
下臣本是河中府人出於孤寒不曾有親戚在宮中
未幾出知盧州
顔師古注前漢蹴鞠蹴踘以韋爲之中實以物蹴踏
爲戲樂若於氣球中用物如何勝踢故人亦有謬作

唐家二百八十餘年河決二穀洛城歳爲患擁天津
浸宮闕墊城郭不已本朝無五年不河決而穀洛之
患殊稀洛中耆舊言伊洛水六十年一泛濫爲祥害
自祥符至熙寧中自福善坡以北率被昏墊公私蕩
没富公晏夫人尚無恙也倉卒以浴桶濟之而沉水
退死者衆多婦人簪珥皆失多有脫脫之若城下惟
福善坡不及城外惟長夏門不及洛中故有語云長
夏門外有莊福善坡頭有宅平日但知以其形勢耳
至此乃知水讖不苟云

唐印文如絲髮今印文如筋開封府三司印又尤麤猶且歲易以此可見事之繁簡也

唐京省入伏假三日一開印公卿近郭皆有園池以至樊杜數十里間泉石占勝布滿川陸至今基地尚在省寺皆有山池曲江各置船舫以擬歲時遊賞諸司唯司農寺山池爲最船惟戶部爲最所以文字鄙鄙舟御戶部船也

建中貞元間藩鎮至京師多於旗亭合樂郭汾陽纏頭綵率千匹教坊梨園小兒所勞各以千計元豐中

畫墁錄　二十五

劉伯壽謝事後以議樂召至京城已事得請薦有需賚與唐沈丁竦皆期望日閧於樊樓凡京籍者率造焉未幾种諤自鄜延陳邊事到闕一日期集於樊服紫花織成袍令束帶劉沈皆葛巾鶴氅都人觀者頗塞是日諤揮散亦數千人神宗遣令黃門窺之既而諤辭上舉貞元故事勉以渾郭功名

希夷先生陳摶後唐長興中進士也既而棄科舉之武當山又止房陵九室洞林丹孔鍊氣年已七十餘華陰茸雲臺廢觀居之祖宗三廟皆召見問以河東征伐搏不答師出果無功居數年見太宗曰今可以遂克又告以其皇景命策藩侯而令之本鎮所補治道甚多知人貴賤休咎今有人倫風鑑行於世後人集先生之言以爲書也

熙寧中有一朝士齊人知定平縣韓子華宣撫經由恠其縣印漫汗因取觀之宰公遽前曰此即錐故非是本縣鑄造子華曰何爲宰因陰指其題刻曰太平興國二年少府以此知之子華顧幕府曰縣故正無有是也

畫墁錄　二十六

本朝草聖少得人知名者蘇舜元舜元之書不迫舜欽筆簡而意足其子澥元豐中爲江東提舉上殿神宗問頗收卿父書否對曰臣私家有之上曰可進來澥元退迫走覩知哀得數帖上一閱地內侍輩取之乃舜元書也上鑒之精妙如此

河中范鼎臣潘佐外孫也有才辯高識能道南朝故事予之尊外祖母溫楊涉之外孫也予兄初遊學溫夫人無恙年八十餘耳目聰明日視針指每道唐室故事歷可聽或見予兄服皂衫紗帽謂曰汝爲舉子

安得爲此下人之服當爲白紵欄繫裹纖帶也或命飲宴燕則以裘自隨此汝外祖出入體也必有會頭負荷今胡不然脫或侵夜廂廵防衛至所居頗如是乎予兄曰今不鎮了巳是幸事

李元則再守長沙裁供備庫副使也至今湖南兵政財用農田學校詢之莫非其事湖湘之地下田藝稻穀高田水力不及一委之蓁莽元則一日出令曰將來竝納粟米稈草湖湘之農夫以爲捷且未知粟米稈草爲何物也或曰惟襄州有之可搆致也湘民皆

往襄州每一斗一束至湘中爲錢一千自爾皆以田藝粟至今湖南無荒田粟米妙天下焉稈草湖北就南湖致粟米馬秣茭也

嘉祐以前惟提點刑獄不得赴妓樂熈寧以後監司率禁至屬官亦同唯聖節一日許赴州郡大排筵於便寢別設留倡徒用小樂號呼達旦或詠東野三月聯詩云共君今夜不須睡未到曉鐘猶是春又詠中秋詩云莫辭終夕有動是隔年期

趙韓王兩京起第外門皆柴荆不設正寢三間小廳事堂中位七間左右分子舍三間南北各七位與堂相差每位東西廡鑿二井後圃亭榭制作雄麗見之使人竦然廳事有倚子一隻樸制古朴保坐分列自韓王安排至今不易太祖幸洛初見柴荆既而觀堂筵以及後圃哂之曰此老子終是不純堂中猶有雷琦酒如膠漆以水參之芳烈倍常飲之皆醉初河南府歲課修内木植或不前俾有司督按乃曰爲趙普修宅買木所分既而有旨修趙普宅了上供

長安啓夏門裏道東南亭子今楊六郎園子郎退之所謂符讀書城南處也樊川花　所居焦詠府竹園皆韓公別業也少東白序都官揮金臺軍別業老杜所詠處也

王世則長沙人冠歲辭親入南嶽讀書其父遺之一千居數年還家寧親既而出二千封識如故明年狀元及第

西京留臺李建中博雅多藝其子宗魯善相人一年春榜之京師命擇壻行次任村逆旅方就食有丈夫

荷布囊從驅驢亦就食於逆旅宗魯一見前揖寒温延之共案詢其所自曰今春不第將還洛也宗魯不復之京師與之同歸洛中其父詰之曰今既得貴壻可復回矣此人生不出選調必封眞王於是壻之乃張堯封也實生温成皇后大聖中登進士第終亳州軍事推官後封清河郡王

司馬温公與龐元魯俱爲張存龍圖壻張夫人賢惠龐頴公帥太原温公從辟是年三十餘未有子龐公與劉夫人欲有所置劉發之張欣然莫逆未幾得之

凡歲幾朝温公未嘗盼睞龐劉知之必以主母在嫌一日召張夫人賞花温公不出食已具是婢靚粧就書院供茶温公怫然曰這下人今日院君不在宅爾出來此作甚麽明日潁公幕府白司馬院丞却有祖風謂相如卓氏也縣君孫兆曰司馬院丞可惜不會彈琹却會聾斷趕聞者大笑

柳三變既以調忤仁廟吏部不放改官三變不能堪詣政府晏公曰賢俊作曲子麽三變曰秖如相公亦作曲子公曰殊雖作曲子不會道綵線慵拈伴伊坐柳遂退

唐笏短厚不屈今往往見之王欽臣所執是也西京任諤所守任圖笏也賈種民　所守賈玭笏也以其短厚故可以擊人今人之笏雖有段亦無能爲也

房陵有獵人射雉冠一境矢無虚發嘗遇猿凡七十餘發皆不能中猿乃舉手長揖而去因棄弓矢不復獵

神宗自隸明川郡王即位熙寧初陞頴川爲順昌久

知其軍謬遂陞許州爲頴昌府

季布爲河東太守帝曰河東吾股肱郡也即今之河中府以言客隣王室股肱相須今人守太原謝上表皆引股肱疎矣嘉祐治平間有中官杜浙者好輿舉子同遊學文談不悉是非然居楊州凡答親舊書若此事甚大必曰玆務孔洪如此甚多蘓子瞻過維楊蘓子容爲守杜在座子容少息杜遽曰相公何故溘然其後子瞻與同會問典客曰爲誰對曰杜供奉子瞻曰今日直不敢睡直是怕那溘然

具丘之役凡六十日而城下田京爲河北提刑廨舍在貝州方出城而難作其室就乳一家分散匿民家遺其乳子而去事定還舊居凝塵滿室地上猶有被蓐覺有物動視之乳子在焉目精烱如以口左右掠乳收而鞠之今河南李顧妻是也有子登高科至今無恙

新唐書最可哂唐有天下二百八十年姦臣亦多矣所載者才九人可盡信乎

汾陽王足掌有黑子一日使渾咸寧洗足咸寧捧玩

久之王曰何也對曰咸也足亦有之王使跣而視之哂曰不逮吾謂渾中壽也

或薦王迥於荆公介甫唯唯既而曰奈奇俊何客不喻或哂曰此介甫諧也王迥字子高有遇仙事六幺云奇倚俊王家郎也

予嘗於渾氏見德宗所賜詔書金鉞雜詔數命其二奉天詔也一日今賜卿劒一口上至天下至泉將軍裁之一日今賜卿筆一管空名補牒一千紙有立功將士可隨大小書給不必中覆如有急令馬希倩奏來朕今與卿訣矣鉞樂鐸無栢金綵尚存畫像少年袁生也與蒲中　水異侍立綵抱胡須人袁日善射郝將軍

渾咸寧少給事汾陽未嘗憚勞汾陽在軍中咸寧席未下夜中酒溺器必温汾陽問之對曰向峽以請寢汾陽念之曰此可教也遂授以兵法

唐高祖武德初鑄開通錢仰篆隸八分體十文重一兩爲開通元寶亦曰開元通寶背有眉乃大復寶后指甲痕也進樣時偰以甲承之其銅劑後人皆不能法今獨隸體錢行於世八分與篆體錢皆不復見矣

開元之讖已見武德年寶

承相領京兆辟張先都官通判一日張議事府中再三未答晏公作色操楚語曰本爲辟賢會賢會道無物似情濃今日却來此事公事

陶隱居註本草蒲萄北人多肥健𣨼食此物却不知有羊肉麵也

張耆四十二男子馮行已見息二十二人或傳耆開窓直廐舍先以馬合縱婢隔觀之從而爲之罔不成孕行已每五更以湯沃其下部日出方罷無他術

仁宗廟有侯傑者踏弩六石拜官世謂侯之六石元
豐團教太保長邪爲陳留弩踏六石者不數也七石
以上方着籍亏平射一石七斗爲應格建中靖國予
爲定州各散保州兵士射三石七斗取舍從容矣循
州如人五七斗者
予嘗行隴外百家鎭溫湯郎哥舒別業也寺有小碣
石色藍者大中十四年崇信孫梁記著
天祐元年渭州空同山寺所藏李茂貞牒天祐十年
河東不禀宋梁正朔所不得行不爲正統朱梁系唐

史氏之識淺矣
元祐末宣仁聖烈太后上賔𨖚人遣使弔祭　使回
至滑州死剣其中央以頭内孔中植其足又取棄數
自披掐過體以疏別造轂車方能行次年春予被差
報謝入蕃見其轍路深尺餘此蕃國貴人禮也賤者
則燔之以歸耶律之𢀶倘矣
李諱諫議知鳳翔卒有蝴蝶之祥自殯所以至府宇
蔽映無下足處府宮尊卑接武不相辨揮拂不開踐
踏成泥其大者如扇喪行逾日方散至今岐人能言
之
丁晉公南遷過潭州雲山海會寺供僧致獼猴無數
滿山谷林木皆折不可致詰也
西域之蕃處中國以至夏契丹交馳罔不在鄜郭今
青唐是也貨到每十槖駞稅一如是積六十年實貨
不貲唯真珠翡翠以櫃金玉犀象埋之土中元豐末
年官軍下青唐皆爲兵將所有縣官十不一二王贍
以馬駞負珠每綫長六尺象犀輩爲笨重棄之不取
也中塗有旨搜檢凡戰兵所挾捉之黃河唯環慶一

官露兩袒　語曰我殺人得之有死而已吏不敢問
王贍在房陵賣金皆佛臂臁金不精土人不售一日
出一手斷之納諸煎器鼓槖久之既出金在掌而手
完如故贍匠大駭而至今呼贍爲歌利王
彭汝礪饒州人治平狀元熙寧中爲江西運判妻宋
氏適有曾氏子監洪州鹽米倉卒於官其妻養明宋
氏有色彭意欲納之而方服未服也後十二年竟如
初志宋氏有姿色彭委順不暇或曰宋氏中間曾歸
一朝官而彭不知紹聖中彭典九江病革將逝命索筆

人以爲必有偈頌乃曰宿世冤家五年夫婦從今而往不打這鼓投筆而逝

長安令府宇即唐尚書省也府院即吏部也府錄廳前石幢即郎官題名石也張長史書序筆畫整楷如張君作字詭恠顛倒不可名狀至爲楷法整若軍陣乃爲能事之極無所不可

波唐善詞曲始爲楚州職官胡知州楷差打蝗蟲唐方少年負氣不堪其後作蝗蟲三疊且曰不是這下輩無禮都終是我自家遭逢楷大怒科其帶禁軍隨

行坐贓三十年至熈寧魏公劄子特旨改官辟充大名府簽判作霜飛葉云願早作歸來計之語介甫大怒矢言曰誰教你及河大決曹村凡豫事者皆獲免其惟唐衝替久之王廣淵以鄉閭之素辟渭州簽判作雨中花云有誰念我如今霜鬢遠赴邊烽廣淵聞之亦怒責歌者唐讚不自安竟卒於官先自曲初成識者曰唐不歸矣以其有身在碧雲西畔情隨隴水東流之語已而果然

元祐末宇文昌齡命稱聘契丹皇城使張璪价焉張頹齡樞府難其行璪哀請故事死於北朝廷恩數甚渥北以棺銀裝校三百兩旣行璪飲冷食生無忌昌齡戒之不納旣至其境益甚昌齡頗患之禁從者無供璪怒罵不足果病噤不納粥藥至十許日一行人病之旣而三病三愈竟不復命登對進前上面哂之退語近臣曰張璪生還奈何詰政堂諸公大笑昌齡直被他害殺每夜使人防視若有些好惡只是自家不了至其家婦孫聊覰阿翁劃地又却來也

文德殿祖廟儀鸞司於蕭屏上以皮條繫一牌上刻

行室二字余曰天子正衙而謂之行室祉絃大卿回此有司之失也命作衙在所同行日本事見他社出自法云凡自外詔京者官既降告付閤門劄萬本官必曰可依條交割本職公事乘遞馬發來赴闕予在都司以此白宰相凡州縣監司行遣文字當著依條令劄坐聖旨是　口　猶曰依條恐非也宰執唯唯即持指揮去二字不期歲久復着所謂官抑不如曹抑也

韓魏公慶曆初自副樞出知楊州至使相凡十四年

開元禮不著凶禮以爲預凶事凡朝廷大故倉卒裁處絶無所考據柳子言之詳矣唐定邊事二十年國史無一字言之以諱國惡傳燈錄不着二祖償償宿債此皆切要因緣俗學所諱

熙寧中蕭注上殿神宗曰臣僚中孰貴注曰文彦博又問其次曰王安石上曰何謂注曰牛形人任重而道遠上面之既退語近侍曰兼注衍

許相文節張公嘉祐中長憲臺言事無所避一日神宗慰之曰卿孤寒凡言照管公再拜對曰臣非孤寒

陛下乃孤寒上曰何也曰臣家有妻孥外有親戚友陛下惟中宮二人而已豈非孤寒上罷入內光憲覺上色不怡進早膳躊躇光憲啓問上以公語道之光憲揮灑土亦隨睫自爾立賢之意遂決

州東王文公寝疾真廟屢訪醫者視之仍不得輙歸如是半年一日王氏以訃聞而醫者語人曰半年廝繫絆於一服藥且大家廝離

前輩雖介冑士有執一不移之節有裴鎮祟班者晉公之後監華州赤水鎮酒段少連領漕事巡過督其職事命去幞頭既而曰且與幞頭以待再來點檢裴曰此幞頭是受官日朝廷所命之服運判既命去之不敢擅裹須候朝廷指揮自爾露頭治事凡出入見賓客以至迎送露頭穿執者三年朝廷亦聞之有旨段少連不合去命官巾幞罰食裴郎日復冠人方之貢禹

摭青雜説　宋　王明清

紹興辛巳冬北人南侵朝廷遣大軍屯淮東以遏其衝其勢漸逼主將每遣小校將數隊四出遊奕候望有何兼資者領五十人至六合縣西望見一隊軍馬自西北來旗幟不類北人又不類官軍兼資躊躇未知所措其人馬行速已出兼資之後號令下寨兼知遂斂所部隱身蘆荻林中須臾有一人傳令曰荻林中有一人否一人應曰彼中乃生人與吾不相關涉

兼資聞其有生人不相關涉之言而知其爲鬼兵也乃見冑出見守寨門官再拜曰某大宋劉太尉下踏白軍也不知神兵自何道來其所征討爲何事門者命報中軍須臾中軍傳令名兼資入凡五門始至中軍一人廣坐冠服如天神一人西向形貌英毅鬚髯皆指天一人面貌亦俊與餘二三人分坐于左右皆金裝甲冑兼資再拜致謝未畢西向者曰吾奉天符來助汝太尉官取必勝兼資再拜致謝因問曰今日幸遇神將將兵救助敢請廣位神號廣助者睚視不言西向者乃曰此天蓬神司主事也不與凡間通言汝不必問兼資又再拜就西向者問曰太王又何神也答曰某唐張廵也指對坐者曰此唐許遠也因徧指下坐者謂兼資曰此雷萬春也此南霽雲也兼資少亦讀書頗記張廵許遠事因再拜頂禮曰某曾讀唐書見二大王忠義之節每整冠斂容羡其英特豈期今日得瞻拜風采信然史所載其有實乎廵曰史有何疑兼資曰史言大王城守凡食三萬餘人不知果然否廵曰有之而實不然也其所食者皆已死之

人非殺生人也兼資又曰史言張大王殺愛妾許大王殺愛奴以享士不知果然否廵曰非殺也妾見孤城危逼勢不能保欲學虞姬綠珠之效死于吾前故自刎許大王奴亦以憂悸暴死遂烹以享士益用術以堅士卒之心耳兼資故見雷萬春面上止有一疤因再拜問曰史言將軍面着大箭有六而一疤何也萬春曰當時實着六箭而五着兜鍪人人相傳謂吾面着六箭不動吾亦當之庶揚聲以威之也須臾命酒餚饌亦人間之物惟天神不食久傳漏者報云天

漸曉矣巡謂秉脊曰汝歸語汝主將吾奉天符助兵
然此去悖逆吾當斬其首以報上帝語訖命人引秉
脊出至荻林呼其所部出至張許下寨之所已不復
有人矣不半月有造角林之捷未幾其主有龜山之
禍果如其言秉脊後累功至正使見今在京西多與
士大夫言之
建炎庚戌歳建州兇賊范汝爲飢荒嘯聚至十餘萬
是時朝廷以邊境多故未遑致討遂命本路官司姑
務招安汝爲聽命遂領其徒出屯州城名曰招安但

不殺人而已其刼人財物掠人妻女常自若也州縣
不能制次年春呂忠翊本關西人得受福州監税官
方之任道過建州爲賊徒所刼呂監有女十七八歳
亦爲所掠是時賊徒正盛呂監不敢陳理委之而去
汝爲有族子范希周本士人三入上舍間在學校曾
試中上等陷在賊中不能自脱年二十五六歳猶未
娶呂監之女爲希周得見其爲官家女又顔色清麗
性情和柔遂卜日合族告祖備禮册爲正室是冬朝
廷命韓郡王統大軍討捕呂氏謂希周曰妾聞貞女

不事二夫君既告祖成婚則君家之婦也孤城危逼
其勢必破則君乃賊之親黨必不能免妾不忍見君
之死引刀將自刎希周止之曰我陷在賊雖非本心
無以自明死有餘刑汝衣冠官族兒女擄刼在此爲大
不幸大將軍士皆是北人汝既是北人或語言相合
宛轉尋着親戚骨肉又是再生也呂氏曰果然妾亦
終身不嫁人但恐爲軍人將校所擄吾誓不再辱唯
一死耳希周曰我萬一漏網得延殘生亦終身不娶
以答汝今日之心先是呂監與韓郡王有舊韓過福

州辟呂監爲提轄官同到建州十餘日城破希周不
知所之呂氏見兵勢正盛度不能免乃就一荒屋中
自縊呂監巡視次適見之使人解下乃其女也良久
方蘇其言所以父子相見且悲且喜事定呂監隨韓
帥歸臨安將令其女改適呂氏不肯父罵曰令汝從
人文官未可知武官可必有也縣君不肯做尚戀戀
爲逆賊之妻不忍抛耶呂氏曰彼名雖曰賊其實君
子也彼是讀書人但爲宗人所逼不得已而從之他
在賊中常與人作方便若有天理其人必不死見今

且奉道在家作老女奉事二親亦多快活何必嫁也紹興壬戌歲呂監爲封州將領一日有廣州使臣賀承信以公牒到將領司呂監延于廳上旣去呂氏爲呂監曰適來者何人也呂監曰廣州使臣呂氏曰言語步趨宛類建州范氏子呂監笑曰汝范家子死于亂兵骨已朽矣彼自姓賀自與你范家子並無半毫相惹汝道世間只有一箇范家子邪呂氏爲父所阻亦不敢復言後半載賀承信又以職事到封州將領司事務繚繞未得了畢時復至呂氏廳事呂監時或

延以酒食次熟問其鄉貫出身賀羞愧白呂監曰某建州人實姓范宗人范昔爲叛逆其陷在于城中旣而大軍來討城破舉黃旗招安其遂投降恐以賊人宗族一併誅夷遂姓賀出就招安後撥在岳承宣軍下收楊么時某以南人便水常在前鋒某每戰尤盡力主將知之賊平之後遂特與其解由初任和州指使第一任合就監官當以闕遠遂只受此廣州指使呂監又問曰令孺人何姓初娶再娶乎賀泣曰在賊中時擄得一官員家女爲妻是冬城破夫妻各分散逃走且約苟存性命彼此勿嫁娶後來又在信州尋得老母見今不曾娶只有母子二人一箇爨妾而已語訖悲泣失聲呂監感其恩義亦爲泣下引入堂中見其女住數日事畢結束奩具令隨希周歸廣州後一年呂監解罷迂道之廣州待希周任滿同赴臨安呂監得淮上州鈐范得淮上監稅官廣州有一兵官郝大夫常與余說其事

項四郎泰州鹽商也常販自荊湖歸至太平州中夜月明睡不着聞有一物觸船項起視之有似一人遂

命稍子急救之乃一丫環女子也十五六歲問其所事曰姓徐本北人澧州寄居茲者父自辰倅解官舉家赴臨安至此江中忽逢刼賊其驚墮水中附一踏道漂流至此父母想皆遭賊手矣項以其貴人家女意欲留之爲子婦遂令獨寢比歸至家以其意告厥妻妻曰吾等商賈人家止可娶農賈之家女彼驕貴家女豈能攻苦食淡緝麻緝布爲村俗人事也不如貨得百十千別與兒男娶由是富家娼家競來索買項曰彼一家人遭難獨留得餘生今我旣不留爲子

婦寧陪些少結束嫁一本分人豈可更教他作娼女婢妾一生無出頭耶其妻屢以爲言至于喧爭項終不肯項隣里有一金官人受得澧州安鄉尉新喪妻聞此女善能針線遂親見項求娶項執前言不肯金尉求之不已女常呼項爲阿爹因謂項曰兒受阿爹厚恩死無以報阿爹許嫁我與好人人不知來歷亦不肯娶我今此官人亦是一箇周旋底人又是尉職或能獲賊便可報仇兼差遣在澧州亦可以到彼知得家人存亡項曰汝自意如此吾豈可固執但後去

或有不是處不干我事女曰此事兒甘心情願也遂許之且戒金尉曰萬一不如意須嫁一好人不要教他失所金尉笑曰吾與四郎是隣居豈不知某無他念耶金尉問項所索項曰吾始者更要陪些奩具嫁人今與官人既無結束豈復需索也徐氏既歸金尉金尉見其是女身又宦家兒女又凡事曉得大稱所望始名爲意奴又改爲意姐又以排行呼爲七娘謂徐氏曰若得知汝家世分相當冊爲正室縱無分明亦不別娶也歲時往來項家如親戚居一年相挈安

鄉在初到官卽遣人問徐倅信息居人曰有一徐官人昨自辰州通判替下舉家赴行至今不曾歸不知得甚處使者七娘意其父母必死但悲哀號哭不復思念後一年尉司獲一大刼盜因推勘乃問其前後又曾在甚處刼掠某人財物內有二人招曰曾在太平州刼一徐通判船是財物只有一稍子脚上中鎗船中人皆走船尾去方擔得一擔籠出上岸忽聞鳴鑼聲恐是官軍來遂走散去並不曾傷人七娘聞之稍稍自安但未有的耗又一年金尉權一邑事有一

過往徐將仕借脚夫七娘自屏後窺之甚類其兄比去乃與金尉說金尉乃具晩食召將仕因問其父歷任經由將仕曰某乃河北人流寓在此寄居數年自赴臨安日舟行步行乎將仕曰舟行金尉又問曰舟行如何想無風波之恐將仕曰不曾有風波之恐只在太平州遭一大刼財物賊無甚大失但一小妹落水死累日尋屍不得因淚下金尉乃引將仕入中堂見七娘兄妹將持大哭既而說雙親長幼皆無恙又

復相慰當日將仕但聞商人收得轉雇在金尉適其詳悉未及契勘次日問金尉元直費幾金當收贖以歸金尉笑曰某與令妹有言約矣况今已有娠豈可復令嫁他人七娘乃與阿兄說及項四郎高義賢者當初如此如此將仕泣曰彼商賈乃高見如此士大夫色重禮輕有不如也父母生汝不免有難終汝者項君也于是將仕發書告父母遂擇日告祖成婚七娘画項像爲生祠終身奉事

京師樊樓畔有一小茶肆甚瀟洒淸潔皆一品器皿

椅卓皆濟楚故賣茶極盛熙豐間有一士人乃邵武李氏在肆前遇一舊知相引就茶肆相叙闊别之懷先有金數十兩别爲袋子繫于肘腋以防水火盜賊之虞時春月乍暖士人因解卸衣服次置此金于茶卓上未及收拾未幾招往樊樓會飲遂忘遺出既飲極歡夜將半滅燈火方始省記李以茶肆中往來者如織必不可根究遂不更去詢問後數年李復過此肆因與同行者曰某往年在此曾失去一包金子自謂狼狽凍餒不能得回家今與若幸復能至此主人聞之進相揖曰官人說甚麽事李曰某三四年前曾在盛肆吃茶遺下一包金子是時以相知拉去不曾拜禀主人徐思之曰官人彼時着毛衫在裏邊坐乎李曰然又曰前命坐者着皂皮襖乎李曰然主人曰此物是小人收得彼時亦隨背後趕來送還而官人行速於稠人衆中不可辨認遂爲收取意官人明日必來取某不曾爲開覺得甚重想是黄白之物也官人但說得塊數稱兩同卽領取去李曰果收得吾當與你中分主人笑而不答茶肆上有一小棚樓主人

捧小梯登樓李隨至樓上見其中收得人所遺失之物如傘屐衣服器皿之族甚多各有標題曰某年某月某日某色人所遺下者僧道婦人則曰僧道婦人其雜色人則曰某人似商賈似官員似秀才似公吏不知者則曰不知其人就樓角尋得一小袱封記如故上標曰某年月日一官人所遺下遂相引下樓集中再問李塊數稱兩李計若干塊若干兩主人開之與李所言相符卽舉以付李李分一半與之主人曰官人想亦讀書何不知人如此義利之分古人所重

小人若重利輕義則匿而不告官人將如何又不可以官法相加所以然者常恐有愧于心故也李既知其不受但慚怍不言加禮遜謝請上樊樓飲酒亦堅辭不往時茶肆中五十餘人皆以手加額咨嗟嘆息謂世所罕見也識者謂伊尹之一介不取楊震之畏四知亦不過是惜乎名不附于國史附之亦卓行之流也今邵武軍光澤縣烏州諸李衣冠頗盛乃士人之宗族子孫高殿院之子元輔乃李氏之親甞與余具言其事

京師孝感坊有邢知縣單推官並門居邢之妻卽單之姊也單有子名符郎邢有女名春娘年齒相上下在襁褓中已議婚宣和丙午夏邢挈家赴鄧州順陽縣官守單亦舉家往揚州待推官鈌約官滿日歸成婚是冬戎寇大擾邢夫妻皆遇害春娘爲賊所擄轉賣在全州娼家名楊玉春娘十歲時已能讀語孟詩書作小詞至是娼嫗敎之樂色事藝無不精絕每公庭侍宴能將舊詞更改皆對景有着模處玉爲人體態容貌淸秀舉措閑雅不事持口吻以相嘲謔有良人風度前後守倅皆從之單推官度江累遷至郎官與邢聲跡不相聞紹興初符郎受父蔭爲全州司戶是時一州官屬推司戶年少司戶知楊玉甚慕之玉亦有意而未有因司理與司戶契分相投將與之爲地畏太守嚴明有所未敢居二年會新守至守與司理有舊司戶又席每蒙前於是司理置酒請司戶只點楊玉一名祗候酒半酣司戶佯醉嘔吐偃于息齋司理令楊玉侍湯藥因得一遇會以遂所欲司戶褒美楊玉謂其儘多才藝因曰汝又是一箇名公苗裔

但不可推究果是何人玉羞愧曰妾本宦族流落在此非楊嫗所生也司戶因問其父是何官何姓玉涕泣曰妾本姓邢在京師孝感坊居舅在㓜年許與其子結婚父授鄧州順陽縣知縣不幸父母皆遭寇殞命妾被人掠賣至此司戶復問曰汝舅何姓何官其子何名玉曰舅姓單是時得揚州推官其子名符郎今不知存亡何如因泣下司戶慰勞之曰汝卽日鮮衣美食時官皆愛重而不爲輕賤有何不可玉曰妾聞女子生而願爲之有家若卽嫁一小民布裙短衣

啜菽飲水亦是人家媳婦今在此中迎新送故是何情緒司戶心知其爲春娘也然有所處而未敢言後一日司戶置酒爲司理名楊玉佐樽遂不復與狎昵因好言正問曰汝前日言爲小民婦亦嫁甘心我今喪偶無正室汝肯嫁我乎玉曰豐衣足食不用送往迎來此亦妾所願也但恐新孺人歸不能相容若見有孺人妾自去稟知一言决矣司戶知其厭惡風塵出于誠心乃發書告其父初靖康之難邢有弟號四承務渡江居臨安與單往來單時在省爲郎官乃使

摭青雜說 十三

四承務具狀經朝廷徑送全州乞歸良續舊婚符既下單又致書與太守四承務自賫符并單書到全州司戶請司理名玉告之以實且戒以勿泄次日司戶自袖其父書并省符見太守太守曰此美事也敢不如命既而至日中文引不下司戶疑其有他變寄使人探之見厨司正鋪排開宴司戶曰此老尚作少年態也錯然處非一此亦何足惜也既而果召楊玉祗候只通判二人酒席半太守謂玉曰汝今爲縣君矣何以報我玉答曰妾一身皆明府之賜所謂生死而骨肉也何以報德太守乃抱持之謂曰雖然必有報我通判起立正色謂太守曰昔爲吾州弟子今是司戶孺人君子進退當以禮太守踧踖謝曰老夫不能忘情非府判之言不知其爲非也乃令玉入宅堂與諸女同處始名司理司戶四人同坐飲至天明極歡而罷晨州朝視事下文引告翁嫗嫗出其不意號哭而來養女十餘年用盡心力今更不得別見春娘出諭之曰吾夫妻相尋得着亦是好事我年雖蒙汝恩養所積金帛亦多足爲汝養老之計嫗猶號哭不已

摭青雜說 十四

太守叱之使出既而太守使州司人從自宅堂接出玉與司戶同歸衙司理爲媒四承務爲主如法成婚任將滿春娘謂司戶曰妾失身風塵亦荷翁嫗愛育亦有義姨妹情分厚者今既遠去終身不相見欲少具酒食與之話別如何司戶曰汝昔事一州之人莫不聞知又不可隱諱此亦何害春娘遂置上禮就會勝寺請翁嫗及同列者十餘人會飲酒酣有李英者本與春娘連居其樂色皆春娘教之常呼謂姨情極相得忽起持春娘手曰姨今超脫出青雲之上我沉

淪糞土之中無有出期遂失聲慟哭春娘亦哭李英鍼線妙絕春娘曰我司戶正少一鍼線人但吾妹平日與我一等人今豈能爲我下耶英曰我在風塵中常退步況今日有雲泥之隔嫡庶之異若得姊爲我方便得脫此一門路也是一段陰德事若司戶左右要鍼線人姊得我爲之則索相諳委勝如生分人也春娘歸以語司戶司戶不許曰一之爲甚其可再乎既而英屢使人求續司戶不得已拚一失色懇告太守太守曰君欲一箭射雙鵰邪敬當奉命以贖前此

通判所責之罪司戶挈春娘歸舅姑見之相持大哭既而問李英之事遂責其子曰吾至親骨肉流落失所理當收拾又更傍及外人豈得已而不已邪司戶惶恐欲令其改嫁其母見李氏小心婉順遂命之居居一年李氏生男邢氏養爲巳子符郎名飛英字騰實罷全州幕職歷令丞每有不了辦公事上司督責聞有此事以爲義事往往多得解釋紹興乙亥歲自夔罷倅奉祠寄居武陵邢氏李氏皆在側每對士大夫具言其事無有隱諱人皆義之

終

樂郊私語

桐江姚桐壽

余始至州舟過鹿苑廢剎時方深秋紅樹扶疎隱映敗檁破壁大足供客中吟眺因維梢登覽讀壁間舊記有魯簡肅公羅漢見夢事括蒼吳思齊題其旁曰是法本平等無怠亦無敬如何證無生却來見參政余謂阿羅漢自敬正人不敬參政簡肅風範凜凜載在史冊每一繙誦未嘗不想見其爲人及入城謁所謂魯公祠祠旁有思魯橋壁端有卜筊詞州民有疑

輒問凶吉如響公之精靈不昧更有如此者枉上有聯云烏去古祠留鳥翼名從青史識魚頭是縣令蔣行簡所書

天仙湖急遞鋪在城西十里僅一大漾耳湖旁相傳有徐灣故居灣得仙道者後以委蛻仙去故以名湖然復有廟神稱徐王蓋誤以徐灣爲徐王也廟後有老人甚繿縷問之姓郭氏乃宋樞相慎求之後貧無以資充鋪長以自給因出樞相誥身像贊相示余攝衣冠拜之乃分裹糧之餘爲贈始知韓昌黎不見三

公後饑寒出無驢之句爲不誣也
六里山舊有石刻云天冊元年旃蒙協洽之歲孟冬陽月日維壬寅朔石簣神遺忽自開發拾得青石璽符文吳眞皇帝共三十八字余按吳天冊元年爲晉武帝咸寧元年是年七月甲申晦日有食之則孟冬朔非甲申則乙酉也壬寅當在望後安得有壬寅朔乎此必里人僞爲符瑞漫不考其日月以悦世主于一時耳
括蒼劉伯溫多才藝能詩文尤善形家言嘗以儒學提舉得相見于錢塘後十年所劉已解官復見于海

鹽之横山把臂道故至于信宿謂余曰中國地脉俱從崑崙來北龍中龍人皆知之惟南龍一支從峨嵋並江而東竟不知其結局處頃從通州泛海至此乃知海鹽諸山是南龍盡處余問何以知之劉曰天目雖爲浙右鎮山然勢猶未止蜿蜒而來右束黟浙左帶耆霅直至此州長墻秦駐之間而止于是以乎松諸山爲龍左抱以長江淮泗之水以慶紹諸山爲虎右繞以浙江曹娥之水然諸水率皆朝拱于此州而後乘潮東出前復以朝鮮日本爲案此南龍一最大地也余問此何人足以當之曰非周孔其人不可然而無有乎爾吾恐山川亦不忍自爲寂寂若此也
至正丙申三月日晡時天忽昏黄若有霾霧市中喧言天有兩日予立庭中視之初以老眼不能正視眩然若有數日久之果見兩日交而復開開而復合者凡數千百遍回視窗隙壁竇皆成兩圓影若重黄卵亦復開合不常此數十年來目所未覩之異也發書占之李淳風曰日不可有二風霾日無光占爲上刑

急人不樂生天日變色有軍急其君無德其臣亂國嗟嗟今豈其時乎
十六年五月聲言張兵南下楊參政完者以數萬衆屯嘉興軍容甚盛先鋒呂才以七千衆屯王江涇商旅不行川途嚴肅張兵遂不敢取道嘉禾乃自平望烏墩直擣武林達丞相以爲楊當必扼其鋒漫不爲備及敵已入境倉徨出拒遂至破軍殺將達僅以身免楊得破城之問乃跌足曰罪誠在我卽統苗土官軍分爲三路使蔣英從大麻唐栖董旺從硤石長安

身率劉震朱鉞從海鹽黃灣而進以呂才呂昇由未
嘉興張軍知楊分路而來遂應接不暇一敗于皐亭
山再敗于謝村三戰而敗于夾城巷張軍丞水從德
清陸從海鹽遁還初楊過海上余與楊别駕郭大理
謁之勸其留兵三千遏其歸路楊云此行賊且成擒
安得有歸者不聽已而竟得縱逸而去

德藏寺在縣北五十里寺雖瀕市亦深静可憩國初
有僧眞諦性若戇騃而恪守戒律第爲寺中樵汲而
己時有國師楊連眞伽來寓寺中聲言欲發天女等

墓然皆古塚實無意開發意以雲間陸左丞愛女及
朱提舉夫人皆以有色夭死聞用水銀裝殮欲發尸
婬穢之耳及楊下令果及二墓眞諦聞之怒形于色
衆僧懼其以戇致禍苦爲陰勸及楊五鼓肩輿發衆
出寺眞諦忽起抽韋馱木杵奮擊楊命擒之時衆雖
數百皆披靡不能拒傷者凡百餘人至有頭破臂折
者人見眞諦于衆中超躍每踰尋丈若隼擊虎騰飛
捷非人力可到一時燈炬皆滅屐韈衾褌皆爲毁壞
楊大懼謂是韋馱顯聖遂不敢往發棺率衆而去
亦不敢問此僧也後二年眞諦行脚峨嵋不知所終

州衙前有黃郎中廟相傳是前代賢令故立廟于此
考之舊記惟紹興間有黃昱乾道間有黃綸然廟爲
何執中重建則何又先于二黃竟不知爲誰按重修
碑記云黃公不知何代不知何名亦不知何許人惟
此中舊老云公爲縣有善政入民民不解于心相與
尸祝者又不知幾何年今廟且頽圮民復奉主環蒞
請余新之余爲人莫親于祖先然親盡則毁茲黃公
以前朝一令世何遠也世遠則政隔澤無及也世與

澤兩不可知則心所不屬也而民猶戀戀若不釋然
者是豈人情哉我知其以前令勸後令耳以爲彼善
爲民民亦不忘雖千百世不改則今之爲牧者曷不
盡若黃公使後世不忘若今日之不忘黃公也余亦
勉承民志重爲建祠以副其不忘黃公者余豈敢望
民不忘如黃公也哉此記亦大有關於爲政者故錄
于此

趙子固宋宗室也入本朝不樂仕進隱居州之廣陳
鎮時載以一舟舟中琴書尊杓畢具往往泊蓼汀葦

岸看夕陽賦曉月爲事嘗到縣縣令宣城梅甑到船謁公公飛棹而去梅竹立岸上言曰昔人所謂名可聞而身不可見殆謂先生歟公從弟子昂自苕中來訪公閉門不納夫人勸之始令從後門入坐定第問弁山笠澤近來佳否子昂云佳公曰弟奈山澤佳何子昂慚退公便令蒼頭濯其坐具蓋惡其作賓朝家也余生也晚乃少從婦翁得見子昂今雖身寓公里第有想像鼓棹行吟勝處耳至于子昂風神美麗而和易可親文章書繪人號三絶若夫懲患徵里竟誅桑哥之奸亦當代第一流人也

稅務在安仁橋西十五步務爲宋樞密郭三益彰慶館基也余悲此地昔爲迎賓文酒之所今爲斛斂吽囂之場前後何雅溷懸隔也近來盜賊四起在在用兵課賦無藝卽稅額一節往往增加無算市中不堪其擾當延祐間程文憲條言江南茶鹽酒醋等稅近來節次增添比初時十倍今又逐季增添正緣管課程官虛添課額以諂上司其實利則歸己虛額則張掛欠籍云云奉仁宗皇帝聖旨諸色課程從實恢辦旣許從實豈可虛增除節略增課額實數及有續收虛增數目特與查照並行蠲減從實恢辦明旨凜然今但掛壁而已

張氏之陷平江也總管宣城貢師泰懷印脫身易姓名爲端木氏隱居雲間時一往來海上嘗寓于資聖寺與僧壽量相得甚歡壽量有戒行嘗絶江浮淮以遊湖湘之間泛彭蠡過洞庭登祝融望大庾還至天目傳法于中峯大師行脚于四遠凡三十年于是歸隱于寺題其棲禪之室曰大隱貢因述其意作大隱記記載禮部集文多不具載

楊友直元坦嘗于後至元間判餘干與余情昵而匾兒託契仲實同守友直實爲合二姓之好然未嘗悉其上世所從來茲卜居豐陽去友直所居僅一舍因得拜其先塋及高曾已下諸像乃知楊氏爲宋文公億之後有以武功起家者土著鹽之澉浦高祖春宋武經大夫國朝贈中憲大夫松江知府上騎都尉追封弘農郡伯曾祖發宋右武大夫利州刺史殿前司選鋒軍統制官樞密院副都統國朝内附攺授明威

將軍福建安撫使領浙東西市舶總司事贈懷遠大
將軍池州路總管輕車都尉追封弘農郡侯祖梓嘉
議大夫杭州路總管致仕贈兩浙都轉運鹽使上輕
車都尉追封弘農郡侯諡康惠父楧敦武校尉贛州
路同知知寧都州事卒于官友直生方晬耳母周夫
人携孤扶櫬而歸時康惠公及陸夫人與楧生母皆
夫人相與保護至泰定丁卯康惠薨逝友直已年二
十餘矣爲人倜儻多才好學不倦能嗣其先德江浙
財賦總管韓仲山重其才以女妻之比官上饒通守

常州所在著積方將振其家聲而天不悔禍復于至
正丁酉溘然長逝春秋僅五十有五少寡遺孤煢煢
在疚傷余結契仲實不幸早逝惟友直足爲旅人相
依今復爾則信乎其命之窮也嗟乎友直往矣無以
報稱惟應狀君世德及所行事以請于當代大方爲
友直不朽計耳

丁酉八月張氏以水師數萬來攻嘉興羽檄星馳川
陸戒嚴海鹽自州佐廵塲以下皆統兵北屯半邏新
豐廣陳以備他道州城閉塞兼旬民間米穀騰踴而
新豐不屬多破斫簷柱几榻而炊楊完者以大軍四
伏使小舟數十百艘餌之敵檣艣蔽天排川而下追
至杉青東西岸多積葦以待時南風大作岸上舉火
敵舟焚燎至四十里不止死者甚衆遂捨舟登陸進
逼城下戰于東瓜堰大破之斬首萬七千級俘者數
千張氏統軍張士信以伏水遁還然完者兇肆掠人
貨錢至貴家命婦室女見之則必圍宅勒取婬汙信
宿始得縱還少與相拒則指以通賊縱兵屠害由是
部曲驕横凡屯壁之所家户無得免焉民間謡曰死

不怨泰州張生不謝寳慶楊善乎余廷心之言曰苗
獠素不被王化其人與禽獸等不宜使入中國他日
爲禍將不細今若此何其言之若持左券也

張氏既歸命本朝兄弟相繼拜太尉平章之命乃于
十九年秋七月大城武林至起平松嘉湖四路官民
以供畚築雖海鹽一州發徒一萬二千分爲三番以
一月更代皆裹糧遠役而督事長吏復藉之酷歛鞭
扑棰楚無有停時死者相望至本年十月始得迄功
計費數十百萬而新城碑記至以南仲山甫爲譬其

爵有曰有嘉太尉克綏我民疇其相之平章弟昆又曰我作我息我出我入變呻爲謳伊誰之力豈不慚靦斯言也乎

州瀕海鹽爲國利然亡命得以私販擅之每操兵飛棹往來買販雖吏兵莫之敢攖至正丁酉灤城范廉卿以薩補蘆瀝巡檢其爲人恂恂儒者顧長騎射無論鳥獸不及飛竄雖海塗上跳魚子蟹之細捷射之百不失一夜每懸火竿上去竿三百步從暗中射火無不滅也于是亡命心懼毋敢于州比私販境內爲

之肅然先是本路推官陳春以平反鹽獄數百人見稱至是本路大僚曰使官人人如范何必陳司理乎反也

楚石大師爲沙門尊宿嘗從駕上都有漠北懷古諸作余嘗讀其自言羊可種不信繭成絲之句疑以爲羊可種乎因以問師師曰大漠迤西俗能種羊凡屠羊用其皮肉惟留骨以初冬未日埋着地中至春陽季月上未日爲吹笳呪語有子羊從土中出凡埋骨一具可得于羊數隻此蓋四生胎外之化也亦不足怪特非中國所有致生疑耳後讀浦江吳立夫西域種羊皮書禱歌云波斯國中神夜語波斯牧羊俱雜虜當道剸刀羊可食土城留種羊脛骨四圍築垣闢杵聲羊子還從脛骨生青草叢抽臍未斷馬蹄踏鐵繞垣行羊子跳踉却在草鼠王如拳不同老飫肉鏈闔塞饌肥裁皮禱作書林賓南州俠客遇西人昔得手稱今無倫君不見氷蠶之錦欲盈尺康洽年來貪不貧此又云以脛骨種之與琦師目見之者不同也益波斯國别有種法如吳詩所聞耳

州學在淨業寺南神宇齋舍頗亦弘嚴有至元六年知州趙孟貫賈禧重修碑至正六年知州葉彥中再修亦有碑然三州守皆賢有治聲于當時趙字子唯台州黃巖人治海上有惠政民到于今猶念之其祖子英爲宋宗正少卿南遷時以宗室從爲黃巖丞遂家焉有子六人皆以文學登膴仕至其孫師淵爲太常丞師夏爲判宗皆受業于紫陽之門且締姻焉故能以禮世其家施于有政云賈字吉甫兗丘人能行之以正限之以信羣佐若畢弟生之聽嚴傅老胥肅

然若家老之奉其尊也葉字大中松陽人嘗以才敏有風操爲江南行御史臺架閣管勾所至皆有休績可紀至于留神庠校崇道重學則三君之雅意均也

杜少陵集自游龍門至過洞庭詩目次第爲此州先正曾嵒季欽編定大都一循少陵生平行跡亦可以見其詩法升降亦隨其年自少而壯而老愈入于細而化也註脚多所補益極爲後學借資第音切類多吳音其他註釋如以鐵馬汗常趨爲昭陵石馬果常有汗以空同小麥熟爲不近武威林間踏鳳毛踏字

爲跨字之誤汝與山東李白好以山東爲東山天闕象緯逼以天闕爲天闕江月滿江城以江月爲秋月赤驥頓長纓以纓爲轡之類不免爲杜集增累

州弟子員張炯子晦卓犖有奇表與予爲道義交每言其祖文穆公受知于世祖皇帝嘗被召入便殿問當時急務時方隆冬上以所坐貂褥撤賜命坐別以他褥進御公所上數十條皆當時切要上命執政以次第舉行而桑哥盧世榮輩以罷冗官一條爲侵奪朝權詈聲朝堂曰何物蛙蝦兒遽欲奪吾柄邪夜令健兒娭之塗將甘心焉幸中表趙文敏知之邀還邸中得免明日雖拜翰林承旨尋以懼禍病免及盧桑伏誅詔還前官大德間以老疾不起時論惜之有集若干卷行于世

澉浦市舶司前代不設惟宋嘉定間置有騎都尉監本鎮及鮑郎鹽課耳國朝至元三十年以留夢炎議置市舶司初議番舶貨物十五抽一惟泉州三十取一用爲定制然近年長吏巡徼上下求索孔竇百出每番船一至則衆皆懽呼曰亟治庖廩家當來矣至

什一取之猶爲未足昨年番人憤憤至露刃相殺市舶勾當死者三人主者隱匿不敢以聞射利無厭開釁海外此最爲本州一大後患也

潘從事澤民嘗爲余言本州達魯花赤也先不花本北人以至正三年至海上時方八月秋濤大作潮聲夜吼震撼城市不花初至聞此夜不敢臥起問門者門者熟睡呼之再三始從夢中荅曰潮上來也及覺知是官問懼其荅遲連聲曰禍到也禍到也狂走而出不花誤聽遂驚跳入內呼其妻曰本冀作達魯花

赤紫耀縣君不意今夕共作此州水鬼遂夫婦號泣合門大慟外巡徼聞哭傳報州正佐官皆顛倒衣裳來救以爲不花遭大變故也因急扣門不花愈令堅閉庶水勢不得驟入同寮益急遂破扉倒墻而入見不花夫婦及奴婢皆升屋大呼救我同寮詢知不覺共爲絶倒乃知唐人潮聲偏懼初來客爲真境也不花今爲參知政事

巳亥秋九月晦余曉詣嘉禾府曉星猶在樹杪忽西南天裂數十百丈光焰如猛火照徹原野一時村犬

皆吠宿鳥飛鳴余諦觀其裂處蠕蠕而動中復大明若金融于冶鑄者少時方合操舟者謂余曰此天開眼也彼不知天者至尊裂者極禍關係豈藐小乎哉

是年冬十二月有州東趙氏家屠豕脫治巳竟既出肺腸其腸忽蜿蜒疾行雖健蛇不若也主人追之不能及遂出城遇海而止此蓋國家有心腹胃腸之人歸向寬大容蓄之象也

州民有朴知義者家翁莊堰勿生而不慧至八歲不語一日俄謂其母曰今日墻外牛鬬娘可避之舉駭駭而且喜巳而鄰人之牛果鬬墻外是後復不言數日復言有官兵來未幾張軍從雲間來自此言無不驗四方挾錢帛來問者如見神明家至驟富然見人有凶事輒指而告之如響由是人見之始多面如死灰惟恐其有惡言也母因戒之其後惟母告之言則言年十九始娶與其妻一接而殞此雖人妖亦似乎保真通靈故能前知如此及少近婦人忽焉滅没殆真泄而神與之俱亡無足怪也

金粟寺有康僧會身像余于至正癸巳始得頂禮明

年春余以伯兄見背到寺禮懺復與潘廣文澤民檢發唐代所書三藏然零落過半惟華嚴法華楞嚴寶積維摩長阿含及諸律論之半猶完整不壞翻閱踰句忽于晡時作禮像前見像眉間有光須臾光若白線蜎蜎而出盤繞華蓋而上余遂鳴鐘聚僧稱佛名號禮拜讃頌至暮而光復從眉間收攝人人嘆爲稀有澤民因作放光記紀其事曰夫佛者覺也覺者靈照不滅也含之可以内照六根放之可以旁燭三界此從七佛至于未來聖尊一光相續而常照者也第

能保光于無始常照而不斷則雖百千萬刼此光常若如新粤自漢年覺光東度迄于吳代猶未該被于是康法師以舍利示感始闢法門于吳會傳像敎于江左是蓋以身光照攝東南四生之祖也旣而立化天禧騰身金粟靈像棲託實在于廣慧焉甲午之春三月十有三日前敎授餘干桐江姚桐壽樂年以孔懷之戚禮懺像前忽眉間若有白雲一線出于鍼孔者蜿蜒少時遂若朱虵遊霧欻閃盤旋難以名狀久之或若虹拳或如波曲或延袤長引或輪囷成暈時

佛日朗映俄見天地樓閣皆成五彩似從放光石中看金碧世界也于時大衆驚歎此瑞爲世稀有余以爲此寧獨法師覺光常照而已哉要亦以廣文宿習圓滿今之虔禱發于天情故與靈契寘格若以鐵擊石以木鑽燧感極而光靈示現之耳此一光也更不特爲廣文感極之證而見前千萬善信莫不攝身神光之内各爲照徹因地使信心復萌此又法師了刼過去刼中普照羣有之一大願力也余身被靈瑞五體投地援筆記此爲後學啓信

州著姓常氏自忠毅公與秦檜不合退居海上遂家焉其後有號潇溪者亦官參知政事入本朝子孫多不學嘗言有厥祖遺像一幅以兵亂失之後復得之民間因出以示余其像瘦惡而鬒帶貂蟬冠上有贊曰佑時生甫同德暨湯治格一隆力成再造長樂溫凊遂明王孝理之心海宇阜豐躋斯民仁壽之域公功棐廸帝庸作歌列辟具瞻謂相君之形惟肖睿辭敦奬見王者之制坦明郁郁乎其文哉嗚嗚不可尚已其後題曰紹興龍集壬申仲春穀旦門下士武原

魯瑔拜贊余甚疑之此贊似宰相兩常公皆不得柄國奈何有此後檢宋范茂明集有代賀秦太師畫像啓乃知此贊是摘啓中數語爲贊耳此蓋檜像而子孫愛重此啓摘去和戎等語而借以爲贊也年代旣从淪落民間爲常氏所得復以魯瑔爲本州人益信而不疑耳不知魯中紹興甲午登進榜檜方柄國故稱門下第不識茂明何故代瑔作啓余備錄以示常氏不以爲然愈益珍重嗟嗟是忘乃祖之仇而拜其仇也子孫誠不可不學如此

嘉興通守繆思恭當張氏來攻嘉興楊完者命繆以火攻我師遂大捷既而張氏歸命因大城武林檄繆統所屬工徒以赴其役張陰屬其弟士信乘此戮辱之衆皆爲繆心戰繆不以介意繆當治西北面數十百丈以松江路工徒屬之繆每事作則先人止則後衆勞來督罰殊得衆心由是視他所築愈益堅好士信亦無奈何忽一日巡工至繆所轄地分時日已虞淵而工猶未輟士信曰日出而作日入而息汝何獨勞民如此繆曰平章禮絕百司猶敬共皇命日夕尚勤春揷況爲之民者敢偷餘晷士信曰此人口利如錐何恠杉青閘畔烈烈逼人繆曰今幸太尉華面國家借此得成奬順之典若念杉青之役猶恨不力縱逸平章耳士信曰別駕好將息言及杉青猶能使人肉跳不已

余讀海鹽州學黃侍講大成樂記言眞州貝君身爲考其度數齊量範金爲鐘而協以古律管彼此適均吹其律而鐘自應至于琴瑟亦率自製云云余心甚慕之及甲午春祭以余家所藏崇寧大晟樂大呂無射二鐘持與考擊則比余所藏聲益加高判不相協余乃竊嘆曰彼貝君者果足與言樂乎金既如此絲石可知知其聲者則州之衰没匪久矣按大晟樂國初東平嚴氏一承宋舊者也當宋徽廟時有魏漢津者以一蜀黥卒爲造此樂且以帝皇制樂實自其身得之請以徽廟中指三節三寸定黃鐘之律蔡京亦從臾其說卽使範金裁石用之郊廟至頒其樂于天下然徽廟指寸視人加長而樂律遂高雖漢津亦私謂其弟子任宗堯曰律高則聲過哀而國亂無日矣

當今聖人其身出而身遘之乎未幾遂有靖康之禍今州學鐘高倍崇寧則宜乎州之日阽危于濤河鋒鏑也第所謂考其度數協以古律者豈別有出于緹室葭灰之外者乎

州少年多善歌樂府其傳皆出于澉川楊氏當康惠公存時節俠風流善音律與武林阿里海涯之子雲石交善雲石翩翩公子無論所製樂府散套駿逸爲當行之冠卽歌聲高引可徹雲漢而康惠獨得其傳今雜劇中有豫讓吞炭霍光鬼諫敬德不伏老皆康

惠自製以寓祖父之意第去其著作姓名耳其後長公國材次公少中復與鮮于去矜交好去矜亦樂府擅場以故楊氏家僮千指無有不善南北歌調者由是州人往往得其家法以能歌名于浙右云

相傳紹興間有海鹽丞簡傲不羈志輕一世嘗謁一鄉大夫主人偶遲遲而出丞故好睡比主人出則丞已鼾聲如雷矣主人以客睡不敢呼亦復就睡及丞覺亦以主睡不敢呼更復就睡如初究之主客更相臥醒至日没丞起而去竟不交一言趙子固愛其事爲作圖紀其説于上置之座右曰此二人大有華胥

風氣足以箴世之責望賓主者

楊廉夫寓雲間及余到海上時一過余歲壬寅冬楊從三泖來宿余齋頭適就李貝廷臣以書幣爲蕭山令尹本中乞吳越兩山亭志併選諸詞人題咏于時楊尹已移官嘉禾矣楊卽爲命筆稿將就夜已過半余方從別室候之俄門外有剝琢聲啓扉視之則皆嘉禾能詩者也余從壁間窺之率人人執金繒乞楊留選其詩楊笑曰生平于三尺法亦有時以情少借若詩文則心欲借眼眼不從心未嘗敢欺當世之士遂運筆批選止取鮑恂張翼顧文煒金炯四首楊謂諸人曰四詩猶爲彼善于此諸什尚須更託胎耳然被選者無一人在諸人相目驚駭固乞寬假得與姓名至有涕泣長跪者楊揮出門外閉關滅燭罵曰風雅掃地矣

州詩人陳彥廉好作怪體兼善繪事其母莊本閩人父思恭商于閩溺死海中莊誓不嫁携彥廉歸本州撫育遂成名士彥廉有才名交往多一時高流最與

黃公望子久昵彥廉居硤石東山終身不至海上以父溺海故也子久歲一詣之至則必到海上觀濤每拉彥廉同往不得已偕至城郭黃乞與同看陳涕泣曰陽侯吾父仇也恨不能如精衛以木石塞此何忍以怒眼相見子久亦爲之動容不看而返因爲作仇海賦以紀其事

隱窟雜志

宋　温革

四六文用經史全語又須詞旨相貫若徒積疊以為奇乃如集句也楊文公居陽翟時謝希深與之啓云曳裾而前士念無君子者解組弗顧公其如蒼生何文公書於扇曰此文中虎也蓋善其用經如巳自出特為豪健楊文公有重名於世常因草制為執政者多所點竄楊甚不平因取藁上塗抹之處以濃墨傳之就加為鞋底樣題其旁曰世業楊家鞋底或問其故乃曰是他別人脚跡嘗傳為嗢（乙骨反）噱（渠畧反大笑不止也）自後舍人行詞遇塗抹者必相謔云又遭鞋底

汪內相勸主上聽政表云漢家之厄十世惟光武之中興獻公之子九人念重耳之獨在蓋佳語也或曰若移上句為下句則善不可加矣

李漢老云古者詔令多矣天子自為之故漢武帝詔淮南王令相如視草而光武詔鄧禹曰司徒堯也赤眉桀也使臣不代言其敢為是語乎

仁廟初欲封皇女下崇文院檢尋典故王洙等言唐制封公主有以郡國名者有以美名者文皇幼女在宮已有晉陽之號若明皇女封永穆常芬唐昌太華皆為美名乃詔封長女福康公主次女崇慶公主蓋用明皇故事也

閬州有三雅池古有濬此池者得二銅器狀如酒杯各有三篆曰伯雅仲雅季雅或謂劉表一子好酒常製三爵大受一斗次受七升小受五升趙德麟云恐是盛酒器非飲器也余以問曾存之存之言古人軀幹大升合小王仲弓傷寒證治論湯劑注云古方三兩當今一兩三升當今一升然則存之之言信矣余

按廣韻㽀字注云酒㽀雅同音則雅字蓋借用三雅乃杯也無可疑者

趙德麟論法帖據唐人李涪刊誤云短啓出晉宋兵戎之際國禁書疏非弔喪問疾不得輒行尺牘故羲之書云罪死者是違制令故也余觀文選載任昉沈約為中丞時彈章云死罪死罪是惶懼語不必謂違制令乃去爾也

今世燒香埋火蓋有所自楞嚴云焚水沉無令見火

是也故事館職每洛陽貢花例賜百朶并南庫法酒
此三者鱗臺故事不載因志之
取覆牓子蓋兩制見宰執之禮自建炎中庶官亦用
今則布衣以下皆通用矣

梁溪漫志　宋　費衮

故事朝廷有命撰樂章贊諮敎葬輓祭文夏國人使到驛燕設教坊白語删潤經詞及回荅高麗書並送秘書省官撰蓋學士代正言掌大典册此等瑣細文字付之館職既足以從北門之體且所以試三館翰墨之方異時內外制闕人多就此取之所以館職儲立蓋本此謚之美者極於文正司馬溫公常言之而身得之國朝以來有此謚者惟公與王沂公范希文而已若李司空昉王大尉旦皆謚文貞後以犯文宗

嫌名世遂呼爲文正其實非本謚也如張文節夏文莊始皆欲以文正易之而朝論迄不可此謚不易得如此其爲厲世之具深矣

東坡一日退朝食罷捫腹徐行顧謂侍兒曰汝輩且道是中有何物一婢遽曰都是文章坡不以爲然又一人曰滿腹都是識見坡亦未以爲當至朝雲乃曰學士一肚皮不合時宜坡捧腹笑

中興死節之士固不乏而女子守節者亦多有之洪

瀉父羽之女適綮昌焦有開遇巨盜於江中欲逼之女義不受汙投江而死兩侍兒大曰宜思小曰勺奴姓吳氏女兄弟俱有色藝亦相隨赴水死焦之甥徐伯遠傳其事丁文簡公五世孫女世爲鄭州新鄭縣人年十六嫁進士張普卿靖康中與其夫避地大隗山兵至丁被擒挾之上馬丁投地以醜語詆之且曰我寧死耳誓不辱於汝輩也然始亦不怒但屢扶上馬丁罵不已乃忿然瞋目遂絶於梃下

晏元憲公四世孫女其父孝廣爲鄧州南陽縣尉女

女子字師姑年十五從叔孝純官于廣陵建炎三年人保以北兵欲侵凌之輒擲身于地僵仆氣絶或自經或投於井皆救而獲免其王母愛之撫育如巳出兵中爭傳誇焉又有陳氏女其父壽隆紹興初乃爲湖北提刑卒于官其子造之挈妹至吳江適呂承相之子舟至焦山遇賊其家被害賊數逼女力拒之大呼其嫂曰不如俱投江俾此身明白無爲賊辱因躍入水其屍浮數里不沒賊怒因撞以干乃沒女時年十四古今烈女史官不及知而湮沒無傳者何可勝數是以表而出之

有士人貧甚夜則露坐焚香祈天益久不懈一夕方正襟焚香忽聞空中神人語曰帝憫汝誠使我問汝何所欲士答曰某之所欲甚微非敢過望但願此生衣食粗足逍遙山澗水濱以終其身足矣神人大笑曰此上界神仙之樂何從若求富貴則可矣子因歷數古人極貴念歸而終不能遂志者比比皆是蓋天之所靳惜清樂百倍於功名爵祿也

江東村落間有叢祠其女巫多付託以興妖里民信

之相與營葺間土木寖盛有惡少年不信一夕被酒入廟肆言詆辱巫駭愕不知所之聚謀曰吾儕爲此祠勞瘁不訾一旦爲此子所敗遠邇相傳則吾事去矣迨夜共詣少年以情告曰吾之情狀若固知之倘因成吾事當以錢十萬謝若少年喜問其故因教之曰汝質明復入廟詈辱如前凡廟中所有酒肴舉飲啖之斯須則僞爲受械祈哀之狀庶印吾事今先賂汝以其半少年許諾受錢翌日又果復來廟庭袒裼叫呼極口醜詆不可聞廟旁民大驚觀之者踵至少

年抵神相前方祭賽羅列即舉所祀皆悉飲之以至
肴饌無孑遺旋俯躬如受縶者叩頭謝過忽嘿血自
口湧出七竅皆流即仆地死里人益神之即日喧傳
旁郡祈禳者雲集廟貌繪繕極麗蓋所得不可勝計
越數月其黨以分財不平詣郡反告乃巫寘毒酒中
殺人捕治引伏魁坐罪餘分隸諸郡靈響訖息

滕達道未遇時與諸生講學于僧舍主僧出諸生夜
盜其犬而烹之事聞有司欲治其罪滕公爲丐免守
守素聞其能賦因諭之曰如能解作盜犬賦則將釋
梁溪漫志　八　四
之滕公即口占辭曰僧既無狀犬誠可偷徹藍宇之
肥犬充絳帳之晨羞搏飯引來猶掉續貂之尾持刀
擊去難回顧兔之頭守大笑即置不問

墨娥漫錄

闕名

越俗飲宴即鼓盤以爲樂取數圓盤以廣尺六者抱
以着服以右手五指更彈之以爲節奏舞者應節而
舞

昆明池曰神池靈沼堯治水訖停船此池蓋堯時已
有池漢代因而深廣之

武侯壘東南有定軍山入山十餘里有諸葛武侯墓
鍾會征蜀至漢州祭亮之墓令軍士不得於墓前芻
墨娥漫錄　六　一
牧樵采今松柏碑石儼然

武陵武陽縣有石帆山若數百幅帆

巴東有一折柱孤直高三丈大十餘尋傳云是公孫
述樓柱破之血出枯而不朽

石勒諱胡胡物皆改名胡餅曰麻餅胡荽曰香荽胡
豆曰國豆

陳達妹才色甚美髮長七尺餘石季龍愛之取以爲
夫人

秦名天子冢曰長山漢曰陵故通曰山陵

松陽門內有大梓樹高四十餘丈樹盡枯死永嘉中
一旦忽更榮茂大興中元皇帝果繼大業
諸葛亮初亡所在各求爲立廟朝議以禮秩不聽百
姓遂因時節私祭之于道陌上言事者或以謂可聽
立廟于成都後主不從步兵校尉習隆中書郎向充
等共上表于是始從之
郡者從都堂門外大槐樹謂之音聲樹衙參拜儀射
則此槐必有聲如歌曲
匡谷先生姓匡名俗商周之際遯世隱居于廬山
故號匡廬
彭城北六里臨泗水有宋桓魋石槨皆有青石隱起
如龍之形
山陽縣成都北二十里魏中散大夫嵇康園宅今悉
爲田墟而父老猶爲嵇公竹林地以其時尚有遺竹
也
成都海棠樓唐李太白所建以會僚佐儀事裴坦曾
爲記
西蜀聖壽寺僧楚安妙於山水須一年已方就
蜀人得之者秘爲至寶
嵩高山東北有牛山其山多杏至五月爛然黃茂自
中國喪亂百姓饑饉皆資此爲命人人充飽而杏不
盡

三水小牘

宋　皇甫枚

韓文公之寢疾也名醫良藥日進有加而無瘳忽宵中驚悸既寤而汗霑衾裯命侍人扶坐小君問之良久曰向來夢神人長丈餘金鎧持戟直入寢門我不覺降階拜之自稱大聖瞋目謂我曰雖遼骨𩥭國世與韓爲讐吾欲討之而不能如何我跪答曰願從大聖討焉不旬日而文公薨果從其請矣

滎陽郡城西有末福湖引鄭水以注之平時繞岸皆

臺榭花木乃太守劾勞班餞之所西南壖多修竹喬林則故徐帥崔常侍彥曾别業也當咸通中龐勛之作變崔公爲所執也湖水如凝血者三日而復未幾而其家凶問至余光啓初寓居鄭地故得之昔讀本朝書見河間王之征輔公祏也江行舟中宴羣帥命左右以金盌酌江水至忽化爲血合坐失色王徐曰盌中之血公祏授首之徵果破之則禍福之難明也如是

陸存者愚儒也衰白之後方調授汝州剡城令時乾符丁酉歲也是秋王仙芝黨與起自海沂來攻郡途經剡城存微服將遁爲賊所　其酋問曰汝何等人也存紿之曰某庖人也乃令溲麪油作𩜇𩜇者移時不成賊酋怒曰這漢謾語把劒來存懼急撮麪兩手速拍曰祖祖父父世世業業衆大笑釋之時縣尉李庭妻崔氏有殊色賊至爲所[illegible]妻之崔氏大詬曰我公卿家女爲士君子妻奴乃[illegible]豈可受草賊汚辱賊怒刳其心而食見者無不隕涕

汝州魯山縣西六十里小山間有祠曰女靈觀其像

獨一女子焉低鬟嚬蛾豔冶而有怨慕之色祠堂後平地怪石團數畝上擢三峯皆十餘丈森然肖泰華也詢之老人云大中初斯地忽暴風驟雨裹丘陵震屋瓦一夕而止遂有茲山其神見形於樵蘇者曰吾商於之女也帝命有此百里之境可告鄉里爲吾立祠於山前山亦吾所持來者無曠時祭當福汝鄉人遂建祠官書祀典歷數世矣咸通末余調補縣印吏實尸嘗祭與同舍生譙國夏侯禎偕行祭畢與禎縱觀祠内禎獨眷眷不能去乃索卮酒酬曰夏侯禎於

年未有匹偶今者仰覿靈姿願爲廟中掃除之隷神其鑒乎旣舍爵乃歸其夕夏侯生慌恍不寐若爲陰靈所中其僕來告余走視之則目瞪口噤不能言矣余謂曰得非女靈乎禎頷焉余命吏載楮鏹潔尊席而禱曰夫人嶽鎮愛女疆場明祇致禾黍豐登戢虎狼暴殄斯神之任也今日之祭乃郡縣常祀某職其事敢不嚴恭豈謂友生不勝醆斝之餘至有慢言黷於神聽今疾作矣豈降之罰邪抑果其請邪若降之罰是以一言而斃一國士是違好生之德嘗尊戮之

辜帝豈不降鑒而使神祇害於下乎若果其請是以一言舍貞靜之道播淫佚之風緣張碩而動雲軿顧交甫而解明佩若九閽一叫必貽韓箔不修之責况天下多美丈夫何必是也神其聽之奠訖夏侯生康豫如故

渤海封夫人諱詢字景文天官侍郎敖孫也諸兄皆貢士有聲於名場夫人氣韻恬和容止都雅善草隷工文章盛飾則芙蕖出綠波巧思則柳絮因風起至於婉靜之法剪製之工固不學而生知嫺黨號爲淑女咸通戊子歲始從媒贄移天于殷門故秘省校書保晦遐擕遐擕兄余寮壻也愛鍾自出姑實親姨夙夜蒸蒸劬勞無怠廣明庚子歲妖纏黄道寇啓白丁闕輔烽飛輦轂遐狩以天府陸海之盛奄化于鯨鯢腹中卽冬十二月七日也邦人大潰校書自永寧里所居盡室潛于蘭陵里蕭氏池臺地隣五門以爲賊不復入至明日羣凶霧合秘校遂爲所俘賊酋覩夫人之麗將欲叱後乘以載之夫人正色相拒確然不移誘說萬辭但瞑目反背而莫顧曰將夕賊酋勃然

起曰行則保羅綺於百齡止則取齏粉於一劒夫人奮袂罵曰狂賊狂賊我生於公卿高門爲士君子正室琴瑟叶奏鳳凰和鳴豈意昊天不容降此大厲守正而死猶生之年終不受穢包羞於汝逆豎之手言訖遇害賊酋旣去秘校脫身來歸侍婢迎門白夫人逝矣秘校拊膺失聲而前撫屍於股大慟良久揮淚於夫人面曰景文景文卽相見遂長號而絕三婢子覩主父主母俱殞乃相攜投浚井而死人曰噫二主三夫實士女之醜行至於臨危抗節乃丈夫難事豈

詡令見於女德哉渤海之媛汝陰之媜貞烈規儀未光於彤管矣辛丑歲遐攜兄出自雍話兹事以余有春秋學命筆削以備史官之闕

廣明庚子歲余在汝墳溫泉之別業夏四月朔旦雲物暴起於西北隅瞬息間濃雲四塞大風壞屋拔木雨且雹雹有如杯棬者鳥獸盡殪被於山澤中至午方霽襲行潦之内蝦蟹甚衆明日余抵洛城自長夏門之北夾道古槐十枝去五六矣門之鴟吻亦失矣余以爲非吉徵也至八月汝州召募軍李逈光等一

千五百人自厲門回掠東都南市焚長夏門而去入蜀自兹諸夏騷蕩矣上天垂戒豈虚也哉

許州長葛令嚴郜衣冠族也立性簡直雖羈束於官署常畜退心咸通中罷任乃於縣西北境上陘山陽置別業良田萬頃桑柘成陰奇花芳草與松竹交錯引泉成沼疏阜爲臺盡登臨之志矣夫人河東裴氏有三女長適滎陽鄭氏次適京兆杜氏幼曰阿珊特端麗姸瑩乙巳歲年十五矣時清明節嚴公令畫室陘山山西岑有鄭大王祠乃於祠内薦酒饌令諸女縱觀日晚方歸降及山之半旋風忽起于道左繚繞諸女塵坌陰晦衆皆驚懼而阿珊獨仆於地色變不能言鬟上失雙金翹乃扶持而歸召巫者視之巫譯神言曰我鄭大王也今聘爾女爲第三子婦其家遽使齎酒餚紙錢令巫者詣祠祈之既至得金翹於神坐上巫者再三請禱神終言不可明日阿珊殞便憑巫言以達所以嚴氏遂令送服玩設禮筵于祠内厥後每有所須必託巫言告其家嚴公夫人卽余室之諸姑也故得其實而傳之

寓簡

寓山沈作喆

揚雄無子明白而王逸少問蜀都帖云聞譙周有孫不知嚴君平司馬相如揚子雲皆有後否似誤問也意者好賢之心欲其有後耶君平相如其後亦不復見可爲之歎息也

國朝舊制御史闕員則命翰林學士與中丞知雜迭舉二人上選用其一治平二年闕監察殿中兩員舉者未上一日内出尚書郎范純仁太常博士吕大防姓名用之二人者一時名臣後皆以道德功業爲賢宰相天下稱之曰汲公曰忠宣　英宗自小官一舉而得之可謂知人也哉

凡改元紀號最忌與前世謚號陵名相犯本朝熙寧崇寧二名乃南朝章后宣后二陵名也亦當時大臣不學之過

元豐改官制新作尚書省車駕臨幸自令僕尚書侍郎以降各分省戸皆命翰林待詔書周官一篇于廳壁蘇子容爲謝表云二朝漢省已叨過輦之恩六典

周官願謹書屏之戒當時稱之

范文正公用士多取氣節而濶畧細故如孫威敏滕達道皆所素厚其爲帥辟置幕客多取見居謫籍未牽復人或疑之公曰人有才能而無過朝廷自應用之若其實有可用之材不幸陷于吏議深文者不因事起之則遂爲廢人矣故公所舉用各得賢能之士文正公真一世英傑也石林嘗爲予言之

國朝天雄軍豪家芻茭亘野時誘姦人穴官堤爲弊咸平中趙昌言爲守廉知其事未問一日堤潰吏告急昌言命亟取豪家所積給用塞堤自是不敢盗穴

爲姦

程氏之學自有佳處至椎魯不學之人竄迹其中狀類有德者其實土木偶也而盗一時之名東坡譏罵靳侮略無假借人或過之不知東坡之意懼其爲楊墨將率天下之人流爲矯虔庸墮之習也闢之恨不力耳豈過也哉

司馬君實依禮記作深衣冠簪幅巾搢帶去朝服則衣之謂邵堯夫曰先生可衣此乎堯夫曰雍爲今人當服今時衣耳君實嘆其言有理而合于通變之義也近時有士大夫好爲怪服號曰唐妝予謂稽古不至秦漢以上固已淺矣而况于唐乎

戚里高氏子選尚僞公主富貴嚮來僞主敗奪官不得名其家一錢或戲之云向來都尉恰如彌勒下生時此去閑人又到如來喫粥處可一笑也

近世言翰墨之美者多言合作予曾問邵公濟合作何義曰猶俗語當家也

蘇端明平生寢臥時已就枕則安然不復翻動至于終夕劉元城對賓客或晏居雖暗室常端坐畧無欹

仄至于終日二人亦有定力者

用人當以學術器識不當專用文詞之士使其人有德量行實緣飾以文章固爲希世傑出雖無文采而識量操履有公輔之望自不防大用也沾沾儇薄浮華自喜雖有翰墨之功必敗事無疑也

古之仕者如九淵之神龍將以利澤施天下見細德之險微則高舉遠引而去之後世如獸畜耳甘腐穢之食逐之弗去也

予壯歲嘗于坐右書云傍心生當念敗德淫心生當念速死此未能戒定者攝心以其所畏也

處困之極時命未通但可安貧守靜脩身養氣以道自娛一切外事盡當屏絕雖博戲諧謔過從遊觀亦且暫置非省事聊遠悔吝晏坐一室數息寧神隱忍無爲必逢亨會有外事來觸此境界便當猛省極力止之

以飢爲飽如以退爲進乎飢未餒也不及飽耳已飢而食未飽而止極有味且安樂法也

寓簡　八　四

秦檜之既主和議大帥皆罷兵權賜田宅予爲岳侯作謝表有云功狀蔑聞敢遂良田之請謗書狎至猶存息壤之盟會之讀不樂

予嘗客寓樓居樓下市聲喧雜紛若不可耐洗心内聽一二日後寂無所聞蓋與逃空谷者畧無少異以此自悟能從耳根返源則無所往而不靜也聞蓋塵耳

子洗子老矣無田可耕無園可鋤無屋可處大率皆無耳更願于身無病于心無念于人無往還于世無交涉子妻兒無愛戀則亦于死生無凝滯矣天地萬物同歸于無豈不快哉

有故人喜諧謔見人家後房或北里倡女多隱諱年歲往往不肯出二十以上故友戲謂曰汝等亦有減年恩例盡被燒丹學仙道人買去蓋道士多誑誕動輒年數百歲耳

太乙九宮之數雖出緯書乾鑿度而傳于陰陽家者流然其間微隱玄妙之理合於易與黄帝之書不可廢也

寓簡　八　五

神宗皇帝御經筵時方講周官從容問前朝後市何義侍講官以王氏新義對曰朝陽事市陰事故前後之次如此上曰何必論陰陽朝者君子所會市者小人所集義欲向君子而背小人也侍臣皆驚歎蓋上巳鄙厭王氏之學矣

禮記駁雜月令尤甚月令用夏正而車馬衣服之制皆殷之舊也周制朝祀戎獵各以其事而月令乃以四時爲變古者於禘則發爵賜服於嘗則出田邑而月令孟秋乃曰毋封諸侯毋以割地頒於立夏之日

封諸侯周禮龜人上春釁龜謂建寅之月也而月令孟冬命太史釁龜策蓋秦之正月也三代之官有司馬無太尉而月令孟夏命太尉贊傑俊此殆呂不韋賓客之所爲耶

春穐禧二十年新作南門傳皆以謂書不時劉原父曰非也南門者何天子之法門也庫門天子皐門雉門天子應門魯不務公室而僭天子之門制春秋常事不書今特書新作南門者罪魯之僭天子也原父自以爲得春秋之遺旨發先儒之所不及可謂新意

寓簡　六

矣然予觀唐人陸龜蒙所著書有兩觀銘曰兩觀雉門實僭天子然則原父之說龜蒙爲先得之矣龜蒙自以爲留心此道抉摘微旨以南門之說觀之亦信乎有所得也

貢父春秋傳鄭伯克段克之者何戕之也戕之者何殺之也蓋本穀梁之說謂苑者能殺也信此則京城大叔已死於伐鄢之日矣而左氏繼之以太叔出奔共又至於十一年鄭伯入許曰寡人有弟不能和協而使糊其口於四方則是段未嘗死也不知何以云耳目

讀史者但知武紀封禪書爲譏也不知子長贊文帝漢興四十餘載德至盛廩廩鄉改正朔封禪謙讓未成於今而孝武初卽位未有德惠及民便修鬼神之祀公卿草巡禪則爲不仁矣此蓋子長之微意也

漢淮陰侯歸漢漢以爲治粟都尉按秦官有治粟內史高帝因之元年執盾襄爲此官至武帝時始有搜粟都尉以爲軍官耳治粟蓋誤也

孝文時得魏文侯樂工竇公年一百八十矣自言十

寓簡　七

三歲失明父母教之琴能爲雅聲能老不廢忘然則竇公自少鼓琴一百六十餘年而平生未嘗識琴之形也雖日工之專不以別技分其心亦可謂得其妙而忘其粗矣陶元亮蓄素琴無絃玩其質而遺其聲蓋聲形兩忘矣

曹公初作相國府門始布桷榱自往觀之使人題門作活字便去人皆不曉王溥楊修曰門中活闊字也相國嫌門大耳卽少損焉唐相賈耽鎮滑臺鑿八角井以鎮黄河旣成有父老來觀曰大好手但近東近

西近南近北聽闔之曰是言吾井太大也曹公與父老善爲隱語而楊賈能辯之亦奇矣凡門戶之制自有尺寸陰陽而吉凶係焉凡鑿井大不可復小猶斵木然小不可復大也塑像之法目與口先必小小可增也耳鼻先當大大可損也

司馬昭稱阮嗣宗言及玄遠而未嘗評論時事臧否人物可謂至謹世皆以昭爲知嗣宗者非也昭方圖魏惡人之知其微也故爲此語以諷在位使不敢言耳大率姦臣擅國皆深畏天下士議論長短發其機

謀古今一律可監戒也

樂廣善清言能命意而文筆非所優潘岳能爲文而不工於立意太叔廣詞令辨給摯虞不能抗而仲治著書又非季思所及也安仁取彥輔之意爲作讓河南尹表遂成妙製可謂善用所短摯與太叔爭名更相鄙誚可謂不善用所長

安豐芍陂孫叔敖所刱爲南北渠溉田萬頃民因旱歲多侵耕其間雨水溢則盜決之遂失灌溉之利李若谷知壽春下令陂決不得起兵夫獨調瀕陂之民使之完築自是無盜決者此二事正如用兵所謂伐謀攻其所必救者其權智可喜也世之言政術豈虛也哉

近世四六多失文體且類俳而時有可觀劉期立爲其父丞相歸葬謝啓云晚歲牢騷魂竟昭於異域平生精爽夢猶託於故人汪伯彥罷相呂元直當國汪自辯殺陳少陽事呂令汪彥章報啓云方一男子之上書衆知無罪而諸大夫曰可殺公獨何心方 人踰淮而南有銜命出境者執政爲報書云念寇至君

孰與守敢幸偷安而兵交使在其間幾能釋怨如此類可喜者不可槩舉但全篇體格或不稱是耳

傳曰天下有道則庶人不議謂上無邪僻貪暴之政使天下得以私議其非是也而後世之監謗譏人開口論事而壅過以媚主者迺曰有道之世而議論政事非庶人之職也非職而言有罪焉是禁天下之言甚于防川者也不可以不察

義有可與有不可與禮有可受有不可受惟當於禮義之中而已魏沈珍冊行遇風旬日絶糧從桃彪貸

百斛鹽以易粟彪令覆鹽百斛於江中謂使者曰明吾不惜惜所與耳彼以急病告勿與則已矣而惡聲以辱之是爲絶物不仁甚矣晉王修齡在東山貧乏陶範載米一船遺之却去曰王修齡若饑自當就謝仁祖索食不須陶胡奴米彼以善意勿受則已矣而戾氣以訶之是爲傲物無禮甚矣二者皆不當於禮義之中處世接物不當如此

家多偏愛者衰國多孽倖者危人主自聰明而多能者其臣益欺朝混亂而多制者其政益紕官聚斂而

寓簡　八　十

多費者其積益虧兵民窮痺而懷怨者其心必離豐士失職而不容者其志必睽政令苛雹而好殺上下刻急而無仁恩者其福祚必移自古以此亂亡蓋數而莫之知也勿焉其可悲

玉有氣祲玉之病也淺曰氣深曰祲今人不曉乃謂猶葬尸氣所侵曰祲非也自有一種真爲尸氣所侵色澤昏闇者雖極古猶爲不祥物也何貴焉古玉書云耳鄭氏注考工記猶載白珽玉六寸明自炤是也

古今之言地理多謬誤而水名尤恩亂如司馬相如上林賦八川分流相背而異態沇有中辨其妄矣孔安國謂三川皆入震澤底定爲自彭蠡江分爲三以入震澤不知三江距震澤甚遠决無入理而澤之大小决不是以受三江東坡辯其妄矣班孟堅謂滎陽下引河東南爲鴻溝以通宋鄭陳蔡曹衛與濟汝淮泗會于楚夫一鴻溝固不能旁通六國數百里又濟水自從千乘入海安得會于楚鄭當時言關東漕渠從渭水道九百餘里引渭穿渠起長安旁南山至河易漕按渭汭至長安僅三百里固無九百餘里而南

寓簡　八　十一

山至河中間隔灞滻數大川固無緣山成渠之理劉貢父辯其妄矣如此類極多而酈道元水經誕妄處十二三也

古人謂事願成而計工曰天誘其衷謂事大謬而謀拙曰天奪其魄然則一切得喪無非天也計謀之工拙天實使之所謂人爲者特偶然耳雖在人事不得不盡要是冥冥中自有主者存焉毋以智巧爲也

凡人一身平日視聽語言飲食未嘗少休也唯鼻與可出入息勞役頗省然其寢寐則耳目口之用皆暫

止而息之出入獨無異于晝

人臣雖得君要須使人主尊敬而憚不可狎也故言聽諫行而不敢忽汲長孺之於漢武帝魏鄭公於唐文皇正如此使其身得以親近而易之則其言亦輕矣宮之奇少長於君君暱之雖諫將不聽已爲敵國所料矣

世人以不如意欲得而失之者爲逆境而子莊子曰得者時也失者順也以失爲順則世間憂患何自而入哉此古之至人也又曰古者謂是懸解而不能自

解者物有結之此正覺所謂當於結心解之一解六亡者是或一道也

支道林說逍遥游至數千言謝東山解漁父至萬餘言嗚呼多乎哉至言妙道一而足矣一猶爲累忘言可矣奚以數千萬言爲哉此與漢之腐儒說若稽古三萬字何異且漁父一篇文理淺俗非莊子書眉山知其妄甚快人意也

竺法深在晉簡文坐劉真長曰道人何自游朱門深曰君自見其朱門貧道如游蓬戶子謂深妄生分別未免于自縛也

王介甫不以劉子政愛君憂國深切爲忠而以楊雄劇秦美新爲善是欲使劉氏以天下予莽而雄之事叛逆爲無罪也可行乎哉

秦熺狀元及第汪彦章以啓賀會之有云三年而奉詔策固南宫進士之所同一舉而首儒科益東閣郎君之未有本意求屬對之工非有意薄之也而熺父子怒以爲輕已彦章自此得罪竄置湖湘至終身不得還近地語言之速咎蓋有無心而致之者可畏也

哉

爲文當存氣質氣質渾圓意到辭達便是天下之至文若華靡淫艷氣質彫喪雖工不足尚矣此理全在心識通明心識不明雖博覽多好無益也古人謂文滅質博溺心者豈特爲儒之病哉亦爲文之弊也

杜子春苦貧遇老人於西市與錢三百萬用盡又與一千萬復盡又與三千萬曰此而不悛貧在膏肓矣園叟張老與韋義方金二十鎰又與一故席帽令於楊州北邸賣藥王老家取錢一千萬李生遇二男令

特枉杖於波斯邸取錢二千萬世間有如許閑錢而貧者求一錢不可得張景藏謂馮元常於相法取錢愈多則官愈進婁師德性自不貪使其取錢必敗盧懷慎雖貴尚貧炎忽復生曰冥司有三十爐日夜爲張說鑄横財我無一焉貧富信有定命也哉

鄴臺瓦皆雜金錫丹砂之屬陶成先大父得其遺瓦完全不毁琢治之爲方研愈薄而益堅縝膩而廉密入墨而宜筆金砂之性猶存故水漬之而不燥眞奇物也世所傳用厚若塼而燥者皆僞物也

唐李嗣眞論右軍書樂毅論太史箴體皆正直有忠臣烈女之像告誓文曹娥碑其容憔悴有孝女順孫之像逍遥篇孤鴈賦跡遠趣高有拔俗抱素之像畫像賛洛神賦姿儀雅麗有矜莊嚴肅之像皆見義于成字予謂以意求之耳當其下筆時未必作意爲之也亦想見其梗槩云耳

或問韓幹畫馬何所師幹曰內廐馬皆吾師也此語甚善夫馬之俶儻權奇化若鬼龍爲反者其精神如電走風馳殆不可以心手形容惟靜觀其天機自然處或有以得其生成駿逸之態若區區求之于筆墨之間所見已無生氣矣九方臯賞其神俊而遺其牝牡玄黄者得此道也

草木之㝡香者如沉水旃檀龍腦蘇合薰陸欝金薝蔔薔薇素馨末利鷄舌之屬皆産於嶺表海南南遷集云雷化已南山多苓苓藿香芬芳襲人動或故里予嘗推其理火盛於南方實能生土土味性苷而臭香其在南方乘火之王得其所養英華發外是以草木皆香此實理性之自然者而前此説香自范蔚宗

以下未嘗有及此也黄帝書言五氣香氣湊脾古人固知之矣楞嚴云純燒沉水無令見火此自佛以來燒香妙方也

戲謔君子所不免然不至於虐則善矣大抵譏誚之語先發者未必切害而報復者往往奇險深酷西晉崔豹嘗詣郡郡將姓陳戲問正熊君去崔杼幾世遠答曰民之去杼如明府之去陳恒可謂敏矣

司馬溫公薨時程頤以臆說斂如封角狀東坡嫉其怪妄因怒詆曰此豈信物一角附上閻羅大王者耶

人以東坡爲戲不知妖亂志所載吳堯卿事已有此語東坡以比程之陋耳坡每不假借程氏誠不堪其遷僻也

貢禹云年老貧窮家貲不滿萬錢妻子糠豆不贍短褐不完犬馬之齒八十一血氣衰竭凡有一子年十二禹自言如此是正七十時始生此子也禹非但不能謀國亦不善養生然猶自恨血氣衰竭

先大父官會稽時儀椽謝某疎儁尚氣好直言而士曹王某者挾勢險傲恨謝不下巳譖於太守將誣按致之深文先大父爲辯白得免猶以公罪罰俸謝至篸廳掀髯自若而士曹者以進奉王黼得賜緋魚同日受命誇炫甚喜因謝曰謝儀像之刑書溥乎云爾謝應聲曰王士曹之章服亦也何如自通守下數十人無不絕倒王慙甚不能出一語聞者莫不快之

碧雞漫志

宋　王灼

或問歌曲所起曰天地始著人生焉人莫不有心此歌曲所以起也舜典曰詩言志歌永言聲依咏律和聲詩序曰在心爲志發言爲詩情動于中而形于言言之不足故嗟嘆之嗟嘆之不足故咏歌之咏歌之不足不知手之舞之足之蹈之樂記曰詩言其志歌咏其聲舞動其容三者本于心然後樂器從之故有心則有詩有詩則有歌有歌則有聲律有聲律則有樂歌咏言卽詩也非于詩外求歌也今先定音節乃製詞從之倒置矣而士大夫又分詩與樂府作兩科古詩或名曰樂府謂詩之可歌也故樂府中有歌有謠有吟有引有行有曲今人于古樂府特指爲詩之流而詞就音始名樂府非古也舜命夔教胄子詩歌聲律率有次第又語禹曰予欲聞六律五聲八音在治忽以出納五言其君臣賡歌九功南風卿雲之歌必聲律隨古者采詩命太師爲樂章祭祀宴射鄉飲皆用之故曰正得失動天地感鬼神莫近于詩先王

以是經夫婦成孝敬厚人倫美教化移風俗詩至于動天地感鬼神移風俗何也正謂播諸樂歌有此效耳然中世亦有因筦絃金石造歌以被之若漢文帝使愼夫人鼓瑟自倚瑟而歌漢魏作三調歌辭終非古法

古人初不定聲律因所感發爲歌而聲律從之唐虞禪代以來是也餘波至西漢末始絶西漢特今之所謂古樂府者漸興晉魏爲盛隋氏取漢以來樂器歌章古調併入清樂餘波至李唐始絶唐中葉雖有古

樂府而播在聲律則尠矣士大夫作者不過以詩一體自名耳蓋隋以來今之所謂曲子者漸興至唐稍盛今則繁聲淫奏殆不可數古歌變爲古樂府古樂府變今曲子其本一也後世風俗益不及古故相懸耳而世之士大夫亦多不如歌詞之變

子語魯太師樂知樂深矣魯太師亦可語此耶古者歌工樂工皆非庸人故摯適齊干適楚繚適蔡缺適秦方入河武入漢襄陽入海孔子錄之八人中其一人見于家語孔子學琴于師襄子襄子曰吾雖以擊磬爲官然能于琴今子于琴已習是也子貢問師襄賜宜何歌荅曰愛者宜歌商温良而能斷者宜歌齊寬而靜柔而正者宜歌頌廣大而靜疏達而信者宜歌大雅恭儉而好禮者宜歌小雅正直而靜廉而謙者宜歌風師乙賤工也學識乃至此人曰歌者上如抗下如墜曲如折止如槁木倨中矩勾中鉤纍乎端如貫珠歌之妙不越此矣今有過鈞容班教坊者問曰其宜何歌必曰汝宜唱由中行曹元寵小令

漢時雅鄭參用而鄭爲多魏平荆州獲漢雅樂古曲音調存者四曰鹿鳴騶虞伐檀文王而李延年之徒以歌被寵復改易音辭止存鹿鳴一曲晉初亦除之又漢代短簫鐃歌樂曲三國特存者有朱鷺艾如張上之回戰城南巫山高將進酒之類凡二十二曲魏吳稱號始各改其十二曲晉興又盡改之獨玄雲釣竿二曲名存而已漢代鞞舞三國能存者有殿前生桂樹五曲其辭則亡漢代胡角摩訶兜勒一曲張騫得自西域李延年因之更造新聲二十八解魏晉時亦亡晉以來新曲頗衆隋初盡歸淸樂至唐武后時

舊曲存者如白雪公莫巴渝白苧子夜團扇懊憹石城莫愁楊叛兒烏夜啼玉樹後庭花等六十三曲唐中葉聲辭有者又止三十七有聲無詞者七今不復見唐歌曲比前世葢多聲行于今辭見于今者皆十二三四代差近爾大抵先世樂府有其名者尚多其義存者十之三其始辭存者十不得一畧其音將無傳勢使然也

石崇以明君曲教其妾綠珠曰我本漢家子將適單于庭昔爲匣中玉今爲糞土英綠珠亦自懊恨歌曰

綠布濕難縫元伊侍孝武飲讌撫絃而歌怨詩曰爲君既不易爲臣良獨難忠信事不顯乃有見疑患周旦佐文武金縢功不刊推心輔王政二叔乃流言熊甫見王敦委任錢鳳將有異圖進說不納因告歸臨與敦別歌曰祖風颸起葢山陵氣霧蔽日玉石焚往事既去有長歎念别惆悵會復難陳安死隴上歌之曰隴上壯士有陳安軀幹雖小腹中寬愛養將士同心肝驦驄文馬鐵鍜鞍七尺大刀奮無端丈八蛇矛左右盤十盪十決無當然戰始三交失蛇矛棄我驦驄竄岩幽爲我外援而懸頭西流之水東流河一去不還復奈何劉曜聞而嘉傷命樂府歌之晉以來歌曲見于史者葢如是耳

劉項皆善作歌西漢諸帝如武宣類能之趙王幽死諸王負死罪臨絕之際曲折深迫廣川王通經好文辭爲諸姬作歌尤奇古而高祖戚夫人燕王旦之容華夫人所歌又不在諸王下葢漢初古俗猶在也東京以來非無作者大槩文采有餘情性不足高歡王壁之後士卒死者七萬人慚憤發疾歸使斛律金作

勅勒歌其辭畧曰山蒼蒼天茫茫風吹草低見牛羊歎自和之哀感流涕金不知書能發揮自然之妙如此當時徐庾輩不能也吾謂西漢後獨勅勒歌暨韓退之古琴操近古

唐時古意亦未全喪竹枝浪淘沙拋毬樂楊柳枝乃詩中絕句而定爲歌曲故李太白清平調詞三章皆絕句元白諸詩亦爲知音者協律作歌白樂天守杭元微之贈云休遣玲瓏唱我詩我詩多是别君辭自注云樂人高玲瓏能歌歌余數十詩樂天亦醉戲諸

妓云席上爭飛使君酒歌中多唱舍人詩又聞歌妓唱前郡守嚴郎中詩云已留舊政布中和又付新詩與艷歌元微之見人詠韓舍人新律詩戲贈云輕新便妓唱凝妙入僧禪沈亞之送人序云故友李賀善撰南北朝樂府古詞其所賦尤多怨鬱悽艷之句誠以蓋古排今使爲詞者莫能偶矣惜乎其終亦不備聲絃唱然唐史稱李賀樂府數十篇雲韶諸工皆合之絃筦又稱李益詩名爲賀相將每一篇成樂工爭以賂來取之被聲歌供奉天子又稱元微之詩往往

播樂府舊史亦稱武元衡工五言詩好事者傳之往往被于管絃又舊說開元中詩人王昌齡高適王渙之詣旗亭飲梨園伶官亦招妓聚燕三人私約曰我輩擅詩名未第甲乙試觀諸伶謳詩分優劣一伶唱昌齡二絕句一伶唱適絕句渙之曰佳妓所唱如非我詩終身不敢與子爭衡不然子等列拜床下須臾妓唱渙之詩渙之揶揄二子曰田舍奴我豈妄哉以此知唐伶妓當時名士詩句入歌曲蓋常事也蜀王衍召嘉王宗壽飲宣華苑命宮人李玉簫歌衍所撰宮詞五代猶有此風今亡矣近世有取陶淵明歸去來李白把酒問月李長吉將進酒大蘇公赤壁前後賦協入聲律此暗合孫吳耳

涼州曲唐史及傳載稱天寶樂曲皆以邊地爲名若涼州甘州之類曲遍聲繁名入破又詔道調法曲與胡部深聲合作明年安祿山反涼伊甘皆陷土蕃史及開元傳信記亦云西涼州歌此曲寧王憲曰音始于宮散于商成于角徵羽斯曲也宮離而不屬商亂而加暴君卑逼下臣僭犯上臣恐一日有播遷之禍

及安史之亂世頗思憲審音而楊妃外傳乃謂上皇居南內夜與妃侍者紅桃歌妃所製涼州詞上因廣其曲今流傳者益加明皇雜錄亦云上初自巴蜀回夜來乘月登樓命妃侍者紅桃歌涼州即妃所製上親御玉笛爲倚聲曲曲罷無不感泣因廣其曲傳于人間予謂皆非也涼州在天寶時已盛行上皇巴蜀回居南內乃謂肅宗那得始廣此曲或曰因妃所製詞而廣其曲者亦詞也則流傳者益加豈亦詞乎舊史及諸家小說謂妃善歌舞邃曉音律不稱善製詞

今妃外傳及明皇雜錄夸誕無實獨帝御玉笛爲倚樓曲因廣之傳流人間似可信但非涼州耳唐始又云其聲本宮調今涼州見于世者凡七宮曲黄鍾宮道調宮無射宮中呂宮南呂宮仙呂宮高宮不知西涼所獻何宮也然七曲宮知其三是唐曲黄鍾道調高宮者是也脞說云西涼州本在正宮正元初康崑崙翻入琵琶玉宸宮調初進在玉宸殿故以名命合衆樂即黄鍾也予謂黄鍾即俗呼正宮崑崙豈能捨正宮外別製黄鍾涼州乎因玉宸殿奏琵琶就易美

名此樂工夸大之常態而脞說便謂翻入琵琶玉宸宮調新史雖取其說止云康崑崙寓其聲于琵琶奏于玉宸殿因號玉宸宮調合諸樂則用黄鍾宮得之矣張祜詩云春風南內百花時道調涼州急遍吹揭手便拈金椀舞上皇驚笑悖拏兒又幽閒鼓吹云元載子伯和勢傾中外福州觀察使寄樂妓數十人使者半歲不得通窺伺門下有琵琶康崑崙出入乃厚遺求通伯和一試盡付崑崙段和上者自製道調涼州崑崙求譜不許以樂之半爲贈乃傳據張祜詩上皇已有此曲而幽閒鼓吹謂段師自製未知孰是白樂天秋夜聽高調涼州詩云樓上金風聲漸緊月中銀字韻初調促張弦柱吹高管一曲涼州入泬寥大呂宮俗呼高宮其商爲高大石其羽爲高般涉所謂高調乃高宮也史及脞說又涼州有大遍小遍非也凡大曲有散序靸排遍攧正攧入破虛催實催滾拍歇拍殺滾始成一曲此謂大遍而涼州排遍予曾見一本有二十四段後世就大曲製詞者類從簡省而管絃家有不肯從首至尾吹彈甚者學不能盡

元微之詩云逡巡大遍梁州徹又云梁大遍最豪嘈史及脞說謂有大遍小遍其誤識此乎

伊州見于世者凡七商曲大石調高大石調雙調小石調歇指調林鍾商越調第不知天寶所製七商中何調耳王建宮詞云側商調裏唱伊州林鍾商今夷則商也管色譜以凡字殺若側商則借尺數字殺

霓裳羽衣曲說者多異予斷之曰西涼創作明皇潤色又爲易美名其他飾以神怪者皆不足信也唐史云河西節度使楊敬述獻凡十二遍白樂天和元微

之霓裳羽衣曲歌云由來能事各有主楊氏創聲君造譜自注云開元中西涼節度使楊敬述造鄭愚津陽門詩注亦稱西涼府都督楊敬述進予又考唐史突厥傳楊敬述白衣撿挍涼州事鄭愚之說是也劉夢得詩云開元天子萬事足惟惜當年光景促三鄉陌上望仙山歸作霓裳羽衣曲李廓霓裳羽衣曲詩云開元太平時萬國賀豐歲梨園進舊曲玉座流新製鳳管迭參差霞裳競搖曳元微之法曲詩云明皇度曲多新態宛轉侵淫易沈著赤白桃李取花名霓

裳羽衣號天樂夫西涼既獻此曲而三人者又謂明皇製作予以為西涼創作明皇潤色也杜佑理道要訣云天寶十三載七月改諸無名中使輔璆琳宣進止令于太常寺刊石内黄鍾商婆羅門曲改為霓裳羽衣曲津陽詩注葉法善引明皇入月宮聞樂歸留寫其半會西涼都督楊敬述進婆羅門聲調脗合遂以月中所聞為散序敬述所進為其腔製霓裳羽衣月宮事荒誕惟西涼進婆羅門曲明皇潤色又為易美名最明白無疑杜牧之華清宮詩月聞仙曲調霓裳作舞衣詩家搜奇入詞非決然信之也又有甚者開元傳信記云帝夢游月宮聞樂記其曲名紫雲回楊妃外傳云上夢仙子十餘輩各執樂器御雲而下一人曰此曲神仙紫雲回今授陛下明皇雜錄及仙傳拾遺云明皇用葉法善術上元夜自上陽宮往西涼州觀燈以鐵如意質酒而還遣使取之不誣幽怪錄云開元正月望帝欲與葉天師觀廣陵俄虹橋起殿前師奏請行但無回顧帝步上高力士樂官數十從頃之到廣陵士女仰望曰仙人現師請令樂官奏

霓裳羽衣曲乃回後廣陵奏上元夜仙人乘雲西來臨孝盛寺奏霓裳曲而去上大悅唐人喜言開元天寶事而荒誕相陵奪如此將使誰信之予以是知其他飾以神怪者皆不足信也王建詩云弟子歌中留一色聽風聽水作霓裳歐陽永叔詩話以不曉聽風聽水為恨蔡絛詩話云出唐人西域記龜茲國王與臣庶知樂者于大山間聽風水聲均節成音後翻入中國如伊州甘州涼州皆自龜茲致此說近之但不及霓裳予謂涼州定從西涼來若伊與甘自龜茲聽

風木造諸曲皆未可知王建金章餘亦見但弟子歌
中留一色恐是指梨園弟子則何豫于龜茲置之勿
論可也按唐史諸家小說楊太眞進見之日奏此曲
導之妃亦善此舞帝嘗以趙飛燕身輕成帝爲置七
寶避風臺偶戲妃曰爾則任吹多少妃曰霓裳一曲
足掩前古而宮妓佩七寶瓔珞舞此曲曲終珠翠可
掃故詩人云貴妃宛轉侍君側體弱不勝珠翠繁冬
雪飄飄錦袍暖春風蕩漾霓裳翻又云朱閣沉沉夜
未央碧雲仙曲舞霓裳一聲玉笛向空盡月滿驪山
碧雞漫志 八 十二
宮漏長又云霓裳一曲千峰上舞破中原始下來又
云漁陽鼙鼓動地來驚破霓裳羽衣曲又云世人莫
重霓裳曲曾致干戈是此中又云雲雨馬嵬飛散後
驪宮無復聽霓裳又云霓裳滿天月粉骨幾春風帝
爲太上皇就養南宮遷于西宮梨園弟子玉琯發音
聞此曲一聲則天顏不怡左右歔欷其後憲宗時每
大宴間作舞文宗時詔太常卿馮定采開元雅樂製
雲韶雅樂及霓裳羽衣曲是時四方大都邑及士大
夫家已多按習而文宗乃令馮定製舞曲者疑曲存

而舞節非舊故就加整頓焉李後主作昭惠后誄云
霓裳羽衣曲經茲喪亂世罕聞者獲其舊譜殘缺頗
甚暇日與后詳定去彼淫繁定其缺墜蓋唐末始不
全蜀檮杌稱三月上巳王衍宴怡神亭衍自執版唱
霓裳羽衣後庭花思越人曲決非開元金章洞微志
述五代時任六郎事亦未足信按明皇改婆羅門爲
霓裳羽衣屬黃鍾商云時號越調即今之越調是也
白樂天嵩陽觀夜奏霓裳詩云開元遺曲自淒涼況
近秋天調是商又知其爲黃鍾商無疑歐陽永叔云
碧雞漫志 八 十三
人間有瀛府獻仙音二曲此其遺聲瀛府屬黃鍾宮
獻仙音小石調了不相干永叔知霓裳羽衣爲法曲
而瀛府獻仙音爲法曲中遺聲今合兩個宮調爲霓
裳羽衣一曲遺聲亦太疏矣筆談云蒲中逍遙樓楣
上有唐人横書類梵字相傳是霓裳譜字訓不通莫
知非是或謂今燕部有獻仙音曲乃其遺聲然霓裳
本謂之道調曲獻仙音乃小調爾又嘉祐雜志云同
州樂工翻河中黃幡綽霓裳譜鈞容樂工士守程以
爲非是則依法曲造成教坊伶人花日新見之題後

云法曲雖精莫近望瀛予謂筆談知獻仙音非是乃指爲道調法曲則無所著見獨理道要訣所載係當時朝旨可信不誣雜志謂同州樂工翻河中黃幡綽譜雖不載何宮調安知非逍遥樓楣上横書耶今并士守程譜皆不傳樂天元和微之霓裳羽衣曲歌云磬簫箏笛遞相攙擊擫吹彈聲邐迤注云凡法曲之初衆樂不齊惟金石絲竹次第發聲霓裳序初亦復如此又云散序六奏未動衣陽臺宿雲慵不飛中序擘騞初入拍秋竹竿裂春冰拆注云散序六遍無拍故不舞中序始有拍亦名拍序又云繁音急節十二遍跳珠撼玉何鏗錚翔鸞舞了却收翅唳鶴曲終長引聲注云霓裳十二遍而曲終凡曲將終皆聲拍促速惟霓裳之末長引一聲筆談云霓裳曲凡十二疊前六疊無拍至第七疊方謂之疊遍自此始有拍而舞筆談沈存中撰沈指霓裳羽衣爲道調法曲則是未嘗見舊譜今所云豈亦得之樂天乎世有般涉調拂霓裳曲因石曼卿所作傳摭遺開元天寶舊事曼卿云本是月宫之音翻作人間之曲近夔帥曾端伯

增損其辭爲勾遣隊口號亦云開寶遺音蓋二公不知此曲自屬黃鍾商而拂霓裳則般涉調也宣和初普州守山東人王平詞學華贍自言得夷則商霓裳羽衣譜取陳鴻白樂天長恨歌傳并樂天寄元微之霓裳羽衣曲歌又雜取唐人小詩長句及明皇太真事終以微之連昌宫詞補綴成曲刻板流傳曲十二段起第四遍第五遍第六遍攧入破虛催袞實催袞歇拍殺袞音律節奏與白氏歌注大異則知唐曲今世決不復見亦可恨也又唐史稱客有以按樂圖示王維者無題識維徐曰此霓裳第三疊最初拍也客未然引工按曲乃信予嘗笑之霓裳第一至第六疊無拍者皆散序故也類音家所行大品安得有拍樂圖必作舞女而霓裳散序亦疊以舞拍故不舞又畫師于器上或吹或彈止能畫一個字諸曲皆有此一字豈獨霓裳唐孔緯拜官教坊優伶求刻市律呼使前索其笛指竅問曰何者是浣溪沙孔籠予諸伶大笑此與畫圖上定曲名何異

甘州世不見今仙呂調有曲破有八聲漫有令而中

呂調有蒙甘州八聲他宮調不見也凡大曲就本宮調轉引序慢近令蓋度曲者飲態若蒙甘州八聲即是用其法于中呂調此例甚廣僞蜀毛文錫有甘州遍顧瓊李珣有倒排甘州顧瓊又有甘州子皆不著宮調

胡渭州明皇雜錄云開元中樂工李龜年兄弟三人皆有才學盛名彭年善舞鶴年龜年能歌製渭州曲待承顧遇唐史吐蕃傳亦云奏涼州胡渭錄要雜曲今小石調胡渭州是也然世所行伊州胡渭州六么皆非大遍全曲

六么一名綠腰一名樂世一名錄要元微之琵琶歌云綠腰散序多攏撚又云管兒還爲彈綠腰綠腰依舊聲迢迢又云逡巡彈得六么徹霜刀破竹無殘節沈亞之歌者葉記云合韻奏綠腰又志盧金蘭墓云爲綠腰玉樹之舞唐史吐蕃傳云奏涼州胡渭錄要雜曲段安節琵琶錄云綠腰本錄要也樂工進曲上令錄其要者白樂天楊柳枝詞云六么水調家家唱白雪梅花處處吹又聽歌六絶句内樂一篇云管急絃繁拍漸稠綠腰宛轉曲終頭誠知樂世聲聲樂老病殘軀未免愁注云樂世一名六么王建宮詞云琵琶先排六么頭故知唐人以腰作么惟樂天與王建耳或云此曲拍無過六字者故曰六么至樂天獨謂之樂世他書不見也青箱雜記云曲有綠腰者錄霓裳羽衣曲之要拍霓裳羽衣曲乃言調與此曲了不相關士大夫論議嘗患講之未詳率然而發事與理交違幸有證之者不過如聚訟耳若無人攻擊後世隨此憒憒或遺禍于天下樂曲不足道也琵琶錄又

云正元中康崑崙琵琶第一手兩市折鬬聲樂崑崙登東綵樓彈新翻羽調綠腰必謂無敵曲罷市西樓上出一女郎抱樂器云我亦彈此曲兼移在楓香調中下撥聲如雷絶妙入神崑崙拜女爲師女郎更衣出乃僧善本俗姓段今六么行于世者曰黄鍾羽即俗呼般涉調曰夾鍾羽即俗呼中呂調曰林鍾羽即俗呼高平調曰夷則羽即俗呼仙呂調皆羽調也崑崙所謂新翻今四曲中一數乎或他羽調乎是未可知也段師所謂楓香調無所著見今四曲中一數乎

或他調乎亦未可知也歐陽永叔云貪看六么花十八此曲内一疊名花十八前後十八拍又四花拍共二十二拍樂家者流所謂花拍葢非正也曲節揚栁可喜舞亦隨之而舞築球六么至花十八益奇

西河長命女崔元範自越州幙府拜侍御史李訥尚書餞于鑑湖命盛小叢歌坐客各賦詩送之又云爲公唱作西湖調日莫偏傷去住人理道要訣長命女在林鍾羽時號平調今俗呼高平調也脞說云張紅紅者大曆初隨父丐食過將軍韋青所居青納爲姬

自傳其藝頴悟絶倫有樂工取西湖長命女加減節奏頗有新聲未進閒先歌于青青令紅紅潛聽以小豆合數記其拍紿云女弟子乆歌此非新曲也隔屏奏之一聲不失樂工大驚青與相見嘆伏不已兼云有一聲不穩今已正矣尋達上聽召入宜春院寵澤隆異宮中號記曲小娘子尋爲才人按此曲起開元以前大曆閒樂工加減節奏紅紅又正一聲而已花間集和凝有長命女曲僞屬李珣顧瓊集亦有之句讀各與然皆今曲子不知孰爲古製林鍾羽幷大曆加減者近世有長命女令前七拍後九拍屬仙呂調宮調句讀並非舊曲又別出大石調西河慢聲犯正平極奇葢西湖長命女本林鍾羽而近世所分二曲在仙呂正平兩調亦羽調也

楊栁枝鑑戒錄栁枝歌亡隋之曲也前輩詩云萬里長江一帶開岸邊楊栁幾千栽錦帆未落干戈起惆悵龍舟去不回又云行樂隋堤事已空萬條猶舞舊春風皆指汴渠事而張祜折楊栁枝云莫折宮前楊栁枝當時曾向笛中吹則知隋有此曲傳至開元樂

府雜錄云白傳作楊栁枝予考樂天晚年與劉夢得唱和此詞白云古歌舊與君休問聽取新翻楊栁枝又作楊栁枝二十韻云樂童翻怨調才子弄妍詞注云洛下新聲也劉夢得云請君莫奏前朝曲聽唱新翻楊栁枝葢後來始變新聲而所謂樂天作楊栁枝者稱其別創詞也今黃鍾商有楊栁枝曲仍是七字四句詩與劉白及五代諸子所製並同但每句下各增三字一句此乃唐時和聲如竹枝漁父今皆有和聲也舊詞多側字起頭第三句亦復側字起聲度差

穩耳

喝馱子洞微志云屯田員外郎馮敢景德三年爲開封府丞撿澇戸田宿史胡店日落忽見三婦人過店前入西畔古佛堂敢料其鬼也携僕王侃詰之延坐飲酒稱二十六舅母者請王侃歌送酒三女側聽十四姨曰何名也侃對曰喝馱子十四姨曰非也此曲單州營妓教頭葛大姐所撰新聲梁祖作四鎮時駐兵魚臺值十月二十一日生日大姐獻之梁祖令李振填詞付後騎唱之以押馬隊因謂之葛六姐及戰得勝因始流傳河北軍中競唱以押馬隊故訛曰喝馱子莊皇入洛亦歌此曲謂左右曰此亦古曲葛氏但更五七聲耳李珣杜瓊樂有鳳臺曲注云俗謂之喝馱子不載何宮調今世道調宮有慢句讀與古不類耳

蘭陵王北齊史及隋唐嘉話稱齊文襄之長子宮封蘭陵王與周師戰嘗著陣圖對敵擊周師金墉城下勇冠三軍武士共歌謡之曰蘭陵王入陣曲今越調蘭陵王凡三段二十四拍或曰遺聲也此曲聲犯正

宮管色用大凡字大一字勾字故亦名大犯又有大石調蘭陵王慢殊非舊曲周齊之際未有前後十六拍慢曲子耳虞美人脞說稱起于項籍虞兮之歌予謂後世以此命名可也曲起于當時非也曾宣子夫人魏氏作虞美人草行有云三軍散盡旌旂倒玉帳佳人坐中老香魂夜逐劒光飛青血化爲原上草芳魂寂寞寄寒枝舊曲聞來似斂眉又云當時遺事久成空慷慨尊前爲誰舞亦有就曲誌其事者世以爲工其詞云帳前草軍情變月下旌旂亂褫衣推枕愴離情遠風吹下楚歌聲正三更撫騅欲上重相顧艶態花無主手中蓮鍔凜秋霜九泉歸去是仙鄉恨茫茫黄載萬追和之壓倒前輩矣其詞云世間離恨何時了不爲英雄少楚歌聲起覇圖休一似水東流蔓葛荒葵城隴暮玉貌知何處至今芳草解婆娑只有當時魂魄未消磨按益州草木記雅州名山縣出虞美人草如雞冠花葉兩相對爲唱虞美人曲應拍而舞他曲則否賈氏談錄褒斜山谷中有虞美人草狀如雞冠大葉相對歌唱虞美人則兩葉如人拊掌之

狀頗中節酉陽雜俎云舞草出三雅獨莖三葉葉如决明一葉在莖之端兩葉居莖之半相對人或近之歌及抵掌謳曲葉動如舞益州方物圖贊改虞作娛云今世所傳虞美人曲下音俚調非楚虞姬作意其草纖柔爲歌氣所動故其莖至小者或若動揺美人以爲妙耳筆談云高郵桑景舒性知音舊聞虞美人草逢人作虞美人曲枝葉皆動他曲不然試之如所傳詳其曲皆吳音也他日取琴試用吳音製一曲對草鼓之枝葉皆動乃因曰虞美人操其聲調與舊曲

始末不相近而草輒應之者律法同管也今盛行江湖間人亦莫知其如何爲具吳東齋記事云虞美人草唱他曲亦動傳者過矣予攷六家說各有異聞方物圖贊最穿鑿無所稽據舊曲固非虞姬作若謂下音俚調嘻其甚矣亦聞蜀中數處有此草予皆未之見恐種族類則所感歌亦異然舊典三其一屬中呂調其一中呂宮近世轉入黃鍾宮此草應拍而舞應舊曲乎新曲乎桑氏吳音合舊曲乎新曲乎恨無可問者又不知吳草與蜀產有異同否耶

安公子通典及樂府雜錄稱煬帝將幸江都樂工王令言者妙達音律其子彈胡琵琶作安公子曲令言驚問那得此對曰宮中新翻令言流涕曰愼毋從行宮君也宮聲往而不返大駕不復回矣據理道要訣唐時安公子在太簇角今已不傳其見于世者中呂調有近般涉調有令言尾聲皆無所歸宿亦異矣

水調歌理道要訣所載唐樂曲南呂商時號水調予數見唐人說水調各有不同予因疑水調非曲名乃俗呼音調之異名按隋唐嘉話煬帝鑿汴河自制水

調歌非水調中制歌也世以今水調歌爲煬帝自製今曲乃中呂調而唐所謂南宮商則今俗呼中管林鍾商也脞說云水調河傳煬帝將幸江都時所製聲韻悲切帝樂之水調河傳但有去聲此說與安公子事相類蓋水調中河傳也明皇雜錄云祿山犯闕議欲遷幸帝置酒樓上命作樂有進水調歌者曰山川滿目淚沾衣富貴榮華能幾時不見只今汾水上惟有年年秋鴈飛上問誰爲此曲曰李嶠上曰眞才子不終飮而罷此水調中一句七字曲也白樂天聽水

調詩云五言一遍最殷勤調少情多但有因不會當時翻曲意此聲腸斷爲何人䏻説亦云水調第五遍五言調聲最愁苦此水調中一句五字曲又有多遍似是大曲也樂天詩又云時唱一聲新水調謾人道道採菱歌此水調中新腔也南唐近事云元宗留心内寵宴私擊鞠無虚日嘗命樂工楊花飛奏水調詞進酒花飛惟唱南朝天子好風流一句如是數四上悟覆栝賜金帛此又一句七字然旣曰命奏水調詞則是今楊花飛水調撰詞也外史檮杌云王衍泛舟

碧雞漫志　廿四

廵閬中舟子皆衣錦偶自製水調銀漢曲此水調中製銀漢曲也今世所唱中呂調水調歌乃造以俗呼音調異名者曲雖有尾亦各有五言兩句决非樂天所聞之曲河傳唐詞存者二其一屬南呂宮凡前段平韻後仄韻其一乃今怨王孫曲屬無射宮以此知煬帝所制河傳不傳已久然歐陽永叔詞内河傳附越調亦然王孫曲今世河傳乃仙呂調皆非也

萬歲樂唐史云明皇分樂爲二部堂下立奏謂之立部伎堂上坐奏謂之坐部伎六曲而鳥歌萬歲樂居其四鳥歌者武后作也有能入言萬歲因以制樂通典云鳥歌萬歲樂武后所造時宮中養鳥能人言嘗稱萬歲爲樂以象之舞三人衣緋大袖並畫鸜鵒冠作鳥象又云嶺南有鳥似鸜鵒能言名吉了音料異哉武后凶忍之極至聞鳥歌萬歲乃欲集慶厥躬在衆人則欲速死在已身則欲久長世無是理也按理道要訣唐時太簇商樂曲有萬歲樂或曰即鳥歌萬歲樂也又舊唐史元和八年十月汴州劉弘撰聖朝萬歲樂譜三百首以進今黃鍾宮亦有萬歲樂不知起

碧雞漫志　廿五

前曲或後曲

夜半樂唐史云明皇自潞州還京師夜半舉兵誅韋皇后製夜半樂還京樂二曲樂府雜録云明皇自潞州入平内難半夜斬長樂門關領兵入宮後撰夜半樂曲今黃鍾宮有三臺夜半樂中呂調有慢有近拍有序不知何者爲正

何滿子白樂天詩云世傳滿子是人名臨就刑時曲始成一曲四詞歌八疊從頭便是斷腸聲自注云開元中滄州歌者姓名臨刑進此曲以贖死上竟不免

元微之何滿子歌云何滿能歌能宛轉天寶年中嬰刑繫在囹圄間下調哀音歌憤懣梨園弟子奏玄宗一唱承恩羈紲緩便將何滿爲曲名御府新題樂府纂甚矣帝王不可妄有所好也明皇奏音律而罪人遂欲進曲贖死然元白平生交友聞見記問獨紀此事少異盧氏雜說云甘露事後文宗便殿觀牡丹誦舒元輿牡丹賦嘆息泣下命樂適情宮人沈翹翹舞何滿子詞云浮雲蔽白日上曰汝知書邪乃賜金臂環又薛逢何滿子詞云繫馬宮槐老持杯店菊黄故

交今不見流恨滿川光立成四句樂天所謂一曲四詞庶幾是也歌八疊疑有和聲如漁父小秦王之類今詞屬雙調兩段各六句内五句各六字一句七字五代時尹鶚李珣亦同此其他諸公所作往往只一段而六句各六字皆無復有五字者字句既異即知非舊曲樂府雜錄云靈武刺史李靈曜置酒坐客姓駱唱何滿子皆稱妙絶白秀才者曰家有聲奴歌此曲音調不同召至令歌發聲清越殆非常音駱遽問曰莫是宮中胡二字否妓熟視曰君豈梨園駱供奉邪相對泣下皆明皇時人也張祜作孟才人嘆云偶因歌態詠嬌嚬傳唱宮中十二春却爲一聲何滿子下泉須弔孟才人其序稱武宗疾篤孟才人以笙歌獲寵者密侍左右上目之曰吾當不諱爾何爲哉指笙囊泣曰請以此就縊上憫然復曰妾嘗藝歌願對上歌一曲以泄憤許之乃歌一聲何滿子氣亟立殞上令醫候之曰肌尚温而腸已絶上崩將徙柩舉之愈重議者曰非候才人乎命其櫬至乃舉祐有宮詞云故國三千里深宮二十年一聲何滿子雙袖落君

前其詳不得而聞也

凌波神開元天寶遺事云帝在東都夢一女子高髻廣裳拜而言曰妾凌波池中龍女久護宮苑陛下知音乞賜一曲帝爲作凌波曲奏之池上神出波間楊妃外傳云上夢艷女梳交心髻大袖寬衣曰妾是陛下凌波池中龍女衛宮護駕實有功陛下洞曉鈞天之音乞賜一曲夢中爲鼓胡琴作凌波曲後于凌波池奏新曲池中波濤湧起有神女出池心乃夢中所見女子因立廟地上歲祀之明皇雜錄云女伶謝阿

蠻善舞凌波曲出入宮中及諸姨宅妃子待之甚厚
賜金粟粧臂環按理道要訣天寶諸樂曲多有凌波
神二曲其一在林鍾宮云時號道調宮然今之林鍾
宮即時號南呂宮而道調宮即古之仲呂宮也其一
在南呂商云時號水調今南呂商則俗呼中管林鍾
商也皆不傳問諸樂工云舊見凌波曲譜不記何宮
調也世傳用之歌吹能招來鬼神因是又感豈以龍
女見形之故相承爲能招來鬼神乎
荔枝香唐史禮樂志云帝幸驪山楊貴妃生日命小

部張樂長生殿奏新曲未有名會南方進荔枝因名
曰荔枝香脞說云太眞妃好食荔枝每歲忠州置急
遞上進五日至都天寶四年夏荔枝滋甚比開籠時
香滿一室供奉李龜年撰此曲進之宣賜甚厚楊妃
外傳云明皇在驪山命小部音樂于長生殿奏新曲
未有名會南海進荔枝因名荔枝香三說雖小異要
是明皇時曲然史及楊妃外傳皆謂帝在驪山故杜
牧之華清絕句云長安回望綉成堆山頂千門次第
開一騎紅塵妃子笑無人知道荔枝來遯齋閑覽非
之曰明皇每歲十月幸驪山至春乃還未嘗用六月
詞意雖好而失事實今歌拍大石調皆有近拍不知
何者爲本曲
河濫堆中朝故事云驪山多飛禽名河濫堆明皇御
玉笛採其聲翻爲曲子名左右皆傳唱之播于遠近
人競以笛效吹故張祜詩云紅樹蕭蕭閣半開玉皇
曾幸此宮來至今風俗驪山下村笛猶吹河濫堆賀
方回朝天子曲云待月上潮平波艷艷塞管孤吹新
河濫即謂河濫堆江湖尚有此聲予未之聞也嘗以

問老樂工云屬夾鍾商按理道要訣天寶諸樂名堆
作追屬黃鍾羽夾鍾商呼雙調而黃鍾羽則俗呼般
涉調然理道要訣稱黃鍾羽時號黃鍾商調皆不可
曉也
念奴嬌元微之連昌宮辭云力士傳呼覓念奴念奴
潛伴諸郎宿自注云念奴天寶中名倡善歌每歲樓
下酺宴萬衆喧溢嚴安之韋黃裳輩闢易不能禁中
樂爲之罷奏明皇遣高力士大呼樓上曰欲遣念奴
唱歌使二十五郎吹小管逐看能聽否皆悄然奉詔

歲幸温湯時廵東洛有司漕遣從行而已天寶遺事云念奴有色善歌宫妓中第一帝甞曰此女眼色媚人又云念奴每執板當席聲出朝霞之上令太后調念奴嬌世以爲天寶間所製曲予固疑之然唐中葉漸有今體慢曲子而近世有慎連昌辭入此曲者後復轉此曲入道調宫又轉入高宫大石調

清平樂松窻錄云開元中禁中初重木芍藥得四本紅紫淺紅通白繁開上乗照夜白太真妃以歩輦從李龜年手捧檀板押衆樂前將歌之上曰焉用舊詞

爲命龜年宣翰林學士李白立進清平調詞三章上命梨園弟子約格調撫絲竹促龜年歌太真妃笑領歌意甚厚張君房脞說指此清平樂曲按明皇宣白進清平調乃是令白于清平調中製詞蓋古樂取聲律高下合爲三曰清調平調側調此謂三調明皇止令就擇上兩調偶不樂側調故也况白詞七字絶句與今曲不類而尊前集亦載此三絶句止目曰清平調然唐人不深攷妄指此三絶句耳此曲在越調唐至今盛行今世又有黄鍾宫黄鍾商兩音者歐陽炯稱白有應制清平樂四首往往是也

雨淋鈴明皇雜錄及楊妃外傳云帝幸蜀初入斜谷霖雨彌日棧道中聞鈴聲帝方悼念貴妃采其聲爲雨霖鈴曲以寄恨時梨園弟子惟張野狐一人善篳篥因吹之遂傳乎世予攷史及諸家說明皇自陳倉入散關出河池初不由斜谷路今劍州梓潼縣地名上亭有古今詩刻記明皇聞鈴之地庶幾是也羅隱詩云細雨霏微宿上亭雨中因感雨淋鈴貴爲天子猶魂斷窮著荷衣好涕零劍水多端何處去巴猿無

賴不堪聽少年辛苦今飄蕩深媿先生教聚螢世傳明皇宿上亭雨中聞牛鐸聲悵然而起問黄幡綽作何語曰謂陛下特郎當特郎當俗稱不整治也明皇一笑遂作此曲楊妃外傳又載上皇還京後復幸華清侍宫嬪御多非舊于望京樓下命張野狐奏雨淋鈴曲上回顧悽然自是聖懷耿耿但吟刻木牽絲作老翁雞皮鶴髮與眞同須臾弄罷寂無事還似人生一世中杜牧之詩云行雲不下朝元閣一曲淋鈴淚數行張祜詩云雨淋鈴夜却歸秦猶是張徽一曲新

長說上皇和淚教月明南内更無人張徽卽張野狐也或謂祜詩言上皇出蜀時曲與明皇雜錄楊妃外傳不同祜意明皇入蜀時作此曲至兩淋鈴夜却又歸秦猶是張野狐向來新曲非異說也元微之琵琶歌云淚垂捍撥朱絃濕水泉嗚咽流鸎澁因兹倚作雨淋鈴風雨蕭條鬼神泣雙調雨淋鈴慢頗極哀怨

其本曲遺聲春光好羯鼓錄云明皇尤愛羯鼓玉笛云八音之領袖時春雨始晴景色明麗帝曰對此豈可不爲判斷命取羯鼓臨軒縱擊曲名春光好回顧

柳杏皆已微折上曰此一事不喚我作天工乎今夾鍾宫春光好唐以來多有此曲或曰夾鍾宫屬二月之律明皇依月用律故能判斷如神予曰二月柳杏折久矣此必正月用二月律催之也春光好近世或易名愁倚闌

菩薩蠻南部新書及杜陽編云大中初女蠻國入貢危髻金冠纓絡被體號菩薩蠻隊遂製此曲當時倡優李可及作菩薩隊舞文士亦往往聲其詞大中乃宣宗紀號也北夢瑣言云宣宗愛唱菩薩蠻詞令狐相國假温飛卿新撰密進之戒以勿泄而遽言于人由是疎之温詞十四首載花間集今曲是也李可及所製蓋止此則其舞隊不過如近世傳踏之類耳

望江南樂府雜錄云李衛公爲亡妓謝秋娘撰望江南亦云夢江南白樂天作憶江南三首第一江南好第二第三江南憶自注云此曲亦名謝秋娘每首五句予考此曲自唐至今皆南宫字句亦同止是今曲兩段蓋近世曲子無單遍者然衛公爲秋娘作此曲已出兩名樂天又名以憶江南又名以謝秋娘近世

又取樂天首句名以江南好

麥秀兩岐文酒清話云唐封舜臣性輕佻德宗時使湖南道經金州守張樂燕之執盃索麥秀兩岐曲樂工不能封謂樂工曰汝山民亦合聞大朝音律守爲杖樂工復行酒封又索此曲樂工前乞侍郎舉一遍封爲唱徹發已盡記于是終席動此曲封既行守密寫曲譜言封燕席事郵筒中送與潭州牧封至潭牧亦能樂燕之倡優作襤褸數婦人抱男女筐筥歌麥秀兩岐之詞叙其拾麥勤苦之由封面如死灰歸過

全州不復言矣今世傳麥秀兩岐今在黄鍾宫唐尊前集載和凝一曲與今曲不同

文漵子盧氏雜記云文宗善吹小管僧文漵爲入内大德得罪流之弟子收入院中藏入家具猶作師講聲上采其聲製曲曰文漵子予考資治通鑑敬宗寶曆二年六月己卯幸于興福寺觀沙門文漵俗講敬文相繼年祀極近豈有二文漵哉至所謂俗講則不曉其意此僧以俗談侮聖言誘聚群小至使人主臨觀爲一笑之樂死尚晚也今黄鍾宫大石調林鍾商

歌拍調皆有十拍令未知孰是而漵字或悮作序緒

後庭花南史云陳後主每引賓客對張貴妃等游宴使諸貴人及女學士與狎客共賦新詩相贈荅采其尤艷麗者爲曲調其曲有玉樹後庭花通典云玉樹後庭花堂堂黄鸝留金釵兩臂垂並陳后主造恒與宫女學士及朝臣相唱和爲詩時太宗令何胥採其尤輕艷者爲此曲予因知后主詩皆以配聲律遂取一句爲曲名故前輩詩云玉樹歌殘王氣終景陽鍾動曉樓空又云後庭花一曲幽怨不堪聽又云萬戶千門成野草只緣一曲後庭花又云綵牋曾襞欺江總綺閣塵銷玉樹空商女不知亡國恨隔江猶唱後庭花又云玉樹歌闌海雲黑花庭忽作青蕪國又云後庭餘唱落船窗又云後庭新聲笑樵牧又云不知郎入宫前井猶自聽吹玉樹花吳蜀雞冠花有一種小者高不過五六寸或紅或淺紅或白或淺白目曰後庭花又按國史纂異雲陽縣多漢離宫故地有樹似槐而葉細土人謂之玉樹揚雄甘泉賦玉樹青葱左思以爲假稱珍怪者寔非也似之而已予謂雲陽

既有玉樹即甘泉賦中未必假稱陳后主玉樹後庭花或者以是兩曲謂詩家或稱玉樹或稱後庭花少有連稱者僞蜀時孫光憲毛熈震李珣有後庭花曲皆賦后主故事不著宫調兩段各四句似令也今曲在兩段各六句亦令也

鹽角兒嘉祐雜志云梅聖俞說始教坊家人市鹽于紙角中得一曲譜翻之遂以名令雙調鹽角兒令是也歐陽永叔常制詞

此卷考核援引最詳雅可與段安節樂府雜錄並

傳爲詞林佳話

晁氏客語

宋　晁迥

顏淵問仁孔子告之以禮仁與禮果異乎

陳平令周勃先入北軍亦不是推讓功能底人只是占便宜令周勃先試難也

人之所夸與所仰慕皆不出本等唐杜牧詰僧僧不識人言其名亦不省故詩云家住城南杜曲傍兩枝仙桂一時芳山僧都不知名姓始覺空門興味長因爲之語云毁譽但能驕本等利害但能動適用

王荆公教元澤求門賓須博學善士或謂發蒙恐不必然公曰先入者爲之主予由是悟未嘗講學改易者幼年先入者也

韓魏公門人有擊關夜出者關吏不得其賂詰旦以鏁損訐于公公曰鏁不堪用付市買修來

凡財用于國則奢于家則儉人之病也識者謂韓魏公用家貲如國用謂不吝也曾魯公惜官物如已物謂誠儉也

王荆公著書立言必以堯舜三代爲則而東坡所言

但較量漢唐而已觀其所爲又全不相似

名利皆不可好也然好名者比之好利者差勝好名則有所不爲好利則無所不爲也

張乖崖戲語云功業向上攀官職直下覷似爲專意于卜數者言也

有志于道德功名不足論也有志于功名富貴不足論也有志于富貴則其與功名背馳亦遠矣

書有意異而語相似者有意相似而語異者如樂而不淫哀而不傷語相似而意異者也足食足兵民信

晁氏客語　二

之矣語異而意同者也

王平甫謂荆公長于議古而短于議今工于知巳而拙于知人

嘗有文投文正文正旣愛且歎兗夫問之文正曰此人不宜早達是把孟子做不識字人看底人

鄒至完云以愛巳之心愛人則仁不可勝用矣以惡人之心惡巳則義不可勝用矣

陳襄述古云人之所學不可爲人所容爲人所容則下矣

楊中立云人要爲善須先明善始得

陳并巨中勸學文云凡不可與父兄師友道者不可爲也凡不可與父兄師友爲者不可道也

哲廟時劉器之論宮人除邪或云九重之中安有邪物荅云心乎不得其正邪物得而窺之何間九重

呂原明元祐間侍講大雪不罷講講孟子有感哲廟一笑喜爲二絶云水晶宮殿玉花零點綴宮槐臥素屏特勑下簾延墨客不因風雪廢談經其二曰强記師承道古先無窮新意出陳編一言有補天顔動全

晁氏客語　三

勝三軍賀凱還

原明初作侍講劄子陳所學畧云人君之學不在于遍讀雜書多知小事在于正心誠意少私寡欲

至完雖遇冗劇事處之常優游因論易曰常雜而不厭若雜而厭非所以爲常

韓治與同僚處一日有卒悍厲衆皆怒之唯韓不顧疑如平時徐言曰無忿疾于頑惟頑能致人忿故也人謂其有家學蓋魏公之後

釋氏謂火行爲變化性如甘草遇火則熱油麻入火

則冷甘蔗煎爲沙糖則熱水成湯則冷

陰符經謂禽之制在氣王𣅀云玄龜食蟒飛鼠斷後狼𤢺嚙鶴青要食虎此皆以小制大言在氣不在形也

無爲爲道有爲爲事是道常無用也

趙栝言兵事父不能難然不謂善而卒知其敗阮瞻執無鬼論鬼爲之屈至變異形以信之事固有其理昭然而横辯之勝不可折者人皆以辯勝者爲然今易論知言也

呂正叔十八歲已能看春秋人問之曰以經按傳之眞僞以傳質經之是非

古人顧是非不論利害顧利害者古人所耻今人并利害亦不顧責名不責實者古人所耻今人名亦不責

出門如見大賓使民如承大祭未出門未使民時當如何中立曰對境不動難

原明荅問秀老云譽之者過其實毀之者失其眞要之亦法門之猛將也

原明謂六經藥方也史傳是人之服藥之効也

韓師朴拜相誥詞云使天下皆知忠獻之有子則狀亦可謂得人

荆公凡處事必要經據托人賣金零賣了銖兩不足甚怒元澤曰銖銖而較之至兩必差遂解

止駡所以助駡助駡所以止駡也

荆公謂呂晦叔曰漢元晚節劉向數上疏切諫疑犯分也晦叔曰有貴戚之卿

荆公論舜納于大麓何義晦叔曰薦之于天周室班

爵祿諸侯惡其害已也而皆去其籍故司祿之官闕焉

子産惠人也云惟有德者能以寬服人其次莫如猛善自修其短也

狄仁傑一言而全人之社稷頡考叔一言而全人之母子晏子一言而省刑

韓文公詩號狀體謂鋪敘而無含畜也若雖近不褻狎雖遠不背戾該于理多矣

造意者常居尊與貴作事者常居卑與賤造意速作

事遲以事之遲副意之速常不及故在上者不可以意之速責事之遲

造玉清昭應宮牒州郡供木丁晉公自作公文云不得將皮補曲削凸見心

蔡君謨知開封府事日不下數千每有日限事揀三兩件記之至其日問人不測如神

易動而無形者驚也過則虛矣寵辱如之故曰寵辱若驚

有微情者如一件事說輕重便別

人心動時言語相感

言順而理不可屈

君之視臣如土芥則臣視君如國人此爲君而言也非爲臣者所以責君父子之間不責善此爲父而言也非爲子者所以責父

尋常心氣如入官印了疑未入又復看本老云做官放子細何妨

程明道發語皆可錄受知神廟神廟問張載邢恕所學奏云張載臣所畏邢恕從臣游

伊川謂明道曰吾兄弟近日說話太多明道曰使見呂晦叔則不得不少見司馬君實則不得不多

永叔曰凡處事但自家踏得田地穩一任閒言語

罪謂之業蓋人之所爲未免于罪也易吉凶與民同患未能無利害吉凶也易之吉者未至于無悔言無悔者六而已

唐書不書詔列姦臣于夷狄後

神廟問陸農師疏布以冪八尊畫布以冪六彝何以別疏布對云疏取其氣達非密布也何洵直云疏勺可以不密乎

元祐間議祫祭子瞻云何以明之詩云昊天有成命郊祀天地也劉器之云不然此一篇祀天亦用祀地亦用至如潛季冬薦魚春薦鮪豈一時

射人先射馬擒寇先擒王用兵之法也

道非忽遠可言坐而論道則神閑意定

凡世間一切好惡甘苦事把來做喫飯着衣安排本分合做看便無事稍有厭惡心更無是處

一切有爲法真如性上顯現種種差別境界違順美

惡皆是一體改頭換面了出來學者如今無可添只有可減減得盡便無事

子中云知道易勿言難知道而言之尚與道爲二不言則與之爲一矣幾叟云有勿言心去道愈遠矣

論理論已之所當爲須從根本論論事論古人之所爲須就事勢上論

有諸中必施于事乃爲善誠甫曰君子存其在我者物來斯應何必尋事做存其在我應物而未嘗誤乃爲善也

仲尼多愛愛義子長多愛愛奇

虞師上殿神廟問洛河何以不凍奏云臣聞之有礜石焉礜石之力比鍾乳十倍

好作爲者多計慮而久諳歷者若無謀知艱難者必辯微而漫不省事者能耳順

曲禮曰毋不敬母不敬則焉有傲欲傲不可長欲不可從疑注疏之言非經也

蔡君謨守福州上元日令民家一家點燈七盞陳烈作大燈長丈餘大書云富家一盞燈太倉一粒粟貧家一盞燈父子相對哭風流太守知不知猶恨笙歌無妙曲君謨見之還輿罷燈

人生而静天之性也感物而動性之欲也

范文正有言作官公罪不可無私罪不可有

出無謂之言行不必爲之事不如其已

以簡傲爲高以諂諛爲禮以刻薄爲聰明以闒茸爲寛大胥失之矣

越人按圖而言燕遇燕人則北矣豈若知燕而不言者耶讀崔氏砟庖而謂能精于飲饌豈若調和適口習熟自然應法問其法則不能言者耶

富人有子不自乳而使人棄其子而乳之貧人有子不得自乳而棄之乳他人之子富人懶行而使人肩輿貧人不得不行而又肩輿人是皆習以爲常而不察者也天下事習以爲常而不察者推此亦多矣而人不以爲異悲夫

問世間名相事理如何得通解云但得本莫求末賢來問却是甚知若自有知却更問甚夫子常似怕人也似人罵也不動打也不動好怯怯地不如人

水土二行各兼信智

師朴入寺歸魏公問所買之物云千三魏公責之曰此俚巷之談非對尊長辭何不云一貫三百

荆公與魏公議事不合曰如此則是俗吏所爲魏公曰公不相知某真一俗吏也使爾多財吾爲爾宰其財最是難事

壽禪師日行一百二十事本老行三之一或問不亦勞乎答曰善念熟

子厚與其叔安仁令書云弊政之後諒煩整葺寬而

不弛猛而不殘待寄居游士以禮而不與之交私一切守法於人情從容此亦吾叔所能辦也

大司徒以保息養萬民六曰安富抑兼并

以有心息念則愈紛擾一寓諸敬則俱無事

多權者害誠好功者害義取名者賊心

墨子之德至矣而君子弗學也以其舍正道而之他也相如太史遷之才至矣而君子弗貴也以其所謂學者非學也

通乎晝夜之道而知晝夜死生之道也知生之道則知死之道盡事人之道則盡事鬼之道死生人鬼一而二二而一者也

學不貴博貴於正而已矣言不貴多貴於當而已矣政不貴詳貴於順而已矣

學爲易知之爲難知之非難也體而得之爲難致曲者就其曲而致之也

吾未見嗇於財而能爲善者也吾未見不誠而能爲善者也

形易則性易性非易也氣使之然也

德盛者言傳文盛者言亦傳

名數之學君子學之而不以爲本也言語有序君子知之而不以爲始也

古之學者爲己其終至於成物今之學者爲物其終至於喪己

杷柳荀子之說也湍水楊子之說也

自夸者近刑自喜者不進自大者道遠

見攝生者而問長生謂之大愚見卜者而問吉凶謂之大惑

中公甕范純夫託山谷草遺表表成不用又嘗託山谷草司馬公休謝起碑樓表稾改正餘數字以示山谷畧無忤色但遜謝而已

東坡好戲謔語言或稍過純夫必戒之東坡每與人戲必祝曰勿令范十三知純夫舊行第十三也

東坡謂范純夫曰公之文可以經世皆不刊之說如某但涉獵爲文耳

元祐中客有見伊川先生者凡案間無他書惟印行唐鑑一部先生謂客曰近方見此書自三代以後無

此議論崇寧初純夫子沖見欒城先生於潁昌欒城曰老來不欲泛觀書近日且看唐鑑

范純夫久在經筵進職青項引疾乞歸蜀章十上得請以待制知梓州翌日丞相奏事簾前太母宣諭曰范侍講求去甚力故勉徇其請昨日孩兒再三留他（謂哲宗）可諭與且爲孩兒留未可求出前降指揮不行於是公不復有請

范純夫每次日當進講是夜講於家群從子弟畢集聽焉講終點湯而退

元祐末純夫數上疏論時事其言尤激切無所顧避文潛少游懇勸以謂不可公意竟不囘其子沖亦因間言之公曰吾出劍門關稱范秀才今復爲一布衣何爲不可其後遠謫多緣此數章也

紹聖初籍定元祐黨止數十人世號精選其後乃泛濫人以得預爲榮而議者不以爲當也劉莘老梁況之終于貶所因尚洙之言朝廷以二公旣没不及再貶故諸子盡廢范純夫以是移化事實不類其子沖亦停官竟不知當時如何行遣也

純夫著作郎兼侍讀謁告省蜀公於許上以手詔撫問蜀公并賜茶藥又遣中使賜純夫銀百兩爲路費自太母垂簾未嘗有此賜也

司馬植云神宗疾大漸太母諭梁惟簡曰令你新婦做一領黄褙子十來歲孩兒着得者不得令人知次日惟簡袖進哲宗卽位柩前衣此褙子也

邵成章云元佑中太母下詔東坡視草云苟有利于社稷子何愛於髮膚純夫云此太母聖語也子瞻直書之

李若谷教一初官云勤謹和緩其人云勤謹和已聞
命矣緩字未諭李云甚事不因忙後錯了
劉器之云富鄭公年八十書座屏云守口如瓶防意
如城
溫公以楊子論性爲近不取孟荀又謂性如地善如
五穀惡如莨莠地豈容只生穀而不生莠耶學者當
除莠養穀耳

涪翁雜說

宋　黃庭堅

蕪人膾鯉方寸切其腴以啗所貴腴魚腹下肥處也
故杜子美詩云偏勸腹腴貴年少
醢人云羞豆之實酏食糝食鄭司農云酏食以酒爲
餅賈公彥云酏粥也以酒酏爲餅若今起膠餅鄭司
農云糝食菜餗蒸賈公彥云若今煮菜謂之蒸菜起
膠餅蓋今炊餅蒸菜蓋今褁鮓耶蜀人凡果蔬皆漬
之醢以爲蒸餗周官醢人云醢人掌丑齊七菹王舉
則供齊菹醢物六千甕齊卽虀也豈蜀人尚有古風
耶

在旁曰帷在上曰幕四合象宮室曰幄坐上承塵曰
帟凡言設大次小次者皆幄也大次在壇壝之外小
次去壇遠矣
凡言貨賄金玉曰貨布帛曰賄貨自然物賄以人功
乃成
水鐘曰澤澤無水曰藪
上於下曰賜下於上曰獻若尊敬前人雖上於下亦

日獻通行曰饋上於下下於上及平敵相與皆可曰饋

大司徒里宰以歲時合耦於耡鄭康成云耡者里宰治處若今街彈之室於此合耦今昆陽城中有漢街彈碑

土訓掌道地圖以詔地事道地慝鄭康成云地慝若瘴蠱然賈公彥云障卽瘴氣出於地也蠱卽蠱毒人所爲也

保氏敎國子六藝三曰五射四曰五馭鄭司農云五射白矢參連剡注襄尺井儀也五馭鳴和鸞逐水曲過君表舞交衢逐禽左賈公彥云白矢者矢在侯而貫侯過見其鏃白參連者前放一矢後三矢相連而去也剡注者謂羽頭高鏃低而去剡剡然襄尺者臣與君射不與君並立襄君一尺而退井儀者四矢貫鏃如井之容鳴和鸞者和者在式鸞者在衡升車則馬動馬動則鸞鳴鸞鳴則和應逐水曲者御者逐水勢之屈曲而不墜水過君表者竭纏旃以爲門間容握驅而繫則不得入舞交衢者御車在交道車旋應於舞節也逐禽左者御驅逆之車驅禽獸使左當人君所射凡君自左射故公彥又云此當先鄭別有所見或以義而言以義而言則不可言別有所見則可又不知公彥何依據如是訓釋也

小宰云聽買賣以質劑司市云以質劑結信而止訟質人云大市以質小事以劑鄭康成云質劑爲兩書一札同同而別之長曰質短曰劑若今下手書賈公彥云漢時下手書若今畫指券豈今細民弃妻手摹者乎不然則今婢券不能書者畫指節及江南田宅

契亦用手摹也

太祝辨九𢷎𢷎卽拜也一曰稽首拜頭至地也二曰頓首拜叩頭至地也三曰空首拜頭至手所謂拜手也唐人書末言謹空盖空首也九曰肅拜但俯下手若今時揖又曰介者不拜左氏云爲事故敢肅使者又曰推手曰揖引手曰撎宋子京別紙多云伏奉手畢南人謂筆爲畢因效之盖以爲手筆耳子京乃謂手簡爾雅簡謂之畢學記曰呻其佔畢

上古之人夜則伏常苦恙蠱食人心故晨興相見輒

相問言得無恙乎
左思蜀都賦云邛竹緣嶺菌桂臨崖旁植龍目側生荔枝故張九齡賦荔枝云雖觀上國之光而被側生之誚老杜亦云側生野岸及江蒲不熟丹宮滿玉壺雲壑布衣鮐背死勞人害馬翠眉須也龍眼惟閩中及南越有之太冲自言十年作賦三都所有皆責土物之貢至於言龍目亦不自知其失也雲壑布衣蓋言臨武長唐羌也

左傳子產曰寡君之二三臣札瘥夭昏大死曰札小疫曰瘥短折曰夭未名曰昏
荀卿云蟹六跪而二螯其實八跪也蓋古人作語詩有省不省耳楊子云蟹蟹郭索後蚓黃泉語約而寡過也
論俗字呼
[illegible]郎假反直音鮓泥不熟也中州人謂蜀人放誕不遵軌轍曰川[illegible]直
孔子於鄉郎恂恂如也漢碑今在者多書𠅤作郎恂恂凡古人書複語則書二字今人或於字下作一點或兩點皆非也
橙橘屬也張兩旁長木也司馬相如上林賦曰黃甘橙楱玉藻曰君入門士介拂橙楱音太蔟之蔟武陵有一種小橘名楱疑卽今之金橘今人書凳丁鄧反爲橙非是
傀儡戲木偶人也或曰當書魁礧葢象古之魁礧之士彷彿其言行也

雲麓漫抄

宋　趙彥衛

唐有三院御史侍御史謂之臺院殿中侍御史謂之殿院監察御史謂之監院太常寺有四院天府院御衣院樂懸院神厨院皆子司耳五代有樞密院鹽鐵院糧料院等品秩亦不高本朝樞密本立禮均二府又有學士院舍人院爲兩制下則糧料審計進奏官告登聞金鼓是爲六院皇子之居謂之某王宮王子則分院世俗目之曰宮院僧寺亦賜名院而院之爲義始不一矣

周禮鼓人以雷鼓鼓神祀靈鼓鼓社祭路鼓鼓鬼享鼖鼓鼓軍事鼛鼓鼓役事晉鼓鼓金奏鄭氏注云雷鼓八面鼓也靈鼓六面鼓也路鼓四面鼓也鼖鼓兩面鼓也鼛鼓晉鼓不言幾面則一面無疑矣故樂府用其說乃作一鼓而八出或六出四出不惟不能考擊所謂兩面者但以兩頭有革者便爲兩面則鼛晉與鼛鼓無別矣陳祥道禮書釋云八面六面四面由言八枚六枚四枚按周禮韗人爲皐陶鼓長八尺鼓四尺中圍加三之一謂之鼖鼓又爲鼛鼓長尋有四尺鼓四尺倨句罄折鄭司農云鼓四尺謂面四尺司農去周不遠其言當有所據不應前後自異則八面六面四面兩面從可知矣皐有罄折之勢而禮家反不以此爲據何耶

唐制起居郎起居舍人在紫宸内閤則夾香案立殿下直第二螭首和墨濡筆皆即坳處時號螭頭所謂螭首者蓋殿陛間壓階石上鐫鑿之飾今僧寺佛殿多有之或云唐殿多於陛之四角出石螭首不應史云殿下第二螭首也

唐三司使有三凡鞫獄以尚書侍郎與御史中丞大理卿爲三司使中葉以後有三司使總戶部鹽鐵度支皇太子監國則詹事左右庶子亦號三司使

故事百官入朝並乘馬政和三年十二月十一日以雪滑特許暫乘車轎不得入宮門侯路通依常自渡江後方乘轎迄今不改

近世行狀墓誌家傳皆出於門生故吏之手往往過實人多喜之率與正史不合如近日蜀本東都故事

趙晉傳與正史迥然如兩人正史幾可廢前輩嘗以鄧氏聞見錄與石林避暑燕居錄等以歲月參之皆不合汪彥章集有題陳文惠公逸事後云文惠陳公相仁祖每内批夜下不過十刻一日夜分有御封至公不啟封來日袖進曰今中宮虛位張貴妃有寵恐夤人附會請正毋儀非陛下本意仁祖首肯曰姑置之貴妃即退冊温成皇后也當時墓碑不敢書公之曾孫袞始錄以示人按李氏長編辨此事云文惠公以景祐四年拜相寶元元年三月罷温成以康定元

年十月自御侍選才人距文惠罷相凡二年餘雖當時已被寵幸不應諫臣便有正位中宮之請汪所見衮說非是實也其它往往類此

漢刺史以八月巡行所部歲盡詣京師奏事不言所處之地唐戴叔倫撫州刺史廳壁記云漢置十三郡刺史以察舉天下非法通籍殿中乘傳奏事居靡定處權不牧人其言必有據又江西節度觀察判官壁記云開元二十年四方都會之州各置採訪使以總覆因按察之任使臣有土自此始也乾元二年天下聚兵罷採訪而加防禦尋代之以專征而討逆伐叛則以節度主之其間復置觀察而悉與三使並唐書載建置領不詳故併記之

唐之舉人先藉當世顯人以姓名達之主司然後以所業投獻踰數日又投謂之温卷如幽怪錄傳奇等皆是也蓋此等文備衆體可以見史才詩筆議論至進士則多以詩爲贄

本朝之文循五代之舊多駢儷之詞楊文公始爲西崑體穆伯長六一先生以古文倡學者宗之王荆公爲新經説文推明義理之學兼莊老之説洎至崇觀

黜史學中興悉有禁專以孔孟爲師淳熙中尚蘇氏文多宏放紹熙尚程氏曰洛學

姓氏後世不復別但曰姓其氏雖史筆亦然按史記帝紀注引春秋左氏無駭卒羽父請謚與族公問族於衆仲對曰天子建德因生以賜姓胙之土而命之氏諸侯以字爲謚因以爲族官有世功則有官族邑亦如之公命以字爲展氏注者云天子賜姓命氏諸侯命族族者氏之別名也姓者所以統繫百世使不別也氏者所以別子孫之所自出解春秋者云因生

以賜姓者謂若舜之嬀禹之姒伯夷之姜是巳胙之土而命之氏者若舜之有虞禹之有夏伯夷之有吕是巳於字則叔牙季友展無駭臧僖伯是巳於謚則文武成宣宋戴惡衛齊悪是巳於官則司馬司徒之類是巳於邑則韓魏趙是巳詳此諸侯旣命於天子爲其公侯則是命之氏諸侯位卑不得賜姓其有以王公及以字爲氏或以官以邑旣無土可分則姓與氏無别注史記者所以有族者姓之别名之語姓者統百世如周姓姬氏所以别子孫如魯衛毛聃邘晋

應韓之分又春秋之時諸侯之子爲大夫則稱公子孫則稱公孫公孫之子與異姓之臣未賜族而身爲大夫則稱名無駭俠之類是也巳賜族而使之世爲大夫則稱族如仲孫叔孫季孫之類是也此諸侯不得命氏而得命族之例也從可知巳若夫易云黄帝尭舜氏作尭舜雖非姓氏旣是天子當一代稱曰尭舜氏義亦通此又不拘姓氏之例也

後漢徐穉孺子傳云家貧常自耕稼非其力不食恭儉禮遜所居服其德屢辟公所不起時陳蕃爲豫章太守以禮請爲功曹穉旣謁而退蕃在郡不接賓客唯穉來特設一榻去則收之及陳蕃傳不書此事却云蕃爲樂安太守郡人周璆高絜之士前後郡守招命莫肯至唯蕃能致焉字而不名特爲置一榻去則收之璆字孟玉臨濟人有美名而司馬温公通鑑亦祇書徐穉事不及周故周璆之名益不顯細考之蓋陳蕃能尊敬賢士爲豫章太守則下徐孺之榻爲樂安太守則下周璆之榻范曄不能發明之耳

漢以司徒司馬司空爲宰相蓋六國時有此三卿漢

採用之但改司馬曰太尉殊不知周制天子六卿大國三卿三卿蓋諸侯之制漢人祇採六國之舊而不知周家天子故事失之矣

尚書至于岱宗柴又柴望大告武成柴雖祭名考之禮焚柴泰壇周禮升烟燔牲首則是祭前焚柴升其烟皆求神之義因爲祭名後世轉文不焚柴而燒香當于迎神之前用爐炭爇之近人多崇什氏蓋西方出香佛氏動輒燒香取其清淨故作法事則焚香誦呪道家亦燒香解穢與吾教極不同今人祀夫子祭

社稷于迎神之後奠幣之前三上香禮家無之郡邑或用之

今人呼洗爲沙鑼又曰厮鑼國朝賜予西夏使人皆用此語究其説軍行不暇持洗以鑼代之又中原人以擊鑼爲篩鑼東南方亦有言之者篩沙音相近篩文爲厮又小轉也書傳目養馬者爲厮以所執之鑼爲洗曰厮鑼軍中以鑼爲洗正如秦漢用刁斗可以警夜又可以炊飯取其便耳

古人多言阿字如秦皇阿房宫漢武阿嬌金屋晉尤

雲麓漫抄　八　七

甚阿戎阿連等語極多唐人號武后爲阿武婆婦人無名第以姓加阿字今之官府婦人供狀皆云阿王阿張蓋是承襲之舊云

本朝有糧料院按韻畧料字平聲解云量也乃是量度每月合支糧食之處作側聲呼非是蓋俚俗以馬食爲馬料誤矣

問人之年若二十則曰弱冠蓋不習句讀將兩句作一句讀了禮曰人生十年曰幼學亦兩句讀論年則幼在禮則當學矣二十曰弱冠年雖幼在禮則當冠矣

唐制縣令闕佐官攝令曰知縣事李翶任工部誌文云攝富平尉知縣事是也今差京官曰知縣差選人曰令與唐異矣又諸道判官資歷未至第曰簽書其軍節度判官廳公事今亦反之

雲麓漫抄　八　八

黄氏筆記

元　黄溍

許由事不見於經故司馬子長楊子雲皆以爲疑或曰堯始讓四岳四岳舉舜乃讓於舜春秋左氏傳云許大岳之後四岳卽許由也按周武王封伯夷之裔孫又叔於許爲四岳之嗣則四岳在唐虞時未嘗封許安得預以爲氏乎大抵莊子多寓言如必欲旁引曲證以實其說所謂子州支父石戶之農者又爲誰乎姑闕其疑可也

鄧名世上進姓氏辯證有兩繆姓謂音穆者爲宋繆公之後音謬者爲秦繆公之後按史記秦本紀前書繆公後書穆公二字蓋通用而秦穆之見於詩書春秋傳皆正作穆未聞穆可讀如謬也繆固有兩音一與謬同秦繆可音謬安知宋繆之不音謬乎古人固有以紕繆之繆爲謚如漢之張勃晉之何曾者若唐皮日休追咎秦伯舍重耳置夷吾而作秦穆公謚繆論乃後世文人出奇立說以寓褒貶云爾非有其實也安可遂以爲據乎漢有謬忌字正作謬又非可與宋秦二君之謚混爲一而忌之名亦辯證所不及辯證之可疑多此類漢翟方進汝南人而謂方進之翟音狄汝南之翟音宅何其自相矛盾也

漢因秦官置御史大夫掌副丞相所居曰府曰寺亦謂之憲臺朱博傳但稱御史府而後人多引博故事稱栢臺烏臺蓋御史有兩丞其一在蘭臺謂之中丞其後大夫廢遂獨存與尚書謁者並爲三臺齊有都水臺隋有司隷臺唐御史臺嘗改憲臺又改肅政臺

而門下爲東臺中書爲西臺祕書爲蘭臺不專以御史所居官署爲臺也若夫所謂大行臺者自魏晉至隋唐皆有之其官有令僕尚書丞郎郎官猶今之行省而所謂外臺者漢以稱三司監院之以稱州郡唐帶御史者宋之監司既不帶御史人以其掌糾察之任亦循習呼之曰外臺云

千字文篇首曰勑周興嗣次韻世言此時未以詔命爲勑當是誤以梁字爲勑也程叅之考古編力辨其非引南史賈希鏡傳勑註郭子既以帝命爲勑而典

嗣傳云勑制寺碑尤可爲證按漢書馮異傳以詔勑戰攻宜秉傳勑賜尚書祿董宣傳勑强項令出然則以詔命爲勑自漢已然泰之特以興嗣傳切近可證而但引南史耳

米元章自署其姓名及所用圖記米或爲芊芾或爲黻黻與芾猶可通用芊乃楚姓米氏自出西域米國故人入中國者因以爲姓唐有回紇米懷玉五代有沙陀米至誠非若樓之與婁邵之與召同所祖也姓固不可改字音之相近者寧可混而一之耶或曰山

谷極稱引初平初起豈皇與黃可混爲一姓乎是不然所謂金華仙伯金華牧羊客者盖言其先金華人耳非指初平初起爲同姓也然他傳記初平初起亦或作黃而山谷則自謂七世以上失其譜於金華之族尚莫適相通盖未嘗以初平與初起混皇黃爲一姓也

俗呼人之婦翁曰嶽丈曰泰山說者以爲泰山有丈人峯故有是稱然古者通謂尊長曰丈人非特婦翁也或又以爲張說因東封而其壻驟遷五品故稱之曰泰山其說尤鑿按漢郊祀志大山川有嶽山小山川有嶽壻山嶽而有壻則嶽可以謂之婦翁矣世俗之稱謂未必不以是又因嶽山而轉爲泰山耳

龔頤正續釋常談最號詳博按酒二字出儀禮注乃遺而弗及盖其所釋者當時南方之常談耳

檠者定弓體之器周禮弓人注音景漢書蘇武注又音巨京反蘇文忠詩云大弨一弛何緣彀已覺翻翻不受檠陸放翁曰檠作平聲押用漢注也燈檠亦謂之檠音與漢注同李義山詩云九枝燈檠夜珠圓漢

地里志朝鮮民飲食以籩豆顏師古曰若今之檠音其敬反韻書檠字注曰有足似几物也義山以檠爲去聲盖本於此又與前二音不同

范元實詩眼曰子瞻少游詞杜鵑聲裏斜陽暮山谷曰既云斜陽又云暮即重出也欲改斜陽爲簾櫳予曰既云孤館閉春寒似無簾櫳山谷曰亭傳雖未必有簾櫳有亦無害予曰此詞本模寫牢落之狀若簾櫳恐損初意山谷曰極難得好字當徐思之寶祐間外舅王君仲芳臨窐至郴陽親見其石刻乃杜鵑聲

褁斜陽樹一時傳錄者以樹字與英宗廟諱同音故易以幕耳蓋其詞一經元祐名公品題雖有知者莫敢改也外舅每爲人言而爲之永慨或曰傳錄者旣以廟諱同音而爲之諱少游安得不諱乎是不然陸放翁引北史齊神武相魏時法曹辛子炎讀署爲樹神武怒其犯諱杖之則二字本不同音今皆諱避則以爲一音矣由是言之則樹字本不必避禮部韻畧諱而不收者失於不考也況當時諸公詩篇中所用樹字不一姑以大蘇集中所載而言則庭下梧桐樹

及樹頭初日掛銅鉦鬧風鷩樹罷琅玕孤城吹角烟樹裏清風欲發鴉翻樹等句作於熙寧元祐紹聖元符間未嘗以爲諱何獨疑少游之不避耶臨邛節詩曰昔在黃子廉彈冠佐名州湯伯記註云三國志黃蓋傳曰南陽太守子廉之後劉潛夫詩話亦云子廉之名僅見蓋傳按後漢尚書令黃香之孫守亮字子廉爲南陽太守註及詩話舉其孫而遺其祖豈弗深考歟子廉乃守亮之字亦非名也

趙與旹賓退錄曰諺謂物多爲無萬數漢成帝紀語也按繹山碑云世無萬數則秦時已有此語矣

漢有兩韓信同爲高祖將兩張禹俱明經兩京房俱治易兩王商皆成帝時由外戚輔政兩桂子夏皆附王氏

北斗垣内星南斗二十八宿之一宿羽流列祠爲二斗非也南斗於次爲星紀在正北人以其見必於南故謂之南斗以別北斗耳若所謂斗覆爲豐年者乃天市垣之斗解星又非此二斗也

兩鈔摘腴　元　史浩

騶虞嚴氏作騶御虞人也非獸也呂氏作獸

左傳水昏正而栽栽築墻之板也

膏沐膏所以膏面沐盎瀋也米汁可以沐頭魯遣展喜以膏沐勞齊師則非專婦人用也今之賜面脂是也

蔦儀云宛然左辟辟者避也蘇氏曰讓氏避者必左也

兩鈔摘腴　一

河麋巧言彼何人斯居河之麋傳曰水草交曰麋李氏曰左傳吾賜汝孟諸之麋

稷雪米雪毛詩傳注先集維霰曰霰稷雪也或謂之米雪謂其粒若稷米然

醻酢醻導飲也欲以醻賓而先自飲以導之此飲觴之初自飲訖進酒于賓乃謂之醻酢報也賓既卒爵洗而酌主人也

中垢柔柔維彼不順征以中垢中垢猶內汙也盎以闉門之事汙蔑之若王鳳之誣毀王商

鶬金載見鞗革有鶬箋曰鶬金飾貌疑今世所謂搶金者以平聲爲去聲呼耳

國語施優謂里克曰主孟啗我注云大夫之妻從夫稱主而孟則里克妻字也

韓詩綽虐顧我顏不懽東坡詩一語遭綽虐失身墜蓬萊

東坡秋馬歌以我兩足爲四蹄聳踊滑汰如鳧鷖

蔗霜即糖霜黄魯直答雍熈長老寄糖霜詩遠寄蔗霜知有味又糖霜譜曰遂寧有糖氷冠于四郡

兩鈔摘腴　二

方言以濡滯不决絶爲絮猶絮之柔韌牽連無邊幅也富韓並相時偶有一事富公疑之久不决韓謂富曰公又絮富變色曰絮是何言也劉夷叔嘗用爲如夢令云休休絮絮我自明朝歸去

雪多作於戊巳日嘗攷丁亥冬雪率多餘近戊子十二月八日巳未雪十八日巳巳夜雪二十七日戊寅夜雪大率丙子戊巳皆雪日也

趙雲洲云凡遇戊午巳未日久必變雨或遇亢壁二宿直日則可免餘宿不能免

今人札云不宣備文選楊修荅臨淄侯牋末曰造次
不能宣備
㲀字出羯鼓錄嵇康琴賦云間遼故音痺絃長故徽
鳴痺者㲀也兩絃之間遠則有㲀故云
山立字禮記玉藻山立時行又樂記總干山立注正
立也
頻煩字三國志費禕以奉使稱旨頻煩至吳杜詩三
顧頻煩天下計
圓夢字出南唐近事馮僎舉進士時有徐文幼能圓
夢

今世呼蒲萄枇杷皆為入聲樂天詩云酒餘送盞推
蓮子燭淚堆盤壘蒲萄又深山老去惜年華况對東
溪野枇杷其音自唐然矣
以煮酒脚塗靈壁石其黑如漆永不脱極妙
元豐間米元章自號鹿門居士其印文曰火正後人
芾印其後並不用之
伯幾云今所謂骨咄犀乃蛇角也以至毒能解毒故
曰蠱毒犀

賈秋壑甲戌寒食嘗作一絶云寒食家家插柳枝留
春春亦不多時人生有酒須當醉青塚兒孫幾箇悲
明年謫死
法令之書其別有四敕令格式也神宗聖訓云禁于
未然之謂敕禁於已然之謂令設于此以待彼至之
謂格設于此使彼效之之謂式
韃靼有拘哥者原係大根脚其家凌替典賣貨物釐
盡獨存征遼日所獲一蒼玉印方四寸上有交螭紐
以敗篋貯之出售欲鈔二定無酬價者偶有言于崔
中丞遂取觀之且摹其文令識篆人辨之其文曰受
命于天既壽永昌攷之乃秦璽于是徑進之主方臣
下進表稱賀

碧湖雜記

宋　謝枋得

東坡老饕賦蓋文章之遊戲耳按左氏縉雲氏有不才子貪于飲食冒於貨賄侵欲崇侈不可盈厭聚斂積實不知紀極不分孤寡不恤窮匱天下之民以比二凶謂之饕餮說文曰貪財爲饕貪食爲餮然則東坡之賦當作老餮爲是

五臣注文選謂陶淵明詩自晉義熙以後皆題甲子後世因仍其說獨治平中虎丘僧思悅編淵明詩辨

其不然其說曰淵明之詩題甲子者始庚子迄丙辰凡十七年皆晉安帝時所作至恭帝元熙二年庚申歲宋始受禪自庚子至庚申蓋二十年豈有宋未受禪前二十年恥事二姓而題甲子之理會裴父艇齋詩話亦信其說然以余考之元興二年桓元篡位晉氏不斷如綫得劉裕而始平改元義熙自此天下大權盡歸劉裕淵明賦歸去來辭實義熙元年也至十四年劉公爲相國恭帝卽位改元元熙至二年庚申禪于宋觀恭帝之言曰桓玄之時晉氏已亡天下重爲劉公所延將二十載今日之事本所甘心詳味此言則劉氏自庚子得政至庚申革命凡二十年淵明自庚子以後題甲子者蓋逆知末流必至於此忠之至義之盡也思悅裴父殆不足以知之

杜詩云坐開桑落酒來把菊花枝按賈思勰齊民要術造酒門有桑落酒神麴酒其名不一又云桑欲落時造黍米酒可得來年造神麴酒春秋二時造者皆得過夏然桑落時作者乃勝于春天有造桑落酒麴法老杜或本諸此所謂桑落酒者恐未必然

杜牧之華清宮詩云雨露偏金穴乾坤入酒鄉許彥周謂如此天下焉得不亂蓋以明皇寵幸妃族賞賚無極君臣終日酣宴所以兆漁陽之變耳余聞東都宣政間禁中有保和殿殿西南廡有玉眞軒軒內有玉華閣卽安妃妝閣也妃姓劉氏入宮進位貴妃林靈素以左道得幸謂上爲長生帝君妃爲九華玉眞安妃每神降必別置妃位畫妃像于其中每祀妃像妃方寢而覺自酒容是時羣臣惟蔡元長最承恩遇嘗賦詩題殿壁曰瓊瑤錯落密成林檜竹交加午有

陰恩許塵凡時縱步不知身在五雲深侍宴于保和殿上令妃見京先有詩曰雅與酒酣添逸興玉真軒内見安妃命京賡補成篇京即題曰保和新殿麗秋暉恩許塵凡到綺闈云云須臾命京入軒但見妃像京又有詩云玉真軒内煖如春只見丹青未見人月裏嫦娥終有恨鑑中姑射未應真已而至閤妃出見京勸酬至再日暮而退且君門九重睡榻之側豈容他人咳唾至令人臣縱步褻飲于其間當時恩幸可從而知矣然則他日之禍殆甚于天寶之季此可爲萬世君臣之戒

劉遺民名程之字仲思遺民其號也曾作柴桑令與淵明同隱淵明有和劉柴桑詩時又有周續之者爲撫州叅軍淵明呼爲周掾亦隱於柴桑時號潯陽三隱

大麥青青小麥枯誰當獲者婦與姑丈夫何在西擊胡吏買馬軍具車請爲諸君鼓龍胡山谷親書此帖乃是漢成帝時童謠也後至元壽中凉州羌寇反抄三輔延及并冀大爲民害命將出師每戰輙負中國益發田卒麥多委棄但有婦女收獲吏買馬軍具車者言調發重也請爲諸君鼓龍胡者不敢公言私相語也

古樂府木蘭詞乃女子代父征戍十年而歸不受封爵故杜牧之有題木蘭廟詩云彎弓征戰作男兒夢裏曾經與畫眉幾度思歸還把酒拂雲堆上祝明妃女子作男兒其事甚怪五代王蜀時有崇嘏者本臨邛女子黄氏蜀相周庠初在臨邛嘏以詩上謁庠稱之薦攝府掾吏事明敏胥吏畏服逾一載欲妻以女嘏以詩辭之曰一辭拾翠碧江涯貧守蓬茅但賦詩

自服藍衫居郡掾永拋鸞鏡畫蛾眉立身卓矣青松操挺志堅然白璧姿幕府若容爲胆腹願天速變作男兒庠大驚召問具述本末乃黄使君之女元未從人惟老嫗同居此事尤怪

今樂府有蘭陵王乃北齊文襄之子長恭一名孝瓘爲蘭陵王邙由之戰長恭爲中軍率五百騎再入周軍遂至金墉之下被圍甚急城上人弗識長恭免胄示之面乃下弩手救之於是大捷武士因歌謠之爲蘭陵王入陣曲是也

西林日記　元　姚燧

魏公詞

韓魏公晚年鎮北都一日病起偶作點絳脣小詞云病起厭厭宴堂花樹添憔悴亂紅飄砌滴盡胭脂淚惆悵前春誰向花前醉愁無際武陵回睇人遠波空翠

温公詞

司馬温公嘗作阮郎歸小詞曰漁舟容易入春山仙家日日閑綺紗窗院朱顏相逢醉夢間松露冷海波殷匆匆正棹還落花寂寂水潺潺重尋此路難

又

楊湜詞話載温公西江月云寶髻鬆鬆梳就鉛華淡淡粧成輕烟翠霧罩娉婷飛絮遊絲未定相見爭如不見有情還似無情笙歌散後酒初醒深院月明人靜

曹修古詩

曹修古立朝最號剛方蹇諤嘗見池上有所似者遂作小詩寓意曰荷葉罩芙蓉圓青嫩映紅佳人南陌上翠葢立春風

唐歌兒詩

唐歌兒詩云頭玉磽磽眉刷翠仕郎生得眞男子骨重神寒天廟器一雙瞳子剪秋水

搜神祕覽

宋　章炳文

元豐二年相州安陽縣民段化目疾失明其子簡屢求醫不驗一夕忽夢神人告之曰與爾此藥可用人髓下之則汝父之目立見光明既悟手中果得藥簡乃㓾在腕槌骨取髓調藥以進立愈相州具奏其事如古之時有爲父母斷指者斷復更生自非至誠安能動天地感鬼神哉似段簡者安知不然哉

西山費孝先善軌格世皆知名有客人王旻因售貨至成都求爲卦孝先曰教住莫住教洗莫洗一石穀擣得三斗米遇明即活遇暗即死再三戒之令誦此數言足矣旻受乃行途中遇大雨憇於屋下路人盈塞乃思曰教住莫住得非此耶遂冒雨行未幾屋顛覆獨得免焉旻之妻已私謂隣比欲講終身之好候旋歸將致毒謀旻既至妻約其私人曰今夕但新浴者乃夫也日欲晡果呼旻洗沐重易巾櫛旻悟曰教洗莫洗得非此邪堅不從婦怒不肯乃自沐夜半反被害旻驚覗罔測遂獨囚繫官府栲訊就獄不能自辨郡守錄伏牘旻悲泣言曰死只死矣但孝先所言終無驗耳左右以是語上達翌日郡守命未得行法呼旻問曰汝隣比何人也曰康七遂遣人捕之殺汝妻者必是人也已而果然因謂寮佐曰一石穀擣得三斗米非康七乎旻既辨雪誠遇明即活之效歟

牧監閒談

蜀　景渙

知卭州事龔頴建溪人也則眞君之遠孫眞君昇天之後渙嘗病且謂龔曰恨蜀中無紫粉獻之龔笑曰非是此物言紫粉則蘇枋樹間自然蟲糞也是渙錯認紫粉十五年矣

元和中成都樂籍薛濤者善篇章足辭辨雖兼風諷敎化之旨亦有題花咏月之才當時乃營妓之中尤物也元稹微之知有薛濤未嘗識面初授監察御史

出使西蜀得與薛濤相見自後元公赴京薛濤歸浣花浣花之人多造十色彩牋于是濤别模新樣小幅松花紙多用題詩因寄獻元公百餘幅元于松花紙上寄贈一篇曰錦江滑膩峨嵋秀化作文君及薛濤言語巧偸鸚鵡舌文章分得鳳凰毛紛紛辭客皆停筆箇箇郎君欲夢刀别後相思隔烟水菖蒲花發五雲高薛嘗好種菖蒲故有是句蜀中松花紙金沙紙襍色流沙紙彩霞金粉龍鳳紙近年皆廢惟十餘年綾紋紙尚在

近年有皇華奉命來至蜀中偶畜一子母胡孫似有靈性一日晴色照人繫于庭樹胡孫方玩其子次忽有鵰飛下搏去其子止于舍上對其母啄其腦食其髓胡孫遥見呼叫淚下三日不食哀鳴不已人皆閔之且解其絆胡孫徑于厨中取肉一片戴于頭上徃中庭坐似有所伺逡巡鵰果至搏其肉胡孫兩手捉住便擒擘其翅急齧其腦食其髓衆人甚爲快意

紫薇雜記

宋　呂祖謙

神宗病甚不能言宣仁謂曰我欲爲汝改其事凡二十餘條神宗皆點頭獨至青苗法再三問終不應熙寧間神宗與二王禁中打毬子止問二王欲賭何物徐王曰臣不別賭物若贏時只告罷了新法

神宗朝蔣堂爲樞密直學士知成都府有狂士何宗韓上堂詩有截斷劍門燒棧閣此中别是一乾坤堂懼遽下宗韓吏繳其詩待罪一日上問政府何宗韓事如何諸公對方欲進呈此本狂生欲諸州編置可也上曰不可如此窮措大爲飢寒迫所致與一不管事官遂授鄧州司士參軍仍賜袍笏

晁伯禹戴之學問精確少見有比嘗作昭陵夫人詩詞云殺翁分我一杯羮龍種由來事杳冥安用生兒作劉季暮年無骨葬昭靈

晁以道詠之西池唱和云旌旗太乙三山外車馬長楊五柞中柳外雕鞍公子醉花前團扇麗人行殆絕唱也

呂氏舊俗母母受嬸房婢拜似受其主母拜也嬸見母母房婢跪即荅拜是母母亦尊尊之義也母母呼嬸房人並斥其名嬸呼母母房稍老成親近者則並以姐稱之諸婢先來即呼後來者名後來者呼爲姐母母于嬸處自稱名或去名不稱新婦嬸于母母處則稱之

老蘇嘗謂學士作文引證事實猶訟事之引證見

說郛目録

弓第二十

巖下放言

宋　葉夢得

字釋

古語多不同或各從其方言亦有造字之初未備假借用之後有正字遂別出如若字訓順未有順字時但言若後有順字故但言順不言若無兂二義而後人必妄分別爾雅訓釋最爲近古世言周公作妄矣其間多是類詩中語而取毛氏說爲正余意此但漢人所作爾

楊雄好奇

楊雄能識字親作訓纂不復見而方言尚存亦不爲無意矣然太玄書用其字奇險多前此所無其有據邪抑雄自爲之也有據當有所見自爲之則正字之外別爲一字乃與其以太玄準易同一法門雄言司馬子長好奇不知已乃好奇之甚者而弗悟也

卒語之辭

楚辭言些沈存中謂梵語薩縛阿三合之音此非是不知梵語何緣得通荆楚之間此正方言各係其山

川風氣所然安可以義攷大抵古文多有卒語之辭如叅斯羽詵詵兮宜爾子孫繩繩兮以兮爲終老子文亦多然毋也天只不諒人只以只爲終狂童之狂也且椒聊且遠條且以且爲終唐棣之華偏其反而俟我於著乎而充耳以素乎而以而爲終旣曰歸止曷又懷止以止爲終無不皆然風俗所習齊不可移之宋鄭不可移之許後世文體旣變不復論其終爲楚辭者類仍用些語已悞更欲窮其義失之遠矣

斛石之辨

名生於實凡物皆然以斛爲石不知起何時自漢以來始見之石本五權之名漢制重百二十斤爲石非量名也以之取民賦祿如二千石之類以穀百二十斤爲斛猶之可也若酒言石酒之多少本不係穀數從其取之醇醨以今准之酒之醇者斛止取七斗或六斗而醨者多至於十五六斗若以穀百二十斤爲斛酒從其權名則當爲酒十五六斗從其量名則斛當穀百八九十斤進退兩無所合是漢酒言石者未嘗有定數也至於麪言斛石麪亦未必正爲麥百二十斤而麥之實又有大小虛實然沿襲至今莫知爲非及弓弩較力言斗言石此乃古法打硾以斤爲別而世反疑之乃知名實何嘗之有以妍爲醜以醜爲妍以美爲惡以惡爲美惟其所稱此亦學道者之一警也

晉古冢碑法

華人發古冢得碑皆有刻字曰晉升平四年三月四日大學博士陳留郡雍丘縣都鄉周闓字道舒妻活晉濟陽太守騭楊男諱蟠字永時皆鐫成文同此周

闓之妻栢逸之女墓也父晉安成太守騭楊男諱蟠者葢闓之父故獨稱諱但不知妻名活何義字畫極分明無訛其中無它物惟得銅銚一三足螭柄面濶四寸餘深半之製作不甚工野人來求售余適得之云上有一石臺高二尺許有花文先爲漢南人取去升平四年至今紹興十六年正七百八十七年自有道觀之殆朝暮爾今吾復居於此未知後七百八十七年來者復誰亦可以一笑也

論種竹

山中有竹數千竿皆余累歲手植初但得數十竿耳一旦觀之既久不覺成林無一處不森茂可喜嘗自戲善種竹無如余者頃過吳江以語王份秀才份云竹殊易種但得肥地盡去瓦礫荊棘深根頻以水沃取糞壤使壅培無不可活不必擇時然取美觀則可如欲爲用不如瘦瘠地磽确非人力所營或崖谷間自生者其質堅實而肉厚斷之如金石以爲椽常竹十歲一易者此倍之吾居前後多竹椽既歸一一驗之無不如其言乃知余三十年種竹初未嘗得眞竹

微份余不聞君子哉若人

與僧論合

常上人來吾聞如來會中阿那律多無目而見難陀龍無耳而聽曉伽神女非鼻聞香驕梵鉢提無舌知味舜若多神無身覺觸此自根塵中來爲復在根塵外若言根塵中來彼自無有誰爲受者若言在外我既無内云誰爲外常子大笑若能解此則老氏言視之不見名曰希摶之不得名曰微猶是落第二義人生十二時要須常體會此一段事勿令冷地有人看見

冥報

余守許昌時洛中方營西内甚急宋昇以押轉運使王之其屬有李寔韓溶二人最用事宮室梁柱闌檻牕牖皆用灰布期既迫竭洛陽内外猪羊牛骨不充用韓溶建議掘漏澤人骨以代昇欣然從之一日李寔暴疾死而還魂具言冥官初追正以灰骨事有數百人訟於庭冥官問狀寔言此非我蓋韓溶忽有吏趨而出有頃復至過寔曰果然君當還然宋押運亦

不免既而冥官所握文字風動其紙尾畧有滅門二字後三日溶有二子尚幼連死其妻哭之哭又三日亦死已而溶亦死昇時已爲殿中監未幾傳昇忽溺不止徑日下數石而斃人始信幽冥之事有不可誣者是時范德孺卒才數月與家語余近有人之鄆州夜過野中見有屋百許間如官府揭其榜曰西證獄問其故曰此范龍圖治西内事也家人必有兆會相符有屬吏往洛余使覆其言於李寔亦然甚哉禍福可不畏乎余素不樂言鬼神幽怪特書此一事示兒

孫以爲當官無所忌憚者之戒

殺降

前史載李廣以殺降終不侯廣何止不侯蓋自不能免其身于公以治獄有陰德大其門閭而責報於天如符契然因果報應之説何必待釋氏而後知也世傳歐希範五臟圖此慶曆間杜杞待制治廣南賊歐希範所作也希範本書生桀黠有智數通曉文法嘗爲攝官乘元昊叛西方有興時度王師必不能及乃與其黨蒙翰嘯聚數千人聲搖湖南朝廷遣楊取討

之不得乃以杞代杞入境即爲招降之説與之通好希範猖獗久亦幸苟免遂從之與翰挾其酋領數十人偕至杞大爲燕犒醉之以酒已乃執於座上翌日盡磔于市且使皆剖腹刳腸因使醫與書人一一探問而成圖云

巴家富詩

李黨學卿大女適巴長卿巴氏貧甚李亦安之嘗戲作詩云誰道巴家窘巴家十倍鄒池中羅水馬庭下列蝸牛燕麥紛無數榆錢散不收夜來添驟富新月掛銀鈎

白紙詩

士人郭暉因寄妻問誤封一白紙去細君得之乃寄一絶云碧紗窗下啓緘封尺紙從頭徹尾空應是仙郎懷別恨憶人全在不言中

來歲狀元賦

祥符中西蜀有二舉人同硯席既得舉貧千索旁郡乃能辦行已迫歲始發鄉里惧引保後時窮日夜以行至劒門張惡子廟號英顯王其靈響震山川過者

必禱焉二子過廟已昏晚大風雪苦寒不可夜行遂禱於神各占其得且祈夢爲信草草就廟廡下席地而寢入夜風雪轉甚忽見廟中燈燭如晝然後有俎甚盛人物紛然往來俄傳道自遠而至聲振西山皆岳瀆貴神也既席賓主勸酧如世人二子大惧已無可奈何潛起伏墻處覘焉酒行一人曰帝命吾儕作來歲狀元賦當議題一神曰以鑄鼎象物爲題既而諸神皆一韻且各刪韻删改商確又久之遂畢朗然誦之曰當召作狀元者魂魄受之二子黙喜私相語

曰此正爲吾二人發迨將曉見神各起致別傳呼出廟而去視廟中寂然如故二子素聰警盡記其賦亟寫於書帙後無一字忘相與拜賜鼓舞而去倍道以行笑語欣然惟恐富貴之逼身至御試二子坐東西廊御題果出鑄鼎象物賦韻脚盡合東廊者下筆思廟所書懵然一字不能上口間關過西廊問之西廊者望見東來者曰御題驗矣我乃不能記欲起問子幸無隱也東廊者曰我正欲問子也於是二子疑曰臨利害之際乃見平生但此神賜而獨私以自用天

其禍爾邪各憤怒不得意草草信筆而出唱名二子皆被黜狀元乃徐奭既見印賣賦二子比廟中所記者無一字異也二子嘆息始悟凡得失皆有假手者遂皆罷筆入山不復事筆硯恨不能記其姓名云

玉澗襍書

宋　葉夢得

陶淵明作形影相贈與神釋之詩自謂世俗惑於惜生故極陳形影苦而釋以神之自然形贈影曰願君取吾言得酒莫苟辭影贈形曰立善有遺愛胡可不自竭形累於養而欲飲影役於名而求善皆惜生之弊也故神釋之曰日醉或能忘將非遐齡具所以辨養之累曰立善常所忻誰當爲我譽所以解名之役雖得之矣然所致意者僅在遐齡與無譽不知飲酒

而壽爲善而皆見知則神亦可汲汲而從之乎似未能盡了也是以及其知不過縱浪大化中不喜亦不懼應盡便須盡無復獨多慮謂之神之自然耳此釋氏所謂斷常見也此公天資超邁真能達生而遺世不但詩人之辭使其聞道更進一關則其言豈止如斯而已乎

陶通明既隱茅山自號華陽隱君復遍游名山每經澗谷必坐卧其間吟咏不已謂門人曰吾見朱門廣厦雖識其華樂而無欲往之心望高巖瞰大澤知難

久止自常欲就之永明中求祿得輒差舛不爾豈得今日之事乎通明仕齊本爲諸王侍讀永明十年脫朝服掛神虎門上表辭祿而去自淵明以來誠未有其比也梁武受禪雖屢聘不至然猶援引圖讖合爲梁瑞以獻或者譏之吾謂通明本自曉曆數符讖者此乃素學未必有意附會讀詩苑英華載其答武帝問山中何所有一詩云山中何所有嶺上多白雲只可自怡悅不堪持贈君此事本傳不記吾山朱氏子作小閣於石橋之下與西山相面景物極幽遠一日往過之朱求閣名因爲談通明本末遂以怡雲名之云

陶隱居好聽松聲所居庭院皆種松每聞其響欣然爲樂吾玉澗道傍古松皆合抱每微風驟至清聲琅然萬壑皆應若中音節或中夜達旦意亦喜之謝靈運云何必絲與竹山水有清音山水之音何但與絲竹爭美便作鈞天之樂有何不可晉人好爲人作題目李元禮曰謖謖如勁松下風劉眞長亦云人言王荆產佳此想長松下當有清風耳荆產王微小字也微自非元禮之比然蕭瑟幽遠飄拂虛谷之間自是王微風度而力排雲雨撼摩半空此非元禮誰可比擬山居常患無勝士往來每行松間時作此想便覺二人相去不遠

吾山有竹數萬本初多手自移今所在森然成林有筀竹斤竹哺鷄竹斑竹紫竹數十種畧備而筀筍最可食今歲自春不雨累月筍類不出顧頗念之四月初一日雨踰旬忽裂地迸出如拔亟取供庖而園人靳之甚請留以俟再出問其故曰筍惟初出者盡成竹次出者多爲虫所傷十不得五六乃悟老杜詩爪須辰日種竹要上番成之意遂忻然許之王子猷問人有竹徑造不問主人雖爲脫畧無所繫然有時而還則娛悅亦無幾李衞公童子寺竹日使人報平安不惟不得見將不免累其胸中正使無恙亦何所補此竹吾所已有但自守之日往來其間所得過二子遠也

唐以前人和詩初無用同韻者直是先後相繼作耳頊看類文見梁武同王筠和太子懺悔詩云仍取筠

韻葢同用攺字十韻也詩人以來始見有此體筠後又取所餘未用者十韻別爲一篇所謂聖智比三明帝德光四表者此次頗新巧古詩之工初不在韻上葢欲自出奇後遂爲格乃知史於諸文士中獨言筠善押强韻以此

詩本觸物寓興吟咏情性但能輸寫胸中所欲言無有不佳而世多役於組織雕鏤故語言雖工而淡然無味與人意了不相關嘗觀陶淵明告儼等疏云少學琴書偶愛閒靜開卷有得便忻然忘食見樹木交

蔭時鳥變聲亦復懽然有喜嘗言五六月中北窻下卧遇涼風至自謂羲皇上人此皆其平生眞意及讀其詩所謂孟夏草木長繞屋樹扶疎衆鳥欣有托吾亦愛吾廬旣耕亦已種時還讀我書又微雨從東來好風與之俱直是傾倒所有備書於手初不自知爲語言文字也此其所以不可及誰無三間屋夏月飽睡讀書藉木蔭聽鳥聲而惟淵明獨知爲至樂則知世間好事人所均有而不能自受用者何可勝數吾今歲闢東軒自伐林間大竹爲小榻一夫負之可趨擇美木佳處即曲肱跂足而卧殆未覺有暑氣不知與淵明所享孰多少但恨無此詩耳

阮瞻對王衍將無同三語人多不曉此直言無同耳將乃晉人發語之辭如陶淵明詩將非遐齡具謝靈運云將不畏影者未能忘懷之類葢謂同生於異周孔老莊本自無異故亦不同

陶隱居掛朝服神虎門事於當時本無意自是棄官欲去爾蘇子瞻倅錢唐時作詩常用此事後坐詔獄吏舉詩問所出子瞻倉卒誤記本傳云陶見齊祚將

衰故去不敢以實對卽謬言予往官鳳翔見壁間王嗣宗詩云欲掛衣冠神虎門先尋水竹渭南村却將舊斬樓蘭劒旋博黄牛敎子孫云詩事本此實自作也舒信道諸人得知果大咲以謂未嘗讀陶傳因釋不問故至今傳此爲嗣宗詩後嘗再用云歸來趁別陶弘景看掛衣冠神虎門

有山處常患無水雖有水而涸集不時亦不足貴此山左右兩大澗又自大塢歷圓證寺少折而東經先大夫塋前去復折而西最盛左自桃花塢歷趙氏基

之西玲瓏山背又經朱氏墓南復折而西雖不及右澗之盛然冬夏亦未嘗竭二水皆會於石橋之下合流西出即張文規所名浮空澗也壬寅癸卯之冬春不雨連數月溪流減七尺城中井泉多竭而二泉獨如故朱氏小樓正在石橋下疊石束澗流跨橋其上與石橋相直殊可喜五月十一日既雨踰旬始霽與客往過之衆流參會自石橋奔衝而下雷奔電激坐語幾不相聞各有嘗至廬山三峽橋者以為絶似但差小耳明日夜月出復再往風景清潤天無片雲複流叢竹交翳月光與竹颭鑠相照射濺流及衣裾不

覺至夜分乃歸吾山居來得此殆無幾也

魏文帝典論云大駕都許使光祿大夫劉松北鎮袁紹軍與紹子弟日共宴飲以三伏之際晝夜酣飲極醉至於無知云以避一時之暑故河朔有避暑飲吾嘗謂此非松好飲蓋自為計耳方曹操時與袁紹子弟相從若不日飲安能使操不疑此不唯松為身謀亦所以防紹子弟使不暇為他圖也今人類傳此故事遂為酒眞能逃暑者云方暑正晝極飲輒涼殊不可解不過醉而沉惑不知有暑耳然亦何足為適世多言貴賤唯居寒有間所以禦之有異至暑雖至貴無以異賤此語良是非特無異而已觸熱趨事負擔徒行賤者之常未必為甚苦而王公大人高居深屋交扇環繞每以為未足則無往而不病熱歐陽文忠嘗問杜祁公何以禦暑公曰唯靜坐可以避暑能為祁公此見者幾人乎韓持國許昌私第涼堂深七丈每盛夏猶以為不可居常潁士適自郊居來因問郊外涼乎曰涼持國詰其故曰野人自知無修簷大厦旦起不畏車馬衣冠之役胸中復無他念露頂挾扇

持三尺木床視木陰東揺則從東西揺則從西而語未竟持國亟止之曰汝勿言吾心亦涼矣

癸卯七月十二日夜天氣稍涼月色如霜雪余寓居溪堂當苕霅兩溪之會適自山中還葛魯卿亟相過因同泛舟掠白蘋亭度甘棠橋至魚樂亭少留步而叩門呼莫彥平尚未寢天無片雲夜氣澄徹星斗爛然俯仰上下微風時至毛髮森動莫居三面臨水為城中居地之勝夾徑老柳參天百餘尺環以蓮蕩人

行柳影荷氣中時聞跳魚潑刺水上復拉彥平刺舟逆水而上月正午徐行抵南郭門而還魯卿得華亭客餉白酒色如潼乳持以飲我旋呼兵以小舟吹笛相尾道傍居人聞笛聲亦有起而相應者酒盡抵岸已四鼓矣因謂魯卿不知袁宏牛渚李太白采石亦復過此乎古今勝事但以流傳爲美誦味不暇安知古人亦人耳其所登覽不在天上而不能自營之而况其他然今夕之景海内非無而有湖之地此樂非吾三人亦不能也。

昔人多喜言仲長統所爲史言其少不應州郡辟命嘗以名不常存人生易滅優游偃仰可以自娱欲卜居清曠以樂其志論云云斯言信美然吾以其言事本末考之統乃徒有是言耳潘岳閑居賦之類實未嘗自爲之也既從荀彧舉得尚書郎輒不復辭則前日不就州郡之辟豈其本意後遂參曹操軍事不知果欲娱清曠保性命從操何求乎史又言統每論說古今及時俗行事嘗發憤歎息遂著昌言尤非所言退不能踐前言以安田里進又不擇所言以輕犯世故兩未見其有得統死年纔四十一幸其早耳不然恐未必能逃禰正平之禍當時謂之狂生信有以取之范曄徒錄其言更不復辨後生遂槩以爲高世遠引之士李文饒知止賦云仲既得於清曠雖文饒猶然人固亦易欺耶

華陀固神醫也然范曄陳壽記其治疾皆言若發結於内針藥所不能及者乃先令以酒服麻沸散既醉無所覺因刳割破腹背抽割積聚若在腸胃則斷裂湔洗除去疾穢既而縫合傅以神膏四五日創愈一月之間皆平復此決無之理人之所以爲人者以形

而形之所以生者以氣也陀之藥能使人醉無所覺可以受其刳割與能完養使毁者復合則吾所不能知然腹背腸胃既已破裂斷壞則氣何由舍安有如是而復生者乎審陀能此則凡受支解之刑者皆可使生王者之刑亦無所復施矣太史公扁鵲傳記虢庶子之論以爲治病不以湯液醴酒鑱石撟引而割皮解肌抉脈結筋湔洗腸胃漱滌五臟者言古俞跗有是術耳非謂扁鵲能之也而世遂以附會於陀

凡人壽夭死生豈一醫工所能增損不幸疾未必死而爲庸醫所殺者或有之矣未有不可爲之疾而醫可活也方書之設本以備可治之疾使無至於人傷而已扁鵲亦自言越人非能生死人也比當生者越人能起之耳故人與其因循疾病而受欺於庸醫好奇無驗之害不若稍知治身攝生於安樂無事之時以自養其天年也

杜子美詩無人覓浮蟻有待至昏鴉注引何遜詩昏鴉接翅飛此詩語意本不相類只是用昏鴉二字耳

乃知杜詩不妄下語如此遜詩世無完本今存者不見此句余讀類文見梁簡文帝詩云昏鴉接翅歸暮鵲揺蘇上乃亦此句簡文與遜同時蓋古人好句多爲人所求或竊取之宋之問從劉希夷求年年歲歲花相似歲歲年年人不同之句不得遂使人以計殺之然此語吾未見佳處之問詩過此者自多何至此耶又別史載楊衡初隱盧山不求舉平生詩句有一一雀聲飛上天最爲自負後因中表盜其文及第衡乃自至闕下追之既怒問一一雀聲在否曰此句知兒最惜不敢輒偷衡始笑曰猶可恕矣蓋唐以前有此例也

今歲中秋初夜微陰不見月吾與周子集適自山中還是時暑猶未退相與散髮披衣坐溪上二更後雲始解三更遂洞澈澄爽月色正午溪面如鏡平月在波間不覺水流意甚蕭然並溪居人樓閣相上下時聞飲酒歌呼雜以簫鼓計人人皆以得極所欲爲至樂然不過有狂藥淫聲不失此時節耳安知吾二人眞有此月乎世多言李太白以醉入水捉月溺死此

談者好奇之過太白對月能作今人不見古時月今月曾經照古人之句意氣本自超出宇宙對影三人雖醉豈復狂惑至此因舉寒山頌吾心如秋月碧潭清皎潔無物堪比倫教我如何說四海今夕共爲中秋不知有一人能作此公見處否雪竇禪師初住洞庭翠峯寺道未甚行從學者無幾寺在太湖中所謂東山者嘗有詩云太湖四萬八千頃月在波心說向誰固自已有津梁斯道之意然月一也寒山以爲無物可比而不可說雪竇以爲無人可說而不可說可

說乎不可說乎吾不能奈靜聊復造此一重公案

司馬子微作坐忘論七篇一曰敬信二曰斷緣三曰收心四曰簡事五曰眞觀六曰泰定七曰得道又爲樞一篇以總其要而別爲三戒曰簡緣無欲靜心且謂得道者心有五時身有七候一動多靜少二動靜相半三靜多動少四無事則靜事觸還動五心與道合觸而不動謂之五時一舉動順時容色和悅二宿疾益消心身輕爽三塡補夭傷還元復命四延數千歲名曰仙人五鍊形爲氣名曰天人六鍊氣爲神名

曰神人七鍊神合道名曰至人謂之七候道釋二氏本相矛楯而子微之學乃全本於釋氏大抵以戒定慧爲宗觀七篇序可見而樞之所載尤簡徑明白夫欲修道先去邪僻之行外事都絶無以于心然後端坐內觀正覺一念起即須除滅隨起隨滅動心不滅照心俱冥處心不冥有心不依一物而心常住定心之上豁然無覆定心之下曠然無基又云善巧方便唯能入定發慧遲速則不由人勿於定中急急求慧求則傷定傷定則無慧定而慧生此眞慧也此言與智者所論止觀實相表裡子微中年隱天台玉霄峯蓋智者所居疑其源流有自初潘師正授陶隱君正一法於王知遠以傳子微而陶通明自謂勝力菩薩復生其言亦多出釋氏唐書本傳不載其仙去事沈汾續仙傳云謝自然泛海將詣蓬萊求師爲風飄到一山見道人指言天台山司馬子微名在丹臺身居赤城此良師也而子微臨終亦自言吾於玉霄峯東望蓬萊有眞靈降駕今爲東海青童君東華君所召俄頃解化李緈又言子微親類陶通明明皇帝以爲

通明後身天降車上有字曰賜司馬承禎尸解去曰雲霍滿庭子微號白雲先生後人因爲其車曰白雲車至文宗時取以入內此事雖近惟史臣所難書然其傳必亦有據

牂牁本繫船筏名華陽國志載楚頃襄王遣莊蹻伐夜郎蹻至牂牁繫船於且蘭旣克夜郎會秦奪楚黔中地無路不得歸遂留王之號莊王以且蘭有繫船牂牁處因改名牂牁魏略記吳將朱然圍樊城遣於峴山斫牂牁材潯陽記亦言郡西北有一松樹垂

陰數亂傳云陶公牂牁代此樹此語與晉間猶存今
人絕無知者但云是郡名耳

石林燕語

宋　葉夢得

太祖皇帝微時嘗被酒入南京高辛廟香案有竹杯珓人取以占己之名位俗以一俯一仰爲聖珓自小校而上至節度使一一擲之皆不應忽曰過是則爲天子乎一擲而得聖珓天命豈不素定巳哉晏元獻爲留守題廟中之所謂庚庚大横兆謦効如有聞蓋記是也

漢凡王宮皆曰禁中後以元后父名禁遂改禁爲省唐以前天子之命通稱詔武后名照遂改照爲制肅代後集賢院有待制之名即漢東方朔之徒所謂待

詔金馬門者也既云凡王宮即是諸王矣伏儼引蔡邕說省中本爲禁中門閤有禁非侍御之臣不得妄入行道豹尾中亦爲禁中避王后父名故曰省中不聞諸王皆曰禁中也漢制度帝之下書一曰策書二曰制書三曰詔書四曰戒敕此云天子之命通稱詔書非也唐永徽中命弘文館學士一日一人待制于武德西門則待制之名非始于肅代以後也皇朝置

翰林院延文章之士至數術之士皆處之謂之待詔
即待詔之名初不改也
母后加謚自東漢始本朝后謚初止二字明道中以
章獻明肅嘗臨朝特加四字元豐中慶壽太皇太后
土仙章子厚爲謚議于朝詔以太皇太后功德盛大
四字猶懼未盡始仍故事遂謚慈聖光獻自是宣仁
聖烈與欽聖憲肅皆四字云始仍當作始循詔云始
循故事而已宜以四字定謚
父沒稱皇考於禮本無見王制言天子五廟考曰廟

王考廟皇考廟顯考祖廟考廟則皇考者曾祖之稱
也屈原離騷稱臣皇考曰伯庸則以皇考爲父故晉
司馬機爲燕王告祔廟文稱敢昭告于皇考淸惠亭
侯後世遂因不改漢議宣帝父稱蔡義初請謚爲悼
曰悼太子魏相以爲宜稱尊曰皇考則皇考乃尊號
之稱非後世所得通用沿襲已久雖儒者亦不能自
異也
古者天子之居總言宮而不名其別名皆曰堂明堂
是也故詩云自堂徂基而禮言天子之堂初未有稱

殿者秦始皇紀言作阿房甘泉前殿蕭何傳言作未
央前殿其名始見而阿房甘泉未央亦以宮名疑皆
起于秦時然制獨天子稱陛下漢魯有靈光殿下則
司馬仲達稱曹操范績稱竟陵皇子良皆曰殿下則
諸侯自漢以來皆通稱殿下矣至唐初制令惟皇太
后皇后百官上疏稱殿下至今循用之蓋自唐始也
其制設吻者爲殿無吻不爲殿矣
漢梁王立自言宮殿之裏毫氂過失無不暴陳又黃
霸傳云爲一輩先上殿顏師古曰丞相所坐屋古者

屋之高嚴通呼爲殿不必宮中也齊高帝爲齊公以
石頭城爲其世子宮王引靈光殿例以廳事爲崇光
殿齊爲宣德殿則雖曰宮而有以殿爲擬也梁武陵
王紀在蜀開寢殿以通內廐又丘遲與陳伯之書謂
臨川王宏爲臨淵殿也
神宗初欲爲韓魏公神道碑王禹玉爲學士密詔禹
玉具故事有無禹玉以唐太宗作魏徵碑高宗作李
勣碑明王作張說碑德宗作段秀實碑及本朝太宗
作趙普碑仁宗作李用和碑故事以聞于是御製碑

賜魏公家武云即禹玉之辭也熙寧三年十二月王
禹玉叅知政事八年六月韓魏公薨此云禹玉爲學
士非也

太平興國中司天言太一式有五福大游小游四時
天一地一眞符君碁民碁臣碁凡十神皆天之貴神
而五福所臨無兵疫凡行五宮四十五年一易今自
甲申歲入黃室巽宮當吾分請即蘇州建宮祠之已
而復有言今京城東南蘇村可應姑蘇之兆乃改築
于蘇村京師建太乙宮自此始

太宗留意字書淳化中嘗出内府及士大夫家所藏
漢晉以下古帖集爲十卷刻石則祕閣世傳爲閣帖
是也後禁中被火焚絳人潘師旦取閣本再摹藏于
家爲絳本慶曆間劉丞相沆知潭州亦令僧希白摹
刻于廨爲潭本元祐間徐王府又取閣本刻于木板
無甚精采建中靖國初曾丞相布當國命劉燾取淳
化所遺與近出世者別爲續法帖十卷又爲下矣

淳化官帖黃魯直秦少游所記皆云板刻此乃云石
刻也魯直云元祐中賢宅從禁院中借板墨百本問
遺官僚此云徐王府取閣本刻于木板豈各自一事
耶

續法帖跋云元祐五年四月十三日秘書省以祕閣
所藏墨跡未經太祖宗廟纂刻者刊于后有旨從之
至建中靖國元年四月二十三日出内藏緡錢十五
萬趣其工以八月旦日畢厘爲十卷上之此乃云曾
丞相當國命劉燾別爲續法帖十卷也

太駕儀仗通號鹵簿蔡邕獨斷已著此名唐人謂鹵
楯也甲楯之別名凡兵衛以甲楯居外爲前道捍蔽

其先後皆著簿籍故曰鹵簿因舉南朝御史丞建康
令皆有鹵簿爲君臣通稱二字別無義此說爲差近
或又以鹵爲鼓簿爲部謂鼓駕成於部伍不知鹵何
以謂之鼓又謂石季龍以女騎千人爲一鹵部簿乃
作部皆不可曉今有鹵簿紀宋宣獻公所修當以簿
爲簿籍之簿則記云簿不應更言紀

王僧孺幼貧母擕之至市遇御史中丞鹵簿驅逐墮
溝中又蕭誕爲建康令與朱陵令同乘行車前導四
卒左丞沈照奏凡有鹵簿官共乘不得兼列騶從請

免誕等宫此書所云南朝御史中丞建康令皆有鹵簿蓋謂此也然此外如宋文帝以宜都郡王鎮江陵司馬張邵性豪每行來常引夾轂與謚議王華相遇華佯若不知謂左右曰鹵簿甚盛必是殿下乃下牽車立于道側及邵至乃驚又顔延之常乘羸牛逢其子俊鹵簿即屏住道側又沈慶之夢引鹵簿之廁中有陳顯達車乘朽敗導從鹵簿皆羸小又虞悰朱衣乘車鹵簿至于宜揚門外入馬行内驅逐人又呂僧珍常導從鹵簿爲南兖州刺史姊適于氏住市中小屋僧珍常導從鹵簿到其宅不以爲耻又朱异引其鹵

石林燕語　六

簿自宅至城异自在衛率領至領軍四馬並驅鹵簿代未有又陳長沙王叔堅始與王叔陵每朝會鹵簿不肯爲先後必分道而趍則南朝人臣而用鹵簿非特前兩事而已按唐制皇太子太子非親王文武職官四品以上散官二品以上并長安縣令内命婦才人以上外命婦四品以上皆給鹵簿本朝王太子鹵簿遇升儲則草具儀注其王公以下惟大禮奉引乘輿及身薨斂葬則給太子妃以下内外命婦皆不復給則是本朝人臣亦有給者而比舊論嚴以故中官麥允言及充媛董氏之喪詔給鹵簿而司馬溫公皆爭之以其非常典也史記黥布傳常爲軍鋒索隱云漢書作楚軍前簿簿者鹵簿也司馬相如上林賦云扈從横行出乎四校之中呂延濟曰横行不如簿鹵簿也又云鼓嚴簿孟康曰簿鹵也李善曰言擊嚴鼓簿鹵之中則是或曰簿鹵或曰簿又簿部亦通用也景德中王欽若進鹵簿記

臣僚上殿劄子末槩言取進止猶言進退也蓋唐日

石林燕語　七

輪清望官兩員于禁中以待召對故有進止辭崔祐甫奏待制官候進士官盡然後趨出于内廊待進止至酉時于是也今乃以爲可否取決之辭自三省大臣論事皆同一體著爲定式若爾自當爲取聖旨蓋沿襲唐制而不悟也高宗永淳元年待制郭舉岑長倩郭正一魏玄同與中書門下同承受進止平章事又乾封以後召學士元萬頃范履冰等于北門候進止時爲北門學士又肅宗即位明皇令四海軍國事皆先取皇帝進止仍正朕知唐人將疏初云奏進止

或云共入奉宣進止末云服候進止之類則進止正是可否取決之辭非專爲待對官設也

尚書省樞密院劄子體制各不同尚書年月日宰相書別無兩行蓋以上爲重樞密知院自下先書同知以次書于上簽書亦然蓋以下而不別行

唐誥敕宰相復名者皆不出姓蓋以爲宰相人所共知不待書姓而見余多見古人告身類如此國朝雖軍門亦不出姓他執政則書所以異宰相之禮也大中祥符五年玉清昭應宮成王魏公爲首相始命充

使宮觀置使自此始然毋爲見任宰相兼職天聖七年呂申公爲相時朝廷崇奉之意稍緩因上表請罷使名是自宰相不復兼使康定元年李若谷罷參知政事留京師以資政殿大學士爲提舉會靈官事官觀置提舉自此始自是學士待制知制誥皆得爲提舉因以爲優閑人任事之職熙寧初先帝患四方士大夫年高者多疲老不可寄委罷之則傷恩器之則玩政遂承舊宮觀名而增杭州洞霄及五岳朝等並依西京崇福宮置管勾或提舉官以知州資序人之不復限以員數人皆得以自便宮觀使非獨宰相爲之亦不可云兼職其後宰相呂夷簡樞密使張昊副使夏竦各乞罷宮觀使從之非呂申公獨請也先帝

當作神宗

避暑錄話　宋　葉夢得

歐陽文忠公在揚州作平山堂壯麗為淮南第一堂據蜀岡下臨江南數百里真潤金陵三州隱隱若可見公每暑時輒凌晨攜客往遊遣人走邵伯取荷花千餘朶插百許盆盆與客相間遇酒行即遣妓取一花傳客以次摘其葉盡處則飲酒往往侵夜載月而歸余紹聖初始登第嘗以六七月館於此堂去幾月只歲大暑環堂左右老木參天後有竹千餘竿大如椽不復見日色蘇子瞻詩所為稚節可專車是也寺有一僧年八十餘及見公猶能道公時事甚詳近年幾四十餘年念之猶在目今餘小池植蓮雖不多來歲花開當與山中一二客脩此故事

余在許昌歲適大水災傷京西尤甚流殍自鄧唐入吾境不可勝計令發買常平所儲奏乞越常制賑之幾十餘萬人稍能全活惟遺棄小兒無由皆得之一日詢左右曰人之無子者何不收以自畜乎曰人固願得之但患既長或來歲稔父母來識認爾余為閲法則凡因災傷弃遺小兒父母不得復取乃知為此法者亦仁人也夫彼既弃而不育則父之恩已絕若人不收之其誰與活乎遂作空券數十具載本法即給內外廂界保伍凡得兒者使自言所從來明書於券付之略為籍記使以時上其數給多者賞且常平分餘粟貧者量授以為資事定按籍給券凡三千八百皆奪之溝壑置之襁褓雖細事不足道然每告臨民者恐緩急不知有此法或不能出此術也

劉貢父言杜子美詩所謂功曹非復漢蕭何為誤用

鄧禹事雖近似然鄧氏子何掾功曹自光武語非鄧禹實為功曹則子美亦未必誤用此事今日見汪洋舍人云漢書高祖紀言蕭何為主吏孟康註主吏功曹也吾初不省取閱之信然知子美用事精審未易輕議讀史者亦不可不詳也

楊文公談苑載周世宗常為小詩示竇儼儼言今四方僭偽主各能為之若求工則廢務不工則為所窺世宗遂不復作當時詩必不甚佳故假云爾非世宗英偉識帝王大畧豈得不以儼言為忤又安能即弃

去信爲天下者在此不在彼也安祿山亦好作詩作櫻桃詩曰櫻桃一藍子一半青一半黃一半寄懷王一半寄周贄或請以一半寄周贄句在上則協韻祿山怒曰豈可使周贄壓我兒也使世宗不能用儼言其詩未必如是之陋亦不過祿山耳因讀祿山事跡及之聊發千載一笑

鎮江招隱寺戴顒宅平江虎丘雲岩寺王珣宅今何山宣化寺何楷宅既皆爲寺猶可彷彿其故處何山無甚可愛淺狹僅在路傍無岩洞有岩出寺西北隅

然亦不甚壯招隱雖狹而山稍曲復幽邃有虎跑鹿跑二泉略如何山皆不能爲流唯虎丘最奇蓋何山不如招隱招隱不如虎丘平江比數經亂兵毀破獨虎丘幸在嚴陵七里灘在桐廬二十餘里兩山聳起壁立連亘七里土人謂之龍訛爲籠言若籠中因謂初至爲入瀧既盡爲出瀧本音閭江反奔湍急以爲若龍謬也七里之間皆灘瀨今因沈約詩誤爲一名非是嚴陵灘最大居其中范文正公爲守時始作祠堂山上命僧守之山峻無平地不能爲重屋東西二釣臺又各在顛與灘不相及突然石出峯外略如臺上平安坐數十人因以名爾郡文居天柱峯在餘杭縣界今爲洞霄宮有大滌洞天見晉書隱逸傳此五者天下所共聞僅在浙西教州之間其四吾皆熟遊而洞霄宮距吳山凡三百里吾知宮事三十年獨未暇一至孰謂吾爲愛山者也

唐人言冬烘是不了了之語故主司頭腦大冬烘錯認顏標是魯公之言人以爲戲談今蜀人多稱之崇寧末宋安國嘗爲郎成都人詹丕爲諫官以安國常

建言移省事上章擊之其辭略云謹按某官人材闒冗臨事冬烘蓋以其蜀人聞者無不咲之

婦人疾莫大於產蓐倉卒爲庸醫所殺者多矣亦不素講故也舊嘗見杜任作醫準一卷其一記郝質子婦產四日瘈瘲戴眼角弓反張任以爲痓病與大豆柴胡湯獨活湯而愈政和間余妻幾分娩猶在蓐中忽作此症頭足反接相去幾二尺家人驚駭以數婢强拗之不直適記此方而藥囊有獨活乃急爲之召醫未至連進幾劑遂能直醫至則愈矣更不復用大

豆柴胡湯不可不廣告人二方皆在千金第三卷

四明温台間山谷多産菌然種類不一食之間有中毒往往至殺者葢蛇虺毒氣所薰蒸也有僧教掘地以冷水攪之令濁少頃取飲皆得全活其方自見本草陶隱居注謂之地漿亦治楓樹菌食之笑不止俗言笑菌者居山間不可不知此法也

劉原甫博物多聞前世實無及者在長安有得古鐵刅以獻製作極巧下爲大環以纒龍爲之而其首類鳥人莫有識者原甫曰此赫連勃勃所鑄龍雀刀所

謂大夏龍雀者也鳥首葢雀云問之乃种世衡築青澗城掘地所得正夏故疆也人有獲玉印遺之者其文曰周亞夫印公曰此漢條侯印尚存於今也或疑而問之曰古亞惡二字通用史記盧綰之孫他人封亞俗侯而漢書作惡俗是也聞者始大服因疑史條侯名遂作惡父之亞者未必然春秋魏有醜夫衛有良夫葢古人命名皆不擇其美稱亦有以惡名者安知亞夫不爲惡夫也

嘉祐中邕州佛寺塑像其手忽振動晝夜不止未幾交阯入寇城幾陷其後又動而儂志高反圍城卒陷之屠其城去熙寧元年又動郡守錢帥孟知其不祥亟取投之江中遂無他物理不可解佛豈爲是也哉以五行傳推之以土失其性也余在江東宣州大火幾焚其半前此亦有鐵佛坐高丈餘而身忽迭前迭却若俯而就人者數日土人方駭既而火作葢幾邑州之異也

晉宋間佛學初行其徒猶未有僧稱通曰道人其姓則皆從所授學如支遁本姓關學於支兼爲支帛道

猷本姓馬學於帛尸梨密爲帛是也至道安始信佛氏釋迦今爲佛子宜從佛氏乃請皆姓釋氏以釋舉佛者猶言楊墨申韓今以爲稱者自不知其爲姓也貧道亦是當時儀制定以自名之辭不得不稱者疑示尊禮許其不名示爾今乃反以名相呼而不諱葢自唐已然而貧道之名廢矣

明皇幸蜀圖李思訓畫藏宗室汝南郡王仲忽家余嘗見其摹本方廣不滿二尺而山川雲物車輦人畜草木禽鳥無一不具峯嶺重複徑路隱顯渺然有數

百里之勢想見爲天下名筆宣和間內府求圖急其名不佳獨不敢進明皇作騎馬像前後宦官宮女導從略備道傍瓜圃宮女有卽圃采瓜者或諱爲摘瓜圖而疑者議元禎望雲騅歌有騎騾幸蜀時事者終不能改其山谷間民皆冠白巾以爲蜀人諸葛孔明服所居深遠也後遂不除然不見他書

禹貢道漾東流爲漢又東爲滄浪之水滄浪地名非水色也孔氏謂漢水別流在荆州者孟子記孺子之歌所謂滄浪之水可以濯纓者屈原楚歌亦載之此

正楚人之詞蘇子美卜居吳下前有積水卽吳王僚開以爲池者作亭其上名之滄浪雖意取濯纓然似以滄浪爲水湫瀰之狀不以爲地名則失之矣滄浪猶言嶓冢桐栢也今不言水而直曰嶓冢桐栢可乎大抵禹貢水之正名而不可單舉者則以水足之黑水弱水澧水之類是也非水之正名而因爲名則以水別之滄浪之水是也流水復流至濟而始見流亦地名可名以濟不可名以流故亦謂之流水乃知經言一字未嘗無法也

桑欽爲水經載天下水甚詳而兩浙獨略浙江謂之漸江出三天子都欽北人未嘗至東南但取山海經爲證爾三天子都在彭澤安得至此今錢塘江乃北江之下流雖是彭澤來蓋衆江所會不應獨取此一水爲名余意漸江卽浙字欽誤分爲二名酈元注引地理志浙江出丹陽黟南蠻中者是矣卽今自分爲縣水出桐廬號歙港者與衢婺之溪合而過富陽以入大江大江自西來北江自東來皆會於錢塘然後南趨於海然浙江不見於禹貢於錢塘江爲浙江始

見於秦紀而衢婺諸水與若雪兩溪等不見於水經者甚多豈以小遺之抑不及知耶

蘇子瞻元豐間赴詔獄與其長子邁俱行與之期送食惟菜與肉不測則徹二物而送以魚使伺外間以爲候邁謹守踰月忽粮盡出謀於陳留委其一親戚代送而忘語其約親戚偶得鮓送之不兼他物子瞻大駭不免將以祈哀於上而無以自達乃作二詩寄子由祝獄吏致之蓋意獄吏不敢隱則必以聞已而果然神宗固無殺意見詩益動心自是遂從寬

詩不載集中今附於此栢臺霜氣夜凄凄風動琅璫
月色低夢繞雲山心似鹿魂飛湯火命如雞額中犀
角眞吾子身後牛衣媿老妻他日神遊定何所桐鄉
應在浙江西聖主如天萬物春小臣愚昧自亡身百
年未了須還債十口無家更累人是處青山可藏骨
他時夜雨獨傷神與君今世爲兄弟更結來生未了
因

婦人以姬爲稱故周之諸女皆言姬猶宋言之子齊
言姜也自漢以來不復辨類以爲婦人之名故史記

言高祖居山東好美姬漢書外戚傳云所幸姬戚夫
人唐姬等皆妾而非后則又以爲衆妾之稱近言妾
者遂皆爲姬事之流傳失實多如是今謂宗女爲姬
亦因詩言王姬之悞也

樂君達州人生巴陵間不甚與中州士人相接狀極
質野而博學純至先君少師特愛重之故遣吾聽講
今吾尚畧能記六經皆樂君口授也家甚貧不自經
理有一妻二兒一跛婢聚徒城西草廬三間以其二
處諸生而妻子居其一樂易坦率多嬉笑未嘗見其
怒一日過午未飯妻使婢告米竭樂君曰少忍會當
有餉者妻不勝忿忽自屏間躍出取按上簡擊其手
樂君袒而走仆於舍下群而環笑掖起之已而先君
適饋米三斗樂君徐告其妻曰果不欺汝飢甚幸速
炊俯仰如昨日幾五十年矣每起分授群兒經口誦
數百遍不倦少間必曳履慢聲抑揚吟誦不絕躡其
後听之則延篤之書也群兒或竊效侮之亦不怒喜
作詩有數百篇先君時爲司理猶記其相贈一聯云
末路淸談得陶令他時陰德訟于公又寄故人云夜

半夢回孤月滿雨餘目斷太虛寬先君數稱賞今老
書生未有其比也

兵興以來盜賊夷狄所及無噍類有先期奔避伏匿
山谷林莽間或幸以免忽襁褓負嬰兒啼聲聞於外
亦因得其處於是避賊之人凡嬰兒未解事不可戒
語者率弃之道旁以去纍纍相望哀哉此虎狼所不
忍蓋勢不得已也有教之爲緜毬隨兒大小爲之縛
之口中畧使滿口而不閉氣或有力更預畜甘草末
臨繫時量以水漬使咀味而口中有物食之自不能

作聲而脈軟不傷兒口或鏤板以揭饒州道上巳酉冬虜自江西犯饒信所在居民皆空城去頼仆流離道上而嬰兒得此全活甚多乃知雖小術亦有足活人者許幹譽爲余道之願廣此言使人無不聞也

深雪偶談

宋　方嶽

西山公云近世評詩者曰淵明之辭甚高而其旨出於老莊康節之辭若卑其旨則原於六經以予觀之淵明之學正自經術中來故形於詩自不可掩榮木之奄憂逝川之嘆也貧士之詠簞瓢之樂也飲酒末章有曰羲農去我久舉世少復真汲汲魯中叟彌縫使之淳淵明之智足以及此豈玄虛之士所能望耶其說誠是矣余謂淵明康節二公之作辭近指遠至

如淵明能言之士莫不愛而慕之況西山公乎然榮木貧士方之逝川簞瓢幾於可以牽合之論真知淵明不必視此若夫食薇飲水之言啣木塡海之喻睠睠王室實有乃祖長沙公之心惜其力不得爲而止此則西山發微之論非獨義熙以後不著年號爲耻事二姓之驗而已淵明詩有謂其詞彩精拔斯言得之而後山顧謂其切於事情而失之不文後山體裁旣變音節已殊將自外於淵明者非耶然於康節又何以許之

淵明飲酒詩云客養千金軀臨化消其寶以寶喻軀
軀失則寶亡矣坡公云八言靖節不知道吾不信也
范石湖田園雜詩驗物切近但句律太憑力氣於唐
人之藩尚窘步焉然絕句中有可憐世上金和寶借
爾閑看七十年唐人所無可謂砭流俗之膏肓矣以
軀爲寶殆與斯言對壘人謂石湖未知道余亦不之
信也
賈閬仙燕人產寒苦地故立心亦然誠不欲以才力
氣勢掩奪情性特於事物理態毫忽體認深者寂入

仙源峻者逈出靈嶽古今人口數聯固於劫灰之上
令然獨存矣至以其全集經歲踰紀沉咀細繹如芋
慈隹氣瘦隱秀脉徐露其妙令人首肯無二可以厭
斁二折肱爲良醫豈不信然同時喻凫顧非熊繼此
張喬張蠙李頻劉得仁凡唐晚諸子皆于紙上北面
隨其所得淺深皆足以終其身而名後世獨李洞佛
名閬仙所謂瓣香之師執而不弘捧心過甚空圓蕭
散之氣不復少有豈非不善學下惠者耶司空表聖
後輩也本用其機灰以閬仙非附寒澁無所置才拔

公不細考亦然其言獨非叛道者歟不然則隸者不
力其文擠而實予則歸敬閬仙也亦至矣
四言自韋孟司馬遷相如班固束晳陶潛韓愈柳宗
元梅堯臣歐陽修王安石蘇軾工拙畧見嘗怪五言
而上世人往往極其才之所至而四言雖文辭巨伯
輒不能工水心有是言矣後付劉潛夫亦以四言尤
難三百五篇在前之故韋氏云誰謂華高企其齊而
誰謂德難厲其庶而使經聖筆亦不能刪余思四言
如律以三百五篇則韋氏爲工世殊體異後之銘詩

莫非四言也安石以上諸公未暇深論如蘇公所撰
范蜀公誌銘云君實之用出而時施如彼水火寧除
渴飢公雖不用亦相其行如彼山川出雲徂埊余每
展卷輒爲擊節在瞻耳作觀棋詩記廬山白鶴觀觀
中人皆闔戶晝睡獨聞棋聲云五老峯前白鶴遺址
長松蔭庭風日清美我時獨遊不聞一士誰歟棋者
戶外屨二不聞人聲時聞落子其寂寞冷落之味可
以想見坡公四言於古近體中句語無適無適而不
高妙也

杜牧之赤壁詩折戟沉沙鐵未消細將磨洗認前朝
東風不借周郎便銅雀春深鎖二喬許彥周不諭此
老以滑稽玩弄每每反用其鋒軏雌黃之謂孫氏霸
業繫此一戰宗廟丘墟皆置不問乃獨倉情妓女豈
非與癡人言不應及於夢也劉禹錫題蜀主廟云淒
涼蜀故妓歌舞魏宮前亦是此意惟增悽感邦不主
於滑稽耳本朝諸公喜爲論議往往不深諭唐人主
於性情使雋永有味然後爲勝牧之處唐人中本是
好爲論議大槩出奇立異如四皓廟南軍不袒左邊

祖四皓安劉是滅劉如烏江亭勝敗兵家未可期包
羞忍恥是男兒江東子弟多才俊卷土重來未可知
要知東風借便與春深數箇字含蓄深窈則與後二
詩邈絕矣皮日休館娃懷古綺閣飄香下太湖亂兵
侵曉上姑蘇越王大有堪羞處只把西施賺得吳亦
是好以議論爲詩者余最愛竇庠新入諫院喜內子
至一絕一旦悲歡見孟光十年辛苦伴滄浪不知筆
硯緣封事猶問傭書日幾行使彥周評此則以竇氏
內爲不解事婦人矣所謂癡人前說夢也牧之五言
云欲識爲詩苦秋霜若在心雖格力不齊各自成家
然無有不自苦思而得也
山谷中秋詩云寒藤老木被光景深山大澤皆龍蛇
蓋本尤氏深山大澤實生龍蛇川事誠有據景趣似
差乏爾然未失爲佳坡公月夜與客飲酒杏花下詩
杏花飛簾散餘春明月入戶尋幽人褰衣步月踏花
影炯如流水涵青蘋流水青蘋之喻景趣盡矣前人
未嘗道也獨杏花影下洞簫聲中著此句辱爾及志
林所記徐州時冬夜解衣欲睡月色入戶欣然起行

念無與樂者遂至承天寺尋張懷民亦未寢相與步
於中庭庭下如積水空明水中藻荇交橫蓋竹柏影
也何夜無月何處無竹柏但少閑人如吾兩人爾使
施前句於斯時豈非稱歟淳佑初僧友自南嘗從天
竺歸隱溪之南岡余多夕落葉訪之小麗迎吹時彿
燈猶在啓闔煮茗既而偕行溪間篙小舟自拜龍瀫
順流東下誦坡谷詩徘徊久之舍舟登岸借僧衮禦
寒而返纔指二十霜矣嘗感舊有詩昔年訪月寒溪
頭霜高酒劣稜生衾溪僧輟寢從吾幽共移不繫漁

人舟斷崖老木紛金亂又如蘋藻涵清流鶴骨淩煩
風露憂妙語滿地無人收蓋指二公詩與自南師𣨑
亡余亦就老帳前遊之不能踐也
梅花單題難工尚矣至以梅花二字置之五七言中
隨其景趣足而成律尤爲難工不爾不謂之得句唐
人凡數百家本朝江西社中不翅數十公亦孰不犒
寀斯花附爲不朽卒之無所容力傳不傳可以槩見
矣近世杜小山子野尋常一夜窻前月纔有梅花便
不同殊爽人意律之唐人是非本色天樂趙公放了

吏人無一事坐看山鳥喫梅花端是秀語然不過絶
詩非有琢對之艱也秋壑賈公送朝客頸聯云梅花
見處多留句諫草藏來定得名圓妥優游方之天樂
冬夜頷聯禽蘇竹葉霜初下人立梅花月正高雖静
獨有境或者以其短氣其它卷什一無可摘自從和
靖先生死見說梅花不要詩斯語雖鄙要未得爲虐
論
鄭都官海棠詩穠麗最宜新著雨妖嬈全在欲開時
歐公謂其格卑鄭詩如睡輕可恐風敲竹飲散那逢
月在花格卑甚矣復齋漫錄云近世陳去非嘗用鄭
意云海棠默默要催詩日暮紫綿無數開欲識此花
奇絶處明朝有雨試重來余謂去非格力猶去鄭詩
未遠豈如吳融雪綻霞鋪錦水頭占春顔色最風流
若教更近天街種馬上應逢醉五侯唐人雖從事苦
吟題賦此花要須放些風措不近寒乞坡公詩東風
嫋嫋泛崇光香霧空濛月轉廊只恐夜深花睡去故
燒銀燭照紅妝不爲事使居然可愛
渭城朝雨裛輕塵客舍青青柳色新勸君更盡一盃

酒西出陽關無故人此摩詰送元二使安西詩也世
傳陽關圖亦摩詰手遂稱二妙惜別詩要須道路臨
岐繾綣晝態亦然相看臨野水獨自上孤舟長因送
人處憶得別家時外此曾未多見徐道暉不來相送
處恐有獨歸時脱胎語爾余往歲嘗從貴游觀畫卷
首題云長江風送客空館雨留人因慨古今詩意無
窮語出唐人必矣
建中諸國中坡公自儋北歸卜居陽羡陽羡士大夫
猶畏而不敢與游獨士人邵民瞻從學於坡坡公亦

喜其人時時相與杖策過長橋訪山水爲樂邵爲坡買一宅爲緡五百坡傾囊僅能償之卜吉入居既得日矣夜與邵步月偶至村落聞婦人哭聲極哀坡徙倚聽之曰異哉何其悲也豈有大難割之愛觸於其心歟吾將問之遂與邵推扉而入則一老嫗見坡泣自若坡公問嫗何爲哀傷至是嫗曰吾有一居相傳百年保守不動以至於此吾子不肖舉以售人吾今日遷徙來歲百年舊居一旦訣別此吾所以泣也坡亦爲之愴然問其故居所在則坡以五百緡所得者

也因再三慰撫謂曰嫗之故居乃吾所售也不必深悲當以是居還嫗即命取屋劵對嫗焚之呼其子命翼日迎母還舊居不索其直坡自是遂還毗陵不復買宅借顧塘橋孫氏居暫住焉是歲七月坡竟殁于借居余兒在孫年方二九强記知文人謂吾家異時千里駒也不幸爲十四姪婦陳氏貪利余痷在兒血氣未定墮其危機既而恚恨愧悔輒輕其生丙寅三月十三日也余垂老失依且思在兒姿貌氣度真有大難割之愛哭泣送日天爲苦陰而族里聞若不聞未知炎涼休戚之二人有一公論存歟否耶狐猿憶子抱樹酸號塗旅之方聞三聲而下淚余雖負讟神人豈料其無告之至於斯歟豈以爲余爲善哭徒有類於唐衢者歟感坡公事重爲之涕咽因書以自責且告世之仁人君子共知前輩行事蓋如此云

林廬暇日花蝶怡情宜有見於篇章者往往精覘始能逼真而閑澹之氣易至偏失要在不相謀而兩得也詠蝶如唐僧可朋作當暖景飛仍慢欲就芳叢舞更高僧懷古霧開離草過風逆到花遲俱未若陌上

斜飛去花間倒翅回尤精余曩憩吳山偶吳僧舉似四韻歲久忘其首句一叢浮動戲蘭芽裁成碧玉搔頭樣畫作黄金便面花閑過棲臺飛盡日又因風雨宿誰家兒童愛把襜褕撲驚起雙雙貼綠霞惜俱忘爲誰氏所作閱和靖集亦有之細眉雙聳敵秋毫荏苒芳園日幾遭清宿露花應自得暖風和絮欲爭高情人歿久魂猶在傲吏齊來夢亦勞閑掩遺編苦堪恨不并香草入離騷精緻不減唐人閑澹有之獨恐非晚年作耳

詩無不本於性情自詩之體隨代變更由是性情或隱或見若存若亡深者過之淺者不及也昔坡公云蘇李之天成曹劉之自得陶謝之超然固已至矣李杜以英偉絶世之姿凌跨百代古之詩人盡廢然魏晉以來高風絶塵亦少衰矣坡公本不以詩專門使非上下漢魏晉唐出入蘇李曹劉陶謝李杜潛窺沉詣實領懸悟能自信其折衷如是之的乎醫和之目無復遁疢理固然也如天成如自得如超然則夫詩之體如東坡公所許亦宜窺詣領悟毋忽焉可也坡

深雪偶談　十

公獨以栁子厚韋應物發纖穠於簡古寄至味於淡泊蓋韋栁皆以靖節翁爲指歸而卒之齊足並驅也坡公每表和陶諸篇可以見其所趣無不及焉雖然漢魏晉爲當舍去性情别出意見而胃爲高遠之言哉當其代殊體變性與情之隱見存亡淺深雖其一時之名能詩者亦不能自必其所至之然也唐風旣昌一聯一句滿聽清圓流液雋永首肯變踔性情信在是矣然詞藻勝則糟粕律度嚴則拘窘能不脂韋於二薮之間而脫頴奇焉則天成自得超然何得無之至於作止雍容聲容惋穆視温柔敦厚之教庶幾無論漢魏顧晉以下諸人自靖節翁之外似未諭也太常博士厖全先生王公名澡字身甫有落梅小詞踐明瘦直不受東皇　紹與伴春終肯于紅底恙着得夜色何處笛曉風無奈力若在壽陽宮院一點點有人惜劉公潛夫焚之已附此詞於後村集詩話中予亦僭附之拙蒙雖然先生文行表表一詞固何足爲先生軒輊也予少郎登門以先公同生丙戌且相友善之故遂辱撰先公墓銘誌中有文不逮岳而岳

深雪偶談　十一

殭以銘之語當知前輩奬掖後進有如此也

一盤消夜江南果喫栗看書只靑坐罪過梅花料理我一年心事半生牢苦盡向今宵過此身本是山中箇纔出山來便帶差年種青松應是大縛茅深處抱琴歸去又是明年話此薛泳沂叔客中守歲詞也沂叔久客江湖瀕老懷歸遂賦此詞晚於溪上小築扁水竹居迄就芝焉其所爲詩如新堤小泛栁斷橋方出煙深寺欲浮早秋歸興歸心如病葉一片落江城鎮江逢尹惟曉欲說事都忘相看心自知皆去唐人

思致不遠

應文遷字正子嗜酒跛傾嘗自賞其梅詞云雪意嬌春臘前粧點春風面粉痕冰片一笑重相見倚竹偎松誰道羅浮遠寒更轉楚騷爲伴韻遠香篝腰語意細潤似不類其爲人別去二十餘年一見傾倒予戲謂正子君他文未必盡傳異時或以梅關貴子刊叢否乎正子起謝且喜以語之他友後不知其蹤跡何在殆亡久矣予雖戲言顧不謂之然諾況何可藏項斯善也

深雪偶談　八　十二

吾鄉許左之右之二公兄弟落筆皆不凡左之公一夕寓飲妓坊酹欲狎之妓審有所懽在矣公提筆賦詞而起云誰知花有主誤入花深處放直下酒盃乾便歸去又代他妓小詞憶你當初惜我不去傷我如今留你不住去客聽此戀戀踰時妓迄後謝如月在栁稍頭人約黃昏後一詞正歐陽居士所作要之前輩多一時弄翰要不容以浮薄議左之公也因思唐多才妓有贈新第士人絕句從此不知蘭麝貴夜來新惹桂枝香殊有風味使從假倩當不傳載矣二許公紹與閻同歲籍學前二詞蓋休滸日漫游酒邊作也

深雪偶談　八　十三

葦航紀談

宋　蔣津

錢塘西湖三賢堂兩處而皆有東坡先生其一在孤山竹閣乃香山居士白樂天和靖先生林君復東坡先生蘇子瞻三賢像中興建都孤山爲延祥觀而閣與像俱廢乾道五年郡守周琮建于水仙王廟之東廡親染于額蓋此坡詩配食水仙王之意後慶元間守臣趙從善于廟前湖隄下浚井以庭覆之名曰薦菊亦取坡詩一盃寒泉薦秋菊之意運漕所有三君

石刻並附于堂中暨寶慶間袁彥淳尹天府請于朝依會稽金陵舊制遂即蘇隄中新亭增築圃地廣建堂室移水仙王廟三賢像于中前後布設亭軒以其石刻並分寘于下大丞相魯國公書額爲西湖之壯觀其一在龍井壽聖院方圓菴東即趙清獻公閱堂而爲三賢堂乃清獻公閱道蘇東坡辯才法師若訥像而寺在龍井之西北數里羣山中寺門有歸隱橋下有滌心沼遊人多不到彼是以少有語及者

戶部尚書沈公詵爲人寬厚嘗在列曹有一兵卒患背疽乞告假公然之親爲合藥時旱蝗當致齋圜壇祭醮神猶叮嚀治藥內用酒公恐其貪酒不治藥又親爲治之使人持付服之愈其藥用瓜蔞一箇乳香没藥各五錢甘草三錢酒煎服及在朝中所傚傳舍被擠人子盜廳書司物詰之已付于有司公聞之適尚書趙公司畢尹天府公語趙公之子料院曰此人亦小仕宦子弟貧而至此望語帥佐少寬斯人惟薄責之其儕家子訟歸公又以錢米安其家後至政歸苕溪每値歉歲公即發已家租米市中出糶止依元

價公自當斛斗每倍量與人或以錢寄寘米中鄉人不識公但云著青布衫道人量得米好其實乃沈公也

孔天瑞西齋詩話云疎影橫斜水清淺暗香浮動月黄昏不知和靖意偶到爲復愛其句中有黄昏二字議詩者謂日斜爲黄昏非也此二字蓋亦兩字耳若謂日斜而詩不曰昏黄而曰黄昏亦有源矣余嘗宿于月湖外家而其家有堂植梅竹月白雙清余至每宿于此而花盛開其香發于四鼓後起視月已西下

而月色比當午時黃而更昏正此時已五更矣非獨此花爲然凡有香之花皆然薝蔔古有賦惱人惟是夜深時梔子香濃非云夜淺而云夜深亦此意也蓋謂晝午後陰氣用事而花斂豔藏香夜午後陽氣用事而花敷蕊散香耳以此知黃昏乃夜深也

夫佛有六通神有五通比佛而不能慧而人有四通謂富則身通貴則語通窮理性通性定慧通持此語之陸放翁放翁深然之

大凡服治風藥不可食羊肉余目擊之不唯無効亦

甚有所反江右楊萬里親語此嘗見人食至於死

作詞者流多用寃家爲事初未知何等語亦不知所出後因閱烟花說有云寃家之說有六情深意濃彼此牽繫寧有死耳不懷異心此所謂寃家者一也兩情相繫阻隔萬端心想魂飛寢食俱廢此所謂寃家者二也長亭短亭臨岐分袂黯然銷魂悲泣良苦此所謂寃家者三也山遙水遠魚雁無憑夢寐相思柔腸寸斷此所謂寃家者四也憐新棄舊辜恩負義恨切惆悵怨深刻骨此所謂寃家者五也一生一死觸景悲傷抱恨成疾迨與俱逝此所謂寃家者六也此語雖鄙俚亦余之樂聞耳

紹興庚寅天台水災雖城中亦被害及十分之七水退而司官各訪舊地忽主簿廳基衝出一朱棺正當廳治其簿朱公俾令移徙山東掩瘗役夫開掘其地忽見一碣上有字云乾卦吉坤卦凶五百年逢朱主簿移我葬山東雖不知其爲誰氏而亦可異遂移葬之

嘉泰間內臣李侯大謙于行都九里松玉泉寺側建功德寺役工數內有漆匠章生者乃天台人偶春夜

出浴回于道中遇一老嫗挽入一小門暗中以手摸壁隨嫗而行且覺是布爲幙轉經數曲至一室中使就物坐此嫗乃去繼有一尼携燈而至又見四壁皆青赤衣幃遮護終不知何地尼又引經數曲又至一室燈燭帷帳酒殽器皿一一畢備俱非中下人家所有之物章生見之驚異亦不敢問其所以且疑且喜尼師徃頃時後至後有一婦人臨至容質非常惟不冠飾章生畏懼尼師逼使共坐遂召前嫗命酒殽數

盃此婦人更不一語尼師云已曉矣章生但懇禱尼師云匠者無錢尼師終不顧允遂令就寢尼師執燈扃戶而去章生屢詢所來及姓名而斯人竟無一言疑爲瘖疾至鐘動其尼復至啓鑰喚起章生出前令嫗引出亦捫布壁而行覺至一門非先來所經此嫗令出街可至役所章生如夢寐中行至一街至曉卽離所造之寺二里許後循路歸其董役者怪責其不歸及具此語使徧訪之終不得其元所入門域衆皆爲遇鬼物而有一木匠云此固寵借種耳

葦航紀談　五

朱無惑著萍州可談載孫沔元規治杭州悟空寺僧徒以殺人爲虀之事此仁宗朝事中興後紹興中臨安府崇新門外鹿苑寺乃殿帥楊存中郡王特建以處此地流寓僧一歲元宵側近營婦連夜入寺觀燈有殿司將官妻同一女觀燈乃爲數僧引入房中置酒盛饌勉令其醉遂令宿于幽室遽殺其母而留其女女不敢哀及半年三僧盡出其房後窓外乃是野地女因逼窓望之見一卒在地打竹因呼近窓下備語前事可急往某寨某將家報言可速來取我卒乃如其言往報之將官卽密告報帥遂遣人報告本寺來日郡主自來齋合寺僧行人力亦齋本府自遣廚子排齋至是伺其坐定令每二卒擒下一僧又令擒盡合寺僧行人力盡縛之卽帥百十卒破其寺果得其女見又號慟遂縛三人并至首送所屬依法施行而毀其寺逐治諸髡此亦悟空寺相類況婦人遊寺院有何所益而與之遊狎者又可怪耳

嘉禾方千里一日會相識張更生千里乃作一令戲之曰古人是劉更生今人是張更生手內執一卷金

葦航紀談　六

剛經問你是卵生胎生濕生化生張更生還千里令云古人是馬千里今人是方千里手內執一卷刑法志問你要五百里一千里三千里聞者莫不笑其切當也

韓彥古時爲戶曹尚書孝宗皇帝問曰十石米有多寡彥古對曰萬合千升百斗廿斛遂稱旨

世之巧宦者皆謂之鑚班固云商鞅挾三術以鑚孝公嘉定間士大夫有一戲論於從政云將仕皆得改官獨顏子孔門四科之首不得改官夫子曰回也不

改顔子鑽錯了鑽之彌堅如何改官

豹隱紀談

宋　周遵道

杜工部詩云髪短何勞白顔衰肯更紅鄭都官云衰鬢霜供白愁顔酒借紅白太傅云鬢爲愁先白顔因醉後頳陳后山云髪短愁催白顔衰酒借紅語意相類必有定其優劣

阮郎中贈妓詞云東風稔就腰肢纖細繫的粉裙兒不起從來只慣掌中看忍教在燭花影裡更闌應是酒紅微褪暗蹙損眉兒嬌翠夜深着鞴小鞋兒靠那

箇屏風立地石次仲詠妓趨庭陳狀云醉紅宿翠髻軃烏雲墜管是夜來不得睡那更今朝早起春風弱柳腰肢堦前小立多時恰恨一番風雨想應濕透鞋兒

吳興之水晶宮不載圖經刺史楊漢公九月十五日夜絶句云江南地暖少南風九月炎涼正得中溪上玉樓樓上月清光合作水晶宮後來林子中聞滕元發得湖州以詩賀何洵直邦彦曰清風樓下雨溪春三十餘年一夢新欲識玉皇香案吏水晶宮主謫仙

人因爲故事
吳門風俗多重至節謂曰肥冬瘦年互送節物寓官
顏侍郎度有詩曰至節家家講物儀迎來送去費心
機腳錢盡處渾閒事原物多時却再歸
嘉定間平江妓送太守詞曰春色原無主荷東君着
意看承等閒分付多少無情風雨恨又那更蝶欺蜂
妬筭燕雀眼前無數縱使簾櫳能愛護到如今已是
成遲暮芳草碧遮歸路看看做到難言處怕去仙郎
輕薄旌旗易歌襦袴月滿西樓絃索靜雲蔽崑城閬

府便恁地一帆輕舉獨倚闌干愁拍碎憐玉容淚眼
如經雨去與住兩難訴或云是蒲江盧申之作
嘉熙四年正月吳制使潛貼黃奏臣竊見錢塘建都
百有餘年以陰陽言之海門巽水早晚兩朝今沙漲
湖塞未必非天啟國家以轉機大有爲之會也況諜
者所報多云金賊爲窺湖湘之計萬一不幸設有疏
虞則去行抑郤陽袁撫衢信而已臣以爲平池地勢
充闊物產富厚他日可爲臨幸之備蓋南斷長橋西
阻松江北決江湖之水以斷毘陵之路則不患無形
勢因吳之饒則不患無穀圜江海亡命則不患無
兵而又去江不遠可以係屬人心收名豪傑有進之
形無退之跡欲乞試入聖抱須作區處當軸者不欲
無故遷都厄而不行實中吳萬姓之幸也
楊誠齋詩云天上歸來有六更蓋內樓五更絕挪鼓
交作謂之蝦蟆更禁門方開百官隨入所謂六更者
也外方則謂之攢點云
淳祐改元正月十九日理宗皇帝駕幸太學御筆云
王安石謂天命不足畏祖宗不足法人言不足信此

二語爲萬世之罪人豈宜祀孔子廟庭合與削去以
正人心息邪說關係不小合議指揮有旨令國子監
日下施行
一徐叅政清叟微時贈建寧妓唐玉詩云上國新行
巧樣花一枝聊插鬓雲斜嬌羞未肯從郎意故把芳
容半面遮吳履齋丞相和新郎詞云可意人如玉小
簾櫳輕勻淡抹道家妝束長恨春歸無尋處全在波
明黛綠看冶葉倡條渾俗比似江梅清有韻更臨風
對月斜依竹看不足詠不足曲屏半掩春山簇正輕

寒夜永花睡半欹殘燭縹緲九霞光裏夢香在衣裳
牖馥又只恐銅壺聲促試問送人歸去後一奩花影
垂金粟腸易斷情難續
景定三年三月差人化遺骸疏云死于道路可憐幽
滯孤魂示以津塗大發慈悲善念壟之野則露手露
脚送之歸則無主無家聚是衆骸付之一火佛能救
苦乃做看經道場鬼復爲人別去超生好處憶三月
落花人世界一川流水佛慈航
身嘗靜退緣知止心不傾邪畏好還葛文康詩也人

有能味其言以養其志必無意外之慮矣
自來縣尉下鄉擾人雖監司郡守亦不能禁止邇來
尤甚京口旅邸中有戲効古風雅之體作鷄鳴詩曰
雞鳴刺縣尉下鄉也雞鳴喈喈鴨鳴呷呷縣尉下鄉
有獻則納雞鳴于塒鴨鳴于池縣尉下鄉靡有孑遺
雞既鳴矣鴨既羮矣鑼皷鳴矣縣尉行矣雞鳴三章
章四句
天生好句未嘗無對俚俗之語得之爲難聚齋詩話
載二對一云死人身邊有活鬼强將手下無弱兵
老手舊肐膊窮嘴餓舌頭今有一對亦可比擬如蘇
油拌生菜呷醋咬陳姜石湖居士戲用鄉語云土俗
以二至後九日爲寒燠之候故諺有夏至未來莫道
熱冬至未來莫道寒之語又夏至後一說云一九至
二九扇子不離手三九二十七喫茶如蜜汁四九三
十六爭向路頭宿五九四十五樹頭秋葉舞六九五
十四乘涼不入寺七九六十三夜眠尋被單八九七
十二被單添夾被九九八十一家家打炭墼冬至後
云一九二九相喚不出手三九二十七籬頭吹觱篥

四九三十六夜眠如路宿五九四十五太陽開門戶
六九五十四貧兒爭意氣七九六十三布衲兩肩攤
八九七十二猫兒尋陰地九九八十一犂爬一齊出
范公吳人不免用鄉語

悅生隨抄

宋　賈似道

余老來觀書輒多遺忘暇日隨所披閱約而筆之寖盈編帙因釐爲百首題曰悅生隨抄起自國史傳以稗官小說而六經諸史不及也蓋經既熟于誦說正史又廣于流傳獨金匱石室之藏世不多見比歲叨典史局遂得悉累朝之制度典章諸臣之論議風節纂紀一集專用自娛乃若百家之說雖小道必有可觀者焉然大槩非稍新于衆目則深會于余心去取

之間此其義也至于清談雅謔又所不廢譬之端坐燕席而優伶時一雜進聊以取坐中之一噱云爾

老人書

田景咸性鄙吝所至聚斂爲務家財累鉅萬未嘗輒有與施每使命至惟設肉一器賓主共食之後罷鎭常忽忽不樂妻識其意引景咸徧閱囊儲景咸乃歡然自釋在邢州日供奉官王班者奉使至郡景咸勸班酒曰王班請滿飲典客遽白此使者姓名也景咸始悟曰何不素敎我我謂王班是官爾聞者皆笑之

異處祿性簡率發言多輕肆名金吾上將軍王彥昭告老得休致處祿嘗語人曰我縱僵仆殿階下斷不學王彥昭七十便致仕人傳以爲笑

張藏英涿州范陽人自言唐相嘉貞之後唐末之亂也藏英舉族數十口悉爲賊孫居道所害時藏英年十六僅以身免後逢孫居道於幽州市引佩刀刺之不死爲吏所執節帥趙德鈞壯之捨而不問以備牙職藏英後聞居道避地關南乃求爲關南都巡檢使使至則微服攜鐵檛匿孫居道舍側伺其出擊之仆

於地齧其耳噉之遂擒歸設父母位陳酒肴縛孫居道於前數其罪號泣以鞭之臠其肉經三日剖取其心肝以祭詣官首服官爲上請而釋之燕薊間目爲報讐張孝子

牛思進有膂力常以彊弩弓經於耳以手極前帳之令滿又負壁而立令力士二人掫其乳曳之不動軍中咸異之

初李氏隨孟昶至京師太祖數命肩輿入宮謂之曰母善自愛無戚戚懷鄉土異日當送母歸李氏曰使

妾安往太祖曰歸蜀耳李氏曰妾家本太原倘得歸老井土妾之愿也時晉陽未平太祖聞其言大喜曰俟平劉鈞即如母愿因厚加賜賚及殂卒不哭以酒酹地曰汝不能死社稷貪生以至今日吾所以忍死者以汝在爾今汝既死吾何生爲因不食數日卒

石中立性疎曠少威儀好詼諧雖時面戲人人不以爲怒知其無心爲輕重及叅大政或諫止之中立曰詔書云餘如故安可改人傳以爲笑

王博文以吏事進多任繁劇爲政務平恕常語諸子曰吾平生决罪至流刑未嘗不陰擇善水土處汝曹

悅生隨抄 三

志之

江南初平汰李氏時所度僧十減六七胡旦曰彼無田廬可歸將聚而爲盜悉黥爲兵

李顯忠之生其母數日不能娩有僧過門曰所孕乃奇男子當以劍矢置旁即生已而果生顯忠立于傍人以爲異

吳僧法海作好惡詩一日卒成帙求余友人鄭從事爲序鄭書曰師雖習西方之教頗司東魯之風因命爲司東集然師之詩長于譬喻動有風騷昔唐小杜既爲老杜之次今師又在小杜之下

洛人云園圃之勝不能相兼者六務宏大者少幽邃人力勝者乏閒古水泉多者無眺望兼此六者惟湖園而已予嘗遊之信然在唐爲裴晉公宅園園之中有湖湖中有堂曰四并堂名蓋不足勝蓋有餘也其四達而無旁東西之蹊者桂堂也截然出于湖之右者迎暉亭也過横塘陂林莽循曲徑而後得者梅臺知止庵也自竹徑望之超然登之脩然者環翠亭也

悅生隨抄 四

眇眇重邃尤擅花卉之盛而前據池亭之勝者翠樾軒也其大略如此若夫百花酣而白晝眩青蘋動而林陰合水靜而跳魚鳴木落而羣峰出雖四時不同而景物皆好則又其不可殫記者也

舅氏慈公遠好記異事一日遠來相訪言任丘縣友人養惡犬甚猛羣犬莫能勝晚年既衰瘠爲衆犬所嚙憒憒不食而死刳其心已化爲石而膜絡包之似石非石色如寒灰重如磚瓦觀其脉縷真心也不知何緣至此然嘗聞人患石淋者皆旋細石痕塊有刃

斧不破者項嘗見龍頸骨中髓皆是白石虎目光落地亦成白石星光氣也落則成石松亦成石蛇蠏蠶皆成石萬物變化不可以一槩斷耳目所不聞見者何限哉

項在寧州真寧縣見牽羊教化者其羊胸前有右手抱胸如人手有六指甲如羊頗長皆言前身爲人因過惡至此縣令張元弼主簿尹良臣共疑之尹曰此無他人與羊交耳衆人皆釋然

悅生隨抄　八　五

黃巢令皮日休作讖詞云欲知聖人姓田八十二一欲知聖人名果頭三屈律巢大怒蓋巢頭醜掠鬢不盡疑三屈律之言是其譏也遂及禍

東坡言郭子儀鎮河中日河甚爲患子儀禱河伯曰水患止當以女奉妻已而河復故道其女一日無疾而卒子儀以其骨塑之于廟至今祀之惜乎此事不見于史也

鷹項侍范　公公曰家中子弟連名百字幾乎壽盡矣至于百發百中亦取以爲名鷹曰輙有俚談可爲一笑公曰何也鷹曰百靈百利百巧百病必不取以爲名也蜀公爲之掀髯大笑

蘇子瞻泛愛天下士無賢不肖歡如也嘗言自上可以陪玉皇大帝下可以陪卑田院乞兒子由晦默少許可嘗戒子瞻擇友子瞻曰眼前見天下無一箇不好人此乃一病子由監筠州酒稅子瞻嘗就見之子由戒以口舌之禍及餞之郊外不交一談唯指口以示之

襄州谷城縣城門外道傍石人缺剝腹上有字云摩挲鞋慎勿言是亦金人之流也距縣西五十里有石

悅生隨抄　八　六

人二相偶而立腹上題刻一云巳及一云未亟不可得而詳也

溫陵醫僧圓通大智禪師文宥善脉晚年不按脉望而知之又臨終五七年隔垣而知之凡病人骨肉往問視之而知病者之候乎問其故又曰以氣色知之苟其血氣同者憂喜皆先見古有察色然而未有隔垣而知亦甚異也

江南李氏後主嘗買一研山徑長纔踰尺前聳三十六峯皆大猶手指左右則引兩阜坡陀而中鑿爲研

及江南國破研山因流轉數十人家爲米老元章所
得後米老之歸丹陽也念將卜宅久未就而蘇仲恭
學士之弟者才翁孫也號稱好事有甘露寺下傍江
一古基多羣木唐晉人所居時米欲得宅而蘇覬得
研于是王耶彥侍郎兄弟與登北固共爲之和會蘇
米竟相易米後號海嶽菴者是也研山藏蘇子未幾
索入宮禁矣

譚振言蔡京當國一日感寒振與數親客問疾見之
後堂東閤中京顧小鬟令焚香移頃鬟不至振頗疑

其忘之耶久之鬟復至白京云香已滿京云放鬟即
去聞近北有若人捲簾聲者方至坐北一簾其蓬勃
滿室如霧京謂客曰香須如此燒乃無烟氣

八舅王彥舟侍郎嘗跋周昉韓幹畫人馬云天廐無
瘠馬宮禁無悴容宜乎韓馬周人皆肥

唐傳載云時有鬻茶之家陶爲陸羽之像置于煬器
之間云宜茶足利也因目曰茶神有交易則以茶祭
之無則以釜湯沃之

荆芥穗爲末以酒調下二三錢凡中風者服之[illegible]
前後甚驗是日順兒疾已革以酒滴水中調一服服
之立定眞再生也

哲宗御講筵所手折一栢枝玩之程頤爲講官奏曰
方春萬物發生之時不可非時毁折哲宗亟擲于地
終講有不樂之色太后聞之歎曰惟兒壞事吕晦叔
亦不樂其言也云不須得如此

齊東埜語

宋　周密

理宗未祔議謚朝堂或擬曰景曰淳曰成曰允最後曰禮議既定矣或謂與亡金僞謚同且古有婦人號禮宗者遂擬曰理葢以聖性崇尚理學而天下道理最大於是人無間言而不知理字析文取義乃四十一年王者之象可謂讖謚於天矣度宗初議謚或擬純字則謂有屯之象或擬實字則宗實乃英宗舊名或擬正字則有一止之嫌後遂定爲端文明武景孝

皇帝先是皇姊因灌國長公主在先朝已謚端孝今與廟號上下字暗合豈偶然哉理宗生母全夫人謚慈憲殊不知僞齊劉豫母亦謚慈憲當時攷不及此何耶

癸酉歲慶元秋試兩浙運司幹官臨川龔孟鍨爲考官龔道出慈溪忽夢有人以杯湯飲之且作四字於掌中曉起便覺目視瞙瞙及入院發策第一道中誤以一祇十三宗爲十四宗於是舉子大閧徑排試官房舍悉遺箠辱至有負笈而逃者龔偶得一兵負去而免劉制使良貴親至院外撫論遂權宜以策題第二道爲首篇續撰其三又之始定於是好事者作陽聯云龔運幹出題疏脱以十三宗作十四宗劉制使下院調亭用第二道爲第一道龔後爲計使所劾明年秋度宗賓天於是十四宗之語遂驗

襄樊自咸淳丁卯被圍以來土兵日增既築鹿門之後水陸之防日密又築白河虎頭及鬼關於中以梗出入之道自是孤城困守者凡四五歲往往扼鬬臨不克進皆束手視爲棄物所幸城中有宿儲可堅忍

然所乏塩薪布帛爲急時張漢英守樊城募善泅者置蠟書髻中藏積草下浮水而出謂鹿門既築勢須自荆郢進援既至臨口守者見積草頗多鈎致欲爲焚爨用遂爲所獲於是郢鄧之道復絶矣既而荆閫移屯舊郢州而諸帥重兵皆駐新郢及均州河口以扼要津又重賞募死士得三千人皆襄郢西山民兵之驍悍善戰者求將久之得民兵部官張順張貴軍中號張貴爲矮張所謂大張都統小張都統皆其智勇素爲諸[illegible]所服先於均州上流名中水峪立硬寨造水哨轉

舟百艘三十人塩一袋布二百且令之曰此行有死而已或非本心亟去毋敗吾事人人感激思奮是歲五月漢水方生於二十二日稍進團山下越二日又進高頭港口結方陣各船置火鎗火砲熾炭巨斧勁弩等漏下三刻起矴出江以紅燈爲號貴先登順爲殿乘風破浪徑犯重圍至磨洪灘以上敵舟布滿江面無罅可入鼓勇乘銳凡斷鐵絙攢杙數百屯兵雖衆盡皆披靡避其鋒轉戰一日二十餘里二十五日黎民乃抵襄城城中久絶援聞救至人人踊躍氣百

倍及收軍點視則獨失張順軍中爲之短氣越數日有浮尸泝流而上被介冑執弓矢直抵浮梁視之順也身中四鎗六箭怒氣勃勃如生軍中驚以爲神結塚斂葬立廟祀之然自此圍益密水道連鎖數十里以大木下撒星樁雖魚鱉不得度矣外勢既感貴乃募壯士至夏節使軍求援得二人能伏水中數日不食使持書以出至樁若栅則腰鋸斷之徑達夏軍得報而還許以軍五千駐龍尾州以助夾擊刻日既定貴提所部軍點視登舟失帳前親隨一人乃宿來有過遭撻者貴驚歎曰吾事泄矣然急出或未及知耳乃乘夜鼓譟衝突斬絙破圍前進衆皆辟易既度險要之地時夜半天黑至小新城敵方邀以兵數萬邀擊之貴又爲無底船百餘艘中立旗幟各立軍士於兩舷以誘之敵皆競躍以入溺死者萬餘亦昔人未出之奇也至鈎林灘將近龍尾洲遥望軍船欓欓旗幟紛紜貴軍皆喜躍舉流星火以示之軍船見火皆前相迎逮勢近欲合則來舟北軍也蓋夏軍前二日以風雨驚疑退屯三十里矣北軍蓋得逃卒之報

遂據洲上以逸待勞至是既不爲備殺傷殆盡貴身被數十創力不支遂爲生得至死不屈此是歲十一月十七日夜也北軍以四降卒舁尸至襄以示援絶且諭之降呂帥文煥盡斬四卒以貴附葬順塚爲立雙廟尸而祀之以比巡遠明年正月十三日樊城破三月十八日襄陽降此天意非人力也同時有武功大夫范天順者與順貴同入襄及襄之城降仰天大呼曰好漢誰肯降便死也做忠義鬼就所守地分自縊而死又有右武大夫馬軍統制牛富樊城守禦立

功尤多城降之際傷重不能步乃就戰樓觸柱數四投身火中而死此事親得之襄州順化老卒參之衆説雖有微異而大意則同不敢以文害辭沒其實因直書之以備異時之傳忠義者云

景定三年正月詔以魏國公賈似道有再造功命有司建第宅家廟賈固辭遂以集芳園及緡錢百萬賜之園故思陵舊物古木壽藤多南渡以前所植者積翠回抱仰不見日架廊叠磴幽眇逶迤極其營度之巧猶以爲未也則隧地通道抗以石梁傍透湖濱架

百餘楹飛樓層臺凉亭燠館華邃精妙前揖孤山後據葛嶺兩橋映帶一水橫穿各隨地勢以構築焉堂榭有名者曰蟠翠古松雪香古梅翠岩奇石倚綉雜花挹露海棠玉蘂瓊花茶蘼清勝假山已上集芳舊物高宗御扁西湖一曲奇勛理宗御書秋壑遂初容堂度宗御書初陽精舍熙然臺砌臺山之椒曰無邊風月見天地心水之濱曰琳琅步歸舟早船通名之曰後樂園四世家廟則居第之左焉廟有記一時名士擬作者數十獨取平楊公棟者刋之石又以爲未足則於第之左數百

瞰湖作別墅曰光祿閣春雨觀養樂堂嘉生堂千頭木奴生意瀟然生物之府通名之曰養樂園其傍則廖群玉之香月鄰在焉又於西陵之外樹竹千挺架樓臨之曰秋水觀第一春梅思剡船亭則通謂之水竹院落焉後復葺南山水樂洞賜園有聲在堂介堂愛此留照獨喜玉淵漱石宜晚上下四方之宇諸亭據勝專奇殆無遺策矣其後志之郡乘從而爲之辭曰園圃一也有藏歌貯舞流連光景者有曠志怡神蜉蝣塵外者有澄想遐觀運量宇宙而遊特其奇焉

者嘻使園圃常興而無廢天下常治而無亂非後天下之樂而樂者其誰能鳴呼當時爲此語者亦安知俯仰之間遽有荒田野草之悲哉昔陸務觀作南園記於中原極盛之時當時勉之以仰畏退休今賈氏當國十有六年諛之者惟恐不極其至況敢幾微及此意乎近世以詩弔之者甚衆吳人湯益一詩頗爲人所稱云檀板歌殘陌上花過墻荆棘刺簷牙指揮已失鐵如意賜予寧存玉辟邪敗屋春歸無主燕廢池雨産在官蛙木棉菴外尤愁絶月黑夜深聞鬼車

李彭老一絶云瑶房錦謝曲相通能幾番春事已空
惆悵舊時吹笛處隔窻風雨剝青紅

筆語〈八〉七

邇言志見

宋 劉炎

炎十有九侍先君游臨川之泮覽荆公之宇遺老欷歔不忍道荆公之事近觀國史靖康之事北馬南牧輙克衛温公之冢温公見慕於北人荆公見棄於鄉黨二公學術於是可知矣

渡大江望金山緇衣環其上恍然非凡致也將纜舟而覽焉風利不得泊甫登儀真憩濱江佛廬有緇衣踵來問所從則金山也嘻予欲至而不可孜既至而不留何也荅曰未至則以爲世外之樂既至如窻中之蛾樂所樂松門竹區而有餘憂所憂金馬玉堂而不足方寸尚塵是以不樂金山之樂也

邇言志見〈八〉一

登西湖之孤山見所謂陳朝檜一枯一榮有稗子跣立其旁謂余言曰是檜幾百年矣榮者弗生枯者弗死又循坡而行見林和靖屏居之址存焉乃悟榮與凡木也等雖榮奚益枯與凡木異雖枯奚損和靖之名猶是枯檜稗子之云殆警予也

游吴山翛然獨坐望海門二峯隱然如天闢潮來喧

如瀉天潢大舶高檣往來出没如泛大槎又嘗游都
仙都偃卧小舟仰觀天柱石純潔光潤如琢本末齊
一如度高揷雲漢可五千尺其旁數石或如海舟檣
或如太常旗皆且千尺餘其四山石穴棲巖者綫深
穹然如厦屋跨水者擊之有聲逢然如鼉鼓夫觀錢
塘江潮猶猛士之肝膽決裂義士之怒髮衝冠觀仙
都天柱猶直臣之氣不撓不折社稷之佐拓地擎天
爲是而來游來游而慨慕者幾何人至於西湖之上
有所謂水樂園中閣作之也有朋命駕偕之泉激溜

如岑蹄石累豢如飯砂游者駢肩接迹觀者嘖嘖詠
歎至有游而忘歸歸而復游者何也務小智者忘大
巧樂人僞者昧天成也孔子見大水必觀焉登泰山
而小天下益不徒山水觀矣

或問錢塘江潮變化若神物司之曰地秉陰竅於山
川山川通氣猶頂踵之氣血周流也水陰物也月爲
陰精潮爲水波竅激氣通故潮隨月而消長

或問三皇而上謂之洪荒洪荒迨今僅逾三大紀天
地闢闔何其邇耶曰天限南北長准荆榛昔嘗周游
其間見流徙者土處童穉不窺鳥巢殆與太古之俗
無異乃悟天地開闢其來久矣凡經大變卽洪荒也
三皇而上文籍未全故其事闕略無傳後世楮筆便
利故其事易考爾

或曰淮堧千里濵接魯鄧昔爲輿區今爲極邊夏風
如焚冬風裂肌鳥獸交跡草木不蕃豈天地温厚之
氣有時而轉徙耶曰人者天地之仁也人之所聚仁
氣聚焉人之所去陰氣積焉深山曠郊屯師百萬窮
冬之候温然生春華堂大宇悄無人迹幽陰侵薄久

則摧圮是皆於人之聚散占之爾

道桐江登釣臺見艤舟而登覽者袂相屬也慨慕者
嘖嘖援筆而頌清風者不自知其喋喋楹桷壁崖長
歌短章新陳稠疊終日閲而不足大抵名者欲棄名
利者欲罷利以從吾子陵游也解纜而東名利初心
其孰能爲子陵故損毫末乃知自洛陽而桐江斯其
所以爲子陵由桐江而洛陽欲爲子陵吾不信也

譬者也善用兵者能使上下恩交如父子三軍戮力
如兄弟必也復父兄之讐所向莫之敵矣

窮閻之下有對奕者施機運神如敵國然自旦達暮飢不知食渴不知飲勝則怡然負則愀然一勝一負所得漠然勝負無得飢渴有喪何以切切然哉勝必生也世之好紛競而角勝負者亦然其終未必有得而所喪亦已多矣

步龍潭之洲見群弋者賭杖頭金巧勝拙負不易其素既而標金十之巧拙之中勝負相半既而標金百之拙者或勝巧者或負勝負累其中則巧拙易於外也人能不以得失動其心則其素所有者莫能易矣

嘉泰之元有惠鳴鵓蓄之庭或奮擲籠中不食而死或奮擲且食不死而瘠或馴伏自如食肥澤一日縱之死者已矣瘠者羽翼不全不克遠舉惟馴伏肥澤者一舉而入乎蒼蒼嗟夫人在塵籠不順性命與安時俟命者何獨不然

折獄龜鑑

宋　鄭克

何敏中丞相判西京有僧暮過村舍求宿主人不許求寢於門外車箱中許之是夜有盜入其家携一婦人并囊衣踰墻出僧不寐適見之自念不爲主人所納而强求宿明日必以此事疑我執詣縣矣因亡去夜走荒草忽墜眢井而踰墻婦人已爲人所殺尸在井中血汙僧衣主人蹤迹捕獲送官不堪掠治遂自誣云與婦人姦誘以俱亡恐敗露因殺之投尸井不

覺失脚亦墜於井贓與刀在井旁不知何人持去獄成皆以爲然敏中獨以贓仗不獲疑之詰問數四僧但云前生負此人命無可言者固問之乃以實對如是密遣吏訪其賊食於村店有嫗聞其自府中來不知其吏也問曰僧某獄如何吏紿之曰昨日已笞死於市矣嫗歎息曰今若獲賊如何吏曰府已議決此獄雖獲賊不敢問也嫗曰然則言之無妨彼婦人乃此村少年某甲所殺也吏問其人安在嫗指示其舍吏往捕并獲其贓僧始得釋

錢治屯田爲湖州海陽令郡之大姓某氏火迹其來
自某家吏捕訊之某家號寃不服太守刁諶曰獄非
錢令不可治問大姓得火所發狀及驗之疑里讐家
物因率吏入讐家取狀合之悉是讐家即服曰火自
我出故遺其跡某家者欲自免也某家乃獲釋
蔡高調福州長溪尉縣媼二子漁於海俱亡媼與其
氏爲讐告縣捕賊吏皆難之曰海有風波安知不水
死乎雖果爲讐所殺若不得尸則於法不可理高獨
謂媼冤不可不爲理也乃陰察讐家得其跡與

晰獄龜鑑　二

約日十日不得尸則爲媼受捕賊之責凡宿海上七
日潮浮二尸至臨之皆殺也乃捕讐家伏法高乃端
明殿學士襄之弟也
錢惟濟留後知絳州民有條桑者盜强奪之不能得
乃自斫其右臂誣以殺人官司莫能辨惟濟引問因
給以食而盜以左手舉七筯因語之曰他人行刃則
上重下輕今下重上輕正用左手傷右臂也誣者引
服
蘇渙郎中知衡州時耒陽民爲盜所殺而盜不獲尉
執一人指爲盜渙察而疑之問所從得曰弓手見血
衣草中呼其儕視之得其人以獻渙曰弓手見血衣
當自取之以爲功尚何呼它人此必姦訊之而服
馬諒少保初以殿中丞通判常州吏有亡失官物者
械繫妻子干連十百人諒一切縱去許其自償所負
不踰月而盡輸之
薛顔大卿知耀州有豪姓李甲者結客數十人號沒
命社或不如意則推一人以死鬭數年爲鄉人患莫
敢發顔至大索其黨會赦當免特杖甲流海上餘悉

晰獄龜鑑　三

籍于軍
范純仁丞相知河中府時錄事參軍宋儋年一日宴
官罷以疾告是夜暴卒妾與小吏爲姦也純仁知其
死不以理遂付有司案治會儋年子以喪柩歸移文
追驗其尸九竅流血睛枯舌爛舉體如漆有司訊問
因言食鼈中毒有司曰豈有中毒而能終席耶必非
實情命再劾之乃因客散醉歸寘毒酒杯中而殺之
此蓋罪人以儋年不嗜鼈而爲坐客所弄欲爲它日
詭案逃死之計爾

程顥察院初爲京兆府鄠縣主簿民有借其兄宅以居者發地中藏錢兄之子訴曰父所藏也令言無證左何以決之顥曰此易辨耳問兄之子曰爾父藏錢幾年矣曰二十年遣取千錢視之謂曰今官所鑄不五六年則遍天下此錢皆爾父未居前數十年所鑄何與爾父遂服

張詠尚書知江寧府有僧陳牒出憑詠據案熟視久之判送司理院勘殺人賊翌日即官聚廳下䟽其故詠乃詰問僧幾年對曰七年又問何故額有繫巾痕即惶怖服罪蓋此民與僧同行於道中殺之取其詞即戒牒自披剃爲僧也

斷獄龜鑑　八　四

燕肅侍郎知明州俗悍輕喜鬬肅推先毆者雖無傷必加以罪後毆者非折跌支體皆貸之於是鬬者爲息

高源郎中初以吉州太和簿攝吉水令他日令始至猾吏誘民數百訟庭下設變詐以動令如此數日令厭事則事常在吏矣源至立訟者兩廡下取其狀視有如吏所爲者使自書所訟不能書者吏受之往往不能如狀窮之輒曰我不知爲此乃其吏教我所爲也悉捕劾致之法訟故以少

周沆侍郎嘗爲河東轉運使自慶曆以來河東行鐵錢民多盜鑄吏以峻法繩之抵罪者日繁終不能禁沆乃命高估錢價盜鑄者無利不禁自息

王延禧朝議初爲岳州沅江令歲饑盜起親獲十餘人贓皆應死法延禧歎曰是皆良民窮而爲盜今既無以業之又利其死以爲已功亦何忍哉諭被盜者悉裁其贓盜得不死延僖王黄州孫也

斷獄龜鑑　八　五